Faszination Floristik

Lehrbuch für die Ausbildung

5. Auflage

VERLAG EUROPA-LEHRMITTEL · Nourney, Vollmer GmbH & Co. KG
Düsselberger Straße 23 · 42781 Haan-Gruiten
Europa-Nr.: 66159

Arbeitskreisleitung:

Heike Damke-Holtz, Bremen

Autoren:

Heike Damke-Holtz, Bremen
Peter Döppel, Bremen
Andreas Faber, Bremen
Karin Fischer-Ludolph, Hannover
Johannes Heidemann, Meppen
Stefan Sauthoff-Böttcher, Aurich

Autor der 1. bis 2. Auflage: Arnd Brandenburg, Fischerhude
Autorin der 1. bis 3. Auflage: Christine Reinhardt, Tarmstedt

Lektorat:

Anke Horst

5. Auflage 2019

Druck 5 4 3 2 1

Alle Drucke derselben Auflage sind parallel einsetzbar, da bis auf die Veränderung von Druckfehlern unverändert.

ISBN 978-3-8085-6894-1

http://www.europa-lehrmittel.de

Satz und Gestaltung: tiff.any GmbH, Berlin
Umschlag: Q. Gute Grafik, 51143 Köln
Umschlagfoto: Sirinart Poltree, Bremen
Druck: Himmer GmbH, 86167 Augsburg

Vorwort

Die 5. Auflage des Titels **Faszination Floristik** basiert auf den inhaltlichen Vorgaben des Rahmenlehrplans der Kultusministerkonferenz (KMK) für den Ausbildungsberuf Florist/Floristin. **Faszination Floristik** richtet sich an:

- **Auszubildende im Beruf Florist/Floristin**
- **Teilnehmer/-innen von Meisterkursen**
- **Teilnehmer/-innen von Fort- und Weiterbildungen**
- **Nachschlagewerk für interessierte Hobby-Floristen und -Floristinnen**

In allen Kapiteln geht es darum, kurz und präzise die Grundlagen der floristischen Berufsausbildung und die Wertigkeit der floralen Werkstoffe in den Vordergrund zu stellen.

Neu in der 5. Auflage

Faszination Floristik wurde für **die 5. Auflage grundsätzlich überarbeitet und aktualisiert**. Insbesondere das Kapitel „Stilkunde" wurde umfangreich angepasst. Neu aufgenommen wurde das Kapitel „Technischer Arbeitsschutz, Gesundheitsschutz und Unfallverhütung" (Teil 1).

Faszination Floristik gliedert sich, analog zu den schriftlichen Prüfungsbereichen in der Abschlussprüfung Florist/Floristin, in drei Schwerpunkte:

- **Teil 1: Wirtschafts- und Sozialkunde**
- **Teil 2: Warenwirtschaft**
- **Teil 3: Technologie**
- Anhang: Fachrechnen, komplexe Prüfungsaufgaben, alphabetisch geordnetes Glossar mit Erklärungen der Fachbegriffe

Alle prüfungsrelevanten Themenbereiche sind **handlungsorientiert** in übersichtliche Kapitel gegliedert. Die Kapitel werden fallorientiert durch Fallbeispiele der Linnea GmbH eingeleitet, die die betriebliche Praxis widerspiegeln und die Leser auf die Themenschwerpunkte einstimmen. Das Floristik-Fachgeschäft Linnea GmbH dient hierbei als „roter Faden".

Die **Linnea GmbH** wird vom Ehepaar Schmidt geführt:

- Sophia Schmidt, Florist-Meisterin
- Marc Schmidt, Betriebswirt

Neben den zwei Floristen in Vollzeit, Dorothea Pohl und Maximilian Petersen, arbeiten drei Auszubildende in dem Geschäft:

- Anna Köhler, 1. Ausbildungsjahr
- Christine Stein, 2. Ausbildungsjahr
- Oliver Jansen, 3. Ausbildungsjahr

Der Standort der **Linnea GmbH** ist am Stadtrand von Bremen. Das Geschäft hat drei Schaufenster, die der Lauf- und Stammkundschaft Lust auf frische Blumen machen. Neben einem Außengelände von 1000 m^2 gibt es vor dem Geschäft eine Freifläche, die auch als Parkmöglichkeit für die Kunden dient.

Jedes Kapitel endet mit prüfungsrelevanten Fragen, um den Lernstoff zu festigen. Besonders hervorgehobene Elemente wie **Merksätze**, **Praxistipps** und **Wissenswertes** über die Grundlagen hinaus sowie zahlreiche farbige Abbildungen strukturieren die Texte und leiten durch den Lehrstoff.

Minimalprinzip: Merksätze fassen wichtige Inhalte kurz zusammen.

Tipp

Tipps beinhalten interessante Fakten und Informationen für die Floristen.

Aufgaben

1. Prüfungsrelevante Aufgaben werden jeweils am Kapitelende gestellt und ermöglichen so die selbstständige Überprüfung des Wissenstands.

Um das Lernen und Lesen zu erleichtern ist dieses Buch mit einem **Lesezeichen am Band** versehen. Das Besondere: Auf dem Lesezeichen sind die **botanischen Zeichen** abgedruckt, die im Buch auf Seite 241 zu finden sind. Somit sind diese immer einfach und schnell zur Hand, wenn Informationen zu Pflanzen gewünscht sind.

Wir bitten die weiblichen Leserinnen und Nutzerinnen um Verständnis dafür, dass auf den nachfolgenden Seiten nur von „dem Floristen" gesprochen wird, da diese Form umgangssprachlich benutzt wird.

Wir wünschen allen, die mit dem vorliegenden Buch arbeiten und lernen wollen, viel Freude und Erfolg. Hinweise, die der Weiterentwicklung des Buches dienen, nehmen wir dankbar entgegen. Bitte senden Sie diese per E-Mail an: **lektorat@europa-lehrmittel.de**.

Winter 2018/2019 Autoren und Verlag

Teil 1 – Wirtschafts- und Sozialkunde

Teil 2 – Warenwirtschaft

Teil 3E – Nonflorale Werkstoffkunde

Anhang

Teil 1
Wirtschafts- und Sozialkunde

1 Den Beruf Florist/Floristin kennenlernen

Die Floristmeisterin Sophia Schmidt hat seit drei Jahren Auszubildende und Schülerpraktikanten für die Berufsorientierung in ihrem Floristik-Fachgeschäft der Linnea GmbH. Sie und ihre neue Auszubildende Anna sind von der Berufsschullehrerin gebeten worden, für die diesjährige „Einführungswoche zum Berufsstart" den Beruf des Floristen vorzustellen. Anna bereitet sich auf den Vortrag vor.

1.1 Start in die Berufsausbildung

Der Beruf des Floristen setzt sich zusammen aus sehr unterschiedlichen und abwechslungsreichen Tätigkeiten der Bereiche Handwerk, Gestaltung und Handel. Es gibt daher für Floristen viele Einsatzmöglichkeiten und Betätigungsfelder, die sowohl das handwerkliche Können, die Kreativität als auch das kaufmännische Handeln beinhalten.

Im Mittelpunkt steht die kreative Arbeit mit Blumen und Pflanzen, um Kunden fachgerecht zu bedienen. Dafür muss ein Florist alle floristischen Arbeiten, die im Betrieb anfallen, fachlich sicher beherrschen, wesentliche kaufmännische Aufgaben umsetzen können, gegenüber Kunden kompetent und freundlich auftreten, **Fachkompetenz** erlernen sowie Teamfähigkeit und Sozialkompetenz gegenüber Mitarbeitern. Beim Beruf des Floristen handelt es sich um einen anerkannten Ausbildungsberuf nach dem Berufsbildungsgesetz.

1.1.1 Das Berufsbildungsgesetz

In Deutschland hat sich seit Jahrzehnten die berufliche Ausbildung im **dualen System** bewährt, sie ist eine Kombination aus praktischer Berufseinführung in einem anerkannten Ausbildungsbetrieb und dem fachspezifischen Unterricht in den Berufsschulen; Ausbildungsbetrieb und Berufsschule werden auch als **Dualpartner** bezeichnet.

Während die betriebliche Ausbildung durch das **Berufsbildungsgesetz (BBiG)** des Bundes geregelt wird, wird die schulische Ausbildung durch Schulgesetze, Rahmen- und Schullehrpläne in den einzelnen Bundesländern mit zum Teil unterschiedlichen Schwerpunkten bestimmt.

Das Berufsbildungsgesetz von 1969 vereinheitlicht die Ausbildung in den einzelnen Bundesländern, beinhaltet alle wichtigen Punkte, die in einer Ausbildung oder Umschulung geregelt sein müssen und wird durch das Bundesministerium für Bildung und Forschung mit den jeweiligen Gesetzesänderungen unter www.bmfd.de veröffentlicht. Bild 1 zeigt einen Auszug aus dem Gesetzesblatt.

1. Berufsbildungsgesetz

Berufsbildungsgesetz
(BBiG)

vom 23. März 2005 (BGBl. I S. 931),[1]
zuletzt geändert durch Artikel 24 des Gesetzes vom 20. Dezember 2011 (BGBl. I S. 2854)

– nicht-amtliche Veröffentlichung –

Inhaltsübersicht

Teil 1
Allgemeine Vorschriften
§ 1 Ziele und Begriffe der Berufsbildung
§ 2 Lernorte der Berufsbildung
§ 3 Anwendungsbereich

Teil 2
Berufsbildung
Kapitel 1
Berufsausbildung
Abschnitt 1
Ordnung der Berufsausbildung; Anerkennung von Ausbildungsberufen
§ 4 Anerkennung von Ausbildungsberufen
§ 5 Ausbildungsordnung
§ 6 Erprobung neuer Ausbildungsberufe, Ausbildungs- und Prüfungsformen
§ 7 Anrechnung beruflicher Vorbildung auf die Ausbildungszeit
§ 8 Abkürzung und Verlängerung der Ausbildungszeit
§ 9 Regelungsbefugnis

Abschnitt 2
Berufsausbildungsverhältnis
Unterabschnitt 1
Begründung des Ausbildungsverhältnisses
§ 10 Vertrag
§ 11 Vertragsniederschrift
§ 12 Nichtige Vereinbarungen

[1] Das Gesetz ist am 1. April 2005 in Kraft getreten.

Bild 1 Auszug aus dem BBiG

Wichtige Inhalte des BBiG:

- Anerkennung der Ausbildungsberufe
- Rechte und Pflichten von Ausbildenden und Auszubildenden
- Kündigung
- Vergütung
- Beginn und Beendigung des Ausbildungsverhältnisses
- Abkürzung und Verlängerung der Ausbildungszeit
- Prüfungswesen
- Berufliche Umschulung und Weiterbildung
- Festlegung einer Ausbildungsordnung

Ausbildungsordnung

Die Ausbildungsordnung hat im Einzelnen Folgendes festzulegen:

- die Bezeichnung des Ausbildungsberufes,
- die Ausbildungsdauer,
- die beruflichen Fertigkeiten, Kenntnisse und Fähigkeiten, die Gegenstand der Ausbildung sind,
- eine sachliche und zeitliche Gliederung zur Vermittlung der Fertigkeiten, Kenntnisse und Fähigkeiten (Ausbildungsrahmenplan).

1.1.2 Der Ausbildungsrahmenplan

Die Ausbildungsordnung bestimmt die Dauer, die Schwerpunkte und das Ziel der Berufsausbildung, außerdem werden Inhalt und Durchführung der Zwischen- und Abschlussprüfung geregelt. Die Inhalte der Ausbildung müssen dabei natürlich auf der Grundlage der jeweiligen Verordnung sinnvoll in drei Jahre aufgegliedert werden. Diese zeitlich-sachliche Aufteilung der zu vermittelnden Fertigkeiten und Kenntnisse wird als **Ausbildungsrahmenplan** bezeichnet. Ein Ausbildungsrahmenplan für die Berufsausbildung zum Floristen/zur Floristin wird durch die Industrie- und Handelskammern sowie durch andere Bildungsträger in das Internet gestellt (www.zbb.de/bildung/ausbildungsberufe/florist-floristin/).

1.1.3 Der Ausbildungsplan

Auf Grundlage des Ausbildungsrahmenplanes und der -ordnung erstellt der Ausbildende zu Beginn der Ausbildung einen einzelbetrieblichen, individuellen **Ausbildungsplan**, der die speziellen Gegebenheiten des Floristik-Fachgeschäftes berücksichtigt. Der Ausbildungsplan muss somit Bestandteil des Ausbildungsvertrages sein. Informationen hierzu erteilen die für die Florist-Ausbildung zuständigen Industrie- und Handelskammern (IHK).

1.1.4 Der Berufsausbildungsvertrag

Das Berufsausbildungsverhältnis muss bei der IHK eingetragen werden, damit Auszubildende zur Zwischen- und Abschlussprüfung zugelassen werden können. In der Regel dauert die Ausbildung drei Jahre. In besonderen Fällen (z. B. Schulabschluss: Fachhoch- oder allg. Hochschulreife bzw. bei Umschulungen) kann die Ausbildungszeit auf zwei Jahre reduziert werden. Weitere Ausnahmen müssen im Einzelfall mit der IHK erörtert werden.

Bild 1 Ausbildungsvertrag

Das Berufsausbildungsverhältnis muss vertraglich zwischen Ausbildungsbetrieb (Ausbildender) und Auszubildenden abgeschlossen werden. Ist der Auszubildende nicht volljährig, benötigt er die Zustimmung des gesetzlichen Vertreters. In der folgenden Tabelle sind wichtige Vertragsinhalte des Berufsausbildungsvertrages, den der Ausbildende vor Beginn der Berufsausbildung seinem Auszubildenden schriftlich vorlegen muss, zusammengefasst:

Inhalt	Bedeutung
Beginn/Dauer der Berufsausbildung	Die Ausbildung beginnt regulär am 1. August bzw. 1. September. Die Dauer ist gesetzlich vorgeschrieben (3 Jahre), bei Verkürzung muss das im Vertrag eingetragen sein.
Dauer der regelmäßigen Arbeitszeit	Im Vertrag muss die tägliche Arbeitszeit vermerkt sein (in der Regel 8 Std.), der Berufsschulbesuch wird dabei angerechnet. Für Jugendliche gelten Sonderregeln.
Probezeit	Die Probezeit muss mindestens einen Monat und darf höchstens vier Monate betragen; während dieser Zeit können beide Parteien ohne Angabe von Gründen und Einhaltung einer Frist kündigen.
Ausbildungsvergütung	Die Höhe der Ausbildungsvergütung wird in Brutto angegeben und muss sich von Lehrjahr zu Lehrjahr steigern. Sie richtet sich in der Regel nach dem Tarifvertrag, der die Ausbildungsvergütung festlegt.
Urlaubsdauer	Es sind gemäß § 3 des Bundesurlaubsgesetzes (BUrlG) mindestens 24 Werktage. Bei Jugendlichen unter 18 Jahren ist die Dauer abhängig vom Alter und im Jugendarbeitsschutzgesetz (JArbSchG) festgelegt.
Pflichten des Auszubildenden	Hierzu gehören die ordentliche Verrichtung der Arbeit, Weisungen des Ausbilders zu befolgen, das Berichtsheft zu führen, die Betriebsordnung einzuhalten, die Berufsschul- sowie die Treue- und Verschwiegenheitspflicht einzuhalten
Pflichten des Ausbildenden	Hierzu gehören die Fürsorgepflicht, die Vermittlung der für die Ausbildung wichtigen Fertigkeiten und Kenntnisse, die Freistellung zum Berufsschulbesuch und zu Prüfungen, das kostenlos zur Verfügung zu stellende Arbeitsmaterial und die Zeugnispflicht.

Wer mehr zum Thema Ausbildung und Beruf wissen möchte, kann z.B. beim Bundesministerium für Bildung und Forschung (BMBF) kostenlos Informationen bestellen oder aus dem Internet herunterladen (www.bmbf.de/pub/ausbildung_und_beruf.pdf).

Bild 1 Infobroschüre des Bundesministeriums für Bildung und Forschung

Aufgaben

1. Erläutern Sie das „Duale System".
2. Laut BBiG gehen Ausbildender und Auszubildender Vertragspflichten ein. Zählen Sie je vier Pflichten der beiden Vertragspartner auf.
3. Im Ausbildungsvertrag müssen wichtige Vertragspunkte schriftlich aufgeführt sein. Zählen Sie fünf verschiedene Punkte auf.
4. Dem Auszubildenden ist ein Ausbildungsrahmenplan auszuhändigen.
   a) Wie ist der Ausbildungsrahmenplan gegliedert?
   b) Wann muss er dem Auszubildenden ausgehändigt werden?
   c) Wer muss den Ausbildungsrahmenplan erstellen?

1.2 Während der Berufsausbildung

Während der Berufsausbildung ergibt sich häufig die Frage, welche Tätigkeiten im Rahmen der Ausbildung angemessen sind und welche nicht. Der Ausbildungsvertrag bietet zusammen mit den Bestimmungen des BBiG und des JArbSchG zwar einen eindeutigen Rahmen, dennoch bleiben gerade zu Beginn einer Ausbildung Dinge ungeklärt, die die Arbeitszeit, die Anrechnung des Berufsschulbesuches und die Überstundenvergütung betreffen. Es kommt vor, dass das Ausbildungsverhältnis darunter leidet, wenn Ausbildende(r) und Auszubildende(r) nicht vorher darüber gesprochen haben. Ist eine externe Beratung unvermeidlich, gibt es Ansprechpartner bei der zuständigen Gewerkschaft IG Bauen-Agrar-Umwelt, in der Berufsschule oder beim Ausbildungsberater der IHK.

1.2.1 Das Führen eines Berichtsheftes

Die Ausbildungsordnung sieht vor, dass Auszubildende während der Ausbildungszeit ein – vom Betrieb kostenlos gestelltes – Berichtsheft in Form eines Ausbildungsnachweises führen müssen. Wer die Ausbildungsnachweise nicht oder nur unvollständig geführt hat, kann von der Teilnahme an der Abschlussprüfung ausgeschlossen werden.

§ 43 Zulassung zur Abschlussprüfung (BBiG)

(1) Zur Abschlussprüfung ist zuzulassen,
1. wer die Ausbildungszeit zurückgelegt hat oder wessen Ausbildungszeit nicht später als zwei Monate nach dem Prüfungstermin endet,
2. wer an vorgeschriebenen Zwischenprüfungen teilgenommen sowie vorgeschriebene schriftliche Ausbildungsnachweise geführt hat und
3. wessen Berufsausbildungsverhältnis in das Verzeichnis der Berufsausbildungsverhältnisse eingetragen ist …

Tipp

Da über Umfang und Inhalt des Berichtsheftes kontrovers diskutiert wird, hat die IHK Richtlinien für das Führen von Berichtsheften herausgegeben (Quelle: www.ihk-koeln.de).

Richtlinien für das Führen von Berichtsheften in Form von Ausbildungsnachweisen (Auszüge):

- Der Ausbildungsnachweis dient der Systematisierung der Berufsausbildung.
- Der Ausbildungsnachweis (Umfang: ca. 1 DIN A4-Seite) muss mindestens wöchentlich geführt werden, der

Ausbildende bzw. der Ausbilder überprüft mind. monatlich und zeichnet ab.

- Der Auszubildende führt den Ausbildungsnachweis während der Ausbildungszeit.
- Eine Bewertung des Ausbildungsnachweises erfolgt nicht.

1.2.2 Die Prüfungsordnung

Nicht nur die Berufsausbildung benötigt einen eindeutigen gesetzlichen Rahmen, sondern auch die Durchführung der Zwischen- und Abschlussprüfung. Auf der Grundlage des BBiG und gemäß den Richtlinien des Bundesausschusses für Berufsbildung erlässt die IHK eine **Prüfungsordnung**. Diese regelt:

1. Zusammensetzung des Prüfungsausschusses
2. Prüfungstermine
3. Zulassung zur Prüfung
4. Befreiung von Prüfungsteilen
5. Ordnungsverstöße
6. Bewertungsverfahren
7. Bestehen bzw. Nichtbestehen
8. Wiederholungsmöglichkeiten
9. Inhalt des Prüfungszeugnisses

1.2.3 Das Ende des Ausbildungsverhältnisses

Das Ausbildungsverhältnis endet mit Bestehen der Abschlussprüfung. Da sich die Abschlussprüfung aus drei Teilen zusammensetzt, entscheidet sich erst im letzten Prüfungsteil, ob der Prüfling die Ausbildung erfolgreich bestanden hat. Mit Bekanntgabe der Prüfungsergebnisse endet das Ausbildungsverhältnis, selbst wenn vertraglich ein anderer Termin im Ausbildungsvertrag steht. Bei Weiterbeschäftigung hat der Prüfling Anspruch auf eine Entlohnung als Florist(in) mit Abschlussprüfung (lt. Entgelttarif beispielsweise mit 95 % des Ecklohns in der Entgeltgruppe A 3.)

1.2.4 Das Arbeitszeugnis

Auszubildenden ist nach Beendigung des Berufsausbildungsverhältnisses ein Zeugnis auszustellen. Negative Formulierungen sind dabei ebenso unzulässig wie verklausulierte Floskeln, die negatives Verhalten vertuschen. Selbstverständlich haben auch alle Mitarbeiter, die nach einer Kündigung das Beschäftigungsverhältnis im Betrieb beenden, Anspruch auf ein angemessenes Arbeitszeugnis. Informationen zum Kündigungsschutz und den verschiedenen Formen der Kündigung finden sich ab Seite 19. Verlässt ein Mitarbeiter den Betrieb, sind ihm außerdem Arbeitsbescheinigung, Lohnsteuerbescheinigung, Urlaubsbescheinigung und Sozialversicherungsausweis auszuhändigen.

§ 109 der Gewerbeordnung

(1) Der Arbeitnehmer hat bei Beendigung eines Arbeitsverhältnisses Anspruch auf ein schriftliches Zeugnis. Das Zeugnis muss mindestens Angaben zu Art und Dauer der Tätigkeit (einfaches Zeugnis) enthalten. Der Arbeitnehmer kann verlangen, dass sich die Angaben darüber hinaus auf Leistung und Verhalten im Arbeitsverhältnis (qualifiziertes Zeugnis) erstrecken.
(2) Das Zeugnis muss klar und verständlich formuliert sein. Es darf keine Merkmale oder Formulierungen enthalten, die den Zweck haben, eine andere als aus der äußeren Form oder aus dem Wortlaut ersichtliche Aussage über den Arbeitnehmer zu treffen.
(3) Die Erteilung des Zeugnisses in elektronischer Form ist ausgeschlossen.
Das Zeugnis muss von einem dazu Berechtigten unterschrieben sein, im Allgemeinen der direkte Vorgesetzte. Grundsätzlich ist ein qualifiziertes Zeugnis zu bevorzugen, gerade bei längerer Beschäftigung.

Aufgaben

1. Informieren Sie sich, welche Ausbildungsnachweise Sie Ihrem Ausbilder monatlich vorlegen müssen.
2. Fragen Sie in Ihrer Berufsschule nach, welche Themenbereiche sich für Ausbildungsnachweise eignen.
3. Ein Auszubildender hat einen Ausbildungsvertrag bis zum 31. Juli, er bekommt aber am 10. Juli nach bestandener Prüfung sein Berufsabschlusszeugnis. Sein Chef bittet ihn, bis zum Ende des Monats weiterzuarbeiten, da ja die Ausbildungsvergütung noch solange weitergezahlt werde. Wie ist die Rechtslage?
4. Erklären Sie den Unterschied zwischen einem einfachen und einem qualifizierten Arbeitszeugnis.
5. Informieren Sie sich im Internet über die geheime Zeugnissprache bei der Mitarbeiterbewertung.
6. Annahme: Sie vertreten Ihren Chef und müssen für eine Kollegin ein qualifiziertes Zeugnis schreiben. Wie ist das Zeugnis bei sehr guten Leistungen zu formulieren? Wie bei durchschnittlichen Leistungen?
7. Informieren Sie sich über die Rechte von Auszubildenden, wenn diese die Abschlussprüfung nicht bestanden haben.

1.3 Fort- und Weiterbildung während und nach der Berufsausbildung

Oliver Jansen, Auszubildender im 3. Lehrjahr, sucht schon jetzt neue Herausforderungen und möchte sich „beruflich durch Weiterbildung verbessern", wie er selbst sagt. Welche Möglichkeiten hat er während und nach der Ausbildung?

„Eine Investition in Wissen bringt immer noch die besten Zinsen!" Diese Weisheit von Benjamin Franklin (1709 – 90) ist aktueller denn je, wenn es um die Frage geht, ob man als Florist nach der Ausbildung tatsächlich „ausgelernt" hat. Der Beruf verlangt vom Floristen Kreativität und andere Schlüsselqualifikationen, wie Kommunikations-, Team- und Organisationsfähigkeit, ganzheitliches Denken und EDV-Kompetenz. Der Florist benötigt von Zeit zu Zeit neue Impulse. Floristische Gestaltungen unterliegen bestimmten Trends und sind ständig im Wandel; Bedürfnisse und die Konsumgewohnheiten der Kunden ändern sich, außerdem kommen fortwährend neue Produkte und Pflanzen auf den Markt. Fort- und Weiterbildung sind somit wichtige Bestandteile kompetenter Berufsausübung und fördern die Persönlichkeitsbildung.

1.3.1 Fort- und Weiterbildungsangebote für Auszubildende

Verschiedene Bildungsträger bieten Seminare an, die Auszubildende besuchen können, wenn sie Kenntnisse vertiefen oder sich gezielt auf bestimmte Prüfungsteile vorbereiten wollen, z. B. EDV-Anwendungen, Vorbereitung auf die schriftliche Abschlussprüfung, die Komplexe Prüfungsaufgabe, die praktische Prüfung oder die Sachkundeprüfung zur Anwendung von Pflanzenschutzmitteln.

> *Tipp*
>
> Weiterbildungsangebote bzw. Informationen finden Sie im Internet:
> www. fdf.de
> www.kursnet-finden.arbeitsagentur.de

1.3.2 Fort- und Weiterbildungsmöglichkeiten nach der Ausbildung

Die genannten Internetadressen bieten auch berufserfahrenen Floristen die Möglichkeit, gezielt für bestimmte Schwerpunktthemen Informationen zu finden. Von Weiterbildungsmöglichkeiten sind spezielle Fortbildungsangebote zu unterscheiden, die zu einer neuen Qualifikation führen. Hier sind insbesondere Maßnahmen zu nennen, die mit der Erlangung der **Ausbildereignungsprüfung**, mit der **Meisterprüfung** oder mit der Qualifikation zur/zum **Staatlich Geprüften Gestalter/in für Blumenkunst** abschließen.

In der Ausbilder-Eignungsverordnung (AEVO) sind die Bedingungen erläutert, die für den Erwerb des „Ausbilderscheins", wie er umgangssprachlich bezeichnet wird, notwendig sind. Wer ausbilden möchte, muss diese Ausbildereignungsprüfung bei der IHK absolvieren. Durch eine Prüfung im Fach Berufs- und Arbeitspädagogik kann die Ausbildereignung auch innerhalb der Meisterausbildung erfolgen.

Die Voraussetzung zum Besuch der einjährigen Fachschule Floristik und zur Erlangung der Meisterprüfung sind den Informationen der einzelnen Meisterschulen zu entnehmen. Für die Zulassung zur Meisterprüfung wird in der Regel eine abgeschlossene Berufsausbildung als Florist/in und eine mindestens zweijährige einschlägige Berufstätigkeit vorausgesetzt oder alternativ eine mindestens sechsjährige einschlägige Berufspraxis. Wer sich zum Staatlich Geprüften Gestalter für Blumenkunst fortbilden möchte, muss neben der abgeschlossenen Berufsausbildung mindestens ein Jahr einschlägig gearbeitet haben. Meisterkurse werden dabei entweder in einer einjährigen Vollzeitform oder als berufsbegleitender Blockunterricht angeboten.

> *Tipp*
>
> Eine Übersicht aller Ausbildungsstätten mit vielen Informationen findet man im Internet unter www. meisterschulen.de.

1.3.3 Schulische und akademische Weiterbildungsmöglichkeiten

Floristen können, wenn sie eine **schulische oder akademische Weiterbildung** anstreben, je nach Bundesland über Fachoberschule, Fachschule, das Berufliche Gymnasium, Fachhochschule oder Universität zusätzliche Qualifikationen und Abschlüsse erzielen. Diese erweitern die beruflichen Tätigkeitsfelder, insbesondere im Bereich der Aus- und Weiterbildung, der Betriebs- und Mitarbeiterführung, im Marketingbereich oder in der Verbandsarbeit. Informationen bieten hier die Arbeitsagenturen vor Ort.

Der Tarifvertrag für Floristen sieht eine höhere Qualifikation dann als Eingruppierung in eine bessere Tarifgruppe vor, woraus sich natürlich auch ein höheres Bruttoarbeitsentgelt ableitet. Floristen mit der Qualifikation Floristmeister(in) bzw. Staatl. Abschlussprüfung Weihenstephan werden im Entgelttarifvertrag in Entgeltgruppe A 4 oder A 5 eingestuft.

1.4 Organisationen, die Floristen im Beruf begleiten

Wie in vielen anderen Berufen auch haben sowohl Auszubildende mit dem Ausbildungsziel Florist, als auch ausgelernte Mitarbeiter und Betriebsleiter im Berufsleben mit verschiedenen Berufsständischen Organisationen zu tun.

Für die Linnea GmbH besucht Marc Schmidt in der kommenden Woche eine Fortbildungsveranstaltung bei der BGHW zum Thema Arbeitsschutz, Frau Pohl ist seit ihrer Festanstellung in der IG BAU organisiert und Sophia Schmidt hat als Ausbilderin Ausbildungsverträge mit ihren Auszubildenden unter Federführung der IHK abgeschlossen. Darüber hinaus ist Frau Schmidt Mitglied im FDF. Die Abkürzungen werden in den folgenden Kapiteln erläutert.

1.4.1 Berufsgenossenschaft Handel und Warenlogistik (BGHW)

BGHW
Berufsgenossenschaft
Handel und Warenlogistik

Bild 1 Logo der Berufsgenossenschaft Handel und Warenlogistik (BGHW)

Die Berufsgenossenschaft Handel und Warenlogistik (BGHW) ist **Trägerin der Gesetzlichen Unfallversicherung**. Berufsgenossenschaften bilden neben der Kranken-, Pflege-, Renten- und Arbeitslosenversicherung einen selbstständigen Zweig des deutschen Sozialversicherungssystems. Alle Arbeitnehmer, die in Floristik-Fachgeschäften tätig sind, werden dort gegen Arbeits- und Wegeunfälle und bei einer auftretenden Berufskrankheit versichert. Für Beschäftigte in den Endverkaufsbetrieben des Gartenbaus ist die Gartenbauberufsgenossenschaft (Gartenbau BG) zuständig. Die Beiträge zur gesetzlichen Unfallversicherung zahlt der Arbeitgeber allein, der Tarif richtet sich dabei nach der sogenannten Gefahrklasse und der Größe des Unternehmens (www.bghw.de).

Die BGHW übernimmt bei Arbeits- und Wegeunfällen die Heilbehandlungs- und Reisekosten bzw. erforderlichen Rehabilitationsmaßnahmen. Weitere Leistungen bei Bedarf sind: Verletztengeld bei Arbeitsunfähigkeit, Übergangsgeld und weitere Hilfen zur Wiedereingliederung in das Arbeitsleben, Pflegegeld oder Sterbegeld, Versicherten-, Waisen- bzw. Hinterbliebenenrente (vergl. Kap. 1.5.9).

1.4.2 Industriegewerkschaft Bauen-Agrar-Umwelt (IG BAU)

Industriegewerkschaft
Bauen-Agrar-Umwelt

Bild 2 Logo der Industriegewerkschaft Bauen-Agrar-Umwelt (IG BAU)

Gewerkschaften sind die sozialen und wirtschaftlichen **Interessenvertretungen der Arbeitnehmer** (Angestellte, Arbeiter, Auszubildende, Beamte). Schwerpunkt ihrer Tätigkeit ist die Verhandlung mit den jeweiligen Arbeitgebern über tarifpolitische Verbesserungen (Tarifverhandlungen), außerdem unterstützen sie ihre Mitglieder in Rechtsfragen bzw. gewähren Rechtsschutz bei arbeits- und sozialrechtlichen Streitigkeiten. Weitere Leistungen für Mitglieder sind: Unterstützung bei der Weiterbildung, Geldleistungen bei Streik oder Aussperrung, Seminare für Mitglieder und eine kostenlose Freizeit-Unfallversicherung.

Für Floristen ist die IG BAU zuständig, die zu den acht Mitgliedsgewerkschaften des Deutschen Gewerkschaftsbundes (DGB) gehört (www.igbau.de).

1.4.3 Industrie- und Handelskammer (IHK)

IHK

Bild 3 Logo der Industrie- und Handelskammer (IHK)

Die Industrie- und Handelskammer nimmt als eigenverantwortliche **öffentlich-rechtliche Körperschaft** der wirtschaftlichen Selbstverwaltung das Gesamtinteresse der ihnen zugehörigen Unternehmen, also auch der selbstständigen Floristen, gegenüber Kommunen, Landesregierung sowie Politik und Öffentlichkeit wahr. Sie hat als zuständige Stelle insbesondere die Durchführung der betrieblichen Berufsausbildung zu koordinieren. Für Gewerbetreibende, z. B. Floristen, besteht Pflichtmitgliedschaft (www.ihk.de).

Wichtige Aufgaben der IHK im Überblick:
- Führung des Verzeichnisses der Berufsausbildungsverträge
- Prüfung der Ausbildungsstätten auf Eignung
- Überwachung der Berufsausbildung
- Beratung und Förderung der Betriebe und Auszubildenden, Vermittlung bei Streitigkeiten
- Entscheidung über die Zulassung zur Abschlussprüfung
- Bildung von Prüfungsausschüssen
- Durchführung von Abschluss- und Meisterprüfungen

1.4.4 Fachverband Deutscher Floristen (FDF)

Zu Beginn des 20. Jahrhunderts wurde in Deutschland die erste selbstständige Berufsorganisation der Blumenfachgeschäfte gegründet. Es entstand 1904 der „Verband Deutscher Blumengeschäftsinhaber" in Düsseldorf. 1951 entstand daraus der „Fachverband der Blumenbindereien e.V.", der 1969 in den „Fachverband Deutscher Floristen e.V." (FDF) umbenannt wurde. Neben dem Bundesverband mit Sitz in Gelsenkirchen sind auch die Landesverbände sehr aktiv.

Bild 1 Logo des FDF

Das Berufsbild des Blumenbinders von einst hat sich zu einem Floristen als Gestalter mit einem breiten Spektrum floraler Dienstleistungen gewandelt. Der FDF fördert die floristische Kultur und Qualitätssicherung in der Branche. Er bietet seinen Mitgliedern, das sind die Inhaber der Floristik-Fachgeschäfte, ein umfangreiches Leistungspaket an, die Mitgliedschaft im FDF ist freiwillig (www.fdf.de).

Zu den Aufgaben und Leistungen des FDF gehören:
- Teilnahme an Tarifverhandlungen als Tarifpartner zusammen mit der IG BAU
- Berufsstandsvertretung gegenüber der Wirtschaft und Politik
- Beratung der Mitglieder in Personal- und Ausbildungsfragen
- Wettbewerbsrechtliche Informationen und Rechtsberatung
- Entwicklung neuer Geschäftskonzepte
- Serviceangebot für einen kompetenten Geschäftsauftritt
- Seminare zur Prüfungsvorbereitung, Fort- und Weiterbildung
- Durchführung von Ausstellungen, Berufswettkämpfen und Leistungsvergleichen, darunter alle zwei Jahre die deutsche Meisterschaft der Floristen, die „Goldene Rose"
- Herausgabe von Fachliteratur
- Partner der IPM Essen (Internationale Pflanzenmesse)
- Entwicklung und Präsentation der neusten floristischen Trends

Der **FDF** als Arbeitgeberorganisation und die **IG BAU** als Arbeitnehmerorganisation sind die Sozialpartner, die die Tarifverhandlungen führen. Sie handeln u. a. für ihre Mitglieder regelmäßig neue Rahmen- bzw. Entgelttarifverträge aus.

1.4.5 Zentralverband Gartenbau (ZVG)

Im Zentralverband Gartenbau e.V. (ZVG) mit Hauptsitz in Bonn sind alle namhaften gartenbaulichen Berufsorganisationen und Verbände in Deutschland zusammengeschlossen, darunter auch der FDF. Der ZVG vertritt als Dachorganisation die Interessen des Berufsstandes gegenüber der Bundesregierung, den Parteien, anderen Berufsgruppen und den Verbrauchern bei berufspolitischen, wirtschaftlichen und gesellschaftlichen Fragen (www.g-net.de).

Bild 2 Logo des ZVG

Weitere Aufgabenschwerpunkte des ZVG sind die Förderung von Aus- und Weiterbildung des gärtnerischen Berufsstandes, die Information der Medien bzw. der Öffentlichkeit über den Beruf und die Leistungen des Gärtners und der Floristen, die Beratung und Unterstützung der Mitgliedsbetriebe bei Marketingfragen und Public Relations, darüber hinaus obliegt ihm die ideelle Trägerschaft für die Internationale Pflanzenmesse in Essen (IPM).

1.4.6 Blumenspendenvermittlungsdienste

Die Geschichte der Blumenspendenvermittlung begann bereits 1908 in Berlin mit der Gründung der „Blumenspenden-Vermittlungsvereinigung", die heute als Fleurop GmbH (Berlin) in der Bevölkerung am bekanntesten ist und jetzt der Fleurop – Interflora angegliedert ist. Neben der Fleurop GmbH sind auf dem deutschen Markt noch andere Blumenspendenvermittlungsdienste aktiv, dazu zählen Euro-Florist, FloraPrima, Floridee, Valentins, florito, Flower-dreams und noch viele andere Online-Vermittlungsdienste. Während Fleurop und EuroFlorist Kundenwünsche aus aller Welt über die örtlichen Blumenfachgeschäfte anbieten, arbeiten Internetanbieter meist mit Versand-Logistikunternehmen zusammen (www.fleurop.de).

Bild 3 Logo der Fleurop

Aufgaben

1. Begründen Sie folgende Aussage: „Lernen ist wie das Rudern gegen den Strom; sobald man aufhört, treibt man zurück" (B. Britten, 1913–76).
2. Zählen Sie fünf Schlüsselqualifikationen auf, die Floristen während und nach der Berufsausbildung besitzen sollten.
3. Wie unterscheiden sich Fortbildungs- und Weiterbildungsangebote in der Floristik?
4. Welche Voraussetzungen sind notwendig für die Zulassung zur Florist-Meisterprüfung?
5. Informieren Sie sich, wo man in Ihrer Nähe die Meisterprüfung ablegen kann! Unterscheiden Sie dabei zwischen Vollzeit- und Teilzeitunterricht.
6. Sie möchten nach der Ausbildung ein Hochschul- bzw. Universitätsstudium beginnen, um beruflich im Bereich Floristik/Gartenbau als Akademiker zu arbeiten. Informieren Sie sich im Internet, welche Voraussetzungen dafür notwendig sind und wo Sie studieren könnten.
7. Wo können Sie die Ausbildereignungsprüfung ablegen? Was wird dazu vorausgesetzt?
8. Welche Aufgaben übernimmt die Berufsgenossenschaft? Nennen Sie vier Beispiele.
9. Wer zahlt die Beiträge zur Unfallversicherung?
10. Welche Aufgaben übernimmt die IG BAU für ihre Mitglieder? Nennen Sie vier verschiedene.
11. Welche Aufgaben übernimmt die IHK für Auszubildende und Betriebsinhaber? Zählen Sie je vier verschiedene auf.
12. Welche Aufgaben übernimmt der FDF für seine Mitglieder? Nennen und erläutern Sie fünf Beispiele.
13. Warum spricht man beim ZVG häufig vom „Dachverband"? Erläutern Sie die Zusammenhänge.
14. Informieren Sie sich, wie Sie bei verschiedenen Anbietern Blumenspenden an Personen übermitteln können! Wie unterscheiden sich Fleurop oder EuroFlorist von Anbietern, die Dienstleistungen ausschließlich über das Internet anbieten?

1.5 Arbeitsrecht während der Berufsausübung

Das Ehepaar Schmidt von der Linnea GmbH muss den Personalbedarf in ihrem Betrieb überdenken, trotz Stammbelegschaft und drei Auszubildenden ist durch die Umgestaltung und Neunutzung des Außengeländes zusätzliches Personal nötig, denn Oliver steht kurz vor seiner Abschlussprüfung und Dorothea Pohl ist schwanger. Sophia Schmidt besucht eine Informationsveranstaltung des FDF, weil sie sich nur ungenau mit dem Thema „Arbeitsschutz im Berufsalltag" auskennt, aber wissen möchte, wie sie sich bei dieser Thematik korrekt zu verhalten hat. Welche Themenbereiche sind für Arbeitgeber und Arbeitnehmer gleichermaßen wichtig?

1.5.1 Der Arbeitsvertrag

Eine Grundlage für eine langfristige und positive Zusammenarbeit von Arbeitgeber und Arbeitnehmer ist der **Arbeitsvertrag**. Alle Beschäftigungsverhältnisse unterliegen einer Vielzahl von Rechtsbeziehungen, die unter das Individualarbeitsrecht, das Kollektivarbeitsrecht und die Arbeitsschutzrechte fallen.

Grundregel: Durch Einzelvereinbarungen (Individualverträge) darf der Arbeitnehmer grundsätzlich besser, aber nicht schlechter als durch die bestehenden Gesamtvereinbarungen (Kollektivverträge, Gesetze, Verordnungen) gestellt werden.

Das **Kollektivrecht** findet Anwendung bei allen Verträgen und Vereinbarungen zwischen Wirtschaftszweigen oder Betrieben und Arbeitnehmerschaften (z. B. bei Betriebsvereinbarungen oder Tarifverträgen). Zum **Individualrecht** gehören alle Einzelarbeitsverträge und Vereinbarungen zwischen dem Arbeitnehmer und Arbeitgeber, in denen die Rechte und Pflichten der Vertragspartner geregelt sind.

Grundlage aller Arbeitsverhältnisse ist das Erbringen von Arbeitsleistungen gegen Entgelt. Der Arbeitnehmer stellt seine Arbeitskraft zur Verfügung und erhält dafür vom Arbeitgeber einen Lohn bzw. ein Gehalt.

Die heutige Gesetzgebung ermöglicht nicht nur unbefristete Arbeitsverträge (sie enden mit Kündigung oder Aufhebungsvertrag), sondern nach dem Teilzeitgesetz auch befristete Arbeitsverträge (sie enden nach Ablauf einer festgelegten Zeit).

Nach EU-Recht müssen Arbeitsverträge schriftlich erfolgen und von beiden Vertragspartnern unterschrieben werden.

Inhalte eines Arbeitsvertrages:
- Personalien der Vertragsparteien
- Bezeichnung und Beschreibung der Tätigkeit oder Stelle
- Beginn und ggf. Dauer des Arbeitsverhältnisses
- Höhe des Jahresentgeltes
- Tages- oder Wochenarbeitszeit
- Jahresurlaub
- Kündigungsfristen
- Unterschriften beider Vertragsparteien

Wie beim Ausbildungsverhältnis beinhaltet das Arbeitsverhältnis Rechte und Pflichten des Arbeitnehmers und des Arbeitgebers.

Pflichten des Arbeitgebers:
- **Lohnzahlungspflicht**
  z. B. pünktliche Zahlung des Lohnes und möglicher Zulagen, der Lohnfortzahlung im Krankheitsfall bzw. des Urlaubsentgelts
- **Fürsorgepflicht**
  z. B. Einhaltung der Arbeitsschutzgesetze, Einrichtung des Arbeitsplatzes, ohne dass Schaden an Gesundheit oder Eigentum entstehen kann, Schutz der Persönlichkeit der Arbeitnehmer bzw. die Gleichbehandlungspflicht
- **Zeugniserstellungspflicht**
  z. B. Ausstellung eines qualifizierten Zeugnisses auf Anfrage

Pflichten des Arbeitnehmers
- **Arbeitspflicht**
  z. B. Einhaltung der Arbeitszeit, Befolgung von Weisungen des Arbeitgebers, Pünktlichkeit, gewissenhafte Ausführung der Arbeiten und Ableistung gelegentlicher Überstunden, wenn sie betrieblich dringend notwendig sind
- **Treue- und Verschwiegenheitspflicht**
  z. B. kein Preisgeben von Geschäftsgeheimnissen (Bilanzen, Kundenlisten, technisches Know-how)
- **Handels- und Wettbewerbsverbot**
  z. B. keine unangemeldeten Nebentätigkeiten im **gleichen** Geschäftszweig, ein Wettbewerbsverbot nach Beendigung des Arbeitsverhältnis ist schriftlich zu vereinbaren, gilt längstens zwei Jahre und ist mit einer Entschädigungszahlung verbunden

1.5.2 Arbeitszeitgesetz (ArbZG)

Das Arbeitszeitgesetz (ArbZG) legt die Grundnormen dafür fest, wann und wie lange Beschäftigte höchstens arbeiten dürfen, und stellt damit sicher, dass Arbeitszeiten begrenzt sowie Mindestruhepausen und -zeiten nach Arbeitsende eingehalten werden. Das Gesetz beschränkt sich dabei auf Rahmenbedingungen, sodass für die Vereinbarung flexibler Arbeitszeiten ein Spielraum bleibt. Besonders geschützt sind Beschäftigte bei Nachtarbeit, Sonn- und Feiertagsarbeit. Die betriebliche Arbeitszeit richtet sich neben dem Arbeitszeitgesetz auch nach Regelungen des Tarifvertrages, sofern diese zwischen Arbeitgeber und -nehmer vereinbart wurden. Für Auszubildende bildet die im Ausbildungsvertrag vereinbarte wöchentliche Arbeitszeit den zeitlichen Rahmen. Darüber hinaus sind insbesondere jugendliche Arbeitnehmer und Auszubildende gesetzlich durch das Jugendarbeitsschutzgesetz geschützt.

Bild 1 Dieses Buch enthält alle wichtigen Arbeitsgesetze

Für Floristen sind folgende Punkte bedeutsam:

Wichtige Punkte, die das Arbeitszeitgesetz regelt:
- Bei einer täglichen Arbeitszeit von mehr als sechs bis zu neun Stunden ist eine 30 minütige **Ruhepause**, bei mehr als neun Stunden 45 Minuten Pause zu gewährleisten. Die Pausen können in 15 minütige Zeitabschnitte eingeteilt werden.
- Arbeitnehmer müssen nach Beendigung der tägl. Arbeitszeit eine ununterbrochene **Ruhezeit** von mind. elf Stunden haben.
- Die regelmäßige, werktägliche **Arbeitszeit** darf acht Stunden nicht überschreiten; sie kann auf 10 Stunden verlängert werden, wenn innerhalb von 24 Wochen im Durchschnitt nicht mehr als acht Stunden gearbeitet wird.
- Beschäftigungsverbot an **Sonn- und gesetzl. Feiertagen**, allerdings gelten Ausnahmeregelungen bei Floristen. Werden Arbeitnehmer an einem Sonntag beschäftigt, muss ein **Ersatzruhetag** (in einem Zeitraum von zwei Wochen gewährt werden, bei Feiertagsbeschäftigung innerhalb acht Wochen).
- Mindestens 15 Sonntage im Jahr müssen beschäftigungsfrei bleiben.
- Für Jugendliche unter 18 Jahren gilt das **Jugendarbeitsschutzgesetz.**

1.5.3 Jugendarbeitsschutzgesetz (JArbSchG)

Jugendliche (Personen im Alter zwischen 15 und 18 Jahre) zählen aufgrund ihrer Unerfahrenheit und ihrer noch nicht beendeten körperlichen, geistigen und charakterlichen Reife zu den gefährdeten Personengruppen, die durch gesetzliche Vorschriften besonderen Schutz genießen. Für die Beschäftigung dieser Personengruppe gilt das **Jugendarbeitsschutzgesetz**.

In der folgenden Tabelle sind die wichtigsten Regelungen des Jugendarbeitsschutzgesetzes zusammengefasst. Weitere, gut erklärte und bebilderte Infos gibt es im Internet unter www.bmas.de (Bundesministerium für Arbeit und Soziales).

Inhalt	Bedeutung
Arbeits-zeit*	• Jugendliche dürfen nicht mehr als 8 Std. täglich bzw. 40 Std. wöchentlich beschäftigt werden • Höchstens fünf Tage in der Woche • Berufsschultage sind grundsätzlich Arbeitstage • Freistellung für die Teilnahme am Berufsschulunterricht mit mehr als 5 Unterrichtsstunden (gilt einmal in der Woche als 8-Stunden-Tag), weitere Berufsschultage werden mit der Unterrichtszeit (einschl. der Pausen) angerechnet • Bei Blockunterricht an 5 Tagen sind betriebliche Ausbildungsveranstaltungen 2 Std./Woche mögl. • Kein Entgeltausfall durch den Besuch der Berufsschule
Ruhe-pausen	Bei einer Arbeitszeit von • mehr als 4,5 bis 6 Std.: 30 Minuten Pause • mehr als 6 Stunden: 60 Minuten Pause
Nachtruhe	Keine Beschäftigung zwischen 20.00 und 6.00 Uhr, Ausnahmen gelten für den Bereich des Gaststättengewerbes, in der Landwirtschaft, in Bäckereien und in Mehrschichtbetrieben
Samstag/ Sonntag/ Feiertag	Grundsätzlich ist keine Beschäftigung erlaubt, aber es gibt Ausnahmen für Betriebe mit Samstags-/Sonntagsarbeit, wobei dann die 5-Tage-Woche gewährleistet sein muss.
Urlaubs-dauer	Jugendliche, die zu Beginn eines Jahres noch • nicht 16 Jahre alt sind, erhalten 30 Werktage • nicht 17 Jahre alt sind, erhalten 27 Werktage • nicht 18 Jahre alt sind, erhalten 25 Werktage
Gefähr-liche Arbeiten, Akkord-arbeit	Jugendliche dürfen nicht mit Arbeiten beschäftigt werden, die • ihre Leistungsfähigkeit überschreiten • mit Unfallgefahren verbunden sind (durch außergewöhnliche Hitze oder Kälte, Lärm, Erschütterung, Strahlen, Gefahrstoffe, ...)
Ärztliche Unter-suchung	Jugendliche dürfen nicht beschäftigt werden, wenn sie nicht zuvor ärztlich untersucht worden sind (Erstuntersuchung). Nach Ablauf des ersten Jahres muss eine Nachuntersuchung stattgefunden haben.

* Abweichungen aufgrund eines bestehenden Tarifvertrages möglich

1.5.4 Kündigungsschutzgesetz (KSchG)

Das Kündigungsschutzgesetz (KSchG) verhilft Arbeitnehmern, die länger als sechs Monate im Betrieb beschäftigt sind, zu einem **gesetzlich festgelegten Schutz vor Kündigungen**; Voraussetzung ist allerdings, dass im Betrieb mehr als zehn Arbeitnehmer beschäftigt sind.

Unter den oben genannten Voraussetzungen schützt das Kündigungsschutzgesetz Arbeitnehmer vor **sozial ungerechtfertigten Kündigungen**. Das bedeutet, eine Kündigung ist unwirksam, wenn sie nicht durch die Person, durch das Verhalten des Mitarbeiters oder durch betriebsbedingte Situationen begründet ist.

Befristete Arbeitsverhältnisse enden **ohne Kündigung**, wenn der Zeitpunkt der Beendigung schon bei Vertragsabschluss festgelegt wurde, z. B. bei Aushilfen, Ferienarbeit, Praktikum. **Unbefristete Arbeitsverhältnisse** können durch Kündigung oder einen Aufhebungsvertrag gelöst werden.

Bürgerliches Gesetzbuch
Buch 2 – Recht der Schuldverhältnisse (§§ 241–853)
Abschnitt 8 – Einzelne Schuldverhältnisse (§§ 433–853)
Titel 8 – Dienstvertrag (§§ 611–630)

§ 622
Kündigungsfristen bei Arbeitsverhältnissen

(1) Das Arbeitsverhältnis eines Arbeiters oder eines Angestellten (Arbeitnehmers) kann mit einer Frist von vier Wochen zum Fünfzehnten oder zum Ende eines Kalendermonats gekündigt werden.

(2) Für eine Kündigung durch den Arbeitgeber beträgt die Kündigungsfrist, wenn das Arbeitsverhältnis in dem Betrieb oder Unternehmen

1. zwei Jahre bestanden hat, einen Monat zum Ende eines Kalendermonats,
2. fünf Jahre bestanden hat, zwei Monate zum Ende eines Kalendermonats,
3. acht Jahre bestanden hat, drei Monate zum Ende eines Kalendermonats,
4. zehn Jahre bestanden hat, vier Monate zum Ende eines Kalendermonats,
5. zwölf Jahre bestanden hat, fünf Monate zum Ende eines Kalendermonats,
6. 15 Jahre bestanden hat, sechs Monate zum Ende eines Kalendermonats,
7. 20 Jahre bestanden hat, sieben Monate zum Ende eines Kalendermonats.

Bei der Berechnung der Beschäftigungsdauer werden Zeiten, die vor der Vollendung des 25. Lebensjahrs des Arbeitnehmers liegen, nicht berücksichtigt.

(3) Während einer vereinbarten Probezeit, längstens für die Dauer von sechs Monaten, kann das Arbeitsverhältnis mit einer Frist von zwei Wochen gekündigt werden.

Bild 1 Auszug aus dem BGB, § 622, Kündigungsfristen

Kündigungsarten

Ordentliche Kündigung: Sie erfolgt aus betrieblichen Gründen seitens des Arbeitgebers oder aus persönlichen Gründen des Arbeitnehmers unter Beachtung der Kündigungsfristen. Betriebsbedingte Kündigungen müssen nach der Sozialauswahl erfolgen, das bedeutet, die Dauer der Betriebszugehörigkeit, das Alter, Unterhaltsverpflichtungen und Schwerbehinderung sind zu berücksichtigen.

Außerordentliche Kündigung: Sie erfolgt fristlos und kann nur durch einen wichtigen Grund erfolgen; meist sind es besondere Vorkommnisse, die in der Person des Arbeitnehmers, des Arbeitgebers oder in unerlaubten Arbeitsbedingungen begründet sind. Beispiel: Diebstahl, Unterschlagung von Waren, Unregelmäßigkeiten beim Kassieren, Mobbing von Mitarbeitern.

Änderungskündigung: Hier kündigt der Arbeitgeber das Arbeitsverhältnis fristgerecht, bietet aber im Zusammenhang mit der Kündigung die Fortdauer des Arbeitsverhältnisses zu anderen Bedingungen an. Beispiel: Aufgabe einer Filiale einer Blumen-Discount-Kette, Versetzung in einen anderen Betriebsteil.

Aufhebungsvertrag: Hier handelt es sich um eine einvernehmliche Auflösung des Arbeitsverhältnisses; die Mitwirkung der Behörden (bei Schwangeren oder Schwerbehinderten), des Betriebsrates oder des Arbeitsgerichtes ist ausgeschlossen.

Dadurch erspart sich der Arbeitgeber die Prüfung, ob die Kündigung sozial gerechtfertigt ist. Beispiel: Die Linnea GmbH bietet einem langjährigen Mitarbeiter einen Aufhebungsvertrag mit angemessener Abfindung an, um eine besser qualifizierte Arbeitskraft einstellen zu können.

Für bestimmte Arbeitnehmergruppen hat der Gesetzgeber über den allgemeinen Kündigungsschutz hinausgehende Regelungen getroffen.

Hier gilt ein besonderer Kündigungsschutz:

- für **Betriebsratsmitglieder** sowie **Jugend- und Auszubildendenvertreter**, d. h. Kündigungen sind während und bis zu einem Jahr nach ihrer Amtszeit unzulässig
- für **Auszubildende,** d. h. Kündigungen sind nach Beendigung der Probezeit nur bei wichtigen Gründen wirksam (§ 15 BBiG)
- für **werdende Mütter und Mütter nach der Entbindung,** d. h. während der Schwangerschaft und bis vier Monate nach der Entbindung gilt ein Kündigungsschutz. Wird ein Arbeitgeber innerhalb 14 Tagen nach einer Kündigung über eine Schwangerschaft informiert, ist die Kündigung unwirksam
- für **Elternzeitberechtigte,** d. h. während der Elternzeit bis zum vollendeten dritten Lebensjahr des Kindes (kann von Mutter oder Vater in Anspruch genommen werden) ruht das Arbeitsverhältnis und darf nicht gekündigt werden
- für **Schwerbehinderte** (mit mind. 50 % Behinderungsgrad), d. h. eine ordentliche Kündigung ist nur bei vorheriger schriftlicher Zustimmung des Integrationsamtes möglich.

  Dieses gilt auch für Menschen, die einem Schwerbehinderten durch Bescheid der Agentur für Arbeit gleichgestellt sind. Das Integrationsamt soll die Entscheidung innerhalb eines Monats fällen.

1.5.5 Arbeitsgerichte/Sozialgerichte

Arbeitsgerichte sind zuständig bei allen bürgerlich-rechtlichen Streitigkeiten zwischen Arbeitnehmern und Arbeitgebern, bei Streitigkeiten bezüglich des Betriebsverfassungsgesetzes sowie bei Streitigkeiten zwischen Tarifvertragsparteien. **Sozialgerichte** dagegen sind bei öffentlich-rechtlichen Streitigkeiten zuständig, z. B. bei Angelegenheiten, die die Sozialversicherung betreffen.

Beispiel: Eine 28-jährige Saisonarbeitskraft, verheiratet, ohne Kinder, hat von der Linnea GmbH eine ordentliche Kündigung per Einschreiben erhalten. Die junge Frau ist natürlich verärgert und erkundigt sich bei ihrem Anwalt, ob die Kündigung möglicherweise sozial ungerechtfertigt ist und was sie dagegen tun kann.

Ihr Anwalt verdeutlicht ihr anhand einer Übersicht, welche Möglichkeiten gegeben sind, wenn sie vor dem Arbeitsgericht gerichtlich gegen diese Kündigung vorgehen möchte.

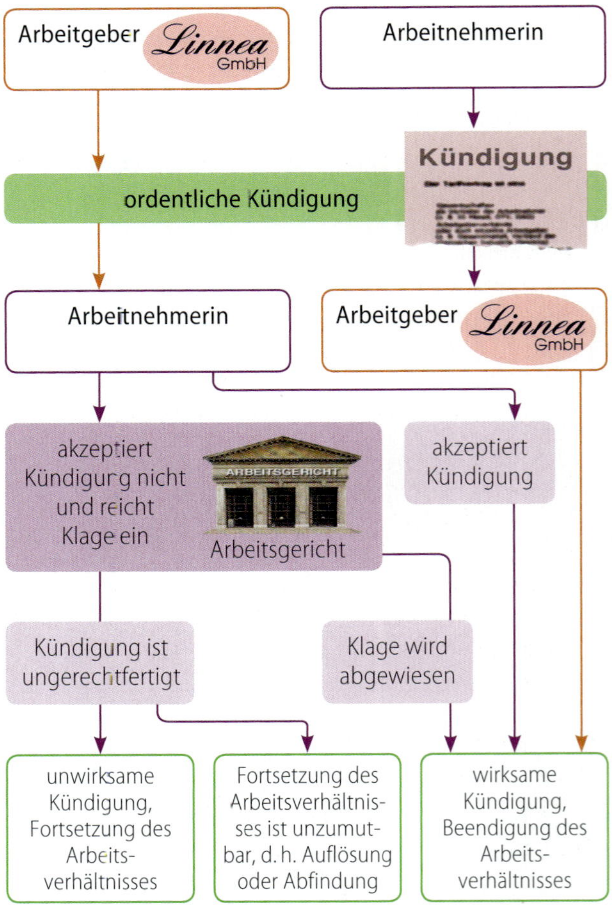

Bild 1 Maßnahmen bei Kündigung eines Arbeitsvertrages

In der ersten Instanz trägt jede Partei ihre gerichtlichen und außergerichtlichen Anwaltskosten selbst, ganz egal, ob sie den Rechtsstreit gewonnen oder verloren hat. Mit dieser Bestimmung will man verhindern, dass ein wirtschaftlich schwächerer Arbeitnehmer von der Durchsetzung seiner Ansprüche aufgrund des Kostenrisikos absieht. Verliert ein Arbeitnehmer seinen Gerichtsprozess, muss er nur seine eigenen Kosten tragen, nicht jedoch auch noch die Kosten des Arbeitgebers. Die Höhe der Gerichtskosten sowie die Kosten eines hinzugezogenen Rechtsanwaltes richten sich im arbeitsgerichtlichen Verfahren nach dem sogenannten Streitwert. Je höher der Streitwert, umso höher die Kosten. Das Arbeitsgericht setzt im Urteil den Streitwert fest.

1.5.6 Frauen-, Mutter- und Elternschutz

Berufstätige Frauen genießen durch das Arbeitsrecht einen besonderen Schutz, der ihrer körperlichen Konstitution und ihrer Aufgabe in der Familie in besonderem Maße Rechnung trägt.

Das **Mutterschutzgesetz** (MuSchG) schützt die (werdende) Mutter und ihr Kind vor Gefährdungen und möglichen Gesundheitsschädigungen am Arbeitsplatz, vor finanziellen Einbußen sowie vor dem Verlust des Arbeitsplatzes während der Schwangerschaft bzw. unmittelbar nach der Entbindung.

Wesentliche Regelungen des Mutterschutzgesetzes:

- Der Mutterschutz gilt sowohl für Vollzeit- als auch für Teilzeitarbeitskräfte, ebenso für Aushilfen und Auszubildende.
- Während der Schwangerschaft gilt generelles Beschäftigungsverbot bei Band-, Akkord-, Mehr-, Sonntags- und Nachtarbeit.
- 6 Wochen **vor** und 8 Wochen **nach** der Entbindung (12 Wochen bei Mehrlingsgeburten) besteht Beschäftigungsverbot (Schutzfrist), auf eigenen Wunsch dürfen die Schwangeren vor der Geburt noch weiterarbeiten.
- Während der Schutzfrist zahlt die gesetzliche Krankenversicherung werdenden Müttern auf Antrag Mutterschaftsgeld.
- Während der Schwangerschaft und der Schutzfrist haben werdende Mütter ein Sonderkündigungsrecht ohne Einhaltung einer Frist, sie selbst dürfen vom Arbeitgeber nicht gekündigt werden.
- Ausfallzeiten wegen mutterschutzrechtlicher Beschäftigungsverbote gelten laut Mutterschutzgesetz als Arbeitszeit, das heißt, der Urlaubsanspruch verfällt nicht.

Nach dem **Bundeselterngeld- und Elternzeitgesetz** (BEEG) kann die Mutter und/oder der Vater bzw. der Lebensgefährte eine **Elternzeit** von zurzeit bis zu 36 Monaten beanspruchen. Außerdem besteht die Möglichkeit, in den ersten 14 Monaten nach der Geburt des Kindes **Elterngeld** zu beziehen, allerdings für ein Elternteil maximal zwölf Monate. Die Höhe richtet sich jeweils nach dem Einkommen (67 % bzw. 65 % vom durchschnittlich erzielten Monatseinkommen in den letzten zwölf Monaten vor der Geburt). Es werden monatlich maximal 1 800 € und mindestens 300 € ausgezahlt. Elterngeld Plus ist für diejenigen gedacht, die kurz nach dem Mutterschutz wieder stundenweise arbeiten wollen. Dabei wird für 24 Monate das halbe Elterngeld ausbezahlt, arbeiten beide 25–30 Std./Woche, gibt es vier Bonusmonate dazu.

Bild 1 Elterngeld erhalten auch Väter

1.5.7 Bundesurlaubsgesetz (BUrlG)

Das **Bundesurlaubsgesetz**, auch als „Mindesturlaubsgesetz für Arbeitnehmer" bezeichnet, dient zur Einhaltung und Ergänzung der Mindesturlaubsdauer in Deutschland. Nach dem Gesetz hat jeder Arbeitnehmer Anspruch auf bezahlten Urlaub.

Dabei darf eine Mindestdauer von **24 Werktagen** nicht unterschritten werden. Der Anspruch wird fällig, sobald der Arbeitnehmer mindestens **6 Monate** ununterbrochen in einem Arbeitsverhältnis stand. Dieser Mindesturlaub darf nicht ausbezahlt werden, sondern muss als Freizeit genommen werden. Ein Doppelanspruch bei Arbeitsplatzwechsel besteht nicht. Bei Erkrankung während des Urlaubs werden die durch ärztliches Zeugnis attestierten Krankheitstage nicht auf die Urlaubszeit angerechnet.

Das Bundesurlaubsgesetz regelt außerdem das **Urlaubsentgelt**. Dies bemisst sich nach dem durchschnittlichen Arbeitsverdienst, den der Arbeitnehmer in den letzten 13 Wochen vor Beginn des Urlaubes erhalten hat. Das Urlaubsentgelt ist nicht zu verwechseln mit dem **Urlaubsgeld**, das durch Tarif- oder Einzelvertrag geregelt werden kann, aber nicht verpflichtend vom Arbeitgeber gezahlt werden muss.

1.5.8 Gewerbeaufsicht

Um die Risiken und Gefährdungen in der Arbeitswelt für Mensch und Umwelt möglichst auszuschließen, hat der Staat eine Vielzahl von Sicherheits- und Gesundheitsvorschriften sowie Arbeitsschutzgesetzen und Regelwerken erlassen. Der Inhaber eines Floristik-Fachgeschäfts ist verpflichtet, die erforderlichen Maßnahmen des **Arbeitsschutzes** zu treffen, damit eine Gefahr für das Leben und die Gesundheit von allen Beschäftigten und Kunden vermieden wird.

Für die Überwachung der Einhaltung von Arbeits-, Umwelt- und Verbraucherschutz ist in den Bundesländern die **Gewerbeaufsicht** zuständig, sie sorgt auch für die Beseitigung der

Bild 2 Arbeitsschutz fängt mit einfachen Dingen an

Missstände. In Deutschland wird die Gewerbeaufsicht von verschiedenen Behörden wahrgenommen, in NRW z. B. die Arbeitsschutzdezernate der Bezirksregierungen, in Bayern und Niedersachsen die Gewerbeaufsichtsämter.

Auch die **Berufsgenossenschaften** sind für den Bereich Arbeitssicherheit und beruflichen Gesundheitsschutz tätig, sie befassen sich jedoch vorrangig mit den Belangen der bei ihnen versicherten Arbeitnehmer und den Arbeitsbedingungen. Das Arbeitsfeld der Gewerbeaufsicht konzentriert sich mehr auf den staatlichen Arbeitsschutz (Arbeitsschutzgesetz, Betriebssicherheitsverordnung, Mutterschutzgesetz, Jugendarbeitsschutzgesetz usw.).

Das Gewerbeaufsichtsamt ist nicht zu verwechseln mit dem **Gewerbeamt**. Jedoch wird mit der Gewerbeanmeldung beim Gewerbeamt die Gewerbeaufsicht über den neuen Betrieb informiert. Somit werden insbesondere die erlaubnis- und genehmigungspflichtigen Gewerbe regelmäßig von der Gewerbeaufsicht auf die Einhaltung der geltenden Vorschriften und Pflichten überprüft. Sie ist befugt, Arbeitsstätten und Anlagen von Betrieben jederzeit zu betreten und zu besichtigen.

Dabei obliegt es der Gewerbeaufsicht, Anordnungen zu erlassen, Betriebe oder Betriebsteile still zu legen oder Bußgelder zu verhängen. Die Gewerbeaufsicht erfüllt damit die Fürsorgepflicht des Staates.

Aufgaben

1. Was verbirgt sich unter der Fürsorgepflicht des Arbeitgebers? Geben Sie fünf Beispiele an.
2. Erläutern Sie, welche Pflichten ein Arbeitnehmer eingeht, wenn er einen Arbeits- oder Ausbildungsvertrag unterschreibt.
3. Die Arbeitszeit ist durch das Arbeitszeitgesetz geregelt. Geben Sie vier wesentliche Punkte des Arbeitszeitgesetzes wieder, die auch für Auszubildende gelten.
4. Durch das Jugendarbeitsschutzgesetz ist die Beschäftigung der Jugendlichen geregelt. Zählen Sie fünf wesentliche Punkte auf, die für Florist-Auszubildende gelten.
5. Ab wann gilt das Kündigungsschutzgesetz für Arbeitnehmer?
6. In welchem Fall schützt das Kündigungsschutzgesetz Arbeitnehmer vor einer Kündigung?
7. Ein Unternehmer muss aufgrund einer angespannten wirtschaftlichen Lage zwei Mitarbeitern kündigen. Welche sozialbedingten Aspekte sind vor dieser Kündigung zu beachten?
8. Welchen Vorteil hat ein Aufhebungsvertrag für einen Unternehmer, wenn er diesen Vertrag einem langjährigen Mitarbeiter anbietet?
9. Was muss ein Unternehmer beachten, wenn er einem Schwerbehinderten kündigen muss?
10. Geben Sie drei Personengruppen an, für die ein besonderer Kündigungsschutz gilt.
11. Welches Gericht befasst sich mit Rechtsfällen, die durch Streitigkeiten zwischen Arbeitnehmer und Arbeitgeber wegen einer Kündigung entstanden sind?
12. Wer trägt die Kosten eines gerichtlichen Rechtsstreits vor dem Arbeitsgericht?
13. Warum hat der Gesetzgeber das Mutterschutzgesetz verabschiedet? Erklären Sie die Absicht des Staates und erläutern Sie fünf wesentliche Regelungen dieses Gesetzes.
14. Welche Unterstützungsmöglichkeiten bietet der Staat Eltern, wenn sie in Elternzeit gehen möchten? Erläutern Sie unterschiedliche Varianten.
15. Erläutern Sie drei Regelungen des Bundesurlaubsgesetzes, die auch für Floristen bedeutsam sind.
16. Wie unterscheiden sich Urlaubsentgelt und Urlaubsgeld?
17. Welche Aufgaben übernimmt die Gewerbeaufsicht in den jeweiligen Bundesländern? Geben Sie drei Beispiele an.
18. Berufsgenossenschaften und Gewerbeaufsicht teilen sich die Aufgaben im Bereich Arbeitssicherheit und Gesundheitsschutz.
    Geben Sie Beispiele an, mit welchen Schwerpunkten sich die Berufsgenossenschaft beschäftigt.
    Geben Sie Beispiele an, mit welchen Schwerpunkten sich die Gewerbeaufsicht beschäftigt.
19. Welche Rechte hat die Gewerbeaufsicht, wenn ein Betrieb mehrfach massiv bzw. vorsätzlich die Betriebssicherheitsverordnungen oder die Gesetze des staatlichen Arbeitsschutzes verletzt hat?

1.5.9 Technischer Arbeits- und Gesundheitsschutz sowie Unfallverhütung

Beschäftigte Im Floristik-Fachgeschäft sind am Arbeitsplatz beim Verarbeiten von Pflanzen bzw. -teilen, durch den Umgang mit verschiedensten Werkstoffen und Materialien, beim Hantieren mit Maschinen, Werkzeugen und Geräten, beim Umgang mit Gefahrstoffen, Erden und Flüssigkeiten, bei Arbeiten in Kälte und Hitze, beim Heben, Tragen und Sitzen und vielem mehr in ihrer Gesundheit gefährdet, wenn der Betrieb keine ausreichenden organisatorischen Maßnahmen getroffen hat, um die Sicherheit und den Gesundheitsschutz der Beschäftigten zu gewährleisten.

In Deutschland nehmen **Arbeitsschutz, Unfallverhütung** und **Arbeitssicherheit** eine besondere Bedeutung ein, dabei ist die Thematik in drei organisatorischen Schwerpunktbereichen verankert. Zum einen auf der staatlichen Ebene (durch Gesetze und Verordnungen), zum anderen auf der behördlichen Ebene (Gewerbeaufsicht und Berufsgenossenschaften) sowie auf der betrieblichen Ebene. Das **Arbeitsschutzgesetz** (ArbSchG) regelt dabei für alle Tätigkeitsbereiche die grundlegenden Arbeitsschutzpflichten des Arbeitgebers, aber auch die Pflichten und Rechte der Beschäftigten sowie die Überwachung des Arbeitsschutzes.

Während es in den vorigen Kapiteln beim **sozialen Arbeitsschutz** insbesondere um Bestimmungen geht, die für Arbeitgeber und Beschäftigte den gesetzlichen Rahmen aufzeigen, z. B. bezüglich der Arbeitszeit- und der Pausenregelung, des Mutterschutzes, des Jugendarbeitsschutzes, der Urlaubsregelung und vieles mehr, umfasst der **technische Arbeitsschutz** Bestimmungen, die das Ziel verfolgen, Arbeitsunfällen und Berufskrankheiten vorzubeugen und die Beschäftigten ausführlich über Gefahren z. B im Umgang mit Gefahrstoffen, mit Maschinen und Geräten sowie allgemein im Berufsalltag zu unterweisen.

Gesetzliche Grundlage

Durch die von der EU verabschiedete „Rahmenrichtlinie über Sicherheit und Gesundheitsschutz bei der Arbeit" wurden für ganz Europa geltende Mindeststandards für Sicherheit und Gesundheitsschutz geschaffen. Das Arbeitsschutzgesetz (ArbSchG) und einige andere setzen dabei diese Richtlinie in Deutschland um. Die Gesetzesüberschrift verdeutlicht die Zielsetzung, denn es nennt sich „Gesetz über die Durchführung von Maßnahmen des Arbeitsschutzes zur Verbesserung der Sicherheit und des Gesundheitsschutzes der Beschäftigten bei der Arbeit".

Zur Durchführung von Arbeitsschutzmaßnahmen wird dem Arbeitgeber eine Reihe von Pflichten auferlegt, um die Sicherheit und den Gesundheitsschutz der Beschäftigten zu gewährleisten. Das Bild 1 zeigt einen Auszug des Gesetzes, wobei § 3 verdeutlicht, dass den Beschäftigten seitens des Arbeitgebers zur Durchführung der Maßnahmen keinerlei Kosten auferlegt werden dürfen, aber die Mitwirkungspflicht der Beschäftigten ausdrücklich gewünscht und erwähnt wird.

Überwachung von Arbeitsschutz und Unfallverhütung

Durchführung und Überwachung des staatlichen Arbeitsschutzes ist Aufgabe der einzelnen Bundesländer, zuständig sind je nach Bundesland die Gewerbeaufsichtsämter, Ämter für Arbeitsschutz oder die Bezirksregierungen, in Schleswig-Holstein die Landesunfallkasse. Sie haben das Recht, den Betrieb zu kontrollieren, sie können Auskünfte verlangen, Unterlagen einsehen, Proben nehmen und vieles mehr.

Die Überwachung der Einhaltung der Unfallverhütungsvorschriften obliegt den Berufsgenossenschaften und den Unfallkassen als Träger der gesetzl. Unfallversicherung (vergl. Kap. 1.5.8). Die Unfallverhütungsvorschriften enthalten Bestimmungen über Einrichtungen und Anordnungen, die die Betriebe zu treffen haben, und Bestimmungen über das Verhalten der Versicherten. Technische Aufsichtsbeamte unterrichten und beraten Betriebe und Versicherte und sorgen bei Beanstandungen für Abhilfe.

Gesetz über die Druchführung von Maßnahmen des Arbeitsschutzes zur Verbesserung der Sicherheit und des Gesundheitsschutzes der Beschäftigten bei der Arbeit (Arbeitsschutzgesetz –ArbSchG)
§ 3 Grundpflichten des Arbeitgebers

(1) Der Arbeitgeber ist verprlichtet, die erforderlichen Maßnahmen des Arbeitsschutzes unter Berücksichtigung der Umstände zu treffen, die die Sicherheit und Gesundheit der Beschäftigten bei der Arbeit beeinflussen. Er hat die Maßnahmen auf ihre Wirksamkeit zu überprüfen und erforderlichenfalls sich ändernde Gegebenheiten anzupassen. Dabei hat er eine Verbesserung von Sicherheit und Gesundheitsschutz der Bechäftigten anzustreben.

(2) Zur Planung und Durchführung der Maßnahmen nach Absatz 1 hat der Arbeitgeber unter Berücksichtigung der Art der Tätigkeiten und der Zahl der Beschäftigten

1. für eine geeignete Organisatin zu sorgen und die erforderlichen Mittel bereitzustellen sowie
2. Vorkehrungen zu treffen, dass die Maßnahmen erforderlichenfalls bei allen Tätigkeiten und eingebunden in die betrieblichen Führungsstrukturen beachtet werden und die Beschäftigten ihren Mitwirkungspflichten nachkommen können.

(3) Kosten für Maßnahmen nach diesem Gesetz darf der Arbeitgeber nicht den Beschäftigten auferlegen.

Bild 1 Auszug aus dem Arbeitsschutzgesetz– Grundpflichten des Arbeitgebers

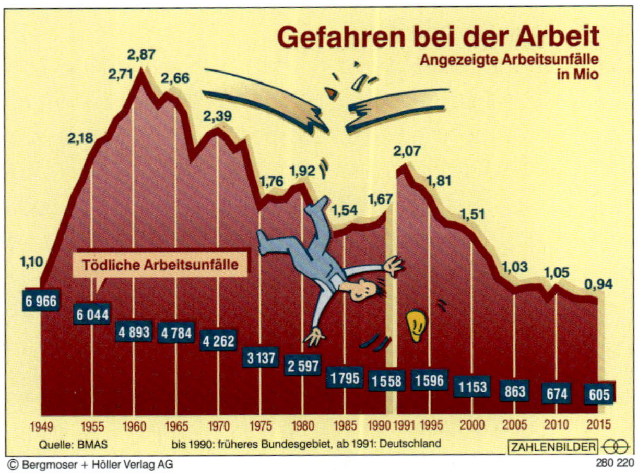

Bild 1 Angezeigte und tödliche Arbeitsunfälle (1949 – 2015)

Präventionsmaßnahmen zum Arbeitsschutz

Beschäftigte müssen in Betrieben sicher und gesund arbeiten können. Es ist daher aus sozialen, aber auch aus wirtschaftlichen Gründen sinnvoll, durch geeigneten Arbeitsschutz Arbeitsbedingungen zu schaffen, die die Betriebsabläufe optimieren, die Ausfallzeiten senken und die Mitarbeiterinnen und Mitarbeiter schützen. Vorrangige Aufgabe ist dabei, durch geeignete **Prävention**, also vorbeugende Maßnahmen, Arbeitsunfälle und arbeitsbedingte Krankheiten zu verringern. Die Deutsche Gesetzliche Unfallversicherung (DGUV) als Spitzenverband der neun gewerblichen Berufsgenossenschaften hat eine Reihe von Dokumentationen veröffentlicht, die geeignete Präventionsmaßnahmen anbieten, insbesondere zu folgenden Schwerpunkten:

- zur Arbeitswissenschaft, z. B. durch menschengerechte Gestaltung der Arbeitsmittel (Ergonomie),
- zur Arbeitsmedizin bzw. arbeitsmedizinischen Vorsorge, wenn es z. B. um Haut- und Körperschutz geht,
- zur Sicherheitstechnik, z. B. beim Geräte- und Maschinenschutz,
- zur Arbeitsorganisation, z. B. durch sinnvolle Regelungen der Arbeitsabläufe,
- zur Durchführung einer **Gefährdungsbeurteilung** bezüglich der Arbeitsbedingungen und des Arbeitsplatzes,
- zur Dokumentation von möglichen Gefahren am Arbeitsplatz z. B. durch Broschüren, Schilder, Plakate, Aushänge usw.

Auf der Internetseite der DGUV bieten Präventionsexperten für viele Berufe zahlreiche Informationen und Anregungen zum Arbeitsschutz an; für Arbeitgeber und Beschäftigte Beratung in allen Fragen der Arbeitssicherheit, Messungen und Tipps vor Ort, Seminare, Schulungs- und Qualifizierungsmaßnahmen; für den Bereich „Berufsbildende Schulen" für Lehrkräfte Hintergrundinformationen und eine Mediensammlung, für Auszubildende schülergerechte Informationen, interaktives Lehrmaterial u. v. m.

Gefährdungsbeurteilung

Grundlage und zentrales Element des betrieblichen Arbeitsschutzes ist die Gefährdungsbeurteilung nach § 5 ArbSchG, sie ist Grundvoraussetzung, um sichere und gesunde Arbeitsplätze zu schaffen bzw. zu erhalten. Aus ihr leitet der Arbeitgeber die erforderlichen Maßnahmen ab, um die Sicherheit und Gesundheit seiner Beschäftigten zu erhalten und zu verbessern. Die Gefährdungsbeurteilung ist keine einmalige Aufgabe für ein Unternehmen, sondern ist regelmäßig durchzuführen. Dabei sind alle betrieblichen Tätigkeiten, das betriebliche Arbeitsumfeld und die Räume, Geräte und Maschinen, Gefahrstoffe usw. zu erfassen und aufzulisten, die ein Gefährdungspotential darstellen könnten. Die DGUV bietet bei der Gefährdungsbeurteilung Fragenkataloge sowie Dokumentations- und Onlinehilfen an.

Bild 2 Arbeitsschutz als Bindeglied verschiedenster Aufgabenelemente

Auszubildende am Arbeitsschutz beteiligen

Menschliches Fehlverhalten und Missachtung der wesentlichen Unfallverhütungsvorschriften führen im Betrieb trotz aller Präventionsmaßnahmen zu Gefahrensituationen, zu körperlichen Schäden und Unfällen. Für einen Ausbilder ist es nicht immer leicht zu erkennen, ob Auszubildende mögliche Gefährdungen auch als solche wahrnehmen. Außerdem stellt sich die Frage, inwieweit Auszubildende ihr Verhalten auf eine mögliche Gefährdung hin anpassen können. Aufgabe von Ausbildenden sollte es daher sein, durch geeignete Maßnahmen Gefährdungsfehleinschätzungen und Fehlverhalten zu verhindern, indem sie

- den Auszubildenden das nötige Wissen über sämtliche Gefährdungen im Betrieb vermitteln und ihnen mitteilen, was sie dürfen und was nicht,
- notwendige Informationen bereitstellen, die Auszubildenden ohne Zeitdruck unterweisen und Erfolgskontrollen durchführen,
- sich davon überzeugen, dass ausreichend Kenntnisse und Erfahrungen im Umgang mit Gefährdungen vorliegen,
- Auszubildende motivieren, sicher und umsichtig zu arbeiten, Ordnung zu halten und die Gefahrenhinweise zu beachten.

Ganz besonders wichtig ist es, Auszubildende aktiv am Arbeitsschutz mitmachen zu lassen durch

- eine Beteiligung am Unterweisungsgeschehen, z. B. durch Ausarbeitung von Einzelthemen (Plakate, Schilder usw.)
- Recherchearbeiten zu einzelnen Arbeitsschutzthemen im Internet für den gesamten Betrieb oder eine Abteilung,
- Übernahme von Verantwortlichkeiten z. B. für Räume, Maschinen, Arbeitsgeräte und vieles mehr,
- Förderung der Eigenverantwortung im Umgang mit Arbeitsmitteln und der Bitte, über Mängel sofort zu informieren,
- Lob und Anerkennung des Ausbilders bei Verhaltensänderung.

Auf Gefahren aufmerksam machen und sie darstellen

Die statistische Darstellung der Arbeitsunfälle (Bild 1, Seite 24), zeigt, dass es in Deutschland - bezogen auf die Arbeitsunfälle -einen deutlichen Trend nach unten gibt. Das ist sicher auch darauf zurückzuführen, dass Arbeitnehmer von den unterschiedlichsten Arbeitsschutzmaßnahmen und von der Aufklärung bzw. den Informationen der Berufsgenossenschaften zum Unfallschutz immer mehr profitieren. Dennoch ist jeder tödliche Arbeitsunfall ein Unfall zu viel. Von den meldepflichtigen Arbeitsunfällen sind etwa 20% Wegeunfälle, das sind Unfälle auf dem Weg zum oder von dem Ort der versicherten Tätigkeit.

Bild 1 Themen und Tipps einer Infobroschüre der Gartenbau-Berufsgenossenschaft

Unfälle können nur vermieden bzw. verringert werden, wenn die Beschäftigten stärker für den Arbeits- und Gesundheitsschutz sensibilisiert werden. Um Floristen auf Gefahren im Arbeitsalltag aufmerksam zu machen und aufzuklären, gibt es eine Vielzahl von Möglichkeiten, dazu gehören insbesondere,

- Informationsbroschüren (Berufsgenossenschaften und Gewerkschaften, FDF, IHK, Versicherungsgesellschaften usw.)
- bebilderte Merkblätter
- Plakate
- Filme
- Gebrauchsmuster
- Piktogramme, Warnschilder und -zeichen
- Sicherheits-/Prüfkennzeichen und Prüfsiegel.

Bild 2 VDE-Prüfzeichen und GS-Siegel als Orientierungshilfen

In größeren Unternehmungen (ab 20 Mitarbeiter) sind ein oder mehrere **Sicherheitsbeauftragte** zu bestellen, damit Beschäftigte auf Unfall- und Gesundheitsgefahren aufmerksam gemacht werden können. Zu den Aufgaben eines Sicherheitsbeauftragten gehört es,

- auf den Zustand von Schutzeinrichtungen bzw. auf die persönliche Schutzausrüstung der Mitarbeiter und deren Benutzung zu achten,
- sicherheitstechnische Mängel dem Vorgesetzten zu melden,
- Mitarbeiter über den sicheren Umgang mit Maschinen und Arbeitsstoffen zu informieren,
- an Betriebsbegehungen und Untersuchungen von Unfall- und Berufskrankheiten teilnehmen.

Der Sicherheitsbeauftragte besitzt dabei keine Weisungsbefugnis gegenüber seinen Kollegen. Er soll beraten, auf Bitten der Beschäftigten hin helfen und ist vor Ort der Ansprechpartner der Beschäftigten in Fragen des Arbeitsschutzes. Der Unternehmer hat dem Sicherheitsbeauftragten für seine Tätigkeit, abhängig von den betrieblichen Verhältnissen, ausreichend Zeit zur Verfügung zu stellen, damit er seine ihm übertragenen Aufgaben während der Arbeitszeit erfüllen kann. Damit Sicherheitsbeauftragte ihre Aufgabe im Betrieb nachhaltig wahrnehmen können, benötigen sie neben den regelmäßigen Informationen durch die Betriebsleitung oder eine Fachkraft für Arbeitssicherheit Schulungen und regelmäßige Weiterbildungen, die von Unfallversicherungsträgern angeboten werden.

Typische Beispiele für betriebliches Fehlverhalten, daraus resultierenden Unfallursachen und Unfallarten:

Fehlverhalten, verursacht meist durch ...	... kann zu folgenden möglichen **Unfallursachen** führen:	... kann zu folgenden möglichen **Unfallarten** führen:
... **Meister** bzw. **Ausbildender** durch mangelhafte *Arbeitsorganisation und Fehlplanungen*	Übermüdung der Beschäftigten, Hektik, Stress und Überlastung während der Arbeit, mangelnde oder zu kurze Pausen, häufige Überstunden und sehr lange Arbeitszeiten usw.	Unachtsamkeit/Abgelenktheit/unkontrolliertes Hantieren führen zu Haut- und Stichverletzungen, Knochenbrüchen, Quetschungen, Schnittwunden, Verbrennungen, Verbrühungen, Verätzungen, Vergiftungen, Stromschläge usw.; Wegeunfälle
... **Arbeitgeber** oder **Betriebsleiter** durch *mangelhafte Raumausstattung oder fehlende Räume/Flächen*	Arbeitsräume zu dunkel oder nicht ausreichend beleuchtet; zu feucht, zu kalt oder zu heiß, nicht oder unzureichend belüftet; defekte Türen und Fenster; mangelhafte Ergonomie in den Arbeitsräumen usw.	diverse Verletzungen (s.o.) durch unzureichende Sichtverhältnisse, Erkrankung der Atemwege (Erkältung, Husten, Asthma usw.), Rückenerkrankungen, Körperbeschwerden aufgrund einseitiger Belastungen usw.
... **Sicherheitsbeauftragte** oder **unachtsame Mitarbeiter** durch *defekte oder mangelhafte Arbeitsgeräte*	Defekte oder beschädigte Geräte, beschädigte Kabel, mangelhafter Maschinenschutz, unzulässige Installationen, fehlender Feuchtigkeitsschutz, fehlender FI-Schalter, defekte Werkzeuge, defekte Verglasung, Konstruktionsfehler an Maschinen (fehlende Prüfsiegel) usw.	Stromschlag, Verbrennungen, Kurzschlüsse an Einrichtung und Geräten, Schnittwunden, Verbrennungen, Verbrühungen, Verätzungen, Vergiftungen, Quetschungen usw.
... **Sicherheitsbeauftragte, Meister** oder **Betriebsleiter** durch *fehlende bzw. mangelhafte Vorsorgemaßnahmen und fehlende Informationen*	fehlende bzw. verdeckte Sicherheitshinweise, fehlende bzw. verschlossene Flucht- und Rettungswege, fehlende Informationen zur Ersten Hilfe, fehlender Verbandskasten, fehlende Betriebsanleitungen, fehlende Pflege und Wartung, fehlende Sorgfalt bei der Raumpflege, fehlende Brandschutzeinrichtungen und unsachgemäße Lagerung von Gefahrstoffen usw.	mangelhafte Erstversorgung von Verletzungen aller Art, mangelhafte Brandbekämpfung, Vergiftungen bzw. Verätzungen durch Gefahrstoffe, Prellungen und Knochenbrüche durch Stürze usw.
... die **Beschäftigten selbst** durch *Eigenverschulden (persönliche bzw. private Gründe)*	privater (oder betrieblicher) Ärger und Stress, Alkohol- und Drogenkonsum, Arbeiten trotz Erkrankung, Leichtsinn und Überschätzung, falsche Ernährung, fehlende Körperhygiene, körperliche Einschränkungen usw.	siehe oben; Gefahr chronischer Erkrankungen, Wegeunfälle
... die **Beschäftigten selbst** durch *fehlende oder mangelnde Gesundheitsvorsorge*	fehlender Hautschutz, fehlende Körperhygiene, fehlender oder mangelhafter Körperschutz und Kopfschutz, falsches Heben von Lasten, nicht benutzte Trage- und Transporthilfen usw.	Hauterkrankungen und Allergien, Vergiftungen und Verätzungen, Körper- und Kopfverletzungen, Rückenerkrankungen und Wirbelsäulenverletzungen, Erkrankungen der Atemwege, Gefahr chronischer Erkrankungen usw.
... **Betriebsleiter, Ausbilder** oder die **Beschäftigten selbst** durch *falsches Bedienen der Arbeitsgeräte*	fehlende Überprüfung der Maschinen und Geräte oder fehlende Unterweisung, fehlende Erfahrung, Leichtsinn und Überschätzung, falsches Hantieren mit Arbeitsgeräten (z. B. Leitern) usw.	Schnittwunden, Verbrennungen, Verbrühungen, Verätzungen, Vergiftungen, Quetschungen, Stromschläge usw., Knochenbrüche und Verstauchungen durch Stürze oder Stolpern usw.

Unfallursachen erkennen und Fehlverhalten beschreiben

Es sind nicht immer nur die Gefahrenquellen und Sicherheitsmängel, die in einem Unternehmen zu Unfällen führen können. Ursache kann sehr häufig auch menschliches Fehlverhalten sein. Auszubildende müssen im Rahmen ihrer Ausbildung sowohl Unfallquellen und -situationen erkennen und bewerten, als auch unfallverursachendes Verhalten von Beschäftigten beschreiben können.

Die Tabelle auf der vorigen Seite zeigt wichtige Unfallursachen und -arten auf, die durch das Fehlverhalten der Beschäftigten selbst oder durch Verantwortliche des Unternehmens verursacht wurden.

Sicherheitskennzeichen beugen Arbeitsunfällen vor

Sicherheitszeichen sind bestimmt durch ihre geometrischen Formen, die Sicherheitsfarbe und das graphische Symbol. Die Systematik der Sicherheitszeichen ist dabei so aufgebaut, dass den Kombinationen von geometrischer Form und Sicherheitsfarbe bestimmte Zeichenarten (z. B. Verbot oder Warnung) zugeordnet sind.

Ob eine Sicherheits- und Gesundheitskennzeichnung in einem Betrieb erforderlich ist, kann nur auf der Basis einer entsprechenden vorherigen Gefährdungsbeurteilung getroffen werden. Wenn es um ständige Verbote, Warnungen, Gebote und sonstige sicherheitsrelevante Hinweise geht, müssen sie am Arbeitsplatz zu finden sein. Dabei dürfen die eingesetzten Sicherheitszeichen aber keinen Ersatz für andere Arbeitsschutzmaßnahmen darstellen. Die Beschäftigten sind vor Aufnahme ihrer Tätigkeit über die Sicherheitskennzeichnung zu unterweisen.

Die Sicherheitskennzeichnung wird unterteilt in:

Zeichenart	geometrische Form	Sicherheitsfarbe
Verbotszeichen	rund	rot
Warnzeichen	dreieckig	gelb
Rettungszeichen	quadratisch	grün
Brandschutzzeichen	quadratisch	rot
Gebotszeichen	rund	blau

Beispiele für Verbotszeichen:

Bild 1 Rauchen verboten, keine offene Flamme, Betreten der Fläche verboten

Beispiele für Warnzeichen:

Bild 2 Warnung vor Hindernissen, Warnung vor Rutschgefahr, Warnung vor elektrischer Spannung

Beispiele für Rettungszeichen:

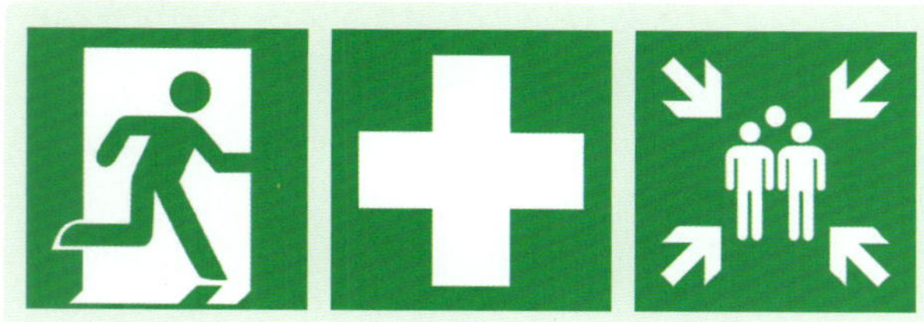

Bild 3 Rettungsweg/Notausgang, Erste Hilfe, Sammelstelle

Beispiele für Brandschutzzeichen:

Bild 4 Feuerlöscher, Feuerleiter, Brandmelder

Beispiele für Gebotszeichen:

Bild 5 Handschuhe benutzen, Kopfschutz benutzen, Hautschutzmittel benutzen

Die Vereinheitlichung der Sicherheitszeichen ist sinnvoll und kann lebensrettend sein. Weitere **Gefahrenpiktogramme** für gefährliche Arbeitsstoffe gemäß der GHS-Verordnung zur Einstufung und Kennzeichnung von Chemikalien finden Sie unter Kap. 4.5.

Wenn es zum Arbeitsunfall kommt

Trotz der betrieblichen Unterweisungen, verschiedenster Präventionsmaßnahmen und Beachtung aller Arbeitsschutzmaßnahmen kommt es im Floristik-Fachgeschäft immer wieder zu leichteren oder gegebenenfalls auch zu schwereren Arbeitsunfällen, das zeigt beispielsweise die Unfallstatistik der DGUV. Der Begriff Arbeitsunfall bezieht sich nicht allein auf Unfälle, die die Beschäftigten während ihrer Arbeitstätigkeit erleiden. Der Kreis der Versicherten in der gesetzlichen Unfallversicherung hat sich im Laufe der Zeit erweitert. So sind beispielsweise auch Auszubildende während ihres Schulbesuchs, auf der Fahrt zur Schule bzw. von der Schule nach Hause, auf der Fahrt in den Betrieb oder bei Klassenfahrten und Betriebsbesichtigungen versichert.

Kein Versicherungsschutz besteht, wenn Verletzungen oder Gesundheitsschäden ohne Einwirkung von außen zufällig während der versicherten Tätigkeit auftreten. Wenn also zum Beispiel eine Auszubildende in der Schule plötzlich Nasenbluten bekommt oder ein Mitarbeiter während der Arbeit einen Herzinfarkt erleidet.

Die gesetzliche Unfallversicherung hat den Auftrag, nach Eintritt des Versicherungsfalles den Verletzten, evtl. auch seine Angehörigen oder Hinterbliebenen, zu entschädigen; sie ersetzt in der Regel aber keine Sachwerte mit zwei Ausnahmen:

Bild 1 Aus einer Publikation der DGUV-Informationen (211-042) Verhaltensmaßnahmen für die Benutzung von tragbaren Leitern

Sachschäden, die durch das Leisten von Erster Hilfe entstehen (z.B. zerrissene Kleidung) oder durch den Arbeitsunfall beschädigte Hilfsmittel (z.B. Schutzhelm oder Brille).

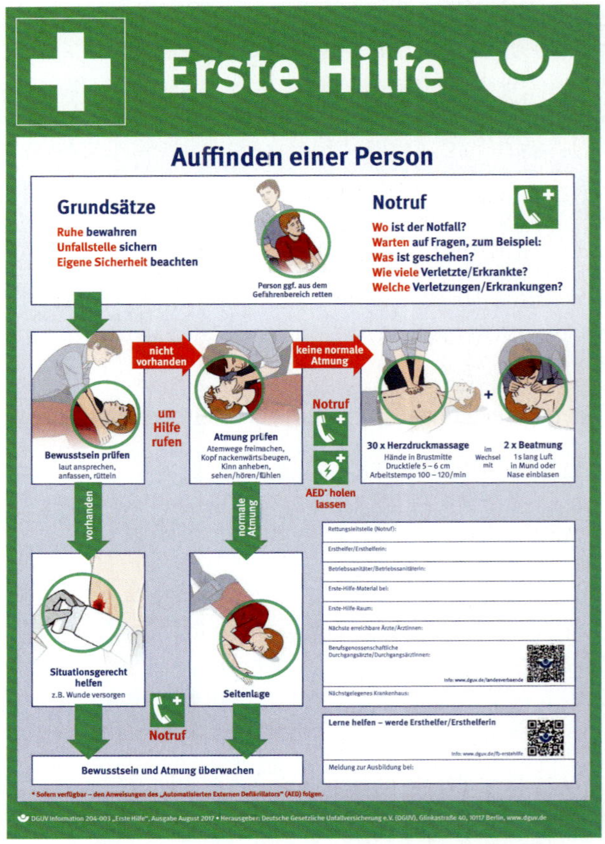

Bild 2 Erste-Hilfe-Info der DGUV, das in keinem Betrieb fehlen sollte

Wie verhält man sich beim Auffinden einer verunfallten Person richtig, wie sind die **Erste-Hilfe-Maßnahmen** korrekt durchzuführen? Infos zu diesem Thema findet man im Internet bei den entsprechenden Berufsgenossenschaften. Das Erste-Hilfe Plakat (Bild 2) wurde redaktionell überarbeitet und gewährleistet nun durch Verwendung von QR-Codes einen direkten Zugriff auf informative Datenbanken. Die Suche nach Durchgangsärzten und Durchgangsärztinnen sowie nach ermächtigten Ausbildungsstellen wird dadurch einfacher.

Die wesentlichen Verhaltensmaßnahmen sind:

- Ruhe bewahren und Überblick verschaffen,
- Unfallstelle sichern,
- eigene Sicherheit beachten, wenn nötig, verunfallte Person aus der Gefahrenzone bzw. aus dem Gefahrenbereich retten,
- bei schwereren Unfällen oder Unsicherheit, **Notruf absetzen,**
- je nach Verletzung: Blutstillung, Herz-Lungen-Wiederbelebung, Schockbekämpfung und ggf. stabile Seitenlage herstellen,
- verunfallte Person vor Wärmeverlust schützen und durch Zuwendung betreuen, Bewusstsein und Atmung überprüfen.

Einen Notruf mit den „5 Ws" absetzen!

Sofern ein Notruf notwendig ist, sind der Rettungsleitstelle (Tel. 112) folgende Fragen (**„die 5 Ws"**) zu beantworten:

Wo geschah es? (Ort, Straße, Betriebsteil, Raum usw.)

Was geschah? (Verletzungsursache z. B. Unfall, Feuer usw.)

Wie viele Verletzte/Erkrankte

Welche Art von Verletzung/Erkrankung (Blutung, Atemstillstand, Kreislaufstillstand, Bewusstlosigkeit usw.)

Warten auf Rückfragen – nicht gleich auflegen!

Einen Arbeitsunfall der Berufsgenossenschaft melden

Arbeits- und Wegeunfälle müssen vom Unternehmen bei der Berufsgenossenschaft gemeldet werden. Und zwar immer dann, wenn eine versicherte Person mehr als drei Tage arbeitsunfähig gemeldet wurde. Genauso muss bei einem Verdacht auf eine Berufskrankheit verfahren werden.

Erst durch die Unfallanzeige erfährt die Berufsgenossenschaft in der Regel von einem Arbeitsunfall. Die schnelle Meldung ist sehr wichtig. Denn erst dann kann sie sich direkt um die Betreuung des Verunfallten kümmern. Unfälle, die nicht zu einer mehr als dreitägigen Arbeitsunfähigkeit geführt haben, müssen nicht bei der Berufsgenossenschaft angezeigt werden. Anzeigehilfen, die man im Internet auf der Seite der zuständigen Berufsgenossenschaft findet, vereinfachen das Meldeverfahren.

Lohnfortzahlung nach Arbeitsunfall

Sofern ein sozialversicherungspflichtiger Arbeitnehmer einen Arbeitsunfall erlitten hat und der Arbeitgeber diesen Unfall der Berufsgenossenschaft rechtzeitig gemeldet hat, kommt es -wie bei anderen Krankheiten auch- für insgesamt sechs Wochen zur Lohnfortzahlung. Innerhalb dieser Zeit hat also der Verunfallte keine finanziellen Einbußen.

Erst nach Ablauf dieses Zeitraums springt die Krankenkasse ein und übernimmt die Zahlung. Es ist eigentlich nichts anderes als das Krankengeld bei „normalen", länger andauernden Krankheiten und beträgt wie dieses ca. 80 Prozent des regelmäßigen Bruttolohnes, abzüglich der Beiträge zur Arbeitslosen- und Rentenversicherung. Dieses **Verletztengeld** wird vertretungsweise durch die Krankenkassen ausgezahlt, kommt aber ursprünglich von der Berufsgenossenschaft.

Neben der Sicherung des Lebensunterhaltes übernimmt die Berufsgenossenschaft auch die **Kosten für Rehabilitationsmaßnahmen**. Dazu gehören neben der medizinischen und beruflichen Reha diverse Hilfsmittel wie z.B. Krücken, spezielle Schuhe, bei Bedarf ein Rollstuhl und ggf. ein speziell umgerüstetes Auto, möglicherweise gehört auch die Umgestaltung des Arbeitsplatzes oder der Wohnung dazu.

Wenn trotzdem über die 26. Woche nach dem Arbeitsunfall hinaus eine Minderung der Erwerbsfähigkeit von mindestens 20 Prozent besteht, zahlt die Berufsgenossenschaft nach dem Wegfall des Anspruches auf Verletztengeld eine Verletztenrente. Aber grundsätzlich gilt: „Wiedereingliederung geht vor einer möglichen Verrentung".

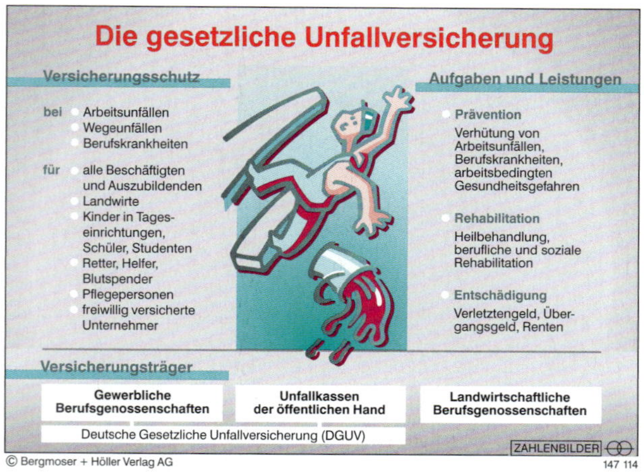

147 114

Bild 1 Gesamtübersicht „Gesetzliche Unfallversicherung"

Wonach richten sich die Beiträge zur gesetzlichen Unfallversicherung?

Wie bei den anderen Sozialversicherungen ist die Beitragshöhe auch bei der gesetzlichen Unfallversicherung von der Lohnsumme der Mitarbeiter und den jeweiligen Ausgaben der gesetzlichen Unfallversicherung abhängig, allerdings zahlt nur der Arbeitgeber die Beiträge. Dabei machen die Berufsgenossenschaften und Unfallkassen keine Gewinne, es werden nur die tatsächlichen Kosten umgelegt. Zusätzlich spielt auch das Unfallrisiko eine Rolle - ausgedrückt durch die Gefahrklasse. Ein Büroarbeitsplatz ist z.B. mit weniger Risiko behaftet als eine Arbeit auf einer Baustelle. Weniger Unfälle und Erkrankungen senken die Kosten z.B. für Rehabilitation und Renten - und damit auch die Beiträge des Unternehmers. Prävention zahlt sich also aus!

Beispiele für Präventionsmaßnahmen für den Bereich „Handel" bietet hier z.B. die BGHW mit vielen Tipps und einfachen Illustrationen:

Tipp

Auszubildenden, Schulen und ausbildenden Betrieben bietet die BGHW unter der Internetadresse „https://kompendium.bgwh.de/" Videos, Lernmodule und Arbeitshilfen an, auch für den Unterricht.

1 2 3

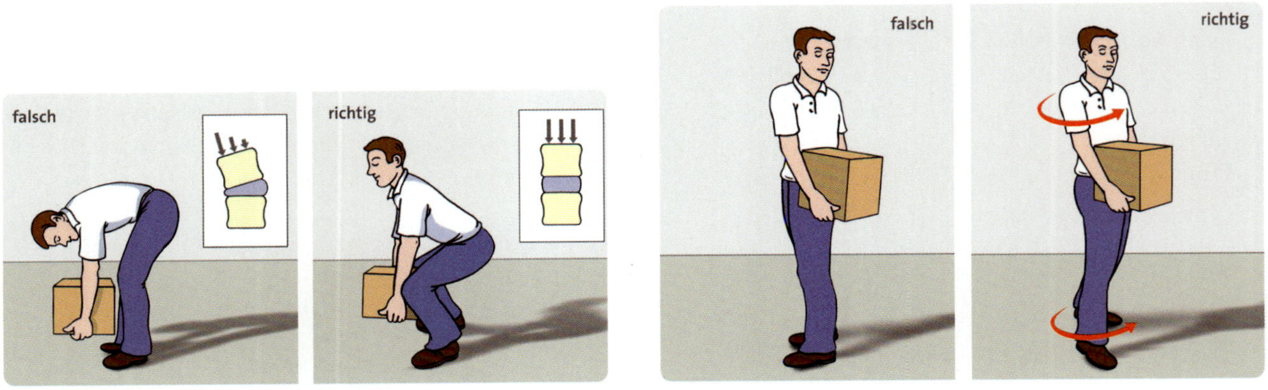

Bild 1 Beispiele von Bilddarstellungen der BGHW zum Thema „Heben und Tragen"

Aufgaben

1. Erfragen Sie die für Ihren Ausbildungsbetrieb zuständige Berufsgenossenschaft und suchen Sie die entsprechende Internetseite auf!

2. Wie unterscheidet sich der „Soziale Arbeitsschutz" inhaltlich vom „Technischen Arbeitsschutz"?

3. Das Arbeitsschutzgesetz (ArbSchG) ist Grundlage, um durch Maßnahmen den Gesundheitsschutz zu verbessern.
   a) Geben Sie drei Beispiele an, wodurch Arbeitgeber ihren Grundpflichten gemäß § 3 ArbSchG nachkommen könnten.
   b) Geben Sie drei Beispiele an, wie die Beschäftigten ihren Mitwirkungspflichten nachkommen könnten.

4. Überwachung des staatl. Arbeitsschutzes ist Aufgabe der Bundesländer. Recherchieren Sie, wer in Ihrem Bundesland den staatlichen Arbeitsschutz überwacht.

5. Nennen Sie Schwerpunktbereiche, für die die Berufsgenossenschaften, insbesondere der Spitzenverband DGUV, Präventionen anbietet.

6. Im Betrieb kann es durch mangelnde medizinische Vorsorge bzw. mangelnden Haut-/ Körperschutz zu Arbeitsunfällen kommen. Geben dazu fünf Beispiele an.

7. Ermitteln Sie im Rahmen einer Internetrecherche, welche Informationen und Hilfen zur Unfallverhütung die für Sie zuständige Berufsgenossenschaft zu den in Aufgabe 6 beschriebenen Beispielen anbietet.

8. Diskutieren Sie innerhalb des Klassenverbandes, welche Infoplakate, Schilder und Sicherheitszeichen in einem Floristik-Fachgeschäft unbedingt angebracht werden sollten, um Unfällen vorzubeugen.

9. Ermitteln Sie im Klassenverband, wer bereits Erfahrungen mit einer „Gefährdungsbeurteilung" gemacht hat. Recherchieren Sie auf der Internetseite der DGUV, wie in einem Floristik-Fachgeschäft eine Gefährdungsbeurteilung durchgeführt werden könnte.

10. Welche Aufgaben hat ein Sicherheitsbeauftragter eines Betriebes?

11. Diskutieren Sie im Klassenverband, wie in den jeweiligen Ausbildungsbetrieben der teilnehmenden Schüler/-innen das Melden von technischen Mängeln bei Arbeitsgeräten, bei Maschinen und Geräten, im Bereich der Raum- und Betriebsausstattung usw. erfolgt.

12. Diskutieren Sie im Klassenverband, ob und wie es in den jeweiligen Ausbildungsbetrieben der teilnehmenden Schüler/-innen durch technische Mängel bei Arbeitsgeräten usw., durch mangelnde Vorsorge oder persönliche Fehler der Mitarbeiter schon mal zu Arbeitsunfällen, Berufserkrankungen oder Wegeunfälle gekommen ist.

13. Beschreiben Sie die notwendigen Erste-Hilfe-Maßnahmen, wenn im Betrieb eine Person ...
    a) durch einen Leitersturz einen Armbruch erleidet,
    b) eine stark blutende Wunde hat infolge einer tiefen Schnittverletzung.
    c) bewusstlos im Büro liegt.

    Wie verhalten Sie sich bei einem Notruf richtig („5 Ws")?

1.6 Betriebliche Mitbestimmung

Besonders in Betrieben, in denen die handwerklichen Arbeiten und Dienstleistungen im Vordergrund stehen, ist der Mensch ein entscheidender Leistungsfaktor. Daher ist es wichtig, das Leistungsvermögen und die Leistungsbereitschaft zu erhalten. Dies wird durch ein gutes Betriebsklima gefördert.

Die Zufriedenheit der Mitarbeiter wird zum Beispiel durch innerbetriebliche Stimmung, das Verhalten des Vorgesetzten und der Kollegen, die Art der Arbeitsbedingungen sowie der Entlohnung beeinflusst.

1.6.1 Individualarbeitsrecht

Der Florist als Unternehmer muss sich mit dem **Individual- und dem Kollektivrecht** sowie den Schutzbestimmungen, die im vorigen Kapitel beschrieben worden sind, auskennen, um den Mitarbeitern hinsichtlich der Arbeitsbedingungen und der Vergütung gerecht zu werden.

Das Individualrecht regelt das rechtliche Verhältnis zwischen dem einzelnen Arbeitgeber und dem einzelnen Arbeitnehmer (dem Individuum). Es befasst sich mit dem Zustandekommen eines Arbeitsvertrages (Individualvertrag), mit den Pflichten, die sich daraus für Betriebsleiter und Beschäftigte ableiten, und mit der Beendigung des Arbeitsverhältnisses, also mit der Kündigung. Wichtige Rechtsquellen des Individualrechts ergeben sich aus Paragraphen des BGB (Bürgerliches Gesetzbuch) und verschiedener Gesetze zum Thema Arbeitsschutz. Dem Individualrecht steht als zweiter Teilbereich das kollektive Arbeitsrecht gegenüber.

1.6.2 Kollektivarbeitsrecht

Das Kollektivarbeitsrecht umfasst alle Vereinbarungen und Verträge, die für einzelne Betriebe, eine ganze Branche oder einen ganzen Wirtschaftszweig Gültigkeit haben. Besondere Bedeutung haben Betriebsvereinbarungen bei größeren Betrieben und ausgehandelten **Tarifverträgen**. Diese Vereinbarungen helfen, die Zusammenarbeit zwischen dem Unternehmer und den Arbeitnehmern seines Betriebes konfliktfrei zu regeln.

Betriebsvereinbarungen

Betriebsvereinbarungen werden zwischen einem Betrieb und allen seinen Mitarbeitern getroffen. Sie werden, sofern ein Betriebsrat vorhanden ist, zwischen dem Arbeitgeber und dem Betriebsrat verhandelt und betreffen verbindliche Normen für die Arbeitnehmer, z. B. Vereinbarungen zur Arbeitszeit, zur Pausen- und Urlaubsregelung, zur Prämienauszahlung und zu sozialen Angelegenheiten.

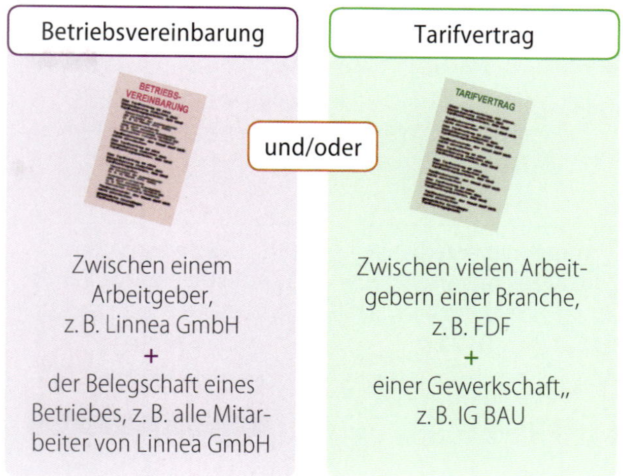

Bild 1 Kollektive Arbeitsverträge

Tarifverträge

In unserer freien Wirtschaftsordnung regeln die einzelnen Arbeitgeberverbände und die Arbeitnehmerverbände ohne staatlichen Einfluss die Arbeitsbedingungen und Löhne für ihre Mitglieder (**Tarifautonomie**). Rechtsgrundlage für Tarifverträge ist das Tarifvertragsgesetz (TVG). Dabei verhandeln die Tarifpartner regelmäßig über Änderungen, Aufhebungen und Neuabschlüsse von Tarifverträgen.

Nach dem **Inhalt** der Tarifverträge werden unterschieden:

- **Rahmentarifvertrag (Manteltarifvertrag),** sie enthalten allgemeine Arbeitsbedingungen, die für längere Zeit gleich bleiben. Dies sind insbesondere Regelungen zur Arbeitszeit, zur Mehrarbeit, zur Sonn- und Feiertagsarbeit, zu Urlaubsregelungen, zu Zuschlägen und zu Kündigungsfristen.
- **Entgelttarifvertrag (Lohn- oder Gehaltstarifvertrag),** sie enthalten die Lohn-/Gehaltsgruppen, in die die Arbeitnehmer nach ihrer Vorbildung bzw. Qualifikation oder nach dem Schwierigkeitsgrad ihrer Arbeitsaufgabe in versch. Lohn-/Gehaltsgruppen eingeteilt sind. Außerdem sind dort die jeweiligen Lohn-, Entgelt- bzw. Gehaltstarife mit den entsprechenden Zu- und Abschlägen vermerkt.

Beachten Sie:
Die Tarifvereinbarungen gelten nur für die jeweiligen Mitglieder der Tarifvertragsparteien. Bei Floristen sind das die IG BAU für die Arbeitnehmer und der FDF für die Arbeitgeber.
Möglich ist aber auch, dass die Vertragsparteien einem ausgehandelten Tarif zustimmen, obwohl sie nicht tarifgebunden sind, und das im Arbeitsvertrag vermerkt wird.

Nach der Wirkung der Tarifverträge werden unterschieden:

- **Erfüllungspflicht:** In dieser Zeit sind die Vertragsparteien verpflichtet, dass die Mitglieder den Vertrag erfüllen.
- **Friedenspflicht:** In dieser Zeit darf es keine Arbeitskämpfe geben (keine Streiks oder Aussperrung).

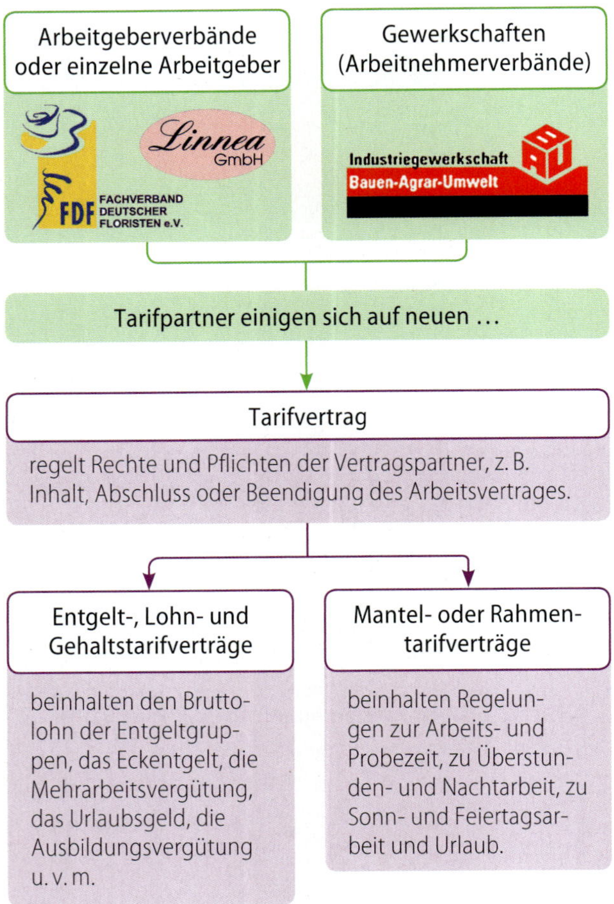

Bild 1 Die Tarifpartner handeln einen neuen Tarifvertrag aus

Das Bundesministerium für Arbeit und Soziales kann einen Tarifvertrag für **allgemein verbindlich** erklären. Das bedeutet, dass die Bedingungen für **alle** Arbeitnehmer und Arbeitgeber in einem Wirtschaftszweig gelten, d.h. auch alle Nichtorganisierten sind dann daran gebunden. Dies gilt beispielsweise für das Friseurhandwerk in einzelnen Bundesländern oder für die Regelung der Mindestentgelte in der Land- und Forstwirtschaft sowie im Gartenbau.

Friedenspflicht, Kampfmaßnahmen und Schlichtung

Während der Laufzeit eines Tarifvertrages herrscht die sogenannte **Friedenspflicht.** In dieser Zeit dürfen neue Forderungen der Gewerkschaft nicht durch Kampfmaßnahmen durchgesetzt werden. Kampfmaßnahmen setzen in der Regel ein Scheitern der Tarifverhandlungen voraus, die zum Ende der Laufzeit aufgenommen werden.

Die Tarifparteien bilden jeweils Tarifkommissionen, die berechtigt sind, die Tarifverhandlungen zu führen. In den ersten Verhandlungsrunden wird von der Gewerkschaftsseite meist eine Maximalforderung genannt, die Arbeitgeberseite hingegen macht in der Regel nur ein mäßiges Angebot. Begleitet werden die Verhandlungen durch Kundgebungen der Gewerkschaft sowie durch punktuelle **Warnstreiks**.

Scheitern die Verhandlungen, weil sich beide Parteien nicht ausreichend annähern, wird häufig ein **Schlichtungsverfahren** durch einen unabhängigen Schlichter (meist eine anerkannte Persönlichkeit aus der Politik oder Wirtschaft) eingeleitet. Gelingt die Schlichtung, kommt es zu einem neuen Tarifvertrag, scheitert der Schlichtungsversuch, beginnt der Arbeitskampf.

Urabstimmung, Streik und Aussperrung

Die Friedenspflicht wird mit Beginn des Arbeitskampfes aufgehoben. Die Gewerkschaften führen nun eine Urabstimmung durch, bei der mind. 75 % der Mitglieder eines Tarifgebietes zustimmen müssen, wenn es zu einem **Streik** kommen soll. Tritt dieser Fall ein, legen die Gewerkschaftsmitglieder die Arbeit nieder, und zwar entweder im gesamten Tarifgebiet oder nur in einzelnen ausgesuchten Unternehmen bzw. in Bereichen des öffentlichen Lebens. Während des Streiks zahlt die Gewerkschaft ihren Mitgliedern Streikgeld, das jedoch geringer als der Lohn bzw. als das Gehalt ist.

Als Gegenmaßnahme der Arbeitgeber ist es während des Streiks möglich, dass es zu einer **Aussperrung** der Belegschaft kommt, d. h. die Arbeitgeber verweigern einem Teil oder allen Mitarbeitern die Arbeitsmöglichkeit und entrichten keine Löhne und Gehälter mehr. Eine Aussperrung nur der Gewerkschaftsmitglieder ist nicht zulässig, weil sie sich gegen die Koalitionsfreiheit richtet. Ein Arbeitskampf führt aufgrund des Produktionsausfalles zu Umsatz- und Gewinneinbußen des Unternehmens.

Während des Arbeitskampfes laufen die Verhandlungen weiter. Wird ein Kompromiss erzielt, wird von der Gewerkschaft erneut zur Urabstimmung gerufen. Wenn mehr als 25 % der Gewerkschaftsmitglieder für ein **Ende des Streiks** votieren und der Arbeitgeberverband ebenfalls zustimmt, kommt der neue Tarifvertrag zustande.

Bindung an Tarifverträge

In Deutschland überwiegen meist Flächentarife (Verbandstarife), die von den Gewerkschaften und den Arbeitgeberverbänden ausgehandelt werden. Allerdings ist die Bindung an diese Tarifverträge an bestimmte vertragliche Bedingungen geknüpft. Durch sogenannte Öffnungsklauseln gibt es für Flächentarife einen gewissen Spielraum, die es Unternehmen, insbesondere in wirtschaftlich schwierigen Regionen, erlauben, vom geltenden Tarif abzuweichen. Werden Vereinbarungen zwischen der Gewerkschaft und einzelnen Unternehmen ausgehandelt, so wird von Firmentarifen gesprochen. Seit 2015 ist in Deutschland durch das Mindestlohngesetz (MiLoG) die Höhe des **gesetzlichen Mindestlohns** festgelegt, seit 1. Januar 2019 auf **9,19 €**, ab 1. Januar 2020 auf **9,35 €**. Der Mindestlohn gilt auch für geringfügig Beschäftigte. Die Bedeutung dieser speziellen Tarifvereinbarungen hat in den letzten zwanzig Jahren deutlich zugenommen.

1.6.3 Betriebsverfassung

Christine Stein, Auszubildende im 2. Lehrjahr bei der Linnea GmbH, bereitet für den Berufsschulunterricht ein Referat über das Thema „Betriebsverfassungsgesetz" vor. Ihre Chefin Sophia Schmidt stellt Christine aus Interesse einige Fragen: „Ist ein Betriebsrat auch in kleineren Betrieben wie bei der Linnea GmbH möglich?" „Können Auszubildende auch Mitglieder in einem Betriebsrat sein"? Christine möchte nichts Falsches sagen und informiert sich noch mal im Fachbuch über die Details.

Zielsetzung

Um das Interesse der Arbeitnehmer an ihrem Betrieb zu steigern und ihnen Gelegenheit zu geben, am betrieblichen Geschehen aktiv mitzuwirken, wurden im **Betriebsverfassungsgesetz** (BetrVG), das 1952 in Kraft getreten ist, die Wahl und die Aufgaben eines **Betriebsrates** einheitlich geregelt. Ein Zwang zur Wahl eines Betriebsrates besteht nicht. Der Betriebsrat nimmt an der Willensbildung und an der Entscheidung des Arbeitgebers durch Mitwirkung und Mitbestimmung teil.

In Betrieben mit mindestens fünf Arbeitnehmern sind die Beschäftigten alle vier Jahre aufgerufen, in der Zeit zwischen dem 1.3. und dem 31.5. ihre **betrieblichen Interessenvertreter** zu wählen.

Allgemeine Aufgaben des Betriebsrates

Zu den wichtigsten Aufgaben des Betriebsrates gehört die Überwachung der Einhaltung der zum Schutz der Arbeitnehmer erlassenen Gesetze, Verordnungen, Unfallverhütungsvorschriften, Tarifverträge und der internen Betriebsvereinbarungen. Darüber hinaus hat der Betriebsrat die Arbeitnehmerinteressen gegenüber dem Arbeitgeber zu vertreten. Dazu prüft er betriebliche Vorschläge und Anregungen aus der Belegschaft und leitet sie gegebenenfalls an den Arbeitgeber weiter.

In größeren Unternehmen kommt dem Betriebsrat als Aufgabe auch die Betreuung und Förderung bestimmter Arbeitnehmergruppen zu, insbesondere der Schwerbehinderten, der ausländischen Arbeitnehmer und der älteren Arbeitnehmer.

Mitwirkung und Mitbestimmung

Während der Betriebsrat bei allgemeinen und wirtschaftlichen Aufgaben nur mitwirkende Funktion hat, besitzt er in personellen Angelegenheiten ein eingeschränktes Mitbestimmungsrecht. Bei auf einzelne Mitarbeiter bezogene Maßnahmen, wie Einstellung, Umgruppierung, Versetzung bzw. Kündigungen ist der Betriebsrat vorher anzuhören; gegebenenfalls kann er seine Zustimmung zu diesen Maßnahmen aus wichtigen Gründen verweigern.

Uneingeschränktes Mitbestimmungsrecht besitzt der Betriebsrat in sozialen Angelegenheiten. Hier müssen sich Arbeitgeber und Betriebsrat einigen, damit die Regelung in Kraft treten kann, z. B.

- bei Fragen der Betriebsordnung und beim Mitarbeiterverhalten,
- bei Beginn und Ende der täglichen Arbeitszeit und Pausen,
- bei der Aufstellung und bei Grundsätzen der Urlaubsplanung,
- bei Fragen der betrieblichen Lohngestaltung,
- bei Regelungen zur Verhütung von Arbeitsunfällen und Berufskrankheiten.

Kommt bei diesen Punkten eine Einigung nicht zustande, entscheidet eine Einigungsstelle, die sich zur Hälfte aus Mitgliedern des Betriebsrates und der Arbeitgeberseite zusammensetzt.

Im folgenden Bild sind Auszüge aus dem Betriebsverfassungsgesetz aufgeführt:

Betriebsverfassungsgesetz (Auszüge)

§ 1 Errichtung von Betriebsräten
(1) In Betrieben mit in der Regel mindestens fünf ständigen wahlberechtigten Arbeitnehmern, von denen drei wählbar sind, werden Betriebsräte gewählt. Dies gilt auch für gemeinsame Betriebe mehrerer Unternehmen.
...

§ 5 Arbeitnehmer
(1) Arbeitnehmer (Arbeitnehmerinnen und Arbeitnehmer) im Sinne dieses Gesetzes sind Arbeiter und Angestellte einschließlich der zu ihrer Berufsausbildung Beschäftigten, unabhängig davon, ob sie im Betrieb, im Außendienst oder mit Telearbeit beschäftigt werden.
...

§ 7 Wahlberechtigung
Wahlberechtigt sind alle Arbeitnehmer des Betriebs, die das 18. Lebensjahr vollendet haben. Werden Arbeitnehmer eines anderen Arbeitgebers zur Arbeitsleistung überlassen, so sind diese wahlberechtigt, wenn sie länger als drei Monate im Betrieb eingesetzt werden.
...

§ 9 Zahl der Betriebsratsmitglieder
Der Betriebsrat besteht in Betrieben mit in der Regel:

5 bis 20 wahlber. Arbeitnehmern	aus einer Person,
21 bis 500 wahlber. Arbeitnehmern	aus 3 Mitgliedern,
51 bis 1 000 wahlber. Arbeitnehmern	aus 5 Mitgliedern,
101 bis 2 000 wahlber. Arbeitnehmern	aus 7 Mitgliedern,
201 bis 4 000 wahlber. Arbeitnehmern	aus 9 Mitgliedern,

...

Bild 1 Auszüge aus dem Betriebsverfassungsgesetz

In einer Übersicht sind die verschiedenen Rechte, die das Betriebsverfassungsgesetz dem Betriebsrat einräumt, noch einmal zusammengefasst:

Bild 1 Rechte des Betriebsrates

Jugendvertretung

Für Betriebe mit mind. fünf jugendlichen Arbeitnehmern (Beschäftigte und Auszubildende) unter 18 Jahren ist vom Gesetz vorgeschrieben, dass sie eine **Jugend- und Auszubildendenvertretung** wählen können. Diese Jugendlichen sind dann auch gleichzeitig wahlberechtigt.

Wählbar sind jugendliche Arbeitnehmer und Auszubildende, die das 25. Lebensjahr noch nicht vollendet haben. Die Mitgliederzahl der Jugend- und Auszubildendenvertretung hängt von der Anzahl der jugendlichen Arbeitnehmer ab. Die Wahlen finden alle zwei Jahre statt.

Die Jugend- und Auszubildendenvertretung hat schwerpunktmäßig folgende Aufgaben:

- Überwachung der zugunsten von Jugendlichen und Auszubildenden bestehenden Gesetze, Verordnungen usw.,
- Anregungen und Vorschläge von Jugendlichen und Auszubildenden entgegennehmen und bearbeiten,
- Maßnahmen für Jugendliche und Auszubildende beim Betriebsrat vorschlagen und beantragen.

Zu Betriebsratssitzungen kann die Jugend- und Auszubildendenvertretung einen Vertreter entsenden, bei Angelegenheiten, die die Jugendlichen direkt betreffen, haben alle Jugend- und Auszubildendenvertreter Teilnahmerecht und Stimmrecht bei der Beschlussfassung.

Aufgaben

1. „Individualverträge dürfen Arbeitnehmer grundsätzlich besser stellen, aber niemals schlechter als durch Kollektivverträge." Begründen Sie diese Aussage.
2. Geben Sie drei Beispiele für Betriebsvereinbarungen an, die ein Floristik-Fachgeschäft mit seinen Mitarbeitern vereinbaren könnte.
3. Erläutern Sie den Unterschied zwischen einem „Manteltarifvertrag" und einem „Entgelttarifvertrag".
4. Erklären Sie die Begriffe Tarifautonomie, Friedenspflicht, Urabstimmung und Aussperrung.
5. Welche Voraussetzungen führen zu einem Streik bei einer Tarifauseinandersetzung?
6. Welche Vor- und Nachteile ergeben sich für eine Gewerkschaft, wenn sie den Arbeitskampf durch Streikmaßnahmen verschärft?
7. Warum lassen sich durch Schlichtungsverhandlungen langfristige Streiks meistens verhindern?
8. Der tarifliche Lohn richtet sich nach sogenannten Lohngruppen (Entgeltgruppen). Machen Sie Vorschläge, welche Kriterien bei Floristen einen Aufstieg in eine bessere Lohngruppe rechtfertigen würden.
9. Unter welchen Voraussetzungen ist es möglich, in einem Florist-Betrieb einen Betriebsrat zu etablieren? Sind auch Auszubildende stimm- oder wahlberechtigt? Erläutern Sie die Zusammenhänge!
10. Unterscheiden Sie bei den gesetzlich verankerten Aufgaben, für die ein Betriebsrat tätig ist, zwischen sozialen, personellen und wirtschaftlichen Angelegenheiten. In welchem Fall wird von Mitwirkung, wann von Mitbestimmung gesprochen?
11. Was passiert, wenn sich bei Angelegenheiten, die das uneingeschränkte Mitbestimmungsrecht des Betriebsrates betreffen, die Arbeitgeberseite und der Betriebsrat nicht einigen können?
12. Unter welchen Bedingungen kann in einem Floristik-Fachgeschäft eine Jugend- und Auszubildendenvertretung gewählt werden?
    Welche Aufgaben übernimmt diese Jugend- und Auszubildendenvertretung im Betrieb? Geben Sie drei Aufgabenbereiche an.

2 Voraussetzungen für eine Betriebsgründung erfüllen

Marc Schmidt leitet zusammen mit seiner Frau Sophia Schmidt die Linnea GmbH. Vor einigen Tagen hat Herr Schmidt von einem Kollegen, der demnächst in den Ruhestand gehen möchte, das Angebot bekommen, ein gut gelegenes Floristik-Fachgeschäft in Citylage zu übernehmen. Das Ehepaar Schmidt sucht schon seit längerer Zeit eine Möglichkeit, sich geschäftlich zu vergrößern, und diskutiert gemeinsam mit den Mitarbeitern über eine Betriebserweiterung.

2.1 Floristik-Fachgeschäfte und deren Stellung in der Wirtschaft

Die heutige Floristik, die bis zum Jahr 1967 noch als „Blumenbinderei" bezeichnet wurde, ist seit Jahrhunderten mit einer großen Tradition verbunden. Bereits aus der Antike finden wir zahlreiche Überlieferungen und Hinweise für gezielten Pflanzenanbau und Blumenanzucht sowie professionelle Formen der Blumenbinderei und des Blumenhandels.

Aus Betrieben der Blumenbinderei früherer Zeit haben sich heute florale Gestalter mit einem breiten Spektrum verschiedenster Warenangebote und Dienstleistungen entwickelt. Floristik-Fachgeschäfte werden heute allgemein als **Dienstleistungsbetriebe** bezeichnet. Der Produktionsgartenbau, der zum Bereich Landwirtschaft gehört, zählt zu den **Urproduktionsbetrieben.**

2.1.1 Von der Urproduktion zur Dienstleistung

Wirtschaftsunternehmen und deren Beschäftigte werden in der Volkswirtschaft je nach Art ihrer Tätigkeit in verschiedene **Wirtschaftssektoren** eingeordnet.

Primärer Sektor (Urproduktion)

Der primäre Sektor wird auch als **Urproduktion** bezeichnet. Die Urproduktion ist der Sektor der Rohstoffgewinnung für ein Produkt aus dem Boden, aus dem Wasser oder aus der Luft. Hierzu zählen insbesondere landwirtschaftliche und gartenbauliche Produktionsbetriebe, außerdem die Forst- und Fischereiwirtschaft, die Wasserwirtschaft und – je nach Definition – der Bergbau. In den meisten Entwicklungsländern ist der Anteil der Bevölkerung, der im primären Wirtschaftssektor arbeitet, wesentlich höher als in den Industrienationen. Der Primärsektor stellt die Grund- bzw. Rohstoffe her, die der sekundäre Sektor weiterverarbeitet.

Sekundärer Sektor (Industrie bzw. Weiterverarbeitung)

Der sekundäre Sektor beschäftigt sich mit der Weiterverarbeitung von Rohstoffen und der Herstellung von Produkten. Dazu zählen das verarbeitende Gewerbe (z. B. das Handwerk und das Baugewerbe), das produzierende Gewerbe (Industriebetriebe), aber auch die Energie- und Wasserwirtschaft. Charakteristisch für den Sektor ist die Weiterverarbeitung von Gütern aus dem Primärsektor, wodurch er – abhängig vom Produkt – häufig materialintensiv ist. Bedingt durch den Produktionsprozess mittels Einsatz von Investitionsgütern kann er auch sehr kapitalintensiv sein, z. B. bei der Fertigung von Möbeln und Maschinen.

Tertiärer Sektor (Handel und Dienstleistung)

Der tertiäre Sektor beinhaltet **Dienstleistungen**, die täglich erbracht werden. Zu den wichtigsten Wirtschaftszweigen gehören Handel und Verkehr, Tourismus, Bildungswesen (Schulen und Universitäten), Gesundheitswesen, Verwaltung, Banken, Medien (Fernsehen, Rundfunk und Presse), Rechts- und Justizwesen, Sicherheits- und Streitkräfte (Polizei und Armee). Dienstleistungen, die von staatlichen Stellen erbracht werden, fallen in den öffentlichen Sektor, der Rest in den privaten bzw. privatwirtschaftlichen Sektor. Floristen sind im tertiären Sektor tätig.

In der modernen Fachliteratur wird zusätzlich von einem weiteren Sektor gesprochen, der die Erstellung, Verarbeitung und den Verkauf von Informationen (Daten, Wissensbestände) beinhaltet, dem **Quartärsektor**. Hierunter zählt man unter anderem den IT-Dienstleistungsbereich und die Kommunikationstechnologie.

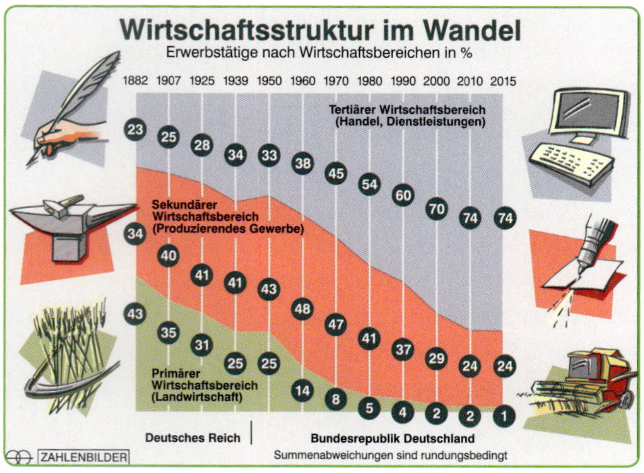

Bild 1 Wirtschaftsstruktur im Wandel

Der Prozess der Umwandlung einer Industriegesellschaft hin zur Dienstleistungsgesellschaft wird als **Tertiarisierung** bezeichnet.

2.1.2 Floristen bieten Dienstleistungen an

Betrachtet man die Zahl der Erwerbstätigen in den drei Wirtschaftssektoren, so sind heute nahezu 75 % der Erwerbstätigen in Deutschland im Bereich Handel und Dienstleistung beschäftigt. Betriebe des Handels übernehmen die Aufgabe, die hergestellten Sachgüter zu verteilen (Distribution von Waren). Dabei kaufen **Außenhandelsbetriebe** (z. B. ein Importeur von Keramik) oder **Großhandelsbetriebe** (z. B. der Großmarkt) vom Hersteller verschiedene Produkte (z. B. Pflanzen vom Gartenbaubetrieb) und liefern diese an die **Einzelhandelsbetriebe** (z. B. an die Linnea GmbH). Von hier aus gelangt die Ware zum **Endverbraucher** (Konsument bzw. Kunde).

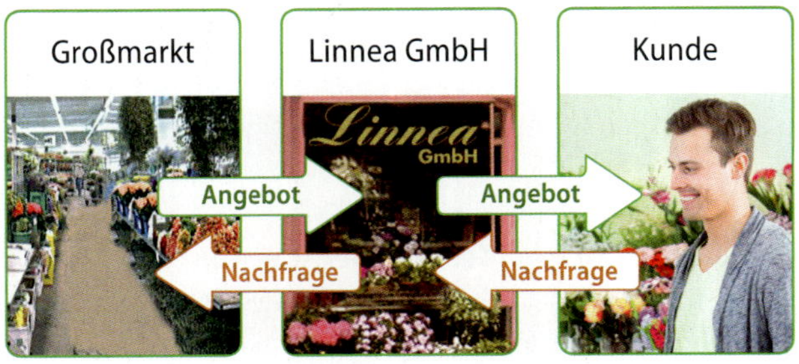

Bild 1 Vom Großhandel über den Einzelhandel zum Endverbraucher

Laut Statistik beinhaltet die Einzelhandelsbranche **Blumen und Pflanzen** alle Blumen- und Floristik-Fachgeschäfte, die Endverkaufsgärtnereien, die Fachgartencenter und den Samenfachhandel. Die wirtschaftliche Situation dieser auch als **„grüner Markt"** bezeichneten Branche ist eng verknüpft mit den Konsumausgaben der Kunden. Aufgrund des Strukturwandels in der Branche sinkt die Zahl der Betriebe des traditionellen Fachhandels.

Die Fachgartencenter expandieren infolge des Verkaufsflächenüberangebots an vielen Standorten nur noch gering.

Der Strukturwandel in dieser Branche hält an, denn seit Jahren sinkt die Zahl der Unternehmen. Dabei herrscht ein harter Verdrängungswettbewerb und hoher Konkurrenzdruck, insbesondere mit dem branchenfremden Lebensmitteleinzelhandel, mit Verbrauchermärkten und Discountern, mit dem Onlinehandel und Tankstellen, mit Baumärkten und dem Markthandel.

Für den Blumeneinzelhandel eröffnet sich durch einen zunehmend beobachteten Trend beim Blumenkauf eine neue Verkaufsstrategie: das Bewusstsein der Kunden für die Themen Umweltschutz und Nachhaltigkeit. Verbraucher fragen verstärkt nach, woher die Ware stammt, wie sie erzeugt wurde und wie frisch sie ist. Hier können vor allem traditionelle Einzelhandelsbetriebe und Gärtnereien mit eigenem Pflanzenanbau und kurzen Transportwegen mit anderen Wettbewerbern konkurrieren.

> Floristik-Fachgeschäfte bieten als Einzelhandelsbetriebe Waren und Dienstleistungen an den Endverbraucher an.

2.1.3 Firma, Betrieb und Unternehmung

Im allgemeinen Sprachgebrauch werden die Begriffe Firma, Betrieb und Unternehmen bzw. Unternehmung häufig für ein und dieselbe Sache verwendet. So wird meist von einem Einzelhandelsbetrieb gesprochen, aber auch von einem Großhandelsunterrnehmen. Wo liegen die Unterschiede?

Im **Betrieb** sind Betriebsmittel und Arbeitskräfte, also die Produktionsfaktoren, zu einer Einheit zusammengefasst, um eine bestimmte Leistung zu erbringen. Der Betrieb „betreibt" die Produktion von Gütern oder Dienstleistungen, er ist die Produktionsstätte und somit ein Teil des Unternehmens.

Ein **Unternehmen** dagegen ist eine organisatorische und rechtliche Einheit. Es verfolgt in der Regel wirtschaftliche Ziele und möchte Gewinne erzielen. Es kann mehrere wirtschaftliche Einheiten umfassen, während ein Betrieb eine in sich geschlossene Einheit bildet. Ein Betrieb wird immer von einer übergeordneten Instanz, also dem Unternehmen organisiert, das Unternehmen „unternimmt" (Investitionen, Einkauf, Verkauf usw.). Ein Unternehmen kann aus mehreren Betrieben bestehen, mehrere Unternehmen können einen Betrieb auch gemeinschaftlich führen.

Der Begriff **Firma** ist durch das Handelsgesetzbuch (HGB) festgelegt und bezieht sich nur auf den Betriebsnamen, unter dem der Kaufmann sein Geschäft betreibt. Häufig wird der Begriff „Firma" auch für das Firmengebäude verwendet, in dem sich ein Betrieb befindet.

2.1.4 Unternehmensziele

Erwerbswirtschaftlich arbeitende Betriebe sind meist in privatem Eigentum. Vorrangiges Ziel ist dabei die Erwirtschaftung eines größtmöglichen Gewinns, auch als **Gewinnmaximierung** bezeichnet. Der private Unternehmer übernimmt dabei das unternehmerische Risiko. Weitere Ziele von privaten Unternehmungen können sein:

- Erhöhung des Marktanteils (höhere Marktversorgung),
- Image-Steigerung durch mehr Öffentlichkeitsarbeit,
- Sicherung von Arbeitsplätzen,
- umweltfreundliche Verwendung oder Produktion von Gütern,
- soziales Engagement durch Einstellung Schwerbehinderter,
- stärkere Identifikation mit dem Betrieb (Corporate Identity).

Die Ziele **gemeinwirtschaftlicher Unternehmen** sind, da sie sich in der Regel im Eigentum der öffentlichen Hand (Bund, Länder, Kreise oder Gemeinden) befinden, **nicht gewinnorientiert**. Sie verfolgen gemeinnützige Ziele. Ihre Hauptaufgabe ist es, die Bevölkerung mit wichtigen Gütern oder Dienstleistungen zu versorgen, die für den Bürger bezahlbar sein müssen. Entweder wird nur ein geringer Gewinn erzielt oder die Kosten werden teilweise oder ganz gedeckt. Beispiele: Abfallentsorgung, Wasser-, Strom- und Gasversorgung, Theater, Museen, Schwimmbäder, Büchereien.

Eine dritte Form von Unternehmen arbeitet nach dem genossenschaftlichen Prinzip. Ziel **genossenschaftlicher Unternehmen** ist die Betreuung und Förderung der wirtschaftlichen Interessen der Mitglieder (Genossen). Genossenschaften sind Personenvereinigungen. Beispiele: Kreditgenossenschaften (z. B. Volks- und Raiffeisenbanken), gemeinnütziger Wohnungsbau, Produktions-, Einkaufs- und Absatzgenossenschaften (z. B. für die Vermarktung von produzierten Pflanzen aus dem Gartenbau).

Funktionen der Unternehmung

Die Aufgaben, die in Unternehmungen anfallen, sind im Grunde bei allen weitestgehend gleich. Ob im Gartencenter, im Blumengroßhandel oder im Floristik-Fachgeschäft, in jedem Unternehmen sind bestimmte Aufgabenbereiche zu erfüllen.

Unternehmung

↓

Leitung
Unternehmensziele festlegen, Neuinvestitionen planen, Rechnungswesen kontrollieren

↓

Beschaffung
- Bezugsquellen ermitteln
- Anfragen durchführen
- Angebote vergleichen
- Waren bestellen

Absatz
- Kundenwerbung
- Angebotserteilung
- Verkauf
- Marketingmaßnahmen

Lager
- Warenannahme
- Lagerpflege und -buchführung
- Warenausgabe

Verwaltung
- Personalverwaltung
- Schriftverkehr und EDV
- Rechnungswesen
- Lohn- und Gehaltsabrechnung

Bild 1 Funktionen der Unternehmung

Allgemein lassen sich die Grundfunktionen einer Unternehmung aufteilen in die Bereiche:

- **Leitung**: Die Geschäftsleitung legt Unternehmensziele fest, ermittelt den Mitarbeiterbedarf, plant und entscheidet über betriebliche Neuinvestitionen, kontrolliert das Rechnungswesen, beseitigt Störungen im laufenden Betriebsprozess usw.
- **Beschaffung**: Dieser Bereich ist für die Beschaffung zuständig, also den Einkauf der Produktionsgüter und Waren.
- **Lagerung**: Dieser Aufgabenschwerpunkt beinhaltet die Lagerhaltung und -kontrolle, die Warenannahme und -ausgabe sowie die Lagerbuchführung.
- **Absatz**: Dieser Bereich ist verantwortlich für Marketing, Auftragsbearbeitung, Versand und Kundenpflege.
- **Verwaltung**: Die Funktionsfähigkeit des Unternehmens wird in diesem Bereich gewährleistet durch die Personalverwaltung, die Durchführung des Rechnungswesens und des gesamten Schriftverkehrs; die Finanzverwaltung beschafft das für den Betriebsprozess notwendige Kapital.

Ökonomisches Prinzip

Floristik-Fachgeschäfte haben als Dienstleistungsunternehmen die Aufgabe, Kunden möglichst kostengünstig bestimmte Güter bzw. Dienstleistungen zur Befriedigung menschlicher Bedürfnisse anzubieten. Sie müssen wirtschaftlich, d. h. ökonomisch, mit den zur Verfügung stehenden Mitteln, umgehen.

Um nach dem **ökonomischen Prinzip** zu handeln, ist es also notwendig, dass Floristen einerseits ihre Mitarbeiter, aber auch ihre floralen bzw. nichtfloralen Werkstoffe effizient einsetzen. Dabei ist es wichtig, dass der Unternehmer einen angemessenen **Gewinn** erwirtschaftet, damit sein Unternehmen am Markt bestehen kann. Vereinfacht lässt sich der Gewinn wie folgt ermitteln:

> **Gewinn** = Erlös (Umsatz) – Kosten

Der Erlös bzw. der Umsatz ist der Gegenwert, der einem Unternehmen (z. B. die Linnea GmbH) in Form von Einnahmen durch den Verkauf von Gütern oder erbrachten Dienstleistungen zufließt.

Hierbei gibt es grundsätzlich zwei Vorgehensweisen, wie die zur Verfügung stehenden Mittel eingesetzt werden können, sie nennen sich **Minimalprinzip und Maximalprinzip.**

> **Maximalprinzip:** Es soll mit den gegebenen Mitteln (Input) eine möglichst hohe Leistung oder ein **maximaler Erfolg** (Output) erzielt werden.

Beispiel Maximalprinzip

Die Linnea GmbH erhält den Auftrag, eine Saaldekoration anlässlich einer Betriebsfeier anzufertigen. Das Budget ist auf 2 000 € limitiert. Um eine möglichst repräsentative Wirkung zu erzielen, hat Frau Schmidt ein Konzept erarbeitet und holt anschließend Angebote für die Werkstoffe auf dem Blumengroßmarkt ein.

> **Minimalprinzip:** Eine bestimmte Leistung bzw. ein bestimmter Output soll mit möglichst **minimalem Aufwand** (Input) erzielt werden.

Beispiel Minimalprinzip

Frau Schmidt möchte eine Werbeaktion durchführen, zu der insgesamt 100 Blumensträuße mit möglichst geringem Mitteleinsatz gefertigt werden.

Kennzahlen messen das ökonomische Prinzip

Unternehmer müssen regelmäßig wichtige Entscheidungen treffen, damit ein Betrieb produktiv und wirtschaftlich handelt, darüber hinaus aber rentabel ist, also gewinnbringend wirtschaftet. Die Buchführung liefert durch die Jahresabschlüsse (Bilanz und Gewinn- und Verlustrechnung (GuV)) wichtige Daten für Entscheidungen, dadurch können Aussagen über Rentabilität und Wirtschaftlichkeit eines Unternehmens getroffen werden. Auch was mengenmäßig geleistet wird (Produktivität) und welche Produktionsmittel (Arbeit und Kapital) zur Verfügung stehen, kann somit leichter erfasst werden.

Mit der Kennzahl **Rentabilität** kann die Verzinsung des eingesetzten Kapitals oder der Erlöse ermittelt werden. Damit wird deutlich, ob sich der Einsatz des Kapitals im Unternehmen gelohnt hat.

Die **Wirtschaftlichkeit** misst den Ertrag einer Leistung, eines Projektes oder des gesamten Unternehmens für eine Zeitperiode. Die Kennzahl zeigt auf, wie effizient ein Unternehmen ist: Die Wirtschaftlichkeit erhöht sich, wenn die Erträge bzw. Erlöse steigen oder der Aufwand bzw. die Kosten sinken.

Als **Produktivität** bezeichnet man das Verhältnis von Ausbringung zum betrieblichen Einsatz, also von Input und Output. Die Kennzahl kann sich dabei beziehen auf den Arbeitseinsatz der Mitarbeiter (Arbeitsproduktivität), aber auch auf den Materialeinsatz (Materialproduktivität) oder den Kapitaleinsatz (Kapitalproduktivität).

Die **Liquidität** verdeutlicht, wie schnell Verbindlichkeiten bezahlt werden können und ob die flüssigen Mittel ausreichen.

2.1.5 Unternehmensformen

Die Wahl der richtigen Unternehmensform ist eine der wichtigsten Entscheidungen, die bei der Gründung eines neuen Unternehmens getroffen werden muss. Diese Entscheidung hat Auswirkungen auf die Frage der persönlichen Haftung, auf die Frage nach der steuerlichen Beurteilung und zuletzt auch auf buchhalterische Fragen, insbesondere auf die Bilanzierungspflicht. Bei der Wahl der geeigneten Rechtsform fließen folgende Überlegungen ein:

- Kapitalaufbringung (wie bringe ich das Kapital zusammen?)
- Haftungsumfang (was ist, wenn der Betrieb in Konkurs geht?)
- Steuerrechtliche Behandlung (ist ein Steuerberater notwendig?)
- Entscheidungsbefugnis (wer hat das „Sagen" im Betrieb?)
- Gewinn- und Verlustverteilung (wie wird der Gewinn verteilt?)
- Rechtliche Formen zur Mitbestimmung

In der Übersicht (s. S. 39, Bild 1) sind die wichtigsten Unternehmensformen einander gegenübergestellt.

Kennzahl	Beschreibung	Formel
Rentabilität (Kapital- oder Umsatz-rentabilität)	Stellt den Gewinn zum Kapitaleinsatz oder zu den Verkaufserlösen dar.	$\frac{\text{Gewinn} \cdot 100}{\text{Kapital}}$ oder $\frac{\text{Gewinn} \cdot 100}{\text{Umsatz}}$
Wirtschaftlichkeit	Stellt den Ertrag zum Aufwand bzw. Leistung zu Kosten dar.	$\frac{\text{Ertrag}}{\text{Aufwand}}$ oder $\frac{\text{Leistung}}{\text{Kosten}}$
Produktivität	Stellt die mengenmäßige Leistung zum Einsatz, z. B. je Tag, Stunde, je Arbeiter, je Maschine, dar.	$\frac{\text{Leistung}}{\text{Einsatz}}$ $\frac{\text{Output}}{\text{Input}}$
Liquidität	Stellt die flüssigen Mittel zu den kurzfristigen Verbindlichkeiten dar.	$\frac{\text{liquide Mittel}}{\text{kurzfristige Verbindlichkeiten}}$

Bild 1 Betriebswirtschaftliche Kennzahlen

Die häufigste Rechtsform der Unternehmung in Deutschland ist das **Einzelunternehmen**; das gilt auch für den Blumeneinzelhandel. Dabei wird das Kapital von einer Person, dem Unternehmer, aufgebracht. Er leitet das Unternehmen eigenverantwortlich und trägt das Risiko allein, d. h. er haftet mit seinem Geschäfts- und Privatvermögen. Über den Gewinn kann er allein verfügen. Bei einer **Personengesellschaft** betreiben mindestens zwei (oder mehrere) Personen ein Unternehmen gemeinsam. Bei der OHG haftet diese bei Verbindlichkeiten mit dem Gesellschaftsvermögen und auch alle Gesellschafter persönlich, bei der KG haften die Komplementäre als Vollhafter unbeschränkt, die Kommanditisten als Teilhafter nur mit der Höhe der Einlage. Bei einer **Kapitalgesellschaft** (z. B. als GmbH) sind die Gesellschafter mit einem oder mehreren Geschäftsanteilen an der Gesellschaft beteiligt, für Verbindlichkeiten ist die Haftung der Gesellschafter nur auf die Höhe ihrer Einlage beschränkt.

Personen- und Kapitalgesellschaften unterscheiden sich neben ihrer rechtlichen Konstruktion vor allem in der steuerlichen Behandlung. In jüngster Zeit sind eine Reihe von Sonder- bzw. Mischformen entstanden, z. B. die Partnerschaftsgesellschaft (PartnG), die kleine AG oder die Ein-Personen-GmbH als Unterformen der klassischen Kapitalgesellschaften als „UG (haftungsbeschränkt)" oder „Unternehmergesellschaft (haftungsbeschränkt)" bezeichnet.

Unternehmensformen	Einzelunternehmung	Personenunternehmungen			Kapitalgesellschaften		Mischformen
Merkmale		OHG offene Handelsgesellschaft	KG Kommanditgesellschaft	GbR Gesellschaft des bürgerlichen Rechts	GmbH (UG) Gesellschaft mit beschränkter Haftung	AG Aktiengesellschaft	e. G. eingetragene Genossenschaft
Mindestpersonenzahl bei Gründung	1	2	2	2	2 Ausnahme: Ein-Mann-GmbH (UG)	1 Aktionär, 1 Vorstandsmitglied, mind. 3 Aufsichtsratmitglieder	3
Gründungskapital	–	nicht vorgeschrieben	nicht vorgeschrieben	nicht vorgeschrieben	25 000,– € Stammkapital , (1 € bei UG)	50 000,– € Grundkapital	nicht vorgeschrieben
Haftung	Privat- und Geschäftsvermögen	Privat- und Geschäftsvermögen; aller Gesellschafter	Vollhafter (Komplemetär) wie bei OHG, Teilhafter nur mit seinen Einlagen	die Gesellschafter mit Privat- und Geschäftsvermögen	Gesellschaftsvermögen	Gesellschaftsvermögen	Genossen mit Gesellschaftsanteil
Geschäftsführung	Einzelunternehmer	jeder Gesellschafter allein; außer bei außergewöhnlichen Geschäften	Komplementäre	alle Gesellschafter gemeinsam	Geschäftsführer; Kontrolle über Gesellschaftsversammlung	Vorstand; Kontrolle durch Aufsichtsrat und Hauptversammlung	Vorstand; Kontrolle über Generalversammlung
Gewinnzuweisung	allein der Einzelunternehmer	4 % auf Kapitalanteil; Rest nach Köpfen	4 % auf Kapitalanteil; Rest im angemessenen Verhältnis	nach Köpfen	im Verhältnis der Geschäftsanteile (keine volle Ausschüttung bei UG)	Dividenden auf Aktiennennbeträge	im Verhältnis der Geschäftsguthaben der einzelnen Genossen
Publizitätspflicht	nein	nein	nein	nein	abhängig von Größe der GmbH	Veröffentlichung nach § 160 AktG	Veröffentlichung der Statuten nach § 12 GenG

Bild 1 Unternehmensformen im Überblick

2.2 Betriebs- und Unternehmensgründung

Als Existenzgründer steht man vor einer schwerwiegenden und weittragenden Entscheidung. Daher ist es besonders wichtig, die Voraussetzungen für eine Unternehmensgründung zu prüfen. Die Entscheidungsbereiche, die bei einer Unternehmensgründung besondere Bedeutung haben, lassen sich einteilen in

- persönliche Voraussetzungen und Qualifikationen,
- sachliche Voraussetzungen,
- rechtliche und betriebswirtschaftliche Grundlagen.

2.2.1 Persönliche Voraussetzungen

Um ein Gewerbe betreiben zu dürfen, muss der Unternehmensgründer voll geschäftsfähig sein, also volljährig. Allerdings kann auch ein Minderjähriger unter bestimmten Voraussetzungen und Auflagen einen Betrieb führen. Damit sich der Existenzgründer im eigenen Unternehmen und am Markt gegenüber Wettbewerbern durchsetzen kann, sind detaillierte Fachkenntnisse, kaufmännisches Wissen und unternehmerisches Denken, Berufserfahrung und besondere Schlüsselqualifikationen notwendig.

Für die fachliche Qualifikation gibt es keine besondere Vorschrift. Im Gegensatz zu vielen Handwerksberufen kann jeder ein Floristik-Fachgeschäft gründen, ohne den Beruf erlernt zu haben (Gewerbefreiheit). Trotzdem empfiehlt sich, eine qualifizierte Berufsausbildung mit abschließender Prüfung vor der IHK zu erwerben. Durch die Qualifikation der Meisterprüfung oder durch Ablegen der Ausbildereignungsprüfung ist auch die Ausbildung von Auszubildenden möglich.

Wünschenswerte **Schlüsselqualifikationen** eines Floristen im Rahmen einer Existenzgründung sind u. a.:

- Verantwortungsbewusstsein und Mitarbeiter-Führungsqualitäten,
- soziales Gewissen und Objektivität gegenüber Mitarbeitern,
- Managementfähigkeiten und Organisationstalent,
- Zielstrebigkeit und Durchsetzungsvermögen,
- Überzeugungs- und Entscheidungskraft,
- Belastbarkeit, Fleiß und Ausdauer,
- Flexibilität und Kontaktfähigkeit,
- Kreativität und handwerkliches Können.

2.2.2 Sachliche Voraussetzungen

Persönliche Fähigkeiten und Schlüsselkompetenzen reichen allein nicht aus, um einen Betrieb auch tatsächlich wirtschaftlich solide führen zu können. Viele Floristen haben in der Vergangenheit ihren Betrieb wieder aufgeben müssen, weil die sachlichen Voraussetzungen nicht gestimmt haben.

Das Fortbestehen eines Floristik-Fachgeschäftes ist nur dann gewährleistet, wenn bei der Betriebsplanung die allgemeine konjunkturelle Lage und branchenspezifische Umsatzzahlen von Floristen, der Kapitalbedarf und die Finanzierungskosten, die Standortbedingungen, die allgemeinen Betriebskosten und die Mitarbeiterkosten einschließlich des Unternehmerlohns Berücksichtigung finden. Vor dem Schritt in die Selbstständigkeit sollte man daher unbedingt professionelle Hilfe bei der Industrie- und Handelskammer, bei der Agentur für Arbeit oder einer Unternehmensberatung suchen, die detaillierte Auskünfte erteilen, auch über Fördermittel bzw. Förderprogramme. Damit ein Existenzgründer erfolgreich seine Geschäftsidee umsetzen kann, sollte ein Unternehmenskonzept erstellt werden.

Die nachfolgende Checkliste kann dabei helfen, den Start in eine erfolgreiche Selbstständigkeit zu erleichtern.

1. Die Geschäftsidee
- Was ist Ihre Geschäftsidee?
- Welchen Nutzen hat Ihr Angebot?
- Welchen zusätzlichen Nutzen, welche zusätzliche Leistung und Attraktivität bieten Sie im Unterschied zu Mitbewerbern an?
- Wie bekannt sind die Produkte und die Dienstleistung?
- Was kostet das Produkt/die Dienstleistung?

2. Markteinschätzung
- Welche Zielgruppen kommen infrage?
- Was sind die Wünsche dieser Kunden?
- Wie groß ist das Marktvolumen dieser Kunden?
- Wie und mit welcher Werbung erreichen Sie Ihre Kunden?
- Sind Sie eventuell von wenigen Großkunden abhängig?

3. Konkurrenzanalyse
- Wer sind Ihre Mitbewerber?
- Was kosten die Produkte und die Dienstleistung bei der Konkurrenz?
- Können Sie preisgünstiger sein als die Konkurrenz?
- Wie könnten die Konkurrenten reagieren? Und wie reagieren Sie auf die Konkurrenz?
- Welchen Service bieten die Mitbewerber?

4. Standort
- Wo also haben Sie für das Produkt/die Dienstleistung einen Erfolg versprechenden Markt und keinen Mitbewerber?

5. Geschäftsverbindungen
- Mit wem wollen Sie Ihr Unternehmen starten? Allein? Partner? Angestellte?
- Lieferanten, Hersteller, Großhändler?
- Wer kommt infrage?
- Wer ist zuverlässig?

6. Zukunftsaussichten
- Wie könnte die Entwicklung in Ihrer Branche aussehen?
- Wie wird sich die Nachfrage nach Ihrem Angebot entwickeln? Ist es jetzt ein Trend, bald nicht mehr?
- Wie lange können Sie einen Vorsprung durch einen zusätzlichen Nutzen oder eine zusätzliche Leistung halten?
- Gibt es vergleichbare Branchen, an denen Sie sich orientieren können?

Quelle: Bundesministerium für Wirtschaft, Broschüre „Starthilfe – der erfolgreiche Weg in die Selbstständigkeit"

Bild 1 Checkliste

2.2.3 Rechtliche und betriebswirtschaftliche Grundlagen

Bei der Gründung einer Unternehmung müssen neben wirtschaftlichen Entscheidungen wie Betriebsausstattung, Finanzierung oder Standortwahl auch handelsrechtliche Überlegungen getroffen werden. Dazu zählen ein Handelsname (Firma) und eine geeignete Rechtsform.

Nach Artikel 12 des Grundgesetzes (GG) und § 1 der Gewerbeordnung (GewO) gibt es in Deutschland die sogenannte **Gewerbefreiheit**. Dabei hat jedermann die Freiheit, einer wirtschaftlichen Betätigung an jedem Ort zu jeder Zeit im Rahmen der gesetzlichen Bestimmungen nachzugehen, soweit keine Einschränkungen vorgesehen sind. Diese Einschränkungen gelten für Floristik-Fachgeschäfte nicht.

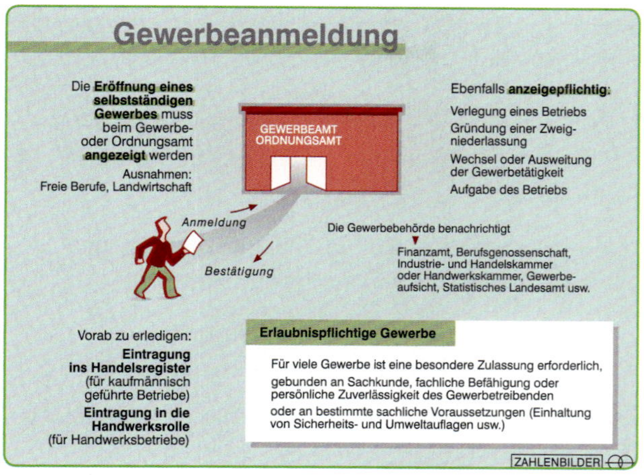

Bild 1 Vor der Betriebsgründung muss das Gewerbe angemeldet werden

Erster Schritt in die Selbständigkeit als Florist ist die Anmeldung bei der zuständigen Gewerbebehörde. Wer in Deutschland Waren oder Dienstleistungen verkauft bzw. damit handelt, ist grundsätzlich verpflichtet, ein Gewerbe anzumelden, und zwar bei der Gewerbemeldestelle seiner Kommune (Gewerbeamt).

Mit der Ausstellung des Gewerbescheins werden die entsprechenden zuständigen Behörden informiert: dieses sind das Finanzamt, die Industrie- und Handelskammer, das statistische Landesamt, das Handelsregistergericht und die Berufsgenossenschaft.

Floristen sind Kaufleute im Sinne des HGB (Handelsgesetzbuch) und müssen ihre Firma im Handelsregister eintragen lassen; die Firma eines Kaufmanns ist laut § 17 des HGB der Name, unter der er das Geschäft betreibt und die Unterschrift abgibt. Er kann unter seinem Namen klagen und verklagt werden.

Damit die Firmen zu unterscheiden sind, gibt es Firmengrundsätze, die eingehalten werden sollen:

- **Firmenwahrheit und Firmenklarheit:** Der Name der Firma soll eindeutig und wahr sein. Es dürfen keine irreführenden Bezeichnungen verwandt werden (§ 18 HGB).
- **Firmenausschließlichkeit:** Jede Firma muss sich von allen anderen schon am Ort bestehenden und im Handelsregister eingetragenen Firmen unterscheiden (§ 30 HGB).
- **Firmenbeständigkeit:** Ändert sich der bürgerliche Name eines Kaufmanns oder wechselt der Gesellschafter, kann der bestehende Name beibehalten werden (§ 21 HGB).
- **Firmenöffentlichkeit:** Jeder Kaufmann ist verpflichtet, seine Firma, alle Änderungen sowie die Firmenlöschung in das Handelsregister eintragen zu lassen (§ 29 HGB). Die Eintragung wird veröffentlicht.
- **Rechtsformzusatz:** Aus dem Namen muss eindeutig der Inhaber des Geschäftes oder die Rechtsform hervorgehen (§ 125a HGB, § 19 HGB).
- Beispiele: Katrin Kramer e. Kfr., Franz Krause e. K., Blumenhaus Rose OHG, Linnea GmbH.

Unternehmensform	Firmenzusatz
Einzelkaufleute	Eingetragener Kaufmann, „e. K.", „e. Kfm.", bei Kauffrau „e. Kfr."
Personengesellschaften	Offene Handelsgesellschaft „OHG", Kommanditgesellschaft „KG"
Kapitalgesellschaften	Gesellschaft mit beschränkter Haftung „GmbH", Aktiengesellschaft „AG"
Genossenschaft	Eingetragene Genossenschaft oder „eG"

Die Eintragungen des Handelsregisters werden im „Bundesanzeiger" und in der örtlichen Presse veröffentlicht. Gegenstand der Eintragung sind u. a.:

- Firma,
- Sitz der Unternehmung,
- Gegenstand der Unternehmung,
- Inhaber,
- Haftungsverhältnis,
- Rechtsform,
- besondere Rechtsverhältnisse (Geschäftsführung, Prokura).

Handelsregister – Abteilung B – des Amtsgerichts – Bremen						HRB 3940
Nummer Eintragung	a) Firma b) Sitz c) Gegenstand	Grund- oder Stammk.	a) Allgemeine Vertretungsregelung b) Vorstand	Prokura	a) Rechtsform, Beginn, Satzung	a) Tag der Eintragung
1	a) Linnea GmbH b) Bremen c) Gegenstand des Unternehmens sind die Herstellung und der Verkauf von floralen Werkstücken und Dekorationen	50 000,00 €	a) – b) Sophia Schmidt, geb. am 8. März 1965, Florist-Meisterin Bremen		a) Gesellschaft mit beschränkter Haftung Gesellschaftsvertrag vom 7. Juni 2004 Die Gesellschaft hat einen oder mehrere Gesellschafter. Die Geschäftsführung Sophia Schmidt ist allein vertretungsberechtigt und befugt, mit sich selbst in eigenem Namen oder als Vertreterin eines Dritten Rechtsgeschäfte mit der Gesellschaft abzuschließen.	a) 20. Juni 2004
2						
3						

Bild 2 Handelsregistereintragung der Linnea GmbH

2.2.4 Leitung der Unternehmung

In kleineren Unternehmen nimmt der Unternehmer die Führungsaufgabe i. d. R. selbst wahr, das bedeutet, er gibt Weisungen, trifft Entscheidungen, handelt Verträge aus und unterschreibt sie. In Mittel- und Großunternehmen werden diese Führungsaufgaben meist „auf mehrere Schultern" verteilt. Durch diese Aufgabenverteilung entstehen im Unternehmen Rangstufen und unterschiedliche Ebenen von verschiedenen Zuständigkeiten.

Bild 1 Erteilung einer Vollmacht

Die Befugnis der eigenverantwortlichen Vertretung erhält ein Mitarbeiter durch eine **Vollmacht**, die den Aufgabenbereich umschreibt, innerhalb dessen er für das Unternehmen handeln darf. Wichtige Vollmachtarten in Unternehmen sind die **Prokura** und die **Handlungsvollmacht**.

Prokura, HGB § 49, (1)
Die Prokura ermächtigt zu allen Arten von gerichtlichen und außergerichtlichen Geschäften und Rechtshandlungen, die der Betrieb eines Handelsgewerbes mit sich bringt.

Bei Grundstücksverkäufen braucht der Prokurist eine besondere Vollmacht, gesetzlich verboten sind für ihn folgende Handlungen:

Insolvenzverfahren anmelden, Gesellschafter aufnehmen oder das Geschäft verkaufen. Der Umfang der Handlungsvollmacht bei Prokura ist gesetzlich geregelt, der Umfang der Handlungsvollmacht wird vom Unternehmer bestimmt.

Handelsvollmacht, HGB § 54, (1), Auszug
Ist jemand ohne Erteilung der Prokura zum Betrieb eines Handelsgewerbes ... ermächtigt, so erstreckt sich die Vollmacht (Handlungsvollmacht) auf alle Geschäfte und Rechtshandlungen, die der Betrieb eines derartigen Handelsgewerbes mit sich bringt.

Die allgemeine Handlungsvollmacht berechtigt zur Ausführung aller Rechtsgeschäfte im üblichen Umfang, dies gilt z. B. auch für Geschäftsführer oder Filialleiter eines Floristik-Fachgeschäftes.

Aufgaben

1. Beschreiben Sie die Aufgabenbereiche von Unternehmen im primären, sekundären und tertiären Sektor.
2. Erläutern Sie den Unterschied von gewinnorientierten und gemeinnützigen Unternehmen.
3. Beschreiben Sie die Funktionsbereiche eines Unternehmens am Beispiel eines großen Gartencenters.
4. Wie handelt ein Unternehmer nach dem „ökonomischen Prinzip"? Welche Kennzahlen sind wichtig?
5. Welche Voraussetzungen sind für eine erfolgreiche Unternehmensgründung wichtig?
6. Erläutern Sie die Haftungsunterschiede bei unterschiedlichen Unternehmensformen!

2.3 Grundlagen des Wirtschaftens

„Ich kann mir nicht vorstellen, dass es einen Menschen gibt, der nicht immer neue Bedürfnisse hat", sagte einmal Ludwig Erhard als damaliger Bundeswirtschaftsminister. Sein Zitat verdeutlicht, dass die Ursache allen Wirtschaftens die Wünsche der Menschen sind, also deren Bedürfnisse. Der Mensch braucht **Güter**, um existieren und angemessen leben zu können. Innerhalb der Wirtschaft werden Güter unterschiedlichster Art vom Staat und von Unternehmen produziert und bereitgestellt, um Bedürfnisse zu befriedigen, so natürlich auch von Floristik-Fachgeschäften.

2.3.1 Bedarf, Bedürfnisse und Nachfrage

Bedürfnisse

Der Mensch erlebt **Bedürfnisse** als ein subjektives Mangelempfinden mit dem Wunsch, diesen Mangel zu beseitigen. Bedürfnisse lassen sich nach verschiedenen Gesichtspunkten unterscheiden.

Nach der Dringlichkeit der Bedürfnisse unterteilt man:

- Existenzbedürfnisse: Ihre Befriedigung ist notwendig zur Lebenserhaltung, z. B. das Bedürfnis nach Nahrung, Kleidung, Wohnung oder Grundbildung.
- Kultur- und Luxusbedürfnisse: Ihre Befriedigung erhöht den Lebensstandard und steigert das Lebensgefühl; sie sind wandelbar und abhängig von der jeweiligen Kultur, z. B. Bedürfnis nach hochwertiger Nahrung, spezieller Kleidung, besonderer Bildung, sozialer Geltung, aber auch nach kulturellen Erlebnissen sowie bei der Urlaubs- und Freizeitgestaltung.

Nach der Fähigkeit der Bedürfnisbefriedigung unterscheidet man:

- Individualbedürfnisse: Ihre Befriedigung kann vom Einzelnen selbst vorgenommen werden (Nahrung, Kleidung, Wohnung).
- Kollektivbedürfnisse: Ihre Befriedigung erfolgt in der Gruppe oder Gemeinschaft, z. B. im Bereich der Schulbildung, der Ordnung und Sicherheit bei Veranstaltungen.

> **Bedürfnisse** sind Mangelempfindungen.
>
> **Bedarf** im wirtschaftlichen Sinne ist der Teil der Bedürfnisse, den der Mensch mit seiner Kaufkraft befriedigen will bzw. kann.

In welchem Umfang die Bedürfnisse befriedigt werden können, hängt ab von der Leistungsfähigkeit und Leistungsbereitschaft, vom Alter, von der Religion, vom Vermögen und Einkommen sowie von der vorhandenen Infrastruktur des Einzelnen ab.

Bedarf

Als **Bedarf** wird der Teil der Bedürfnisse bezeichnet, der von uns Menschen mit den uns zur Verfügung stehenden Geldmitteln befriedigt werden kann. Der am Markt auftretende Bedarf stellt die Nachfrage nach **Gütern** dar.

> Bedürfnisse erzeugen am Markt eine **Nachfrage**, die durch **Güter** befriedigt werden.

Güter

Die materiellen Bedürfnisse bestimmen das wirtschaftliche Handeln. Sie sollen durch die Produktion und Bereitstellung von Gütern befriedigt werden. Nur wenige Güter sind wirklich freie Güter (z. B. Sonnenlicht, Meer, Luft), die meisten Güter sind knapp und damit Gegenstand des Wirtschaftens, sie erscheinen als Angebote auf dem Markt. Sie werden deshalb als Wirtschaftsgüter bezeichnet. Je nach Verwendung sind es **materielle Güter**, z. B. Produktions- und Konsumgüter bzw. Gebrauchs- und Verbrauchsgüter. Zu den Gütern gehören aber auch **immaterielle Güter**, diese sind nicht gegenständlicher Art, sondern sind Dienstleistungen und Informationen (z. B. von Banken, Versicherungen, Krankenhäusern) oder Rechte (Patente bzw. Konzessionen).

Angebot und Nachfrage

Überall dort, wo Angebot und Nachfrage zusammentreffen, entsteht ein **Markt**. Die Funktion des Marktes ist es, einen Ausgleich zwischen Angebot und Nachfrage herbeizuführen. Anbieter sind alle Wirtschaftseinheiten, die Güter anbieten, z. B. Floristen. Nachfrager sind alle Wirtschaftseinheiten, die Güter nachfragen, z. B. Unternehmen, der Staat, das Ausland, aber insbesondere die Haushalte bzw. die Konsumenten.

Marktarten

Auf Märkten werden unterschiedliche Gegenstände gehandelt; von **Gütermärkten** wird gesprochen, wenn es sich um Sachgüter und Dienstleistungen handelt. Auf dem **Geldmarkt** werden kurz- und mittelfristige Anlagen und Kredite getätigt, im engeren Sinne ist dies der Markt für Zentralbankgeld und Geldmarktpapiere.

Marktformen

Eine wichtige Einteilung bezieht sich auf die **Anzahl der Marktteilnehmer**, dabei wird besonders die Angebotsseite betrachtet:

> **Mono**pol → **ein** Anbieter
> **Oligo**pol → **wenige** Anbieter
> **Poly**pol → **viele** Anbieter

2.3.2 Wirtschaftsordnungen

In einer arbeitsteiligen Wirtschaft müssen Regeln für das Zusammenwirken der Beteiligten vereinbart werden, denn nur so können die wirtschaftlichen Aktivitäten von Unternehmen, Haushalten und vom Staat aufeinander abgestimmt und koordiniert werden. Die rechtliche und politische Form, die den Rahmen für das Wirtschaften in einem bestimmten Wirtschaftsgebiet vorgibt, bezeichnet man als **Wirtschaftsordnung**. Beim Ort der Preisbildung herrscht z. B. eine marktwirtschaftliche Wirtschaftsordnung, wenn der Preis durch Angebot und Nachfrage frei bestimmt wird (**freie Marktwirtschaft**).

Wenn dagegen ein zentrales Planungsinstrument den Preis für Waren festlegt, handelt es sich um eine **Zentralverwaltungswirtschaft (Planwirtschaft)**. Hierbei gehören die gesamten Produktionsmittel dem Staat, dem auch die Entscheidung über Produktion und Zuteilung der Güter obliegt. Diese Form der Wirtschaftsordnung hat es insbesondere in den früheren sozialistischen Ländern Osteuropas gegeben.

Für Deutschland und die Staaten der Europäischen Union gilt das Prinzip der **sozialen Marktwirtschaft.** Es ist eine Wirtschaftsordnung, die auf der Basis des kapitalistischen Wettbewerbs dem Staat die Aufgabe zuweist, sozialpolitische Korrekturen vorzunehmen und auf einen sozialen Ausgleich hinzuwirken.

So kann der Staat beispielsweise ordnungspolitische Maßnahmen ergreifen, um soziale Ziele zu erreichen, die Konsumfreiheit oder Gewerbefreiheit einschränken, den wirtschaftlichen Wettbewerb durch Gesetze und Kontrollen regulieren, Verbote erlassen, sofern Gesundheits- oder Sicherheitsrisiken bestehen, oder die Vertragsfreiheit einschränken, wenn die Rechte wirtschaftlich Schwächerer geschützt werden müssen.

Sozialpolitische Ziele der Sozialen Marktwirtschaft sind insbesondere die Soziale Sicherung der Bürger, eine möglichst gerechte Einkommens- und Vermögensverteilung, Chancengleichheit, Mitbestimmung und Konsumfreiheit.

Wirtschaftspolitische Ziele der Sozialen Marktwirtschaft sind Vollbeschäftigung, Wirtschaftswachstum, Preisstabilität, Zahlungsbilanzgleichgewicht (Leistungsbilanz des Warenstroms ins Ausland bzw. aus dem Ausland ist ausgeglichen).

Am Zustandekommen der Güterpreise ist der Staat durch **Steuern** beteiligt, die die Steuerzahler bzw. Unternehmen direkt an den Staat entrichten müssen (**direkte Steuern**); dies sind z. B. die Einkommens-, die Abgeltungs-, die Mineralöl-, die Gewerbesteuer oder der Solidaritätszuschlag. **Indirekte Steuern** oder Verbrauchsteuern werden durch den Kauf von Waren erhoben, der Käufer zahlt sie mit, der Staat erhält sie indirekt über die Steuerschuld des Verkäufers, auch als **Zahllast** bezeichnet.

Beispiel:
Die Linnea GmbH kauft Pflanzen für 200 € netto ein, die zusätzlich bezahlte Mehrwertsteuer von 14 € (bei 7 % MwSt.) kann sie als Vorsteuer gegenüber dem Finanzamt geltend machen. Verkauft die Linnea GmbH Pflanzen im Wert von 500 € netto, nimmt sie 35 € Mehrwertsteuer vom Kunden ein, die Differenz von 21 € (Zahllast) muss an das Finanzamt abgeführt werden.

Auch durch **Subventionen**, das sind staatliche Leistungen an Unternehmen, greift der Staat in die Preispolitik und damit in den Markt ein, weil die Unternehmen dann ihre Güter durch kostengünstigere Produktion billiger anbieten können. Massive Subventionen gibt es beispielsweise in der Landwirtschaft.

2.3.3 Ziele staatlicher Wirtschaftspolitik

Das Grundgesetz der Bundesrepublik Deutschland sagt nur wenig über wirtschaftliche Ziele und wirtschaftspolitische Aufgaben des Staates aus, analysiert man dazu das Handeln der Bundesregierung, ergeben sich zwei politische Schwerpunkte: die **Marktergänzung** und die **Wirtschafts- und Sozialpolitik**. Marktergänzung bedeutet, der Staat übernimmt dort die Versorgung der Bürger mit Gütern und Leistungen, wo der Markt dies nicht allein regeln kann, z. B. im Bereich der Bildung, bei Kultur und Sport, bei der inneren und äußeren Sicherheit. Im Bereich der Wirtschafts- und Sozialpolitik hat der Staat ebenfalls vielfältige Aufgaben zu übernehmen, hier insbesondere bei der sozialen Sicherheit und Gerechtigkeit (z. B. durch Sozialleistungen wie Wohn-, Kinder-, Erziehungsgeld, Hartz IV-Zahlungen), im Bereich des Verbraucher-, Mieter-, Arbeits- oder Jugendschutzes oder bei Stabilitätsmaßnahmen im Bereich der Fiskalpolitik (Latein: „die Staatskasse betreffend").

Gesetz zur Förderung der Stabilität und des Wachstums der Wirtschaft vom 8. Juni 1967 (Auszug)

§ 1 (StabG) Stabilitätsgesetz:
Bund und Länder haben bei ihren wirtschafts- und finanzpolitischen Maßnahmen die Erfordernisse des gesamtwirtschaftlichen Gleichgewichts zu beachten. Die Maßnahmen sind so zu treffen, dass sie im Rahmen der marktwirtschaftlichen Ordnung gleichzeitig zur Stabilität des Preisniveaus, zu einem hohen Beschäftigungsstand und außenwirtschaftlichem Gleichgewicht bei stetigem und angemessenem Wirtschaftswachstum beitragen. (Quelle: Bundesministerium der Justiz)

Die wichtigsten Schwerpunkte für wirtschaftspolitische Ziele sind im § 1 des Stabilitätsgesetzes formuliert; zum einen das **gesamtwirtschaftliche Gleichgewicht** und zum anderen die vier Einzelziele des **magischen Vierecks**.

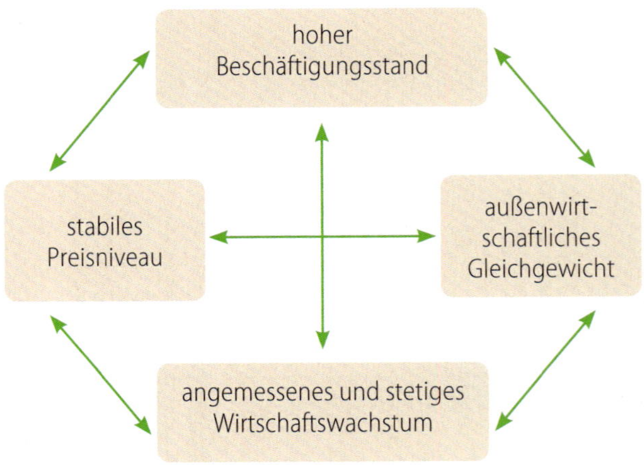

Bild 1 Magisches Viereck

Ein solches Gleichgewicht soll auf allen Märkten bestehen (Gütermarkt, Arbeitsmarkt, Geld- und Kapitalmarkt). Neben den im magischen Viereck beschriebenen Zielen verfolgt der Staat zwei weitere Schwerpunkte seines Handelns, nämlich den Umweltschutz und die Verteilungsgerechtigkeit. Daher wird oft auch vom **magischen Sechseck** gesprochen.

Für verstärkte staatliche Leistungen im Sozialbereich ist im Verteilungskampf zwischen den verschiedenen Schwerpunkten der Politik und aufgrund der schwankenden Steuereinnahmen oft nur wenig Spielraum vorhanden. Den steigenden Sozialausgaben in vielen Bereichen stehen nur sehr eingeschränkte Steigerungsmöglichkeiten auf der Einnahmenseite gegenüber. Bedingt durch den **demografischen Wandel** gibt es im Verhältnis immer weniger Menschen, die Beiträge zur gesetzlichen Sozialversicherung leisten, und immer mehr Menschen, die nach ihrer Erwerbstätigkeit als Rentner in einem angemessenen Ruhestand leben möchten.

Selbst wenn politische Parteien in Deutschland unterschiedliche sozialpolitische Vorstellungen haben, so wird doch Sozialpolitik vor allem durch gesellschaftliche und wirtschaftliche Rahmenbedingungen bestimmt. Von entscheidender Bedeutung sind hierbei neben der Höhe der Staatsverschuldung der aktuelle **Konjunkturverlauf** und die Höhe der Steuereinnahmen. Zusätzlich wirken nur schwer kalkulierbare Einflüsse auf die Politik ein, aufgrund internationaler Verflechtungen und Verpflichtungen Deutschlands im Bereich der EU bzw. des Euro-Raumes sowie durch die **Globalisierung** der Märkte.

2.3.4 Grundzüge der Konjunkturpolitik

Konjunktur ist ein Begriff aus der Volkswirtschaft. Die Konjunkturphasen beschreiben dabei in erster Linie unterschiedliche wirtschaftliche Situationen des Auf- bzw. Abschwungs eines Landes bzw. eines Wirtschaftsraumes, bezogen auf die zur Verfügung stehenden Produktionskapazitäten. Alle Schwankungen der Gesamtwirtschaft werden als **Konjunkturzyklus** bezeichnet.

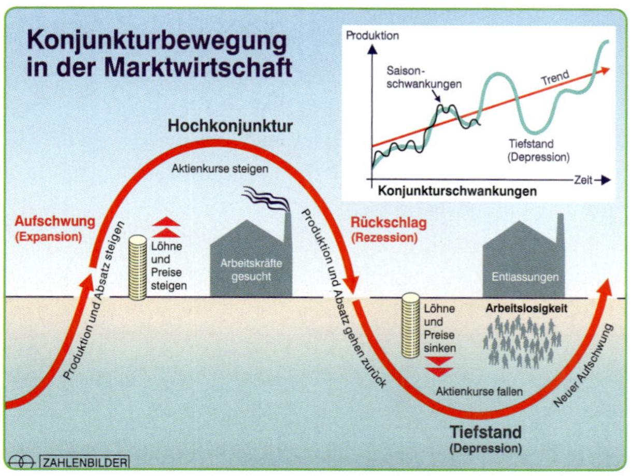

Bild 1 Konjunkturbewegungen in der Marktwirtschaft

Im aufsteigenden Teil eines Zyklus nimmt die Wirtschaft einen expansiven und im absteigenden einen rezessiven Verlauf. Es werden die vier **Konjunkturphasen** unterschieden: Aufschwung (Expansion), Hochkonjunktur (Boom), Abschwung bzw. Rückschlag (Rezession) und Tiefstand (Depression). Die Konjunkturindikatoren sind in diesen Phasen unterschiedlich ausgeprägt, dazu zählen das **Bruttoinlandsprodukt (BIP)**, also der Gesamtwert aller innerhalb eines Jahres hergestellten Güter und Dienstleistungen einer Volkswirtschaft, die Arbeitslosenquote, die Höhe der **Inflation** und die Entwicklung des **Realeinkommens** für Arbeitnehmer und damit auch der **Kaufkraft** der Haushalte

Die Einwirkungsmöglichkeiten des Staates sind bei einer aufkommenden **Rezession** in einer Marktwirtschaft begrenzt. Viele Entscheidungen über Angebot und Nachfrage, über Lohnzuwachs und Mindestlohn, über die Art der Beschäftigung und die Arbeitszeiten werden nicht vom Staat, sondern von den Wirtschaftssubjekten, also von den Unternehmen getroffen. Geeignete Instrumente des Einwirkens sind insbesondere die Senkung der Steuereinnahmen und der Abgaben der Bürger an den Staat, damit die Kaufkraft erhöht wird und die Haushalte mehr Güter nachfragen können. Möglich ist auch die Erhöhung der Staatsausgaben für öffentliche Zwecke, z. B. für den Straßenbau, für den Wohnungsbau oder für Bildungseinrichtungen.

Einfacher Wirtschaftskreislauf

Im Gegensatz zu früheren Zeiten, als Menschen einen Großteil ihrer zum Leben benötigten Güter noch selbst erzeugten, werden in unserer arbeitsteiligen Wirtschaft heutzutage die Güter und Dienstleistungen mehrheitlich durch Betriebe und Unternehmen erzeugt. Produkte durchlaufen von der Rohstoffgewinnung über die Weiterverarbeitung und Fertigstellung bis schließlich zum Verkauf verschiedene Produktions- bzw. Handelsstufen. Das Geld übernimmt dabei die Aufgabe des Tauschmittels, somit bilden Geld- und Güterströme den **Wirtschaftskreislauf**.

Bei einem einfachen Wirtschaftskreislauf werden die Wirtschaftsströme sehr vereinfacht wiedergegeben; veranschaulicht in diesem Kreislauf werden lediglich die Beziehungen zwischen privaten Haushalten und den Unternehmen, außer Acht gelassen werden die Geld- und Güterströme gegenüber Banken, dem Staat und dem Ausland.

Die vier Beziehungsströme dieses einfachen Wirtschaftskreislaufs lassen sich folgendermaßen gliedern:

- private Haushalte stellen ihre Arbeitsleistung, ihren Boden oder ihr Geld zur Verfügung,
- für ihre Arbeitskraft, ihren Boden oder ihr Kapital erhalten die Haushalte ein Einkommen (Lohn, Gehalt, Pacht oder Zinsen), d. h. es fließt ein Geldstrom von den Unternehmen zu den Haushalten,
- mit den Produktionsfaktoren (Arbeit, Boden und Kapital) produzieren die Unternehmen Güter und Dienstleistungen, die die Haushalte mit ihrem Einkommen kaufen können (Güterstrom),
- als Gegenleistung werden die erworbenen Güter und Dienstleistungen entsprechend bezahlt.

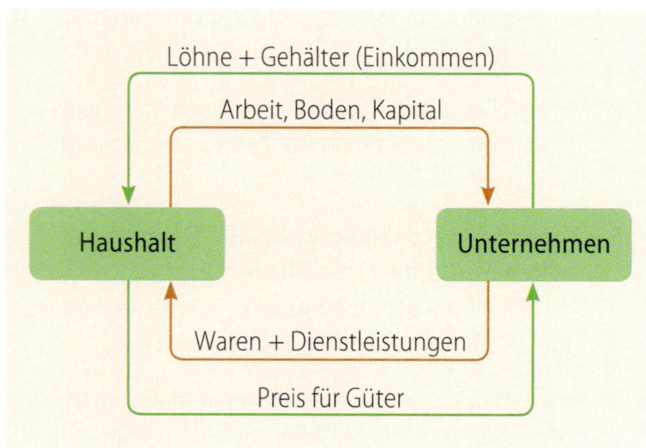

Bild 2 Einfacher Wirtschaftskreislauf

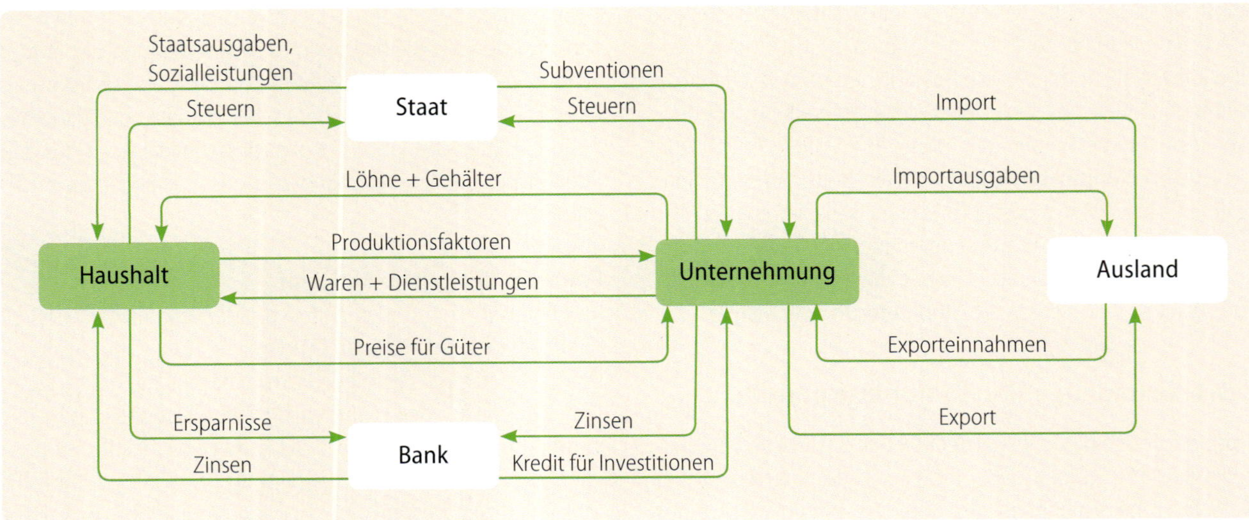

Bild 1 Erweiterter Wirtschaftskreislauf

Erweiterter Wirtschaftskreislauf

Das Beziehungsgeflecht zwischen den Haushalten, den Unternehmen, dem Staat, den Banken und dem Ausland lässt sich gut an einem erweiterten Wirtschaftskreislauf darstellen.

Im Interessse einer stetigen Wirtschaftsentwicklung sollte der Staat die Instrumente seiner Konjunkturpolitik so einsetzen, dass sie den zyklischen Konjunkturschwankungen entgegenwirken (antizyklische Wirtschaftspolitik). Im Boom sollten die staatlichen Maßnahmen dämpfend wirken, in der Rezession eher ausdehnend, d. h. expansiv wirken.

Viele Länder aus dem Euroraum haben lange über ihre Verhältnisse gelebt, sodass im Hinblick auf eine stabile Euro-Währung gespart werden musste. Die EU beschloss neue, strengere Regeln für die Kontrolle der Staatsschulden und Haushaltsdefizite, jedes Land muss seinen Haushaltsplan in Brüssel vorlegen und bei Verstößen mit härteren Sanktionen rechnen. Die staatlichen Haushaltsdefizite sind seitdem gesunken, das Bruttoinlandsprodukt im Euroraum steigt, die wirtschaftliche Erholung ist spürbar, die Arbeitslosigkeit geht zurück. Durch die Disziplin der gemeinsamen Währung wird die Staatsverschuldung in der Euro-Zone eingedämmt, während sie zum Beispiel in den USA zunimmt.

Aufgaben

1. Welche Beziehung besteht zwischen dem Bedarf und den Bedürfnissen eines Menschen?
2. Wann wird in der Betriebswirtschaftslehre von einem „Markt" gesprochen? Nennen Sie verschiedene Märkte.
3. Wie unterscheiden sich Monopol, Oligopol und Polypol im Hinblick auf die Anzahl der Marktteilnehmer und die Anbieterpreise für die Marktteilnehmer?
4. Vergleichen Sie das Prinzip der „freien Marktwirtschaft" mit dem „Prinzip der Zentralverwaltungswirtschaft".
5. Warum wird in der Bundesrepublik Deutschland als Wirtschaftsordnung das „Prinzip der Sozialen Marktwirtschaft" praktiziert? Welches sind die besonderen Kennzeichen einer Sozialen Marktwirtschaft?
6. Erläutern Sie die sozialpolitischen und die wirtschaftspolitischen Ziele der Sozialen Marktwirtschaft.
7. Erklären Sie die Begriffe „indirekte Steuern" und „direkte Steuern". Nennen Sie je drei Beispiele.
8. In welchem Zusammenhang wird im Floristik-Fachgeschäft von einer Zahllast gesprochen?
9. Beschreiben Sie verschiedene wirtschaftspolitische und finanzpolitische Maßnahmen, die Bund und Länder durch das „Gesetz zur Förderung der Stabilität und des Wachstum der Wirtschaft" treffen könnten.
10. Erklären Sie allgemein anhand des Marktes für Topf- und Schnittblumen die Globalisierung der Märkte.
11. Beschreiben Sie die vier Konjunkturphasen und nennen Sie dazu gehörende Konjunkturindikatoren.
12. Was besagt das „Bruttoinlandsprodukt"?
13. Erklären Sie alle Begriffe aus dem erweiterten Wirtschaftskreislauf.

3 Geschäftsabläufe organisieren und durchführen

Christine Stein ist Auszubildende im 2. Ausbildungsjahr bei der Linnea GmbH und darf nun auch im Verkauf mithelfen. Damit sie dort keine groben Fehler macht, erhält sie den Auftrag von ihrer Ausbilderin Sophia Schmidt, sich im Fachbuch mit dem Thema „Rechtsgeschäfte" vertraut zu machen. Dort sind Hinweise zu finden, welche Rechte und Pflichten ein Verkäufer gegenüber Kunden hat und unter welchen Bedingungen überhaupt ein rechtsgültiger Vertrag zustande kommt. Zum Glück hat Christine auch Informationen zu diesem Thema in ihren Schulunterlagen.

3.1 Rechtliche Rahmenbedingungen

Für das Zusammenleben der Menschen ist es notwendig, einen Ordnungsrahmen zu schaffen, der die persönliche Freiheit des Einzelnen wahrt und das Gemeinschaftsleben durch Rechtsnormen (Gesetze, Vorschriften, Verordnungen, Satzungen) sichert. Die staatlich festgelegten Rechtsnormen bilden die Rechtsordnung. Diese soll privates und öffentliches Interesse regeln.

Die in der bestehenden Rechtsordnung verankerten Rechte und Pflichten sind nicht nur für alle Menschen (**natürliche Personen**), sondern auch für Unternehmungen, Vereine, Körperschaften und Anstalten (**juristische Personen**) bindend. Rechte können von natürlichen und juristischen Personen wahrgenommen werden. Sie sind Rechtspersonen (Rechtssubjekte) und damit rechtsfähig.

3.1.1 Rechtsfähigkeit

Rechtsfähigkeit ist die Eigenschaft natürlicher und juristischer Personen, Träger von Rechten und Pflichten zu sein.

Natürliche und juristische Personen

Bei Menschen (als natürliche Personen) beginnt sie mit der Vollendung der Geburt und endet mit dem Tod (BGB §1). Im Ausnahmefall (bei einer Erbschaft) ist selbst das bereits gezeugte, aber noch ungeborene Kind rechtsfähig. Die Wahrnehmung einzelner Rechte und Pflichten sind zum Teil an ein Mindestalter gebunden, z. B. das Wahlrecht.

Eine rechtsfähige Person kann Verträge abschließen, Eigentum erwerben, klagen oder verklagt werden, sie hat aber auch Pflichten, wie z. B. die Meldepflicht, die Schulpflicht oder die Pflicht, Steuern zu zahlen.

Eine juristische Person kann eine Personenvereinigung (z. B. ein eingetragener Verein) oder eine Vermögensmasse mit eigener Rechtspersönlichkeit sein, z. B. eine Stiftung, die aufgrund gesetzlicher Anerkennung rechtsfähig ist. Eine juristische Person ist also rechtsfähig und wird wie eine natürliche Person behandelt. Die Rechte und Pflichten juristischer Personen werden jeweils von einem Vertreter wahrgenommen, also z. B. vom Vorstand des Vereins, vom Geschäftsführer einer GmbH oder dem Aufsichtsratsvorsitzenden einer AG.

Es wird unterschieden zwischen juristischen Personen des privaten Rechts und juristischen Personen des öffentlichen Rechts.

Juristische Person des privaten Rechts

Die Grundform ist der eingetragene Verein (e. V.). Dieser erlangt seine Rechtsfähigkeit mit der Eintragung ins Vereinsregister. Weitere juristische Personen des privaten Rechts sind die GmbH, die Aktiengesellschaft (AG) oder auch eine eingetragene Genossenschaft (e. G.). Alle Formen bauen auf der Grundform des Vereins auf. Der Beginn der Rechtsfähigkeit erfolgt hier mit der Eintragung ins Handelsregister und endet mit der Löschung.

Juristische Person des öffentlichen Rechts

Dies sind Rechtssubjekte, die auf öffentlich-rechtlichem und privat-rechtlichem Gebiet Rechtsfähigkeit kraft Gesetzes besitzen. Beispiele sind der Bund, die Länder, Gemeinden oder auch berufsständige Kammern wie die Industrie- und Handelskammer, Landwirtschaftskammer oder die Handwerkskammer. Generell wird unterschieden zwischen Körperschaften, Anstalten des öffentlichen Rechts und Stiftungen öffentlichen Rechts, die ihre Rechtsfähigkeit durch Eintragung bei einem Gericht erlagen.

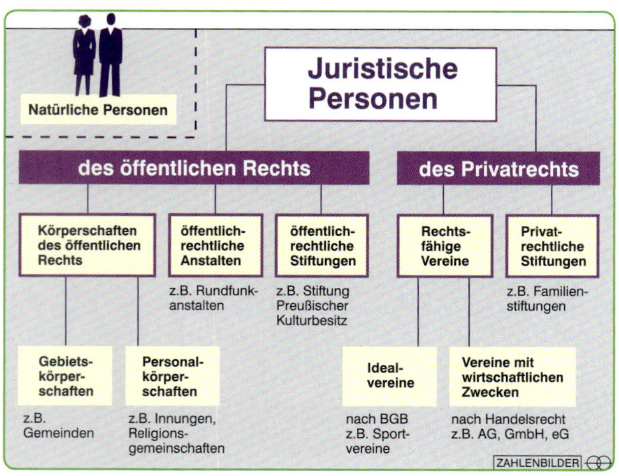

Bild 1 Juristische Personen

3.1.2 Geschäftsfähigkeit

Unter diesem Begriff wird die Fähigkeit verstanden, **rechtsgeschäftliche Willenserklärungen** abzugeben und entgegenzunehmen. Eine Willenserklärung wird abgegeben, wenn man einen Vertrag eingehen möchte, um z. B. auf dem Markt Pflanzen zu kaufen, eine Wohnung zu mieten oder ein Firmenfahrzeug zu leasen. Willenserklärungen sind dazu bestimmt, Rechtsverhältnisse zu begründen, zu ändern oder aufzuheben; sie können aber nur von Personen abgegeben werden, die geschäftsfähig sind.

> **Geschäftsfähigkeit** ist die Fähigkeit, Rechte und Pflichten durch Rechtsgeschäfte selbstständig erwerben zu können.

Unterschieden werden **drei Stufen der Geschäftsfähigkeit**:
- Geschäftsunfähigkeit,
- beschränkte Geschäftsfähigkeit,
- unbeschränkte Geschäftsfähigkeit.

Geschäftsunfähig sind
- Personen bis zum vollendeten 7. Lebensjahr,
- dauerhaft Geisteskranke, d. h. Personen, die unter einer krankhaften Störung der Geistestätigkeit leiden, die die freie Willensbestimmung nicht nur vorübergehend ausschließt

Beschränkt geschäftsfähig sind
- minderjährige Personen vom vollendeten 7. Lebensjahr bis zum vollendeten 18. Lebensjahr,
- volljährige Personen, die aufgrund einer Krankheit oder Behinderung betreut werden.

Schließt ein Minderjähriger einen Vertrag ohne Einwilligung seines gesetzlichen Vertreters ab, so ist der Vertrag bis zur Genehmigung zunächst schwebend unwirksam. Wird die Einwilligung verweigert, ist das Rechtsgeschäft nichtig. Ausnahmeregelungen sind im BGB (§§ 105 und 105a) geregelt.

Folgende Rechtsgeschäfte eines beschränkt Geschäftsfähigen sind **ohne Zustimmung rechtswirksam**:
- Rechtsgeschäfte, durch die der Minderjährige (in rechtlicher Hinsicht) nur Vorteile erlangt, z. B. Annahme einer Schenkung.
- Verträge, die er mit Mitteln erfüllt, welche ihm zu diesem Zweck oder zur freien Verfügung überlassen wurden, z. B. das Taschengeld („**Taschengeldparagraf**").
- Bei Tätigkeiten, die im Rahmen eines vorher vom gesetzlichen Vertreters genehmigten Arbeitsverhältnisses ausgeübt werden, z. B. Kündigung eines Aushilfsjobs (§ 113 BGB).

Für die Kündigung eines Ausbildungsverhältnisses gelten die Regelungen des § 113 BGB nicht, da ein Ausbildungsverhältnis nicht als Arbeitsverhältnis gilt. Auch das gesamte Arbeitsentgelt steht einem beschränkt Geschäftsfähigen, anders als beim Taschengeld, nicht automatisch zur freien Verfügung. Darüber hinaus sind auch Ratenkäufe, selbst wenn sie mit dem Taschengeld bezahlbar wären, für beschränkt Geschäftsfähige grundsätzlich nichtig.

Unbeschränkt geschäftsfähig sind
- Personen, die das 18. Lebensjahr vollendet haben, und nicht dauerhaft geistesgestört sind.

Beispiele verschiedener Rechtsfälle:
- Eine Mitarbeiterin der Linnea GmbH verkauft der sechsjährigen Marie einen Blumenstrauß zum Muttertag.
  - Der Kaufvertrag ist nichtig, denn Marie ist geschäftsunfähig.
- Marie holt für ihre Mutter bei der Linnea GmbH ein vorher bestelltes Gesteck ab und bezahlt es mit dem Geld der Mutter.
  - Der Kaufvertrag ist gültig, da Marie nur Überbringerin des Gestecks ist, der Vertrag wurde zwischen der Linnea GmbH und der Mutter geschlossen.
- Die 16-jährige Anna kauft sich von ihrem ersparten Taschengeld ein neues Smartphone. Ihre Eltern sind mit dem Kauf nicht einverstanden und möchten das Smartphone zurückgeben. Der Verkäufer verweigert die Rücknahme des Gerätes.
  - Der Kaufvertrag ist gültig, denn der Kauf wurde nur mit Mitteln des Taschengelds getätigt.
- Anna macht mit Zustimmung der Eltern in den Ferien bei der Linnea GmbH ein Praktikum. Nach einer Woche hat Anna keine Lust mehr und kündigt, die Eltern sind mit der Kündigung nicht einverstanden und verbieten Anna aufzuhören.
  - Der Kündigungsvertrag ist gültig, denn bei vorher genehmigten Arbeitsverhältnissen kann ein beschränkt Geschäftsfähiger eigenständig entscheiden, ob und wie lange er arbeitet.
- Christine Stein von der Linnea GmbH möchte sich von ihrer Auszubildendenvergütung einen gebrauchten Motorroller kaufen (1 200 €). Ihre Eltern stimmen dem Kauf zu, weil Christine dann besser zur Arbeit kommt. Beim Händler sieht sie nun aber ein schickes, neues Modell für 2 500 €. Christine vereinbart Ratenzahlung in 12 Raten, dem Händler zeigt sie ein Schreiben der Eltern, dass einem Kauf zugestimmt wird. Ist das so in Ordnung?
  - Der Ratenvertrag ist nichtig, aber getrennt vom Kauf des neuen Motorrollers zu betrachten. Dieser kann von Christine nur mit einer (neuen) Zustimmung der Eltern bar gekauft werden.

3.1.3 Eigentum und Besitz

Nicht jeder, der einen Gegenstand nutzt, ist auch berechtigt, ihn zu verkaufen. Nur der Eigentümer hat die **rechtliche Herrschaft** über eine Sache, d. h. er kann die Sachen nutzen, sie veräußern, beleihen, verändern oder verschenken.

Besitzer können eine Sache nutzen. Besitz ist die **tatsächliche Herrschaft** einer Person über eine Sache, sie ist aber kein Eigentümer, z. B. bei der Miete einer Wohnung, beim Leasing eines Fahrzeugs oder bei der Buchausleihe.

Besitz und Eigentum sind gesetzlich geschützt; so steht dem **Besitzer** das Recht zur Selbsthilfe zu, wenn ihm der Besitz gegen seinen Willen entzogen wird. Er darf aber bei der Miete oder Leihe den Gebrauch der Sache nicht ohne Erlaubnis des Vermieters bzw. Verleihers an Dritte überlassen. Der **Eigentümer** kann auf Herausgabe klagen, wenn ihm der Besitz widerrechtlich entzogen wurde, oder einem Dieb mit Gewalt abnehmen, wenn er ihn auf frischer Tat beim Diebstahl überrascht.

> **Besitz** ist die tatsächliche, **Eigentum** ist die rechtliche Herrschaft über eine Sache.

Besitz und Eigentum unterstehen dem Schutz des Gesetzes. Die Eigentums- und Besitzübertragung findet in der Regel durch Einigung der Vertragspartner und die Übergabe der Sache statt.

3.1.4 Rechtsschutz geistigen Eigentums

Das Eigentum an geistigen Gütern wie Erfindungen, Mustern, Marken usw. muss gesetzlich ebenso geschützt werden wie das Eigentum an materiellen Gütern. Verschiedene Gesetze verhindern die missbräuchliche Verwendung geistiger Leistung durch Unberechtigte, indem sie den Urheber für eine begrenzte Zeit vor ungerechtfertigter Nutzung schützt, allerdings hat die **Produkt- und Markenpiraterie** in den letzten Jahren stark zugenommen.

Patent und Gebrauchsmuster

Das **Patent** ist der Rechtsschutz für die gewerbliche Verwertung von Erfindungen. Das Recht auf ein Patent hat der Erfinder, wenn er die Erfindung beim Deutschen Patent- und Markenamt (DPMA) in München als erster angemeldet hat und die Erfindung anerkannt wird. Beispiel: eine durch Gentechnik gezüchtete Pflanze wird als Patent angemeldet. Der Rechtsschutz für ein Patent gilt für höchstens 20 Jahre, wenn die Patentjahresgebühr bezahlt wurde. Wird die Nutzung eines Patentes einem anderen gegen Bezahlung überlassen, so handelt es sich um eine **Lizenz**.

Das **Gebrauchsmuster** ist der Rechtsschutz zur alleinigen gewerblichen Nutzung einer neuen Gestaltung oder Anordnung bei Modellen, Arbeitsgeräten und Gebrauchsgegenständen z. B. ein neuer Bausatz für ein spezielles Verkaufsregal oder das neue Herstellungsverfahren eines Pflanzenschutzmittels.

Die Dauer des Schutzes beträgt zehn Jahre, sofern das Gebrauchsmuster beim DPMA in das Gebrauchsmusterregister eingetragen und die Gebühr bezahlt wurde.

Marken- oder Gütezeichen

Markenzeichen sind Schutzmarken zur Unterscheidung der eigenen von fremden Waren oder Dienstleistungen, sie werden durch Eintragung in das Markenregister beim DPMA geschützt. Dem Inhaber des Markenzeichens steht durch den Schutz das Recht zu, Waren, Werbemittel, Verpackungen, Schriftstücke, Beschriftungen usw. mit dem Markennamen zu versehen, die Schutzdauer beträgt jeweils 10 Jahre, kann aber um jeweils 10 Jahre verlängert werden.

Bild 1 Beispiele für Markenzeichen

Gütezeichen sind ein Garantieausweis für eine bestimmte Warengüte. Sie werden entweder von den Herstellern gleichartiger Erzeugnisse geschaffen (Kollektivmarken) oder vom Gesetzgeber festgelegt (gesetzliche Gütezeichen). Gütezeichen werden vom Deutschen Institut für Gütesicherung und Kennzeichnung e.V. (RAL) überwacht.

Bestimmte **Umweltsiegel** dürfen Unternehmen nur dann für ihre Produkte verwenden, wenn sie umfangreiche Gütestandards erfüllen, deren Einhaltung durch eine unabhängige Prüfkommission kontrolliert wird. Inzwischen gibt es immer mehr Umwelt- und Gütesiegel, die sich die Unternehmen selbst ausstellen und daher die Verbraucher verunsichern.

Bild 2 Beispiele für Güte- und Umweltsiegel

Aufgaben

1. Ab wann sind natürliche Personen rechtsfähig?
2. Was unterscheidet natürliche Personen von juristischen Personen?
3. Am Hauseingang eines Geschäftshauses sind folgende Angaben auf Infotafeln zu finden: Blumen- und Handels-GmbH Bremen, IHK – Außenstelle Nord, Rechtsanwalt Möller & Partner, Stadt Bremen – Außenstelle Wirtschaftsförderung, Weser-Schiffbau AG, Neustädter Turnverein Hanse, Fritz von Hohnhausen – Notar. Geben Sie an, um welche Rechtspersonen es sich jeweils handelt.
4. Zählen Sie die drei Altersstufen der Geschäftsfähigkeit auf und erläutern Sie, weshalb die Geschäftsfähigkeit in drei Stufen unterteilt ist?
5. Sie haben im Alter von 16 Jahren eine Ausbildung als Floristin begonnen, die Sie nach drei Monaten beenden möchten. Erläutern Sie unter dem Aspekt der Geschäftsfähigkeit, welche Voraussetzungen für den Abbruch der Ausbildung notwendig sind, wenn Sie danach wieder zur Schule gehen möchten.
   Würde sich etwas ändern, wenn Sie die Ausbildung nach einem Jahr abbrechen würden, um in einem anderen Betrieb die Ausbildung fortzusetzen?
6. In welchem Fall kann auch ein Erwachsener beschränkt geschäftsfähig oder geschäftsunfähig sein?
7. Erklären Sie den Begriff „schwebend unwirksam" anhand eines Beispiels.
8. Rechtsgeschäfte von Jugendlichen im Alter zwischen 7 und 17 Jahren können auch ohne Zustimmung des gesetzlichen Vertreters rechtsgültig sein, erläutern Sie, in welchen Ausnahmefällen das grundsätzlich möglich ist.
9. Die Linnea GmbH mietet regelmäßig für den Transport sperriger Solitärpflanzen einen Anhänger. Damit die Großpflanzen nicht umkippen, soll nun ein Kastenaufbau angeschweißt werden. Ist dies unter Berücksichtigung von Besitz und Eigentum möglich?
10. Gärtnermeister Tom Müller bietet der Linnea GmbH eine geschützte Azaleen-Sorte zum Sonderpreis an, allerdings hat er für die Pflanzen keine Lizenz bezahlt. Darf die Linnea GmbH diese Sorte weiterverkaufen?

3.2 Kaufverträge sind Rechtsgeschäfte

Wer rechtswirksame Entscheidungen treffen will, also z. B. eine Ware kaufen oder eine Dienstleistung beanspruchen möchte, muss seinen Willen äußern. Eine **Willenserklärung** ist also eine Äußerung einer Person, mit der laut BGB „willentlich eine Rechtsfolge herbeigeführt" werden soll. **Rechtsgeschäfte** sind Geschäfte, aus denen sich Rechtsfolgen ergeben, z. B. durch einen Kaufvertrag, einen Ausbildungsvertrag, einen Pachtvertrag, durch die Vereinbarung über eine Mieterhöhung, durch die Kündigung eines Mietvertrages usw.

3.2.1 Arten der Willenserklärung

Eine Willenserklärung kann abgegeben werden durch:

- Mündliche Erklärung, z. B. Christine Stein von der Linnea GmbH nennt einer Kundin den Preis für ein Gesteck mündlich.
- Schriftliche Erklärung, z. B. Marc Schmidt schickt einem interessierten Kunden ein schriftliches Angebot für einen zu fertigenden Kirchenschmuck.
- Schlüssiges Handeln, z. B. ein älterer Herr legt eine mit einem Preis ausgezeichnete Vase wortlos auf den Verkaufstresen und gibt der Kassiererin Christine Stein das abgezählte Geld in die Hand.

Bloßes Schweigen ist grundsätzlich keine Willenserklärung, wer schweigt, erklärt auch nichts. Unter Kaufleuten gilt allerdings das Schweigen unter bestimmten Voraussetzungen als „Antragsannahme".

Von einer Willenserklärung ist die **Absichtserklärung** zu unterscheiden. Kommt eine Kundin in das Floristik-Fachgeschäft und teilt der Verkäuferin mit, dass sie aufgrund des harten Winters unbedingt neue Kübelpflanzen für ihren Eingangsbereich benötigt, dann ist das lediglich eine Kaufabsicht, die damit ausgedrückt wird.

> Eine **Willenserklärung** ist rechtlich bindend, eine **Absichtserklärung** ist unverbindlich.

Bedingt durch Rechtsgeschäfte im Rahmen des Internethandels ergeben sich rechtswirksame **elektronische Willenserklärungen** durch eine Internet-Bestellung, durch eine E-Mail-Bestellung oder durch eine automatisierte Auftragsbestätigung eines Online-Versandhändlers. Diese Willenserklärungen gelten als allgemein zugegangen und damit rechtsverbindlich, wenn sie in den Einflussbereich des Empfängers (also in dessen PC, Server) gelangt sind und somit vom Empfänger zur Kenntnis genommen werden können.

3.2.2 Arten der Rechtsgeschäfte

Hinsichtlich der beteiligten Personen und des Wirksamwerdens der Willenserklärungen lassen sich verschiedene Arten von Rechtsgeschäften unterscheiden. Unter bestimmten Umständen reicht die Willenserklärung (WE) einer Person (**einseitige Rechtsgeschäfte**) aus, um einen Vertrag rechtsgültig wirksam werden zu lassen, meist sind allerdings zwei oder mehrere Vertragspartner an einem Rechtsgeschäft beteiligt (**zwei- oder mehrseitige Rechtsgeschäfte**).

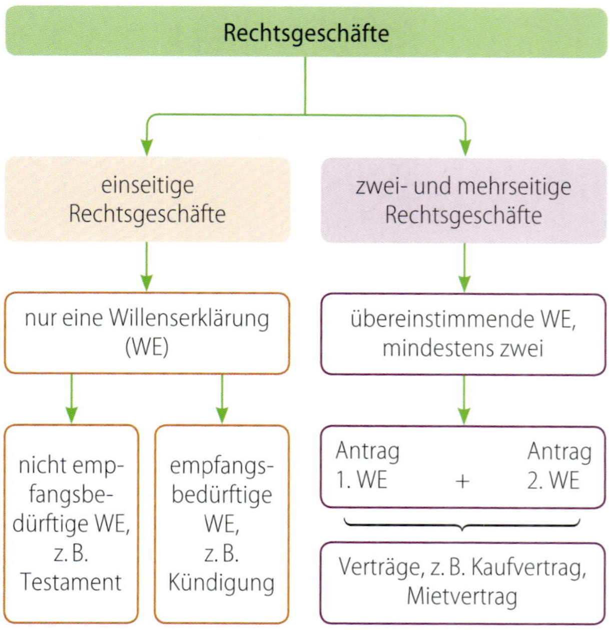

Bild 1 Arten der Rechtsgeschäfte

Einseitige Rechtsgeschäfte

Ein einseitiges Rechtsgeschäft mit einer **empfangsbedürftigen** Willenserklärung ist dann rechtswirksam, sobald diese in den „Verfügungsbereich des Empfängers" gelangt ist. Bei einem Testament oder einer Auslobung wird die Willenserklärung bereits mit der Abgabe rechtswirksam, sie ist **nicht empfangsbedürftig**.

Beispiele:

Eine Aushilfe der Linnea GmbH kündigt ihr Arbeitsverhältnis; nur wenn der Arbeitgeber das Kündigungsschreiben auch tatsächlich erhält (z. B. durch ein Einschreiben mit Rückschein), wird es rechtswirksam, ohne dass der Arbeitgeber seinerseits dazu eine Willenserklärung abgeben muss.

Ein Vermieter steckt das Kündigungsschreiben für seinen Mieter in dessen Briefkasten, durch einen „Lausbubenstreich" wird der Brief aus dem Briefkasten geklaut. Die Kündigung erreicht den Mieter nicht und ist dadurch nicht rechtswirksam.

Zwei- oder mehrseitige Rechtsgeschäfte

Benötigt ein Rechtsgeschäft mehrere Willenserklärungen, wird dies als ein zwei- oder mehrseitiges Rechtsgeschäft bezeichnet. Voraussetzung dabei ist, dass die Willenserklärungen der Vertragspartner inhaltlich übereinstimmen und die Form des Vertrages zulässig ist.

Beispiel:

Übernehmen beispielsweise drei Floristik-Fachgeschäfte die gemeinsame floristische Gestaltung der Stadthalle anlässlich des Juristenballes, dann müssen sich die Betriebe vorher über die Aufgabenbereiche sowie den Arbeitsumfang genau geeinigt haben und dies möglichst vertraglich festhalten.

3.2.3 Formen der Rechtsgeschäfte

Kaufverträge sind zweiseitige Rechtsgeschäfte, dabei müssen Verkaufs- und Kaufabsichten von Verkäufer und Käufer übereinstimmen. Die beiden Willenserklärungen werden als **Antrag** und **Annahme** bezeichnet. Für bestimmte Verträge gelten dabei gesetzliche Formvorschriften (z. B. bei einem Hauskauf), die meisten Verträge können aber **formfrei** ausgehandelt werden.

> **Formfreiheit** bedeutet, dass ein Rechtsgeschäft in jeder beliebigen Form abgeschlossen werden kann.

Beispiel:

Der Kunde Hans Antons benötigt für eine Gartenparty am Wochenende mehrere Tischgestecke sowie verschiedene bepflanzte Kübelgefäße und lässt sich von Frau Sophia Schmidt von der Linnea GmbH beraten, die ihm ein Angebot unterbreitet. Nach dem Beratungsgespräch wird man sich einig über Gesamtpreis, Lieferumfang und -datum; Herr Antons nimmt das Angebot an. Die Vertragsabwicklung erfolgt mündlich per Handschlag, zusätzlich erhält Herr Antons eine schriftliche Auftragsbestätigung. Eine bestimmte Form des Vertrages ist nicht notwendig.

Formfreiheit heißt, dass das Rechtsgeschäft mündlich, durch schlüssige Handlung, schriftlich in Textform, als Fax bzw. elektronisch per E-Mail abgeschlossen werden kann.

> **Formzwang** bedeutet, dass ein Rechtsgeschäft in der gesetzlich vorgeschriebenen Form verfasst sein muss.

Zur Beweissicherung und zum Schutz der Vertragspartner hat der Gesetzgeber **Formvorschriften** für bestimmte Rechtsgeschäfte vorgegeben.

Unterschiedliche Formvorschriften sind für die in der nachfolgenden Tabelle aufgeführten Vertragsarten vorgesehen:

Form	besondere Hinweise	Beispiele
Schriftform	Inhalt des Rechtsgeschäftes muss schriftlich abgefasst sein und eigenhändig durch Namensunterschrift unterzeichnet werden.	Ausbildungsverträge, Darlehensverträge, Arbeitszeugnisse, Mietverträge über ein Jahr Laufzeit
Textform	Erklärung muss in einem „Schriftstück" (als Brief, Fax, E-Mail, auf CD-ROM) aufgegeben werden, der Name des Erklärenden ist zu nennen	Lohnabrechnung, Vertragswiderruf, Verbraucherinformationen bei Fernabsatzverträgen, Bußgeldbescheid
Öffentliche Beglaubigung	Erklärung muss schriftlich abgefasst und Unterschrift des Erklärenden vom Notar beglaubigt werden	Bei Anmeldung zur Eintragung in das Grundbuch, Handelsregister oder Vereinsregister
Notarielle Beurkundung	Inhalt des Rechtsgeschäfts ist vom Notar zu beurkunden, er prüft und bestätigt den Inhalt bzw. die Unterschriften der Vertragspartner	Grundstückskauf/-verkauf, Eheverträge, Erbverträge, Schenkungsversprechen

Wird die gesetzlich vorgeschriebene oder vereinbarte Form nicht eingehalten, so ist das Rechtsgeschäft **nichtig**.

3.2.4 Zustandekommen eines Kaufvertrages

Im täglichen Leben haben wir ständig mit Verträgen zu tun, im Floristik-Fachgeschäft sind es meist Kaufverträge. Der Florist gibt in der Regel ein Angebot ab (**Antrag**), der Kunde nimmt dieses Angebot bei einem Kaufwunsch an (**Annahme** des Antrags), manchmal geht die erste Willenserklärung aber auch vom Käufer aus, insbesondere bei Internet- oder Katalogbestellungen. Diese **Bestellung** kann der Verkäufer bei Übereinstimmung durch eine Auftragsbestätigung, auch als **Bestellungsannahme** bezeichnet, bestätigen. Rechtswirksam ist auch, wenn nach einer Bestellung des Käufers sofort die Lieferung ohne nochmalige Bestätigung erfolgt (Stillschweigen gilt als Bestellungsannahme, § 151 BGB).

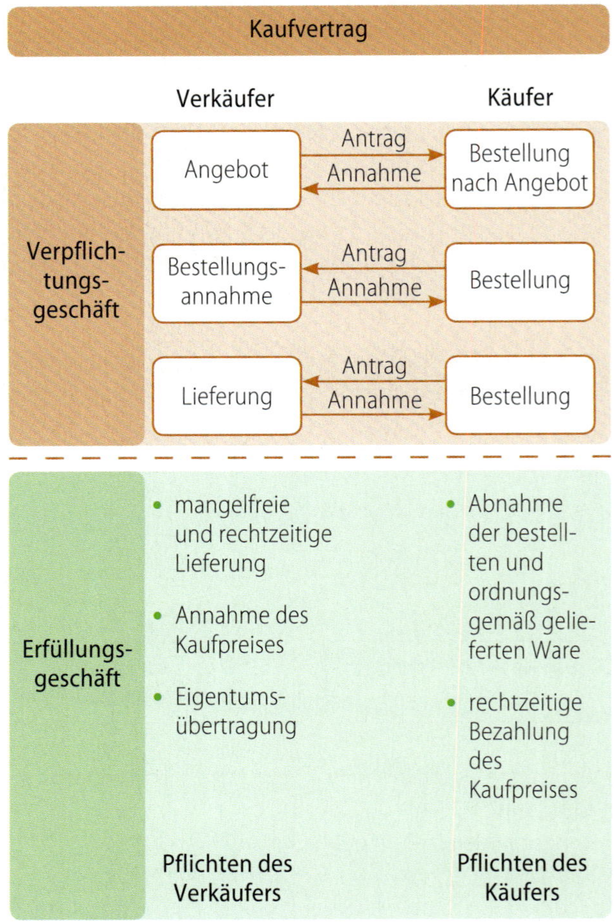

Bild 1 Verpflichtungs- und Erfüllungsgeschäft

Durch den Abschluss eines Kaufvertrages werden beide Vertragspartner verpflichtet, den Vertrag zu erfüllen. Der Kaufvertrag ist ein **verpflichtendes Rechtsgeschäft**. Je genauer die Absprachen untereinander sind, desto weniger Komplikationen treten dann später bei der Vertragserfüllung auf.

Der Verkäufer muss:

- die Ware rechtzeitig und mangelfrei an den Käufer übergeben,
- dem Käufer das Eigentum daran verschaffen und
- die Bezahlung der Ware annehmen.

Der Käufer muss:

- die gelieferte Ware annehmen,
- die Ware rechtzeitig bezahlen.

Eine mangelhafte Lieferung darf der Käufer ablehnen. Das durch den Abschluss des Kaufvertrages entstandene Schuldverhältnis (**Verpflichtungsgeschäft**) erlischt, wenn die geschuldeten Leistungen an den jeweiligen Gläubiger „bewirkt" sind (**Erfüllungsgeschäfte**), also der Verkäufer Besitz und Eigentum auf den Käufer übertragen hat und der Käufer nach Annahme des Kaufgegenstandes diese Ware bezahlt hat (BGB §§ 362, 433, 929).

3.2.5 Nichtigkeit und Anfechtbarkeit von Rechtsgeschäften

Diese beiden Begriffe aus dem Vertragsrecht umschreiben den Zustand von Rechtsgeschäften und Willenserklärungen bei fehlerhaften Bedingungen. Verwendet wurde der Begriff „nichtig" bereits im vorigen Kapitel bezogen auf Rechtsgeschäfte, die aufgrund von Formfehlern nichtig sind oder durch fehlende Geschäftsfähigkeit ungültig sind.

> Rechtsgeschäfte und Willenserklärungen, die nichtig sind, sind **von Anfang an ungültig**.

Beispiele von nichtigen Rechtsgeschäften sind in der folgenden Tabelle zusammengefasst:

Grund der Nichtigkeit	Fallbeispiele
Willenserklärungen (WE) von Geschäftsunfähigen	Der 6-jährige Moritz kauft sich drei Tüten Chips und Cola von seinem Taschengeld.
WE, die bei vorübergehender Störung der Geistestätigkeit abgegeben wurden	Ein Casinobesucher verkauft im volltrunkenen Zustand sein neuwertiges Auto beim Poker für 1 000 €, damit er weiterspielen kann.
WE, die nur zum Schein abgegeben wurden (Scheingeschäft)	Ein Hauskäufer vereinbart mit dem Verkäufer, dass statt 300 000 € lediglich 250 000 € als Preis eingetragen werden sollen, damit er Grunderwerbsteuer sparen kann, den Rest erhält der Verkäufer „schwarz".
WE, die nicht ernst gemeint sind (Scherzgeschäft)	Paul Janßen sagt beim Fußball zu seinem Bruder Jens: „Ich fress 'nen Besen, wenn die noch gewinnen!" Nach dem Sieg der Heimmannschaft besorgt Jens einen Besen.
Rechtsgeschäfte, die gegen die guten Sitten verstoßen (z. B. bei Kreditwucher oder Mietwucher)	Karl Krull ist pleite und möchte sich trotzdem, obwohl er nicht mit Geld umgehen kann, ein neues Auto kaufen. Er leiht sich bei einem Kreditgeber 5 000 € zu 10 % Zinsen im Monat.
Rechtsgeschäfte, die gegen gesetzliche Verbote verstoßen	Ein Drogenabhängiger vereinbart mit einem Dealer monatliche Ratenzahlung.
Rechtsgeschäfte, die nicht in der entsprechenden Form abgefasst wurden	Ein Vermieter vereinbart mit einem neuen Mieter mündlich per Handschlag einen zwei Jahre befristeten Mietvertrag. Hinweis: Nicht schriftlich vereinbarte Mietverträge über einem Jahr gelten als unbefristet.

> Rechtsgeschäfte und Willenserklärungen, die anfechtbar sind, besitzen zunächst einmal Gültigkeit. Sie können aber **durch Anfechtung rückwirkend nichtig** werden.

Grund der Anfechtbarkeit	Fallbeispiele
Irrtum in der Erklärung	Die Auszubildende Anna verschreibt sich bei der Preisauszeichnung, sie schreibt statt 52 € aus Versehen 25 €.
Irrtum bei der Übermittlung	Christine Stein soll telefonisch drei Sack Blumenerde bestellen, geliefert werden drei Paletten Blumenerde.
Irrtum über wesentliche Eigenschaften der Person oder Sache	Die Linnea GmbH beschäftigt einen neuen Aushilfsfahrer, der Alkoholiker ist. Im Großmarkt wird eine Kassiererin eingestellt, die wegen Unterschlagung vorbestraft ist.
Arglistige Täuschung	Der Verkäufer eines Gebrauchtwagens erklärt dem Käufer, dass der Wagen erst 20 000 km gelaufen sei. Bei der ersten Inspektion nach dem Kauf stellt sich heraus, dass der Tacho manipuliert wurde.
Widerrechtliche Drohung	Ein Arbeiter droht dem Chef, dass er ihn bei seiner möglichen Entlassung wegen Steuerhinterziehung anzeigen würde.

Anfechtungsberechtigt ist, wer sich geirrt hat. Die Anfechtung muss dabei unverzüglich nach der Entdeckung des Irrtums erfolgen, sie ist nicht mehr möglich, wenn seit der Abgabe 10 Jahre vergangen sind. Entsteht durch die Anfechtung ein Schaden, so muss der Anfechtende Schadenersatz leisten.

Kein Anfechtungsrecht besteht bei Irrtum im Beweggrund (Motiv), der zur Abgabe der Willenserklärung geführt hat, oder auch bei schuldhafter Unkenntnis. Beispiel: Ein Anleger setzt auf hochspekulative Zertifikate, obwohl der Bankberater ihm davon abrät. Nach dem Börsenabsturz möchte er das Geschäft anfechten.

3.2.6 Rechtliche Wirkung eines Angebots

Sehr häufig beginnt ein Kaufwunsch mit Beschaffung von Informationen, ob überhaupt und zu welchen Preisen und Bedingungen Waren oder Dienstleistungen angeschafft werden sollen. Diese Informationsbeschaffung wird allgemein als **Anfrage** bezeichnet.

Eine Anfrage kann allgemein oder speziell abgefasst sein. Allgemeine Anfragen richten sich insbesondere auf das gesamte Lieferprogramm eines Lieferanten, dabei wird meist um die Zusendung eines Katalogs, einer Preisliste oder um eine Information eines Mitarbeiters gebeten. Spezielle Anfragen richten sich gezielt auf ein Produkt oder eine erwünschte Dienstleistung. Eine bestimmte Form der Anfrage gibt es nicht.

> **Anfragen** sind unverbindlich, der Anfragende wird durch die Anfrage rechtlich nicht verpflichtet.

Der Verkäufer kommt dem Anfragewunsch eines möglichen Kunden durch ein gezieltes **Angebot** nach. Im rechtlichen Sinne ist das Angebot eine gezielte Willenserklärung an einen Anfragenden, auch als Antrag bezeichnet. Das Angebot sollte Auskunft geben über Art, Beschaffenheit und Güte, Menge, Lieferungs- und Zahlungsbedingungen, Erfüllungsort, Gerichtsstand und natürlich über den Preis der angefragten Ware oder Dienstleistung.

> Das **Angebot** ist eine an eine bestimmte Person gerichtete Willenserklärung, zu den angegebenen Bedingungen Waren oder Dienstleistungen zu liefern bzw. auszuführen.

Von Angeboten sind **Anpreisungen** zu unterscheiden, die nicht an eine bestimmte Person gerichtet sind und daher keine rechtliche Wirkung haben. Sie sollen mögliche Kunden anregen, einen Kaufantrag abzugeben, dieser bedarf allerdings noch der Zustimmung des Verkäufers. Solche Anpreisungen sind in Form von Zeitungsanzeigen, bei Prospekten, Katalogen, Schaufensterauslagen, Plakaten und in Funk, Fernsehen und im Internet zu finden.

Bild 1 Preisschilder bzw. -auszeichnungen gelten nicht als Angebote

Auslagen in einem Geschäft mit Selbstbedienung gelten nicht als Angebot im rechtlichen Sinne, daher haben Kunden grundsätzlich auch **keinen Anspruch** auf Ware, die falsch ausgepreist wurden. Erst durch das Vorzeigen der Ware an der Kasse und signalisierter Kaufbereitschaft macht der Käufer einen Kaufantrag, den der Verkäufer dann annehmen oder ablehnen kann.

Für die Abgabe eines Angebots gelten keine Formvorschriften. Es kann abgegeben werden

- an Anwesende: mündlich, schriftlich (durch Brief, E-Mail, Fax) oder durch eine schlüssige Handlung,
- an Abwesende: schriftlich oder fernmündlich, wobei Irrtümer oder Abweichungen später dann i. d. R. nicht beweisbar sind.

Bindung an das Angebot

Grundsätzlich gilt, wer an eine bestimmte Person ein Angebot **ohne Einschränkung** abgibt, ist an dieses Angebot rechtlich gebunden. Allerdings kann ein Angebot in bestimmter Art und Weise eingeschränkt oder widerrufen werden. Darüber hinaus sind gesetzliche Vorgaben zu beachten, wenn es um die Dauer der Gültigkeit geht.

Gesetzliche Bindungsfrist unter Anwesenden:

Das Angebot wird **sofort** mit der Abgabe wirksam und bindet den Anbietenden rechtlich nur solange, wie das Gespräch dauert; der Kaufinteressent müsste sich also z. B. während eines Telefonats direkt entscheiden. Wenn er zögert, muss er damit rechnen, dass die Ware oder Dienstleistung zu dem Preis nicht verfügbar ist.

Gesetzliche Bindungsfrist unter Abwesenden:

Das Angebot wird **mit der Zustellung** wirksam und bindet den Anbietenden rechtlich nur so lange, bis der Eingang der Rückantwort unter normalen Bedingungen erwartet werden kann, also bei einer E-Mail oder einem Fax ca. einen Tag, bei einem Brief nicht mehr als eine Woche.

Vertragliche Bindungsfrist:

Der Anbietende kann für die Annahme des Angebots eine bestimmte Frist vorgeben, also ein zeitlich **befristetes Angebot** machen. Die Bestellung muss dann innerhalb dieser Frist erfolgen. Beispiele: „Angebot gilt bis zum 20. Mai dieses Jahres" oder „Angebot gilt bis zum Monatsende" oder „Antwort zum Angebot erbeten bis zum ...".

Freizeichnung

Der Anbietende kann die rechtliche Bindung an das Angebot durch **Freizeichnungsklauseln** stark einschränken oder ganz ausschließen. Diese Angebotsform wählt der Anbieter, wenn nicht gesichert ist, dass die vom Kunden gewünschte Ware oder Dienstleistung über einen angemessenen Zeitraum verfügbar ist oder der Preis schwanken kann. Beispiele: „solange der Vorrat reicht", „Menge (oder Preis) unverbindlich", „Menge (oder Preis) freibleibend", „Lieferung vorbehalten".

Widerruf des Angebots

Ein Angebot wird erst wirksam, wenn es dem Empfänger zugegangen ist. Bemerkt ein Anbieter frühzeitig, dass das gemachte Angebot für einen Kaufinteressenten nicht richtig war, dann muss der **Widerruf** möglichst vor, aber spätestens gleichzeitig mit dem Angebot eintreffen; bei einem Angebot mittels Brief wäre das mit einem Fax, einem Telefongespräch oder einer E-Mail möglich.

Bild 1 Der Widerruf eines Angebots darf nicht nach dem Angebot ankommen

Erlöschen der Bindung an das Angebot

Die rechtliche Bindung an ein Angebot erlischt, wenn der Empfänger das erhaltene Angebot ausdrücklich oder stillschweigend ablehnt, wenn er es verändert oder es nicht rechtzeitig angenommen wird. Die verspätete oder veränderte Annahme eines Angebots gilt dann als ein neuer Antrag. Beispiel: Die Bremer Schiffbau AG benötigt für ihre Weihnachtsfeier 35 Tischgestecke und eine entsprechende Saaldekoration. Die Linnea GmbH sendet dem Planungsbüro ein Angebot. Der Koordinator des Planungsbüros reagiert auf das Angebotsschreiben mit dem Hinweis: „Ich beziehe mich auf Ihr Angebot und nehme es an, wenn Sie uns noch 10 % Rabatt einräumen!" Durch diese Änderung ist die Linnea GmbH rechtlich nicht mehr gebunden, kann aber über diesen neuen Antrag der Bremer Schiffbau AG neu befinden.

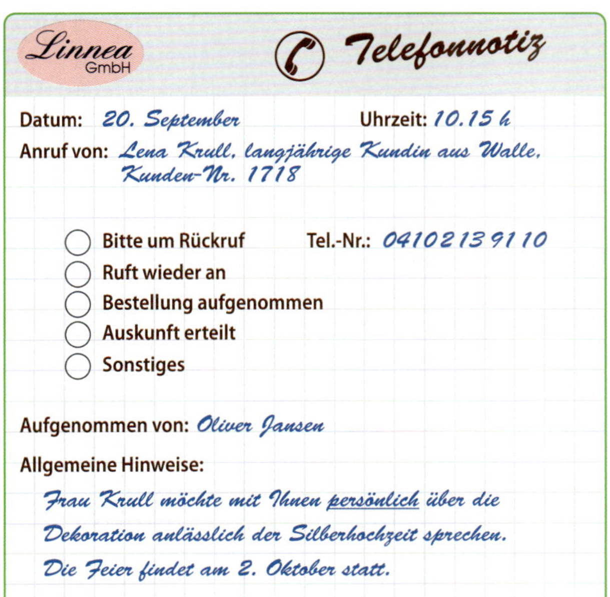

Linnea GmbH — Telefonnotiz

Datum: 20. September **Uhrzeit:** 10.15 h

Anruf von: Lena Krull, langjährige Kundin aus Walle, Kunden-Nr. 1718

- ○ **Bitte um Rückruf** **Tel.-Nr.:** 04102 13 91 10
- ○ **Ruft wieder an**
- ○ **Bestellung aufgenommen**
- ○ **Auskunft erteilt**
- ○ **Sonstiges**

Aufgenommen von: Oliver Jansen

Allgemeine Hinweise:

Frau Krull möchte mit Ihnen persönlich über die Dekoration anlässlich der Silberhochzeit sprechen. Die Feier findet am 2. Oktober statt.

Bild 2 Schriftliche Kommunikation ist notwendig

Schriftliche Kommunikation

Oft gilt es zu entscheiden, ob eine Information mündlich bzw. schriftlich weiter gegeben werden soll. Vorteil der schriftlichen Kommunikation ist Bilder und Grafiken mit einzubinden, außerdem ist sie beweissicher.

3.2.7 Allgemeine Geschäftsbedingungen

Um die geschäftlichen Vereinbarungen einfacher und zeitsparender zu gestalten, gibt es vorformulierte Vertragsbedingungen für eine Vielzahl von Verträgen, die sogenannten **Allgemeinen Geschäftsbedingungen (AGB)**. Sie beinhalten z. B. Angaben über Lieferungs- und Zahlungsbedingungen, Garantie- und Gewährleistungen, Eigentumsvorbehalt, Erfüllungsort und Gerichtsstand. Diese Angaben sind oftmals als Kleingedrucktes auf der Rückseite von Verträgen wie Kredit-, Miet-, Pacht- oder Dienstverträgen zu finden.

Allgemeine Geschäftsbedigungen AGB

1. Unsere Anschrift

Verlag Europa-Lehrmittel
Düsselberger Str. 23
42781 Haan
Tel.: 02104-69160
Fax: 02104-691627
E-Mail: info@europa-lehrmittel.de

2. Geltungsbereich

Für die Geschäftsbeziehung zwischen dem Verlag Europa-Lehrmittel und dem Besteller gelten ausschließlich diese Allgemeinen Geschäftsbedingungen in ihrer zum Zeitpunkt der Bestellung gültigen Fassung. Abweichende Bedingungen des Bestellers erkennen wir nicht an, es sei denn, der Verlag hätte ausdrücklich schriftlich ihrer Geltung zugestimmt.

Lieferungs- und Zahlungsbedingungen als anerkannt. Bis zur vollständigen Begleichung aller gegen den Besteller bestehenden Ansprüche bleibt die Ware Eigentum des Verlages Europa-Lehrmittel. Die Lieferung, auch vorgemerkte Nachlieferungen, erfolgen auf Rechnung und Gefahr des Empfängers.
5.2 Der Kaufpreis ist fällig ohne Abzug innerhalb von 14 Tagen nach Rechnungsstellung. In Einzelfällen behalten wir uns die Lieferung gegen Vorauskasse vor: Bei Bestellungen von Privatpersonen, die den Rechnungsbetrag von 40 € überschreiten, liefern wir nur mit Vorauskasse.
5.3 Nach Ablauf der o.g. Frist tritt Verzug ein. In diesem Fall ist der Verlag Europa-Lehrmittel berechtigt, Verzugszinsen in Höhe

6.3 Betriebsstörunge
oder fremden
Verkehrs- oder sonst
nicht zu vertretend
nisse, durch die Hers
Lieferung bestellter T
verhindert werden, b
von der Auftragsaus
die evtl. hieraus e
wirtschaftlichen Nac
der Besteller uns
Anspruch nehmen.
6.4 Versandkosten u
gehen ausschließlich
des Bestellers. Dies
Nachlieferungen gem
6.5 Sind Rechnu
Lieferanschrift nich
berechnen wir einen an
Mehrkostenanteil (z.
Sendung). Gleiches
Umschreiben von F
(ebenfalls z. Z. 2,60 €

Bild 3 Ausschnitt aus den AGB einer Firma

Damit die AGB Gültigkeit haben, muss der Kunde ausdrücklich auf die AGB hingewiesen werden, Möglichkeit der Einsicht bekommen und seine Zustimmung geben. Persönliche Absprachen haben gegenüber den AGB Vorrang, der Käufer darf aber nicht benachteiligt werden. Undurchsichtige bzw. mehrdeutige Klauseln und Kürzungen der gesetzlichen Gewährleistungsfristen sind in den AGB verboten.

Unter **AGB** versteht man Vertragsbedingungen, die für eine Vielzahl von Verträgen vorformuliert werden. Sie sind Vertragsbestandteil und werden meist gesondert abgedruckt.

Sind beide Vertragsparteien Unternehmer, sind andere Bestimmungen (§ 310 BGB) maßgeblich. Dann gelten die jeweiligen AGB automatisch, da kein Verbraucherschutz stattfinden muss. Ist ein Vertragspartner nicht mit den Vertragsbedingungen einverstanden, muss er explizit widersprechen, außerdem gelten die gesetzlichen Regelungen.

Aufgaben

1. Wie unterscheidet sich die Willenserklärung einer Kundin von einer Absichtserklärung im rechtlichen Sinne?
2. Erklären Sie den Unterschied zwischen einer empfangsbedürftigen und einer nichtempfangsbedürftigen Willenserklärung.
3. Warum hat der Gesetzgeber für bestimmte Rechtsgeschäfte Formvorschriften vorgegeben?
4. Ein Kaufvertrag kommt durch Willenserklärungen zustande. Geben Sie verschiedene Vorgehensweisen an, wie diese Willenserklärungen vom Käufer bzw. Verkäufer zu einem gültigen Kaufvertrag führen können.
5. Beschreiben Sie die wesentlichen Inhalte des Verpflichtungs- und des Erfüllungsgeschäftes.
6. Rechtsgeschäfte können aufgrund verschiedener Gründe von Anfang an nichtig sein. Zählen Sie fünf Beispiele auf.
7. Rechtsgeschäfte können unter bestimmten Gründen angefochten werden. Zählen Sie fünf Beispiele für anfechtbare Rechtsgeschäfte auf.
8. Was beabsichtigt ein Verkäufer, wenn er Angebote durch Freizeichnungsklauseln einschränkt? Zählen Sie vier verschiedene Freizeichnungsklauseln auf.
9. Was versteht man unter der „Bindungsfrist" von Angeboten, wie ist die gesetzliche Bindungsfrist geregelt?
10. Eine Kundin sieht in einem Fachgeschäft ein falsch ausgepreistes Pflanzgefäß, da ein anderes Preisschild auf den ursprünglichen Preis übergeklebt wurde. Wie begründen Sie der Kundin Ihre Ablehnung, wenn diese sich „im Recht" sieht und auf den Kauf der Ware zu diesem sehr günstigen Preis besteht?
11. Welche Inhalte sollten schriftlich festgehalten werden, wenn ihr Floristik-Fachgeschäft einem Kunden anlässlich eines Betriebsjubiläums ein detailliertes Angebot über eine Saaldekoration macht?
12. In welchem Fall ist ein Widerruf eines Angebotes noch rechtsgültig, wenn Sie einen Fehler entdecken?
13. Warum findet man bei vertraglichen Vereinbarungen zusätzlich häufig Allgemeine Geschäftsbedingungen (AGB)? Welchen Zweck sollen sie erfüllen?

3.3 Wenn der Kaufvertrag erfüllt wird

Ein rechtsgültig abgeschlossener Kaufvertrag wird störungsfrei abgewickelt, wenn Käufer und Verkäufer ihre vertraglich festgelegten Pflichten entsprechend den getroffenen Vereinbarungen erfüllen (Erfüllungsgeschäft). Bei einem in einem Floristik-Fachgeschäft durchgeführten Impulskauf eines Kunden, der sich einen Blumenstrauß binden lässt und dann nach der Bezahlung sofort mitnimmt, fallen beispielsweise Verpflichtungs- und Erfüllungsgeschäft **auf einen Zeitpunkt**.

Für Floristik-Fachgeschäfte, wie z. B. die Linnea GmbH, verhält sich die Situation häufig anders, denn viele Dekorationsartikel, Werkstoffe und Betriebsmittel werden bei unterschiedlichen Unternehmen bestellt, so dass die mangelfreie und rechtzeitige Lieferung seitens des Lieferanten überwacht und die rechtzeitige Bezahlung der Rechnungen veranlasst werden müssen. Verpflichtungs- und Erfüllungsgeschäft erfolgen **zeitlich getrennt** voneinander.

3.3.1 Erfüllungsort und Gerichtsstand

Maßgebend für die Art und Weise, wie der Vertrag zu erfüllen ist, sind die vertraglichen Abmachungen. Dabei helfen vorher sorgfältig ausgearbeitete Vertragsbestandteile oder die AGB, wesentliche Lieferungs- und Zahlungsbedingungen zu regeln. Fehlen bei Rechtsgeschäften diese schriftlichen Vertragsdetails, gelten die **gesetzlichen Regelungen** des BGB (Bürgerliches Gesetzbuch) und des HGB (Handelsgesetzbuch).

Gesetzlicher Erfüllungsort für Warenschulden

„Warenschulden sind Holschulden"; das bedeutet, der gesetzliche Erfüllungsort für die Warenlieferung ist der Geschäftssitz des Verkäufers. Der Käufer muss daher, soweit vertraglich nichts anderes vereinbart wurde, die Ware auf seine Kosten und sein Risiko beim Verkäufer abholen. Der Verkäufer wiederum muss seine vertragsmäßige Leistung durch Bereitstellung der Ware an seinem Geschäftssitz erfüllen. Risiko bedeutet hier, dass bei einer Beschädigung oder Zerstörung der Ware der Käufer das Risiko trägt.

Anders verhält sich der Übergang des Risikos bei einem sogenannten **Versendungskauf**; dies ist eine Vereinbarung, dass der Verkäufer dem Käufer die Ware zusenden soll. Durch diese Vereinbarung ist die Warenschuld keine Holschuld mehr, sondern eine Schickschuld. Dies hat zur Folge, dass bei Beschädigung oder Zerstörung der Ware der Spediteur oder das Transportunternehmen haftet, der Erfüllungsort bleibt davon allerdings unbenommen, d. h. bei verlorengegangener Ware muss der Verkäufer nicht für Ersatz sorgen, da er seine Leistungspflicht erfüllt hat.

§ 447 (BGB) Gefahrübergang beim Versendungskauf

(1) Versendet der Verkäufer auf Verlangen des Käufers die verkaufte Sache nach einem anderen Ort als dem Erfüllungsort, so geht die Gefahr auf den Käufer über, sobald der Verkäufer die Sache dem Spediteur, dem Frachtführer oder der sonst zur Ausführung der Versendung bestimmten Person oder Anstalt ausgeliefert hat.

(2) Hat der Käufer eine besondere Anweisung über die Art der Versendung erteilt und weicht der Verkäufer ohne dringenden Grund von der Anweisung ab, so ist der Verkäufer dem Käufer für den daraus entstehenden Schaden verantwortlich.

Bild 1 Gefahrübergang beim Versendungskauf

Gesetzlicher Erfüllungsort für Geldschulden

„Geldschulden sind Bringschulden"; das bedeutet zwar einerseits, dass der gesetzliche Erfüllungsort für die Bezahlung der Geschäftssitz des Käufers ist, aber das BGB enthält eine Ausnahme für Geldschulden: den Geldbetrag muss der Schuldner auf seine Gefahr und seine Kosten dem Gläubiger (Verkäufer) übermitteln. Der Gefahrübergang verschiebt sich hierbei auf den Firmensitz des Verkäufers. Erst wenn das Geld auf dem Konto des Verkäufers gebucht wird, ist die Schuld des Käufers getilgt.

Gerichtsstand – gesetzlich bzw. vertraglich

Bei gerichtlichen Auseinandersetzungen im Zusammenhang mit der Erfüllung eines Vertrages können die Vertragspartner die Hilfe des Gerichts beanspruchen, in dessen Bezirk der Erfüllungsort liegt. Bei Streitigkeiten bezüglich der Warenlieferung wäre das der Erfüllungsort des Verkäufers, bei Streitigkeiten aufgrund von Zahlungsproblemen wäre es der Erfüllungsort des Käufers. Daraus folgt, dass ein säumiger Schuldner immer nur bei dem für seinen Wohnort zuständigen Gericht auf Zahlung verklagt werden kann, wenn die gesetzliche Regelung gilt.

Diesen Umstand möchte ein Verkäufer aus verständlichen Gründen vermeiden. Deshalb wird der Erfüllungsort bei Kaufleuten fast immer vertraglich „für beide Teile" auf den Firmensitz des Verkäufers gesetzt, d. h. der Erfüllungsort und damit auch das zuständige Gericht befinden sich im Bezirk des Verkäufers, so dass aufwendigere Kosten im Zusammenhang mit einer Klage wegen Zahlungsverzug des Kunden vermieden werden können.

Welches Gericht zuständig ist, ist vom Streitwert abhängig; bis 5 000 € ist es das Amtsgericht, darüber hinaus ist es das Landgericht. In Mietrechtsachen oder bei Streitigkeiten aus dem Bereich Familienrecht, also z. B. bei Kindschaftsfragen, beim Betreuungsrecht und bei Eheangelegenheiten, ist allerdings das Amtsgericht streitwertunabhängig zuständig.

Bild 2 Erfüllungsort und Gerichtsstand

3.3.2 Eigentumsvorbehalt

Ist vertraglich nichts über den Eigentumsübergang vereinbart, so gilt die gesetzliche Regelung, dass der Käufer Eigentümer der Ware wird, wenn die Ware übergeben wird. Ob und wann bezahlt wird, spielt für den Übergang des Eigentums keine Rolle. Wird nun im Falle der Zahlungsunfähigkeit über das Vermögen des Käufers ein Insolvenzverfahren eröffnet, so hat der Lieferer im Normalfall keine Chance mehr, die unbezahlte Ware zurück zu erhalten. Um dies zu vermeiden, wird im Kaufvertrag häufig Lieferung unter **Eigentumsvorbehalt** vereinbart. Dazu steht im Kaufvertrag oder in den AGB folgender Satz: „Die Ware bleibt bis zur vollständigen Bezahlung Eigentum des Lieferers". Kommt der Käufer seiner Zahlungspflicht nun nicht nach, kann der Verkäufer dann sein Eigentum zurückverlangen, wenn er dem Käufer eine Nachfrist gesetzt hat und er anschließend – bei nicht erfolgter Zahlung – vom Vertrag zurückgetreten ist. Bei Pfändung kann der Verkäufer Freigabe, im Insolvenzverfahren Aussonderung der Ware verlangen.

Der **Eigentumsvorbehalt** besagt, dass der Verkäufer bis zur vollständigen Bezahlung der Ware Eigentümer bleibt, während der Käufer bei der Übergabe der Ware lediglich Besitz erlangt.

Der Eigentumsvorbehalt muss schon beim Abschluss des Kaufvertrages ausdrücklich vereinbart oder in den AGB vermerkt sein, wenn er wirksam werden soll. Er erlischt, wenn der Kaufpreis vollständig bezahlt ist; er wird unwirksam, wenn der Gegenstand

- bereits an einen gutgläubigen Dritten weiterveräußert wurde. Beispiel: Ein Händler verkauft einen unter Eigentumsvorbehalt gelieferten Posten Keramikartikel weiter an gutgläubige Kunden, diese Ware kann nicht zurückverlangt werden.
- mit einer beweglichen oder unbeweglichen Sache fest verbunden wurde. Beispiel: Ein unter Eigentumsvorbehalt gelieferter Einbauschrank kann nicht ausgebaut werden.
- verbraucht oder vernichtet wurde. Beispiel: Ein Floristik-Fachgeschäft verarbeitet unter Eigentumsvorbehalt erhaltene florale und nichtflorale Werkstoffe für eine Raumdekoration, sie kann dann nicht mehr zurückgeholt werden.

3.3.3 Versand-, Zahlungs- und Lieferbedingungen

Es ist ratsam, bei Verträgen die Versand- und Lieferungsbedingungen vorher genau festzulegen; sind dazu keine Angaben gemacht worden, gelten die **gesetzlichen Vorgaben**.

Verpackung der Ware

Verkaufs- und Umverpackung sind in der Regel im Preis enthalten und werden vom Verkäufer getragen. Die Versandpackung dient dem Schutz der Ware beim Transport, hier gilt die gesetzliche Regelung, dass die Kosten der Versandpackung vom Käufer zu tragen sind. Zum Schutz der Umwelt sind Hersteller und Vertreiber grundsätzlich zur Rücknahme und Wiederverwendung bzw. Wiederverwertung der Transport-, Verkaufs- und Umverpackung verpflichtet. Der Lieferer haftet für eine angemessene Verpackung der Ware, d. h. dass in der kalten Jahreszeit der Schutz der Pflanzen vor zu großer Kälte gewährleistet sein muss.

Im kalkulierten Preis der Ware werden diese Kosten berücksichtigt und damit dem Kunden indirekt berechnet. So muss z. B. der Florist das Papier, in dem die Schnittblumen eingepackt werden, auf die Preise umlegen, um seine kalkulierten Gewinne nicht zu schmälern. Neben dem Schutz des Werkstücks spielt dabei auch die Werbewirksamkeit eine besondere Rolle. Spezielle Verpackungen, z. B. Folien- oder Geschenkverpackungen werden meist gesondert mit den Kunden abgerechnet.

Bild 1 Transportverpackung von Blumengeschenken

Versand der Ware

Die Ware kann persönlich, durch Boten, mit firmeneigenen Fahrzeugen oder durch ein Transportunternehmen überbracht bzw. abgeholt werden. Die Versandkosten übernimmt üblicherweise entweder der Käufer oder der Verkäufer; die **gesetzliche Regelung** besagt dabei, dass

- die Kosten der Übergabe (Kosten des Messens und Wiegens) vom Verkäufer und
- die Kosten der Abnahme und der Versendung nach einem anderen Ort als dem Erfüllungsort vom Käufer zu tragen sind.

Vertragliche Vereinbarungen haben folgende Bedeutung:

- **ab Werk, ab Lager, unfrei**: Der Käufer trägt alle Versandkosten vom Werk bzw. vom Verkäufer bis zum Käufer,
- **frei Haus, frei Lager, frei Werk**: Der Verkäufer trägt alle Versandkosten bis zum Wohnort des Käufers bzw. bis zum Betriebsort des Kunden.

Lieferzeit

Für die Lieferung kann vertraglich ein bestimmter Termin oder eine Frist gesetzt werden. In der Regel wird der Lieferzeitpunkt vom Kunden vorgegeben, weil er die Ware für einen bestimmten Anlass oder Zweck benötigt. Für die Lieferung kann ein genauer Termin (Fixkauf) oder eine Frist (Terminkauf) festgelegt sein. Die gesetzliche Regelung besagt: Kann der Verkäufer sofort liefern, kann der Käufer auch die sofortige Lieferung verlangen. Kann der Verkäufer einen genauen Liefertermin nicht gewährleisten, wird dies vertraglich oder im Angebot (z. B. durch Freizeichnungsklauseln) eingeschränkt oder ausgeschlossen.

Zahlungsbedingungen

Ist nichts anderes vereinbart, gilt gesetzlich folgende Regelung: Eine Zahlungsforderung muss innerhalb von 30 Tagen nach Rechnungserhalt geleistet werden.

Hinsichtlich der Zahlung können zwischen dem Lieferer und dem Kunden Vereinbarungen getroffen werden, die die Art und Weise der Zahlung, die Kosten und den Zeitpunkt der Zahlung bestimmen. Besonders in der heutigen Zeit, wo die Zahlungsmoral der Kunden nachgelassen hat, ist es für den Unternehmer wichtig, die geeigneten Zahlungsbedingungen für den eigenen Betrieb festzulegen. Die eigene Liquidität ist sehr stark von der Zahlung der außenstehenden Forderungen abhängig.

Art, Güte und Beschaffenheit der Ware

Die **Art** der Ware wird durch ihren handelsüblichen Namen gekennzeichnet und durch eine genaue Beschreibung. Die gesetzliche Regelung besagt, dass bei Gattungswaren (also Waren, die nicht einmalig sind, sondern austauschbar) Ware mittlerer Art und Güte zu liefern ist.

Die **Beschaffenheit und Güte** können festgelegt werden durch Augenschein (Besichtigung), durch Muster und Proben, durch Güteklassen oder Gütezeichen, durch Herkunftsbezeichnungen (Anbaugebiet oder Verschiffungshafen) oder Jahrgangsangabe bzw. durch den Gehalt an bestimmten Inhaltsstoffen und der Farbe. Bei Pflanzen und Blumen ist auch die Sortenbezeichnung oder der Zustand der Blüte von besonderer Bedeutung für die genaue Kennzeichnung.

Preis der Ware

Der Preis der angebotenen Ware bezieht sich auf handelsübliche Maß- und Mengeneinheiten. Nach **Preisangabenverordnung** (PAngV) sind dem Endverbraucher (also dem Kunden im Floristik-Fachgeschäft) Angaben zu machen, die die Preisklarheit und Preiswahrheit sicherstellen und dem Verbraucher einen zutreffenden Preisvergleich ermöglichen.

Bild 1 Preisauszeichnung ist Pflicht, kann aber auch kreativ gestaltet sein

In der Werbung besteht keine Pflicht, Preise zu nennen; für Waren und Leistungen, die in Schaufenstern, innerhalb von Verkaufsräumen oder auf Verkaufsständern vor dem Laden ausgestellt werden, besteht dagegen **Preisauszeichnungspflicht**. Sind mehrere Schnittblumen in einer Vase zusammengestellt, ist darauf zu achten, dass jede Blumenart separat ausgepreist ist. Die angegebenen Preise sind Endpreise (einschließlich Umsatz- bzw. Mehrwertsteuer), auch **Bruttoverkaufspreise** genannt.

Rabatte

Das Wort „netto" entstammt dem Italienischen und bedeutet „rein". Die Angabe **Nettopreis** in Angeboten bzw. Rechnungen wird unterschiedlich verwendet: Zum einen hat es die Bedeutung, dass die Preisangabe keine Mehrwertsteuer enthält. Möglich ist aber auch, dass der Anbieter hervorheben möchte, dass keinerlei Abzüge erlaubt sind. Ähnliche Formulierungen sind „zahlbar (rein) netto Kasse" oder „zahlbar ohne jeden Abzug".

Bild 2 Preisauszeichnung und Mengenrabatt sind gut kombinierbar

Aus der Kalkulation ist auch der Begriff **Nettoverkaufspreis** bekannt, hiermit ist der Preis der Ware ohne Umsatzsteuer gemeint, z. B. im Großmarkt. Bei Angeboten an den Endverbraucher handelt es sich immer um den **Bruttopreis bzw. Bruttoverkaufspreis**. Folgende Preisminderungen sind möglich:

- **Rabatt:** Hierbei handelt es sich um eine Preisvergünstigung aus verschiedenen Anlässen ohne Rücksicht auf den Zeitpunkt der Zahlung; Beispiele: Mengenrabatt, Treuerabatt, Personalrabatt, Naturalrabatt oder Wiederverkäuferrabatt.
- **Skonto:** Hierbei handelt es sich um eine Preisvergünstigung, die einen Kunden ermuntern soll, schon vor Ende des Zahlungsziels den fälligen Betrag zu begleichen; Beispiel: „Zahlungsziel 30 Tage netto, bei Zahlung innerhalb von 10 Tagen 2 % Skonto".
- **Bonus:** Hierbei handelt es sich um eine Treueprämie bzw. ein Belohnungssystem, das in verschiedenen Bereichen unterschiedlich verwendet wird, z. B. Kundenbonus, Leistungszuschläge für Mitarbeiter, bei Sparverträgen nach Laufzeitende.

3.3.4 Besondere Arten von Kaufverträgen

Nach der näheren Bestimmung von **Art, Beschaffenheit und Güte** der Waren können Kaufverträge sehr unterschiedlich ausgestaltet sein, es wird unterschieden zwischen:

- **Gattungskauf:** Kaufgegenstand ist eine „vertretbare Sache“, also bewegliche Sachen, die in mehreren gleichen Ausfertigungen hergestellt werden und wegen ihrer Gleichartigkeit durch andere Gattungswaren ersetzt werden können, z. B. Verkauf vieler gleicher Gestecke für eine Dekoration, Verkauf von Gerbera-Sorten bei verschiedenen Anbietern oder Verkauf von Ton unterschiedlicher Regionen.
- **Stückkauf:** Kaufgegenstand ist eine „nicht vertretbare Sache“, also ein Unikat, z. B. die Fertigung eines Trauerkranzes oder die Dekoration eines Saales zu einem bestimmten Thema.
- **Kauf nach Probe (nach Muster):** Kaufgegenstand ist dem Käufer aufgrund einer früheren Probe bzw. eines Musters bekannt, z. B. neu auf den Markt gekommene Steckmasse oder eine neue Pflanzensorte, die ein Kundendienstmitarbeiter mitgebracht hatte.
- **Kauf auf Probe:** Dies ist ein (bedingter) Kauf mit ausdrücklichem Rückgaberecht innerhalb einer bestimmten Frist, sofern der Kaufgegenstand nicht gefällt, z. B. ein neues Geschenkkartenset oder eine Pflanzenschutzmittelkollektion.
- **Kauf zur Probe:** Hier wird nur eine kleine Menge einer Ware zur Probe (ohne Rückgaberecht) gekauft, damit der Käufer prüfen kann, ob sie für sein Unternehmen geeignet ist oder nicht, z. B. neue Dekorationsartikel aus Holz für das Frühjahr.
- **Spezifikationskauf (Bestimmungskauf):** Hier erfolgt ein Kaufabschluss über eine genau festgelegte Gesamtmenge einer Gattungsware; der Käufer erwirkt aber das Recht, innerhalb einer bestimmten Frist die Maße oder Form oder Farbe näher zu bestimmen, z. B. wird ein bestimmter Preis über ein Sommerblumensortiment gemacht, aber die zu liefernden Farben und damit die jeweiligen Sorten werden später bestimmt.
- **Kauf in Bausch und Bogen:** Hier handelt es sich um einen Kauf einer Gesamtpartie von Waren, ohne dass diese näher bestimmt ist, z. B. ein Sonderpostenmarkt kauft das gesamte Sortiment an Pflanzgefäßen aus einer Insolvenzmasse auf.

Nach dem **Zeitpunkt der Zahlung** gibt es folgende Regelungen:

- **Zahlung vor Lieferung:** Dies ist ein Kauf mit Vorkasse bzw. Vorauszahlung, z. B. bei vielen Internetanbietern ist der Kaufpreis vorab zu bezahlen, sonst erfolgt keine Lieferung.
- **Zahlung bei Lieferung:** Dies ist ein Kauf, bei dem bei Erhalt der Ware sofort gezahlt wird, z. B. bei einer Nachnahme.
- **Zahlung nach Lieferung:** Die Zahlung der erhaltenen Ware erfolgt erst später mit einem längeren Zahlungsziel (Zielkauf), z. B. Zahlung innerhalb 30 Tagen netto oder zahlbar in vier gleichen Raten.

Nach der **Bestimmung der Lieferzeit** wird unterschieden in:

- **Sofortkauf:** Die Lieferung erfolgt sofort nach der Bestellung; die Linnea GmbH benötigt beispielsweise unbedingt neues Heizöl, man einigt sich auf den aktuellen Tagespreis, da die Energiekosten steigen sollen.
- **Terminkauf:** Die Lieferung erfolgt zu einem vorher festgelegten späteren Termin, z. B. wird schon im Sommer die Weihnachtskollektion bestellt, die dann Ende Oktober zu liefern ist.
- **Fixkauf:** Die Lieferung hat an einem genau festgelegten Termin zu erfolgen, z. B. eine Schnittrosenlieferung kurz vor dem Valentinstag zum 12. Februar.
- **Kauf auf Abruf:** Der Zeitpunkt der Lieferung liegt im Ermessen des Käufers; hat ein Floristik-Fachgeschäft nur wenig Lagerkapazitäten, wird die Ware erst bei Bedarf abgerufen.
- **Kommissionskauf:** Die Lieferung der Ware erfolgt zunächst an den Händler, aber die überschüssige Ware kann ohne Bedenken zurückgegeben werden, z. B. Getränke für eine Feier.

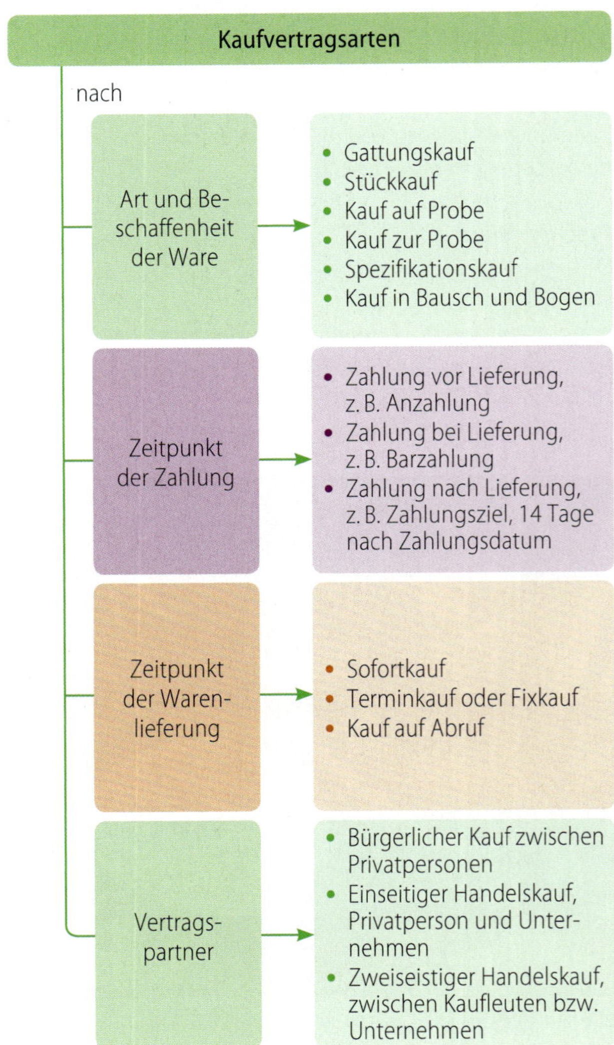

Bild 1 Besondere Arten des Kaufvertrags

Aufgaben

1. Was bedeuten die Sätze „Warenschulden sind Holschulden" bzw. „Geldschulden sind Bringschulden" in Bezug auf die Pflichten von Käufer und Verkäufer?
2. Warum liest man in den AGB häufig den Satz „Erfüllungsort ist für beide Teile der Firmensitz des Verkäufers"? Was unterscheidet diese Formulierung vom gesetzlichen Erfüllungsort?
3. Was bezweckt ein Lieferer in einem Angebot mit dem Hinweis des Eigentumsvorbehalts? Welche Vorteile hat dieser Eigentumsvorbehalt?
4. Unter welchen Bedingungen wird der Hinweis auf einen Eigentumsvorbehalt gelöscht? Geben Sie drei Beispiele an.
5. Wie ändert sich der Gefahrenübergang beim Versendungskauf gegenüber einem Kaufvertrag, der eine gesetzliche Regelung vorsieht?
6. Welche gesetzliche Regelung findet man beim Versand von Waren, wenn vertraglich nichts vereinbart wurde?
7. Wie unterscheiden sich die Vereinbarungen „ab Werk" oder „frei Haus" in Bezug auf die Versandkosten?
8. Welche wesentliche Regelung der Preisangabenverordnung (PAngV) muss der Florist bezüglich der Preisauszeichnung kennen und anwenden?
9. Ein Lieferer gewährt für eine Rechnung über 240 € 15% Mengenrabatt und 3% Skonto. Wie ändert sich der Bruttoverkaufspreis für den Kunden?
10. Was unterscheidet die drei Kaufarten „Kauf auf Probe", „Kauf zur Probe" bzw. „Kauf nach Probe"?
11. Welche Kaufart ist sinnvoll, wenn ein Floristik-Fachgeschäft nur über wenig Lagerkapazität verfügt?
12. Wie unterscheiden sich „Bruttoverkaufspreis" und „Nettoverkaufspreis"?
13. Warum bevorzugen viele Floristik-Fachgeschäfte die Zahlungsart „Zielkauf"?
14. In welchem Fall ist es sinnvoll, Waren in Kommission zu kaufen? Geben Sie drei Beispiele aus dem Bereich Floristik an.

3.4 Zahlungsverkehr

Sophia und Marc Schmidt wollen für ihr Geschäft ein neues Kassensystem anschaffen, um den Kunden die Möglichkeit der Zahlung mit girocard (früher: EC-Karte) oder Kreditkarte zu ermöglichen. Sie haben festgestellt, dass immer mehr Kunden bei höheren Beträgen bargeldlos zahlen wollen und weniger Bargeld bei sich tragen. Die Mitarbeiter und Auszubildenden müssen über den Ablauf und die Besonderheiten aller Zahlungen, die im Betrieb anfallen können, informiert und geschult werden.

3.4.1 Zahlungsmittel Geld

Von einer **Tauschwirtschaft** (Naturalwirtschaft) wird gesprochen, wenn Dienstleistungen oder Waren jeglicher Art gegen andere Waren bzw. Wertgegenstände getauscht werden. Diese Zeit der Tauschwirtschaft und der Schwarzmarktpreise nach dem letzten Weltkrieg vor der Währungsreform ist vielen aus dem Geschichtsunterricht noch bekannt. Demgegenüber ist die **Geldwirtschaft** eine moderne Form der Volkswirtschaft, in der jeder Tauschakt (Ware gegen Ware) in zwei unabhängige Kaufakte aufgegliedert ist, nämlich Ware gegen Geld bzw. Geld gegen Ware. Alle wirtschaftlichen Handlungen werden mithilfe von Geld als allgemein anerkanntem Zahlungsmittel abgerechnet.

Geld hat in der heutigen Wirtschaft folgende Aufgaben: Es ist

- Zahlungsmittel
- Tauschmittel
- Wertübertragungsmittel
- Wertaufbewahrungsmittel
- Wertmesser und Recheneinheit

Im heutigen Zahlungsverkehr werden nicht nur Münzen, Banknoten und Giralgeld (Buchgeld) genutzt, es werden auch Geldersatzmittel, z. B. die Kreditkarte, die girocard oder der Scheck als Zahlungsmittel, eingesetzt. Im Hinblick auf die bei der Zahlung verwendeten Zahlungsmittel unterscheidet man bare, halbbare und bargeldlose (unbare) Zahlungen.

3.4.2 Bare Zahlung

Bei **Barzahlung** geht das Geld „von Hand zu Hand"; beide, also der Zahlende und der Zahlungsempfänger, halten Bargeld („cash") in der Hand. Ein Konto wird nicht benötigt. Wichtig ist, sich den Betrag auf jeden Fall quittieren zu lassen bzw. dem Kunden eine Quittung auszustellen. Mit einem Geldtransfer-Service lässt sich Geld auch weltweit bar versenden, diesen Service bieten z. B. MoneyGram, Azimo, PayPal, Western Union bzw. die Postbank an.

3.4.3 Halbbare Zahlung

Von **halbbarer Zahlung** wird gesprochen, wenn entweder der Zahlende oder der Zahlungsempfänger beim Zahlungsvorgang das Geld noch bar in der Hand hat. Dafür kommen mehrere Zahlungsarten infrage:

Zahlschein:
Im einheitlichen Euro-Zahlungsverkehrsraum ersetzt die neue SEPA-Zahlungsanweisung als Zahlungsbeleg den bisherigen Zahlschein, der früher auch dazu genutzt werden konnte, bei jedem Geldinstitut einen Rechnungsbetrag bar zu bezahlen. Seit 2014 ist die Zahlungsform abgeschafft.

Barscheck:
Der Aussteller weist mit dieser Urkunde seine Bank an, dem Scheckbesitzer den Betrag bar auszuzahlen. Alternativ kann der Betrag auch bei der eigenen Bank aufs eigene Konto gutgeschrieben werden. Barschecks sind zweckmäßig, wenn eine größere Summe an Ort und Stelle gezahlt werden muss, zum Beispiel für einen Handwerker. Nachteil des Barschecks ist jedoch, dass auch ein Dieb den Scheck einlösen kann. Die Bedeutung des Schecks hat in Deutschland stark abgenommen. Beim Einlösen des Barschecks entstehen Gebühren, die zusätzlich zu zahlen sind.

Nachnahme:
Bei der Zahlung per Nachnahme bekommt der Käufer die Ware persönlich vom Paketboten ausgehändigt, der fällige Rechnungsbetrag ist direkt an ihn zu zahlen. Nachteil dieser Zahlungsart: Auf den Kaufpreis wird eine zusätzliche Nachnahmegebühr aufgeschlagen. So kostet eine Bestellung per Nachnahme im Inland etwa zwei bis vier Euro mehr als ein normaler Versand, unabhängig davon, wie viel das Paket kostet. Bei einem Auslandsversand kommen weitere Zuschläge hinzu.

3.4.4 Bargeldlose Zahlung

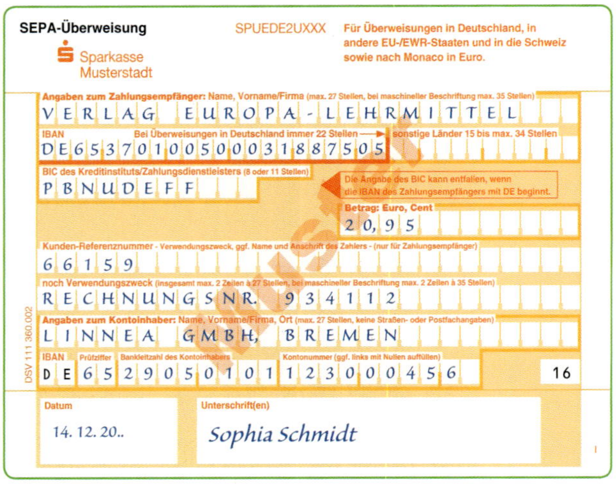
SEPA-Überweisung
SPUEDE2UXXX
Für Überweisungen in Deutschland, in andere EU-/EWR-Staaten und in die Schweiz sowie nach Monaco in Euro.
Sparkasse Musterstadt
Angaben zum Zahlungsempfänger: Name, Vorname/Firma (max. 27 Stellen, bei maschineller Beschriftung max. 35 Stellen)
VERLAG EUROPA-LEHRMITTEL
IBAN – Bei Überweisungen in Deutschland immer 22 Stellen – sonstige Länder 15 bis max. 34 Stellen
DE65370100500003188750 5
BIC des Kreditinstituts/Zahlungsdienstleisters (8 oder 11 Stellen)
PBNUDEFF
Die Angabe des BIC kann entfallen, wenn die IBAN des Zahlungsempfängers mit DE beginnt.
Betrag: Euro, Cent
20,95
Kunden-Referenznummer - Verwendungszweck, ggf. Name und Anschrift des Zahlers - (nur für Zahlungsempfänger)
66159
noch Verwendungszweck (insgesamt max. 2 Zeilen à 27 Stellen, bei maschineller Beschriftung max. 2 Zeilen à 35 Stellen)
RECHNUNGSNR. 934112
Angaben zum Kontoinhaber: Name, Vorname/Firma, Ort (max. 27 Stellen, keine Straßen- oder Postfachangaben)
LINNEA GMBH, BREMEN
IBAN – Prüfziffer – Bankleitzahl des Kontoinhabers – Kontonummer (ggf. links mit Nullen auffüllen)
DE65290501011230004 56
16
Datum: 14. 12. 20..
Unterschrift(en): Sophia Schmidt
DSV 111 360.002

Bild 1 SEPA-Überweisung

Die Zahlung erfolgt hier immer **bargeldlos** durch Abbuchung vom Konto des Zahlers und durch Gutschrift auf das Konto des Empfängers. Die Voraussetzung für die Entwicklung eines umfangreichen und weitverzweigten bargeldlosen Zahlungsverkehrs war die Errichtung von Gironetzen. Sie sind Zusammenschlüsse gleichartiger Kreditinstitute, von denen es in Deutschland fünf Gironetze gibt, die untereinander in Verbindung stehen.

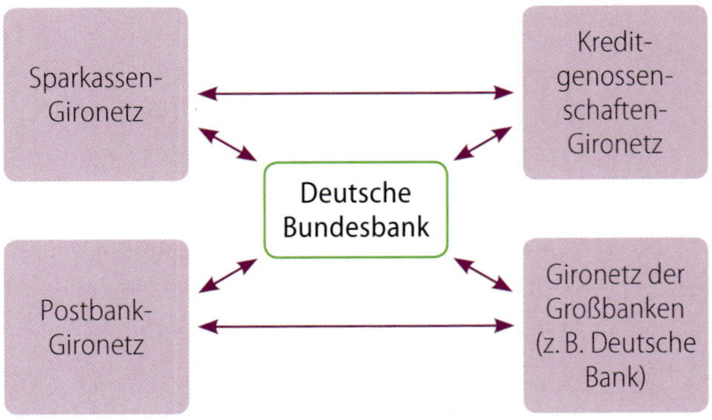

Bild 2 Gironetze in Deutschland

Im europäischen Raum stehen alle Kreditinstitute mit dem **TARGET**-System (Trans-European Automated Realtime Gross Settlement Express Transfer) in Verbindung. Folgende bargeldlose Zahlungsformen werden häufig verwendet:

Überweisung:
Der Schuldner lässt aufgrund einer Anweisung von seinem Konto eine bestimmte Geldsumme übertragen auf das Konto des Gläubigers. Diese Überweisung erfolgt mittels Überweisungsvordruck oder online. Für grenzüberschreitende Zahlungen im Euro-Zahlungsraum **SEPA** (Single Euro Payments Area) muss die Überweisung die **IBAN** (International Bank Account Number) des Schuldners und des Begünstigten enthalten, außerdem den **BIC** (Bank Identifier Code). Seit 2014 hat die SEPA-Überweisung das nationale Überweisungsverfahren in den Euroländern abgelöst.

Lastschriftverfahren:
Diese Zahlungsart wird auch als Einzugsermächtigungsverfahren bezeichnet, bei der der Schuldner den Gläubiger ermächtigt, den geforderten Betrag mithilfe einer SEPA-Lastschrift durch dessen Geldinstitut einziehen zu lassen, z. B. die Telefon-Rechnung oder Versicherungsbeträge. Sollte der eingezogene Betrag falsch sein oder das SEPA-Mandat erloschen sein, können zu Unrecht gebuchte Beträge innerhalb von acht Wochen rückbelastet werden. Der Gläubiger beantragt (einmalig) eine SEPA-Gläubigeridentifikation bei der Deutschen Bundesbank. Diese ist jeder SEPA-Lastschrift beizufügen und identifiziert den Zahlungsempfänger. Der Schuldner unterschreibt ein SEPA-Mandat, das er i. d. R. vom Zahlungsempfänger erhält. Dieses Mandat erlaubt dem Zahlungsempfänger eine SEPA-Lastschrift einzuziehen.

Dauerauftrag:
Der Schuldner beauftragt sein Geldinstitut, zulasten seines Kontos regelmäßig wiederkehrende, gleichbleibende Zahlungen an den Gläubiger zu überweisen, z. B. Miet- bzw. Pacht-

beträge. Die Zahlung wird auf dem Kontoauszug vermerkt. Ein Dauerauftrag kann jederzeit gekündigt oder geändert werden.

Scheck:

Kann neben dem Barscheck auch als Verrechnungsscheck verwendet werden; er trägt dann auf der Vorderseite den Vermerk „Nur zur Verrechnung" und wird dem Konto des Einreichers gutschreiben. Der Scheck ist „bei Sicht" zahlbar, d. h. innerhalb 8 Tagen, wenn er in Deutschland ausgestellt wurde, innerhalb 20 Tagen, wenn er in Europa ausgestellt wurde, bzw. 70 Tage (außerhalb Europas).

Elektronischer Zahlungsverkehr:

Der Zahlungsverkehr mit Belegen ist für Geldinstitute zeit- und arbeitsaufwendig, daher werden alle Datensätze eingescannt, danach vernichtet und nur noch elektronisch gesichert. Um den beleglosen Zahlungsverkehr auszuweiten, ist die Zahlung mit **electronic cash** im Jahr 1991 eingerichtet worden. Hierbei können Kunden mit einer Bankkarte mit oder ohne persönlicher Identifikationsnummer (PIN) bezahlen. Wer direkt zuhause vom PC aus Bankgeschäfte rund um die Uhr tätigen möchte, kann über **Onlinebanking** Zugriff auf den Rechner der Bank erhalten.

Bild 1 Kartensysteme im Überblick

Maestro ist ein internationaler Debitkarten-Dienst von mastercard international. Debitkarte bedeutet, dass auch im Ausland ein direkter Zugriff auf das Guthaben bzw. den verfügbaren Kreditrahmen eines Girokontos zugelassen wird.

Bild 2 Zwei Systeme auf einer Karte

In Deutschland ist **electronic cash** (der alte Begriff) für das Debitkarten-System der deutschen Kreditwirtschaft. Beide Logos fanden sich früher in der Regel auf den ausgegebenen girocards der Girokontenbesitzer. Auf neu ausgegebenen Bankkarten findet man zusätzlich das Logo von **girocard**, das ebenfalls von der deutschen Kreditwirtschaft eingeführt wurde.

Die internationale Akzeptanz der deutschen Debitkarten soll im Zuge eines einheitlichen Logos für den SEPA-Raum erleichtert werden. Das **EUFISERV**-Symbol ist das Akzeptanzzeichen für den Geldautomatenverbund der europäischen Sparkassen. Eine Bankkarte mit diesem Symbol kann an Geldautomaten Europas, die das EUFISERV-Symbol aufweisen, vergünstigt eingesetzt werden.

girocard

Das universelle und einfache Handling schätzen weit über 85 Millionen deutsche girocard-Inhaber zum elektronischen Bezahlen. Die girocard ist an das Bankkonto des Karteninhabers gebunden. Es ermöglicht, sofern das maestro/ec-cash-Logo (bzw. girocard-Logo) vorhanden ist, mittels Kartenlesegerät den bargeldlosen Zahlungsverkehr am Ort des Verkaufsgeschehens (**point of sale; kurz: POS**). Zwei Formen der girocard-Zahlung sind möglich:

- **durch Eingabe einer PIN:** Dabei wird während des Zahlvorganges die Bonität des Karteninhabers geprüft, die Abbuchung erfolgt sofort mit Zahlungsgarantie, der Betrag wird dem Händler umgehend gutgeschrieben. Für den Zahlungsempfänger entstehen Gebühren bei jedem Zahlvorgang, nicht jedoch für den Karteninhaber.
- **durch Unterschrift:** Mithilfe der Bankkarten-Daten wird ein Beleg ausgestellt und so ein elektronisches Lastschriftverfahren (ELV) durchgeführt; eine PIN-Abfrage und eine Onlineprüfung der Kontodaten erfolgt nicht. Durch Kartenmissbrauch bzw. durch einen späteren möglichen Widerspruch des Kontoinhabers oder aufgrund mangelnder Deckung gibt es keine Zahlungsgarantie für den Händler. Das verteuert im Ernstfall die ansonsten kostenfreie Zahlungsform des ELV-Verfahrens.

Geldkarte bzw. kontaktlos mit App und Smartphone

Die Geldkarten-Funktion zum Kassieren ohne PIN und Unterschrift findet sich auf vielen girocards, die mit dem aufladbaren, goldenen Chip versehen sind. Die Geldkarte eignet sich vor allem für das Bezahlen kleinerer Geldbeträge. Dazu muss ein Betrag (bis max. 200 €) von Konto aufgeladen werden. Da Händler für diese Zahlungsform ein Kassenterminal benötigen und außerdem eine Umsatzprovision zahlen müssen, findet diese Zahlungsform nur relativ wenig Akzeptanz. Mit **Girogo** lassen sich Beträge bis 25 Euro kontaktlos und schnell an geeigneten Terminals bezahlen. Karte kurz ans Terminal halten, fertig. Dazu muss auf die Girokarte ein Geldbetrag geladen werden. Alternativ können Beträge auch über NFC-fähige Smartphones mit entsprechender App bezahlt werden.

Kreditkarte

Sie wird von Kreditkartengesellschaften (z. B. mastercard, American Express, Visa oder Diners Club) nach Prüfung der **Bonität** ausgegeben und ermöglicht die bargeldlose Zahlung von Waren und Dienstleistungen. Bei der Bezahlung wird lediglich ein Beleg mit den entsprechenden Kundendaten, dem Kaufdatum und dem Kaufpreis unterschrieben, eine tatsächliche

Abrechnung erfolgt dann später. Dazu erhält der Kreditkartenbesitzer meist einmal monatlich eine Zahlungsübersicht der gesamten Kaufaktivitäten, der Gesamtbetrag wird danach vom Konto abgebucht. Eine Alternative für eine begrenzte Nutzung bei voller Kostenkontrolle stellt die Prepaid-Kreditkarte dar, mit der man nur über einen begrenzten Rahmen des Kartenguthabens verfügen kann, aber sonst alle Vorteile normaler Kreditkarten nutzt.

Vorteile der Kreditkarte: Sie ist weltweit einsetzbar, sie ermöglicht dem Kartenbesitzer hohe Flexibilität, sie gewährt einen kurzfristigen günstigen Kredit mit recht hohem Verfügungsrahmen, viele Einkäufe und Buchungen im Onlinegeschäft sind nur hiermit möglich, bei kurzem Auslandsaufenthalt muss kein Geld in der Landeswährung getauscht werden.

Nachteile der Kreditkarte: Es ist in der Regel eine Jahresgebühr für die Karte fällig, Gebühren für Transaktionen müssen vom Verkäufer und im Ausland auch anteilig vom Kartenbesitzer getragen werden, Kartenbesitzer können zu verstärktem Umsatz animiert werden, Haushalten mit geringem Einkommen wird meist keine Kreditkarte ausgestellt.

Tipp

Erkundigen Sie sich vor Ort oder auf der Homepage der Geldinstitute in Ihrer Region, welche Gebühren für Kontoführung, Zahlungsvorgänge, girocards und Kreditkarten verlangt werden.

3.5 Störungen bei der Vertragserfüllung

Die Mitarbeiter der Linnea GmbH haben in letzter Zeit häufiger mit mangelhaften Lieferungen eines Lieferers zu tun, weil die bestellten Keramikartikel nicht immer die Qualität aufweisen, die der Händler auf der IPM versprochen hatte. Dorothea Pohl erläutert den drei Auszubildenden in einer Nachmittagsschulung, wie man sich bei Mängeln zu verhalten hat und welche Rechte und Pflichten Käufer und Verkäufer generell bei Mängeln haben.

3.5.1 Mangelhafte Lieferung (Schlechtleistung)

Störungen in der Erfüllung des Kaufvertrages treten auf, wenn einer der Vertragspartner, Verkäufer oder Käufer, seinen Pflichten nicht nachkommt. Durch den Abschluss des Kaufvertrages hat sich der Verkäufer verpflichtet, dem Käufer das Eigentum an einer Sache **frei von Sach- und Rechtsmängeln** zu verschaffen (Gewährleistungspflicht).

Eine mangelhafte Lieferung tritt ein, wenn der Verkäufer die Ware mit Sach- oder Rechtsmängeln liefert.
Ein Sachmangel liegt vor, wenn die Sache zum Zeitpunkt der Übergabe mit Fehlern behaftet ist.
Ein Rechtsmangel liegt vor, wenn Dritte an der gelieferten Sache Rechte gegen den Käufer geltend machen können.

Erfüllt also der Verkäufer seinen Vertrag nicht ordnungsgemäß, liegt eine **Schlechtleistung** vor. Im Floristik-Fachgeschäft können folgende Sachmängel auftreten:

- **Beschaffenheitsmängel** (Qualitätsmängel)**:** Ware ist fehlerhaft oder entspricht nicht der Werbeaussage. Beispiele: Einige Vasen haben einen Glasurfehler, sie nässen bei Gebrauch langsam durch und ein Posten Azaleen hat kaum Blütenknospen.
- **Falschlieferung** (Mängel in der Art): Es wird eine andere Sache geliefert. Beispiel: Statt einem Posten weißer Steingutgefäße werden gelbe geliefert.
- **Minderlieferung** (Mängel in der Menge bzw. Quantität): Es wird eine zu geringe oder zu große Menge geliefert. Beispiel: Statt 5 Sack Blumenerde TKS 1 werden 5 Paletten geliefert, statt 10 Kartons Steckmasse werden nur 9 geliefert.
- **Montagemängel:** bei einer unsachgemäß durchgeführten Montage. Beispiel: Das Internet der Linnea GmbH funktioniert nicht mehr korrekt, nachdem ein Mitarbeiter der Bürokommunikationsfirma einen Computeraustausch durchgeführt hat.

Nach der Erkennbarkeit lassen sich die Mängel unterscheiden in:

- **offene Mängel**, die beim Auspacken und bei der Überprüfung sofort feststellbar sind. Beispiel: Zerbrochene Gefäße, verdorbene Ware.
- **versteckte Mängel**, diese sind bei der Überprüfung der Ware nicht erkennbar. Beispiele: Undichtigkeiten bei Gefäßen, falsche Pflanzen-Sorte, die eine andere Blütenfarbe hat.
- **arglistig verschwiegene Mängel**, dies sind meist versteckte Mängel, die der Verkäufer bewusst verschweigt.
  Beispiel: Ein Gebrauchtwagen, der als unfallfrei angeboten wird, hat schon mehrere größere Schäden aufzuweisen.

Pflichten des Käufers

Ein Käufer kann sich nur auf seine Rechte berufen, wenn er vorher bestimmte Pflichten beachtet hat. Dazu gehört die

- **Prüfungspflicht**; das bedeutet, dass bei einem zweiseitigen Handelskauf (beide Vertragspartner sind Kaufleute) der Wareneingang **unverzüglich** auf Güte, Menge und Art zu prüfen ist. Unverzüglich bedeutet, ohne schuldhaftes Zögern. Es lässt innerhalb eines Floristik-Fachgeschäftes aber ausreichend zeitlichen Spielraum und bedeutet nicht, dass im Beisein des Paketdienstfahrers alle Kartons ausgepackt werden müssen.

- **Rügepflicht**; offene Mängel sind unverzüglich nach der Prüfung zu rügen, versteckte Mängel unverzüglich nach der Entdeckung, jedoch innerhalb der Gewährleistungsfrist. Die Verjährungsfristen (siehe Bild 1) sind zu beachten.
- **Aufbewahrungspflicht**; die mangelhafte Ware muss bis zu einer Entscheidung des Verkäufers zu dessen Lasten aufbewahrt oder eingelagert werden. Ist die Ware dem Verderb ausgesetzt oder Gefahr in Verzug, kann sie der Käufer öffentlich versteigern lassen.

Rechte des Käufers

Ein Käufer kann bei einer mangelhaften Lieferung seine Rechte in zwei Schritten geltend machen. Im ersten Schritt kann er eine Nachbesserung oder Ersatzlieferung verlangen. Der Verkäufer darf diese Nacherfüllung aber verweigern, wenn sie unverhältnismäßige Kosten verursacht. Ist dies gescheitert, kann der Käufer weitere Schritte einleiten.

Er kann

- **Minderung des Preises** verlangen (Preisnachlass),
- **vom Vertrag zurücktreten** (Wandlung) und
- **Schadenersatz fordern** zur Erstattung etwaiger Kosten oder wenn ein direkter Schaden durch den Mangel entstanden ist.

Wenn der Käufer vor dem Kauf die Mängel kannte oder darauf hingewiesen wurde, liegt keine mangelhafte Lieferung vor.

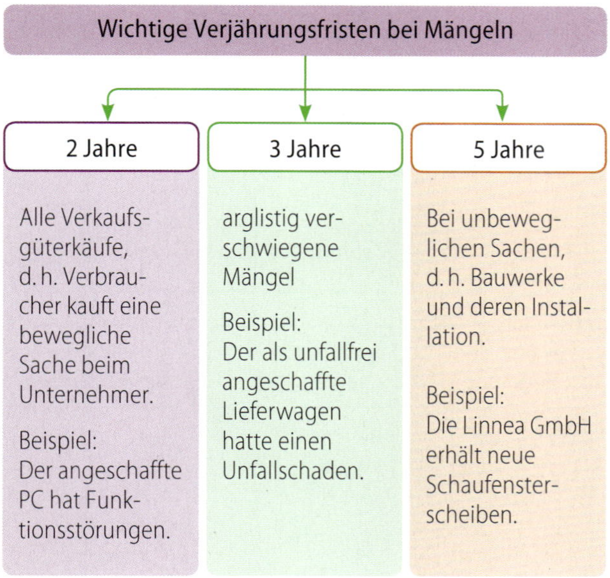

Bild 1 Verjährung von Mängelansprüchen

Gewährleistungspflicht und Garantie

Die **Gewährleistung** oder Mängelhaftung ist gesetzlich auf 24 Monate festgeschrieben, nach erfolgloser Nachbesserung beginnt die zweijährige Gewährleistungsfrist neu. Tritt der Mangel in den ersten sechs Monaten nach Übergabe auf, so wird unterstellt, dass der Mangel schon von Beginn an bestanden hat; danach liegt die Beweislast beim Kunden, der nun beweisen muss, dass der Mangel schon von Beginn an bestand (siehe Warenwirtschaft 2.5.2).

Garantie ist keine Gewährleistung, sondern eine freiwillig vereinbarte Verpflichtung des Anbieters. Sie sichert eine unbedingte Schadensersatzleistung zu, während Gewährleistung nur eine zeitlich befristete Nachbesserungspflicht für Mängel bedeutet, die zum Zeitpunkt des Verkaufs bereits bestand.

3.5.2 Lieferungsverzug

Der Kaufvertrag verpflichtet den Lieferanten, rechtzeitig zu liefern.

> Der **Lieferungsverzug** tritt ein, wenn der Verkäufer trotz Mahnung schuldhaft nicht oder nicht rechtzeitig liefert und die Leistung noch möglich ist.

Für den Lieferungsverzug ergeben sich bestimmte Voraussetzungen:

- **Nichtlieferung trotz Fälligkeit:** Wird im Vertrag kein Liefertermin vereinbart, dann ist die Lieferung so zu bewirken, wie es „Treu und Glauben erfordern“, also mit angemessener Bearbeitungszeit.
- **Mahnung:** Die Mahnung ist nötig, wenn die Lieferung kalendermäßig nicht bestimmt war. Geht aus dem Vertrag ein genauer Liefertermin hervor, ist eine Mahnung nicht erforderlich.
- **Verantwortlichkeit des Schuldners:** Der Lieferer handelt in seinem Verantwortungsbereich schuldhaft, wenn er vorsätzlich oder fahrlässig nicht rechtzeitig liefert. Er kommt nicht in Verzug, wenn er die verspätete Lieferung „nicht zu vertreten hat“, z. B. wenn die Lagerhalle des Lieferers abgebrannt ist oder die Ware beim Transport unfallbedingt stark beschädigt wird.

Rechte des Käufers

Bei nicht rechtzeitiger Lieferung kann der Käufer wahlweise folgende Rechte geltend machen:

- **Erfüllung des Vertrages:** Er kann also weiterhin die Lieferung verlangen, insbesondere dann, wenn es keine alternativen Anbieter gibt.
- **Erfüllung und Schadenersatz:** Er verlangt weiterhin die Lieferung, lässt sich aber zusätzlich den durch den Lieferungsverzug erfolgten Schaden ersetzen.
- **Rücktritt vom Vertrag** und/oder
- **Schadenersatz statt der Leistung:** Die beiden letzten Punkte können einzeln oder zusammen geltend gemacht werden, Voraussetzung ist, dass er dem Verkäufer eine angemessene Nachfrist setzt. Nicht erforderlich ist sie, wenn eine spätere Lieferung nicht mehr den gewünschten Erfolg bringen würde, z. B. bei einem Brautschmuck, wenn die Hochzeit bereits erfolgte.

3.5.3 Annahmeverzug

Zum **Annahmeverzug** kommt es, wenn der Käufer die bestellte Ware nicht oder nicht rechtzeitig annimmt.

Voraussetzungen des Annahmeverzugs sind
- die Ware (Leistung) muss fällig sein,
- die Ware (Leistung) muss tatsächlich angeboten werden.

Rechte des Verkäufers

Bei nicht angenommener Ware kann der Verkäufer
- die Ware in Verwahrung nehmen und auf Abnahme klagen,
- sich von der Leistungspflicht befreien,
- die Ware versteigern lassen, den Erlös behalten und später mit der Forderung an den Kunden verrechnen (Selbsthilfeverkauf),
- etwaige Mehrkosten vom Käufer verlangen,
- Schadenersatz wegen Nichterfüllung verlangen.

Weist der Käufer bei Übergabe einer Ware wegen eines entdeckten Mangels diese Ware zurück, ist das korrekt und führt nicht zum Annahmeverzug.

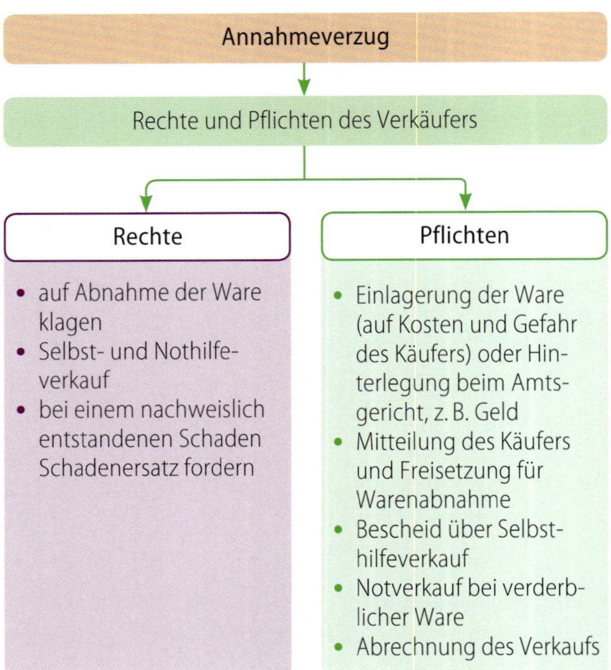

Bild 1 Annahmeverzug

3.5.4 Zahlungsverzug

Der Kaufvertrag verpflichtet den Käufer, den Kaufpreis fristgerecht zu zahlen.

Der **Zahlungsverzug** tritt ein, wenn der Käufer den vereinbarten Kaufpreis nicht oder nicht rechtzeitig zahlt, d. h. die Zahlung muss fällig sein.

Voraussetzungen des Zahlungsverzugs sind
- **Nichtzahlung trotz Fälligkeit:** Ist im Kaufvertrag kein Fälligkeitstermin vereinbart, dann ist die Zahlung so zu bewirken, wie es „Treu und Glauben erfordern", in der Regel innerhalb von 30 Tagen.
- **Mahnung:** Die Mahnung ist die Aufforderung, die Rechnung zu bezahlen. Es ist keine bestimmte Form vorgeschrieben. Die Mahnung ist nicht erforderlich, wenn der Zahlungstermin kalendermäßig bestimmbar ist, z. B. „zahlbar innerhalb 14 Tagen" oder „zahlbar bis spätestens 20. Februar". Der Schuldner kommt automatisch 30 Tage nach Zugang der Rechnung in Verzug, sofern auf der Rechnung kein Zahlungstermin bestimmt wurde.
- **Verantwortlichkeit des Schuldners:** Der Schuldner kommt nicht in Verzug, wenn er die verspätete Zahlung nicht zu verantworten hat, z. B. durch einen schweren Unfall konnte er nicht zahlen, weil er im Krankenhaus liegt.

Rechte des Gläubigers

Bei Zahlungsverzug des Schuldners kann der Gläubiger
- **Erfüllung des Vertrages** verlangen, d. h. er erwartet weiterhin die Bezahlung der Ware oder Dienstleistung, insbesondere bei Maßanfertigungen oder Einzelarbeiten,
- **Erfüllung und Schadenersatz** verlangen wegen Verzögerung, der Schadenersatz wird dann als Verzugszinsen berechnet,
- **Rücktritt vom Vertrag** und /oder
- **Schadenersatz wegen Nichterfüllung** verlangen, dazu gehören die Rücknahmekosten und die Verzugszinsen. Die beiden letzten Punkte können einzeln oder zusammen geltend gemacht werden, Voraussetzung ist, dass er dem Schuldner eine angemessene Nachfrist setzt.

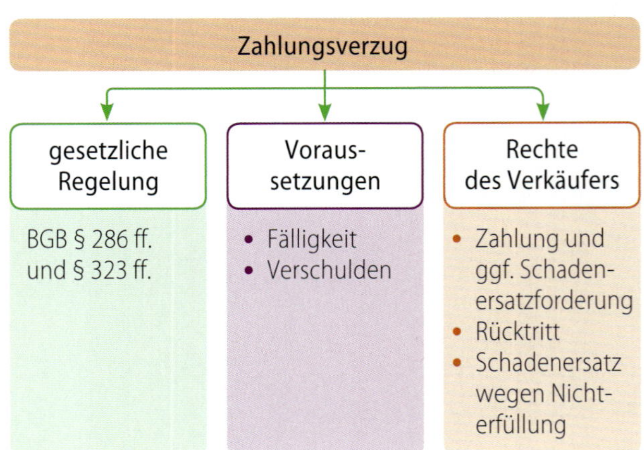

Bild 2 Zahlungsverzug

Der Verzugszinssatz für eine Geldschuld darf fünf Prozentpunkte über dem für das betroffene Jahr aufgerufenen Basiszinssatz liegen. Handelt es sich um ein Rechtsgeschäft, an dem kein Verbraucher beteiligt ist, also ein Handelsgeschäft, darf der Zinssatz sogar neun Punkte über dem Basiszinssatz liegen (BGB § 288).

3.5.5 Mahnverfahren

Jeder Florist muss auf pünktliche Zahlung seiner Forderungen achten, denn verspätete oder nicht eingehende Zahlungen aufgrund von Zahlungsverzug können finanziell folgende Konsequenzen haben:

- Geringere finanzielle Mittel können geplante Investitionen verzögern,
- Überziehung des Firmenkontos führt zu stärkerer Zinsbelastung,
- die Skontonutzung ist durch geringere Liquidität erschwert,
- die Gefahr der Verjährung einer Forderung steigt.

Um diesen Konsequenzen aus dem Weg zu gehen, sollten säumige Kunden auf die Fälligkeit ihrer offenen Rechnung hingewiesen werden. Bei fortschreitendem Zahlungsverzug können vom Gläubiger gesetzliche Ansprüche geltend gemacht werden.

Meistens nimmt der Gläubiger nicht sofort die Gerichte in Anspruch (**gerichtliches Mahnverfahren**), sondern mahnt den Schuldner selbst an (**außergerichtliches Mahnverfahren**). Sind die Voraussetzungen eines Zahlungsverzuges gegeben, ist eigentlich nach der Zahlungserinnerung eine weitere Mahnung an den Kunden gesetzlich nicht erforderlich. Aber es liegt im Ermessen des Gläubigers, ob er noch einmal oder mehrmals auf den offenen Rechnungsbetrag hinweist bzw. auf ein gerichtliches Mahnverfahren hinweist.

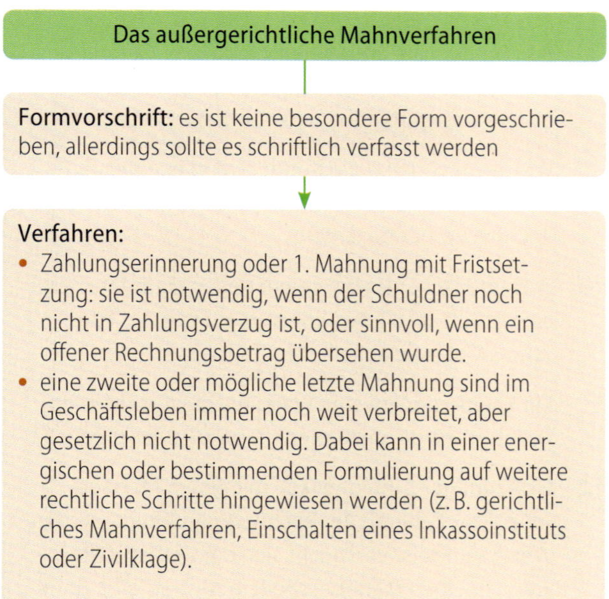

Bild 1 Außergerichtliches Mahnverfahren

Hat der Gläubiger keinen Erfolg, sollte er das gerichtliche Mahnverfahren einleiten. Dazu kann im Internet ein Mahnbescheid heruntergeladen, ausgefüllt und online bzw. per Post versandt werden. Das zuständige Amtsgericht (Streitwert bis 5 000 €) bzw. das Landgericht im Bezirk des Wohnsitzes des Schuldners stellt den Mahnbescheid dem Schuldner ohne Prüfung zu. Dann hat dieser die Möglichkeit, auf den Mahnbescheid zu reagieren. Er kann dann zahlen, Widerspruch einlegen oder gar nichts tun. Durch das eingeleitete Zwangsvollstreckungsverfahren kann ein Gerichtsvollzieher dann Pfändungsmaßnahmen durchführen.

Vorteile des gerichtlichen Mahnverfahrens

- Der Gläubiger kann nach relativ kurzer Zeit einen Vollstreckungstitel erhalten, sofern es keinen Wider-/Einspruch gibt.
- Die Gerichtskosten sind um ein Vielfaches geringer als bei einer Zivilklage.
- Ein Rechtsanwaltsbeistand ist nicht notwendig, aber hilfreich.
- Durch angepasste Formulare und das automatisierte Verfahren ist der Zeit- und Bearbeitungsaufwand relativ gering.

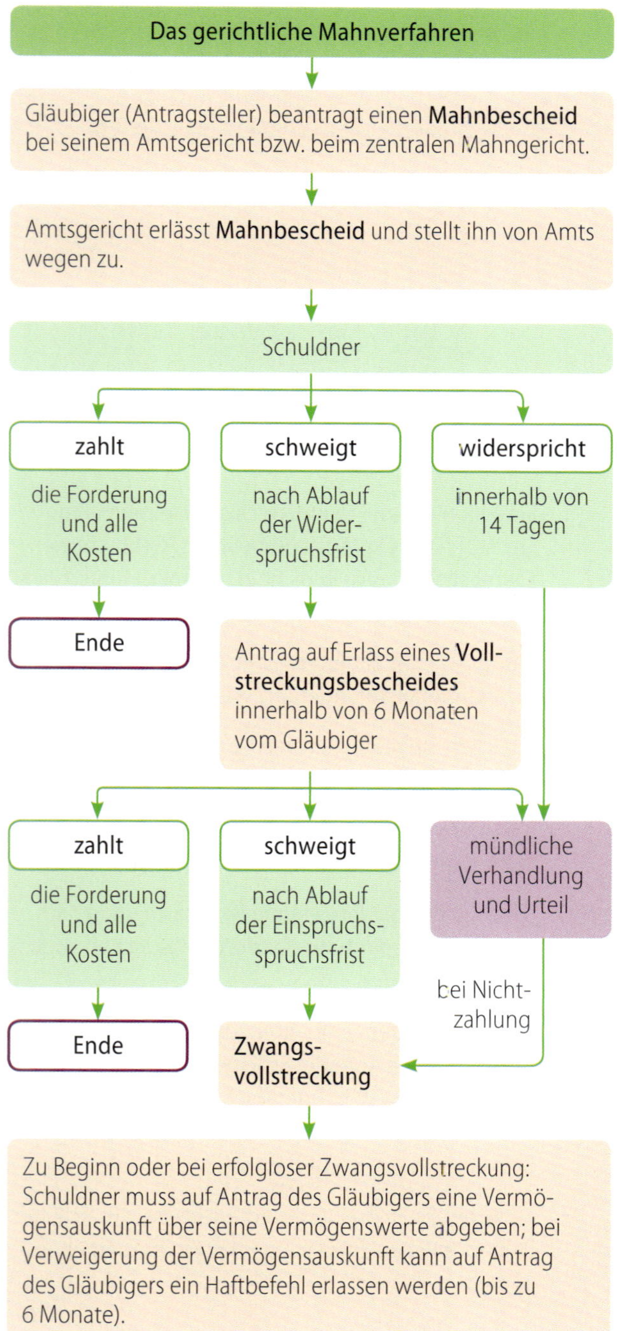

Bild 2 Gerichtliches Mahnverfahren

3.5.6 Verjährung

Ein Kunde der Linnea GmbH hat einen beauftragten Kranz nicht bezahlt. Nach zweimaliger Mahnung ist der Fall durch einen Fehler im Büro nicht weiterverfolgt worden. Wie lange hat nun Marc Schmidt noch Zeit, bis die Forderung verjährt?

> Unter **Verjährung** wird der Ablauf einer gerichtlich festgelegten Frist verstanden, innerhalb derer ein Anspruch noch gerichtlich durchgesetzt werden kann.

Ein Anspruch ist das Recht, ein Tun oder Unterlassen zu verlangen. Der Anspruch bleibt zwar weiterhin bestehen, aber mit der Verjährung des Anspruchs erwirbt der Schuldner die „Einrede der Verjährung", also das Leistungsverweigerungsrecht.

Beginn der Verjährung

Die regelmäßige Verjährung beginnt am Ende des Jahres, in dem der Anspruch entstanden ist; für einen am 2. Januar bestellten Kranz, der nicht bezahlt wird, beginnt die Verjährung trotzdem erst am 31. Dezember des gleichen Jahres.

Dauer der Verjährung

Die **regelmäßige Verjährung** beträgt **3 Jahre** und gilt für alle Forderungen der Privatleute und Gewerbetreibenden. Gewährleistungsansprüche verjähren nach 2 Jahren. Ansprüche auf bestimmte Rechte an einem Grundstück verjähren in **10 Jahren**. Gewährleistungsansprüche beim Kauf eines Hauses in 5 Jahren. Familien- und erbrechtliche Ansprüche sowie Ansprüche aus vollstreckbaren Urkunden sowie vollstreckbaren Ansprüche aus Insolvenzverfahren verjähren erst nach **30 Jahren**. Verkürzte Verjährungsfristen gelten für Mängelrügen aus Kauf- und Werkverträgen. Stichtag ist immer der 31. Dezember, unabhängig davon, an welchem Tag der Anspruch entstanden ist.

Hemmung der Verjährung bzw. Neubeginn

Bei einer Hemmung wird die Verjährungsfrist um die Zeitspanne der Hemmung verlängert. Die Verjährung kann gehemmt werden

- bei **Verhandlungen** zwischen Schuldner und Gläubiger bezüglich des berechtigten Anspruchs,
- durch **Rechtsverfolgung** wie z. B. durch Erhebung einer Klage, durch Zustellung eines Mahnbescheids oder durch Anmeldung des Anspruchs im Insolvenzverfahren.

Wenn der Schuldner durch eine Abschlags- oder Zinszahlung seine Schuld anerkennt, beginnt die Verjährung erneut.

Aufgaben

1. Sie sollen einem Freund, der sich zu einem längeren Aufenthalt im Ausland befindet, Geld schicken. Sie möchten das Geld nicht in einen Briefumschlag legen. Was können Sie tun?
2. Warum sollten Zahlungen mit Zahlschein nur im Ausnahmefall durchgeführt werden?
3. Erläutern Sie mind. je einen Vor- und Nachteil, den das „Lastschriftverfahren" mit sich bringt.
4. Bei Überweisung und Lastschrift wird immer vom SEPA-Raum gesprochen, was ist damit gemeint?
5. Untersuchen Sie Ihre eigene Bankkarte und erläutern Sie die Bedeutung der dort befindlichen Logos.
6. Ein Unternehmer möchte für den Kassenbereich ein Kartenlesesystem einrichten, damit Kunden mit girocards bezahlen können. Er schwankt zwischen einem PIN-Eingabe-System oder dem ELV-Verfahren. Welche Überlegungen sollte er dabei in Betracht ziehen? Geben Sie vier Argumente an!
7. Erläutern Sie je drei Vor- und Nachteile, die sich aus dem möglichen Einsatz einer Kreditkarte ergeben können.
8. Beschreiben Sie drei unterschiedliche Mängelarten, die in einem Floristik-Fachgeschäft gegenüber Lieferanten gerügt werden könnten.
9. Welche Rechte hat ein Kunde, wenn er eine mangelhafte Ware erhalten hat? Welche Pflichten muss er dabei vorher beachten?
10. Was unterscheidet bei einem neuen Lieferfahrzeug eine gesetzliche Gewährleistung und eine „Fünf-Jahres-Garantie auf alles"?
11. Ein Käufer möchte eine Ware, die nicht rechtzeitig geliefert wurde, nicht mehr haben. Ist das möglich?
12. Ein säumiger Schuldner soll mit einem Mahnbescheid zur Zahlung der Rechnung gedrängt werden. Welche Vorteile verspricht sich der Betriebsleiter, wenn er einen Mahnbescheid in Auftrag gibt, ohne dass er seinen Rechtsanwalt davon in Kenntnis setzt?
13. Die Rechnung eines Kunden über einen bestellten und gelieferten Kranz war vor genau einem halben Jahr fällig. Geben Sie das genaue Datum an, wann die Forderung verjährt. Was könnte die Verjährung hemmen?

Teil 2
Warenwirtschaft

1 Waren einkaufen, annehmen, lagern und kalkulieren

Anna Köhler wird in den nächsten acht Wochen im Verkaufsbereich eingesetzt. Bisher hat sie vorwiegend den Kollegen in der Werkstatt geholfen und Informationen über Werkstoffe, Pflanzen und Stilelemente erhalten. Jetzt muss Anna erst einmal Grundlagen über Warenbeschaffung, Lagerung und Warenkalkulation bekommen, deshalb hat Frau Pohl sie nun in ihrer Abteilung. „Woher weiß man eigentlich, was wir hier so jeden Tag an Waren benötigen?", stellt sie Frau Pohl schon am ersten Nachmittag die entscheidende Frage.

1.1 Bedarfsermittlung und Warenbeschaffung

Es gibt ein altes kaufmännisches Sprichwort, das lautet:

> Im Einkauf liegt der halbe Erfolg!

Kann die benötigte Ware günstig eingekauft werden, hat der Florist entweder einen Preisvorteil gegenüber seinen Mitbewerbern oder sein Gewinn erhöht sich. Was in welcher Menge und Qualität eingekauft wird, hängt von den Wünschen und Nachfragen der Kunden ab. Das heißt, die Warenbeschaffung ist vom Bedarf der Abnehmer, aber auch vom kaufmännischen Gespür des Unternehmers abhängig.

Für eine gute Einkaufsplanung und der damit einhergehenden optimalen Warenbeschaffung sollten folgende Fragen geklärt sein:

- Was soll gekauft werden (Sortimentsplanung)?
- Welche Menge wird gebraucht (Mengenplanung)?
- Wie teuer darf oder soll die Ware im Verkauf angeboten werden (Preisplanung)?
- Wann wird die Ware gebraucht (Zeitplanung)?

1.1.1 Sortiment und Einkaufsplanung

Ein Unternehmer, der dem Kunden zur richtigen Zeit die richtige Ware preisgerecht anbieten kann, beweist ein gutes Gespür dafür, wie sein Sortiment zusammengesetzt sein sollte und was der Betrieb – in Kenntnis von Kundenstruktur und Kundenwünschen – im täglichen Wettbewerb anbieten kann.

Die Frage nach dem richtigen Sortiment und die Überlegung nach der Sortimentsbreite und der Sortimentstiefe eines Floristik-Fachgeschäftes orientiert sich dabei insbesondere an den so genannten **Standortfaktoren**: Es schließt die Betriebsgröße und die Lagermöglichkeiten, die Größe und Qualität der Belegschaft, die Mitbewerbersituation und die Ausrichtung des Betriebes mit überwiegend großer Zahl an Laufkundschaft oder mehr Stammkundschaft ein.

Ein Fachgeschäft mit einer großen Sortimentsbreite garantiert genauso wenig einen guten wirtschaftlichen Erfolg wie ein Fachgeschäft mit einer starken Sortimentstiefe für bestimmte Warengruppen. Letztendlich muss der Unternehmer dem Kunden das anbieten können, was dieser erwartet, wenn er seinen Laden betritt, und das in einer angemessenen Qualität. Dazu sollte er Anregungen seiner Kunden bezüglich des Sortimentes genauso ernst nehmen wie die regelmäßig durchzuführenden Sortimentsanalysen, in denen alle Warengruppen erfasst und nach Umsatz zugeordnet werden. Erst dann wird deutlich, mit welchen Sortimentsbereichen wie viel Umsatz erzielt wird und wo gegebenenfalls noch Sortimentslücken bzw. -erweiterungen zu erwarten sind.

Die Einkaufsplanung setzt ein großes Maß an Erfahrung voraus. Ladenhüter sind in einem Fachgeschäft genauso wenig gewünscht wie ein zu geringes Angebot an Waren, das beim Kunden das Gefühl auslösen könnte, nicht gut bedient worden zu sein. Zu berücksichtigen sind bei der Einkaufsplanung grundsätzlich die häufig begrenzte Lagerkapazität und die hohen Lagerkosten, die jeweilige Jahreszeit und das Wetter allgemein, die Verderblichkeit der Waren, insbesondere der Schnittblumen, das Kundenverhalten innerhalb der Woche bzw. vor bestimmten Feiertagen, die Auftragslage für regelmäßige Arbeitsaufträge und bestimmte Trends.

Die Einkaufsplanung sollte diese Einflussgrößen berücksichtigen, denn eine zu große Einkaufsmenge, die sich nicht verkaufen lässt, bedeutet gebundenes Kapital und Umsatzverluste. Hohe Flexibilität beim Einkauf mit kleineren Mengen und frühzeitige Verarbeitung können dieses Risiko minimieren.

1.1.2 Bezugsquellen zur Warenbeschaffung

Woher bekommt der Florist Informationen zu den Produkten oder Lieferanten? Welche Bezugsquellen kann er nutzen, damit bei der Auswahl des Warensortiments ökonomische und ökologische Ziele im Vordergrund stehen können? Ökonomische Aspekte betreffen den günstigen Einkauf der Waren zu einem angemessenen Preis-Leistungs-Verhältnis, ökologische Aspekte berücksichtigen insbesondere die Produktion der Ware, die Transportwege und die Verpackung.

Vor einigen Jahren haben sich unter dem FLP-Label Produzenten, Gewerkschaften, Menschenrechtsorganisationen und

Händler zusammengeschlossen, um eine zukunftsfähige Plattform für die Fortführung und Ausweitung ihrer Bemühungen um Nachhaltigkeit im Anbau und Handel von Blumen und Pflanzen zu schaffen. Schnittblumen mit diesem Label wurden aus umweltgerechter und menschenwürdiger Produktion angeboten und standen den Floristik-Fachgeschäften zur Verfügung. Leider ist das Flower Label Program nicht mehr aktiv. Einen ähnlichen Weg gehen Produzenten, die im Rahmen von FAIRTRADE-Standards und dem FAIRTRADE-Siegel bei der Produktion der Pflanzen bessere Lebens- und Arbeitsbedingungen von Produzenten und Beschäftigten erreichen wollen.

Bild 1 Logos von FLP und FAIRTRADE

Mit FAIRTRADE wird ein Handel bezeichnet, bei dem den Erzeugern der verkauften Produkte ein Mindestpreis bezahlt wird, sodass ihnen auch bei niedrigem Marktpreis ein verlässliches Einkommen gesichert wird.

Informationen zur Beschaffenheit und Qualität von Waren liefern auch staatlich geförderte Stellen wie Verbraucherzentralen, Fachverbände des Gartenbaus oder des Einzelhandels. Hinzu kommt der Informationsaustausch im Rahmen von Messen und Ausstellungen (z. B. IPM Essen, spoga+gafa Köln), auf Börsen und Großmärkten, bei Erzeuger- oder Absatzorganisationen, bei Importeuren, beim Großhandel durch den fahrenden Handel und Gärtnereien, durch die Beratung von Fachfirmen, durch Fachartikel in entsprechenden Fachzeitschriften, in Katalogen und Preislisten und natürlich durch das Internet.

Sind alle notwendigen Informationsquellen gefunden, empfiehlt es sich, diese in einer Bezugsquellendatei zu registrieren. Der Lieferant wird mit seinen Produkten erfasst. Die Waren werden nach Art, Güte und Qualität, außerdem nach Preis, Lieferungs- und Zahlungsbedingungen aufgelistet, Erfahrungen mit bestehenden Lieferanten werden angemerkt.

1.1.3 Mindest-, Melde- und Höchstbestand

Die Bedarfsermittlung zählt zu den wesentlichen Aufgaben im Bereich des Materialeinkaufs; sie beschäftigt sich mit der Planung der Materialmengen, die zukünftig für die Produktion von Werkstücken und für den Warenhandel benötigt werden. Der Bedarf orientiert sich dabei an den Lagerbeständen, die einerseits so groß sein müssen, dass ein wirtschaftlicher Ablauf der im Floristik-Fachgeschäft anfallenden Arbeiten jederzeit gewährleistet wird, andererseits sind zu große Lagerbestände zu vermeiden, sie verursachen als gebundenes Kapital Lagerkosten.

Erfahrungswerte und Aufzeichnungen der Mitarbeiter sowie Kennziffern einer computergestützten Lagerhaltung helfen, die mengen- und wertmäßig erfassten Lagerbestände zu überwachen. Da Eingänge und Entnahmen den Bestand an Waren laufend verändern, ist für wichtige Artikel der **Mindestbestand** zu ermitteln. Der Mindestbestand (= Reserve) ist der Bestand, der dauernd am Lager sein muss, um auch bei unvorhergesehenen Situationen die Produktions- und Lieferbereitschaft zu sichern.

Der **Meldebestand** ist der Lagerbestand, bei dem das Auffüllen des Lagers durch Meldung zu veranlassen ist. Er bestimmt also den Bestellzeitpunkt. Der Meldebestand liegt immer über dem Mindestbestand, damit dieser bis zum Eintreffen der Güter nicht unterschritten wird. Der Meldebestand ist abhängig von

- den täglichen Produktions- bzw. Fertigungsmengen,
- den Verpackungs- oder Liefereinheiten,
- der Lieferzeit,
- dem betrieblichen Bestelldurchlauf.

Der **Höchstbestand** wird immer nach dem Eintreffen der bestellten Gütermengen erreicht und hängt von der Bestellmenge ab (Einkaufs-Soll).

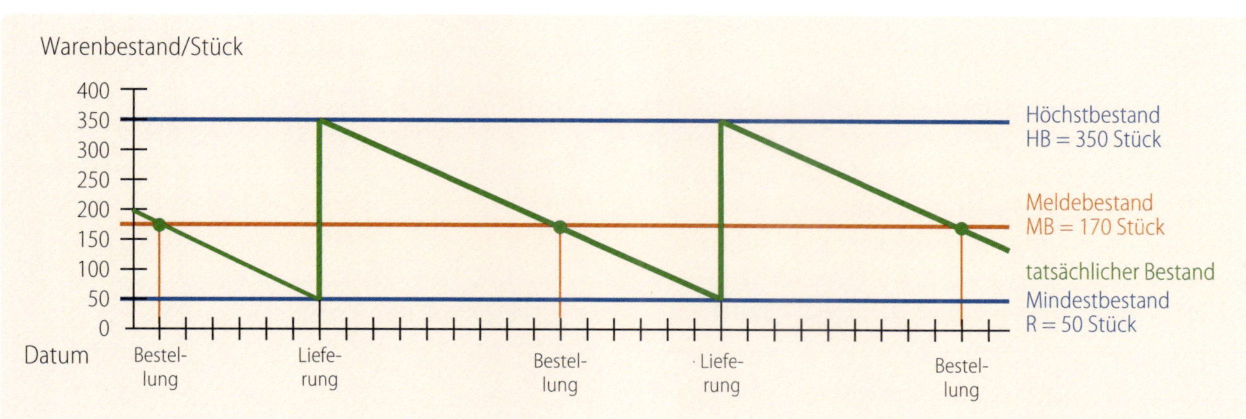

Bild 2 Zusammenspiel zwischen Mindest-, Melde- und Höchstbestand

1. Beispiel:
Der Mindestbestand (R) an Steckmasse beträgt in einem Floristik-Fachgeschäft 50 Stück, der tägliche Bedarf sind (A = 20 Stück), die Lieferzeit beträgt T = 6 Tage, dann ist der Meldebestand (MB):

MB = (A · T) + R = (20 · 6) + 50 = 170 Stück.

Die Abbildung (Bild 2, S. 63) zeigt bei einem Einkaufssoll von 300 Stück den jeweiligen Bestand und Zeitpunkt der Bestellung unter der Voraussetzung, dass der Gütereinsatz regelmäßig erfolgt und der Liefertermin eingehalten wird.

2. Beispiel:
Durch Änderungen von Lieferzeit und Bestellmenge kann die Kapitalbindung verändert werden. Wie ändert sich der Meldebestand, wenn bei dem vorigen Beispiel die Lieferzeit von 6 auf 4 Tage und das Einkaufssoll auf 250 reduziert werden könnte?

(A = 20 Stück, T = 4 Tage, R = 50),
MB = (20 · 4) + 50 = 130 Stück, Höchstbestand: 300 Stück.

Nur wenn die Eingänge und Entnahmen mengenmäßig genau bestimmt werden, gibt es zwischen dem Soll- und dem Istbestand keine Differenz. Durch nicht erfasste Entnahmen oder durch Diebstahl entsteht eine Differenz (Saldo) zwischen dem Lager-Sollbestand und dem Lager-Istbestand.

1.1.4 Angebotsvergleich und Einstandspreis

Wenn für den Bezug von Betriebsmitteln oder Werkstoffen mehrere Bezugsquellen zur Auswahl stehen, kann man durch gezielte **Anfragen** die für die Kaufentscheidung wichtigen, aber noch fehlenden Informationen erfragen. Es ist ratsam, schon in der Anfrage seine Wünsche präzise zu formulieren, damit der Anbieter ein möglichst detailliertes Angebot machen kann.

Angebote von Anbietern sind in der Regel verbindlich, d. h. der Anbieter ist daran rechtlich gebunden (siehe auch Teil 1, Kap. 3.2.6). Nur durch Freizeichnungsklauseln kann er das Angebot einschränken. Neben den Lieferungs- und Zahlungsbedingungen interessieren natürlich besonders der Preis der Ware, Rabattmöglichkeiten und Zusatzkosten, um die tatsächlichen Kosten kalkulieren zu können. Jeder Kalkulation liegt im Einzelhandel dasselbe Schema zugrunde.

Zu Beginn der Preiskalkulation steht der **Listenpreis**, meist ein in der Liste aufgeführter Preis für ein Produkt, der sich durch Rabatt und/oder Skonto noch ändern kann. Wird vom Listenpreis der Rabatt abgezogen, wird vom **Zieleinkaufspreis** gesprochen, also der Preis, zu dem die Ware ohne Skontoabzug bezogen werden kann. Wird Skonto gewährt, der vom Zieleinkaufspreis noch abgezogen werden kann, ergibt sich der **Bareinkaufspreis**.

Listenpreis – Rabatt = **Zieleinkaufspreis**,
Zieleinkaufspreis – Skonto = **Bareinkaufspreis**

Durch das Beziehen der Ware ist diese aber noch nicht im Lager; daher fallen in der Regel noch Zoll-, Fracht- oder Transportkosten an, auch als Bezugskosten bezeichnet.

Bareinkaufspreis + Bezugskosten = **Bezugspreis**

Der **Bezugspreis** wird allgemein auch als **Einstandspreis** oder Beschaffungspreis bezeichnet.

Angebotsvergleich:
Die Linnea GmbH bereitet die Beet- und Balkonsaison vor und sendet an vier verschiedene Gartenbaubetriebe eine Anfrage über die Lieferung von Kap-Margeriten. Die insgesamt 500 Pflanzen sollen spätestens in der 15. Kalenderwoche (KW) geliefert werden. In einer Tabelle werden die verschiedenen Angebote, erhalten in der 8. KW, zusammengestellt:

Nr.	Listenpreis lt. Angebot	Rabattabzug	Zahlung mit/ohne Skonto	Bezugskosten	Lieferung Woche (KW)
A	0,80 €/Stück	ohne Abzug	3 % Skonto	50 € pauschal	frühestens in der 14. KW
B	95 Cent pro Stück	ohne Abzug	netto innerhalb 14 Tage	2 Cent pro Stück	6 Wochen nach Bestellung
C	Stückpreis: 1,10 €	5 % Rabatt	Vorkasse netto	frei Haus	frühestens ab 16./17. April
D	500 Stck. für 440 €	10 % Rabatt	3 % Skonto	100 € pauschal	innerhalb 30 Tagen

Alle Preise sind Nettopreise. Für welches Angebot entscheidet sich die Linnea GmbH unter Berücksichtigung der Menge von 500 Pflanzen, den Bezugskosten und bei sofortiger Bezahlung der Ware nach Erhalt (spätestens in der 15. Kalenderwoche)?

Nr.	Lösungen
A	0,85 €/St. · 500 St. = 425 € – 2 % + 50 € = 466,50 €
B	0,95 €/St. · 500 St. = 475 € + 10 € = 485 €
C	zu späte Lieferung
D	440 € – 10 % = 396 € – 3 % = 384,12 € + 100 € = 484,12 €

1.1.5 Warenbestellung

Linnea GmbH

Linnea GmbH • Schillerstr. 24 • 28195 Bremen

Großhandel für Floristik
Maier KG
Hastedter Heerstraße 137
28207 Bremen

Ihr Zeichen, Ihre Nachricht vom	Unser Zeichen, unsere Nachricht vom	Telefon, Name	Datum
	Kr/Sch	0421 66067, Frau Schmidt	12.02.20…

Bestellung

Sehr geehrte Damen und Herren,

für unsere Ausstellung auf der diesjährigen Blumenschau in der 13. Kalenderwoche möchten wir folgende Artikel aus Ihrem neuesten Katalog bestellen:

Artikel-Nr.	Artikelbezeichnung	Bestellmenge
65810	Nass-Steckschaum Zylinder	10 Kartons
58342	Nass-Steckschaum Ziegel	10 Kartons
20102	Zylindervase, creme	20 Stück
15032	Blumentopf, mini	30 Stück
81893	Stumpenkerze, rot	48 Stück
92886	Stumpenkerze, creme	24 Stück
28865	Organzaband, creme	5 Rollen

Teilen Sie uns Ihre Liefer- und Zahlungsbedingungen bitte bis zum 7. März 20… mit.
Ab wann können Sie eine Lieferung garantieren?

Vielen Dank im Voraus.

Mit freundlichen Grüßen

Linnea GmbH

Schmidt
Sophia Schmidt

Bild 1 Die Bestellung

Eine Bestellung kann sich auf ein vorher erhaltenes Angebot beziehen, dann wird es durch die Bestellung rechtswirksam und ein rechtsgültiger Kaufvertrag kommt zustande. Eine andere Möglichkeit ist, aufgrund einer bereits bestehenden Geschäftsverbindung, aufgrund eines Katalogangebotes oder eines Internetangebotes eine Bestellung schriftlich an einen Lieferanten zu senden. Dann muss der Lieferant auf diese Bestellung noch einmal reagieren und durch eine Bestellungsannahme den Vertrag rechtsgültig abschließen.

Aufbau einer Bestellung:

Die Anschrift wird im Anschriftenfeld und auf Briefhüllen in gleicher Anordnung geschrieben. Satzzeichen innerhalb einer Anschriftenzeile werden gesetzt, allerdings nicht am Zeilenende. Ortsnamen werden nicht hervorgehoben. Es gibt keine Leerzeile zwischen Ort und Straße.

Bezugszeichen, Name des Briefverfassers mit Kürzel, Durchwahlmöglichkeiten und Datum der Ausfertigung werden in einer Bezugszeichenzeile geschrieben.

Der Betreff ist eine kurze Beschreibung des Briefinhalts und wird ohne das Kürzel „betr." unter die Bezugszeichenzeile gesetzt.

Die Anrede ist an eine Person oder allgemein gehalten und endet i. d. R. mit Komma.

Gruß, Unterschrift und Anlagenvermerk werden jeweils durch Leerzeilen getrennt.

Aufgaben

1. Welche Fragen sollten im Floristik-Fachgeschäft vor dem Wareneinkauf unbedingt geklärt werden? Formulieren Sie die wichtigsten vier Fragen.
2. Nennen Sie sechs verschiedene Informationsquellen, die Floristen für den Wareneinkauf nutzen können.
3. Welche Besonderheit bieten Produktionsbetriebe, bei denen Waren mit dem FLP-Label oder FAIRTRADE-Label angeboten werden?
4. Welche Bezugsquellen nutzt Ihr Ausbildungsbetrieb beim Wareneinkauf? Informieren Sie sich bei Ihrem Ausbilder oder Betriebsleiter.
5. Beschreiben Sie mithilfe eines Beispiels die Begriffe Mindest-, Melde- und Höchstbestand.
6. Welche Wareninformationen müssen in einem verbindlichen Angebot mindestens enthalten sein?
7. Wie setzt sich bei der Bezugskalkulation der Einstandspreis zusammen?

1.2 Warenannahme und Lagerung

Laut Ausbildungsplan gehört zu den zu vermittelnden Fertigkeiten und Kenntnissen von Christine Stein im zweiten Ausbildungsjahr der Abschnitt: Warenannahme, Lagerung und Bestandsüberwachung. „Wie verhalte ich mich korrekt, wenn ein Kurierdienst Pakete anliefern will?" fragt Christine ihre Ausbilderin.

1.2.1 Warenannahme (rechtliche Vorschriften)

Die meisten Waren, die fernmündlich oder schriftlich bei Lieferern bestellt wurden, werden durch Kurierdienste oder Speditionen direkt in den Betrieb, da i. d. R. darauf ein Pfand erhoben wird, geliefert, d. h. während des Tagesgeschäftes kommt es immer wieder vor, dass ein Mitarbeiter oder ein Lagermitarbeiter bestellte Waren annehmen muss. Wichtig dabei ist, dass ein Kunde zu Ende bedient werden sollte und man dafür den Auslieferungsfahrer um Verständnis bittet. Bei der Anlieferung ist Folgendes im Beisein des Auslieferungsfahrers zu kontrollieren:

- Ist auf dem Paket (bzw. den Paketen) die richtige Lieferadresse vermerkt?
- Stimmt die Anzahl der Packstücke mit denen auf den Lieferpapieren vermerkten überein?
- Weisen die Paketstücke keine äußeren Beschädigungen auf?

Lassen sich diese Fragen alle bejahen, wird der Empfang der Ware für den Fahrer quittiert und die Ware unter Vorbehalt angenommen.

Warenannahme

Vergleich der Lieferpapiere mit Bestellpapieren; Wareneingang wird quittiert und „unter Vorbehalt" angenommen.

↓

Wareneingangskontrolle

Die Ware muss zeitnah kontrolliert werden, bestehende Mängel müssen dem Lieferanten unverzüglich gemeldet werden.

Bild 1 Warenannahme und Wareneingangskontrolle

Vor der Einlagerung der gelieferten Waren ist der Wareninhalt aus rechtlichen Gründen unverzüglich bzw. zeitnah zu überprüfen und auf offene Mängel hin zu sichten. Dabei ist zu untersuchen, ob die Warenlieferung

- in Art und Sorte korrekt geliefert wurde (keine Artmängel),
- in Bezug auf die Qualität mit dem Angebot übereinstimmt (keine Qualitätsmängel),
- in Bezug auf die Menge mit der Bestellung übereinstimmt (keine Quantitätsmängel),
- Beschädigungen oder Verschmutzungen aufweist (keine Beschaffenheitsmängel).

Außerdem ist auf die Art der Transportverpackung zu achten, denn Mehrwegverpackungen (z. B. Paletten) müssen gelagert, zurückgegeben oder bezahlt werden, da i. d. R. darauf ein Pfand erhoben wird, Einwegverpackungen sind umweltfreundlich zu entsorgen.

1.2.2 Warenbegleitpapiere

Wichtiges Hilfsmittel bei der Prüfung gelieferter Waren sind die Warenbegleitpapiere. Hierzu gehören mindestens der Lieferschein, zusätzlich meist der Frachtbrief bzw. die Zollpapiere, der Packschein und gegebenenfalls auch die Rechnung. Besondere Begleitpapiere sind für geschützte Arten aus gärtnerischen Kulturen notwendig. Der Lieferschein enthält folgende Angaben:

- Adresse des Empfängers,
- Absender der Warenlieferung,
- Datum der Ausstellung,
- Lieferscheinnummer,
- Art, Menge und Benennung der Ware.

Weitere Angaben müssen nicht angegeben werden, weil einem Lieferschein ein Kaufvertrag zugrunde liegt. Auf dem Lieferschein bestätigt der Empfänger einer Warensendung durch Unterschrift den mangelfreien Empfang.

Anhand einer Rechnung kann ebenfalls die Überprüfung der Warensendung vorgenommen werden. Damit die Rechnung als solche anerkannt wird, muss sie folgende Bestandteile haben:

- Name und Anschrift des Lieferers und des Empfängers,
- Ausstellungsdatum,
- Rechnungsnummer,
- Menge, Art und Bezeichnung der gelieferten Ware,
- Höhe des Rechnungsbetrages und den darauf entfallenden Umsatzsteuerbetrag,
- Steuernummer und Umsatzsteueridentifikationsnummer.

1.2.3 Mängelrüge nach einer Warenlieferung

Von einer Störung bei der Erfüllung des Kaufvertrages wird gesprochen, wenn die Warenlieferung Mängel aufweist. Dieses können Beschaffenheits- oder Montagemängel, Art-, Quantitäts- oder Qualitätsmängel sein. Sind bei der Warenannahme Mängel entdeckt worden, müssen diese Mängel nach § 377 HGB unverzüglich **gerügt** (= angezeigt) werden (s. S. 64 f.).

Form der Rüge

Die Mängelrüge bedarf grundsätzlich keiner Form, häufig wird aber in den AGB eine bestimmte Form (z. B. Schriftform) vorgeschrieben, die dann unbedingt einzuhalten ist. Inhaltlich ist lediglich erforderlich, die Art des Mangels bzw. der Mängel näher zu bezeichnen. Nicht notwendig ist, auf die Rechte des Käufers im Rahmen dieses Rügeverfahrens hinzuweisen.

Bei der Pflicht zur unverzüglichen Untersuchung und Mängelanzeige handelt es sich nicht um Pflichten im Rechtssinne, sondern um Obliegenheiten, deren Einhaltung dem Käufer freisteht. Unterlässt er jedoch die Mängelanzeige, so gilt die Ware als genehmigt und damit als vertragsgemäß. Dann verliert er seine Gewährleistungsansprüche und die damit im Zusammenhang stehenden möglichen Ansprüche wegen Schlechterfüllung.

Checkliste für eine schriftliche Mängelrüge:

In der folgenden Checkliste sind die wesentlichen Punkte aufgeführt, die Sie bei einer schriftlichen Mängelrüge beachten sollten:

- In der Bezugszeichen- bzw. in der Betreffzeile nehmen Sie Bezug auf die Lieferung mit Lieferdatum, Auftragsdatum und Auftragsnummer.
- Teilen Sie dem Lieferer mit, wann Sie die Ware erhalten und geprüft haben.
- Beschreiben Sie die entdeckten Mängel möglichst ausführlich.
- Machen Sie bei kritischen Fällen Fotos zur Beweissicherung.
- Sind durch die Mängel zusätzliche Schäden oder Kosten entstanden, dann weisen Sie unbedingt darauf hin.
- Machen Sie Vorschläge, wie Sie sich die Beseitigung der Mängel vorstellen (Umtausch, Reparatur, Preisminderung, Rücktritt vom Kauf bei erfolgloser Mängelbeseitigung).
- Informieren Sie den Lieferer, was Sie mit der mangelhaften Ware tun wollen (Einlagerung, Rücksendung, Bereitstellung zur Abholung).
- Legen Sie eine angemessene Frist für die Mängelbeseitigung fest.
- Bitten Sie um Stellungnahme des Lieferers.
- Bedanken Sie sich für die zügige Bearbeitung der Mängelrüge im Voraus.

1.2.4 Wareneingänge erfassen

Gewerbliche Unternehmer müssen den Wareneingang aufzeichnen. Darunter versteht man Unternehmer, die eine Gewinnerzielungsabsicht ausüben, also auch Floristen. Finanzbehörden wird dadurch ermöglicht, die Umsätze und das Unternehmensergebnis zu überprüfen. Buchführungspflichtige Unternehmer zeichnen den Wareneingang im Rahmen ihrer Buchführung auf, nichtbuchführungspflichtige Kleingewerbetreibende erfüllen diese Verpflichtung im Allgemeinen durch Führung eines Wareneingangsbuches.

Im Wareneingang sind alle zur Weiterveräußerung oder zum Verbrauch bestimmten Waren einschließlich der Roh-, Hilfs- und Betriebsstoffe aufzuzeichnen; und zwar auch dann, wenn diese Waren für betriebsfremde Zwecke – z. B. für den privaten Eigenbedarf – verwendet werden oder vor der Weiterveräußerung oder vor dem Verbrauch be- oder verarbeitet werden. Die Aufzeichnungen müssen folgende Mindestangaben enthalten:

- den Tag des Wareneingangs oder das Rechnungsdatum des Lieferanten,
- Name und Anschrift des Lieferanten,
- die handelsübliche Bezeichnung der Ware,
- den Preis der Ware,
- einen Hinweis auf den Beleg z. B. die Belegnummer.

Gemäß § 147 Abs. 3 AO müssen die Buchungsbelege 10 Jahre, alle anderen steuerlich relevanten Unterlagen 6 Jahre aufbewahrt werden. Es ist sinnvoll, mithilfe einer Lagerkartei oder einer EDV-unterstützten Artikelerfassung alle Wareneingänge und -ausgänge zu dokumentieren.

1.2.5 Grundregeln zur Warenlagerung

Die Art und Größe des Warenlagers ist abhängig von der Notwendigkeit betrieblicher Vorratshaltung. Reine Dienstleistungsunternehmen kommen teilweise ganz ohne Lagerhaltung aus. Die meisten Floristik-Fachgeschäfte sind kleine oder höchstens mittelständische Unternehmen, die Nebenräume, Boden- oder Kellerräume, aber auch Verkaufsräume als zusätzlichen Lagerplatz nutzen.

Aufgaben des Lagers

Trotz modernster Kommunikationstechnik und kurzzeitiger Warenlieferungsmöglichkeit („Just-in-time") kommt kein Waren verarbeitendes Unternehmen ohne Lagerhaltung aus. Lagerhaltung ist daher ein wesentlicher Faktor im betrieblichen Materialfluss. Die Lagerhaltung beschäftigt sich mit den Materialien und Werkstoffen von der Annahme bis zur Materialausgabe. Im Zusammenhang mit der Lagerhaltung lassen sich verschiedene **Funktionen** ableiten, die das Floristik-Fachgeschäft übernimmt:

- **Zeitüberbrückung**: Die Herstellung von Gütern und deren Verwendung stimmen häufig zeitlich nicht überein, das Fachgeschäft übernimmt die „Zeitüberbrückung", indem es die Güter lagert, auch als Lagerfunktion bezeichnet. Die ständige Vorratshaltung macht es möglich, dass der Bedarf der Kunden jederzeit gedeckt werden kann.
- **Raumüberbrückung:** Das Fachgeschäft übernimmt die Aufgabe des Herstellers, die Waren nach der Einlagerung an den Verbraucher abzusetzen und „überbrückt damit die räumliche Entfernung" zwischen dem Hersteller und dem Konsumenten.
- **Quantitätsfunktion:** Durch die Lagerhaltung werden Beschaffungsprobleme überbrückt, saisonale Schwankungen, Lieferschwierigkeiten oder Preisschwankungen abgefedert.

1
2
3

- **Reifung von Werkstoffen:** Werkstoffe werden gelagert, um sie zu trocknen oder reifen zu lassen.

Waren entsprechend ihrer Ansprüche lagern

Florale und nichtflorale Werkstoffe, Topf- und andere Pflanzen, Schnittblumen, Arbeitsmittel, Werkzeuge und Geräte sind im Floristik-Fachgeschäft fachgerecht zu lagern.

Lagerräume sollten in unmittelbarer Nähe zu den Arbeits- und Verkaufsräumen eingerichtet werden, damit sie schnell erreichbar sind. Je nach Werkstoff sind folgende Lagermöglichkeiten einzuplanen:

- im Trockenraum, möglichst dunkel, staubfrei und kühl: Bänder, Kerzen, Stoffe, Steckmasse, Keramik, Zwiebeln und Knollen, saisonbedingte Dekoartikel und Verpackungsmaterialien,
- im Kühlraum bei ca. 6–8° C, möglichst mit hoher Luftfeuchtigkeit: Schnittblumen und andere florale Werkstoffe zum Binden (Ausnahme: Schnittblumen aus tropischen Regionen wie z. B. Orchideen, Strelitzien, Anthurien),
- im Gewächshaus oder in hellen Räumen: Topfpflanzen; dabei ist auf die Temperatur- und die Lichtbedürfnisse der jeweiligen Pflanzen zu achten,
- im Arbeitsraum: alle täglich im Gebrauch befindlichen Werkstoffe und Hilfsmittel, Gebrauchskeramik, Maschinen und Geräte bei guten Licht- und Platzverhältnissen,
- im Verkaufsraum: alle Waren, die zur Selbstbedienung oder Kundenbedienung griffbereit in Regalen, Vitrinen, Theken, auf Dekoinseln usw. angeboten werden, z. B. fertige Sträuße, Keramik, saisonale Angebote,
- in verschlossenen Vitrinen bzw. Schränken: Pflanzenschutzmittel für den Verkauf.

1.2.6 Lagerkennzahlen

Mindest-, Melde- und Höchstbestand (siehe Kap. 1.1.3) sind Kennzahlen der Bedarfsplanung, die die täglich schwankenden Lagervorräte im Floristik-Fachgeschäft berücksichtigen und eine kostenbewusste Lagerhaltung garantieren.

Eine längere Lagerdauer von Waren kann erhebliche Nachteile mit sich bringen, wie Warenschwund, Verderb der Ware, Modewandel oder Veralterung. Auch muss das Warensortiment laufend kontrolliert werden, um festzustellen, welche Waren überhaupt verkauft werden und welche „Ladenhüter" sind. Waren, die wenig oder gar keinen Umsatz bringen, müssen durch Sonderaktionen abgestoßen oder aus dem Sortiment genommen werden.

Lagerkennzahlen lassen Rückschlüsse auf den Umsatz und die Lagerumschlagsgeschwindigkeit zu, die wichtig sind, um eine realistische Kalkulation von Waren zu ermöglichen. Dies sind im Einzelnen:

Durchschnittlicher Lagerbestand

Hiermit wird der Durchschnitt eines im Laufe einer Geschäftsperiode vorhandenen tatsächlichen Lagerbestandes ermittelt.

Durchschnittlicher Lagerbestand =
(Jahresanfangsbestand + Jahresendbestand) : 2
oder (bei genauerer Berechnung mit den Monatsbeständen)
Durchschnittlicher Lagerbestand =
(Jahresanfangsbestand + 12 Monatsbestände) : 13

Beispiel:
Es soll die durchschnittliche Menge (Stückzahl) an Römern ermittelt werden, die 12 Monatsbestände betragen addiert 609, der Jahresanfangsbestand beträgt 41

$$\frac{\text{Jahresanfangsbestand + 12 Monatsbestände}}{13}, \text{ z. B. } \frac{41 + 609}{13},$$

der durchschnittliche Lagerbestand beträgt 50 Stück.

Lagerumschlagshäufigkeit

Sie gibt an, wie oft die Menge (Stückzahl) oder der Wert eines durchschnittlichen Lagerbestandes (in €) in einem Jahr (oder in einem Monat) aus dem Lager entnommen wurde, wie schnell sich ein Artikel „dreht". Die Lagerumschlagshäufigkeit kann für einzelne Waren, ein ganzes Lager oder einen ganzen Betrieb errechnet werden.

Lagerumschlagshäufigkeit =
Warenaufwand : durchschnittlicher Lagerbestand

Beispiel:
Der Jahresverbrauch von Römern beträgt 450 Stück, der durchschnittliche Lagerbestand beträgt 50 Stück. Die Umschlagshäufigkeit beträgt dann

$$\frac{\text{Lagerabgang}}{\text{durchschnittlicher Lagerbestand}}, \text{ das sind } \frac{450}{50},$$

die Umschlagshäufigkeit ist dann neunmal pro Jahr.

Lagerdauer

Sie gibt an, wie viele Tage ein bestimmter Artikel im Durchschnitt gelagert wird bzw. nach wie vielen Tagen ein Artikel das Lager verlässt:

Durchschnittliche Lagerdauer =
360 Tage : Lagerumschlagshäufigkeit

Beispiel:
Bei einer vorher ermittelten Umschlagshäufigkeit von 9 ergibt sich eine durchschnittliche Lagerdauer von 360 : 9 = 40 Tagen.

Lagerzins und Lagerzinssatz

Der Lagerzins gibt an, wie viel Zinsen dem Unternehmer zugeflossen wären, wenn er das Kapital, das im Lager gebunden ist, stattdessen zu einem festen Zinssatz angelegt hätte.

Der Lagerzinssatz gibt an, wie viel Prozent Zinsen das im durchschnittlichen Lagerbestand gebundene Kapital während der Lagerdauer kostet.

Lagerzinsen =
durchschnittlicher Lagerbestand · Lagerzinssatz (in %)
Lagerzinssatz =
durchschnittliche Lagerdauer · Zinssatz (p. a.) : 360

Beispiel:
Bei einem durchschnittlichen Lagerbestand von 30 000 € und einem Lagerabgang von 120 000 € beträgt die Lagerumschlaghäufigkeit 120 000 € : 30 000 € = 4;
die Lagerdauer 360 : 4 = 90 Tage;
die Lagerzinskosten (bei einem Marktzinssatz von 5 % p. a.) (90 · 5) : 360 = 1,25 %;
bei einem durchschnittlichen Lagerbestand von 30 000 € betragen die Lagerzinsen dann 30 000 € · 1,25 % = 375 €.
Der Lagerzinssatz und damit auch die tatsächlichen Lagerzinsen erhöhen sich, wenn sich die Lagerumschlaghäufigkeit verringert; bei Erhöhung der Lagerumschlaghäufigkeit verringern sich Lagerzinssatz und Lagerzins für das Warenlager.

Bild 1 Materiallager mit Römern Kranzunterlagen

Aufgaben

1. Sie sind im Lager eines Floristik-Fachgeschäftes für den Wareneinkauf und die Lagerhaltung zuständig. Ein Paketdienstfahrer bringt aufgrund einer Bestellung Pakete vorbei. Was müssen Sie im Beisein des Fahrers tun, wenn er Sie um die Paketannahme bittet?
2. Sie stellen bei der Paketkontrolle einen beschädigten Karton fest, der Fahrer ist bereits im Begriff weiterzufahren. Was ist zu tun?
3. Sie öffnen den beschädigten Karton und stellen fest, dass Teile der Warenlieferung beschädigt bzw. angeschmutzt sind. Wie gehen Sie nun weiter vor?
4. Ihre Chefin bittet Sie, wegen der mangelhaften Lieferung eine Mängelrüge zu schreiben. Welche wesentlichen Punkte sollten in dieser Mängelrüge mindestens enthalten sein?
5. Sie tragen die Paketlieferung im Wareneingangsbuch ein. Welche Mindestangaben sind einzutragen?
6. Wie lange müssen Sie die Aufzeichnung im Wareneingangsbuch mindestens aufbewahren?
7. Zu den Aufgaben eines Floristik-Fachgeschäftes gehört die Zeit- und Raumüberbrückungsfunktion. Erläutern Sie, was damit gemeint ist.
8. Ein Großhändler hat sein Vertriebsnetz modernisiert, dadurch verringert sich die Lieferzeit für Steckhilfsmittel. Welche Auswirkungen hat das auf den Mindest- und Meldebestand bzw. auf die Bestellmenge?
9. Aus der Lagerkartei der Linnea GmbH ergaben sich für Keramikübertöpfe eines bestimmten Sortiments für das letzte Jahr folgende Bestände:

   Anfangsbestand 32 und Jahresabsatz 98 Stück,

Monat	Bestand
Januar, Juli und August	je 13
Februar, Oktober	je 12
März, Dezember	je 32
April	26
Mai, November	je 18
Juni, September	je 10

   Berechnen Sie
   a) den durchschnittlichen Lagerbestand,
   b) die Lagerumschlagshäufigkeit und
   c) die durchschnittliche Lagerdauer

1.3 Warenkalkulation und -auszeichnung

Sophia Schmidt von der Linnea GmbH hat mit ihrem Auszubildenden Oliver Jansen neu erhaltene Waren ausgepackt. Nun soll er ihr helfen, alle Waren mit Preisen zu etikettieren. „Wäre es nicht am einfachsten, wenn wir die Einkaufspreise einfach verdoppeln?" fragt Oliver. „So einfach ist die Warenkalkulation nicht! Aber wenn wir den Kalkulationsfaktor kennen, geht's ganz schnell", antwortet Frau Schmidt. Oliver versteht nicht ganz, aber er wird sicher bald erfahren, wie man richtig kalkuliert.

1.3.1 Kalkulation von Verkaufspreisen

Durch die Bezugskalkulation wird der Bezugspreis bzw. Einstandspreis von bezogenen Waren ermittelt. Allgemein wird unter Kalkulation die rechnerische Ermittlung des Preises von Waren oder Dienstleistungen verstanden. Auch die Verkaufskalkulation von Handelswaren geht als Basis vom Bezugspreis aus (vergl. Kap. 1.1.4).

Floristik-Fachgeschäfte erwirtschaften Umsatz und Gewinn durch den Verkauf von Waren und Dienstleistungen. Um dauerhaft existieren zu können, müssen daher alle anfallenden Kosten des Betriebes in der Warenkalkulation bzw. in der Dienstleistungskalkulation berücksichtigt werden.

Kalkulationsschema

Die **Geschäfts- oder Gemeinkosten** (auch als Handlungskosten bezeichnet), insbesondere die Lohn- und Lohnnebenkosten, Steuern und Versicherungen, Abschreibungen, Miete und Pacht, Fuhrparkkosten, Werbungskosten, Kosten für die Betriebsausstattung und Bürokommunikation, Energiekosten und vieles mehr, werden für einen Zeitraum erfasst und als Gemeinkosten mit einem Prozentsatz des Bezugspreises ausgedrückt. Diesen Prozentsatz bezeichnet man als Gemeinkosten- bzw. Handlungskostenaufschlag. Gemeinkosten können im Rahmen einer Gewinn- und Verlustrechnung ermittelt werden. Bezugskosten und ermittelte Gemeinkosten-/Handlungskosten ergeben den **Selbstkostenpreis**.

Der **Gewinn** wird prozentual von den Selbstkosten errechnet und diesen zugeschlagen. Im Gewinn erhält der Unternehmer den Zins für das im Geschäft angelegte Eigenkapital, einen Wagnisaufschlag für das unternehmerische Risiko und den eigentlichen Unternehmerlohn, der in Einzelunternehmen häufig nicht extra berücksichtigt wird. Welchen Gewinn ein Unternehmen tatsächlich realisieren kann, hängt von der Marktsituation ab. Selbstkosten und Gewinn ergeben den Barverkaufspreis.

Mögliche **Verkaufszuschläge**, dazu gehören Skonto, Rabatt und gegebenenfalls Provisionen, können die Preiskalkulation zusätzlich beeinflussen. Selbstkostenpreis, Gewinn und mögliche Verkaufszuschläge ergeben den **Nettoverkaufspreis**, zu dem zum Schluss noch die Mehrwertsteuer hinzugerechnet werden muss, um den **Bruttoverkaufspreis** ermitteln zu können.

Die Vorkalkulation ermittelt die voraussichtlichen Selbstkosten und ist die Grundlage für Preisangebote. Die Nachkalkulation ermittelt die tatsächlichen Kosten, dient der Kostenkontrolle und führt bei schlechter Marktlage und durch die Konkurrenzsituation unter Umständen zu einer Anpassung der Preise. Das folgende Kalkulationsschema fasst alle Einzel-Schritte noch einmal zusammen:

Kalkulationsschema:
Bezugspreis + Gemein-/Handlungskosten
= Selbstkostenpreis
+ Gewinn
= Barverkaufspreis
+ Verkaufszuschläge (Skonto, Rabatt, Provision)
= Nettoverkaufspreis
+ Mehrwertsteuer
= **Bruttoverkaufspreis**

Rohgewinn, Kalkulationszuschlag und Handelsspanne

Als **Rohgewinn** bezeichnet man die Differenz von Nettoverkaufspreis zum Bezugspreis oder allgemein Umsatzerlöse – Wareneinsatz, wenn man es auf ein Geschäftsjahr bezieht. Der Rohgewinn, in % des Bezugspreises ausgedrückt, heißt **Kalkulationszuschlag**.

Rohgewinn =
Umsatzerlös (Warenverkauf) – Wareneinsatz (Bezugspreis)

Im Handel wird der Rohgewinn auch als **Handelsspanne** bezeichnet, wenn er in Prozent des Nettoverkaufspreises ausgedrückt wird.

Handelsspanne (in %) =

$$(\text{Nettoverkaufspreis} - \text{Bezugspreis}) \cdot \frac{100}{\text{Nettoverkaufspreis}}$$

Beispiel:
Der Bezugspreis einer Solitärpflanze beträgt 32 €, der Nettoverkaufspreis 75 €.

Rohgewinn: 75 € – 32 € = 43 €

Kalkulationszuschlag: 43 : 32 · 100 = 134,38 %

Handelsspanne: 43 : 75 · 100 = 57,3 %.

Kalkulationsfaktor

Verkaufspreise können durch eine vereinfachte Rechnung ermittelt werden, indem man einen Faktor berechnet. Dieser **Kalkulationsfaktor** berücksichtigt dann sämtliche Kosten des Floristik-Fachgeschäftes und den Gewinnaufschlag.

Der **Kalkulationsfaktor** (KF) ergibt sich als Quotient von Nettoverkaufspreis und Bezugspreis, alternativ kann im Handel der KF auf den Bruttoverkaufspreis bezogen werden.

$$KF = \frac{\text{Nettoverkaufspreis}}{\text{Bezugspreis}}, \text{ alternativ } \frac{\text{Bruttoverkaufspreis}}{\text{Bezugspreis}}$$

Für die Kübelpflanze ergibt sich folgender KF auf den Nettoverkaufspreis: KF = 75 € : 32 € = 2,34; bezogen auf den Bruttoverkaufspreis: KF = 75 € + 7 % MwSt.= 80,25 € : 32 € = 2,51.

Beispiel für eine Gesamtkalkulation:

Marc Schmidt hat die Geschäftszahlen eines anderen Floristik-Fachgeschäfts, das er als Filiale zum Kauf angeboten bekommen hat, erhalten. Demnach hatte das Fachgeschäft im letzten Geschäftsjahr 231 525 € (netto) für Waren aufgewendet; an Personalkosten sind 82 600 € ausgewiesen; Steuern, Abschreibungen, Mietkosten und sonstige Kosten belaufen sich auf 75 012,50 €. Der Gewinn ist angegeben mit 35 712,50 €, die Umsatzerlöse betragen 424 850 €.

Marc Schmidt und seine Frau werten die Zahlen aus:

Wareneinsatz:	231 525,00 €	
+ Handlungskosten:	157 612,50 €	(82 600 € + 75 012,50 €)
Selbstkosten:	389 137,50 €	
+ Gewinn:	35 712,50 €	
Verkauferlöse (netto)	424 850,00 €	

Gemeinkostenzuschlag
= Handlungskosten : Wareneinsatz · 100
= 157 612,50 : 231 525 · 100 = **68,08 %**

Kalkulatorischer Gewinnaufschlag
= Gewinn : Selbstkosten · 100
= 35 712,50 : 389 137,50 · 100 = **9,18 %**

Rohgewinn
= Verkaufserlöse – Wareneinsatz
= 424 850 – 231 525 = **193 325 €**

Kalkulationsfaktor
= Verkaufserlöse (netto) : Wareneinsatz
= 424 850 : 231 525 = **1,84**

1.3.2 Mischkalkulation

Die Handelskalkulation ist auf das Floristik-Fachgeschäft nur bedingt anwendbar, weil dieses kein reiner Handelsbetrieb ist. Es fallen viele handwerkliche Arbeiten und Dienstleistungen an, so werden z. B. Sträuße gebunden, Gestecke gearbeitet, Kunden beraten und Dekorationen durchgeführt. Bei diesen Arbeiten fallen hohe Personal- und Lohnkosten an, die in der reinen Handelskalkulation nicht ausreichend berücksichtigt werden. Es ist daher wichtig, die Lohnkosten gesondert zu ermitteln.

Die Lohnkosten beinhalten den Bruttolohn und Lohnnebenkosten, z. B. den Arbeitgeberanteil zur Sozialversicherung, freiwillige Sozialleistungen und den kalkulierten Unternehmerlohn.

Um einen Betriebsstundenlohn zu berechnen, müssen die gesamten Lohnkosten des Betriebes ins Verhältnis zur geleisteten Arbeitszeit (Nettoarbeitszeit) gesetzt werden. Die Nettoarbeitszeit stellt die tatsächlich vergüteten Arbeitsstunden dar, bereinigt um die Ausfallzeiten (ca. 20 % durch Urlaub, Krankheit, Fortbildung, Mutterschutz, Schule).

Zu dem Betriebsstundenlohn muss noch ein angemessener Gewinnzuschlag und die Umsatzsteuer hinzugerechnet werden. Der so ermittelte „Betriebsstundenlohn brutto" ist die Berechnungsgrundlage der Arbeitskosten der floristischen Werkstücke, die im Bruttoverkaufspreis enthalten sind.

Werden Dienstleistungen bzw. handwerkliche Arbeiten in der Kalkulation des Verkaufspreises berücksichtigt, z. B. bei einem Trauerkranz oder einem Brautschmuck, handelt es sich um eine **Mischkalkulation**. Dabei muss allerdings immer auch die Qualität der Arbeit und das Preisniveau der Mitbewerber beachtet werden. Nicht jeder Preis lässt sich am Markt durchsetzen.

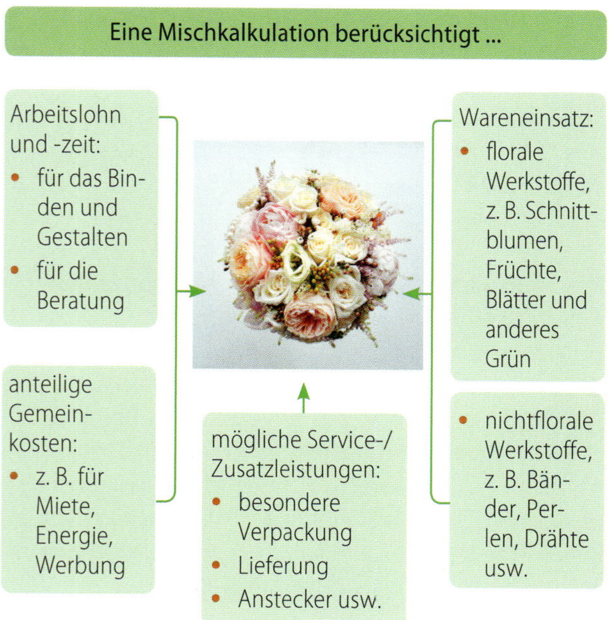

Bild 1 Die Mischkalkulation, am Beispiel eines Brautstraußes

In der Komplexen Prüfungsaufgabe der Abschlussprüfung sind die Arbeitskosten gesondert aufzuführen. Für eine vereinfachte Kalkulation der Arbeitskosten hat sich ein Stundenlohn von ca. 0,50 – 0,75 € pro Minute als gut kalkulierbare Größe etabliert.

Anhand einer Brautstrauß-Preisgestaltung wird die Berücksichtigung der Arbeitszeit in einer Mischkalkulation deutlich. Da die Lohnkosten im deutschsprachigen Raum regional sehr unterschiedlich ausfallen, muss jedes Floristik-Fachgeschäft anhand der Betriebskennzahlen eine eigene Bewertung der Dienstleistung vornehmen. Häufig wird ein Betriebsdurchschnittsstundenlohn von ca. 30 – 45 € angesetzt.
Häufig wird die Frage gestellt, mit welchem Mehrwertsteuersatz ein Brautstrauß (eine bepflanzte Schale, ein Trauerschmuck oder eine Tischdekoration) anzusetzen ist. Wie sind weitere Service- und Dienstleistungen zu kalkulieren (siehe auch Kap. 3.2.3)?
Das zuständige Bundesfinanzministerium (BMF) hat dazu sinngemäß folgende Informationen herausgegeben:
Steuerbegünstigt (mit 7 % MwSt.) „sind nur frische geschnittene Blüten und Blütenknospen zu Binde- oder Zierzwecken. Hierzu gehören auch Sträuße, Ziergebinde, Kränze, Blumenkörbe und ähnliche Erzeugnisse aus frischen Blüten und Blütenknospen ohne Rücksicht auf Zutaten aus anderen Stoffen, so lange diese als Nebensache angesehen werden können", also einfache Körbe oder Pflanzschalen, Bänder, Kranzschleifen, Papiermanschetten, Bindedraht und dergleichen. Liefert ein Florist Pflanzen, Kränze oder Sträuße an einen Kunden, unterliegt die Lieferung laut BMF dem ermäßigten Steuersatz, „wenn der Unternehmer außer dem Transport keine weiteren Tätigkeiten ausführt, die ihrer Art nach sonstige Leistungen sind; ... auf sonstige Leistungen (einschließlich der Werkleistungen) [ist] der allgemeine Steuersatz anzuwenden".

Nicht steuerbegünstigt – und damit mit 19 % MwSt. auszuweisen – sind alle Gewerke wie z. B. Brautschmuck, Trauer- oder Tischschmuck, bei denen der Anteil der Dienstleistungen und/oder nicht steuerbegünstigter Anteile (z. B. Schalen, Gefäße oder nichtflorale Werkstoffe) überwiegen. Der „charakterbildende Bestandteil ist ausschlaggebend für den Steuersatz", heißt es seitens des BMF.

Mischkalkulation anhand betrieblicher Kennzahlen

- **Bestehend aus einer Warenkalkulation:**

Der Wareneinsatz floraler Werkstoffe ist bei der Kalkulation eines aufwändigen Brautstraußes (oder anderer Werkstücke) nicht der „charakterbildende Bestandteil" des Werkstückes. Um die Kosten des Wareneinsatzes zu ermitteln, wird in Floristik-Fachgeschäften gern ein Kalkulationsfaktor bestimmt. Dieser KF kann für verschiedene (florale und nichtflorale) Warengruppen, also für Schnitt-/Topfblumen, Grün, Hardware usw., unterschiedlich sein, beim Rechenbeispiel unten mit KF = 1,84 (netto) von Seite 71.

- **und einer Dienstleistungskalkulation:**

Die Ermittlung des Betriebsstundenlohns bzw. einer Lohnminute berechnet sich aus den betrieblichen Kennzahlen, je nach Betriebsstruktur meist zwischen 30 – 45 € (netto). Im nachfolgenden Beispiel mit 0,60 €/Minute (netto) angesetzt.

Beispiel Mischkalkulation eines Brautstraußes:
Für Schnittblumen, Accessoires, Draht, Verpackung usw. werden 28,00 € (netto) angesetzt, die Arbeitszeit beträgt 90 Minuten.

Die zu kalkulierenden Werkstoffkosten (netto) betragen dann: 28,00 € · 1,84 = **51,52 €**, die Dienstleistungskosten (netto) ergeben insgesamt: 90 Min. · 0,60 €/Min. = **54,00 €.**

Gesamtkosten: (51,52 € + 54,00 €) + **19 % MwSt.** = **125,57 €**.

1.3.3 Warenauszeichnung

Preisangabe

Das Preisangabengesetz (PreisAngG) und die **Preisangabenverordnung (PAngV)** regeln die Preisauszeichnung von Waren- und Dienstleistungsangeboten an den Endverbraucher. Bisher wurde durch dieses Gesetz bzw. die Verordnung festgelegt, dass Floristik-Fachgeschäfte sowohl in Schaufenstern als auch in allen Verkaufsräumen die Endpreise für Waren anzugeben haben, einschließlich der Umsatzsteuer und sonstiger Preisbestandteile, z. B. mögliche Liefer- oder Versandkosten.

Der Bundesgerichtshof entschied im November 2016, dass Unternehmen ihre Waren in Schaufenstern nicht mehr sichtbar mit einer Preisauszeichnung versehen müssen. Die Preisauszeichnungspflicht im Verkaufsraum bleibt bestehen. Unternehmer sollten sich aber bewusst sein, dass Preisangaben im Schaufenster ein wirksames Mittel zur Verkaufsförderung sein können.

Für Blumen und Pflanzen, die unmittelbar vom Freiland, Treibbeet oder Treibhaus verkauft werden, muss **keine** Preisauszeichnung vorgenommen werden (Ausnahmeregelung).

Unlauterer Wettbewerb

Das **Gesetz gegen den unlauteren Wettbewerb (UWG)** in seiner Fassung vom Februar 2016 dient dem Schutz der Mitbewerber, der Verbraucher sowie der sonstigen Marktteilnehmer vor unlauteren geschäftlichen Handlungen. Außerdem schützt es das Interesse der Allgemeinheit an einem unverfälschten Wettbewerb. Beispiele unlauterer geschäftlicher Handlungen:

- Waren, Dienstleistungen oder persönliche Verhältnisse eines Mitbewerbers werden herabgesetzt oder verunglimpft.
- Mondpreiswerbung, d. h. es wird mit der Herabsetzung eines Preises geworben, der ursprünglich nur kurze Zeit bestand.
- Kopplung von Preisausschreiben und Warenverkauf, d. h. die Teilnahme am Preisausschreiben darf nicht vom Kauf einer Ware abhängig gemacht werden.
- Irreführende Werbung, d. h. es werden Angaben über seine Waren und Dienstleistungen gemacht, die nicht zutreffen oder irreführend sind.
- Lockvogelwerbung, d. h. es wird für eine Ware geworben, die nicht angemessen bevorratet ist (Regelfall: Vorrat für 2 Tage).

Preisauszeichnung

Die Auszeichnung von Waren und Dienstleistungen dient der Transparenz, hilft verkaufen und vermittelt dem Kunden Sicherheit.

Dabei spielt es keine Rolle, ob die Waren in den Außenanlagen oder in den Geschäftsräumen angeboten werden.

Die Warenauszeichnung muss **klar** und **wahr** sein.

Die Auszeichnung mit Brutto-Preisen ist sinnvoll.

Nettopreis
+ MwSt. = Endpreis, Bruttopreis.

Dabei ist darauf zu achten, dass der Kunde die Preise eindeutig der Ware zuordnen kann. Nicht nur der Preis und das Produkt, sondern auch die Menge soll unmissverständlich erkennbar sein.

Bund 5,50 € = 10 Stück

unklar	klarer	eindeutig
1,00 €	Stück 1,00 €	Rosen, Stück 1,00 €
0,80 €	Stück 0,80 €	Freesien, Stück 0,80 €

Die Auszeichnungspflicht besteht auch für Waren, die aus einem Automaten heraus verkauft werden sollen.

Ebenso Attrappen oder Waren, die als Muster gekennzeichnet sind. Das könnte bei Pflege- oder Düngemittel der Fall sein, die im Rahmen einer Aktion mit den Pflanzen zusammen ausgestellt werden, obwohl sie im Original in verschlossenen Schränken aufbewahrt werden müssen.

Eine korrekte Preisauszeichnung ist keine Pflicht, aber empfehlenswert für den Unternehmer. Sie dient der Preisvergleichsmöglichkeit des Kunden und bildet so die Grundlage für einen gesunden Wettbewerb.

Gebühren

Einzelne Leistungen, die zur Berechnung kommen, sollten getrennt und sofort erkennbar ausgewiesen werden, wenn sie mit dem Warenverkauf in Zusammenhang stehen.

Linnea GmbH – unsere Servicepreise:

Lieferungen im Stadtgebiet, ab einem Warenwert von 100,00 €	5,00 bis 10,00 € frei Haus	
Geschenk- z. B. Weinverpackungen	ab	2,90 €
Trauerkränze mit Schleife und Druck	ab	110,00 €
Trauergestecke mit Schleife und Druck	ab	55,00 €
Pflanzungen mit Schleife und Druck	ab	45,00€
Brautschmuck mit Anstecker für den Bräutigam	ab	85,00 €
Beratungen und Angebote für Hochzeits-, Raum- Trauerschmuck oder weitere Dekoration, auf Wunsch auch bei Ihnen zuhause	ab	60,00 € (wird bei Auftragserteilung gutgeschrieben)

Bild 1 Beispiel für Preisinformationen

Gebühren können berechnet werden für:

- Zustellservice,
- Wegkostenpauschale,
- Dekorationsstunde,
- Deko Auf- und Abbaupauschale,
- Pflegestunde, z. B. bei Hydropflege,
- Geschenkverpackung,
- Vermittlungsgebühr.

Katalogverkauf

Wird aus dem Katalog verkauft, z. B. bei Pflanzgefäßen, so muss dem Katalog eine Preisliste angefügt sein, die dem Kunden zugänglich ist. Preisänderungsvorbehalte sind nur möglich, wenn die Lieferfristen vier Monate übersteigen.

Aktionspreise

Im Jahr 2004 ist eine Lockerung in die Preisauszeichnungspflicht aufgenommen worden. Für Aktionsware entfällt die Einzelauszeichnungspflicht.

10 % auf alle Keramikwaren

Hat ein Produkt versehentlich einen falschen Preis, so ist das Unternehmen nicht verpflichtet, die Ware zu dem kleineren Preis zu verkaufen, da es sich in diesem Fall nicht um ein an den Kunden persönlich gerichtetes Angebot handelt.

Dennoch ist zu überlegen, ob eine kundenfreundliche Vorgehensweise nicht die bessere Werbung für das Unternehmen ist.

Kreative Preisauszeichnung

Für die Größe und Beschaffenheit des Etiketts, ob es gedruckt oder handgeschrieben ist, gibt es keine gesetzlichen Vorgaben. Hier sind der Kreativität keine Grenzen gesetzt.

Der Florist hat viele Möglichkeiten, ein Preisschild so attraktiv zu gestalten, wie die Ware selbst und so die Aufmerksamkeit hierfür über die nüchterne Information hinaus, bei dem Kunden zu gewinnen.

Erst das Preisschild macht die Ware verkaufsbereit.

Von der dekorierten, gestalteten Ware wird der Kunde in seinen Emotionen angesprochen. Dieser Eindruck muss zunächst auf den Kunden wirken, bevor die Preisinformation an die Ratio (Verstand) durch ein Preisschild weitergegeben wird. Deshalb sollte der Preis für ein fertiges Werkstück nicht an Blatt oder Blüte geklebt werden. Besser ist ein Hängeetikett oder ein separates Schild, das Preis und Informationen enthält.

Bild 2 Kreative Auszeichnung

Gefällt die Ware nicht und bietet sie dem Kunden keinen Kaufanreiz, ist der Preis nur von geringer Wichtigkeit.

Spricht die Ware den Kunden an und ruft eine wohlwollende Stimmung hervor, wird meistens auch der Preis als passend empfunden. Das Preisauszeichnungsschild muss keineswegs nur den Preis enthalten, es kann auch zusätzliche Informationen liefern über Sorten, Eigenschaften, Herkunft, Pflege oder Verwendungszweck.

Die Rose	
Sorte:	Damaszener Rose
Herkunft:	Frankreich
Eigenschaft:	duftend, haltbar in offener Blüte

Bei der Formulierung des Preisschildtextes kann man vom Inhalt eines Verkaufsgespräches ausgehen. Das Preisschild kann kreativ gestaltet sein, soll sich aber trotzdem dezent in die Dekoration einfügen. Der Preis muss eindeutig mit dem Produkt in Verbindung stehen.

Bild 1 Zusatzinformationen auf dem Preisschild

Eine mit Liebe zum Detail ausgeführte Preisauszeichnung kann Produkte wertiger erscheinen lassen.

Kreative Grundformen

Neutral:

- glattflächige Trockenformen,
- Blätter,
- Tonscherben,
- Schiefertafeln,
- Holzabschnitte,
- farbige Pappe, Papier oder Kunststoffe.

Zum Beschriften eignen sich farbige Lackstifte, Filzstifte in unterschiedlichen Stärken oder Metallstifte in Gold, Silber oder Kupfer. Eine schöne Handschrift gibt dem Auszeichnungsteil eine sehr persönliche, liebenswerte Note.

Spezielle Anlässe

Weihnachten:

- Sterne mit glatter, beschriftungsfähiger Oberfläche,
- Weihnachtskugeln ganz oder in Bruchstücken,
- Weihnachtsformen aus Pappe, z. B. Tannenbaum, Sterne
- Kunststoffäpfel oder Apfelsinen.

1.3.4 Warenwirtschaftssysteme

Ein Warenwirtschaftssystem (WWS) dient dem Handel zur Übersicht und dem automatisierten Ablauf von Warenströmen in einem Unternehmen. Mithilfe EDV-gestützter Systeme analysiert, koordiniert und plant es Daten, welche für eine Warenwirtschaft wichtig sind. Zentrale Bestandteile eines WWS sind die Bereiche Einkauf und Verkauf, Wareneingang und Warenausgang sowie die Lagerverwaltung.

Ein WWS kann mithilfe geeigneter EDV in einem Floristik-Fachgeschäft Angebote schreiben, Aufträge, Bestellungen und Reklamationen bearbeiten, Waren auszeichnen, den Wareneinkauf vereinfachen, Lieferscheine, Rechnungen und Mahnungen erstellen, Umsätze berechnen, die Lagerhaltung koordinieren, die Inventurabwicklung beschleunigen und vieles mehr.

Bild 2 Schiefertafeln zum schnellen Beschriften

EDV-gestützte Kassensysteme bestehen aus zwei Komponenten, der Kassenhardware und der Kassensoftware. Ein Kassensystem kann neben dem Zentralcomputer über verschiedene Hardware-Komponenten verfügen, z. B. Barcodescanner, Monitor, Tastatur, Kartenlesegerät oder mobile Geräte.

Durch die Erfassung aller Umsätze an der Kasse z. B. durch den EAN-Barcode (bzw. EAN-Strichcode) kann die verkaufte Menge einzelner Warengruppen genau analysiert werden. EAN (European Article Number) ist ein Handelsstrichcode, der aus 13 (EAN-13) oder 8 Ziffern (EAN-8) besteht, und bei hoher Kassierfrequenz, z. B. in einem Supermarkt oder Gartencenter, einen schnellen Kassiervorgang gewährleistet. Andere Kassensysteme arbeiten mit Zahlengruppen oder Symbolen und Touchscreen-Bildschirm, die ein einfaches Kassieren und Zuordnen der Warengruppen ohne EAN-Strichcode ermöglichen.

Bild 3 Touchscreen-Bildschirm mit verschiedenen Warengruppen (Ausschnitt)

Aufgaben

1. Informieren Sie sich, nach welchem System in Ihrem Floristik-Fachgeschäft Waren und Dienstleistungen kalkuliert werden.
2. Erläutern Sie, welche Gemeinkosten in einem Floristik-Fachgeschäft besonders hoch sind.
3. Unterscheiden Sie zwischen einer Bezugskalkulation und einer Verkaufskalkulation. Wie kommt der Bezugspreis, wie der Bruttoverkaufspreis von Handelswaren zustande?
4. Durch welche Zuschläge kann sich der Barverkaufspreis verändern?
5. Was wird allgemein als Rohgewinn bezeichnet?
6. Was bedeutet es, wenn man sagt, die Handelsspanne einer Ware beträgt 20 %?
7. Wie ermittelt man den kalkulatorischen Gewinnaufschlag?
8. Welche Angaben benötigt ein Florist von seinem Fachgeschäft, um den Kalkulationsfaktor aller Handelswaren zu bestimmen?
9. Wie wird der Gemeinkosten- bzw. Handlungskostenzuschlag ermittelt, wenn alle betriebswirtschaftlichen Kennzahlen vorliegen?
10. Warum wird in einem Floristik-Fachgeschäft neben einer normalen Warenkalkulation häufig auch eine Mischkalkulation durchgeführt? Geben Sie Gründe und ein Beispiel an.
11. Einem Floristik-Fachgeschäft kann ein Bußgeld bis zu 25 000 € verhängt werden, wenn gegen die Preisangabenverordnung oder das Gesetz gegen den unlauteren Wettbewerb verstoßen wird. Zählen Sie fünf verschiedene Fehler auf, die in Ihrem Betrieb unbedingt vermieden werden sollten.
12. Was ist im Zusammenhang mit dem UWG ein „Lockvogelangebot"? Was sind „Mondpreise"?
13. Heutzutage sind in modernen Floristik-Fachgeschäften meist Warenwirtschaftssysteme eingeführt.
    Aus welchen Komponenten besteht so ein System? Zählen Sie fünf verschiedene Vorteile auf, die die Arbeit einer Floristin mithilfe eines Warenwirtschaftssystems erleichtern.

2 Waren präsentieren und Kunden verkaufsfördernd beraten

Die Auszubildende Anna Köhler hat das erste Mal Kontakt zum Thema Schaufensterdekoration. Sie räumt die jetzige Dekoration aus und bereitet das Fenster vor. Das bedeutet: reinigen und Fenster putzen. Dann bespannt sie die Rückwand mit rotem Molton, denn morgen soll für den Valentinstag dekoriert werden.

2.1 Warenpräsentation im Innen- und Außenbereich

2.1.1 Wissenswertes zum Schaufenster

Vor der Erfindung des Schaufensters gab es die Aktionsfläche „Marktplatz". Er war Stätte der Begegnung und Kommunikation, des Feilbietens und Handelns. Diese Form der Darbietung war Vorbild für das Präsentieren von Ware. Mit der Zeit verlagerte sich der Handel in geschlossene Räume – das war die Geburtsstunde des großflächigen Schaufensters.
Das erste Schaufenster gab es 1780 in Paris und erstmals in Deutschland 1830 in Berlin. Das Schaufenster ist mehr als nur ein „Loch" in der Fassade, es ist die Fläche des Geschäftes, die nach außen um den Kunden wirbt.

Das Schaufenster als Werbebotschaft

Das Schaufenster ist das stärkste und unmittelbarste Werbemittel, es bietet den direkten Kontakt zum Kunden. Die Wirkung des Schaufensters steht in Relation zum Geschäft wie das Titelblatt zu einer Zeitung. Die ureigene Funktion des Schaufensters besteht darin, Passanten zu Besuchern zu machen. Der Schaufensterwerbung muss es gelingen, die Passanten, die vor dem Haus stehen, zum Eintreten zu verführen. Im Fenster wird ein Versprechen gegeben, das eine Erwartungshaltung bei dem Kunden erzeugt, die nicht enttäuscht werden darf.

Das Schaufenster ist keine separate Einheit, die „Inszenierung" muss sich im Geschäft fortsetzen, die gleiche Sprache sprechen. Die kreative Dekoration ist zielorientiert und darauf ausgerichtet, die angebotene Ware zu verkaufen. Was nützt es, wenn es gelingt, die Kunden ins Geschäft zu locken, sie aber die Ware nicht finden oder erkennen. Das Schaufenster stellt nicht nur Ware aus, sondern ist die Visitenkarte des Unternehmens, es gibt Zeugnis über dessen Leistungsfähigkeit. Idealerweise wird ein Unternehmen über die Leistung im Schaufenster zum Stadtgespräch.

> Jede Aktion im Schaufenster soll der Ware dienen, sie beleben, unterstützen und unwiderstehlich machen.

Um diese Idee herum sollte das Schaufenster gestaltet werden.

Schaufensterdekoration im Umbruch

Das Schaufenster hat im Laufe der Jahrzehnte nicht an Bedeutung verloren, wenn auch die Dekoration selber im Umbruch ist. Vom reinen Warenlager in Zeiten knapper Güter, als „Masse" zu zeigen eine Art Prestige war, hin zur Aktions- und Informationsfläche. Gerade in Zeiten rückläufiger Umsatzzahlen ist es wichtig, dem Kunden Träume anzubieten, ihn durch positive Botschaften und frohe Bilder zu faszinieren. Hinter einem „Zuviel" Ware im Schaufenster steht die Absicht, alles zu zeigen, was man zu bieten hat. Das lähmt die Phantasie des Betrachters. Das Schaufenster soll aktivieren, Wunschdenken produzieren und Lebensbedürfnisse visualisieren.

Bild 1 Schaufenster der Sechzigerjahre

Der stärkste Wandel der Schaufensterdekoration besteht in der Verlagerung weg von reinen Dekorationsarbeiten hin zum Visual Merchandising.

> Visual Merchandising: Sichtbarmachen von Verkaufsabsichten mit optischer, bildhafter Information.
>
> Visual: Sichtbar. Verkaufsware dort ins rechte Licht rücken, wo die Begegnung mit dem Kunden stattfindet. Das können das Schaufenster, der Verkaufsraum, aber auch Orte außerhalb des Ladengeschäftes (Ausstellung, Messen usw.) sein.
>
> Merchandising: Jede nützliche Maßnahme der Präsentation, die sich als ergebnisorientiert erweist.

Beispiel: Inszenierung Schaufenster.

Um die Ware ins „rechte Licht" zu rücken, benötigt man einige Informationen über die Ware selbst.

Zum Beispiel:
- Um welches Produkt handelt es sich? (Eigenschaften, z. B. Exoten)
- Was kann das Produkt? (Haltbarkeit, Verarbeitungsmöglichkeit)
- Für wen ist das Produkt? (Zielgruppe, gehobene Privathaushalte, Hotels, Eventfirmen)
- Was braucht das Produkt, um zu wirken? (Umfeld, Hilfsmittel, Deko, Farbe)

Erst wenn die Kriterien feststehen, kann man eine Inszenierung gestalten, bei der
- das Schaufenster die Bühne,
- die Ware die Akteure,
- die Kunden die Zuschauer sind.

Bild 1 Schaufenster mit klarer Linienführung

Die so inszenierte Ware soll
- Aufmerksamkeit wecken,
- Tendenzen aufzeigen,
- Informationen transportieren,
- Passanten zum Schauen animieren,
- Passanten zum Betreten des Ladens stimulieren,
- Kaufimpulse auslösen,
- Entscheidung herbeiführen,
- Kundenfrequenz erhöhen,
- Werbeträger sein.

Die Frage, wie oft eine Schaufensterdekoration zu verändern ist, lässt sich nicht einheitlich beantworten. Untersuchungen haben ergeben, dass ein Schaufenster, das etwa vier mal gesehen wurde, an Aufmerksamkeit und Interesse seitens des Kunden verliert.

Deshalb kann hierfür nur folgende Empfehlung ausgesprochen werden:

- Waren- und Farbenwechsel wöchentlich,
- Themenwechsel monatlich.

Bei einer guten Grundgestaltung der Warenträger und Hilfsmittel ist das mit relativ wenig Aufwand zu realisieren. Stark frequentierte Geschäftslagen mit einer großen Sortimentauswahl sollten das Fenster öfter umgestalten, um den Aufmerksamkeitsgrad zu erhalten.

Blumenfachgeschäfte, die über ein oder zwei Schaufenster verfügen, sind angehalten, die Ware aus dem Fenster zu verkaufen, besonders dann, wenn die Verderblichkeit der Ware einen hohen Warenumschlag verlangt. Daraus ergibt sich ein besonderer Anspruch an die Aufmerksamkeit des Personals, die Dekoration pfleglich zu behandeln, ständig zu kontrollieren und die fehlende Ware so aufzufüllen, dass das Gesamtbild keinen Schaden nimmt.

Bild 2 Fensterpflege

Auch der Arbeitsablauf beim Dekorationswechsel wird vom Kunden positiv empfunden. Zusehen zu dürfen, wie sich etwas ändert, stillt die Neugier des Betrachters und demonstriert die Aktivität des Unternehmens. Die Menschen bleiben stehen, sowie Bewegung im Fenster ist. Das Schaufenster wird zum Publikumsmagneten.

> Denken Sie daran, dass sich auch die Freude, mit der Sie Ihre Arbeit tun, nach außen vermittelt – eine bessere PR gibt es nicht.
>
> PR ist kurz für Public Relations, d. h. Öffentlichkeitsarbeit

Vor- und Nachteile einer zeitgemäßen Schaufensterdekoration:

Vorteile	Nachteile
• Baut Schwellenangst ab • Ist Kommunikationsmittel • Bietet unverbindliche Informationen • Gewährleistet dem Kunden Anonymität • Spricht größeren Kundenkreis an • Transportiert Lebensgefühl • Macht Leistung greifbar • Zeigt Trends • Erzeugt Fernwirkung • Sendet Werbebotschaften • Zeichnet Wunschbilder	• Hoher Zeiteinsatz • Zusätzliche Planungsarbeit • Großer Kostenfaktor

Bild 1 Dekoratives Schaufenster

2.1.2 Planung der Schaufenstergestaltung

Die Planung im Team macht nicht nur Freude, sie ermöglicht auch eine effektivere Umsetzung der Ideen. Alle Mitarbeiter sollten informiert und bei der Teambesprechung dabei sein. Zunächst wird ein Zeitplan erstellt.

Vorbereitungszeit – Umrüsten – Fertigstellung.

Das Dekorationsthema entsteht beispielsweise durch Beobachten und Notieren:

- auf Messen,
- in der Werbung,
- in Alltagssituationen,
- in Zeitschriften,
- in anderen Branchen.

Wenn Themen notiert und nach Jahreszeiten, Anlässen oder Lebensbereichen archiviert werden, hat man in der ersten Planungsphase immer schnellen Zugriff auf ein Thema oder einen Slogan und gewinnt viel Zeit für die Durchführung. Das Motto einer Darstellung wird schriftlich und optisch vermittelt. Wenn jeder Mitarbeiter in einer Ideenbox Themenaussagen sammelt, entsteht in Kürze ein großer Ideenpool.

Auf diese Weise ist es möglich, schnell einen Einstieg in die weitere Planung zu schaffen.

Bild 2 Teambesprechung

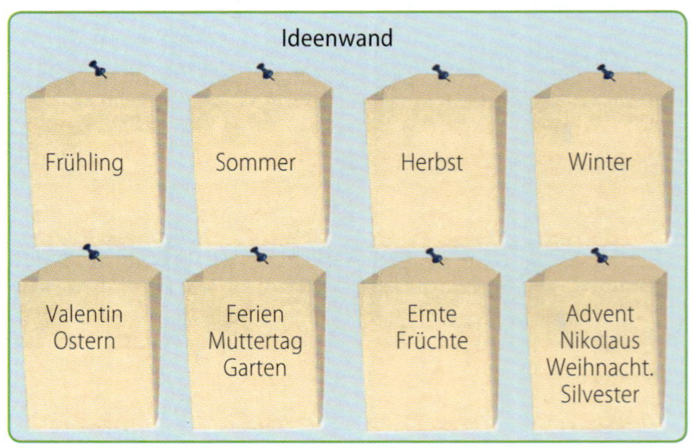

Bild 3 Ideenwand

Einsatz von Warenträgern und Hilfsmitteln

Für welche Art von Warenträgern oder Hilfsmitteln man sich entscheidet, hängt vom Dekorationsthema und von der Verfügbarkeit ab.

Ob Säulen, Podeste und Regale als Fertigelemente genommen werden oder durch Streichen, Bekleben oder Bespannen verändert werden, hängt von der Werbeaussage ab, die getroffen werden soll. Auf alle Fälle sollen Warenträger einheitlich im Material sein, individuell und variabel einsetzbar und eine untergeordnete Rolle spielen. Sie sollen dem Auge Führung und der Ware einen ansprechenden Rahmen geben. Leicht bewegliche, kleine Module ermöglichen mehr Spielraum in der Kombination in Höhe und Tiefe.

Bild 1 Warenträger in unterschiedlichen Größen

Herstellung eines Warenträgerpodestes

Material:

- Spanplatte,
- Holzleim,
- Schrauben,
- Stoff,
- Farbe,
- Sprühkleber.

Bild 2 Anfertigung eines Warenträgerpodestes

Werkzeug:

- Säge,
- Schrauber,
- Tacker,
- Schere, Pinsel, Rolle.

Gleichmäßige Spanplatten in unterschiedlichen Längen- und Breitenmaßen, jedoch gleicher Stärke von 10–15 mm (in der Holzhandlung sägen lassen), auf die Schnittstellen etwas Holzkleber geben und an den Kanten zusammenschrauben. Danach das fertige Element streichen oder bekleben. Sind die Podeste von allen Seiten geschlossen, hat man die Möglichkeit, verschiedene Würfelmaße einzusetzen.

Wem das zu aufwendig ist, der kann auch Papprohre mit großem Durchmesser in unterschiedliche Längen schneiden, sie streichen oder bespannen und mit einer passenden Abdeckplatte zu einem attraktiven neuen Warenträger machen.

Hilfsmittel

Hilfsmittel sind Instrumente, die zur Verkaufsförderung eingesetzt werden, z. B. ein Torso, auf dem Körperschmuck vorgestellt wird. Es können aber auch Gegenstände aus dem täglichen Leben sein, die, aus ihrem ursprünglichen Zusammenhang genommen, der Ware eine andere Bedeutung geben. Hier wird an die Vorstellungskraft des Betrachters appelliert.

Ein Beispiel:

Viele Flaschenbürsten werden senkrecht ins Fenster gehängt. Sie spielen die entscheidende Rolle und sollen die Idee eines einfachen Steckhilfsmittels transportieren, mit dem der Kunde mühelos seine Blumengestaltung vornehmen kann. Sie sollen motivieren, die große Vase aus dem Bestand mal wieder umzugestalten. In der Mitte steht ein Podest mit einer Vase, die eine große Öffnung hat. In der Vase stecken die Bürsten verkehrt herum (Bürstenkamm nach oben). So versteht der Kunde die praktische Vorgehensweise mit Steckhilfsmitteln. Daneben die gleiche Vase, als Beispiel gelungener Blumengestaltung, gefüllt mit Sommerblumen. Darunter der Slogan: Mit kleinen Tricks – Spaß am Gestalten!

Ein Beispiel: Ventilator

Ein Ventilator, der normalerweise zur Kühlung eingesetzt wird, assoziiert im herbstlichen Schaufenster stürmisches Wetter, bewegt einen Papierdrachen und führt darüber zu herbstlichen Themengestaltungen.

Ein Beispiel: Schrift

Schrift ist ein Hilfsmittel, das zu einem nonverbalen Dialog mit dem Betrachter führt. Schrift kann in Form von Lyrikversen in Stimmung versetzen, mit übergroßen Buchstaben Blickpunkte schaffen und so von weitem Information darüber geben, was im Detail zu sehen ist.

Blickpunkte

Als Blickpunkt bezeichnet man einen Punkt, der den Blick auf sich zieht und Aufmerksamkeit auslöst. Blickpunkte müssen groß und auffällig sein und durch Farbe, Bewegung oder Originalität beeindrucken. Blickpunkte sorgen für Fernwirkung. Sie werden von Menschen in vorbeifahrenden Autos gesehen und machen Passanten auf der anderen Straßenseite neugierig.

Blickpunkte können durch Produkte, Blumen, Pflanzen oder warenfremde Hilfsmittel entstehen:

- Poster,
- Bilder,
- Symbolzeichen,
- Figuren,
- Fotos,
- Requisiten.

Bild 1 Blickpunktdekoration

Die Blickpunktwirkung wird verstärkt durch geschlossene Rückwände.

- Farbigkeit,
- Licht,
- Bewegung,
- Kompaktheit,
- Stimmungen.

Bild 2 Blickpunktwirkung Poster mit Botschaft

Checkliste zur Vorgehensweise bei der Erstellung einer Schaufensterdekoration:

- Thema wählen,
- Hilfsmittel bestimmen,
- Dekorationsware festlegen,
- Blickpunkt planen,
- Technik vorbereiten,
- Warenträger bestimmen und aufbereiten,
- Zuständigkeiten festlegen,
- Termin der Fertigstellung.

Gemeinsames Gestalten fördert den Teamgeist!

2.1.3 Warenpräsentation im Innenbereich

Bild 3 Waren in Szene setzen

Bild 4 Blickpunkt Wohnen

Bild 1 Verkaufsware konzentrieren

Bild 2 Faszination Blau

2.1.4 Warenpräsentation im Außenbereich

Ist der Kunde durch die Attraktivität der Schaufensterdekoration neugierig geworden, muss nun der Eingang eine Einladung sein.

Bild 3 Eingangsbereich

Zur Überwindung der Schwellenangst ist eine geöffnete oder eine sich automatisch öffnende Tür von großem Vorteil, so ist ein barrierefreies Eintreten möglich. Muss die Eingangstür geschlossen bleiben, ist darauf zu achten, dass der Blick (bei Glastüren) z. B. in den Laden freigegeben ist und nicht durch Anbringung von Plakaten eine optische Barriere geschaffen wird. Der Eingang muss genauso attraktiv gestaltet sein wie die Schaufenster und der Außen- oder Innenbereich des Unternehmens.

Bild 4 Eingangswerbung

Kaum eine andere Branche kennt so viele gestalterische Möglichkeiten der floralen Umsetzung wie die Floristik. Begrünte Rankgitter oder Spaliere, Kugelbäume oder originelle Pflanzarbeiten bieten dem Kunden ein kreatives Willkommen.

Im Eingangsbereich kann der Florist schon etwas von dem in Szene setzen, was die Kunden im Geschäft erwartet – das ist Kundeninformation.

Einige Informationen gehören in den Eingangsbereich. Das sind:

- Firmenname,
- Postadresse,
- Name des Inhabers oder Geschäftsführers,
- Telefonnummer des Inhabers,
- Öffnungszeiten.

Darüber hinaus kann mittels grafisch gestalteter Schilder mit der Leistung des Unternehmens geworben werden. Wenn der Eingangsbereich dies zulässt, sollten diese Schilder rechts und links vom Eingang angebracht sein.

Die Außenflächen

Die Außenflächen rechts und links vom Eingang sowie die Flächen vor den Fenstern eignen sich für eine gestaltete Wegeführung in den Laden. Diese Außenflächen sollten bereits die Philosophie des Unternehmens widerspiegeln und gehören wie alle anderen gestalteten Flächen zur Unternehmensaussage.

Bild 1 Außengestaltung im Frühling

Die Gestaltung dieser Flächen zu vernachlässigen oder gar nicht zu nutzen ist eine vergebene Chance.

Was sind die Vorteile einer gelungenen Außengestaltung?

- Schwellenangst wird abgebaut.
- Verweildauer wird gesteigert.
- Entscheidungsfindung wird beeinflusst.
- Im Geschäft wird Präsentationsfläche freigesetzt.
- Es kommt zu Spontaneinkäufen.

> Auslagen auf öffentlichen Plätzen und Straßen sind genehmigungs- und gebührenpflichtig!

Die Nutzung muss beantragt werden. Die Fläche wird vom Ordnungsamt (Marktamt) genehmigt und berechnet.

Die Außenpräsentation lebt genau wie das Schaufenster und der Eingangsbereich von der Veränderung der „Darbietung". Wechselnde Anordnungen vor dem Geschäft erhöhen den Aufmerksamkeitsgrad und bieten dem Kunden den ersten „guten Eindruck". Deshalb muss der Außendekoration ebenso viel Aufmerksamkeit und Pflege zuteil werden wie dem übrigen Sortiment.

Bild 2 Außendekoration zum Advent

2.1.5 Ladengestaltung und Wegeführung

Der Kunde betritt das Ladengeschäft aus unterschiedlichen Motiven. Entweder ist er bereits entschlossen und kauft gezielt oder er ist unentschlossen und lässt sich durch

- die Wegeführung,
- die Ansprache,
- die Atmosphäre

beeinflussen. Aus dem Kundenverhalten kann man wichtige Information für die Gestaltung des Grundrisses und der Wegeführung ableiten.

Wegeführung

Die Wegeführung darf kein Hindernislauf werden. Mühsames Erreichen der Warengruppen, Regale oder Arbeitstheken wirkt dem Erlebniskauf entgegen.

Wie wird erreicht, dass der Kunde mit Freude die Wegeführung annimmt?

Längere Wege sind interessant zu gestalten durch

- Wareninseln,
- besondere Blickpunkte (auch Faszinationspunkte genannt),
- Aktionsflächen,
- Frei- oder Verweilräume,
- Funktionsfläche (Kasse, Packbereich).

Auf der Wegeführung durch das Geschäft sollten Erlebnispunkte Anreiz zum Verweilen bieten, bevor der Kunde zu den Funktionsflächen wie Beratungs- und Packtisch sowie zum Kassenbereich gelangt.

Bild 1 Verweilzone

Wenn die Größe und Grundfläche eines Geschäftes es zulässt, sind Rundläufe ein probates Mittel, die Wegeführung interessant zu gestalten. Kein Kunde geht gerne den gleichen Weg zurück, wenn die Raumgestaltung eine andere Führung zulässt.

Ist der Grundriss so gestaltet, dass es zwei Laufrichtungen gibt, wird sich der Kunde meistens rechts orientieren, während sein Blick beim Betreten des Raumes zunächst nach links gerichtet ist. Dies ist eine unbewusste Handlung und entspricht der Gewohnheit des Menschen, von links nach rechts zu lesen. Für die Dekoration der Verkaufsfläche kann diese Erkenntnis wirkungsvoll genutzt werden.

Mit einer guten Wegeführung wird erreicht, dass der Kunde das gesamte Angebot erfassen kann und so Impulse und Orientierung für seine Entscheidung findet.

Kaufklima

In Verbindung mit dem Schaufenster, der Außengestaltung und dem Eingangsbereich soll der Verkaufsraum ein stimmungsvoller Raum sein, der stilistisch und farblich auf die jeweils zu präsentierenden Warengruppen abgestimmt ist. Das Kaufklima wird bestimmt durch die Präsentation der Produkte und die Dienstleistung in einem Raum, der Ambiente vermittelt und die Basis für ein gutes Gesprächsklima bietet. Positive Kauferlebnisse aktivieren Gefühle, und so wird der subjektive Erlebniswert ein realer Beitrag zur Lebensqualität. Betritt der Kunde das Geschäft, wird er die Ware über alle fünf Sinne wahrnehmen. Das kann positiv oder negativ sein.

☺	☹
Er hört Entspannungsmusik, Vögelgezwitscher, Meeresrauschen, Wasserläufe.	Er hört Arbeitsgeräusche vom Sägen, Hämmern, Bohren oder Funktionsgeräusche wie Klimaanlage, Straßengeräusche.
Er spürt angenehme Temperaturen.	Er spürt Zugluft, Kälte.
Er riecht Blumenduft, Citrusfrüchte, Gewürze (Weihnachten), Duftkerzen.	Er riecht veralgtes Blumenwasser, Reinigungsmittel, verwelkte Blumen.
Er schmeckt über den Geruchssinn den Duft von Kaffee in der Luft.	Er schmeckt über den Geruchssinn Essen aus dem Arbeitsraum.
Er sieht Farbigkeit, Harmonie, Gestaltung, Licht.	Er sieht Unordnung, Abfälle auf dem Boden, ungepflegte Waren, schmutzige Gefäße.

Bild 2 Angenehmes Kaufklima durch Klarheit

Das Angebot an Waren im Geschäft muss so viel visuelle Informationen enthalten, dass Kaufreize geschaffen werden. In einem weitgehend gesättigten Markt muss die Warenpräsentation so gestaltet sein, dass der Kunde immer wieder neue Anregungen bekommt, seine Kreativität geweckt und er zum Kauf angeregt wird.

Gerade in der grünen Branche führt die Visualisierung der Ware zu einem persönlichen Kauferlebnis. Das nährt die Grundbedürfnisse des Menschen, Blumen und ähnliche Werkstoffe zu berühren oder daran zu riechen. Dies ist nur ganz unmittelbar im Ladengeschäft zu erreichen, was ein großer Vorteil gegenüber anderen Vermarktungswegen, wie Internet oder Telefonshopping, bedeutet.

Warenpräsentation

Die Präsentation der Ware im Verkaufraum soll die Sortimentsideen zum Ausdruck bringen. Häufig erliegt man der Versuchung, alles an Ware zu zeigen, was man zu bieten hat. Dabei wird oft vergessen, dass Freiräume ein großer Wirkfaktor sind, die dem Auge Ruhe gönnen und Führung geben.

Wareninseln

Je größer die Abstände der Warengruppen sind, umso anschaulicher wird die Dekoration.

Die Warenträger sollten einheitliche Grundformen haben, eine untergeordnete Rolle spielen und nicht durch unterschiedliche Formen und Materialien von der Ware ablenken. Die Raumstruktur wird in einzelne Segmente gegliedert.

Dabei bewirkt die Gruppenbildung ein konzentriertes Sehen und Erleben der Verkaufsware. Das kann sich sehr verkaufsfördernd auswirken.

Bild 1 Wareninseln

Die Platzierung der Warenträger soll den Kunden „in den Raum ziehen" – sie werden nicht so aufgestellt, dass sie den Lauf blockieren.

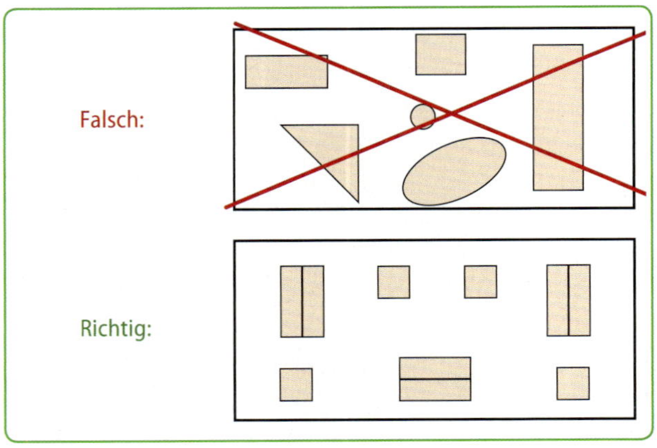

Bild 2 Raumstruktur

Regale

Regale schaffen Ordnung, bündeln das Sortiment und werden in aufsteigenden Höhen zum Kundenweg angeordnet. Diese Anordnungsweise wird als Arenaeffekt bezeichnet.

Farbgruppen

Gestalten heißt Ordnen!
Farbgruppierungen schaffen eine schnellere Orientierung.

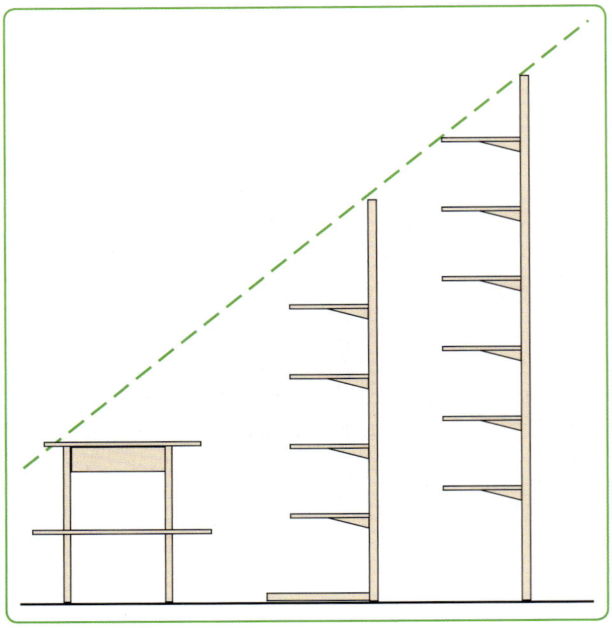

Bild 3 Arenaeffekt

Jeder Mensch hat Vorlieben für bestimmte Farben. Findet er sie schnell, fühlt er sich angezogen von dem Sortiment und muss nicht seine Lieblingsfarbe mühsam suchen, weil sie an vielen verschiedenen Stellen im Geschäft platziert ist. Farbe kann auch Führung geben.

Faszinationspunkte

Faszinationspunkte gehören in den vorderen Bereich des Ladengeschäftes, Informationspunkte in den hinteren Bereich.

> Faszinationspunkte sind Blickpunkte mit gefühlsstarken Themen!

Bild 4 Faszinationspunkt

Beispiel 1: Tischdekoration

Ein Thema mit einem hohen Identifikationspotenzial. Geht es dann noch um eine aktuelle Thementischumsetzung, erzeugt diese Dekoration einen Nachahmungseffekt, mindestens aber die Aufmerksamkeit (Faszination).

Im Ergebnis bedeutet das:

- Präsentation einer Firmenleistung für Feiern oder Events,
- Zusatzverkäufe durch Nebenprodukte,
- Imagesteigerung für das Unternehmen.

Das Unternehmen stellt nicht nur seine Kreativität und Kompetenz unter Beweis, sondern erreicht noch Zusatzverkäufe, die sonst untergehen würden. Idealerweise sind die verarbeiteten Materialien zum Einzelverkauf in einem Regal zu finden, das in unmittelbarer Nähe des Faszinationspunktes platziert ist.

Das können in diesem Fall sein:

- Sets,
- Servietten,
- Tischbänder,
- Gläser,
- Kochbücher,
- Kerzen,
- Sitzkissen,
- Tischdecken,
- Küchenkräuter,
- Windlichter,
- alle themenverwandten Artikel.

So baut sich ein Nachahmungseffekt auf, der zusätzliche Einnahmen bringt (Zusatzverkäufe).

> Erlebnispräsentationen nur punktuell einsetzen, um die Aufnahmefähigkeit des Kunden nicht zu überfordern.

Beispiel 2: Faszinationspunkt Orchideen

Hier kann auf Informationstafeln Wissenswertes über Orchideen vermittelt werden.

Die Orchideen können als Topfpflanzen mit besonderen Übertöpfen oder als Arrangements gestaltet werden.

Zusatzverkäufe können sein:

- Bücher über Orchideen,
- Stoffe mit Orchideemotiven,
- spezieller Dünger und Erde,
- Orchideenvasen,
- wohnliche Pflanzgefäße.

Faszinationspunkte sollten durch häufige Veränderungen faszinierend bleiben.

Aktionsflächen

Aktionsflächen können Sonderangebotsflächen (passive Aktionsflächen) oder Demonstrationsflächen mit z. B. Vorführungen zum Straußbinden oder Erdanalysen (bewegte Aktionsflächen) sein.

Bild 1 Aktionsfläche Werkstatt

Frei- oder Verweilflächen

Um die Sinne wieder aufnahmefähig zu machen für neue Eindrücke oder einfach nur zum Entspannen, sind Freiflächen unerlässlich und Verweilflächen wünschenswert.

In den Verweilflächen können auch Kinderspielecken oder Beratungsplätze eingeplant werden.

Das Entgegennehmen von Dekorationsaufträgen oder Fleurop-Vermittlungsaufträgen ist im Sitzen für Kunden und Verkäufer wesentlich entspannter. Bild- und Beratungsmaterial kann großzügiger präsentiert werden.

Die Beratungszone sollte einen störungsfreien Platz haben und abseits des Verkaufsgeschehens Diskretion vermitteln. Das ist besonders wichtig bei Trauer- oder Reklamationsgesprächen. Musik wirkt entspannend, wenn sie leise und dezent ist. Die Auswahl der Musik erfordert Fingerspitzengefühl.

Funktionsfläche

Als Funktionsfläche bezeichnet man den Kassen- und Packtischbereich sowie den Werkraum (Binderaum), der auch zur Aktionsfläche werden kann. Der Kassenbereich gehört an das Ende der Wegeführung, damit der Kunde vor dem Bezahlen an dem gesamten Sortiment vorbeikommt.

Bild 2 Kasse und Packtischbereich

Als Alternative bei breiten Ladenlokalen kann die Funktionsfläche auch als Insel in der Mitte des Raumes platziert sein, wenn zu allen Seiten gepackt und kassiert werden kann.

Die drei „L"

Licht lockt Leute, sagt eine alte Kaufmannsweisheit. Licht ist visuelles Gestaltungsmittel.

> Ohne Licht keine Sicht!

Licht verändert die Stimmung.

☺	☹
Sonnenlicht	Blaulicht
Sternenlicht	Neonlicht
Kerzenlicht	Blinklicht
Abendlicht	Blendlicht
Rotlicht	

Warme, intensivierende Beleuchtung berührt die Menschen emotional, d. h., sie ist gut für die Informationsphase.
Einsatzbereich: punktuelle Beleuchtung des Sortiments.

Kühle, sachliche Beleuchtung berührt die Menschen rational, d. h., sie ist gut für die Entscheidungsphase.
Einsatzbereich: Bestell- und Zahlungsvorgang.

Beides kann gut miteinander verbunden werden, denn mit Licht gestalten heißt: unterschiedliche Helligkeiten in verschiedenen Laden- und Schaufensterbereichen.

Idealerweise plant man bei der Neugestaltung eines Ladenlokals Helligkeitsregler ein. So gelingt es, die Beleuchtung als gestalterisches Element immer wieder zu verändern und der Warenpräsentation anzupassen. Licht richtig platziert, übt eine große Anziehungskraft aus.

Neben einer Mindestmenge an Licht (Grundbeleuchtung) können einzelne Waren durch punktuelle Beleuchtung hervorgehoben werden und die Kunden in den Bereich der Warengestaltung lenken. Erst differenziert eingesetztes Licht erzeugt Aufmerksamkeit. Ein gleichmäßig voll ausgeleuchteter Raum gibt dem Auge keine Führung. Erst die Akzentbeleuchtung zieht die Kunden an und steigert ihre Begeisterung.

> Licht ist ein Lockmittel!

Die Rückwand eines Ladengeschäftes hat einen hohen dekorativen Stellenwert. Durch die Beleuchtung der Rückwand wird sowohl die Gestaltung als auch die Anordnung von Warenträgern und Verkaufsware von dem Kunden wahrgenommen.

Die Attraktivität der gestalteten Rückwand mit Licht entscheidet darüber, ob ein Kunde bis zu diesem Punkt vordringt oder nur im vorderen Bereich des Ladens verbleibt.

Bild 1 Beleuchtete Rückwand

Die Rückwand sollte, um sich abzuheben, heller oder dunkler sein als die Beleuchtung im übrigen Raum.

Funktionsbeleuchtung wird eingesetzt für:

- Wege,
- Leitsysteme,
- Pflanzenwachstum,
- Farbintensivierung,
- Effektbeleuchtung,
- Anstrahlen von Blickpunkten,
- Lauflicht,
- Intervalllicht,
- Neonlicht,
- farbiges Licht.

Licht-Check

- Zieht die Beleuchtungssituation im Fenster die Kunden an?
- Ist der Eingangsbereich einladend beleuchtet?
- Sind Firmen- und Hinweisschilder so beleuchtet, dass sie lesbar sind?
- Gibt es unterschiedliche Beleuchtung für die Tages- und Nachtdekoration?
- Wird die Beleuchtung durch eine Schaltuhr geregelt?
- Sind genug Anschlussstellen für Strom da, um die Beleuchtung variabel einzusetzen?
- Sind die Strahler schwenkbar?
- Sind die Strahler blendfrei eingestellt?
- Können die Rückwände hell beleuchtet werden?
- Können Dimmer das Licht verändern?
- Sind die Leuchtmittel aus hitzeableitendem Material oder sind es Kaltstrahler?
- Welche Leuchten eignen sich?

2.1.6 Arbeits- und Sozialräume

Der Arbeitsraum

Der Arbeitsraum sollte nicht nur funktionell eingerichtet sein, sondern auch ein Klima bieten, indem sich Mitarbeiter wohlfühlen.

> Wer sich wohlfühlt, ist leistungsfähiger und leistungsbereiter.

Licht

Ein Wohlfühlfaktor ist das Licht. Der Florist arbeitet viel mit Farben, das Licht darf das Arbeitsmaterial in seiner Wirkung nicht negativ beeinflussen. Deshalb muss darauf geachtet werden, beim Licht einen weichen Warmton zu wählen. Für welche Art der Beleuchtung man sich entscheidet, hängt von der Art der Arbeit ab.

Ein Schreibtisch benötigt ein anderes Licht als der Arbeitsraum in einem Floristik-Fachgeschäft.

Als **ergonomisch optimal** wird die Kombination von direkter und indirekter Beleuchtung empfunden. Bei direkter Beleuchtung wird die Arbeitsfläche von oben beleuchtet, bei indirekter Beleuchtung geht der Strahlungswinkel am Arbeitstisch vorbei in den Raum.

> **Ergonomie** kommt aus dem Griechischen und ist aus zwei Wörtern zusammengesetzt: ergon, d. h. Arbeit
> nomos, d. h. Gesetz, Regel

Ergonomie am Arbeitsplatz betrachtet den Menschen als Ganzes. Ziel ist es, eine Arbeitsumgebung zu schaffen, die den Bedürfnissen des Menschen entspricht.

Bild 1 Arbeitstisch mit direkter Beleuchtung

Bild 2 Arbeitstisch mit indirekter Raumbeleuchtung

Neben der allgemeinen Raumbeleuchtung gibt es inzwischen auch mobile Arbeitsplatzleuchten, die bei sehr feinmotorischen Arbeiten wie Brautschmuck oder besonderen Wicklungen mit Zierdraht eine arbeitsplatzbezogene Beleuchtung möglich machen.

Die Richtlinien für die Mindestbeleuchtung am Arbeitsplatz ist in DIN 5035 nach der Arbeitsstättenrichtlinie ASR 7/3 festgelegt.

Ob dieser Wert aber mit den tatsächlichen optimalen Arbeitsbedingungen im Einklang steht, ist auch ein sehr subjektives Empfinden. Deshalb sollte eine objektive Messung als Orientierung dienen.

Am anschaulichsten ist die Messtechnik, die in Lux gemessen wird. Die Anforderung an die Beleuchtungsstärke liegen bei der allgemeinen Raumbeleuchtung bei 750 Lux. Bei älteren Mitarbeitern liegt sie bei ca. 1 000 Lux. Die Leuchten müssen blend- und flimmerfrei sein.

Damit die Sehleistung nicht negativ beeinflusst wird, dürfen keine störenden Reflexe von der Beleuchtung ausgehen. Deckenleuchten, die ein Spiegelraster haben, sorgen für blendfreies Licht; so eine Studie der Bundesanstalt für Arbeitsschutz.

Bedarfsgerecht eingesetztes Licht fördert die Gesundheit, ein ungenügend beleuchteter Raum dagegen erzeugt Müdigkeit, nachlassende Konzentration, Kopfschmerz und Nervosität.

Die Lichtfarben der allgemeinen Raumbeleuchtung und die der Arbeitsplatzbeleuchtung sollten identisch sein.

Temperatur

Natürlich gibt es auch für Arbeitstemperaturen im Rahmen der Arbeitsstättenrichtlinien nach ASR 6 Empfehlungen für die maximale Arbeitstemperatur. Bei diesen Eckpunkten ist der Gesetzgeber jedoch von normalen Betriebsstätten ausgegangen.

Die grüne Branche präsentiert sich da extrem. In den Gewächshäusern ist es sehr warm, im Floristik-Fachgeschäft eher zu kalt. Für beide Situationen muss eine subjektive Lösung gefunden werden. Die Handelsware steht da eher im Mittelpunkt der Betrachtung als der Mensch. Die Empfehlung kann nur sein, über angepasste Kleidung ein erträgliches Klima zu schaffen.

Zweckmäßigkeit

Die Arbeitsraumgestaltung beruht auf der Zweckmäßigkeit der Arbeitsabläufe. Ein Arbeitsraum ist kein Mittel zum Zweck, sondern hat viel mit der Selbstdarstellung des Unternehmens zu tun.

Je nach Betriebskonstellation hat der Kunde Einblick oder Zutritt in den Kreativteil des Unternehmens. Aber selbst wenn der Kunde keinen Einblick hat, so wirkt sich der Arbeitsraum, die Werkstatt mit ihrer Einrichtung, positiv oder negativ auf die Arbeitsstimmung der Mitarbeiter aus.

Das Corporate Design sollte nicht außerhalb der Verkaufsräume aufhören.

Die Arbeitstische müssen unterschiedliche Höhen haben oder höhenverstellbar sein, da die ergonomischen Anforderungen abhängig sind von der Körpergröße der Mitarbeiter. Bestenfalls gehört zu jedem Arbeitsplatz ein höhenverstellbarer Stuhl oder eine Stehhilfe.

Bild 1 Entlastung durch Stehhilfe

Es gibt viele Arbeitsabläufe, die auch im Floristbereich im Sitzen verrichtet werden können; das ist gelenkschonend und entlastet die Wirbelsäule.

Die ideale Arbeitstiefe ist das Maß eines ausgestreckten Arms + max. 50 cm in der Tiefe für eventuelle Ablagen, z. B. eine größere Kranzunterlage. Kurze Arbeitswege innerhalb der Arbeitsabläufe sind wirtschaftlich und produktiv.

Das bedeutet für den Floristen, dass alle Werkzeuge und Hilfsmittel in Griffnähe sind. Idealerweise befindet sich auch die Wasserzuleitung und das Abfallentsorgungssystem in der Nähe.

Die Arbeitsabläufe für die Schnittblumenversorgung und -verarbeitung, für die Binderei oder Pflanzarbeiten in unterschiedliche Arbeitsbereiche aufzuteilen, wäre der Idealfall. Es sei denn, es gibt ein Mobiliar, das mit wenigen Handgriffen für eine Nutzungsänderung umzugestalten ist.

Sozialräume

Ein Betrieb mit mehr als 10 Arbeitnehmern hat einen separaten Pausenraum von mind. 1 qm pro Mitarbeiter, jedoch mind. 6 qm zur Verfügung zu stellen. Die lichte Höhe muss den Arbeitsräumen entsprechen. Der Pausenraum muss eine angenehme Aufenthaltstemperatur aufweisen und gut zu belüften sein.

Der zeitliche Umfang der Beschäftigung ist nicht relevant für die Errichtung von Sozialräumen.

Bestandteile der Ruheräume nach § 29 der ArbStätt.V sind:

- leicht zu reinigende Tische,
- Sitzgelegenheiten mit Rückenlehne,
- Kleiderhaken oder Spindschränke,
- ein abschließbares Fach für Wertsachen,
- Abfallbehälter,
- die Möglichkeit Speisen aufzuwärmen
- und Getränke zu kochen.

> Pausenregelungen werden im Arbeitszeitengesetz geregelt.

Werdenden oder stillenden Müttern steht ein separater Raum mit Liege zu.

Waschgelegenheit und hygienische Mittel zum Reinigen und Trocknen der Hände sind Pflicht.

Toiletten

Eine ausreichende Zahl von Toiletten, gut zu belüften und ausgestattet mit Waschbecken und Reinigungsmittel und getrennt nach Männern und Frauen, ist die Mindestanforderung im Rahmen der Arbeitsstättenverordnung.

Erholung

Arbeitspausen dienen der Regeneration von Körper und Geist. Deshalb darf die Ausstattung der Räume, im Einvernehmen mit den Mitarbeitern, auch über die gesetzlich geforderten Mindestanforderung hinausgehen und durch persönliche oder wohnliche Akzente für einen angenehmen Aufenthalt sorgen. Das können Bilder an der Wand, Pflanzen oder Kissen sein, die dem ästhetischen Empfinden des Floristen entgegenkommen.

Bild 1 Pausenraum

2.2 Warensortiment

Absatzformen und Standortwahl

Ein Florist möchte sich selbstständig machen und ein Blumengeschäft eröffnen. Er muss entscheiden, ob er dieses Vorhaben in einem stationär geführten Ladengeschäft, im Internetshop oder beweglich auf Märkten oder Messen verwirklichen will.

Nach welchen Kriterien wird ein Ladenlokal gesucht?

Absatzorientierte Standortfaktoren

Ausführliche Infos zum Thema „Standortfaktoren“ ab S. 121.
Hier wird die Kaufkraft des favorisierten Stadtteils in Erfahrung gebracht.

- Gibt es eine gute Frequenz an Laufkunden?
- Hat die Lage ein gutes Image?
- Wie ist die Erreichbarkeit?
- Gibt es eine Anbindung an öffentliche Verkehrsmittel?
- Stehen Parkplätze zur Verfügung?

Arbeitsorientierte Standortfaktoren

- Wie ist in dem Stadtteil das Lohnniveau?
- Bekommt man dorthin qualifizierte Fachkräfte?
- Welche Ausrichtung hat der Stadtteil?
- Architektonisch, eher konservativ oder Hightech?
- Wie sind die kulturellen Möglichkeiten?
- Wie ist der Freizeitwert?
- Gibt es Bildungseinrichtungen (Uni)?

Absatzkontakte

Im zweiten Schritt muss überlegt werden, welche Möglichkeiten bestehen, die gegründete Firma bekannt zu machen.

- Persönliche Beziehungen,
- Messen,
- Händlerwebseite und -netzwerk,
- Werbung.

Anlieferungsmöglichkeit

Ein häufig unterschätzter Faktor. Doch gerade die Anlieferung verderblicher Ware muss so unkompliziert wie möglich gewährleistet sein. Zum einen werden Frischblumen und Pflanzen öfter geordert als Hartware, zum anderen darf die Ware nicht der Gefahr ausgesetzt werden, bei Frost, Wind oder großer Hitze längere Transportwege vom Lieferfahrzeug in das Ladenlokal zu riskieren. Abgesehen vom Zeitfaktor des Zulieferers.

Entwicklungsmöglichkeit

- Welche Entwicklungsmöglichkeiten gibt es in dem Stadtteil?
- Bevölkerungsentwicklung, Konkurrenzentwicklung, was plant die Gemeinde?

Ladenlokal gefunden

Über die Prüfung des Standortes hinaus, muss dann geklärt werden:

- Warum steht dieses Ladengeschäft zur Vermietung?
- Wer war der letzte Nutzer (Kontaktaufnahme)?
- Warum konnte er nicht bleiben?
- Warum ist der Preis so günstig?
- Sind verkehrstechnische Maßnahmen geplant (z. B. Änderung der Verkehrsführung)?

All diese Umstände sind nicht nur für eine gelungene Unternehmensführung wichtig, sondern auch für die Entscheidung, wie stellte ich mein Sortiment zusammen.

Sortimentanalyse, Sortimentgestaltung

Wenn zu Beginn einer Unternehmensgründung noch keine Zahlen vorliegen, die Aussagen über das Sortiment geben, kann es bei der Zusammenstellung der Warengruppen von Bedeutung sein, wenn bekannt ist, wie die Kundenstruktur in diesem Stadtteil ist. In einem Universitätsviertel kann von einem anderen Kaufverhalten ausgegangen werden, als in einer gewachsenen Villengegend. Familien kaufen anders ein als Singles, Geschäftskunden anders als Privatpersonen.

Floristik Sträuße, Gestecke usw.	Hochzeitsfloristik
Trauerfloristik	Raumschmuck
Dekorationsbänder	Schnittblumen
Topfpflanzen	Dekorationsartikel
Keramik	Technik
Lieferservice	Fleurop

Bild 1 Beispiele für Warengruppentasten

Entscheidungsgründe des Floristen für das Sortiment

Um eine sichere Entscheidung für die Zusammenstellung oder Veränderung des Sortiments zu treffen, eignen sich Registrierkassen mit vielen Warengruppentasten zur Ermittlung des tatsächlichen Bedarfs. Auf den Tasten sind zwecks schnelleren Kassiervorganges alle Waren in Gruppen zusammengefasst.

> Im Umsatzprotokoll könnten in einer zusätzlichen Spalte Besonderheiten notiert werden, die in der Rückbetrachtung Aufschluss über Umsatzschwankungen geben, z. B. Straße gesperrt oder Dauerregen, Blitzeis oder Streik.

Sorgsam eingegebene Umsätze auf die bezeichneten Warengruppen geben täglich Aufschluss darüber, wie hoch der Umsatzanteil verschiedener Waren ist. So gelingt es, den Einkauf zielsicher auf den Bedarf abzustimmen. Auch Versuche, neue Sortimente hinzuzunehmen, geben sehr schnell Auskunft über den Erfolg des Absatzes.

Hat ein Unternehmer dieses Warenabsatzprotokoll über ein ganzes Geschäftsjahr geführt, kann er saisonale Schwankungen erkennen und auch die Ordermenge danach ausrichten.

Ausschnitt aus Jahresumsatzzahlen

	Schnittblumen	Topfpflanzen	Werkstück	Keramik	Kunstgewerbe	Gesamt
Mai Muttertag	33 250 €	1 800 €	4 000 €	240 €	200 €	39 490 €
Juni Auspflanzzeit	18 400 €	2 200 €	1 840 €	1 180 €	220 €	23 840 €
Juli Ferien	6 900 €	2 100 €	790 €	190 €	280 €	10 260 €
August Ferien	9 400 €	1 710 €	700 €	115 €	195 €	12 120 €
September Straßenfest	20 500 €	1 370 €	820 €	180 €	1 510 €	24 380 €
Oktober	22 100 €	1 500 €	1 910 €	220 €	305 €	26 035 €
November Advent	26 000 €	4 010 €	6 500 €	240 €	280 €	37 030 €
Dezember	38 200 €	11 800 €	4 300 €	370 €	1 410 €	56 080 €

Die Auswertung der Umsatzanteile gibt nicht nur Aufschluss über die zu tätigende Einkaufsmenge, sondern sie können auch Hinweis für die Personalplanung sein. Wichtig dabei ist eine präzise Eingabe der Warengruppe, z. B. Sträuße unter „Werkstück" und nicht unter „Schnittblume", da bei Sträußen der Arbeitsaufwand anteilig höher ist.

Nach den aufgezeichneten Erfahrungswerten kann der Einkauf genauer vorgenommen werden. Auch wichtige Ereignisse, die das Kaufverhalten und somit den Umsatz beeinflussen, kann man sich zusätzlich notieren, z. B. Straße drei Tage gesperrt oder heute Frost und Schnee. So lassen sich Umsatzeinbrüche auch später noch erklären.

2.3 Marketing und Erfolgskontrolle – keine Frage der Betriebsgröße

Marketing ist aus dem Begriff Absatzwirtschaft entstanden und beschreibt einen Teil der ganzheitlich zielgerichteten Unternehmensführung.
Marketing beschreibt die Ausrichtung des Unternehmens an den Bedürfnissen des Marktes.
Ziel des Marketings ist die Gestaltung und Erschließung neuer Absatzmärkte.
Bevor sich ein Unternehmen dem Marketing zuwendet, ist eine Marktanalyse unerlässlich.

Marktanalyse ist die systematische, methodische Untersuchung der Stellung einzelner Unternehmen am Markt.

Die Marktanalyse ist ein wichtiger Baustein des Marketings.
Sie dient der Informationsbeschaffung.

Nur so ist es möglich, **Marktnischen**,

- das sind Waren und Dienstleistungen, die zu wenig oder gar nicht bedient werden,

oder **Marktpotenziale**,
- das sind die Erkundungen marktfähiger Mengen,

zu erfahren.

Die Marktanalyse

Zur Marktanalyse gehört es Strukturen zu erfassen. Dabei geht es auch darum
- **Kundentypen**

durch Kundenbefragungen und Kundengespräche kennenzulernen und dadurch Zielgruppen näher zu bestimmen. Man spricht dann von
- **Kommunikationsmarketing.**

Die Gespräche und der Kontakt zu den Kunden sind die wichtigsten Quellen der Bedarfsermittlung. Nur wer seine Kunden kennt, kann sein Sortiment danach ausrichten und konsequent den Kundenbedarf befriedigen.

Kundenorientierung ist also auch ein Teil des Marketings, denn zufriedene Kunden bedeuten eine langfristige Sicherung der Unternehmensexistenz.

Um die Veränderungen am Markt zu verstehen ist es unerlässlich, auch die Mitbewerber im Auge zu behalten.

Die sogenannte **Konkurrenzbeobachtung** ermöglicht es dem Unternehmen, Marktnischen zu finden und sich über Preis und Leistung neu zu positionieren.

Auch für die Unternehmen, die bereits länger am Markt sind, ist eine in Abständen durchgeführte **Standortanalyse** von großer Wichtigkeit. Der Standort kann sich in seinen Strukturen verändern.

So können sich Verkehrswege ändern, Ampelanlagen verlegt werden, die Halte- und Parksituation geändert werden oder geplante Tiefbauarbeiten die gewohnte Kundenfrequenz beeinflussen und damit den einst guten Standort schwächen.

Auch ein veränderter Branchenmix in der Nähe des Unternehmens kann verantwortlich dafür sein, dass sich die Kundenstruktur und das Kaufverhalten verändert.

Auf all diese Veränderungen muss schnell und angemessen reagiert werden, unternehmergeführten und mittelständischen Betrieben gelingt das meistens, bedingt durch kurze Entscheidungswege, besser als großen Unternehmen mit einer eigenen Entscheidungshierarchie.

Denn auch unter Berücksichtigung zunehmendem Wettbewerbsdrucks, neuer Technologien, schnellerer Medien und Globalisierung (Nelken aus Kenia, Rosen aus Brasilien), hat das Marketing nicht an Bedeutung verloren.

Neben der **Marktanalyse** sollte auch eine **Firmenanalyse** gemacht werden.

Die Firmenanalyse

Mit der Firmenanalyse ermittelt man den **Istzustand** des Unternehmens. Sie ist wichtig, um die eigenen Stärken und Schwächen zu erkennen, aber auch Chancen und Gefahren wahrzunehmen. Die Vorgehensweise könnte eine Auflistung aller relevanten Fragen zur Unternehmensführung sein.

- Wie ist das Unternehmen mit seinen Produkten und Dienstleistungen am Markt positioniert?
- Wie groß ist der Marktanteil?
- Ist das Unternehmen mit dem Umsatz zufrieden?
- Reicht die Rentabilität?
- Ist die Kundenzufriedenheit bekannt?
- Wie ist die Kosten-Nutzen-Situation?
- Welches Image hat die Firma?

Aus der Differenz zwischen **Ist** und **Soll** können dann die Marketingziele definiert werden.
- Welche Position möchte das Unternehmen am Markt erreichen?
- Wie kann der bisherige Marktanteil gesteigert werden?
- Welche Umsatzziele hat das Unternehmen?
- Lässt sich die Rentabilität noch steigern?
- Muss an der Kundenzufriedenheit noch gearbeitet werden?
- Kann man die Kosten noch senken oder den Nutzen steigern?
- Welches Image wünscht sich das Unternehmen?

Aus der besonderen Markt- und Personalsituation kleinerer Unternehmen ergeben sich auch viele Chancen für ein erfolgreiches Marketing, das sind:
- kurze Entscheidungswege,
- flexible Handlungen,
- geringe Mitarbeiterfluktuation,
- hohe Identifizierung der Mitarbeiter mit dem Betrieb,

- Marktnähe,
- Kundenorientierung,
- große Servicebereitschaft.

2.3.1 Marketingkonzept

Aus Marketingzielen entwickelt sich eine Strategie.

> **Strategie**, die gute Idee, wo es hingehen soll

Aus der Strategie wird ein Konzept, also ein Entwurf.

Im Marketingkonzept werden kurz-, mittel- und langfristige Ziele definiert, aus dem heraus Maßnahmen zur konkreten Umsetzung entwickelt werden.

Die **quantitativen** Ziele sind marktökonomischer Art.
Dabei geht es um:
- Marktanteil,
- Umsatz,
- Absatz,
- Preis.

Die **qualitativen** Ziele sind eher marktpsychologischer Art.
Dabei geht es um:
- Firmen- und Markenimage,
- Bekanntheitsgrad,
- Kundenzufriedenheit,
- Kundenbindung.

Das Konzept ist der Marketingfahrplan, aus dem heraus sich die Strategie entwickelt, die speziell für **das** Unternehmen die richtige ist.

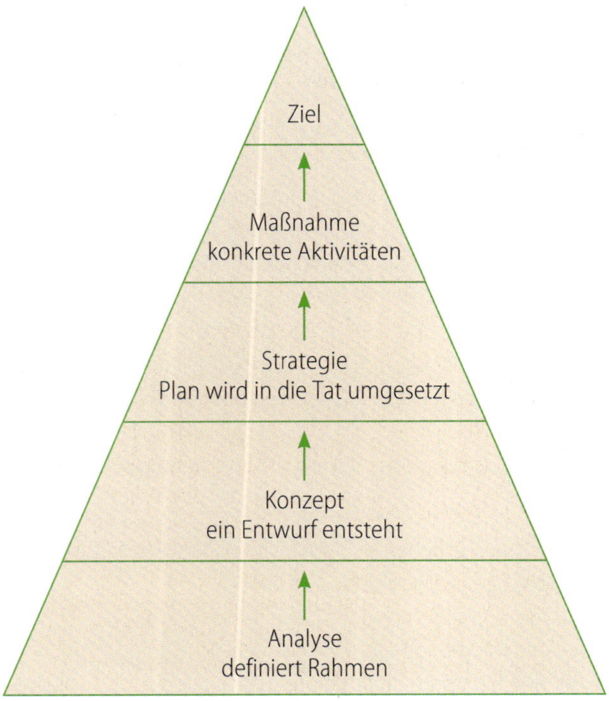

In der Praxis werden meistens verschiedene Instrumente zum Erreichen der Unternehmensziele eingesetzt. Man spricht dann von einem **Marketingmix**.

2.3.2 Marketingmix

Die Vorgehensweise, den Marketingmix zu platzieren, kann erfolgen über:

- das Produkt, z. B. Qualität, Direktvermarktung,
- den Standort, z. B. stationäres Geschäft, Messen, Märkte, Ausstellungen,
- den Preis, z. B. Aktionen, Rabatte, Sonderverkäufe,
- die Kommunikation, z. B. Werbung, Vorträge, Sponsoring, Empfehlungen.

> Sponsoring, d. h. Fördern von Aktivitäten durch Geld, Sachmittel oder Dienstleistungen, durch deren Förderung werbliche Effekte entstehen.

2.3.3 Marketingmaßnahmen

Welche Marketingmaßnahmen helfen dabei, Geschäftskonzepte umzusetzen?

Ein Instrument ist die Werbung. Dabei wird die Direktwerbung von Streuwerbung unterschieden.

Die Direktwerbung
Darunter ist
- der Werbebrief,
- das Telefonat,

- die E-Mail,
- der Katalog,
- das Werbegeschenk

zu verstehen.

Direktwerbung richtet sich an ausgewählte Kunden. Dafür muss das Unternehmen eine Kundenkartei mit Name, E-Mail, Telefon oder Postadresse führen.

Die Streuwerbung ist anonym und richtet sich an alle, die sie empfangen. Das geschieht über:

- die Anzeigen,
- den Werbebanner,
- die Rundfunk- und Fernsehwerbung,
- den Internetauftritt.

Natürlich muss aus Kostengründen genauestens geprüft werden, mit welchem Medium das Unternehmen wirbt. Was aber nicht unterschätzt werden darf, ist die Werbewirksamkeit der Eigendarstellung des Unternehmens.

Das klassische Werbeinstrument nach außen ist:

- die Geschäftsausstattung,
- das Logo,
- die Anzeigen,
- die Flyer,
- die Fahrzeugbeschriftung,
- die Geschäftspapiere,
- die Kleidung.

Es garantiert einen hohen Wiedererkennungswert durch ein einheitliches Erscheinungsbild und sorgt für ein gutes Firmenimage.

2.3.4 Firmenauftritt

Corporate Identity (kurz CI)

Man unterscheidet das firmenbezogene und das persönliche äußere Erscheinungsbild. Das persönliche Erscheinungsbild ist eingebettet in den gesamten Firmenauftritt, denn Ware und Dienstleistung repräsentieren das Unternehmen nach außen. Dazu gehören:

- das Verhalten,
- die Erscheinung und
- die Sprache der gesamten Belegschaft.

Dieser Wiedererkennungswert des Unternehmens, die unverwechselbare Wahrnehmung durch den Kunden, nennt man Corporate Identity. Diese setzt sich aus folgenden drei Erscheinungsformen zusammen:

- Verhalten,
- Erscheinungsbild,
- Kommunikation.

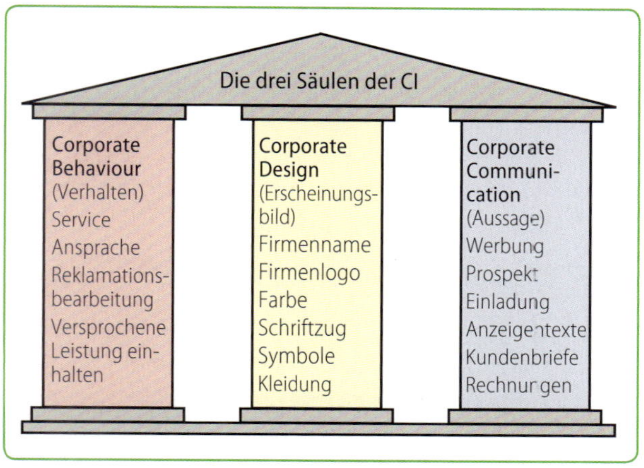

Bild 1 Drei Säulen der Corporate Identity

Corporate Behaviour – Verhalten

In dem Unternehmen sollte eine einheitliche Sprache gesprochen werden. Das bedeutet: Es gibt feste, einheitliche Regeln bezüglich der Serviceleistung, der Ansprache, z. B. am Telefon, sowie bei der Reklamationsbearbeitung.

Regelmäßige Mitarbeitergespräche, in denen Situationen besprochen und Regeln überarbeitet werden, sind ein sinnvolles Instrument.

Corporate Design – Erscheinungsbild

Das ist die Form, in der sich ein Unternehmen nach außen präsentiert. Das können ein Logo, ein Schriftzug oder spezielle Firmenfarben sein. Sie sind ein fester Bestandteil des Erscheinungsbildes, der

- auf der Berufsbekleidung,
- als Firmenbeschriftung,
- am Fahrzeug,
- auf Drucksachen usw.

zu sehen ist und durch ständige Wiederholung zu einem unverwechselbaren Wiedererkennungswert wird.

Corporate Communication

Auch die Werbung für ein Unternehmen, ob in Flyern, auf Einladungen oder in Kundenbriefen, stützt sich in Stil und Aussage auf die Firmenphilosophie.

Ein Unternehmen, das aggressiv in seiner Werbeaussage ist, wird die werbliche Form ebenfalls in aggressiven Farben und Formen ausdrücken.

Umgekehrt wird ein Unternehmen, das seine Firma „Stil und Blüte" nennt, eher gediegen, stilvoll und zurückhaltend bewerben. Die Aussage wäre sonst nicht authentisch.

Je stimmiger die CI in der Innen- und Außendarstellung des Unternehmens ist, desto eindeutiger sind die Firmenphilosophie und das Firmenprofil erkennbar.

Innenwerbung

Werbung nach innen im Onlinebereich, das ist:

- die Webseite,
- der Onlineshop,
- die Optimierung der Suchmaschinen,
- die Verknüpfung der Webseite mit anderen Unternehmen.

2.3.5 Digitale Revolution „Internet"

Das Internetmarketing bietet neue, zusätzliche Möglichkeiten und führt zu einer Veränderung des Marketingmixes. Verkäufe, die über elektronische Datennetze getätigt werden, verändern auch das Kaufverhalten des Kunden. Kunden informieren sich vorab im Internet über Preis und Qualität, bevor sie ein stationäres Ladengeschäft aufsuchen.

Ob sich ein Unternehmen für einen Eintrag bei Facebook entscheidet oder nicht, ist sicher eine individuelle Entscheidung. Tatsache ist jedoch, dass es inzwischen immer mehr Facebookeintragungen von Firmen gibt, und dass Facebook bereits von 20 Millionen Nutzern aller Altersklassen „gelebt" wird. Genauso viele Anwender gibt es bereits für Apps.

Für Unternehmen ergibt sich daraus ein völlig neues Medium zur Verbesserung der Kundenbindung und Information. Je öfter ein Interessent eine **App** nutzt, desto häufiger kommt er mit dem Unternehmen in Berührung. Tendenziell werden besonders die künftigen Entscheider der Firmen ihren Erstkontakt über das Internet ausüben.

Das Budget

Oft wird der Umfang der Marketingmaßnahmen und das Budget bereits in einem vorab erstellten Businessplan festgelegt. Das geschieht meistens für das kommende Geschäftsjahr. Wie hoch das Budget für die einzelnen Marketingmaßnahmen ist, hängt von der IST-Situation und den Zielen des Unternehmens ab.

Das Budget kann prozentual vom Umsatz geplant werden oder sich nach der Wettbewerbssituation an dem Aktivitätsniveau der Mitbewerber bemessen. Die Höhe des Budgets sollte aber auch nach finanziellen Aspekten entschieden werden, z. B. nach der Liquidität des Unternehmens, und sich an den Marketingzielen orientieren. In jedem Fall sollte in das Budget noch eine „Pufferzone" eingebaut werden, damit man vor Überraschungen sicher ist und der Finanzplan eingehalten wird.

2.3.6 Controlling

Alle geplanten und ausgeführten Maßnahmen schließen mit einer Kontrolle ab. Sie liefert wichtige Entscheidungshilfen für die künftige Planung und trifft Aussage darüber, ob eine Maßnahme ergebnisorientiert und zielführend war.

Nur wer sein Unternehmen einer regelmäßigen Kontrolle unterwirft, kann sicher sein, dass Aufwendungen und Ergebnisse in einem gesunden Verhältnis zueinanderstehen.

2.3.7 Werbung

Die Geschichte der Werbung

Die Geschichte der Werbung geht auf das Jahr 1500 zurück. Allerdings ist diese Art der Werbung mit der heutigen nicht zu vergleichen. Mit der Entstehung der Tageszeitung um 1650 war einem neuen Medium der Start in die Welt der Werbung eröffnet.

> König Friedrich Wilhelm der I. sicherte sich 1730 das Monopol und hatte somit die volle Kontrolle über die Form der Werbung.

Erst als 1850 der freie Markt wieder Zugriff auf das Medium Zeitung hatte, wurde die Werbung offensiver und zielgruppenorientierter.

Mit der Industrialisierung 1830 – 73 gewann auch die Werbung an Bedeutung. Es begann die Zeit der großen Kampagnen, die allerdings dann während des zweiten Weltkrieges für politische Propaganda missbraucht wurden.

Den richtigen Boom erlebte die Werbung in den 50er, 60er Jahren. Mit Zunahme der elektrischen Energie kamen bewegte Bilder in Form von Leuchtreklamen in die Städte. Ebenso bediente man sich der Heißluftballons oder kleiner Flugzeuge, die die Werbebotschaft in den Himmel schrieben. Das war die romantische Seite der Werbung.

Mit dem neuen Medium Fernsehen kam es dann zu dem großen Durchbruch. Die Menschen hatten, bedingt durch den zweiten Weltkrieg, Mangel in allen Lebensbereichen, deshalb war der Werbung Tor und Tür geöffnet. Die Werbung nahm starken Einfluss auf die Entwicklung der gesellschaftlichen Werte.

Ab 1984, mit Zunahme privater Sendeplätze, war der Art der Werbung kaum noch Grenzen gesetzt. Die Werbemacher konnten nicht nur den Sendeplatz, sondern auch die Sendezeit wählen.

Werbung heute

Inzwischen nimmt die Werbung einen immer größeren Platz ein. Der Verbraucher wird täglich, ob er möchte oder nicht, viele hundert Male am Tag von Werbung berieselt:

- die Zeitung am Morgen mit Anzeigen und Beilagen,
- Wurfsendungen und Flyer,
- Plakate an der Straße, in der Bahn,
- Litfaßsäulen,
- Radiospots,
- Fernseh- und Kinowerbung,
- Internet u. v. m.

Nur einen Moment Aufmerksamkeit ist der Preis, den der Verbraucher bereit ist zu zahlen.

Das ist auch der Grund dafür, dass die Darstellungen in der Werbung immer extremer werden. Das stumpft den Verbraucher ziemlich ab, deshalb erfährt man auch so eine Zuspitzung der Werbeaussagen „**... Geiz ist geil ...!**" Die Folge ist Niveau- und Imageverlust und mangelnde Akzeptanz.

Aber soll Werbung nicht für Konsum, statt für Geiz, sorgen?

Werbung hat heute viele Gesichter

Die Aussagen sind z. B. humorvoll, kreativ, harmonisch, aggressiv, provokativ, naiv.

> Werbung ist die Botschaft, mit der ein potenzieller Kunde Kaufanreize erhält.

Sinn der Werbung

Der ursprüngliche Sinn war:

- Produktinformation zu vermitteln,
- Aufmerksamkeit zu erzielen,
- Vertrauen zu gewinnen,
- Bedürfnisse zu wecken,
- Kaufabsichten auszulösen,
- Marken zu etablieren,
- Image zu erreichen.

Heute steckt dahinter eher die Absicht

- zu manipulieren,
- in Entscheidungsprozesse einzugreifen,
- Trends zu setzen,
- Vorteile aufzuzeigen und
- ein bestimmtes Lebensgefühl zu erzeugen

um darüber das Produkt zu verkaufen.

Die Werbung spielt mit den Träumen und Erwartungen der Konsumenten. Deshalb bedienen sie sich oft geschönter Bilder

Bild 1 Florian Fleurop – Werbefigur von Fleurop aus den 80ern

und produzieren damit häufig Scheinwelten. Sie wenden sich an das Unterbewusstsein des Verbrauchers mit dem Ziel, das Gefühl bei ihm auszulösen, dass er das Produkt oder die Dienstleistung unbedingt haben möchte.

Häufig geht es aber nicht mehr nur um das Produkt selbst, sondern darum, bestimmte Marken zu positionieren

Der Markenname wird oft beim Verbraucher mit dem Firmennamen gleichgesetzt.

> In der Floristik ist das z. B. mit dem Begriff MOSY gelungen. Für die Kunden ist alles MOSY, egal, um welchen Schaumstoff es sich handelt und wofür er geeignet ist.

Wege der Werbung

Werbebotschaft

↓

die in Bild, Schrift und Ton umgesetzt wird

Werbemittel

↓

sind Plakate, Flyer, Werbebriefe, Hörfunkspots und Fernsehen, Sponsoring

↓

sie werden verbreitet durch

↓

Werbeträger

↓

Fernsehanstalten, Rundfunkt, Post, E-Mail, Plakate, Internet (Webseite)

Markenschutz

Marken können für ein Unternehmen einen großen wirtschaftlichen Wert darstellen. Oft ist eine Marke im Empfinden des Konsumenten eng mit dem Unternehmen verknüpft.

Durch die Eintragung einer Marke kann das Unternehmen sich davor schützen, dass Dritte sich einen unberechtigten Nutzen sichern. Die häufigsten Namen sind Wortmarken (z. B. Tempo), es können aber auch Verpackungen, Bildmarken oder Farbkombinationen geschützt werden.

Für den Markeninhaber bedeutet die Marke geistiges Eigentum, für den Verbraucher bedeutet die Marke Produktsicherheit.

Ein Markenrecht tritt aber erst dann in Kraft, wenn es im Markenregister eingetragen ist. Wer das Markenrecht besitzt, kann diese Marke lizensieren und an Franchiseunternehmer verkaufen.

Werbemittel

Jedes Unternehmen muss sich darüber klar werden, welche Werbemittel es einsetzen möchte, um seine Werbebotschaft so ergebnisorientiert wie möglich zu verbreiten.

Damit die Investition nicht in der Flut ganzer Anzeigenseiten großer Unternehmen verpufft, muss sehr genau überlegt werden, welcher Kundenkreis erreicht und beworben werden soll. Erschwerend kommt hinzu, dass der Verbraucher eine gewisse Reizüberflutung in Sachen Werbung erlebt.

Das muss die Herausforderung sein, die Werbeaussage so zu gestalten, dass sie die Aufmerksamkeit der Kunden erreicht. Meistens macht es auch Sinn, einen Werbefachmann hinzuzuziehen, denn der Blick von außen ist wertvoll und ihm gelingt es auch, die CI (s. S. 101) umzusetzen.

> Wer aufhört zu werben, um Geld zu sparen, kann ebenso die Uhr anhalten, um Zeit zu sparen. *Henry Ford*

Werbewirkung

Es ist wissenschaftlich bewiesen, dass sich unter Werbeeinfluss das Verhalten des Verbrauchers nachhaltig verändert, besonders dann, wenn eine unbewusste Entscheidung getroffen wird (Griff ins Regal).

Auch die Verhaltensforscher haben noch keine eindeutige Erklärung dafür gefunden, wann, wer und warum jemand auf ein Produkt durch Werbung reagiert.

Alles erlaubt?

Häufig werden auch die Grenzen des guten Geschmacks überschritten. Da die Werbung mit manchem Slogan sehr grenzwertig ist, hat der Gesetzgeber einige Vorgehensweisen untersagt. Eine Werbeaussage darf nicht

- beleidigen,
- verletzen,
- diskriminieren,
- frauenfeindlich,
- sexistisch,
- rassistisch oder
- sittenwidrig sein.

Verbraucher, die sich durch die Werbung diskriminiert oder beleidigt fühlen, können sich bei den Kontrollgremien der Werbebranche beschweren. Der deutsche Werberat prüft dann die Werbeaussage und spricht Empfehlungen aus.

Nötigung

Eine Werbeaussage darf den Verbraucher nicht zum Kauf, durch ständig sich wiederholende Angebote, nötigen. Der Verbraucher darf dadurch in seiner Entschlussfähigkeit nicht eingeschränkt werden, z. B. bei Abonnements.

Bild 1 Beispiel für Werbung

Überrumpelung

Werbung darf nicht plötzlich und unerwartet konfrontieren, so dass der Kunde nur mittels dieser Konfrontation zu einer Kaufentscheidung gelangt.

Kundenfang

Wenn ein Kauf durch reißerische, täuschende Versprechungen zustande kommt, spricht der Gesetzgeber von Kundenfang. Solche Vorgehensweisen sind nicht erlaubt.

Mitleidswerbung

Hierbei werden Emotionen für die Verkäuferinteressen missbraucht. Es wird Bindung aufgebaut, durch die Kaufdruck entsteht. Das ist z. B. beim Networkmarketing oder Heimverkäufen der Fall. Bei sogenannten Kaffeefahrten, die für wenig Geld eine Reise anbieten, aber zum Ziel haben, andere Dinge zu verkaufen.

Schleichwerbung

… ist Werbung, die als solche nicht sofort erkannt wird, sondern im Text meist ein nachrichtlich gutes Gefühl für das Produkt erzeugt. Zigaretten, die von den Akteuren geraucht oder Getränke, die in nachahmenswerten Situationen getrunken werden, z. B. bei Unterhaltungsfilmen.

Angstwerbung

Ein Kauf darf nicht durch eine Aussage zustandekommen, die eine vermeintliche Drohung erzeugt. So die Aussage: „Große Grippewelle im Anzug, fiebersenkende Mittel kaufen!".

Hier wird mit der Angst um die Gesundheit geworben.

Oder:
Bombenentschärfung im Stadtteil Lorbing. Hoffentlich … versichert!

Hier wirbt man mit der Angst um Leib und Leben.

Aufgaben

1. Schenken Sie der Fremdwerbung mehr Aufmerksamkeit und notieren Sie sich interessante Werbeaussagen in einem Register.
2. Beobachten Sie die Mitbewerber, aber auch branchenfremde Unternehmen: Wie werben sie? Wann werben sie?
3. Sammeln Sie Slogans und texten Sie diese auf die grüne Branche um.
4. Planen Sie eine Sonderaktion im Team, z. B. Frühlingsanfang, Hochzeit, Schautage im Betrieb.
5. Fertigen Sie eine „to do-Liste" an, von der Idee bis zur Umsetzung.
6. Entwerfen Sie einen Flyer oder ein Plakat und planen Sie die Verteilung.
7. Organisieren Sie ein Mitarbeitergespräch, in dem Sie Planung und Ausführung diskutieren.

2.3.8 Verbraucherschutz

Die Verbraucherzentralen

Verbraucherschutz ist Kundenschutz

Der Schutz der Verbraucher basiert auf der, gegenüber dem Handel und Hersteller von Waren und Dienstleistungen, unterlegenen Position.

Die Verbraucher dürfen aufgrund mangelnder Fachkenntnisse und Erfahrungen im Verbraucheralltag nicht benachteiligt werden. Ein mögliches Ungleichgewicht zwischen Anbieter und Verbraucherschutz wieder in die Balance zu bringen, ist die Basis der Arbeit der Verbraucherzentralen.

Der Bundesverband

Die Dachorganisation ist der Bundesverband.
Er wurde im Jahr 2000 gegründet.

Der Bundesverband ist **die Stimme des Verbrauchers** in der Öffentlichkeit und wirkt so auf die politische Gesetzgebung ein.

Der Bundesverband vertritt die Rechte der Verbraucher gegenüber der Gesellschaft, der Wirtschaft und der Politik auf Bundesebene, so entsteht die Verbraucherlobby.

Die Verbraucherzentralen agieren seit über 50 Jahren kompetent und unabhängig, sie sind gemeinnützige Organisationen, die überwiegend aus den Mitteln der Länder finanziert werden. Zum Bundesverband gehören 26 Verbraucherverbände und 16 Verbraucherzentralen. Bundesweit gibt es 200 Beratungsstellen.

Der Bundesverband handelt auf drei Ebenen:

- Verbraucherpolitische Lobbyarbeit,
- Hilfe bei der Rechtsdurchsetzung,
- Förderung bei der Beratung.

Die Landesverbände

Ziel aller Verbraucherzentralen ist es, den Markt transparent und fair zu gestalten, über Missstände aufzuklären und das Verbraucherrecht notfalls vor Gericht zu vertreten. Die Berater sorgen für Durchblick bei den komplexen Markt- und Handelsbedingungen.

Werden Lebensmittelskandale oder Umweltbedrohungen bekannt oder geht es um die Deregulierung staatlicher Monopole, dann geraten diese Themen wieder verstärkt in den Focus und es wird klar, wie wichtig und unentbehrlich diese Institution ist.

Verbraucherzentralen

- informieren über viele Verbraucherthemen,
- arbeiten mit Schulen und Erwachsenenbildungsstätten zusammen,
- organisieren Informationsveranstaltungen, Vorträge und Fortbildungen,
- informieren, z. B. im Gesundheitsbereich.

Verbraucherzentralen beraten

- bei Fragen des privaten Konsums (Kauf- und Investitionsentscheidung),
- bei Telekommunikations- und Energieabrechnungen,
- bei Versicherungsverträgen,
- bei Geldanlage und Altersversorgung,
- zur Baufinanzierung.

Verbraucherzentralen klären auf

- bei unlauteren Geschäften,
- bei Abofallen am Telefon und im Internet,
- bei Rechtsproblemen.

Verbraucherzentralen kontrollieren

- die Regeln des Rechts allgemeiner Geschäftsbedingungen,
- die Einhaltung der Lebensmittelkennzeichnung,
- die Einhaltung der Gewährleistungspflicht beim Vertrieb gebrauchter Güter,
- bei Verbrauchertäuschung durch unlautere Werbung,
- möglichen Anlagebetrug,
- möglichen Onlinebetrug,
- das Patientenrecht,
- das Reiserecht,
- das Bankrecht.

Kurzum, sie sind die Stimme der Verbraucher.

„Fairtrade, Rosen aus kontrolliertem Anbau – NUR BEI UNS!" Hier wurden auch Rosensorten als Fairtrade-Rosen deklariert, die von anderer Herkunft waren. Die Aussage ist eine Verbrauchertäuschung, der Kunde wird in die Irre geführt. Solche Werbeaussagen sind unlauter und verboten. Hier ist mit einer Abmahnung durch die Verbraucherzentrale zu rechnen.

2.4 Erfolgreich beraten und verkaufen

Verkaufen ist ein zwischenmenschlicher, kommunikativer Vorgang. Ziel ist es, Kundenwünsche zu erfüllen und auf beiden Seiten ein gutes Gefühl zu hinterlassen. Als Verkäufer ist der Florist ein wichtiges Bindeglied zwischen Erzeuger und Verbraucher. Der Kunde, der ein Floristik-Fachgeschäft betritt, erwartet einen Verkäufer mit besten Produktkenntnissen. Verkaufen ist die Kunst, geschickt zu verhandeln, sachgerecht und fachlich zu informieren und gewonnene Beziehungen zu pflegen. Der Kunde ist heute informierter denn je. Er informiert sich vorab über Angebot und Preise im Internet; diesen Kunden gilt es zu begeistern. Der Kunde muss das Gefühl haben, willkommen und wichtig zu sein, deshalb muss der Verkäufer ihm die volle Aufmerksamkeit schenken. Beratungsverkauf im Floristik-Fachgeschäft ist eine große Chance, sich von Drittanbietern, wie Supermärkten, Baumärkten, Tankstellen abzuheben und dem Floristik-Fachgeschäft die Existenz zu sichern.

Das Beratungsverkaufen spricht, wenn auch meist unterschwellig, mehrere Grundbedürfnisse des Menschen an:

- es ist das Bedürfnis nach Ansprache,
- das Bedürfnis nach Beratung und
- die Bestätigung seiner Entscheidung.

Welche Voraussetzung sollte ein Florist mitbringen, um im Verkauf erfolgreich zu sein:

- Initiative zum Verkaufen,
- Einfühlungsvermögen,
- Begeisterungsfähigkeit,
- Durchsetzungskraft,
- eine positive Einstellung zum Beruf,
- Selbstsicherheit,
- eine gute Sprache,
- eine positive Einstellung zum Kunden.

> Was nützt die schönste Floristik, wenn der beratende Florist nicht in der Lage ist, sie zu verkaufen?
> Kurz: Der Verkäufer muss die Menschen mögen.

Der Kunde ist das wichtigste Kapital des Unternehmens, deshalb muss ihm mit Freude und Motivation begegnet werden.

Denn jeder 2. Haushalt verfügt über einen Computer. Der Handel über Internet-Auktionshäuser registriert rasante Zuwachszahlen. Der Kunde ist informierter, aber insgesamt einer Informationsflut ausgesetzt, die ihn auch überfordern kann.

Mit dem Wegfall des Rabattgesetzes hat das „Geiz-ist-geil"-Verhalten Einzug gehalten, was zur Folge hat, dass der Preis bei einer Kaufentscheidung im Vordergrund steht. Der Wettbewerb heißt Verdrängung.

Inzwischen ist ein gewisser Sättigungsgrad an Gütern des täglichen Bedarfs erreicht. Das Verkaufen wird sich auf eine andere Ebene verlagern.

Der Kunde von morgen wird seinen Grundbedarf weiter bei Discountern abdecken, sein verändertes Lebensgefühl:

- mehr Körperbewusstsein,
- gesunde Bioernährung,
- Fitness durch Wellness,
- neuer Lifestyle im Wohnbereich

verlangt jedoch nach einem Berater und Verkäufer als Partner. Der Kunde von morgen wird mehr denn je Wert auf die Qualität zwischenmenschlicher Beziehung im Verkauf legen. Kundenorientierung und Kundenzufriedenheit sind die Messlatte für den Erfolg. In diesem Bereich wird dem Verkäufer wieder eine Schlüsselrolle zufallen. Die Zielgruppe älterer Menschen (50+) sowie die junger Menschen (unter 20) werden stärker am Konsum teilnehmen und die Chancen nutzen, die neue Trendmärkte bieten.

Mit dem Einkauf verbinden sich wieder mehr persönliche Kontakte. Ebenso wird in einigen Bereichen des täglichen Bedarfs das Networkmarketing, auch Empfehlungsmarketing genannt, an Bedeutung gewinnen. Die Warenwege werden kürzer, da zugunsten besserer Verbraucherpreise Importeure, Groß- oder Einzelhändler ausgeschaltet werden. Die grüne Branche wird jedoch von dieser Entwicklung weitgehend unberührt bleiben. Blumenkauf ist ein visuelles Kauferlebnis.

2.4.1 Motivation im Verkauf

Die beste Motivation ist die richtige Einstellung zum Verkauf und die Freude am Umgang mit Menschen.

Die Fähigkeit und die bedingungslose Bereitschaft, sich auf Kunden einzulassen, bedeutet:

- mit den Augen des Kunden zu sehen,
- mit den Ohren des Kunden zu hören,
- mit der Sprache des Kunden zu sprechen,
- mit dem Herzen des Kunden zu fühlen.

Wem das gelingt, der hat gute Grundvoraussetzungen, ein erfolgreicher Verkäufer zu werden.

Wie entsteht Motivation?

Bild 1 Motivationskreis

Neben einem gesunden Basiswissen und guter Material- und Warenkenntnis ist soziale Kompetenz der Schlüssel zum Erfolg.

> Der Verkäuferberuf ist kein Wissensberuf, sondern ein Verhaltensberuf.

Bedienen kommt von „Dienen", womit keinesfalls eine gewisse Unterwürfigkeit gemeint ist, sondern die Bereitschaft,

- sich auf Kunden einzustellen,
- Wünsche zu erfüllen,
- Verständnis zu entwickeln,
- Zufriedenheit auszulösen.

> Soziale Kompetenz
> Die Summe aller zwischenmenschlichen Eigenschaften, die nötig sind, um ein soziales Miteinander zu gestalten.

Ist sich der Verkäufer seiner Stärken bewusst, kann er sich in einen positiven Zustand versetzen. Sein Zustand entscheidet über sein proaktives Verhalten.

> „Proaktiv" bedeutet: im positiven Verhalten dem Kunden zugewandt.

Ob die Begegnung mit dem Kunden erfolgreich verläuft, hat der Verkäufer allein in der Hand, denn sein eigener Zustand und sein eigenes Handeln resultieren aus seiner persönlichen Sichtweise.

Der positive Verkäufer beginnt den Tag mit einem Motivationssatz, wie etwa:

„Heute ist ein guter Tag, die Dekoration wird bestimmt ein voller Erfolg!"

Er begegnet den Kunden mit einer freundlichen Stimmung und setzt sich persönliche Ziele, die er begeistert mit Herz und Seele anstrebt.

Positiver Zustand: beflügelnder Zustand	Negativer Zustand: lähmender Zustand
• Freude • Erfolg • Glück • Liebe • Natur • Freizeit • Zufriedenheit • Freundschaft	• Streit • Ärger • Stress • Sorgen • Trauer • Angst • Missgunst • Krankheit
↓	↓
aus dem Zustand resultiert:	aus dem Zustand resultiert:
• Harmonie • Lob • Stimmung • Motivation (Antrieb)	• Überschätzung • Erschöpfung • Misserfolg • Desinteresse

Bild 2 Persönliche Sichtweise einer Situation

+ ☺	– ☹
Heute wird ein guter Tag, ich freue mich auf nette Menschen, schöne Dekorationen und meine Kollegen, meinen Weg zur Arbeit durch die blühende Wiese …	Schon wieder so ein Arbeitstag – wie furchtbar. Ein schlecht gelaunter Chef, nörgelnde Kunden, wäre der Tag bloß schon vorbei …

Jedes Tun wird von der persönlichen Sichtweise des Verkäufers bestimmt. Voraussetzung für sein Handeln ist seine Einstellung.

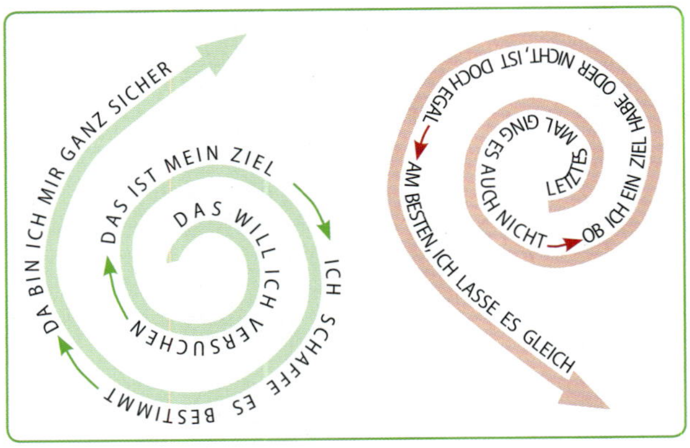

Bild 1 Verhaltensspirale

Der erfolgreiche Verkäufer schließt jeden Tag positiv für sich ab:

Was ist mir heute besonders gut gelungen?

Natürlich gelingt das nicht immer und sofort. Dennoch: Es ist ein wichtiger Trainingsschritt, der den Verkäufer freundlich stimmt und sein Denken und Handeln beeinflusst.

2.4.2 Äußeres Erscheinungsbild

Die Kleidung

Ein gepflegtes Äußeres ist auch in der „grünen Branche" möglich. Das äußere Erscheinungsbild des Verkäufers verkauft mit. Die Kleidung muss passen und sich anpassen. Der Umgang mit Schmutz, Erde, Staubgefäßen und fleckenverursachendem Chlorophyll darf keineswegs zur Vernachlässigung der Arbeitsgarderobe führen.

Einheitskleidung oder Kleidervorschriften für einheitliche Farben (Schwarz, Jeans oder Anthrazit) haben den Vorteil, dass der Kunde sich besser orientieren kann und schneller zu einer Verkaufskraft findet, wenn er beraten oder bedient werden möchte.

In vielen anderen Branchen bietet die einheitliche Kleidung ein gewohntes Bild, zum Beispiel:

- Kellner,
- Polizei,
- Post,
- Sprechstundenhilfe.

Ein einheitliches Erscheinungsbild drückt auch innerhalb eines Teams ein Zugehörigkeitsgefühl aus.

Unabhängig davon, wie die Kleiderordnung in den Geschäften praktiziert wird, muss die Kleidung

- zweckmäßig (pflegeleichte Stoffe),
- korrekt (keine abgerissenen Knöpfe oder Säume),
- sauber und
- unauffällig

sein.

Bild 2 Verkaufsfördernde Arbeitskleidung

Ungepflegte Kleidung ist eine negative Beziehungsaussage, die Kunden abschreckt und auf wenig Achtung den Kunden gegenüber schließen lässt.

Das äußere, gepflegte Erscheinungsbild eines Verkäufers sagt sehr viel über die Sorgsamkeit im Umgang mit Waren und die Bearbeitung von Aufträgen aus. Eine gepflegte Erscheinung ist die erste vertrauensbildende Maßnahme beim Kundenkontakt.

Weil die Gestaltungen und Werkstoffe im Blumenfachgeschäft sehr farbig sind, empfiehlt sich einfarbige, unauffällige Kleidung mit wenig Eigenwirkung in Farbe und Muster.

Beispiel:
Ein pinkfarbener Strauß wirkt überzeugender vor einer einfarbigen schwarzen, grünen oder dunkelblauen Arbeitskleidung als vor einer rot-blau karierten Bluse.

Das Auge registriert unbewusst die Harmonie der Farben vor einem ruhigen Hintergrund als wohltuend. So kann einfarbige Kleidung sogar verkaufsfördernd wirken.

Das Schuhwerk

Der Bereich Arbeitsraum, Werkstatt oder Verkaufsraum ist häufig kalt, feucht oder durch herabfallende Blätter und Zweige rutschig.

Das Schuhwerk muss praktisch sein, Standfestigkeit garantieren und eine rutschfeste Sohle haben. (Siehe auch „Unfallverhütung", die Pflichtbroschüre, die in jedem Betrieb aushängen muss.)

Die Schuhe müssen bequem sein, denn Floristen und Verkäufer üben ihre Tätigkeit überwiegend im Stehen aus. Sie müssen gepflegt aussehen, geputzt sein und dürfen keine abgetretenen Hacken aufweisen.

Bild 1 Gegenüberstellung von Arbeitskleidung

Körpersprache

Die Körpersprache oder Kinesik (griech.) sendet nonverbale Signale, also nicht-sprachliche, die in

- der Haltung,
- dem Blickkontakt,
- dem Lächeln,
- der Mimik/Gestik und
- der Distanz

ihren Ausdruck finden.

Was bedeutet das für den Verkauf?

Die Körpersprache transportiert den Zustand, die Stimmung, die Einstellung und das Gefühl nach außen. Nur wenn die Körpersprache mit der Handlung übereinstimmt, entsteht eine Authentizität (Echtheit/Glaubwürdigkeit). Mit der Körpersprache beginnt zunächst jede Kommunikation. Sie kann sich in ihrer Aussage förderlich oder hinderlich auf das Kaufverhalten auswirken.

> Für den ersten guten Eindruck gibt es keine zweite Chance!

Haltung

Eine offene, entspannte Körperhaltung wirkt sympathisch und zugewandt, sie öffnet die Tür für ein gutes Kundengespräch.

Bild 2 Sympathische Ausstrahlung durch eine offene Körperhaltung

Wie ist eine gute Körperhaltung zu erreichen?

- Beide Füße gleichmäßig belasten,
- gerade stehen,
- Schultern zurücknehmen,
- Kopf anheben,
- ein offener Blick zum Kunden,
- die Arme locker gerade oder leicht angewinkelt am Körper halten.

Ein Spiegel im Arbeits- oder Verkaufsraum bietet die Möglichkeit zur Eigenkontrolle.

Blickkontakt

Der Blickkontakt ist unerlässlich, er ist die erste „aktive" Zuwendung zwischen Kunde und Verkäufer. Ein freundlich-offener Blick steht für Selbstsicherheit und schenkt dem Kunden die volle Aufmerksamkeit. Die Augen sind der Spiegel der Seele.

Ein Blick wirkt:

Positiv	Negativ
angenehm	unangenehm
aufwertend	abwertend
sanft	geringschätzig
bejahend	bohrend
freundlich	stechend
fördernd	fixierend

Selbstverständlich möchte der Kunde in bestimmten Gesprächssituationen nicht unentwegt angesehen werden. Der Blickkontakt ist ein unbedingtes Muss

- bei der Begrüßung,
- bei der Fragestellung,
- während der Unterhaltung,
- bei der Preisnennung,
- beim Verabschieden.

Es gibt ein paar kleine Tricks, mit denen Sie den Blick Ihres Gesprächspartners in jeder Situation aushalten, ohne sich in eine Stresssituation zu bringen.

Tipp

Wenn Sie den Blickkontakt nicht aushalten, er Sie verlegen, nervös oder unsicher macht, dann schauen Sie Ihrem Gegenüber nicht direkt in die Augen, sondern auf die Nasenspitze. Ihr Gesprächspartner fühlt sich angesehen und Ihnen verleiht dieses Vorgehen die Sicherheit im Auftreten, die Sie im Verkauf benötigen.

Den Blick auf den Boden, zur Decke oder am Gesprächspartner vorbei zu lenken, zeugt von großer Unsicherheit und ist im Verkauf wenig hilfreich.

Das Lächeln

Das Lächeln ist die schönste und kürzeste Verbindung zum Kunden. Schenken Sie dem Kunden zur Begrüßung Ihr Lächeln, es entspannt die Situation und wirkt verbindlich. Zeigen Sie dem Kunden, dass er Ihnen willkommen ist.

Beachten Sie:
Der Kunde braucht nicht Sie, sondern Sie brauchen den Kunden!

Der Kunde, den eine freundliche Begrüßung und ein Lächeln empfängt, wird freundlich in das Gespräch einsteigen.

• nett • fröhlich • positiv	• schlecht gelaunt • destruktiv • negativ
↓	↓
zieht Menschen an!	stößt Menschen ab!

Die Mimik/Gestik

Die Mimik und die Gestik begleiten das gesprochene Wort. Sie können Gesagtes bestätigen (Kopfnicken) oder in Frage stellen (Hochziehen der Augenbrauen oder Schultern). Wildes Gestikulieren mit den Armen ist nicht angebracht, jedoch können Hände und Arme in der Körpersprache Gesagtes anschaulich machen (z. B. Hinweise auf Produkte oder Größenbeschreibungen). Geöffnete Hände haben etwas Einladendes, Offenes, verschränkte, geschlossene Arme etwas Ablehnendes.

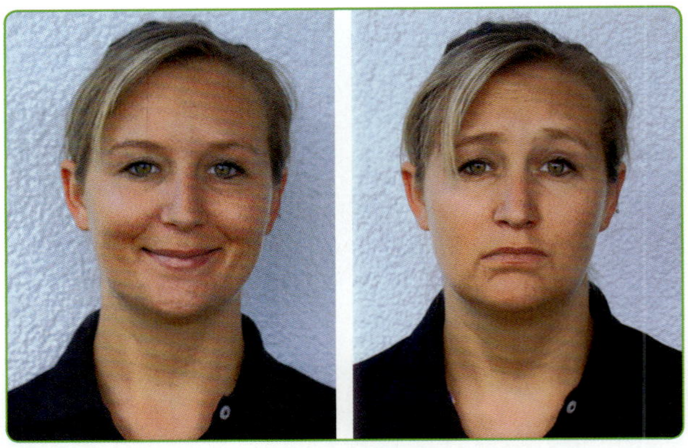

Bild 1 Mimik

Distanz

Die angenehme körperliche Distanz zum Kunden beträgt ca. 80 cm bis 1 m. Ein Maß kann auch ein ausgestreckter Arm sein. Kommen Sie Ihrem Kunden nicht zu nahe, sondern lassen Sie den Kunden auf Sie zukommen. Berührungen sind tabu.

Im Gegensatz zur nonverbalen Kommunikation ist die Sprache die verbale Ausdrucksform. Sie wird durch folgende Aspekte bestimmt:

- Ansprache,
- Stimme,
- Tonfall.

Ansprache

Betritt ein Kunde das Geschäft, sollte eine Begrüßung obligatorisch sein. Unabhängig davon, ob Sie gerade mit einer anderen Aufgabe beschäftigt sind, fühlt sich der Kunde beachtet und wahrgenommen, wenn Sie ihm Ihre Aufmerksamkeit schenken. Selbstverständlich wenden Sie sich dann, wenn möglich, unverzüglich diesem Kunden zu, um ihn nach seinen Wünschen zu fragen.

Nichts ist verbindlicher als der Name des Kunden! Er macht das Gespräch persönlich und enthebt es der Anonymität. Titel gehören zum Namen untrennbar dazu. Kennen Sie den Namen nicht, so finden Sie ihn heraus!

Tipp

Nutzen Sie die Gelegenheit, über Bestellungen, über Werbeaktionen, über die bargeldlose Zahlung den Namen zu erfahren oder fragen Sie den Kunden!

„Ich durfte Sie schon häufiger bedienen, darf ich Sie nach Ihrem Namen fragen?"

Merken oder notieren Sie sich diesen Namen, um den Kunden bei seinem nächsten Einkauf persönlich ansprechen zu können. Messen Sie dem Namen große Bedeutung zu. Namen müssen richtig ausgesprochen und richtig geschrieben werden, sie gehören zur Identität des Menschen.

Die Stimme

Die Stimme ist ein starkes Instrument. Sie transportiert den Zustand, in dem sich der Verkäufer befindet. Die Stimme ist ausbildungsfähig, die Stimmlage veränderbar. Eine angenehme Stimme in Verbindung mit einer klaren Aussprache ist sympathiebildend. Sie ist Ausdrucksmittel und in der Lage, Information und Begeisterung zu transportieren.

Bild 1 Ansprache

Die Stimme soll weder monoton noch hastig sein; sie kann auch beruhigend, ausgleichend und vertrauensbildend sein, z. B. bei der Beratung im Trauergespräch.

Der Ton

Der Volksmund sagt: „Der Ton macht die Musik." Der Ton soll angenehm, gleichmäßig und freundlich sein. Schon eine unterschiedliche Betonung der Silben kann zu Aussagen führen, die den eigentlichen Sinn des Satzes verändern.

Üben Sie die richtige Betonung:
Rote Worte betonen – Sprechpause machen – weiterlesen!

Ich möchte Ihnen die Rosen nicht zurückschneiden.
Ich möchte Ihnen die Rosen nicht zurückschneiden.
Ich möchte Ihnen die Rosen nicht zurückschneiden.
Ich möchte Ihnen die Rosen nicht zurückschneiden.
Ich möchte Ihnen die Rosen nicht zurückschneiden.

Sie merken, dass die richtige Betonung der Aussage ihr erst ihren eigentlichen Sinn verleiht. Nicht wie es gemeint ist, ist wichtig, sondern wie es verstanden wird. Besonders im Hinblick auf die Vermeidung von Missverständnissen ist ein sorgfältiger Umgang mit der Betonung zwingend.

Machen Sie genügend Sprechpausen, damit Gesagtes auch wirklich verstanden wird.

2.4.3 Kundenorientierung und Kundenbindung

Kunden achten sehr auf die Qualität des Services und auf die individuelle persönliche Ansprache. Wer erfolgreich verkaufen will, muss in erster Linie menschlich überzeugen. Nicht der wortgewaltige, spitzfindige Verkäufer, der überredet oder Preiszugeständnisse macht, ist gefragt, sondern der Verkäufer, der Zeit, Fantasie, Glaubwürdigkeit und Vertrauen vermittelt, ist in der Lage, den Kunden für sich zu gewinnen. Kundenorientierung und Kundenbindung sollten deshalb das oberste Ziel erfolgreichen Verkaufens sein.

Was bedeutet Kundenorientierung?

Kundenorientierung ist die Analyse der Kundenerwartung und deren Umsetzung in unternehmerische Leistung, um langfristig wirtschaftliche Kundenbeziehungen zu festigen und so die Kunden an den Betrieb zu binden.

Das ist nur möglich, wenn sich ein Unternehmen mit der Frage beschäftigt: „Was erwarten meine Kunden von dem Warenangebot und den Dienstleistungen?"

Ware	Dienstleistungen
Auswahl	Service
wechselnde Sortimente	Kundenansprache
Frische	Schnelligkeit
besondere Züchtungen	Zuverlässigkeit
gepflegte Präsentation	gute Reklamationsbearbeitung
gehobene Floristik	gepflegtes Personal
Warenkenntnis	Aufmerksamkeit
Pflegekenntnis	
Ergänzungsware (Hartware, z. B. Keramik)	

Die erfüllte Kundenerwartung entscheidet also über den betrieblichen Erfolg.

Welche Kriterien führen zur Erfüllung der Kundenerwartung?

- Erfahrungen,
- persönliche Bedürfnisse,
- Werbung,
- Standort,
- Empfehlung.

Erfahrungen
Die Erfahrungen, die der Kunde bereits vorher bei Ihnen oder möglicherweise bei anderen gemacht hat.

Beispiel:
Ein Kunde, der in der Vergangenheit mit der Ausführung eines Fleurop-Auftrags schlechte Erfahrungen gemacht hat, wird anders auftreten, als jemand, der diese Dienstleistung das erste Mal in Anspruch nimmt.

Persönliche Bedürfnisse
Die Lebensumstände, die Persönlichkeit, die Herkunft, der Beruf und die Bildung nehmen Einfluss auf die Erwartungen des Kunden.

Beispiel:
Eine Architektin, die in einer modernen Penthousewohnung einen reduzierten Einrichtungsstil pflegt, stellt andere Ansprüche an das Sortiment von Blumen, Pflanzen und Gestaltungen, als jemand, der in einem Fachwerkhaus zu Hause ist und nostalgische Elemente genauso liebt wie alte, traditionelle Häuser.

Unterschiedliche Lebensumstände wecken unterschiedliche Bedürfnisse. Deshalb ist es die Mühe wert, den Kunden kennenzulernen, denn erst dann kann man seine Erwartungen erfüllen. Hierbei entsteht ein Verkäufer-Kunden-Kontakt von großem Wert.

Werbung
Billiger geht's nicht!
Besser geht's nicht!
Schneller geht's nicht!

Firmen, die mit solchen oder ähnlichen Slogans werben, erzeugen bei dem Kunden die Erwartung, dass alle diese Punkte bei dem Einkauf erfüllt werden.

Fazit: Versprechen Sie nichts, was Sie nicht wirklich halten können!

Standort
Nicht nur die Werbung ist Kommunikation, auch der Standort der Firma weckt Erwartungen. An ein Floristik-Fachgeschäft im Foyer eines renommierten Hotels knüpft der Kunde andere Erwartungen als an ein Blumengeschäft im Eingangsbereich eines Supermarktes.

Entsprechend seinen Erwartungen wird sich der Kunde eher zu dem einen oder zu dem anderen Geschäft hingezogen fühlen. Dabei darf die Lage nicht isoliert betrachtet werden, denn auch das Ambiente im Eingangsbereich sowie die Betriebsausstattung und die Warenpräsentation innerhalb der Geschäftsräume beeinflussen den Anspruch des Kunden beim Einkauf.

Empfehlung
Der Kunde, der aufgrund von Empfehlungen für eine Ware oder Dienstleistung Ihr Floristik-Fachgeschäft aufsucht, hat besonders hohe Erwartungen. Oft beruht die Empfehlung auf einem Urteil wichtiger und vertrauenswürdiger Personen.

Diese Erwartungen haben besonders im Dienstleistungsbereich, zum Beispiel bei Hochzeitsdekorationen, einen sehr großen Stellenwert, da diese Dienstleistungen nicht wie die Verkaufsware im Vorfeld getestet werden können.

Beispiel:
Zur Hochzeit des Kunden Liebermann ist ein Autoschmuck bei der Firma Linnea GmbH bestellt. Die Firma Linnea verwendet seit Jahren handelsübliche Magnetplatten zur Befestigung. So auch in diesem Fall. Beim Montieren vor Ort stellt der Florist fest, dass der Brautwagen eine Motorhaube aus Aluminium hat. In dreißig Minuten muss der Wagen starten. Schnelles Handeln ist gefragt. Durch Anbringen von Saughaken und unter Zuhilfenahme von Perlonschnüren wird das Problem kurzerhand gelöst.

Bild 1 Problemlösung

Der Florist ist der Empfehlung gerecht geworden und hat durch dieses umsichtige, schnelle Reagieren das Vertrauen des Kunden gewonnen.

> Denken Sie nicht in Problemen, sondern in Lösungen!

Kundenerwartung
Kundenerwartungen können sich verändern, wenn sich Lebensumstände verändern, z. B. Trennung, Erbschaft, Umzug, Beförderung.

Hier ist das Engagement und Einfühlungsvermögen des Verkäufers besonders gefragt, um diese Veränderungen wahrzunehmen und entsprechend zu reagieren.

Auch wenn in Maßnahmen zur Kundenorientierung oder in Leistungssteigerung des Unternehmens investiert wurde (Werbung, Direktmailing, Mitarbeiterschulung), so kann dennoch ein Abwandern von Kunden nicht ganz verhindert werden. Die Wahrscheinlichkeit ist jedoch groß, dass der Kunde wiederkommt und sich danach noch stärker bindet, da er den Mehrwert eher zu schätzen weiß, der ihm entgangen ist.

Kunden haben heute bei der Anzahl der Märkte zahlreiche Möglichkeiten, gleiche Produkte und Dienstleistungen beim Mitbewerber einzukaufen. Das muss aber nicht zwangsläufig mit einem dauerhaften Verlust des Kunden verbunden sein. Diese Situation kann auch als Chance verstanden werden.

Wichtig ist es, in seinen Leistungen nicht nachzulassen und so durch Beständigkeit und Zuverlässigkeit zu überzeugen. Ohne zu wissen, was der Kunde erwartet, ist es nicht möglich, kundenorientiert zu arbeiten.

Welche Faktoren machen den Kunden zufrieden?

↓	↓	↓
Erwartungen erfüllen oder übertreffen	Leistungsaufgaben erfüllen	Nutzen sichtbar machen

Motiv und Nutzen

Der Kunde braucht für jede Kaufhandlung ein Motiv. Die Verkäuflichkeit einer Ware setzt ein Motiv voraus (Kaufmotiv).

Es gibt rationale (kopfgesteuerte) Absichtskäufe und emotionale (bauchgesteuerte) Impuls- oder Spontankäufe.

Rationales Motiv	Emotionales Motiv
Bequemlichkeit	Lebensgefühl
Sicherheit	Selbstwertgefühl
Gesundheit	Ansehen
Gewinn	Geltungsbedürfnis
Neugier	Glücksgefühl

Rationale Kaufanlässe sind z. B.:

- Geburtstag,
- Einladungen,
- Jubiläen.

Emotionale Kaufanlässe sind z. B.:

- Stimmungen,
- Jahreszeiten,
- Beziehungen (Liebe).

Wird das Motiv des Kunden erkannt und bedient, ist ein Verkaufsabschluss möglich. Produkteigenschaften und Kundenvorteil miteinander zu verbinden bedeutet, dem Kunden die Argumente für seinen Einkauf zu liefern.

Tipp

Möchten Sie im Verkaufsgespräch den Nutzen einer Ware beschreiben, wählen Sie die Brückenworte wie:

Das hat den Vorteil …
Dadurch …
Deshalb …
Daher …

Motiv	Ware	Nutzen
Dekoration	Grünpflanze	Raumklima/ Wohlgefühl
Jubiläum	Arrangement	Überraschung
üppige Blüten	Langzeitdünger	Zeitersparnis
Freude bereiten/ überraschen	Fleurop-Auftrag	Anerkennung, Eitelkeit, Aufmerksamkeit

Gesprächsbeispiel: Zustellservice

„Das Arrangement für das Firmenjubiläum stellen wir gerne zu. Das hat den Vorteil, dass Sie beim Empfang die Hände frei haben, und gleichzeitig ist diese Geste ein netter Überraschungseffekt."

Gesprächsbeispiel: Rosenkauf

„Stellen Sie die Rosen nach dem frischen Anschnitt in mit Nährlösung angereichertes Wasser, dadurch verzögert sich u. a. die Algenbildung und Sie haben länger Freude daran."

Gesprächsbeispiel: Nelken

„Diese Nelken kommen aus Kolumbien, deshalb sind die Blüten besonders groß."

Gesprächsbeispiel: Reklamation

„Ihre Einwände sind berechtigt, daher werden wir die Pflanzen abholen und durch neue ersetzen."

Kundenbindung

Kennen Sie die Erwartung Ihrer Kunden und konnten Sie Ihnen über den Warennutzen zur Zufriedenheit verhelfen, so haben Sie einen großen Schritt in Richtung Kundenbindung getan. Nur über die Kundenzufriedenheit ist eine Beurteilung der eigenen Leistung möglich.

Je individueller die Kommunikation mit Ihren Kunden stattfindet, desto höher ist der Kundennutzen. Je höher der Kundennutzen, desto verlässlicher ist die Kundenbindung (Stammkunden).

Bild 1 Stammkundin

> **Beachten Sie:**
> Je mehr Stammkunden ein Betrieb binden kann, desto höher ist die Wertschöpfung für das Unternehmen.

Maßnahmen zur Kundenbindung

Vorteil Kunde	Vorteil Unternehmen
regelmäßige Infobriefe über Angebote, Firmenveranstaltungen …	Imagepflege
Treueprämien	stärkere Kundenbindung an das Unternehmen
Kundenkarten	Abheben von Mitbewerbern
Bonusleistungen	Umsatzsteigerung
Garantieleistungen (Frischegarantie)	Werbung
Kundenveranstaltungen (Hausmessen, Tag der offenen Tür)	Wertschöpfung

Hausmessen oder Infotage bieten die Möglichkeit, durch besondere Beratung oder Vorträge einen Leistungsvorsprung zum Mitbewerber zu erreichen, z. B. Schädlingsanalyse, Aktion Balkonbepflanzung, Bodenprobenanalysen oder Vorträge über verschiedene Pflanzen. Die Möglichkeiten sind unerschöpflich.

Kundenkartei

In größeren Unternehmen werden in der Regel für Stammkunden Kundendateien angelegt, die über Adresse und Persönliches hinaus auch Einkäufe und bereits ausgeführte Aufträge des Kunden enthalten, um auch später darauf zurückgreifen zu können. Da der Computer mit diesen Dateien häufig nicht direkt im Verkaufsraum steht, eignen sich für die Mitarbeiter im Verkauf Karteikarten. Auf ihnen werden zunächst Notizen gemacht, die sich aus dem Verkaufsgespräch ergeben. Später können diese Notizen dann in das System eingegeben werden.

So hat der Verkäufer jederzeit Zugriff auf wichtige Informationen über den Kunden. Das können sein:

- wichtige Jubiläen,
- Geburtstage/Hochzeitstage,
- Lieblingsblumen,
- Beruf und Arbeitsplatz,
- Vorliebe,
- Hobbys.

Über derartige Informationen lassen sich nicht nur gute Kundengespräche aufbauen, sondern auch Gemeinsamkeiten schaffen, die an anderer Stelle sehr wertvoll sein können. Kundenwünsche zu erfahren und kundenorientiert zu reagieren ist keine einmalige Anstrengung, sondern ein dauerhafter Prozess.

Deshalb ist es wichtig, Veränderungen und Trends wahrzunehmen.

Je ausgefallener die Produkte und Dienstleistungen sind, desto größer ist die Wahrscheinlichkeit einer langfristigen Kundenbindung.

Beispiel:
Das Blumengeschäft Linnea GmbH hat mehrere Male im Jahr besondere Informationstage. Die letzten standen unter dem Motto „Alles über Exoten". Der Florist Maximilian Petersen dekorierte die Geschäftsräume im exotischen Stil und lud die Stammkunden zu diesem Meeting ein. Neben bunten, phantasievollen Cocktails, deren Erlös für eine soziale Einrichtung gespendet wurde, erzählte der Inhaber Marc Schmidt zu vielen Blumen informative Geschichten, z. B. dass die *Protea* die Wappenblume Südafrikas ist oder dass die Kolibris ihre Nahrung aus den Blüten der *Heliconia* beziehen.

Bild 2 *Heliconia* und *Protea* als Beispiele für Exoten

Fazit: Parallel zum Standardsortiment haben die Kunden an diesem Tag nicht nur die Gelegenheit, Exoten zu kaufen und

Wissenswertes darüber zu erfahren, sie nehmen auch den Einkauf als ein besonderes, unvergessliches Erlebnis wahr.

Auf diese Weise findet ein reger Austausch zwischen Kunde und Verkäufer statt, es entsteht eine Wechselwirkung der Beziehung, die mit großer Wahrscheinlichkeit den Stammkunden zum Empfehlungskunden werden lässt.

2.4.4 Kundenansprache und Gesprächsführung

Das Gespräch wird häufig mit der Frage nach dem Kundenwunsch eröffnet. Dabei ist es wichtig, gezielte Fragen zu stellen. Wer richtig fragt, der führt das Gespräch.

Die offene Frage

Man unterscheidet offene und geschlossene Fragen.

Die offene Frage enthält ein Fragewort, sie ist eine sogenannte W-Frage

- Was?
- Wo?
- Wie?
- Wer?
- Welche?

Diese Frageform ermöglicht dem Gesprächspartner Freiräume bei der Beantwortung. Die offene Frage macht ein Gespräch erst dialogfähig.

- Welche Vorstellung haben Sie?
- Was ist Ihre Meinung dazu?
- Welchen Liefertermin wünschen Sie?
- Wie möchten Sie den Strauß gebunden haben?

Vorteile der offenen Frage	Nachteile der offenen Frage
Der Verkäufer erhält viele Informationen.	Der Verkäufer erhält möglicherweise auch viele unnütze Informationen.
Der Verkäufer erfährt mehr über seine Kunden.	Das Gespräch dauert viel länger.
Der Kunde hat viel Spielraum, seine Wünsche zu artikulieren.	
Der Verkäufer kann das Gespräch steuern.	

Die geschlossene Frage

Die geschlossene Frage beginnt mit einem Verb oder Hilfsverb und lässt nur kurze, präzise Antworten zu, die wenig über den eigentlichen Kundenwunsch aussagen. Sie werden häufig mit ja oder nein, richtig oder falsch beantwortet. Solche Fragen führen häufig dazu, dass man viele Fragen stellen muss, um die Information zu bekommen, die man braucht, um den Kunden angemessen zu bedienen.

In einem guten Verkaufsgespräch werden offene und geschlossene Fragen ganz bewusst eingesetzt, wenn das Gespräch seitens des Verkäufers geführt werden soll.

Stellt der Verkäufer viele geschlossene Fragen hintereinander, wird das Gespräch sehr einsilbig und bekommt schnell Verhörcharakter.

Verkäufer: *„Möchten Sie einen Strauß?"*
Kunde: *„Ja!"*
Verkäufer: *„Soll er rund gebunden sein?"*
Kunde: *„Ja!"*
Verkäufer: *„Hätten Sie gerne Frühlingsblumen?"*
Kunde: *„Nein!"*
Verkäufer: *„Vielleicht eine rote Kombination?"*
Kunde: *„Vielleicht!"*

Schon beim Lesen bemerkt man, dass das Gespräch stockt, sehr einseitig geführt wird und der Verkäufer nur sehr schwer an sein Ziel kommt. Dieser Gesprächsverlauf ist für beide Gesprächspartner unbefriedigend und wirkt ermüdend. Wenn auch die Situation sehr überspitzt dargestellt ist, so macht sie doch deutlich, wie wichtig es ist, den Verkauf zu „trainieren", um Freude an der Arbeit zu haben.

Vorteile der geschlossenen Frage	Nachteile der geschlossenen Frage
Der Verkäufer kann die Kundenentscheidung auf den Punkt bringen.	Fragestellung wirkt oft wie ein Verhör.
Geschlossene Fragen kürzen das Gespräch in der Entscheidungsphase ab.	Geschlossene Fragen bringen das Gespräch nicht in Fluss.
Geschlossene Fragen sind einzusetzen, wenn der Verkäufer keine zusätzlichen Informationen braucht.	Die geschlossene Frage macht einen Gesprächsbeginn sehr schwer.
	Es sind zu viele Fragen nötig, um an Informationen zu kommen.

Zwei Gespräche im Vergleich – vier Fragen, vier Antworten.

1. Gespräch

☺ **Offene Frage Verkäufer:** *„Wie soll der Strauß aussehen, den Sie verschenken möchten?"*

Antwort Kunde: *„Kurz und rund gebunden."*

☹ **Offene Frage Verkäufer:** *„Welche Blumen hätten Sie gerne verarbeitet?"*

Antwort Kunde: *„Eine Kombination mit Gerbera."*

Offene Frage Verkäufer: *„Was halten Sie von dieser Kombination: Gerbera, Rosen, etwas Goldlack mit diesem schönen frischen Grün kombiniert?"*

Antwort Kunde: *„Ja, das sieht gut aus, das gefällt mir."*

Offene Frage Verkäufer: *„Wie soll ich Ihnen den Strauß verpacken?"*

Antwort Kunde: *„Ich möchte den Strauß verschenken, der Dame vor mir haben Sie es auch so nett verpackt."*

2. Gespräch

☹ **Geschlossene Frage Verkäufer:** *„Guten Tag, kann ich Ihnen helfen?"*

Antwort Kunde: *„Ja."*

Geschlossene Frage Verkäufer: *„Möchten Sie einen Strauß?"*

Antwort Kunde: *„Nein."*

Geschlossene Frage Verkäufer: *„Eine schöne Pflanze vielleicht?"*

Antwort Kunde: *„Ja."*

Geschlossene Frage Verkäufer: *„Eventuell diese Hortensie?"*

Antwort Kunde: *„Nein."*

Die Alternativfrage

Hinter einem unentschlossenen Kundenverhalten steht oft die Angst, Fehlentscheidungen zu treffen.

Der Verkäufer kann dem Kunden mit einer Alternativfrage über diese kleine Schwäche hinweghelfen. Der Verkäufer sollte nicht aus eigener Eitelkeit zu viele Vorschläge für eine Kundenentscheidung unterbreiten. Der Kunde ist dann oft irritiert und findet zu keinem Ergebnis.

In der Entscheidungsphase eines Beratungsgespräches kann die Alternativfrage zu einer Entscheidung führen.

„Entscheiden Sie sich für den roten oder gelben Strauß?"

„Möchten Sie die kombinierte Pflanzung oder diese schöne große Hortensie?"

So kreist der Verkäufer die Auswahlmöglichkeit ein und hilft dem Kunden bei seiner Entscheidungsfindung. Bei entscheidungsschwachen Kunden ist es sehr wichtig, die Richtigkeit der Entscheidung zu bestätigen.

„Wenn Ihre Freunde einen Garten haben, so haben Sie mit der Hortensie sicher die richtige Entscheidung getroffen. Hortensien können später ausgepflanzt werden und erfreuen jedes Jahr wieder mit einer langen Blütezeit."

2.4.5 Argumente und Einwände

Verkaufsargumente sind Aussagen, die von der Ware, dem Produkt oder der Dienstleistung überzeugen wollen.

Wie gelingt es zu überzeugen?

Die meisten Kunden brauchen Produktinformationen.

Je besser ein Verkäufer seine Produkte kennt, desto leichter fällt es ihm, Aussagen über Material, Pflege, Vorzüge und Verarbeitung zu nennen, um beim Kunden einen kompetenten Eindruck zu hinterlassen. Die Argumente für ein Produkt müssen verständlich sein: „Diese neue Rosensorte ist von dem Züchter XYZ. Sie hat den Vorteil, dass sie nicht nur besonders gut duftet, sondern auch in der vollständig geöffneten Blüte länger hält."

Botanische Namen oder Fremdwörter wirken oft irritierend und lehrmeisterhaft im Verkauf. Sie sollten nur mit sehr viel Fingerspitzengefühl benutzt werden. Trotzdem vermittelt es dem Kunden eine besondere Einkaufsfreude, wenn die Produkte und Werkstoffe in eine kreative Sprache verpackt werden.

☹ **Nicht:** „Diese Rosenblüte ist toll, was?"
☺ **Sondern:** „Diese Rose zeigt ein sehr ausgeprägtes Blütenbild."

Einwände

Nicht immer läuft ein Verkaufsgespräch rund und störungsfrei ab. Selbst wenn der Verkäufer alle Regeln einer guten Gesprächsführung beherrscht, gibt es dennoch Einwände seitens des Kunden, die einen Verkaufsvorgang blockieren.

Floristen mit langer Berufserfahrung wissen, dass Einwände immer wieder vorkommen.

Das bedeutet: Einwände seitens des Kunden müssen nicht zwangsläufig zur Verunsicherung des Verkäufers führen.

Der Verkäufer kann sich vorbereiten, um angemessen zu reagieren. Macht sich der Verkäufer die Mühe, sich Formulierungen zu erarbeiten, die überzeugend sind, spürt der Kunde, dass seine Entscheidung auf einem guten Fundament steht.

Häufig sind Einwände nur Vorwände für Unsicherheiten seitens des Kunden oder es steht eigentlich eine andere Botschaft hinter seiner Äußerung.

Der Einwand „zu teuer" muss nicht produktbezogen sein, sondern kann die Botschaft enthalten: … das kann ich mir nicht oder zurzeit nicht leisten.

Deshalb darf ein Verkäufer diese Einwände nicht persönlich nehmen und nicht in eine Widerstandshaltung verfallen, sich verteidigen oder diskutieren. Typische Einwände sind:

Kunde	Antwort Verkäufer
Das ist zu teuer!	Wie ist Ihre Preisvorstellung?
Die Pflanze ist nicht kräftig genug!	Dann schaue ich nach, ob es kräftigere gibt.
Die Anfertigung dauert zu lange!	Wie schnell benötigen Sie den Trauerstrauß?
Die Rosen sind zu stark aufgeblüht!	Manche Sorten sind in diesem Stadium haltbarer, wenn Sie jedoch lieber knospige mögen, empfehle ich Ihnen diese Sorte.

Werden Verkaufsargumente gezielt eingesetzt, kann man Einwände entkräften.

Grundregeln der Einwandargumentation

Regel 1: Bleiben Sie ruhig und sachlich und drücken Sie nicht schon durch Ihre Mimik, Gestik oder Haltung Ihren Unmut über den Einwand aus.

Regel 2: Nehmen Sie Kundeneinwände ernst und gehen Sie darauf ein.

Regel 3: Lassen Sie den Kunden seine Bedenken in Ruhe formulieren und hören Sie ihm interessiert zu.

Regel 4: Versuchen Sie, sich mit den Bedenken (Einwänden) zu identifizieren. Erst müssen Sie verstehen, was der Kunde erreichen will, dann können Sie dem Einwand begegnen.

Regel 5: Bieten Sie dem Kunden eine Lösung oder Alternative an.

Regel 6: Nachfragen bei Einwänden schafft Klarheit.

2.4.6 Formulierungssünden

Falsche Formulierungen können ein Gespräch blockieren, in die falsche Richtung führen oder Aggressionen auslösen. Positive Formulierungsansätze zu erarbeiten ist ein lohnender Vorgang und führt zu guten Verkaufsergebnissen. Negationen sollten ganz vermieden werden.

> Negationen: Verneinung, Ablehnung, negativ besetzte Worte wie nicht, nie, kein, schlecht usw.

Die folgende Tabelle macht deutlich, wie unterschiedlich verschiedene Formulierungen bei gleichem Inhalt verstanden werden können.

☹	☺
Das Produkt ist nicht verfügbar.	Das Produkt ist vergriffen.
Wir haben ein Problem.	Wir finden eine Lösung.
Ich höre Sie schlecht.	Bitte sprechen Sie etwas lauter, damit ich Sie besser hören kann.
Herr Meyer ist nicht da.	Herr Meyer ist um 14.00 Uhr zurück.
Es dauert nicht mehr lange.	Wir sind sofort fertig.
Wir schließen um 18.00 Uhr.	Wir sind bis 18.00 Uhr für Sie da.

Auch einschränkende Worte wie: vielleicht, möglicherweise, unter Umständen klingen selbst in positiven Formulierungen negativ.

☹	☺
Wir können Ihnen möglicherweise helfen.	Wir können Ihnen helfen.
Ich versuche, Sie zu verbinden.	Ich verbinde Sie mit Herrn Meyer.
Vielleicht gibt es eine Lösung.	Es gibt eine Lösung.

Mit der Ich- und der Sie-Botschaft sollte der Verkäufer sensibel umgehen.

☹	☺
Da müssen Sie mich falsch verstanden haben.	Da muss ich mich unklar ausgedrückt haben.
Das ist doch völlig unmöglich.	Sie überraschen mich.
Ja, Moment, ich kann nicht hexen.	Kleinen Moment bitte, Sie werden gleich bedient.
Wir bieten …	Sie bekommen …
Ich bin überzeugt von …	Wollen Sie sich bitte davon überzeugen.
Ich erkläre Ihnen jetzt …	Sie erfahren jetzt …

Eigenkontrolle im Verkauf ist sehr wichtig. Auch in einem Team können solche Formulierungen erarbeitet und in der Umsetzung kontrolliert werden.

Zufriedene Kunden stärken das Image des Unternehmens.

2.4.7 Verkauf am Telefon

Ein geordneter Telefonplatz ist Voraussetzung für ein störungsfreies Telefonieren.

Die Schreibfläche sollte groß genug sein, um beide Arme auflegen zu können. Je nach Höhe des Schreibtisches sollte der Sitz- oder Stehstuhl eine ergonomische Haltung möglich machen.

Ergonomie: körpergerechte Anpassung zur Erzielung optimaler Arbeitsbedingungen.

Bild 1 Anordnung des Telefonplatzes im Büro

Bei Rechtshändern steht das Telefon links, damit die linke Hand den Hörer nehmen und die rechte Hand schreiben kann. Bei Linkshändern ist die Anordnung umgekehrt.

In greifbare Nähe auf dem Schreibtisch gehören Telefonlisten des Hauses zum Weiterverbinden an den richtigen Ansprechpartner, wenn diese Nummern nicht im Telefon programmiert sind. Ein Kalender zur Terminierung von Besuchern oder Lieferdaten und ein vorbereiteter Telefonnotizblock sind griffbereit. Von dem Notizblock können dann Punkt für Punkt alle wichtigen Fragen abgearbeitet werden, das erleichtert den Einstieg ins Gespräch.

Mehrere Stifte und Marker sowie eine Rechenmaschine machen schnelles Reagieren bei einer Preisanfrage möglich.

Der Computer sollte ebenfalls zugänglich sein, wenn das Gespräch angenommen wird, um schnell auf die Kundenkartei, Notizen, Preislisten oder Ähnliches Zugriff zu haben.

Der dritte Klingelton ist der ideale Zeitpunkt, um sich zu melden. Bei Abwesenheit sind andere Mitarbeiter zu informieren oder für die Erreichbarkeit ist die Rufumleitung einzustellen.

Bild 2 Telefonplatz Arbeitsraum

Der Verkauf am Telefon ist lediglich ein anderes Instrument zur Übermittlung von Verkaufsbotschaften bei gleicher Zielsetzung. Diese Verkaufsgespräche sind nicht von visuellen Eindrücken begleitet, deshalb haben die Stimme, der Tonfall und die Wortwahl ein besonderes Gewicht.

Bild 3 Freundlichkeit geht durchs Telefon

Der Kunde konzentriert seine ganze Aufmerksamkeit auf die Stimme. Der Verkäufer hat ausschließlich mit seiner Stimme die Möglichkeit, Sympathie zu gewinnen. Die Wortwahl muss präzise und eindeutig, die Produktbeschreibung so genau sein, dass der Kunde mit den Worten ein Bild malen kann.

Bild 4 Blumige Worte am Telefon

Deshalb ist intensives und aktives Zuhören beim Erfassen der Kundenwünsche besonders wichtig.

Beim Telefonverkauf können die Körpersprache des Verkäufers und seine Gesten nicht unterstützend mitwirken. Dennoch beeinflusst eine aufrechte Steh- oder Sitzhaltung das Sprach- und Klangbild positiv, da der Atem besser fließen kann und das Zwerchfell entlastet wird. Der Ton wird fest und selbstbewusst.

> Zwei- bis dreimal tief durchatmen vorm Telefonieren wirkt entspannend und erzeugt eine ruhige Stimme!

Ein freundlicher Blick, ein Lächeln und eine positive Einstellung erzeugen einen sympathischen Tonfall.

Bild 1 Freundlichkeit kann man hören

Kontakt herstellen

Unabhängig davon, ob der Kunde anruft oder angerufen wird, sollten sich die Mitarbeiter eines Unternehmens auf eine einheitliche Meldeformel verständigen. Der Verkäufer wird zunächst begrüßen, dann die Firma nennen, für die er tätig ist, und dann seinen Namen sagen.

Verkäufer: *„Guten Tag, Blumenhaus Linnea. Sie sprechen mit Sophia Schmidt."*

Hierbei ist eine verständliche, klare Aussprache von großer Wichtigkeit. Eine unklare Aussprache, das Verschlucken von Silben, mangelnde Sprechpausen oder ein zu schneller Sprachfluss, wirken auch negativ auf die inhaltliche Aussage. Deshalb ist das Variieren von laut und leise, langsam und schnell sowie eine gute Betonung immer wieder zu trainieren. Von großer Wichtigkeit sind Sprechpausen, um Gesagtes zu verstehen und darauf reagieren zu können. Alle diese Elemente machen ein Telefongespräch lebendig und erhöhen den Aufmerksamkeitsgrad.

Kontakt halten

Das weiterführende Gespräch ist geprägt von einem guten Dialog.

Notiert der Verkäufer zunächst den Namen und lässt diesen während des Gespräches immer wieder einfließen, bekommt das Gespräch eine sehr persönliche Note. Es ist darüber hinaus ein gutes Training, sich den Namen des Kunden einzuprägen. Der Name des Kunden ist das wichtigste Wort beim Telefonieren, er ist so unmittelbar mit der Person verbunden, dass er weder falsch geschrieben noch falsch ausgesprochen werden darf.

> Kontrollieren Sie sich doch mal bei Ihren nächsten Einkäufen, wie wertvoll Sie die persönliche Anrede mit Namen empfinden.

Zur Pflege einer Geschäftsbeziehung ist die Anrede mit Namen und Titeln unerlässlich!

Der Verkäufer sollte seine Sprechgeschwindigkeit der seines Gesprächspartners anpassen. Spricht jemand sehr langsam, wirkt das schnelle Sprechen des Telefonpartners eher hektisch. Umgekehrt wirkt eine langsame Sprache bei einem schnell sprechenden Kunden eher desinteressiert und unbewegt. Ist etwas nicht ganz klar verständlich, ist es besser nachzufragen, anstatt Missverständnisse zu erzeugen.

Buchstabieren Sie wichtige Worte wie Straßenbezeichnung oder Namen, damit diese nicht nur richtig verstanden, sondern auch richtig geschrieben werden (s. S. 120, Telefonalphabet).

Der Verkäufer muss am Ende des Gespräches seine Notizen zusammenfassen.

Die Frage: „Habe ich etwas vergessen zu notieren?" gibt ihm die Sicherheit, alles richtig verstanden zu haben. Selbstverständlich wird der Kunde so freundlich verabschiedet, wie er begrüßt wurde.

> Legen Sie den Hörer erst dann auf, wenn der Kunde aufgelegt hat!

Hat der Verkäufer einen Rückruf versprochen, ist das Versprechen unbedingt zu halten.

> Seien Sie so konkret wie möglich.
> Nicht: „Ich rufe Sie in der Angelegenheit noch einmal an."
> Sondern: „Ich rufe Sie morgen zwischen 15.00 und 16.00 Uhr noch mal an."

1

2

3

Der Verkäufer spricht in kurzen, prägnanten, verständlichen Sätzen, anstatt Botschaften zu verschachteln. Übung für eine serviceorientierte, klare Sprache:

☹	☺
Die Angelegenheit gestaltet sich schwierig, da muss erst mal nachgefragt werden.	Ich werde nachfragen, dann wissen wir Bescheid.
Sie müssen für diese Verpackung nichts extra bezahlen.	Alle Leistungen sind im Preis enthalten.

Das Telefonalphabet

Um Missverständnissen vorzubeugen, gibt es ein allgemein gültiges Alphabet zum Buchstabieren von Wörtern. Dieses Alphabet muss auswendig gelernt werden. Für Telefonprofis ist das Alphabet ein alltägliches Instrument.

	Inländisches Alphabet	Internationales Alphabet
A	Anton	Amsterdam
B	Berta	Budapest
C	Cesar	Casablanca
D	Dora	Dänemark
E	Emil	Ekuador
F	Friedrich	Fleurop
G	Gustav	Gerbera
H	Heinrich	Hongkong
I	Ida	Interflora
J	Julius	Jerusalem
K	Kaufmann	Kilo
L	Ludwig	Liverpool
M	Martha	Mexiko
N	Nordpol	New York
O	Otto	Oslo
P	Paula	Paris
Q	Quelle	Quebec
R	Richard	Roma
S	Siegfried	Singapore
T	Theodor	Thailand
U	Ulrich	Upsala
V	Viktor	Valencia
W	Walter	Washington
X	Xaver	Xray
Y	Ypsilon	Yokohama
Z	Zeppelin	Zürich

Das Buchstabieren ist bei Telefonaten mit Namensübermittlung besonders wichtig. Zum Beispiel: Bestellung Trauerspende, der Schleifentext lautet:

linke Seite	rechte Seite
Als letzten Gruß	Emilie Tankred und Fritjof

Verkäufer: *„Ich buchstabiere die Namen: Emilie, das schreibt sich wie: Emil, Martha, Ida, Ludwig, Ida, Emil.*
Tankred, das schreibt sich wie: Theodor, Anton, Nordpol, Kaufmann, Richard, Emil, Dora.
Fritjof, das schreibt sich wie: Friedrich, Richard, Ida, Theodor, Julius, Otto, Friedrich."
Auf diese Art wird die richtige Schreibweise gesichert.

Tipp

Hängen Sie sich die Buchstabierliste über oder an das Telefon, so ist das richtige Alphabet immer greifbar, Sie vergessen einzelne Buchstaben nicht und Sie lernen sie im Gebrauch schneller.

Aufgaben

1. Beschreiben Sie die Veränderung der Beziehung zwischen Kunde und Verkäufer in den letzten 50 Jahren.
2. Wie entsteht Motivation?
3. Was bedeutet CI und wie wichtig ist die für ein Unternehmen? Nennen Sie zwei bekannte Beispiele.
4. Welche Kriterien führen zur Kundenerwartung?
5. Erstellen Sie eine Tabelle von Waren und Dienstleistungen aus Ihrem Umfeld und beschreiben Sie Motiv und Nutzung für den Kunden.
6. Welche Maßnahmen tragen zur Kundenbindung bei?
7. Üben Sie vier weitere Gesprächsbeispiele mit Brückenwörtern.
8. Formen Sie negative Sätze zu serviceorientierten positiven Sätzen um.
9. Buchstabieren Sie nach gültigem Inlandsalphabet fünf beliebige botanische Namen.
10. Formulieren Sie sechs offene und sechs geschlossene Fragen mit gleichem Inhalt.

2.4.8 Verkaufsabschluss und Kassierregeln

Ganz wichtige Minuten im Verkaufsgespräch liegen zwischen dem Kassieren der Ware und der Verabschiedung des Kunden. Zahlt der Kunde bar, so ist ihm die Geldrückgabe vorzuzählen. Dieses Ritual ist ein bisschen aus der Mode geraten, weil auf vielen Kassen bei Eingabe der gegebenen Summe automatisch die Höhe des Rückgeldes erscheint. Der Kunde muss dann dem Floristen glauben und selber die Verbindung zwischen gegebener Summe und bekommender Rücksumme herstellen. Kommunikativer und vertrauensbildender ist es, dem Kunden sein Rückgeld vorzuzählen. Dabei ist auch ein Irrtum schneller zu bemerken, falls einmal versehentlich die falsche Münze entnommen wurde. Während der Kunde das Rückgeld verstaut, sollte ein guter Verkäufer sich nicht abwenden oder irgendwie anderen Handlungen vollziehen.

Der Kunde hat ein Recht auf die volle Aufmerksamkeit seines Gegenüber.

Zahlung mit girocard (s. S. 63)

Mehr und mehr setzt sich auch bei kleineren Summen die unbare Zahlung durch die girocard (früher: EC Karte) durch. Ein schneller Zahlvorgang, der für alle Beteiligten viele Vorteile bietet. Das Geld ist schnell auf dem Konto und der Kunde muss sich nicht mit größeren Bargeldbeträgen belasten. Die Zahlweise ermöglicht auch Spontankäufe.

Die meisten Geräte funktionieren durch Eingabe einer Geheimzahl durch den Kunden, nachdem der Florist die Summe eingegeben hat. Hier ist Diskretion gefragt. Der Kunde muss die Möglichkeit haben, das Gerät ohne Einsicht durch Dritte zu bedienen. Das Gerät wirft dann einen Kundenbon und einen Händlerbeleg aus. Der Florist muss die korrekte Buchung prüfen. Auf dem Bon erscheint der Begriff **gebucht** und die Summe, die es zu vergleichen gilt.

In manchen Unternehmen ist es üblich, darüber hinaus den Namen und die Kontoverbindung zu notieren. Das macht es im Falle einer Nachforschung leichter, den Vorgang zurück zu verfolgen.

Nutzen Sie die Gelegenheit, über die girocard den Namen des Kunden zu erfahren und ihn beim Verabschieden zu benutzen.

Bei älteren Cashgeräten wird der Bezahlvorgang nur durch die Unterschrift auf dem Händlerbon getätigt. Hier ist es unerlässlich, die Unterschrift auf der Karte mit der auf dem Händlerbon zu vergleichen.

Ein Verkaufsvorgang ist erst dann beendet, wenn der Bezahlvorgang beendet ist und der Kunde sein Rückgeld oder seine girocard verstaut hat. Wenn der Kunde von sich aus signalisiert, dass er gehen möchte, ist der Verkaufsvorgang endgültig beendet. Wenn möglich, begleiten Sie ihn zur Tür, bedanken sich für den Einkauf und verabschieden ihn mit einem Lächeln. Denken Sie daran, die letzten Minuten bleiben lange in Erinnerung.

Bild 1 Höfliche Verabschiedung einer Kundin

2.5 Kundenreklamation und Umtausch

Werden im Floristik-Fachgeschäft Kunden beraten, sodass daraufhin ein Warenkauf erfolgt oder eine Dienstleistung in Anspruch genommen wird, so kommt zwischen dem Kunden und dem Unternehmen ein Rechtsgeschäft zustande. Sind diese Kunden Privatpersonen, dann handelt es sich hierbei um einen **einseitigen Handelskauf**, ist der Vertragspartner ebenfalls ein Unternehmen, so wird von einem **zweiseitigen Handelskauf** gesprochen.

Kunden haben beim Kauf bestimmte Erwartungen an die Ware oder Dienstleistung. Sie sind natürlich unzufrieden, sofern diese Erwartungen durch Mängel, durch fehlende Wareneigenschaften oder eine falsche Beratung enttäuscht werden. Die Unzufriedenheit führt entweder dazu, dass Floristik-Fachgeschäfte diese Kunden verlieren können, wenn die Mängel nicht bekannt gemacht werden, oder der Kunde kommt zurück, um die Ware zu reklamieren. In diesem Fall ist es wichtig, angemessen auf die Kundenreklamation zu reagieren und die mit dem Kauf verbundenen Rechte und Pflichten zu kennen.

Kundenreklamationen entstehen, wenn objektive oder subjektive Erwartungen des Kunden beim Kauf nicht erfüllt werden oder wenn nach dem Kauf Mängel an der gelieferten Sache (Schlechtleistung) festgestellt werden.

2.5.1 Mängelarten und Rügefrist

Der Verkäufer ist verpflichtet, verkaufte Waren oder durchgeführte Dienstleistungen frei von Sach- und Rechtsmängeln zu übergeben (Gewährleistungspflicht).

Sachmängel ergeben sich durch Beschaffenheits- und Qualitätsmängel, durch falsche oder falsch gekennzeichnete Ware, durch eine Minderlieferung oder durch sogenannte Montagemängel (s. S. 64 f.). Rechtsmängel entstehen, wenn eine gelieferte Sache Rechtsmängel aufweist, so dass Dritte gegenüber dem Käufer Rechte geltend machen können.

Bei einem zweiseitigen Handelskauf sind erhaltene Waren unverzüglich, also ohne schuldhaftes Verzögern, auf Güte, Menge und Art zu untersuchen und bei auftretenden Mängeln auch ohne Verzug zu rügen. Allerdings ist zu unterscheiden zwischen offenen, versteckten und arglistig verschwiegenen Mängeln. Offene Mängel sind bei der Prüfung offensichtlich, versteckte Mängel nicht, sondern ergeben sich meist erst durch den Gebrauch. Arglistig verschwiegene Mängel verheimlicht der Käufer absichtlich.

Bei einem einseitigen Handelskauf ist eine unverzügliche Prüfung des Käufers nicht zwingend notwendig, er kann die Rüge bei offenen und versteckten Mängeln innerhalb der Gewährleistungsfrist vornehmen.

2.5.2 Gewährleistungspflicht

Unter Gewährleistung versteht man die gesetzliche Verpflichtung des Verkäufers, eine Sache oder ein Werk im mangelfreien Zustand abzuliefern. Voraussetzung für die Geltendmachung von Gewährleistungsansprüchen ist somit eine Mängelrüge.

Der Verkäufer haftet für alle Mängel, die schon zum Zeitpunkt des Verkaufs bestanden haben, auch für versteckte Mängel. Die Gewährleistungsfrist beträgt nach § 438 BGB 24 Monate (bei Gebrauchtwaren kann sie per AGB oder Vereinbarung auf 12 Monate verkürzt werden).

Zu Gunsten eines Verbrauchers wird gegenüber dem Unternehmer beim Verbrauchsgüterkauf entschieden, wenn eine Privatperson im Floristik-Fachgeschäft Waren oder Dienstleistungen kauft. Es wird in den ersten sechs Monaten nach Übergabe vermutet, dass die Ware schon zum Lieferzeitpunkt mangelhaft war, es sei denn, der Verkäufer kann nachweisen, dass der Mangel zum Zeitpunkt der Lieferung noch nicht bestand.

Bemerkt der Käufer erst später als sechs Monate nach dem Kauf den Mangel, so ändert sich die Beweislast, d. h. nun muss er beweisen, dass der Gegenstand schon bei der Übergabe einen Mangel aufwies.

Diese Beweislast ist im Einzelfall schwierig, beispielsweise wenn nach acht Monaten der Computer im Büro des Floristik-Fachgeschäftes kaputt geht, weil der Lüfter oder die Grafikkarte defekt ist. Nach der allgemeinen Rechtsauffassung reicht hierbei aus, wenn man deutlich machen kann, dass die (mangelhafte) Ware über den gesamten Zeitraum nicht unsachgemäß, also nach Vorschrift behandelt wurde.

Bei Mangelhaftigkeit der Sache stehen dem Käufer verschiedene Rechte zu. Er kann in Bezug auf den Mangel

- Nacherfüllung verlangen; d. h. der Verkäufer wird aufgefordert, innerhalb einer angemessenen Frist den Mangel zu beseitigen,
- vom Verkauf zurücktreten, wenn die Nacherfüllung versagt hat,
- alternativ die Minderung des Kaufpreises aushandeln,
- Schadenersatz verlangen, sofern ein Schaden entstanden ist; unabhängig davon, ob der Vertrag im Nachhinein erfüllt wurde oder nicht erfüllt wurde.

Garantie

Die Abgabe einer **Garantieerklärung** durch den Verkäufer oder Hersteller ist freiwillig (also nicht gesetzlich verpflichtend), dennoch hat der Käufer (bei Vorliegen der Voraussetzungen) Anspruch auf Erfüllung des Garantieversprechens.

Im Gegensatz zur Sachmangelhaftung kann die Garantie nach Belieben ausgestaltet oder befristet sein, das bedeutet, dass die Regelungen der Sachmangelhaftung hier nicht angewandt werden.

§ 477 BGB, Sonderbestimmungen für Garantien
(1) Eine Garantieerklärung muss einfach und verständlich abgefasst sein. Sie muss enthalten

1. den Hinweis auf die gesetzlichen Rechte des Verbrauchers sowie darauf, dass sie durch die Garantie nicht eingeschränkt werden und

2. den Inhalt der Garantie und alle wesentlichen Angaben, die für die Geltendmachung der Garantie erforderlich sind, insbesondere die Dauer und den räumlichen Geltungsbereich des Garantieschutzes sowie Namen und Anschrift des Garantiegebers.

Viele Hersteller schränken ihre Garantieerklärungen ein, indem sie nur bestimmte Teile oder Eigenschaften eines Artikels unter Garantie stellen. So könnten beispielsweise bei einem PC nur die Ersatzteile für eine neue Grafikkarte, einen Lüfter oder einen Prozessor garantiert werden, sodass hierfür die Kosten erstattet werden, nicht aber der Einbau der neuen Teile, also die Arbeitskosten. Garantieleistungen findet man häufig bei Fahrzeugen oder technischen Geräten.

Produkthaftung des Herstellers

Ein Hersteller muss alle Schäden ersetzen, die aufgrund eines fehlerhaften Produkts an anderen Rechtsgütern, also an Sachen und Personen, eintreten. Die Ursache dafür kann sein, dass ein Produkt fehlerhaft konstruiert wurde, dass die Ware mit fehlerhafter, unvollständiger oder ganz ohne Gebrauchsanweisung auf den Markt gekommen ist oder dass während der Produktion keine ausreichende Qualitätskontrolle erfolgt ist, wodurch der Fehler übersehen wurde.

Im **Produkthaftungsgesetz** (ProdHaftG) ist geregelt, wann und wer für Folgeschäden an Personen oder Sachen einstehen muss, die ein fehlerhaftes Produkt verursacht hat.

Verkauft z. B. das Floristik-Fachgeschäft eine Weihnachtsdekoration mit elektrischen Lichterkerzen, bei der aufgrund eines fehlerhaften Netzteils ein Brand entsteht, dann haftet (bei sachgemäßer Handhabung) der Hersteller – nicht das Fachgeschäft – für die Schäden durch das Produkt.

Kulanz

Als **Kulanz** wird allgemein ein Entgegenkommen eines Verkäufers bezeichnet, obwohl im rechtlichen Sinne entweder kein Mangel an der Ware besteht bzw. die Gewährleistungsfrist abgelaufen ist. Kulanz ist eine Geste der Großzügigkeit oder Teil des zusätzlichen Geschäftsservice, um die Kundenbindung oder die Kundenzufriedenheit zu stärken.

So bemängeln Kunden im Floristik-Fachgeschäft immer wieder Schnittblumen, die ihrer Meinung nach viel zu schnell welken, verneinen aber die Frage, ob die Blumen zuhause entsprechend angeschnitten wurden. Hier wird häufig durch Kulanz eine zufriedenstellende Regelung getroffen, ohne dass der Kunde einen Anspruch auf Umtausch der Ware hätte.

2.5.3 Umtausch und Rückgaberecht

Umtausch umschreibt die Rückgabe einer gekauften Sache an den Verkäufer ohne eigentlichen Mangel, also ohne rechtliche Begründung. Selbstverständlich hat der Käufer im Einzelfall einen Grund, die Kaufsache zurückzugeben, doch ist „ohne Grund" hier im juristischen Sinne gemeint. Dieser Umtausch ist nicht gesetzlich geregelt, daher hat ein Kunde, der beispielweise im Floristik-Fachgeschäft eine Ware gekauft hat und sie dann doch nicht mehr haben will, kein Recht auf Umtausch, wenn sie fehlerfrei ist. Ein einmal geschlossener Vertrag ist zu erfüllen.

Ein weiterer Begriff, der gerne in diesem Zusammenhang verwendet wird, ist das **Rückgaberecht**. Dieses leitet sich aus dem **Widerrufsrecht** aus § 355 BGB ab. Wenn ein Kunde sicherstellen will, dass er innerhalb einer vereinbarten Frist fehlerfreie Ware zurückgeben oder einen geschlossenen Vertrag widerrufen möchte, muss er dies mit dem Verkäufer beim Abschluss des Vertrages ausdrücklich vereinbaren.

§ 312 BGB, Widerrufsrecht bei Fernabsatzverträgen
(1) Dem Verbraucher steht bei einem Fernabsatzvertrag ein Widerrufsrecht nach § 355 zu …

Gesetzlich geregelt ist das Widerrufsrecht ausdrücklich nur für bestimmte Verträge, hierzu zählen z. B. **Fernabsatzverträge**. Fernabsatzverträge sind Verträge über die Lieferung von Waren oder über die Erbringung von Dienstleistungen, die zwischen einem Unternehmer und einem Verbraucher unter ausschließlicher Verwendung von Fernkommunikationsmitteln abgeschlossen werden, z. B. im Versandhandel, im Telefonverkauf oder im Internethandel; also überall dort, wo der Kunde nicht körperlich anwesend ist bei Vertragsabschluss.

§ 355 BGB, Widerrufsrecht bei Verbraucherverträgen
(1) Wird einem Verbraucher durch Gesetz ein Widerrufsrecht nach dieser Vorschrift eingeräumt, so ist er an seine auf den Abschluss des Vertrags gerichtete Willenserklärung nicht mehr gebunden, wenn er sie fristgerecht widerrufen hat. Der Widerruf muss keine Begründung erhalten …
(2) Die Widerrufsfrist beträgt 14 Tage, wenn dem Verbraucher … eine Widerrufsbelehrung in Textform mitgeteilt wird. Bei Fernabsatzverträgen steht eine unverzüglich nach Vertragsschluss in Textform mitgeteilte Widerrufsbelehrung einer solchen bei Vertragsschluss gleich …

Gesetzestexte sind für den Normalbürger selten schlüssig, insofern ist hier eine Erklärung notwendig. Das Widerrufsrecht wurde zum Schutz der Verbraucher modifiziert, es gilt unter anderem für

- Haustürgeschäfte (§ 312, BGB),
- Fernabsatzverträge (§ 312d, BGB),
- Verbraucherdarlehensverträge (§ 495, BGB),
- Verbraucher-Finanzierungsleasingverträge (§ 500, BGB),
- Verbraucher-Teilzahlungsgeschäfte (§ 501, BGB),
- Ratenlieferungsverträge (§ 505, BGB).

„Normale Kaufverträge" fallen also nicht unter diese Regelung. Allerdings räumen viele Unternehmen – besonders im Konsumgüterbereich – ihren Kunden freiwillig ein Rückgabe- bzw. Widerrufsrecht ein.

Der Verbraucher ist bei Widerruf zur Rücksendung der Ware auf Kosten des Unternehmers verpflichtet, wenn die Ware in einem Paket versandt werden kann. Bei einer Bestellung bis 40 Euro können dem Verbraucher durch Allgemeine Geschäftsbedingungen des Unternehmers aber auch die Kosten der Rücksendung auferlegt werden. Außerdem kann für die während seines Besitzes durch bestimmungsgemäße „Ingebrauchnahme der Sache" eingetretene Wertminderung Schadensersatz geleistet werden, wenn vorher darauf hingewiesen wurde, z. B. bei Kleidung.

Aufgaben

1. Geben Sie verschiedene Gründe an, warum Kunden zu Ihnen in das Floristik-Fachgeschäft kommen, um zu reklamieren.
2. Welchen Unterschied macht das Gesetz bei der Untersuchung von Waren und der Mängelrüge in Bezug auf den einseitigen und zweiseitigen Handelskauf?
3. Welche zeitlichen Fristen und Besonderheiten ergeben sich bei Mängeln durch die Gewährleistungspflicht?
4. Welche Rechte hat ein Verbraucher, der Mängel an der Ware vorfindet und diese beim Verkäufer rügt?
5. Erläutern Sie, welche grundsätzlichen Unterschiede es zwischen Garantie, Kulanz und Produkthaftung gibt.
6. In welchen Fällen besteht für Verbraucher ein gesetzliches Widerrufsrecht? Geben Sie mehrere Beispiele (mind. vier) an.
7. Welche rechtliche Auskunft erteilen Sie einem Kunden, der eine größere Keramikschale bei Ihnen umtauschen will, die keine Mängel aufweist und vor zehn Tagen gekauft wurde? Wie einigen Sie sich mit dem Kunden?
8. Warum bedeutet eine gut bearbeitete Reklamation auch eine Chance für das Unternehmen? Nennen Sie drei Gründe.
9. Konstruieren Sie in einem Rollenspiel ein Reklamationsgespräch und achten Sie auf das Feedback Ihrer Kollegen.
10. Erklären Sie die Merkmale einer begründeten und einer unbegründeten Reklamation.
11. Beschreiben Sie das Beratungsklima, in dem eine Reklamation stattfinden sollte. Begründen Sie Ihre Meinung.
12. Welches Ziel haben **Sie**, wenn ein Kunde reklamiert?
13. Formulieren Sie zwei Einstiegssätze in ein Reklamationsgespräch.
14. Welche Bedeutung hat die CI (Corporate Identity) einer Firma (s. S. 101) bezüglich der Reklamationsbearbeitung?

2.5.4 Reklamation

Natürlich gehört die Bearbeitung von Reklamationen nicht zu den angenehmsten Situationen im Verkauf. Häufig verhalten sich Kunden enttäuscht und ungehalten und bringen den Verkäufer so in eine konfrontative Situation.
Dabei sollte bedacht werden, dass auch dem Kunden Stress und Aufwand entsteht. Er muss das Geschäft nochmals aufsuchen oder zum Hörer greifen, um seinem Unmut Ausdruck zu verleihen. Die meisten Kunden reklamieren nicht gerne.
Der Verkäufer sollte bedenken, dass eine gut bearbeitete Reklamation eine große Chance für die Kundenbindung bedeutet.

> Eine unbearbeitete Reklamation ist eine Negativwerbung für das Unternehmen.

Bild 1 Verärgerte Kundin

Sichtweise ändern

Der Verkäufer sollte auch diesen Teil des Kundenkontaktes als eine positive Begegnung sehen und dem Kunden gegenüber nicht ablehnend reagieren. Denn ein Kunde, der reklamiert, möchte den Kontakt zu der Firma nicht abbrechen. Es ist eine große Chance, aus einem unzufriedenen Kunden einen zufriedenen zu machen.

Die begründete Reklamation

Man unterscheidet die begründete und die unbegründete Reklamation. Bei begründeten Reklamationen kommt es auf die schnelle Regelung an. Die Ursache ist meistens fehlerhafte Be- oder Verarbeitung.

Das kann sein:

- Materialfehler bei Keramik oder anderer Hartware,
- Abweichung vom vereinbarten Preis,
- nicht eingehaltene Termine,
- Abweichungen von Qualität,
- Druckfehler,
- Bestellung und Lieferung sind nicht identisch.

Die unbegründete Reklamation

Als unbegründet sind anzusehen:

- Behandlungsfehler,
- falsche Zustelladresse,
- unsachgemäßes Pflegeverhalten.

Bei diesen Reklamationen besteht kein Anspruch auf Ersatz – dennoch wird auch bei ungerechtfertigten Reklamationen großzügig und diplomatisch verfahren, denn Reklamationen sind doch die Ausnahme!

Schuldzuweisungen sind Gift in der Reklamationsbearbeitung.

☹ *„Sie haben die Rosen wohl nicht angeschnitten?"*

Mit dieser Gesprächseröffnung wird der Kunde bloßgestellt, wahrscheinlich reagiert er aggressiv und erkennt in der Klärung der Ursache keine positiven Bemühungen. Das Gespräch wird früher oder später eskalieren.

Tipp

Bedienen Sie sich der Ich-Form!

Die positive Ausführung könnte sein:

☺ **Verkäufer:** *„Die Rosen sehen ja traurig aus, das würde mich auch ärgern. Habe ich vergessen, Ihnen zu sagen, dass die Rosen vor dem Einstellen einen neuen Anschnitt benötigen?*
Mit einem scharfen Messer schräg am Stielende schneiden, dann hat die Rose eine Fläche zur ausreichenden Nahrungsaufnahme. Bitte versuchen Sie es mit diesen Rosen mal, Sie werden sehen, es klappt."

Kunden, die sich in ihrem Anliegen ernst genommen fühlen, die spüren, dass sie an eine Lösung herangeführt werden, schöpfen Vertrauen und werden über diese Situation hinaus Werbung für den Betrieb machen.

Gesprächsbeispiel:

Käufer: *„Ich habe eine Reklamation, ich bin wirklich außer mir und wütend."*

Verkäufer: *„Was ist denn passiert, dass Sie so ärgerlich sind?"*

Käufer: *„Ich habe letzte Woche eine Trauerspende mit Schleife bestellt, der Schleifentext sollte sein: In stiller Trauer, Eva und Heinz. – Ich war entsetzt, als ich auf der Beerdigung eine Schleife mit dem Text: Eva und Hans vorfand. So etwas darf doch nicht passieren!"*

Verkäufer: *„Da haben Sie vollkommen Recht, Frau Meisl, das darf wirklich nicht passieren, ich kann Ihre Verärgerung sehr gut verstehen. Bitte lassen Sie mich kurz prüfen, wie es zu dieser Verwechslung kam. Nehmen Sie doch bitte hier Platz, ich bin gleich wieder da."*

Der Verkäufer holt den Bestellzettel.

Verkäufer: *„Auf meiner Bestellung steht Eva + Heinz, die Druckerei hat das wohl falsch gelesen, aber dennoch ist es unsere Aufgabe, das zu kontrollieren. Das ist leider nicht passiert, ich bedauere das sehr und entschuldige mich dafür. Das muss für Sie sehr peinlich gewesen sein."*

Käufer: *„Ja, das war es wirklich, Sie wissen, wie die Leute sind und dass so leicht Gerüchte entstehen."*

Verkäufer: *„Die Situation ist schwierig, die Beerdigung ist vorbei, wir müssen nach einer Lösung suchen, damit Sie nicht Ihr Gesicht verlieren."*

Käufer: *„Eigentlich wollte ich gar nicht mehr kommen, so sehr verärgert war ich."*

Verkäufer: *„Ich bin froh, dass Sie gekommen sind. Vielen Dank, dass Sie uns Gelegenheit geben, darüber zu reden und der Sache auf den Grund zu gehen. Haben Sie eine Vorstellung davon, wie wir den Schaden minimieren können?"*

Käufer: *„Ehrlich gesagt, nein, denn es ist ja alles gelaufen, was kann man da noch tun?"*

Verkäufer: *„Ich würde mich gerne an die Hinterbliebenen wenden, das Missverständnis aufklären und mich mit einem kleinen Strauß bei ihnen entschuldigen. Wäre das eine Klärung in Ihrem Sinne?"*

Käufer: *„Ich glaube, das wäre ein guter Vorschlag, dann wäre auch geklärt, dass es einen Hans nicht gibt. Ich war ja auch sonst immer zufrieden und der Kranz sah wirklich gut aus."*

Verkäufer: *„Dann werden wir das in den nächsten Tagen klären, danke, dass Sie zu uns gekommen sind und wir Gelegenheit haben, den Fehler richtigzustellen. Auf Wiedersehen, Frau Meisl."*

Im obigen Beispiel gab es keine Formulierung, die das Gespräch zusätzlich belastet hat. Mit dieser Vorgehensweise fahren Sie die Erregtheit des Kunden herunter und bekommen ein lösungsorientiertes Gesprächsklima.

Ein Kunde, der seine Reklamation in dieser Art bearbeitet erlebt, wird trotz dieses Vorfalls eine positive Einstellung zu Ihrem Betrieb behalten.

Eine Gesprächsführung, die verbindlich stimmt, baut Brücken zwischen Verkäufer und Kunde. Ein Kunde, der eine Reklamation vorbringt, ist kein verlorener Kunde. Verloren sind die Kunden, die ärgerlich schweigen, ihre Unzufriedenheit noch auf andere Kunden übertragen oder einfach wegbleiben.

Die 10 Regeln einer guten Reklamationsbearbeitung:

1. Bleiben Sie ganz ruhig und atmen Sie tief durch.
Häufig gerät der Kunde in eine sehr nervöse Situation. Der Blutdruck steigt, das Herz schlägt schneller, es entsteht ein aufgeregter Zustand. Deshalb die Empfehlung, zunächst ganz tief durchzuatmen und sehr ruhig zu sprechen.

2. Lassen Sie den Kunden unbedingt ausreden, auch wenn er zornig reagiert und möglicherweise laut wird.
Der Kunde braucht Gelegenheit, seinen „Dampf" abzulassen. Auch er muss erst ruhiger werden, damit ein Dialog entstehen kann. Häufig wird durch dieses Verhalten eine große Unsicherheit kompensiert.

3. Hören Sie genau hin.
Der Verkäufer muss aktiv zuhören, auch die Nuancen zwischen den Sätzen wahrnehmen, wenn er zu einem guten Verständnis kommen möchte.

Der Unterschied zwischen aktivem und passivem Zuhören besteht darin, dass beim aktiven Zuhören Worte und Sinn erfasst werden, während bei passivem Zuhören nur wahrgenommen wird, dass das Gegenüber redet, der Verkäufer selbst jedoch mit seinen Gedanken bereits woanders angekommen ist.

4. Wenn möglich, bitten Sie den Kunden, Platz zu nehmen.
In einer bequemen Sitzposition beruhigen sich die Gemüter eher. Ein wildes Gestikulieren ist in dieser Situation schwer. Ein Gespräch kommt so eher auf eine sachliche Ebene. Der Kunde hat weniger Gelegenheit, einfach wegzugehen und so eine gute Bearbeitung zu verhindern.

Bild 1 Das Reklamationsgespräch

5. Zeigen Sie Verständnis für den Unmut des Kunden.
Verständnis zu zeigen erzeugt ein gutes Gesprächsklima. Versucht sich der Verkäufer in die Situation des Käufers hineinzuversetzen, wird eine verständnisvolle Haltung eher möglich.

Beispiel:
Verkäufer: *„Ich kann Ihren Ärger gut verstehen, ich glaube, es ginge mir in Ihrer Situation nicht anders."*

6. Bedanken Sie sich dafür, dass er sich die Zeit nimmt, seine Unzufriedenheit vorzutragen.
Bedankt sich der Verkäufer dafür, dass der Kunde sich Zeit nimmt, seinen Unmut vorzutragen, wird der Kunde sehr positiv darauf reagieren.

Beispiel:
Verkäufer: *„Nett, dass wir darüber reden können, es ist mir wichtig, dass Sie zufrieden sind."*

7. Bemühen Sie sich ernsthaft um eine Lösung.
Es ist nicht damit getan, dass der Kunde seine Reklamation vorbringt. Der Verkäufer hat die Pflicht, eine zufriedenstellende Lösung zu suchen.

Beispiel:
Verkäufer: *„Danke, dass Sie mir Gelegenheit geben, die Angelegenheit zu klären. Ich bin sicher, wir finden eine Lösung."*

Das klingt verbindlich und beruhigt die Gemüter.

8. Bleiben Sie ehrlich und freundlich.
Natürlich soll der Verkäufer authentisch bleiben, dennoch gibt es keinen Grund für unhöfliches Verhalten. Fehler, die passiert sind, zuzugeben, gehört zu den Verkäuferpflichten, deshalb schafft Ehrlichkeit, auch wenn sie unbequem ist, eher Vertrauen, schlechte Ausreden machen die Sache nur schlimmer.

9. Fragen Sie den Kunden, wie er sich eine Regelung vorstellt – wenn das Gespräch sich festgefahren hat.
Ist das Gespräch möglicherweise in der Sackgasse und eine Lösung nicht so recht in Sicht, kann der Verkäufer den Kunden fragen, welche Form der Regelung er für angemessen hält. Kunden sind in ihren Forderungen selten übertrieben.

Der Verkäufer sollte, angesichts der Tatsache, dass Reklamationen normalerweise zu den Ausnahmen gehören, sehr großzügig reagieren.

Bild 2 Kleine Geschenke erhalten die Freundschaft

10. Bedanken Sie sich bei den Kunden für das Verständnis.

Wenn der Verkäufer sich mit dem Kunden wohlwollend verständigt hat, sollte er sich dafür bedanken, dass gemeinsam ein Lösungsweg gefunden wurde.

Gesprächsbeispiel:

Kunde: *„Guten Tag, ich bin ziemlich wütend, denn der Strauß, den Sie am Mittwoch zustellen sollten, hat das Jubelpaar nicht erreicht. Wissen Sie eigentlich, wie peinlich mir das ist? Es war die goldene Hochzeit meines Freundes."*

Verkäufer: *„Das glaube ich Ihnen, das ginge mir genauso! Bitte geben Sie mir Gelegenheit zu klären, warum der Strauß nicht angekommen ist."*

Kunde: *„Hätte ich ihn nur selber mitgenommen, dann wäre das nicht passiert."*

Verkäufer: *„Bitte nehmen Sie einen Moment Platz, ich bin sofort wieder bei Ihnen. Ich möchte mir eben den Bestellzettel holen, um eine Aussage treffen zu können, warum da etwas schief gelaufen ist. Hätten Sie zwischenzeitlich gerne eine Erfrischung?"*

Kunde: *„Nein danke, ich muss erst mal Klarheit haben."*

Kurze Zeit später:

Verkäufer: *„Leider hat es einen Moment gedauert, dafür weiß ist jetzt, woran es lag. Die Notiz auf dem Auftrag sagt mir, dass die Empfänger zum Zeitpunkt der Zustellung nicht zu Hause waren. Unser Bote hat den Strauß beim Nachbarn abgegeben und die Nachricht mit der Bitte um Abholung an die Tür des Empfängers geklemmt."*

Kunde: *„Ist aber nicht passiert, denn ich war auf dem Empfang – möglicherweise ist der Strauß zugestellt worden, als die Familie in der Kirche war. Dummer Zufall!"*

Verkäufer: *„Bitte verstehen Sie, dass wir einen frischen Strauß nicht einfach vor die Tür legen können, oftmals wird auswärts gefeiert. Dass das in diesem Fall nicht so war – diese Information hatte unser Bote nicht. Und die Blumen müssen doch versorgt werden, wenn sie Freude machen sollen."*

Kunde: *„Schade, die Überraschung ist ein bisschen missglückt."*

Verkäufer: *„Das tut mir leid, aber wir haben inzwischen telefoniert, die Situation geklärt, das Jubelpaar hat sich sehr über diesen hübschen Strauß gefreut. Sie werden Sie selbst heute Abend anrufen."*

Kunde: *„Na, dann ist der Strauß zwar spät, aber immerhin angekommen."*

Verkäufer: *„Unser Bote hat in diesem Fall sicher korrekt gehandelt, Blumen sind nun mal etwas Lebendiges."*

Kunde: *„Ja, das ist Pech, Sie trifft keine Schuld, hoffentlich klappt es das nächste Mal besser."*

Verkäufer: *„Darf ich Ihnen eine Rose für Ihre Frau mitgeben und mich dafür bedanken, dass ich Gelegenheit hatte, das Missverständnis aufzuklären. Ich hoffe, Sie sind uns nicht allzu böse, manchmal geschehen unvorhersehbare Dinge. Bis zum nächsten Mal, Herr Meyer."*

Kunde: *„Bis zum nächsten Mal – auf Wiedersehen."*

Eine Reklamation ist dann gut bearbeitet, wenn auf beiden Seiten eine gute, einvernehmliche Stimmung zurückbleibt.

Bild 1 Freundliche Gesprächsatmosphäre schaffen

Bild 2 Rose als Dankeschön überreichen

3 Kaufmännisch handeln und steuern, leistungsgerecht entlohnen und vorsorgen

Dorothea Pohl, seit vielen Jahren bei der Linnea GmbH als Vollzeitfloristin beschäftigt, hat zu Beginn des letzten Monats eine tarifliche Lohnerhöhung bekommen. Sie wundert sich über ihre Lohnabrechnung und fragt Marc Schmidt, ihren Chef, warum vom Bruttolohn immer so viel abgezogen wird.

3.1 Kaufmännische Steuerung und Kontrolle

Unter diesem Begriff sind die Inhalte der folgenden Kapitel zusammengefasst, die sich mit den Grundlagen des kaufmännischen Rechnens, mit dem Zusammenspiel der Produktionsfaktoren, mit den Grundlagen des Rechnungswesens bzw. der Buchhaltung, mit der Kosten- und Leistungsrechnung und betriebswirtschaftlichen Kennzahlen beschäftigen. Alle genannten Begriffe sind eigentlich Schwerpunkte einer kaufmännischen Ausbildung.

Für die Florist-Ausbildung ist es wichtig, dass zu diesen Themen Grundkenntnisse vermittelt werden, da Floristen durch Wahrnehmung kaufmännischer Funktionen beim Wareneinkauf und bei der Lagerung, bei der Warenkalkulation und der Preisgestaltung, bei der Zahlung von Rechnungen, Löhnen, Steuern und Sozialabgaben, bei der Kassenführung und dem Buchen von Belegen, bei der Überprüfung der Einnahmen und Ausgaben, bei der Inventur und Bilanzerstellung und letztendlich bei der Ausgestaltung der Unternehmensziele mitwirken.

3.1.1 Produktionsfaktoren

Volkswirtschaftliche Produktionsfaktoren

Nur wenige Güter und Produkte sind von Natur aus direkt als Konsumgüter verwendbar, in den meisten Fällen durchlaufen sie einen Produktionsprozess, bis sie einem Konsumenten unmittelbar zur Bedürfnisbefriedigung dienen. Bei näherer Betrachtung wird deutlich, dass bei solch einem Produktionsgut (z. B. einem Blumenstrauß) zu Beginn des Produktionsprozesses die **Natur** (bzw. der **Boden)** und die **Arbeit** stehen, die als Produktionsfaktoren eingesetzt werden.

Heutzutage ist nahezu kein Produktionsprozess mehr denkbar, bei dem neben Natur (bzw. dem Boden) und Arbeit nicht auch noch Produktionsgüter (z. B. Rohstoffe, Werkzeuge, Maschinen) als dritter Produktionsfaktor eingesetzt werden müssen. Dieser aus den beiden ursprünglichen Faktoren abgeleitete Produktionsfaktor wird in der Volkswirtschaftslehre als **Kapital** bezeichnet.

> Die klassischen Produktionsfaktoren in der Volkswirtschaft werden als **Boden** (Natur), **Arbeit** und **Kapital** bezeichnet.

Der Betrieb ist der Ort, in dem die verschiedenen Produktionsgüter nach Idee, Zielsetzung und Entscheidung des Unternehmers zur **Leistungserstellung** kombiniert werden. Leistungserstellung kann in unterschiedlichen Betriebsformen erfolgen; das bedeutet, dass sie sich auf die Produktion von Rohstoffen, der Rohstoffverarbeitung oder auf Dienstleistungen beziehen kann. Zur Leistungserstellung ist der Unternehmer dabei auf die Beschaffung der Produktionsfaktoren auf dem **Beschaffungsmarkt** angewiesen, der **Absatzmarkt** dient dagegen dem Absatz bzw. Verkauf der produzierten Sachgüter und Dienstleistungen.

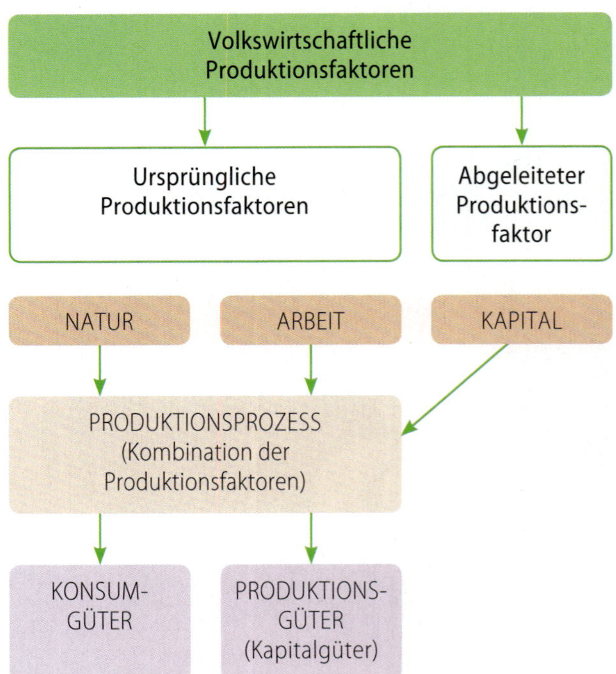

Bild 1 Volkswirtschaftliche Produktionsfaktoren

Ausgangspunkt vieler Rohstoffe, aus denen Urproduktionsbetriebe Halbfertigwaren oder Produkte herstellen, sind im/am Boden zu finden. Daher wird der Produktionsfaktor Natur auch häufig mit Boden gleichgesetzt.

Betriebswirtschaftliche Produktionsfaktoren

In der Betriebswirtschaftslehre werden die Produktionsfaktoren begrifflich moderner und weiter gefasst. Dabei wird zwischen dem **dispositiven Faktor** und **Elementarfaktoren** unterschieden. Produktionsfaktoren werden als Mittel und Kräfte verstanden, mit denen Sachgüter und Dienstleistungen erstellt werden.

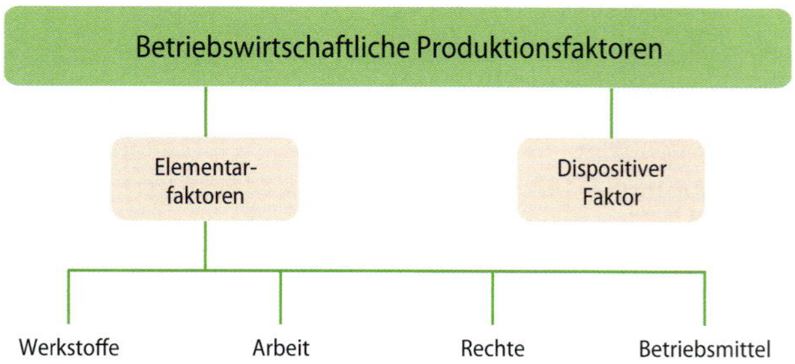

Bild 1 Betriebswirtschaftliche Produktionsfaktoren

Zu den Aufgaben des dispositiven Faktors gehören Planung, Gestaltung, Organisation, Entscheidung, Kontrolle und Überwachung, also alles Managementaufgaben des Betriebsleiters.

Elementarfaktoren sind

- **Werkstoffe und Waren**, also Güter zur Verarbeitung, z. B. Schnittblumen, Topfpflanzen und andere florale Werkstoffe, Bänder und Deko-Stoffe, Keramik, Vasen, Steckhilfsmittel und andere nichtflorale Werkstoffe.
- **Betriebsmittel**, das sind Anlagen und Einrichtungsgegenstände, welche die Voraussetzung zur betrieblichen Leistungserstellung sind, z. B. Grundstücke und Gebäude, Fahrzeuge und Maschinen, Geräte und Ladeneinrichtungsgegenstände, Anlagen zur Entsorgung und Unfallverhütung, Vorrichtungen zur Lagerung von Werkstoffen und Maschinen und vieles mehr.
- **Arbeit**, darunter wird insbesondere die körperliche (ausführende) Arbeit verstanden, im Floristik-Fachgeschäft sind das die Mitarbeiter einschließlich der Auszubildenden.
- **Rechte**, z. B. behördliche Betriebsgenehmigungen sowie Schutz- und Nutzungsrechte, z. B. Patente, Lizenzen, Markenzeichen.

In der Floristik werden zur Leistungserstellung immer mehrere Produktionsfaktoren miteinander kombiniert. Nach dem ökonomischen Prinzip kommt es darauf an, die Produktionsfaktoren so einzusetzen, dass der Einsatz für Werkstoffe, Betriebsmittel und den Faktor Arbeit kostengünstig erfolgt. Wenn möglich, werden dabei teurere durch günstigere Faktoren ausgetauscht, auch als **Substitution der Produktionsfaktoren** bezeichnet.

3.1.2 Wahl des Standorts – Standortfaktoren

Die Entscheidung über den Ort der Niederlassung eines Betriebes wirkt sich langfristig auf die Lebensfähigkeit des Betriebes aus. Viele Floristik-Fachgeschäfte befinden sich jedoch seit vielen Jahren an ein und demselben Standort, weil durch Erbfolge oder Übernahme eines alteingesessenen Betriebes der Standort von vornherein feststeht. Die Analyse eines geeigneten Standorts und die daraus resultierende Standortentscheidung treffen daher in erster Linie auf neue Filialen oder Unternehmensgründer zu, die kein traditionelles Fachgeschäft übernehmen wollen oder können.

Beweggründe des Unternehmers, die die Wahl des richtigen Standorts beeinflussen, sind in erster Linie **wirtschaftliche** Aspekte, da zwischen Kosten- und Absatzvorteilen abgewägt werden muss, und **persönliche** Aspekte, da eine Existenzgründung natürlich auch Einfluss auf die Lebensplanung des Unternehmers allgemein hat. Für die Standortwahl maßgebliche positive Einflussgrößen, die für eine wirtschaftliche Tätigkeit dann eintreten, wenn sie sich an einem bestimmten Ort vollziehen, werden als **Standortfaktoren** bezeichnet.

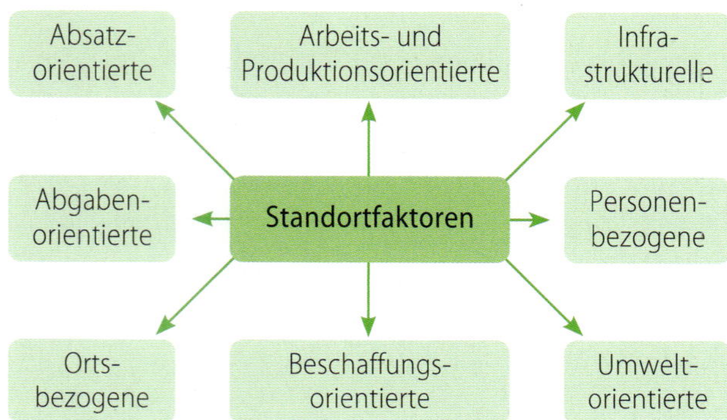

Bild 2 Einflussgrößen auf die Standortwahl

Die in Bild 2 dargestellten Faktoren haben einen unterschiedlich starken Einfluss auf die Wahl des richtigen Standorts. Für ein Floristik-Fachgeschäft sind Standortfaktoren insbesondere

- **absatzorientiert**, wenn Aspekte wie Kundenstruktur, Kaufkraft und Kundenfrequenz, Erreichbarkeit, Friedhofs- bzw. Krankenhausnähe, Parkplatzsituation, Image des Standorts und besonders die Mitbewerbersituation berücksichtigt werden,
- **beschaffungsorientiert**, wenn Größe, Kosten, Nutzungs- und Erweiterungsmöglichkeiten des neuen Betriebes in Betracht gezogen werden, außerdem die Beschaffungsmöglichkeiten der Waren und Werkstoffe und die Entfernung der Zulieferer berücksichtigt werden,
- **abgabenorientiert**, wenn berücksichtigt wird, wie hoch der Gewerbesteuerhebesatz in dem Ort ist,
- **arbeits- und produktionsorientiert**, wenn überprüft wird, wie hoch das Lohn- und Gehaltsniveau der Mitarbeiter sein sollte, ob mit ausreichend qualifizierten Fachkräften zu rechnen ist, wie gut die Anliefermöglichkeiten sind, ob es Einschränkungen beim Sortiment geben muss, ob geplante Dienstleistungen vor Ort möglich und notwendige Flächen verfügbar sind,
- **infrastrukturorientiert**, wenn Aspekte wie Verkehrsanbindung, Ausbau des Wegenetzes, Bus- und Bahnverbindun-

gen, Kommunikationseinrichtungen (Breitband-Internet), Kulturangebote und Freizeitmöglichkeiten sowie Bildungs- und Weiterbildungseinrichtungen sondiert wurden,

- **ortsbezogen**, wenn Aspekte wie Unternehmerfreundlichkeit der Ortsverwaltung, Kosten von Abgaben und Gebühren, Schnelligkeit von Genehmigungsverfahren, Subventionsmöglichkeiten und Unternehmensförderung untersucht werden,
- **umweltorientiert**, wenn Umweltschutz-, Sicherheits-, Entsorgungsauflagen und natürliche Gegebenheiten (Bodenbeschaffenheit, Klima, Niederschläge) in Betracht gezogen werden,
- **personenorientiert**, wenn letztendlich auch Aspekte des Unternehmensgründers selbst Berücksichtigung finden wie beispielsweise der Wohnwert und das Image des Ortes, die Gesundheitsvorsorge, Kindergarten und Schulangebot, Freizeitwert, soziale Kontakte und mögliche alte Bekanntschaften.

Neben dem **Anbauboden** (als Grundlage der gärtnerischen oder landwirtschaftlichen Produktion), dem **Abbauboden** (als Basis für den Rohstoffabbau z. B. von Kohle, Erdgas, Erdöl, Holz oder Torf) gehört der **Standortboden** (also der Betriebsort des Unternehmens) im weitest gehenden Sinne zu dem Produktionsfaktor **Boden**.

3.1.3 Kapital und Vermögen

Der Begriff Kapital bezeichnet im betriebswirtschaftlichen Sinn die für die Anschaffung von Vermögen aufgebrachten Mittel in Form von **Eigen- und Fremdkapital**, im volkswirtschaftlichen Sinn werden unter Kapital alle an der Erzeugung von Gütern beteiligten **materiellen und immateriellen Produktionsmittel** verstanden. Beide Aspekte lassen sich am Beispiel eines Floristik-Fachgeschäftes gut darstellen.

Fremd- und Eigenkapital

Ein Unternehmen investiert (= wendet Geld auf) in materielle Produktionsmittel, um die Produktivität im Betrieb zu verbessern. Materielle Mittel sind im Floristik-Fachgeschäft Wirtschaftsgüter wie Gebäude, Maschinen, Einrichtungsgegenstände, Computeranlage, Fahrzeuge u. v. m. Letztendlich dienen die Investitionen dazu, die Wettbewerbs- und Gewinnsituation im Betrieb zu verbessern. Immaterielle Produktionsmittel sind z. B. das Wissen und Know How der Mitarbeiter, Konzessionen und Patente, Computerprogramme.

Das für die Investition benötigte Kapital kann zum einen Eigenkapital sein, dann sind es Mittel, die vom Unternehmen z. B. von der Linnea GmbH selbst aufgebracht oder als erwirtschafteter Gewinn im Unternehmen belassen wurden. Das Eigenkapital steht dem Unternehmen langfristig, also dauerhaft zur Verfügung.

Fremdkapital ist demgegenüber durch Schuldenaufnahme finanziertes Kapital einer Unternehmung in Form von Anleihen, Hypotheken oder Krediten. Der Fremdkapitalgeber ist am Unternehmen nicht beteiligt, er ist Gläubiger, der Anspruch auf Rückzahlung des Kredits und i. d. R. auch auf Zinsen hat, z. B. Banken oder Privatinvestoren, die die Linnea GmbH unterstützen.

> **Vermögen** ist die Gesamtheit aller Güter, die der Betrieb zur Aufgabenerfüllung verwendet (Mittelverwendung), **Kapital** ist der abstrakte Gegenwert des Vermögens, der über die Herkunft und den Umfang des Vermögens Auskunft gibt (Mittelherkunft).

In der **Bilanz** werden Vermögensteile als **Aktiva** und Eigen- und Fremdkapital als **Passiva** in einem Konto gegenübergestellt.

Anlage- und Umlaufvermögen

Das Vermögen des Betriebes gliedert sich in Anlage- und Umlaufvermögen. Zum **Anlagevermögen** gehören alle Vermögensbestandteile, die langfristig ans Unternehmen gebunden sind, bei der Linnea GmbH z. B. Betriebsflächen und Gebäude, Fuhrpark und Maschinen, außerdem die Betriebs- und Geschäftsausstattung. Mit Ausnahme von Grund und Boden wird das Anlagevermögen durch ständige Teilnahme am Produktionsprozess abgenutzt. Hinzu kommen unter Umständen langfristige Finanzanlagen z. B. Beteiligungen an anderen Unternehmungen.

Das **Umlaufvermögen** umfasst alle Vermögensbestandteile, die meist nur kurzfristig im Betrieb bleiben, im Floristik-Fachgeschäft sind das z. B. der Warenbestand an Pflanzen, Keramik, Deko-Artikel usw., die Forderungen an Kunden, kurzfristige Kapitalanlagen und flüssige Mittel (Kassenbestand und das Bankguthaben). Die Struktur des Vermögens ergibt sich aus dem Verhältnis der Vermögensteile zueinander, die Größe des Vermögens ist wertmäßig aus der Bilanz sowie mengen- und wertmäßig aus dem **Inventar** ersichtlich.

3.1.4 Inventur und Inventar

Inventur

Die Inventur ist eine (körperliche) Bestandsaufnahme aller Vermögensteile und Verbindlichkeiten (= Schulden) des Unternehmens. Sie findet zu einem bestimmten Zeitpunkt (Stichtag) statt und erfasst alle Vermögensgegenstände nach Art, Menge und Wert. Die körperlichen Wirtschaftsgüter wie z. B. technische Anlagen und Maschinen, Warenbestände oder Fahrzeuge, werden durch Messen, Wiegen und Zählen mengenmäßig erfasst (körperliche Inventur). Die nichtkörperlichen Wirtschaftsgüter und Schulden wie z. B. Bankguthaben, Forderungen oder Verbindlichkeiten werden wertmäßig durch Aufzeichnungen und Belege buchhalterisch aufgezeichnet (Buchinventur).

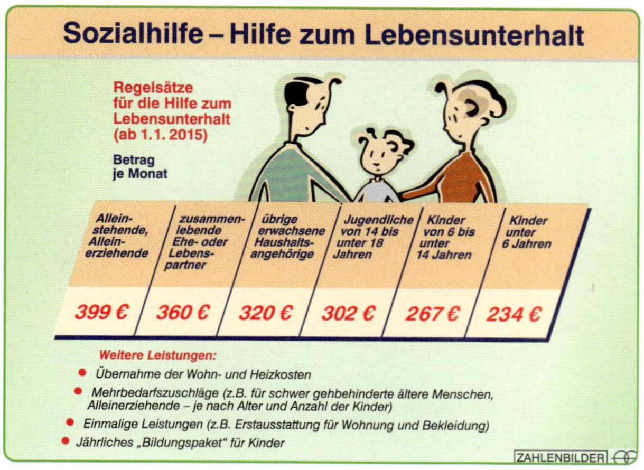

Bild 1 Das Fürsorgeprinzip – Sozialhilfe als Hilfe zum Lebensunterhalt

Das **Versorgungsprinzip** kommt dann zur Anwendung, wenn der Staat aufgrund gesetzlich geregelter Fürsorgepflicht besondere Berufsgruppen ohne Beitragsleistungen unterstützt, z. B. die Versorgung der Beamten, die freie Heilfürsorge der Soldaten, soziale Entschädigung für Opfer von Straftaten oder Kriegsopfer, bestimmte Sozialleistungen bei Schwerbehinderten, durch Versorgungsleistungen im Mutterschutz, durch Wohngeld- oder Bafög-Zahlungen.

Nach dem **Fürsorgeprinzip** erhalten Bedürftige zusätzliche Leistungen aus Steuergeldern, wenn sie sich nicht ausreichend selbst versorgen können oder in Not geraten sind. Fürsorgemaßnahmen werden bei nachgewiesener Bedürftigkeit durch öffentliche Mittel finanziert z. B. durch Sozialhilfe, Arbeitslosengeld II (Hartz IV), Elterngeld, Eingliederungshilfen für Behinderte.

3.3.2 Sozialversicherungen

Die Zahlung von Sozialversicherungsbeiträgen ist für bestimmte Personen, insbesondere für die meisten Arbeitnehmer, verpflichtend und sichert die Versicherten bei Krankheit, im Alter, bei Arbeitslosigkeit oder Berufskrankheiten und -unfällen ab. Der Staat verpflichtet die Bürger, sich an der Gemeinschaft der Versicherten auf Gegenseitigkeit (Solidargemeinschaft) zu beteiligen.

Gesetzliche Sozialversicherung

Versicherung	**Krankenversicherung**	**Pflegeversicherung**	**Rentenversicherung**	**Arbeitslosenversicherung**	**Unfallversicherung**
Träger	Allgemeine Ortskrankenkassen, Innungs-, Betriebs-, Ersatzkrankenkassen	Pflegekassen, die von den Organen der Krankenkassen mitbetreut werden	Deutsche Rentenversicherung, Bund und Regionalträger	Bundesagentur für Arbeit, Nürnberg	Berufsgenossenschaften und Unfallversicherungsanstalten
Versicherungspflicht	alle Auszubildenden, Rentner, Arbeitnehmer bis Versicherungspflichtgrenze	für alle, die gesetzliche Krankenversicherung zahlen	alle Arbeitnehmer und Auszubildende	alle Arbeitnehmer und Auszubildende, befreit sind Beamte, Richter, Berufssoldaten	alle Beschäftigten, Kinder im Kindergarten, Studierende und Schüler
Beitragssatz in % vom Bruttoentgelt (2019)*	z. Zt. 14, 6 %, paritätischer Beitrag, d. h. je 7,3 % für AN und AG, zuzügl. max 1 % für AN.	3,05 % (je 1,525 % AG + AN), zuzügl. 0,25 % für Kinderlose AN (23–63 J.) **	18,6 % (je 9,3 % AG + AN)	2,5 % (ab 2019) (je 1,25 % AG + AN)	nach Jahreslohnsumme und Gefahrenklasse
Aufteilung des Beitrags in AG und AN	ja	ja	ja	ja	nein, Beiträge sind allein vom Arbeitgeber zu tragen
Leistungen	Heilbehandlung, Gesundheitsförderung, Vorsorgeleistungen, Krankengeld, Mutterschafts-, Familien- und Haushaltshilfe, Rehabilitationsmaßnahmen	Pflegegeld (je nach Pflegestufe), häusliche und stationäre Pflege	Altersruhegeld, Erwerbsunfähigkeitsrente, Berufsunfähigkeitsrente, Leistungen zur Rehabilitation, Witwen-/Waisenrente	Ersatzleistungen (Arbeitslosengeld), Kurzarbeitergeld, Fördermaßnahmen, Arbeitsvermittlung, Berufsberatung	Prävention von Arbeitsunfällen und Berufskrankheiten, Heilbehandlung, Rehabilitationsmaßnahmen, Rentenzahlung

Hinweise:
* Bis zur Geringverdienergrenze von 325 € trägt der Arbeitgeber die Sozialversicherungsbeträge allein; dies gilt nur noch für Auszubildende, Praktikanten, und Teilnehmer am freiwilligen sozialen und ökologischen Jahr. Der AG zahlt für Krankenversicherung und Rentenversicherung Pauschalbeträge.
Bei geringfügig Beschäftigten (bis 450 € monatlich) muss der AG ebenfalls Pauschalbeiträge für den AN abführen (ca. 30 %), für den Arbeitnehmer ist der Minijob eingeschränkt sozialversicherungsfrei. Es besteht eine Versicherungspflicht in der gesetzlichen Rentenversicherung (RV: 3,6 %). Auf Antrag kann er sich von der Rentenversicherungspflicht befreien lassen, dann erwirbt der AN allerdings keine vollen Leistungsansprüche aus der RV.
** Da im Bundesland Sachsen nicht wie im übrigen Bundesgebiet zur Finanzierung der Pflegeversicherung ein Feiertag abgeschafft wurde, zahlen die Arbeitnehmer hier einen höheren Anteil vom Einkommen: 2,025 %. Die Arbeitgeber übernehmen nur 1,025 %.

Bild 2 Überblick Sozialversicherungen

Die fünf Zweige der Sozialversicherung sind:

- Die gesetzliche Krankenversicherung (GKV),
- Die gesetzliche Pflegeversicherung,
- Die gesetzliche Arbeitslosenversicherung,
- Die gesetzliche Rentenversicherung,
- Die gesetzliche Unfallversicherung.

Alle Arbeitnehmer sind grundsätzlich pflichtversichert, für Geringverdiener und Arbeitnehmer ab einem bestimmten Einkommen (Verdienst oberhalb der **Beitragsbemessungsgrenze**) gelten Ausnahmen. Beamte, Richter und Berufssoldaten sind nicht renten- und arbeitslosenversicherungspflichtig.

Die Beiträge zu den Sozialversicherungen sind abhängig von der wirtschaftlichen Leistungsfähigkeit, d. h. vom Bruttoarbeitsentgelt des Versicherten, und dem jeweiligen Beitragssatz. Obergrenze für die Berechnung der Versicherungsbeiträge ist die Beitragsbemessungsgrenze. Sie stellt den Höchstbetrag des Bruttoentgeltes für die Berechnung dar und wird jährlich neu festgesetzt.

Tipp

Wenn Sie wissen wollen, wie viel bei Ihrem Arbeitslohn „netto vom brutto" übrig bleibt, gibt es im Internet zahlreiche Eingabemasken, mit denen man Nettolohn, Sozialversicherungsbeiträge und steuerliche Abzüge vom Bruttolohn leicht ermitteln kann.

Der Reformbedarf der Sozialversicherungssysteme wird in der Öffentlichkeit immer wieder diskutiert, da die vielfältigen Leistungen natürlich finanziert werden müssen. So ist beispielsweise das Leistungs- und Beitragswesen der gesetzlichen Rentenversicherung mit einer dynamischen Versorgung auf der Grundlage des sogenannten **Generationenvertrages** ausgerichtet. Probleme ergeben sich aber immer stärker durch die ständig abnehmende Zahl der Beitragszahler, weil die erwerbstätige Bevölkerung abnimmt, und die Zunahme der nicht im Erwerbsleben stehenden, aber zu versorgenden Menschen im Rentenalter. In Deutschland hat das durch die Umsetzung der Agenda 2010 zu einer stufenweisen Heraufsetzung des Renteneintrittsalters und einem Absenken des **Rentenniveaus** geführt. Die große Koalition hat in dem Zusammenhang 2018 beschlossen, das Rentenniveau bei 48 Prozent bis zum Jahr 2025 festzuschreiben.

3.3.3 Individualversicherungen

Die vom Staat vorgeschriebene Sozialversicherungspflicht bietet dem Bürger eine umfassende Basisversorgung während seiner Zeit als Arbeitnehmer und nach dem Berufsleben als Rentner. Diese Vorsorge regelt der Staat durch die Sozialversicherungsbeiträge, die der Berufstätige von seinem Einkommen zahlt. Doch nicht immer greifen die staatlichen Absicherungen, z. B. bei einem privaten Unfall, bei einem Hausrat- oder Brandschaden oder die spätere Rentenhöhe fällt so gering aus, dass man von seiner Rente nicht sorgenfrei leben kann. Für diese Fälle kann jeder Bürger freiwillig verschiedene Arten von **Individualversicherungen** abschließen. Diese Bezeichnung deutet darauf hin, dass sich die private Vorsorge individuell gestalten lässt, also auf die privaten Lebensumstände abgestimmt wird.

Die Individualversicherungen werden unterschieden in:

- Personenversicherungen,
- Sachversicherungen,
- Vermögensversicherungen.

Personenversicherungen decken Risiken ab, die die Gesundheit und das Leben des Versicherten betreffen. Sie sind besonders wichtig für Personen, die nicht sozialversicherungspflichtig sind (Unternehmer, Beamte, Freiberufler) oder für Arbeitnehmer, die sich zusätzlich vorsorgen oder absichern wollen:

Beispiele von Personenversicherungen	
Private Krankenversicherung	Kann alternativ zur GKV abgeschlossen werden, wenn keine Versicherungspflicht besteht oder Zusatztarife (z. B. bei Zahnersatz, Krankentagegeld) gewünscht werden.
Private Unfallversicherung	Versichert bei privaten Unfällen des täglichen Lebens. Mögliche Leistungen: Heilbehandlung, Umschulung und Rehabilitation, Zahlung einer Rente oder einmaligen Versicherungssumme.
Private Rentenversicherung	Ist eine sinnvolle Ergänzung zur gesetzlichen Altersvorsorge, die der Staat durch steuerliche Vorteile und andere Fördermöglichkeiten unterstützt (z. B. Riester-Rente).
Private Berufsunfähigkeitsversicherung	Sie bewahrt die Versicherten vor einem finanziellen Absturz, wenn sie ihren Beruf aufgeben müssen, und zahlt bei Berufsunfähigkeit eine Rente oder eine finanzielle Absicherung an die Hinterbliebenen.

Sachversicherungen dienen dazu, Schäden zu ersetzen, die durch Zerstörung, Beschädigung oder das Abhandenkommen an einer Sache entstanden sind. Dabei gibt es eine Vielzahl unterschiedlichster Sachversicherungen für den privaten und den gewerblichen Bereich. Allgemein gilt, dass Sachen nur dann in vollem Umfang ersetzt werden, wenn der Versicherte vor dem Schadenseintritt nicht **unterversichert** war.

Die wichtigsten Sachversicherungen sind in der nachfolgenden Tabelle aufgeführt:

Beispiele von Sachversicherungen	
Hausratversicherung	Hierbei erhält der Versicherte für die gesamte Ausstattung seines Hauses oder Wohnung Ersatz bei Einbruch mit Diebstahl und Beschädigung (Vandalismus) sowie bei Zerstörung und Verlust durch Feuer, Sturm, Hagel und Wasserrohrbruch. Elementarschäden (Hochwasser, Erdrutsch, Lawinen usw.) sollten im Versicherungsumfang enthalten sein. Als Hausrat werden alle beweglichen Einrichtungsgegenstände sowie Sachen zum Gebrauch und Verbrauch bezeichnet.
Wohngebäudeversicherung	Ist eine spezielle Form der Gebäudeversicherung und schützt den Eigentümer vor Risiken, die sich durch Feuer-, Sturm-, Hagel-, Blitzschlag- oder Wasserschäden ergeben. Ein Vergleich verschiedener Versicherungen lohnt sich immer, da die Unternehmen Unterschiede im Leistungsumfang machen.
Glasversicherung	Sie ersetzt bestimmte Schäden an der Gebäude- oder Mobiliarverglasung, z. B. bei Außen- oder Innenscheiben, bei Gewächshaus- oder Wintergartenscheiben, bei Türen mit Glasausschnitt sowie bei Glastischen und Vitrinen.
Einbruchdiebstahlversicherung	Hiermit wird das Risiko des Einbruchdiebstahls abgesichert und beinhaltet i. d. R. auch Schäden durch Vandalismus.
Sturmversicherung	Sie ersetzt Schäden an der Außenseite des Betriebsgebäudes (Schilder, Markisen, Schutzwände, Werbeschilder), auch Hagelschlag ist mit eingeschlossen.

Beispiel für eine Unterversicherung

Die Ladeneinrichtung von der Linnea GmbH ist vor Jahren gegen Einbruch bzw. Diebstahl versichert worden, und zwar zum Neuwert von damals 100 000,00 €. Wenn die Versicherung nicht jährlich an den aktuellen Neuwert der Ladeneinrichtung angepasst wird und der tatsächliche Wert z. B. durch Investitions- und Renovierungsmaßnahmen bei 125 000,00 € liegt, ist die Linnea GmbH unterversichert.

Würde nun durch einen Einbruch ein Schaden von 50 000,00 € entstehen, wäre der Betrieb statt zu 100 % (= 125 000,00 €) nur zu 80 % (= 100 000,00 €) versichert. Sie würde dann nur 80 % von 50 000,00 € erstattet bekommen, also 40 000,00 €. Aus diesem Grund wird in die Versicherungsverträge häufig eine **Dynamik** oder dynamische Erhöhung, also eine regelmäßige Erhöhung, eingearbeitet.

Beispiele von Vermögensversicherungen	
Private Haftpflichtversicherung	Private Kunden decken hiermit ihre Haftpflicht-Risiken ab, die sich aus Situationen des täglichen Lebens entwickeln können, bei denen anderen Menschen Schäden zugefügt werden, die der Verursacher ersetzen muss. Sonderformen hierzu sind Berufshaftpflicht, Tierhalterhaftpflicht, Bauherrenhaftpflicht, Amts- und Diensthaftpflicht.
Betriebshaftpflichtversicherung	Sie ist in Betrieben wichtig zur Absicherung beruflich verursachter Schäden gegenüber Dritten, also den Kunden, die zu Schaden kommen können.
Rechtsschutzversicherung	Je nach Art der Versicherung bietet sie Privatpersonen oder Betrieben bei Rechtsstreitigkeiten und Schadenersatzansprüchen Rechtsschutz und übernimmt die Anwalts- und Gerichtskosten.
Betriebsunterbrechungs-/ Betriebsschließungsversicherung	Verlust oder Zerstörung der Betriebseinrichtung ist für den Betrieb ein schwerer Schlag, insbesondere wenn der Betrieb kurz darauf geschlossen werden muss. Ein Abschluss dieser Versicherung schützt vor Ertragsausfall und möglicher Existenzvernichtung.
Kreditversicherung	Diese Versicherung wird in verschiedenen Arten angeboten und deckt Risiken ab, die bei Bürgschaften, Kreditausfall, Ausfall von Forderungen gegenüber Lieferanten usw. entstehen können. Privatkredite werden gern durch eine Restschuldversicherung abgesichert.
Kfz-Versicherung	Jeder Kfz-Halter haftet für den Schaden, der durch sein Fahrzeug entsteht. Die Kfz-Haftpflichtversicherung muss daher jeder Halter abschließen und ersetzt Schäden, die bei einem Unfall am Fremdfahrzeug oder den Insassen entstehen. Durch eine sog. Kasko-Deckung wird der Versicherungsschutz erweitert. Der Leistungsumfang bei Teilkasko: Schadenersatz am eigenen Fahrzeug bei Brand, Explosion, Diebstahl, bei Elementarschäden, Wildschäden. Vollkasko deckt alle Schäden am eigenen Fahrzeug ab, durch eine vertraglich festgelegte Selbstbeteiligung wird der Tarif günstiger.

Allgemein erhält ein Versicherter nur dann Leistungen vom Versicherer, wenn bestimmte Pflichten erfüllt werden. Der Versicherte

- muss die Versicherungsbeiträge, auch als Prämien bezeichnet, pünktlich und regelmäßig bezahlen,
- hat alles zu tun, dass Schäden abgewendet werden,
- muss bei Vertragsabschluss alle Risiken und Gefahren angeben und darf nichts vorsätzlich unterschlagen,
- hat neu hinzugekommene Gefahren, Risiken und Änderungen mitzuteilen,
- muss den Versicherungsvertrag, auch als Police bezeichnet, bei Erhalt sorgfältig auf mögliche Fehler überprüfen; anschließend ist die Police sicher aufzubewahren,
- hat einen Schaden unverzüglich und wahrheitsgetreu zu melden, dabei dürfen die Schadenstelle bzw. der -ort nicht verändert und beschädigte Sachen nicht vernichtet werden,
- hat die Pflicht, alle notwendigen Auskünfte zu erteilen und die Beweise zu sichern.

Von **Vermögensversicherungen** wird gesprochen, wenn für einen möglichen Vermögensschaden Versicherungsschutz benötigt wird. Dabei entsteht meist ein finanzieller Schaden am Vermögen, nicht an einer Sache, z. B. durch private Haftung gegenüber einer zu Schaden kommenden Person, durch eine betriebliche Haftung gegenüber Kunden, durch einen Rechtsstreit mit hohen Gerichts- und Anwaltskosten oder durch einen Autounfall mit Sach- und Personenschaden.

Wichtige Vermögensversicherungen sind in der Tabelle auf S. 137 aufgeführt; unabhängige Testportale im Internet, Testzeitschriften und die Verbraucherzentralen bieten vor Abschluss eines Versicherungsvertrages Vergleichsmöglichkeiten sowie eine Bewertung der jeweiligen Vor- und Nachteile der Versicherungen verschiedener Anbieter an.

Aufgaben

1. Erklären Sie das „Solidaritätsprinzip", das die Grundlage der Sozialversicherung darstellt.
2. Wie unterscheiden sich das „Versorgungsprinzip" und das „Fürsorgeprinzip" der sozialen Sicherung? Geben Sie fünf Beispiele an.
3. Nennen Sie die fünf Bereiche der Sozialversicherung und geben Sie die Sozialversicherungsbeiträge (in %) an, die Sie nach Beendigung der Ausbildung bei einer Lohnabrechnung erwarten.
4. Welche Arbeitnehmer sind von der Pflicht befreit, Sozialversicherungsbeiträge zu zahlen? Nennen Sie mehrere Personengruppen.
5. Erklären Sie, welche Auswirkungen das Erreichen der Beitragsbemessungsgrenze für Arbeitnehmer in Bezug auf die Sozialversicherungsbeiträge hat.
6. Geben Sie je drei Leistungen an, die die einzelnen Bereiche der Sozialversicherung ihren Versicherten im Versorgungsfall anbieten.
7. Welche Probleme ergeben sich zukünftig für das System der sozialen Sicherung in Bezug auf den Generationenvertrag? Welche Lösungsansätze und politischen Entscheidungen hierzu sind bereits erkennbar?
8. Warum sollte ein Unternehmer eine private Krankenversicherung abschließen, obwohl keine Pflicht dazu besteht?
9. Welchen Personengruppen ist eine Berufshaftpflichtversicherung besonders anzuraten?
10. Was antworten Sie einem jungen Arbeitnehmer, der behauptet, „eine private Rentenversicherung sei unnötig, solange man jung ist; das wär' etwas fürs Alter".
11. Welche Sachversicherungen sind für Privatpersonen, auch für Auszubildende mit eigener Wohnung, wichtig? Welche Sachversicherungen sollten Floristik-Fachgeschäfte abschließen?
12. Erklären Sie an einem Beispiel, was es bedeutet, wenn man unterversichert ist.
13. Vor großen Verlusten schützen Vermögensversicherungen. Erläutern Sie, welche für ein Floristik-Fachgeschäft bzw. privat unbedingt abgeschlossen werden sollten.
14. Sie bemerken beim Betreten Ihrer Wohnung, dass die Haustür aufgebrochen wurde und einige Sachen zerwühlt auf dem Boden liegen.
    a) Welche Versicherung deckt den Schaden ab?
    b) Was müssen Sie tun, damit der Schaden reguliert werden kann?

3.4 Finanzierungen und Geldanlagen

Anna, Christine und Oliver, die Auszubildenden der Linnea GmbH, sitzen zusammen im Aufenthaltsraum und unterhalten sich über „Geld". Oliver empfiehlt Anna gerade, einen Vertrag über „Vermögenswirksame Leistungen" abzuschließen, „weil man da doppelt sparen kann". „Ich will nicht sparen, sondern mir ein gebrauchtes Auto kaufen, wie kommt man da eigentlich an einen günstigen Autokredit?" fragt Christine die beiden anderen. „Geht nicht auch Leasing, wie bei einem Firmenfahrzeug?" fragt Anna. Alle drei zucken die Schultern.

3.4.1 Fremdfinanzierung durch Kredit

Als Fremdfinanzierung wird die Bereitstellung von Geld- (oder Sachmitteln) durch fremde Personen bezeichnet; dadurch entsteht ein **Kreditverhältnis**. Als Kredit wird das Vertrauen verstanden, dass einer Leistung in der Gegenwart (durch einen Gläubiger) eine vereinbarte Gegenleistung in der Zukunft (durch den Schuldner) folgt (lat. credere, glauben, vertrauen).

Kreditarten

Nach der **Verfügbarkeit** der bereit zu stellenden Geldmittel unterscheidet man:

- **Kontokorrentkredit**; Voraussetzung hierfür ist ein Kontokorrentkonto (Girokonto) des Unternehmens, über das die meisten Zahlungen abgewickelt werden. Wird über das Kontokorrentkonto ein Kredit beansprucht, geht der über eine bestimmte Kreditlinie, die von der Bank eingeräumt wird, nicht hinaus. Über diesen Kreditrahmen kann frei und i. d. R. zeitlich unbegrenzt verfügt werden. Vorteil: flexibel, nach Einrichtung ohne weitere Formalitäten nutzbar, Tilgung jederzeit möglich.
- **Dispositionskredit**; dies ist ein eingeräumter Überziehungskredit für Privatpersonen, auch kurz als „Dispo" bezeichnet. Der Kreditrahmen entspricht meist dem zwei- bis dreifachen Monatseinkommen. Ein Dispositionskredit kann jederzeit und ohne Formalitäten in Anspruch genommen werden. Der Zweck des Dispo ist die Überbrückung kurzfristiger Engpässe in der Liquidität. Nur bei einem vorübergehenden Kreditbedarf ist der Dispo eine flexible Kreditform, da der Zinssatz, wie beim Kontokorrentkredit, relativ hoch ist.
- **Darlehen**; dem Schuldner wird ein einmaliger Geldbetrag zur Verfügung gestellt, der zu einem bestimmten Zinssatz und nach einem festgelegten Tilgungsplan zurückgezahlt wird. Über die Rückzahlung dieser meist längerfristigen Kredite kann nicht mehr verfügt werden. Ein Darlehen ist eine Sonderform des Kredits. Die Begriffe werden oft synonym verwendet.

Nach der **Laufzeit** der Kredite wird unterschieden in:

- kurzfristige Kredite; mit einer Laufzeit unter einem Jahr,
- mittelfristige Kredite; Laufzeit von etwa ein bis vier Jahren,
- langfristige Kredite; Laufzeit von mehr als vier Jahren.

Bonität als Voraussetzung für einen Kredit bzw. Darlehen

Bevor es zu einem Kreditvertrag kommt, müssen sich Kreditnehmer und Kreditgeber über die Vertragsmodalitäten einigen. Das Kreditinstitut muss in erster Linie die **Bonität** (Kreditwürdigkeit) des Schuldners überprüfen; bei Privatpersonen ist sie insbesondere abhängig vom festen Wohnsitz und Alter, vom (festen) Einkommen, von möglichen Sicherheiten (z. B. durch eine Bürgschaft), außerdem darf keine negative SCHUFA-Auskunft vorliegen. Bei Selbstständigen und Freiberuflern können Einkommensteuerbescheide, Bilanzen und betriebswirtschaftliche Auswertungen sowie Prognosen von Branchen- und Umsatzentwicklungen herangezogen werden.

Die **SCHUFA** (Schutzgemeinschaft für allgemeine Kreditsicherung) speichert personenbezogene Informationen wie Namen, Adresse, Geburtsdatum und kreditrelevante Daten wie Dispoinformationen, Kreditkarten- und Leasingverträge, Bürgschaften, Mobilfunkverträge, Kreditverträge. Diese Daten erhält die SCHUFA von ihren Vertragspartnern. Außerdem verfügt sie über Informationen aus den Schuldnerverzeichnissen der Amtsgerichte und über Eidesstattliche Versicherungen (EV). SCHUFA-Daten werden nach bestimmten Fristen wieder gelöscht, jeder kann seine Daten gegen eine Gebühr auch selbst bei der SCHUFA abfragen.

Alle Kredite unterliegen der Schriftform und müssen Kredithöhe, Laufzeit, Zinssatz und effektiven Jahreszins, außerdem den Tilgungsplan und die AGB enthalten. Der Kredit kann nach Abschluss entweder in einer Summe (Gelddarlehen) oder als „laufende Rechnung = Kontokorrent" zur Verfügung gestellt werden.

Kreditarten

Warenkredite
- Zielkäufe, z. B. innerhalb 14 Tage netto Kasse
- Teilzahlungs-/Ratengeschäfte, z. B. Ratenkauf über zwei Jahre

Geldkredite
- Kontokorrentkredite, z. B. Überziehung des Geschäftskontos um 10 000,00 €
- Gelddarlehen, z. B. Abzahlungsdarlehen

Bild 1 Kredite als Waren- oder Geldkredite

Darlehenskosten und effektiver Jahreszins

Als Finanzierungskosten können bei einem Darlehen neben dem eigentlichen Zinssatz (Nominalzins), Disagio, Gebühren und Restschuldversicherung entstehen. Disagio von 5 % bedeutet, dass der beantragte Kredit nicht voll zu 100 % ausgezahlt wird, sondern z. B. nur zu 95 %. Getilgt werden müssen aber 100 % mit einem geringeren Nominalzins. Da bei vielen Darlehen zusätzlich Bearbeitungsgebühren anfallen, ist neben dem Nominalzins auch der **effektive Jahreszins** anzugeben.

Der effektive Jahreszins beziffert die jährlichen und auf die nominale Kredithöhe bezogenen tatsächlichen Kosten des Kredits. Er wird in % angegeben.

Besonders die Art der Darlehensrückzahlung (Tilgung) beeinflusst die Zinskosten. Dieser Umstand lässt sich gut an einem Beispiel von drei verschiedenen Darlehensformen verdeutlichen.

Einfluss der Tilgungsform auf die Kredit-Gesamtkosten

Die Linnea GmbH benötigt für Investitionsmaßnahmen ein Darlehen über 100 000,00 €. Die Laufzeit wird mit 10 Jahren angesetzt. Es stehen drei verschiedene Darlehensformen zur Auswahl, alle mit einem Zinssatz von 7,5 %. Welche Zinskosten verursachen diese drei Darlehensformen im Einzelnen?

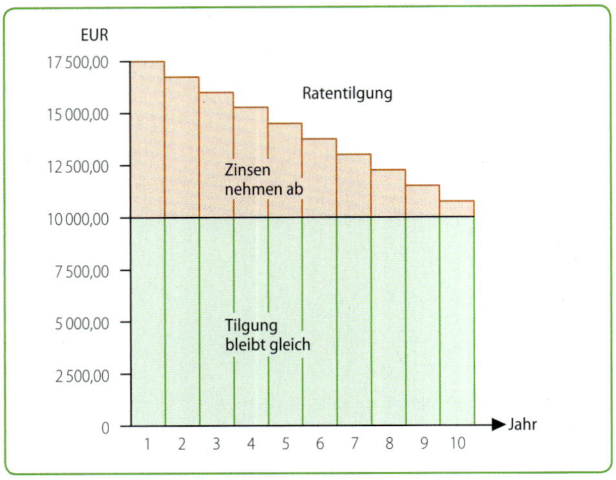

Bild 1 Das Prinzip des Tilgungsdarlehens

Beim **Tilgungsdarlehen** wird der Darlehensbetrag in zehn gleichen Tilgungsraten jeweils am Jahresende zurückgezahlt, dadurch wird der zu verzinsende Kreditbetrag ständig geringer. Die Zinsberechnung bezieht sich dabei auf die jeweilige Restsumme, die noch nicht getilgt wurde. Die Gesamtbelastung von Zins und Tilgung sinkt jährlich. Die Zinsen betragen 41 250,00 €, die Gesamtkosten sind mit insgesamt 141 250,00 € verhältnismäßig gering, allerdings ist die Anfangsbelastung relativ hoch.

Annuitätendarlehen weisen einen jährlich gleichbleibenden Kapitaldienst aus Zinsen und Tilgung (= Annuität) auf. Zu Beginn der Laufzeit ist die Zinsbelastung relativ hoch, die Tilgung gering. Mit zunehmender Laufzeit verschiebt sich das Verhältnis von Zinsen und Tilgung, aber zugunsten der Tilgung. Mit einem Annuitätenrechner ergibt sich eine jährliche Rate von 14 568,59 €, die Gesamtkosten betragen 145 685,92 €.

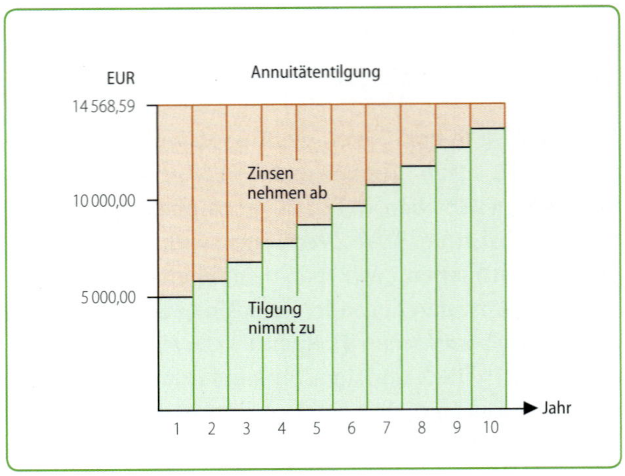

Bild 2 Das Prinzip des Annuitätendarlehens

Beim **Festdarlehen** sind über die gesamte Laufzeit nur Zinsen zu zahlen, die Tilgung erfolgt zum Ende der Laufzeit (am Ende des 10. Jahres) mit der letzten Zinsrate. Die Gesamtkosten von insgesamt 175 000,00 € sind bei dieser Darlehensform sehr hoch, weil während der Laufzeit keine Tilgung erfolgt.

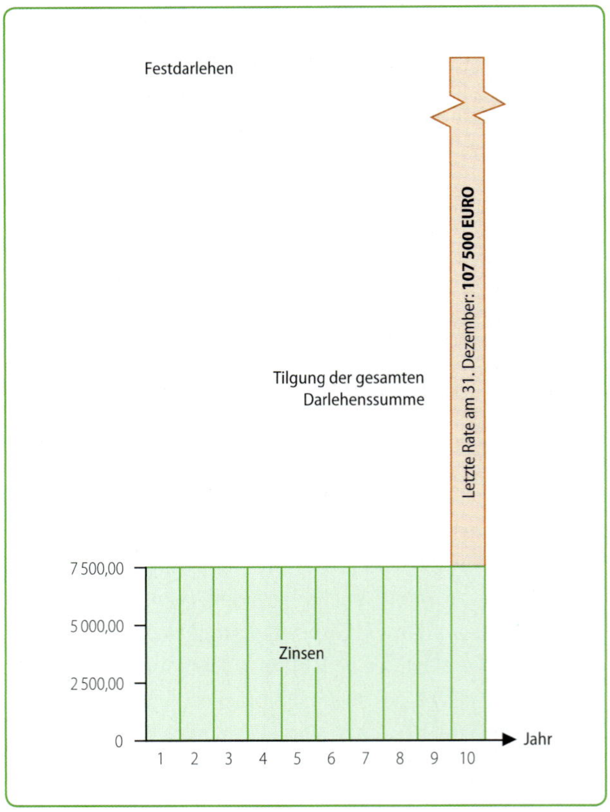

Bild 3 Das Prinzip des Festdarlehens

Absicherung von Krediten (Sicherheiten)

Bei jedem Kreditgeschäft wird die Frage nach Möglichkeiten der Kreditsicherung gestellt. Durch die weltweite Finanzkrise im Jahr 2008 sind Geldinstitute wesentlich vorsichtiger geworden, was die Kreditvergabe angeht. Jeder Geldgeber versucht, sich vor der Zahlungsunfähigkeit des Schuldners zu schützen.

Denn kein Kreditinstitut kann sicher sein, dass der Schuldner seinen Kredit ordnungsgemäß zurückzahlt. Es werden daher oftmals zusätzliche Sicherheiten wie Haftungen von Personen (z. B. Bürgschaft) oder Gegenstände als Pfand (z. B. Sicherungsübereignung oder Grundschuld) notwendig.

Bei einer **Bürgschaft** übernimmt eine dritte Person die Verpflichtung, unter bestimmten Bedingungen für die Erfüllung des Kreditvertrages einzustehen, daher wird neben dem Kreditvertrag ein zweiter Vertrag, der Bürgschaftsvertrag, notwendig. Die Bürgschaft erlischt, wenn die Hauptschuld nicht mehr besteht.

Bei einem **Sicherungsübereignungskredit** wird das Eigentum an einer beweglichen Sache abgetreten, ohne dass diese, anders als bei einer Pfändung, bei der Bank hinterlegt werden muss. Vielmehr kann der Kreditnehmer die als Sicherheit dienenden Sachen (z. B. Maschinen, Fahrzeuge, Warenvorräte) weiterhin in seinem Unternehmen nutzen. Bei Fahrzeugen wird aus Sicherheitsgründen die Übergabe des Fahrzeugbriefs verlangt. Eine Eigentumsübertragung ist aber nicht erforderlich, allerdings wird i. d. R. eine Vollkaskoversicherung für das Fahrzeug verlangt.

Hypothek und **Grundschuld** sind Grundpfandrechte. Da sich Grundstücke wegen ihrer hohen Wertbeständigkeit gut zur Absicherung von Krediten eignen, sie sich jedoch im Gegensatz zu beweglichen Sachen nicht an den Kreditgeber übergeben lassen, ist die Bestellung eines Pfandrechts an einem Grundstück bzw. einer „Immobilie" nur über Eintragung in das Grundbuch möglich.

> Ein Grundkredit liegt vor, wenn ein Kredit durch Eintragung eines Pfandrechts an einem Grundstück (Grundpfandrecht) im Grundbuch gesichert ist.

Bei Hypotheken wird neben dem Grundpfandrecht auch der Zugriff auf das Vermögen eingeräumt, bei der Grundschuld nicht.

3.4.2 Finanzierung durch Leasing

Eine weitere Möglichkeit, mittel- und langfristige Finanzierungen von Anlagegütern vorzunehmen, ist das Leasing (engl.: mieten).

> **Leasing** ist eine vertragliche Vereinbarung, durch die der Leasinggeber dem Leasingnehmer Wirtschaftsgüter gegen Zahlung einer Leasingrate zur Nutzung überlässt.

Leasing kann als besondere Art des Miet- oder Pachtverhältnisses angesehen werden. Ein Unternehmen oder eine Privatperson erwerben als Leasingnehmer Nutzungsrechte an Maschinen, Fahrzeugen oder Einrichtungsgegenständen gegen Entgelt. Der Hersteller des Wirtschaftsgutes kann dabei Leasinggeber sein (direktes Leasing) oder eine Leasinggesellschaft (indirektes Leasing) ist zwischengeschaltet.

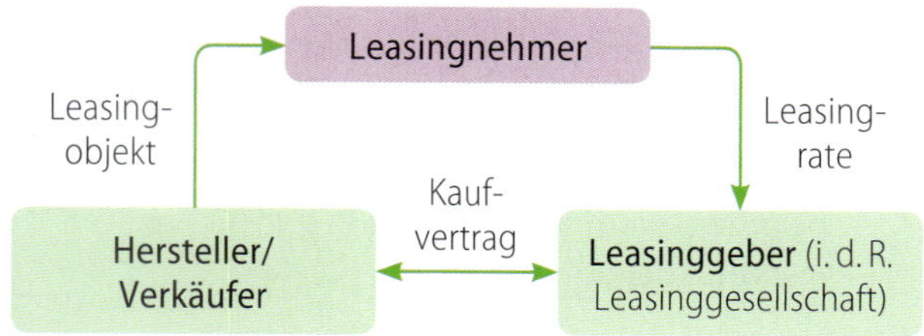

Bild 1 Indirektes Leasing

Leasing ist aus wirtschaftlicher Sicht eine Alternative zum Kreditkauf mit folgenden Merkmalen:

- Einsatz von Wirtschaftsgütern in einem Unternehmen, ohne Eigenkapitalbedarf durch 100 %ige Fremdfinanzierung,
- Verbuchung der Leasingraten als Aufwand, daher keine Bilanzierung von Leasingobjekten,
- laufende Belastungen während der Nutzungsdauer des (geleasten) Wirtschaftsgutes,
- Rückgabe des Leasingobjektes zu einem vertraglich vereinbarten Zeitpunkt oder (möglicherweise) Kauf zum Restwert.

Die Leasingrate richtet sich nach der Vertragsdauer, dem Kapitaleinsatz, der Anzahlung und der Verzinsung. Außerdem können Montagekosten, Wartungsarbeiten und Versicherungen in Rechnung gestellt werden.

Vor- und Nachteile des Leasings

Für technische Einrichtungen und Maschinen sind oftmals Leasingverträge sinnvoll. Trotzdem sollte jeder Unternehmer berücksichtigen, dass auch Werte in Form von Anlagevermögen geschaffen werden müssen, um die Kreditwürdigkeit zu sichern. Dies kann nur durch Eigenkapital erfolgen. Bei einer Kreditwürdigkeitsprüfung berücksichtigen die Banken auch die sich aus den Leasingraten ergebende Dauerbelastung. Die wichtigsten Vor- und Nachteile sind nachfolgend zusammengestellt:

Vorteile	Nachteile
• Keine Bindung des Eigenkapitals • Raten können aus dem Ertrag des Leasingobjektes bezahlt werden. • Kosten können steuerlich geltend gemacht werden. • Keine Anschaffungskosten • Rücknahmepflicht des Leasinggebers • Anpassung an den technischen Fortschritt.	• Hohe feststehende Kosten teurer als Kreditkauf • Keine Schaffung von Eigentum, daher eingeschränkte Verfügungsgewalt • Umfangreiche Vertragsverpflichtungen (z. B. Abschluss von Versicherungen) • Hohe Kosten bei vorzeitiger Vertragsauflösung

Aufgaben

1. Erläutern Sie Unterschiede und Gemeinsamkeiten von Kontokorrent- und Dispositionskrediten.
2. Welche Überlegungen sollte ein Unternehmer oder eine Privatperson anstellen, bevor ein Kredit beantragt wird? Welche Aspekte sind für Kreditinstitute wichtig?
3. Was unterscheidet Nominalzins und effektiver Jahreszins?
4. Was ist die SCHUFA , welche Aufgabe hat sie bei der Kreditvergabe?
5. Ein Unternehmen benötigt eine höhere Investitionssumme, in welchem Fall sollte ein Tilgungsdarlehen oder Annuitätendarlehen gewählt werden, in welcher geschäftlichen Situation ist ein Festdarlehen sinnvoll?
6. Geben Sie mehrere Beispiele an, wie ein Kredit abgesichert sein könnte (Sicherheiten).
7. Warum kann Leasing als Finanzierungsform gerade für Unternehmen eine Alternative zu Krediten sein? Welche Vor- und Nachteile ergeben sich aus einem geleasten Lieferwagen für ein Floristik-Fachgeschäft?

3.4.3 Geldanlage und staatliche Förderung

„Reich wird man nicht von dem Geld, das man verdient, sondern von dem, das man nicht ausgibt." (Henry Ford)

Die Bundesbürger geben von ihrem verfügbaren Einkommen ca. 90 % für Konsumzwecke aus (Konsumquote), ca. 10 % legen sie zum Sparen „auf die hohe Kante" (Sparquote). Sparen ist somit Konsumverzicht. Geld zum Sparen anzulegen erfolgt aus **zwei Hauptmotiven**:

- **Zwecksparen**; hier ist der Konsum nur aufgeschoben, es wird gespart, um sich später eine größere Ausgabe leisten zu können (z. B. Haus oder Wohnung, Auto, Urlaub, Möbel, Kleidung)
- **Vorsorgesparen**; gespart wird vor allem, um Rücklagen für unvorhersehbare Notfälle oder zur Vorsorge für das Alter bilden zu können.

Vermutlich werden viele Jüngere die Meinung vertreten, Vorsorgesparen ist nichts für junge Leute, das kann man mit zunehmendem Alter noch machen, und für das Zwecksparen fehlt eigentlich das Geld. Aber genau hierin liegt der Fehler! Nur wer früh beginnt mit dem Sparen, ganz egal für welchen Zweck, erzielt durch den sogenannten **Zinseszinseffekt** auch mit relativ wenig Aufwand später ein ansehnliches Vermögen.

So werden beispielsweise monatlich investierte 100,00 €, zu mageren 3 % Zinsen angelegt, nach 30 Jahren 58 014,00 €, davon sind 22 014,00 € Zinsen, 36 000,00 € selbst eingezahlt. Deshalb raten alle Experten, schon möglichst früh mit dem Vermögensaufbau zu beginnen und den Zinseszinseffekt zu nutzen.

Anlageziele

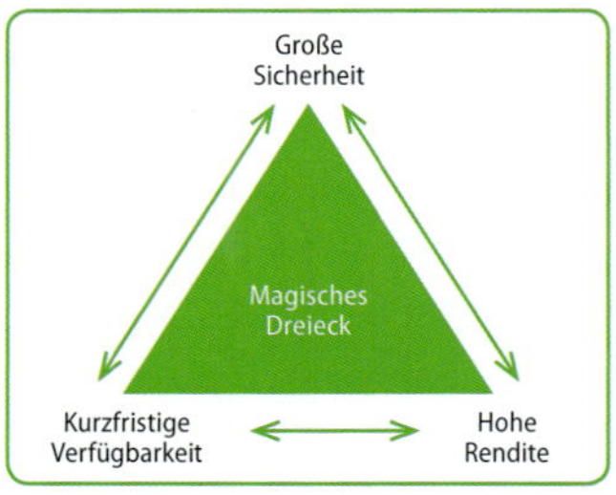

Bild 1 Magisches Dreieck des Sparens

Die wichtigsten Ziele beim Sparen lassen sich durch drei Begriffe kennzeichnen: Sicherheit, Verfügbarkeit und Rendite. Bei der Beurteilung einer Geldanlage spielen diese drei Aspekte eine wesentliche Rolle. Sicherheit steht seit der Finanzkrise bei verantwortungsvollen Anlegern weit im Vordergrund. Allerdings gibt es zwischen der Rendite und der Sicherheit einen eindeutigen Zusammenhang. Je sicherer die Anlageform, desto weniger Rendite wirft sie ab. Und ähnlich wie bei der Sicherheit fällt die Rendite auch mit der steigenden Flexibilität bzw. Verfügbarkeit.

Häufig sind mit Geldanlagen noch zusätzliche Kosten verbunden, z. B. Kontoführungsgebühren oder Depotgebühren. Darüber hinaus wird ein Teil der Rendite durch die Inflation aufgebraucht und zusätzlich kommt die **Abgeltungsteuer** (früher Kapitalertragsteuer) (für Einkünfte aus Kapitalerträgen über 801,00 €) bei vielen Geldanlagen hinzu, sodass insbesondere Anlageformen mit Steuervorteilen, Inflationsschutz oder staatlicher Förderung interessant sind. Bevor man sich also entscheidet, ist genau zu überlegen, welche Anlageform und -strategie den eigenen Vorstellungen besonders entgegenkommt. Daher sind möglichst mehrere Informationsquellen zu nutzen, z. B. Test- und Verbraucherportale und unabhängige Sachverständige, die bei der Bewertung der richtigen Anlageform nützlich sein können.

Sparformen

Die bekanntesten Sparformen sind das **Kontensparen** (z. B. Sparbuch, Tages-/Festgeld, Sparbriefanlagen) oder **Wertpapiersparen** (Aktien, Fonds, Zertifikate), das **Bausparen** und das **Versicherungssparen** (Lebensversicherung, private Rentenversicherungen). Allerdings sind die Zeiten durch Nachwirkungen der Euro-Krise, durch äußerst niedrige Zinsen und teilweise höhere Inflationsraten für Anleger schwierig, so dass es bei höheren Anlagesummen geboten ist, das Vermögen auf verschiedene Anlageformen zu verteilen. Niedrige Zinsen sind nur für eine Anlageform reizvoll, für den Kauf einer Immobilie. Hier spielen allerdings Kaufpreis und die Finanzierungsdauer, außerdem die stark gestiegenen Immobilienpreise und die Lebensplanung eine größere Rolle. In der Tabelle auf der folgenden Seite sind die wichtigsten Geldanlagen gegenübergestellt.

Anlageform	Risiko	Rendite	Flexibilität	Besondere Hinweise
Sparbuch	nein*	sehr gering	mittel	sehr niedriger Zins, nicht empfehlenswert
Sparbrief/Sparpläne	nein*	gering bis mittel	rel. gering	viele Anbieter, versch. Sparformen, meist längere Laufzeiten
Tagesgeld	nein*	rel. gering	hoch	bei Internetanbietern höherer Zins möglich
Staats-/Unternehmens-Anleihen, Wertpapiere	mittel	mittel	mittel bis hoch	Risiko abhängig vom Anbieter, Bonität durch Rating-Agenturen, i. d. R. sind sie börsennotiert
Aktien/Fonds	hoch	mittel bis hoch	gering bis mittel	schwankende Kurse, langfristig i. d. R. gute Anlage, wenn breit gestreut wird, durch Dividende rel. hohe Rendite möglich
Bausparen	nein*	gering bis mittel**	mittel bis gering	Rendite bei staatlicher Förderung höher, i. d. R. Laufzeit mind. 7 Jahre
vermögenswirksame Leistungen	nein*	mittel**	gering bis mittel	durch AG-Anteil und staatl. Förderung rel. hohe Rendite, i.d.R. Laufzeit mind. 7 Jahre
Lebens-/Rentenversicherungen	nein*	gering bis mittel	gering	Altersvorsorge und Hinterbliebenenschutz, als reine Sparform ungeeignet, aber sinnvoll als Altersvorsorge.
Riester-Rente	nein*	gering bis hoch**	gering	Rendite von Laufzeit und Anlageform abhängig, Spareinlage und Förderbeitrag im Alter garantiert

* abgesichert durch Sicherungsfonds oder staatl. Garantien
** durch Zulagen staatlich gefördert

Sparbuch

Das klassische Sparbuch ist meist eine „Spareinlage mit dreimonatiger Kündigungsfrist". Dies bedeutet, dass Anleger nicht immer und nicht jederzeit über das ganze Guthaben verfügen können, sondern monatlich bis zu 2 000 Euro je Sparbuch abgehoben werden können. Für höhere Beträge gilt eine Kündigungsfrist. Die Zinsen liegen unter einem Prozent. Da die Inflation zurzeit höher ist als die Rendite, hat diese Form des Sparens, die sehr serviceintensiv ist, ausgedient.

Sparbriefe und Sparpläne

Sparbriefe kombinieren meist Sparbuch bzw. Festgeld und festverzinsliche Wertpapiere. Das in einem Sparbrief angelegte Kapital ist während der gesamten Laufzeit nicht verfügbar. Diese längere Laufzeit sichert eine etwas bessere Rendite, ist aber problematisch bei kurzfristigem Geldbedarf. Dann wäre das Kapital allenfalls beleihbar, was teuer werden kann.

Banken und Sparkassen bieten Banksparpläne schon für kleine Sparraten an. Angeboten werden die verschiedensten Varianten, allerdings werden damit oft geringe Renditen verschleiert. Die Stiftung Warentest rät zu Angeboten mit festem Zinssatz. Hierbei können zwar bei langen Laufzeiten höhere Erträge bei einem steigenden Marktzinsniveau nicht mitgenommen werden, aber die Anlageform ist sicher und kalkulierbar durch die Absicherung des Einlagensicherungsfonds (des Bundesverbandes deutscher Banken). Dies gilt für alle Sparformen des Kontensparens.

Tagesgeld und Festgeld

Der Inhaber eines Tagesgeldkontos kann über sein Guthaben täglich verfügen. Das Guthaben wird Tag genau verzinst, Kündigungsfristen gibt es nicht. Die Zinsen von Tagesgeldkonten liegen deutlich über dem Zinssatz von Sparbüchern und unterscheiden sich nur geringfügig von Festgeldanlagen. Der Vorteil ist, dass Anleger auch von steigenden Zinsen profitieren. Internetbanken bieten i. d. R. einen höheren Zins als konventionelle Banken, allerdings ist Vorsicht geboten bei Lockangeboten.

Für Festanlagen gilt, je länger die Laufzeit ist, desto höher liegt der Zinssatz. Dieser liegt leicht über dem Tagesgeldzinssatz. Der Kunde hat eine Zinsgarantie, der Zins bleibt über die gesamte Laufzeit bestehen. Häufig ist eine Anlage erst ab einem bestimmten Betrag möglich, eine vorzeitige Kündigung ist mit Gebühren verbunden.

Anleihen

Anleihen sind etwas Ähnliches wie ein Schuldschein. Durch den Kauf von Anleihen stellt der Anleger einem Staat oder einem Unternehmen Geld zur Verfügung. Dafür erhält er regelmäßige Zinszahlungen und am Ende der Laufzeit das ursprünglich eingezahlte Geld zurück. Die meisten Anleihen werden an der Börse gehandelt und können täglich ge- bzw. verkauft werden. Dies gilt insbesondere für Staats-, Bundes- und Unternehmensanleihen sowie Pfandbriefe.

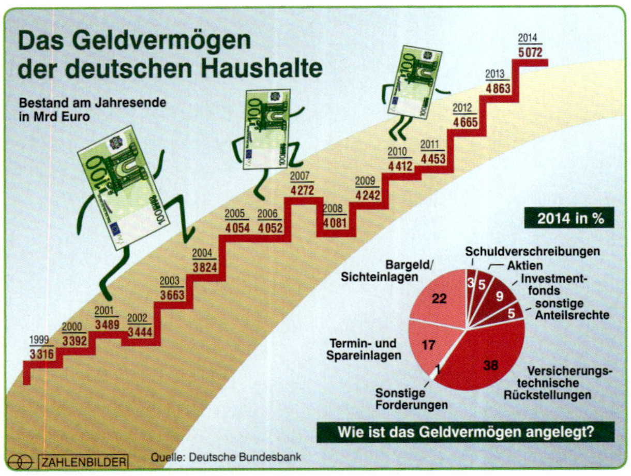

Bild 1 Das Geldvermögen der deutschen Haushalte

Aktien und Fonds

Als Aktienkäufer wird man Mitinhaber eines Unternehmens, und nicht – wie bei verzinslichen Wertpapieren oder Unternehmensanleihen – dessen Gläubiger. Aktien sind kleinste Anteile am Unternehmen und der Aktieninhaber erwirbt durch seine Eigentümerschaft sowohl Ansprüche und Rechte, aber auch Risiken daran.

Aktien sind für Unternehmen ein Mittel zur Kapitalbeschaffung. Aktien werden an der Börse gehandelt. Dort können Aktieninhaber ihre Anteile jederzeit verkaufen. Der Verkauf an der Börse erfolgt zum jeweiligen Kurs unter Marktteilnehmern, das Geld für Kauf und Verkauf der Aktien geht also nicht an das Unternehmen, sondern wechselt zwischen Verkäufer und Käufer. Aktionäre haben i. d. R. Stimmrecht bei der jährlichen Hauptversammlung. Dort wird über die zurückliegende Leistung des Managements und den weiteren Kurs des Unternehmens abgestimmt sowie über die Verteilung des Gewinns in Form der Dividende.

Fonds bieten Anlegern eine recht sichere Geldanlageform. Das Prinzip: Ein Fonds sammelt das Geld vieler Anleger ein. So kommen große Geldsummen zusammen, die der Fonds anlegt, z. B. in Aktien oder Anleihen. Dadurch erzielen Anleger mit einem verhältnismäßig geringen Einsatz eine breite Streuung des Investments und eine bessere Risikoverteilung, also höhere Sicherheit im Vergleich zu einer Direktanlage in diese Wertpapiere. Bedeutsame Fonds sind Aktien-, Renten-, Geldmarkt- und Immobilienfonds. Zu beachten sind die Kosten für das benötigte Depot und die Gebühren beim Bezug der Fonds und Verwaltung.

Bausparen

Der Grundgedanke des Bausparens ist, dass der zukünftige Eigenheimbesitzer regelmäßig Geld in einen Bausparvertrag einzahlt. Dieses Guthaben wird relativ niedrig verzinst, dafür erhält der Sparer die Garantie auf ein günstiges Baudarlehen, wenn der Bausparvertrag zugeteilt wird. Eine Zuteilung erfolgt unter der Bedingung, dass der Bausparer über einen längeren Zeitraum meist 40 bis 50 Prozent der vereinbarten Bausparsumme angespart hat. Schließen Sparer einen Bausparvertrag im Alter von unter 25 Jahren ab, muss das angesparte Kapital nicht zwingend für wohnwirtschaftliche Zwecke eingesetzt werden.

Zusammen mit **staatlichen Zulagen** bringt Bausparen eine ordentliche Rendite, vor allem für Auszubildende und Arbeitnehmer, die wenig verdienen. Zu unterscheiden sind:

- **Wohnungsbauprämie**; auf jährliche Einzahlungen bis maximal 512,00 € (1 024,00 € bei Ehepaaren) 8,8 Prozent, wenn das zu versteuernde Einkommen 25 600,00 € (51 200,00 € bei Ehepaaren) nicht übersteigt.
- **Arbeitnehmersparzulage**: vermögenswirksame Leistungen werden durch den Arbeitgeber auf das Bausparkonto seines Arbeitnehmers/Bausparers überwiesen. Für bis zu 470,00 € im Jahr erhält der Sparer dann eine Arbeitnehmersparzulage von 9 %. Einkommensgrenzen: maximal 17 900,00 € (35 800,00 € bei Ehepaaren) zu versteuerndes Einkommen. Die Arbeitnehmersparzulage gibt es aber auch für Beteiligungen an Aktienfonds. Dann gibt der Staat 20 Prozent dazu (für max. 400,00 € Sparbeitrag, Einkommensgrenzen: maximal 20 000 €, 40 000 € bei Ehepaaren).

Lebensversicherung und private Rentenversicherung

Eine (Kapital-)Lebensversicherung bzw. private Rentenversicherung ist für viele Deutsche zentraler Bestandteil ihrer Altersvorsorge, sie ist aber eine teure und unflexible Form der Geldanlage. Die Renditen von klassischen Lebensversicherungen und Rentenversicherungen fallen – jeweils abhängig vom Anbieter – zurzeit mager aus. Den Lebensversicherern fällt es schwer, den mehrfach gesenkten Garantiezins in Höhe von nur noch 0,9 % am Kapitalmarkt zu erwirtschaften. Hohe Abschlussgebühren und laufende Kosten, aber auch der mitversicherte Hinterbliebenenschutz schmälern die Rendite. Lebens- und Rentenversicherungen sind durch einen Sicherungsfonds der Lebensversicherer ausgesprochen sichere Formen der Geldanlage.

Riester-Rente

Die Riester-Rente ist eine staatlich geförderte Form der privaten Altersvorsorge, eingeführt zur privat finanzierten Altersvorsorge, um das sinkende Niveau in der gesetzlichen Rentenversicherung auszugleichen. Gefördert wird sie durch Zulagen (175 € pro Person und 300,00 € pro Kind jährlich). Die Anlageform ist sicher, allerdings ist die Rendite abhängig von Laufzeit und Anlageform. Als Jahressparbeitrag müssen Riester-Sparer 4 % des Bruttoeinkommens aufwenden (abzüglich gewährter Zulagen). Der Mindestsparbeitrag beträgt für Auszubildende 5,00 € im Monat.

Aufgaben

1. Erklären Sie den „Zinseszinseffekt".
2. Kapitalanlagen lassen sich unter dem Aspekt des „magischen Dreiecks" beurteilen. Was ist damit gemeint?
3. Durch das Sparen werden Erträge erzielt. Welche Kosten können diese Sparerträge schmälern, erläutern Sie vier verschiedene Gesichtspunkte.
4. Welche Sparform ist unter dem Aspekt der Sicherheit und Verfügbarkeit sinnvoll, wenn Kapital nur kurzfristig „geparkt werden soll"?
5. Die Auszubildende Anna möchte einen kleinen Teil ihrer Ausbildungsvergütung (40,00 €) sparen. Bewerten Sie die folgenden Anlageformen: Sparbuch, Tagesgeld, Vermögenswirksame Leistungen als Bausparen oder Fondssparen (Beteiligung an Aktienfonds).
6. Unter welchen Voraussetzungen erhält ein Sparer eine „Wohnungsbauprämie" bzw. eine „Arbeitnehmersparzulage"?
7. Informieren Sie sich im Internet über die Diskussion der „Riester-Rente". Erarbeiten Sie verschiedene Vor- und Nachteile im Zusammenhang mit Riester-Sparen.

3.5 Tarif und Entlohnung

Marc Schmidt von der Linnea GmbH überprüft zusammen mit seiner Mitarbeiterin Frau Pohl die Lohn- bzw. Entgeltabrechnungen und kontrolliert die Urlaubsansprüche seiner Mitarbeiter aus dem vergangenen Jahr. „Ich bin sehr froh, dass durch den neuen Rahmentarif jetzt endlich das Arbeitszeitkonto eingeführt werden konnte, das entlastet uns bei Arbeitsspitzen sehr." „Ich bin sehr froh, dass ich endlich mehr Urlaub bekomme und meine Freizeit besser einteilen kann!" erwidert Dorothea Pohl. „Und mehr Geld gibt's laut Entgelttarifvertrag ja auch, allerdings nicht für alle", ergänzt Marc Schmidt. „Ja, leider" … bestätigt Frau Pohl.

3.5.1 Tarife in der Floristik

Tarifverträge regeln die Rechte und Pflichten der Tarifvertragsparteien und enthalten Rechtsnormen, die den Inhalt, den Abschluss und die Beendigung von Arbeitsverhältnissen sowie betriebliche und betriebsverfassungsrechtliche Fragen ordnen können (§ 1, TVG, Tarifvertragsgesetz).

Die Tarife werden in der Floristik durch die IG BAU und den FDF ausgehandelt.

Regelungen aus dem Bundesrahmentarif

Im Jahr 2009 war es den Tarifpartnern gelungen, einen neuen Bundesrahmentarif abzuschließen, bei dem als gravierende Neuerung ein eingebundenes **Arbeitszeitkonto** in Floristik-Fachgeschäften flexiblere Arbeitszeiten zulässt. Dadurch können Arbeitsspitzen zu bestimmten Zeiten abgefedert und diese Mehrstunden in arbeitsärmeren Zeiten ausgeglichen werden.

Weitere Bestandteile dieses zurzeit gültigen Rahmentarifes, der für alle Bundesländer gilt, sind Regelungen zu Überstunden, zur Nacht-, Sonn- und Feiertagsarbeit, zur Freistellung von der Arbeit und zu Urlaub bzw. Bildungsurlaub sowie zu den Kündigungsfristen. Die **Arbeitszeit** ist auf 39 Stunden/Woche (Mecklenburg-Vorpommern, Thüringen, Sachsen und Sachsen-Anhalt 41 Stunden) festgelegt. Überstunden sind mit 33 1/3 % Zuschlag zu vergüten, Nachtarbeit (22.00 bis 6.00 Uhr) mit 80 % Zuschlag. Arbeiten an Sonn- und Feiertagen mit 100 % oder doppeltem Freizeitausgleich, an gesetzlichen Feiertagen, die auf einen Werktag fallen, mit 50 % Zuschlag oder halbem Freizeitzuschlag.

Die **Urlaubsdauer** für den Bereich West (Baden-Württemberg, Bayern, Bremen, Hamburg, Hessen, Niedersachsen, Nordrhein-Westfalen, Rheinland-Pfalz, Saarland, Schleswig-Holstein) ist folgendermaßen gestaffelt:

Alter und Berufszugehörigkeit	bei einer 6-Tage-Woche	bei einer 5-Tage-Woche
Beschäftigte 18–35 Jahre	27 Werktage	23 Werktage
Beschäftigte über 35 Jahre	29 Werktage	25 Werktage
… zusätzlich bei einer Berufszugehörigkeit von …		
mehr als zwei Jahren	2 Tage	2 Tage
mehr als vier Jahren	3 Tage	3 Tage
mehr als sechs Jahren	4 Tage	4 Tage
mehr als acht Jahren	5 Tage	5 Tage
mehr als zehn Jahren	6 Tage	6 Tage

Für die Länder Mecklenburg-Vorpommern, Sachsen, Sachsen-Anhalt und Thüringen gilt:

Alter und Berufszugehörigkeit	bei einer 6-Tage-Woche	bei einer 5-Tage-Woche
Beschäftige	27 Werktage	23 Werktage
… zusätzlich bei einer Berufszugehörigkeit von …		
mehr als vier Jahren	28 Werktage	24 Werktage
mehr als sechs Jahren	29 Werktage	25 Werktage
mehr als acht Jahren	31 Werktage	26 Werktage
mehr als zehn Jahren	32 Werktage	27 Werktage

Zur Teilnahme an Schulungskursen ist dem Arbeitnehmer in jedem zweiten Kalenderjahr auf Antrag **Bildungsurlaub** bei bestimmten Bildungseinrichtungen bis zur Dauer von zwei Wochen zu gewähren. Anerkannt sind z. B. Bildungseinrichtungen der Länderregierungen, der IHK, der LWK, des FDF und der IG BAU.

Regelungen aus dem Entgelttarif

Im **Entgelttarif** werden ausschließlich Regelungen vereinbart, die die Entgeltgruppen, die Entgeltsätze, Mehrarbeitsvergütungen für Auszubildende, das Urlaubsgeld und die Höhe der vermögenswirksamen Leistungen betreffen.

In Anlehnung an andere Tarife (z. B. bei den Gärtnern) gibt es nun nur noch einen sogenannten **Ecklohn** für die Tarifgruppe 3 (= 100 %) als Basis für die Entgeltberechnung. Der Ecklohn, auch als **Eckentgelt** bezeichnet, beträgt für die Arbeitnehmer in der Tarifgruppe A 3 (= 100 %) zurzeit 1 797,– € (seit Januar 2017). Berufseinsteiger beginnen mit 95 % vom Ecklohn (für ein Jahr mit 1 708 €).

Bei Tätigkeiten, die eine höhere Qualifizierung verlangen, z. B. bei der Leitung einer Filiale oder Ausbilder, erfolgt die Eingruppierung in die Entgeltgruppe 4 (oder 5); hier ist der Bruttolohn (Stand Januar 2017) auf 2 247,– € festgelegt, in Entgeltgruppe 5 bei 2 391,– €. Als Basis zur Bruttolohnermittlung wird dann bei nachfolgenden Tarifverhandlungen das Eckentgelt bzw. der Ecklohn anzusetzen sein, und zwar in Entgeltgruppe 4 auf 125 %, in Entgeltgruppe 5 auf 133 % vom Eckentgelt (alle aufgeführten Tarife gelten nur für das Tarifgebiet West).

Das Eckentgelt der im Erwerbsgartenbau tätigen Floristen (z. B. in Produktionsbetrieben mit Endverkauf oder Gartencentern) liegt allgemein höher, allerdings ist das stark abhängig vom Tarifgebiet, so z. B. im Tarifgebiet Ost in Mecklenburg-Vorpommern knapp auf Mindestlohn-Niveau.

Merkmale der Entgeltgruppen, in die Floristen eingestuft werden, sind in folgender Tabelle ersichtlich:

Entgelt-gruppe	Voraussetzungen/Merkmale
A 1	Ungelernte Arbeitskräfte; einfache Tätigkeiten, die keine floristische Ausbildung erfordern
A 2	Angelernte Arbeitskräfte mit floristischen Grundkenntnissen bzw. -fertigkeiten
A 3	Abschlussprüfung Florist; floristische Tätigkeiten, die weitgehende Kenntnisse und Erfahrungen voraussetzen und im Rahmen allgemeiner Anweisungen selbstständig ausgeübt werden.
A 4	Florist-Meisterprüfung oder staatl. Abschlussprüfung Weihenstephan oder Abschlussprüfung Florist; qualifizierte kaufmännische und floristische Tätigkeiten, die selbstständig ausgeübt werden und entsprechende weitergehende Kenntnisse erfordern. Unterweisung von Floristen/Floristinnen und Auszubildenden …
A 5	Florist-Meisterprüfung oder staatl. Abschlussprüfung Weihenstephan oder Abschlussprüfung Florist mit Ausbildereignungsprüfung; Selbstständige Leitung des Betriebes; verantwortungsvolle kaufmännische und floristische Tätigkeiten …

Eine Eingruppierung nach A 2 ist trotz abgeschlossener Berufsausbildung nur möglich, wenn der Arbeitsplatz tatsächlich den Merkmalen dieser Entgeltgruppe A 2 entspricht.

Tipp

Seit dem 01.01.2017 gilt der neue Tarifvertrag für die Floristbranche. Besorgen Sie sich Informationen zum aktuellen Bundesrahmentarif bzw. zum für Ihr Bundesland gültigen Entgelttarif (z. B. beim FDF, bei der IHK, in der Berufsschule oder bei der IG BAU), damit Sie bei einem Bewerbungsgespräch informiert sind.

3.5.2 Lohnarten

Lohn ist das Entgelt, das der Arbeitnehmer für seine geleistete Arbeit im Dienst eines Arbeitgebers erhält. Im weiteren Sinne wird damit nicht nur die Entlohnung für Arbeiter, sondern auch das Gehalt für Angestellte und Beamte verstanden. Der Unternehmer, der im Betrieb mitarbeitet, erhält den Lohn für seine Arbeit durch den Gewinn. Wirft der Betrieb keinen Gewinn ab, erhält der Unternehmer also auch keinen Lohn (Unternehmerrisiko). Neben dem im vorigen Kapitel vorgestellten Tariflohn gibt es noch weitere Arten, auf die hier kurz eingegangen werden soll:

- **Leistungslohn**; dies ist eine Sammelbezeichnung für Akkord- oder Prämienlohn. Beim Akkordlohn wird nach produzierten Stückzahlen bezahlt oder es muss nach einer bestimmten Vorgabe „im Akkord" gearbeitet werden. Beim Prämienlohn zahlt der Arbeitgeber Zuschläge, z. B. für besondere Leistungen, für einen eingehaltenen Termin oder herausragenden Umsatz.
- **Zeitlohn**; Zeitlohn ist eine Bezahlung unabhängig von der Leistung, sie entlohnt nach der Dauer der geleisteten Arbeit. Hinzu kommen – wie im Floristik-Fachgeschäft üblich – Zulagen für mögliche Mehrarbeit, Sonn- und Feiertagsarbeit.
- **Beteiligungslohn**; zum Gehalt oder Lohn kann ein Beteiligungslohn gezahlt werden, der sich am Erfolg eines Unternehmens orientiert. Dabei wird dem Arbeitnehmer eine Umsatz- oder Gewinnbeteiligung ausbezahlt oder er wird durch Aktien am Unternehmen beteiligt. Der Beteiligungslohn fördert die Arbeitnehmer-Bereitschaft, höhere Leistungen zu erbringen. Er bindet sie stärker an das Unternehmen.

Soziale Aspekte der Entlohnung

Neben der Arbeitsleistung und den Anforderungen des Arbeitsplatzes werden aus sozialen Erwägungen heraus weitere Faktoren bei der Entlohnung berücksichtigt, und zwar einmal durch zusätzliche betriebliche Vereinbarungen, zum anderen durch tarifliche oder staatliche Regelungen. Berücksichtigung finden dabei das Lebensalter, die Betriebszugehörigkeit, eine mögliche Behinderung oder Krankheit und der Familienstand.

In vielen Betrieben wird insbesondere honoriert, dass ältere Mitarbeiter bzw. langjährig Beschäftigte i. d. R. über mehr Erfahrung verfügen und dem Betrieb dadurch einen größeren Nutzen bringen. Die entsprechend angepasste Entlohnung bezieht sich dabei auf die Zuschläge oder Prämien, ein höheres Weihnachts- oder Urlaubsgeld oder mehr Urlaubstage.

Der Staat hat eine Reihe von Gesetzen und Regelungen geschaffen, die bei der Entlohnung soziale Aspekte berücksichtigen:

- Einkommensteuertarif und das Ehegatten-Splitting,
- Freibeträge und Pauschalen für Werbungskosten, Sonderausgaben und außergewöhnliche Belastungen, die sich steuermindernd auswirken,
- Lohnfortzahlung im Krankheitsfall,
- staatliche Zuwendungen z. B. in Form von Elterngeld oder Mutterschaftsgeld.
- Mindestlohn

Ein gerechter, sozial ausgewogener Lohn berücksichtigt immer neben der tatsächlichen Leistung auch die Anforderungen und Qualifikationen, die an den Mitarbeiter gestellt werden, und soziale Aspekte. Menschen, die sich für ihre Tätigkeit gerecht entlohnt fühlen, sind motivierter. Das kommt dann in erster Linie auch dem Betrieb zugute.

3.5.3 Lohnkaufkraft

Wie lange muss ein Beschäftigter arbeiten, um von seinem in dieser Zeit verdienten Lohn verschiedene Waren und Dienstleistungen kaufen zu können? Das Institut der deutschen Wirtschaft (IW in Köln) untersucht jährlich diese Frage, indem die Veränderung der **Lohnkaufkraft** von Waren und Dienstleistungen in Deutschland bewertet werden.

Betrachtet man die aufgeführten Beispiele im Bild 1, so zeigt sich, dass entgegen der vorherrschenden Meinung früher nicht alles billiger war bzw. heute teurer geworden ist. Die westdeutschen Arbeitnehmer haben – bezogen auf die **Kaufkraft** – innerhalb von 50 Jahren einen deutlichen Wohlstandsgewinn erzielt.

Allerdings hat das Institut der deutschen Wirtschaft (IW) errechnet, dass die heutige Kaufkraft der Bundesbürger auf dem Niveau vom Anfang der 90er Jahre stagniert. Nur relativ moderat steigende Gehälter wurden nahezu vollständig durch die Inflation aufgezehrt. Je nach Art des Konsums muss für verschiedene Güter bzw. Dienstleistungen heute kürzer oder länger gearbeitet werden.

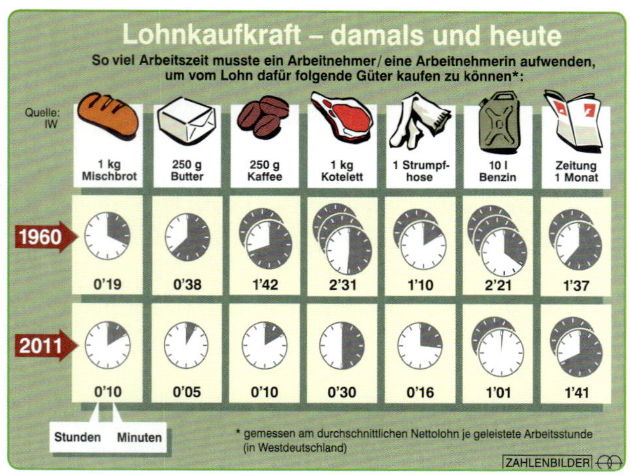

Bild 1 Lohnkaufkraft – früher und heute

Der Basiswert der Berechnung, die sogenannte **Kaufkraft je Lohnminute**, gibt Auskunft darüber, wie lange für ein bestimmtes Produkt damals und heute gearbeitet werden muss. Dieser Wert wird den Preisen des vom Statistischen Bundesamt errechneten Durchschnittswarenkorbs gegenübergestellt.

Den stärksten Preisanstieg hat demnach der Güterbereich der Energie zu verzeichnen: So ist heutzutage für eine durchschnittliche Tankfüllung eine Mehrarbeit von zwei Stunden zu leisten. Viele Lebensmittel sind dagegen im Verhältnis billiger geworden, dort beträgt der Preisanstieg nur rund ein Drittel. Durch Massenproduktion ist auch der Elektronikbereich und die Computertechnik für den Konsumenten erschwinglicher geworden.

Deutlich über der allgemeinen Inflationsrate liegen Preisanstiege für Dienstleistungen mit geringem Rationalisierungspotenzial – beispielsweise für die Floristik oder das Friseurhandwerk –, da ja auch die in diesen Dienstleistungsberufen tätigen Arbeitnehmer gut bezahlt werden wollen.

Kaufkraft bezeichnet dabei allgemein das für Konsumzwecke verfügbare Einkommen eines Privathaushaltes; es ist der Betrag, der nach Abzug aller regelmäßigen Zahlungsverpflichtungen (Miete, Versicherungen, Kredite usw.) zum Konsum verbleibt.

3.5.4 Lohnnebenkosten

Lohnnebenkosten werden gern auch als das „zweite Gehalt" bezeichnet. Beschäftigte und Unternehmen klagen gleichermaßen über hohe Belastungen durch die Lohnnebenkosten, allerdings aus unterschiedlichen Motiven. Diese Kosten verteuern die Beschäftigung eines Arbeitnehmers enorm, sodass sich besonders kleine Unternehmer scheuen, Arbeitnehmer in Vollzeit einzustellen.

Lohnnebenkosten für den Unternehmer

Folgende Lohnnebenkosten sind vom Unternehmer zu tragen:

- **gesetzliche Personalnebenkosten**; darunter sind die anteiligen Sozialversicherungsbeiträge zu verstehen, die zusammen mit den Beiträgen des Arbeitnehmers abgeführt werden. Zusätzlich sind vom Arbeitgeber die Beiträge zur Unfallversicherung, mögliche Leistungen nach dem Mutterschutzgesetz, dem Schwerbehindertengesetz und dem Betriebsverfassungsgesetz (allein) zu tragen.
- **tarifliche Personalnebenkosten**; hierzu zählen der bezahlte Urlaub mit Lohnfortzahlung (Urlaubsentgelt) und Bildungsurlaub, eventuell zusätzlich Urlaubsgeld und/oder Weihnachtsgeld sowie Leistungen zur Vermögensbildung.
- **freiwillige bzw. betriebliche Leistungen**; diese dritte Gruppe der Personalnebenkosten umfasst Betriebsrenten, Kosten für die Aus- und Weiterbildung, Aufwendungen für die Wohnungs- und Familienfürsorge, betriebliches Kurzarbeitergeld, Abfindungen und Naturalleistungen.
- **Kosten durch Arbeitsausfall**; darunter sind vor allem die Kosten durch den krankheitsbedingten Arbeitsausfall zu verstehen. Hinzu kommen Freistellungen der Mitarbeiter aus persönlichen Gründen, bezahlte Feiertage oder der Berufsschulbesuch der Auszubildenden.

Zuschläge und Lohnnebenkosten für den Arbeitnehmer

Meist monatlich erhält ein Arbeitnehmer seine Lohn- oder Gehaltsabrechnung, aus denen er Informationen über seinen Brutto- und Nettolohn herauslesen kann.

Früher wurden Lohn und Gehalt nach der Art der Beschäftigung (Arbeiter oder Angestellte) differenziert, aber es bezieht sich eigentlich auf die Art und den Umfang der Arbeitsleistung. Üblicherweise erfolgt die Auszahlung in Form eines Monatsgehalts unabhängig von der Anzahl der Monatstage und von der erbrachten Leistung in gleichbleibender Höhe. Der Lohn kann hingegen von der geleisteten Arbeit abhängen, z. B. vom Stundenlohn oder als Stücklohn. Hier kann der Betrag zum Monatsende unterschiedlich ausfallen.

Aus welchen Bestandteilen sich Lohn oder Gehalt ergeben, ist natürlich abhängig vom Beruf, Arbeitsplatz und Arbeitsvertrag. Im Floristik-Fachgeschäft können dabei folgende Punkte den Bruttolohn beeinflussen:

So setzt sich der Bruttolohn zusammen:	
Grundlohn bzw. Grundgehalt	• vertraglich vereinbart oder • tariflich vereinbart (Ecklohn = 100 %)
+ Zulagen	• Gefahrenzulage • Schmutzzulage • Erschwerniszulage
+ Zuschläge	• Überstundenzuschlag • Sonn-/Feiertagszuschlag • Nachtzuschlag
+ Sonderzahlungen	• Urlaubsgeld • Weihnachtsgeld • Sonderbonus
+ Verm. Leistungen	• AG-Anteil vermögenswirksame Leistung

Der AG-Anteil zu den vermögenswirksamen Leistungen erfolgt nur, wenn der Arbeitnehmer einen Nachweis für eine entsprechende Geldanlage (Fondssparplan, Banksparplan oder Bausparen) erbringt und die Zahlung vertraglich vereinbart wurde.

Die Abzüge vom Bruttolohn sind gesetzlich oder vertraglich geregelt; bei geringfügig Beschäftigten bis 450,00 € besteht nur eine RV-Pflicht, bei Beschäftigten in der Gleitzone (450 – 1 300 €) wird ein reduzierter AN-Anteil bezahlt.

So berechnet sich der Nettolohn:	
Bruttolohn	
– Sozialversicherungsbeiträge (Stand März 2018)	• RV, Rentenversicherung (9,3 %), • KV, Krankenvers. (7,3 % + flexibler Zusatzbeitrag), • AV, Arbeitslosenversicherung (1,25 %), • PV, Pflegeversicherung (1,525 % + 0,25 % Zuschlag, Kinderlose ab 23 J.
– Lohnsteuer	• abhängig von der Lohn-/Gehaltshöhe • abhängig von der Steuerklasse • abhängig von Freibeträgen
– Solidaritätszuschlag – Kirchensteuer	• 5,5 % vom Lohnsteuerbetrag • 8 bzw. 9 % vom Lohnsteuerbetrag
– Verm. Leistungen	• Sparrate zu vermögenswirksamen Leistungen (ca. 40,00 €)

3.5.5 Lohnberechnung und Steuerschuld

Maximilian Petersen muss kurz nach seiner Hochzeit die Steuerklasse wechseln. Er fragt seinen Chef Marc Schmidt, wozu der ihm raten würde. „Da deine Frau ja nur halbtags arbeitet, solltest du die Klasse III und deine Frau die Klasse V wählen." Maximilian nickt verständnisvoll, muss sich das aber noch mal selbst durch eine Internetrecherche klarmachen.

Für berufstätige Ehepartner gibt es bezogen auf die Steuerklasse eine Besonderheit; sie haben die Wahl zwischen zwei Steuerklassen-Kombinationen. Nur wenn beide Partner ungefähr gleich viel verdienen, ist die Steuerklassen-Kombination IV/IV vorteilhaft. Verdient ein Partner deutlich mehr als der andere, lohnt sich für den besser Verdienenden der Wechsel in die Klasse III; der weniger Verdienende wird dann nach der ungünstigeren Klasse V besteuert.

Verdient zum Beispiel die Frau weniger als der Mann, muss bei einer Zusammenveranlagung weniger Einkommensteuer gezahlt werden. Dies ergibt sich aufgrund des progressiven Steuersatzes, der bei der Besteuerung des zu versteuernden Einkommens zur Anwendung kommt.

Maximilian Petersen gibt seinen Bruttolohn von 2 150,00 € mit verschiedenen Steuerklassen in einen Online-Gehaltsrechner ein. Bei Steuerklasse III ergeben sich die geringsten steuerlichen Abzüge:

Nettoberechnung Arbeitnehmer		
Bruttolohn	€	2 150,00
./. Lohnsteuer	€	19,66
./. Solidaritätszuschlag	€	0,00*
./. Kirchensteuer	€	1,76
./. Rentenversicherung (9,35 %)	€	199,95
./. Arbeitslosenversicherung (1,5 %)	€	26,88
./. Krankenversicherung (8,2 %)	€	167,70
./. Pflegeversicherung (1,175 %)	€	38,16
Nettolohn	€	1 695,89

* Wer im Monat weniger als 81,00 € Lohnsteuer zahlt, fällt in die „Nullzone" und muss keinen Solidaritätszuschlag zahlen

Bild 1 Lohnberechnung von M. Petersen mit Steuerklasse III Stand Oktober 2018

In Steuerklasse IV würde sich ein Nettolohn von ca. 1 473,15 € ergeben, in Steuerklasse V nur ein Nettolohn von ca. 1 194,05 €.

Für die Jahressteuerschuld spielt das aber keine Rolle, unterm Strich zahlt man gleich viel. Aber meistens ist es einem lieber, gleich mehr Geld im Portemonnaie zu haben, als sich später die zu viel gezahlten Steuern vom Finanzamt rückerstatten zu lassen.

Auf Antrag werden die Ehepartner gemeinsam zur Einkommensteuer veranlagt. Im Rahmen der Veranlagung werden zunächst für beide Partner getrennt die Einkünfte ermittelt. Erst danach erfolgt eine Addition der Beträge. Auf das zu versteuernde Einkommen wird der Splittingtarif (split, engl. teilen) angewandt. Der Grundfreibetrag laut Einkommensteuergesetz beträgt 9 000 Euro. Damit soll das Existenzminimum für Erwachsene steuerfrei gestellt werden, d. h. es wird bei einem Ledigen erst ab einem zu versteuernden Einkommen von mehr als 9 000 Euro im Jahr Einkommensteuer fällig, bei Ehepaaren sind es 18 000 €.

Ermittlung der Steuerschuld

Bei der Ermittlung der tatsächlichen Steuerschuld der Familie Petersen zum Jahresende können von allen Einkünften, die sich durch nichtselbstständige Arbeit und eventuell aus Kapitalvermögen oder Vermietung und Verpachtung ergeben, Werbungskosten über 1 000,00 € (Arbeitnehmer-Pauschbetrag von 1 000,00 €), Sonderausgaben (Sonderausgaben-Pauschbetrag 36,00 €) und außergewöhnlichen Belastungen abgezogen werden. Auch Kinder wirken sich durch den sogenannten Kinderfreibetrag steuermindernd aus. Steht das zu versteuernde Einkommen fest, wird durch das Finanzamt – sofern ein Antrag auf Lohnsteuerjahresausgleich oder eine Einkommensteuererklärung vorliegt – ermittelt, ob und wie viel Lohnsteuer gegebenenfalls zu viel gezahlt wurde. Laut Statistik erhalten über 80 % der Antragsteller eine Steuererstattung.

Unternehmer müssen ebenfalls eine Einkommensteuererklärung abgeben; hier werden die Einkünfte aus dem Gewinn ermittelt, der nach Zusammenstellung aller Betriebseinnahmen abzüglich der Betriebsausgaben überbleibt. Aber auch hier wirken sich Werbungskosten, Sonderausgaben, außergewöhnliche Belastungen und Freibeträge steuermindernd aus.

Tipp

Auszubildende, die sich im letzten Kalenderjahr ihrer Ausbildung befinden, sollten die Ausgaben für Werbungskosten und Sonderausgaben (Berufskleidung, Fachbücher, Fahrten zur Arbeit/Schule, Bewerbungs-, Fortbildungs- und Umzugskosten) dokumentieren, denn sie können diese bei einem Lohnsteuerausgleich steuerlich „absetzen", wenn sie im gleichen Jahr steuerpflichtig beschäftigt werden.

Ein Lohnsteuerjahresausgleich ist freiwillig und kann spätestens zum 31. Dezember vier Jahre später eingereicht werden, viele Arbeitnehmer unterliegen jedoch einer Pflichtveranlagung (Einkommensteuererklärung), wenn sie mehrere Einkunftsarten haben oder zwei Lohnsteuerkarten benötigen. Dann ist der Abgabetermin ab 2019 am 31. Juli des Folgejahres.

Aufgaben

1. Beurteilen Sie, warum es im Bereich der Floristik im Vergleich zum öffentlichen Dienst so schwer ist, neue Tarife durchzusetzen.
2. Analysieren Sie, warum Rahmentarife eine meist deutlich längere Laufzeit als Lohn- bzw. Entgelttarifverträge haben? Wann wurde für den Bereich der Floristik der letzte Rahmentarif verabschiedet?
3. Erläutern Sie vier verschiedene Regelungen, die in einem Rahmentarifvertrag festgelegt werden.
4. Analysieren Sie, warum Lohn- bzw. Entgelttarife im Bereich der Floristik nicht bundesweit einheitlich geregelt werden.
5. Erläutern Sie vier verschiedene Regelungen, die in einem Lohn- bzw. Entgelttarifvertrag festgelegt werden.
6. Erläutern Sie, warum Arbeitnehmer im Floristikbereich in verschiedene Entgeltgruppen eingestuft werden.
7. Geben Sie verschiedene Lohnarten an und erläutern Sie die Unterschiede dieser Lohnarten anhand von Beispielen.
8. Soziale Aspekte spielen bei der Entlohnung eine bedeutende Rolle, da nicht alle Arbeitnehmer gleich sind und auch nicht alle gleich bezahlt werden können.
   Zählen Sie drei Bespiele auf, wo der Staat soziale Aspekte in der Entlohnung durch entsprechende gesetzliche Vorgaben berücksichtigt.
   Zählen Sie drei Beispiele auf, wo soziale Aspekte im Floristik-Fachgeschäft zu einer unterschiedlichen Entlohnung der Mitarbeiter führen können.
9. Sie werden für Ihre Arbeit im Floristik-Fachgeschäft trotz eines gültigen Vertrages nicht leistungsgerecht entlohnt.
   a) Welche Ursachen können dieser Tatsache zugrunde liegen? Geben Sie Beispiele an.
   b) Was machen Sie in so einer Situation? An wen wenden Sie sich bzw. könnten Sie sich wenden?
10. Erläutern Sie den Begriff „Kaufkraft je Lohnminute“ unter dem Aspekt der Preisveränderungen der letzten 50 Jahre.
11. Erläutern Sie den Begriff „Kaufkraft“.
12. Wie hat sich die Kaufkraft in den letzten Jahrzenten für Floristen entwickelt? Geben Sie eine Prognose ab.
13. Erläutern Sie, wie sich die Preise für Lebensmittel, für Kleidung, technische Geräte und Dienstleistungen in Bezug auf die „Kaufkraft je Lohnminute“ in den letzten 50 Jahren entwickelt haben.
14. Geben Sie aus einem Floristik-Fachgeschäft Beispiele an (mind. vier), welche gesetzlichen Personalnebenkosten anfallen können.
15. Geben Sie aus einem Floristik-Fachgeschäft Beispiele an (mind. vier), welche tariflichen Personalnebenkosten anfallen können.
16. Lohnnebenkosten können einem Unternehmen auch entstehen, wenn es zu Arbeitsausfällen kommt. Geben Sie sechs Beispiele an, in denen Arbeitnehmer weiterbezahlt werden, obwohl sie nicht arbeiten.
17. Berechnen Sie, wie hoch der Gesamtanteil an Sozialversicherungsbeiträgen (in %) für einen 30-jährigen kinderlosen Arbeitnehmer ist, der in Bremen lebt.
18. Ermitteln Sie mithilfe eines Online-Brutto-Netto-lohn-Rechners aus dem Internet, welche Lohnabzüge ein Arbeitnehmer (kinderlos, wohnhaft in Bremen) mit Steuerklasse I (alternativ mit Steuerklasse III) hat, wenn er einen Bruttoverdienst von 1 000 €, 2 500 € oder 5 000 € hat. Bewerten Sie die ermittelten Werte.
19. Welche steuerlichen Vorteile hat eine Zusammenveranlagung von Eheleuten bei der Einkommensteuer, vor allem, wenn beide Ehepartner ein unterschiedlich hohes Einkommen erzielen?
20. Warum sollte jeder Arbeitnehmer einen Antrag auf Lohnsteuerjahresausgleich beim Finanzamt stellen? Wie lange hat ein Arbeitnehmer Zeit, bis dieser Antrag gestellt sein muss?
21. Zählen Sie verschiedene Beispiele auf (mind. vier), die ein Arbeitnehmer an Werbungskosten oder Sonderausgaben steuerlich absetzen kann.
22. In welchem Fall muss ein Arbeitnehmer eine Einkommensteuererklärung machen?
23. Mit einem Antrag auf Lohnsteuerjahresausgleich wird zu viel gezahlte Lohnsteuer erstattet. Dazu müssen die Aufwendungen des gesamten Steuerjahres zusammengestellt werden. Warum kann das auch für Auszubildende sinnvoll sein? Welche Bedeutung hat dabei der Arbeitnehmer-Pauschbetrag?

Teil 3

Technologie – Pflanzen als florale Werkstoffe kennen und verwenden

1 In die Pflanzenkunde einführen und Pflanzen als Lebewesen erkennen

Anna Köhler, die Auszubildende im 1. Lehrjahr, hat ihre erste Woche im Betrieb hinter sich. Bei aller Freude und allem Engagement, mit dem Anna an die Arbeit gegangen ist, ist sie erstaunt über die Vielfalt der Pflanzen, die sie im Betrieb vorfindet. Sophia Schmidt, ihre Chefin, kennt die Pflanzen alle mit Namen und weiß zu vielen Pflanzen etwas zu erzählen. Dabei erfährt Anna, dass jede Pflanze ihre Eigenart und ihre besonderen Pflegeansprüche hat. In den folgenden Monaten lernt Anna die Pflanzen als Lebewesen mit ihren besonderen Eigenschaften kennen.

Die Pflanze steht im Mittelpunkt der floristischen Arbeit. Die Berufsbezeichnung „Florist" bezieht sich auf das lateinische Wort „Flora", womit die Römer die Pflanzenwelt bezeichnet haben. Deshalb muss ein Florist die Pflanze als Lebewesen mit ihren Besonderheiten begreifen. An sieben Punkten sollen die Besonderheiten pflanzlicher Lebewesen verdeutlicht werden:

a) Wachstum durch Volumenvergrößerung

Aus winzigen Zellen können durch Zellteilung und Vergrößerung der Zellen große Pflanzen entstehen. Die Zelle als Ausgangspunkt pflanzlichen Wachstums hat fantastische Fähigkeiten. Sie ist sinnvoll aufgebaut, um die notwendigen Aufgaben und zahlreiche Probleme zu lösen. Aus Zellen werden Gewebe. Die Gewebe bilden wiederum die Grundorgane der Pflanze.

Um pflanzliches Wachstum und die sinnvolle innere Konstruktion der Pflanzenorgane zu verstehen, sollte ein Florist

- den Bau einer Pflanzenzelle kennen,
- wissen, wann man von einem Gewebe spricht und
- am Beispiel von Blatt und Spross den inneren Aufbau kennenlernen.

b) Wachstum in Phasen

Wachstum bedeutet nicht nur die Vergrößerung eines Pflanzenkörpers. Wachstum hat auch etwas mit Veränderung zu tun. So wie sich ein Baby beim Heranwachsen vom Kind über die Pubertät zum Erwachsenen verändert, so durchläuft die Pflanze beim Wachstum auch Veränderungen, bis sie in ihrer Blütenpracht erscheint. Deshalb wird das Wachstum der Pflanze in drei Wachstumsphasen eingeteilt.

- **Keimlingsphase**
  Sie beginnt mit der Quellung des Samens und hört auf mit der Bildung der ersten Laubblätter. Diese Keimlingsphase ist vergleichbar mit der Säuglingsphase. Der Säugling ist ursprünglich auf die Ernährung durch die Muttermilch angewiesen. In der Keimlingsphase ist der Keimling auf die Ernährung durch das Nährgewebe angewiesen, da er noch nicht selbst Fotosynthese (Umwandlung von anorganischen Stoffen in organische Stoffe mithilfe von Sonnenlicht) betreiben kann. Das Nährgewebe ist ein Baustoffvorrat, den der Keimling von der Mutterpflanze mitbekommen hat. Mit den ersten Laubblättern ist die Pflanze selbstständig. Sie kann jetzt Fotosynthese betreiben und damit selbst körpereigene Baustoffe aufbauen.
- **Vegetative Phase**
  In der **vegetativen** Phase, vergleichbar mit dem Jugendwachstum, bildet die Pflanze Triebe, Blätter und Wurzeln. Sie wächst zu ihrer arttypischen Größe heran.
- **Generative Phase**
  In der **generativen** Phase ist die Pflanze geschlechtsreif. Sie bildet jetzt Blüten, Früchte und Samen.

Die Anzucht der Pflanzen liegt in den Händen des Gärtners. Der Florist hat den Vorteil, dass er beim Gärtner oder auf dem Großmarkt Pflanzen in der gewünschten Qualität kaufen kann.

> Die Fähigkeiten, die Pflanzen beim **vegetativen** Wachstum zeigen, sind auch für den Floristen von Bedeutung. Er muss Wachstumseigenarten einer Pflanze erkennen und berücksichtigen. Besonders wichtig wird das, wenn ein Florist die Wachstumsart der Pflanzen bei der vegetativen Gestaltung zum Gestaltungsprinzip macht (s. S. 305 f.).

c) Stoffwechsel

Ein wesentliches Merkmal der Pflanzen ist ihr Stoffwechsel. Die höheren Pflanzen, z. B. Blütenpflanzen, haben die besondere Fähigkeit, Stoffe der unbelebten Natur (anorganische Stoffe, **Nährstoffe**) in Stoffe der belebten Natur (organische Stoffe, **Baustoffe**) umzuwandeln. Dieser besondere Stoffwechselvorgang wird als **Assimilation** bezeichnet, was eigentlich Angleichung bedeutet. Das heißt, Pflanzen sind in der Lage, körperfremde Stoffe dem eigenen Pflanzenkörper anzugleichen.

> **Assimilation** ist ein grundlegender Vorgang in der Natur und hat über die Pflanze hinaus wesentliche Bedeutung für das Leben auf der Erde. Deshalb sollte jeder Florist Grundwissen über die Assimilation haben (s. S. 195 f.).

d) Energiestoffwechsel

Alle Lebewesen betreiben Energiestoffwechsel und atmen. Bei der **Atmung** zerlegt die Pflanze körpereigene, organische Baustoffe in körperfremde, anorganische Nährstoffe. Dabei gewinnt sie die in den Baustoffen gespeicherte Sonnenenergie. Diese Energie benötigt die Pflanze für verschiedene Wachstumsvorgänge.

> Da die **Atmung** ein Prozess ist, bei dem Baustoffe abgebaut werden, kann dadurch besonders die Haltbarkeit von Schnittblumen beeinträchtigt werden. Ein Florist muss also Kenntnisse über die Atmung und ihre Bedeutung für das Pflanzenwachstum haben.

e) Reizbarkeit

Die Pflanzen reagieren auf äußere Einflüsse. Das Pflanzenwachstum ist abhängig von verschiedenen Wachstumsfaktoren. Entsprechen diese Wachstumsfaktoren nicht den Ansprüchen der Pflanze, reagiert jede Pflanze auf ihre eigene Weise. Schließlich kann das Wachstum durch Krankheitserreger gestört werden. Auch hier reagiert die Pflanze mit typischen Merkmalen.

> Ein Florist muss die Wachstumsfaktoren kennen. Er erteilt auch bei den bekannten Zierpflanzen Ratschläge zur Pflege. Schließlich kennt er die wichtigsten Schadenserreger und Schädlinge mit den Krankheitserscheinungen.

f) Vermehrung durch vegetative oder generative Fortpflanzung

Lebewesen können sich vermehren. Pflanzen tun dies auf ungeschlechtliche Weise, durch Wachstumsorgane, z. B. Zwiebeln, oder durch geschlechtliche Vermehrung, das heißt durch Samen.

Viele Pflanzen haben die Möglichkeit, durch besondere Wachstumsorgane ihren Bestand zu vermehren und dadurch ihre Art zu erhalten. Beispiele sind die Brutzwiebeln bei Zwiebelpflanzen oder die Ausläufer vieler Stauden.

Ein Florist sollte die Vermehrungsmöglichkeiten der Pflanze kennen, denn **vegetative** Wachstumsorgane können auch in der Gestaltung eine Rolle spielen.

Schließlich bietet die **vegetative** Vermehrung auch dem Pflanzenliebhaber die Möglichkeit, auf einfache Weise seine Pflanzenlieblinge zu vermehren. Ein Florist steht hier seinen Kunden mit Rat zur Seite.

g) Begrenztes Leben

Lebewesen haben ein begrenztes Lebensalter. Danach sterben sie ab. Zierpflanzen lassen sich nach ihrem Lebensalter einordnen und unterscheiden in:

Bild 1 *Amaranthus*

Bild 2 *Calendula*

- **Einjährige Pflanzen** (Annuelle)
  Bei diesen Pflanzen erfolgen alle drei Wachstumsphasen in einer Wachstumsperiode. Danach sterben die Pflanzen ab. Die Arterhaltung erfolgt nur durch Ausbildung von Samen.
  Pflanzenbeispiele: Ringelblume *(Calendula officinalis)*, Sonnenblume *(Helianthus annuus)*, Schmuckkörbchen *(Cosmos bipinnatus)*, Gartenfuchsschwanz *(Amaranthus caudatus)*.
- **Zweijährige Pflanzen** (Bienne)
  Diese Pflanzen durchlaufen im ersten Jahr nur die Keimlingsphase und die **vegetative** Phase. Erst im zweiten Jahr, meist ausgelöst durch Kälte im Winter, erfolgt die **generative** Phase. Danach sterben die Pflanzen ab. Einige Pflanzenarten können auch noch im dritten Jahr wiederkommen.
  Pflanzenbeispiele: Marienglockenblume *(Campanula medium)*, Roter Fingerhut *(Digitalis purpurea)*, Stiefmütterchen *(Viola x wittrockiana)*, Königskerze *(Verbascum bombyciferum)*.
- **Mehrjährige Pflanzen** (Perenne)
  - **Stauden**
    Bei diesen Pflanzen stirbt im Herbst der Spross ab. Sie überwintern unterirdisch und treiben jedes Jahr einen neuen Spross.
    Pflanzenbeispiele: Trollblume *(Trollius europaeus)*, Eisenhut *(Aconitum napellus)*, Schafgarbe *(Achillea filipendulina)*.
  - **Gehölze**
    Bei Gehölzen verholzt der Spross und wird dadurch mehrjährig. In unseren Breiten ist der Spross winterhart. Die Pflanze überwintert als Ganzes. Nach der Wuchsart werden Bäume, Sträucher und Halbsträucher unterschieden.
  - **Bäume**
    Bei ihnen wächst die Hauptachse durch stärkeres Wachstum zu einem Stamm.
    Pflanzenbeispiele: Stieleiche *(Quercus robur)*, Rotbuche *(Fagus sylvatica)*, Sand-Birke *(Betula pendula)*.

- **Sträucher**
  Diese Pflanzen verzweigen sich bereits am Boden und wachsen mehrtriebig. Die Seitentriebe an der Basis entwickeln sich stärker als der Haupttrieb und die oberen Seitentriebe.
  Pflanzenbeispiele: Forsythie *(Forsythia x intermedia)*, Haselnuss *(Corylus avellana)*, Zaubernuss *(Hamamelis mollis)*.
- **Halbsträucher**
  Bei diesen Pflanzen verholzt nur der untere, ältere Teil des Sprosses. Die neuen, jungen Triebe verholzen nicht und sind nicht winterhart. Um einen guten Austrieb zu erhalten, müssen Halbsträucher zurückgeschnitten werden.
  Pflanzenbeispiele: Lavendel *(Lavandula angustifolia)*, Steinkraut *(Aurinia saxatile)*, Schleifenblume *(Iberis sempervirens)*.

Bild 1 Lavendel

Tipp

Eine gute Pflanzenkenntnis ist wichtig für den Floristen. Die Vielfalt der Pflanzen und der pflanzlichen Werkstoffe gibt dem Floristen reichhaltige Gestaltungsmöglichkeiten. Er kann individuelle Wünsche der Kunden erfüllen. Der kenntnisreiche und einfallsreiche Umgang mit Pflanzen ist entscheidend für den beruflichen Erfolg.

Aufgaben

1. Wie kommt es, dass einjährige Pflanzenarten an ihrem Standort jedes Jahr neu auftreten?
2. Nennen Sie drei einjährige Schnittblumen, die in der Floristik Verwendung finden.
3. Nennen Sie drei Sträucher, die durch ihren Blütenschmuck für den Floristen Bedeutung haben.
4. Pflanzen betreiben Energiestoffwechsel. Was bedeutet das?

Botanik als Teilwissenschaft der Biologie

Die Pflanzenkunde gehört zu den Naturwissenschaften. In der Naturwissenschaft werden die Fachbegriffe meist in lateinischer oder in altgriechischer Sprache ausgedrückt. So heißt die Pflanzenkunde in der Naturwissenschaft Botanik (griech. botanae: Weide, Gras, Pflanze) oder für die Wissenschaftler Phytologie (griech. phyteia: Pflanze, Garten; griech. logos: Beschreibung, Lehre).

Die Botanik wiederum ist ein Teilgebiet der Biologie, der Lehre von den Lebewesen (griech. bios: Leben). Zur Biologie gehören die Zoologie (griech. zoon: Tier) und die Anthropologie, die Lehre vom Menschen (griech. anthropos: Mensch).

Ähnlich wie die anderen Teilgebiete der Biologie wird auch die Botanik wieder in weitere Teilgebiete gegliedert.

Morphologie (griech. morphae: Gestalt) ist die Lehre vom äußeren Aufbau der Pflanzen. Aus diesen äußerlich erkennbaren Merkmalen einer Pflanze kann der Florist z. B. wichtige gestalterische Bewegungen oder Formen ableiten.

Anatomie (griech. anatomos: ausgeschnitten, seziert) beschreibt den inneren Aufbau von Pflanzen.

Physiologie (griech. physis: Wesen, Geschöpf, Fähigkeit) erklärt als Lehre von den inneren Lebensvorgängen der Pflanzen den Stoffwechsel, Wachstumsvorgänge, die Fortpflanzung oder die Reaktion auf Reize. Gerade hier erhält der Florist begründende Erklärungen z. B. für die Ernte, den Transport oder die Haltbarkeit von Schnittblumen sowie zur Pflege von Topfpflanzen.

Systematik (lat. systema: Ordnung) erklärt als Lehre von der Ordnung des Pflanzenreiches die Zusammenhänge der Verwandtschaft von Pflanzen und stellt so die Vielfalt übersichtlich dar. Dazu werden die Pflanzen z. B. zu Gattungen, Familien, Klassen oder Ordnungen zusammengefasst.

Pflanzensoziologie (lat. socialis: gesellig, gesellschaftlich) ist die Lehre von den Pflanzengesellschaften, vom Zusammenleben von Pflanzen. Kenntnisse darüber helfen dem Floristen z. B. Gestaltungen vegetativ korrekt zu fertigen.

Pflanzengeografie (griech. gae: Erde; gaia: Göttin der Erde) beschreibt das Vorkommen und die Verbreitung von Pflanzen auf der Erde. Für den Floristen finden sich hier schnell Zusammenhänge mit den Klima- und Vegetationszonen, damit er dann entsprechend Pflege und Verarbeitung von floralen Werkstoffen erkennen und ableiten kann.

2 Den äußeren Aufbau von Pflanzen beschreiben und erklären

Die Morphologie beschreibt und erklärt die äußerlich unterscheidbaren Teile der Pflanzen. Als Florist muss man in der Lage sein, alle Pflanzenteile botanisch richtig zu benennen. Dabei ist es für den Floristen wichtig, dass er die unterschiedlichen Wuchsformen der Pflanzen erkennt. In der Gestaltung kann er diese Kenntnisse dann anwenden. Aus dem äußeren Erscheinungsbild der Pflanze lassen sich oft Rückschlüsse auf die Wachstumsansprüche ableiten. So haben Pflanzen mit großen Blättern einen höheren Wasserbedarf als Pflanzen mit kleinen Blättern.

Charakteristisch für Blütenpflanzen sind folgende Teile:

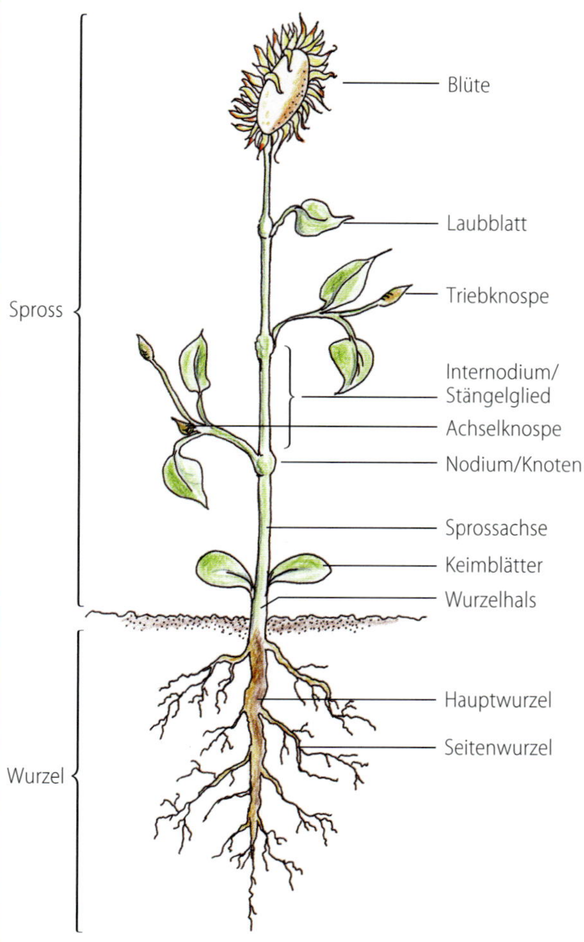

Bild 1 Aufbau einer Blütenpflanze

Blütenpflanzen bestehen aus den Wurzeln und dem Spross. Die Wurzeln bilden den unterirdischen Pflanzenteil und der Spross ist der oberirdische Pflanzenteil. Ein Spross trägt Blätter und Blüten. Ein Spross bildet Knospen. Er kann sich verzweigen.

2.1 Wurzeln

Wenn ein Samenkorn austreibt, entwickelt sich zuerst die Keimwurzel. Sie dringt in den Boden ein, verankert den Keimling und nimmt Wasser und **Nährstoffe** auf, damit der Keimling wachsen kann. Viele Pflanzen besitzen fleischig verdickte Wurzeln. In diesen Wurzeln werden Baustoffe gespeichert. Damit sind schon die drei Grundaufgaben der Wurzel genannt:

- Verankerung der Pflanze,
- Nährstoff- und Wasseraufnahme,
- Speicherung von **Baustoffen**.

Wurzelsysteme

Ein- und zweikeimblättrige Pflanzen haben unterschiedliche Wurzelsysteme.

Bei den zweikeimblättrigen Pflanzen entwickelt sich die Keimwurzel zur kräftigen Hauptwurzel. Die Hauptwurzel verzweigt sich und bildet viele dünnere Seitenwurzeln (siehe Bild 1).

Bei den einkeimblättrigen Pflanzen stirbt die Hauptwurzel nach der Keimung ab. Am **Wurzelhals** (Übergang zwischen Wurzel und Spross) entwickeln sich viele, dünne Wurzeln, die als Nebenwurzeln, Büschelwurzeln oder auch als sprossbürtige Wurzeln bezeichnet werden. Sehr gut lassen sich diese Nebenwurzeln bei Porree erkennen oder auch auf der Unterseite von Zwiebeln.

> Solche einkeimblättrigen Wurzelsysteme können ein erstaunliches Ausmaß erreichen. Eine freistehende Roggenpflanze kann etwa 8 m^3 Erdreich durchwachsen und erreicht dabei eine Gesamtwurzellänge von 80 km.

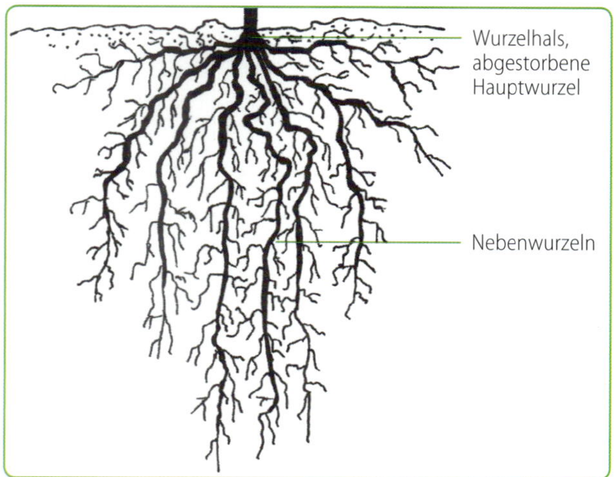

Bild 2 Einkeimblättriges Wurzelsystem

Werden Pflanzen durch Stecklinge vermehrt, entstehen an der Schnittstelle des Sprosses neue Wurzeln. Das sind auch sprossbürtige Wurzeln, die aber als Adventivwurzeln bezeichnet werden können.

Geht man von der Ausbreitung der Wurzeln im Boden aus, kann man auch zwischen Tiefwurzlern und Flachwurzlern unterscheiden.

So kann z. B. die Kiefer *(Pinus sylvestris)* auf sandigen Böden ihre Hauptwurzel bis zu sechs Meter in die Tiefe treiben, um so das Grundwasser zu erreichen. Bei den Tiefwurzlern splittert deshalb wegen dieser Verankerung der Stamm. (Bild 1a)

Flachwurzler, wie z. B. die Fichte *(Picea abies)*, Rhododendron oder Pappel *(Populus nigra)* haben nur eine schwach entwickelte Hauptwurzel, aber weit ausgebreitete Seitenwurzeln. Deshalb fallen diese Pflanzen bei Windbruch insgesamt um. (Bild 1b)

Bild 1a

Bild 1b

Wenn man einen Samen auf Fließpapier oder Watte keimen lässt, kann man an der Wurzelspitze einen feinen Flaum, wie Watte, erkennen. Es handelt sich um Wurzelhaare. Bei allen Wurzeln findet man oberhalb der Wurzelspitzen solche Wurzelhaare. Es handelt sich bei den Wurzelhaaren um einzelne Zellen. Aus der Wurzeloberhaut wachsen einzelne Zellen zu bis zu 1–2 mm langen Haaren aus, die man mit bloßem Auge sehen kann.

Diese Wurzelhaare dienen der Wasser- und Nährstoffaufnahme. Sie haben nur eine kurze Lebensdauer von etwa drei bis vier Tagen (durch Abnutzung ist die Lebensdauer begrenzt).

Von der Wurzelspitze her werden ständig neue Wurzelhaare gebildet. Auf diese Weise erschließt die Pflanze mit ihrer Ernährungszone neue Bodenregionen und damit neue Nahrungsquellen.

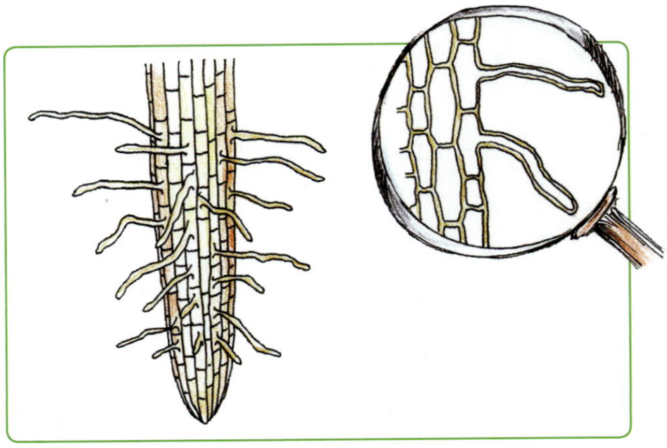

Bild 2 Wurzelhaare

Da die Wurzelspitzen für die Wasser- und Nährstoffaufnahme entscheidend sind, muss bei der Pflanzung von Pflanzschalen sehr pfleglich mit den Wurzelballen der Pflanzen umgegangen werden.

Bei der Pflanzung von Gehölzen werden die Wurzeln eingekürzt, um durch Verzweigung neue Wurzelspitzen zu erhalten.

Wurzelmetamorphosen

Bei verschiedenen Pflanzen haben die Wurzeln besondere Aufgaben übernommen, um damit ein Überleben am Standort zu ermöglichen. Dabei haben die Wurzeln oft auch ihre Gestalt verändert. Man nennt eine solche Wurzelumwandlung auch **Wurzelmetamorphose**. Aus der Vielfalt solcher Wurzelmetamorphosen seien hier nur einige erwähnt:

- **Luftwurzeln**

  Viele Aronstabgewächse und tropische Orchideen entwickeln oberhalb der Erde am Spross Luftwurzeln. Mit diesen Luftwurzeln nehmen sie aus der Luft Feuchtigkeit und **Nährstoffe** auf. Gelangen die Wurzeln in den Boden, nehmen sie die normalen Aufgaben der Wurzel wahr. Außerdem dienen diese Luftwurzeln zum Abstützen der Pflanzen (s. S. 165, Bild 2).

  Pflanzenbeispiele: Fensterblatt *(Monstera deliciosa)*, Baumfreund *(Philodendron erubescens)*, Phalaenopsis *(Phalaenopsis amabilis)*.

- **Haftwurzeln**

  Viele Bromelien wachsen als **Epiphyten** auf großen Bäumen. Ein **Epiphyt** ist ein Aufsitzer, eine Pflanze, die auf anderen Pflanzen wächst, ohne sie zu schädigen. Im tropischen Urwald sind die alten Baumriesen sehr hoch und lassen nur wenig Licht bis zum Boden vordringen. Deshalb siedeln sich viele Pflanzen im oberen Bereich der Bäume in Astgabeln oder auf dicken Ästen an.

  Mit ihren dünnen, drahtigen Haftwurzeln verankern sie sich in der Rinde der Bäume. Die Haftwurzeln sind empfindlich gegenüber stauender Nässe. Am natürlichen Standort kann das Regenwasser immer nach unten abfließen, sodass die Wurzeln oft nur von feuchter Luft umgeben sind (s. S. 165, Bild 1).

Pflanzenbeispiele: Flammendes Schwert *(Vriesea splendens)*, Neoregelie *(Neoregelia carolinae)*, Guzmanie *(Guzmania lingulata)*.

Bild 1 Haftwurzeln beim Flammenden Schwert

Bild 2 Luftwurzeln bei Orchideen

- **Kletterwurzeln**
  Einige Pflanzen entwickeln entlang der gesamten Sprossachse auf der dem Licht abgekehrten Seite Wurzeln, mit denen sie an Bäumen oder auch an Felswänden hochklettern. Die Wurzeln dienen nur der Verankerung und dem Klettern der Pflanze.

  Diese Pflanzen haben zunächst einen so dünnen Spross, dass sie sich nicht aufrecht halten können. Erst die Kletterwurzeln ermöglichen ein Wachstum zum Licht hin.

  Hinweis: Bei der Gestaltung mit solchen Pflanzen kann man diese Fähigkeit ausnutzen.

Pflanzenbeispiele:
Efeu *(Hedera helix)*, Kletterfeige *(Ficus pumila)*, Kletterphilodendron *(Philodendron hederaceum)*.

Bild 3 Kletterwurzeln beim Efeu

- **Wurzelknollen**
  Manche Pflanzen bilden in den Seiten- oder Nebenwurzeln knollenartige Verdickungen. In diesen Wurzelknollen werden **Baustoffe** gespeichert.

Pflanzenbeispiele: Dahlie *(Dahlia Cultivars)*, Zierspargel *(Asparagus densiflorus 'Sprengeri')*, einige Orchideenarten.

> Kartoffeln sind keine Wurzelknollen. Es sind Sprossknollen, weil sie Knospen (Augen) haben. Wurzelknollen haben keine Knospen.

- **Rüben oder Walzen**
  Bei einigen zweikeimblättrigen Pflanzen entwickelt sich die Hauptwurzel zu einer Rübe oder Walze. Die Rüben dienen der Speicherung von Baustoffen und ermöglichen so der Pflanze einen Neuaustrieb im zweiten Jahr.

Pflanzenbeispiele:
Möhre und Schwarzwurzel

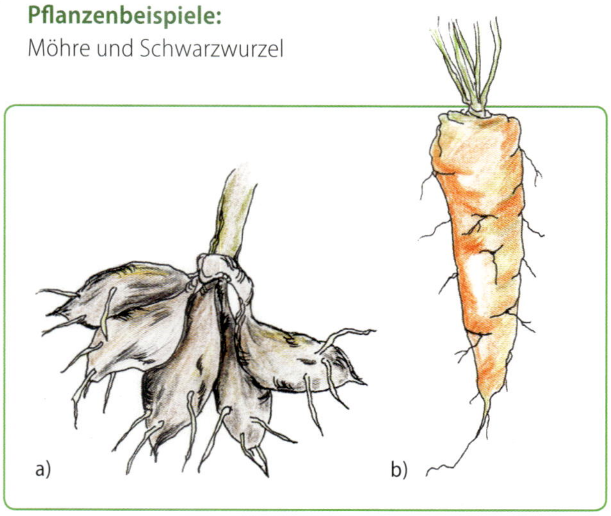

Bild 4 **a)** Wurzelknollen der Dahlie und **b)** die Rübe der Mohrrübe

- **Saugwurzeln und**
  Schmarotzer und **Halbschmarotzer** besitzen als Aufnahmeorgane für Wasser und **Nährstoffe Haustorien**. Die bei uns heimische Mistel *(Viscum album)* dringt mit ihren Saugorganen tief in die Wirtspflanze ein. Man spricht deshalb hier von

Saugwurzeln. Die Mistel entzieht ihrem Wirt nur Wasser und **Nährstoffe**. Sie besitzt grüne Blätter und kann selbst assimilieren. Die Mistel ist deshalb ein **Halbschmarotzer**.

Vollschmarotzer, wie z. B. der Echte Mehltau oder Rostpilze, treiben **Haustorien** (Saugorgane) in die Zellen ihrer Wirtspflanzen und entziehen ihnen Assimilate.

Bild 1 Saugwurzeln bei der Mistel

Aufgaben

1. Welche Aufgaben hat die Wurzel?
2. Graben Sie einen Löwenzahn und eine kleine Graspflanze mit den Wurzeln aus, waschen Sie die Wurzeln aus und vergleichen Sie die beiden Wurzelsysteme.
3. Was versteht man unter einer Wurzelmetamorphose?
4. Nennen Sie drei Pflanzen mit Kletterwurzeln.
5. Wozu dient eine Wurzelknolle?

2.2 Spross

Der Spross ist der oberirdische Teil einer Blütenpflanze. Er besteht aus der Sprossachse, die Blätter und Blüten tragen kann. Die Sprossachse ist in der Regel durch Nodien gegliedert. An den **Nodien** können sich Knospen, Blätter oder Verzweigungen bilden.

Aufgaben des Sprosses

- Der Spross verbindet alle wichtigen Pflanzenorgane (Wurzel, Blätter, Blüte) und ist Träger des Transportsystems.
- Der Spross wendet die Blüten dem Licht zu, um eine optimale Bestäubung zu erreichen.
- Der Spross wendet die Blätter dem Licht zu, um eine optimale **Fotosynthese** zu ermöglichen.

Grundformen des Sprosses

Bild 2 Der Stängel der Edelnelke

Stängel

Der Stängel ist ein krautiger, einjähriger Spross, der sich verzweigen kann und Blätter und Blüten trägt. Der Stängel ist durch **Nodien** in **Internodien** gegliedert.

Pflanzenbeispiele: Ringelblume *(Calendula officinalis)*, Dahlie *(Dahlia Cultivars)*, Sonnenblume *(Helianthus annuus)*, Edelnelke *(Dianthus caryophyllus)*.

Schaft

Der Schaft ist ein krautiger, einjähriger Spross, der unverzweigt und unbeblättert ist. Ein Schaft ist nicht durch **Nodien** in **Internodien** gegliedert. Der Schaft ist meist nur der **generative** Spross der Pflanze, d. h. der Spross, der die Blüten trägt. Bei Narzissen oder dem Riesenlauch wachsen die Blätter direkt aus der Zwiebel, beim Gänseblümchen bilden sich dicht über der Erde die Blätter an einem Spross mit ganz kurzen Internodien (Rosettenwuchs, s. S. 167), aus dem der Schaft mit dem Blütenstand hochwächst.

Pflanzenbeispiele: Riesenlauch *(Allium giganteum)*, Gerbera *(Gerbera jamesonii)*, Osterglocke *(Narcissus pseudonarcissus)*.

Bild 3 Schaft bei Amaryllis

Halm

Der Halm ist ein einjähriger, krautiger Spross, der Blätter und Blüten trägt. Ein Halm ist deutlich durch **Nodien** in **Internodien** gegliedert, die hohl sind. Da eine Verzweigung nur am Bestockungsknoten stattfindet, sind Halme ansonsten unverzweigt.

Pflanzenbeispiele: Federborstengras *(Pennisetum alopecuroides)*, Rohrkolben *(Typha latifolia)*, Mähnengerste *(Hordeum jubatum)* (Bild 1).

Stamm

Ein Stamm ist ein verholzter, mehrjähriger Spross, der Blätter und Blüten trägt und sich verzweigen kann. Mehrjährige Sprosse schränken als Frostschutzmaßnahme ihren Wasserhaushalt ein. Der Spross muss dann verholzt sein, um sich aufrecht halten zu können. Große Pflanzen, wie die Bäume, brauchen einen sehr stabilen Spross, um dem Winddruck widerstehen zu können.

Pflanzenbeispiele: Sand-Birke *(Betula pendula)*, Rotbuche *(Fagus sylvatica)*, Mandelbäumchen *(Prunus triloba)*, Forsythie *(Forsythia x intermedia)*.

Windende Sprosse

Diese Pflanzen besitzen Sprosse, die sich nicht selbstständig aufrecht halten können. Sie besitzen auch keine Halteorgane. Die Sprossachse windet sich spiralig um Zweige, Drähte, Stangen oder andere Gegenstände. Windende Pflanzen wachsen oft im Bereich des Waldrandes und außerdem sehr schnell.

Es werden Rechtswinder und Linkswinder unterschieden. Rechtswinder winden ihre Sprossachse im Uhrzeigersinn und Linkswinder entgegen dem Uhrzeigersinn.

Bild 1 Halm

Bild 2 Stamm

> **Beispiel:** Hopfen *(Humulus lupulus)* kann in einer Nacht bis zu 80 cm wachsen.

Rosettenwuchs

Wenn bei Pflanzen die Streckung der Internodien unterbleibt und deshalb die Sprossachse gestaucht bleibt, bilden sich die Blätter versetzt dicht übereinander und es entstehen Rosetten. Die meisten Rosettenpflanzen haben einen generativen Spross mit langen **Internodien**, an dem sich Blüten oder Blütenstände entwickeln.

Bild 3 Rosettenwuchs einer Echeverie

Pflanzenbeispiele: Echeverie *(Echeveria derenbergii)*, Tellerförmiges Aeonium *(Aeonium tabulaeforme)*, Versteckblüte *(Cryptanthus zonatus)*, Hauswurz *(Sempervivum Cultivars)*.

> Rosettenpflanzen bilden lagernde und sammelnde Formen und lassen sich gut zur Basisgestaltung verwenden.

Oberirdische Sprossmetamorphosen

Der Spross kann zusätzliche oder abweichende Aufgaben übernehmen. Dies führt meist zu einem Gestaltwandel, der Sprossmetamorphose genannt wird.

Sukkulente Sprosse

Unter Sukkulenz (lat. succulentus: saftreich) versteht man fleischig verdicktes Gewebe. Alle **Sukkulenten** zeichnen sich durch fleischig verdickte Pflanzenteile aus. Diese dienen der Speicherung von Wasser und Baustoffen. Die Pflanzen sind an trockene, meist sehr sonnige Standorte angepasst. Nach Ausprägung der Sukkulenz werden unterschieden:

- **Stammsukkulenz**
  Nur die Sprossachse ist fleischig verdickt.
  Pflanzenbeispiele: Madagaskarpalme *(Pachypodium lamerei)*, Säulenkaktus *(Cereus peruvianus)*, Elefantenfuß *(Beaucarnea recurvata)*, Flaschenbaum *(Jatropha podagrica)*.

1 2 3

- **Blattsukkulenz**
  Nur die Blätter sind fleischig verdickt.
  Pflanzenbeispiele: Agave *(Agave americana)*, Lebender Stein *(Lithops bromfieldii)*, Echeverie *(Echeveria derenbergii)*, Bogenhanf *(Sansevieria trifasciata)*.
- **Sprosssukkulenz**
  Der gesamte Spross mit Sprossachse und Blättern ist fleischig verdickt.
  Pflanzenbeispiele: Pfennigbaum *(Crassula arborescens)*, Flammendes Käthchen *(Kalanchoe blossfeldiana)*, Dickblattrosette *(Aeonium arboreum)*.

Rankende Sprosse

Pflanzen, die sich mit ihrem Spross nicht aufrecht halten können, entwickeln aus Seitentrieben Ranken als Halteorgane. Die Ranken des Wilden Weins *(Parthenocissus tricuspidata)* besitzen Haftscheiben, mit denen sie sich an glatten Wänden verankern können (Selbstklimmer). **Pflanzenbeispiele:** Wein *(Vitis vinifera)*, Passionsblume *(Passiflora caerulea)*, Känguruwein *(Cissus antarctica)*.

Bild 1 Wein mit Ranke

Oberirdische Ausläufer oder Stolonen

(griech. stolos: Zug, Strang)

Bild 2 Judenbart

Oberirdische Ausläufer sind dünne, unverzweigte und unbeblätterte Triebe, die an den **Nodien** Jungpflanzen entwickeln. **Stolonen** sind echte Sprossmetamorphosen.

Pflanzenbeispiele: Judenbart *(Saxifraga stolonifera)*, Grünlilie *(Chlorophytum comosum)*, Veilchen *(Viola odorata)*, Walderdbeere *(Fragaria vesca)*.

Stolonen haben folgende Aufgaben:

- **Vegetative** Vermehrung
- Versorgung der Jungpflanzen mit Wasser und **Baustoffen**

Sprossdornen

Dornen sind Kurztriebe, die mit dem Holz der Haupt- oder Seitentriebe verwachsen sind. Sie lassen sich nur mit dem Messer oder der Schere entfernen und hinterlassen dann eine Wunde. Dornen sind oft umgewandelte Seitentriebe. Sie dienen dem Fraßschutz.

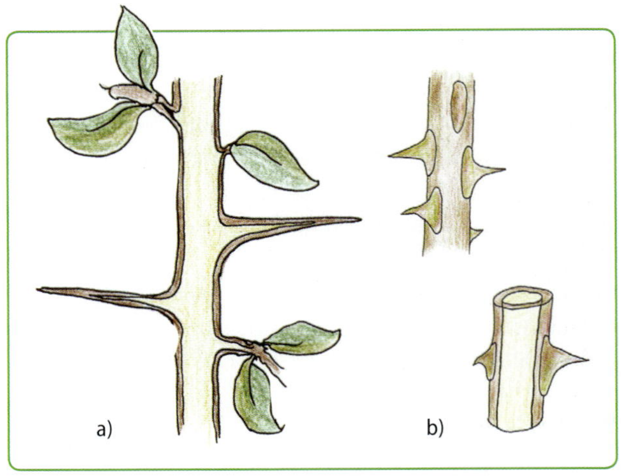

Bild 3 **a)** Dornen **b)** Stacheln

Pflanzenbeispiele: Bougainvillie *(Bougainvillea glabra)*, Feuerdorn *(Pyracantha coccinea)*, Sanddorn *(Hippophae rhamnoides)*, Schlehdorn *(Prunus spinosa)*.

Dornen dürfen nicht mit Stacheln verwechselt werden. Stacheln sind Ausstülpungen der Oberhaut (Epidermis). Sie lassen sich leicht mit der Hand entfernen. Zurück bleibt eine Narbe.

Pflanzenbeispiele: Edelrose *(Rosa Cultivars)*, Brombeere *(Rubus fruticosus)*.

Bild 4 Mäusedorn

Phyllocladien

Bei Zierspargel *(Asparagus setaceus)* oder bei Mäusedorn *(Ruscus aculeatus)* sind Seitensprosse blattartig verbreitert und dienen der Fotosynthese. Solche Blattsprosse werden als **Phyllocladien** bezeichnet (griech. phyllon: Blatt, klados: Zweig).

Ähnlich ist es bei Blattkakteen, z. B. Weihnachtskaktus *(Schlumbergera x buckleyi)* oder Osterkaktus *(Rhipsalidopsis gaertneri)*. Hier sind die Sprosse ebenfalls blattartig verbreitert, enthalten Chlorophyll und dienen der **Fotosynthese**.

Bild 1 Weihnachtskaktus

Unterirdische Sprossmetamorphosen

Die unterirdischen Sprossmetamorphosen sind umgebildete Sprosse, die folgende Sonderaufgaben für die Pflanzen haben:

- Speicherung von **Baustoffen**
- **Vegetative** Vermehrung
- Übersommerung bzw. Überwinterung der Pflanze

Zwiebel

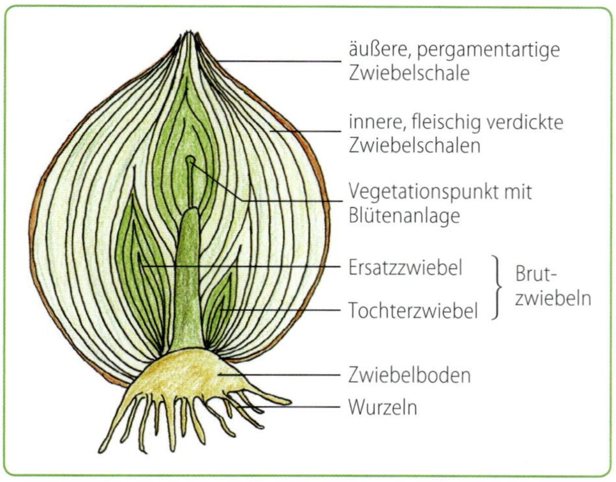

Bild 2 Längsschnitt durch eine Zwiebel

Die Zwiebel ist eine große, unterirdische Knospe, in der alle wichtigen Bauteile des Sprosses als Metamorphose wiederzufinden sind:

- Der Zwiebelboden entspricht einer gestauchten Sprossachse.
- Die Zwiebelschalen entsprechen fleischig verdickten, umgewandelten Laubblättern.
- Die Brutzwiebeln sind umgewandelte Blattachselknospen.
- Im Zentrum findet man einen Vegetationspunkt oder eine vorgebildete Blüte.

Pflanzenbeispiele: Tulpe *(Tulipa Cultivars)*, Hyazinthe *(Hyacinthus orientalis)*, Schneeglöckchen *(Galanthus nivalis)*, Dichternarzisse *(Narcissus poeticus)*.

Zwiebelknolle

Eine Zwiebelknolle ähnelt äußerlich einer Zwiebel. Sie besitzt eine zwiebelartige Form und wie bei der echten Zwiebel pergamentartige äußere Schalen. Beim Schnitt durch die Zwiebelknolle erkennt man aber innen nur ein einheitliches Speichergewebe. Zwiebelschalen fehlen. Zwiebelknollen entwickeln je nach Art und Sorte viele, kleine Brutknollen. Auf dem Knollenboden entwickelt sich eine neue Ersatzknolle.

Pflanzenbeispiele: Gladiole *(Gladiolus Cultivars)*, Krokus *(Crocus vernus)*, Freesie *(Freesia refracta)*.

Sprossknolle

Bei der Sprossknolle handelt es sich um eine gestauchte, fleischig verdickte Sprossachse. Sprossknollen besitzen Knospen und können Blätter und Blüten austreiben. Einige Pflanzen entwickeln viele Sprossknollen (z. B. Kartoffel).

Pflanzenbeispiele: Alpenveilchen *(Cyclamen persicum)*, Knollenbegonie *(Begonia Cultivars Tuberhybrida-Gruppe)*, Gloxinie *(Sinningia speciosa)*, Kronenanemone *(Anemone coronaria)*, Kartoffel *(Solanum tuberosum)*.

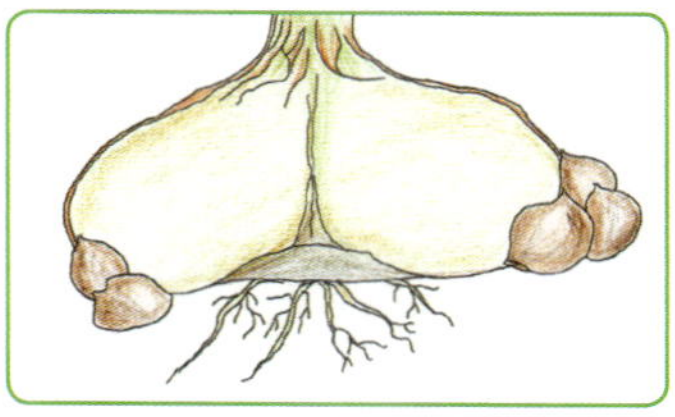

Bild 3 Längsschnitt durch eine Zwiebelknolle der Gladiole

Bild 4 Sprossknolle beim Alpenveilchen

Sprossknollen erkennt man an den Knospen auf der Knolle. Wurzelknollen besitzen keine Knospen.

Rhizom

Das **Rhizom** (griech. rhiza: Wurzel) ist ein unterirdischer Ausläufer, ein Wurzelstock oder Erdspross, der meistens waagerecht wächst. Ein **Rhizom** besitzt schuppenartige Blätter (Niederblätter), kann sich verzweigen und entwickelt Knospen. Außerdem bilden sich auf der Unterseite des **Rhizoms** Wurzeln.

Pflanzenbeispiele: Maiglöckchen *(Convallaria majalis)*, Dickmännchen *(Pachysandra terminalis)*, Deutsche Schwertlilie *(Iris germanica)*, Bogenhanf *(Sansevieria trifasciata)*.

Bild 5 Rhizom beim Maiglöckchen

Aufgaben

1. Nennen Sie zusätzlich zu den auf S. 166 genannten Beispielen vier weitere Schnittblumen mit einem Schaft.
2. Wodurch ist ein Halm charakterisiert?
3. Beschreiben Sie die Unterschiede zwischen Stacheln und Dornen.
4. Welche Aufgaben haben Zwiebeln und Sprossknollen?
5. Nennen Sie zusätzlich vier Zwiebelpflanzen, die als Schnittblumen Verwendung finden.
6. Worin unterscheidet sich eine Sprossknolle von einer Wurzelknolle?
7. Was ist ein Rhizom?

2.3 Knospen

Knospen sind Wachstumspunkte am Spross, aus denen die Pflanze je nach Bedarf Sprossverlängerung, Blätter und Blüten entwickeln kann.

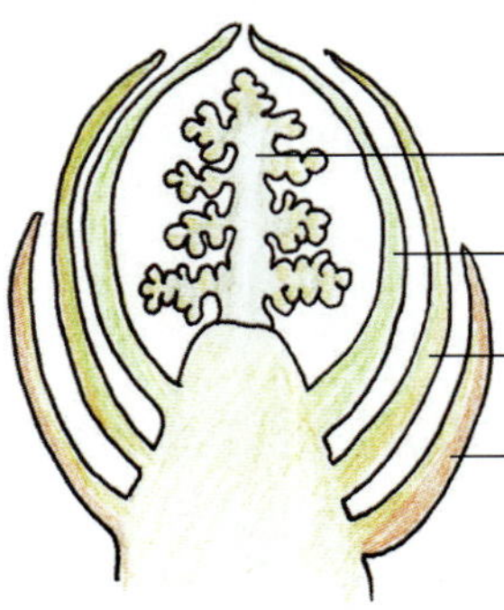

Bild 1 Längsschnitt durch eine Knospe

Außerdem dienen Knospen während des Winterhalbjahres als Verpackungseinheit der Pflanze. Eine Knospe enthält auf kleinstem Raum dicht gefaltet einen Vegetationspunkt oder vorgefertigte Blattanlagen bzw. Blütenorgane. Die Knospen schützen ihren Inhalt vor Witterungseinflüssen (Frost, Nässe, Wind, Austrocknung).

Dieser Schutz erfolgt durch folgende Einrichtungen:

- Knospenschuppen: Sie sind leder- oder pergamentartig und damit besonders fest. Im Frühjahr beim Austrieb werden sie bei unseren Gehölzen abgestoßen.
- Klebstoffbeschichtung: Knospenschuppen sind oft mit Klebstoff beschichtet und dann miteinander verklebt. Die Knospe wird dadurch abgedichtet.
- Filzartige Behaarung: Knospenschuppen können innen behaart sein, z. B. Esche *(Fraxinus excelsior)*, oder die Knospe enthält dicht behaarte Blattanlagen, z. B. die Rosskastanie *(Aesculus hippocastanum)*. Die Behaarung bewirkt ähnlich einem Fell eine sehr gute Isolierung.
- Blattanlagen: Vorgeformte Blätter liegen schuppenförmig über der Blüte oder dem **Vegetationspunkt**. Die vielen Schichten übereinander führen zu einer starken Erhöhung der Isolierung.

Nach dem Inhalt werden folgende Knospenarten unterschieden:

- Triebknospe: Sie enthält einen **Vegetationspunkt** und oft noch Blattanlagen. Triebknospen sitzen am Triebende und sind schlank und spitz.
- Blütenknospen: Sie enthalten Blütenanlagen. Sie sind meist rundlich, stumpf und dicker als Trieb- oder Blattknospen. Blütenknospen können am Triebende oder als Seitenknospe an einer Sprossachse sitzen.
- Blattknospen: Sie enthalten Blattanlagen und sind länglich, schmal und spitz. In der Regel entstehen sie in den Blattachseln.

Nach der Stellung auf der Pflanze werden folgende Knospenarten unterschieden:

- Terminalknospen: Dies sind Triebendknospen. Sie sitzen immer am Triebabschluss.
  - **Terminalknospen** als Blütenknospen: Bei allen Zwiebelpflanzen, bei allen Stauden und bei allen einjährigen Sommerblumen sind die **Terminalknospen** immer Blütenknospen.
  - **Terminalknospen** als Triebknospen: Bei allen Nadelgehölzen und bei Palmen sind die **Terminalknospen** immer Triebknospen.
- Achselknospen: Es sind die Knospen in den Blattachseln. Sie sind oft unscheinbar. Meist enthalten sie Blattanlagen, aus denen sich im Frühjahr die neuen Blätter entwickeln. Bei Forsythie *(Forsythia x intermedia)* und Glockenheide *(Erica gracilis)* sind auch die Blütenknospen Achselknospen. Wird eine Pflanze gestutzt, kann aus einer Achselknospe auch ausnahmsweise eine Triebverlängerung entstehen.
- Beiknospen: Es sind spitze Blatt- oder Triebknospen, die Blütenknospen beigeordnet sind.
  Beispiel: Rhododendron, dort entstehen während und nach der Blüte Geiztriebe; auch bei Azaleen *(Rhododendron simsii)* findet man ähnliche Geiztriebe.

Sonderformen

- Schlafende Augen: Diese Knospen sitzen tief in der Rinde von Gehölzen. Sie sind äußerlich nicht wahrnehmbar. Erst durch Verletzung des Gehölzes (Wildverbiss, Astbruch) werden diese „schlafenden Augen" durch Wurzeldruck zum Austrieb gebracht. Beim Verjüngungsschnitt werden ebenfalls „schlafende Augen" zum Austrieb angeregt.

- Adventivknospen: Dies sind Knospen, die ganz neu an Stellen entstehen, wo normalerweise keine Knospen sind. Die Bildung von **Adventivknospen** wird in der Regel durch eine Verletzung ausgelöst. Der Wundreiz veranlasst die Bildung von **Adventivknospen**. Erleichtert wird die Bildung durch das Kambium (Bildungsgewebe, das für das Dickenwachstum der Sprosse sorgt). Der Gärtner nutzt diese Fähigkeit der Pflanzen auf verschiedene Weise:
  - Blattstecklinge: Bei Usambaraveilchen, Elatiorbegonien und Echeverien können Blätter **Adventivknospen** entwickeln und damit die **vegetative** Vermehrung ermöglichen.
  - Blattteilstecklinge: Bei Königsbegonien oder Sansevierien genügen Blattteile zur Bildung von **Adventivknospen** bzw. zur **vegetativen** Vermehrung.
  - Wurzelschnittlinge: Pflanzen mit kräftigen Wurzeln können bei Verletzung der Wurzel **Adventivknospen** bilden. Der Gärtner nutzt diese Erscheinung, indem er Wurzelstücke von 5 bis 7 cm Länge in Pikierkästen auslegt. Auf diese Weise können folgende Pflanzen vermehrt werden: Türkischer Mohn *(Papaver orientale)*, Herbstanemone *(Anemone japonica)*, Staudenphlox *(Phlox paniculata)*.
- Brutknospen
  - Brutzwiebeln: Man findet sie bei Zwiebelpflanzen als Tochter- und Ersatzzwiebel. **Beispiele:** Tulpen, Lilien, Osterglocken, Hyazinthen. Bei Tigerlilien *(Lilium x hollandicum)* werden in den Blattachseln kleine, schwärzliche Brutzwiebeln gebildet.
  - Brutknollen: Bei Gladiolen, Freesien, Krokus und Montbretien entwickeln die Zwiebelknollen kleine Brutknollen zur **vegetativen** Vermehrung.
  - Brutknospen: Bei Ausläufern (Stolonen) entstehen aus Brutknospen neue Jungpflanzen. **Beispiele:** Grünlilie *(Chlorophytum comosum)*, Schwertfarn *(Nephrolepis exaltata)*, Wohlriechendes Veilchen *(Viola odorata)*. Beim Brutblatt *(Bryophyllum tubiflorum)* bilden sich am Blattrand Brutknospen.

Aufgaben

1. Was ist eine Terminalknospe?
2. Nennen Sie vier Schnittblumen, deren Blütenknospen Terminalknospen sind.
3. Beschreiben Sie drei Möglichkeiten, wie die Knospen ihren Inhalt vor Witterungseinflüssen schützen.

2.4 Blätter

Bei den Blütenpflanzen entwickelt und trägt der Spross Laubblätter. Diese Laubblätter übernehmen für die Pflanze lebenswichtige Aufgaben:

- Die Blätter dienen der Aufnahme von Licht, um eine optimale **Fotosynthese** zu ermöglichen. Die Laubblätter enthalten Blattgrün (Chlorophyll). Durch Chlorophyll können die Blätter Sonnenlicht aufnehmen und mithilfe des Lichtes aus Kohlendioxid und Wasser Zucker aufbauen.
- Die Blätter bilden die Haupttranspirationsfläche, sie dienen der Verdunstung **(Transpiration)**. Dieser Vorgang der Transpiration ist einmal wichtig für den Wassertransport in der Pflanze, zum anderen entsteht bei der **Transpiration** Verdunstungskälte, mit der die Pflanzenoberfläche vor Verbrennung geschützt wird.
- Die Blätter bilden die Hauptatmungsfläche. Bei der **Atmung** gewinnt die Pflanze die im Zucker gespeicherte Energie.

Äußerer Aufbau des Blattes

Ein einfaches Blatt besteht aus dem Blattstiel und der Blattfläche (Blattspreite). Die Blattfläche ist von Blattadern durchzogen. Die Blattadern enthalten die Leitungsbahnen, die den Zucker abtransportieren können. Gleichzeitig wird durch die Blattadern die Blattfläche stabilisiert. Alle Blattadern entspringen aus der Hauptblattader, die die Blattachse bildet. Der Blattstiel ist die verlängerte Blattachse. Mit dem Blattstiel sitzt das Blatt an der Sprossachse. Außerdem kann die Pflanze mit dem Blattstiel die Blattfläche in die günstigste Lage zum Licht bringen. Der Ansatz des Blattstieles am Spross wird als Blattgrund bezeichnet. Der Blattgrund ist bei den verschiedenen Pflanzen unterschiedlich gestaltet.

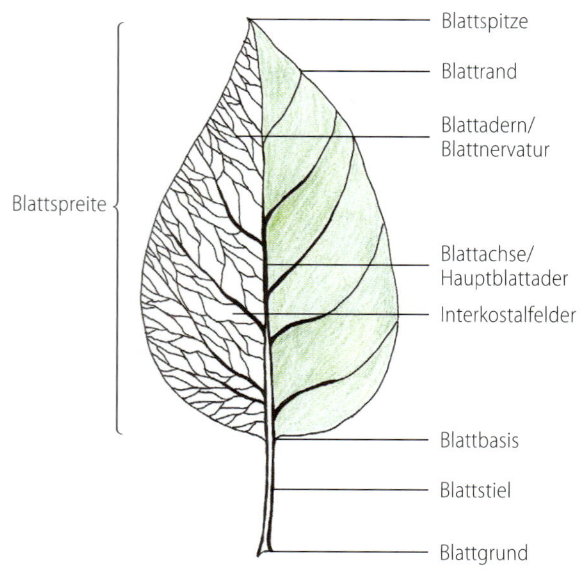

Bild 1 Blattaufbau

Für den Floristen ist neben der Blattfarbe die äußere Form des Blattes von Bedeutung, da Laubblätter ein wichtiges Gestaltungsmittel sind.

Bild 1 *Alocasia*

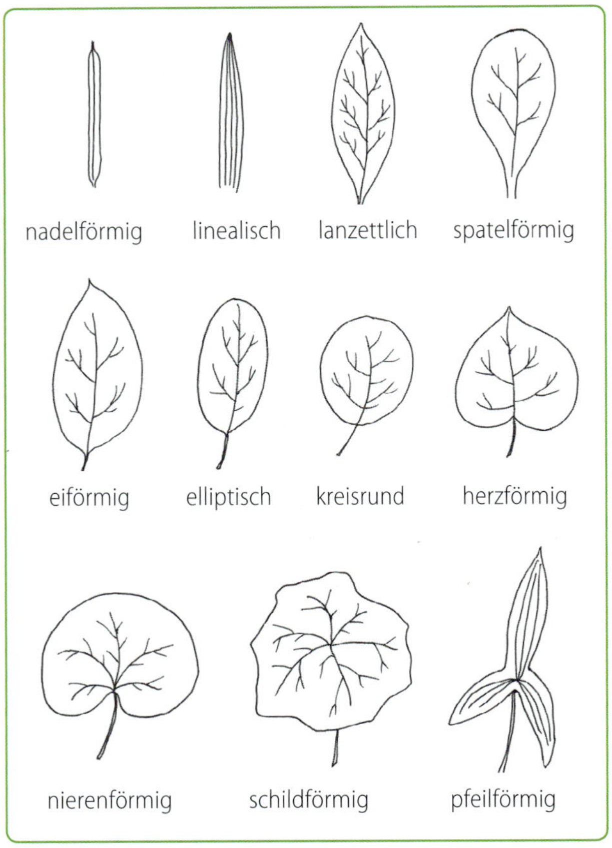

Bild 2 Blattformen

Auch der Blattrand ist für den Floristen interessant.

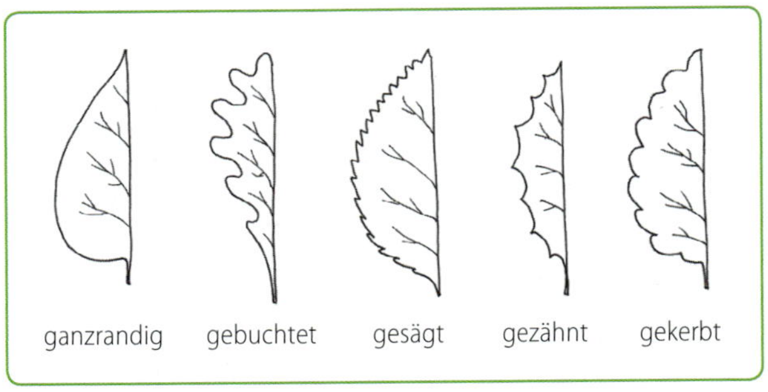

Bild 3 Blattrand

Es gibt geteilte und zusammengesetzte Blätter.

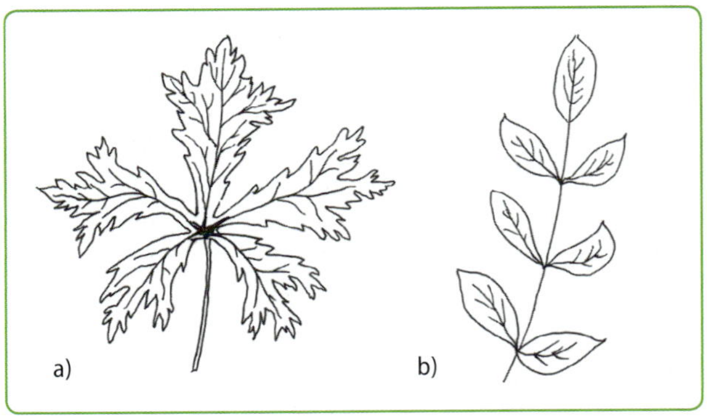

Bild 4 a) geteilte Blätter b) zusammengesetzte Blätter

Am System der Blattadern bzw. der Blattnervatur kann leicht zwischen einkeimblättrigen und zweikeimblättrigen Pflanzen unterschieden werden.

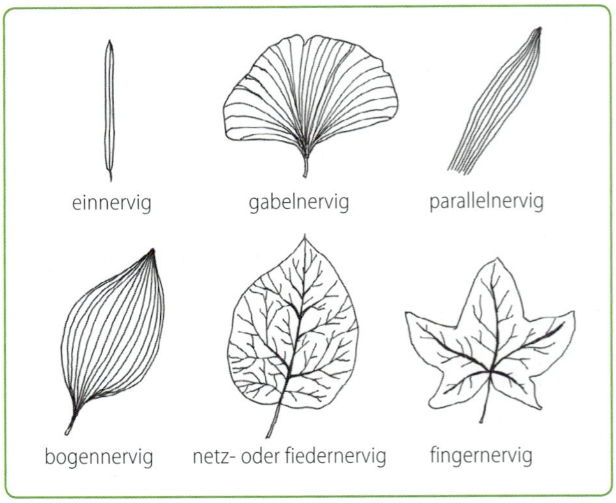

Bild 5 Blattnervaturen

Parallelnervige und bogennervige Blätter gehören zu einkeimblättrigen Pflanzen.
Zweikeimblättrige Pflanzen haben fiedernervige oder fingernervige Blätter.

Blattarten

Die ersten Blätter einer Pflanze sind die **Keimblätter**. Sie sind bereits im Samenkorn vorgebildete Blätter und damit auch die ersten Blätter bei der Keimung. Sie sind meist dick und fest und dienen als Baustoffspeicher (Nährgewebe). Bei einigen Pflanzen dienen die Keimblätter zusätzlich als erste Assimilationsorgane. Wenn die ersten Laubblätter gebildet sind, sterben die Keimblätter ab.

Niederblätter sind schuppenförmige, unvollständige Blätter. Man findet sie als Knospenschuppen bei allen normalen Knospen. Dort dienen sie dem Schutz des Vegetationspunktes.

Außerdem sind Niederblätter bei Zwiebeln als Zwiebelschalen oder -schuppen zu finden. Sie dienen dann der Speicherung von Baustoffen und dem Schutz des Vegetationspunktes.

Weiter findet man schuppenförmige Niederblätter bei Rhizomen. Sie dienen dort dem Schutz des unterirdischen Vegetationspunktes.

Hochblätter befinden sich oberhalb der Laubblätter im Bereich der Blüten und Früchte. Der Weihnachtstern *(Euphorbia pulcherrima)* besitzt kräftig rot gefärbte Hochblätter, die als **Brakteen** bezeichnet werden. Bei Anthurien und allen anderen Araceen ist der Blütenkolben von einem gefärbten Hochblatt umgeben, das als **Spatha** bezeichnet wird. Deshalb heißt das Einblatt *Spathiphyllum*.

Bild 1 Spatha

Bild 2 Brakteen

Beim Geweihfarn dienen die **Mantelblätter** dem Festklammern an den Astgabeln oder am Baumstamm. Sie bilden einen nach oben geöffneten Beutel, in dem sich Laub und Äste sammeln, die dort einen Kompost zur Eigenversorgung der Pflanze bilden.

Pflanzenbeispiele: Geweihfarn *(Platycerium bifurcatum)*, Großer Geweihfarn *(Platycerium grande)*.

Bild 3 Nebenblätter bei **a)** Rosen und **b)** Berberitzen

Bei Bromelien bilden die **Nischenblätter** im Zentrum eine Zisterne, in der sich Regenwasser sammelt. Im Bereich der Zisterne besitzen die Nischenblätter Saugschuppen, mit denen sie Wasser und Nährstoffe aufnehmen können.

Pflanzenbeispiele: Flammendes Schwert *(Vriesea splendens)*, Lanzenrosette *(Aechmea fasciata)*, Guzmanie *(Guzmania lingulata)*.

Aufgaben

1. **Welche Aufgaben haben Laubblätter?**
2. **Welche Blattnervatur findet man bei einkeimblättrigen Pfanzen?**
3. **Nennen Sie drei Pflanzen, deren Schmuckwert durch Brakteen gebildet wird.**

2.5 Blüten

Die Blüte ist bei höheren Pflanzen (Blütenpflanzen) das generative (geschlechtliche) Vermehrungsorgan. Übergangspflanzen (Moose und Farne) und niedere Pflanzen (Bakterien, Algen, Pilze) besitzen keine Blüten. Morphologisch ist die Blüte ein gestauchter Spross, dessen Blätter zu Blütenorganen umgewandelt sind (Blattmetamorphosen). Deshalb werden alle Teile der Blüte als Blätter bezeichnet (Kelchblatt, Kronblatt, Staubblatt, Fruchtblatt). Jede Blattart (Blütenblätter) in der Blüte erfüllt dabei andere Aufgaben.

Schaft oder Stängel erweitern sich am Ende zum Blütenboden. Darauf stehen in Kreisen (oft zu mehreren) die Blütenblätter. Eine vollständige Blüte besteht aus vier verschiedenen Blütenblattarten.

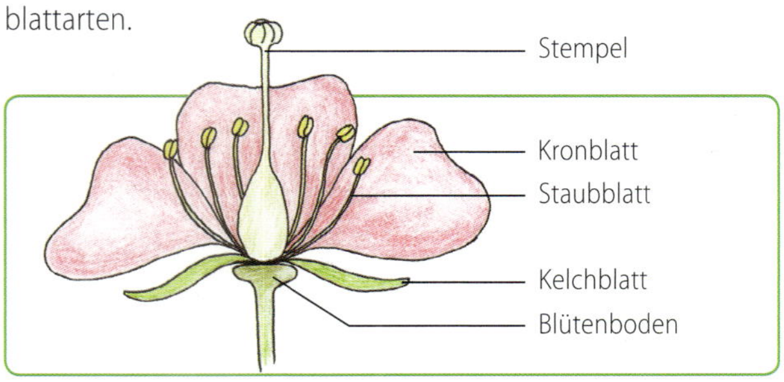

Bild 4 Längsschnitt durch eine Zwitterblüte

Blütenblattarten

Die einzelnen Blattarten erfüllen folgende Aufgaben:

Kelchblätter

Sie sind der äußere Kreis der Blätter.

- Sie schützen die Blütenknospe während der Blütenentwicklung.
- Sie schützen, wenn sie nicht abgeworfen werden, auch nach dem Aufblühen die empfindlichen inneren Blütenorgane. Dies wird besonders deutlich bei Seerosen *(Nymphaea alba)*, bei denen sich auch nachts die Kelchblätter schließen. Ähnlich verhalten sich Krokus, Tulpen und Schneeglöckchen.
- Sie geben der Nelkenblüte ihre Form, indem sie röhrenartig verwachsen die Kronblätter zusammenhalten. Platzt der Kelch auf, beheben Nelkenringe oder Clips den Schaden.

Bei **Perigonblüten** verfärben sich die Kelchblätter, vergrößern sich und erhöhen damit nach dem Aufblühen die Blütenwirkung. Bei Tulpen, Lilien, Krokus und Märzenbecher *(Leucojum vernum)* gleichen sich die Kelch- und Kronblätter nach dem Aufblühen in Farbe und Form. Bei Narzissen, Schneeglöckchen und Fuchsien *(Fuchsia Cultivars)* haben die Kelchblätter unterschiedliche Formen und Farben gegenüber den Kronblättern.

Bei **Perianthblüten** bleiben die Kelchblätter auch nach dem Aufblühen grün und damit deutlich als solche erkennbar.

Pflanzenbeispiele: Stiefmütterchen *(Viola x wittrockiana)*, Edelnelke *(Dianthus caryophyllus)*, Azalee *(Rhododendron simsii)*.

Vorsicht: Der Mohn wirft seine Kelchblätter beim Aufblühen ab. Aufgeblühter Mohn hat deshalb keine Kelchblätter und gehört trotzdem zu den Perianthblüten.

Kronblätter

Die Kronblätter verleihen der Pflanze ihre Blütenwirkung und geben den meisten Pflanzen ihren floristischen und gärtnerischen Wert. Sie erfüllen folgende Aufgaben:

- Die Kronblätter dienen dem Schutz der Geschlechtsorgane im Inneren der Blüte während der Knospenzeit und bei allen Blüten, die sich nachts schließen.
  Sie dienen dem Schutz der Geschlechtsorgane bei allen Blüten, bei denen die Kronblätter glockenförmig verwachsen sind und die Krone sich nach unten öffnet.
  Pflanzenbeispiele: Glockenblume *(Campanula carpatica)*, Fingerhut *(Digitalis purpurea)*.
- Sind die Glocken nach oben gerichtet, wie z. B. bei Gloxinien *(Sinningia speciosa)*, handelt es sich um eine gärtnerische Züchtung, die in der freien Natur wegen Fäulnisgefahr nicht überdauern würde.
- Anlockung bestäubender Insekten durch leuchtende Farben, Duftstoffe, Ausscheidung von Nektar.
- Die Kronblätter dienen als Start- und Landeplatz für bestäubende Insekten.

Blütenformen

Kronblätter geben der Blüte ihre typische äußere Form. Dabei können unterschiedliche Symmetrieverhältnisse entstehen. Es gibt Blüten, die sich durch viele Symmetrieachsen in spiegelgleiche Hälften teilen lassen. Solche Blüten bezeichnet man als **radiäre** Blüten. Diese Blüten sind meist rund, können aber auch glockenförmig oder trichterförmig sein. Die runden Blüten lassen sich in geschlossenen Gruppen leichter zueinander ordnen. Je größer die Einzelblüte ist, desto stärker muss ihre Form in der Gestaltung berücksichtigt werden.

Pflanzenbeispiele: Kronenanemone *(Anemone coronaria)*, Kornblume *(Centaurea cyanus)*, Kugeldistel *(Echinops ritro)*, Riesenlauch *(Allium giganteum)*, Ranunkel *(Ranunculus asiaticus)*.

Besonders interessant wirken Blüten, die sich nur durch eine oder zwei Symmetrieachsen in spiegelgleiche Hälften teilen lassen. Diese Blüten werden als **zygomorphe** Blüten bezeichnet. In der Gestaltung müssen zygomorphe Blüten so viel Freiraum erhalten, dass ihre Eigenart zur Geltung kommt.

Pflanzenbeispiele: Edelwicke *(Lathyrus odoratus)*, Falterorchidee *(Phalaenopsis amabilis)*, Gladiole *(Gladiolus Cultivars)*, Holländische Iris *(Iris x hollandica)*.

Staubblätter

Dies sind die männlichen Geschlechtsorgane in der Blüte. Sie entwickeln den Pollen, die männlichen Geschlechtszellen.

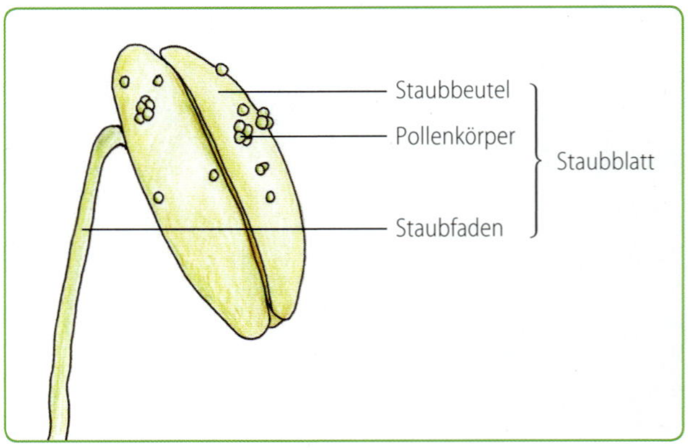

Bild 1 Staubblatt

Die Staubblätter gliedern sich deutlich in zwei Teile:

- Der Staubbeutel ist der obere Staubblattteil. Der Staubbeutel ist oft deutlich zweigeteilt. In ihm entwickelt sich der Pollen, und er platzt auf bei günstigem Wetter, wenn die Ausreife abgeschlossen ist. Der Pollen ist meist gelblich, bei Anemonen, Mohn und Tulpen ist er schwarz, bei Lilien braun. Zur Vermeidung von Verschmutzung kann der

Staubbeutel bei Lilien ausgekniffen werden. Alle Pflanzen haben verschiedene Pollen, sodass der Fachmann vom Pollen auf die Pflanzenart rückschließen kann. Für die Insekten ist der Pollen Eiweißnahrung. Den Bienen dient er zur Brutpflege.
- Der Staubfaden trägt den Staubbeutel und bringt ihn in die für die Bestäubung günstigste Lage.

Gefülltblütigkeit

- Bei der echten Blütenfüllung vervielfältigen sich die Kronblätter. Bei Ranunkeln, Anemonen, Tulpen und Rosen verwandeln sich die Staubblätter in Kronblätter.
- Bei Levkojen und Schneeball wandeln sich Staub- und Fruchtblätter in Kronblätter.
- Bei Nelken spalten sich die Kronblätter auf und vervielfältigen sich.
- Die Gefülltblütigkeit ist eine Kulturform. In der Natur würde das Fehlen funktionsfähiger Staubblätter die Ausbildung von Samen verhindern. Der gefüllte Schneeball heißt deshalb auch *Viburnum opulus* 'Sterile'. Deshalb können solche Spielarten am Naturstandort nicht überdauern.

Der Gärtner sorgt durch eine entsprechende Vermehrung dafür, dass gefüllt blühende Pflanzen entstehen. Bei Levkojen *(Matthiola incana)* ist es der Züchtung gelungen, von einfach blühenden Pflanzen Samen zu gewinnen, der gefüllt blühende Pflanzen hervorbringt.

Bei Korbblütlern (Asteraceae) kann man im Blütenstand zwei verschiedene Blütentypen finden: Zungen- und Röhrenblüten. Röhrenblüten können in Zungenblüten umgewandelt werden. Man erhält dann einen gefüllten Blütenstand; aber jede einzelne Blüte ist ungefüllt. Dies ist dann eine **unechte Blütenfüllung**.

Beispiele: Sonnenblume *(Helianthus annuus)*, Winteraster *(Chrysanthemum x grandiflorum)*, Gänseblümchen *(Bellis perennis)*, Dahlien *(Dahlia Cultivars)*, Gerbera *(Gerbera jamesonii)*.

Fruchtblätter

Sie sind die weiblichen Geschlechtsorgane in der Blüte, denn sie bringen die weiblichen Geschlechtszellen (Eizellen) hervor. Nach Form und Ausbildung der Fruchtblätter werden die Blütenpflanzen in zwei Gruppen eingeteilt:

- **Nacktsamer** (Gymnospermae)
  Bei den **Gymnospermae** sind die Fruchtblätter (Fruchtschuppen) wie Schalen übereinander angeordnet. Auf den Schalen liegen frei und nackt die Samenanlagen. Der Pollen kann bei der Bestäubung direkt auf die Samenanlage treffen.
  Pflanzenbeispiele sind Weißtanne *(Abies alba)*, Lärche *(Larix decidua)*, Kriechwacholder *(Juniperus horizontalis)*, Fichte *(Picea abies)*.

Bild 1 Aufbau eines Kiefernzapfens

- **Bedecktsamer** (Angiospermae)
  Ein oder mehrere Fruchtblätter sind zu einem Stempel verwachsen. Die Samenanlagen mit den Eizellen sind fest im Fruchtknoten eingeschlossen, also bedeckt. Der Pollen muss von der Narbe über den Griffel in den Fruchtknoten vordringen, um zur Eizelle zu gelangen. **Pflanzenbeispiele:** Mandelbäumchen *(Prunus triloba)*, Stechpalme *(Ilex aquifolium)*, Pfingstrose *(Paeonia officinalis)*.

Der Stempel gliedert sich in folgende Teile:

Narbe: Sie ist der obere Teil des Stempels. Ihre Oberfläche kann gewellt, höckerartig oder anders geformt sein, damit der Pollen besser haften bleibt. Die Narbe scheidet ein klebriges Narbensekret aus. Mit diesem Sekret kann die Narbe den Pollen festhalten und den richtigen Pollen identifizieren. Falscher Pollen, d. h. Pollen einer fremden Pflanzenart, wird abgetötet. Das Narbensekret ernährt den Pollen und regt ihn an auszukeimen.

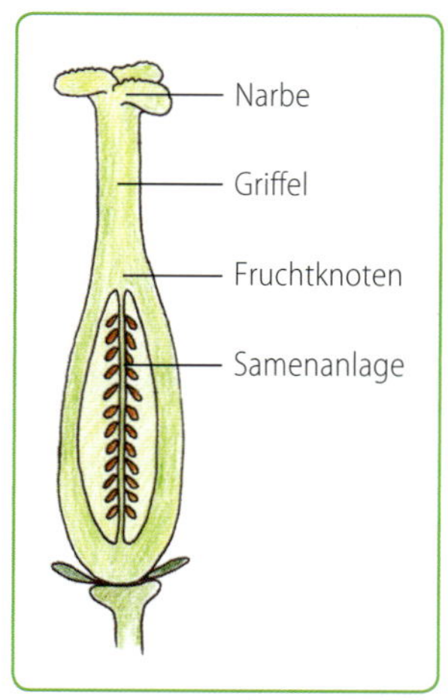

Bild 2 Stempel einer Zwitterblüte

Griffel: Er ist das Verbindungsstück zwischen Narbe und Fruchtknoten. Er bringt die Narbe in die für die Bestäubung günstigste Lage und leitet den Pollen zum Fruchtknoten.

Fruchtknoten: Der Fruchtknoten entwickelt die Samenanlagen mit den Eizellen. In ihm findet die Befruchtung statt, indem der Zellkern des Pollenschlauches mit dem der Eizelle verschmilzt. Daraus entsteht der Same (Keimling). Nach vollzogener Befruchtung reift der Samen mit dem Fruchtknoten zur Frucht.

Eine echte Frucht entsteht immer nur aus einem Fruchtknoten.

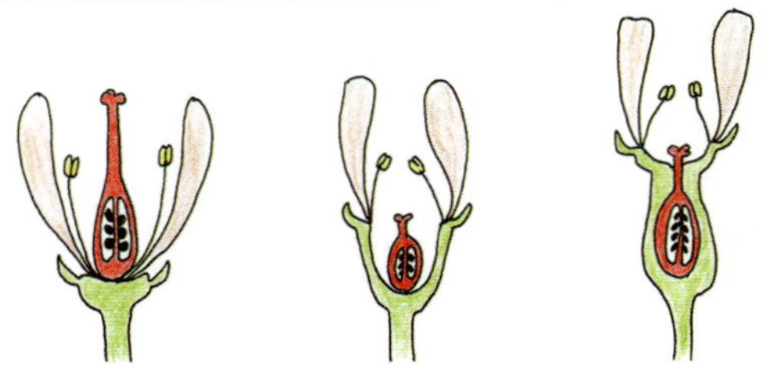

Bild 1 Stellung des Fruchtknotens

Die Stellung des unterständigen Fruchtknotens ist interessant, weil sich die Frucht aus dem Fruchtknoten und dem Blütenboden bildet. So eine Frucht wird als Scheinfrucht bezeichnet.

Geschlechterverteilung bei Blüten

Bisher wurden Blüten angesprochen, bei denen Staubblätter (männliche Geschlechtsorgane) und Fruchtblätter (weibliche Geschlechtsorgane) in einer Blüte vereint sind. Solche zweigeschlechtlichen Blüten nennt man **Zwitterblüten**.
Pflanzenbeispiele: Tulpe *(Tulipa Cultivars)*, Ritterstern *(Hippeastrum Cultivars)*, Eisenhut *(Aconitum napellus)*, Islandmohn *(Papaver nudicaule)*.

Es gibt auch eingeschlechtliche Blüten. Enthält eine Blüte nur Staubblätter, handelt es sich um eine männliche Blüte. Eine weibliche Blüte enthält nur Fruchtblätter.

Befinden sich auf einer Pflanze männliche Blüten und weibliche Blüten getrennt von einander, so bezeichnet man die Pflanze als **einhäusige Pflanze**.

Pflanzenbeispiele: Haselnuss *(Corylus avellana)*, Erle *(Alnus glutinosa)*, Weißbirke *(Betula pendula)*, Eisbegonie *(Begonia cucullata var. hookeri)*.

Besitzt eine Pflanze nur männliche Blüten (männliche Pflanze) und eine zweite Pflanze gleicher Art weibliche Blüten (weibliche Pflanze), so handelt es sich um **zweihäusige Pflanzen**. Die beiden Geschlechter sind auf zwei Pflanzen verteilt. Für eine erfolgreiche Fruchtbildung müssen immer beide Pflanzen vorhanden sein.

Pflanzenbeispiele: Sanddorn *(Hippophae rhamnoides)*, Kätzchenweide *(Salix caprea)*, Stechpalme *(Ilex aquifolium)*, Torfmyrte *(Gaultheria mucronata)*.

Bestäubung

Bestäubung ist die Übertragung des Pollens vom Staubblatt einer Blüte auf das Fruchtblatt (Narbe) einer anderen Blüte gleicher Pflanzenart. Je nach Art der Übertragung unterscheidet man verschiedene Bestäubungsarten:

- **Insektenbestäubung:** Als bestäubende Insekten sind vor allem Bienen, aber auch Schmetterlinge, Nachtfalter, Fliegen und Hummeln tätig. In vielen Fällen ist der Bau der Blüte auf den Bestäuber abgestimmt. So gibt es Bienenblumen, Falterblumen und Hummelblumen. Die Biene ist als Bestäubungsinsekt besonders wertvoll, da sie artenrein bestäuben kann. Wie alle Insekten hat auch die Biene Facettenaugen. Sie hat deshalb ein schlechtes Formsehvermögen. Deshalb spielen Farbe und Duft der Blüten eine besondere Rolle bei der Anlockung bestäubender Insekten. Für die Biene dient die Farbe als **Fernanlockung**. Erst in der Nähe erkennt die Biene am Duft **(Nahanlockung)**, ob sie die gewünschte Blüte gefunden hat. Die Biene merkt sich Farbe und Duft der Blüte (Nahrungsquelle). Sie wird so lange immer die gleiche Blütenart suchen, bis sie dort keinen Nektar mehr findet. Dann erst sucht sie eine neue Nahrungsquelle. Auf diese Weise garantiert die Biene eine artenreine Bestäubung.

- **Bestäubung durch den Wind:** Der Pollen wird durch den Wind von den Staubblättern auf die Narbe übertragen. Daraus ergeben sich folgende Besonderheiten bei Windblütlern:
  - Unscheinbare Blüten: keine Farbe, kein Duft und kein Nektar
  - Viele Pollen, leichter Pollen, staubtrockener Pollen
  - Große Narbenflächen, klebrige Narbenflächen
  - In der Regel einhäusige oder zweihäusige Pflanzen
  - Blüte vor dem Laubaustrieb oder im Spitzenbereich der Pflanze (Haselnuss, Kiefer, Gräser)

Pflanzenbeispiele: Haselnuss *(Corylus avellana)*, Erle *(Alnus glutinosa)*, Sand-Birke *(Betula pendula)*, Kiefer *(Pinus sylvestris)*, alle Nadelgehölze, Federborstengras *(Pennisetum alopecuroides)*, alle Gräser.

Schutz vor Selbstbestäubung

In einigen Fällen sind Zwitterblüten auch zur Selbstbestäubung fähig. Normalerweise schützen sich Pflanzen vor Selbstbestäubung, da diese zur Inzucht führen kann. Dies kann sich in Blühfaulheit, Kümmerwuchs, Kleinblütigkeit und auch in Anfälligkeit gegenüber Krankheiten äußern. Deshalb können sich Pflanzen vor Selbstbestäubung schützen:

- **Pollensterilität**
  Das Narbensekret der Narbe erkennt den eigenen Pollen und tötet ihn ab.
  Pflanzenbeispiele: Apfel und Birne.

- **Vormännige Blüten**
  Bei den Blüten reifen zuerst die Staubblätter und geben den Pollen bei Sonnenwetter ab. Ist der gesamte Blütenstaub abgegeben, verwelken die Staubblätter und sterben ab. In einer zweiten Phase verlängert sich jetzt der Griffel der Blüte und die Narbe öffnet sich. Damit wird garantiert, dass fremder Blütenstaub von der Narbe aufgenommen wird.

  Pflanzenbeispiele: Salbei *(Salvia officinalis)*, Lavendel *(Lavandula angustifolia)*, Glockenblume *(Campanula persicifolia)*, Knorpelmöhre *(Ammi majus)*, Dill *(Anethum graveolens)*, Gartenkerbel *(Anthriscus cerefolium)*, Sterndolde *(Astrantia major)*.

- **Vorweibige Blüten**
  Bei diesen Blüten reift zuerst der Stempel. Hat eine Befruchtung stattgefunden, stirbt die Narbe ab. Jetzt erst reifen die Staubblätter.

  Pflanzenbeispiele: Rose *(Rosa Cultivars)*, Zierapfel *(Malus baccata)*, Frauenmantel *(Alchemilla mollis)*.

Blütenstände

Bei vielen Pflanzen sind die Blüten zu mehreren in einem Blütenstand vereinigt, damit die Wirkung von Duft und Farbe erhöht wird. Nach der Anordnung von Blüten unterscheidet man:

Traubige Blütenstände

Bei traubigen Blütenständen ist die Hauptachse mit einer endständigen Blüte das tragende Element des Blütenstandes. Die endständige Blüte ist die höchste im Blütenstand. An der Hauptachse sitzen entweder direkt die Blüten oder die Seitenachsen mit den Blüten.

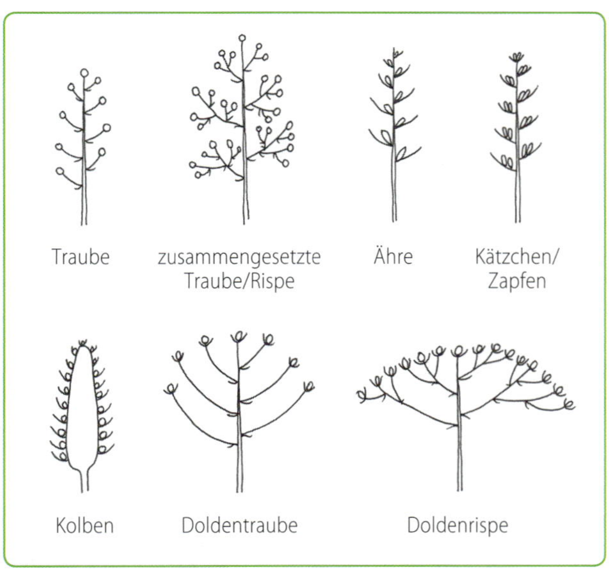

Bild 1 Traubige Blütenstände

- **Traube**
  Pflanzenbeispiele: Maiglöckchen *(Convallaria majalis)*, Steppenkerze *(Eremurus robustus)*, Levkoje *(Matthiola incana)*, Löwenmäulchen *(Antirrhinum majus)*, Rittersporn *(Delphinium x elatum)*

- **Zusammengesetzte Traube/Rispe**
  Pflanzenbeispiele: Flieder *(Syringa vulgaris)*, Sommerflieder *(Buddleja davidii)*, Astilbe *(Astilbe x arendsii)*, Waldgeißbart *(Aruncus dioicus)*

- **Ähre**
  Pflanzenbeispiele: Wiesenknöterich *(Bistorta officinalis)*, Mähnengerste *(Hordeum jubatum)*, Zottiges Federborstengras *(Pennisetum villosum)*

- **Kätzchen/Zapfen**
  Pflanzenbeispiele: Haselnuss *(Corylus avellana)*, Kätzchenweide *(Salix caprea)*, Pinie *(Pinus pinea)*

- **Kolben**
  Pflanzenbeispiele: Große Flamingoblume *(Anthurium andraeanum)*, Einblatt *(Spathiphyllum wallisii)*, Rohrkolben *(Typha latifolia)*

- **Doldentraube**
  Pflanzenbeispiele: Staudenphlox *(Phlox paniculata)*, Rhododendron *(Rhododendron catawbiense)*

Bild 2 Rhododendron

- **Doldenrispe**
  Pflanzenbeispiele: Vogelbeere *(Sorbus aucuparia)*, Schafgarbe *(Achillea filipendulina)*, Fetthenne *(Sedum telephium)*

Doldige Blütenstände

Bei den doldigen Blütenständen endet die Hauptachse ohne Blüte in einer vielfachen Verzweigung. Die Seitenachsen tragen entweder am Ende eine Blüte oder enden ebenfalls in einer vielfachen Verzweigung.

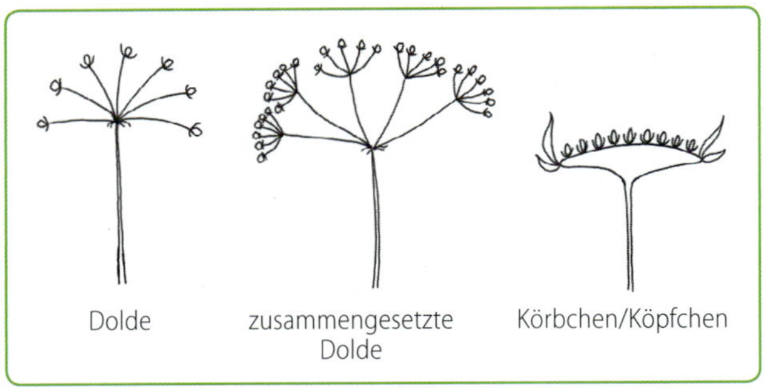

Bild 1 Doldige Blütenstände

- **Dolde**
  Pflanzenbeispiele: Riesenlauch *(Allium giganteum)*, Nerine *(Nerine bowdenii)*, Becherprimel *(Primula obconica)*
- **Zusammengesetzte Dolde**
  Pflanzenbeispiele: Knorpelmöhre *(Ammi majus)*, Dill *(Anethum graveolens)*, Herkulesstaude *(Heracleum mantegazzianum)*
- **Körbchen/Köpfchen**
  Pflanzenbeispiele: Sonnenblume *(Helianthus annuus)*, Gänseblümchen *(Bellis perennis)*, Dahlie *(Dahlia Cultivars)*, Gerbera *(Gerbera jamesonii)*, Skabiose *(Scabiosa caucasica)*

Trugdoldige Blütenstände

Bei den trugdoldigen Blütenständen endet die Hauptachse mit einer Blüte. Diese Blüte ist die tiefste im Blütenstand. Die Seitenachsen wachsen über die Hauptachse hinaus und enden ebenfalls in einer Blüte. Das Verzweigungsschema kann sich mehrfach wiederholen.

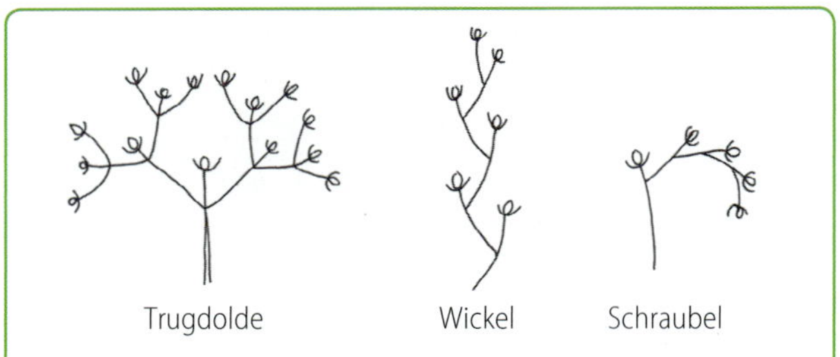

Bild 2 Trugdoldige Blütenstände

- **Trugdolde**
  Pflanzenbeispiele: Holunder *(Sambucus nigra)*, Schneeball *(Viburnum opulus)*, Hortensie *(Hydrangea macrophylla)*
- **Wickel**
  Pflanzenbeispiele: Freesie *(Freesia refracta)*, Gladiole *(Gladiolus Cultivars)*, Vergissmeinnicht *(Myosotis sylvatica)*, Heliconie *(Heliconia rostrata)*
- **Schraubel**
  Pflanzenbeispiele: Hypericum *(Hypericum androsaemum)*, Taglilie *(Hemerocallis Cultivars)*

Aufgaben

1. Woran erkennt man eine echte Blütenfüllung?
2. Nennen Sie drei bekannte Schnittblumen mit einer echten Blütenfüllung.
3. Was ist eine zweihäusige Pflanze? Nennen Sie dazu drei Pflanzenbeispiele.
4. Worin unterscheiden sich Insektenblütler von Windblütlern?
5. Warum schützen sich Pflanzen vor Selbstbestäubung?
6. Nennen Sie drei bekannte Schnittblumen, die eine Dolde als Blütenstand haben.

2.6 Früchte

Früchte entstehen normalerweise aus dem Fruchtknoten. Sie haben unterschiedliche Fruchtwände und enthalten einen oder mehrere Samen.

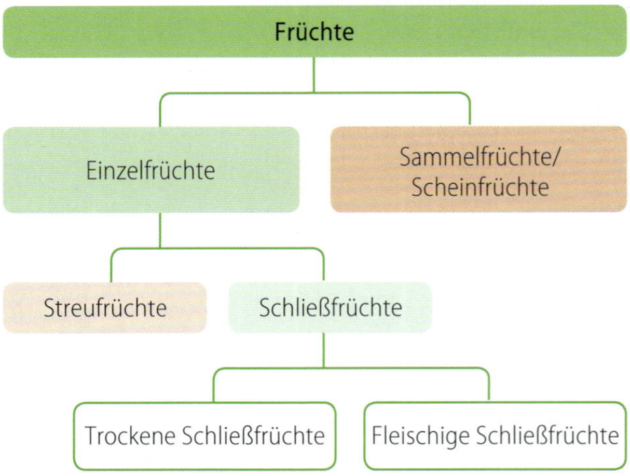

Bild 3 Fruchtarten

Streufrüchte

Streufrüchte sind mehrsamige Früchte. Diese Früchte öffnen sich bei Reife und streuen den Samen aus. Man unterscheidet vier verschiedene Streufrüchte.

Balgfrucht

Die Balgfrucht besteht aus einem Fruchtblatt, das bei der Reife an der Bauchnaht aufspringt und den Samen ausstreut. Die Samen sitzen innen an der Bauchnaht.
Pflanzenbeispiele: Rittersporn *(Delphinium elatum)*, Sumpfdotterblume *(Caltha palustris)*, Bauernpfingstrose *(Paeonia officinalis)*.

Hülse

Die Hülse besteht aus einem Fruchtblatt. Bei der Reife öffnet sich die Hülse an Bauchnaht und Mittelrippe.

Pflanzenbeispiele: Edelwicke *(Lathyrus odoratus)*, Lupine *(Lupinus polyphyllus)*, Elfenbeinginster *(Cytisus x praecox)*, Blauregen *(Wisteria sinensis)*.

> Alle Schmetterlingsblütler (Fabaceae) entwickeln eine Hülsenfrucht, weshalb man bei Pflanzen dieser Familie auch von Hülsenfrüchtlern spricht.

Bild 1 **a)** Balgfrucht, **b)** Hülse und **c)** Schote

Schote

Die Schote besteht aus zwei Fruchtblättern, die sich an ihrer Naht bei der Reife öffnen. In der Schote befindet sich zwischen den Fruchtblättern eine pergamentartige Scheidewand. Die Samen sitzen an den Nahtstellen der Scheidewand.

Pflanzenbeispiele: Silbertaler *(Lunaria annua)*, Levkoje *(Matthiola incana)*.

> Alle Kreuzblütler (Brassicaceae) entwickeln als Frucht eine Schote.

Kapsel

Eine Kapsel besteht aus zwei und mehr Fruchtblättern. Innen ist die Kapsel in Samenfächer unterteilt.

Pflanzenbeispiele: Türkischer Mohn *(Papaver orientale)*, Schneeglöckchen *(Galanthus nivalis)*, Wohlriechendes Veilchen *(Viola odorata)*, Tulpe *(Tulipa Cultivars)*.

Schließfrüchte

Diese Früchte sind meist einsamig und öffnen sich bei der Reife nicht. Die reifen Früchte fallen als Ganzes von der Pflanze ab. Die Fruchtwand öffnet sich oft erst, wenn für den Samen günstige Keimbedingungen gegeben sind.

Trockene Schließfrüchte

Bei ihnen ist die äußere und innere Fruchtwand hart und trocken.

- **Nuss**
  Einsamige Frucht, deren äußere und innere Fruchtwand hartschalig ist;
  Pflanzenbeispiele: Haselnuss *(Corylus avellana)*, Winterlinde *(Tilia cordata)*, Stieleiche *(Quercus robur)*, Rotbuche *(Fagus sylvatica)*
- **Karyopse = Grasfrucht**
  Die äußere Fruchtschale ist lederartig bis strohig; einsamige Frucht; oberständiger Fruchtknoten;
  Pflanzenbeispiele: Pampasgras *(Cortaderia selloana)*, Federborstengras *(Pennisetum villosum)*, alle Gräser (Poaceae)
- **Achäne = Nüsschen**
  Einsamige Frucht, äußere Fruchtschale lederartig; unterständiger Fruchtknoten;
  Pflanzenbeispiele: Sonnenblume *(Helianthus annuus)*, Ringelblume *(Calendula officinalis)*, Zinnie *(Zinnia elegans)*, alle Korbblütler (Asteraceae)
- **Spalt- und Bruchfrüchte**
  Mehrsamige Früchte, die bei der Reife in einsamige Teilfrüchte zerbrechen;
  Pflanzenbeispiele: Spitzahorn *(Acer platanoides)*, Knorpelmöhre *(Ammi majus)*, Dill *(Anethum graveolens)*

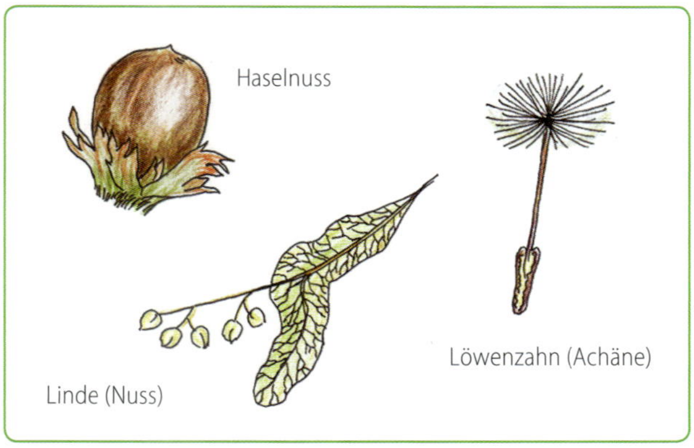

Bild 2 Trockene Schließfrüchte

Fleischige Schließfrüchte

Die äußere Fruchtwand ist fleischig und weich.

- **Steinfrüchte**
  Einsamige Früchte, bei denen die innere, harte Fruchtwand von einer äußeren, fleischigen Fruchtwand umgeben ist;
  Pflanzenbeispiele: Pfirsich, Pflaume, Kirsche, Avocado, Kokosnuss, Walnuss
- **Beere**
  Mehrsamige Früchte, deren äußere und innere Fruchtwände fleischig sind. Die Samenschalen sind hart.
  Pflanzenbeispiele: Feuerdorn *(Pyracantha coccinea)*, Wein *(Vitis vinifera)*, Traubenholunder *(Sambucus racemosa)*, Tomate, Johannisbeere, Melone, Gurke, Kürbis, Banane, Kiwi, Schneebeere, Zitrone, Apfelsine

1
2
3

Bild 1 a) Steinfrucht b) Beere

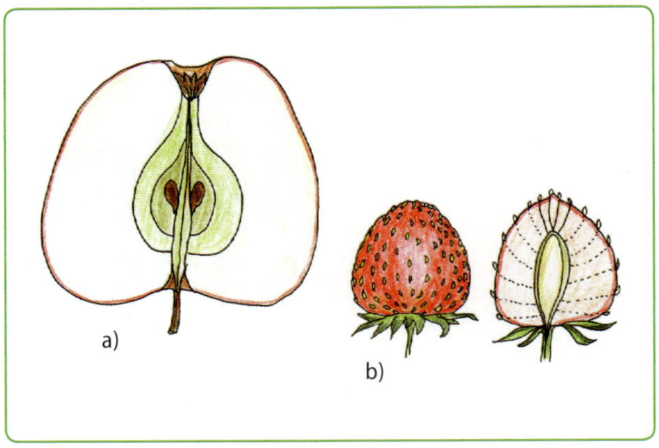

Bild 2 a) Scheinfrucht b) Sammelfrucht

Scheinfrüchte/Sammelfrüchte

Eine echte Frucht entwickelt sich nur aus dem Fruchtknoten. Sind an der Fruchtbildung neben dem Fruchtknoten auch noch andere Blütenteile, z. B. Blütenboden, beteiligt, entwickelt sich eine Scheinfrucht.

Werden mehrere Fruchtknoten vom Blütenboden eingeschlossen, entwickelt sich eine Sammelfrucht. Auch sie ist eine Scheinfrucht, weil an der Fruchtbildung mehr als ein Fruchtknoten und oft auch der Blütenboden beteiligt ist.

Pflanzenbeispiele für Sammelfrüchte: Hundsrose *(Rosa canina)*, Erdbeere, Himbeere, Brombeere.

Scheinfrüchte: Apfel, Birne, Sanddorn *(Hippophae rhamnoides)*.

Es kann auch ein ganzer Blütenstand an einer Fruchtbildung beteiligt sein. Dann spricht man von einer zusammengesetzten Frucht. **Pflanzenbeispiel:** Ananas.

Aufgaben

1. **Worin unterscheiden sich Steinfrüchte von Beeren?**
2. **Nennen Sie drei Pflanzen, deren Beeren als Fruchtschmuck in der Floristik verwendet werden.**
3. **Warum ist ein Zierapfel eine Scheinfrucht?**
4. **Nennen Sie drei verschiedene Streufrüchte mit je einem floristisch verwertbaren Pflanzenbeispiel.**

Bild 3 Apfel (Scheinfrucht)

Bild 4 Sanddorn (Scheinfrucht)

Bild 5 Rose (Sammelfrucht: Hagebutte)

Bild 6 Himbeere (Sammelfrucht)

3 Den inneren Aufbau von Pflanzen erfassen und übertragen

Zunächst scheint es, als ob für die Floristen nur die äußere Gestalt der Pflanzen, ihre Wuchsform, von Interesse für die Gestaltung ist. Wer aber mit Pflanzen zu tun hat, muss auch etwas über ihren inneren Aufbau wissen. Bei der Pflanzenpflege und beim Beurteilen pflanzlicher Reaktionen auf ihre Umgebung sind Kenntnisse über den inneren Aufbau der Pflanzen und die Lebensvorgänge, die darin stattfinden, wichtig.

3.1 Zelle

Erst nach der Entwicklung der ersten Mikroskope gelang es, die Feinstruktur von Pflanzenzellen zu erkennen. Es war der Engländer Robert Hooke, der 1667 eine Korkscheibe unter sein einfaches Mikroskop legte. Dabei sah er, dass der Kork aus winzigen Kämmerchen bestand, die er als Zellen (lat. cella: Kammer) bezeichnete. Es dauerte dann noch bis ins 19. Jahrhundert, bis man erkannte, dass diese Zellen nicht leere Kammern, sondern lebende Bausteine der Pflanzen sind.

Niedere Pflanzen, z. B. Blaualgen, bestehen nur aus einer Zelle. Pflanzenzellen können kugel-, würfel-, zylinder- oder prismenförmig sein. Sie können langgestreckt, faserförmig oder rechteckig sein. Die Größe der Zellen liegt bei einem mittleren Querschnitt von 0,01 bis 0,1 mm. Die Länge der Faserzellen kann bis zu 20 cm betragen; **Beispiel:** Brennnessel.

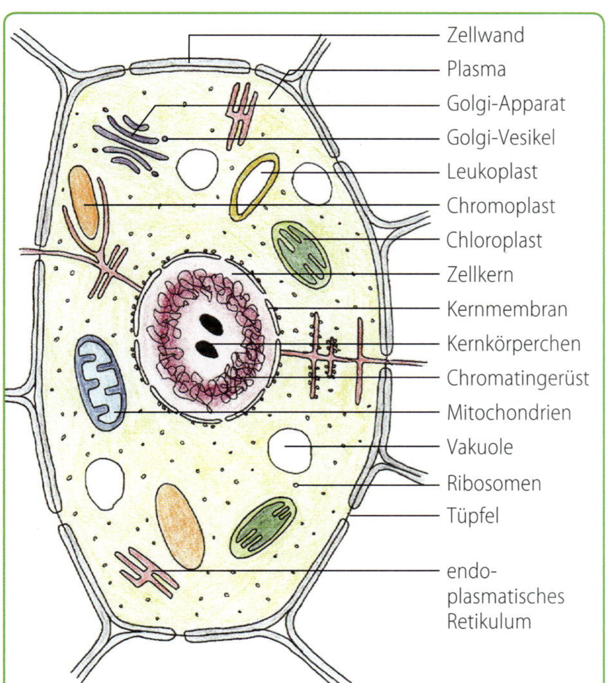

Bild 1 Pflanzenzelle

Der lebende Zellinhalt wird als Protoplasma bezeichnet (siehe Bild 2). Junge Zellen an den **Vegetationspunkten** (Trieb- und Wurzelspitze) sind vollkommen mit Zellplasma ausgefüllt. Die Zellwand ist eine dünne Membran, durch die Flüssigkeiten und Gase ungehindert hindurchtreten können.

Im Zellplasma befinden sich Proplastiden. Sie sind eine Vorstufe von Farbstoffträgern. Proplastiden besitzen noch keinen Farbstoff. Es ist noch offen, welchen Farbstoff sie einmal enthalten werden. Junge Zellen können sich jederzeit durch Zellteilung vermehren.

Die alternde Zelle hat ihren Zellinnenraum vergrößert. Da das Zellplasma nicht mitwächst, haben sich im Plasma **Vakuolen** gebildet. **Vakuolen** sind Zellsafträume, die mit wässriger Zellsaftlösung gefüllt sind. Die Proplastiden haben inzwischen einen Farbstoff und sind damit zu **Plastiden** geworden. Bei der Streckung des Zellkörpers dehnt sich zunächst die primäre Zellwand aus. Die Zelle verstärkt jetzt die Zellwand durch Anlagerung von Zelluloseschichten. Dabei verliert die Zellwand ihre Durchlässigkeit. Deshalb werden in der Zellwand Tüpfelkanäle angelegt, durch die der Stoffaustausch zwischen den Zellen stattfindet. Alternde Zellen sind nicht mehr teilungsfähig.

Dauerzellen sind ausgewachsen. Sie verändern sich nicht mehr. Der Zellinnenraum besteht aus einer großen Vakuole. Das Plasma mit Plastiden und Zellkern bildet nur noch einen Wandbelag am Rande der Zellwand. Dauerzellen sind nicht mehr teilungsfähig.

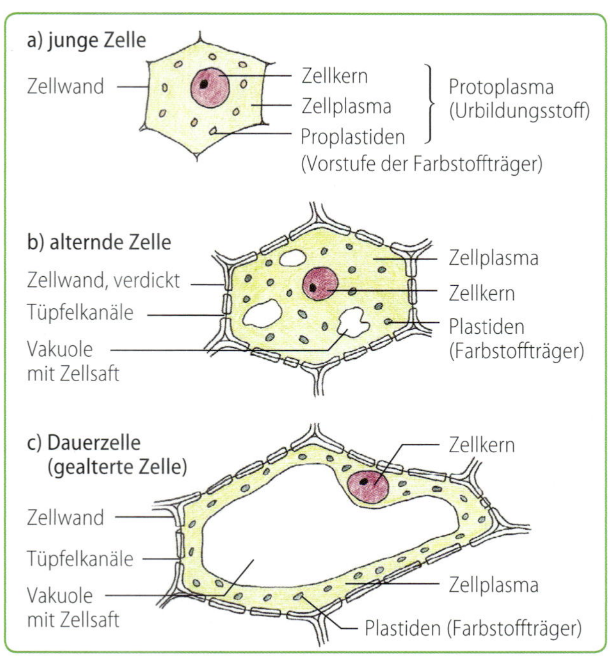

Bild 2 Stadien einer Zelle

Zellwand

Die Zellwand ist leblos. Sie besteht aus Zellulose, einem Kohlenhydrat. Alle Kohlenhydrate bilden sich aus Kohlenstoff, Wasserstoff und Sauerstoff. Zu den Kohlenhydraten gehören neben der Zellulose auch alle Zucker und die Stärke.

Zellulose ist sehr widerstandsfähig, wasserunlöslich und durch den chemischen Faserbau sehr saugfähig. Deshalb findet Zellulose Verwendung in vielen Industrieprodukten, z. B. Watte, Zellstoff, Papier und Taschentüchern.

Die Zellwand hat für die Pflanze folgende Bedeutung:
- Sie schützt das Zellinnere.
- Die Zellwände stützen die Pflanzengewebe, geben dem Pflanzenkörper höhere Stabilität und tragen damit zur Erhaltung der äußeren Gestalt bei (Gerippeersatz).
- Zellwände enthalten in ihrem chemischen Feinaufbau Informationen zur Zelldifferenzierung und können diese auch bei der Zellteilung an Tochterzellen weitergeben. So enthalten Zellwände bei einigen Pflanzen z. B. Informationen zur Bildung von Wurzelhaaren.

Durch die Zellwand einer jungen Zelle können zunächst Gase und Flüssigkeiten hindurchtreten. Beim Wachstum der Zelle wird die Zellwand durch Anlagerung weiterer Zelluloseschichten dicker. Damit verliert die Zellwand ihre Durchlässigkeit. Um einen Stoffaustausch weiter zu ermöglichen, werden kleine Kanäle **(Tüpfel)** in der Zellwand ausgespart.

Ein Tüpfel funktioniert wie ein Patentventil. In der Öffnung befindet sich eine Linse (Torus), die an Fäden aufgehängt ist. Der Torus kann also frei schwingen. Ist in den beiden benachbarten Zellen der Zellinnendruck gleich stark, hängt der Torus genau in der Mitte und gibt beide Öffnungen des Tüpfelkanals frei. Wird eine Zelle verletzt, fällt der Druck ab. In der Nachbarzelle entsteht jetzt ein Überdruck, der den Torus vor die Öffnung der verletzten Zelle drückt. Damit wird der Tüpfelkanal geschlossen. Die gesunde Zelle dichtet sich ab.

Zwischen den Zellwänden benachbarter Zellen werden gallertartige Verkittungsstoffe, die Pektine, eingelagert. Sie sorgen für die Zusammenhaltefähigkeit der einzelnen Zellen im Gewebe. Werden diese Pektine zerstört, z. B. beim Kochen oder bei der Reife von Obst, lösen sich die Zellen voneinander. **Beispiel:** Gekochte Kartoffeln werden mehlig, Pektin lässt Marmelade gelieren.

Zellplasma

Das Zellplasma besteht aus Eiweiß, Wasser und Mineralsalzen und ist ständig in Bewegung. Es fließt an der Zellwand entlang (Plasmarotation). Im Plasma finden alle Lebensvorgänge statt. Alle lebenden Bestandteile (Organellen), wie Zellkern, Plastiden, Mitochondrien und Golgi-Apparate, müssen von Plasma umgeben sein. Zur Zellwand hin ist das Plasma von einer feinen Haut, dem Plasmalemma, umgeben. Das Plasma enthält ein Röhrensystem (endoplasmatisches Retikulum) und schafft so Verbindung zwischen allen Organellen (z. B. Plastiden, Zellkern, Mitochondrien).

In den Röhren werden Stoffwechselprodukte von den Orten der Herstellung zu den Orten des Bedarfs transportiert. Aufgrund des Eiweißgehaltes ist Plasma temperaturempfindlich. Bei ca. 45 °C gerinnt das Plasma und stirbt damit ab. Bei tropischen Pflanzen wird das Plasma auch schon bei Temperaturen unter 10 °C geschädigt.

Bild 1 Kälteschaden an Blattkaktus

Zellkern und Organellen

Der Zellkern ist von einer Kernwand umgeben. Er enthält die Chromosomen mit den Erbinformationen. Zu den Erbinformationen gehören:

- Informationen über die Baukonstruktion (äußerer und innerer Aufbau der Pflanze)
- Informationen über die „Betriebsanweisung" (Wachstumsbedingungen)
- Informationen über die Rezepte für Stoffwechselprodukte

Des Weiteren steuert der Zellkern die Zellteilung.

Mitochondrien
Sie sind die Kraftwerke in der Zelle. In den Mitochondrien findet die Atmung statt. Dabei wird die im Zucker gespeicherte Energie freigesetzt.

Ribosomen
Es handelt sich um winzige Körner, die sich frei im Zellplasma befinden. Sie dienen dem Aufbau von Eiweiß.

Golgi-Apparat
Er isoliert aus dem Zellplasma Stoffe, die beim Stoffwechsel entstehen und die Zelle schädigen können. Die Stoffe werden durch das Plasma aus der Zelle transportiert.

Außerdem bilden die Golgi-Apparate die neue Zellwand bei der Zellteilung.

Plastiden

Es werden drei verschiedene Formen von **Plastiden** unterschieden:

Chloroplasten

Sie enthalten als Farbstoff Chlorophyll. (griech. chloros: grün, phyllon: Blatt; Chlorophyll: Blattgrün). Mithilfe der **Chloroplasten** bzw. des Chlorophylls betreiben Pflanzen Fotosynthese. Chlorophyll bindet UV-Strahlen. Mithilfe dieser Energie verbindet die Pflanze CO_2 und Wasser zu Traubenzucker. Den Hauptanteil an Chloroplasten findet man in Laubblättern.

Außerdem enthalten die Chloroplasten auch Carotin und Xanthophyll.

Chromoplasten

Sie enthalten verschiedene gelbe, orange bis rote Farbstoffe, z. B. das Carotin (oranger Farbstoff in den Wurzeln der Karotten) oder das Xanthophyll (gelber Farbstoff in den Blüten der Forsythie).

Chloroplasten können sich in **Chromoplasten** umwandeln. Dies kann man beobachten bei der Reife von Früchten, z. B. Paprika, bei der Verfärbung von Perigonblättern, z. B. Tulpen, und bei der Färbung von Hochblättern, z. B. Weihnachtsstern, und bei der Laubfärbung im Herbst. Hierbei wird im Herbst vor dem Laubabfall das **Chlorophyll** von der Pflanze abgebaut. Die Pflanze will die wertvollen Rohstoffe des Chlorophylls nicht verlieren. In den **Chloroplasten** erscheinen dann Carotin und Xanthophyll, die für die gelbe bis rote Herbstfärbung sorgen.

Bild 1 Dieffenbachie

Leukoplasten

Es sind farblose **Plastiden**. Man findet sie im Gewebe weiß- bis gelbbunter Blätter: Efeu (*Hedera helix*), Efeutute (*Epipremnum pinnatum*), Birkenfeige (*Ficus benjamina* 'Starlight') und im Speichergewebe (Wurzel, Knolle, Zwiebel, Rhizom). Die Leukoplasten können Zucker in Stärke umwandeln. Dabei entstehen in den Speicherorganen Stärkekörner, die bei jeder Pflanze anders aussehen.

Leukoplasten können sich in **Chloroplasten** umwandeln, z. B. eine Kartoffel vergrünt bei Lichtzutritt; weißbuntes Laub vergrünt bei Lichtmangel.

Farbstoffe in den Pflanzen

Es werden zwei verschiedene Farbstoffgruppen unterschieden.

- Die Carotinoide sind fettlösliche Farbstoffe, die an Plastiden gebunden sind. Zu ihnen gehören:

Farbstoff	Farbe	Pflanze
Xanthophyll	Gelb	Blüten der Forsythie
Violaxanthin	Gelb	Blüten vom Stiefmütterchen
Crocetin	Gelb (Safran)	Krokus, Staubblätter
Capsanthin	Rot	Rote Paprika *(Capsicum)*
Lycopin	Rot	Tomate *(Lycopersicon esculentum)*
Chlorophyll	Grün	Laubblätter

- Wasserlösliche Farbstoffe, die im Zellsaft gelöst sind.

Dazu gehören neben den Anthocyanen die Flavone und die Flavonole. Die **Anthocyane** sind eine Farbstoffgruppe, die rote bis blaue Farbwirkung hervorrufen können. Dabei wird die Farbwirkung durch den pH-Wert (s. S. 209) des Zellsaftes beeinflusst.

Zellsaftreaktion	sauer	neutral	alkalisch
Farbwirkung des Anthocyans	rot	violett	blau

Der Farbausschlag lässt sich beobachten beim Verblauen roter Rosen und Azaleen (Alterungserscheinung). Beim Vergissmeinnicht *(Myosotis sylvatica)* können sich rosa Blüten in blaue Blüten wandeln.

Bild 2 Vergissmeinnicht, blaue und rosa Blüten

Bei Hortensien kann ein Farbumschlag durch geeignete Düngung herbeigeführt werden. Die **Brakteen** der roten Hortensien enthalten ein besonderes Anthocyan, genannt Delphinidin. Deshalb kann bei roten Hortensien der Farbumschlag von rot nach blau durch Düngung mit Aluminium beeinflusst werden. Da Aluminium-Ionen nur bei stark saurem Boden von der Pflanze aufgenommen werden können, braucht man einen niedrigen pH-Wert im Boden für eine erfolgreiche Düngung mit Aluminium. Die Aluminium-Ionen bewirken dann im Zellsaft der roten Hortensienblüten die blaue Farbwirkung des Delphinidins.
Delphinidin ist auch in den Blüten des Rittersporns *(Delphinium)* enthalten und hat daher seinen Namen.

Die Farbwirkung der Flavonole und Flavone ist gelb bis weiß. Vor allem in gelben Blüten findet man Flavone und Flavonole, z. B. bei gelben Primeln *(Primula elatior)*, gelben Dahlien *(Dahlia Cultivars)*, bei gelbem Fingerhut *(Digitalis lutea)*, Königskerze *(Verbascum olympicum)*.

Außerdem enthalten 95 % aller weißblühenden Pflanzen Flavonole und Flavone in ihren Blüten.

Die weiße Farbe bei Pflanzen kann aber auch noch andere Ursachen haben. Wenn die Zellen nur **Leukoplasten** enthalten, wirkt das Gewebe cremeweiß, z. B. bei weißbuntem Efeu.

Ist zwischen den Zellen Luft eingelagert, führt das zur Reflexion des gesamten Sonnenspektrums und damit zu einer reinweißen Farbwirkung. **Beispiel:** weiße Haare beim Silber-Greiskraut *(Senecio cineraria)*

Vakuolen und Zellsaft

Schon sehr früh können bei jungen Zellen im Plasma Hohlräume entstehen, in denen sich wässrige Lösung sammelt. Man nennt diese Hohlräume **Vakuolen** (lat. vakuum: Hohlraum) oder auch Zellsafträume. Die wässrige Lösung in den Zellsafträumen nennt man Zellsaft. Diese Zellsaftlösung kann beispielsweise folgende Stoffe enthalten:

- Zucker (Fruchtzucker, Rohrzucker)
- Säuren (Zitronensäure, Fruchtsäure, Gerbsäure, Aminosäure)
- Alkaloide (Nikotin, Atropin, Cocain und Morphin)
- Glycoside (Digitalin, Cumarin, Convallarin, Amygdalin (Bitterstoff der Bittermandel) und die Farbstoffe Anthocyan, Flavone und Flavonole)

3.2 Wachstumsphasen der Zellen

Da ist zunächst das embryonale Wachstum oder das Plasmawachstum. Gemeint ist damit die Zellteilung, bei der ständig neue Protoplasten gebildet werden, das Plasma wird vermehrt. Die Zellteilung findet an den Vegetationspunkten (Spross und Wurzel) und im Kambium statt.

Daran schließt sich das Streckungswachstum an. Die neu entstandene Zelle beginnt gleich damit, ihr Volumen zu vergrößern. Bei unseren heimischen Pflanzen kann das Streckungswachstum in zwei Abschnitten erfolgen. Am Ende der Wachstumsperiode vergrößern sich die jungen Zellen nur teilweise und bilden dann eine Knospe. Im Frühjahr, wenn die Knospen austreiben, erfolgt dann die endgültige Streckung zu voller Größe.

Gleichzeitig mit dem Streckungswachstum setzt auch ein Differenzierungswachstum ein. Dies ist notwendig, da bei der Zellteilung nur gleiche Zellen entstehen.

Diese jungen Zellen sind universell einsetzbar, da sie alle die vollständige Erbinformation der Pflanze besitzen. Beim Differenzierungswachstum werden die Zellen unterschiedlichen Geweben zugeteilt und für ihre verschiedenen Aufgaben entsprechend ausgerüstet. Deshalb entwickeln sich die Zellen beim Differenzierungswachstum unterschiedlich (differenziert) weiter.

Bei diesem Differenzierungswachstum wird die Erbinformation, die nicht mehr benötigt wird, chemisch blockiert. In Notfällen kann die Pflanze die chemische Blockade rückgängig machen. Die Zelle beginnt dann, sich wieder zu teilen. So können bei Verletzungen aus Dauerzellen **Adventivknospen** entstehen.

3.3 Gewebe

Ein Gewebe besteht aus mehreren gleichartigen Zellen, die gemeinsam eine Aufgabe lösen. Die Zellen stehen miteinander in Verbindung und bilden eine Einheit. Eine Pflanze besteht aus vielen verschiedenen Geweben, die alle ihre speziellen Aufgaben haben. Nur wenn alle Gewebe ihre Aufgabe erfüllen können, kann die Pflanze wachsen und gedeihen.

Meristem – Bildungsgewebe

Ein **Meristem** besteht aus jungen, teilungsfähigen Zellen. Es dient der Bildung neuer Zellen (Zellteilung). Man unterscheidet:

Urmeristem

Das Urmeristem ist vom Ursprung der Pflanze her schon vorhanden, und zwar in der Keimknospe und der Wurzelspitze im Samen. Man findet das Urmeristem in den Triebknospen und in den Wurzelspitzen **(Vegetationspunkte)** der Pflanzen.

Restmeristem

Beim Wachstum der Sprossachse und der Wurzel schiebt sich das Urmeristem der Triebknospe und der Wurzelspitze immer mehr auseinander. Es bleibt an den **Vegetationspunkten**. Viele der neu entstandenen Zellen entwickeln sich zu Dauerzellen. Dabei bleiben einige restliche junge Zellen erhalten (Meristemrest). Dieser Rest junger Zellen beginnt etwas verzögert mit der Zellteilung. Es entwickelt sich ein Ring junger Zellen (Meristemring). Dieser Meristemring wird als **Kambium** bezeichnet.

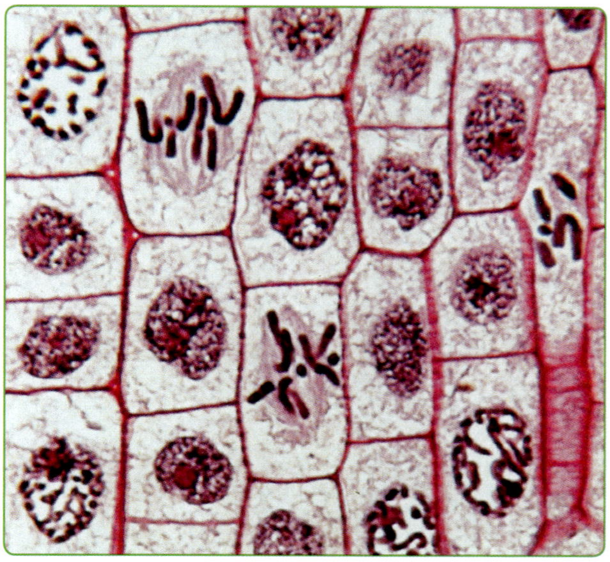

Bild 1 Meristem in der Wurzelspitze einer Zwiebel

Folgemeristem

In Folge einer Verletzung, ausgelöst durch Wundreiz, Dunkelheit und Feuchtigkeit, können Dauerzellen wieder teilungsfähig werden. Es entwickeln sich junge Zellen, ein Meristem entsteht. Es bilden sich neue Vegetationspunkte, die **Adventivknospen**.

Ein Folgemeristem ist ein sekundäres Bildungsgewebe, weil es sich erst später aus Dauerzellen neu entwickelt.

Dauergewebe

Dauergewebe bestehen aus ausgewachsenen Zellen, den Dauerzellen. Diese Zellen sind normalerweise nicht mehr teilungsfähig, sodass sich ein Dauergewebe nicht mehr verändert. Einige Dauergewebe mit ihren Vorkommen und ihren Besonderheiten werden in der Tabelle genannt.

Bei Neuseeländischem Flachs haben diese Faserzellen in den Blättern eine höhere Zugfestigkeit als Eisen. Eisen hat eine Zugfestigkeit von 13 kg/mm², Neuseeländischer Flachs hat eine Zugfestigkeit von 20 kg/mm². Einige pflanzliche Fasern werden industriell verwertet.

Dauergewebe	Vorkommen
Abschlussgewebe	Oberhaut (Epidermis) bei allen krautigen Pflanzenteilen, Borke bei verholzten Pflanzenteilen.
Grundgewebe	Hauptbestandteil der pflanzlichen Gewebe. Je nach Aufgabe gibt es verschiedene Grundgewebe, z. B. Assimilationsgewebe, Durchlüftungsgewebe, Speichergewebe.
Festigungsgewebe	Es gibt verschiedene Festigungsgewebe, z. B. Faserzellen, die der Sprossachse Festigkeit geben und auch in den Blattadern für Stabilität sorgen, oder Steinzellen, aus denen die Nussschalen oder die Kernschalen bei Früchten gebildet werden.
Leitungsgewebe	Alle Leitungsgewebe werden in Leitbündeln zusammengefasst. Ein Leitbündel enthält Leitungsgewebe für das frisch aufgenommene Wasser mit den darin gelösten Nährstoffen. Man nennt diesen Teil des Gefäßbündels den Holzteil (Xylem). Für den Transport der Baustoffe gibt es anders gebaute Leitungsgewebe. Diesen Teil des Gefäßbündels nennt man den Siebteil (Phloem).

Aufgaben

1. **Bild 1 zeigt verschiedene Phasen der Zellteilung (Mitose). Recherchieren Sie vier unterschiedliche Phasen im Ablauf dieser Zellteilung.**
2. **Welche Bedeutung hat die Mitose bei der vegetativen Vermehrung von Pflanzen?**
3. **Ein Beispiel: Faserzellen sind Dauergewebe. Finden Sie zu den folgenden industriell verwerteten Pflanzenfasern den botanischen Namen der Pflanzen: Naturbast, Leinen, Hanf, Sisal, Nessel.**

3.4 Gewebe des Laubblattes

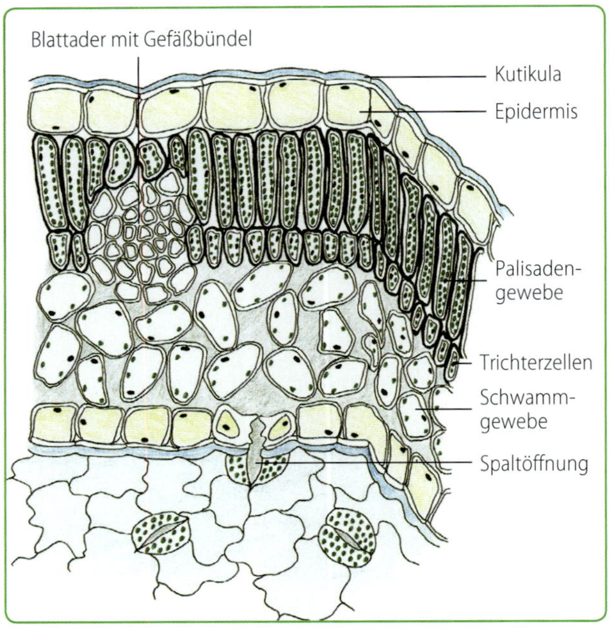

Bild 2 Blattquerschnitt

Ein normales Laubblatt ist außen von der Epidermis, der Oberhaut, umgeben. Sie umschließt verschiedene Grundgewebe.

Epidermis

Die Epidermis (griech. epi: auf; derma: Haut) als Oberhautgewebe ist bei den Blättern und anderen krautigen Pflanzenteilen das Abschlussgewebe, das die inneren Gewebe umgibt und nach außen abschließt. Daraus ergeben sich zwei Grundanforderungen an die Epidermis:

- Festigkeit zur Erhöhung der Stabilität des Blattes und des Pflanzenkörpers.
- Schutz der inneren Gewebe vor äußerem Einfluss.

Festigungsfunktion

Die Epidermis besitzt eine hohe Druckfestigkeit. Sie muss aufprallenden Regentropfen und anderen Druckbelastungen (Vögel, Insekten) eine gewisse Stabilität entgegensetzen. Durch die besonders kräftig ausgebildeten Epidermisaußenwände wird eine erhöhte Druckfestigkeit erreicht. Außerdem trägt die Kutikula zur Druckfestigkeit bei.

Die Epidermis besitzt auch eine hohe Zugfestigkeit. Dies ist auch notwendig, da die Blattfläche vom Wind ständig gebogen wird, und dabei wird die Epidermis immer gestaucht und gedehnt. Die hohe Zugfestigkeit wird durch die puzzleartige Verzahnung der Epidermiszellen erreicht.

Bild 1 Epidermis

Schutzfunktionen

- **Schutz durch die Kutikula**
  Die Kutikula ist eine wachsartige Schicht, die der Epidermis aufgelagert ist und damit die gesamte Blattoberfläche überzieht. Sie lässt Wasser abperlen und schützt dadurch das Blatt vor stauender Nässe und Fäulnis. Gleichzeitig wird ein Schutz vor Pilzbefall erreicht. Pilzsporen werden mit den abperlenden Wassertropfen wieder abtransportiert. Schließlich bewirkt die Kutikula auch einen Schutz vor UV-Strahlung. Sonnenpflanzen können diesen Schutz noch verstärken, wenn zusätzlich eine Wachsschicht aufgelagert wird. Bei einigen Pflanzen ist das als blaue Bereifung erkennbar.
  Pflanzenbeispiele: Edelnelke *(Dianthus caryophyllus)*, Eukalyptus *(Eucalyptus cinerea)*, Funkie *(Hosta sieboldiana)*, Blautanne *(Abies procera)*.

- **Schutz durch Behaarung**
  Man unterscheidet grüne, lebende Haare von weißen, toten Haaren. Grüne Haare sind vorrangig bei Schattenpflanzen, weiße Haare vorrangig bei Sonnenpflanzen zu finden.
  Pflanzenbeispiele für grüne Haare: Usambaraveilchen *(Saintpaulia ionantha)*, Gloxinie *(Sinningia Cultivars)*, Zimmerlinde *(Sparrmannia africana)*, Henne mit Küken *(Tolmiea menziesii)*.
  Pflanzenbeispiele für weiße Haare: Eselsohr *(Stachys byzantina)*, Elefantenohr-Kalanchoe *(Kalanchoe beharensis)*, Silber-Greiskraut *(Senecio cineraria)*.

Zwischen den Haaren entsteht ein Mikroklima, da die Luft festgehalten wird. Dies bewirkt einen Schutz vor Temperaturschwankungen (Isolation) und gleichzeitig einen Transpirationsschutz. Außerdem geben die Haare Schatten und schützen so vor zu hoher Sonneneinstrahlung. Der Sonnenschutz wird bei toten Haaren durch die Lichtreflexion der weißen Haare noch verstärkt.

Lebende Haare erhöhen auch die Blattoberfläche und damit die Transpiration durch die Epidermis. Dies hat aber nur bei lockerer Behaarung Bedeutung. Bei dichter Behaarung ist die Transpirationsverminderung durch das Mikroklima höher.

- **Fraßschutz durch stachelartige Auswüchse**
  Pflanzenbeispiele: Silberdistel *(Carlina acaulis)*, Alpendistel *(Eryngium alpinum)*, Stechpalme *(Ilex aquifolium)*.

- **Schutz durch Anthocyan im Zellsaft der Epidermis**
  Das Anthocyan im Zellsaft der Epidermis wirkt wie eine Sonnenbrille und schützt das darunter liegende Palisadengewebe vor übermäßiger Sonneneinstrahlung.

  Pflanzenbeispiele: Blutbuche *(Fagus sylvatica* 'Atropunicea'*)*, Bluthasel *(Corylus maxima* 'Purpurea'*)*, Keulenlilie *(Cordyline fruticosa)*, Buntwurz *(Caladium bicolor)*, Königsbegonien *(Begonia rex)*.

Palisadengewebe

Die länglichen Zellen, die senkrecht dicht an dicht unter der Epidermis angeordnet sind, werden mit einem Palisadenzaun verglichen und geben so dem Gewebe seinen Namen. Durch diese Anordnung wird die Stabilität der Blattfläche erhöht.

Im Palisadengewebe befindet sich die Masse der **Chloroplasten**. Damit leistet das Palisadengewebe den Hauptteil der **Fotosynthese**. Es wird deshalb auch als Arbeitsgewebe bezeichnet. Mit der Plasmarotation werden auch die **Chloroplasten** in der Zelle bewegt. Dadurch wird eine gleichmäßige Lichtausbeute erreicht. Durch die oben genannte Zellanordnung lassen sich viele Zellen direkt unter der Epidermis anordnen.

Trichterzellen

Sie dienen der Ableitung der Assimilate (Zucker) aus den Palisadenzellen in das Schwammgewebe bzw. in Richtung Leitungsgewebe (Blattadern). Außerdem werden die Palisadenzellen über die Trichterzellen mit Kohlendioxid und Wasser versorgt (Rohstoffe für die Fotosynthese). Die Trichterzellen dienen also der Zu- und Ableitung.

Schwammgewebe

Das Schwammgewebe zeichnet sich durch viele Interzellularen aus, die untereinander über Atemhöhlen und Spaltöffnungen mit der Atmosphäre verbunden sind. Auf diese Weise hat das Schwammgewebe eine große Außenfläche (Oberfläche), über die die Zellen Gasaustausch betreiben. So nimmt das Schwammgewebe aus der Luft Sauerstoff (für die Atmung) und Kohlendioxid (für die Fotosynthese) auf. Über das Schwammgewebe wird aber auch Wasserdampf, Sauerstoff und Kohlendioxid an die Luft abgegeben. So ist das Schwammgewebe vergleichbar mit einer Lunge.

Blattadern

Im Blattgewebe eingelagert befinden sich die Blattadern. Es handelt sich dabei um Leitbündel, die für den Stofftransport in den Blättern sorgen. So versorgen sie vor allem das Palisadengewebe mit Wasser und Kohlendioxid (CO_2). Außerdem wird der Zucker, der bei der **Fotosynthese** hergestellt wird, abtransportiert. Die Leitbündel sind mit einem Festigungsgewebe umgeben und geben damit der Blattfläche eine höhere Stabilität.

Schließzellen und Spaltöffnungen

Aufgaben der Spaltöffnung:

Aufnahme von Sauerstoff und Kohlendioxid und Abgabe von Sauerstoff, Kohlendioxid und Wasserdampf.

Anordnung der Spaltöffnungen

- Bei vielen höheren Pflanzen befinden sich die Spaltöffnungen auf der Blattunterseite. Das ist auch sinnvoll, denn Kohlendioxid entsteht im Humus. Kohlendioxid steigt vom Boden mit der sich erwärmenden Luft auf. Es trifft dabei auf die Unterseite der Blätter und kann so leicht aufgenommen werden.
  Pflanzenbeispiele: *Quercus*, *Tilia*, *Helianthus*, *Delphinium*, *Saintpaulia*, *Cyclamen*, *Fuchsia*, *Rosa*.

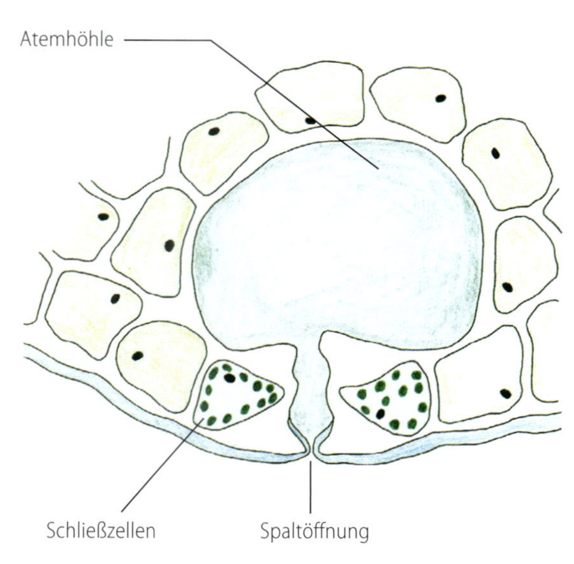

Bild 1 Spaltöffnungsapparat

- Bei Pflanzen mit senkrecht angeordneten Blättern findet man Spaltöffnungen auf beiden Seiten. Das Kohlendioxid kann leicht an den Blättern vorbeifließen. Aus diesen Gründen muss die Aufnahmefläche erhöht werden.

Pflanzenbeispiele: *Sansevieria, Gladiolus, Iris.*
Bei diesen Pflanzen kann man nicht zwischen Ober- und Unterseite des Blattes unterscheiden, der Blattaufbau ist symmetrisch.

- Bei Wasserpflanzen, deren Blätter auf der Wasseroberfläche schwimmen, befinden sich die Spaltöffnungen auf der Blattoberseite.
  Pflanzenbeispiele: Seerose *(Nymphaea alba)*, Teichrose *(Nuphar lutea)*, Wasserhahnenfuß *(Ranunculus aquatilis)*.

Funktion der Schließzellen

Die Schließzellen enthalten Chloroplasten und betreiben am Tag **Fotosynthese**. Dabei entsteht Traubenzucker, der für die Erhöhung der Zellsaftkonzentration in den Schließzellen sorgt. Die Schließzellen nehmen jetzt aus den Nebenzellen Wasser auf, um die Zellsaftkonzentration zu senken. Durch die Aufnahme von Wasser werden die Schließzellen prall gefüllt. Der hohe Zellinnendruck verursacht die Krümmung der Schließzellen. Zwischen den Schließzellen ist jetzt ein offener Spalt (Spaltöffnung geöffnet). Abends wird die Fotosynthese eingestellt. Jetzt wird der Zucker abtransportiert. Die Schließzellen geben jetzt Wasser an die Nebenzellen ab. Der Zellinnendruck in den Schließzellen lässt nach und die Schließzellen erschlaffen. Dabei wird die Spaltöffnung geschlossen.

Hoher Zellinnendruck: Spaltöffnung offen
Niedriger Zellinnendruck: Spaltöffnung geschlossen

Normalerweise sind die Spaltöffnungen am Tag geöffnet und in der Nacht geschlossen. Bei Wassermangel (hohe Trockenheit) und bei Hitze (Fotosynthese verringert sich) können die Spaltöffnungen ebenso geschlossen sein.

3.5 Gewebe des Sprosses

Mark

Im Zentrum einer Sprossachse befindet sich das Mark. Dabei handelt es sich um ein schwammiges, totes Füllgewebe, das bei älteren Pflanzen verschwindet. Gut erkennbar ist das Mark bei Holunder (weißes, schaumartiges Gewebe). Normalerweise dient das Mark als Durchlüftungsgewebe. Das Mark kann aber auch zur Speicherung von **Baustoffen** dienen, z. B. bei der Sagopalme. Vom Mark können Markstrahlen nach außen gehen. Dadurch wird der Spross in seiner gesamten Stärke durchlüftet. Bei einigen Pflanzen ist das Mark ein sicheres Erkennungszeichen.
Beispiel: Schwarzer Holunder *(Sambucus nigra)* besitzt weißes Mark.

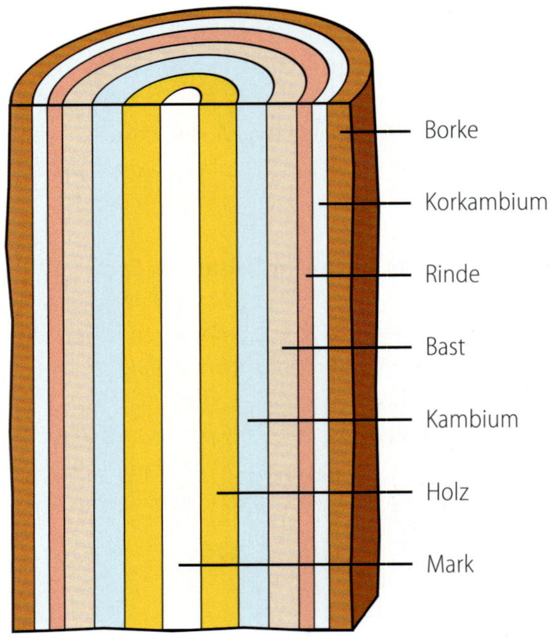

Bild 1 Gewebe des Sprosses (Schema)

Traubenholunder *(Sambucus racemosa)* besitzt braunes Mark.

Zweige vom Falschen Jasmin *(Philadelphus coronarius)* ähneln in unbelaubtem Zustand sehr stark den unbelaubten Zweigen der Deutzie. Beim Falschen Jasmin sind die Zweige mit Mark gefüllt.

Bei der Deutzie *(Deutzia gracilis)* sind die Zweige hohl.

Holz

Das Holz besteht aus länglichen Zellen, die ineinander verzahnt und verkeilt sind. Die Zellwände sind durch Einlagerungen von Lignin (Holzstoff) verstärkt. Auf diese Weise erhält das Holz eine hohe Säulenfestigkeit. Das ältere Holz im Zentrum des Stammes stirbt mit der Zeit ab. Es wird als Kernholz bezeichnet. Das Kernholz bildet die zentral tragende Säule des Baumes. Sein Holz ist sehr tragfähig. **Beispiel:** Ein 30 cm langes Holzstück mit einer Höhe von 5 cm und einer Breite von 2,5 cm kann ein Gewicht von bis zu 2,5 Tonnen tragen. Das äußere, jüngere Holz besteht aus lebenden Zellen und wird als Splintholz bezeichnet.

Das Holz wächst in Jahresringen. Dabei werden im Frühjahr weiträumige Zellen gebildet (Frühholz). Sie haben eine hohe Transportkapazität für Wasser. Das ist auch notwendig, weil die Gehölze zu Beginn der Wachstumsperiode einen erhöhten Wasserbedarf haben. Zum Sommer werden die Zellen immer kleinräumiger und erreichen mit dem Ende der Wachstumsperiode ihre geringste Größe (Spätholz). In diese kleinen Zellen wird besonders bei Nadelgehölzen Harz eingelagert, wodurch dieses Spätholz deutlich dunkler gefärbt wird.

Die Bildung der Jahresringe erfolgt durch das **Kambium**. Form und Größe der Jahresringe geben dem Fachmann Einsicht in vergangene Wachstumsverhältnisse (Standort, Klima, Krankheiten). Außerdem geben die Jahresringe dem Holz die typische Maserung. Dadurch erhält das Holz bei seiner Verwendung, z. B. als Möbelholz, seinen Schmuckwert.

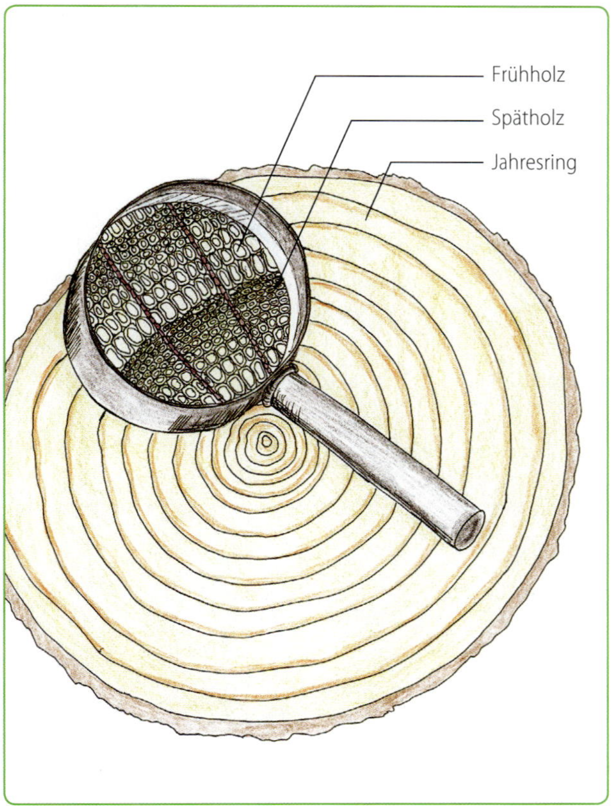

Bild 1 Jahresringe

Kambium

Das **Kambium** als Bildungsgewebe sorgt bei mehrjährigen Pflanzen für die Bildung der Jahresringe und damit für das Dickenwachstum der Sprossachsen. Dabei bildet das **Kambium** nach innen Holzzellen und nach außen Bast- bzw. Rindenzellen.

Der Gärtner nutzt das **Kambium** bei der vegetativen Vermehrung der Pflanzen. So erleichtert das **Kambium** die Vermehrung durch Stecklinge. An der Schnittstelle wird vom **Kambium** sofort Wundgewebe (Kallus) gebildet, aus dem sich Wurzeln entwickeln.

Das **Kambium** ist Voraussetzung für die Veredelung von Pflanzen. Bei der Veredelung von Rosen wird dabei an der Unterlage (Wildling, Sämling) die Rinde abgelöst und damit das **Kambium** freigelegt. Vom Edelreis (ein wenige Zentimeter langes Teilstück des Zweiges) wird eine Knospe so abgeschnitten, dass das **Kambium** mit erfasst wird. Nun wird die Knospe so in den Schnitt der Unterlage eingefügt, dass **Kambium** auf **Kambium** trifft. Jetzt verwächst die Knospe mit der Unterlage zu einer neuen Einheit. Man nennt diese Art der Veredelung Okulation (lat. oculus: Auge, Knospe). Es wird nur eine Knospe veredelt, z. B. bei Rosen, Obstgehölzen.

Einkeimblättrige Pflanzen besitzen kein **Kambium**. Eine Veredelung ist hier nicht möglich. Stecklingsvermehrung ist nur in wenigen Fällen machbar.

Bei den einkeimblättrigen Pflanzen ergibt sich ein anderes Wachstumsverhalten. Monokotyle Gehölze, wie Palmen, Dracaenen oder Yucca, wachsen an der Sprossspitze zuerst in die Breite und dann mit voller Breite in die Höhe. Deshalb ist der Stamm einer Palme auch vom Boden bis zur Spitze gleich dick.

Dikotyle Gehölze und Koniferen wachsen zuerst in die Länge. Danach wird der Spross von Jahr zu Jahr durch Zuwachs dicker (Jahresringe).

Bast und Rinde

Dieses Gewebe ist charakterisiert durch die Einlagerung von Bastfasern (Sklerenchym). Bastfasern zeichnen sich durch hohe Zugfestigkeit aus.

Auf diese Weise wird die Statik eines Stammes wesentlich verbessert. Dies ist auch notwendig, da im Rindengewebe die Baustoffleitungen eingelagert sind.

Bastfasern können aus sehr langen Zellen bestehen. So kann eine Leinenfaser aus Zellen von 0,4 bis 6,5 cm Länge bestehen. Bei *Boehmeria nivea*, einer Nesselart, können die Faserzellen bis zu 55 cm lang sein. Solche Fasern werden gern als Textilfasern verwendet.

Korkkambium und Borke

Bei Laub- und Nadelgehölzen entsteht im Lauf der Jahre ein Korkkambium, das nach innen Rindenzellen und nach außen Borke bildet.

Die Borke besteht aus toten Zellen, deren Zellwände durch Einlagerung von Suberin (Korkstoff) verstärkt sind. Die Borke bildet bei Gehölzen den Abschluss des Stammes und der Äste. Ähnlich den Jahresringen beim Holz wird vom Korkkambium jährlich ein neuer Ring Borke gebildet. Durch ihren Aufbau schützt die Borke den Stamm vor Witterungseinflüssen (Frost, Nässe, Austrocknung), vor mechanischen Beschädigungen und vor Krankheitsbefall.

Man unterscheidet zwischen Schuppenborke und Ringborke.

Schuppenborke platzt unregelmäßig schuppig nach außen auf, weil sich durch den neuen Jahresring der Stammumfang vergrößert hat. **Beispiele:** Stieleiche *(Quercus robur)*, Waldkiefer *(Pinus sylvestris)*, Bergahorn *(Acer pseudoplatanus)*, Rosskastanie *(Aesculus hippocastanum)*, Platane *(Platanus acerifolia)*.

Bei der Ringborke löst sich die Borke fast wie eine Haut in Streifen rings um den Stamm.

Beispiele: Hänge-Birke *(Betula pendula)*, Rotbuche *(Fagus sylvatica)*, Kirsche *(Prunus avium)*.

3.6 Leitgewebe

Blütenpflanzen verbrauchen oder verdunsten während ihrer Wachstumsphasen Wasser. Je größer nun eine Pflanze wird, umso mehr Zellen werden gebildet. Natürlich wird sich dadurch der Nährstoffbedarf der oberirdischen Teile erhöhen, sodass es immer dringender wird, z. B. das verdunstete Wasser zu ersetzen. So kann der Bau- und Betriebsstoffwechsel erhalten bleiben durch den Transport von Wasser, Nährstoffen und Assimilaten.

Dafür haben die höheren Pflanzen, die Gefäßpflanzen, im Laufe der langen Entwicklung besondere Leitgewebe geschaffen, nämlich das **Xylem** und das **Phloem**, zusammengefasst zu Leitbündeln.

Das Xylem, der Holzteil, besteht aus Zellen für den Wassertransport z. B. aus Tracheen und Tracheiden. Die Transportrichtung geht von den Wurzeln zu den Blättern bzw. Nadeln. Das Phloem, der Bast- oder Siebteil, transportiert in den Siebzellen und Siebröhren Assimilate und Hormone von den Blättern zu den Orten des Bedarfs, z. B. Vegetationspunkte von Wurzel und Spross, zum Kambium oder zur Speicherung in den Wurzeln.

Bei den zweikeimblättrigen Pflanzen sind die Leitbündel entlang einem Kambiumring angeordnet; den einkeimblättrigen Pflanzen fehlt das Kambium, weshalb die Leitbündel nur ungleichmäßig über den Sprossquerschnitt verteilt sind (Bild 1).

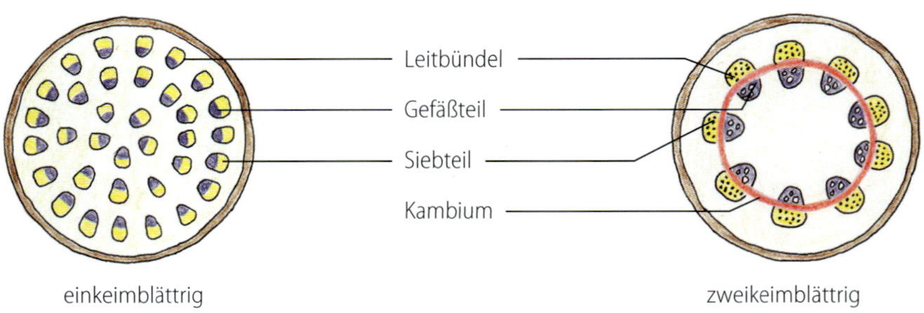

Bild 1 Leitbündelverteilung bei ein- und zweikeimblättrigen Pflanzen

Aufgaben

1. Wo findet man bei Pflanzen Bildungsgewebe?
2. Warum dürfen blaue Hortensien auf Dauer nicht mit hartem Wasser gegossen werden?
3. Welche Bedeutung haben Adventivknospen beim Zurückschneiden von Pflanzen? Geben Sie eine Erklärung!
4. Sie versorgen über den Wurzelballen eine Pflanze mit Wasser. Beschreiben Sie den Weg des Wassers bis zu den Blättern, indem Sie dazu vier bis fünf Aussagen formulieren.
5. Recherchieren Sie den unterschiedlichen Wasserbedarf (z. B. in Liter) einer Buche, einer Kiefer, einer Birkenfeige und einer sukkulenten Pflanze. Geben Sie eine Begründung!
6. Warum benötigt die Mehrheit einkeimblättriger Pflanzen kein Kambium?
7. Warum ist es wichtig, dass bei Pflanzen mit Kambium dieses mit Assimilaten gut versorgt wird?

4 Physiologische Zusammenhänge für die Blumenpflege erkennen und begründen

Die Pflanze ist für den Floristen nicht nur Werkstoff, mit dem er seine Werkstücke gestaltet. Die Pflanze muss auch als Lebewesen mit ihren Wachstumsfähigkeiten gesehen werden. Der Florist muss beim Umgang mit Pflanzen die Lebenserscheinungen beachten und bei der Pflege berücksichtigen.

4.1 Wasseraufnahme

Beim Samen und in geringerem Grad auch bei Pflanzen kann durch **Quellung** Wasser aufgenommen werden. Wenn Kohlenhydrate oder Eiweißmoleküle mit Wasser in Berührung kommen, saugen sie Wasser an und lagern das Wasser zwischen ihren Molekülen ein. Eiweiß und Kohlenhydrate nehmen dabei an Volumen zu. Beim Quellen des Samens oder beim Holz ist das deutlich zu erkennen.

Die hauptsächliche Wasseraufnahme erfolgt über die Wurzeln durch den Vorgang der **Osmose** (griech. osmos: das Stoßen, der Antrieb).

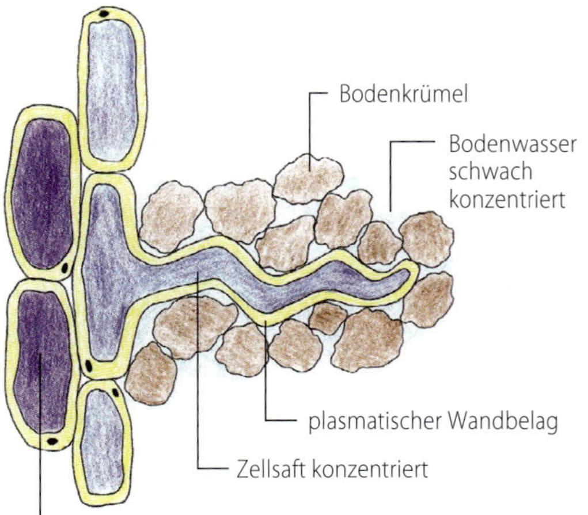

Bild 1 Wasseraufnahme durch Osmose

Die **Osmose** als physikalischer Vorgang beruht auf zwei physikalischen Gegebenheiten:

1. Zwei Lösungen unterschiedlicher Konzentration unterliegen dem Zwang des Konzentrationsausgleichs, wenn sie aufeinandertreffen.
2. Es gibt Trennwände, die sind halbdurchlässig. Eine halbdurchlässige Wand lässt Wasser hindurchtreten, aber die im Wasser gelösten Stoffe werden nicht hindurchgelassen.

Sind zwei unterschiedlich konzentrierte Lösungen durch eine halbdurchlässige Wand voneinander getrennt, findet ein Konzentrationsausgleich statt, indem von der schwächer konzentrierten Lösung Wasser zur stärker konzentrierten Lösung fließt.

> Diesen Konzentrationsausgleich durch eine halbdurchlässige Wand nennt man Osmose.

Die Pflanze nimmt Wasser über die Wurzelhaare durch die **Osmose** auf. Der Zellsaft in den Wurzelhaaren ist eine konzentrierte Nährstoff-Baustofflösung. Das Bodenwasser hat nur eine schwache Nährstoffkonzentration. Zwischen der stark konzentrierten Zellsaftlösung und dem schwach konzentrierten Bodenwasser besteht der Zwang, den Konzentrationsunterschied auszugleichen. Der plasmatische Wandbelag der Wurzelhaarzelle ist aber nur halbdurchlässig. Er lässt Wasser durch sich hindurchfließen, aber nicht die im Wasser gelösten Nährsalze. Deshalb dringt Wasser in die Wurzelhaarzelle ein, damit die Zellsaftkonzentration verringert wird.

Da normalerweise ein Konzentrationsausgleich von Zellsaft und Bodenwasser nicht erreicht wird, nimmt die Wurzelhaarzelle Wasser auf, bis sie prall gefüllt ist. Es entsteht dann ein Zellinnendruck (**Turgor** [lat. turgere: anschwellen] oder **Turgordruck**). Eine prall gefüllte Zelle ist turgeszent. Die Zellen und damit das Gewebe der Pflanzen werden dadurch gestrafft und erhalten Festigkeit. Bei Wassermangel fehlt diese Festigkeit. Die Pflanzen welken.

Die Kraft, mit der die **Osmose** erfolgt, hängt von der Höhe des Konzentrationsunterschiedes zwischen Bodenwasser und Zellsaft ab.

Verändern sich die äußeren Umstände, indem sich die Bodenwasserlösung verstärkt, hat das Folgen für die Pflanze. Ist das Bodenwasser, z. B. durch Überdüngung oder durch Streusalz, stärker konzentriert als der Zellsaft, kehrt sich der Vorgang der **Osmose** um. Da weiterhin der Zwang zum Konzentrationsausgleich besteht, fließt jetzt Wasser aus der Wurzelhaarzelle in den Boden. Der Profi nennt diesen Vorgang **Exosmose**.

> Exosmose ist aus dem Haushalt bekannt (Einzuckern der Erdbeeren, Salzen des Rettichs).

Die Gefahr einer **Exosmose** besteht nicht nur bei Überdüngung, sondern auch dann, wenn Düngerlösung auf die Blätter kommt (das Wasser verdunstet, die Lösung wird konzentriert).

Wenn durch **Exosmose** Zellsaft aus der Wurzelhaarzelle fließt, zieht sich das Plasma zusammen, weil sich die **Vakuole** verkleinern muss. Dabei löst sich das Plasma von der Zellwand. Der Fachmann nennt diesen Vorgang **Plasmolyse** (lat. plasma: das Gebildete, griech. lysis: Lösung, Scheidung). Hat sich das Plasma etwa zu 50 % oder mehr von der Zellwand gelöst, stirbt die Zelle ab. Der Schaden ist nicht mehr zu beheben.

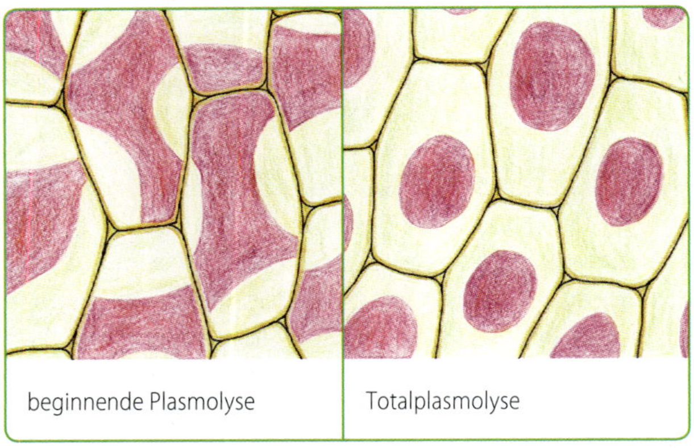

Bild 1 Plasmolyse

Wird die Gefahr einer Überdüngung rechtzeitig erkannt, kann durch reichliches Wässern der Schaden einer beginnenden **Plasmolyse** behoben werden. Die Zelle nimmt normal durch **Osmose** Wasser auf. Die **Vakuole** füllt sich wieder mit Zellsaft und das Plasma legt sich wieder an die Zellwand. Man bezeichnet diesen Vorgang auch als Deplasmolyse.

4.2 Wassertransport

Der Wassertransport in den Pflanzen wird durch drei Kräfte bewirkt:

1. Wurzeldruck
2. **Kapillarität** (Haarröhrchenkraft)
3. Transpirationssog

Wurzeldruck

An den Wurzelhaaren nimmt die Pflanze durch **Osmose** Bodenwasser auf. Da normalerweise ein Konzentrationsausgleich nicht erreicht wird, gerät die Zelle unter **Turgor**. In der Wurzelhaarzelle hat sich der Zellsaft verdünnt und ist jetzt schwächer konzentriert als der Zellsaft der nächsten inneren Zelle. Deshalb setzt sich die **Osmose** nach innen fort. Auch die nächste Zelle gerät unter **Turgor**. Dieser Vorgang wiederholt sich bis zu den Tracheen, sodass bis zum Beginn der Leitungsbahnen ein osmotischer Wasserstrom entsteht. Alle Zellen geraten dabei unter **Turgor**. Dieser Zellinnendruck all der Zellen, die an die Tracheen stoßen, wirkt gemeinsam als Wurzeldruck und drückt das Wasser in die Tracheen. Die Höhe des **Turgors** und damit auch die Höhe des Wurzeldrucks hängt vom Konzentrationsunterschied zwischen Bodenwasser und Zellsaft ab.

Der Wurzeldruck ist die Hauptkraft beim Wassertransport im Frühjahr. Da bei vielen Pflanzen die Laubblätter als Transpirationsfläche fehlen, muss der Wurzeldruck dafür sorgen, dass das Wasser bis in die Sprossspitzen steigt. Beim Schneiden von Gehölzen kann man den hohen Wurzeldruck im Frühjahr leicht feststellen, da die Schnittflächen sofort bluten. Der hohe Wurzeldruck im Frühjahr kommt zustande durch einen hohen Konzentrationsunterschied zwischen Bodenwasser und Zellsaft. Am Ende des Winterhalbjahres ist das Bodenwasser auf Grund von Schnee und Regen besonders schwach konzentriert. Die Zellsaftkonzentration ist aber extrem hoch, da die Pflanze als Frostschutzmaßnahme Stärke verzuckert (durch Frost werden Kartoffeln süß; Eiswein hat einen hohen Zuckergehalt; Grünkohl und Rosenkohl erhalten erst nach dem ersten Frost ihr volles Aroma). Sind die Blätter voll ausgebildet, reduziert sich der Wurzeldruck auf ein Normalmaß.

Kapillarität

Die Kapillarkraft (lat. capillus: Haar) oder Haarröhrchenkraft entsteht durch das Zusammenwirken von Adhäsion und Kohäsion.

Adhäsion: Festhaltekraft zwischen Molekülen verschiedener Herkunft (z. B. Wasser und Gefäßwand).

Kohäsion: Zusammenhaltekraft zwischen Molekülen gleicher Herkunft (z. B. Wasser untereinander).

Die **Kapillarität** ist eine Erscheinung, bei der in feinsten Röhrchen Wasser selbsttätig nach oben steigt. Diese Erscheinung wird verursacht durch das Zusammenwirken von Kohäsion und Adhäsion. In feinsten Röhrchen ist die Gefäßwand bestrebt, sich mit einer Wasserhülle zu umgeben. Dabei wird das Wasser durch die Adhäsion an der Gefäßwand hochgezogen.

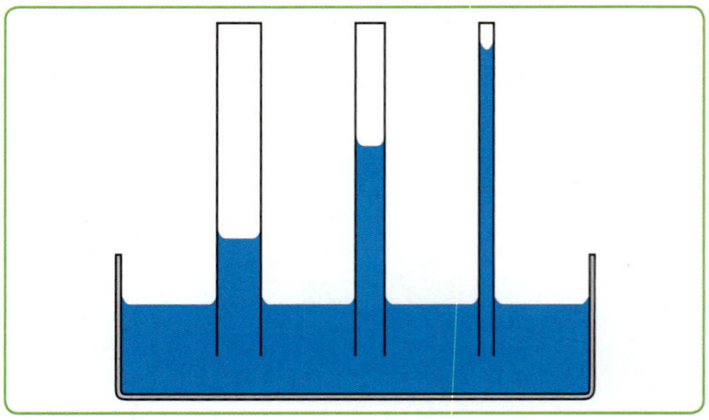

Bild 2 Kapillarität

Durch Kohäsion wird die Wassersäule in der Mitte des Röhrchens mitgezogen. So steigt das Wasser in den feinen Röhrchen (Kapillare) aufwärts, solange das Gewicht der Wassersäule nicht zu groß wird. Die Steighöhe ist um so größer, je dünner die Kapillare ist, weil dann ja auch das Gewicht der Wassersäule geringer ist.

Radius der Kapillare in mm	Steighöhe in cm
1,0	1,5 cm
0,1	15,0 cm
0,01	150,0 cm
0,001	1 500,0 cm

Die Förderleistung der **Kapillarität** reicht im besten Fall aus, die Kapillare zu füllen. Danach hört die **Kapillarität** auf. Die bescheidene Förderleistung zeigt, dass die **Kapillarität** nur als unterstützende Kraft beim Wassertransport mitwirkt.

Transpirationssog

Den Blättern wird durch **Transpiration** Wasser entzogen. Dabei erhöht sich die Zellsaftkonzentration in den Epidermiszellen. Hier setzt **Osmose** ein. Die Epidermiszellen nehmen osmotisch Wasser aus dem Palisadengewebe auf. Dieser Vorgang wiederholt sich rückschreitend bis zu den oberen Enden der Leitungsbahnen, wo das Schwammgewebe den Leitungsbahnen durch **Osmose** Wasser entzieht. Dadurch wird gleichzeitig in den Leitungsbahnen Wasser nachgesaugt. Hierbei ist die **Kapillarität** hilfreich, da sie dafür sorgt, dass der Wasserfaden nicht abreißt. Die **Transpiration** ist die Hauptkraft beim Wassertransport während der Wachstumsphase nach dem Laubaustrieb. Das ist auch sinnvoll, da warmes Wetter die Wachstumsprozesse fördert und gleichzeitig für die notwendige Erhöhung des Wassertransports sorgt.

> Eine Birke mit ca. 200 000 Blättern verdunstet bis zu 300 l/Tag.
> Geschwindigkeit des Wassertransports:
> Eiche 20–45 m/Std.; Zitterpappel 44 m/Std.;
> Buche 1–4 m/Std.; Nadelgehölze 1,50 m/Std.

Da bei unseren Schnittblumen der Wurzeldruck als Transportkraft fehlt, ist der Transpirationssog für sie sehr wichtig. Bei der Schnittblumenpflege muss besonders darauf geachtet werden, dass durch fachgerechten Anschnitt die Wasseraufnahme erleichtert wird (s. auch S. 201).

Bild 1 Transpirationssog

4.3 Wasserabgabe

Die Wasserabgabe der Pflanzen geschieht durch **Transpiration** und **Guttation**.

Transpiration

Die **Transpiration** ist für die Pflanzen ein passiver Vorgang. Der Pflanze wird durch Verdunstung Wasser entzogen. Die Pflanze verdunstet das Wasser vorrangig über die Spaltöffnungen an den Blättern. Es kann aber auch über die Epidermis Wasser verdunstet werden. Die Höhe der **Transpiration** hängt von der Höhe der Luftfeuchtigkeit und von der Luftbewegung ab.

Für unsere Zimmerpflanzen ist dabei von Bedeutung, dass die Höhe der Luftfeuchtigkeit von der Lufttemperatur abhängt. Je wärmer die Luft ist, desto mehr Wasserdampf kann die Luft aufnehmen. Je kälter die Luft ist, desto weniger Wasserdampf kann die Luft halten. Je trockner die Luft ist, desto höher ist die Verdunstung.

Die Höhe der Luftfeuchtigkeit wird in Prozent der Sättigung der Luft mit Wasserdampf angegeben, immer bezogen auf eine bestimmte Lufttemperatur (relative Luftfeuchtigkeit).
Beispiel: 70 % relative Luftfeuchtigkeit bei 20 °C bedeutet, dass die Luft bei 20 °C zu 70 % mit Wasserdampf gesättigt ist.

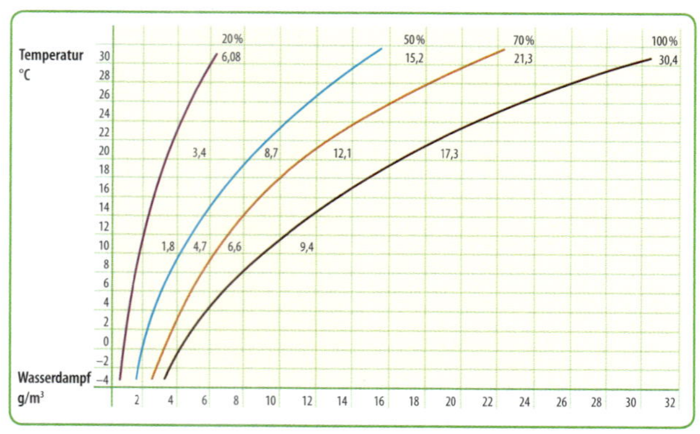

Bild 2 Relative Luftfeuchtigkeit

Wenn im Winterhalbjahr bei ca. 0 °C Außentemperatur und 100 % relativer Luftfeuchtigkeit ein Wohnraum gelüftet wird, wird durch die anschließende Erwärmung (Heizung) die Luft sehr trocken (u. U. wird eine relative Luftfeuchtigkeit von 30–40 % erreicht).

Diese Angaben machen deutlich, dass die Zimmerpflanzen im Winter in zentralbeheizten Räumen meist unter extrem trockner Luft leiden. Deshalb ist nicht nur regelmäßiges Gießen notwendig. Es muss zusätzlich die Luftfeuchtigkeit erhöht werden, z. B. durch Verdunstungsgefäße, ein Übersprühen der Pflanzen, Aufstellen von Wasserschalen und evtl. Einsatz elektrischer Luftbefeuchter.

Die **Transpiration** hat folgende Aufgaben:

- Die **Transpiration** verursacht die Saugkraft an den Leitungsbahnen und trägt so zum Wassertransport bei.
- Bei der Verdunstung entsteht Verdunstungskälte, mit der die Pflanzenoberfläche gekühlt wird. Die Pflanze schützt sich auf diese Weise vor Verbrennungen.

Guttation (lat. gutta: Tropfen)

Die Pflanze hat die Möglichkeit, in bestimmten Fällen aktiv Wasser abzugeben. Aus Wasserspalten (Hydrathoden), die sich am Blattrand, meist am Ende einer Blattader, befinden, scheidet die Pflanze aktiv Wasser in Tropfenform aus. Diesen Vorgang nennt man **Guttation**. Wenn aufgrund hoher Luftfeuchtigkeit die **Transpiration** erschwert ist, scheidet die Pflanze auf diese Weise Wasser ab. Die Wasserabgabe ist nötig, damit sie neues Wasser und damit neue Nährstoffe aufnehmen kann.

Man kann diesen Vorgang bei vielen Pflanzen sehen, z. B. bei *Monstera*, *Aglaonema*, Fuchsien, *Alchemilla*, Rosen, Begonien. Besonders in den frühen Morgenstunden, wenn durch die Kühle der Nacht die Luftfeuchtigkeit sehr hoch wurde, kann man Guttationstropfen beobachten.

4.4 Wasserhaushalt

Da unsere Pflanzen ortsgebunden sind, sind sie auch an das Wasserangebot ihres Standortes gebunden. Die Pflanze ist gezwungen, zwischen Angebot und Bedarf einen Ausgleich zu schaffen.

Grundsätzlich gibt es zwei Möglichkeiten:

1. Die Pflanze speichert Wasser, um einen Vorrat für Notzeiten zu haben. Dies tun z. B. Kakteen und andere **Sukkulente** (*Beaucarnea*, *Aloe*, *Agave*, *Sedum*, *Sansevieria* u. a.).

Bild 1 Rhododendron im Winter mit eingerollten Blättern

Ein ausgewachsener Affenbrotbaum *(Adansonia digitata)*, etwa 20 m hoch gewachsen, kann in seinem dicken Stamm mehr als 100 000 Liter Wasser speichern.

2. Die Pflanzen schränken ihren Wasserverbrauch ein, indem sie die Wasserabgabe erschweren. Folgende Möglichkeiten stehen den Pflanzen zur Verfügung:

a) Das Einrollen der Blätter: Es bildet sich ein Mikroklima, die Transpirationsfläche bietet weniger Angriffsfläche für die Luft.
Beispiel: *Rhododendron* im Winter bei Kahlfrost; bei der Welke von Pflanzen wird eine vergleichbare Wirkung erzielt.

b) Durch einen stärkeren Wachsüberzug und verdickte Epidermisaußenwände werden die Blätter lederhart und die Transpiration wird erschwert.
Beispiele: *Nerium*, *Laurus*, *Ruscus*, *Myrtus*, *Olea*, *Eucalyptus*, *Protea*.

c) Behaarung der Blätter: Zwischen den Haaren entsteht ein Mikroklima. Außerdem geben die Haare Schatten. Beides wirkt als Transpirationsschutz.
Beispiele: *Tolmiea menziesii*, *Stachys byzantina*, *Senecio bicolor*, *Sinningia*.

d) Verringerung der Blattfläche: Einige Pflanzen bilden nadelförmige Blätter aus.
Beispiele: *Pinus*, *Abies*, *Taxus*, *Asparagus*.

Einige Pflanzen wandeln Blätter in Blattdornen um.
Beispiele: *Euphorbia milii*, *Pachypodium*, *Cereus*.

e) Senkrechtstellung der Blätter: Durch den spitzen Einfallswinkel der Sonne verringert sich die Erwärmung der Blattoberfläche und damit auch die Transpiration.
Beispiele: *Gladiolus*, *Iris*, *Sansevieria*, *Narcissus*, *Crocus*, *Freesia*.

Bild 2 *Stachys byzantina* mit dicht behaarten Blättern

f) Laubabfall im Herbst und bei zu großer Trockenheit.
Beispiele: *Fagus*, *Betula*, *Tilia*, *Corylus*, Azaleen.

g) Schließen der Spaltöffnung: Bei Wassermangel schließen die Blätter ihre Spaltöffnungen.

4.5 Stoffwechsel

Stoffwechsel ist jede Form von Stoffumwandlung im Körper von Lebewesen, die nach dem Aufbau (**Assimilation** oder **Fotosynthese**) bis zum Abbau (**Atmung**) im Pflanzenkörper auftreten.

Assimilation

Der Begriff **Assimilation** bedeutet übersetzt Angleichung. Bezogen auf die Pflanzen heißt das, dass die Pflanzen körperfremde **Nährstoffe** in körpereigene **Baustoffe** umwandeln und damit ihrem Körper angleichen. Dabei ist die **Assimilation** ein Oberbegriff, da sie als Chemosynthese oder als **Fotosynthese** geschehen kann.

Die Chemosynthese wird von einigen Bakterien durchgeführt. Mithilfe von chemischer Energie betreiben sie den Aufbau von körpereigenen **Baustoffen**.

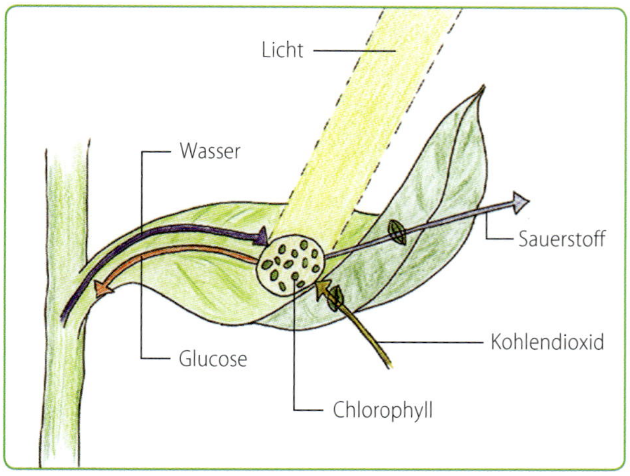

Bild 1 Fotosynthese

Unsere Pflanzen, die grüne Blätter haben, betreiben **Fotosynthese** (griech. phos: Licht, synthesis: Zusammensetzung), weil sie für ihren Stoffaufbau Sonnenenergie verwenden können. Voraussetzungen für die **Fotosynthese** sind:

- Licht als Energiequelle
- Chlorophyll zur Aufnahme der Lichtenergie
- Kohlendioxid als **Nährstoff**
- Wasser als **Nährstoff**
- Wärme als Medium

Der Ablauf der **Fotosynthese** kann in zwei Schritte gegliedert werden.

- In der Lichtreaktion wird das aufgenommene Wasser mithilfe der Sonnenenergie in Sauerstoff und Wasserstoff gespalten.
- In der Dunkelreaktion wird mithilfe von Enzymen das Kohlendioxid zerlegt und die Einzelteile werden neu zu Traubenzucker verbunden.

> Wasser + Kohlendioxid + Sonnenenergie →
> Glucose + Wasser + Sauerstoff

Die Pflanzen nehmen über die Blätter Kohlendioxid aus der Luft auf und über die Wurzeln Wasser aus dem Boden. Mithilfe der Sonnenenergie, die über das Chlorophyll aufgenommen wird, wird das Wasser in Wasserstoff und Sauerstoff gespalten. Das Kohlendioxid wird durch Enzyme ebenfalls gespalten. Anschließend wird aus den Einzelteilen zunächst Glucose (Traubenzucker) aufgebaut. Bei dem ganzen Prozess bleiben als „Abfallprodukte" Wasser und Sauerstoff übrig, die an die Luft abgegeben werden. Im Traubenzucker ist die aufgenommene Sonnenenergie chemisch gespeichert.

Der Vorgang der **Fotosynthese** hat über die Pflanzen hinaus Bedeutung für unser Leben auf der Erde. An drei Beispielen soll das deutlich werden:

- Die Pflanzen sind die einzigen Lebewesen, die Sauerstoff produzieren. Bei der **Fotosynthese** nimmt die Pflanze das für Mensch und Tier giftige Gas Kohlendioxid auf, bindet es chemisch ein und gibt als Abfallprodukt das für alle Lebewesen lebenswichtige Gas Sauerstoff an die Atmosphäre ab. Grünanlagen, Parks und Wälder bilden die Lunge unserer Industrielandschaft. Der Hauptanteil der Sauerstoffproduktion erfolgt über die Wasserpflanzen der Weltmeere.
- Die Pflanzen sind die einzigen unabhängigen Lebewesen. Viele Pflanzen sind in der Lage, anorganische **Nährstoffe** aufzunehmen und sie in organische (körpereigene) **Baustoffe** umzuwandeln. Die Pflanzen bilden die Nahrungsgrundlage für Mensch und Tier.

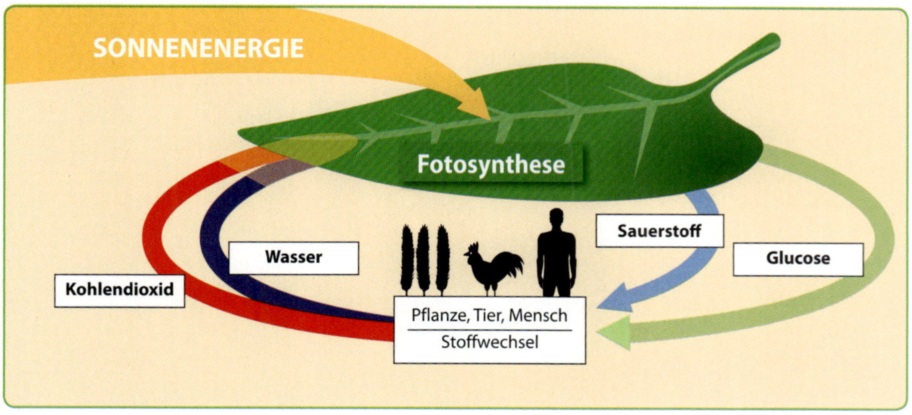

Bild 2 Sonne als Energiequelle

- Bei der Fotosynthese wird Sonnenenergie aufgenommen und von der Pflanze in organischen Stoffen chemisch gebunden. Auf diese Weise kann diese gespeicherte Energie problemlos gelagert, ohne Verlust transportiert und an jedem Ort zu jeder Zeit neu gewonnen werden. Bis heute sind die sogenannten fossilen Energieträger (Holz, Kohle, Erdöl, Erdgas) nicht aus der Energiewirtschaft wegzudenken. Neben Wind- und Wasserkraft sind die fossilen Energieträger die wichtigsten Energielieferanten.

Fotosynthese	Atmung
Bei der **Fotosynthese** baut die Pflanze aus Wasser und Kohlendioxid mithilfe der Sonnenenergie Glucose (Traubenzucker) auf. Die **Fotosynthese** ist ein Aufbauprozess.	Bei der **Atmung** zerlegt die Pflanze Glucose (Traubenzucker) in Wasser und Kohlendioxid und gewinnt dabei die im Zucker gespeicherte Energie. Die **Atmung** ist ein Abbauprozess.
Die **Fotosynthese** ist an das Vorhandensein von Chlorophyll gebunden. Sie findet nur in grünen Pflanzenteilen statt.	Die **Atmung** ist nicht an Chlorophyll gebunden. Sie findet in allen Pflanzenteilen statt.
Bei der **Fotosynthese** benötigt die Pflanze Sonnenlicht als Energiequelle. Die Fotosynthese findet nur am Tage statt.	Die **Atmung** ist unabhängig vom Licht. Die Pflanze atmet Tag und Nacht.
Bei der **Fotosynthese** nimmt die Pflanze das für Mensch und Tier giftige Kohlendioxid auf und bindet es chemisch. Dafür wird Sauerstoff freigesetzt.	Bei der **Atmung** nimmt die Pflanze Sauerstoff auf und gibt Kohlendioxid ab.

Atmung

Die Pflanze nimmt Sauerstoff auf und zerlegt den Traubenzucker in Kohlendioxid und Wasser und gewinnt dabei die im Traubenzucker gespeicherte Energie.

Traubenzucker + Sauerstoff → CO_2 + Wasser + Energie

Die **Atmung** der Pflanze dient dem Gewinn von Energie. Sie benötigt die Energie zum Transport der **Baustoffe** und zum Aufbau weiterer energiereicher Stoffe (Eiweiß, Fett u. a.). Da diese Stoffe nicht wasserlöslich sind, müssen sie an den Orten des Gebrauchs aufgebaut werden. Deshalb atmet die Pflanze am ganzen Körper. Dazu nimmt die Pflanze den Sauerstoff durch Spaltöffnungen an den Blättern und durch Poren in der Rinde an den Sprossachsen auf. Die Pflanze atmet Tag und Nacht. Nur bei sehr hohen und sehr niedrigen Temperaturen verringern sich die **Atmung** wie auch alle anderen Stoffwechselvorgänge.

Man nutzt diese Erscheinung bei der Kühlung von Schnittblumen. Eine Verringerung der **Atmung** und damit des Abbaus von **Baustoffen** verlängert die Haltbarkeit von Schnittblumen.

4.6 Ernährungsformen

Pflanzen mit grünen Blättern können sich selbstständig ernähren. Solche Pflanzen werden als **autotroph** (selbsternährend) bezeichnet.

Es gibt Pflanzen, die besitzen kein Blattgrün und können daher keine Fotosynthese betreiben. Diese Pflanzen sind darauf angewiesen, dass andere Lebewesen ihnen organische Stoffe zur Verfügung stellen. Solche Pflanzen sind nicht selbstständig. Sie werden als **heterotroph** (verschieden ernährend) bezeichnet.

Leben diese heterotrophen Pflanzen auf Kosten lebender Wirtspflanzen, spricht man von Schmarotzern oder **Parasiten** (griech. parasitos: Mitesser, Tischgenosse). Neben einigen Blütenpflanzen, z. B. Nestwurz *(Neottia nidus-avis)*, Quendelseide *(Cuscuta epithymum)*, Kleewürger *(Orobanche minor)*, gehören vor allem Pilze und Bakterien zu den **Parasiten**. Viele Krankheitserreger, z. B. Mehltau, Rost, *Botrytis*, sind solche Pilze, die auf Kosten unserer Blütenpflanzen leben.

Bild 1 Nestwurz

Leben diese Pflanzen auf toter organischer Masse, werden sie als **Saprophyten** (Fäulnisbewohner) bezeichnet. Viele Bakterien und auch Pilze leben saprophytisch, z. B. Bodenbakterien im Kompost oder der bekannte Champignon.

Es gibt auch **Halbschmarotzer**, Pflanzen, die nur bedingt auf die Hilfe von Wirtspflanzen angewiesen sind. Der bekannteste Halbschmarotzer ist die Mistel *(Viscum album)*. Sie wächst auf verschiedenen Bäumen und entzieht ihrem Wirt nur Wasser und Nährstoffe. Da die Mistel grüne Blätter hat, kann sie selber **Fotosynthese** betreiben. Zu den **Halbschmarotzern** gehören auch einige unserer heimischen Wiesenblumen, z. B. Augentrost *(Euphrasia rostkoviana)*, Klappertopf *(Rhinanthus serotinus)* und Wiesen-Wachtelweizen *(Melampyrum pratense)*.

Eine besondere Ernährungsform findet man bei **Insektivoren**. Das sind insektenfressende Pflanzen. Diese Pflanzen leben meist im Hochmoor auf nährstoffarmen Böden. Sie gleichen den Nährstoffmangel aus, indem sie mit Fangblättern Insekten oder auch kleine Tiere fangen und durch Ausscheidung von Enzymen verdauen. So ergänzen sie vor allen ihren Bedarf an Stickstoff und Phosphor. Zu den bekannten **Insektivoren** gehören die Venusfliegenfalle, der Sonnentau und die Kannenpflanze.

Bild 1 Venusfliegenfalle

4.7 Reiz-Reaktions-Erscheinungen bei Pflanzen

Pflanzen können sehr sensibel auf äußere Reize reagieren. Auf ganz verschiedene Weise nehmen Pflanzen ihre Umwelt wahr und reagieren auf die Reize aus ihrer Umgebung.

Tropismen

Bild 2 Zur Sonne ausgerichtete Sonnenblumen

Tropismen (griech. tropos: Richtung, Wendung) sind Krümmungsbewegungen, bei denen die Richtung der Bewegung durch einen äußeren Reiz bestimmt wird. Erfolgt die Bewegung in Richtung des Reizes, handelt es sich um einen positiven Tropismus. Erfolgt die Bewegung weg von der Reizquelle, handelt es sich um einen negativen Tropismus. Nach der Art des Reizes werden unterschieden:

- **Fototropismus** (Lichtwendigkeit)
  Der Spross einer Pflanze wächst zum Licht hin, er wächst fototropisch positiv. Blätter oder Blüten werden zur Lichtquelle hin ausgerichtet. Gut ist das zu erkennen bei einem Sonnenblumenfeld, auf dem die Blüten alle zur Sonne ausgerichtet sind.
  Die Wurzeln wachsen fototropisch negativ, sie wachsen vom Licht weg.

- **Geotropismus**
  Pflanzen können sich nach der Schwerkraft der Erde ausrichten. So wächst ein Spross geotropisch negativ, wenn er vom Erdmittelpunkt senkrecht wegwächst. Besonders deutlich kann man das bei Bäumen in den Bergen sehen, wenn sie an einer Hanglage wachsen. Der Stamm ist zum Erdmittelpunkt ausgerichtet und wächst nicht im rechten Winkel zur Hanglage. Die Hauptwurzeln wachsen geotropisch positiv zur Erdmitte hin.

- **Haptotropismus** (griech. haptein: berühren)
  Spross- und Blattranken können „fühlen", ob sie einen brauchbaren Halt gefunden haben.
  Beispiel:
  Bei der Zaunrübe hat man besonders feine Berührungsempfindlichkeit festgestellt. Sie ist weitaus sensibler als menschliche Haut. Sie kann erfühlen, ob die Oberfläche glatt oder rau ist oder ob der gesuchte Halt auf Druck nachgibt.

Hat sie den richtigen Halt gefunden, kann sich die Spitze der Ranke in 20 bis 30 Sekunden krümmen und dahinter verhaken. Nach etwa zwei Stunden spiralisiert sich die Ranke. Nach weiteren 24 bis 36 Stunden wird aus der spiralisierten Ranke eine stabile Schraubenfeder, die den Spross elastisch, aber sicher verankert.

Bild 1 Zaunrübe – Beispiel für Haptotropismus

- **Chemotropismus**
  Hier bestimmen chemische Reize die Wachstumsbewegung. So wachsen Wurzeln in Richtung einer Wasserquelle oder in Richtung von gut durchlüftetem Boden. Bei der Befruchtung findet der Pollenschlauch durch chemische Reize die Eizelle im Fruchtknoten.

Nastien

Nastien sind Pflanzenbewegungen, die nur durch äußere Reize ausgelöst werden, wobei die Bewegungsrichtung nicht durch den Reiz bestimmt wird.

Nach der Art des Reizes unterscheidet man:

- **Fotonastie**
  Licht verursacht das Öffnen von Blüten. Nachts schließen sich die Blüten wieder.
  Pflanzenbeispiele: Seerosen *(Nymphaea alba)*, Gänseblümchen *(Bellis perennis)*, Ringelblume *(Calendula officinalis)*, Mittagsblume *(Dorotheanthus bellidiformis)*.

- **Thermonastie** (griech. thermos: warm)
  Wärme führt zur Öffnung der Blüten. An kühlen Tagen bleiben die Blüten geschlossen. Vor allem bei Frühlingsblühern findet man Thermonastie. So schützen sich die Blüten bei einem Kälterückfall.
  Pflanzenbeispiele: Schneeglöckchen *(Galanthus nivalis)*, Krokus *(Crocus chrysanthus)*, Tulpen *(Tulipa Cultivars)*.

- **Seismonastie** (griech. seismos: Erschütterung)
  Die bekannte Mimose reagiert mit ihren Blättern auf Berührung und faltet sie ruckartig zusammen. Bei der Venusfliegenfalle klappen die Blätter zusammen, sobald sich ein Insekt niederlässt.

Autonome Bewegungen

Hierunter versteht man Bewegungen von Pflanzenteilen, die nicht durch Reize ausgelöst werden. Dazu gehören die Suchbewegungen der Ranken, die kreisenden Bewegungen windender Pflanzen, z. B. Knöterich *(Fallopia baldschuanica)*. Auch das Aufspringen von Früchten gehört hierher, z. B. beim Springkraut *(Impatiens noli-tangere)*.

Bild 2 Mittagsblumen – Beispiel für Fotonastie

Bild 3 Schneeglöckchen – Beispiel für Thermonastie

1 Ernte und Transport von Schnittblumen beschreiben

Schnittblumen bilden einen wesentlichen Schwerpunkt im Warensortiment eines Floristik-Fachgeschäftes. Da es sich bei Schnittblumen um „amputierte Pflanzenteile" handelt, bedarf es einer besonderen Zuwendung und sorgfältiger Pflege, um eine möglichst lange Haltbarkeit der Schnittblumen zu gewährleisten. Von der Ernte bis zum Kunden müssen Schnittblumen umsorgt werden, damit der Kunde lange Freude an seinen Blumen haben kann.

Bereits der richtige Erntezeitpunkt ist entscheidend für eine gute Haltbarkeit. Vor der Ernte müssen die Pflanzen gut mit Wasser versorgt sein und sollten einen Vorrat an Assimilaten haben. Bei einer Ernte am Abend ist der Gehalt an Assimilaten größer. Wird früh am Morgen geerntet, haben die Blumen sich in der Kühle der Nacht erholt und konnten ihr Gewebe mit Wasser füllen. Wenn der Florist selber die Schnittblumen erntet, wird er auch unter Berücksichtigung betriebsorganisatorischer Gesichtspunkte abwägen, wann die Ernte erfolgen soll. Egal wie sich der Florist entscheidet, ganz wichtig ist, dass die Schnittblumen sofort nach der Ernte ins Wasser gestellt werden. Dem Vasenwasser kann ein Frischhaltemittel, das sich zur Vorbehandlung eignet, hinzugefügt werden. Solche Frischhaltemittel zur Vorbehandlung haben einen höheren Zuckergehalt (Baustoffnahrung), sodass sich die Schnittblumen für den Transport mit Baustoffnahrung bevorraten können.

Die Versorgung der Schnittblumen direkt nach der Ernte ist entscheidend für die spätere Haltbarkeit. Was hier versäumt wird, kann später nicht mehr ausgeglichen werden.

Wichtig für den Erntezeitpunkt ist auch die Blühreife der Pflanzen. Obwohl so früh wie möglich, d.h. in Knospenform, geschnitten werden sollte, muss gewährleistet sein, dass die Knospen später auch aufblühen und nicht stecken bleiben.

Bild 1 Rose, nicht blühreif

Bild 2 Rose, blühreif

Die folgende Tabelle zeigt, in welchem Zustand Schnittblumen geschnitten werden.

Zustand der Blütenknospen	Pflanzenbeispiele
Können in knospigem Zustand geschnitten werden, wobei die Knospen Farbe zeigen sollen.	*Rosa* (Rose), *Tulipa* (Tulpen), *Narcissus* (Osterglocken), *Hippeastrum* (Amaryllis), *Anemone*, *Lilium* (Lilien), *Paeonia* (Pfingstrosen), *Papaver* (Mohn), *Iris* (Schwertlilie), *Dianthus* (Nelke), können auch mit offenen Blüten geerntet werden.
Geschnitten wird, wenn eine Blüte geöffnet ist und weitere Knospen Farbe zeigen.	*Eustoma* (Prärieenzian), *Freesia* (Freesie), *Gladiolus* (Gladiole), *Lathyrus* (Edelwicke), *Bouvardia* (Bouvardie), *Nerine* (Guernseylilie)
Geschnitten wird, wenn der Blütenstand etwa zu einem Drittel erblüht ist.	*Aconitum* (Eisenhut), *Aster novi-belgii* (Glattblattaster), *Eremurus* (Steppenkerze), *Antirrhinum* (Löwenmäulchen), *Delphinium* (Rittersporn), *Digitalis* (Fingerhut)
Werden voll erblüht geschnitten.	*Achillea* (Schafgarbe), *Cyclamen* (Alpenveilchen), *Euphorbia fulgens* (Korallenrispe), *Helleborus* (Christrose), *Gloriosa* (Ruhmeskrone), *Cattleya*, *Callistephus* (Sommeraster), *Astilbe*, *Dahlia* (Dahlie), *Gerbera* (die zwei äußeren Reihen der Röhrenblüten müssen geöffnet sein), *Zinnia* (Zinnie)

Für den Transport müssen die Schnittblumen fachgerecht verpackt werden. Schnittblumen mit großen oder auch empfindlichen Blüten, z.B. Orchideen, Anthurien, Gerbera, Strelitzien, werden in Kartons verpackt. So sind die Blüten vor Druckverletzungen geschützt.

Bei besonders empfindlichen Blüten, wie z.B. *Gloriosa*, werden die einzelnen Blüten in luftgefüllte Folie eingeschweißt.

Der Transport erfolgt bei den meisten Schnittblumen trocken. Deshalb ist es bei Schnittblumen so wichtig, dass sie direkt nach der Ernte gut mit Wasser versorgt werden. Nur besonders wertvolle Schnittblumen, wie Orchideen und Anthurien, erhalten über kleine Kunststoffröhrchen Wasser.

Um während des Transports die Wasserabgabe und die anderen Lebensvorgänge so gering wie möglich zu halten, erfolgt der Transport bei möglichst niedrigen Temperaturen. Dabei muss Rücksicht genommen werden auf Blumen aus tropischen Gebieten, wie z. B. Orchideen, Anthurien, Strelitzien, Heliconien oder Euphorbien. Bei diesen Blumen sollten die Temperaturen nicht unter +10 °C liegen.

> Rosen lassen leicht ihre Köpfe hängen. Dabei werden die Leitungsbahnen abgeknickt. Zur Erholung werden die Rosen frisch angeschnitten, Kopf an Kopf im Bund zusammengefasst und bis dicht unter den Kopf in festes Papier eingewickelt. So wird das Bund über Nacht im Kühlraum in frisches Wasser gestellt. Die Stiele können sich so stabilisieren und die Rose hat sich am Morgen erholt.

Bild 1 Rosen in handelsüblicher Transportverpackung

Bild 2 Anthurien mit Plastikröhrchen

Bild 3 Heliconie mit Plastik in der Blüte

Bild 4 Deko-Chrysantheme mit Papierschutz um die Blüte

Bild 5 Pfandkartons

2 Frischhalten von Schnittblumen erläutern, Methoden zuordnen und Maßnahmen verstehen

Wenn der Florist seine Blumen auf dem Großmarkt oder beim Großhändler eingekauft hat, muss er im Fachgeschäft sofort damit beginnen, die Schnittblumen mit Wasser zu versorgen. Dabei sind verschiedene Maßnahmen erforderlich, um die Wasseraufnahme zu erleichtern.

Entfernen von Blättern

Die Blätter werden so weit von den Stielen der Schnittblumen entfernt, dass sie nicht ins Wasser reichen. Blätter im Wasser verursachen Fäulnis und fördern die Entwicklung von Bakterien. Dies gilt besonders für Blumen mit weichen Blättern. Bei der Fäulnis entstehen Giftstoffe (Phenole), die zur Verstopfung der Leitungsbahnen führen. Die Bakterien setzen sich vor die Schnittfläche am Stielende und behindern die Wasseraufnahme. Auch am oberen Blumenstiel können Blätter und überflüssige Seitentriebe entfernt werden, um die Transpirationsfläche zu verringern.

Anschneiden der Schnittblumen

Durch einen ziehenden Schnitt wird der Blumenstiel schräg angeschnitten. Ergebnis ist eine große Schnittfläche, die von den Bakterien nicht so schnell dichtgesetzt werden kann. Außerdem wird die Wasseraufnahme erleichtert.

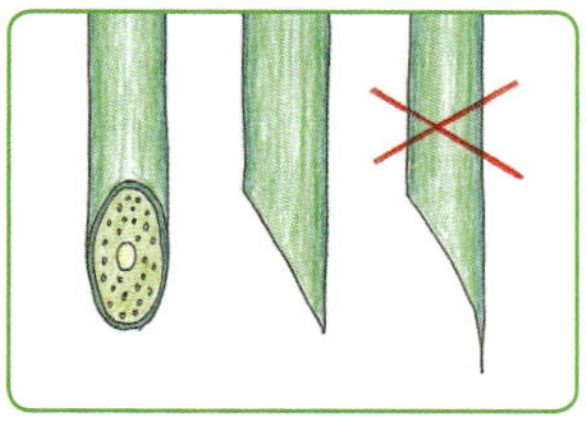

Bild 1 Anschnittstelle

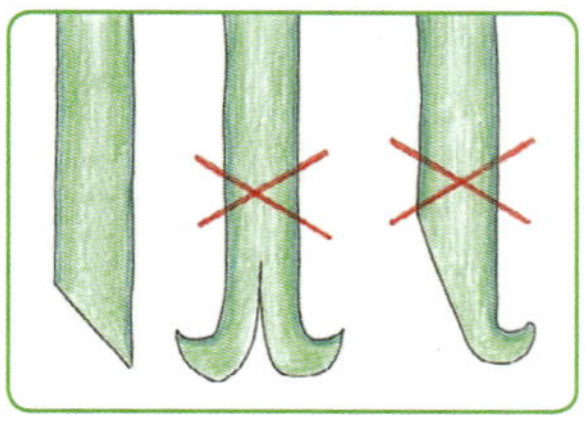

Bild 2 Korrekter Anschnitt

Das Anschneiden erfolgt jedes Mal nach einem Transport und beim Einstellen in neues Wasser. Beim Transport dringt Luft in die Leitungsbahnen ein, wodurch die Wasseraufnahme blockiert wird. Durch den Anschnitt wird die Luftblase entfernt. Außerdem werden die Bakterien entfernt, die sich an der Schnittfläche angesiedelt haben.

> Die Vermehrung von Bakterien ist aufgrund der Verdopplungsrate unendlich schnell. An einem Tag kann eine Bakterie ¼ Billiarde Nachkommen haben. Deshalb muss bei der Pflege von Schnittblumen alles getan werden, um die Vermehrung von Bakterien einzudämmen.

Einritzen

Blumen mit einem weichen Stiel werden nur eingeritzt. Ein Anschnitt würde zum Aufrollen des Stielendes führen.

Pflanzenbeispiele: *Cyclamen, Hippeastrum, Amaryllis, Narcissus, Helleborus.*

Ankochen

Verholzte oder harte, krautige Stiele, auch schleimende oder milchsaftführende Stiele, werden angekocht. Dabei gerinnt das Plasma, das Gewebe stirbt ab und wird schwammartig. Bakterien sterben ab und können nicht so schnell wieder aktiv werden. Das Wasser kann jetzt leicht aufgenommen werden.

Pflanzenbeispiele: *Rosa, Syringa, Forsythia, Chrysanthemum, Adiantum.*

Auch bei milchsaftführenden Schnittblumen *(Euphorbia, Papaver)* oder bei Narzissen, die einen Schleim absondern, ist das Ankochen der Stiele sinnvoll. Der Milchsaft bzw. der Schleim gerinnt und kann so nicht mehr die Leitungsbahnen verstopfen. Es geht auch weniger Pflanzensaft für die Schnittblume verloren. Das Anbrennen der Stielenden über einer Kerze hat eine ähnliche Wirkung wie das Ankochen.

Anklopfen

Bei Ziergehölzen werden die Zweige oft am Ende mit einem Hammer angeklopft, um so die wasseraufnehmende Fläche zu vergrößern. Diese Methode hat aber den Nachteil, dass die Zweigenden so zertrümmert werden, dass die Gewebereste einmal die Wasseraufnahme behindern können, zum anderen die Vermehrung von Bakterien gefördert wird. Besser ist es, bei verholzten Stielen das Ende kreuzweise mit der Rosenschere einzuschneiden oder mit dem Messer zu spalten.

Fachgerechte Wasserversorgung

Die so vorbereiteten Blumen werden sofort ins Wasser gestellt. Dabei sollte das Wasser so in die Vasen eingefüllt werden, dass ein Unterwirbeln von Luft vermieden wird. Feinste Luftblasen können in die Leitungsbahnen eindringen und verursachen dort eine totale Leitbahnblockade. Deshalb ist ein Einfüllen mit dem Schlauch vorteilhaft, oder auch ein Schöpfen des Wassers aus einem Becken. Ein Perlator am Wasserhahn ist nicht sinnvoll. Leicht erwärmtes Wasser ist aufgrund der geringeren Oberflächenspannung besonders luftarm und kann deshalb auch von den Schnittblumen leichter aufgenommen werden.

Ist der pH-Wert (s. S. 209) des Wassers niedrig, ist die Vermehrung von Bakterien geringer. Es sollte selbstverständlich sein, dass nur gründlich gereinigte Gefäße zum Einsatz kommen (Reinigen mit handelsüblichen Spezialreinigern, z. B. von Smithers Oasis oder Chrysal, gegebenenfalls Einsatz von Desinfektionsmitteln, gründlich mit klarem Wasser nachspülen).

Bei Verwendung von reinem Wasser erfolgt ein täglicher Wechsel. Bei Verwendung von Frischhaltemitteln braucht das Wasser nur alle drei bis 6 Tage Tage erneuert zu werden. Der Wechsel des Vasenwassers ist notwendig, um die Vermehrung von Bakterien zu verhindern. Deshalb gehört zu jedem Wasserwechsel auch ein erneuter Anschnitt und eine gründliche Reinigung der Vase.

Kühllagerung

Bei niedrigen Temperaturen werden alle Lebensvorgänge verlangsamt, also auch die **Atmung** (Abbauprozess).

Schnittblumen können im Blumengeschäft bei 8 bis 10 °C gelagert werden. Beim Erzeuger oder Großhändler kann auch eine Lagerung bei 2 bis 4 °C erfolgen. Vor dem Verkauf sollte dann aber eine Zwischenlagerung von 8 bis 10 °C gegeben sein.

Einige Pflanzen, die aus wärmeren Klimagebieten stammen, sollten nicht unter 10 °C gelagert werden, da sonst bereits mit Kälteschäden zu rechnen ist. Dazu gehören: *Anthurium*, *Gerbera*, *Strelitzia*, *Heliconia*, *Euphorbia fulgens*, Orchideen und Philodendronblätter.

Bild 1 Kühlraum

Einsatz von Blumenfrischhaltemitteln

Im Wesentlichen werden durch Blumenfrischhaltemittel die Schnittblumen ernährt und die Bakterien bekämpft, zusätzlich werden die Wasseraufnahme und der Wassertransport gefördert. Deshalb enthalten Blumenfrischhaltemittel:

- Zucker als Baustoffnahrung, weil Schnittblumen aufgrund des Lichtmangels und oft auch fehlender Blätter kaum **Fotosynthese** betreiben können.
- Bakterizide zur Bekämpfung der Bakterien im Vasenwasser, das ist besonders wichtig, da Zucker auch als Bakteriennahrung dienen kann.
- Substanzen zur Regulierung des pH-Wertes, denn ein niedriger pH-Wert hemmt die Vermehrung von Bakterien. Außerdem hat sich gezeigt, dass Wasser mit niedrigem pH-Wert (pH 3,5) leichter von den Schnittblumen aufgenommen werden kann.
- Substanzen, die die natürliche Leitbahnblockade verhindern und die Ethylenbildung herabsetzen – Blumen reagieren auf die Schnittverletzung mit einer Leitbahnblockade.
- Substanzen, die die Oberflächenspannung des Wassers herabsetzen und damit eine Luftembolie in den Leitungsbahnen verhindern.

Für den Erzeuger gibt es besondere Vorbehandlungsmittel, die gleich nach der Ernte angewandt werden. Der Florist verwendet zum Teil spezielle Blumenfrischhaltemittel, die auf die unterschiedlichen Bedürfnisse der verschiedenen Schnittblumen abgestimmt sind.

So gibt es ein besonderes Blumenfrischhaltemittel für Bouvardien oder auch ein spezielles für Narzissen. Mit diesem Blumenfrischhaltemittel kann die Unverträglichkeit von Narzissen mit anderen Blumen in einer Vase behoben werden. Es bindet den Narzissenschleim und verhindert so seine schädigende Wirkung auf die anderen Blumen in der Vase.

Bei der Anwendung der Blumenfrischhaltemittel muss auf eine genaue Dosierung geachtet werden. Gefördert wird die Wirkung durch gute Qualität der Schnittblumen (blühreif geerntet, Pflanzen hatten eine gute Wasserversorgung), durch sauberen Anschnitt, sauberes Wasser und Vermeidung von Metallgefäßen.

Entscheidend für die Haltbarkeit der Blumen ist die Versorgung mit Blumenfrischhaltemittel direkt nach der Ernte.

> Eine optimale Wirkung von Blumenfrischhaltemitteln wird nur erreicht, wenn eine lückenlose Frischhaltekette von der Ernte bis zum Verbraucher besteht.

Ethylen und Schnittblumen

Ethylen ist ein Gas mit hormonartiger Wirkung und gehört zu den pflanzlichen Hormonen (Phytohormone). Es entsteht bei Verbrennungsprozessen, also auch bei der Atmung. Jede Schnittblume bildet besonders in Stresssituationen verstärkt Ethylen.

Außerdem entsteht Ethylen
- bei der Reife von Obst, wobei es die Reife fördert und beschleunigt,
- bei Blumenabfällen,
- bei allen Verbrennungsvorgängen (Auto, Diesellok, Flugzeug).

Unter folgenden Umständen nimmt die Ethylenproduktion zu:
- Verletzung von Schnittblumen,
- Wassermangel bei Schnittblumen,
- hohe Temperaturen,
- beim Altern und Verblühen der Schnittblumen.

> Ethylen fördert bei frischen Schnittblumen das Verblühen und damit auch die Zunahme der Ethylenbildung.

Bei empfindlichen Schnittblumen führt das Ethylen zum Vergilben der Blätter, Blüten bleiben stecken oder schlafen ein. *Dianthus* und *Antirrhinum* lassen Knospen und Blüten fallen. Folgende Blumen reagieren besonders empfindlich auf Ethylen:

Aconitum, *Agapanthus*, *Antirrhinum*, *Asclepias*, *Bouvardia*, *Campanula*, *Chelone*, *Cattleya*, *Delphinium*, *Dianthus*, *Euphorbia*, *Gypsophila*, *Kniphofia*, *Lilium*, *Matthiola*, *Phalaenopsis*, *Phlox*, *Physostegia*, *Prunus*, *Saponaria*, *Scabiosa* und *Trachelium*.

Bild 1 Schnittblumenpräsentation

Um die schädliche Wirkung des Ethylens auf Schnittblumen zu vermindern, kann der Florist folgende Maßnahmen ergreifen:

- für Sauberkeit im Arbeits- und Verkaufsraum sorgen,
- Blumenabfälle möglichst schnell beseitigen,
- kein Verkauf und keine Lagerung von Schnittblumen und Obst in einem Raum,
- niemals frische Schnittblumen mit älteren Schnittblumen in eine Vase stellen,
- unnötige Verletzung an Blumen vermeiden,
- Schnittblumen ausreichend mit Wasser versorgen,
- Verwendung von Blumenfrischhaltemittel reduziert die Ethylenbildung,
- wird vom Erzeuger gleich nach der Ernte ein besonderes Vorbehandlungsmittel eingesetzt, wird die Ethylenbildung erheblich gemindert,
- Lagerung der Schnittblumen bei niedrigen Temperaturen verringert die Ethylenproduktion,
- Straßenverkauf an verkehrsreichen Kreuzungen vermeiden,
- Blumen nach Autotransport schnell entladen,
- Express- und Luftfrachtlieferungen von Schnittblumen möglichst schnell abholen.

> Auf Flughäfen sind Ethylengehalte von 0,1 ml je m^3 Luft gemessen worden. Schon die Hälfte dieser Konzentration führt zu erheblichen Schäden bei Schnittblumen.

Aufgaben

1. Stellen Sie Rosen einmal in eine Vase mit frischem Wasser und einmal in Wasser mit Blumenfrischhaltemittel. Vergleichen Sie die Haltbarkeit der Rosen in beiden Vasen.
2. Wodurch wird bei Schnittblumen die Verdunstung erhöht?
3. Durch welche Maßnahmen kann ein Brautstrauß vor Verdunstung geschützt werden?
4. Wie kann ein Florist den schädigenden Einfluss von Ethylen bei Schnittblumen gering halten?
5. Welche Schnittblumen dürfen nicht unter 8 °C gekühlt werden? Begründen Sie die Antworten.

3 Wachstumsfaktoren kennen und für die Kundenberatung nutzen

Pflanzen haben wie alle Lebewesen ganz bestimmte Ansprüche an ihre Umgebung, um sich gesund entwickeln zu können. Die Gegebenheiten, von denen das Wachstum der Pflanzen abhängt, nennt man Wachstumsfaktoren. Zu diesen Wachstumsfaktoren gehören: Wasser, Boden, Nährstoffe, Licht, Wärme.

Nur wenn alle diese Wachstumsfaktoren optimal auf die Bedürfnisse der Pflanzen abgestimmt sind, werden die Pflanzen ein gutes Wachstum zeigen. Hat die Pflanze auch nur an einem Wachstumsfaktor Mangel, richtet sich das ganze Wachstumsverhalten nach diesem Mangelfaktor. Hat die Pflanze z. B. zu wenig Licht, kann sie nicht genügend Fotosynthese betreiben, wodurch ihr Wachstum nachhaltig beeinträchtigt wird. Deshalb ist es wichtig, dass bei der Pflege von Pflanzen bei allen Wachstumsfaktoren auf eine gute Versorgung geachtet wird.

Nachfolgend werden alle Wachstumsfaktoren in ihrer Bedeutung für das Pflanzenwachstum angesprochen.

Bild 1 Wachstumsfaktoren

3.1 Wasser und Wasserbedarf

Die Versorgung der Pflanzen mit Wasser ist ein Alltagsproblem. Jeder hat schon leidvoll erlebt, wie Topfpflanzen unter Wassermangel leiden und dies durch die welk herabhängenden Triebe und Blätter auch deutlich zeigen. Wie wichtig eine gute Wasserversorgung für die Pflanzen ist, ergibt sich einmal aus der Tatsache, dass das krautige, unverholzte Pflanzengewebe zu 90 % aus Wasser besteht. Gleichzeitig hat das Wasser für die Pflanzen und ihr Wachstum folgende wichtige Aufgaben:

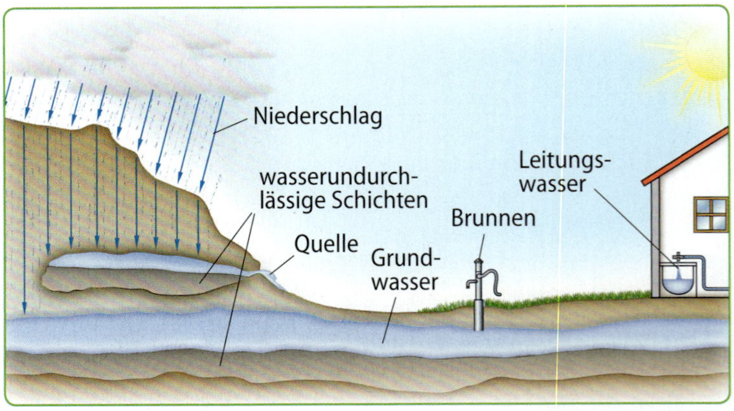

Bild 2 Wasserarten

- Das Wasser dient der Aufnahme von Nährstoffen. Die Pflanze kann die meisten Nährstoffe nur im Wasser gelöst aufnehmen.
- Das Wasser dient auch dem Transport der Nährstoffe im Pflanzenkörper.

> Von dem Wasser, das die Pflanze aufnimmt, dienen 98 % nur dem Nährstofftransport. Sie werden durch Transpiration wieder abgegeben.

- Das Wasser dient als Nährstoff. Die 2 % des aufgenommenen Wassers, die in der Pflanze bleiben, dienen bei der Fotosynthese als Grundstoff für den Aufbau von Zucker.
- Das Wasser dient zur Aufrechterhaltung der Pflanze. Durch den wässrigen Zellsaft entsteht in den Zellen ein Zellinnendruck, der dem Gewebe Stabilität verleiht.
- Das Wasser schützt die Pflanzen vor Verbrennungen. Durch die Transpiration entsteht Verdunstungskälte, die die Pflanzenoberfläche kühlt.

Wasserarten

Für die Wasserversorgung von Pflanzen stehen verschiedene Wasserarten zur Verfügung. Je nach Herkunft unterscheiden wir Leitungswasser, Regenwasser und Quellwasser.

Leitungswasser

Das Leitungswasser ist ein von den Wasserwerken aufbereitetes Wasser, das als Trinkwasser über die Wasserleitung an die Bevölkerung abgegeben wird. Das Wasser kann unterschiedliche Härten haben. Kalzium- und Magnesiumverbindungen, die zum Teil in größeren Mengen im Wasser gelöst sind, können das Wasser hart machen. Die Härte des Wassers wird gemessen in Grad deutscher Härte (°dH). Europaweit ist die Einteilung der Härtebereiche neu vereinbart worden.

Nach dem Härtegrad unterscheidet man:

Härtebereich	Milimol Calciumcarbonat je Liter	°dH
weich	weniger als 1,5	weniger als 8,4 °dH
weich	1,5 bis 2,5	8,4 bis 14 °dH
hart	mehr als 2,5	mehr als 14 °dH

Hartes Wasser führt zu Schäden bei salzempfindlichen Pflanzen, z. B. Farnen, Eriken, Azaleen, Rhododendren, Bromelien, Orchideen, Primeln.

Das Gießwasser kann durch folgende Maßnahmen verbessert werden:

- Enthärtung des Wassers durch Enthärtertabletten. Der Kalkgehalt fällt als weißlicher Schlamm aus. Das saubere Wasser wird abgegossen.
- Durch Torf (20 bis 30 g/l) kann Wasser enthärtet werden. Der Torf wird in kleine Mullsäckchen oder Filtertüten (Teefilter) gegeben und über Nacht ins Gießwasser gehängt. Die im Torf enthaltene Säure bindet den Kalk des Gießwassers.
- Es können moderne Filter verwendet werden. Die Filter enthalten Ionenaustauscher und Aktivkohle. Der Ionenaustauscher bindet die Kalzium- und Magnesium-Ionen und gibt Wasserstoff-Ionen ab. Die Aktivkohle beseitigt den Chlorgehalt und organische Verunreinigungen. Durch Silberung der Aktivkohle wird verhindert, dass sich im Filter Keime entwickeln.

Regenwasser

Es ist das natürliche Wasser für die Pflanzen. Das Regenwasser ist weich und meist von der Temperatur für die Pflanzen geeignet. Die Qualität des Regenwassers ist durch die Luftverschmutzung gefährdet. Vor allem ist der Säuregehalt des Regenwassers gestiegen. Trotzdem eignet sich Regenwasser noch am besten als Gießwasser für unsere Pflanzen.

Eine Regenwassertonne sollte im Schatten (Nordseite) stehen und abgedeckt sein. Wärme, Licht und Verunreinigung fördern die Algen- und Bakterienentwicklung.

Quellwasser oder Brunnenwasser

Quellwasser ist Grundwasser, das aufgrund von wasserundurchlässigen Bodenschichten natürlich an der Erdoberfläche austritt. Brunnenwasser ist durch eine eigene Brunnenanlage gewonnenes Grundwasser. Das Wasser muss vor seiner Verwendung auf seine Inhaltsstoffe und seine Qualität untersucht werden.

Wasserbedarf

Entsprechend dem natürlichen Standort haben Pflanzen einen sehr unterschiedlichen Wasserbedarf. Der Fachmann kann schon am äußeren Erscheinungsbild einer Pflanze erkennen, ob ihr Wasserbedarf niedrig oder hoch ist.

Pflanzen mit geringem Wasserbedarf

Am deutlichsten ist der geringe Wasserbedarf bei den **Sukkulenten** zu erkennen. Diese dickfleischigen Pflanzen stammen meist aus Trockengebieten und müssen Wasser in ihrem Pflanzenkörper speichern, um Trockenzeiten überstehen zu können.

Bild 1 Pfennigbaum

Zu den **Sukkulenten** gehören neben den Kakteen z. B. Schwiegermutterstuhl *(Echinocactus grusonii)*, Greisenhaupt *(Cephalocereus senilis)*, Säulenkaktus *(Cereus peruvianus)*, Warzenkaktus *(Mammillaria zeilmanniana)*, Dickblattgewächse (Crassulaceae), z. B. Dickblattrosette *(Aeonium arboreum)*, Pfennigbaum *(Crassula arborescens)*, Echeverie *(Echeveria derenbergii)*, Filzige Kalanchoe *(Kalanchoe tomentosa)*.

Weitere bekannte Sukkulente sind Agave *(Agave americana)*, Aloe *(Aloe arborescens)*, Bogenhanf *(Sansevieria trifasciata)*.

Bild 2 Aloe

Neben der Sukkulenz gibt es noch weitere Merkmale, die auf einen geringeren Wasserbedarf bei Pflanzen hindeuten:

- Blattdornen, dadurch wird die Verdunstungsfläche verringert. **Pflanzenbeispiele:** Christusdorn *(Euphorbia milii)*, Madagaskarpalme *(Pachypodium lamerei)*, Gestachelte Wolfsmilch *(Euphorbia grandicornis)*.
- Lederartig harte Blätter haben eine feste Oberhaut, wodurch die Verdunstung verringert wird. **Pflanzenbeispiele:** Leuchterblume *(Ceropegia linearis subsp. woodii)*, Palmfarn *(Cycas revoluta)*, Zwergpfeffer *(Peperomia caperata)*.

Pflanzen mit hohem Wasserverbrauch

Pflanzen, die viel Wasser brauchen oder die nicht austrocknen dürfen, weil sie dann sofort Welkerscheinungen zeigen, sind auch an ihrem Äußeren zu erkennen. Folgende Merkmale deuten auf höheren Wasserbedarf:

- Große Blätter oder viele kleine Blätter ergeben eine große Verdunstungsfläche. **Pflanzenbeispiele:** Hortensie *(Hydrangea macrophylla)*, Zimmerlinde *(Sparrmannia africana)*, Azalee *(Rhododendron simsii)*, Bubiköpfchen *(Soleirolia soleirolii)*.
- Weiche und dünne Blätter erleichtern die Verdunstung. **Pflanzenbeispiele:** Buntwurz *(Caladium bicolor)*, Becherprimel *(Primula obconica)*.
- Reich blühende Pflanzen brauchen mehr Wasser, da auch die Kronblätter Verdunstungsfläche bilden. **Pflanzenbeispiele:** Fleißiges Lieschen *(Impatiens walleriana)*.

Gießratschläge

Eine Topfpflanze richtig zu gießen, sodass sie entsprechend ihren Bedürfnissen optimal mit Wasser versorgt ist, ist ein schwieriges Problem. Die meisten Fehler bei der Pflege von Topfpflanzen geschehen bei der Wasserversorgung. Jede Pflanze hat ihre eigenen Bedürfnisse. Auch die Standortverhältnisse (schönes Wetter und damit Sonne oder schlechtes Wetter und damit lichter Schatten; beheizte Räume oder unbeheizte Räume) spielen beim Wasserbedarf der Pflanze eine wichtige Rolle. Bei Beachtung der folgenden kurzen Hinweise können Fehler beim Gießen der Pflanzen weitgehend vermieden werden:

- Feuchtigkeit des Topfballens prüfen durch Ansicht des Untersetzers und der Topfoberfläche oder durch Fingerprobe, durch Gewichtsprobe, durch Anklopfen an den Topf.
- Weichstielige Pflanzen und Knollenpflanzen, aber auch sehr dicht wachsende, kleine Pflanzen (Bubikopf) in den Untersatz gießen, sonst besteht Fäulnisgefahr. Überschüssiges Wasser sollte nach ein bis zwei Stunden entfernt werden.
- Während der Ruhezeit (Oktober bis Februar) bei kühleren Temperaturen brauchen die Pflanzen weniger Wasser.
- Der Wasserbedarf erhöht sich während der Wachstumsperiode (März bis September).
- Erhöhter Wasserbedarf besteht auch während der Blütezeit.
- Pflanzen brauchen im Kunststofftopf weniger Wasser als im Tontopf.
- Pflanzen in torfhaltiger Erde müssen feuchter gehalten werden, da der Torf einen Teil des Wassers festhält.
- Beste Gießzeit ist der Morgen. Die Pflanze geht mit dem Wasservorrat in den Tag. In der Mittagszeit verdunstet viel Wasser durch die Mittagshitze. Am Abend trocknen die Pflanzen nach dem Gießen nicht mehr ab, was zu Fäulnisgefahr führt.
- Nur zimmerwarmes Wasser verwenden. Kaltes Wasser oder zu warmes Wasser beeinträchtigt das Wachstum der Pflanzen.

Kaltes Leitungswasser hat etwa 9 °C. Diese Temperatur führt bei Usambaraveilchen und anderen Pflanzen der Familie Gesneriaceae zu einem Kälteschock. Die Pflanzen bekommen weiße Flecken auf den Blättern.

Bild 1 Usambaraveilchen mit Blattmarmorierung durch kaltes Gießwasser

- Bei Pflanzen im Übertopf muss durch einen Einsatz (Steine oder Untertasse) für Dränage gesorgt werden. Der Übertopf muss regelmäßig auf überschüssiges Wasser kontrolliert werden, sonst besteht Fäulnisgefahr.
- Für gleichmäßige Feuchtigkeit sorgen. Pflanzen nicht austrocknen lassen und dann tauchen und wieder durch Versäumnis austrocknen lassen. Diese Schocktherapie führt bei den meisten Pflanzen zu Wachstumsstörungen.
- Bei Topfpflanzen regelmäßig das Abzugsloch kontrollieren. Ein dichtgewurzeltes Abzugsloch sorgt für Staunässe im Wurzelballen.
- Ein Überbrausen der Pflanze vermeiden. Blüten können Flecken bekommen. Besondere Vorsicht ist bei Sonnenschein geboten, weil Wassertropfen wie ein Brennglas wirken können.

Gießschäden

Die meisten Pflanzen reagieren sehr schnell auf eine mangelhafte Wasserversorgung. Vergisst man das Gießen einer Topfpflanze, trocknet der Wurzelballen aus. Die Blätter und auch die Blüten beginnen zu welken und werden schlapp. Wird nicht umgehend gegossen, kann der Schaden nicht mehr behoben werden. Die Blätter trocknen ein und werden abgeworfen.

Azaleen reagieren besonders empfindlich auf Wassermangel. Sie werfen sofort die Blätter ab. Die Blütenknospen trocknen ein und werden ebenfalls abgeworfen. Dieser Schaden lässt sich nicht beheben.

Einige Sorten der Alpenveilchen neigen bei Trockenheit zur Notblüte, die Blüten blühen unter dem Laub auf. Auch dieser Schaden lässt sich nicht beheben.

Das Bubiköpfchen beginnt bei Wassermangel sehr schnell zu vertrocknen.

Diese Beispiele machen deutlich, wie wichtig eine sorgfältige Wasserversorgung unserer Pflanzen ist.

Bei übermäßiger Feuchtigkeit wird die Luft in der Erde vom Wasser verdrängt. Die Wurzeln können nicht mehr atmen und beginnen zu faulen. Die Pflanze bekommt stumpf-grüne Blätter und beginnt zu welken. Die Blätter werden gelb. Bei weichstieligen Pflanzen (Alpenveilchen, Usambaraveilchen, Gloxinien, Primeln, Bubiköpfchen) besteht Fäulnisgefahr und die Gefahr von Pilzbefall (Grauschimmel).

Vergossene Pflanzen müssen umgetopft werden. Dazu wird der Wurzelballen ausgeputzt und eingekürzt. Danach muss auch der Spross gestutzt werden. Gegebenenfalls wird die Pflanze in einen kleineren Topf getopft.

Gießtechniken

Normalerweise werden Topfpflanzen mit der Gießkanne oder mit dem Schlauch gegossen. Widerstandsfähige Pflanzen können direkt in den Topf gegossen werden. **Pflanzenbeispiele:** Gummibaum *(Ficus)*, Flamingoblume *(Anthurium)*, Aralie *(Fatsia)*, Oleander *(Nerium oleander)*, Roseneibisch *(Hibiscus)*.

Weichstielige Pflanzen, Knollenpflanzen, Pflanzen mit behaarten Blättern und dichtwachsende Pflanzen werden in den Untersatz gegossen. Feuchtigkeit im Herz der Pflanze führt zu Fäulnis an Knollen und Blättern. **Pflanzenbeispiele:** Alpenveilchen *(Cyclamen)*, Usambaraveilchen *(Saintpaulia)*, Bubiköpfchen *(Soleirolia)*.

Ballentrockene Pflanzen können getaucht werden. Danach muss die Pflanze abtropfen. Tauchen ist eine Notmaßnahme. Pflanzen mit hohem Wasserbedarf können öfter getaucht werden, z. B. Azaleen *(Rhododendron simsii)*, Heide *(Erica)*, Hortensien *(Hydrangea)*.

Aufgaben

1. **Informieren Sie sich bei Ihrem zuständigen Wasserwerk über die Wasserhärte an Ihrem Arbeitsort.**
2. **Ein Kunde hat bei Ihnen ein Alpenveilchen gekauft und möchte von Ihnen erfahren, wie er es zu gießen hat. Geben Sie dem Kunden begründete Gießratschläge.**
3. **Auf welche Weise kann man in einem beheizten Raum die Luftfeuchtigkeit erhöhen?**
4. **Warum ist eine sorgfältige Wasserversorgung von Pflanzen nötig? Begründen Sie mithilfe von Beispielen.**

3.2 Boden und Erde als Standort der Pflanzen

Als Boden bezeichnet man die oberste natürlich gewachsene Verwitterungsschicht unserer Erde. Für die meisten Blütenpflanzen ist der Boden der natürliche Standort.

Der Boden liefert die Nährstoffe, er liefert das Wasser und er bietet der Pflanze Halt. Je besser der Boden diese Aufgaben erfüllen kann, um so fruchtbarer ist er und um so reichhaltiger das Pflanzenwachstum. Deshalb soll kurz auf die Eigenschaften des Bodens eingegangen werden.

Der Boden besteht einfach betrachtet aus drei Hauptbestandteilen:

- Sand
- Ton
- Humus.

Bild 1 Bodenbestandteile

Sand

Er besteht aus kleinen Steinen, meist einem Gemisch unterschiedlicher Größen. Sand entsteht durch Verwitterung von Felsgestein. Verwitterung bedeutet Zerkleinerung von Gestein durch Naturkräfte (Wasser, Frost, Steinschlag).

Reiner Sand, wie man ihn am Strand, in der Wüste oder auf Sanddünen des Binnenlandes findet, hat folgende Eigenschaften:

- Sand ist sehr locker. Er enthält viel Luft. Er erwärmt sich daher schnell, kühlt aber auch schnell wieder ab. Die Pflanzen können den Sand leicht durchwurzeln. Sand lockert Böden auf.
- Sand kann kein Wasser halten. Das Wasser versickert schnell im Untergrund. Sand ist deshalb trocken. Sand macht Böden durchlässiger für Wasser.
- Aufgrund der Einzelkornstruktur kann Sand kaum **Nährstoffe** speichern. Sand enthält kaum Nährstoffe, da das Wasser die wenigen Nährstoffe auswäscht und beim Versickern mit abtransportiert. Sand ist ein nährstoffarmer Bodenbestandteil.

Ton

Tonmineralien entstehen durch chemische Verwitterung. Ihre Korngröße liegt bei einem Durchmesser unter 0,002 mm. Tonmineralien sind quellfähig. Sie haben einen Schichtaufbau. Zwischen den Schichten können sie Wasser einlagern. Deshalb ist Ton in feuchtem Zustand plastisch formbar. Dieses eingelagerte Wasser ist aber so fest gebunden, dass die Pflanzen es nicht aufnehmen können.

Die Tonteilchen haben Klebfähigkeit. Sie wirken als **Kolloide**. Dabei können sie andere Bodenteilchen zu Krümeln verbinden. Ton hat daher folgende Bedeutung für den Boden:

- Aufgrund seiner geringen Korngröße enthält Ton keine Luft. Reiner Ton ist sehr dicht und kann deshalb von Pflanzen kaum durchwurzelt werden.
- Ton kann sehr gut Wasser aufnehmen und speichern, weil er quellfähig ist. Das eingequollene Wasser steht den Pflanzen aber nicht zur Verfügung. Die Saugkraft der Wurzeln ist zu schwach.
- Aufgrund der guten Speicherfähigkeit für Wasser kann Ton auch gut **Nährstoffe** festhalten.

Reiner Ton ist für die Pflanzen ein ungünstiger Boden (Luftmangel, zu fest gebundenes Wasser). Die Bedeutung des Tons liegt in der Klebfähigkeit. Ton kann Sand und andere Bodenbestandteile zu Krümeln verkleben. Zwischen den Krümeln sitzt Luft, dadurch kann Wasser gehalten werden und damit auch **Nährstoffe**. Dieses Wasser, das die Bodenbestandteile von außen umgibt oder in den Krümeln enthalten ist, steht den Pflanzen voll zur Verfügung.

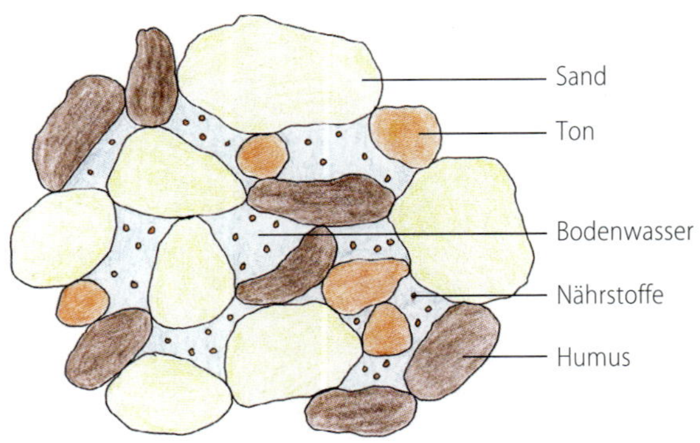

Bild 1 Bodenkrümel

So ergänzen sich die Eigenschaften des Tons mit denen des Sandes. Ton und Sand gemischt wird als Lehm bezeichnet. Lehm ist ein fruchtbarer Boden.

Humus

Humus ist eine tote organische Masse, die sich in Verrottung befindet. Bei der Verrottung wird die organische Masse durch Kleinlebewesen in anorganische Stoffe zerlegt (mineralisiert). Zu den Lebewesen, die bei der Verrottung mitwirken, gehören neben Bakterien Pilze, Algen, Fadenwürmer, Milben, Springschwänze, Regenwürmer und Maulwürfe.

Die bei der Zerlegung entstandenen anorganischen Stoffe stehen den Pflanzen wieder als Nährstoffe zur Verfügung. Am Ende der Verrottung bleiben Wasser und Kohlendioxid übrig. Wasser versickert im Boden und Kohlendioxid entweicht in die Luft und steht damit für die Fotosynthese der Pflanzen zur Verfügung.

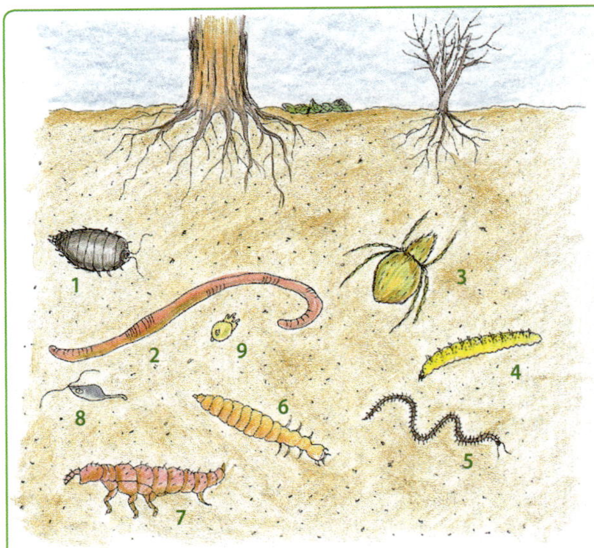

1 Assel	**4** Larve eines Zweiflüglers	**7** Springschwanz
2 Regenwurm	**5** Hundertfüßer	**8** Flagellate*
3 Hornmilbe	**6** Käferlarve	**9** Amöbe*

*0,002 bis 0,2 mm

Bild 2 Bodenlebewesen

Bei der Zersetzung durch Bakterien, Pilze und andere Kleinstlebewesen können sich diese verschiedenen Bodenteilchen miteinander verbinden. Der Fachmann nennt das Lebendverbauung. Auf diese Weise sorgt der Humus für eine gute, stabile Krümelbildung. Die Krümelstruktur garantiert einen guten Luft- und Wasserhaushalt und damit eine gute Speicherfähigkeit für **Nährstoffe**. Humus wirkt auflockernd auf den Boden. Daraus ergibt sich folgende Bedeutung des Humus für den Boden:

- Humus kann einen guten Nährstoffgehalt haben, wenn es sich um hochwertige organische Ausgangsstoffe handelt.
- Humus kann **Nährstoffe** aufgrund seiner lockeren und stabilen Krümelstruktur sehr gut speichern.
- Aufgrund der Krümelstruktur kann Humus gut Wasser speichern und hat eine gute Luftführung.

Torf als Dauerhumus

Als Humusbeigabe zur Bodenverbesserung oder bei der Herstellung von Pflanzenerden wird häufig Torf verwendet. Torf ist ein Dauerhumus, der aus halbverrottetem Torfmoos *(Sphagnum)* besteht. Torf entsteht im Hochmoor.

Torf hat folgende Eigenschaften:

- Er hat ein hohes Speichervermögen für Wasser (20-Faches des Trockengewichtes).
- Torf ist sauer.
- Torf ist steril. Er enthält keine Bakterien, wegen seiner sauren Reaktion.
- Torf ist nährstoffarm, da sich *Sphagnum* nur von Regenwasser ernährt.
- Aus den oben genannten Gründen ist Torf ein Dauerhumus, in dem kaum Zersetzung stattfindet.

- Torf ist vergießfest. Auch bei hohem Wassergehalt besitzt Torf noch genügend Luft für die Atmung der Wurzeln.
- Torf ist verschlämmfest. Weil die Fasern des Torfes wasserfest sind, bleibt die Faserstruktur des Torfes auch bei starkem Regen erhalten.

Bild 1 Torfmoos *(Sphagnum)*

Bodenreaktion

Wichtig für das Pflanzenwachstum ist auch die Bodenreaktion. Sie wird beeinflusst durch Säuren und Basen (Laugen) im Boden.

Säuren im Boden sind z. B. Huminsäure und Kohlensäure. Eine Lauge im Boden ist z. B. die Kalziumlauge. Magnesiumverbindungen im Boden fördern auch eine alkalische Reaktion.

Je nachdem, ob die Säuren oder die Basen stärker wirksam sind, bezeichnet man die Bodenreaktion als sauer oder alkalisch. Der Säuregehalt eines Bodens wird mit dem pH-Wert gemessen; pH ist die Abkürzung für das lateinische pondus hydrogenii und bedeutet Gewicht Wasserstoff. Man misst den Anteil an H_3O^+-Ionen (Ionen sind kleinste elektrisch geladene Teilchen) in der Lösung, um die Stärke der Säurewirkung zu erfahren.

Es wurde festgestellt, dass der Anteil von H_3O^+-Ionen (Hydroniumionen) in einer Lösung die Säurewirkung hervorruft. Ebenso bewirken frei bewegliche OH^--Ionen eine alkalische Reaktion.

Ist der als Ausgangstoff destilliertes Wasser, so befinden sich gleich viele H_3O^+-Ionen und OH^--Ionen im Wasser. Die Wirkung gleicht sich aus. Das Wasser hat eine neutrale Reaktion. Fügt man eine Säure hinzu, erhöht sich die Anzahl der H_3O^+-Ionen und damit die Säurewirkung.

In einem Liter destilliertem Wasser befinden sich 0,000 000 1 g $H_3O^+ = 10^{-7}$ = pH 7.

Auf dieser Basis wurde folgende Messskala aufgestellt:

pH 0–4	sehr stark sauer
pH 4,1–4,5	stark sauer
pH 4,6–5,2	sauer
pH 5,3–6,4	schwach sauer
pH 6,5–7,4	neutral
pH 7,5–14	alkalisch

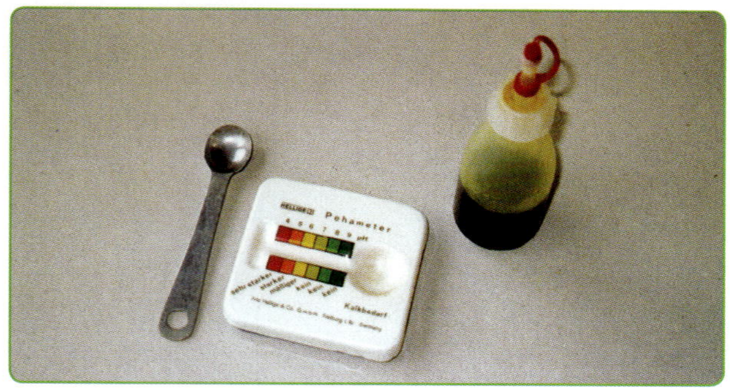

Bild 2 Hellige-Pehameter

Der Säuregrad des Bodens wirkt sich aus auf die Verfügbarkeit von **Nährstoffen** für die Pflanze im Boden. In stark sauren Böden ist die Verfügbarkeit von Spurenelementen, z. B. Bor und Mangan, besser als in alkalischen Böden. In saurem Boden leben auch kaum Bakterien, die durch ihre Zersetzungsarbeit aus dem Humus Nährstoffe freilegen. Versauerung des Bodens bewirkt eine Auflösung der Krümelstruktur und damit auch eine Verschlechterung des Lufthaushaltes. Gleichzeitig werden Nährstoffe leichter ausgewaschen.

Jede Pflanze hat ihren optimalen pH-Bereich.

Pflanzenbeispiele	
Erica gracilis	pH 3,5–4,0
Rhododendron simsii	pH 4,0–4,5
Cyclamen persicum	pH 5,0–6,0
Saintpaulia ionantha	pH 5,5–6,5
Chlorophytum comosum	pH 7,0
Sansevieria trifasciata	pH 7,0–7,4

Blumenerden oder Substrate

Eine Blumenerde ist ein nach fachlichen Gesichtspunkten vom Gärtner aus natürlichen und synthetischen Stoffen zusammengemischtes Substrat. Die Substrate haben je nach Inhaltsstoffen eine gleichmäßige Qualität. Ihre Krümelstruktur und damit die Luftführung und Wasserspeicherung sind optimal auf das Bedürfnis der meisten Zierpflanzen eingestellt.

Auch ihr Nährstoffgehalt ist auf die Pflanzen abgestimmt. Bei korrekter Lagerung sind Substrate frei von Krankheitserregern und Unkrautsamen. Es gibt folgende Industrieerden:

Bild 1 Blumenerde

Einheitserde

Sie besteht aus 60 % Weißtorf und 40 % Ton bzw. Untergrundlehm. Da die meisten Zierpflanzen einen pH-Wert zwischen 5,5 und 6,5 benötigen, wird die Einheitserde durch Zugabe von Kalk auf diesen pH-Wert eingestellt.

Bild 2 Einheitserde

Je nach Verwendung gibt es bei der Einheitserde unterschiedliche Typen, wie folgende Tabelle zeigt.

Torfkultursubstrat (TKS)

Es besteht aus reinem Hochmoorweißtorf, der mit Kalk auf einen pH-Wert von 5,5 bis 6,5 aufgekalkt wurde. Auch hier gibt es unterschiedliche Typen.

Typ	Eigenschaften	Verwendung
TKS 1	Enthält wenig Nährelemente.	geeignet für Aussaaten, Stecklinge und Pflanzen mit geringem Nährstoffbedarf
TKS 2	hoher Nährstoffgehalt	geeignet für Weiterkultur und für Pflanzen mit hohem Nährstoffbedarf
TKS spezial	Enthält nur Kalk und Spurenelemente, keine Hauptnährstoffe.	Sonderkulturen

Da Torf in seinen feinen Poren das Wasser festhält, können die Pflanzen nicht alles gespeicherte Wasser aufnehmen. Deshalb muss Torfkultursubstrat immer gut feucht gehalten werden.
Auch wenn sich das Substrat noch feucht anfühlt, können die Pflanzen bereits unter Wassermangel leiden.

Betriebserden

In Endverkaufsbetrieben werden auch eigene Erdmischungen hergestellt. Besonders für die Pflanzung von Balkonkästen und Freilandschalen eignen sich solche Betriebserden. Als Beispiel wird auf S. 211 eine Erdmischung genannt.

Typ	Eigenschaften	Verwendung
Einheitserde 0	Enthält nur Kalk und Spurenelemente, keine Hauptnährstoffe.	Kann für besondere Kulturen aufgedüngt werden.
Einheitserde VM (Vermehrungserde)	Nährstoffgehalt (1–1,5 kg/m^3), Zusatz von Styromull	für Aussaaten und Stecklinge
Einheitserde P Pikiererde	Enthält wenig Nährelemente (1,5 kg Volldünger/m^3).	Eignet sich für Aussaat, Jungpflanzen, salzempfindliche Pflanzen, Pflanzen mit geringem Nährstoffbedarf.
Einheitserde T Topferde	hoher Nährstoffgehalt (3 kg Volldünger/m^3)	Eignet sich für die Weiterkultur und die verkaufsfertigen Pflanzen, für Pflanzen mit hohem Nährstoffbedarf.
ED 73	Enthält Dauerdünger mit Langzeitwirkung.	Eignet sich für langlebige Pflanzen.

Beispiel für 1 m³ Erdmischung bestehend aus:
- 4/5 Torf
- 1/5 Kompost
- 3 kg kohlensaurer Kalk
- 3 kg Nitrophoska permanent
- 1 kg Oscorna Animalin

Einige Pflanzen, wie z. B. Bromelien, Orchideen und auch einige Sukkulenten, haben an die Pflanzerde besondere Ansprüche. In diesem Fall werden die Substrate durch Beimischung von Pflanz- oder Zuschlagstoffen so verändert, dass die Pflanzen sich darin wohlfühlen.

Bromelien und Orchideen, die als Epiphyten wachsen, sind besonders empfindlich gegenüber stauender Nässe. Sie benötigen im Wurzelbereich viel Luft. Deshalb werden entsprechenden Substraten Borkenstücke oder auch Farnwurzeln beigemischt. Eine ähnliche Wirkung hat auch Styromull. Es kann kein Wasser aufnehmen.

Bei der Pflanzung von Epiphytenstämmen verwendet man Torfmoos *(Sphagnum)*. Man umhüllt damit die Wurzelballen, bevor man sie auf den Stamm bindet.

Das Umtopfen

Die Topfpflanzen werden auf dem Markt entweder in Kunststofftöpfen oder in Tontöpfen angeboten. Der Kunststofftopf hat den Vorteil, dass er leicht, bruchsicher und damit gut zu transportieren ist. Außerdem hält der Kunststofftopf die Feuchtigkeit besser, sodass die Pflanzen nicht so häufig gegossen werden müssen. Deshalb werden in den Gärtnereien Kunststofftöpfe vorrangig verwendet.

Der Tontopf ist bei vielen Kunden beliebt, weil er durch sein natürliches Material besser zu den Pflanzen passt. Ein neuer Tontopf sollte vor Gebrauch gewässert werden, weil der frisch gebrannte Ton zunächst Wasser ansaugt. Die poröse Tonwand dient auch einer besseren Durchlüftung des Wurzelraumes.

Bild 1 Umtopfen

Beim Umtopfen sind folgende Regeln zu beachten:
- Umgetopft wird, wenn
  - die Erde im Topf verbraucht ist.
  - der Topf zu klein bzw. der Wurzelballen zu groß ist.
  - die Pflanze vergossen ist oder der Wurzelballen von Schädlingen befallen ist.
  - die Pflanze kopflastig ist.
  - die Pflanze nach erfolgter Winterruhe neue Erde und neue Nährstoffe braucht.
- Der neue Topf sollte zwei Nummern größer sein.
- Neue Tontöpfe müssen vorher gewässert werden.
- Alten Wurzelballen auflockern, ausputzen und alte Erde entfernen.
- Für Dränage sorgen (Tonscherben, Sand, Blähton).
- Dann etwas Erde in den Topf geben, die Pflanze einsetzen und den Ballen mit Erde ummanteln, fest andrücken, Gießrand nicht vergessen.
- Angießen, dann die Pflanze geschützt vor Zugluft halbschattig aufstellen. Für genügend Luftfeuchtigkeit sorgen.
- Umtopfarbeiten sollten zu Beginn der Wachstumsperiode vorgenommen werden (Frühling).
- Niemals ballentrockene Pflanzen umtopfen.

Aufgaben

1. **Warum werden in ein Substrat für Kakteen und Sukkulente in unterschiedlichen Mengenanteilen z. B. Sand, kleinkörnige Steine u. a. beigemischt?**
2. **Nennen Sie vier Qualitätsmerkmale für ein „normales" Topfpflanzen-Substrat, verwendbar für die Mehrheit der Zimmerpflanzen.**
3. **Welche Nachteile hat das Umtopfen für ballentrockene Pflanzen?**
4. **Warum benötigen Pflanzen in einem Kunststofftopf weniger Wasser als Pflanzen in einem Tontopf?**
5. **Was geschieht, wenn Pflanzen (pH 3,5–4,0) ausschließlich mit hartem Wasser gegossen werden?**

3.3 Nährstoffversorgung der Pflanzen

Pflanzen benötigen zum Wachsen Nährstoffe, diese jedoch in unterschiedlichen Mengen. Deshalb werden diese Nährstoff in Hauptnährelemente und Spurennährelemente, kurz Spurenelemente.

Die Hauptnährelemente werden in größeren Mengen von den Pflanzen benötigt. Dazu gehören:

Nichtmineralische Hauptnährelemente	
Wasserstoff (H)	Sauerstoff (O)
Kohlenstoff (C)	
Mineralische Hauptnährelemente	
Stickstoff (N)	Phosphat (P)
Kalium (K)	Magnesium (Mg)
Kalzium (Ca)	Schwefel (S)

Die Spurenelemente werden nur in geringen bis sehr geringen Mengen von Pflanzen benötigt, aber sie sind lebenswichtig z. B. für den Stoffwechsel, die Hormonbildung oder auch die Fotosynthese. Ein Mangel führt zu Wachstumsstörungen.

Zu den Spurenelementen gehören: Eisen (Fe), Mangan (Mn), Kupfer (Cu), Molybdän (Mo), Bor (B), Zink (Zn) und Chlor (Cl). Andere nützliche Spurenelemente sind Natrium (Na), Kobalt (Co), Aluminium (Al) und Silizium (Si); sie sind aber nur für einige Pflanzen notwendig.

Bedeutung der Grundnährstoffe für das Pflanzenwachstum

Sauerstoff, Kohlenstoff und Wasserstoff sind die Grundstoffe aller Kohlenhydrate. Bei der **Fotosynthese** baut die Pflanze aus diesen Stoffen Glucose (Traubenzucker) auf.

Stickstoff (N) ist Bestandteil des Eiweißes. Stickstoff fördert das vegetative Wachstum, die Ausbildung von Trieben und Blättern, das Jugendwachstum.

Stickstoffmangelerscheinung führt zu Kümmerwuchs. Die Pflanze bekommt kurze, verhärtete Internodien. Die Blätter werden gelb-grün, sie bleiben klein und verhärten. Notblüte ist möglich.

Bild 1 Strickstoffmangel

Die Mangelssymptome erkennt man an älteren Blättern.

Phosphor (P) ist Bestandteil des Kerneiweißes, fördert das generative Wachstum, die Bildung von Blüten, Samen und Früchten und das Wurzelwachstum.

Phosphormangel führt zu einer verzögerten und verringerten Blütenausbildung. Blätter werden steif, zum Teil gibt es rötliche Verfärbungen auf der Blattunterseite.

Kali (K) ist in keiner organischen Verbindung enthalten. Kali-Ionen fördern die Quellung und die Bildung, den Transport und die Speicherung von Kohlenhydraten. Eine gute Kaliversorgung erhöht die Zellwandstabilität. Dadurch wird die Pflanze widerstandsfähig gegenüber Witterungseinflüssen, Frost und Krankheiten.

Kalimangel führt zu Kümmerwuchs, Wassermangel und zum Welken der Blätter vom Rand her, verbunden mit einem Absterben älterer Blätter. Außerdem kommt es zur Vergilbung der **Interkostalfelder**.

Bild 2 Kalimangel

Kalzium (Ca) wird in Zellwände eingebaut, beeinflusst die Standfestigkeit von Pflanzen und hat eine wesentliche Bedeutung für die Streckung von Zellen. Im Boden fördert es die Wurzelbildung und die Krümelbildung.

Schwefel (S) ist Bestandteil des Eiweißes.

Magnesium (Mg) ist im Chlorophyll enthalten.

Bild 3 Magnesiummangel

Nährstoffaufnahme der Pflanzen

Die Pflanzen nehmen die **Nährstoffe** im Wasser gelöst auf. Dabei sind die **Nährstoffe** in Form von positiv (+) oder negativ (–) geladenen Ionen im Wasser gelöst. Die eigentliche Nährstoffaufnahme erfolgt durch Ionenaustausch. Die Pflanzen geben an den Wurzeln Abfall-Ionen ab und nehmen dafür Nährstoff-Ionen auf. Die Abfall-Ionen entstehen beim Stoffwechsel in der Pflanze.

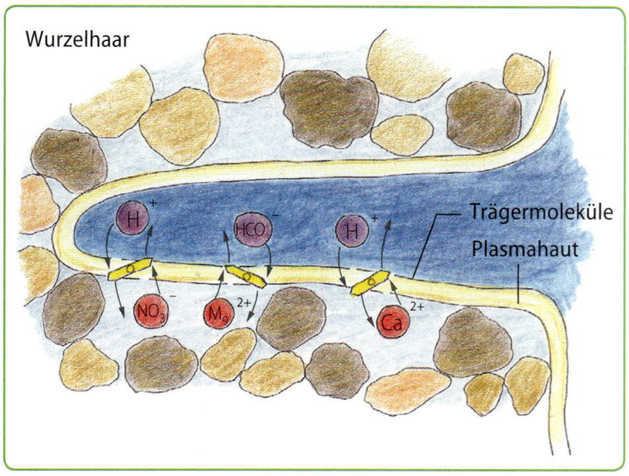

Bild 1 Ionenaustausch

Düngung der Pflanzen

Da den Pflanzen Sauerstoff, Wasserstoff und Kohlenstoff über die Luft und die Wasserversorgung zur Verfügung stehen, brauchen diese **Nährstoffe** nicht zusätzlich durch Düngegaben ergänzt zu werden.

Stickstoff, Phosphor und Kali werden aber von den Pflanzen in größeren Mengen gebraucht, sodass eine zusätzliche Düngung sinnvoll ist. Deshalb werden diese Nährstoffe auch als Hauptnährstoffe oder **Kernnährstoffe** bezeichnet.

Zur Düngung der Pflanzen können organische oder anorganische Dünger verwendet werden.

Organischer Dünger

Es handelt sich um Stoffe der belebten Natur, z. B. Mist, Vogelkot (Guano), Hornspäne, Knochenmehl.

Organischer Dünger ist nicht wasserlöslich und deshalb für die Pflanze zunächst nicht aufnehmbar. Daher muss organischer Dünger erst durch Bakterien zersetzt werden in anorganische, wasserlösliche **Nährstoffe**.

Aufgrund dieser Eigenschaften wirkt organischer Dünger nicht sofort. Er wirkt erst nach ca. 2–3 Wochen und dann als langsam fließende, lang anhaltende Nährstoffquelle. Deshalb eignet sich organischer Dünger als Vorratsdünger, z. B. für Balkonpflanzen oder Freilandschalen. Da bei der Zersetzung durch Bakterien ein unangenehmer Geruch entsteht, eignet sich organischer Dünger nicht für Zimmerpflanzen.

Durch seine Wirkweise führt organischer Dünger nicht so leicht zur Überdüngung. Trotzdem sollte auf eine korrekte Anwendung und gute Durchmischung mit der Erde geachtet werden, da es bei hoher Konzentration durch starke Bakterientätigkeit zu hoher Hitze und damit zu echter Verbrennung kommen kann.

Organische Dünger fördern das Bodenleben und sorgen damit für eine bessere Krümelstruktur. Bakterien und Pilze verbinden Humus und Tonteilchen zu Krümeln (s. S. 208).

Anorganische Dünger

Anorganische Dünger entstammen der unbelebten Natur und werden meist als Düngesalze oder Flüssigdünger angeboten. Sie sind wasserlöslich und damit für die Pflanze sofort aufnehmbar. Solche Dünger wirken sofort auf das Pflanzenwachstum und eignen sich nicht als Vorratsdünger. Sie sind geruchlos und deshalb für Zimmerpflanzen gut zu verwenden.

> **Vorsicht** vor Überdüngung bei zu häufigen Düngegaben: Wenn die Konzentration der Düngerlösung nicht vorschriftsmäßig vorgenommen wird, besteht die Gefahr des Salzkonzentrationsschadens (Verbrennung durch **Plasmolyse**, s. S. 192).

Anorganische Dünger werden bei Daueranwendung das Bodenleben zerstören und damit auch die Krümelstruktur (Gefahr der Versalzung).

Als Dünger stehen Mehrnährstoffdünger oder auch Einzelnährstoffdünger zur Verfügung. Die Dünger werden als Salze oder als Flüssigdünger angeboten. Außerdem gibt es noch Depotdünger. Bei diesen Düngern erfolgt eine langsame Nährstofffreigabe in Abhängigkeit von der Temperatur, sodass diese Dünger eine längerfristige Wirkung haben. Besonders bei Balkonpflanzen sind diese Dünger von Vorteil.

Depotdünger

Dünger	N	P	K	Mg
Plantosan 4 D	20	10	15	6
Osmocote 3–4 Monate	15	12	15	
Osmocote 6–9 Monate	16	10	13	
Nitrophoska permanent	15	9	15	2

Zur Düngung von Topfpflanzen kommen meist Mehrnährstoffdünger zur Anwendung.

Bei diesen Düngern werden die drei Hauptnährstoffe in einem Produkt kombiniert.

Bild 1 Petunien als Balkonpflanzen

Düngeratschläge

- Die Konzentration der Düngerlösung muss genau eingehalten werden. Als Faustregel gilt 3 g auf 1 Liter Wasser (0,3 %). In der Regel werden die Dünger bedienerfreundlich mit einem Messbecher angeboten. Es sollte die Gebrauchsanleitung genau beachtet und eingehalten werden.
- Bei salzempfindlichen Pflanzen sollten nur 1–2 g/Liter Wasser (0,1–0,2 %) genommen werden. Zu den salzempfindlichen Pflanzen gehören Farne, Bromelien, Orchideen, Erika-Heiden, Rhododendren, Primeln, Anthurien.
- Es wird nur während der Vegetationsperiode gedüngt (März bis September).
- Während der Ruhezeit (Oktober bis Februar) wird nicht gedüngt.
- Während der Blütezeit sollte gedüngt werden.
- Frisch umgetopfte Pflanzen werden erst nach etwa 3 bis 4 Wochen gedüngt. So lange sollten die Nährstoffe in der neuen Erde reichen. Außerdem muss die Pflanze erst einwurzeln.
- Wiederholungsdüngung alle 1–2 Wochen
- Niemals ballentrockene Pflanzen düngen. Die trockene Erde entzieht der Düngerlösung Wasser, und der Wurzelballen verbrennt. In diesem Fall die Pflanze etwa 1/2 Tag vor der geplanten Düngung gießen.
- Werden die Blätter der Pflanze mit Düngerlösung benetzt, sollten sie mit Wasser abgewaschen oder übersprüht werden. Es besteht sonst die Gefahr der Verbrennung.
- Im Sommer nicht in der Mittagssonne düngen. Es besteht die Gefahr der Verbrennung.
- Für besondere Pflanzengruppen (z. B. Kakteen, Orchideen, Bonsai) gibt es Spezialdünger, deren Nährstoffzusammensetzung auf diese Pflanzengruppen abgestimmt ist.

Bild 2 Bonsai benötigen Spezialdünger

Aufgaben

1. **Beobachten und beschreiben Sie, was passiert, wenn Düngerlösung auf die Blätter kommt.**
2. **Wie viel Gramm Düngesalz müssen auf einen Liter Wasser gegeben werden, wenn die Lösung 0,25 % haben soll?**
3. **Mit welchem Nährstoff fördern Sie die Blütenbildung bei Pflanzen?**

3.4 Hydrokultur

Hydrokultur bedeutet Wasserkultur, es ist eine erdlose Kultur. Bei der Hydrokultur wird der Wachstumsfaktor Boden durch technische Hilfsmittel ersetzt. Die Pflanzen wurzeln in Blähton. Ihre Nährstoffversorgung erfolgt über das Wasser. Die Hydrokultur hat folgende Besonderheiten:

Vorteile der Hydrokultur:

- Der Wachstumsfaktor Boden wird durch technische Hilfsmittel ersetzt.
- Der Wasserverbrauch wird genau gemessen. Deshalb kann auch eine exakte Wasserversorgung vorgenommen werden.
- Es besteht die Möglichkeit, eine Hydrokultur mit einem Wasservorrat zu versehen. Auf diese Weise kann eine Langzeitversorgung erreicht werden.
- Die Nährstoffversorgung ist heute mit modernen Düngern problemlos, die Pflanzen können auch mit einem Nährstoffvorrat für bis zu 6 Monate versehen werden.
- Aufgrund der erdfreien Kultur ist Hydrokultur sauber.
- Die genannten Punkte begründen den erfolgreichen Einsatz der Hydrokultur in Geschäftsräumen und öffentlichen Räumen, da der Pflegeaufwand sehr gering ist.

Gefäße

Alle Gefäße müssen möglichst chemisch reaktionsfrei sein. Man unterscheidet zwischen Mantelgefäß und Kulturtopf.

Das Mantelgefäß enthält die Nährlösung. Er muss also zusätzlich wasserdicht und standfest sein. Er sollte einen ebenen Boden haben. Deshalb eignen sich am besten Keramikgefäße, Glasgefäße oder gute Kunststoffgefäße. Glasgefäße sollten dunkel eingefärbt sein.

Der Kulturtopf enthält die Pflanze mit dem Wurzelballen. Der Topf sollte ebenfalls chemisch reaktionsfrei sein. Die Wurzeln müssen die Möglichkeit haben, vom Kulturtopf in die Nährlösung zu wachsen. Deshalb müssen genügend Öffnungen (Schlitze) in dem Gefäß vorhanden sein.

Bild 1 Wasserstandsanzeiger

Abgestimmt auf den Kulturtopf ist ein Wasserstandsanzeiger vorhanden. Es muss eine einwandfreie Funktion des Wasserstandsanzeigers garantiert sein. Dabei muss darauf geachtet werden, dass der Schwimmer nicht durch Wurzeln festgehalten wird. Der Wasserstandsanzeiger enthält in der Regel drei Markierungen:

- Optimum (das Beste): Das ist der Wasserstand, den die Pflanze als hohen Wasserstand am besten verträgt. Wird bis zum Optimum aufgegossen, muss die Pflanze erst alles Wasser verbrauchen können, bevor erneut bis zum Optimum aufgegossen wird. Die Wurzelspitzen müssen die Gelegenheit haben zu durchlüften.
- Minimum (das Geringste): Der Wasserstand hat die niedrigste messbare Höhe erreicht. Der Boden des Gefäßes ist noch mit einer Wasserschicht bedeckt. Die Pflanze sollte ca. drei Tage im Minimum stehen bleiben. In dieser Zeit wird das restliche Wasser verbraucht und die Wurzelspitzen können durchlüften.
- Maximum (das Höchste): Dies ist der höchste Wasserstand, den eine Hydrokultur für kurze Zeit verträgt. Ein Aufgießen bis zum Maximum gilt als Langzeitversorgung (Urlaub). Nur in Ausnahmefällen, ca. zweimal im Jahr, kann eine Maximumversorgung erfolgen. Im Anschluss daran muss der Wurzelballen durchlüften können, bevor wieder bis zum Optimum aufgegossen wird.

Trägersubstrat

Für die Hydrokultur sollte ein Trägersubstrat folgende Eigenschaften haben:

- Es muss eine optimale Wasser- und Luftführung gewährleisten.
- Es muss nährstofffrei sein.
- Das Substrat muss steril sein. Es darf keine Fäulnisstoffe enthalten.
- Es muss strukturstabil sein.
- Es muss chemisch reaktionsfrei sein.
- Die Korngröße muss den Wurzeln entsprechen.
- Es darf nicht zu schwer sein. Bei Großgefäßen ist dieser Gesichtspunkt wichtig.

Der Blähton erfüllt alle Anforderungen, die an ein Trägersubstrat gestellt werden. Als Ausgangsmaterial wird nur kalkfreier Ton verwendet.

Der Ton wird zunächst granuliert. Das Tongranulat wird dann in einem Drehrohrofen bei 1 200 °C gebrannt. Dabei werden die Tonkügelchen ständig bewegt. Bei der Hitze werden im Ton Gase frei, die die Tonkügelchen aufblähen.

Blähton ist heute als Trägersubstrat weit verbreitet.

Nährstoffversorgung

Pflanzen in Hydrokultur müssen alle **Nährstoffe** über die Düngung erhalten. Es gibt zwei Möglichkeiten der Düngung bei der Hydrokultur: Flüssigdünger und Ionenaustauscher.

Düngung mit Flüssigdünger

Bei der Düngung mit Flüssigdünger muss auf eine genaue Konzentration der Düngerlösung geachtet werden. Sonst besteht die Gefahr der Verbrennung und Überdüngung. Eine Düngergabe reicht für ca. drei Wochen. Bei größeren Düngergaben wäre die Salzkonzentration zu hoch.

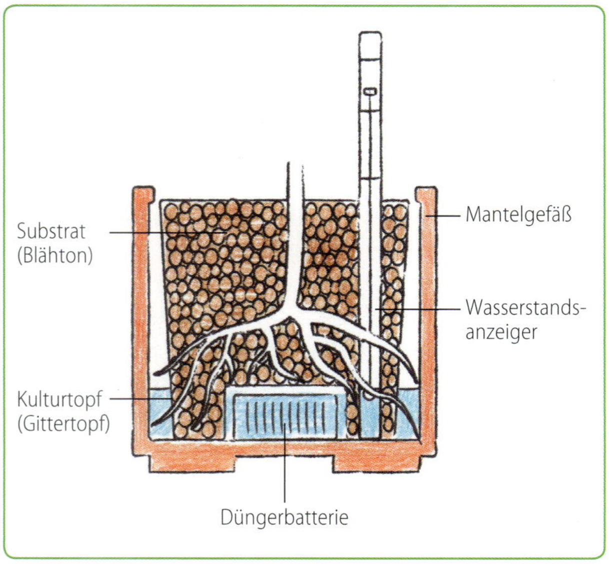

Bild 2 Schema eines Hydrogefäßes

© Neudorff, Emmerthal

Bild 1 Verwendung von Flüssigdünger

Das Gießwasser muss enthärtet werden. Die Ionen im Wasser, die die Härte verursachen, können mit Nährstoff-Ionen Verbindungen eingehen und diese Nährstoffe dadurch binden.

Die Pflanze nimmt **Nährstoffe** nur durch Ionenaustausch auf. Ionen sind elektrisch geladene Teilchen einer Verbindung. Wenn sich ein Düngesalz im Wasser auflöst, zerfällt es in Nährstoff-Ionen und Ballast-Ionen. Aufgrund des Ionenaustausches bleiben bei der Düngung mit Düngesalzen Ballast-Ionen zurück. Die Pflanze entnimmt aus der Düngerlösung nur die Nährstoff-Ionen. Die Ballast-Ionen bleiben in der Lösung. Außerdem gibt die Pflanze bei der Nährstoffaufnahme Abfall-Ionen an die Lösung ab. Bei jeder Wiederholungsdüngung würde sich die Anzahl der Ballast-Ionen erhöhen. Außerdem werden sich immer mehr Abfall-Ionen ansammeln. Deshalb müssen vor jeder erneuten Düngung Gefäß und Wurzelballen der Hydrokultur mit klarem Wasser ausgewaschen werden.

Nährstoffversorgung durch Ionenaustauscher

Als Basis für den Ionenaustauscher (Düngerbatterie) dient Kunstharz. Das Kunstharz wird mit Nährstoff-Ionen beladen. Diese Nährstoff-Ionen werden im Austausch gegen Abfall-Ionen freigegeben. Die Pflanze nimmt die angebotenen Nährstoff-Ionen auf, indem sie gleichzeitig Abfall-Ionen an das Wasser abgibt. Diese Abfall-Ionen lösen am Kunstharz wieder neue Nährstoff-Ionen aus. Auf diese Weise wird die Nährstofffreigabe durch die Pflanze selbst geregelt. Je stärker das Wachstum, um so stärker der Stoffwechsel und damit die Abgabe von Abfall-Ionen. Daraus ergeben sich für die Düngung der Hydropflanzen folgende Vorteile:

- Es ist Vorratsdüngung für sechs Monate möglich, da die Nährstoffe zunächst wasserunlöslich an Kunstharz gebunden sind und nur entsprechend dem Bedarf der Pflanzen freigegeben werden.
- Eine Überdüngung ist schwer möglich, da die Freigabe der Nährstoffe durch das Wachstumsverhalten der Pflanze gesteuert wird.
- Bei der Verwendung von Ionenaustauschern kann mit hartem Wasser gegossen werden. Die Härte-Ionen ermöglichen den Beginn des Ionenaustausches und damit die Freigabe der ersten Nährstoff-Ionen. Dabei wird gleichzeitig das Wasser enthärtet. Bei der Verwendung von sehr weichem Wasser kommt ein Ionenaustausch evtl. nicht zustande.
- Es erfolgt rückstandsfreie Düngung, da alle Abfall- oder Ballast-Ionen an das Kunstharz gebunden werden und damit wasserunlöslich festgelegt sind.
- Aus den o. g. Gründen ist auch die Wiederholungsdüngung ganz einfach. Es wird ein neuer Ionenaustauschdünger in das Hydrogefäß gegeben oder eine neue Nährstoffbatterie eingelegt. Dann wird das Gefäß bis zum Optimum mit Wasser aufgefüllt. Eine Säuberung des Gefäßes und die Durchspülung des Wurzelballens kann entfallen, da keine Rückstände vorhanden sind.

Pflegehinweise

Die Wurzeln der Hydropflanzen sind temperaturempfindlich. Deshalb ist es empfehlenswert, eine Hydrokultur nur mit temperiertem Wasser zu gießen. Bei der Nachfüllung von Wasser muss auf die korrekte Funktion des Wasserstandsanzeigers geachtet werden. Eine exakte Wasserstandanzeige ist lebenswichtig für eine erfolgreiche Hydrokultur. Bei Sonderkulturen, z. B. Kakteen, wird der Wasserstand auf die Hälfte des Optimums reduziert. Während des Winterhalbjahres werden Kakteen in Hydrokultur nicht gegossen, sondern hell und kühl (ca. 10 °C) überwintert.

Das Gefäß sauber halten und abgestoßene Blätter und Blütenteile entfernen. Sie fördern Fäulnis und Geruchsbildung.

3.5 Licht als Lebensenergie

Sonnenlicht ist für unsere Blütenpflanzen schon deshalb ein unverzichtbarer Wachstumsfaktor, weil das Sonnenlicht die notwendige Energie für die **Fotosynthese** liefert. Darüber hinaus hat das Licht noch weitere Bedeutung für das Pflanzenwachstum. Bevor auf diese Dinge eingegangen wird, soll aber zunächst auf einige Eigenschaften des Lichtes hingewiesen werden.

Beleuchtungsstärke

Ein wichtiger Faktor für die Pflanzen ist die Beleuchtungsstärke, die Helligkeit, mit der das Sonnenlicht auf die Pflanzen einstrahlt. Diese Beleuchtungsstärke wird in Lux gemessen.

1 Lux ist die Beleuchtungsstärke einer Kerze (Stearinkerze, ⌀ 2 cm, Flammenhöhe 5 cm) bei rechtwinkligem Strahleneinfall auf eine Fläche in 1 m Entfernung.

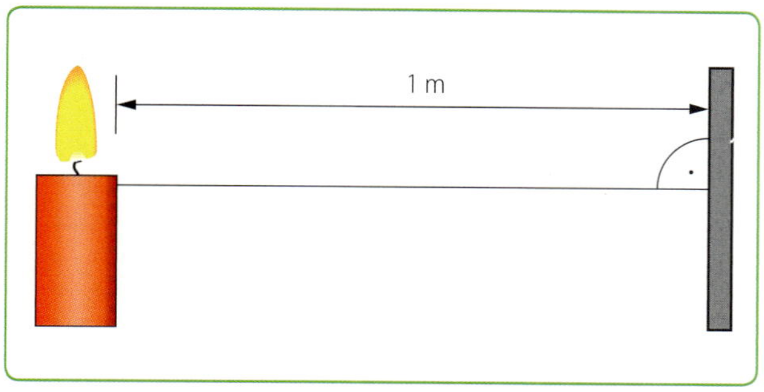

Bild 1 Beleuchtungsstärke 1 Lux

Zum Vergleich seien hier einige Helligkeitswerte angeführt. So bringt eine 40-Watt-Glühlampe bei 220 Volt etwa 46 Lux an Helligkeit. An einem Hochsommertag werden zur Mittagszeit in der Sonne etwa 80 000 bis 100 000 Lux erreicht. Im Schatten haben wir dann etwa 10 000 bis 30 000 Lux, im tiefen Schatten nur 10 000 Lux erreicht. Im Zimmer am Südfenster werden bei direktem Sonnenlicht etwa 20 000 bis 30 000 Lux erreicht, 3 m vom Fenster entfernt haben wir dann nur noch 3 000 Lux. Daraus folgt, dass sich die Helligkeit im Quadrat der Entfernung von der Lichtquelle verringert.

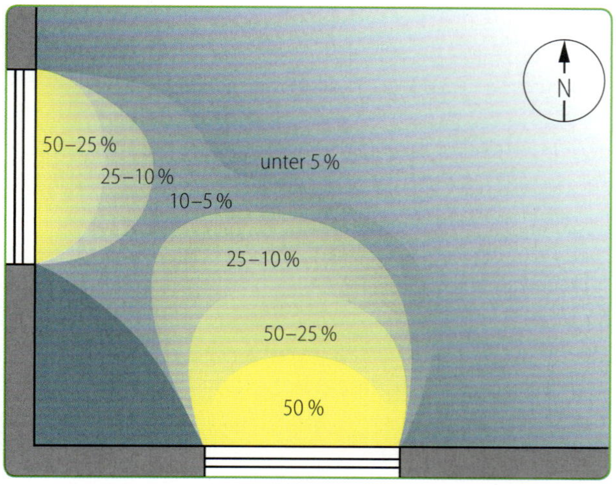

Bild 2 Lichtverteilung in einem Raum

Lichtfarbe

Das weiße Sonnenlicht, wie es vom menschlichen Auge wahrgenommen wird, setzt sich aus mehreren Farben, den Spektralfarben, zusammen. Lichtstrahlen bewegen sich wellenartig fort. Die Wellenlänge ist für jede Farbe eine andere.

Bild 3 Sonnenspektrum

Für das Wachstum der Pflanzen ist vor allem der rot-orange Lichtbereich (für die **Fotosynthese**) und der blau-violette Lichtbereich (UV-Strahlen) von Bedeutung. Die grünen Blätter unserer Pflanzen reflektieren hauptsächlich den blauen und den gelben Lichtbereich (Blau und Gelb = Grün) und absorbieren den Rotbereich.

Bedeutung des Lichtes für das Pflanzenwachstum

Bereits bei der Keimung der Pflanzen spielen Licht und Dunkelheit eine Rolle. So unterscheidet der Fachmann zwischen Lichtkeimern und Dunkelkeimern.

Bei Lichtkeimern wird die Keimung durch Licht gefördert. Licht sorgt für den Abbau keimhemmender Stoffe.

Pflanzenbeispiele: Gloxinien *(Sinningia speciosa)*, Drehfrucht *(Streptocarpus x hybridus)*, Eisbegonie *(Begonia cucullata var. hookeri)*, Flammendes Käthchen *(Kalanchoe blossfeldiana)*.

Bei Dunkelkeimern wird die Keimung durch Licht gehemmt. Der Samen muss abgedeckt werden.

Pflanzenbeispiele: *Asparagus*-Arten, Alpenveilchen *(Cyclamen persicum)*, Gartenfuchsschwanz *(Amaranthus caudatus)*, Freesie *(Freesia refracta)*, *Lilium*-Arten, Jungfer im Grünen *(Nigella damascena)*.

In der vegetativen Wachstumsphase hat das Licht in vier verschiedenen Bereichen Einfluss auf das vegetative Wachstum:

- Das Licht ist notwendig für die **Fotosynthese**. Bei der Fotosynthese wird aus Wasser und Kohlendioxid mithilfe der Sonnenenergie Zucker aufgebaut. Um eine optimale Assimilationsleistung zu erreichen, brauchen die Pflanzen eine hohe Beleuchtungsstärke, mehr als 1 000 Lux.
  Beispiel: Die Sonnenblume *(Helianthus)* erreicht die maximale Assimilationsleistung bei 21 000 bis 27 000 Lux (Sonnenpflanze).

- Das Licht ist notwendig, um Farbstoffe auszubilden. Buntlaubige Pflanzen benötigen mehr Licht als ihre grünlaubigen Verwandten. Weißbunte Pflanzen werden bei Lichtmangel vergrünen. Sie erhöhen damit ihre Assimilationsleistung, die aufgrund des Lichtmangels zu gering ausfällt. Auch die Ausbildung von **Brakteen** wird durch gutes Licht intensiver.
  Beispiel: Gebirgspflanzen haben im Hochgebirge eine intensivere Ausfärbung als im Flachland.

- Licht hemmt das Streckungswachstum. Bei optimalem Licht haben Pflanzen einen gedrungenen Wuchs mit kurzen Internodien. Bei Lichtmangel erfolgt ein unkontrolliertes Streckungswachstum (Triebe vergeilen). Die Internodien werden ungewöhnlich lang.

- Die Pflanzen richten ihr Wachstum nach der Lichtquelle aus. Man nennt diese Erscheinung Fototropismus = Lichtwendigkeit. Die Sprosse der Pflanzen wachsen fototropisch positiv, das heißt, sie wachsen dem Licht entgegen. Wurzeln wachsen fototropisch negativ, sie wachsen vom Licht weg in die Dunkelheit.
  Beispiel: Bei Wurzelkletterern wie Efeu *(Hedera)*, Kletterfeige *(Ficus pumila)*, Efeutute *(Epipremnum pinnatum)* entstehen die Kletterwurzeln auf der vom Licht abgekehrten Seite.

Bild 1 Lichtwendigkeit der Pflanzen

> Der Florist kann die Eigenschaft der Lichtwendigkeit nutzen, wenn er geradstielige Blumen zu einer gefälligen Bewegung zwingen will. Durch einseitige Belichtung wenden sich die Blumen der Lichtquelle zu.
> **Pflanzenbeispiele:** Gladiole *(Gladiolus)*, Fackellilie *(Kniphofia)*, Prachtscharte *(Liatris spicata)*

Auch in der **generativen** Wachstumsphase hat das Licht seine Bedeutung. Zunächst beginnen viele Pflanzen erst mit der Blüte, wenn genügend Lichthelligkeit gegeben ist. Nimmt man die Wachsblume *(Hoya carnosa)* von ihrem hellen Standort weg und stellt sie in den Schatten, wird sie nicht mehr blühen.

Bei vielen Pflanzen spielt aber die Länge der Belichtung bei der Blütenbildung eine entscheidende Rolle. Es gibt Pflanzen, die mit der Blütenbildung auf die Tageslänge reagieren. Diese Erscheinung nennt man Fotoperiodismus. Die natürliche Fotoperiode ergibt sich aus dem Wechsel zwischen Tag und Nacht.

In unseren Breiten beruhen die Jahreszeiten auf dem Wechsel der Tageslänge. Am 21. Dezember ist bei uns der kürzeste Tag im Jahr (Winteranfang). Von da ab werden die Tage länger. Am 21. März (Frühlingsanfang) und am 21. September (Herbstanfang) sind Tag und Nacht gleich lang. Am 21. Juni ist bei uns der längste Tag im Jahr (Sommeranfang). Von diesem Tag an werden die Tage kürzer. Es ergibt sich also eine natürliche Kurztagperiode zwischen Ende September und Mitte März und eine natürliche Langtagperiode zwischen Ende März und Mitte September.

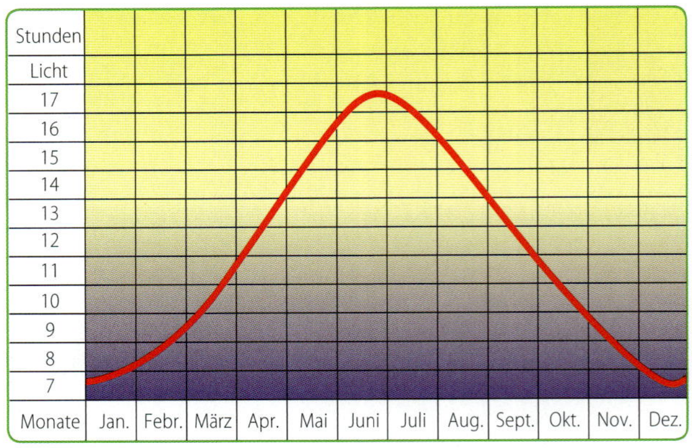

Bild 2 Wechsel der Tageslänge in Mitteleuropa

Beim Fotoperiodismus unterscheidet man zwischen Kurztagpflanzen und Langtagpflanzen.

Kurztagpflanzen

Die Kurztagpflanzen beginnen mit der Blütenbildung im Kurztag. Beim Kurztag ist der Tag kürzer als die Nacht, z. B. 9 Stunden Tag und 15 Stunden Nacht. Im Kurztag schließen die Pflanzen ihr **vegetatives** Wachstum ab. Sie beginnen mit der Ausbildung von Blütenknospen. Nach etwa drei Wochen Kurztag ist dieser Vorgang nicht mehr umkehrbar. Der Gärtner nutzt die Kenntnis um die Kurztagperiode für die Steuerung der Kultur. Im Langtag wachsen die Kurztagpflanzen **vegetativ**.

Pflanzenbeispiele: Weihnachtsstern *(Euphorbia pulcherrima)*, Flammendes Käthchen *(Kalanchoe blossfeldiana)*, Gartenchrysantheme *(Chrysanthemum x grandiflorum)*, Weihnachtskaktus *(Schlumbergera truncata)*

Langtagpflanzen

Die Langtagpflanzen beginnen mit der Blütenbildung im Langtag. Beim Langtag ist der Tag länger als die Nacht, z. B. 14 Stunden Tag und 10 Stunden Nacht. Mit dem Beginn der Langtagperiode beenden die Pflanzen ihr **vegetatives** Wachstum. Sie beginnen jetzt mit der Bildung von Blütenknospen. Nach etwa drei Wochen Langtagzeit ist dieser Vorgang nicht mehr umkehrbar. Im Kurztag wachsen Langtagpflanzen **vegetativ**. Auch hier ermöglicht der Fotoperiodismus dem Gärtner die Kultursteuerung.

Pflanzenbeispiele: Sommeraster *(Callistephus chinensis)*, Levkoje *(Matthiola incana)*, Edelwicke *(Lathyrus odoratus)*, Kranzschlinge *(Stephanotis floribunda)*, Löwenmäulchen *(Antirrhinum majus)*, Petunie *(Petunia Cultivars)*.

Bild 1 Sommeraster *(Callistephus chinensis)*

Lichtverträglichkeit von Pflanzen

Je nach Standort haben sich Pflanzen an die unterschiedlichsten Lichtbedingungen angepasst, sowohl an sehr helles Licht als auch an verhältnismäßig dunkle Standorte. Schon durch den äußeren Aufbau kann der Florist Rückschlüsse ziehen auf die Lichtverträglichkeit am natürlichen Standort und auch auf der Fensterbank.

Selbst innerhalb einer Pflanze, z. B. der Rot-Buche *(Fagus sylvatica)*, hat dieser Baum in seiner großen Krone Sonnen- und Schattenblätter ausgebildet. Daher kann er optimal alle Lichtverhältnisse für den Stoffwechsel nutzen.

So unterscheiden sich Sonnenpflanzen und Schattenpflanzen durch folgende Merkmale:

Merkmale von Sonnenpflanzen	Merkmale von Schattenpflanzen
Lederharte Blätter, z. B. Oleander, Lorbeer, Mäusedorn	Weiche Blätter, z. B. Zimmerlinde, Frauenhaarfarn, Fittonie
Geringe Blattflächen, z. B. Rosmarin, Zylinderputzer, Waxflower	Große Blattflächen, z. B. Fensterblatt, Kolbenfaden, Einblatt
Helle Blattfärbung, z. B. Fetthenne, Erbse am Band, Echeverie	Dunkle Blattfärbung, z. B. Schusterpalme, Korbmarante, Funkie
Weiße Behaarung, z. B. Greisenhaupt, Filzige Kalanchoe	Grüne Behaarung, z. B. Zimmerlinde, Henne mit Küken
Sukkulenz, z. B. Dickblattrosette, Aloe, Goldkugelkaktus	

Lichtanspruch: mindestens 2 000 Lux	
Ananas comosus	Ananas
Bougainvillea glabra	Bougainvillee
Euphorbia pulcherrima	Weihnachtsstern
Euphorbia tirucalli	Latex-Wolfsmilch
Hibiscus rosa-sinensis	Roseneibisch
Nerium oleander	Oleander
Yucca elephantipes	Palmlilie
Lichtanspruch: mindestens 1 000 Lux	
Acorus gramineus	Kalmus
Aeschynanthus speciosus	Sinnblume
Anthurium scherzerianum	Flamingoblume
Asparagus-Arten	Zierspargel
Beaucarnea recurvata	Elefantenfuß
Ficus benjamina	Birkenfeige
Saintpaulia ionantha	Usambaraveilchen
Lichtanspruch: mindestens 500 Lux	
Adiantum raddianum	Frauenhaarfarn
Aglaonema commutatum	Kolbenfaden
Aspidistra elatior	Schusterpalme
Chamaedorea elegans	Bergpalme
Cissus rhombifolia	Königswein
Dracaena marginata	Drachenlilie
Epipremnum pinnatum	Efeutute
Ficus pumila	Kletterfeige
Spathiphyllum wallisii	Einblatt

Beleuchtungsmittel

Für Pflanzen im Raum benötigt man mindestens eine Helligkeit von 500 bis 1 000 Lux. Ohne zusätzliche Beleuchtung werden deshalb Pflanzen nur in der Nähe des Fensters gedeihen. Um verwertbare Aussagen über die Helligkeit in einem Raum zu machen, muss die Helligkeit mit einem Luxmeter gemessen werden.

Da sich Licht gradlinig ausbreitet, sind die Räume neben und unter einem Fenster am dunkelsten. Wenn für eine Zusatzbelichtung eine Lampe installiert wird, so muss auf Folgendes geachtet werden:

- Durch die Installation muss vor allem die erforderliche Helligkeit erreicht werden.

1
2
3

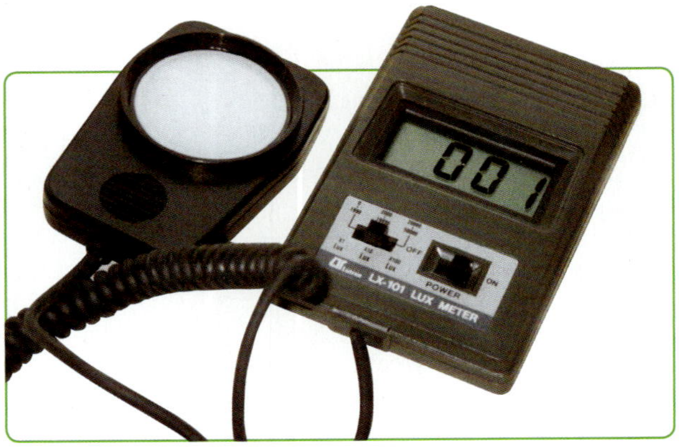

Bild 1 Luxmeter

- Das richtige Farbspektrum muss durch die Lampen gegeben sein (roter und blauer bis violetter Farbbereich).
- Geeignet sind für den privaten Bereich alle Lampen mit der entsprechenden Lichtfarbe. Hierfür bietet die Industrie aktuell für die Pflanzenbeleuchtung spezielle Lampen an.
- Die Lampe muss genügend weit über der Pflanze angeordnet sein, damit auf den oberen Blättern einer Pflanze die Temperatur nicht zu hoch wird. Entsprechend den Lampentypen ist die Aufhänghöhe unterschiedlich.
  Hinweis: Die meisten Lampen werden mindestens einen Meter hoch über den Pflanzen angebracht.

Aufgaben

1. **Messen Sie mit einem Luxmeter um die Mittagszeit die Helligkeit in Ihrem Wohnzimmer! Stellen Sie fest, wo im Raum eine Pflanze mit höherem Lichtanspruch und wo eine Pflanze mit geringerem Lichtanspruch Platz finden kann.**
2. **Säen Sie zwei Schalen mit Gras aus! Eine Aussaat halten Sie ganz im Dunkeln, die andere Aussaat stellen Sie an ein Südfenster. Beobachten Sie die unterschiedliche Entwicklung der Pflanzen.**
3. **Stellen Sie ein Fensterblatt direkt neben ein Fenster und beobachten Sie die Veränderung der Pflanze.**
4. **Schreiben Sie mit der vollständigen botanischen Bezeichnung fünf Pflanzen für einen sonnigen Standort (Sonnenpflanzen).**
5. **Schreiben Sie mit der vollständigen botanischen Bezeichnung fünf Pflanzen für einen schattigen Standort (Schattenpflanzen).**
6. **Informieren Sie sich im Internet über Wirkungsweisen verschiedener Lampentypen zur Belichtung von Pflanzen bei Ihren Kunden.**
7. **Informieren Sie sich über die Verwendung von LED-Leuchten zur Pflanzenbelichtung.**

3.6 Wärme und Wärmebedarf

Physikalische Vorbemerkung

Wärme ist eine Energieform. Unsere Pflanzen benötigen diese Energie für Wachstumsvorgänge. Deshalb atmet die Pflanze. Die **Atmung** ist ein Verbrennungsvorgang, bei dem die Pflanze durch Verbrennung aus Kohlenhydraten Wärme gewinnt. Normalerweise wird diese Wärme gleich wieder für weitere Stoffwechselvorgänge benötigt, sodass man die Wärme nicht messen kann. Anders ist das, wenn man Rasenschnitt in einen Eimer füllt und nach einer Weile mit der Hand in den Eimer fasst. Der Rasenschnitt, der noch weiter atmet, ist jetzt heiß. Hier wird die Wärme erfahrbar, weil der Stoffwechsel unterbrochen ist und die Wärme nicht mehr weiter gebraucht wird.

> Werden Schnittblumen im Bund zu dicht gelagert, kann es auch zu einem Wärmestau kommen. Dadurch wird die Haltbarkeit der Schnittblumen vermindert.

Kälte ist nur ein Ausdruck für Wärmeverlust. Ein Körper wird kälter, wenn er Wärme verliert. Gemessen wird Wärme beim Umgang mit Pflanzen in Grad Celsius: 1 °C ist der 100ste Teil der Temperaturdifferenz zwischen dem Gefrierpunkt und dem Siedepunkt von Wasser.

Einfluss der Wärme auf das Pflanzenwachstum

Während der gesamten Wachstumszeit von der Keimung bis zur Blüte sind Pflanzen abhängig von der sie umgebenden Wärme.

Schon bei der Keimung der Samen ist die richtige Keimtemperatur entscheidend für den Keimerfolg. Jede Pflanzenart hat ihre eigene optimale Keimtemperatur. Nur wenn die optimale Keimtemperatur gegeben ist, kann eine optimale Keimung erfolgen. Ungünstige Keimtemperaturen verlängern die Keimzeit oder verhindern gar den Keimerfolg. Will man Pflanzen selber aussäen, muss man auf die richtige Keimtemperatur achten, um eine gute Keimung zu erhalten.

Pflanze	Optimale Keimtemperatur
Primula malacoides	12–15 °C
Sinningia speciosa	20–24 °C
Aechmea fasciata	25–30 °C

Einige Pflanzen werden auch als Kaltkeimer bezeichnet. Besonders bei alpinen Stauden ist die Frosteinwirkung im Winter förderlich für eine spätere Keimung des Samens im Frühjahr.

Auch beim vegetativen Wachstum der Pflanzen ist die richtige Wärme wichtig für das optimale Gedeihen der Pflanzen. Jede Pflanzenart hat ihr eigenes Temperaturoptimum. Die Wärme fördert besonders das Streckungswachstum. Außerdem sind die Stoffwechselvorgänge, z. B. **Fotosynthese** und **Atmung**, temperaturabhängig. Sind die optimalen Temperaturbereiche nicht gegeben, verringert sich das Wachstum bis zum Stillstand. Bei den heimischen Pflanzen hört bei 1–3 °C jegliches Wachstum auf. Bei tropischen Pflanzen können Temperaturen unter +10 °C zu Kälteschäden führen. Über 45 °C ist für Blütenpflanzen kein Leben mehr möglich. Zu hohe Temperaturen führen zunächst zu unnatürlichem Streckungswachstum. Steigen die Temperaturen weiter, verbrennt das Gewebe und stirbt ab.

Der Fachmann teilt die Pflanzen nach ihren Wärmeansprüchen ein. Dabei ist die Überwinterungstemperatur entscheidend. Im Sommer können auch im gemäßigten Klima die Temperaturen ähnlich hoch sein wie in den Tropen.

Kalthauspflanzen

Diese Pflanzen können ohne Schaden im Freien überwintern, solange es frostfrei bleibt und die Temperaturen sich zwischen 3 °C und 10 °C bewegen. Dazu gehören:

Acacia paradoxa	Zimmerakazie
Bougainvillea glabra	Bougainvillee
Camellia japonica	Kamelie
Cyclamen persicum	Alpenveilchen
Erica gracilis	Glockenheide
Fuchsia-Arten	Fuchsie
Laurus nobilis	Lorbeerbaum
Myrtus communis	Brautmyrte
Nerium oleander	Oleander
Passiflora caerulea	Passionsblume

Bild 1 Kalthauspflanze: Kamelie *(Camellia japonica)*

Pflanzen für das temperierte Haus

Diese Pflanzen benötigen eine Überwinterungstemperatur von 10 bis 18 °C.

Asparagus-Arten	Zierspargel
Chamaedorea elegans	Bergpalme
Cissus rhombifolia	Königswein
Exacum affine	Blaues Lieschen
Ficus benjamina	Birkenfeige
Hibiscus rosa-sinensis	Roseneibisch
Justicia brandegeana	Zimmerhopfen
Mandevilla sanderi	Dipladenie
Peperomia caperata	Zwergpfeffer
Schefflera arboricola	Strahlenaralie
Stephanotis floribunda	Kranzschlinge

Warmhauspflanzen

Es handelt sich um Pflanzen, die aus den Tropen stammen. Sie benötigen auch im Winter Temperaturen zwischen 18 und 25 °C.

Anthurium scherzerianum	Flamingoblume
Caladium bicolor	Buntwurz
Codiaeum variegatum	Kroton
Dieffenbachia seguine	Dieffenbachie
Epipremnum pinnatum	Efeutute
Fittonia verschaffeltii	Fittonie, Mosaikpflanze
Guzmania-Arten	Guzmanie
Monstera deliciosa	Fensterblatt
Phalaenopsis amabilis	Phalaenopsis
Saintpaulia ionantha	Usambaraveilchen
Sinningia speciosa	Gloxinie

Bild 2 Warmhauspflanze: Flamingoblume *(Anthurium andraeanum)*

Treiberei

Auch in der generativen Wachstumsphase spielt Wärme eine Rolle. Blumenzwiebeln brauchen verschiedene Temperaturintervalle, um blühreif zu werden. Der Gärtner lagert z. B. Tulpenzwiebeln in Klimakammern. Er erhält dadurch blühreife Zwiebeln, die schon zur Weihnachtszeit zur Blüte gebracht werden können. Dieses Verfrühen der Blüte nennt man Treiberei.

Auch bei einigen Ziergehölzen kann durch Treiberei die Blüte verfrüht werden. Voraussetzung ist, dass die Ziergehölze blühreif sind. Ziergehölze durchlaufen ihre Ruhephase in drei Abschnitten:

- Am Ende des Sommers, wenn das Triebwachstum abgeschlossen ist und die Knospen für das neue Jahr angelegt sind, beginnt die Vorruhe, meist Ende August.
- Wenn im Herbst, Ende Oktober, der Laubabwurf einsetzt, beginnt die Hauptruhe.
- Nach der ersten Frostperiode setzt die Nachruhe ein. In der Nachruhe sind die Gehölze blühreif und können jetzt durch Treiberei verfrüht werden.

Bild 1 Sternmagnolie

> Die alte Bauernregel von den Barbarazweigen besagt, dass Kirschzweige, die am 4. Dezember (Barbaratag) geschnitten und ins warme Zimmer gebracht werden, zu Weihnachten blühen.

Ziergehölze, deren Blütenknospen am alten Holz gebildet werden, lassen sich besonders leicht durch hohe Temperaturen treiben. Dazu gehören:

Chaenomeles x superba	Zierquitte
Forsythia x intermedia	Forsythie, Goldglöckchen
Prunus triloba	Mandelbäumchen
Prunus subhirtella	Zierkirsche
Cornus mas	Kornelkirsche
Magnolia stellata	Sternmagnolie
Malus Cultivars	Zierapfel

Bild 2 Angetriebenes Ziergehölz

4 Pflanzenschutz als schützende Notwendigkeit begreifen, Schadsymptome erkennen und zur Kundenberatung nutzen

Bild 1 Pflanzenzucht im Gewächshaus

4.1 Bedeutung des Pflanzenschutzes

In der unberührten Natur gedeihen die Pflanzen ohne irgendeine Schutzmaßnahme durch den Menschen. Erst da, wo der Mensch Pflanzen aus ihrem natürlichen Umfeld herausgenommen und in Kultur genommen hat, müssen die Pflanzen vor schädlichen Einflüssen geschützt werden. Der Schutz der Pflanzen vor Krankheiten, Schädlingen und schädlichen Einflüssen gewinnt da besonders an Bedeutung, wo der Gärtner eine hohe, leistungsfähige Pflanzenproduktion wünscht. Aus folgenden Gründen ist Pflanzenschutz notwendig:

- Monokulturen ermöglichen Schädlingen und Krankheitserregern eine hervorragende Lebensgrundlage. Sie bilden die Nahrungsgrundlage für eine Massenvermehrung. Die Infektion der Pflanzen und damit die Massenausbreitung von Krankheiten wird erleichtert und beschleunigt. Die Schäden können sehr hoch sein.
- Durch den internationalen Handel werden bei uns Schädlinge und Krankheitserreger eingeführt, deren natürliche Feinde bei uns fehlen.
- Durch Einsatz chemischer Pflanzenschutzmittel werden oft auch die natürlichen Feinde der Schädlinge getroffen. Damit wird die Ausbreitung der Schädlinge erleichtert.
- Häufige Anwendung von chemischen Pflanzenschutzmitteln hat zur Folge, dass sich resistente Stämme von Schädlingen entwickeln.
- Züchtung leistungsfähiger Pflanzensorten kann zur Folge haben, dass diese Sorten anfälliger sind gegenüber Krankheiten und Schädlingen. Es werden auch Pflanzen gezüchtet, die besonders widerstandsfähig gegenüber Schädlingen und Krankheiten sind.

Die Krankheitsbilder (Symptome) von Pflanzenschädigungen sind ganz unterschiedlicher Natur:

- Verfärbungen: Besonders häufig sind Vergilbungen der Blätter (Chlorosen); aber auch Rotfärbung und andere Farbveränderungen oder Farbflecken deuten auf Pflanzenschäden.
- Nekrosen: Gewebeteile, Blattränder oder ganze Blätter sterben ab, das Gewebe wird braun und trocken.
- Welke an Blättern und Trieben
- Blattabwurf
- Fäulnis an Pflanzenteilen kann nass oder auch trocken sein.
- Verformungen: Kräuselung der Blätter, Kümmerwuchs, Steckenbleiben des Vegetationspunktes,
- Belag auf den Blättern: Schimmelbildung oder anderer Pilzbelag ist oft schon an der Farbe zu erkennen.
- Fraßschäden: Fraß am Blattrand oder Lochfraß, Minierfraß im Blattgewebe
- Honigtauabsonderungen auf den Blättern, oft verbunden mit schwarzem Pilzbelag (Rußtaupilz)

Schadursachen

Nichtparasitäre Schäden Schäden durch unbelebte Ursachen	**Parasitäre Schäden** Schäden durch Lebewesen
Schäden durch Pflegefehler: Fehler bei der Wasserversorgung, bei der Düngung, bei der Standortwahl	Krankheitserreger: Viren, Bakterien, Pilze
Schäden durch Witterungseinflüsse: Licht- und Hitzeschäden, Frost- und Kälteschäden, Schäden durch Luftzug, Luftverunreinigung und falsche Luftfeuchtigkeit	Schädlinge: Insekten, Milben, Nematoden, Schnecken, Wirbeltiere

Der Fachmann kann anhand der festgestellten Schäden seine Diagnose stellen, d. h., er schließt vom Schadbild auf die Schadursache. Kennt man die Schadursache, kann man die geeigneten Pflanzenschutzmaßnahmen (Therapie) ergreifen.

Schadbild → Diagnose → Therapie

4.2 Nichtparasitäre Pflanzenschäden

Zeigt eine Pflanze Wachstumsstörungen, liegt in den meisten Fällen ein Pflegefehler vor. Ungünstige Wachstumsfaktoren führen zu Wachstumsstörungen. Der Fachmann spricht von nichtparasitären Schäden, weil die Wachstumsstörung nicht durch einen Schädling oder Krankheitserreger verursacht wurde. Man spricht auch von abiotischen Schäden, weil der Schaden nicht durch ein Lebewesen verursacht wurde. Ein optimales Pflanzenwachstum kann nur erreicht werden, wenn alle Wachstumsfaktoren optimal auf die Bedürfnisse der Pflanzen abgestimmt sind.

Bild 1 Pflanzenschaden durch Stickstoffmangel

Wachstumsfaktor	Wachstumsstörung
Zu wenig Wasser	Welke, Abwurf der Blätter und der Knospen besonders bei Azaleen, bei einigen Alpenveilchen ein Aufblühen unter dem Laub (Notblüte)
Zu viel Wasser	Sauerstoffmangel an den Wurzeln führt zu Fäulnis und damit zur Verhinderung der Wasser- und Nährstoffaufnahme, Blätter werden fahl grün, auch gelb, später Welke, Abwurf der Knospen, Chlorose an den Blättern.
Zu kaltes Wasser	Weiße Marmorierungen der Blätter bei Gesneriaceen
Unregelmäßige Wassergaben	Aufreißen des Stängels bei Chrysanthemen, Tulpen, Hyazinthen und Pelargonien
Zu wenig Licht	Triebe vergeilen und erhalten unnatürlich lange, oft weiche Internodien, schlechte Ausfärbung bunter Blätter, kleine, helle Blätter, Vergrünen panaschierter Blätter (Efeu, Dieffenbachien), verzögerte und verringerte Blütenbildung.
Zu viel Licht	Blattvergilbungen durch Zerstörung des Chlorophylls, Blattverbrennungen.
Zu hohe Temperaturen	Verbrennungen oder Hitzeflecken, oft bei gleichzeitiger hoher Lichteinwirkung, braune Blattränder und Blattspitzen bei gleichzeitig trockener Luft
Zu niedrige Temperaturen	Frostschäden: Wasser in den Zellen gefriert, die Zellen platzen auf, das Gewebe wird glasig, weich und schwarz (Dahlien, Chrysanthemen). Kälteschäden über 0 °C: Kältechlorose bei Brunfelsien, gehemmte Wasser- und Nährstoffaufnahme führt zu Wachstumsstockungen, Blätter rollen sich ein, Gewebe wird glasig bei Anthurien, Sansevierien.
Zu niedrige Luftfeuchtigkeit	Braune Blattränder, Blatt- und Knospenabwurf
Zu viel Nährstoffe	Üppiges Wachstum mit weichem Gewebe, Blattauswölbungen zwischen den Blattadern, Anfälligkeit gegenüber Krankheiten, empfindlich gegenüber Zugluft und Kälte; zu hohe Salzkonzentration führt zu Verbrennungen an Blatträndern und Wurzeln
Zu wenig Nährstoffe	Kümmerwuchs, kleine gelbe Blätter, verhärtetes Gewebe, kleine und wenige Blüten, Notblüte (Spezielle Mangelerscheinungen, s. S. 212).
Pflanzsubstrat	Falsche Pflanzerde führt zu schwachem Wurzelwachstum. Wichtig ist der richtige pH-Wert, er beeinflusst das Nährstoffangebot für die Pflanzen. Zu hoher pH-Wert verhindert z. B. die Aufnahme von Eisen; Blätter vergilben.
Luftmangel	Luftmangel im Wurzelbereich durch Staunässe führt zu Fäulnis, Wurzeln sterben ab. Luftmangel zwischen den Pflanzen führt zu erhöhter Luftfeuchtigkeit, fördert Pilzbefall, insbesondere Grauschimmel.
Zugluft	Besonders gefährlich für Schnittblumen; erhöhte Transpiration kann Wassermangel verursachen, das führt zu braunen Blatträndern, Welke, Blatt- und Blütenabwurf.
Zu hohe Luftfeuchtigkeit	Verminderung der Transpiration, Verkorkungen an der Blattunterseite, den Blattstängeln (Pelargonien, *Ficus*, Begonien, Clivien, *Kalanchoe*, Sansevierien)

Bild 1 Frostschaden an Hibiskus

Bild 2 Kälteschaden an Phalaenopsis

4.3 Parasitäre Schäden

Es gibt Lebewesen, die als **Parasiten** auf Kosten unserer Zierpflanzen leben, indem sie den Saft der Pflanzen aussaugen, Pflanzenteile fressen oder die Pflanze als Basis für ihren Nachwuchs benutzen. Dies alles führt zur Beeinträchtigung des Pflanzenwachstums und kann im schlimmsten Fall zum Absterben der Pflanze führen.

Virosen

Viren kann man als vagabundierende Zellkerne bezeichnen. Der Aufbau und die Funktion der Viren entsprechen einem Zellkern. Den Viren fehlt aber die Zelle mit ihrem Stoffwechsel. Deshalb dringen Viren in Pflanzenzellen ein und veranlassen die Zellen zum Aufbau von Viren.

> Viren sind mikroskopisch klein. Sie haben eine durchschnittliche Größe von 200 nm (1 Nanometer: 10^{-6} mm).
> Zum Vergleich:
> 5 000 Viren aneinandergereiht ergeben 1 mm.

Die Schadbilder viröser Pflanzen sind sehr unterschiedlich. Folgende Symptome können auftreten:

- Verfärbungen, Mosaikflecken, streifenförmige Verfärbungen, veränderte Blütenfarbe
- Verformungen der Blätter
- Verkrüppelung von Trieben
- Kräuselung von Blättern
- Wachstumshemmungen

Die Übertragung der Viren erfolgt über Verletzungen. Viren dringen durch die Wunden in das Pflanzengewebe ein. Auch durch Berührung mit infizierten Pflanzen können Viren übertragen werden. Samen können bereits infiziert sein. Damit enthalten die neuen Pflanzen bereits Viren. Besonders unangenehm ist die Übertragung durch Schädlinge.

So können Blattläuse, Weiße Fliege, Nematoden, Spinnmilben und Pilze Pflanzen mit Viren infizieren. Solche Überträger werden als **Vektoren** bezeichnet.

Eine Bekämpfung der Viren ist nicht möglich. Als Vorbeugung muss versucht werden, eine Infektion zu verhindern. Dazu ist die Bekämpfung der **Vektoren** wichtig. Durch Meristemvermehrung kann man Jungpflanzen erhalten, die mit großer Wahrscheinlichkeit frei von Viren sind.

Bakteriosen

Bakterien sind einzellige Lebewesen. Ihre Größe liegt bei durchschnittlich 0,001 mm. Die meisten Bakterien leben von organischer Masse, die sie zersetzen, um daraus Lebensenergie zu gewinnen.

> Es gibt nützliche Bakterien, z. B. Bodenbakterien, die tote organische Masse in Humus zerlegen. Andere Bakterien sind gefährliche Krankheitserreger. Tuberkulose, Cholera und Typhus werden durch Bakterien verursacht.

Bakterien können einmal durch **Vektoren** übertragen werden. Sie können aber auch aktiv in Pflanzen eindringen. Sowohl über Verletzungen als auch durch Wurzelhaare oder Spaltöffnungen können Bakterien aktiv in Pflanzengewebe eindringen. Sie leben dann als **Parasiten** in den Pflanzen. Gefährlich ist ihre große Vermehrungsrate. Deshalb können Bakteriosen sich wie Epidemien ausbreiten.

Zu den meist verbreiteten Bakteriosen gehören: Ölfleckenkrankheit bei *Begonia* (Begonien), Blatt- und Stängelfäule bei *Pelargonium* (Geranien), Nassfäule bei *Dieffenbachia* (Dieffenbachien)

Eine Bekämpfung der Bakteriosen ist nicht möglich. Entscheidend ist die Vorbeugung durch Hygiene; Pflanzen, Pflanzgefäße und Standort sauber halten, Verletzungen vermeiden, befallene Pflanzen sofort vernichten und den Standort desinfizieren (70 %iger Alkohol).

Erkrankungen durch Pilze

Pilzliche Erkrankungen werden als Mykosen bezeichnet. Pilze gehören zu den einfachen blütenlosen Pflanzen. Sie besitzen kein Chlorophyll und leben deshalb als Parasiten oder Saprophyten. Bei den Pilzen, die bei Pflanzen als Krankheitserreger auftreten, unterscheiden wir außenlebende und innenlebende Pilze.

Ein außenlebender Pilz überzieht die Pflanzenoberfläche mit seinem Myzel und schädigt nur die äußeren Pflanzengewebe. Solche Pilze sind frühzeitig zu erkennen und leichter zu bekämpfen, da man sie mit Pflanzenschutzmitteln direkt erreichen kann.

Innenlebende Pilze dringen über Spaltöffnungen oder Verletzungen in die Pflanze ein und verbreiten sich im Pflanzenkörper. Dieser Schaden wird erst erkannt, wenn der Pilz schon einige Zeit in der Pflanze lebt oder aus der Pflanze seine Fruchtkörper heraustreibt. Eine aktive Bekämpfung kann nur erfolgen durch Pflanzenschutzmittel, die mit dem Wasser in die Pflanze aufgenommen werden, ohne dem pflanzlichen Stoffwechsel zu schaden.

Echter Mehltau

Der Echte Mehltau ist ein außenlebender Pilz. Er überzieht die Blattoberfläche und bei einigen Pflanzen auch die Blütenstiele und -knospen mit seinem Myzel. Auf der Blattoberfläche ist ein weißer, mehlartiger Belag zu erkennen.

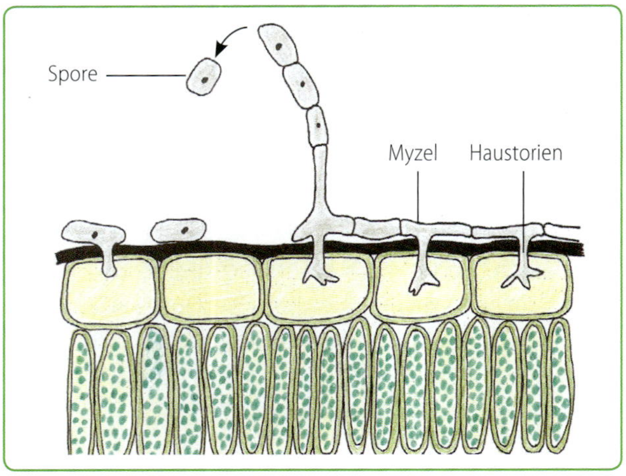

Bild 1 Echter Mehltau

Der Echte Mehltau schädigt auf mehrfache Weise. Er entzieht den Epidermiszellen Zuckersaft. Durch den Pilzbelag auf den Blättern wird der Lichteinfall und damit die **Fotosynthese** verringert.

Gefördert wird der Echte Mehltau durch Temperaturschwankungen. Die Pilzsporen benötigen zum Auskeimen keine Feuchtigkeit auf den Blättern, da sie selbst Wasser enthalten. Mehltaupilze sind in der Regel auf einzelne Pflanzenarten spezialisiert. Es gibt also viele Varianten des Echten Mehltaus. Einige Arten, wie z. B. der Begonienmehltau und der Rosenmehltau, sind sehr hartnäckig.

Besonders häufig befallen werden *Begonia* (Begonien), *Chrysanthemum* (Chrysanthemen), *Pericallis* (Zinerarien), *Hydrangea* (Hortensien), *Kalanchoe* (Flammendes Käthchen) und *Rosa* (Rosen).

Bild 2 Begonienmehltau

Zur Bekämpfung können Fungizide (Pflanzenschutzmittel gegen Pilze) eingesetzt werden. Beim ersten Erkennen von Echtem Mehltau müssen befallene Pflanzenteile sofort entfernt und vernichtet werden.

Als Vorbeugung gilt eine ausgewogene Nährstoffversorgung der Pflanzen; insbesondere sollte eine gute Kaliversorgung gegeben sein. Bei Begonien sollte für ca. drei Monate auf neue Begonien verzichtet werden, da ein Wiederbefall durch vorhandene Sporen im Raum sehr wahrscheinlich ist.

Falscher Mehltau

Der Falsche Mehltau ist ein innenlebender Pilz. Die Pilzsporen dringen über die Spaltöffnungen in das Blattgewebe ein und der Pilz breitet sich im Blatt aus. Später treibt der Pilz seine Fruchtkörper aus den Spaltöffnungen heraus. Deshalb ist der Pilz dann auf der Blattunterseite als mehlartiger Belag zu erkennen.

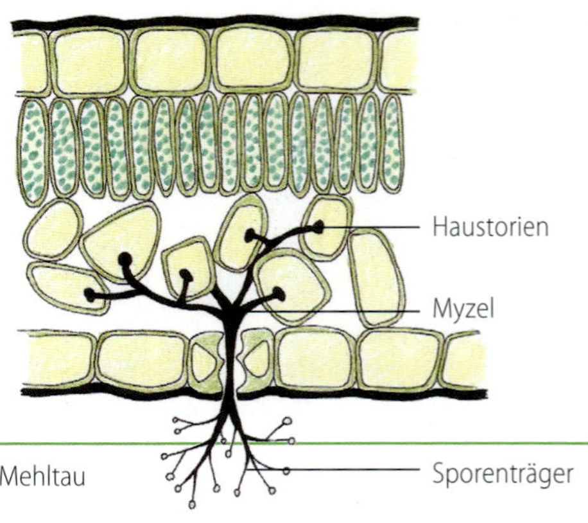

Bild 3 Falscher Mehltau

Beim Falschen Mehltau bildet sich auf der Blattunterseite ein weißer bis mausgrauer, manchmal auch bräunlicher Belag (Fruchtkörper mit Sporen). Auf der Blattoberseite verfärben sich die Blätter zunächst gelblich, später rötlich bis bräunlich, bei Rosen auch schwärzlich. Diese Blattflecken entstehen, weil das innere Gewebe des Blattes durch den Pilz zerstört wurde. Es kommt dann zu starkem Blattfall. Der Falsche Mehltau entwickelt zur Überwinterung Dauersporen, die auch im Boden und an Gefäßen überdauern können.

Besonders befallen werden *Helleborus* (Christrosen), *Matthiola* (Levkojen), *Antirrhinum* (Löwenmäulchen), *Rosa* (Rosen), *Viola x wittrockiana* (Stiefmütterchen), *Lathyrus* (Wicken).

Zur Bekämpfung können spezielle Fungizide eingesetzt werden, die von der Pflanze mit dem Wasser aufgenommen werden. Sie vernichten das Pilzmyzel im Pflanzenkörper. Befallene Pflanzenteile sollten sofort entfernt und vernichtet werden. Auch hier sorgt eine gute Kaliversorgung für eine bessere Widerstandsfähigkeit der Pflanze gegen den Befall.

Rostpilze

Rostpilze sind innenlebende Pilze. Man erkennt den Befall an rostbraunen bis dunkelbraunen Pusteln (Fruchtkörper mit Sporen) auf der Blattunterseite. Auf der Blattoberseite bilden sich gelbe Flecken. Befallene Pflanzenteile schrumpfen, sterben später ab, vertrocknen und werden abgestoßen. Gefördert wird der Befall durch hohe Luftfeuchtigkeit bei kühlen Temperaturen.

Bild 1 Malvenrost

Befallen werden *Rosa* (Rosen), *Dianthus* (Nelken), *Dianthus barbatus* (Bartnelken), *Pelargonium* (Geranien), *Pericallis* (Zinerarien), *Antirrhinum* (Löwenmäulchen). Eine besonders hartnäckige Krankheit ist der Weiße Chrysanthemenrost, der nur bei Chrysanthemen auftritt. Hier sind die Pusteln weiß.

Für den Laien gilt, dass er befallene Pflanzenteile, unter Umständen die ganze Pflanze, sofort vernichtet. Die aktive Bekämpfung ist schwierig, da es sich wie beim Falschen Mehltau um einen innenlebenden Pilz handelt. Es gibt spezielle Fungizide, die ähnlich wirken wie die Fungizide gegen Falschen Mehltau. Bei Gefahr wurden Pflanzen früher bereits vorbeugend gespritzt, damit ein Übergreifen des Rostpilzes verhindert wird.

Grauschimmel

Beim Grauschimmel handelt es sich um einen typischen Schwächeparasiten. Er befällt Pflanzenteile vorrangig, wenn sie verletzt sind oder wenn die Pflanzen durch ungenügende Pflege (zu nass, Lichtmangel, Überdüngung) oder ungünstigen Standort (zu enger Stand, schlechte Durchlüftung) geschwächt sind. Die Sporen des Grauschimmels keimen in einem weiten Temperaturbereich von 2 °C bis 20 °C. Deshalb entwickelt sich Grauschimmel besonders in der feuchten und kühlen Jahreszeit.

Der Befall äußert sich zunächst in glasig weichen Pflanzenteilen. Die befallenen Stellen schrumpfen ein und es entwickelt sich darauf ein grauer Schimmelrasen. Besonders bei hoher Luftfeuchtigkeit breitet sich Grauschimmel rasant schnell aus.

Bild 2 Grauschimmel bei Begonien

Besonders befallen werden *Cyclamen* (Alpenveilchen), *Pelargonium* (Geranien), *Rosa* (Rosen), *Chrysanthemum* (Chrysanthemen), *Saintpaulia* (Usambaraveilchen), *Soleirolia* (Bubikopf), *Nertera* (Korallenmoos), *Fuchsia* (Fuchsien), *Kalanchoe* (Flammendes Käthchen).

Grauschimmel lässt sich sehr gut vorbeugend bekämpfen. Pflanzen, die in einem guten Wachstumszustand sind und optimal gepflegt werden, haben den Grauschimmel nicht zu fürchten. Dazu gehört vor allem ein ausreichender Freiraum um die Pflanze. Wichtig ist es, Staunässe auf den Pflanzenteilen zu vermeiden. Da der Pilz auch auf abgestorbenen Pflanzenteilen lebt, werden abgestorbene Blätter und Blüten oder schon befallene Pflanzenteile sofort entfernt. Zu hohe Luftfeuchtigkeit sollte vermieden werden.

Tierische Schädlinge

Wo der Mensch in die Natur eingreift, wird das ökologische Gleichgewicht gestört. Einzelne Tierarten können sich bevorzugt vermehren, weil ihre natürlichen Feinde sich vermindert haben oder ganz fehlen. Dann kann ein Tier zum Schädling werden, weil durch starke Vermehrung der Nahrungsbedarf steigt. Ein Maikäfer kann einen Baum kaum nachhaltig schädigen. Wo aber die Maikäfer in Massen auftreten, können sie beträchtlichen Schaden anrichten. Zu den Tieren, die an unseren Zierpflanzen als Schädlinge auftreten, gehören Insekten, Spinnentiere (Milben), Fadenwürmer (Nematoden) und Schnecken. Im Freiland können auch Kaninchen, Rehe, Wühlmäuse und andere Wirbeltiere erheblichen Schaden anrichten.

Insekten

Der Körper der Insekten ist deutlich in drei Teile gegliedert: in Kopf, Brust und Hinterleib. Insekten durchlaufen in ihrer Entwicklung eine **Metamorphose**. Aus dem Ei schlüpft eine Larve, die sich nach einer heftigen Fressperiode verpuppt. Die Puppe ist ein scheinbares Ruhestadium, währenddessen sich das vollständig ausgebildete Insekt (Imago) entwickelt.

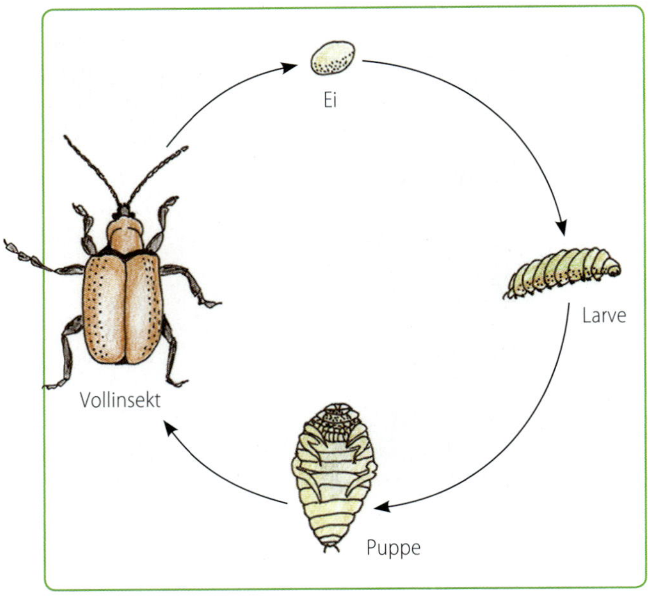

Bild 1 Entwicklungsstadien eines Insekts

Vollständig ausgebildete Insekten besitzen sechs Beine. Larve und Insekt schädigen die Pflanze entweder durch Anstechen und Aussaugen der Gewebezellen oder durch Fraß. Außerdem können Insekten Krankheiten übertragen.

Blattläuse

Blattläuse gehören zu den bekanntesten Pflanzenschädlingen. Es gibt viele verschiedene Blattläuse. In der Regel treten Blattläuse in Massen auf. Das liegt an ihrer Vermehrungsart. Sie überwintern als Ei. Im Frühjahr schlüpfen aus den Eiern weibliche Blattläuse, die durch Jungfernzeugung ständig lebende weibliche Jungläuse zur Welt bringen. Gefördert wird die Vermehrung und Ausbreitung durch warme und trockene Witterung.

> Da eine Blattlaus nach 7 bis 10 Tagen bereits wieder Junge zur Welt bringt, kann eine Blattlaus nach einer Hochrechnung bis zu 3 Billionen Nachkommen innerhalb eines Sommerhalbjahres haben.

Im Herbst werden männliche und weibliche Blattläuse geboren. Es kommt zur Begattung. Die Weibchen legen dann Eier in Knospenschuppen oder in die Rinde von Gehölzen, wo die Eier überwintern. Blattläuse schädigen stechend und saugend. Befallen werden vor allem junge Triebe und Blätter. Dort findet man auch massenhaft Läuse, vor allem auf der Blattunterseite an den Blattadern. Sie entziehen den Zellen Pflanzensaft.

> Kommt es auf einer Pflanze zur Überbevölkerung von Blattläusen, so entwickeln sich bei der nächsten Generation geflügelte Blattläuse, die dann problemlos neue Pflanzen befallen können.

Bild 2 Blattlausbefall bei Rosen

Verkrüppelte Triebe und Blätter weisen auf einen Befall hin. Außerdem scheiden die Blattläuse einen Teil des aufgenommenen Zuckersaftes wieder aus, der dann als klebriger Honigtau auf den Blättern sichtbar ist. Der Honigtau lockt Ameisen an. Auf diesem Honigtau siedelt sich ein schwarzer Rußtaupilz an, der als Folgeschaden zu verminderter **Fotosynthese** führt.

Befallen werden *Callistephus* (Sommerastern), *Dahlia* (Dahlien), *Rosa* (Rosen), *Hibiscus* (Roseneibisch), *Fuchsia* (Fuchsien), *Calendula* (Ringelblumen), *Chrysanthemum* (Chrysanthemen), *Pericallis* (Zinerarien).

Zur Bekämpfung werden verschiedene Insektizide angeboten. Es können aber auch verschiedene Nützlinge zur biologischen Bekämpfung eingesetzt werden. Zu diesen Nützlingen gehören Marienkäfer und ihre Larven, Florfliegen und ihre Larven, Schlupfwespen und Gallmücken.

Napf- und Deckelschildläuse

Bei den Schildläusen sind nur die Larven und die Männchen beweglich. Die weiblichen Schildläuse sitzen ortsfest unter ihrem wachsartigen Schild. Man kann die Schildläuse besonders auf der Blattunterseite als braune, kleine Erhebungen erkennen.

Sie schädigen ebenfalls stechend und saugend. An den Saugstellen entstehen gelbe Flecken. Bei starkem Befall kümmert die Pflanze. Es entsteht Honigtau mit Rußtaupilz.

Befallen werden bevorzugt Pflanzen mit harten, grünen Blättern, z. B. *Nerium* (Oleander), *Monstera* (Fensterblatt), *Ficus* (Gummibaum), *Myrtus* (Brautmyrte), *Hibiscus* (Roseneibisch), *Aglaonema* (Kolbenfaden), *Laurus* (Lorbeer), *Clivia* (Clivie).

Zur erfolgreichen Bekämpfung gehört eine Kontrolle der Pflanzen, um den Befall möglichst frühzeitig zu erkennen und zu bekämpfen. Bei starkem Befall sollte mit systemischen Insektiziden gespritzt werden. Diese systemischen Insektizide werden von den Pflanzen aufgenommen und mit dem Saftstrom im Pflanzenkörper verteilt. Bei geringerem Befall hilft auch eine Seifen-Spiritus-Lösung.

> Seifen-Spiritus-Lösung: Auf 1 l warmes Wasser 20 g flüssige Schmierseife und 10 ml Brennspiritus; zunächst Schmierseife in einem Teil des Wassers auflösen, dann den Rest des Wassers und den Spiritus dazugeben.

In diesem Fall werden die Schildläuse mithilfe eines Pinsels mit der Lösung beträufelt. Bei größerem Befall können die Blätter vorsichtig abgewaschen werden. Durch die Seife dringt die Lösung unter den Deckel der Schildläuse und sie lösen sich. Die Blätter sollten danach mit klarem Wasser übersprüht werden, um Verbrennungen zu vermeiden. Bei empfindlichen Pflanzen sollte man vorher einen Test machen, ob die Lösung vertragen wird.

Woll- oder Schmierläuse

Schmierläuse sind verwandt mit den Schildläusen. Statt des Schildes haben sie auf dem Rücken Wachsausscheidungen, die wie ein Wollgespinst aussehen. Sie schädigen die Pflanze ebenfalls stechend-saugend. An der Unterseite der Blätter und an Blattachseln findet man kleine, weiße Watteflöckchen, die Wollläuse. Die Pflanze zeigt Kümmerwuchs. Hohe Wintertemperaturen bei gleichzeitig geringer Luftfeuchtigkeit begünstigen ihre Entwicklung.

Befallen werden vor allem *Abutilon* (Schönmalve), *Cephalocereus* (Greisenhaupt), *Hoya* (Wachsblume), *Camellia* (Kamelie), *Euphorbia pulcherrima* (Weihnachtsstern), *Codiaeum* (Kroton), *Phoenix canariensis* (Dattelpalme).

Die Bekämpfung ist schwierig, weil die Wachsflocken das Pflanzenschutzmittel abweisen. Der Einsatz von Marienkäfern und Schlupfwespen ist möglich. Es kann auch die Spiritus-Seifen-Lösung angewandt oder mit systemischen Insektiziden gespritzt werden.

Bild 1 Schildlausbefall

Bild 2 Wolllausbefall

Weiße Fliege (Mottenschildlaus)

Nähert man sich einer Topfpflanze und es fliegen winzige wie weiße Motten aussehende Insekten nervös auf, so ist die Pflanze von der Weißen Fliege befallen. Die Larven sind unbeflügelt und ähneln jungen Schildläusen.

Begünstigt wird ihre Entwicklung durch hohe Temperaturen bei trockener Luft. Dann kann die Vermehrungsrate recht hoch sein. Wie andere Läuse schädigen Vollinsekten und Larven stechend-saugend. Dabei wird ebenfalls Honigtau ausgeschieden.

Auf den Blättern zeigen sich zunächst gelbe Flecken. Auf der Blattunterseite leben die Larven. Bei Massenbefall beginnen die Blätter zu welken und sterben ab. Nähert man sich einer befallenen Pflanze, fliegen die Vollinsekten auf.

Befallen werden vor allem *Euphorbia pulcherrima* (Weihnachtsstern), *Fuchsia* (Fuchsien), *Hibiscus* (Roseneibisch), *Impatiens* (Fleißiges Lieschen).

Eine Bekämpfung bei geringem ersten Befall kann durch Gelbtafeln als Lockfallen erfolgen. Auch der Einsatz von Schlupfwespen ist möglich. Außerdem kann man durch niedrige Temperaturen den Befall vermindern. Bei größerem Befall bleibt nur das Spritzen mit systemisch wirkenden Insektiziden.

Thrips (Blasenfuß)

Der etwa 1–2 mm große Thrips oder Blasenfuß gehört zu den Fransenflüglern. Er hat einen schlanken, schwarz-weiß gestreiften Hinterleib.

Bild 1 Thrips (Blasenfuß)

Thripse haben ebenfalls eine hohe Vermehrungsrate. Gefördert wird ihre Entwicklung durch warme und trockene Witterung. Larven und Vollinsekten schädigen stechend-saugend. Die Blätter befallener Pflanzen bekommen grauweiße bis gelbbraune Flecken, manchmal auch silbriges Aussehen. Auf den Blättern findet man schwarze Kottröpfchen. Die Blüten bleiben stecken, Blätter und Triebe verkrüppeln und trocknen ein.

Bild 2 Schadbild Dickmaulrüssler

Befallen werden vor allem *Codiaeum* (Kroton), *Cordyline* (Keulenlilie), *Fatsia* (Aralie), *x Fatshedera* (Efeuaralie), *Ficus* (Gummibaum), *Gladiolus* (Gladiole).

Eine Bekämpfung kann mit Blautafeln als Lockfallen erfolgen. Außerdem können Raubmilben eingesetzt werden. Ansonsten kann mit Insektiziden gespritzt werden.

Gefurchter Dickmaulrüssler

Es handelt sich um einen 1,5 cm großen, schwarzen Käfer, der kaum flugfähig ist. Er ist nachtaktiv. Im Mai werden bis zu 100 Eier je Weibchen in den Boden gelegt. Die Larven (gelblich-weiß) leben vor allem in sauren Topferden. Sie ernähren sich von den Wurzeln und Knollen der Topfpflanzen. Befallene Pflanzen welken und sterben ab. Der Käfer sorgt nachts durch kräftigen Fraß für deutliche Schäden an den Blättern.

Bild 3 Gefurchter Dickmaulrüssler

Befallen werden *Rhododendron*, *Camellia* (Kamelie), *Cyclamen* (Alpenveilchen), *Hedera* (Efeu), *Hydrangea* (Hortensie).

Eine Bekämpfung kann bei einzelnen Pflanzen durch gründliches Absuchen nach Käfern erfolgen. Außerdem muss die Pflanze ausgetopft und der Wurzelballen von Erde befreit werden, damit keine Eier oder Larven mehr im Wurzelballen bleiben. Es können auch Nematoden als Nützlinge eingesetzt werden. Die Nematoden parasitieren die Larven.

Milben

Milben gehören zu den Spinnentieren. Sie besitzen acht Beine. Ihr Körper ist nicht gegliedert. Die Vermehrung erfolgt über Eier, aus denen Larven schlüpfen, die sich zu Milben entwickeln. Als Pflanzenschädlinge sind vor allem die Rote Spinne und die Weichhautmilbe gefährlich.

Spinnmilbe (Rote Spinne)

Die Größe der Roten Spinne liegt bei 0,1 bis 0,7 mm. Auf der Pflanze erkennt man an den jungen Sprossspitzen, den Blüten oder unter den Blättern ein feines Gespinst. In dem Gespinst bewegen sich staubkorngroße Punkte, die Spinnmilben.

Bild 4 Befall mit Roter Spinne

Sie schädigen stechend-saugend. Ausgesaugte Zellen füllen sich mit Luft, wodurch zahlreiche erst silbrige, später graubraune Flecken entstehen. Die Pflanze erhält bald ein fahl gelbgraues Aussehen. Blätter und Triebe verkümmern.

Befallen werden *Abutilon* (Schönmalve), *Anthurium* (Flamingoblume), *Dieffenbachia* (Dieffenbachie), *Hibiscus* (Roseneibisch), *Dracaena* (Drachenbaum), *Fatsia* (Aralie), *Hedera helix* (Efeu).

Zur Bekämpfung können Raubmilben eingesetzt werden. Sie greifen die Spinnmilben an und saugen sie aus.

Raubmilben werden im Fachhandel auf Bohnenblättern geliefert. Die Bohnenblätter legt man in die befallenen Pflanzen. Je nach Pflanzengröße braucht man etwa 20 bis 100 Raubmilben je Pflanze. Damit die Raubmilben sich wohl fühlen, sollte eine Luftfeuchtigkeit von 60 bis 80 % gegeben sein. Die Raumtemperatur sollte sich im Bereich von 18 °C bis 25 °C bewegen, nicht unter 16 °C fallen und nicht über 30 °C steigen.

Solange genügend Spinnmilben vorhanden sind, vermehren sich die Raubmilben. Ihre Vermehrungsrate ist doppelt so hoch wie die der Roten Spinne. Erst wenn die Population der Roten Spinne zusammenbricht, sterben die Raubmilben aufgrund der jetzt fehlenden Nahrungsgrundlage.

Höhere Luftfeuchtigkeit bei geringeren Temperaturen erschweren die Entwicklung von Spinnmilben. Bei Massenbefall kann auch mit Akariziden gespritzt werden. Akarizide sind spezielle Pflanzenschutzmittel gegen Spinnmilben.

Nematoden

Fadenwürmer oder Älchen werden von Fachleuten als Nematoden bezeichnet. Es gibt viele verschiedene Arten von Nematoden, nützliche und für Pflanzen schädliche. Diese kleinen Älchen (ca. 1 mm) besitzen einen Stachel, mit dem sie aktiv in das Pflanzengewebe eindringen können und die Zellen aussaugen. Außerdem verursacht ihr Speichel Missbildungen. Schließlich sind Nematoden auch Überträger von Viren. Die Verbreitung der Nematoden erfolgt durch Wasser, Erde und Pflanzenreste. Man unterscheidet zwischen Blattälchen, Stängelälchen und Wurzelälchen, je nachdem, wo die Älchen leben und Schaden anrichten.

Stängelälchen sitzen in den Leitungsbahnen der Pflanze. Dies führt zu Verkrüppelungen, zu Verdrehungen und zu Kräuselungen. An den Stängeln erkennt man wulstartige Verdickungen.

Befallen werden *Chrysanthemum* (Chrysanthemen), *Hyacinthus* (Hyazinthen), *Hydrangea* (Hortensien).

Blattälchen dringen über die Spaltöffnungen in die Blätter ein. Bei Befall entstehen zunächst gelbe Flecken, die später braun bis schwarz werden.

Befallen werden *Aphelandra* (Glanzkölbchen), Chrysanthemen, *Sinningia* (Gloxinien), *Saintpaulia* (Usambaraveilchen).

Zur Bekämpfung werden Nematizide (spezielle Pflanzenschutzmittel gegen Nematoden) eingesetzt. Für den Pflanzenfreund bleibt meist nur eine Entsorgung der kranken Pflanze; der Schaden kommt aber selten vor.

Bild 1 Nacktschnecke

Schnecken

Vor allem bei viel Feuchtigkeit oder in nassen Jahren werden Schnecken zur echten Plage. Meist sind es Nacktschnecken, die durch unermüdlichen Fraß ganze Blätter vertilgen. Besonders Jungpflanzen können in einer Nacht völlig verschwinden. Am Morgen sieht man nur noch die silbrigen Schleimspuren der Übeltäter. Viele Stauden und Sommerblumen fallen den Schnecken zum Opfer.

Als Gegenmaßnahme und zur Vorbeugung gibt es Schneckenkorn. Die blauen Körner besitzen einen Lockstoff. Durch den Fraß sterben die Schnecken an Austrocknung.

4.4 Pflanzenschutzmaßnahmen

Als Erstes werden vorbeugende Maßnahmen von heilenden Maßnahmen unterschieden.

Vorbeugung oder Prophylaxe

Dazu gehören:

- Richtige Standortwahl
- Gute Pflege der Pflanzen
- Ausgewogene Ernährung
- Sauberkeit am Standort, besonders auch im Floristik-Fachgeschäft
- Verwendung sauberer Gefäße
- Verwendung sauberer Pflanzerde; Erde sollte entseucht sein, damit keine Krankheitserreger enthalten sind.
- Regelmäßige Kontrolle der Pflanzen
- Auswahl resistenter bzw. widerstandsfähiger Sorten

- Beseitigung und Vernichtung erkrankter Pflanzenteile und erkrankter Pflanzen – nicht auf den Kompost bringen. Das ist besonders wichtig bei bakteriellen Krankheiten, weil sie sehr infektiös sind.

Heutzutage erfolgt in Einklang mit den Grundsätzen des Integrierten Pflanzenschutzes keine prophylaktische Behandlung mit chemischen Pflanzenschutzmitteln.

Heilende oder kurative Maßnahmen

Treten Krankheiten oder Schädlinge an Pflanzen auf, müssen die geeigneten Pflanzenschutzmaßnahmen ergriffen werden, um ein gesundes Wachstum der Pflanzen zu erhalten.

Folgende Möglichkeiten gibt es:
- Biotechnische Bekämpfung durch Lockstoffe oder Fallen, z. B. Gelbtafeln, Gelbsticker, Mausefallen
- Biologische Bekämpfung durch Einsatz von Nützlingen

Schädlinge	Nützlinge
Blattläuse	Marienkäfer u. Larven, Florfliegen und Larven, Gallmücken, Schlupfwespen
Weiße Fliege	Schlupfwespen
Woll- oder Schmierläuse	Australischer Marienkäfer
Thrips	Raubmilbe, Raubwanze
Spinnmilben	Raubmilben, Florfliege
Dickmaulrüssler	Parasitierende Nematoden

- Physikalische Maßnahmen durch mechanisches Vorgehen, z. B. durch Ablesen der Schädlinge, z. B. Dickmaulrüssler oder durch Abduschen der Pflanzen gegen Blattläuse und Spinnmilben, Umtopfen von vergossenen Pflanzen, Ausreißen von Unkräutern oder durch Einsatz von Hitze.
- Chemischer Pflanzenschutz: Bei den chemischen Pflanzenschutzmitteln unterscheidet man zunächst nach dem Ziel bzw. der Wirksamkeit gegen Schädlinge.

Pflanzenschutzmittel	Zielorganismus
Fungizide	Pilze
Insektizide	Insekten
Akarizide	Milben (Rote Spinne, Weichhautmilben)
Nematizide	Nematoden
Molluskizide	Schnecken
Rodentizide	Nagetiere (Mäuse, Ratten)
Herbizide	Unkräuter

Pflanzenschutzmittel werden auch nach ihrer Wirksamkeit unterschieden:
- Es gibt prophylaktische (vorbeugende) Mittel und kurative (heilende) Mittel.
- Es gibt Fraßgift, das über den Verdauungsapparat wirkt.
- Es gibt Atemgift, das zur Atmungslähmung führt.
- Es gibt Kontaktgift, das durch Berührung wirkt.
- Besonders wirksam bei den Insektiziden und Akariziden sind systemische Mittel. Sie werden von den Pflanzen über die Wurzeln aufgenommen und mit dem Saftstrom im Pflanzenkörper verteilt.

Bild 1 Wirkung systemischer Pflanzenschutzmittel

Es gibt Kombinationsmittel, die gleichzeitig gegen Pilze und gegen schädigende Insekten wirken.

Schließlich werden Pflanzenschutzmittel auch nach ihrer Anwendungsform unterschieden.

- Am bekanntesten sind die flüssigen Spritzmittel. Ihre Anwendung ist aufwendig, da sie erst nach Vorschrift mit Wasser verdünnt werden müssen und dann mit einer geeigneten Pflanzenschutzspritze ausgebracht werden. Anschließend muss die Spritze gründlich mit Wasser gereinigt werden. Diese Mittel sind nur für den Fachmann geeignet, da der Aufwand für den Laien zu hoch ist.
- Es gibt Mittel in Granulatform, die der Blumenerde beigemischt werden oder auf die Topferde gestreut werden.
- Bekannt und einfach anzuwenden sind die Pflanzenschutzstäbchen. Sie werden an den Rand des Blumentopfs in die Erde gedrückt. Mit dem Gießwasser lösen sie sich auf und werden so von der Pflanze aufgenommen. Leider ist ihre Wirkung nicht immer zuverlässig. Nur bei gutem Wuchs werden die Wirkstoffe aufgenommen.

- Am einfachsten ist der Einsatz von Sprays. Sie enthalten das Pflanzenschutzmittel anwendungsfertig und können deshalb sofort eingesetzt werden. Beim Sprayen muss auf den richtigen Abstand geachtet werden, da es sonst zu Kälteschäden an der Pflanze kommen kann. Gesprayt wird im Freien, möglichst bei Windstille oder vor Wind geschützt, damit das Pflanzenschutzmittel nicht verweht oder im Gesicht des Anwenders landet.

Grundsätzlich sind Kunde und Florist gehalten, chemische Pflanzenschutzmaßnahmen an das Ende einer Reihe von möglichen nichtchemischen Pflanzenschutzmaßnahmen zu stellen. Dieser „Integrierte Pflanzenschutz" ist auch im Pflanzenschutzgesetz formuliert, wonach die Grundsätze des Integrierten Pflanzenschutzes eingehalten werden müssen.

4.5 Umgang mit Pflanzenschutzmitteln

Der Umgang mit Pflanzenschutzmitteln unterliegt dem europäischen und dem deutschen Pflanzenschutzgesetz. Insbesondere werden durch diese Gesetze die Zulassung von Pflanzenschutzmitteln, der Vertrieb und die Anwendung geregelt.

Alle Pflanzenschutzmittel müssen durch das Bundesamt für Verbraucherschutz und Lebensmittelsicherheit (BVL) zugelassen werden und tragen dann das entsprechende amtliche Zulassungszeichen (siehe Bild 1). Die Zulassung erfolgt im Einvernehmen mit dem Julius Kühn-Institut (dieses prüft die Wirksamkeit und den Nutzen von Pflanzenschutzmitteln), dem Bundesinstitut für Risikobewertung (zur Überprüfung von gesundheitlichen Aspekten) und dem Umweltbundesamt (welches zuständig ist für Wirkungen auf den Naturhaushalt).

Bild 1 Zulassungszeichen

Für die Anwendung im Privathaushalt und -garten müssen die Pflanzenschutzmittel gesondert zugelassen sein. Erkennbar ist das daran, dass in der Gebrauchsanleitung und auf der Verpackung steht: „Zur Anwendung im Haus- und Kleingartenbereich zugelassen."

Diese Zulassung ist begrenzt auf den Anwendungsbereich und in der BR Deutschland zeitlich begrenzt auf 10 Jahre. Pflanzenschutzmittel ohne diese Zulassung dürfen nicht in der BR Deutschland verkauft werden und hier nicht zum Einsatz kommen. Endet die Zulassung für ein Pflanzenschutzmittel (meistens durch Zeitablauf), so gilt eine maximal sechs Monate dauernde Abverkaufsfrist und eine zusätzliche bis zu 12 Monate dauernde Aufbrauchfrist, also maximal 18 Monate.

Da die Zulassung von Pflanzenschutzmitteln zeitlich begrenzt ist, kann sie sich jederzeit verändern. Außerdem werden ständig neue Pflanzenschutzmittel zugelassen oder andere können ihre Zulassung verlieren, z. B. durch Zeitablauf. Solche Mittel dürfen dann nicht mehr verkauft werden.

Über den aktuellen Stand zur Zulassung, Anwendung und Handel von Pflanzenschutzmitteln informieren die Pflanzenschutzämter der Bundesländer oder die Biologische Bundesanstalt in Braunschweig und Berlin, die nun dem Julius Kühn-Institut, Bundesforschungsinstitut für Kulturpflanzen, untergeordnet ist. (www.bba.de)

Verkauf von Pflanzenschutzmitteln

Der Florist, der Pflanzenschutzmittel verkauft, muss sachkundig sein. Seit November 2015 besitzt bundesweit jeder Sachkundige einen Nachweis im Scheckkartenformat. Er ist gültig in Verbindung mit dem Personalausweis. Auf dieser Karte ist dann entsprechend durch ein Kreuz vermerkt, welche Pflanzenschutzmittel er nur verkaufen oder eventuell auch anwenden darf.

Bild 2 Sachkundenachweis

Der Sachkundenachweis verpflichtet gleichzeitig den sachkundigen Floristen, innerhalb eines Zeitraums von drei Jahren an einer Fortbildungsmaßnahme teilzunehmen. Die Kontrollbehörde kann dann bei fehlender Teilnahmebescheinigung den Sachkundenachweis widerrufen.

Regeln für den Umgang mit Pflanzenschutzmitteln:

- Im Privathaushalt und -garten dürfen nur Pflanzenschutzmittel eingesetzt werden, die bei der Zulassung den Vermerk enthalten „Anwendung im Haus- und Kleingartenbereich zulässig".
- Wer Pflanzenschutzmittel verkauft, muss einen Sachkundenachweis besitzen.
- Die Gebrauchsanleitung (siehe Verpackung oder Beipackzettel) ist genau einzuhalten.
- Pflanzenschutzmittel, die der Kunde erwerben kann, sind für einen durchschnittlichen Hausgarten von 500 m^2 berechnet; deshalb muss hier normalerweise keine übrig gebliebene Pflanzenschutzbrühe entsorgt werden.
- Während der Anwendung von Pflanzenschutzmitteln darf nicht geraucht, gegessen oder getrunken werden.
- Die Ausbringung von Pflanzenschutzmitteln erfolgt im Floristik-Fachgeschäft nach Möglichkeit im Freien, z. B. bei Verwendung von Pflanzenschutz-Spray.
- Nach Beendigung einer Pflanzenschutzmaßnahme werden gründlich Gesicht und Hände gewaschen.

Regeln für die Abgabe von Pflanzenschutzmitteln:

- Pflanzenschutzmittel dürfen nur von Personen mit einem Sachkundenachweis verkauft werden.
- Pflanzenschutzmittel dürfen nur an volljährige Personen verkauft werden.
- Selbstbedienung oder Verkauf durch Automaten ist nicht zulässig: Selbstbedienungsverbot.
- Der Verkäufer muss den Käufer beraten über den sachgerechten Umgang mit dem erworbenen Pflanzenschutzmittel: Beratungspflicht.
- An Privatpersonen dürfen nur Pflanzenschutzmittel verkauft werden, die zugelassen sind und den Hinweis tragen „Zugelassen zur Anwendung im Haus- und Kleingartenbereich".
- Pflanzenschutzmittel dürfen nur in Originalverpackungen verkauft werden.
- Da Pflanzenschutzmittel in verschließbaren Schränken aufbewahrt werden, ist der Zugang zu diesen Schränken nur Personen mit einem Sachkundenachweis gestattet.
- Pflanzenschutzmittel dürfen nur in der Originalverpackung aufbewahrt und verkauft werden.
- Grundsätzlich werden Pflanzenschutzmittel nicht mit Nahrungsmitteln, Getränken oder anderen Vorräten aufbewahrt.

Durch neue, weltweit gültige Gefahrenpiktogramme (Bild 1) erfolgt die Kennzeichnung gefährlicher Arbeitsstoffe, also auch von Pflanzenschutzmitteln, durch die **GHS**-Verordnung (**G**lobal **H**armonisiertes **S**ystem zur Einstufung und Kennzeichnung von Chemikalien). Die Gefahrenpiktogramme ersetzen also die bisher verwendeten Gefahrensymbole aus der Gefahrstoffverordnung.

Piktogramm	Gefährlichkeitsmerkmal
	Hochentzündlich
	Ätzend
	Akute Toxizität (sehr giftig/giftig)
	Achtung, Gefahr!
	Besondere Gesundheitsgefahren
	Umweltgefährlich

Bild 1 Gefahrenpiktogramme

Aufgaben

1. **Worin unterscheidet sich Echter Mehltau von Falschem Mehltau?**
2. **Durch welche prophylaktischen Maßnahmen kann der Befall von Pflanzen mit Grauschimmel *(Botrytis)* vermieden werden?**
3. **Wie wirken systemische Pflanzenschutzmittel?**
4. **Formulieren Sie mithilfe von Internet und Fachliteratur Kriterien zum Integrierten Pflanzenschutz für die Kundenberatung.**
5. **Wie werden Pflanzenschutzmittel im Floristik-Fachgeschäft ordnungsgemäß zum Verkauf angeboten?**

5 Die Vermehrung von Pflanzen den Methoden zuordnen und auf Kundenfragen reagieren

Die Vermehrung von Pflanzen erfolgt sowohl generativ als auch vegetativ. Verschiedene Methoden zu kennen ist sicherlich für den Floristen hilfreich, da belesene Kunden, aber auch mit den Vermehrungsmethoden unerfahrene Kunden den Floristen um Erklärungen fragen werden.

5.1 Vegetative Vermehrung

Durch die vegetative Vermehrung werden abgeschnittene oder abgetrennte Pflanzenteile zur Bewurzelung gebracht, weil sie als ungeschlechtliche Vermehrung ohne Bildung von Samen erfolgt. Voraussetzung für die ungeschlechtliche Vermehrung ist, dass Mutterpflanzen vorhanden sind.

Die verschiedenen vegetativen Vermehrungsmethoden sind dadurch gekennzeichnet, ob Pflanzen die neuen Wurzeln an der Mutterpflanze oder getrennt von der Mutterpflanze bilden.

Wurzelbildung an der Mutterpflanze findet teilweise als natürliche Vermehrung auch in der Natur statt. Die Vermehrungsmethoden heißen dann z. B. Teilung, Brutknollen, Brutzwiebeln, Rhizome, Ausläufer oder Kindel.

Teilung

Eine schnelle Art der vegetativen Vermehrung ist die Teilung. Dabei werden größere Mutterpflanzen mit den Händen auseinander gerissen, z. B. Gräser, oder mit der Schere oder dem Messer geschnitten, z. B. Yucca, oder einfach mit dem Spaten getrennt, wie z. B. bei Rittersporn oder Schafgarbe. Die so gewonnenen Pflanzen haben schon Wurzeln und werden nun auf Beete gepflanzt oder getopft.

Beispiele: Blauschwingel *(Festuca cinerea)*, Palmlilie *(Yucca filamentosa)*, Garten-Rittersporn *(Delphinium elatum)*, Gold-Garbe *(Achillea filipendulina)*, Christrose *(Helleborus niger)*, Blauer Eisenhut *(Aconitum napellus)*

Brutzwiebeln, Brutknollen, Rhizome

Tulpen, Narzissen und Maiglöckchen bleiben lange Jahre im Boden. Der Kunde stellt nun fest, dass die Anzahl sich ohne sein Zutun stetig vergrößert. Diese natürliche Vermehrung geschieht durch Brutzwiebeln, Brutknollen oder durch Rhizome. Auch viele Bodendecker bilden auf diese Art und Weise die typischen grünen Flächen. Die Vermehrung an sich erfolgt in Spezialbetrieben.

Beispiele: Buschwindröschen *(Anemone nemorosa)*, Garten-Tulpe *(Tulipa gesneriana)*, Trompeten-Narzisse *(Narcissus pseudonarcissus)*, Schneeglöckchen *(Galanthus nivalis)*, Sternkugel-Lauch *(Allium christophii)*, Maiglöckchen *(Convallaria majalis)*

Ausläufer

Einige Topfpflanzen bilden Ausläufer; diese sind zur vegetativen Vermehrung zu verwenden, bilden aber auch den dekorativen Teil der Pflanze, z. B. bei Grünlilie oder Judenbart. Zur Vermehrung werden die an den Ausläufern (Stolonen) sitzenden Pflänzchen abgeschnitten und getopft. Von Vorteil wäre, dass diese Pflanzen dann schon mit der Wurzelbildung begonnen haben.

Auch im Teich, im Steingarten oder im Garten der Kunden wachsen Pflanzen, die durch Ausläufer vermehrt werden.

Beispiele: Amerikanische Agave *(Agave americana)*, Grünlilie *(Chlorophytum comosum)*, Judenbart *(Saxifraga stoloni-*

Bild 1 Teilung

Bild 2 Rhizome

fera), Haus-Dachwurz *(Sempervivum tectorum)*, Krebsschere *(Stratiotes aloides)*, Ranunkelstrauch *(Kerria japonica)*, Erdbeere *(Fragaria x ananassa)*

Kindel

Die Vermehrung durch Kindel stellt für den Kunden eine Methode dar, durch die er schnell zu weiteren Zimmerpflanzen kommen kann. Die Mutterpflanze wird ausgetopft, die Kindel mit dem Messer oder der Schere abgetrennt und dann wieder einzeln getopft. Einige Zimmerpflanzen bilden vor allem nach der Blüte kräftig neue Kindel; diese Pflanzen blühen oftmals nur einmal, sodass es sich meistens nicht lohnt, die Mutterpflanze wieder einzutopfen.

Beispiele: Bogenhanf *(Sansevieria trifasciata)*, Lanzenrosette *(Aechmea fasciata)*, Luftnelke *(Tillandsia cyanea)*, Zimmerhafer *(Billbergia nutans)*, Ananas *(Ananas comosus)*

Abmoosen

Eine weitere vegetative Vermehrungsart ist das Abmoosen. Vor allem verholzte Zimmerpflanzen wie z. B. Yucca oder Gummibaum werden so vermehrt, gleichzeitig verjüngt und in ihrer Größe „geschnitten".

Zunächst wird an der Vermehrungsstelle ein Blatt entfernt, um so Platz zu schaffen zum Abmoosen. Unterhalb des Knotens wird dann ein ca. 5 mm tiefer und 2,5 cm langer Schnitt nach oben geführt; in diesen Schnitt wird ein Hölzchen (Streichholz) gelegt oder feuchtes Moos *(Sphagnum)* nachgestopft, sodass der Spross nicht wieder zusammenwächst. Nun wird diese Stelle mit Moos umgeben, heutzutage auch Torf, und mit einer Folie umwickelt, die oben und unten zugebunden wird. Im Laufe der nächsten Monate werden Moos oder Torf leicht feucht gehalten. Nach der Wurzelbildung (ca. 2 bis 3 Monate) schneidet man den oberen bewurzelten Teil der Pflanze ab und topft ihn ein. Der untere Teil der abgemoosten Pflanze treibt dann verzweigt aus.

Beispiele: Dieffenbachie *(Dieffenbachia seguine)*, Gummibaum *(Ficus elastica* 'Decora'*)*, Fensterblatt *(Monstera deliciosa)*

Bild 1 Abmoosen

Brutblatt

Die Vermehrung durch Brutblätter geschieht fast „automatisch", weil die bewurzelten Pflänzchen von den Blatträndern abfallen und auf der Topfoberfläche verwurzeln; oder sie werden abgetrennt und getopft. Diese Art der Vermehrung ist typisch für *Bryophyllum delagoense*, *Bryophyllum daigremontianum* oder *Tolmiea menziesii*.

Bild 2 Brutblatt

Steckling

Für die vegetative Vermehrung durch Stecklinge, Steckholz, durch Veredlung oder durch Gewebekultur werden Pflanzenteile abgeschnitten und so getrennt von der Mutterpflanze zur Wurzelbildung gebracht.

Häufig berichtet ein Kunde, dass er von einer Pflanze Ableger genommen hat. Gemeint ist hier aber eine Vermehrung durch Stecklinge.

Stecklinge werden von Wurzeln, Blättern oder Spross genommen. Dieses ist für die Vermehrung deshalb möglich, weil Pflanzen in der Lage sind, fehlende Organe unter günstigen Bedingungen zu regenerieren. Das bedeutet, dass Pflanzen Adventivwurzeln bilden. Der Steckling ist krautig, diesjährig oder einjährig, hat Blätter und ist 3 bis 12 cm lang. Er kann als Sprosssteckling, Blattsteckling oder als Steckholz geschnitten werden.

Für den Stecklingsschnitt gelten folgende Grundregeln:

- Nur scharfes Werkzeug (Schere, Messer) verwenden, damit die Schnittstellen nicht gequetscht werden (Fäulnisbildung).
- Den Schnitt waagerecht führen, damit die Wunde möglichst klein bleibt (Fäulnisbildung).
- Den Schnitt unter einem Auge führen, da dort Wuchsstoffe und Assimilate vorhanden sind, die zum Verheilen von Wunden und zur Neubildung von Organen benötigt werden.

- Untere Blätter entfernen, weil so ein einfacheres Stecken möglich ist und es nicht zur Fäulnis kommt.
- Blätter evtl. einkürzen zur Verringerung der Verdunstungsfläche und um so Platz zu sparen. Leider verliert der Steckling aber auch einen Teil seiner Fotosynthesefläche.
- Die Stecklinge in ein geeignetes Substrat stecken, welches gut durchlüftet, feuchtigkeitshaltend, nährstoffarm und möglichst keimfrei ist.

Blattstecklinge, Blattstückstecklinge

Blattstecklinge werden mit kurzen Stielen schräg in das Substrat gesteckt. Nach der Bewurzelung werden sie pikiert und getopft. Dieses ist eine auch für den Kunden interessante Methode z. B. für Usambaraveilchen *(Saintpaulia ionantha)* oder auch für die Fleischige Peperomie *(Peperomia obtusifolia)*.

Nur sehr wenige Mutterpflanzen benötigt man für die Vermehrung durch Blattstückstecklinge, um viele neue Topfpflanzen zu bekommen. Die Blätter werden von der Mutterpflanze geschnitten, die weichen oder verholzten Teile abgeschnitten und nicht verwendet. Der Rest des Blattes wird in ca. 2 bis 3 cm große Teile geschnitten oder geviertelt. Diese Blattstücke werden dann entsprechend gesteckt. Nach der Bewurzelung trennt man die bewurzelten Pflanzen ab und topft sie ein.

Bild 1 Blattstückstecklinge

Beispiele: Drehfrucht *(Streptocarpus x hybridus)*, Bogenhanf *(Sansevieria trifasciata)*, Königs-Begonie *(Begonia rex)*

Aus Freude an Zimmerpflanzen könnte jeder Kunde diese Methoden der vegetativen Vermehrung ausprobieren. Andere Methoden, wie die Vermehrung durch Steckholz (bei Gehölzen), der Veredlung (Okulation, Kopulation, Pfropfen) oder gar der Gewebekultur (In-Vitro-Vermehrung) bleiben speziell den Gartenbaubetrieben vorbehalten.

Auch die vegetativen Vermehrungsmethoden Absenker, Ableger, Abrisse nach Anhäufeln oder die Vermehrung durch Bulbillen werden ausschließlich in Betrieben des Gartenbaus durchgeführt.

Die vegetative Vermehrung hat folgende Vorteile:

- Alle vermehrten Pflanzen sind erbgleich und somit einheitlich im Wuchs.
- Durch die vegetative Vermehrung bleiben Sorten erhalten, weil der Samen nicht echt fällt.
- Durch diese Vermehrungsmethoden gelingt schnell die Aufzucht von Pflanzen (kürzere Kulturzeit, preiswert).
- Pflanzen, die keinen Samen ansetzen (sterile Pflanzen) oder die Aussaat nur schwer auszuführen ist, können so vermehrt werden.

5.2 Generative Vermehrung

Die generative, geschlechtliche Vermehrung erfolgt durch Samen. Voraussetzung ist die Bildung von Blüten, damit es nach Bestäubung und Befruchtung zur Bildung von Samen kommt.

Grundsätzlich können alle Blütenpflanzen generativ vermehrt werden; einjährige Pflanzen jedoch werden fast ausschließlich generativ vermehrt.

Beispiele: Ringelblume, Sonnenblume, Garten-Fuchsschwanz, Sommeraster, Kornblume, Muschelblume, Sommerrittersporn, Garten-Strohblume, Garten-Levkoje, Trachelie.

Bild 2 *Cosmea* – Beispiel für generativ vermehrte einjährige Pflanze

Auch bestimmte floristisch interessante Gehölze werden generativ vermehrt, wie z. B. Rotfichte *(Picea abies)*, Nordmannstanne *(Abies nordmanniana)*, Europäische Lärche *(Larix decidua)*.

Bild 1 *Taxus baccata* – Beispiel für generativ vermehrtes Gehölz

Gesät wird in desinfizierten Kisten und Paletten in Aussaaterde, die nährstoffarm, möglichst keimfrei, ohne Unkrautsamen und gut durchlüftet ist, oder auch direkt ins Freiland.

Der Samen wird als Breitsaat oder als Reihensaat ausgebracht.

Bild 2 Breitsaat

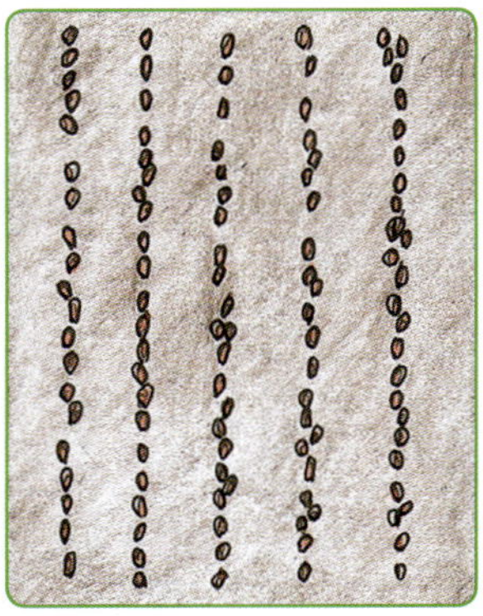

Bild 3 Reihensaat

Von Bedeutung ist dabei die richtige Keimtemperatur, da diese bei jeder Pflanzenart je nach ihrer Herkunft anders ist, und ob die Pflanzen Lichtkeimer oder Dunkelkeimer sind. Entsprechend werden die Samen abgedeckt (Dunkelkeimer: Alpenveilchen) oder sie benötigen keine Abdeckung (Lichtkeimer: Vergissmeinnicht).

Wichtig ist eine gleich bleibende Feuchtigkeit der Aussaat, denn durch Wasser beginnt der Samen zu quellen, der Stoffwechsel setzt ein, und Keimwurzel und Spross wachsen. Das Austrocknen einer Aussaat führt zum Totalverlust, da der Keimvorgang unterbrochen wird. Auch übermäßige Wassergaben führen schnell zu Staunässe und der Entwicklung von Fäulnis.

Sobald die Sämlinge eine entsprechende Größe erreicht haben, werden sie heute meistens direkt in Töpfe pikiert (vereinzelt). Dadurch erhält jeder Sämling ausreichend Platz und kann sich besser entwickeln.

Vorteile der generativen Vermehrung:

- Die Vermehrung geht einfach und ergibt viele Pflanzen.
- Nur so entstehen neue Sorten.
- Durch generative Vermehrung gewonnene Pflanzen sind wüchsig und widerstandsfähig.

Nachteile der generativen Vermehrung:

- Die Zeit von der Aussaat bis zur fertigen Pflanze ist lang.
- Die Pflanzen sind z. T. sehr uneinheitlich.
- Sorten können so nicht vermehrt werden.
- Es ist evtl. kein oder nur schlechtes Saatgut zu bekommen.
- Die Aussaat ist relativ arbeitsaufwendig.

Bild 4 *Ilex aquifolium* – Beispiel für generativ vermehrtes Gehölz

1 Die botanische Namensgebung erläutern, Regeln aufzeigen und anwenden

Beim Umgang mit den vielen verschiedenen Pflanzen hat Anna schnell gemerkt, dass sie die Namen der Pflanzen kennenlernen muss. Dabei verlangt ihre Chefin, Sophia Schmidt, dass Anna nicht nur die deutschen Namen lernt, sondern vor allem auch die botanischen Namen kennt. Für den Einkauf oder die Bestellung von Schnitt- und Topfblumen ist die Kenntnis des botanischen Namens wichtig. Sich die zu merken, fällt Anna besonders schwer.

Oliver Jansen, Auszubildender im 3. Lehrjahr, macht ihr Mut, denn er hatte auch Schwierigkeiten mit dem Erlernen botanischer Namen. Er gibt ihr den Rat, von Anfang an den botanischen Namen einer Pflanze zu benutzen, um sich an die lateinischen Bezeichnungen zu gewöhnen. Wenn alle Mitarbeiter den botanischen Namen verwenden, lernt man ganz nebenbei die Pflanzen kennen. Außerdem ist das Lernen leichter, wenn man die Bedeutung der botanischen Namen kennt.

Ein Florist muss die Pflanzen, die er bei seiner Arbeit verwenden will, korrekt benennen können. Das ist schon deshalb wichtig, weil selbst in Deutschland eine Pflanze unterschiedliche Namen haben kann. So wird das Gänseblümchen *(Bellis perennis)* auch Marienblümchen oder Tausendschön oder auch Maßliebchen genannt.

Außerdem müssen die Pflanzennamen auch international gültig sein. Da heute ein weltweiter Blumenhandel betrieben wird, ist eine eindeutige, international anerkannte Benennung der Pflanzen wichtig. Deshalb werden Pflanzen mit dem wissenschaftlichen, botanischen Namen benannt, der überall auf der Welt seine Gültigkeit hat.

> Der schwedische Botaniker Carl v. Linné (1707–1778) hat mit der Einführung der binären Nomenklatur (aus zwei Einheiten bestehender Name) die Grundlage für die botanische Benennung der Pflanzen eingeführt. Dabei erhält jede Pflanze mindestens zwei Namen, um korrekt benannt zu sein, z. B. *Narcissus pseudonarcissus*, die Osterglocke.

Der erste Name (z. B. *Narcissus*) ist der Gattungsname. Der Gattungsname wird immer großgeschrieben. Nahe verwandte Pflanzen werden in einer Gattung zusammengefasst, z. B. alle Narzissen. Der zweite Name ist der Artname (Species). Ein Artname wird kleingeschrieben. Mit ihm wird die einzelne Pflanzenart korrekt bezeichnet, z. B. *Narcissus pseudonarcissus* (Osterglocke). Weitere Narzissen wären z. B. *Narcissus poeticus* (Dichternarzisse) und *Narcissus tazetta* (Tazette).

Durch gärtnerische Züchtung sind viele Pflanzen verändert worden. Sie haben andere Blütenfarben bekommen oder die Blüte ist gefüllt. Damit sind Sorten entstanden. In diesem Fall wird der botanische Name durch den Sortennamen erweitert. Der Sortenname wird in einfache Anführungszeichen (Hochkomma) gesetzt und immer großgeschrieben, z. B. *Narcissus pseudonarcissus* 'Golden Harvest'.

Da ein botanischer Name international gültig sein soll, darf eine Pflanze auch nur einen botanischen Namen besitzen. Werden bei einer Pflanze mehrere botanische Namen entdeckt, so gilt die Prioritätsregel, das Erstrecht. Der ältere Name ist der gültige, anerkannte Name. Der nicht mehr gültige Name wird als Nebenname oder Synonym bezeichnet. Deshalb können sich botanische Namen ändern.

Ein weiterer Grund für die Änderung botanischer Namen liegt in einer neuen systematischen Zuordnung. So wurde die artenreiche Gattung *Chrysanthemum* neu in mehrere Gattungen aufgeteilt. Neben *Chrysanthemum* gibt es jetzt noch *Argyranthemum, Dendranthema, Ismelia, Leucanthemum, Tanacetum*. Schließlich hat man die große Familie Liliaceae neu aufgeteilt.

> Auskunft über den gültigen botanischen Namen einer Pflanze, die korrekte Schreibweise und die richtige Aussprache, findet man im Handwörterbuch der Pflanzennamen, dem „Zander".

Als Grundlage für die botanische Namensgebung wird die lateinische Sprache und das Altgriechische verwendet. Beides sind alte Sprachen, die sich nicht mehr verändern.

Bedeutung botanischer Namen

Der botanische Name ist nicht willkürlich gewählt. Dahinter verbirgt sich eine konkrete Bedeutung.

Gattungsnamen können Eigenheiten der Pflanze bezeichnen, z. B. *Passiflora* ist die Passionsblume. Sie wurde so benannt, weil ihre Blütenteile die Dornenkrone und die Kreuzesnägel zu symbolisieren scheinen.

Gattungsnamen	Ihre Bedeutung
Aechmea	Lanzenspitze
Anthurium	Flamingoblume
Digitalis	Finger
Ficus	Feige
Helianthus	Sonnenblume

Eine Gattung kann auch nach einem Eigennamen benannt werden. So werden oft Pflanzen nach den Entdeckern oder nach Pflanzenforschern benannt, z. B. *Fuchsia* wurde benannt nach dem Botaniker Leonart Fuchs (1501–1566).

Gattungsnamen	Person
Alstroemeria	Schwed. Baron Cl. Alströmer (1736–1796)
Begonia	Gouverneur von San Domingo M. Begon (1638–1710)
Camellia	Mönch G. J. Camell, er führte 1738 die Kamelie in Europa ein.
Dieffenbachia	Arzt J. Fr. Dieffenbach (1794–1847)
Forsythia	Gärtner W. A. Forsyth (1737–1804)

Die Artnamen beziehen sich meist auf Eigenarten oder Herkunft der Pflanzen, z. B. *Abies alba*, die Weißtanne, *Iris germanica*, Deutsche Schwertlilie. Sie können sich auch auf die Verwendung der Pflanzen beziehen, z. B. *Salvia officinalis*, Salbei für Arznei gebräuchlich, oder auch auf Eigennamen, z. B. *Anthurium scherzerianum*, benannt nach dem Wiener Entdecker der Pflanze Karl v. Scherzer (1821–1903), oder auch *Kalanchoe blossfeldiana*, benannt nach dem Potsdamer Samenhändler Robert Blossfeld, der die Pflanze 1932 auf den Markt brachte.

Gattung und Art	Bedeutung der Gattung und Art
Aloe arborescens	Baumartige Aloe
Hydrangea macrophylla	Hortensie, großblättrig
Magnolia stellata	Stern-Magnolie
Pellaea rotundifolia	Pellefarn, rundblättrig
Centaurea cyanus	Kornblume, blau
Echinacea purpurea	Purpursonnenhut
Nymphaea alba	Weiße Seerose
Viola odorata	Wohlriechendes Veilchen
Galanthus nivalis	Schneeglöckchen (niveus = schneeweiß)
Helianthus annuus	Sonnenblume, einjährig

Ausspracheregeln

Die Aussprache botanischer Namen erfolgt nach den Regeln der lateinischen Sprache.

- Selbstlaute (Vokale: a, e i, o, u) werden getrennt gesprochen. Beispiele: Sansevi-eria, Vri-esea, usne-o-ides, thunbergi-i, annu-us.
- i wird immer wie i ausgesprochen. Beispiele: Saintpauli-a i-onantha.
- y wird am Wortanfang wie ein J ausgesprochen. Im Wort wird es wie ein ü ausgesprochen. Beispiele: Yucca: Jucca, Nymphaea: Nümphaea.
- Bei den Mitlauten (Konsonanten) wird c vor a, o, u wie k gesprochen. Beispiele: Carpinus: Karpinus, Cotinus: Kotinus, Cucurbita: Kukurbita. Vor ae, e, i und y wird c wie z ausgesprochen. Beispiele: Caesalpinia: Zäsalpini-a, Celosia: Zelosi-a, Cissus: Zissus, Cyclamen: Zyklamen.
- cc wird vor a, o und u wie kk ausgesprochen, sonst wie kz Beispiele: Yucca: Jukka, aber coccinea: kokzinea, Moluccella: Molukzella.
- ch wird vor Konsonanten wie K gesprochen, vor Vokalen wie ch. Beispiele: Chlorophytum: Klorophytum, Chamaedorea: Chamädore-a, chinensis: chinensis.
- qu su werden wie gw, kw und sw ausgesprochen. Beispiele: Quercus: Kwerkus, suaveolens: swve-olens.
- V wird immer wie w ausgesprochen. Beispiele: Viola: Wiola, vulgaris: wulgaris, Convallaria: Konwallaria, sylvatica: sülwatika.
- Doppelkonsonanten werden in getrennten Silben gesprochen: Scilla: Szil-la, annuus: an-nu-us, coggygria: cog-gygri-a.

Kreuzungen (Hybriden)

Sind Pflanzen durch Kreuzung entstanden, werden sie als Hybriden oder Bastarde bezeichnet. Beim botanischen Namen wird das durch ein Kreuz gekennzeichnet. Man unterscheidet Arthybriden und Gattungshybriden.

- Arthybriden entstehen, indem man zwei Pflanzenarten gleicher Gattung miteinander kreuzt, z. B. *Forsythia suspensa* mit *Forsythia viridissima*. Man erhält dann *Forsythia x intermedia*. Das Kreuz vor dem Artnamen zeigt, dass es sich um eine Artkreuzung handelt.

- Gattungshybriden entstehen, wenn zwei verschiedene Pflanzengattungen gekreuzt werden, z. B. *Fatsia japonica* gekreuzt mit *Hedera helix*. Man erhält dann *x Fatshedera lizei*. Das Kreuz vor der Gattung zeigt an, dass es sich um eine Gattungskreuzung handelt. Es lassen sich nur verwandte Gattungen kreuzen. *Fatsia* und *Hedera* gehören beide zur Familie der Araliaceae.

2 Botanische Zeichen und Abkürzungen kennen und anwenden

Bild 1 Efeu

Bild 2 Aralie

Bild 3 Efeuaralie

In Pflanzenbüchern und in Katalogen werden Pflanzeneigenschaften oft durch Zeichen oder Abkürzungen gekennzeichnet. Der Florist sollte diese Zeichen und Abkürzungen kennen, damit er beim Lesen auch alle Informationen erfassen kann.

Botanische Zeichen:

⊙	einjährige Pflanze
(··)	zweijährige Pflanze
♃	mehrjährige Pflanze (Stauden)
♄	Halbstrauch
ħ	Strauch
ǂħ	Baum
○	Sonnenpflanze
◐	Halbschattenpflanze
●	Schattenpflanze
⌇↓	Hänge-, Ampelpflanze
⌇↑	Kletterpflanze
⇝	Kriechpflanze
⊡	Topfpflanze
✂	Schnittblume, Schnittgehölz
⌂W	Warmhauspflanze
⌂K	Kalthauspflanze
⌂A	temperiertes Haus
▭	Kasten
⌃	Winterschutz nötig
&	Pflanze mit Fruchtschmuck
✕	Giftpflanze
Ⓝ	Nutzpflanze
Ɛ	Einfassungspflanze
△	Steingartenpflanze
⌓	Polsterpflanze
~	Ufer-, Sumpfpflanze
≋	Wasserpflanze
▽	nach der Bundesartenschutzverordnung (BArtSchV) vom 19.12.1986 geschützte einheimische, europäische Pflanzenart
*	nach dem Washingtoner Artenschutzübereinkommen geschützte Pflanzenart
♂	männlich
♀	weiblich
☿	zwittrig

Botanische Abkürzungen:

hybr.	Hybride (Kreuzung), Bastard
cv.	Cultivar (Sorte)
spec.	species (Art)
subsp.	subspecies (Unterart)
syn.	Synonym (Nebenname)
var.	Varietät (Abart)
Ⓝ	Nutzpflanze
Bl	Blüte
B	Blatt
D	Duft
Fr	Frucht
e	immergrün (evergreen)
Trei	zum Treiben geeignet
Tro	als Trockenmaterial geeignet
I–XII	Blütezeit (Monat in römischen Zahlen)

3 Vegetationszonen unterscheiden, zuordnen und auf die Pflanzenpflege übertragen und anwenden

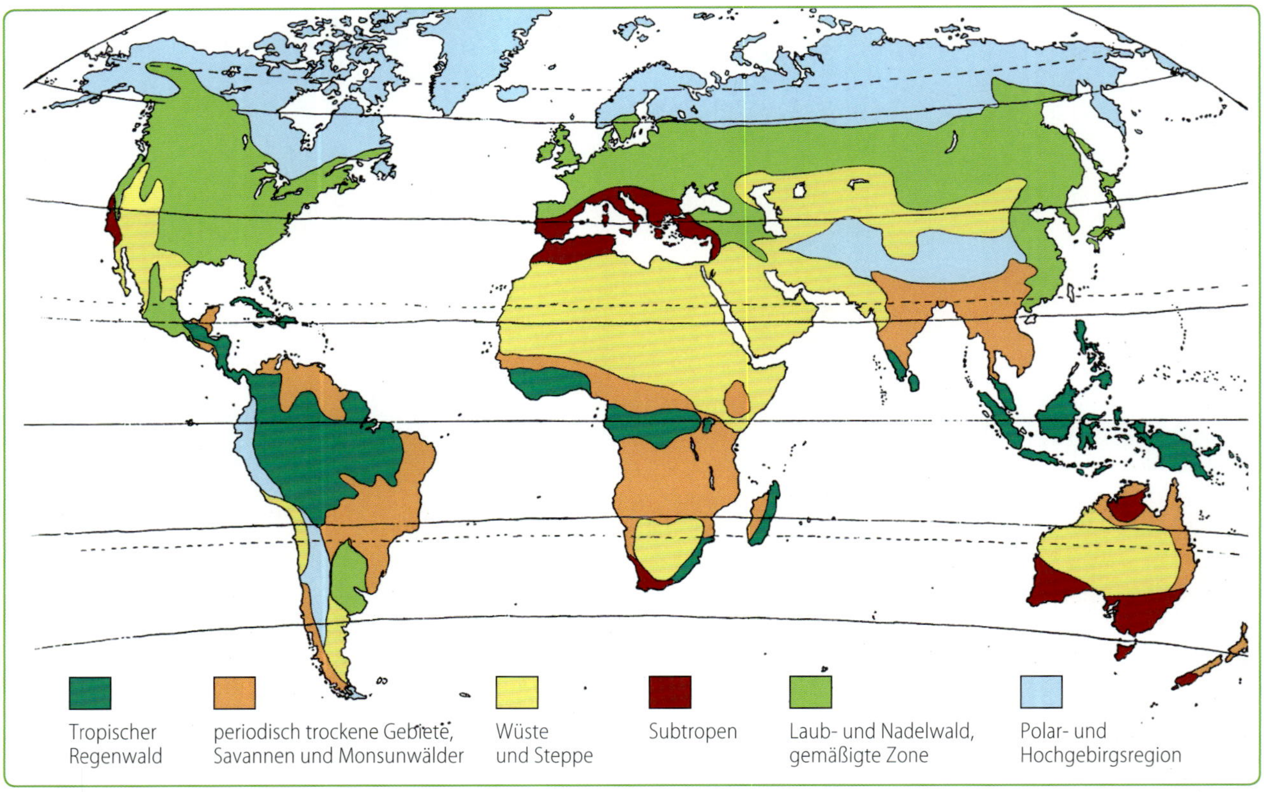

Bild 1 Vegetationszonen

Bei der Pflege und bei der Gestaltung ist es für den Floristen wichtig, dass er die Herkunft der Pflanzen kennt. Die Heimat der Pflanzen gibt Hinweise auf die Standortbedingungen und die Klimaverhältnisse, unter denen die Pflanzen optimal gedeihen. Außerdem kann die Pflanzengesellschaft, in der eine Pflanze wächst, eine wichtige Hilfe sein bei der **vegetativen Gestaltung**. Jede Pflanzengesellschaft hat ihren eigenen Charakter. Bei der vegetativen Gestaltung spielt dieser Charakter einer Pflanzengesellschaft eine Rolle.

Der Fachmann teilt die Pflanzen entsprechend ihrer Herkunft in Vegetationszonen ein. Diese sind:

- Tropischer Regenwald
- Tropische Trockenwälder und Savannen
- Wüsten und Halbwüsten
- Hartlaubvegetation
- Sommergrüne Laub- und Nadelwälder
- Arktische Klimazone

Herkunft, Standortbedingungen und Klimaverhältnisse geben dem Floristen Hinweise auf die Pflegeansprüche der Pflanzen.

3.1 Tropischer Regenwald

Der tropische Regenwald zieht sich wie ein breiter Gürtel entlang des Äquators über die ganze Erde. Das größte zusammenhängende Regenwaldgebiet findet man im Amazonasbecken (Brasilien).

Im tropischen Regenwald herrschen ganzjährig Temperaturen zwischen 25 und 35 °C. Die jährliche Niederschlagsmenge schwankt zwischen 1 500 mm und 4 000 mm, kann aber auch 10 000 mm erreichen. Die Luftfeuchtigkeit liegt bei 80–90 %.

Diese optimalen Wachstumsbedingungen führen zu einer hohen Pflanzenvielfalt. So können auf 1 Hektar bis zu 400 verschiedene Pflanzenarten vorkommen (Europa 6–10 Arten). Da der Wald eine Höhe von 40–50 Meter erreicht, herrscht am

Boden meist Dämmerzustand (1 % der einstrahlenden Lichtmenge). Deshalb wachsen viele kleinere Pflanzen als Epiphyten in den Kronen der Urwaldriesen, um so näher am Licht zu sein.

Andere Pflanzen wachsen als Lianen oder Kletterpflanzen bis in die Baumkronen.

Viele Topfpflanzen stammen aus dem tropischen Regenwald.

Beispiele: Allamande *(Allamanda cathartica)*, Nestfarn *(Asplenium nidus)*, Königswein *(Cissus rhombifolia)*, Buntwurz *(Caladium bicolor)*, Errötender Baumfreund *(Philodendron erubescens)*, Flammendes Schwert *(Vriesea splendens)*, Cattleye *(Cattleya labiata)*

3.2 Tropische Trockenwälder und Savannen

Nördlich und südlich der tropischen Regenwälder schließen sich die tropischen Trockenwälder und Savannen an. Durch Trockenzeiten und den geringeren Niederschlag verändert sich die Vegetation. Dazu kommt der Wechsel zwischen Regenzeiten und Trockenzeiten.

Typisch für die tropischen Trockenwälder sind die Monsunwälder in Indien. Sie bestehen aus laubabwerfenden Bäumen. Auf die Regenzeit mit einer durchschnittlichen Regenmenge von ca. 1 000 bis 1 500 mm folgt eine Trockenzeit von 5 bis 7 Monaten. Dort finden wir den Teakholzbaum *(Tectoma grandis)*.

Mit abnehmender Regenmenge öffnet sich der Wald zur Feuchtsavanne und schließlich zur Dornbuschsavanne mit nur noch 2 bis 4 Regenmonaten und einer Niederschlagsmenge von 400 bis 600 mm/Jahr. Zu den Pflanzen der Savanne gehören Christusdorn *(Euphorbia milii)*, Weihnachtsstern *(Euphorbia pulcherrima)*, Madagaskarpalme *(Pachypodium lamerei)*, Passionsblume *(Passiflora caerulea)*, Klivie *(Clivia miniata)*. Viele Kakteen, Agaven und andere Sukkulente wachsen in der Dornbuschsavanne.

Für alle Pflanzen gilt, dass sie eine längere Ruhezeit bei niedrigen Temperaturen und sparsamer Feuchtigkeit benötigen, wenn sie in ihrer Wachstumszeit blühen sollen.

3.3 Wüsten und Halbwüsten

Der Übergang von der Dornbuschsavanne zu den Trockenwüsten ist fließend. Lassen die Regenfälle nach und verlängern sich die Trockenzeiten, bilden sich zunächst Halbwüsten und schließlich Trockenwüsten. In der Sahara fallen im Jahresdurchschnitt nur noch ca. 50 mm Niederschlag. Die Temperaturdifferenz zwischen Tag und Nacht ist extrem hoch. Bei den subtropischen Wüsten (Sahara, Australien) ist der Winter nur wenig kühler als der Sommer. Bei der innerasiatischen Wüste Gobi ist auch der Temperaturunterschied zwischen Sommer und Winter extrem hoch.

Zu den Pflanzen der Wüsten gehören die meisten Kakteen, aber auch kakteenförmige Euphorbien, Aloe, Agave und andere Sukkulente.

Kakteen und Sukkulente können am Südfenster aufgestellt werden, brauchen dann aber während der Sommermonate in den Mittagsstunden eine leichte Schattierung. Bei schönem, sommerlichen Wetter können die Pflanzen auch an einem sonnigen Standort im Freien stehen.

Sie sollten selten, aber dann durchdringend, gegossen werden. Im Winterhalbjahr (Oktober bis Februar) können Kakteen am kühlen, hellen Standort bei 5 bis 10 °C gehalten werden. Sie brauchen dann nicht gegossen zu werden. Diese Ruhezeit ist Voraussetzung für die Blüte in der kommenden Wachstumsperiode.

3.4 Hartlaubvegetation

Es handelt sich zunächst um das Klima der Mittelmeerregion. Ähnliche Klimaverhältnisse findet man in der Kapregion (Südafrika), in Kalifornien, in Zentralchile und im Südwestbereich

Bild 1 Wüste

Bild 2 Kakteen und Sukkulente im Gewächshaus

Australiens. In jeder Region hat sich eine typische Vegetation gebildet, obwohl die Klimaerscheinungen ähnlich sind.

Charakteristisch für das mediterrane Klima sind warme und trockene Sommer und milde und feuchte Winter. Die Niederschläge fallen vor allem im Winterhalbjahr. Der Frühling ist sehr kurz. Die vier Sommermonate zeichnen sich aus durch Hitze und Trockenheit (Waldbrandgefahr), die durch gelegentliche Wärmegewitter unterbrochen wird. Die Winter sind in der Regel frostfrei (Durchschnittstemperatur ca. 5 °C). Im Sommer liegen die Temperaturen bei durchschnittlich 24 bis 26 °C, wobei durchaus Spitzenwerte von 40 bis 45 °C erreicht werden können.

Bild 1 Zylinderputzer *(Callistemon citrinus)*

Aus dem Mittelmeergebiet stammen:

Oleander	*Nerium oleander*
Lorbeer	*Laurus nobilis*
Brautmyrte	*Myrtus communis*
Buchsbaum	*Buxus sempervirens*
Lavendel	*Lavandula angustifolia*
Echter Salbei	*Salvia officinalis*
Knorpelmöhre	*Ammi majus*
Mäusedorn	*Ruscus aculeatus*
Olive	*Olea europaea*
Jungfer im Grünen	*Nigella damascena*
Kronenanemone	*Anemone coronaria*

Aus der Kapprovinz in Südafrika stammen:

Gladiole	*Gladiolus Cultivars*
Kapkörbchen	*Dimorphotheca sinuata*
Paradiesvogelblume	*Strelitzia reginae*
Protee	*Protea cynaroides*
Geranien	*Pelargonium*
Glockenheide	*Erica gracilis*
Gerbera	*Gerbera jamesonii*
Nerine	*Nerine bowdenii*
Amaryllis	*Amaryllis bella-donna*
Feuerblüte	*Cyrtanthus elatus*
Freesie	*Freesia refracta*

Aus Australien stammen:

Kängurupfote	*Anigozanthos flavidus*
Banksie	*Banksia coccinea*
Eukalyptus	*Eucalyptus cinerea*
Waxflower	*Chamelaucium uncinatum*
Südseemyrte	*Leptospermum scoparium*
Zylinderputzer	*Callistemon citrinus*

3.5 Sommergrüne Laubwälder und Nadelwälder

In den gemäßigten Breiten der nördlichen Halbkugel, nördlich des 45. Breitengrades, findet sich ein breiter Gürtel mit sommergrünen Laub- und Mischwäldern. In Europa reicht diese Zone von den Britischen Inseln über Mitteleuropa bis zum Ural in Osteuropa. In Asien finden wir die sommergrünen Mischwälder im Nordosten Chinas, in Korea und Japan. In Nordamerika erstrecken sich die sommergrünen Laubwälder entlang der großen Seen bis an den Pazifik.

Das Klima ist gekennzeichnet durch warme Sommer und kalte Winter. Der Niederschlag liegt bei ca. 500 bis 1 000 mm im Jahr und ist ziemlich gleichmäßig über das Jahr verteilt. Dabei ergibt sich eine lange Vegetationsperiode von bis zu 6 Monaten. Die eigentliche kalte Winterzeit beschränkt sich auf drei bis vier Monate.

Je näher die Gebiete am Meer liegen, desto milder wird das Klima und die Unterschiede zwischen Sommer und Winter sind nur noch gering.

Gleichzeitig erhöht sich die Niederschlagsmenge. Man bezeichnet dieses ausgeglichene Klima als maritimes Klima. **Beispiel:** Irland und der südliche Teil von England haben frostfreie Winter.

Das kontinentale Klima in Osteuropa und im mittleren Westen Nordamerikas ist gekennzeichnet durch kalte, schneereiche Winter und heiße Sommer mit geringerem Niederschlag. Nach Norden nehmen die Laubwälder ab. Sie werden von den nördlichen Nadelwäldern abgelöst. Besonders in Sibirien, aber auch in Skandinavien ist die Landschaft durch diese Nadelwälder geprägt.

Der sommergrüne Laubwald besteht aus Eichen, Buchen, Ahorn, Hainbuchen, Erlen, Linden, Eschen und Weiden. Bei den Nadelhölzern sind es Tannen, Fichten, Lärchen und Kiefern. Dazu kommen Sträucher wie Holunder, Haselnuss, Liguster, Weißdorn, Traubenkirschen und Hartriegel.

Der Boden wird von Stauden, Gräsern und Farnen bedeckt. Besonders wo Naturwiesen wachsen, finden wir eine Vielzahl von Blumen. Viele dieser Stauden liefern dem Floristen Schnittblumen oder auch grünes Beiwerk für die Binderei.

Pflanzenbeispiele:

Maiglöckchen	*Convallaria majalis*
Akelei	*Aquilegia vulgaris*
Glockenblume	*Campanula persicifolia*
Veilchen	*Viola odorata*
Fingerhut	*Digitalis purpurea*
Vergissmeinnicht	*Myosotis sylvatica*
Schneeglöckchen	*Galanthus nivalis*
Winterling	*Eranthis hyemalis*
Christrose	*Helleborus niger*
Himmelschlüssel	*Primula elatior*

Bild 1 Mischwald

Bild 2 Laubwald

3.6 Arktische Klimazone

Je weiter man nach Norden geht, desto stärker verringert sich die Vegetation. Der Wald verschwindet und die arktische Tundra beginnt. Das Klima ist geprägt durch lange, kalte Winter und kurze, kühle Sommer. Die Vegetationsperiode verkürzt sich auf etwa 2 Monate. Meist handelt es sich um Dauerfrostböden, die im Sommer nur oberflächlich auftauen (etwa 50 cm tief). Dadurch sammelt sich das Wasser auf dem Boden. Die Senken sind deshalb immer nass. Die Pflanzen haben nur einen flachen Wurzelraum. Darum fehlen Bäume und größere Sträucher.

Zu den Pflanzen der Tundra gehören niedrige Weiden und Birken, Preiselbeeren und Blaubeeren, Wollgräser, die Schneemarbel *(Luzula nivea)*, Seggen, Moose, Flechten, z. B. die Rentierflechte *(Cladonia rangiferina)*, die von den Floristen als Islandmoos in der winterlichen Trauerbinderei verwendet wird.

Bild 3 Flechten

4 Ökosysteme beispielhaft begreifen und auf floristische Gestaltung übertragen

Die Ökologie ist die Wissenschaft, die sich mit den Wechselbeziehungen der Lebewesen untereinander und zu ihrer Umwelt beschäftigt.

Pflanzen benötigen für ihr Wachstum bestimmte Klimabedingungen (Sonne, Regen, Wärme) und Bodenverhältnisse. Für die Tiere sind die Pflanzen Nahrungsgrundlage oder auch Nistplatz. Gleichzeitig brauchen die Pflanzen die Tiere zur Bestäubung und zur Samenverbreitung. Außerdem liefern die Tiere den Pflanzen Nahrung. So bilden Pflanzen und Tiere eine Lebensgemeinschaft, die man als **Biozönose** bezeichnet.

Bild 1 Biotop

Bild 2 Biozönose

Der Lebensraum, in dem sich eine **Biozönose** entwickelt, wird als **Biotop** bezeichnet.

Die Wechselbeziehung von **Biotop** (Lebensraum) und **Biozönose** (Lebensgemeinschaft) bezeichnet man als Ökosystem.

Da ein Biotop, z. B. ein Teich, zu einer typischen Pflanzen- und Tiergemeinschaft (Biozönose) führt und sie gemeinsam das Ökosystem Teich bilden, können Biotop und Biozönose nie einzeln betrachtet werden. Immer muss das Ökosystem als Einheit gesehen werden. Innerhalb eines intakten Ökosystems entwickelt sich ein Netzwerk aus gegenseitigen Beziehungen, die zu einem ökologischen Gleichgewicht führen.

Im Folgenden sollen einige Ökosysteme angesprochen werden, wobei der Schwerpunkt auf den Pflanzengesellschaften liegen soll.

Bild 3 Ökosystem

4.1 Lebensraum Wald

Die warmen Sommer, die durch kalte Winter abgelöst werden, und der ausreichende Niederschlag über das ganze Jahr verteilt, haben zur Entwicklung ausgedehnter Laub- und Nadelwälder in Mitteleuropa geführt. Als typisches Ökosystem für

Europa sorgt der Wald für ein ausgeglichenes Klima und gute Luft. Er reguliert den Wasserhaushalt und trägt damit zur Trinkwasserversorgung bei. Der Wald schützt vor Bodenerosion. Schließlich ist der Wald auch Holzlieferant.

Geprägt ist der Laub- und Nadelwald in Mitteleuropa durch folgende Gehölze: Rotbuche, Bergahorn, Esche, Eiche, Ulme, Birke, Fichte, Tanne und Kiefer.

Zur Krautschicht am Boden des Waldes gehören folgende Pflanzen:

Buschwindröschen	*Anemone nemorosa*
Bärlauch	*Allium ursinum*
Maiglöckchen	*Convallaria majalis*
Waldmeister	*Galium odoratum*
Goldnessel	*Lamium galeobdolon*
Haselwurz	*Asarum europaeum*
Leberblümchen	*Hepatica nobilis*
Rasenschmiele	*Deschampsia cespitosa*
Waldschwingel	*Festuca altissima*
Hainsimse	*Luzula sylvatica*
Wurmfarn	*Dryopteris filix-mas*
Wald-Frauenfarn	*Athyrium filix-femina*

4.2 Lebensraum Moor

Das Niedermoor oder auch Flachmoor entsteht durch Verlandung von Seen auf staunassen, mineralischen Böden, deren Nässe durch hohen Grundwasserstand verursacht ist. Durch die Verbindung zum Grundwasser sind sie abgesehen vom Stickstoff nährstoffhaltig und haben eine hohe Pflanzenproduktion. Durch die Staunässe wird der Abbau von Biomasse verlangsamt. Es bildet sich ein Torf aus halb verrotteter Pflanzenmasse. Durch Bildung von viel Huminsäure versauert der Untergrund.

Ein Hochmoor ist aufgrund seines Wachstums uhrglasförmig vom Zentrum zum Rand gewölbt. Deshalb wird es Hochmoor genannt. Ein Nieder- oder Flachmoor bleibt flach in der Umgebung.

Hochmoore bestehen hauptsächlich aus Torfmoos *(Sphagnum)*. Torfmoos ist ein sehr guter Wasserspeicher. Es stirbt nach unten ab und wächst nach oben weiter. Dadurch bildet sich im Laufe der Jahrhunderte ein meterhoher Wasserspeicher. Hochmoore haben keinen Kontakt zum Grundwasser. Sie leben vom Regenwasser und sind deshalb sehr nährstoffarm und sehr sauer.

Bild 1 Hochmoor

Im Hochmoor wachsen folgende Pflanzen:

Rosmarinheide	*Andromeda polifolia*
Wollgras	*Eriophorum vaginatum*
Pfeifengras	*Molinia caerulea*
Sonnentau	*Drosera rotundifolia*
Moorbeere	*Vaccinium uliginosum*
Besenheide	*Calluna vulgaris*
Glockenheide	*Erica tetralix*
Moorbirke	*Betula pubescens*

4.3 Lebensraum Heide

Die typische Heide, wie man sie von der Lüneburger Heide her kennt, ist erst durch den Menschen entstanden. Laubwald, der vom Menschen gerodet wurde, um Weideland zu gewinnen, entwickelte sich in dem maritimen Klima Norddeutschlands zur Heide. Die natürliche Zufuhr von Humus durch den Laubfall blieb aus. Zurück blieb ein sandiger, trockener und nährstoffarmer und damit stark saurer Boden, der den typischen Heidebewuchs entstehen ließ.
Durch extensive (ohne großen Aufwand) Beweidung mit Schafen wurde eine erneute Verbuschung und Waldbildung verhindert.

Bild 2 Lüneburger Heide

Zu den typischen Pflanzen dieser Heide gehören:

Besenheide	*Calluna vulgaris*
Pillensegge	*Carex pilulifera*
Drahtschmiele	*Deschampsia flexuosa*
Heidenelke	*Dianthus deltoides*
Englischer Ginster	*Genista anglica*
Kleines Habichtskraut	*Hieracium pilosella*
Pfeifengras	*Molinia caerulea*
Gemeiner Wacholder	*Juniperus communis*
Hänge-Birke	*Betula pendula*
Kiefer	*Pinus sylvestris*

Im Bereich des Schwäbisch-Fränkischen Juras gibt es Wacholderheiden. Es handelt sich um Trockenrasen auf flachgründigem Boden über Kalkstein. Dieser Trockenrasen ist sehr artenreich und bietet eine Vielzahl schöner Wiesenblumen.

Dazu gehören:

Karthäusernelke	*Dianthus carthusianorum*
Gemeine Küchenschelle	*Pulsatilla vulgaris*
Wiesensalbei	*Salvia pratensis*
Zypressen-Wolfsmilch	*Euphorbia cyparissias*
Silberdistel	*Carlina acaulis*

4.4 Lebensraum Bach und See

Bild 1 Fließgewässer als Lebensraum

Bach und Fluss gehören zu den Fließgewässern, Teich und See zu den stehenden Gewässern. Sie haben an ihren Ufern und in den Flachzonen einen typischen Pflanzenbewuchs. Diese Pflanzen benötigen und vertragen einen hohen Grundwasserstand. Einige dieser Pflanzen finden wir auch auf Feuchtwiesen und im Bereich der Niedermoore. Je nach Wasserstand siedeln sich verschiedene Pflanzen an.

Im Uferbereich, der zeitweise auch von Wasser bedeckt sein kann, aber im Sommer auch abtrocknet, können sich folgende Pflanzen ansiedeln:

Sumpfdotterblume	*Caltha palustris*
Gelbe Schwertlilie	*Iris pseudacorus*
Blutweiderich	*Lythrum salicaria*
Gemeiner Wasserdost	*Eupatorium cannabium*
Echtes Mädesüß	*Filipendula ulmaria*
Sumpf-Vergißmeinnicht	*Myosotis palustris*
Kuckucks-Lichtnelke	*Silene flos-cuculi*
Fuchssegge	*Carex vulpina*
Rohrkolben	*Typha latifolia*

In der Flachwasserzone bis zu einer Wassertiefe von etwa 10 bis 30 cm Wasser findet man folgende Pflanzen:

Sumpfkalla	*Calla palustris*
Gemeiner Froschlöffel	*Alisma plantago-aquatica*
Blumenbinse	*Butomus umbellatus*
Kalmus	*Acorus calamus*
Pfeilkraut	*Sagittaria sagittifolia*
Fieberklee	*Menyanthes trifoliata*
Ästiger Igelkolben	*Sparganium erectum*
Sumpfbinse	*Eleocharis palustris*
Wasserfeder	*Hottonia palustris*
Wasserschlauch	*Utricularia vulgaris*
Tannenwedel	*Hippuris vulgaris*

Im Tiefwasserbereich bis etwa 150 cm Wassertiefe sind folgende Pflanzen angesiedelt:

Teichrose	*Nuphar lutea*
Seerose	*Nymphaea alba*
Krebsschere	*Stratiotes aloides*
Schwimmendes Laichkraut	*Potamogeton natans*
Froschbiss	*Hydrocharis morsus-ranae*
Wasserhahnenfuß	*Ranunculus aquatilis*
Wasserknöterich	*Polygonum amphibium*

5 Naturschutz als Ziel erkennen und im floristischen Alltag umsetzen und anwenden

Die Zunahme der Bevölkerung verbunden mit der Industrialisierung hat zu einer weitgehenden Vernichtung der Naturräume geführt. Gleichzeitig sind viele Pflanzen- und Tierarten vernichtet worden oder in ihrem Bestand gefährdet.

Deshalb müssen Naturräume mit ihren Pflanzen und Tieren unter Schutz gestellt werden. Dem Raubbau in der Natur muss Einhalt geboten werden.

5.1 Ziele des Naturschutzgesetzes

In der Bundesrepublik Deutschland regelt das Bundesnaturschutzgesetz (BNatSchG) den Umgang mit der Natur. Es setzt den Rahmen für den Naturschutz in Deutschland.

Ziel des Bundesnaturschutzgesetzes ist es, Natur und Landschaft so zu schützen, zu pflegen, zu entwickeln und, soweit erforderlich, wiederherzustellen, dass

- die Leistungs- und Funktionsfähigkeit des Naturhaushaltes,
- die Regenerationsfähigkeit und nachhaltige Nutzungsfähigkeit der Naturgüter,
- die Tier- und Pflanzenwelt einschließlich ihrer Lebensstätten und Lebensräume sowie
- die Vielfalt, Eigenart und Schönheit sowie der Erholungswert von Natur und Landschaft auf Dauer gesichert sind.

Die Bundesländer haben auf Landesebene Naturschutzgesetze, in denen die Einzelheiten des Naturschutzes geregelt werden.

Bild 1 Eisenhut – Gefährdungsgrad 4

Um die genannten Ziele zu erreichen, stellen die Länder Teile der Natur oder Landschaften unter besonderen Schutz. Dazu gehören Naturschutzgebiet, Landschaftsschutzgebiet, Biosphärenreservat oder auch Nationalpark. Schließlich können auch einzelne Besonderheiten, z. B. ein besonders alter Baum, als Naturdenkmal unter Schutz gestellt werden.

5.2 Artenschutz

Auf internationaler Ebene regelt das Washingtoner Artenschutzabkommen (WA) den internationalen Handel mit gefährdeten Pflanzenarten. In einem Anhang (WA 1 und WA 2) sind Listen besonders gefährdeter Pflanzenfamilien und Pflanzenarten aufgeführt. Der erwerbsmäßige Handel mit diesen gefährdeten Pflanzenarten ist verboten.

Wer Pflanzen, die in diesen Listen stehen, erwerben will, muss nachweisen, dass die Pflanzen nicht einem Naturstandort entnommen sind, sondern aus gärtnerischer Kultur stammen. Die entsprechenden CITES Papiere (CITES = Convention on International Trade of Endangered Species) sind vorzuweisen.

Der Schutz einzelner Pflanzen- und Tierarten in Deutschland unterliegt dem Bundesministerium für Umwelt, Naturschutz und Reaktorsicherheit. Grundlage dafür ist die Bundesartenschutzverordnung (BArtSchV). Sie stellt gefährdete Pflanzen- und Tierarten unter besonderen Schutz. In einem Anhang wird eine Liste besonders geschützter Pflanzen aufgeführt.

Bei diesen Pflanzen ist es verboten,

- sie aus der freien Natur zu entnehmen,
- sie zu verkaufen,
- sie zu erwerben.

5.3 Rote Listen

Für die heimischen Pflanzen- und Tierarten sind Bestandslisten erstellt worden, in denen von Fachleuten die Bestandsgefährdung beurteilt wurde. In diesen Roten Listen wird die Gefährdung unserer Pflanzen- und Tierwelt dokumentiert. Dabei wird nach folgenden Gefährdungskategorien unterschieden:

- 0 = ausgestorben oder verschollen
- 1 = vom Aussterben bedroht
- 2 = stark gefährdet
- 3 = gefährdet
- 4 = potenziell gefährdet

Bild 1 Edelweiß – Gefährdungsgrad 2

Pflanzenbeispiele:

Pflanzen	Gefährdungsgrad
Zweifarbige Weide, *Salix bicolor*	0
Kornrade, *Agrostemma githago*	1
Edelweiß, *Leontopodium nivale subsp. alpinum*	2
Trollblume, *Trollius europaeus*	3
Eisenhut, *Aconitum napellus*	4

Die Roten Listen werden regelmäßig überarbeitet. Sie dienen zur Information der Öffentlichkeit, als Planungshilfe in der Raumplanung und als Argumentationshilfe beim Naturschutz.

Bild 2 Silberdistel *(Carlina acaulis)*

Bild 3 Stranddistel *(Eryngium maritimum)*

5.4 Geschützte Pflanzen

Nach dem Bundesnaturschutzgesetz sind alle wild vorkommenden Pflanzen geschützt. Das bedeutet, dass Pflanzen nicht von ihrem Standort entfernt werden dürfen. Zusätzlich unterscheidet das Gesetz besonders geschützte Pflanzenarten und streng geschützte Pflanzenarten. Sie sind im Anhang der Bundesartenschutzverordnung in einer Liste aufgeführt.

Bei besonders geschützten Pflanzen ist es verboten, Pflanzenteile oder Entwicklungsformen abzuschneiden, abzupflücken oder ganze Pflanzen auszugraben.

Bei den streng geschützten Pflanzen ist es verboten, die Pflanzen aufzusuchen, um sie zu fotografieren oder zu filmen oder sie durch ähnliche Handlungen zu beeinträchtigen.

Besonders geschützte Pflanzen

Eisenhut	*Aconitum napellus*
Wald-Anemone	*Anemone sylvestris*
Akelei	*Aquilegia vulgaris*
Katzenpfötchen	*Antennaria dioica*
Grasnelke	*Armeria maritima*
Hirschzunge	*Asplenium scolopendrium*
Sumpfkalla	*Calla palustris*
Silberdistel	*Carlina acaulis*
Alpen-Waldrebe	*Clematis alpina*
Krokus	*Crocus*, alle Arten
Nelke	*Dianthus*, alle Arten
Stranddistel	*Eryngium maritimum*
Schachblume, Kaiserkrone	*Fritillaria*, alle Arten
Enzian	*Gentiana*, alle Arten
Christrose	*Helleborus niger*
Leberblümchen	*Hepatica nobilis*
Sumpfporst	*Ledum palustre*
Märzenbecher	*Leucojum vernum*
Traubenhyazinthe	*Muscari*, alle Arten
Narzissen	*Narcissus*, alle Arten
Primeln	*Primula*, alle Arten

Streng geschützte Pflanzen

Sibirische Aster	*Aster sibiricus*
Gelber Enzian	*Gentiana lutea*
Moor-Binse	*Juncus stygius*
Gelber Lein	*Linum flavum*
Ausdauernder Lein	*Linum perenne*
Kleine Teichrose	*Nuphar pumila*
Küchenschelle	*Pulsatilla vernalis*

Bei allen nicht ausdrücklich geschützten Pflanzen darf höchstens ein Handstrauß gepflückt werden.
Die meisten geschützten Pflanzen sind heute aus gärtnerischer Kultur zu erwerben und damit auch für den Floristen zugänglich.

Bild 1 Trollblume

Bild 2 Ausdauernder Lein

Bild 3 Gelber Enzian

Bild 4 Gelber Lein

Bild 5 Gelbe Alpen-Küchenschelle

6 Pflanzen auflisten, Pflanzen zuordnen und für Pflege und Kundenberatung nutzen

Für den Floristen ist eine umfangreiche Pflanzenkenntnis von großer Bedeutung. Pflanzlicher Werkstoff bildet die Basis floristischer Gestaltung. Die folgenden Pflanzenlisten bilden nur eine Auswahl der Pflanzen, die floristische Verwendung finden können. Die botanischen Namen richten sich nach dem „Zander, Handwörterbuch der Pflanzennamen".

Bild 1 Tulpe – Zwiebelpflanze

Geordnet sind die Pflanzen nach handelsüblichen Gruppen. Die Angabe über die Herkunft soll nur einen groben Hinweis geben, aus welchen Gebieten unserer Erde die Pflanzen stammen.

Die Verwendung der Pflanzen kann je nach Haltbarkeit und Aussehen sehr vielfältig sein. So eignen sich viele Topfpflanzen als Zimmerschmuck, für eine Schalenbepflanzung oder für ein Blumenfenster. Oft werden Teile der Pflanzen auch für floristische Werkstücke verwendet.

Wie man aus den folgenden Pflanzenlisten (siehe Kapitel 6.1–6.19) ersehen kann, ist die Vielfalt der in der Floristik verwendeten Pflanzen fast grenzenlos.

Dabei erheben die folgenden Pflanzenlisten keinen Anspruch auf Vollständigkeit. Dazu kommt, dass sich das Angebot an Pflanzen ständig verändert. Zum einen kommen neue Pflanzenarten dazu. Zum anderen verlieren Pflanzen aber auch für einige Zeit an Bedeutung, da die Verwendung von Pflanzen auch modischem und geschmacklichem Wandel unterworfen ist.

Die hier angebotene Auswahl der Pflanzen soll dem Auszubildenden die Möglichkeit geben, bei der Lösung floristischer Aufgaben eine Auswahl treffen zu können, die zu einem optimalen Ergebnis führt.

Alle verwendeten Pflanzen oder Pflanzenteile sollten aber aus dem Erwerbsanbau stammen. Das Sammeln von Pflanzen oder Pflanzenteilen in der freien Natur verstößt gegen den Naturschutz und ist nicht mehr zeitgemäß.

Auf Sortenangaben wird hier mit ganz wenigen Ausnahmen verzichtet. Das Angebot an Sorten unterliegt einem stetigen Wandel. Nicht jede Blumensorte, die auf den Markt kommt, gewinnt an Bedeutung.

Die Sortenkenntnis wird in der Praxis bei der Ausbildung im Floristik-Fachgeschäft erworben. Dort werden die aktuellen Sorten gehandelt oder finden Verwendung in den floristischen Werkstücken. Im praktischen Umgang mit den Pflanzensorten lässt sich am besten Sortenkenntnis erwerben.

Beim Lernen der botanischen Namen können folgende Methoden hilfreich sein:
- Häufiges Verwenden der botanischen Namen beim Umgang mit den Pflanzen im Ausbildungsbetrieb.
- Erstellen schriftlicher Listen verwendeter Pflanzen für ein Werkstück.
- Regelmäßiges Führen des Blütenkalenders, wie er auch im Ausbildungsnachweis gefordert wird.
- Erstellen einer Pflanzenkartei auf kleinen Karteikarten; die Karten enthalten auf der einen Seite den botanischen Namen und auf der anderen Seite ein Bild der Pflanze.
- Diese Karten können nach unterschiedlichen Kriterien geordnet werden, z. B. nach Blütezeit, nach Verwendung oder nach gestalterischer Bedeutung.

Verwendet man die botanischen Namen möglichst häufig, wird der Umgang mit den ungewohnten Pflanzennamen erleichtert und der Grundstock für eine gute Pflanzenkenntnis gelegt.

6.1 Blühende Topfpflanzen

Botanischer Name	Familienname	Deutscher Name	Blütezeit	Angebotszeit	Heimat
Acalypha hispida	Euphorbiaceae	Nesselschön, Zimmerfuchsschwanz	I–X	I–XII	Tropen
Achimenes Cultivars	Gesneriaceae	Schiefteller	VII–IX	IV–IX	Züchtung
Aechmea fasciata	Bromeliaceae	Lanzenrosette	I–XII	I–XII	Brasilien
Allamanda cathartica	Apocynaceae	Allamande	V–XI	IV–IX	Brasilien
Anthurium andraeanum	Araceae	Große Flamingoblume	I–XII	I–XII	Kolumbien
Anthurium scherzerianum	Araceae	Kleine Flamingoblume	I–XII	I–XII	Guatemala, Costa Rica
Aphelandra squarrosa	Acanthaceae	Glanzkölbchen	VI–X	IV–XII	Südost-brasilien
Begonia Cultivars Elatior-Grp.	Begoniaceae	Elatiorbegonie	XI–III	I–XII	Züchtung
Bougainvillea glabra	Nyctaginaceae	Bougainvillee	IV–VI	V–IX	Brasilien
Calathea crocata	Marantaceae	Blühende Topfmarante	I–XII	I–XII	Brasiien
Calceolaria Cultivars Herbeohybrida-Grp.	Scrophulariaceae	Pantoffelblume	IV–V	IX–IV	Züchtung
Camellia japonica	Theaceae	Kamelie	I–IV	XII–IV	Japan, Korea, Taiwan
Campanula isophylla	Campanulaceae	Glockenblume	VII–IX	V–VII	Italien
Chrysanthemum Cultivars	Asteraceae	Chrysantheme	IX–XII	I–XII	Züchtung
Clerodendrum thomsoniae	Verbenaceae	Losbaum	II–VII	I–VIII	Westafrika, Kamerun
Clivia miniata	Amaryllidaceae	Clivie, Riemenblatt	II–V	III–VI	Südafrika, Natal
Columnea microphylla	Gesneriaceae	Kolumnee	III–VIII	IV–VII	Costa Rica
Crossandra infundibuliformis	Acanthaceae	Crossandre	V–VIII	II–X	Pakist. Indien, Sri Lanka
Cyclamen persicum	Primulaceae	Alpenveilchen	VIII–IV	VIII–I	Türkei, Libanon, Syrien, Tunesien
Erica gracilis	Ericaceae	Glockenheide	IX–XII	VII–X	Südafrika
Euphorbia pulcherrima	Euphorbiaceae	Weihnachtsstern	XII	XI–XII	Südmexiko, Zentral-amerika

Botanischer Name	Familienname	Deutscher Name	Blütezeit	Angebotszeit	Heimat
Exacum affine	Gentianaceae	Blaues Lieschen	VII–IX	I–XII	Insel Socotra
Gardenia jasminoides	Rubiaceae	Gardenie	VII–X	IV–X	Japan, Taiwan, China
Guzmania monostachia	Bromeliaceae	Guzmanie	I–XII	I–XII	Zentralamerika, nördliches Südamerika
Hibiscus rosa-sinensis	Malvaceae	Roseneibisch	III–X	IV–X	China
Hippeastrum Cultivars	Amaryllidaceae	Ritterstern, Gärtner-Amaryllis	II–VII	XI–IV	Züchtung
Hoya carnosa	Asclepiadaceae	Wachsblume, Porzellanblume	V–IX	I–XII	Zentr. China, Australien
Hydrangea macrophylla	Saxifragaceae	Hortensie	IV–VII	III–VI	Japan, Korea
Justicia brandegeana	Acanthaceae	Zimmerhopfen	I–XII	I–X	Mexiko
Kalanchoe blossfeldiana	Crassulaceae	Flammendes Käthchen	II–V	I–XII	Madagaskar
Mandevilla sanderi	Apocynaceae	Dipladenie	VI–VIII	IV–IX	Brasilien
Pachystachys lutea	Acanthaceae	Gelber Zimmerhopfen, Gelbe Dickähre	III–X	III–IX	Peru
Pericallis cruenta	Asteraceae	Zinerarie	III–IV	I–IV	Kanarische Inseln
Primula malacoides	Primulaceae	Fliederprimel	I–III	II–V	China
Primula obconica	Primulaceae	Becherprimel	I–XII	I–VIII	China
Rhododendron simsii	Ericaceae	Azalee	V	VIII–IV	China, Taiwan
Saintpaulia ionantha	Gesneriaceae	Usambaraveilchen	I–XII	I–XII	Tansania
Sinningia speciosa	Gesneriaceae	Gloxinie	VI–VIII	III–IX	Brasilien
Spathiphyllum floribundum	Araceae	Einblatt	I–XII	I–XII	Kolumbien
Stephanotis floribunda	Asclepiadaceae	Kranzschlinge	VI–IX	II–XI	Madagaskar
Streptocarpus x hybridus	Gesneriaceae	Drehfrucht	I–XII	III–IX	Züchtung
Tillandsia cyanea	Bromeliaceae	Tillandsie	I–XII	I–XII	Ecuador
Vriesea splendens	Bromeliaceae	Flammendes Schwert	I–XII	I–XII	Venzuela, Surinam
Zantedeschia aethiopica	Araceae	Kalla	I–VI	I–XII	Südafrika, Natal, Kapprovinz

6.2 Grünpflanzen

Botanischer Name	Familienname	Deutscher Name	Heimat
Aglaonema commutatum	Araceae	Kolbenfaden	Philippinen, Celebes
Alocasia sanderiana	Araceae	Alokasie	Philippinen, Mindanao
Ampelopsis brevipedunculata	Vitaceae	Scheinrebe	Ostchina
Anthurium crystallinum	Araceae	Blatt-Anthurie	Kolumbien
Asparagus asparagoides	Asparagaceae	Glanzblättriger Zierspargel	Südafrika, Kapland
Asparagus densiflorus	Asparagaceae	Zierspargel	Südafrika, Natal
Asparagus setaceus 'Plumosus'	Asparagaceae	Plumosus	Südafrika, Natal
Aspidistra elatior	Convallariaceae	Schusteralme	China
Begonia rex	Begoniaceae	Rexbegonie, Königsbegonie	Indien, Assam
Begonia masoniana 'Iron Cross'	Begoniaceae	Ordens-Begonie	Neuguinea
Caladium bicolor	Araceae	Buntwurz	Brasilien, Amazonasgebiet
Calathea lancifolia	Marantaceae	Lanzenblättrige Korbmaranthe	Brasilien
Calathea makoyana	Marantaceae	Korbmaranthe	Brasilien
Ceropegia linearis subsp. woodii	Asclepiadaceae	Leuchterblume	Südafrika, Kapland, Simbabwe
Chamaedorea elegans	Arecaceae	Bergpalme	Mexiko, Guatemala
Chlorophytum comosum	Anthericaceae	Grünlilie	Südafrika, Kapland, Natal
Cissus antarctica	Vitaceae	Känguruwein	Australien
Cissus rhombifolia	Vitaceae	Königswein	Mittelamerika, Mexiko, Karibik
Codiaeum variegatum	Euphorbiaceae	Kroton, Wunderstrauch	Malaysia, Molukken
Cordyline terminalis	Agavaceae	Keulenlilie	Indien, Malaysia, Neuguinea, Neuseeland, Australien, Hawaii
Cryptanthus bivittatus	Bromeliaceae	Gestreifte Versteckblüte	Brasilien
Cryptanthus bromelioides	Bromeliaceae	Erdstern, Versteckblüte	Brasilien
Cryptanthus zonatus	Bromeliaceae	Zebra-Erdstern	Brasilien
Ctenanthe amabilis	Marantaceae	Kammmaranthe	Brasilien
Dieffenbachia seguine	Araceae	Dieffenbachie	Karibik
Dracaena deremensis	Dracaenaceae	Dracaene	tropisches Afrika
Dracaena marginata	Dracaenaceae	Schmalblättrige Dracaene	Madagaskar
Dracaena surculosa	Dracaenaceae	Strauchdracaene	tropisches Westafrika
Epipremnum pinnatum	Araceae	Efeutute	Malaysia, Neuguinea

Botanischer Name	Familienname	Deutscher Name	Heimat
Fatsia japonica	Araliaceae	Aralie	Japan, Süd-Korea, Riukiu-Inseln
Ficus pumila	Moraceae	Kletterfeige	China, Taiwan, Nordvietnam, Japan, Riukiu-Inseln
Ficus benjamina	Moraceae	Birkenfeige	Indien, Malaysia, Nordaustralien
Ficus elastica	Moraceae	Gummibaum	Indien, Assam, Nepal, Burma, Sumatra
Ficus lyrata	Moraceae	Geigenfeige	tropisches Westafrika
Fittonia albivensis	Acanthaceae	Fittonie, Silbernetzblatt	Kolumbien, Bolivien
Fittonia verschaffeltii var. pearcei	Acanthaceae	Karminrot geäderte Fittonie	Kolumbien, Bolivien
Grevillea robusta	Proteaceae	Austral. Silbereiche	Australien
Hedera canariensis	Araliaceae	Kanarischer Efeu	Portugal, Azoren, Madeira, Kanarische Inseln, Nordwestafrika
Howea forsteriana	Arecaceae	Kentiapalme	Australien, Lord-Howe-Inseln
Hypoestes phyllostachya	Acanthaceae	Hypoestes	Madagaskar
Isolepis cernua	Cyperaceae	Simse	Südeuropa, Südafrika, Madagaskar, Australien, Neuseeland
Lytocaryum weddellianum	Arecaceae	Kokospälmchen	Brasilien
Maranta leuconeura 'Erythroneura'	Marantaceae	Dunkle Pfeilwurz, Marante	Brasilien
Maranta leuconeura 'Kerchoveana'	Marantaceae	Kerchovs Pfeilwurz, Marante	Brasilien
Monstera deliciosa	Araceae	Fensterblatt	Mittelamerika, Mexiko
Muehlenbeckia complexa	Polygonaceae	Mühlenbeckie	Neuseeland
Nertera granadensis	Rubiaceae	Korallenmoos	Mittel- und Südamerika, Australien, Tasmanien, Neuseeland
Pandanus veitchii	Pandanaceae	Schraubenbaum	Polynesien
Peperomia argyrea	Piperaceae	Silberblatt-Peperomie	tropisches Südamerika
Peperomia caparata	Piperaceae	Zwergpfeffer	Brasilien
Peperomia obtusifolia	Piperaceae	Magnolienblättr. Pfeffer	Mittelamerika, Mexiko, tropisches Südamerika
Philodendron erubescens	Araceae	Errötender Baumfreund	Kolumbien
Philodendron hederaceum	Araceae	Kletterphilodendron	Mexiko, Guatemala
Phoenix canariensis	Arecaceae	Kanarische Dattelpalme	Kanarische Inseln
Phoenix roebelenii	Arecaceae	Zwerg-Dattelpalme	Laos

Botanischer Name	Familienname	Deutscher Name	Heimat
Pilea cardieri	Urticaceae	Kanonierblume	Nordvietnam
Pilea involucrata	Urticaceae	Eingehüllte Kanonierblume	Karibik, Mittelamerika und Südamerika
Piper crocatum	Piperaceae	Zierpfeffer	Peru
Plectranthus scutellarioides	Lamiaceae	Buntnessel	Philippinen
Polyscias scutellaria	Araliaceae	Fiederaralie	Neukaledonien
Saxifraga stolonifera	Saxifragaceae	Judenbart	China, Japan
Schefflera actinophylla	Araliaceae	Strahlenaralie	Nordostaustralien, Neuseeland
Schefflera arboricola	Araliaceae	Kleine Strahlenaralie	Taiwan
Schefflera elegantissima	Araliaceae	Fingeraralie	Neukaledonien
Scindapsus pictus	Araceae	Efeutute	Malaysia
Selaginella apoda	Selaginellaceae	Moosfarn	Nordamerika
Senecio herreanus	Asteraceae	Erbse am Band	Namibia
Soleirolia soleirolii	Urticaceae	Bubiköpfchen	Südeuropa
Sparrmannia africana	Tiliaceae	Zimmerlinde	Südafrika
Syngonium podophyllum	Araceae	Purpurtute	Mittelamerika
Tolmiea menziesii	Saxifragaceae	Henne mit Küken	Nordamerika
Tradescantia fluminensis	Commelinaceae	Tradeskantie	Brasilien, Argentinien
Tradescantia zebrina	Commelinaceae	Zebrakraut	Mexiko
x Fatshedera lizei	Araliaceae	Efeuaralie	gärtnerische Züchtung, Gattungshybride
Yucca aloifolia	Agavaceae	Palmlilie	Südstaaten der USA, Mexiko, Karibik

6.3 Schnittblumen

Botanischer Name	Familienname	Deutscher Name	Blütezeit	Angebotszeit	Herkunft
Agapanthus africanus	Alliaceae	Schmucklilie	VII–IX	VI–XII	Südafrika, Kapprovinz
Ageratum houstonianum	Asteraceae	Leberbalsam	VI–X	VI–X	Mexiko, Guatemala
Allium giganteum	Alliaceae	Riesenlauch	VII–VIII	IV–VIII	Himalaya
Allium sphaerocephalon	Alliaceae	Kugellauch	VI–VIII	VI–IX	Europa
Anemone coronaria	Ranunculaceae	Kronenanemone	III–V	VIII–V	östliches Mittelmeergebiet

Botanischer Name	Familienname	Deutscher Name	Blütezeit	Angebotszeit	Herkunft
Anthurium andraeanum	Araceae	Große Flamingoblume	I–XII	I–XII	Kolumbien
Asclepias tuberosa	Asclepiadaceae	Knollige Seidenpflanze	VIII–IX	V–X	USA
Bellis perennis	Asteraceae	Gänseblümchen	IV–VI	I–V	Europa
Bouvardia longiflora	Rubiaceae	Bouvardie	VIII–XI	I–XII	Mexiko
Callistephus chinensis	Asteraceae	Sommeraster	VII–IX	VI–IX	China
Chrysanthemum x grandiflorum	Asteraceae	Chrysantheme, Winteraster	IX–XI	I–XII	gärtnerische Züchtung
Cosmos bipinnatus	Asteraceae	Kosmea, Schmuckkörbchen	VII–X	VII–X	Mittelamerika bis Südamerika
Crocosmia x crocosmiiflora	Iridaceae	Montbretie	VII–X	VII–X	gärtnerische Züchtung
Cyrtanthus purpureus	Amaryllidaceae	Vallote	VII–VIII	III–V und VII–IX	Südafrika, Kapprovinz
Dahlia Cultivars	Asteraceae	Dahlie	VII–X	VII–X	gärtnerische Züchtung
Dianthus barbatus	Caryophyllaceae	Bartnelke	V–VII	I–VII	Europa
Dianthus caryophyllus	Caryophyllaceae	Edelnelke	VI–X	I–XII	Südeuropa
Eremurus robustus	Asphodelaceae	Steppenkerze	VI–VIII	V–IX	Turkestan
Euphorbia fulgens	Euphorbiaceae	Korallenrispe	XII–I	VII–I	Mexiko
Eustoma grandiflorum	Gentianaceae	Prärieenzian	V–X	IV–IX	USA
Freesia Cultivars	Iridaceae	Freesie	VI–X	I–VII	Südafrika
Galanthus nivalis	Amaryllidaceae	Schneeglöckchen	II–IV	I–III	Europa
Gerbera jamesonii	Asteraceae	Gerbera	IV–IX	I–XII	Südafrika
Gladiolus Cultivars	Iridaceae	Gladiole	VII–IX	I–XII	gärtnerische Züchtung
Gloriosa superba	Colchicaceae	Ruhmeskrone	VI–VIII	III–XII	tropisches Afrika und Asien
Gomphrena globosa	Amaranthaceae	Kugelamaranth	VII -IX	V–IX	Indien
Helianthus annuus	Asteraceae	Sonnenblume	VII–X	VII–IX	USA
Hippeastrum Cultivars	Amaryllidaceae	Ritterstern, Amaryllis	III–V	X–V	Peru, gärtnerische Züchtung
Iris x hollandica	Iridaceae	Holländische Iris	V–VII	I–XII	gärtnerische Züchtung
Lathyrus odoratus	Fabaceae	Edelwicke, Duftwicke	VI–IX	III–IX	Süditalien
Lilium auratum	Liliaceae	Goldbandlilie	VII–VIII	I–XII	Japan

Botanischer Name	Familienname	Deutscher Name	Blütezeit	Angebotszeit	Herkunft
Lilium candidum	Liliaceae	Madonnenlilie	VI–VIII	V–VII	Südosteuropa
Lilium longiflorum	Liliaceae	Langblütige Lilie	VII–IX	I–XII	Japan
Lilium regale	Liliaceae	Königslilie	VII–VIII	VI–VIII	China
Lilium speciosum	Liliaceae	Prachtlilie	VIII–IX	V–III	China, Japan, Taiwan
Matthiola incana	Brassicaceae	Levkoje	IV–X	I–XII	Südeuropa
Narcissus pseudonarcissus	Amaryllidaceae	Osterglocke	II–IV	XII–IV	Europa
Narcissus tazetta	Amaryllidaceae	Tazette	III–V	I–V	Südeuropa
Nerine bowdenii	Amaryllidaceae	Nerine	IX	I–XII	Südafrika
Ornithogalum arabicum	Hyacinthaceae	Milchstern	V	I–XII	Südeuropa, Nordwestafrika
Ornithogalum thyrsoides	Hyacinthaceae	Milchstern	VI–VIII	I–XII	Südafrika, Kapland
Papaver nudicaule	Papaveraceae	Islandmohn	VI–IX	I–IX	Mongolei
Ranunculus asiaticus	Ranunculaceae	Ranunkel	V–VII	XII–VI	östliches Mittelmeergebiet, Iran, Nordafrika
Rosa Cultivars	Rosaceae	Edelrose	VI–X	I–XII	gärtnerische Züchtung
Rudbeckia hirta	Asteraceae	Rauher Sonnenhut	VII–X	V–X	USA
Sandersonia aurantiaca	Colchicaceae	Laternenlilie	VII	VI–VIII	Südafrika
Scabiosa atropurpurea	Dipsacaceae	Purpurskabiose	VII–X	VI–X	Mittelmeergebiet
Strelitzia reginae	Strelitziaceae	Paradiesvogelblume	I–III	I–XII	Südafrika, Kapland
Viola odorata	Violaceae	Duftveilchen	III–IV	II–IV	Europa, Iran, Kanarische Inseln
Glebionis coronaria var. coronaria	Asteraceae	Kronenmargerite, Kronen-Wucherblume	VI–IX	VII–IX	östlicher Mittelmeerraum, Nordafrika
Glebionis segetum	Asteraceae	Gelbe Margerite, Saat-Wucherblume	VII–X	VII–X	östlicher Mittelmeerraum, Nordwestafrika
Zantedeschia aethiopica	Araceae	Kalla	I–VI	I–XII	Südafrika, Kapland, Natal
Zantedeschia elliottiana	Araceae	Goldene Kalla	VI–VIII	I–XII	Südafrika
Zantedeschia rehmannii	Araceae	Rote Kalla	VIII	I–XII	Südafrika, Natal
Zinnia elegans	Asteraceae	Zinnie	VII–IX	VI–X	Mexiko

6.4 Farne

Botanischer Name	Familienname	Deutscher Name	Bemerkung	Herkunft
Adiantum raddianum	Adiantaceae	Frauenhaarfarn		tropisches Mittel- und Südamerika
Asplenium nidus	Aspleniaceae	Nestfarn		tropisches Asien, Australien, Polynesien
Asplenium scolopendrium	Aspleniaceae	Hirschzunge	Freilandfarn	Europa, Naher Osten, Nordafrika, Nordamerika, Japan
Blechnum spicant	Blechnaceae	Rippenfarn	Freilandfarn	Europa, Naher Osten, Nordafrika, Nordamerika
Dryopteris affinis	Dryopteridaceae	Goldschuppenfarn	Freilandfarn	Europa
Matteuccia struthiopteris	Woodsiaceae	Europäischer Straußfarn	Freilandfarn	Europa, Ostasien, Nordamerika
Nephrolepis exaltata	Nephrolepidaceae	Schwertfarn		Tropen
Osmunda regalis	Osmundaceae	Königsfarn	Freilandfarn	Europa, Nordamerika
Pellaea rotundifolia	Adiantaceae	Klippenfarn		Neuseeland
Phlebodium aureum	Polypodiaceae	Hasenfußfarn		tropisches Südamerika
Platycerium bifurcatum	Polypodiaceae	Gewöhnlicher Geweihfarn		Neuguinea, Australien
Platycerium grande	Polypodiaceae	Großer Geweihfarn		Philippinen
Polystichum falcatum	Dryopteridaceae	Schildfarn		Indien, China, Korea, Japan, Malaysia, Südafrika
Polystichum setiferum	Dryopteridaceae	Borstiger Schildfarn	Freilandfarn	Europa, Iran, Himalaya
Pteris argyrea	Pteridaceae	Saumfarn		Indien, Sri Lanka
Pteris cretica	Pteridaceae	Kretischer Saumfarn		Europa, Iran, Algerien, tropisches Asien, Ostafrika, Hawaii
Pteris ensiformis	Pteridaceae	Schwertblättriger Saumfarn		tropisches Asien, Australien, Polynesien
Rumohra adiantiformis	Dryopteridaceae	Lederfarn		Mittelamerika, Südamerika, Südafrika, Australien, Neuseeland

Bild 1 Farn als Zimmerpflanze

Bild 2 Farn in der Natur

6.5 Sukkulente Pflanzen und Kakteen

Botanischer Name	Familienname	Deutscher Name	Herkunft
Aeonium arboreum	Crassulaceae	Dickblattrosette	Marokko
Agave americana	Agavaceae	Agave	Mexiko
Aloe arborescens	Aloaceae	Strauch-Aloe	Südafrika, Kapland, Natal, Malawi
Astrophytum myriostigma	Cactaceae	Bischofsmütze	Mexiko
Beaucarnea recurvata	Dracaenaceae	Elefantenfuß	Mexiko
Bryophyllum daigremontianum	Crassulaceae	Brutblatt	Madagaskar
Bryophyllum tubiflorum	Crassulaceae	Röhrenblättriges Brutblatt	Madagaskar
Cephalocereus senilis	Cactaceae	Greisenhaupt	Mexiko
Crassula ovata	Crassulaceae	Geldbaum, Jadestrauch	Südafrika, Kapland, Natal
Echeveria derenbergii	Crassulaceae	Echeverie	Mexiko
Echinocactus grusonii	Cactaceae	Goldkugelkaktus, Schwiegermutterstuhl	Mexiko
Euphorbia grandicornis	Euphorbiaceae	Kakteenförmige Wolfsmilch	Kenia, Tansania, Südafrika, Natal
Euphorbia meloformis	Euphorbiaceae	Melonenförm. Wolfsmilch	Südafrika, Kapland
Euphorbia milii	Euphorbiaceae	Christusdorn	Madagaskar
Euphorbia tirucalli	Euphorbiaceae	Latex-Wolfsmilch	Ost- und Südafrika, Madagaskar
Kalanchoe beharensis	Crassulaceae	Kalanchoe	Madagaskar
Kalanchoe blossfeldiana	Crassulaceae	Flammendes Käthchen	Madagaskar
Kalanchoe tomentosa	Crassulaceae	Filzige Kalanchoe	Madagaskar
Lithops olivacea	Aizoaceae	Lebende Steine	Südafrika, Kapland
Mammillaria zeilmanniana	Cactaceae	Warzenkaktus	Mexiko
Opuntia microdasys	Cactaceae	Goldopuntie	Mexiko
Pachypodium lamerei	Apocynaceae	Madagaskarpalme	Madagaskar
Rhipsalidopsis gaertneri	Cactaceae	Osterkaktus	Brasilien
Sansevieria trifasciata	Dracaenaceae	Bogenhanf	Westafrika
Schlumbergera truncata	Cactaceae	Weihnachtskaktus	Brasilien
Sedum morganianum	Crassulaceae	Affenschaukel, Fetthenne	Mexiko
Sedum sieboldii	Crassulaceae	Fetthenne	Japan
Selenicereus grandiflorus	Cactaceae	Königin der Nacht	Mexiko, Honduras, Kuba
Sempervivum tectorum	Crassulaceae	Garten-Hauswurz	Europa

6.6 Orchideen

Botanischer Name	Deutscher Name	Blütezeit	Herkunft
Cattleya labiata	Cattleya	I–XII	Brasilien
Cymbidium Cultivars	Cymbidium	I–VI	gärtnerische Züchtung
Dendrobium bigibbum	Phalaenopsisblütige Dendrobie	I–XII	Neuguinea, Australien
Dendrobium nobile	Dendrobie	II–IV	Himalaya, Westchina, Taiwan
Ludisia discolor	Blutständel	IX–XII	Süd-China, Vietnam
Miltonia Cultivars	Miltonie, Veilchenorchidee	IV–VII	gärtnerische Züchtung
Odontoglossum crispum	Odontoglossum	IX–XII	Kolumbien
Oncidium crispum	Oncidium	II–IV	Brasilien
Oncidium kramerianum	Oncidium	I–XII	Costa Rica, Panama, Ecuador, Peru
Oncidium splendidum	Oncidium	X–XII	Mexiko
Paphiopedilum callosum	Venusschuh	II–III	Kambodscha, Laos, Thailand
Paphiopedilum Cultivars	Venusschuh	I–XII	gärtnerische Züchtung
Paphiopedilum insigne	Venusschuh	XI–III	Indien
Phalaenopsis amabilis	Malayenblume	X–II	Malaysia, Neuseeland, Australien
Phalaenopsis Cultivars	Schmetterlingsorchidee	I–XII	gärtnerische Züchtung
Rossioglossum grande	Tigerorchidee	IX–III	Mexiko, Guatemala
Vanda coerulea	Vanda	IX–XI	Indien, Thailand
Vanda tricolor	Vanda	XI–III	Laos, Java

Bild 1 Orchidee als Zimmerkultur

Bild 2 Orchidee in der Natur

6.7 Zwiebel- und Knollenpflanzen

Botanischer Name	Familienname	Deutscher Name	Blütezeit	Angebotszeit	Bemerkung	Herkunft
Allium aflatunense	Alliaceae	Iran-Lauch	VII–VIII	IV–VIII	Zwiebel	Mittelasien
Allium christophii	Alliaceae	Sternkugel-Lauch	VI–VII	IV–VIII	Zwiebel	Kleinasien
Allium giganteum	Alliaceae	Riesen-Lauch	VII–VIII	IV–VIII	Zwiebel	Himalaya
Allium sphaerocephalon	Alliaceae	Kugel-Lauch	VI–VII	VI–IX	Zwiebel	Europa
Alstroemeria ligtu	Alstroemeriaceae	Inkalilie	VI–VII	I–XII	knoll. Rhizom	Chile
Amaryllis bella-donna	Amaryllidaceae	Belladonnenlilie	VIII–IX	VIII–IX	Zwiebel	Südafrika
Anemone coronaria	Ranunculaceae	Kronen-Anemone	III–V	VIII–V	Sprossknolle	östliches Mittelmeergebiet
Convallaria majalis	Convallariaceae	Maiglöckchen	V	I–XII	Rhizom	Europa
Crocosmia x crocosmiiflora	Iridaceae	Montbretie	VII–IX	VII–IX	Zwiebelknolle	gärtnerische Züchtung
Crocus vernus	Iridaceae	Frühlings-Krokus	II–IV	I–III	Zwiebelknolle	Europa
Cyclamen coum	Primulaceae	Vorfrühlings-Alpenveilchen	II–IV	I–IV	Sprossknolle	Südosteuropa
Dahlia x hortensis	Asteraceae	Dahlie	VIII–X	VIII–X	Wurzelknolle	gärtnerische Züchtung
Eranthis hyemalis	Ranunculaceae	Winterling	II–III	I–III	knoll. Rhizom	Europa
Eremurus robustus	Asphodeliaceae	Steppenkerze	VI–VII	V–IX	Wurzelknolle	Turkestan
Eucharis amazonica	Amaryllidaceae	Eucharis	XII–VII	XII–VIII	Zwiebel	Kolumbien
Freesia Cultivars	Iridaceae	Freesie	II–V	I–XII	Zwiebelknolle	Südafrika
Galanthus nivalis	Amaryllidaceae	Schneeglöckchen	II–III	I–III	Zwiebel	Europa
Gladiolus Cultivars	Iridaceae	Gladiole	VI–IX	I–XII	Zwiebelknolle	Südafrika, gärtnerische Züchtung
Gloriosa superba	Colchicaceae	Ruhmeskrone	VI–VIII	III–XII	Sprossknolle	tropisches Afrika und Asien
Hippeastrum Cultivars	Amaryllidaceae	Ritterstern, Amaryllis	II–VI	X–V	Zwiebel	Peru, gärtnerische Züchtung
Hyacinthus orientalis	Hyacinthaceae	Hyazinthe	IV–V	XII–IV	Zwiebel	östliche Mittelmeerländer

Botanischer Name	Familienname	Deutscher Name	Blütezeit	Angebotszeit	Bemerkung	Herkunft
Iris x hollandica	Iridaceae	Holländische Iris		I–XII	Zwiebel	gärtnerische Züchtung
Ixia Cultivars	Iridaceae	Ixie, Klebschwertel	IV–VII	II–VI	Zwiebel	gärtnerische Züchtung
Leucojum vernum	Amaryllidaceae	Märzenbecher	II–IV	II–IV	Zwiebel	Europa
Lilium auratum	Liliaceae	Goldbandlilie	VII–VIII	I–XII	Zwiebel	Japan
Lilium bulbiferum	Liliaceae	Feuerlilie	V–VII	IV–VIII	Zwiebel	Europa
Lilium candidum	Liliaceae	Madonnenlilie	VI–VII	V–VII	Zwiebel	Südosteuropa
Lilium longiflorum	Liliaceae	Langblütige Lilie	VIII–IX	I–XII	Zwiebel	Japan
Lilium martagon	Liliaceae	Türkenbundlilie	VI–VII	VI–VII	Zwiebel	Europa
Lilium regale	Liliaceae	Königslilie	VII–VIII	VI–VIII	Zwiebel	China
Lilium speciosum	Liliaceae	Prachtlilie	VIII–IX	V–III	Zwiebel	China, Japan, Taiwan
Muscari armeniacum	Hyacinthaceae	Traubenhyazinthe, Perlhyazinthe	III–IV	II–V	Zwiebel	Südosteuropa, Iran
Muscari botryoides	Hyacinthaceae	Straußhyazinthe	IV–V	III–V	Zwiebel	Europa
Narcissus poeticus	Amaryllidaceae	Dichternarzisse	IV–V	IV–VIII	Zwiebel	Europa
Narcissus pseudonarcissus	Amaryllidaceae	Osterglocke	III–IV	I–IV	Zwiebel	Europa
Narcissus tazetta	Amaryllidaceae	Tazette	III–V	I–V	Zwiebel	Südeuropa
Nerine bowdenii	Amaryllidaceae	Nerine	IX	I–XII	Zwiebel	Südafrika
Ornithogalum arabicum	Hyacinthaceae	Arabischer Milchstern	V	I–XII	Zwiebel	Südeuropa, Nordwestafrika
Ornithogalum thyrsoides	Hyacinthaceae	Milchstern, Stern von Bethlehem	VI–VIII	I–XII	Zwiebel	Südafrika, Kapland
Ranunculus asiaticus	Ranunculaceae	Ranunkel	V–VII	XII–VIII	Wurzelknolle	östliches Mittelmeergebiet, Iran, Nordafrika
Scilla siberica	Hyacinthaceae	Blaustern	III–IV	II–IV	Zwiebel	Europa, Russland
Triteleia laxa	Alliaceae	Triteleie	VI	IV–IX	Zwiebel	USA
Tulipa Cultivars	Liliaceae	Tulpe	IV–VII	XII–VIII	Zwiebel	gärtnerische Züchtung

6.8 Zweijährige Pflanzen

Botanischer Name	Familienname	Deutscher Name	Blütezeit	Bemerkung
Alcea rosea	Malvaceae	Stockrose	VI–X	zweijährig bis Staude
Bellis perennis	Asteraceae	Gänseblümchen	II–IX	Staude, bei uns zweijähr. kultiviert
Campanula medium	Campanulaceae	Marienglockenblume	VI–VII	
Dianthus barbatus	Caryophyllaceae	Bartnelke	VI–VIII	zweijährig bis Staude
Digitalis purpurea	Scrophulariaceae	Fingerhut	VI–VII	giftig
Dipsacus sativus	Dipsacaceae	Kardendistel	VII–VIII	trockener Fruchtstand
Eryngium giganteum	Apiaceae	Elfenbeindistel	VII–VIII	
Erysimum cheiri	Brassicaceae	Goldlack	V–VII	Halbstrauch-Staude, bei uns zweijähr. kultiviert
Eustoma grandiflorum	Gentianaceae	Prärieenzian	VII–VIII	
Heracleum mantegazzianum	Apiaceae	Herkulesstaude	VII	Verbrennung bei Berührung, besonders gefährlich bei Sonnenschein
Limonium sinuatum	Plumbaginaceae	Statice, Strauchflieder	VII–IX	
Lunaria annua	Brassicaceae	Silbertaler	IV–VI	trockener Fruchtstand
Myosotis sylvatica	Boraginaceae	Vergissmeinnicht	V–VII	
Onopordum acanthium	Asteraceae	Eselsdistel	VII–IX	weiße Behaarung
Verbascum bombyciferum	Scrophulariaceae	Seidenhaar-Königskerze	VII–VIII	weiße Behaarung
Verbascum olympicum	Scrophulariaceae	Kandelaber-Königskerze	VI–VIII	
Verbascum phoeniceum	Scrophulariaceae	Purpur-Königskerze	VII–VIII	
Viola x wittrockiana	Violaceae	Stiefmütterchen	IV–VI	

Bild 1 Stiefmütterchen

Bild 2 Gänseblümchen

6.9 Stauden für den Schnitt

Botanischer Name	Familienname	Deutscher Name	Blütezeit	Bemerkung	Herkunft
Achillea filipendulina	Asteraceae	Schafgarbe, Goldgarbe	VII–IX		Kleinasien, Kaukasus, Iran, Afghanistan
Aconitum carmichaelii	Ranunculaceae	Eisenhut	VIII–IX	giftig	gärtnerische Züchtung
Aconitum napellus	Ranunculaceae	Eisenhut	VI–VIII	giftig	Europa
Alchemilla mollis	Rosaceae	Frauenmantel	VI	Verwendung als Beiwerk	Osteuropa, Kaukasus, Iran
Aquilegia vulgaris	Ranunculaceae	Akelei	V–VI		Europa
Aruncus dioicus	Rosaceae	Waldgeißbart	VI–VII		Europa
Aster amellus	Asteraceae	Bergaster	VII–IX		Europa
Aster novi-belgii	Asteraceae	Glattblattaster	IX–X		Nordamerika
Astilbe x arendsii	Saxifragaceae	Astilbe	VII–IX		gärtnerische Züchtung
Astrantia major	Apiaceae	Sterndolde	VI–VIII		Europa
Campanula glomerata	Campanulaceae	Knäuelglocken-blume	VI–VIII		Europa
Campanula persicifolia	Campanulaceae	Pfirsichblütige Glockenblume	VI–VIII		Europa
Centaurea dealbata	Asteraceae	Flockenblume	VI–VII		Kaukasus
Centaurea macrocephala	Asteraceae	Riesenflocken-blume	VII–VIII		Kaukasus
Convallaria majalis	Convallariaceae	Maiglöckchen	V	giftig	Europa
Coreopsis grandiflora	Asteraceae	Mädchenauge	VI–VIII		USA
Delphinium elatum	Ranunculaceae	Rittersporn	VI–IX	giftig	gärtnerische Züchtung
Dicentra spectabilis	Fumariaceae	Tränendes Herz	V		China, Korea
Doronicum orientale	Asteraceae	Gämswurz	IV–V		Europa
Echinacea purpurea	Asteraceae	Purpursonnenhut	VII–IX		USA
Echinops ritro	Asteraceae	Kugeldistel	VII–IX		Europa
Erigeron Cultivars	Asteraceae	Feinstrahlaster	VI–VIII		gärtnerische Züchtung
Gaillardia x grandiflora	Asteraceae	Kokardenblume	VI–IX		gärtnerische Züchtung
Gypsophila paniculata	Caryophyllaceae	Schleierkraut	VI–VIII		Europa
Helenium Cultivars	Asteraceae	Sonnenbraut	VII–IX		gärtnerische Züchtung
Helianthus atrorubens	Asteraceae	Stauden-sonnenblume	VII–X		USA
Heliopsis helianthoides	Asteraceae	Sonnenauge	VI–IX		Nordamerika

Botanischer Name	Familienname	Deutscher Name	Blütezeit	Bemerkung	Herkunft
Helleborus niger	Ranunculaceae	Christrose	XII–III	giftig	Europa
Kniphofia Cultivars	Asphodelaceae	Fackellilie	VIII–IX		gärtnerische Züchtung
Leucanthemum x superbum	Asteraceae	Sommer-margerite	VI–VII		gärtnerische Züchtung
Liatris spicata	Asteraceae	Prachtscharte	VII–IX		USA
Limonium latifolium	Plumbaginaceae	Breitblättriger Steppenschleier	VII–VII		Europa
Paeonia lactiflora	Paeoniaceae	Edelpfingstrose	VI		China, Tibet, Korea
Papaver nudicaule	Papaveraceae	Islandmohn	VI–IX		Mongolei
Papaver orientale	Papaveraceae	Türkischer Mohn	V–VI		Kleinasien, Kaukasus, Iran
Physalis alkekengi	Solanaceae	Lampionblume	V–VIII		Europa, China, Japan
Physostegia virginiana	Lamiaceae	Gelenkblume	VII–IX		Nordamerika
Primula elatior	Primulaceae	Hohe Schlüssel-blume	III–V		Europa
Rudbeckia fulgida	Asteraceae	Sonnenhut	VIII–X		USA
Scabiosa caucasica	Dipsacaceae	Skabiose	VII–IX		Europa
Sedum telephium	Crassulaceae	Herbstfreude	IX–X		Europa
Solidago Cultivars	Asteraceae	Goldrute	VII–X		gärtnerische Züchtung
x Solidaster luteus	Asteraceae	Goldrutenaster	VII–IX	Gattungs-kreuzung	gärtnerische Züchtung
Stachys byzantina	Lamiaceae	Wollziest	VII–IX	weiß behaarte Blätter	Krim, Kaukasus, Iran
Tanacetum coccineum	Asteraceae	Bunte Margerite	V–VI		Kaukasus, Iran
Trollius Cultivars	Ranunculaceae	Trollblume	V–VI		gärtnerische Züchtung
Viola odorata	Violaceae	Veilchen	III–IV		Europa

Bild 1 Sonnenhut

Bild 2 Türkischer Mohn

6.10 Gräser für die Binderei

Botanischer Name	Familienname	Deutscher Name	Blütezeit	Wuchshöhe
Arundo donax	Poaceae	Pfahlrohr	VII–VIII	500 cm
Avena sativa	Poaceae	Saathafer	VII	60–120 cm
Bouteloua gracilis	Poaceae	Moskitogras	VII–IX	30 cm
Briza maxima	Poaceae	Größtes Zittergras	V–VI	50 cm
Briza media	Poaceae	Mittleres Zittergras	V–VI	30–40 cm
Carex grayi	Cyperaceae	Morgensternsegge	VII	50 cm
Carex pendula	Cyperaceae	Hängende Segge	VI	80–100 cm
Chasmanthium latifolium	Poaceae	Plattährengras	VIII–X	80–120 cm
Cortaderia selloana	Poaceae	Pampasgras	IX–X	200–300 cm
Cyperus papyrus	Cyperaceae	Papyrus	VI–X	200–300 cm
Cyperus alternifolius subsp. flabelliformis	Cyperaceae	Zypergras	I–XII	120 cm
Fargesia murieliae	Poaceae	Schirmbambus	selten	300–400 cm
Festuca cinerea	Poaceae	Blauschwingel	VI–VII	20–40 cm
Helictotrichon sempervirens	Poaceae	Blaustrahlhafer	V–VI	80–110 cm
Hordeum jubatum	Poaceae	Mähnengerste	VI–VIII	50–60 cm
Hystrix patula	Poaceae	Flaschenbürstengras	VI–VIII	60 cm
Juncus effusus	Juncaceae	Flatterbinse	VII–VIII	40 cm
Lagurus ovatus	Poaceae	Hasenschwanz	VI–VIII	40–60 cm
Luzula nivea	Juncaceae	Schneemarbel	VI–VII	40 cm
Luzula sylvatica	Juncaceae	Hainsimse	V–VI	30–40 cm
Miscanthus sinensis	Poaceae	Chinaschilf	IX–X	150–250 cm
Molinia caerulea	Poaceae	Blaues Pfeifengras	VII–IX	80–140 cm
Panicum virgatum	Poaceae	Rutenhirse	VII–IX	80–100 cm
Pennisetum alopecuroides	Poaceae	Lampenputzergras	VIII–IX	60–80 cm
Pennisetum villosum	Poaceae	Lampenputzergras	VIII–IX	50–80 cm
Phalaris arundinacea	Poaceae	Rohrglanzgras	VI–VII	100–150 cm
Secale cereale	Poaceae	Roggen	VI–VII	50–150 cm
Stipa pennata	Poaceae	Federgras	V–VI	80–100 cm
Triticum aestivum	Poaceae	Weizen	VII–VIII	60–100 cm

6.11 Sumpf- und Wasserpflanzen

Botanischer Name	Familienname	Deutscher Name	Blütezeit	Standort/ Wassertiefe	Heimat
Acorus calamus	Acoraceae	Kalmus	VI–VII	Sumpf, bis 30 cm	Süd- und Ostasien
Alisma plantago-aquatica	Alismataceae	Froschlöffel	VII–VIII	Sumpf, bis 40 cm	Europa
Butomus umbellatus	Butomaceae	Blumenbinse	VI–VIII	Sumpf, bis 50 cm	Europa, Asien
Calla palustris	Araceae	Sumpfkalla	V–VI	Sumpf, bis 20 cm	Europa
Caltha palustris	Ranunculaceae	Sumpf-dotterblume	IV–V	Sumpf, 0 bis 10 cm	Europa
Carex elata	Cyperaceae	Steife Segge	IV–V	Sumpf, bis 30 cm	Europa
Carex grayi	Cyperaceae	Morgenstern-segge	VI	Sumpf	Kanada, USA
Carex nigra	Cyperaceae	Braune Segge	IV–VI	Sumpf	Europa, Westsibirien
Eichornia crassipes	Pontederiaceae	Wasserhyazinthe	VI–IX	Schwimmpflanze, Warmwasser	Brasilien
Eleocharis palustris	Cyperaceae	Sumpfsimse	V–VIII	Sumpf, bis 20 cm	Europa, Asien
Equisetum hyemale	Equisetaceae	Winter-schachtelhalm	VI–VIII Spor-angien	wechselfeucht	Europa, Asien
Eriophorum angustifolium	Cyperaceae	Schmalblättriges Wollgras	IV–V	Sumpf	Europa, Asien, Nordamerika
Hottonia palustris	Primulaceae	Wasserfeder	V–VI	Wasser, 20 cm	Europa
Iris pseudacorus	Iridaceae	Sumpfiris	V–VI	Sumpf, bis 20 cm	Europa, Asien
Juncus effusus	Juncaceae	Flatterbinse	VI–VIII	Sumpf, bis 10 cm	Europa
Lemna minor	Lemnaceae	Kleine Wasserlinse	V–IX selten	Schwimmpflanze	Europa, Sibirien, Kaukasus
Lysichiton americanus	Araceae	Scheinkalla	IV–V	Sumpf	Nordamerika
Lysimachia thyrsiflora	Primulaceae	Straußfelberich	V–VIII	Sumpf, bis 10 cm	Europa, Asien
Menyanthes trifoliata	Menyantha-ceae	Fieberklee	V–VI	Sumpf, bis 20 cm	Europa, Asien, Nordamerika
Myosotis palustris	Boraginaceae	Sumpfvergiss-meinnicht	V–VIII	Sumpf, bis 10 cm	Europa, Asien
Nelumbo nucifera	Nelumbonaceae	Lotusblume	VI–IX	Warmwasser, 10 cm	Asien
Nuphar lutea	Nymphaeaceae	Teichrose	VI–IX	Wasser, 80 bis 150 cm	Europa, Asien
Nymphaea alba	Nymphaeaceae	Seerose	VI–VIII	Wasser, 80 bis 200 cm	Europa, Kaukasus, Türkei
Orontium aquaticum	Araceae	Goldkeule	V–VI	Wasser, 10 bis 40 cm	USA

Botanischer Name	Familienname	Deutscher Name	Blütezeit	Standort/ Wassertiefe	Heimat
Persicaria amphibia	Polygonaceae	Wasser-knöterich	VI–IX	Wasser, 0 bis 50 cm	Europa, Türkei, Syrien, Sibirien, Nordafrika
Pistia stratiotes	Araceae	Wassersalat	VII–X	Schwimmpflanze, Warmwasser	Subtropen, Tropen
Pontederia cordata	Pontederiaceae	Hechtkraut	VI–X	Wasser, 10 bis 50 cm	Nordamerika
Ranunculus aquatilis	Ranunculaceae	Wasser-hahnenfuß	V–VIII	Wasser, 50 bis 100 cm	Europa, Kaukasus, Nordafrika
Sagittaria sagittifolia	Alismataceae	Pfeilkraut	VI–VIII	Wasser, 10 bis 40 cm	Europa, Sibirien
Schoenoplectus tabernaemontani	Cyperaceae	Zebrabinse	VI–VII	Sumpf, bis 50 cm	Europa, Sibirien, Nordamerika
Sparganium erectum	Sparganiaceae	Igelkolben	VI–VIII	Sumpf, bis 30 cm	Europa, Türkei, Sibirien, Nordafrika
Typha minima	Typhaceae	Kleiner Rohrkolben	V–IX	Schlamm, bis 10 cm	Europa, Zentralasien, Afghanistan und Pakistan

6.12 Kräuter

Botanischer Name	Familienname	Deutscher Name	Blütezeit	Heimat
Allium ursinum	Alliaceae	Bärlauch	V	Europa, Kaukasus
Anethum graveolens	Apiaceae	Dill	VI–X	Südwestasien, Nordafrika
Anthriscus cerefolium	Apiaceae	Gartenkerbel	V–VIII	Kulturpflanze
Artemisia vulgaris	Asteraceae	Beifuß	VIII–XI	Europa, Asien, Nordamerika
Borago officinalis	Boraginaceae	Borretsch, Gurkenkraut	VI–VII	Europa
Foeniculum vulgare	Apiaceae	Fenchel	VII–VIII	Südeuropa, Türkei, Kaukasus
Hyssopus officinalis	Lamiaceae	Ysop	VIII–XI	Türkei, Nordafrika
Lavandula angustifolia	Lamiaceae	Lavendel	VII–VIII	Südeuropa
Melissa officinalis	Lamiaceae	Zitronenmelisse	VII–VIII	Südeuropa, Türkei, Kaukasus
Ocimum basilicum	Lamiaceae	Basilikum	VI–VIII	Tropen und Subtropen
Origanum vulgare	Lamiaceae	Oregano, Wilder Majoran	VII–IX	Südosteuropa, Iran
Rosmarinus officinalis	Lamiaceae	Rosmarin	V–VI	Südeuropa, Türkei, Nordafrika
Salvia officinalis	Lamiaceae	Echter Salbei	V–VIII	Balkan
Thymus vulgaris	Lamiaceae	Echter Thymian	VI–IX	Südeuropa, Nordafrika

6.13 Sommerblumen und Balkonpflanzen

Botanischer Name	Familienname	Deutscher Name	Blütezeit	Heimat
Ageratum houstonianum	Asteraceae	Leberbalsam	V–X	Mittelamerika
Amaranthus caudatus	Amaranthaceae	Gartenfuchsschwanz	VII–IX	Südamerika
Antirrhinum majus	Scrophulariaceae	Löwenmäulchen	VI–IX	westl. Mittelmeerraum
Argyranthemum frutescens	Asteraceae	Strauchmargerite	I–XII	Kanarische Inseln
Bassia scoparia	Chenopodiaceae	Sommerzypresse	VI–VIII unscheinbar	Südrussland, Sibirien, Ostasien
Begonia cucullata var. hookeri	Begoniaceae	Immerblühende Begonie	V–X	gärtnerische Züchtung
Begonia Cultivars Tuberhybrida-Grp.	Begoniaceae	Knollenbegonie	V–X	gärtnerische Züchtung
Brachyscome iberidifolia	Asteraceae	Blaues Gänseblümchen	VI–IX	Australien
Calceolaria integrifolia	Scrophulariaceae	Pantoffelblume	V–IX	Chile
Calendula officinalis	Asteraceae	Ringelblume	VI–X	Südeuropa
Callistephus chinensis	Asteraceae	Sommeraster	VII–X	China
Canna indica	Cannaceae	Indisches Blumenrohr	VII–IX	Mittelamerika, Karibik
Celosia argentea var. cristata	Amaranthaceae	Hahnenkamm	VII–IX	tropisches Afrika
Centaurea cyanus	Asteraceae	Kornblume	VI–X	Europa
Cleome spinosa	Capparaceae	Spinnenblume	VII–X	Südamerika
Cobaea scandens	Cobaeaceae	Glockenrebe	VII–X	Mexiko
Craspedia globosa	Asteraceae	Trommelstock	VI–VIII	Australien
Dianthus chinensis	Caryophyllaceae	Hedwigsnelke	VII–IX	China
Dorotheanthus bellidiformis	Aizoaceae	Mittagsblume	VII–IX	Südafrika
Felicia amelloides	Asteraceae	Kapaster	I–XII	Südafrika
Fuchsia Cultivars	Onagraceae	Fuchsie	V–X	Mexiko bis Südamerika
Gazania Cultivars	Asteraceae	Gazanie	V–IX	Südafrika
Heliotropium arborescens	Boraginaceae	Heliotrop, Vanilleblume	V–IX	Peru
Impatiens walleriana	Balsaminaceae	Fleißiges Lieschen	I–XII	Ostafrika
Impatiens Cultivars Neuguinea-Grp.	Balsaminaceae	Fleißiges Lieschen	I–XII	gärtnerische Züchtung
Lantana camara	Verbenaceae	Wandelröschen	VI–IX	Mexiko bis Südamerika
Lobelia erinus	Campanulaceae	Männertreu	V–X	Südafrika
Mimulus x hybridus	Scrophulariaceae	Gauklerblume	VI–X	gärtnerische Züchtung
Nemesia strumosa	Scrophulariaceae	Nemesie	VI–IX	Südafrika

Botanischer Name	Familienname	Deutscher Name	Blütezeit	Heimat
Pelargonium peltatum	Geraniaceae	Efeupelargonie	V–X	Südafrika
Pelargonium zonale	Geraniaceae	Zonalpelargonie	V–X	Südafrika
Petunia x atkinsiana	Solanaceae	Petunie	VI–X	gärtnerische Züchtung
Phlox drummondii	Polemoniaceae	Flammenblume	VII–IX	Südstaaten der USA
Plectranthus scutellarioides	Lamiaceae	Buntnessel	I–XII	Philippinen
Salpiglossis sinuata	Solanaceae	Trompetenzunge	VI–VIII	Chile
Salvia farinacea	Lamiaceae	Mehlsalbei	V–X	Südstaaten der USA
Salvia splendens	Lamiaceae	Feuersalbei	V–IX	Brasilien
Sanvitalia procumbens	Asteraceae	Husarenknopf	VII–X	Mittelamerika
Senecio cineraria	Asteraceae	Silber-Greiskraut	V–IX	Mittelmeerraum
Sutera polyantha	Scrophulariaceae	Schneeflocke, Bacopa	VI–IX	Südafrika
Tagetes erecta	Asteraceae	Studentenblume	VII–IX	Mexiko
Tagetes patula	Asteraceae	Studentenblume	VII–X	Mittelamerika
Tagetes tenuifolia	Asteraceae	Studentenblume	VII–X	Mexiko
Thunbergia alata	Acanthaceae	Schwarzäugige Susanne	V–X	Ostafrika
Tropaeolum majus	Tropaeolaceae	Kapuzinerkresse	VII–X	Ecuador, Peru
Verbena Cultivars	Verbenaceae	Eisenkraut	VII–X	gärtnerische Züchtung

Bild 1 Balkonkasten mit Sommerblumen

6.14 Kübelpflanzen

Botanischer Name	Familienname	Deutscher Name	Blütezeit	Heimat
Agapanthus praecox	Alliaceae	Schmucklilie	VII–VIII	Südafrika
Agave americana	Agavaceae	Agave	VI–IX selten	Mexiko
Argyranthemum frutescens	Asteraceae	Strauchmargerite	I–XII	Kanarische Inseln
Bougainvillea glabra	Nyctaginaceae	Bougainvillee	IV–VI	Brasilien
Brugmansia suaveolens	Solanaceae	Engelstrompete	VII–X	Brasilien
Callistemon citrinus	Myrtaceae	Zylinderputzer	VI–VII	Australien
Camellia sasanqua	Theaceae	Sasquana-Kamelie	XI–III	Vietnam, China
Cestrum elegans var. elegans	Solanaceae	Hammerstrauch	IV-IX	Mexiko
Chamaerops humilis	Arecaceae	Zwergpalme	IV–VI	westliche Mittelmeerländer
Chamelaucium uncinatum	Myrtaceae	„Waxflower"	III–V	West-Australien
Citrus limon	Rutaceae	Zitrone	I–XII	Südostasien, Südchina
Cuphea ignea	Lythraceae	Zigarettenblümchen	V–IX	Mexiko
Cycas revoluta	Cycadaceae	Palmfarn	selten	Südostasien, Japan
Ensete ventricosum	Musaceae	Zierbanane	V–VIII spät	Afrika
Erythrina crista-galli	Fabaceae	Korallenstrauch	VII–IX	Südamerika
Fremantodendron californicum	Sterculiaceae	Flanellstrauch	IV–VI	Kalifornien
Fuchsia Cultivars	Onagraceae	Fuchsie	V–X	Mexiko bis Südamerika
Hibiscus rosa-sinensis	Malvaceae	Roseneibisch	III–X	tropisches Asien
Hydrangea macrophylla	Hydrangeaceae	Garten-Hortensie	VI–VII	Japan, Korea
Lantana camara	Verbenaceae	Wandelröschen	VI–IX	Mexiko bis Südamerika
Laurus nobilis	Lauraceae	Lorbeerbaum	IV–V	Mittelmeerländer
Lycianthes rantonnetii	Solanaceae	Blauer Kartoffelbaum	VII–X	Argentinien, Paraguay
Myrtus communis	Myrtaceae	Brautmyrte	VI–X	Mittelmeerländer
Nerium oleander	Apocynaceae	Oleander	VI–IX	Mittelmeerländer
Olea europaea	Oleaceae	Olivenbaum	IV–VI	Kulturform
Phoenix canariensis	Arecaceae	Kanarische Dattelpalme	II–VI	Kanarische Inseln
Plumbago auriculata	Plumbaginaceae	Bleiwurz	VI–IX	Südafrika
Punica granatum	Punicaceae	Granatapfel	VI–VIII	Türkei, Südwestasien
Senna didymobotrya	Caesalpiniaceae	Gewürzrinde, Kassie	V–IX	tropisches Afrika
Tibouchina urvilleana	Melastomataceae	Tibouchine	V–VIII	Brasilien

6.15 Nadelgehölze

Botanischer Name	Familienname	Deutscher Name	Heimat
Abies alba	Pinaceae	Weißtanne	Europa
Abies concolor	Pinaceae	Coloradotanne	USA, Rocky Mountains
Abies nordmanniana	Pinaceae	Nordmannstanne	Kaukasus, Türkei
Abies procera 'Glauca'	Pinaceae	Echte Blautanne, Nobilis	USA, Kalifornien, Oregon
Cedrus atlantica 'Glauca'	Pinaceae	Atlaszeder	Marokko, Algerien Atlasgebirge
Cedrus deodara	Pinaceae	Himalayazeder	West-Himalaya
Chamaecyparis lawsoniana	Cupressaceae	Lawsons Scheinzypresse	USA, nördliche Pazifikküste
Chamaecyparis obtusa 'Nana Gracilis'	Cupressaceae	Muschelzypresse	Naturform Japan, Taiwan, gärtnerische Züchtung
Chamaecyparis pisifera 'Plumosa'	Cupressaceae	keiner	Naturform Japan, gärtnerische Züchtung
Chamaecyparis pisifera 'Plumosa Aurea'	Cupressaceae	keiner	Naturform Japan, gärtnerische Züchtung
Chamaecyparis pisifera 'Squarrosa'	Cupressaceae	keiner	Naturform Japan, gärtnerische Züchtung
Cupressus sempervirens	Cupressaceae	Echte Zypresse	Mittelmeerländer, Krim, Nordiran
Juniperus chinensis 'Blaauw'	Cupressaceae	Graublauer Chinawacholder	Naturform China, Mongolei, Japan, gärtnerische Züchtung
Juniperus chinensis 'Plumosa Aurea'	Cupressaceae	Goldgelber Chinawacholder	Naturform China, Mongolei, Japan, gärtnerische Züchtung
Juniperus communis	Cupressaceae	Gemeiner Wacholder	Nördliche Halbkugel
Juniperus horizontalis 'Glauca'	Cupressaceae	Blauer Kriechwacholder	Alaska, Kanada, nördliche USA
Juniperus squamata 'Meyeri'	Cupressaceae	Blauzedernwacholder	China, gärtnerische Züchtung
Larix decidua	Pinaceae	Europäische Lärche	Europa
Larix kaempferi	Pinaceae	Japanische Lärche	Japan
Metasequoia glyptostroboides	Taxodiaceae	Urweltmammutbaum	China, gärtnerische Züchtung
Picea abies	Pinaceae	Rot-Fichte	Europa
Picea glauca 'Conica'	Pinaceae	Zuckerhutfichte	Alaska, Kanada, nördliche USA
Picea omorika	Pinaceae	Serbische Fichte	Bosnien, Serbien
Picea pungens 'Glauca'	Pinaceae	Blaufichte	USA, Rocky Mountains
Pinus cembra	Pinaceae	Zirbelkiefer, Arve	Mitteleuropa, Alpen
Pinus mugo	Pinaceae	Latsche, Bergkiefer	Europa

Botanischer Name	Familienname	Deutscher Name	Heimat
Pinus nigra	Pinaceae	Schwarzkiefer	Europa
Pinus parviflora 'Glauca'	Pinaceae	Blaue Mädchenkiefer	Japan
Pinus strobus	Pinaceae	Weymouthskiefer	Kanada
Pinus sylvestris	Pinaceae	Waldkiefer, Föhre	Europa, Sibirien
Pseudotsuga menziesii	Pinaceae	Douglasie	Kanada, USA
Sequoiadendron giganteum	Taxodiaceae	Mammutbaum	Kalifornien
Taxodium distichum	Taxodiaceae	Sumpfzypresse	USA
Taxus baccata	Taxaceae	Gewöhnliche Eibe	Europa
Taxus baccata 'Fastigiata'	Taxaceae	Säuleneibe	gärtnerische Züchtung
Thuja occidentalis	Cupressaceae	Abendländischer Lebensbaum	Kanada, USA
Tsuga canadensis	Pinaceae	Hemlocktanne	Kanada

6.16 Ziergehölze mit Blütenschmuck

Botanischer Name	Familienname	Deutscher Name	Blütezeit	Heimat
Amelanchier lamarckii	Rosaceae	Kupfer-Felsenbirne	IV–V	Kanada
Buddleja davidii	Buddlejaceae	Sommerflieder, Schmetterlingsstrauch	VII–X	China
Calluna vulgaris	Ericaceae	Besenheide	VII–X	Europa
Chaenomeles x superba	Rosaceae	Waldrebe	III–IV	gärtnerische Züchtung
Clematis x jackmannii	Ranunculaceae	Clematis	VII–X	gärtnerische Züchtung
Clematis montana	Ranunculaceae	Berg-Waldrebe	V–VI	Himalaya, China
Cornus kousa	Cornaceae	Blumen-Hartriegel	VII–X	China
Cornus mas	Cornaceae	Kornelkirsche	III–IV	Europa
Corylopsis pauciflora	Hamamelidaceae	Scheinhasel	III–IV	Japan, Taiwan
Corylus avellana	Betulaceae	Haselnuss	II–IV	Europa
Cotinus coggygria	Anacardiaceae	Perückenstrauch	VI–VII	Europa
Cytisus x praecox	Fabaceae	Elfenbein-Ginster	IV–V	gärtnerische Züchtung
Cytisus scoparius	Fabaceae	Besen-Ginster	V–VI	Europa
Erica carnea	Ericaceae	Schneeheide, Winterheide	II–IV	Europa
Forsythia x intermedia	Oleaceae	Forsythie, Goldglöckchen	III–V	gärtnerische Züchtung
Hamamelis japonica	Hamamelidaceae	Zaubernuss	I–IV	Japan
Hamamelis mollis	Hamamelidaceae	Zaubernuss	I–III	China

Botanischer Name	Familienname	Deutscher Name	Blütezeit	Heimat
Hydrangea paniculata	Hydrangeaceae	Rispen-Hortensie	VII–VIII	Japan, Südostchina
Kerria japonica	Rosaceae	Ranunkelstrauch	V	China
Kolkwitzia amabilis	Caprifoliaceae	Kolkwitzie	V–VI	China
Laburnum x watereri	Fabaceae	Goldregen	V–VI	gärtnerische Züchtung
Magnolia stellata	Magnoliaceae	Stern-Magnolie	III–IV	Japan
Malus Cultivars	Rosaceae	Zierapfel	IV–V	gärtnerische Züchtung
Philadelphus coronarius	Hydrangeaceae	Falscher Jasmin	V–VI	Europa
Prunus cerasifera 'Nigra'	Rosaceae	Blutpflaume	III–IV	Europa
Prunus serrulata	Rosaceae	Japanische Blüten-Kirsche	IV–V	China, Korea, Japan
Prunus triloba	Rosaceae	Mandelbäumchen	III–IV	China
Rhododendron catawbiense	Ericaceae	Rhododendron	V–VI	USA
Rhododendron luteum	Ericaceae	Pontische Azalee	V	Europa
Rhododendron ponticum	Ericaceae	Pontische Azalee	V–VI	Europa
Salix caprea	Salicaceae	Sal-Weide	III–IV	Europa, Sibirien, Iran, China, Korea
Spiraea x arguta	Rosaceae	Braut-Spierstrauch	IV–V	gärtnerische Züchtung
Spiraea japonica	Rosaceae	Japanischer Spierstrauch	VII–VIII	China, Japan
Syringa vulgaris	Oleaceae	Flieder	IV–V	Europa
Viburnum opulus 'Sterile'	Caprifoliaceae	Gefüllter Schneeball	V–VI	Europa
Weigela Cultivars	Caprifoliaceae	Weigelie	V–VII	gärtnerische Züchtung
Wisteria sinensis	Fabaceae	Blauregen	IV–V	China

Bild 1 Blauregen

Bild 2 Japanische Blütenkirsche

6.17 Gehölze mit Fruchtschmuck

Botanischer Name	Familienname	Deutscher Name	Herkunft	Farbe der Frucht
Alnus glutinosa	Betulaceae	Schwarzerle	Europa bis Sibirien	dunkelbraun
Berberis thunbergii	Berberidaceae	Berberitze	Japan	rot
Berberis wilsoniae var. subcaulialata	Berberidaceae	Wilsons Berberitze	Westchina	gelbrot
Callicarpa bodinieri	Verbenaceae	Liebesperlenstrauch	China	violett
Celastrus orbiculatus	Celastraceae	Baumwürger	China, Japan	gelb-orange
Chaenomeles japonica	Rosaceae	Zierquitte	Japan	gelb
Clematis vitalba	Ranunculaceae	Waldrebe	Europa	silbergrau
Cotoneaster horizontalis	Rosaceae	Zwergmispel	China	hellrot
Cotoneaster salicifolius	Rosaceae	Weidenblättrige Zwergmispel	China	hellrot
Cotoneaster x watereri	Rosaceae	Strauchmispel	gärtnerische Züchtung	hellrot
Crataegus monogyna	Rosaceae	Weißdorn	Europa, Türkei, Kaukasus	rot
Euonymus europaeus	Celastraceae	Pfaffenhütchen	Europa	rot-orange
Gaultheria mucronata	Ericaceae	Torfmyrte	Südchile	weiß, rot-violett
Hedera helix	Araliaceae	Efeu	Europa	schwarz
Hippophae rhamnoides	Elaeagnaceae	Sanddorn	Europa, Türkei, Sibirien	orange
Ilex aquifolium	Aquifoliaceae	Stechpalme	Europa	rot
Ilex verticillata	Aquifoliaceae	Amerikanische Winterbeere	Nordamerika	rot
Ligustrum vulgare	Oleaceae	Liguster	Europa, Türkei, Kaukasus	schwarz
Mahonia aquifolium	Berberidaceae	Mahonie	Nordwest-USA und westliches Kanada	blau
Malus Cultivars	Rosaceae	Zierapfel	gärtnerische Züchtung	gelb, rot, orange
Physocarpus opulifolius	Rosaceae	Blasenspiere	USA	grün
Prunus spinosa	Rosaceae	Schlehdorn	Europa, Westsibirien	blau-schwarz
Pyracantha coccinea	Rosaceae	Feuerdorn	Europa, nördlicher Mittelmeerraum	gelb-orange
Rosa canina	Rosaceae	Hundsrose	Europa	orange-rot
Rosa multiflora	Rosaceae	Vielblütige Rose	Japan, Korea	orange-rot
Rosa rugosa	Rosaceae	Apfelrose	Ostasien	orange-rot
Rubus fruticosus	Rosaceae	Brombeere	Europa	grün, rot, schwarz
Sambucus nigra	Caprifoliaceae	Schwarzer Holunder	Europa	schwarz
Sambucus racemosa	Caprifoliaceae	Traubenholunder	Europa	rot

Botanischer Name	Familienname	Deutscher Name	Herkunft	Farbe der Frucht
Sorbus aucuparia	Rosaceae	Vogelbeere	Europa, Westsibirien	orange
Symphoricarpos albus	Caprifoliaceae	Schneebeere	USA	weiß
Symphoricarpos orbiculatus	Caprifoliaceae	Korallenbeere	USA	rosa-lila
Viburnum lantana	Caprifoliaceae	Wolliger Schneeball	Europa	grün-rot, schwarz
Viburnum opulus	Caprifoliaceae	Schneeball	Europa	rot
Viscum album	Viscaceae	Mistel	Europa, China	weiß

6.18 Immergrüne Gehölze

Botanischer Name	Familienname	Deutscher Name	Heimat
Berberis buxifolia	Berberidaceae	Buchsblättrige Berberitze	Chile
Berberis gagnepainii	Berberidaceae	Gagnepains Berberitze	China
Buxus microphylla	Buxaceae	Kleinblättriger Buchsbaum	Japan
Buxus sempervirens	Buxaceae	Gewöhnlicher Buchsbaum	Europa
Elaeagnus pungens	Elaeagnaceae	Ölweide	China, Japan
Euonymus fortunei	Celastraceae	Kletternder Spindelstrauch	China
Gaultheria shallon	Ericaceae	Hohe Scheinbeere	Alaska, Kanada, USA
Hebe speciosa	Scrophulariaceae	Strauchveronica	Neuseeland
Hedera helix	Araliaceae	Efeu	Europa
Ilex aquifolium	Aquifoliaceae	Stechpalme	Europa
Kalmia angustifolia	Ericaceae	Schmalblättrige Lorbeerrose	Kanada, USA
Lonicera pileata	Caprifoliaceae	Immergrüne Kriech-Heckenkirsche	China
Mahonia aquifolium	Berberidaceae	Mahonie	Westkanada, USA
Pachysandra terminalis	Buxaceae	Ysander, Dickmännchen	China, Japan
Pieris floribunda	Ericaceae	Vielblättrige Lavendelheide	USA
Pieris japonica	Ericaceae	Japanische Lavendelheide	Japan
Prunus laurocerasus	Rosaceae	Kirschlorbeer	Europa
Rhododendron catawbiense	Ericaceae	Catawba-Rhododendron	USA
Skimmia japonica	Rutaceae	Japanische Skimmie	Japan, Taiwan
Viburnum rhytidophyllum	Caprifoliaceae	Runzelblättriger Schneeball	China
Viburnum x burkwoodii	Caprifoliaceae	Burkwoods Schneeball	gärtnerische Züchtung

6.19 Pflanzen mit skurrilem Wuchs

Botanischer Name	Familienname	Deutscher Name	Heimat
Alnus glutinosa	Betulaceae	Schwarzerle	Europa
Corokia cotoneaster	Escalloniaceae	Zickzackstrauch	Neuseeland
Corylus avellana 'Contorta'	Betulaceae	Korkenzieherhasel	gärtnerische Züchtung
Leucophyta brownii	Asteraceae	Silberkopf	Australien
Pinus sylvestris	Pinaceae	Waldkiefer	Europa, Sibirien
Prunus spinosa	Rosaceae	Schlehdorn	Europa, Sibirien
Robinia pseudoacacia 'Tortuosa'	Fabaceae	Korkenzieher-Akazie	USA
Rosa sericea subsp. omeiensis fo. pteracantha	Rosaceae	Korallendornrose	China
Salix matsudana 'Tortuosa'	Salicaceae	Zickzackweide	Korea, Nordchina
Salix udensis 'Sekka'	Salicaceae	Drachenweide	Ostsibirien, Japan

Bild 1 Silberkopf *(Leucophyta brownii)*

Bild 2 Korkenzieherhasel (*Corylus avellana* 'Contorta')

Bild 3 Drachenweide (*Salix udensis* 'Sekka')

Bild 4 Schlehdorn *(Prunus spinosa)*

1 Gestaltungselemente kennen und ergebnisorientiert anwenden

Anna Köhler, die Auszubildende im 1. Lehrjahr, wird an den Umgang mit Pflanzen herangeführt. Damit Anna versteht, wie florale Werkstoffe eingesetzt und kombiniert werden können, muss sie den Charakter von Pflanzen sehen und verstehen lernen.

1.1 Persönlichkeitscharaktere

Der **Persönlichkeitscharakter** einer Pflanze wird insbesondere von äußeren Merkmalen bestimmt. Ähnlich wie beim Menschen wird er durch den **Habitus** geprägt. Größe, Farbe, Wuchsform und die **Texturen** (Oberflächenbeschaffenheiten) ergeben die charakterliche Erscheinung einer Pflanze. Die Stellung der Pflanze in der Natur gibt dem Gestalter Aufschluss über deren Anspruch an Dominanz und Freiraum innerhalb einer Gruppe bzw. eines **floralen** Werkstücks. Die Oberflächen von Blüten und Blättern lassen eine Pflanze rustikal und stark oder zart, empfindlich und beschützenswert erscheinen. Die folgenden Kapitel werden diese Merkmale ausführlich behandeln.

Beispiele: Der Zweig eines Baumes, braunes Holz und kräftig grüne Blätter wirken rustikal und bizarr. Eine weiße Rose dagegen, mit grünem Laub und leicht **porzellanartigen** Blütenblättern, wirkt zart und elegant.

Die **Gestaltungslehre** orientiert sich an der Natur. So wird jeder Pflanze, jedem Pflanzenteil der natürliche Freiraum gelassen. Dies ist eine wichtige Voraussetzung für das verantwortungsbewusste und werkstoffgerechte Gestalten.

Werkstoffgerechter Einsatz von Pflanzen und Pflanzenteilen beinhaltet die Berücksichtigung ihrer Persönlichkeit und ihren **wachstumsgerechten** Einsatz in einer Gestaltung. Die natürliche Bewegung einer Pflanze soll erhalten bleiben. Ausnahmen kann es nur in der objekthaften Floristik und in grafischen Werkstücken geben. Dies wird ab S. 306 erläutert.

Die Einteilung der Pflanzen in drei **Geltungsbereiche** (siehe ab S. 282, Kap. 1.3 bis 1.5), schafft eine verständliche Grundlage für den Einstieg in die Gestaltungslehre und den Umgang mit Pflanzen in der floristischen Gestaltung. Die unterschiedlichen **Geltungen** haben nichts mit dem Wert oder gar dem Preis einer Pflanze zu tun. Ist der natürliche **Geltungsanspruch** auch noch so gering, er soll beachtet werden.

Berufseinsteiger werden deshalb erst einmal „sehen lernen", den Blick schulen, damit sie die **Wertigkeit** einer Pflanze erkennen und den **Persönlichkeitscharakter** respektieren können.

Überraschend, was bei genauerem Hinsehen alles sichtbar wird. Größenunterschiede, Bewegungen und Farbabstufungen, die man auf den ersten Blick, den oberflächlichen Blick, gar nicht wahrgenommen hat.

Bild 1 *Papaver orientale* mit einer seidigen Textur

Mit der entsprechenden Pflanzenauswahl können Stimmungen ausgedrückt werden. So wirken die Pflanzen großer Geltung repräsentativ und feierlich, Blumen mittlerer und geringer Geltung eher gesellig, zurückhaltend oder romantisch. Natürlich wird der Ausdruck durch weitere Gestaltungselemente wie z. B. Farben, Texturen oder Bewegungsformen gesteigert oder abgeschwächt.

> Nur durch das Schaffen eines harmonischen Zusammenspiels aller Gestaltungselemente kann der Florist ein Werkstück gestalten, das der Persönlichkeit der Pflanzen entspricht und gerecht wird.

Die Praxis zeigt, dass sich Pflanzen nicht so ohne Weiteres in Gruppen einordnen lassen. Schließlich handelt es sich bei ihnen um Lebewesen, die durch Einflüsse auf ihr Wachstum sehr unterschiedlich aussehen können. Hier spielen z. B. die Standortverhältnisse (Licht, Temperatur, Wasser und Nährstoffe) eine entscheidende Rolle. So besteht durchaus die Möglichkeit, dass eine Pflanze aus dem Bereich der großen Geltung wie eine aus der mittleren Geltung behandelt werden kann, oder anders herum. Um hier die richtige Entscheidung treffen zu können, braucht es ein geschultes Auge und Praxiserfahrung.

Interesse an der Natur, Besuche von botanischen Gärten, Pflanzen in ihrem natürlichen Umfeld zu betrachten, sind notwendige und hilfreiche Mittel, um Pflanzen und deren Wuchsverhalten kennenzulernen und sie dadurch richtig zu sehen und zu verstehen.

Da Pflanzen sich aufgrund der Witterungsverhältnisse im Jahresverlauf verändern, sollten sich die Ausflüge in die Natur in unregelmäßigen Abständen wiederholen.

Winterstarre, Blattwuchs, Blütenbildung, Fruchtschmuck, Herbstfärbung, immer wieder entstehen völlig neue Erscheinungsbilder.

Da viele Pflanzenteile unabhängig voneinander im Blumenfachgeschäft angeboten und verarbeitet werden, müssen sie dem Floristen bekannt sein und den Pflanzen zugeordnet werden können.

1.2 Gesetzmäßigkeiten der Beschränkung und der Rangordnung

Das Gesetz der Beschränkung bezieht sich auf dominante Teile. Nicht mehr als drei, höchstens vier Teile sind vom menschlichen Auge auf einen Blick zu erfassen. Das gilt für Farbtöne, Texturen und weitere Gestaltungselemente.

Innerhalb der Gruppierungen liegt die Beschränkung auf drei Gruppen. In der **strengen Ordnung** genauso wie in der **freien Ordnung**. Zwei Teile konkurrieren miteinander, zu viele Bestandteile wirken unübersichtlich.

In der Vergangenheit waren die Richtlinien recht eng gefasst: Drei Bewegungsformen, drei Farben, drei Blumenarten plus Beiwerk (höchstens drei Sorten), mehr sollte innerhalb eines Werkstücks möglichst nicht verwendet werden.

Den Beleg dafür liefern noch heute praktizierte Prüfungsausschreibungen, wo der Strauß, der zur Zwischenprüfung angefertigt werden soll, mit diesen Einschränkungen verlangt wird. Grundsätzlich liegt etwas Richtiges in dieser Tradition, dennoch hat die Floristik sich weiterentwickelt. Überschaubarkeit, Wiederholung und Stimmigkeit sind auch jetzt wichtige Gestaltungselemente, sie werden nur neu interpretiert.

Diese Aussage wird an einem praktischen Beispiel besonders deutlich. Das dekorative Werkstück auf Bild 1 besteht aus einer Kombinationen diverser Pflanzenteile. Durch die Farbverbindungen, aufgehellte und getrübte Farben, die wiederkehrenden runden Blütenformen wird Harmonie erzeugt. Kleine Weißanteile setzen „Licht"-Akzente und kontrastreiche Bewegungsformen sorgen für die notwendige Spannung.

Das **Gesetz der Rangordnung** besagt, dass ein Element führen soll. Das kann durch die Menge, durch die Größe oder die Persönlichkeit geschehen. Das menschliche Auge benötigt Momente der Ruhe, es muss verweilen können. Es sucht sich Schwerpunkte, fehlen diese, irrt der Blick haltlos umher. Jede Gestaltung besteht aus Hauptmotiven und sich unterordnenden Begleitern. Auf dem Bildbeispiel dominieren aufstrebende Bewegungsformen und Freiräume.

Bild 1 Gestecktes Werkstück mit deutlicher Rangordnung

Die auf den folgenden Seiten gezeigten Einordnungen unterscheiden die drei Geltungsbereiche. Sie dienen als Grundlage und zur Orientierung beim Umgang mit floralen Werkstoffen.

Aufgaben

1. **Welche Merkmale kennzeichnen den Persönlichkeitscharakter einer Pflanze?**
2. **Welche Bedeutung haben die Geltungsbereiche für den Gestalter im Umgang mit Pflanzen?**
3. **An welchen Merkmalen erkennen Sie den Geltungsanspruch einer Pflanze?**
4. **Was bedeutet der Begriff „Werkstoffgerechtigkeit"?**
5. **Welche Geltungsbereiche gibt es?**
6. **Welche Formen gehören in die jeweiligen Bereiche?**
7. **Finden Sie zu jeder Gruppe drei weitere Pflanzenbeispiele.**
   a) **Fotografieren Sie eine Pflanze in unterschiedlichen Stadien im Jahresverlauf.**
   b) **Beschreiben Sie die Besonderheit jeder Jahreszeit.**
8. **Erläutern Sie die Gesetze der Beschränkung und der Rangordnung.**

Empfehlung: Die folgenden Tabellen lassen sich durch weitere Pflanzenbeispiele beliebig fortführen: Erfassen Sie das Schnitt- und Topfpflanzenangebot in Ihrem Geschäft und ordnen Sie diese dem entsprechenden Geltungsbereich zu. Wenn Sie zusätzlich die botanischen Namen und die Familienzugehörigkeit ergänzen, wird sich das positiv auf Ihre Pflanzenkenntnisse auswirken.

1.3 Pflanzen großer Geltung

Herrschaftsformen

Ihr hoher Geltungsanspruch, der sich durch die eigenwillige Form und Größe kennzeichnet, wird in der Einzelstellung besonders deutlich. Reduziert eingesetzt und mit wenigen, sich unterordnenden Pflanzen kombiniert, wird der Gestalter dem Anspruch der hohen Geltung gerecht. Sie sind sehr ausdrucksvoll und haben eine starke Eigenwirkung. Nebenstehende Bilder verdeutlichen die starke Persönlichkeit. Die Farbigkeit hat einen großen Einfluss auf die Ausstrahlung. Kräftige Farben verstärken die Dominanz, zurückhaltendere Farben lassen die Pflanze zarter, aber keineswegs unscheinbarer wirken.

Bild 1 Riesenzierlauch *(Allium giganteum)*

Bild 2 Bananenblättrige Heliconie *(Heliconia stricta)*

Edelformen

In ihrem hohen Anspruch an Freiraum sind sie den Herrschaftsformen sehr ähnlich. Sie verlangen durch ihre kostbare Erscheinung nach besonderer Beachtung und Behandlung. Die Wahl des Gefäßes, kombinierte Pflanzen und Umfeld müssen bewusst auf die jeweilige Edelform abgestimmt werden, um diese in ihrer Geltung zu unterstützen. Die Einzelstellung wird ihr am gerechtesten. Möchte man sie dennoch gruppiert einsetzen, müssen diese Pflanzen von genügend Raum umgeben sein. Sie sind genauso erhaben wie die Herrschaftsformen, sie wirken weniger beherrschend, eher anmutig, fein und edel.

Bild 3 Phalaenopsis, Malayenblume *(Phalaenopsis amabilis)*

Bild 4 Eucharis, Herzenskelch *(Eucharis amazonica)*

1.4 Pflanzen mittlerer Geltung

Filigrane Formen

Diese oft sehr fein gegliederten Pflanzen haben eine starke Ausstrahlung. Ihr Habitus ist eigenwillig und auffällig, trotzdem ordnen sie sich problemlos in die unterschiedlichsten Ordnungsgefüge ein. Mit dem entsprechenden Entfaltungsfreiraum fühlen sie sich in kleinen oder auch größeren Gruppen sehr wohl. Sehr wichtig ist ein geeignetes Umfeld, aufgrund ihrer starken Persönlichkeit benötigen sie entsprechenden Entfaltungsfreiraum. Schon die nebenstehenden Beispiele verdeutlichen dies.

Bild 1 Nerine *(Nerine bowdenii)*

Bild 2 Staudenrittersporn (*Delphinium Cultivars* in vielen Sorten)

Prunkformen

Der Name spricht für sich, prunkvoll sind sie anzuschauen. Sie benötigen die Geselligkeit, denn erst in der Gruppe kommt ihre Wirkung voll zur Geltung. Der immer symmetrische Umriss jeder Pflanze oder Blüte muss klar erkennbar bleiben. Sie wirken dekorativ. Pflanzen dieser Geltung haben entweder große Einzelblüten oder eine Vielzahl von aneinandergefügten kleinen Blüten. Durch üppige Begleiter wird die Prunkform noch gesteigert. Aus diesem Grund sind sie für repräsentative Werkstücke sehr gut geeignet. In prächtigen, sommerlichen Pflanzungen dürfen Prunkformen nicht fehlen. Kombiniert mit anderen Geltungsformen ergeben sie ein reizvolles Gesamtbild.

Bild 3 Strauchpfingstrose *(Paeonia x suffruticosa)*

Bild 4 Hortensie *(Hydrangea macrophylla)*

1.5 Pflanzen geringer Geltung

Gemeinschaftsformen

Ihr Anspruch an Freiraum ist sehr gering, zu Gunsten der Gesamtwirkung stellen sie die eigene Persönlichkeit zurück. Die Unterordnung fällt ihnen leicht. Auch in der Natur sind sie überwiegend in Gruppen gewachsen. Die wenigen, die durch Mensch oder Tier verschleppt wurden und einzeln stehen, wirken entsprechend verloren und einsam. Liebevolle Werkstücke, die wie ein Naturausschnitt wirken, oder kleine Vasenfüllungen, z. B. für Tischdekorationen, lassen sich mit den Gemeinschaftsformen sehr einfühlsam gestalten.

Bild 1 Vergissmeinnicht *(Myosotis sylvatica)*

Bild 2 Bellis, Tausendschön *(Bellis perennis)*

Schlichte Formen

Bescheiden und schlicht führen sie ihr Dasein. Diesen Anspruch stellen sie auch an ihren Einsatz in der Floristik. Gräser, Moose und Flechten sind typische Pflanzengruppen, die zu den schlichten Formen zählen. Ein Moospflänzchen allein könnte nicht bestehen. Das zeigt, hier ist die Gruppe neben der gestalterischen auch eine überlebenswichtige Notwendigkeit. Ein Werkstück, ausschließlich aus Pflanzen mit geringer Geltung kombiniert – z. B. Bellis, Vergissmeinnicht, Gräsern und einer Bodengestaltung aus Birkenzweigen, Laub und Moos – kann einen natürlichen und harmonischen Eindruck vermitteln.

Bild 3 Sphagnum, Torfmoos *(Sphagnum palustre)*

Bild 4 Korallenbeere *(Nertera granadensis)*

2 Bewegungsformen wahrnehmen

Der Beschäftigung mit den Bewegungsformen geht die Lehre der allgemeinen Formen voraus. Genaues Hinsehen lässt erkennen, dass sich hinter dem Habitus vieler Pflanzen und Pflanzenteile eine Grundform verbirgt. In Kapitel 1 hat Anna gelernt, die Pflanzen ihrer Geltung nach entsprechend einzuordnen. Im folgenden Kapitel wird sie sich mit den Bewegungsformen ganzer Pflanzen oder einzelner Pflanzenteile auseinandersetzen. Sie wird anschließend anhand eines Blattes oder einer Blüte mit Stiel die natürliche Wuchsrichtung bestimmen können und bei der Anfertigung von floralen Werkstücken, wie z. B. bei Sträußen und Gestecken, alle Werkstoffe wachstumsgerecht einsetzen. Dadurch erreicht Anna, dass ihr Werkstück dem Betrachter einen natürlichen und harmonischen Eindruck vermittelt.

Die Grundformen: Quadrat, Rechteck, Dreieck und Kreis, haben einen starken Ausdruck. Quadrat, und Rechteck wirken stabil und haltgebend, das Dreieck dynamisch und richtungsweisend, der Kreis lagernd und ruhig.

Dieses Wissen hilft dem Gestalter, die Pflanze richtig einzusetzen. Stellt man ein Rechteck oder ein Quadrat auf eine Ecke, vermittelt dies Instabilität. Je schräger der Winkel, desto instabiler wirkt es auf den Betrachter. Ein Dreieck benötigt unbedingt Freiraum in Richtung des spitzen Winkels, sonst wirkt es eingeengt. Ein Kreis hingegen bringt Ruhe und wirkt sammelnd.

Es wird zwischen konstruktiven und freien Formen unterschieden:

Konstruktive Formen

Konstruktive Formen sind berechnete, gebaute, geradlinige Formen, z. B. die Grundformen, oder aus den Grundformen zusammengesetzte Teile.

Die Wirkung dieser Formen ist statisch, ruhig und konstruktiv. Sie bringen wichtige ruhegebende Momente in eine Gestaltung.

Beispiele: Pflanzen, die vom Umriss her einer Grundform entsprechen (siehe folgende Fotos und Skizzen).

Gefäße, Holzbretter, Kerzen, **Formbinderei**, Räume, Wände, Rahmen, Tische, Dekorationshocker, Backsteine, Bänder u. Ä.

Freie Formen

Freie Formen sind, wie der Name schon sagt, frei wirkende Formen. Natürlich ist ihre Ausdehnung von verschiedenen Faktoren abhängig. Bei Pflanzen ist die Grundlage durch das Erbgut vorgegeben, leichte Veränderungen durch Umwelteinflüsse sind durchaus möglich. Wasserflächen sind von der Bodenbeschaffenheit abhängig. Das Wasser sucht sich den Weg, allerdings spielen ebenso wie bei Sand oder Kies Schüttgeschwindigkeit, -höhe und -winkel eine Rolle. Freie Formen wirken natürlich und wie zufällig entstanden. Sie sorgen für die notwendige Spannung innerhalb der Gestaltung.

Beispiele: Pflanzen, natürliche Wasserflächen, Sand oder Kiesschüttungen, Steine, fließende Textilien.

Beide Formen profitieren erheblich voneinander, wenn man sie kombiniert. Der daraus entstehende Kontrast steigert die Wirkung beider:

- Die freien Formen erhalten durch die konstruktiven den optischen Halt.
- Die konstruktiven Formen verlieren durch die freien an Strenge und erfahren eine spannungsreiche Auflösung.

Beispiele:

Bild 1 Gefäß in Würfelform mit einem Zweig vom Zickzackstrauch

Bild 2 Flache, kreisförmige Schale mit einer Rose

2.1 Aktive Bewegungsformen

Die aktiven Bewegungsformen streben nach oben, dem Licht entgegen. Kraftvoll oder weniger kraftvoll, je nach Umrissform, erheben sie sich vom Boden. Das vermittelt eine Aktivität, die der Gestalter beim Umgang mit diesen Formen berücksichtigen muss. Nimmt man ihnen ihren Stiel, beraubt man sie ihrer Aktivität und somit ihrer Persönlichkeit.

Aufstrebend-einseitig-entfaltend

Die aufstrebende, sich zu einer Seite entfaltende Bewegungsform benötigt Raum in die Höhe und zusätzlich in die Entfaltungsrichtung. Die Freesie (Bild 1) zeigt es deutlich. Diese Bewegungsform lässt sich schon etwas geneigter einsetzen. Vor allem, wenn im Stiel ein leichter Schwung erkennbar ist. Aber auch hier niemals die Statik, also das optische Gleichgewicht, aus den Augen verlieren.

Bild 1 Freesie *(Freesia refracta)*

Aufstrebend-allseitig-entfaltend

Die aufstrebende, sich in alle Raumdimensionen entfaltende Bewegungsform, so z. B. die Schmuck-Lilie (siehe Bild 2), hat einen sehr großen Anspruch an Freiraum um sich herum. Der Einsatz mit langem Stiel ist unbedingt erforderlich.

Bild 2 Schmuck-Lilie *(Agapanthus praecox)*

Aufstrebende Form

Die aufstrebende Bewegungsform mündet in die Senkrechte. Kleine wachstumsbedingte Abweichungen ändern nichts an der zielstrebig nach oben führenden Bewegung, die noch über die Pflanze hinauszustreben scheint. Bei Pflanzen mit dreieckigem Umriss ist die Dynamik noch extremer. Einer Pfeilspitze ähnlich möchte die Pflanze in den Raum stoßen.
Dieser natürlichen Wuchsrichtung entsprechend, sollen sie in der Floristik eingesetzt werden. Die Formen fordern viel Raum über sich, damit sie in ihrer Bewegungsrichtung nicht eingeschränkt werden. Die Sprossachse muss mit möglichst viel Länge erhalten bleiben.

Bild 3 Pracht-Scharte *(Liatris spicata)*

Aufstrebend mit rundem Endpunkt

Die aufstrebende Form mit rundem Endpunkt hat einen geringen Anspruch an Freiraum, weil sie in sich geschlossen wirkt. Damit sie nichts von ihrer Geltung verliert und nicht zur reinen Kugel degradiert wird, muss sie mit ihrem Stiel eingesetzt werden.

Bild 4 Trommelstock *(Craspedia globosa)*

Ausschwingend

Die ausschwingende Bewegungsform braucht seitlichen Freiraum, um ausschwingen zu können, „Schwingraum". In Kombination mit anderen Bewegungsformen sorgt sie für die Ausgewogenheit in den äußeren Bereichen eines floralen Werkstücks. Die Form wirkt gefällig und schafft Leichtigkeit. Am Beispiel der Korallenranke (Bild 1) ist das gut erkennbar.

Bild 1 Korallenranke *(Euphorbia fulgens)*

Aufstrebend mit flachem Endpunkt

Auch bei den aufstrebenden Entfaltungsformen mit flachem Endpunkt ist der Anspruch an Freiraum gering. Dennoch möchten sie nicht eingeengt sein. Die Stiele, oder wenigstens ein Teil davon, sind wichtig, um den Umriss der Form zu zeigen und diese leicht schweben zu lassen. Häufig haben Pflanzen dieser Entfaltung einen sehr interessanten und zarten Umriss, die Skabiose (Bild 2) zeigt das deutlich. Dieser filigrane, zarte Blütenrand ist ein charakterbildendes Element, das beim Einsatz ohne Stiel optisch verloren gehen würde.

Bild 2 Kaukasische Skabiose *(Scabiosa caucasica)*

Spielend

Die spielende Bewegungsform vermittelt den Eindruck, als fände sie nur rein zufällig ihren Weg. Haltsuchend durchschlingt und überwindet diese Form spielerisch Zäune, Äste oder Wände. Eine Eigenschaft und Leichtigkeit, die beim Einsatz in der Floristik unbedingt erhalten bleiben muss. Natürlichkeit und Ungezwungenheit sind ihre höchsten Ansprüche.

Bild 3 Staudenwicke *(Lathyrus latifolius)*

Brüchig

Die brüchige Bewegungsform lässt sich ähnlich der spielenden Bewegung nicht gern in eine Richtung weisen. Das ist allerdings die einzige Parallelität. Ihre Bewegungen und Richtungsänderungen sind kräftig und abrupt. Eigensinnig und bizarr greift sie in den Raum. Endsprechend viel Freiraum und Ruhe benötigt die brüchige Bewegungsform um sich herum, damit sie voll zur Geltung kommt.

Bild 4 Zickzackstrauch *(Corokia cotoneaster)*

2.2 Passive Bewegungsformen

Die passiven Bewegungsformen erheben sich nur leicht. Je nach Gattung bleiben sie in sich ruhend auf dem Boden oder sie fließen ab, sofern die Möglichkeit dafür gegeben ist. Die Wirkung ist passiv. In der floristischen Gestaltung kann durch diese Bewegungsformen ganz bewusst Ruhe und Verbundenheit geschaffen werden.

Lagernd, sammelnd, ruhend

Die lagernde oder auch sammelnde Form wirkt in sich ruhend. Ihr Raumbedarf ist sehr gering. In Kombination mit anderen Bewegungsformen sorgt sie für den **optischen Zusammenhalt**. Die runde sammelnde Fläche bringt notwendige Ruhepunkte für das menschliche Auge ein. Pflanzen aus diesem Bereich schaffen Harmonie und sorgen für einen interessanten Formkontrast.

Bild 1 Echeverie *(Echeveria elegans)*

Abfließend

Die abfließende Bewegungsform möchte natürlich fließen. Dazu wird ein entsprechendes „Podest" benötigt, dieses kann ein hohes Gefäß, ein Sockel, eine Wand o. Ä. sein. Sie braucht Halt im oberen Bereich und Raum unter sich.

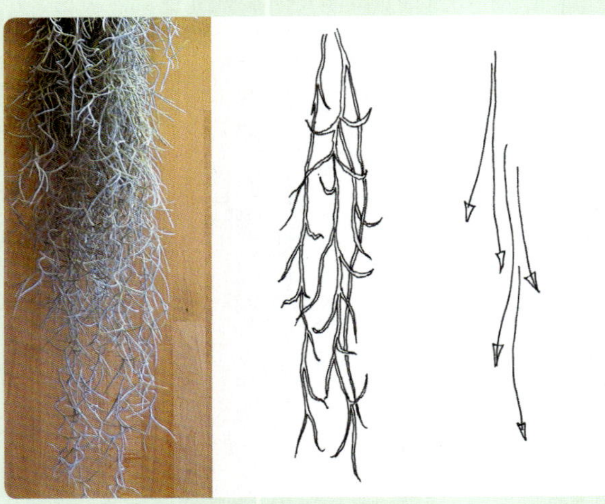

Bild 2 Louisianamoos *(Tillandsia usneoides)*

Abfließend mit aufstrebendem Endpunkt

Bei der abfließenden Bewegungsform mit aufstrebendem Endpunkt ist es wie bei den abfließenden Formen. Mit dem kleinen Unterschied, dass die Endpunkte wieder nach oben streben, dem Licht entgegen. Dadurch wirken sie aufgelockert, nicht so geradlinig und streng.

Bild 3 Kleinblättriger Efeu *(Hedera helix fo. poetarum)*

Aufgaben

1. Fertigen Sie die Grundformen aus Papier an.
   a) Experimentieren Sie damit: Legen Sie das Dreieck auf die Spitze, legen Sie das Quadrat auf die Spitze des Dreiecks, kombinieren Sie die Formen, verändern Sie die Entfernungen. Beschreiben Sie die unterschiedlichen Wirkungen.
   b) Stellen Sie die unterschiedlichen Ansprüche an Freiraum fest.
   c) Nennen Sie zu jeder Grundform zwei Pflanzenbeispiele.
2. Wie unterscheiden sich die aktiven von den passiven Bewegungsformen?
3. Nennen Sie die Bewegungsformen.
4. Finden Sie zu jeder Bewegungsform fünf weitere Pflanzenbeispiele.
5. Welche Wirkung haben die einzelnen Bewegungsformen?
6. In welcher Beziehung stehen die Grundformen zu den Bewegungsformen?
7. Unterscheiden Sie freie und konstruktive Formen. Nennen Sie jeweils drei Beispiele.
8. Nennen Sie drei spannungsreiche Formkontraste.

3 Texturen gestalterisch einsetzen

Anna bekommt den Auftrag von Sophia Schmidt, ihrer Ausbilderin, das Binden von Sträußen zu üben. Sie darf nach ihrem Ermessen und bis jetzt erlernten Wissen Blumen und Beiwerk aus dem reichhaltigen Angebot kombinieren.

Frau Schmidt ist sehr zufrieden mit der Auswahl, was die Bewegungsformen betrifft, sie vermisst allerdings die Spannung durch Texturkontraste.

Die bewusste Kombination von unterschiedlichen Strukturen hat einen großen Einfluss auf die Aussage eines floralen Werkstücks.

Neben der Größe, Wuchsform und Farbe einer Pflanze spielt die **Textur** der Blüten und Blätter eine wichtige Rolle. **Texturen** bzw. Oberflächenbeschaffenheiten entstehen durch den inneren Aufbau einer Pflanze, dieser wiederum richtet sich nach ihren Lebensansprüchen. So kann ein Blatt z. B. behaart sein zum Schutz gegen Wasser (Usambaraveilchen), oder mit einem dicken Hautgewebe und Stacheln (Sukkulente und Kakteen) zum Schutz vor Austrocknung oder Tierfraß versehen sein.

Diese botanischen Besonderheiten haben natürlich Einfluss auf den Einsatz in der Gestaltung. Sie prägen den Habitus und lassen Blüten und Blätter entsprechend erscheinen. In Zusammenwirkung mit den oben genannten Eigenschaften lassen sie Pflanzen z. B. rustikal, zart, elegant oder hart und kühl erscheinen. Die Beachtung der Strukturen ist ein wichtiger Faktor bei der Auswahl von Werkstoffen. Sie wirken unterstützend bei der Schaffung von Stimmungen in der anlassbezogenen Floristik.

3.1 Textur und Texturarten

Im Folgenden werden verschiedene Oberflächenbeschaffenheiten vorgestellt:

Porzellanartige Oberflächen

Besonders häufig ist diese Textur bei weißen, glatten Blüten zu finden. Ihre Wirkung ist leicht durchscheinend, elegant, kühl, glänzend und edel. Dementsprechend ist sie für repräsentative und elegante Dekorationen sehr gut geeignet. Kirchliche Feste, wie Hochzeiten, Taufen, Konfirmationen und Kommunionen, oder auch Staatsempfänge, Jubiläen u. a. feierliche Anlässe, werden häufig sehr stilvoll mit Blüten und Blättern dieser Struktur ausgestattet.

Die feierliche Eleganz der Anlässe wird durch diese Texturen stimmungsvoll aufgegriffen.

Pflanzenbeispiele:

Bild 1 Kranzschlinge *(Stephanotis floribunda)*

Bild 2 Duftgardenie *(Gardenia jasminoides)*

Metallische Oberflächen

Die Wirkung dieser Texturen ähnelt dem Metall. Gräulich, fest und kühl, z. T. mit Schattierungen, finden wir diese Oberflächenbeschaffenheiten sehr häufig in der Pflanzenwelt vor. Blüten und Blätter sind interessant und eigenwillig geprägt. Sie sind gut geeignet, um z. B. in der objekthaften Floristik starke Strukturkontraste zu schaffen und somit Spannung zu erzeugen.

Pflanzenbeispiele:

Bild 1 Gelappte Alokasie *(Alocasia sanderiana)*

Bild 2 Alpendistel *(Eryngium alpinum)*

Gläserne Oberflächen

Dem Glas ähnlich, transparent, leicht, zerbrechlich, kostbar und von besonderem Reiz ist die Wirkung der gläsernen Struktur. Wo Eleganz und Leichtigkeit gewünscht werden, kommt diese Oberflächenbeschaffenheit gut zum Einsatz.

Pflanzenbeispiele:

Bild 3 Kaladie *(Caladium bicolor)*

Bild 4 Silberling *(Lunaria annua)*

Seidige Oberflächen

Überaus zart, fein und kostbar wirken Pflanzenteile, die mit dieser Struktur ausgestattet sind. Pastelltöne unterstützen die Zartheit der Blüten häufig, somit sind seidige Texturen gut für fröhliche und stimmungsvolle Anlässe geeignet. Sensibilität im Umgang und in der Kombination ist äußerst wichtig. Die oft sehr feinen Stiele und die spielerische Wuchsform sind typisch für Pflanzenteile mit einer seidigen Struktur. Beim Einsatz in der Floristik muss diese Leichtigkeit erhalten bleiben. Das gelingt leicht, wenn genügend Raum zum Entfalten gegeben wird. So kommen Pflanzenteile dieser Art besonders gut zur Geltung. Die folgenden Bilder zeigen zwei Pflanzenbeispiele, den Mohn und den Hibiskus, sie präsentieren die typischen Eigenschaften der seidigen Textur besonders deutlich.

Pflanzenbeispiele:

Bild 5 Türken-Mohn *(Papaver orientale)*

Bild 1 Echter Roseneibisch *(Hibiscus syriacus)*

Wollige Oberflächen

Ist die gestalterische Absicht, Wärme in ein Werkstück zu bringen, lässt sich das durch den Einsatz der wolligen Textur erreichen. Werden zusätzlich warme Farben ausgewählt, wird die Wirkung nochmals gesteigert. Wie bei allen anderen Texturen wird die Eigenschaft durch begleitende starke Kontraste ganz besonders deutlich. Werden z. B. innerhalb eines Werkstückes wollige, rustikale, porzellanartige und metallische Strukturen kombiniert, kann das zu einem sehr spannungsreichen Ergebnis führen. Wobei die Mengenverhältnisse eine wichtige Rolle spielen. Eine Textur muss dominieren, die anderen ordnen sich in unterschiedlichen Mengen entsprechend unter. Nur dann erzielt man eine klare gestalterische Aussage.

Pflanzenbeispiele:

Bild 2 Perückenstrauch *(Cotinus coggygria)*

Bild 3 Mimose *(Acacia dealbata)*

Samtige Oberflächen

Die samtigen Texturen wirken ähnlich den wolligen, anheimelnd, weich und warm. Sehr oft kommt eine optische Tiefenwirkung hinzu, vor allem bei behaarten Pflanzenteilen, wie z. B. den Blättern des Usambaraveilchens. Edel glänzend und fein wie Samt, bringen sie, falls gewünscht, eine gewisse Kostbarkeit in florale Gestaltungen. Auch hier wirkt die Farbigkeit beeinflussend mit. Bei der Cattleya wirkt nur ein kleiner Bereich samtig, aber schon dadurch bekommt sie ihre besondere und kostbare Ausstrahlung. In Bild 4 ist das gut erkennbar.

Pflanzenbeispiele:

Bild 4 Cattleya-Orchidee *(Cattleya labiata)*

Bild 5 Usambaraveilchen *(Saintpaulia ionantha)*

Rustikale Oberflächen

Texturen mit rustikaler Wirkung sind auf vielen Blattarten zu finden. Aber auch Baumrinde oder Baumpilze wirken rustikal. Durch ihr optisches Gewicht bringen diese Oberflächenbeschaffenheiten Natürlichkeit in ein Werkstück. Durch die in der Regel dunkle Farbe, Dunkelgrün oder -braun, wird die Wirkung weiter gesteigert. Ein besonderer Kontrast ist ein flaches, eckiges und naturbelassenes Tongefäß mit einem bizarren Zweig, z. B. von einem Apfelbaum, mit der seidigen Textur des Seidenmohns kombiniert.

Pflanzenbeispiele:

Bild 1 Rohrkolben *(Typha latifolia)*

Bild 2 Sonnenblume *(Helianthus annuus)*

Brokatene Oberflächen

Diese reichlich verziert wirkende Textur hat eine sehr starke Eigenwirkung. Oberflächenbeschaffenheiten dieser Art werden am besten mit ruhigen Flächen kombiniert. Häufig befinden die brokatenen Texturen sich auf dickfleischigen Blättern. Das lässt sie besonders kräftig, manchmal sogar rustikal erscheinen.

Texturen sind ein spannendes und dominantes Gestaltungselement. In den 80er-Jahren wurde ein eigenes Werkstück entwickelt: der „Strukturstrauß". In diesem dekorativen Werkstück werden möglichst unterschiedliche Werkstoffe, wie Blüten, Blätter, Früchte, Zweige und auch nonflorale Werkstoffe, aneinandergefügt.

Pflanzenbeispiele:

Bild 3 Duftgeranie *(Pelargonium x fragrans)*

Bild 4 Rexbegonie *(Begonia rex)*

Aufgaben

1. Nennen Sie die im Text beschriebenen Texturen.
2. Wodurch entsteht die Oberflächenbeschaffenheit bzw. die Textur bei den Pflanzen?
3. Welche Bedeutung haben Texturen in der floristischen Gestaltung?
4. Welchen Einfluss haben Farben auf die Wirkung der Texturen? Erklären Sie anhand von drei Beispielen.

4 Ordnungsarten einsetzen

Anna berichtet im Betrieb, dass sie in der nächsten Unterrichtsstunde das Thema Ordnungsarten behandeln wollen. Sie kann sich noch nichts darunter vorstellen. Oliver erklärt ihr, dass es zwei Ordnungsarten gibt und dass diese bei der Gestaltung eines Werkstücks helfen, eine gewisse Ordnung und Aussage zu erzeugen.

Anhand der Werkstücke, die im Verkaufsraum ausgestellt sind, kann er Anna den Unterschied der beiden Ordnungsarten sehr gut erklären.

Oliver weiß aus Gesprächen mit Kollegen, dass man sich am Anfang seines Berufslebens sehr streng an diese Gesetzmäßigkeit halten soll, die Theorie sich aber mit wachsender Erfahrung wesentlich freier interpretieren lässt. Die Grundlagen bleiben allerdings bestehen.

Christine hat sich mit ihrer Berufsschulklasse zusammen eine Ausstellung des Malers Claude Monet angesehen. Fasziniert konnte die Klasse die Gliederung in den Gemälden erfassen und den Ordnungsarten zuordnen.

In der Gestaltung gilt es, nach bestimmten Gesetzmäßigkeiten zu ordnen. Ein Werkstück wird grundsätzlich symmetrisch oder asymmetrisch aufgebaut.

4.1 Symmetrie

Die Symmetrie wird auch strenge Ordnung genannt.

Beide Seiten sind spiegelgleich, die optische und die geometrische Mitte sind eins. Diese Mitte wird Mittelachse, Gruppenachse oder Symmetrieachse genannt. Unter ihr befindet sich der **Waagepunkt**.

Die symmetrische Gruppierung kann aus einem oder aus mehreren Werkstücken/Elementen bestehen. Immer sind eine Haupt- und zwei Nebengruppen vorhanden. Die Grenzen sind oft fließend. Wichtig ist die Ausgewogenheit beider Seiten.

Die Wirkung der Symmetrie ist ruhig, leicht überschaubar und spannungslos.

Sie ist gut geeignet für feierliche und repräsentative Anlässe. Wo der florale Schmuck begleiten und unterstützen, aber keinesfalls ablenken soll. Je strenger und kompakter die Anordnung, desto höher ist der Anspruch an Perfektion. In der Formbinderei, z. B. bei **Pyramiden** oder **Biedermeiersträußen**, würde jede Ungleichmäßigkeit und jede zu weit hinausragende Bewegung die Symmetrie stören. Die Seiten wären nicht mehr spiegelgleich.

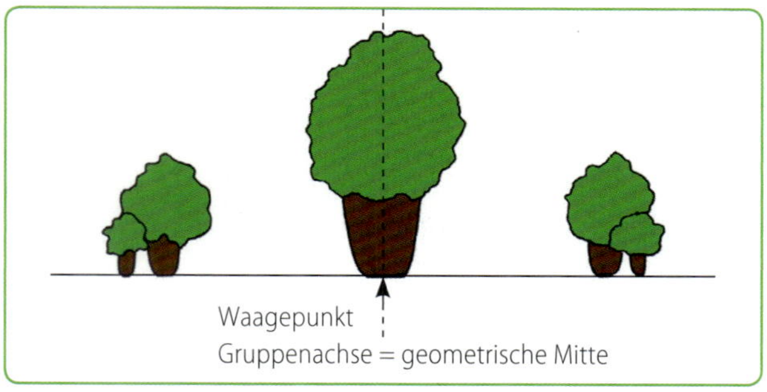

Bild 1 Symmetrische Gruppierung

4.2 Asymmetrie

Die Asymmetrie, auch freie Ordnung genannt, ist spannungsreich. Die Gruppen (Haupt-, Neben- und Gegengruppe) sind unterschiedlich groß, die optische Mitte liegt außerhalb der geometrischen Mitte und somit auch der Waagepunkt. Dieser liegt zwischen der Haupt- und der Gegengruppe.

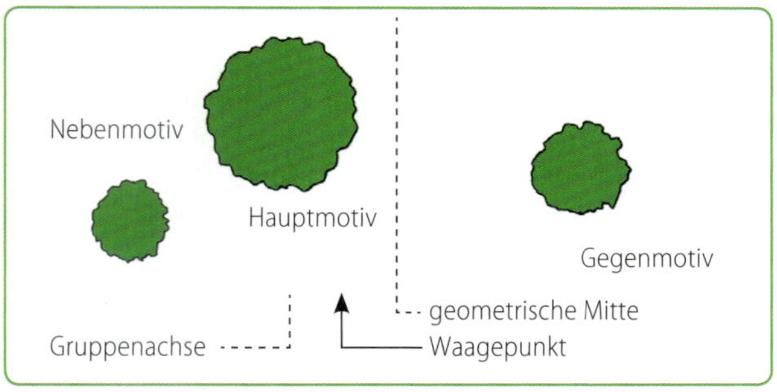

Bild 2 Asymmetrische Gruppierung

Die Größe der Gruppen ist abhängig von der Entfernung der Gruppen zueinander und vom optischen Gewicht. Die Hauptgruppe ist immer die größte. In der Asymmetrie steht die Nebengruppe neben der Hauptgruppe und die Gegengruppe schafft das Gegen- bzw. das optische Gleichgewicht innerhalb der Ordnung.

Beide Ordnungsarten lassen sich steigern oder abschwächen:
Symmetrie: Durch die Zuordnung von symmetrischen Blüten- und Blattformen wird die strenge Ordnung gesteigert, wählt man hingegen asymmetrische Pflanzenteile, wird eine aufgelockerte Wirkung erzielt.
Asymmetrie: Werden hier asymmetrische Pflanzenteile eingesetzt, wird die Spannung der freien Ordnung erhöht. Durch die Auswahl symmetrischer Umrissformen wird die Spannung wesentlich reduziert.

Bild 1 Symmetrische Blüte

Bild 2 Asymmetrische Blüte

Bild 4 Asymmetrisches Werkstück

Ein Werkstück mit einer symmetrischen Umrissgestaltung kann innen asymmetrisch gegliedert sein, um Spannung zu erzeugen. Bei einem asymmetrischen Werkstück ist kein symmetrischer Innenaufbau möglich.

Unterscheidungsmerkmale

Symmetrische Ordnungsart	Asymmetrische Ordnungsart
Waagepunkt in der geometrischen Mitte	Waagepunkt außerhalb der geometrischen Mitte in Richtung Hauptgruppe verschoben
Hauptgruppe und zwei Nebengruppen	Haupt-, Neben- und Gegengruppe
Gruppenachse, hier auch Symmetrieachse genannt, in der geometrischen Mitte	Gruppenachse über dem Waagepunkt
Strenge Ordnung	Freie Ordnung

Bild 3 Werkstück mit symmetrischem Umriss

Aufgaben

1. Welche Merkmale kennzeichnen jeweils die symmetrische und die asymmetrische Ordnungsart?
2. Es werden die freie und die strenge Ordnung unterschieden. Erläutern Sie die beiden Bezeichnungen.
3. Beschreiben Sie die Bedeutung und die Aufgabe des Waagepunktes.
4. Beschreiben Sie ein optimales Größenverhältnis der Gruppen untereinander. Begründen Sie Ihre Meinung.
5. Finden Sie zu jeder Ordnungsart drei Pflanzenbeispiele.
6. Wodurch können die Ordnungsarten gesteigert oder abgeschwächt werden?
7. Schneiden Sie aus Karton verschiedene Grundformen aus, kleben Sie diese auf ein DIN-A4-Blatt:
   a) zu einer symmetrischen Ordnung
   b) zu einer asymmetrischen Ordnung
8. Nennen Sie zu jeder Ordnungsart einen Anlass mit entsprechendem Einsatz in der Floristik. Begründen Sie Ihre Aussage.
9. Gehen Sie durch eine Einkaufsstraße und schauen Sie sich Schaufensterdekorationen an:
   a) Finden Sie die Ordnungsarten heraus.
   b) Entscheiden Sie sich für ein „gutes Fenster" und notieren Sie alle Teile, die in die Gruppen einbezogen sind.
   c) Besprechen Sie Ihre Beobachtungen im Klassenverband, mithilfe von Fotos oder Skizzen.

5 Anordnungsarten anwenden

Anna ist eine scharfe Beobachterin, sie hat festgestellt, dass z. B. bei Gestecken der Verlauf der Blumen- und Blatt stiele sehr unterschiedlich ist. Manchmal scheinen sie aus einem Punkt zu kommen, manchmal überschneiden sie sich. Eine interessante Feststellung. Sophia Schmidt erklärt ihrer Auszubildenden, dass es verschiedene Möglichkeiten gibt, Blumen anzuordnen. Auch hier wird wenig dem Zufall überlassen. Die Stellung der Pflanzenteile hat einen großen Einfluss auf die Wirkung eines Werkstücks. Anordnungsarten sind ein eigenständiges und sehr wichtiges Gestaltungselement. Das folgende Kapitel wird sich ausführlich mit ihm beschäftigen und alle offenen Fragen von Anna beantworten.

Die Art und Weise der Anordnung floraler und nonfloraler Werkstoffe geschieht nach grundsätzlichen Ordnungsprinzipien. Der Gestalter überlässt nur sehr wenige Dinge dem Zufall. Auch das wie zufällig Wirkende unterliegt klaren gestalterischen Richtlinien. Schauen wir in die Natur: Auch die im ersten Moment „wilde Wiese" hat eine klare Ordnung.

Beispiel:

Bild 1 Ausschnitt einer Wiese mit vielen Wachstumspunkten

Folgende Anordnungsarten werden unterschieden:
- ein Wachstumspunkt/Bewegungsmittelpunkt,
- mehrere Wachstumspunkte,
- parallele Anordnung,
- Überschneidungen,
- Zuwendungen,
- Reihungen,
- Staffelungen,
- Streuungen,
- Gruppierungen.

5.1 Ein Wachstumspunkt

Alle Pflanzenteile scheinen aus einem Wachstumspunkt zu kommen. Hier wird von einer radialen Anordnungsweise gesprochen. Das heißt, alle Werkstoffe werden strahlenförmig von einem Mittelpunkt ausgehend angeordnet. Er kann in oder unterhalb eines Werkstücks liegen. Bei flachen Gefäßen befindet sich der Wachstumspunkt in der Regel unterhalb des Schalenbodens (siehe Bild 4).

5.1.1 Bewegungsmittelpunkt (BMP)

Bewegungsmittelpunkt (BMP) ist im Grunde ein anderer Begriff für Wachstumspunkt, wobei er den Sachverhalt bei einigen Werkstücken besser beschreibt. Auch er ist der imaginäre Punkt, aus dem alles zu entspringen scheint. Bei einem gebundenen Werkstück, dem Strauß, liegt er genau in der Bindestelle. Hier von einem Wachstumspunkt zu sprechen, ist nicht nachvollziehbar, da die Stielenden über den BMP hinauslaufen.

Bild 2 Ein Wachstumspunkt

Bild 3 Ein Wachstumspunkt/ein Bewegungsmittelpunkt

Bild 4 Ein Wachstumspunkt/ein Bewegungsmittelpunkt

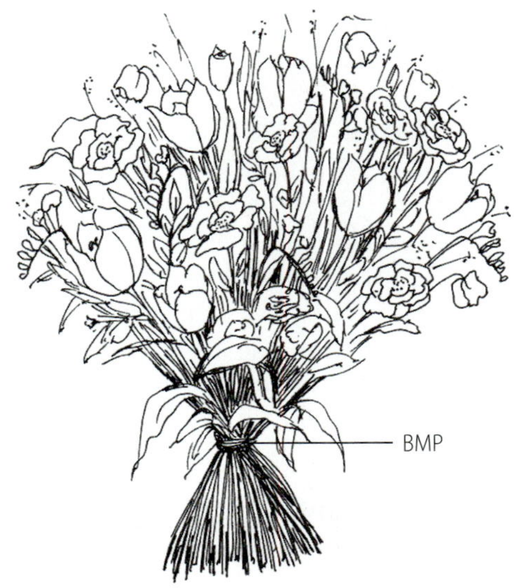

Bild 1 Ein Bewegungsmittelpunkt (BMP)

5.2 Mehrere Wachstumspunkte

Mehrere Wachstumspunkte sind am Beispiel der Natur besonders gut erkennbar. Jede Pflanze hat ihren eigenen Wachstumspunkt. Daher ist diese Anordnungsart vor allem in der vegetativen Gestaltung angebracht. Die vegetative Gestaltungsart ist die natürlichste Art, Blumen und Pflanzen zu kombinieren und anzuordnen. Vegetativ bedeutet: Wie gewachsen, der Natur nachempfunden. Bei gepflanzten Werkstücken hat jede Pflanze ihre eigenen Wurzeln, den natürlichen Wachstumspunkt. Bei gesteckten Werkstücken werden diese nachempfunden. Die Wirkung ist am glaubhaftesten, wenn aus jedem Punkt nur eine Pflanzenart entspringt.

Bild 2 Vegetative Gestaltung mit mehreren Wachstumspunkten in asymmetrischer Ordnung

5.3 Parallele Anordnung

Die parallele Anordnung der Werkstoffe finden wir ebenfalls in der Natur. Bei einem Getreidefeld z. B. dominiert das Parallele. Dabei stehen die Halme keineswegs steif nebeneinander. Sie haben die aufrechte Bewegung als Gemeinsamkeit. Jedes Pflanzenteil hat seinen eigenen Wachstumspunkt. Die Raumausrichtung kann vertikal, horizontal oder diagonal verlaufen, wichtig ist der Gleichklang der Bewegung. Witterungseinflüsse, wie Wind oder Regen, können die Wuchsrichtung beeinflussen. Dadurch ergeben sich interessante Bilder. Diese natürlich entstandenen Stellungen lassen sich auf florale Werkstücke übertragen. Die Anordnung kann in gleichen Abständen oder mit Verdichtungen geschehen, je nach bezweckter Spannungsaussage. Jede Raumausdehnung, einzeln angewandt, ergibt ein klares, einfach nachvollziehbares Gestaltungsergebnis. Werden zwei oder sogar alle drei Dimensionen kombiniert, entsteht ein sehr interessantes und spannungsreiches Werkstück.

Gefäßauswahl: Am besten sind hier flache, etwas größere Gefäße geeignet. Rund, quadratisch oder rechteckig, alles ist möglich, die Fläche muss entsprechend erfasst werden.

Bild 3 Beispiel für eine parallele Anordnung

Bild 4 Beispiel für eine parallele Anordnung

5.4 Überschneidungen

Wie in der parallelen Anordnungsart hat auch hier jedes Pflanzenteil einen eigenen Wachstumspunkt. Ganz bewusst werden die Werkstoffe mit Überschneidungen eingesetzt. Dadurch ergibt sich ein stimmungsvolles Miteinander. Freiräume und Verdichtungen steigern die Spannung nochmals. Werkstücke bestehend aus einer oder mehreren Pflanzenarten sind denkbar. Die Werkstoffauswahl ist sehr wichtig: Alle Pflanzenteile müssen die Neigungen, die sich durch die Überschneidungen ergeben, bereitwillig mitmachen. Der Neigungswinkel kann gering oder groß sein, je nach natürlicher Bewegungsform (siehe Bilder 1 und 2).

Bild 1 Überschneidungen mit ausschwingender Bewegungsform

Bild 2 Überschneidungen mit unterschiedlichen Bewegungsformen

5.5 Zuwendungen

Die Werkstoffe wenden sich einander zu. Durch die Zuwendungen können sich leichte Überschneidungen ergeben. Diese sind hier nicht das dominierende Gestaltungselement. Zuwendungen innerhalb einer Gestaltung bewirken den Eindruck einer harmonischen Einheit. Es entsteht ein Miteinander, ein eigenständiges, räumlich wirkendes Werkstück. Jedes Pflanzenteil hat seinen eigenen Wachstumspunkt.

Bild 3 Zuwendungen

5.6 Reihungen

Florale oder nonflorale Werkstoffe werden in einer Linie aufgereiht. Reihungen können unterteilen oder verbinden. Sie bestehen aus gleichen oder aus unterschiedlichen Teilen. Hieraus ergeben sich die stetige oder die rhythmische Reihe.

5.6.1 Stetige Reihe

Die stetige Reihe besteht aus mindestens drei Teilen gleicher Form, gleicher Farbe, gleicher Größe. Alle Teile werden in gleichen Abständen angeordnet. Erläuternde Beispiele sind z. B.: Perlenketten, Alleen, **Girlanden** aus einem Werkstoff gebunden oder Balkonkästen mit einer Pflanzenart bepflanzt.

Die Wirkung ist ruhig und spannungslos. Die stetige Reihe allein ist ohne großen gestalterischen Anspruch, in Kombination mit anderen **Gestaltungselementen** schafft sie dem Betrachter entspannende Blickpunkte. Das folgende Foto zeigt ein typisches Beispiel.

Bild 4 Stetige Reihe aus dicht gepflanzten roten Tulpen

5.6.2 Rhythmische Reihe

Bei der rhythmischen Reihe werden mindestens zwei oder mehr unterschiedliche Teile aneinandergefügt, diese Aufstellung wiederholt sich mindestens dreimal. Die einzelnen Abschnitte nennt man Intervalle. Diese müssen überschaubar sein, damit das Reihengefüge nicht verloren geht. Anwendungsbeispiele sind: ein Balkonkasten mit unterschiedlichen Pflanzen gefüllt, ein Tischschmuck – Gestecke und Kerzenleuchter wechseln sich ab, Girlanden aus unterschiedlichen Werkstoffen.

Die Wirkung ist interessant und beschwingt. Spannung und Rhythmus stehen im Vordergrund. Da die rhythmische Reihe eine starke Eigenwirkung hat, sollten Umfeld oder Hintergrund eher von schlichter Beschaffenheit sein. Die **Gestaltungsmittel** würden sonst miteinander konkurrieren und ungewollte **Disharmonien** erzeugen.

Bild 1 Beispiele für rhythmische Reihen

5.7 Staffelungen

Staffelungen sind auch als abgestufte Reihen zu verstehen und ergeben sich, wenn Pflanzenteile einer Art in abgestufter Folge zusammengefügt werden. Sie bewirken, dass ein florales Werkstück locker und transparent wirkt. Jedem Pflanzenteil bleibt ein ihm entsprechender Freiraum erhalten. Kleinere Blüten nach oben und größere bzw. offenere Blüten zur **Basis** hin verdichtet eingesetzt, verstärken den optischen Zusammenhalt innerhalb eines Werkstückes. Es entsteht ein Eindruck von **Zentripetalkraft**, einer Drehbewegung zum Mittelpunkt hin.

Staffelungen können einfach aufgebaut sein, das bedeutet, dass Pflanzenteile gleicher Größe in gleichen Abständen unter- oder nebeneinander angeordnet werden. Die Wirkung dieser Art des Staffelns ist ohne große Dynamik oder Spannung, sie ist jedoch für bestimmte Anlässe die richtige gestalterische Entscheidung.

Die gesteigerte Staffelung bringt sehr viel mehr Spannung in ein Werkstück. Wie oben schon beschrieben, werden die Pflanzenteile nach Größe eingesetzt, die Abstände verringern sich zur Basis hin. Dadurch ergibt sich eine sehr interessante Abstufung, die sich innerhalb des Werkstückes wiederholt. Die Abstände innerhalb einer Staffelung sind nicht mit dem Zollstock festzulegen. Der geübte Florist entscheidet mit seinem Augenmaß, das natürlich durch seinen gestalterischen Sachverstand geschult ist. So beeinflussen beispielsweise Form, Größe und Farbe das optische Gewicht einer Blüte oder eines Blattes. Je schwerer die optische Wirkung des Elements ist, desto näher am Basisbereich wird es eingesetzt.

Die Grundlage für harmonische Proportionen bildet der **Goldene Schnitt** (Kap. 7.2, S. 302 f.). Hieraus gehen die Verhältniszahlen 8 : 5 : 3 hervor. Staffelungen, die nach diesem Verhältnis aufgebaut sind, haben eine harmonische Wirkung.

Bild 2 Einfache Staffelung

Bild 3 Spannungsreiche Staffelung

5.8 Streuungen

Werkstoffe werden ausgestreut, dadurch ergeben sich wie zufällig wirkende Flächengliederungen. Je nach Regelmäßigkeit der Streuung und Beschaffenheit des Streugutes wirken die Flächen mehr oder weniger dominant. Streuungen sind in der Floristik häufig anzutreffen, sie verbinden durch die Flächengliederung, z. B. bei der Schaufenster- und Verkaufsraumgestaltung. Die durchgängig gestaltete Fläche sorgt für den optischen Zusammenhalt aller **Gestaltungsmittel**. Auch bei floralen Werkstücken finden Streuungen gern Anwendung: Bei der Bodenmodellierung von gepflanzten **Arrangements** oder bei der Oberflächengestaltung eines Kranzkörpers werden die regelmäßige oder die Streuung mit Schwerpunkten gern als schmückende Elemente eingesetzt.

5.8.1 Regelmäßige Streuung

Bei dieser Art der Streuung werden gleiche oder ungleiche Teile optisch regelmäßig auf eine Fläche verteilt. Größen-, Form- und Farbunterschiede können Spannung in dieses Ordnungsgefüge bringen. Die Hauptaussage dieser Art der Flächengliederung, ist die stete Wiederkehr der ausgestreuten Teile, die scheinbare Regelmäßigkeit.

Bild 1 Regelmäßige Streuung mit gleichen Teilen

Bild 2 Regelmäßige Streuung mit unterschiedlichen Teilen

5.8.2 Streuung mit Verdichtung

Hier werden bewusst Freiräume und Verdichtungen eingestreut. Eine interessante Flächengliederung mit großer Eigenwirkung entsteht. **Beispiele:** Blütenblätter von Rosen, anlässlich einer Hochzeitsausstellung als Bodengestaltung ausgestreut, Kranzkörper mit Blütenschmuck.

Floralcollagen; trockene Werkstoffe unterschiedlicher Struktur werden flächig gestaltet. Die Streuung mit Verdichtung als Gestaltungselement führt zu einem spannungsreichen Werkstück.

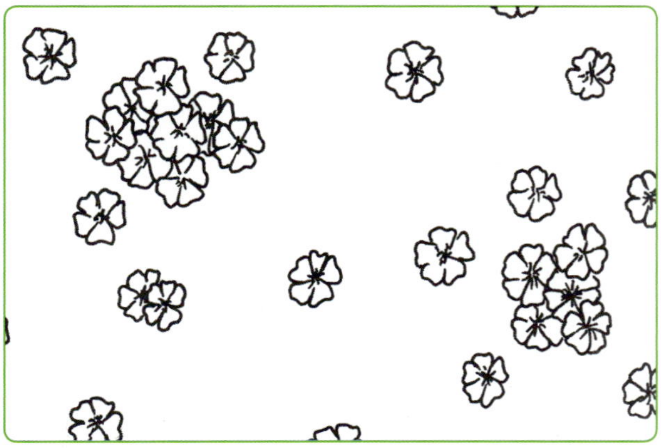

Bild 3 Streuung mit Verdichtung

Der Florist muss mit seiner Gestaltungsidee auf das Umfeld eingehen. Sind Wände oder Böden mit einer dominant wirkenden Streuung versehen, hat das z. B. bei Raumdekorationen einen großen Einfluss auf die weiteren Gestaltungsmöglichkeiten. Konkurrierende Gestaltungselemente schaffen **Disharmonien**.

5.9 Gruppierungen

Gruppieren heißt durch das Zusammenfügen von Einzelteilen ein neues Ganzes schaffen. Jeder Bestandteil der Gruppe gibt ein Stück seiner Eigenwirkung zugunsten der neuen Einheit auf. Die Objekte stehen in einer räumlichen Beziehung zueinander. Alle Teile können gleichberechtigt sein oder nach einer Rangordnung kombiniert werden. Ganz wichtig sind die Überschaubarkeit und die konsequente Entscheidung für die Symmetrie oder die Asymmetrie.

Ein weiterer wichtiger Aspekt ist das **Gesetz der Beschränkung**. Das menschliche Auge kann beim schnellen Hinschauen nur eine gewisse Menge an Objekten erfassen. Drei bis vier Teile sind leicht erfassbar. **Gruppieren**, also ordnen nach gestalterischen Kriterien, ist ein wichtiges Gestaltungselement. Durch interessantes Zusammenfügen, z. B. innerhalb floraler Werkstücke oder in Schaufenstergestaltungen, sprechen wir den Betrachter an.

Aufgaben

1. Nennen und beschreiben Sie die Anordnungsarten.
2. Fertigen Sie zu jeder Anordnungsart eine Skizze an.
3. Ordnen Sie jeder Anordnungsart zwei passende florale Werkstücke und Anlässe zu. Begründen Sie Ihre Aussage.
4. Welche Bedeutung hat das konsequente Einhalten einer Anordnungsart für ein florales Werkstück?
5. Erläutern Sie die Begriffe Bewegungsmittelpunkt und Wachstumspunkt.
6. Was sind Staffelungen?
7. Gehen Sie durch die Natur und finden Sie Beispiele der o. g. Anordnungsarten. Machen Sie Fotos, diese können Sie sehr gut für Ihren Ausbildungsnachweis verwenden.
8. Fertigen Sie Skizzen von Ihren Naturbeispielen an und beschreiben Sie diese kurz.

1 2 3

6 Umrissgestaltungen zuordnen

Anna möchte heute lernen, einen Strauß zu binden. Er soll kurz und kuppelförmig gestaltet werden. Die Werkstoffe dafür darf sie sich selbst aussuchen. Nachdem sie ihre Auswahl getroffen hat, beginnt sie damit, die Blumen zusammenzufügen. Das Ergebnis gefällt ihr nicht, woran mag es liegen? Sie erkundigt sich bei Sophia Schmidt. Diese erklärt, dass alle Werkstoffe entsprechend ihrer Wuchsform zu einem lockeren oder geschlossenen Umriss gestaltet werden können. Da Anna sich sehr filigrane Blumen ausgesucht hat, ist in diesem Fall der aufgelockerte Umriss angebracht. Ein leichtes Spiel mit Höhen und Tiefen, Freiräumen und Gruppierungen lässt den Strauß sehr natürlich und zart wirken. Anna hatte diese Punkte nicht berücksichtigt, daher wirkte ihr Strauß zu fest und die einzelnen Blumen konnten sich nicht entfalten. Für den geschlossenen Umriss hätte sie geschlossenere Blütenformen auswählen müssen. Anna freut sich über ihr neu erworbenes Wissen und geht hochmotiviert in die nächste Übungsphase.

Bei der Wahrnehmung von Pflanzen oder Pflanzenteilen wird dem Betrachter ein bestimmtes Bild vermittelt. Oft hat der äußere Umriss Ähnlichkeit mit den Grundformen: Blüten erscheinen kreisförmig, Blätter dreieckig oder ganze Pflanzen erinnern an ein Rechteck. Beim genauen Hinschauen erkennen wir, dass sich hinter diesen Umrissformen sehr viel mehr verbirgt: Die feine Gliederung der Umrisse ist sehr unterschiedlich; hier wird von der Umrissgestaltung gesprochen.

Manche Pflanzen sind sehr kompakt gewachsen. Zweige und Laub stehen dicht an dicht neben- und übereinander. Dadurch wirkt der Umriss geschlossen.

Andere Pflanzen sind locker, teilweise sogar sehr filigran gewachsen, dadurch erscheinen sie weniger streng. Der äußere Umriss wirkt aufgelockert.

Folgende Bilder zeigen zwei Blattarten im Vergleich:

Bild 1 Geschlossener Umriss, Perückenstrauch *(Cotinus coggygria)*

Bild 2 Aufgelockerter Umriss, Jap. Fächer-Ahorn *(Acer palmatum)*

Sehr oft findet sich die Umrissgestaltung der Pflanzenteile im **Habitus**, also im Erscheinungsbild der gesamten Pflanze wieder.

Dieses von der Natur vorgegebene Gestaltungsprinzip lässt sich direkt auf florale Werkstücke übertragen.

6.1 Geschlossener Umriss

Werkstücke mit geschlossenem Umriss wirken ruhig und klar. Die äußeren Abmessungen sind deutlich zu erfassen und berechenbar. Das Werkstück kommuniziert aufgrund seiner Geschlossenheit nicht direkt mit seiner Umgebung, sondern bildet eher einen Formkontrast. Es strebt nach Perfektion und Gleichmäßigkeit. Vor allem in der Formbinderei ist der geschlossene Umriss als typisches Gestaltungselement sehr gut anwendbar: Zum Beispiel Pyramiden mit Lunariablättern gesteckt, Kugeln mit Moos umwickelt, Werkstücke in Kegel- oder Tropfenform oder Kränze komplett aus einem Werkstoff gearbeitet.

Die einzelnen Pflanzenteile geben ihre Eigenwirkung auf und ordnen sich dem Gesamtergebnis unter. Werkstoffe mit geschlossenem Umriss unterstützen die strenge Wirkung, Pflanzenteile mit aufgelockertem Umriss nehmen dem Werkstück etwas von der Strenge. Der Florist entscheidet, welches gestalterische Ziel er anstrebt. Bild 3 und 4 zeigen den Unterschied deutlich.

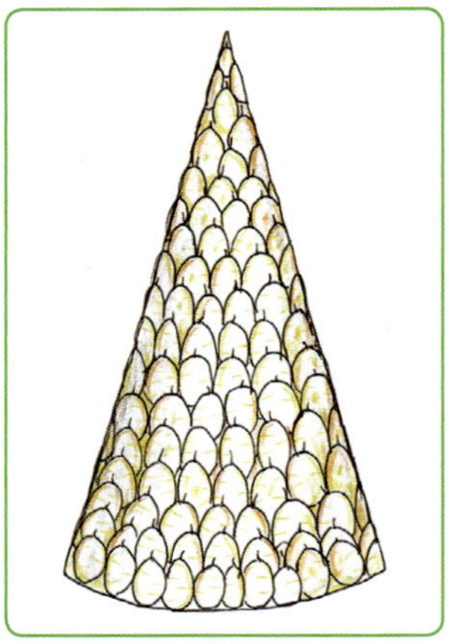

Bild 3 Geschlossener Umriss: Pyramide aus Lunariablättern

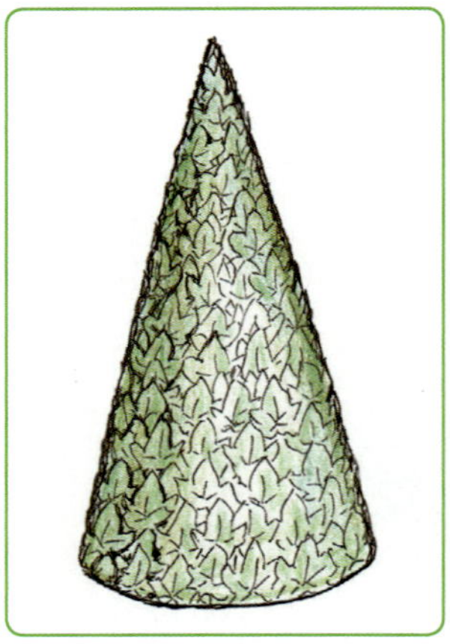

Bild 4 Geschlossener Umriss: Pyramide aus Efeublättern

Für den geschlossenen Umriss entscheidet sich der Florist, wenn er eine klare Form schaffen will, wenn der Anlass Ruhe und Würde verlangt. Das ist in der Trauer- und Gedenkfloristik in vielen Fällen angebracht, aber auch bei Raumdekorationen, wenn die Räumlichkeiten, durch Einrichtung, Ausstattung oder **Stilelemente**, klare Formen und Zurückhaltung fordern.

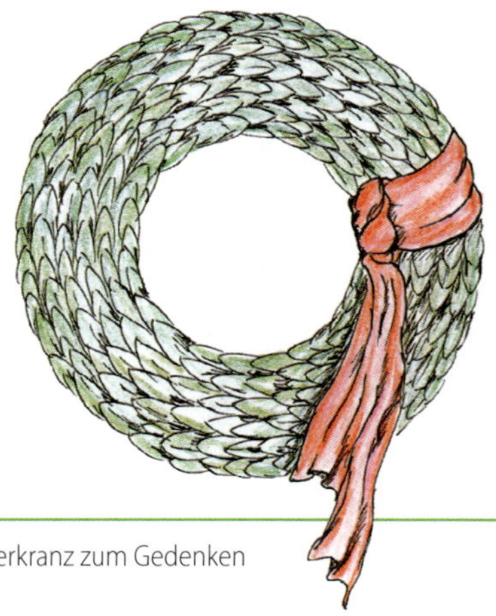

Bild 1 Lorbeerkranz zum Gedenken

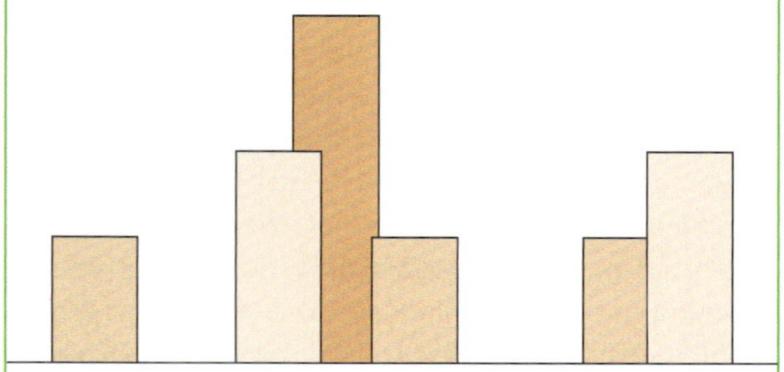

Bild 3 Asymmetrisch gruppierte Dekorationshocker

6.2 Aufgelockerter Umriss

Wie schon aus dem Thema der Bewegungsformen bekannt, lässt sich jede Form einer geometrischen Grundform zuordnen. Je lockerer der Umriss ist, desto zufälliger wirkt er. Dennoch bricht keine Bewegung zu weit aus der Gemeinschaft aus. Ein Gleichklang in der Wiederholung von Proportionen, Anordnungen, Bewegungen, Farben, Formen, Freiräumen und Verdichtungen ist deutlich sichtbar. Er vermittelt dem Betrachter die klare Grundform, z. B. einen Kranz (Kreis/Ring). Weitere Grundlagen zur gestalterischen Orientierung für Umrissformen bieten z. B. der Kegel, die Ellipse, die Kugel, das Trapez, der Tropfen, die Herz- und die Kuppelform.

Die hier beschriebenen Details lassen sich auf jede andere Form und somit jedes andere Werkstück oder Gestaltungsmittel übertragen. Symmetrische Gruppierungen können eine lockere oder geschlossene Umrissgestaltung haben, bei der asymmetrischen empfiehlt sich der lockere Umriss.

Ausnahmen gibt es natürlich, z. B. bei einer asymmetrischen Anordnung von Dekorationshockern in Würfelform zur Warenpräsentation (siehe Bild 3).

Bild 2 Trauerkranz mit lockerer Umrissgestaltung

Aufgaben

1. Unterscheiden Sie die Begriffe Umrissform und Umrissgestaltung.
2. Finden Sie zu jeder Umrissgestaltung drei weitere Blatt- oder Blütenbeispiele.
3. Nennen Sie je drei Pflanzen mit geschlossenem und aufgelockertem Umriss.
4. Beschreiben Sie die Wirkung der unter Aufgabe 2 und 3 genannten Beispiele.
5. Welchen Einfluss hat die Umrissgestaltung auf ein florales Werkstück?
6. Nennen Sie drei Beispiele für Umrissformen.
7. Nennen Sie zu jeder Umrissgestaltung einen passenden Anlass mit einem entsprechenden floralen Werkstück. Beispiel: Trauerkranz zum Gedenken aus Lorbeerblättern.
8. Skizzieren Sie paarweise drei Umrissformen, stellen Sie jeweils beide Umrissgestaltungen gegenüber.

   Beispiel: Kugel mit lockerem Umriss
   Kugel mit geschlossenem Umriss
9. Beschreiben Sie die unterschiedlichen Wirkungen der Beispiele aus Aufgabe 7.
10. Durch welches Gestaltungsprinzip ist die Form eines Werkstückes, auch bei einem lockeren Umriss, klar nachvollziehbar?
11. Wodurch werden die einzelnen Werkstoffe, auf den Umriss bezogen, zu einer Einheit?

7 Proportionen berechnen/anwenden

Richtige Proportionen sind Voraussetzung für gutes Gestalten. Schon zu Beginn der Ausbildung kommt Anna mit diesem Thema in Kontakt. Bei der Auswahl der passenden Vase für einen Strauß, bei der Kombination von verschieden Blumensorten in einem Werkstück; hier geht es um das proportionale Mengenverhältnis der Blütenformen und -farben zueinander. Oliver, jetzt im dritten Ausbildungsjahr, setzt die Proportionen schon sehr geübt ein. Er ist immer wieder fasziniert, wie schon das geringfügigste Verändern der Proportionen den Ausdruck eines Werkstücks stark verändern kann. Gedrungenes und Kompaktes wird durch wenige Zentimeter Stielzugabe zu etwas Erhabenem und Elegantem.

Proportionen sind Verhältnismäßigkeiten, die sich auf Größen-, Längen-, oder Mengenkombinationen beziehen. Die gute Proportion ist von verschiedenen Faktoren abhängig: Die Material- und Werkstoffbeschaffenheit sowie die Umgebung beeinflussen das Harmonieempfinden des Betrachters.

In der Floristik bezieht sich die Proportion auf die Kombination von Werkstoffen, diese wiederum müssen im richtigen Verhältnis zum Gefäß stehen und zum Anlass passen, z. B. beim Raumschmuck zum Raum, beim Tischschmuck zum Tisch oder beim Brautschmuck zur Braut. Alle Details, alle Gestaltungselemente müssen Berücksichtigung finden, wenn ein positives Proportionsergebnis erzielt werden soll.

7.1 Wirkung und Harmonie

Die Wirkung aller Werkstoffe wird beeinflusst durch Wuchsform, Größe, Textur und vor allem durch die Farbe. Die **Gestaltungselemente** lassen eine Pflanze leicht oder schwer erscheinen. Der Florist kann also nicht mit dem Zollstock arbeiten, sondern sein Auge entscheidet über die harmonische Proportion. Helle, filigran gewachsene Pflanzen wirken leichter und können wesentlich höher eingesetzt werden, als dunkle, kompakte Pflanzen. Ein transparentes Glasgefäß wirkt leichter als ein braunes Tongefäß gleicher Form und Größe.

Die Natur lebt die harmonische Proportion vor. Bei Pflanzen, Tieren und Menschen sehen wir Gliederungen nach gewissen Gesetzmäßigkeiten. So steht z. B. der menschliche Oberkörper in einem bestimmten Verhältnis zum Unterkörper oder der Unterarm zum Oberarm. Abweichungen von der Norm erregen Aufmerksamkeit.

Eine Aufmerksamkeit, die sich z. B. die Werbung zunutze macht. Disharmonische Proportionen sind nicht negativ, sie veranlassen den Betrachter zum Hinschauen.

7.2 Der Goldene Schnitt

Schon ca. 400 Jahre v. Ch. entdeckten griechische Bildhauer und Mathematiker eine Gesetzmäßigkeit in der Natur. Die Pythagoräer (Anhänger des Pythagoras) erkannten, dass unterschiedlich lange und viele Streckenteile, z. B. an Bäumen und Sträuchern, in einem bestimmten harmonischen Verhältnis zueinander stehen. Anhand der geometrischen Grundform des Pentagramms entwickelten sie das Proportionsverhältnis 1 : 1,6. Viele gewachsene Formen fügen sich in den fünfzackigen Stern ein. Die Beispiele des menschlichen Körpers und eines Efeublattes auf den Bildern 1 und 2 verdeutlichen dies.

> Bei Strecken oder Längen, die nach dem Goldenen Schnitt geteilt sind, verhält sich die kleinere Strecke (Minor) a zur größeren Strecke (Major) b genau so wie b zur Gesamtstrecke c.
> Verhältnisformel: a : b = b : c

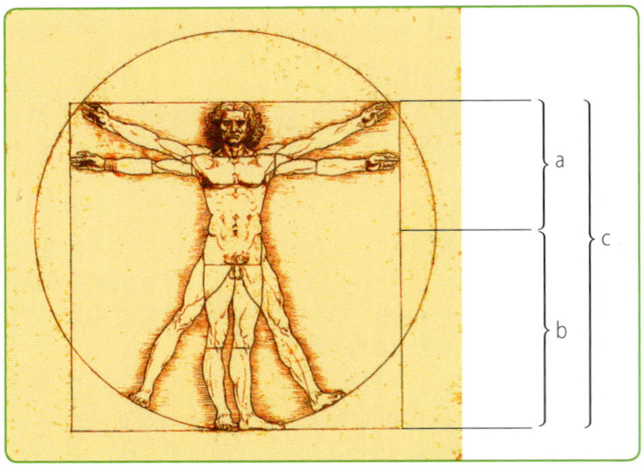

Bild 1 Die Gliederung des menschlichen Körpers nach Leonardo da Vinci. Die Einteilung nach dem Goldenen Schnitt wird deutlich.

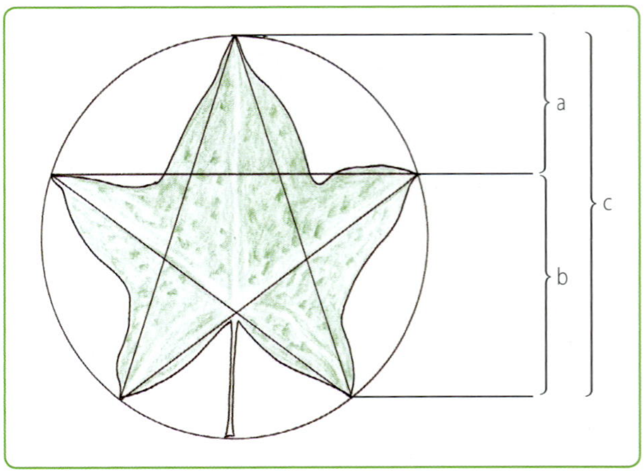

Bild 2 Efeublatt im Pentagramm

> **Beispielrechnung** nach dem Goldenen Schnitt:
> Eine Strecke c von 8 Teilen wird durch 1,6 geteilt, daraus ergeben sich drei im gleichen Verhältnis zueinander stehende Strecken: 8 : 1,6 = 5
>
> | | |
> |---|---|
> | Gesamtstrecke | c = 8 |
> | Major | b = 5 |
> | Minor | a = 3 |
>
> **Proportionsverhältnis 8 : 5 : 3**

Diese Streckenberechnungen lassen sich beliebig fortsetzen. Soll die längere Strecke von 8 berechnet werden (also 8 = b), ergibt sich 8 · 1,6 = 12,8
c = 12,8 b = 8 a = 5

> Die Verhältniszahlen 3 : 5 : 8 ergeben ein harmonisches Proportionsverhältnis.
> Durch bewusstes Abweichen von dieser Regel kann eine bestimmte Gestaltungsabsicht erzielt werden. Es entstehen **Disharmonien**, die Aufsehen erregen und in der bildenden Kunst und Architektur oder in der Werbung sehr willkommen sind; siehe Bild 1. Spannungsreiche **Kompositionen** entstehen durch Übertreten der Normgrenzen, aber Vorsicht: Dazu gehören Fachkompetenz und Erfahrung.

Bild 1 Die schmale Säule kann den schweren Überbau optisch nicht tragen

Es gibt weitere Proportionsverhältnisse, die als harmonisch empfunden werden können, z. B. 1 : 2 oder 3 : 4. Diese Verhältnisse finden häufig bei der Gestaltung von Schmuck- und Trauerkränzen ihre Anwendung: z. B. bei der Höhe und Breite des **Kranzkörpers** im Verhältnis zur **Kranzöffnung** (ausführliche Beschreibung im Kapitel Trauerschmuck, ab S. 432).

Darüber hinaus gibt es viele weitere Anwendungsmöglichkeiten der verschiedenen Proportionsverhältnisse. Der Gestalter entscheidet sich je nach Anlass, gewünschtem Erscheinungsbild und zu erzielender Spannungsaussage für das richtige Verhältnis.

In vielen Fällen ist das Mengenverhältnis Blume zu Gefäß etwa $\frac{2}{3}$ zu $\frac{1}{3}$ oder ähnlich. Sehr reizvoll ist allerdings auch ein anderes Verhältnis: Auf Bild 2 ist ein großes Gefäß mit wenigen zarten Blüten und Blättern zu sehen, die sich durch eine Schichtung von Zweigen dem Licht zuwenden. Das relativ große Gefäß bildet einen schützenden Raum für die feinen Pflänzchen. Die farbliche Verbindung durch die Blautöne unterstützt das harmonische Gesamtbild.

Bild 2 Das relativ große Gefäß bietet einen schützenden Raum für die zarten Pflanzenteile

7.3 Raumdimensionen

Proportionen beziehen sich natürlich auf alle Raumdimensionen. Ob senkrecht nach oben oder nach unten, diagonal oder waagerecht, Voraussetzung für eine ausgewogene Gestaltung ist der optische Halt. Dieser wird durch den richtigen Einsatz der floralen Werkstoffe, durch die Zuordnung von z. B. Gefäßen, Brettern, Steinen oder anderen Gestaltungsmitteln gegeben. Die Bilder 1 bis 3 auf der nächsten Seite zeigen die unterschiedlichen Möglichkeiten der Raumausdehnungen. Aber auch Parallelen zum Raum oder zur Raumeinrichtung sowie die Größenverhältnisse oder ein Gleichklang der Bewegungen innerhalb des Werkstücks, abgestimmt auf den Raum, können die optische Stabilität bzw. die Ausgewogenheit stützen.

Die Umgebung eines Werkstücks hat einen großen Einfluss auf die Wirkung. Ein zu kleiner Raum lässt es unfrei und eingeengt wirken, ein zu großer Raum verschlingt es geradezu. Dies kann auf alle Bereiche übertragen werden: Vor allem bei Tischdekorationen, Bühnendekorationen, Brautsträußen, in Ballsälen und bei vielen Anlässen. Das richtige Verhältnis ist wichtig.

Bild 1 Das massive Gefäß trägt den filigranen, in die Waagerechte gehenden Zweig

Bild 2 Hohes Gefäß mit einem Garten-Fuchsschwanz *(Amaranthus caudatus)*

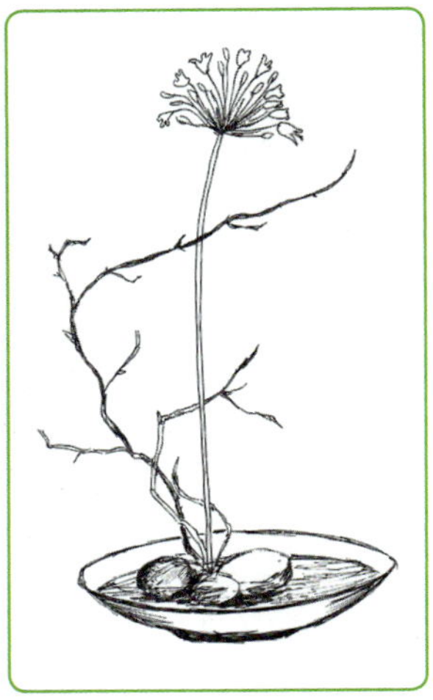

Bild 3 Flaches Gefäß mit einer Schmucklilie *(Agapanthus praecox)*

Bild 1 zeigt, wie die brüchige Bewegung eines Zweiges die massive Wirkung des Gefäßes auflöst und eine Verbindung zum Raum herstellt.

Auf Bild 2 ist das hohe, aufstrebende Gefäß mit dem abfließenden Garten-Fuchsschwanz kombiniert. Die Gefäßhöhe wird durch die in die Tiefe gehende Bewegung optisch reduziert. Diese Wirkung muss bei der gewünschten Proportion beachtet werden.

Auf Bild 3 dient das flache Gefäß als Grundlage und als Basis für die stark aufstrebende und sich in den Raum entfaltende Schmucklilie. Zusätzlich erhöhen runde, ruhig wirkende Steine, im Gefäß arrangiert, das optische Gewicht. Die sammelnde Wirkung der Steine bindet die aufstrebende Bewegung optisch an das Gefäß und erhöht das gute Gefühl für eine ausgewogene Statik. Der Zweig, der mit seiner Bewegung die aufstrebende Bewegung im oberen Drittel überschneidet, schafft die Verbindung zum Gefäß (Hauptbewegung läuft parallel zum Gefäßrand). Der Zweig reduziert die optische Höhe des Werkstücks, er schafft eine zusätzliche Ebene. Sehr wichtig ist der Überschneidungspunkt: Der Goldene Schnitt findet Anwendung, aber entscheiden muss das Auge des Gestalters.

Aufgaben

1. Erläutern Sie den Begriff Proportionen.
2. Worauf beziehen sich die Proportionsverhältnisse?
3. Welche Faktoren können die Proportionen beeinflussen?
4. Erläutern Sie den Goldenen Schnitt.
5. Nennen Sie drei Beispiele aus der Natur, an denen Sie den Goldenen Schnitt nachempfinden können.
6. Berechnen Sie die Höhe von drei weiteren Dekorationshockern im Verhältnis nach dem Goldenen Schnitt. Ein Hocker ist 48 cm hoch, Sie benötigen noch einen kleineren und zwei größere.
7. Das Verhältnis von Pflanzenteilen innerhalb einer Staffelung lässt sich nur in der Theorie berechnen. Warum spielen in der Praxis weitere Überlegungen eine Rolle? Begründen Sie Ihre Aussage.
8. Für welche Bereiche ist das bewusste Abweichen von den „normalen" Proportionen interessant und was soll damit erreicht werden? Finden Sie ein Beispiel für ein Floristik-Fachgeschäft.

8 Gestaltungsarten zuordnen

In der Floristik werden drei wesentliche Gestaltungsarten, auch Gestaltungsstile genannt, unterschieden. Sie bilden die Ausgangsbasis für unterschiedliche Stilrichtungen der floristischen Gestaltung. Dies sind die dekorative, die vegetative und die formal-lineare Gestaltungsart. Für jede einzelne gibt es mehrere Interpretationsmöglichkeiten, Steigerungen und Abwandlungen. Die grundsätzlichen Charaktereigenschaften sind jedoch immer identisch. Die konsequente Umsetzung einer Gestaltungsart innerhalb eines Werkstückes ist vor allem für die Ausbildung sehr wichtig. Sie bildet einen roten Faden, der die Stilsicherheit prägt. Mit wachsender Berufserfahrung werden die Grenzen lockerer. Experimentelle und freiere Umsetzungen führen zu reizvollen Ergebnissen, wobei die Stilrichtung auch dann noch klar erkennbar sein wird. Die Grenzen zwischen den Gestaltungsarten sind fließend: So kann z. B. ein dekoratives Werkstück einen natürlichen und somit vegetativen Eindruck vermitteln. Dennoch wird durch weitere Gestaltungselemente, wie z. B. Wachstumspunkte, Pflanzensoziologie oder Anordnungsarten, die Zuordnung zur dekorativen Gestaltungsart deutlich.

Einzelne Charaktereigenschaften können in jeder Gestaltungsart erscheinen, nur die Summe aller verdeutlicht die klare Zugehörigkeit.

8.1 Dekorative Gestaltungsart

Die dekorative Gestaltungsart ist wirkungsvoll, üppig, schmückend. Eine gewisse Werkstofffülle ist notwendig. Die Persönlichkeit der einzelnen Pflanze tritt zugunsten der Gemeinschaft zurück, soll aber dennoch nicht außer Acht gelassen werden. Die **Werkstoffgerechtigkeit** einer Pflanze oder eines Pflanzenteils will Berücksichtigung finden und ist wichtig für die Persönlichkeitsdarstellung.

Wo ein üppiger Blumenschmuck angebracht ist, ist die dekorative Gestaltungsart die richtige Entscheidung. Repräsentative Veranstaltungen erfordern in der Regel einen dekorativen Blumenschmuck. Bei Raum- und Tischdekorationen, in der Trauer- und Hochzeitsfloristik oder auch bei wirkungsvollen Gefäßbepflanzungen wird gern dekorativ gearbeitet. Durch die Blumenfülle unter Beachtung der richtigen Farbwahl entsteht eine gute Fernwirkung.

Als Ordnungsart wird in der Regel die Symmetrie gewählt, die asymmetrische Ordnung ist ebenfalls möglich. Jede Anordnungsart ist anwendbar. Gestaltungsentscheidungen werden konsequent umgesetzt. Durch das Kombinieren sich ergänzender Bewegungsformen, wie z. B. aufstrebende, aufstrebende mit rundem oder flachem Endpunkt und ausschwingenden, wird ein spannungsreiches Miteinander geschaffen. Reizvolle Staffelungen, Gruppierungen und Freiräume steigern den Interessantheitsgrad eines Werkstückes zusätzlich. Das ausgewählte Gefäß, möglichst mit symmetrischem Umriss, tritt zugunsten des Gesamteindrucks zurück und ordnet sich unter.

Bild 1 Dekoratives Werkstück

8.2 Vegetative Gestaltungsart

Die vegetative Gestaltungsart ist die naturnaheste Art der Gestaltung. Alle gestalterischen Überlegungen sind der Natur nachempfunden. Die Natur wird interpretiert, nicht imitiert, dessen muss sich der Gestalter bewusst sein. Alle Pflanzen oder Pflanzenteile eines Werkstücks kommen aus einem **soziologischen** Bereich. Die typische Ordnungsart ist die Asymmetrie, die Symmetrie ist nur in Ausnahmefällen möglich, z. B. bei der Interpretation eines Ausschnittes aus einem Getreidefeld. Als Anordnungsart kommen ein oder mehrere Wachstumspunkte in Frage. Die Pflanzengruppen oder -Teile sind nach eigenen Wachstumspunkten getrennt, wie in der Natur.

Anwendung findet die vegetative Gestaltungsart u. a. bei Anlässen, wo die Natur eine große Rolle spielt, oder für Kunden, die der Natur zugetan sind. Das können z. B. Dekorationen sein, die für Jäger, Förster und Gartenliebhaber ausgerichtet werden.

Vegetative Gestaltungen sind sehr gut für den täglichen Umgang geeignet. Ein Stück Natur im sterilen Großraumbüro oder auch in der Wohnung gibt dem Betrachter einen Moment der Erholung und Entspannung. Vegetative Gestaltungen schaffen einen Kontrast zum architektonischen Umfeld und zur hektischen Betriebsamkeit des Alltags.

Bild 1 Vegetatives Werkstück

Die Technik und weltweite, schnelle Lieferverbindungen ermöglichen eine reichliche Blumen- und Pflanzenversorgung über 12 Monate im Jahr. Fast jede Blumensorte ist ganzjährig zu bekommen. Die Jahreszeiten sind kaum noch ausschlaggebend.

Achtung! Ein Appell an uns Floristen: Es gibt kaum etwas Interessanteres als die Veränderung der Natur im Jahresverlauf. Unsere Kunden möchten das spüren. Eine Tatsache, die mit Fingerspitzengefühl behandelt werden muss. Natürlich bieten wir ein gewisses Standardprogramm das ganze Jahr über an und das ist auch gut so. Aber:

Sonnenblumen im Dezember sind genauso deplatziert wie Tulpen im Oktober oder Weihnachtssterne im Juli.

Wir Floristen haben Einfluss und es liegt in unserer Verantwortung, eine totale Verfälschung des saisonalen Angebots zu verhindern.

Bei der Gefäßauswahl ist zu beachten: Es soll ein Stück Natur geschaffen werden. Aus diesem Grund sind flache Gefäße, rund, quadratisch oder rechteckig mit natürlicher Oberflächengestaltung, auch **Textur** genannt, sehr gut geeignet. Die Gefäße dürfen nicht zu klein sein, denn bei dieser Gestaltungsart wirken Freiräume entscheidend mit.

8.3 Grafisch-objekthafte Gestaltungsart (Formal-linear)

Die formal-lineare Gestaltungsart ist auch als grafische Gestaltungsart zu bezeichnen. Formen und Linien stehen im Vordergrund. Das Gefäß bzw. die Gefäßform spielt eine große Rolle und wirkt dominant mit. Statisch und geradlinig wirkende Gefäße, mit symmetrischem oder asymmetrischem Umriss, sind bestens geeignet und steigern die Wirkung dieser Gestaltungsart. Die Werkstoffauswahl ist in der Menge und in der Vielfalt sehr reduziert. Jeder Linienverlauf und jede Form soll nachvollziehbar und sichtbar sein. Überschneidungen und raumgreifende Bewegungen erhöhen die Spannung.

Anlässe für diese eigenwillige und überaus elegante Gestaltungsart gibt es viele: Überall dort, wo Experimentelles und Ausgefallenes gewünscht wird, findet die formal-lineare Gestaltungsart ihre Berechtigung: z. B. bei der extravaganten Braut, die zu einem eleganten Kleid einen linearen **Körperschmuck** wünscht. Für einen Raumschmuck, der durch die formale Linienführung der grafischen Gestaltungsart gezielte und akzentsetzende Unterstützung bekommt. Die gotische Kirche, deren Stilelemente durch einen formal-linearen Schmuck bewusst hervorgehoben werden.

Bild 2 Grafisches Werkstück

Bild 1 Dekorativer Raumschmuck mit linear angeordneten Werkstoffen

Aufgaben

1. Welche Gestaltungsarten gibt es?
2. Wo finden die Gestaltungsarten Anwendung in der Floristik?
3. Beschreiben und charakterisieren Sie die wesentlichen Merkmale der Gestaltungsarten.
4. Finden Sie je drei Anlässe zu den Gestaltungsarten. Begründen Sie Ihre Vorschläge.
5. Welche Gefäßauswahl eignet sich am besten für die jeweilige Gestaltungsart?
6. Ordnen Sie den Gestaltungsarten jeweils drei Geltungsformen zu. Begründen Sie Ihre Auswahl. (s. S. 280, Persönlichkeitscharaktere und Geltungsbereiche)
7. Die Auswahl der passenden Gestaltungsart ist anlass- und zweckbezogen, aber auch abhängig von der persönlichen Neigung des Gestalters und natürlich des Auftraggebers. Diskutieren Sie im Kollegenkreis oder im Klassenverband über unterschiedliche Zuordnungen mit entsprechenden Begründungen. Sie werden feststellen: Verschiedene Interpretationen zu den Anlässen sind möglich und anwendbar.

1 2 3

9 Farbenlehre anwenden

Beim Zusammenstellen von Blumen kann sich Anna vor allem für die Farben begeistern. Meistens trifft sie Entscheidungen, welche Blumen zusammen passen, aus dem Bauch heraus. Manchmal geht das gut, manchmal aber auch nicht. Nun ist Anna neugierig darauf, die Zusammenhänge der Farbenlehre kennenzulernen, um sicherer und gezielter Farben bei der Gestaltung floristischer Werkstücke einsetzen zu können.

9.1 Farbe ist Licht

Das Licht, das uns von der Sonne erreicht, ist elektromagnetische Strahlung bestimmter Wellenlänge. Im Bereich von 380 bis 780 Nanometern (1 nm = 1 Millionstel Millimeter) ist dieser Anteil das für unser Auge sichtbare Licht. Je nach Wellenlänge haben die Lichtstrahlen unterschiedliche Farben. Im kurzwelligen Bereich ist die Blau- und Violett-Strahlung angeordnet, im langwelligen Bereich die Gelb- und Rot-Strahlung. In der Summe ergeben diese Strahlen weißes Licht.

Den Beweis für die Farbigkeit des Lichts führte der Physiker Newton im 17. Jahrhundert. Er schickte einen Lichtstrahl durch ein Glasprisma, einen dreieckigen Glaskörper. Die von der Sonne ausgehenden Lichtstrahlen verlaufen parallel. Wird das Licht jedoch durch ein anderes Medium (z. B. Glas) geleitet, werden die Strahlen gebrochen und im Falle des Prismas aufgespalten So erscheinen auf einem weißen Untergrund die farbigen Lichtstrahlen, die sogenannten Spektralfarben: Rot; Orange, Gelb, Grün, Blau, Violett (Bild 1).

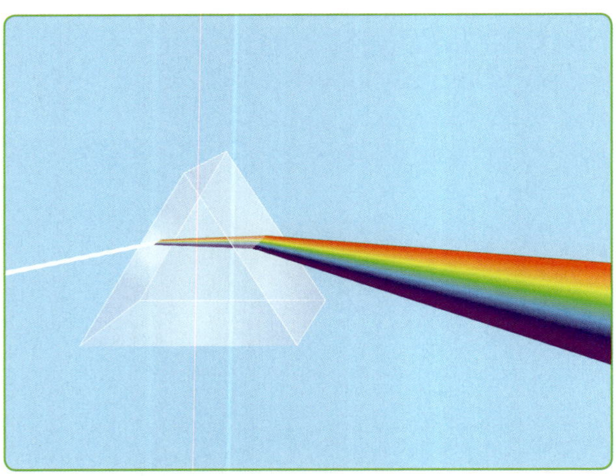

Bild 1 Lichtbrechung am Prisma

Das gleiche Erlebnis ist beim Regenbogen zu finden. Hier werden die Lichtstrahlen in den Regentropfen gebrochen und am Himmel erscheint ein Regenbogen mit den Spektralfarben (Bild 2).

Bild 2 Regenbogen

Die meisten Gegenstände sind jedoch nicht transparent (durchscheinend) wie das Glasprisma, sondern sie reflektieren das Licht. Gegenstände, die als weiß erscheinen, reflektieren alle Lichtstrahlen. Farbige Gegenstände reflektieren einen Teil des Lichts und absorbieren (verschlucken) den Rest. Ein schwarzer Gegenstand verschluckt nahezu das gesamte Lichtspektrum.

9.2 Funktion des Auges

Als Beispiel dient ein Blatt, das von den Lichtstrahlen des Sonnenlichts getroffen wird (Bild 3).

Bild 3 Reflexion an einer Blattoberfläche

Der rotanteilige Strahlenbereich wird von dem Blatt verschluckt, der Blau-Grün-Anteil wird reflektiert und gelangt in das Auge. Im Auge dient die Iris zur Regulierung der Lichtintensität. Sie öffnet sich bei dunklen Lichtverhältnissen und verkleinert ihre Öffnung bei hellem Licht. Die Linse bündelt die einfallenden Lichtstrahlen und sorgt für ein scharfes Abbild auf der Netzhaut. Beim Nah-Sehen wird die Rundung der Linse stärker, beim Fern-Sehen flacher.

Mit zunehmendem Alter oder aufgrund einer Fehlfunktion ist die Beugung der Linse nicht ausreichend, auf der Netzhaut entsteht ein unscharfes Abbild. Dies kann durch eine Brille ausgeglichen werden. Das Brillenglas ist praktisch auch eine Linse, die die nicht ausreichende Brechung der Augenlinse korrigiert.

Auf der Netzhaut (Bild 1) im hinteren Teil des Auges sind winzig kleine Sehzellen, sogenannte Photorezeptoren angebracht, die auf Lichtreize reagieren. Es sind zwei verschiedene Arten:

- Die **Stäbchen** (Bild 1) reagieren auf die Stärke (Helligkeit) des Lichts und passen die Sehfähigkeit entsprechend an, sodass das Auge zum Beispiel auch in der Dämmerung noch Gegenstände erkennen kann.
- Die **Zapfen** (Bild 1) reagieren auf die Wellenlänge der Lichtstrahlen und damit auf ihre Farbigkeit. Drei verschiedene Zapfentypen sorgen dafür, dass Farbeneindrücke unterschieden werden können. Die Blau-empfindlichen Zapfen werden vor allem von den kurzwelligen Strahlen angeregt, die Grün-empfindlichen von den mittelwelligen und die Rot-empfindlichen von den langwelligen. Letztere empfangen im Beispiel (Bild 2) keinen Reiz, da das Blatt die Rotanteile verschluckt hat. Nur die blau-und grünempfindlichen Zapfen empfangen Lichtimpulse, die bereits auf der Netzhaut teilweise verarbeitet werden. Über den Sehnerv werden die Impulse an die für die Farbempfindung zuständige Region im Gehirn weitergleitet, wo der Farbton Blaugrün wahrgenommen wird.

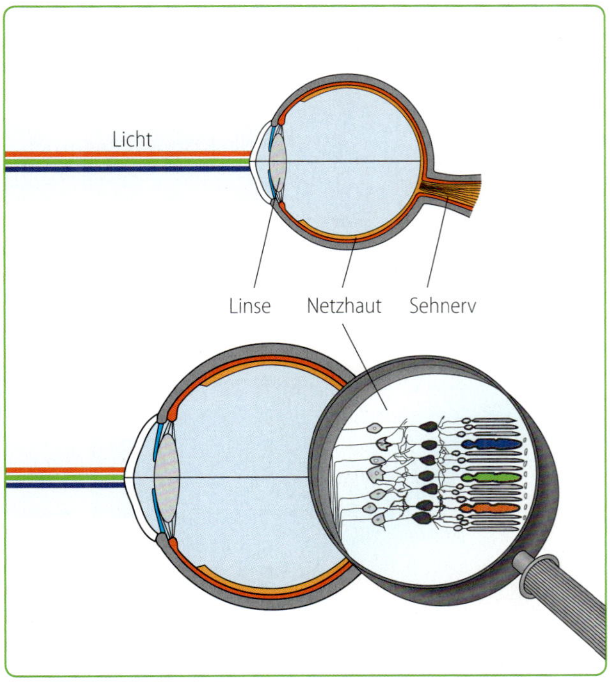

Bild 1 Auge und Netzhaut mit Zapfen und Stäbchen

Licht besteht aus Strahlung unterschiedlicher Wellenlängen, denen bestimmte Farben zugeordnet sind. In der Summe ergeben sie weißes Licht.
Gegenstände absorbieren einen Teil der Lichtstrahlung und reflektieren einen anderen.
Im Auge sind drei verschiedene Zapfentypen für jeweils einen Farbbereich zuständig.

Aus dem beschriebenen Beispiel wird deutlich, dass durch die Reizung zweier Zapfentypen eine Mischfarbe, nämlich Blau-Grün entstanden ist. So ergeben sich weitere Mischfarben:

- Rot und Blau zuständige Zapfen ergeben Violett,
- Rot und Grün zuständige ergeben Gelb.

Mit diesen sechs Farben ist es jedoch nicht getan, denn ein gesundes Auge kann mehrere hunderttausend Farbtöne voneinander unterscheiden (Bild 2). Diese Vielfalt kommt einerseits durch die unterschiedliche Intensität des Lichts, andererseits durch die Beschaffenheit des Gegenstandes zustande, indem die jeweiligen farbigen Lichtstrahlen in unterschiedlicher Intensität reflektiert werden.

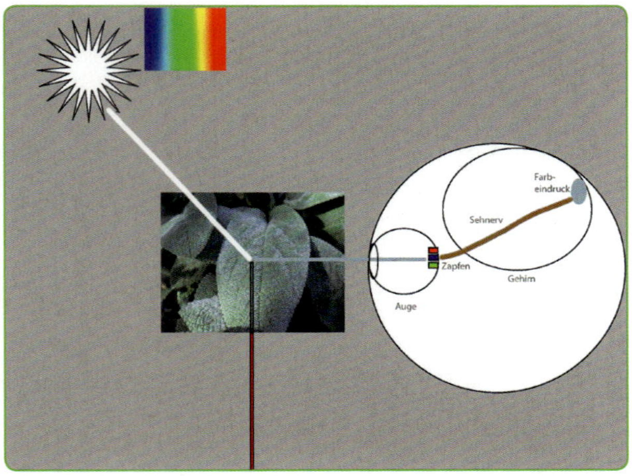

Bild 2 Wie wir sehen

Aufgaben

1. Erklären Sie die Farbigkeit des Lichts.
2. Durch welche Funktionen des Auges können Gegenstände farbig wahrgenommen werden?
3. Welche Eigenschaften des Lichts können mit einem Glasprisma nachgewiesen werden?

9.3 Farbordnungssysteme

Um die Systematik der Farben verstehen zu können, braucht man ein Farb-Ordnungssystem. Seit Jahrhunderten beschäftigen sich vor allem Wissenschaftler und Künstler damit. So sind im Laufe der Zeit viele unterschiedliche Systeme entstanden, einerseits bedingt durch Fortschritte in der naturwissenschaftlichen Forschung, andererseits durch die verschiedenartigen Sichtweisen bei der jeweiligen Beschäftigung mit Farbe.

Folgende Systeme sind in der Floristik bekannt:

Johannes Itten (1888–1967)
Itten war Maler und Lehrer an verschiedenen Kunstschulen in der Schweiz und Deutschland. Die bekannteste war das Bauhaus in Weimar, wo er von 1919 bis 1923 lehrte. In der Floristik fand Ittens Farbenlehre weite Verbreitung und wird nach wie vor an vielen Unterrichtsstätten gelehrt. Ittens Farbenlehre ist auf Maler ausgerichtet und dementsprechend dient sein Farbkreis (Bild 1) mit den daraus abgeleiteten Mischungsverhältnissen der Beschäftigung mit Malfarben.

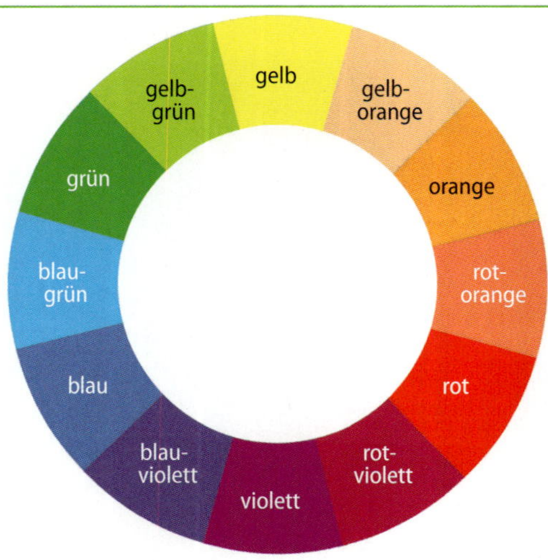

Bild 1 12-teiliger Farbkreis nach Johannes Itten

Besonders problematisch ist aber seine Harmonielehre (Bild 2), da er davon ausgeht, dass nur solche Farbkompositionen harmonisch seien, die in der Mischung ein neutrales Grau ergeben. Er versteigt sich sogar dazu, dies als ein objektives Gesetz zu deklarieren und definiert andere Farbkompositionen, die in der Mischung kein Grau ergeben, als disharmonisch. In der Folge setzt er in seinen Farbkreis geometrische Beziehungsfiguren (Dreiecke, Vierecke), deren Eckpunkte auf Farben treffen, die in der Kombination harmonisch seien.

Eine solche Vorgehenseise ist für die Floristik vollkommen ungeeignet, da Blumenfarben nicht so einfach zu definieren sind, wie später noch verdeutlicht wird. Und selbst in der Malerei finden sich in der Mehrzahl Werke, die nicht Ittens Harmoniebegriff entsprechen.

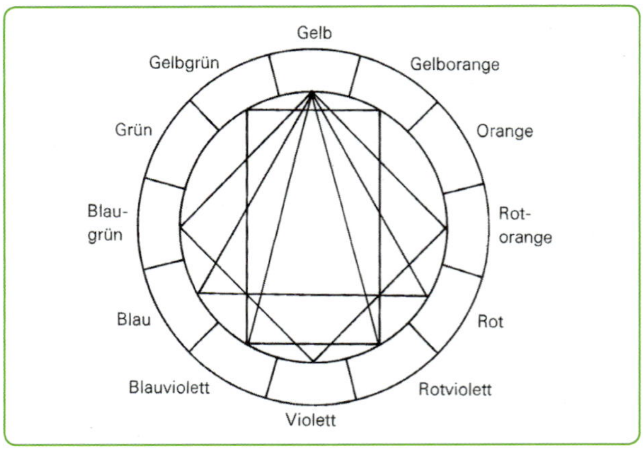

Bild 2 Johnannes Ittens geometrische Beziehungsfiguren

Dieter Holzschuh
1994 erschien die „Farbenlehre für Floristen" von Dieter Holzschuh. Anstelle von drei Grundfarben bei Johannes Itten benennt Holzschuh acht Grundfarben, die sechs Spektralfarben plus Schwarz und Weiß, die er richtig als Unbuntfarben benennt (Bei Itten werden sie noch als „Nichtfarben" bezeichnet).

Holzschuh hat ausführlich die Farbwirkung behandelt und bringt auch farbige Beispiele aus der Floristik. Erstmalig hat er die „Harmonie der Vielfarbigkeit" definiert. In der Harmonielehre beruft er sich aber ausdrücklich auf Johannes Itten.

Harald Küppers
Seine Farbenlehre (Bild 3) ist vom wissenschaftlichen Standpunkt die überzeugendste, allerdings auch die komplizierteste.

Küppers behandelt ausführlich die physikalischen und biochemischen Vorgänge des Farbensehens und hat grundlegende Erkenntnisse für die Farbmischung mit Mal- bzw. Druckfarben formuliert. Revolutionäre Änderungen im Farbdruck gehen auf seine Entdeckungen zurück. Auch den Farbsystemen in der Computertechnologie hat er sich gewidmet. Küppers benennt sechs bunte Grundfarben: Gelb, Magentarot, Cyanblau, Violettblau, Grün und Orangerot – und zwei unbunte Grundfarben: Weiß und Schwarz. Auf dieser Basis lassen sich in der Farbmischung mit Pigmentfarben die besten Ergebnisse erzielen.

Bild 3 Farbsystem nach Harald Küppers

Drei oder vier Grundfarben?

Viele Maler gehen von dem Modell mit den drei Grundfarben Rot, Gelb und Blau aus, da sich theoretisch alle anderen Farben daraus mischen lassen, so z. B. Grün aus einer Mischung von Blau und Gelb. In der Praxis sind die Ergebnisse nicht immer überzeugend, weswegen in einem Fachgeschäft für Künstlerfarben eine Vielzahl von Farbtönen angeboten wird, egal ob Öl-, Acryl- oder Aquarellfarben.

Wer sich am Computer mit Bildbearbeitung oder Grafik beschäftigt, stößt dort auf ein anderes Drei-Farben-System, nämlich Rot, Grün und Blau (RGB). Vom Prinzip her ist dieses System mit dem Sehsystem des Menschen verwandt. Zur Erinnerung: Die Rezeptoren auf der Netzhaut des Auges reagieren ebenfalls auf Rot, Grün und Blau.

Die Gegenfarbtheorie von Hering (1834–1918)

Der Arzt und Physiologe Ewald Hering entwickelte eine Theorie des Farbensehens, wonach es **vier** „physiologische Primärfarben" gibt, nämlich Blau, Gelb, Grün und Rot. Das menschliche Auge nimmt Gelb wie die drei anderen als elementare, einheitliche Urfarbe war, nicht als Mischung aus Rot und Grün. Seine vier Primärfarben ordnete Hering in Gegenfarbpaaren an, die sich nach dem Farbempfinden generell ausschließen, nämlich Gelb-Blau und Rot-Grün: Blau kann entweder ins Rot oder Grün, aber niemals ins Gelb übergehen. Rot entweder ins Gelb oder ins Blau, aber niemals ins Grün, wie jeder Farbkreis erkennen lässt.

Dieses Ordnungssystem mit vier elementaren Buntfarben ist für Floristen am besten geeignet, da es nur auf dieser Basis überhaupt möglich ist, einen Farbton zu analysieren, als Voraussetzung für eine harmonische Blumenkomposition (Bild 1). 1966 bestätigten neurophysiologische Untersuchungsergebnisse, dass es tatsächlich vier grundlegende Farbempfindungen gibt, obwohl ein entsprechender Zapfen für Gelb auf der menschlichen Netzhaut fehlt.

Begriffe

Bevor nun im Folgenden nur noch ein Farbordnungssystem im Fokus steht, muss auch die Begrifflichkeit vereinheitlicht werden, denn die verschiedenen Theorien und Systeme verwenden auch unterschiedliche Begriffe. Die hier favorisierten Bezeichnungen werden jeweils an erster Stelle genannt, fremde Begriffe stehen dahinter.

Elementarfarben: (Farben, die nicht ermischt werden können) Rot = R, Grün = G, Blau = B, Gelb = Y, Schwarz = K, Weiß = W. Y steht für Yellow, um es nicht mit G = Grün zu verwechseln, K für Black um es nicht mit Blau zu verwechseln.
Alternative Begriffe: Grundfarben, Primärfarben, Farben 1. Ordnung im 3-Farben-Modell.

Buntfarben: alle Farben außer Schwarz, Weiß und Grau. Alternativ: Buntton, chromatische Farben

Unbuntfarben: Weiß, Schwarz und Grau. Alternativ: Nichtfarben, Unbuntton, achromatische Farben

Helligkeit: Helligkeitsgrad einer Farbe, auch durch Aufhellung mit Weiß bzw. Abdunkelung mit Schwarz.

Sättigung: Grad des Bunt- bzw. Unbuntanteils einer Farbe. Voll gesättigte Farben haben keinen Grauanteil, kommen allerdings in der Natur so gut wie nicht vor. Alternativ: Buntgrad, Unbuntgrad, Trübung. Trübung und Sättigung sind zwei Poole derselben Eigenschaft. Trübe Farben habe einen hohen Unbuntanteil, Gesättigte Farben einen hohen Buntanteil. Auch „Reinheit" wird verwendet, dieser Begriff ist aber irreführend, denn Farben mit geringer Sättigung sind ja nicht unrein oder schmutzig.

Mischfarben: Alle Farben, an der mindestens zwei Elementarfarben beteiligt sind. Alternativ: Sekundärfarben, Tertiärfarben, Farben 2. bzw. 3. Ordnung.

9.4 NCS – Natural Colour System®©

Das NCS®© wurde in einem schwedischen Institut auf der Basis von Herings Gegenfarbtheorie entwickelt und hat sich weltweit durchgesetzt. Der Farbkreis des NCS®© stellt die Gegenfarbpaare Blau-Gelb und Rot-Grün im rechten Winkel gegenüber und zeigt jeweils zehn Abstufungen von einer Elementarfarbe zur nächsten (Bild 2).

Bild 1 Gegenfarbpaare nach Hering

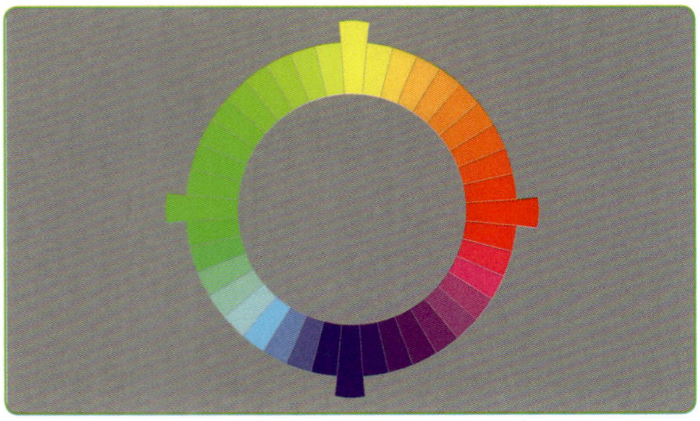

Bild 2 Farbkreis NCS – Natural Colour System®©

9.4.1 Buntfarben

Die Möglichkeiten der Mischung innerhalb der bunten Elementarfarben sind nur mit jeweils zwei benachbarten Elementarfarben möglich und von daher auf vier begrenzt. Zur Verdeutlichung sind diese hier noch einmal in einer horizontalen Anordnung im folgenden Bild 1 dargestellt:

Bild 1 Die vier möglichen Bunt-Mischungen

Rot und Gelb, Gelb und Grün, Grün und Blau, Blau und Rot. Auf dieser Basis können wir in jedem Farbton die zwei beteiligten Elementarfarben ausmachen und auch erkennen, welche überwiegt.

9.4.2 Unbuntfarben

Schwarz und Weiß bilden auch ein Gegenfarbpaar, das durch Mischung Grautöne bildet (Bild 2).

Bild 2 Grauleiter

9.4.3 Dreidimensionales Farbmodell des NCS®©

Um die Unbuntfarben in das Ordnungssystem einzubinden, genügt nicht mehr ein Farbkreis oder ein Farbstern, sondern es braucht ein dreidimensionales System. Dafür gibt es im NCS®© den Doppelkegel (Bild 3):

Der Farbkreis liegt jetzt in der Horizontalen und bildet den Äquator des Körpers. An der oberen Spitze ist Weiß, an der unteren Spitze ist Schwarz. Genau in der Mitte verläuft von oben nach unten die Grauachse.

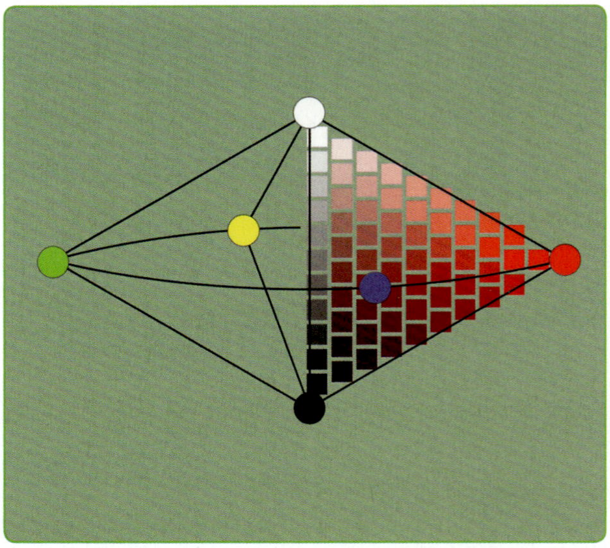

Bild 3 Doppelkegel

Auf der Oberfläche der oberen Hälfte des Doppelkegels sind die Aufhellungen der Buntfarben mit Weiß, die vom Äquator ausgehend nach oben immer heller werden. Auf der Oberfläche der unteren Hälfte die Abdunkelungen mit Schwarz, die nach unten zur Spitze hin immer dunkler werden. Im Innern des Doppelkegels sind die Buntfarben mit Weiß und Schwarz (also Grau) gemischt.

Vom Horizont nach Innen nimmt der Grauanteil immer mehr zu, d.h. die Sättigung nimmt ab, denn vollständig gesättigte Farben sind die Farben des Farbkreises auf dem Horizont. In der Realität sind nahezu alle Farben innerhalb dieses Farbraumes. Vollständig gesättigte Farben gibt es nur theoretisch, allerdings kommen Blumenfarben diesem Ideal in der Natur noch am nächsten.

Um das Innere des Doppelkegels sichtbar zu machen, stellen wir uns einen senkrechten Schnitt durch den Körper vor und zwar auf der Linie der Rot-Grün-Achse (Bild 3). Auf die linke grünfarbige Hälfte kann verzichtet werden, es sollen nur die Mischungen des Rottons betrachtet werden.

Die obere schräge Linie zeigt die Aufhellungen mit Weiß, die untere schräge Linie die Abdunkelungen mit Schwarz. Genau in der Mitte verläuft die Beimischung des mittleren Grau (50% Weiß, 50% Schwarz.) Nach links wird der Unbuntanteil immer größer. In der unteren Hälfte ist der Schwarzanteil größer als der Weißanteil, in der oberen Hälfte umgekehrt. Eine Parallele zur oberen schrägen Linie zeigt jeweils denselben Schwarzanteil, eine Parallele zur unteren schrägen Linie zeigt jeweils denselben Weißanteil.

Dieses Dreieck lässt sich um die Grauachse drehen, so ist aus jeder Buntfarbe die Veränderung durch einen Grauton darstellbar.

Bild 1 Sättigung der Elementarfarbe Rot

In der Realität besteht nahezu jeder Farbton aus vier Farben: Einer Mischung aus zwei Buntfarben und zwei Unbuntfarben. In der Grafik sind diese entsprechend ihrem Mengenanteil in unterschiedlich großen Rechtecken dargestellt (Bild 1):

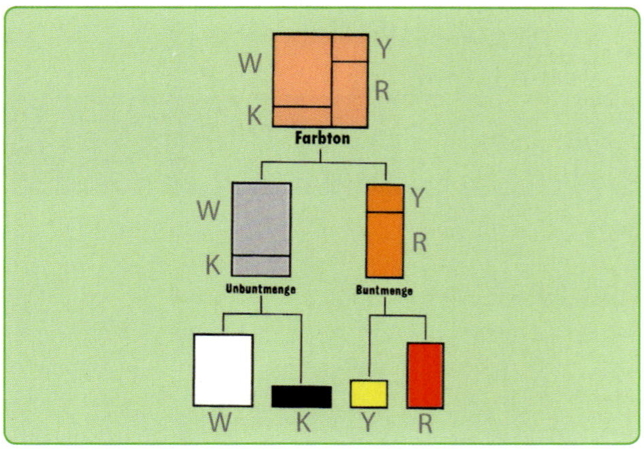

Bild 2 Vier Farben zu einem Farbton.

Im NCS®© wird der Anteil jeder einzelnen Elementarfarbe und das Verhältnis vom Bunt- zum Unbuntanteil in Prozentzahlen ausgedrückt. Der obige Orangeton (Bild 2) würde folgendermaßen beschrieben:

1040 Y70R

Das bedeutet, von rechts nach links gelesen: Der Buntanteil besteht aus einer Mischung von Rot (R) und Gelb (Y) mit einem Rotanteil von 70 %. (Gelb hat einen Anteil von 30 %). Der Buntanteil hat 40 % vom Farbton und Schwarz einen Anteil von 10 % am Farbton. Verbleiben 50 % Weiß. Diese genaue Definition in Prozentschritten ist notwendig für Gestalter, deren Entwürfe auf ein Endprodukt übertragen werden müssen (Architekten, Modedesigner, Grafik-Designer usw.). Dafür gibt es vom NCS®© einen Farbatlas mit 1950 Farbtönen. So genau muss und kann jedoch der Farbton einer Blumenfarbe nicht beschrieben werden. Für die Analyse des Floristen genügt es, wenn die Anteile mit Begriffen wie z. B. viel, wenig, gering, überwiegend, vorherrschend bewertet werden.

Auf der Website www.ncscolour.de kann mit dem NCS®© Navigator jeder von 1950 Farbtönen in einem interaktiv beweglichen Farbraum erzeugt werden; Schwarz-, Weiß- und Buntanteile erkannt und Farbpaletten zusammengestellt werden. Dieses Mittel ist sehr lehrreich und um ein vielfaches aufschlussreicher, als ein einfacher Farbkreis.

9.4.4 Farbanalyse

Auf dieser Basis ist es gut möglich, die vier Elementarfarben und ihren jeweiligen Mengenanteil zu analysieren, die in einem Farbton vorhanden sind:

Bild 3 Rosenblüte Lachs mit Weiß

Bei der Rosenblüte (Bild 3) ist eine Mischung von Rot und Gelb vorzufinden, wobei das Rot überwiegt. An einigen Stellen in der unteren Hälfte überwiegt dagegen der Gelbanteil. Dieser Orange-Ton ist mit Weiß aufgehellt, wobei der Weißanteil in der Blütenmitte geringer ist, nach außen hin aber immer stärker wird bis zum fast reinen Weiß am äußeren Blütenteil. Ganz in der Blütenmitte sind kleine schattige Flecken, die auch einen geringen Schwarzanteil aufweisen.

Bild 4 Stiefmütterchen

Bei dem Stiefmütterchen (s. S. 313, Bild 4) ist das Farbenspiel noch vielfältiger: Hier sehen wir bei den beiden oberen Blütenblättern eine Mischung aus Blau und Rot, das mit Schwarz abgedunkelt ist und zwar zunehmend zur Blütenmitte. Die unteren Blütenblätter zeigen als Hauptfarbe ein leicht gebrochenes Weiß, dazu ein abgedunkeltes Blau und einen hellen Blauton über dem Weiß. In der Mitte ein Gelbton mit zunehmendem Rotanteil im Zentrum zwischen den fast schwarzen Streifen. Die Laubblätter zeigen einen Grünton mit geringem Gelbanteil.

Bild 1 Tulpe mit Detailfarben

Häufig sind bei Blüten auch Farbspiele zu finden, wie bei dieser Tulpe (Bild 1). Die Hauptfarbe ist Rot mit einem Gelbanteil, das auch als Kressrot bezeichnet werden kann. Das Gelb tritt auch noch in Verläufen vom Rot und in kleinen isolierten Streifen auf. Hinzu kommt noch ein schwacher Violetton, der das Rot an einigen Stellen zu überdecken scheint.

Aufgaben

1. Legen Sie mehrere Gegenstände nebeneinander, die auf den ersten Blick rein Weiß erscheinen. Beschreiben Sie die Unterschiede.
2. Erläutern Sie den Begriff der Gegenfarbtheorie.
3. Welchen Vorteil hat ein Vier-Farben-Modell gegenüber einem Drei-Farben-Modell?
4. Analysieren Sie die Elementarfarben, ihre Mischungen und jeweiligen Mengenanteile am Beispiel einer Blüte – wie im Text bei Rose und Stiefmütterchen geschehen.

9.5 Farbharmonie

Welche Farbkomposition harmonisch ist, darüber gibt es die unterschiedlichsten Auffassungen. Die extremste ist wohl die von Johannes Itten, der behauptet, nur die Komposition sei harmonisch, die in ihrer Mischung ein neutrales Grau ergibt. Danach müsste wohl der größte Teil der Kunstmalerei als disharmonisch klassifiziert werden, einschließlich Ittens Bildern.

Andere sagen, es gibt überhaupt keine Eingrenzung in der Farbkomposition, vielmehr komme es auf das Mengenverhältnis an und die Farbverteilung. Darüber hinaus haben Menschen unterschiedliche Empfindungen und Vorlieben für Farbkompositionen. Auch Modetrends beeinflussen Farben, die zu bestimmten Zeiten favorisiert werden.

In der floristischen Farbenlehre gibt es drei Harmonieregeln, die bei der Farbkomposition unterstützen:

Harmonie großer Abstände

Farben, die im Farbraum weit auseinanderliegen und wenige oder gar keine Gemeinsamkeiten aufweisen.

Bild 2 Große Abstände

Harmonie kleiner Abstände

Farben mit gleichem Buntton, die mehr oder weniger aufgehellt, abgedunkelt oder getrübt sind, werden als „Gleichklang" bezeichnet.

Farben, die im Farbraum innerhalb einer Mischung (s. S. 311, Bild 2) dicht beieinanderliegen, werden als Nachbarfarben bezeichnet.

Von Farbfamilie wird gesprochen, wenn in mehreren verschiedenen Farbtönen dieselbe Elementarfarbe dominiert.

Bild 3 Kleine Abstände

Harmonie gemischter Abstände

Harmonie kleiner Abstände plus eine Komplementärfarbe (im Farbkreis gegenüberliegend).

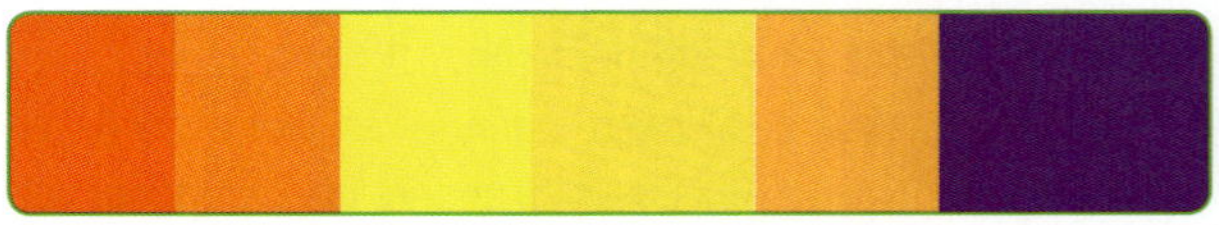

Bild 4 Gemischte Abstände

> Anstelle von Abstand ist auch der Begriff „Kontrast" üblich. Kontrast meint in der Farbenlehre aber nicht nur Gegensatz, sondern auch Unterschied.

Harmonie der Vielfarbigkeit

Es können mehrere Farben des Farbkreises plus aufgehellte plus abgedunkelte plus Trübungen kombiniert werden (Bild 1). Damit die Farben nicht ineinander verschwimmen und gleichzeitig aber auch eine Einheit hergestellt wird, ist eine neutrale Farbe als Basis notwendig. Im Werkstück ist das in der Regel Grün, es kann aber auch weiß sein. In Zusammenhang mit einer Umgebungsfarbe (Tischtuch, Hintergrund) kommen auch Grau und Schwarz in Frage.

Bild 1 Vielfarbigkeit

Harmonie aufgrund der Blütenanalyse

Noch stimmiger können Harmonien erzeugt werden, wenn die Blüten selbst als Ausgangspunkt einer Komposition gewählt werden. Vorausgesetzt, die Farbkomposition der Natur in pflanzlichen Werkstoffen wird als harmonisch akzeptiert. Bei der Farbanalyse ist bereits eine Vielzahl von einzelnen Farben selbst in einer Blüte festgestellt worden. Jetzt kann jede einzelne dieser Farben in einer oder mehreren anderen Blüten in gleicher oder ähnlicher Weise wiederholt werden. Dadurch wird ein großes Maß an Gemeinsamkeiten erreicht, das als harmonisch bezeichnet werden kann.

Als Beispiel dient die analysierte Blüte des Stiefmütterchens (s. S. 313, Bild 4). Zu dem Violett (aus Rot und Blau) und dem Blau würde also passen: ein ähnliches Violett, ähnliches Blau, aber auch Rot mit einem kleinen Blauanteil. Gelb als Komplementärfarbe ist bereits in der Blüte vorhanden und kann ebenfalls wiederholt werden. Man geht meistens von den Buntfarben aus. Weiß kann ebenfalls wiederkommen, doch Vorsicht, aufgrund seiner hohen Strahlkraft kann es leicht zu dominant werden und die Buntfarben übertönen.

Absolut gleiche Farbtöne werden kaum zu finden sein, kleine Unterschiede sind fast immer vorhanden. Der Übergang ist fließend und wird auch unterschiedlich wahrgenommen. Wo der eine absolute Gleichheit zu erkennen meint, sieht jemand anders schon Unterschiede. Die Ähnlichkeit soll mindestens so groß sein, dass noch Gemeinsamkeiten empfunden werden können.

Aufgrund des dreidimensionalen Farbraums kann ein Farbton sich in mehrere Richtungen verändern: z. B. das in Bild 2 dargestellte Rot kann heller oder dunkler werden, es kann eine seiner beiden Nachbarfarben mit aufnehmen, also sich zum Violett oder zum Orange verändern und es kann an Sättigung verlieren, indem es sich in den Farbraum hinein bewegt. Auch mehrere Änderungen sind möglich: z. B. heller und gelblicher oder dunkler und trüber und bläulicher.

Bild 2 Rot mit Abweichungen.

Farben, die dicht beieinander liegen, beeinflussen sich gegenseitig und verändern sich in ihrer Wirkung. Das hat seine Ursache im Reaktionsvermögen der Rezeptoren auf der Netzhaut. Daher ist es üblich und richtig, Blüten, die man kombinieren möchte, dicht zusammenzuhalten und ihre Wirkung zu überprüfen.

Bei der Blumenauswahl wird von einer Hauptblume ausgegangen, die die Gesamtkomposition dominieren soll und folgerichtig auch von der Hauptfarbe, die in dieser Blume vorhanden ist.

Nach dem Prinzip „Wiederholen und Weiterführen" werden zusätzlich Farben hinzugenommen. Wiederholen meint einen (fast) gleichen Farbton, weiterführen meint, dass sich dieser oder der nächste Farbton in Bezug auf Nachbarfarbe, Helligkeit und Sättigung verändert

Aufgabe

Nehmen Sie eine Blüte als Ausgangsmotiv und legen Sie ein Bild aus weiteren Blüten, Blättern und nichtfloralen Materialien nach dem Prinzip Wiederholen und Weiterführen, wie auf S. 316, Bild 1 und 2 dargestellt.

Bild 1 Eine Clematisblüte dient als Ausgangsmotiv für Farbwiederholungen und Ähnlichkeiten. In den Rechtecken ist ein sich wiederholender Orangeton zu finden.

Bild 2 Ein Stachysbaltt mit verschiedenen Grüntönungen kann auch als Ausgangsmotiv für ein Aufgreifen der Grün, Grau- und Silbertöne dienen.

9.6 Farbeigenschaften und Kontraste

Um sich die Wirkung der Farbeigenschaften im Zusammenspiel noch besser verdeutlichen zu können, gibt es eine Einteilung nach Kontrasten, die im Folgenden beschrieben werden.

Bild 3 Warme (oben) und kalte Farben (unten).

Temperaturkontrast

Blaugrün und Rotorange bilden die beiden Pole der kältesten zur wärmsten Farbe (Bild 3). Das heißt, die überwiegend blauanteiligen Farbtöne können als kalt, die überwiegend orangeanteiligen als warm empfunden werden. Wobei an Anfang und Ende dieser Farbskalen die Zuordnung individuell unterschiedlich empfunden werden kann.

Dies unterscheidet ihn auch von den anderen Kontrasten. Die Kombination kalter und warmer Farben in einem Werkstück wird auch als Kalt-Warm-Kontrast bezeichnet, wobei die warmen Farben dominieren und die kalten in ihrer Wirkung mindern.

Helligkeitskontrast

Helle und dunkle Farben lassen sich leichter voneinander abgrenzen, da diese Eigenschaften direkt sichtbar sind. Es braucht aber immer mindestens zwei Farben, um eine heller als die andere definieren zu können (Bild 4).

Bild 4 Helligkeitskontrast

Im Farbkreis bilden Gelb und Violett die beiden Pole der hellsten zur dunkelsten Farbe. Wobei jeder Farbton durch Aufhellung, Abdunkelung oder Trübung in seinem Helligkeitsgrad verändert werden kann. Helle Farben dominieren gegenüber den dunklen. Alternative Bezeichnung: Hell-Dunkel-Kontrast.

Qualitätskontrast

Gesättigte und trübe Farbe ergeben in der Kombination einen Qualitäts-Kontrast oder Rein-Trüb-Kontrast (Bild 1).

Bild 1 Qualitätskontrast

Er ist am wirksamsten, wenn der Buntton der gleiche ist, also z. B. ein gesättigtes Rot mit einem Rot, das einen mehr oder weniger großen Grauanteil aufweist. Der Qualitätskontrast ist dem Helligkeitskontrast sehr ähnlich, da auch Aufhellungen und Abdunkelungen der Elementarfarbe als Trübung definiert werden können.

Buntfarbe-Unbuntfarbe-Kontrast.

Sehr gerne werden Buntfarben mit Weiß kombiniert (Bild 2). Rein schwarze Blumen gibt es nicht, sie haben immer noch einen kleinen Blau- oder Violett-Schimmer. Trotzdem können wir sie noch als Unbuntfarben deklarieren. Schwarz tritt selten in Blütenblättern auf, sondern meistens in Gestalt von Staubgefäßen oder als Schatten tief unten im Blütengrund oder in einer lockeren Anordnung zwischen den Werkstoffen.

Bild 2 Bunt-Unbunt-Kontrast

Mengenkontrast

Gleiche Farbmengen wirken unentschieden und können auch ein Konkurrenzverhältnis ausstrahlen. Deshalb wird man meistens ungleiche Farbmengen anstreben, die ein Spannungsverhältnis erzeugen und interessanter wirken (Bild 3).

Bild 3 Mengenkontrast

Das Mengenverhältnis kann sehr unterschiedlich gewählt werden, im Extremfall spricht man von Akzent, wenn eine sehr kleine Farbmenge einer großen gegenübersteht. Beim Mengenkontrast sollte man den unterschiedlichen Wirkungsgrad von Farben beachten. So wirkt ein Gelb viel stärker als ein Blau und selbst bei Verwendung gleicher Mengen hätte man in diesem Fall eine ungleiche Wirkung. Andere Bezeichnung: Viel-Wenig-Kontrast

Komplementärkontrast.

Zwei Farben, die im Farbkreis gegenüberliegen, bilden einen Komplementärkontrast. Hier ergeben sich unterschiedliche Ergebnisse zwischen den verschiedenen Farbkreisen. So ist im Farbkreis von Johannes Itten die Komplementärfarbe zu Gelb Violett, im NCS®© ist es Blau. In der Praxis hat das kaum Bedeutung, da in beiden Fällen das Farbenpaar weit auseinanderliegt. Die Wirkung des Komplementärkontrastes ist nicht weich und zurückhaltend sondern laut und expressiv (Bild 4).

Bild 4 Komplementärkontrast

Mit den Kontrasten allein ist noch keine Harmonie zu erzeugen. Die meisten beschreiben lediglich Farbeigenschaften in unterschiedlichem Grad (Helligkeit, Sättigung, Buntart, Unbuntart.) Da jede Farbe mehrere Eigenschaften hat, stellt z. B. der Helligkeitskontrast (s. S. 316, Bild 4) gleichzeitig einen Temperatur-, Qualitäts-, Mengen- und Komplementärkontrast dar. Auch in einer einzelnen Blüte, mehr noch im floristischen Werkstück kommen immer mehrere Kontraste gleichzeitig vor.

Aufgabe

In dem abgebildeten Stiefmütterchen (s. S. 313, Bild 4) kommen alle Kontraste vor. Benennen Sie den jeweiligen Kontrast und die Farben, die ihn bilden.

9.7 Wirkung kombinierter Farben

9.7.1 Farbverteilung

Eine mindestens ebenso große Rolle wie die Kontraste spielt die Frage der Farbverteilung. In der Gestaltungslehre werden die Ordnungsarten Symmetrie und Asymmetrie, die Anordnungsarten Streuung, Streuung mit Verdichtung und Gruppierung behandelt, sie sind von der Farbverteilung nicht zu trennen.

Symmetrie oder Asymmetrie

In einem symmetrischen Werkstück können auch die Farben symmetrisch geordnet werden, wenn die Gleichförmigkeit einen hohen Ausdruck erzielen soll. Die zweite Möglichkeit besteht darin, dass sich die Symmetrie nur auf die Form bezieht, innerhalb der Form kann die Ordnung der Farben asymmetrisch sein. Der Ausdruck ist in diesem Fall freier, lebendiger.

Streuung

Nach dem Prinzip der Streuung können Blumen und damit Farben unregelmäßig und einzeln verteilt werden. Dieses Prinzip ist am ehesten dann sinnvoll, wenn relativ viele verschiedene Farben verwendet werden und keine Farbe dominieren soll. Es entsteht ein buntes lebendiges Bild der Gleichheit ohne Hierarchie. Sinnvoll ist in diesem Fall ein kurzer Abstand vom Betrachter, da mit zunehmendem Abstand die Einzelfarben verschwimmen und ein gänzlich anderer Farbeindruck entsteht. Der Buntgrad nimmt ab. Dieses Verteilungsschema entspricht am ehesten der Harmonie der Vielfarbigkeit.

Streuung mit Verdichtung

Streuung mit Verdichtung bildet den Übergang zur Gruppierung. Die Abstände zwischen einzelnen Farben werden geringer, zwischen anderen sind sie größer.

Gruppierung

In der Gruppierung verringern sich die Abstände einzelner Farben so weit, dass der Eindruck einer Zusammengehörigkeit, einer Gruppe entsteht. Größer sind dagegen die Abstände zur nächsten Gruppe. Die Gruppierung wirkt spannungsreicher als die Streuung. Das Spannungsverhältnis wird fortgesetzt, wenn sowohl die Größe der Gruppen (auch als Fleckengröße bezeichnet), ihre Umrissform als auch die Abstände zwischen ihnen unterschiedlich sind. Am deutlichsten tritt eine Gruppe hervor, wenn innerhalb nur eine Farbe vorhanden ist. Aber auch gemischtfarbig (z. B. aus verschiedenen Blumen) ist Gruppenbildung möglich. Eine Gruppe besteht aus mindestens zwei Teilen.

9.7.2 Farbe und Textur

Die Farbwirkung ist abhängig von der Oberflächeneigenschaft (Textur) eines Materials. Die ist bei pflanzlichen Werkstoffen sehr unterschiedlich. Von dem zarten transparenten Blütenblatt bis zur rauen Borke eines Baumes gibt es viele Unterschiede, die auf die stoffliche Beschaffenheit zurückzuführen sind.

Bild 1 Begonienblatt: Das durchscheinende Licht erscheint auf der Blattunterseite rot

Transparenz

Ein Teil des Lichtes scheint durch das Blatt hindurch. Betrachtet man das Blatt von der durchschienenen Seite, ist seine Eigenfarbe heller und leuchtender, oder es treten andere Farbtöne in Erscheinung, die durch die Farbstoffträger im Inneren des Blattes erzeugt werden (Bild 1). Typisch für weiße und rosafarbene Blütenblätter (*Lathyrus, Cosmos*), aber auch für Hüllblätter (*Lunaria*).

Reflexion

Um sich vor Verdunstung zu schützen, sind manche Laub- und Blütenblätter mit einer dünnen wächsernen Schicht überzogen. Diese Schicht ist teiltransparent, sodass der darunterliegende Farbton erkannt wird (Bild 2).

Gleichzeitig reflektiert die Wachschicht aufgrund ihrer glatten Textur einen Teil des einfallenden Lichts und es entsteht ein matter Glanz. Dieser entsteht dadurch, dass die einfallenden parallel verlaufenden Lichtstrahlen auch parallel reflektiert werden.

Eine solche Textur wird auch wächsern oder metallisch genannt. Typische Werkstoffe sind Anthurium und Stephanotis. Im nichtfloralen Bereich sind für die parallele Reflexion vor allem Metalle typisch. Bei Glas findet sowohl Transparenz als auch Parallel-Reflexion statt.

Bild 2 Blatt mit Wachsschicht

Brechung und Schattierung

Schutz vor übermäßiger Sonneneinstrahlung bildet auch eine Behaarung vor allem bei Laubblättern, aber auch bei einigen Blütenblättern (*Zinnia*). Dies bewirkt eine Schattierung, sowie Brechung und Teilabsorbtion der Lichtstrahlen, wodurch die Blattfarbe matt, also von geringer Leuchtkraft erscheint. Manche Behaarung reflektiert jedoch, sodass ein zwiespältiges Farbenspiel entsteht (Bild 1).

Bild 1 Die Eigenfarbe der Behaarung ist hier so stark (silbrig-grau), dass die eigentliche Blattfarbe fast vollständig verdeckt wird.

Brechung und Absorbtion

Manche Oberflächen sind so rau, dass ein großer Anteil der Lichtstrahlen gebrochen und absorbiert wird. Dies trifft vor allem auf Baumrinde zu, aber auch auf Moos, Früchte (Pfirsich, Quitte), manche Pilze. Dunkle Farben sind typisch, sie erscheinen matt (Bild 2).

Bild 2 Starke Lichtbrechung bei Baumrinde

Aufgabe

Analysieren Sie die Textur verschiedener Laubblätter und beschreiben Sie den Einfluss auf die Lichtwirkung.

9.8 Farbe und Umgebung

Die Wirkung von Farben ist auch abhängig von den Farben der Umgebung. Diese beginnt bereits im Floristik-Fachgeschäft, wo Werkstücke präsentiert werden. Es empfiehlt sich, Bereiche nach Farbthemen zu schaffen, damit die Werkstücke optimal zur Wirkung kommen. Das ist selbst auf kleinstem Raum möglich, indem zumindest die Werkstücke in einen kalten und einen warmen Bereich unterteilt werden. Weitere Unterteilungen sind möglich, wobei der Aufbau des Farbkreises Orientierung gibt.

Die Umgebungsfarben müssen entsprechend angepasst werden, damit sind Wandfarben, Hintergründe und Möbel gemeint. Geeignet sind abgestufte Weißtöne und helles Grau als neutrale Farben.

Durch wechselnde Hintergründe in Form von Paravents, Raumteilern, abgehängten Stoffbahnen, Bildern oder Plakaten kann noch direkter auf ein Farbthema Bezug genommen werden.

Eine ruhige Ausstrahlung wird erzielt, indem die Hauptfarbe des Farbthemas in getrübter oder aufgehellter Form für die Umgebungsfarbe genutzt wird. Eine spannungsreiche Wirkung wird durch die Verwendung einer Komplementärfarbe erreicht oder durch eine stark getrübte andere Farbe.

Allgemein gilt, dass dunkle Farben als Hintergrund helle Farben stärker zur Wirkung kommen lassen, umgekehrt heben sich dunkle Farben vor hellem Hintergrund stärker ab, reines Weiß kann allerdings die Vordergrundfarben überstrahlen und dadurch deren Wirkung mindern.

Unmittelbaren Einfluss der Umgebungsfarbe gilt es auch bei folgenden Arbeiten zu beachten:

- **Raumschmuck:** Farben von Wänden, Möbeln, Fußboden.
- **Tischschmuck:** Farbe des Tischtuches, der Servietten, der Stühle.
- **Brautstrauß:** Farbe des Brautkleides, Hauttyp, Augen-, Haarfarbe und Schminke der Braut.
- **Autoschmuck:** Farbe des Autos.

Bild 1 Raumschmuck vor dunklem Hintergrund. Der Metallrahmen kommt kaum zur Wirkung, dunkle Grüntöne nur geschwächt.

Bild 2 Raumschmuck vor hellem Hintergrund: Die cremefarbenen Tulpen kommen kaum zur Wirkung.

9.9 Farbe und Licht

Sonnenlicht

Da die Farben das Produkt von Licht und dem jeweiligen beleuchteten Objekt sind, versteht es sich von selbst, dass die Art des Lichts starken Einfluss auf die Farbwirkung hat. Tageslicht der Sonne wird als normales Licht bezeichnet und Farbtöne werden unter diesen Bedingungen definiert. Allerding ist das Tageslicht auch überhaupt nicht einheitlich. Am Morgen hat das Licht einen höheren Blauanteil, am Abend einen höheren Gelbanteil. Bei Sonnenuntergang und sichtbarem Abendrot scheint man die Umwelt wie durch einen leichten Rotfilter zu betrachten. Bei dunkel bedecktem Himmel wirken Farben matter, bei Sonnenschein und wolkenfreiem Himmel im Sommer sind die Farben teilweise überstrahlt und man trägt eine Sonnenbrille, um die Intensität des Lichts zu mindern und die Augen nicht zu überfordern. Bei leicht bedecktem Himmel kommen Farben am besten zum Ausdruck. Im Schatten besser als in strahlender Sonne.

Künstliches Licht

Da sich die meisten Menschen unserer Kultur mehr in Räumen als unter freiem Himmel aufhalten, sind sie auch häufiger künstlichen Lichtquellen ausgesetzt. Diese sollten dem Tageslicht möglichst nahe kommen, Die Lichtfarbe wird in der Physik als Farbtemperatur bezeichnet und mit dem Messwert „Kelvin" definiert. Tageslicht hat eine Farbtemperatur von etwa 5 000 (morgens und abends) bis 8 000 Kelvin.

Im Floristik-Fachgeschäft

Die heute verfügbaren Leuchtmittel (vor allem LEDs) sind durch innovative Technik den früher üblichen Neonröhren und Glühlampen weit überlegen und zwar sowohl in der Intensität, der Wirtschaftlichkeit und der angestrebten Farbtemperatur. Für ein Floristik-Fachgeschäft sind Leuchtmittel mit der Eigenschaft tageslichtweiß und einer Farbtemperatur um die 7 000 Kelvin angebracht, dann werden alle Blumenfarben relativ echt wiedergegeben. Hat man bestimmte Bereiche, die ein wärmeres, wohnraumähnliches Licht wiedergeben sollen (z. B. in der Adventszeit mit viel rotanteiligen Werkstücken), sind Farbtemperaturen um die 3 000 Kelvin sinnvoll. Bei guten Leuchtmitteln sind Angaben wie kaltweiß, warmweiß, neutralweiß oder tageslichtweiß und auch die Kelvin-Werte angegeben. Durch punktuelles Licht in Form von Strahlern kann man einzelne Werkstücke oder ausgesuchte Bereiche mit höherer Intensität ausleuchten und dadurch in ihrer Wertigkeit steigern. Unterschiedliche Helligkeiten lassen die Präsentation interessanter wirken.

Bild 1 Vor einem dunklen Hintergrund kommen Blumenfarben gut zur Wirkung. Allerdings muss bedacht werden, dass dunkle Wände einen Raum kleiner erscheinen lassen. Die hellen Grüntöne verhalten sich neutral.

Bild 2 Die Rottöne heben sich vor dem hellgrauen Hintergrund gut ab. Helle Wandfarben lassen einen Raum größer erscheinen. Der helle Orangeton wiederholt sich in den Tulpen

Aufgaben

1. Nehmen Sie eine möglichst einfarbige Blume und beobachten Sie die Farbwirkung bei Kerzenlicht, Glühlampenlicht, und in der Sonne. Wählen Sie einmal einen kalten und einmal einen warmen Farbton.
2. Erkundigen Sie sich in Ihrem Ausbildungsbetrieb nach der Art der Beleuchtung im Verkaufsraum (Art der Leuchtmittel und Farbtemperatur).
3. Entwerfen Sie einen Farbplan für eine Adventsausstellung in Ihrem Ausbildungsbetrieb (Farbbereiche, Farbthemen der Werkstücke, Umgebungsfarben).

Raumschmuck

Beim Raumschmuck in fremden Räumen muss man sich vor der Ausführung einer Dekoration über die dortigen Lichtverhältnisse informieren. Ist das Licht zu dunkel, muss man sehr helle Farben wählen oder für zusätzliche Beleuchtung sorgen. Ist das Licht extrem hell, z. B. auf einer Bühne durch eine Vielzahl von Strahlern, sollte man weiße und sehr helle Buntfarben vermeiden, da sie schnell überstrahlt werden können.

Trauerräume

In Kirchen und Trauerkapellen ist das Licht sehr gedämpft, mitunter gibt es während einer Feier nur Kerzenlicht. In dem Fall kann man auf blaue und violette Blumen ganz verzichten, sie würden nur noch als schwarze Flecken erscheinen oder ganz unsichtbar. Bei Kerzenlicht werden helle Rot-Orange-Gelb-Töne am besten wiedergegeben.

9.10 Natürliche Farbstoffe in Pflanzen

Die Farbwirkung der Pflanzen geht von Farbstoffen aus, die in den Zellen eingelagert sind. Die wichtigsten sind bereits auf Seite 175 beschrieben.

Chlorophyll

Allein der grüne Pflanzenfarbstoff Chlorophyll hat eine wichtige Funktion für die Ernährung und das Pflanzenwachstum. Er bewirkt bei Lichteinstrahlung die Photosynthese, die Verwandlung von Kohlendioxyd und Wasser in Kohlehydrate (Zucker) und Sauerstoff. Chlorophyll ist vor allem in Laubblättern und Stängeln vorhanden und durch seine grüne Farbe die vorherrschende der Pflanzenwelt. Chlorophyll lässt sich extrahieren (herauslösen) und wird auch als Färbemittel für Teigwaren und in der Kosmetik als Zusatz von Seifen, Ölen und Cremes benutzt.

Aufgaben der Farbstoffe

Alle anderen Farbstoffe haben keine Bedeutung für Ernährung oder Wachstum. Die vor allem in den Blütenblättern vorkommenden Farbstoffe dienen der Anlockung von Bienen, Hummeln und Faltern, in den Tropen auch Fledermäusen und bestimmten Vogelarten. Diese haben die Aufgabe, für die Bestäubung und damit für die Fortpflanzung und Erhaltung der Arten zu sorgen. Dabei bevorzugen bestimmte Bestäuber auch bestimmte Farben.

Die weiße Farbe vieler Blüten wird übrigens nicht durch Farbstoffe hervorgerufen, sondern durch interzellulare Hohlräume, die das gesamte Lichtspektrum reflektieren. Weiße Blüten reflektieren auch noch einen für das menschliche Auge unsichtbaren ultravioletten Lichtanteil, den jedoch Hummeln und Bienen wahrnehmen. Durch die Bestäubung entsteht ein schöner Nebeneffekt: Die Bienen sammeln Nektar aus dem Blütengrund und produzieren daraus Honig. Ohne Bestäubung würde die Fortpflanzung aller Blütenpflanzen ausfallen und damit auch die Lebensgrundlage des Menschen- und Tierreichs. Das Bienensterben ist somit eine große Gefahr für alle Lebewesen.

9.11 Einige Farben und ihre Charakteristika

Rot

Rot ist die auffälligste aller Farben. Sie wird in der Entwicklung des Menschen als erste wahrgenommen, das haben Tests mit Babys bewiesen. Im Spanischen sind die Begriffe „Rot" = colorado und „Farbe" = Color oder Colorido fast identisch.

Rote Kleidung war Königen und Kardinälen vorbehalten. Auf alten Meisterwerken der Malerei sind Würdenträger in roten Gewändern dargestellt. Auch heute noch werden Staatsgäste oder Prominente auf „roten Teppichen" empfangen.

Aufgrund seiner Ähnlichkeit mit der Farbe des Feuers steht Rot für Wärme, Licht, Fruchtbarkeit, Liebe, aber auch für Aggression und Blut.

Die Kämpfe der Arbeiterbewegung für bessere Lebensverhältnisse wurden häufig mit einem Blutzoll bezahlt, was in der roten Fahne symbolisiert wird. Kommunistische und sozialistische Parteien machten Rot zu ihrer Farbe. Die Auffälligkeit des Rots findet seinen Ausdruck in roten Verkehrsschildern und Ampeln, womit ein Stopp oder ein Verbot signalisiert wird. Rot ist die Farbe der Erotik, das findet seinen Ausdruck in der Werbung, im Licht der Bars im „Rotlichtviertel".

Das Symbol der Liebe ist so stark mit der roten Rose verknüpft, dass man sie nur Menschen schenkt, denen man diese Botschaft übermitteln will.

Grün

Im Pflanzenreich ist Grün mit weitem Abstand die am häufigsten vorkommende Farbe. In der Kulturgeschichte waren immergrüne Zweige ein wichtiges Attribut in Zeiten, in denen die Menschen noch hauptsächlich von der Landwirtschaft gelebt haben. In strengen Wintern konnten die Lebensmittel-Vorräte zur Neige gehen und Hunger breitete sich aus. Die Menschen glaubten an die Kraft immergrüner Zweige, die die bösen Geister des Winters vertreiben konnten. Sie stellten sich Koniferen- und wintergrüne Zweige (Buchsbaum, Ilex usw.) in die Stuben. In der Advents- und Weihnachtsfloristik wird dieser Brauch – mit anderer Bedeutung - bis heute fortgesetzt.

Diese Kraft des lebenserhaltenden Grüns kommt auch im Totenkult zum Ausdruck. Fichtenzweige wurden an der Haustür angeschlagen, wenn jemand gestorben war. Das offene Grab wird teilweise heute noch mit Fichtenzweigen ausgeschmückt. Der Kranzkörper aus Koniferengrün oder grünen Blättern greift die Symbolik der Hoffnung auf Wiedergeburt und Leben auf.

Bild 1 Rote Dahlie

Bild 2 Grünfarbige *Helianthus*

In der Floristik gibt es kaum Werkstücke, die ganz ohne Grün auskommen. Grün kann als neutrale Farbe aufgefasst werden, die zu allen anderen Farben passt und eine ausgleichende und verbindende Wirkung hat. Menschen suchen Erholung „im Grünen" und schaffen in ihren Wohnungen durch Grünpflanzen und Blumen eine Atmosphäre des Wohlfühlens.

In pflanzlichen Werkstoffen – vornehmlich in Laubblättern – tendiert Grün sowohl in den Gelb- als auch in den Blaubereich mit unzähligen Variationen. Auch der Verlauf der Blattadern oder Muster wird durch andere Farben auf einem grünen Untergrund wiedergegeben.

Symbolisch steht Grün für Wachstum und Hoffnung, für Leben und Wiedergeburt. Grün als Farbe ist wie keine andere mit der Natur verbunden. Sie trägt den Namen der Partei, die sich ursprünglich am engagiertesten für Umweltschutz und den Erhalt der Natur eingesetzt hat. Das Symbol der „Grünen" ist die Sonnenblume auf grünem Grund

Blau

Blau ist am unbedeckten Himmel und im offenen Meer zu sehen. Dieser Farbeindruck wird durch die Tiefe des Mediums (Luft bzw. Wasser) hervorgerufen. Dies ist auch die Ursache für die Empfindung als kalte Farbe. Symbolisch gilt Blau als Farbe der Träumerei und der Sehnsucht, vielleicht, weil sich solche Gedanken oder Gefühle bemerkbar machen, wenn man längere Zeit in den unendlichen Himmel schaut. Blau wird auch mit Sauberkeit assoziiert, deshalb findet man die Farbe auf Hygieneartikeln und Handcremes. Typisch ist blau für Arbeitskleidung (Blaumann) und Jeanshosen.

Soll eine junge Mutter zur Geburt eines Kindes beschenkt werden, gibt es eine geschlechterspezifische Regel: Rosa für Mädchen, Blau für Jungen. Bei den Blütenfarben tritt Blau seltener auf. Man kann davon ausgehen, dass die Farbe für die meisten Bestäuber nicht so reizvoll ist.

Gelb

Die Farbe wird mit der Sonne assoziiert, obwohl die eigentlich weiß ist. Helios, der griechische Sonnengott wird in gelbem Gewand dargestellt, ebenso wie chinesische Kaiser und Würdenträger. Gelb steht für Glückseligkeit und Weisheit, es strahlt Optimismus, Lebensfreude, Vergnügen und Freundlichkeit aus. Bei den Blumenfarben ist Gelb am häufigsten anzutreffen. Es ist einerseits die Farbe des Herbstes, durch die Vielfalt des sich gelb und orange verfärbenden Laubes - andererseits aber auch die Farbe des Frühlings, wenn die ersten gelben Frühjahrsblüher die so lange vermisste Wärme und neu erwachendes Leben ausstrahlen (Winterlinge, Crocus, Narzissen, Tulpen, Forsythien usw.)

Schwarz

Schwarz ist das Fehlen von Licht, das heißt: Absolut reines Schwarz sehen wir erst, wenn wir nichts mehr sehen, in einem absolut lichtdichten Raum, ohne Fenster und Türen.

Bild 1 Blaue *Scilla*

Bild 2 Gelbe *Iris*

Gegenstände, die wir als schwarz bezeichnen, reflektieren immer noch einen Bruchteil aller Lichtwellen. Man könnte auch sagen, Schwarz ist ein extrem abgedunkeltes Weiß.

Schwarz ist mit vielfältigen Symbolen behaftet, es ist die Farbe der Endgültigkeit, daher eine wichtige Trauerfarbe, auch heute noch wird schwarze Kleidung als Zeichen der Trauer getragen. In der Mythologie dient der schwarze Rabe als Todesbote. Im Mittelalter trugen Adel und Klerus schwarze Gewänder, um ihre Abgehobenheit vom Volk zu demonstrieren. Das zeigt sich bis in die heutige Zeit in den schwarzen Anzügen der Manager, Vorstände und Aufsichtsräte. Aber auch Künstler und Individualisten bringen ihre Besonderheit mit ihrer schwarzen Kleidung zum Ausdruck. Schwarz gibt es im Pflanzenreich nur sehr wenig. Ausnahmen sind einige schwarze Früchte (Efeu, Tollkirsche, Liguster, Johannisbeere, Brombeere), die bei genauem Hinsehen noch einen Schimmer Rot oder Violett beinhalten.

Schwarze Blütenblätter (Bild 1) sind vor allem durch Züchtung entstanden (*Helleborus, Iris, Cosmea,* Dahlie, Stiefmütterchen, Tulpen, Rosen). Bei genauem Hinsehen sieht man auch hier geringe Verläufe bzw. Mischungen mit Rot- oder Violett-Tönen. Schwarz erscheinen allerdings häufig Staubblätter oder alte, mit braun changierende Baumrinden. Trotzdem ist Schwarz in der Floristik eine wichtige Farbe, wenn es darum geht, Lichtverhältnisse oder Umgebungsfarben wie Hintergründe zu berücksichtigen oder zu nutzen.

Weiß

Weiß wird auch als Summe aller Farben bezeichnet, weil es alle farbigen Lichtwellen vereint. Die Symbolik ist ebenfalls vielfältig: Es steht für Weisheit (alte weise Männer haben weiße Haare), für Frieden (weiße Taube), vor allem aber für Reinheit. Weiße Wäsche und Kittel im medizinischen Bereich, weiße Farbe in der Werbung versinnbildlichen Sauberkeit und Hygiene. Feierliche Anlässe, insbesondere der Wechsel eines Lebensabschnitts wird durch weiße Kleidung begleitet (Taufe, Kommunion, Hochzeit, Trauerfeier). In der christlichen Religion wird die Reinheit mit Unschuld (Jungfräulichkeit) verbunden und drückt sich im weißen Brautkleid vor dem Traualtar aus. In der katholischen Kirche empfängt der Sterbende die letzte Ölung, um frei von Schuld und Sünde ins Himmelreich zu treten. So ist Weiß auch eine Trauerfarbe und weiße Blumen gelten unter älteren Menschen mitunter auch heute noch als Totenblumen. Zwar ist Weiß in der Trauerfloristik durchaus angesagt, aber weiße Blumen werden im Allgemeinen auch bei Hochzeiten und anderen Anlässen heute von den meisten Menschen akzeptiert. In der Kombination mit anderen treten weiße Blumen (Bild 2) durch ihren hohen Reflexionsgrad immer am stärksten hervor und können andere in ihrer Wirkung herabsetzen, deshalb ist auf ein angemessenes Mengenverhältnis zu achten.

Grau

Grau sind alle Töne zwischen Weiß und Schwarz. Das mittlere Grau ist die neutralste Farbe und sie hat als einzige keine

Bild 1 Schwarzes Stiefmütterchen

Bild 2 Weiße Tulpe mit grünem Blütengrund

Gegenfarbe. Grau ist ausdruckslos und unbestimmt. Das wird auch durch Redewendungen deutlich wie die Charakterisierung einer unscheinbaren Person als „graue Maus". Als „Graubereich" oder „Grauzone" werden Dinge zwischen legal und illegal bezeichnet, die man also nicht klar einer Seite zugehörig einordnen kann. Mit „Nachts sind alle Katzen grau" meint man, dass unter bestimmten Bedingungen Unterscheidungen nicht mehr notwendig sind.

Grautöne finden wir kaum bei Blütenblättern, es sei denn, wir würden schon sehr geringe Abdunkelungen vom Weiß als Grau definieren. Als typisch für einen hellen Grauton mag das Edelweiß gelten. Bei Laubblättern tritt Grau dagegen häufiger auf, hervorgerufen durch eine Wachschicht oder noch deutlicher eine Behaarung (s. S. 319, Bild 1). Trotz der Unscheinbarkeit dieser Farbe ist sie für die Floristik wichtig, weil sie als Umgebungsfarbe Buntfarben besser zur Wirkung kommen lässt. Insofern spielt sie eine Rolle als Hinter- oder Untergrundfarbe, z. B. bei der Warenpräsentation.

Aufgabe

Suchen Sie verschiedene Blumen, in welcher eine bunte Elementarfarbe dominiert und kombinieren Sie ein Blatt dazu, dessen Grün einen ähnlichen Buntton aufweist (z. B. eine blaue Anemone mit blaugrünem Eukalyptusblatt).

Das NCS®© wurde von der Floristmeisterin Gabriele Kubo für die Floristik entdeckt und in ihrem Buch „Systematisch gestalten mit Blütenfarben" (Floral Design Edition) in zahlreichen Beispielen für die Praxis erläutert.

9.12 Farbbezeichnungen

In der Floristik werden häufig Farbbegriffe verwendet, die sich nur aus zwei Buntfarben zusammensetzen (z. B. Blau-Grün für Türkis oder Weiß-Gelb für Beige. Andere Gestalter sind da kreativer. Farbbezeichnungen, die auf einen bestimmten typischen Farbton eines anderen Gegenstandes (auch pflanzlich) hinweisen, treffen die Sache oft viel besser:

Bild 1 Graue Agave

Rotbereich: Purpur, Kress, Bordeaux, Terracotta, Kadmium, Zinnober, Henna, Johannisbeer, Karotte, Himbeer, Erdbeer, Kirschrot, Blutrot, Weinrot, Pink

Orangebereich: Apricot, Blutorange, Mandarinenorange, Melonenorange, Mennige

Grünbereich: Oliv, Petrol, Mint, Türkis, Flaschengrün, Giftgrün, Moosgrün, Pistazie, Smaragd, Maigrün

Blaubereich: Indigo, Ultramarin, Azurblau, Himmelblau, Hyazinthenblau, Jeansblau, Kobaltblau, Lavendel, Aubergine, Marineblau, Ozeanblau, Pflaumenblau, Preußischblau, Taubenblau, Tintenblau

Gelbbereich: Curry, Lemon, Ocker, Bananengelb, Chromgelb, Eigelb, Honiggelb, Maisgelb, Postgelb, Safrangelb, Sand, Senfgelb, Sonnenblumengelb

Braunbereich: Beige, Terra, Umbra, Erdfarben, Goldbraun, Haselnuss, Kaffee, Kastanie, Kork, Sandfarben, Schokoladenbraun
Anmerkung: Braun ist ein stark abgedunkeltes Gelb, insofern gibt es hier fließende Übergänge (z. B. Ocker, Umbra)

Graubereich: Aschgrau, Betongrau, Zementgrau, Bleigrau, Elefantengrau, Mausgrau, Rauchgrau, Silbergrau

Weißbereich: Atlasweiß, Bleiweiß, Chinesischweiß, Creme, Emailweiß, Käseweiß, Kreideweiß, Titanweiß, Wachsweiß

10 Stilkunde begreifen

Anna hat ihren ersten Berufsschultag hinter sich und erzählt im Geschäft vom Stundenplan und den verschiedenen Fächern. Unter Stilkunde kann sie sich nicht so viel vorstellen und fragt Christine und Marc nach dem Inhalt dieses Faches. „Was hat denn Stilkunde mit Blumen binden zu tun?" Christine ist schnell dabei und meint, dass man ja mal historische Gebäude schmücken könnte und dann wissen müsste, welcher Blumenschmuck zu dem Gebäude passt. Marc überlegt etwas länger, blickt auf den vergangenen Unterricht zurück und sagt: „In Stilkunde lernt man nicht nur über die Baustile etwas, sondern auch über die Lebensweise, aus der man viel über den Umgang mit Blumenschmuck ableiten kann. Alte Bauweisen und Schmuckformen wurden schon immer wiederbelebt. So kann man aus Schmuckformen der Vergangenheit neue Stile entwickeln, moderne Techniken und neue Blumenzüchtungen mit einfließen lassen und so in der Tradition lebendig gestalten. Nur wenn man das Vergangene kennt und verstanden hat, kann man daraus als Quelle für neue Gestaltungen schöpfen."

Bild 1 Baustile

Die nachfolgenden Kapitel geben einen Überblick über Lebensart, Baustile und den Umgang mit Pflanzen in den vergangenen drei Jahrtausenden. Sie sollen neugierig machen und dazu anregen, sich mit der einen oder anderen Epoche näher zu beschäftigen. Dieses Wissen dient dazu, Zusammenhänge und Entwicklungen in der Geschichte der Kunst zu erkennen, mit offenen Augen durch Städte und Gartenanlagen zu gehen und so für die eigene gestalterische Arbeit zu lernen. Die Wirkung und die Symbolik von Bauformen, Farben und Pflanzen, die sich über die Jahrhunderte entwickelt haben, können gezielt eingesetzt werden, sei es in einem einzelnen floralen Werkstück, in einer Themenarbeit oder bei der Dekoration eines historischen oder modernen Raumes.

10.1 Griechische Antike (800–30 v. Chr.)

Die Ausbreitung der verschiedenen griechischen Stämme in den Peloponnes, Kleinasien, Süditalien und den Küsten des Schwarzen Meeres und der wachsende Wohlstand führten zu einer neuen Kultur. Es entwickelte sich eine gesamtgriechische Nationalidentität mit gemeinsamen Mythen und Kulten, einheitlicher Lebensweise und Architektur.

So kannte man für jeden Bereich des Lebens Götter, z. B. Aphrodite, Göttin der Schönheit und der Liebe oder Athene, Göttin der Macht und der Weisheit.

Die Griechen strebten nach Einklang mit der Natur und untersuchten deren Gesetzmäßigkeiten. Viele wissenschaftliche Erkenntnisse sind aus dieser Zeit bekannt, wie z. B. der Satz des Pythagoras oder das Gesetz des **Goldenen Schnittes**.

Das Gymnasion (grch.), ursprünglich für die Leibeserziehung geplant, wurde eine Stätte, in der von Philosophen allgemeiner Unterricht erteilt wurde. Die Griechen waren begeisterte Theaterbesucher. In Athen konnten arme Bürger mit einem „Theatergeld" der Stadt große Aufführungen sehen. Die Veranstaltungen waren gleichermaßen religiöse, literarische oder politische Darstellungen. Ebenso wichtig wie die Entfaltung des Geisteslebens war die körperliche Bildung des Menschen: 776 v. Chr. fanden die ersten olympischen Spiele statt.

Das Menschenideal der Griechen vereinte geistige und körperliche Bildung in Harmonie. Das Schöne und Harmonische wurde verehrt, was man vor allem auch an den Bauwerken dieser Zeit ablesen kann.

10.1.1 Architektur

Die Griechen entwickelten für ihre Architektur Regeln, an denen sie die Baukunst maßen. Jedes Bauwerk, das Anspruch auf Vollkommenheit erhob, musste ihnen genügen. Die Proportionen der Teufel orientierten sich an Proportionen des menschlichen Körpers oder auch an Erfahrungswerten.

Die ursprünglich aus Holz errichteten Häuser und Tempel baute man später in Stein. Die einfache Grundform des **Megaron** wurde im Laufe der Zeit immer mehr vergrößert und verfeinert, wie das Bild 2, S. 327 zeigt. Es wandelte sich zur **Cella**, in dem sich die Statue der Gottheit befand. Die **Cella** war umgeben von freistehenden Säulen, die das **Gebälk** trugen. Der Zugang zum Tempel war rundherum durch Stufen möglich. Wichtigstes Kriterium für den Bau war die Harmonie zwischen Stütze und Last, Säule und Gebälk.

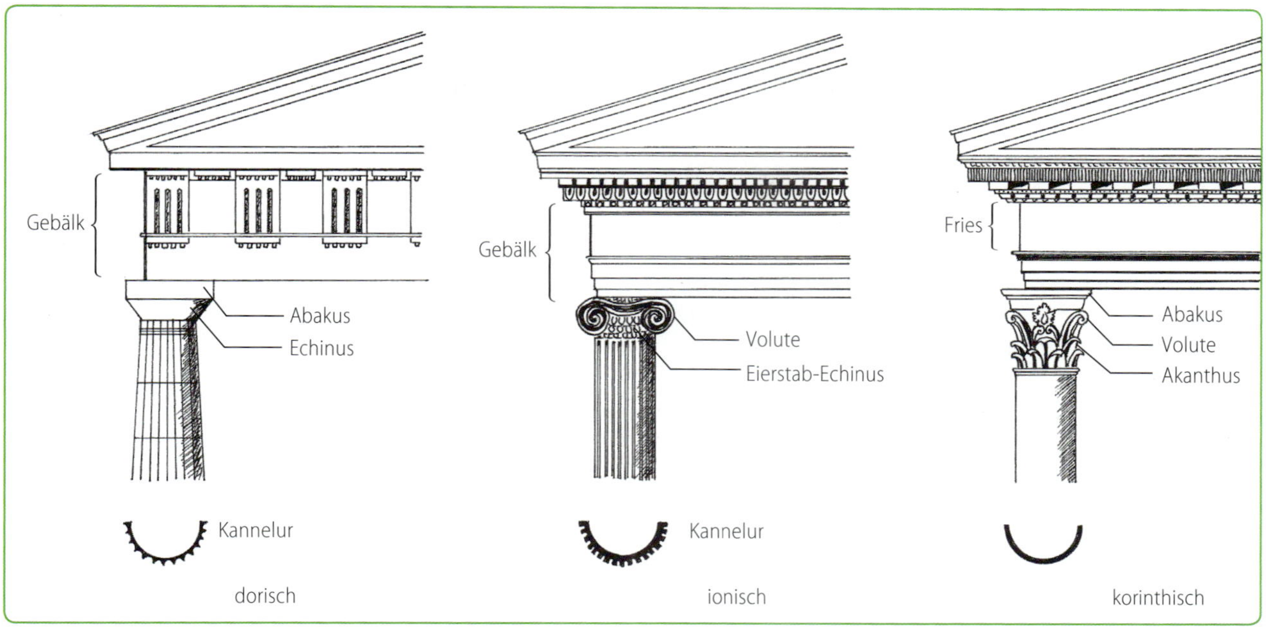

Bild 1 Merkmale des dorischen, ionischen und korinthischen Stils

Die so erreichte Harmonie und Klarheit gilt bis heute als vollendet und vorbildlich. So tauchen in den nächsten Jahrhunderten immer wieder Elemente dieser Architektur auf.

Die griechische Baukunst lässt sich in drei Ordnungen unterteilen: die älteste ist die dorische, darauf folgten die ionische und die korinthische. Die verschiedenen Ordnungen sind vor allem an ihren unterschiedlichen **Säulen**- und **Kapitell**formen zu unterscheiden. Insgesamt wirken dorische Tempel klar und kraftvoll, während ionische und korinthische Eleganz und Anmut ausstrahlen. Die verschiedenen Ordnungen lösten sich nicht gegenseitig ab, sondern existierten parallel, sogar innerhalb eines Gebäudes, außen dorisch, innen korinthisch geschmückt(s.Bild 1).

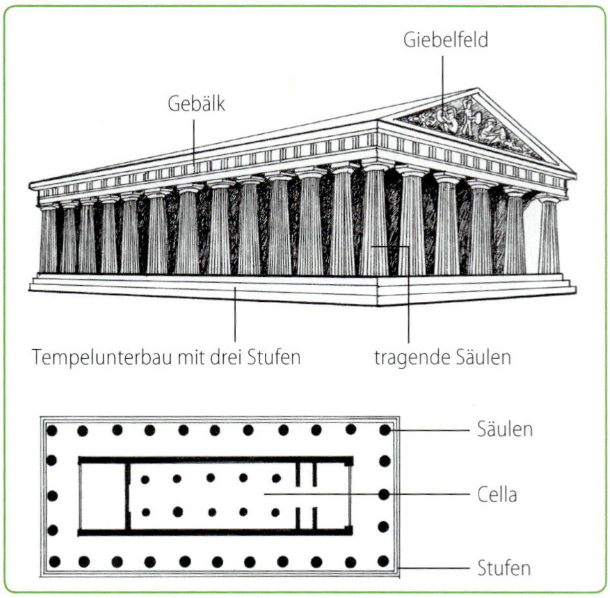

Bild 2 Tempelansicht eines dorischen Tempels

Die Ornamente wurden in der **Fries**gestaltung an Tempeln, der Gliederung von Wänden, zum Schmücken von Möbeln und anderen Gebrauchsgegenständen verwendet. Sie wurden als **Reliefs** oder als Malerei umgesetzt. Weitere Verzierungen an Gebäuden waren mit Ornamenten verzierte Stirnziegel, Giebelabschlüsse **(Akroterien)** oder Wasserspeier am Dach.

Bild 3 Ornamente der griechischen Antike

Ein Überblick der griechischen Architektur wäre unvollständig ohne Erwähnung der Theaterbauten. Der Anschauung der Griechen entsprach es, dass sich ihr Theater angesichts der Natur abspielte. Das quergestellte Bühnengebäude, **Skene**, ist von Säulen umgeben, davor die halbrunde **Orchestra** für den Chor, am Felshang steigt das Halbrund der steinernen Sitzreihen für die Zuschauer auf.

Bild 1 Theater von Epidaurus mit Platz für 14 000 Zuschauer (um 350 v. Chr.)

10.1.2 Skulptur und Malerei

Auch in der Bildhauerei ist das Streben der Griechen zu erkennen, den menschlichen Körper, der für sie die vollkommene göttliche Schöpfung war, ideal wiederzugeben. Generationen von Künstlern bemühten sich, diesem Ideal immer näher zu kommen, bis mit der griechischen Klassik die größte Vollkommenheit erreicht wurde. Dabei wird der archaische, der Übergangsstil und der klassische Stil unterschieden. Die Wesensmerkmale des archaischen Stils sind Geschlossenheit, Symmetrie und kraftvolle Schlichtheit. In der Klassik werden Individualität, Lebendigkeit und Erhabenheit deutlich, natürliche Anmut strahlen diese Skulpturen aus.

Bild 2 Griechische Skulptur um 210 v. Chr.: Sterbender Gallier

Auch in der Malerei sind verschiedene Entwicklungsstufen zu erkennen. Im geometrischen Stil sind die Darstellungen von ornamental abstrahierter Vereinfachung. Der reiche Stil zeichnet sich durch freiere Entfaltung, Ornamentfreude und wohlüberlegte Ausgewogenheit aus, er bevorzugt elegante Bewegungsabläufe und die Nutzung des Raumes. In hochklassischen Meisterwerken überzeugt auch die Malerei durch Verzicht und nicht durch Überfrachtung. Mit überlegt reduzierten Umrissen wird die Idee dargestellt, Ornamente werden zurückhaltend eingesetzt.

10.1.3 Blumenschmuck und Gartenkunst

Bei der schon angesprochenen Naturverbundenheit der Griechen verwundert es nicht, dass die Blumen eine wichtige Rolle in der Götterverehrung und im täglichen Leben spielten. Es gab bereits Blumenmärkte und kleine Blumenläden.

Einige Blumenhändlerinnen – der Beruf war im Allgemeinen Frauen vorbehalten – erlangten in der Antike große Berühmtheit, etwa die Kranzflechterin Glykera, die als erste Floristin in die Geschichte einging. Der griechische Maler Pausias (4. Jahrhundert v. Chr.) war unsterblich in sie verliebt. Nach der Legende reichte all seine Kunst nicht aus, die Blumenarrangements im Bild festzuhalten, die seine Geliebte, um ihn herauszufordern, ständig änderte.

Bild 3 Blumenschmuck

Die Griechen sorgten für die Verbreitung der Rose, sie wurde als die schönste der Blumen betrachtet und der Göttin Aphrodite geweiht. Neben Rosen züchteten sie aber auch Narzissen, Majoran, Goldlack und Veilchen. Lilien schmückten die Statuen der Artemis, roter Mohn die des Morpheus. Blattwerk von Palmen, Lorbeer oder Ölbaum wurde zu Kränzen für verschiedenste Anlässe gebunden. Immer mehr setzte es sich durch, Festbankette mit Blumen zu schmücken, Kränze als Anerkennung oder zur Erfrischung der Stirn an Politiker, Sieger, Redner oder Gäste zu überreichen. Zu Festumzügen zu Ehren des Dionysos, dem Gott der Fruchtbarkeit und der schöpferischen Kraft des Weines, wurden **Thyrsos-Stäbe** mitgeführt. Sie waren von Efeu oder Weinranken umwunden und von je einem Pinienzapfen mit Bändern gekrönt.

Alle Gärten des antiken Griechenlands waren Nutzgärten. Schatten suchte man auf Spazierwegen mit Bäumen, die man bei den Sportstätten, den Ringplätzen oder in einem alten heiligen Hain angelegt hatte. Manchmal wurde auch um eine heilige Grotte ein Garten aus verschiedenen Bäumen und Sträuchern angepflanzt.

10.2 Römische Antike (300 v. Chr. bis 300 n. Chr.)

Rom wurde der Sage nach 753 v. Chr. von Romulus und Remus gegründet. Es ging aus einer Ansiedlung etruskischer Bauern hervor, es herrschten etruskische Könige. Nach der Vertreibung des letzten etruskischen Königs, 510 v. Chr., wurde die Republik eingeführt. Grundlagen der römischen Wirtschaft waren Ackerbau und Handel, Kriege trugen zur Erweiterung des Territoriums bei und brachten Beute. Die Römer unterwarfen im Laufe der Jahrhunderte zunächst Italien, später Sizilien, Spanien und Griechenland. Im ersten Jahrhundert n. Chr. drangen sie bis Britannien, Rumänien und Jordanien vor. Diese eroberten Länder wurden Provinzen des Römischen Reiches. Die republikanische Regierungsform wurde durch einen Bürgerkrieg abgelöst, Augustus ging als Imperator (Kaiser) hervor. Durch die zahlreichen Eroberungen kam das römische Imperium unter anderen in engen Kontakt mit der hochentwickelten griechischen Kultur. Die realistischen Römer eigneten sich die Errungenschaften Griechenlands in Architektur und Wissenschaft an, wie sie auch das Erbe der Etrusker für sich genutzt hatten.

Aus den verschiedenen Schriftarten rund um das Mittelmeer entstand das klassische römische Alphabet mit seinen modifizierten, nunmehr lateinischen Buchstaben, von dem auch das deutsche Alphabet abstammt.

Die römische Oberschicht verstand es, ihren Erfolg und ihre Macht in der Architektur und der Lebensart zu repräsentieren. Große, schmuckreiche Tempel, Paläste, **Triumphbögen**, Theater und **Arenen** entstanden, aufwändige Feste wurden gefeiert. Badehäuser, sogenannte Thermen, für Entspannung, Vergnügen und Körperpflege wurden errichtet.

Die Römer strebten nach Macht und Leistung auf kriegerischem, politischem und wirtschaftlichem Gebiet und repräsentierten dies in Architektur und aufwändigem Lebenstil.

10.2.1 Architektur

Besonders in der Architektur sind die Wurzeln der römischen Kultur zu erkennen. Das ingenieurtechnische Können der **Etrusker** wurde im Straßen- und Brückenbau vervollkommnet, ihre Fähigkeiten im Gewölbebau wendete man in repräsentativen Tempel- und Arenabauten an. Die Elemente der griechischen Architektur wurden meist nur noch als Schmuckelemente genutzt.

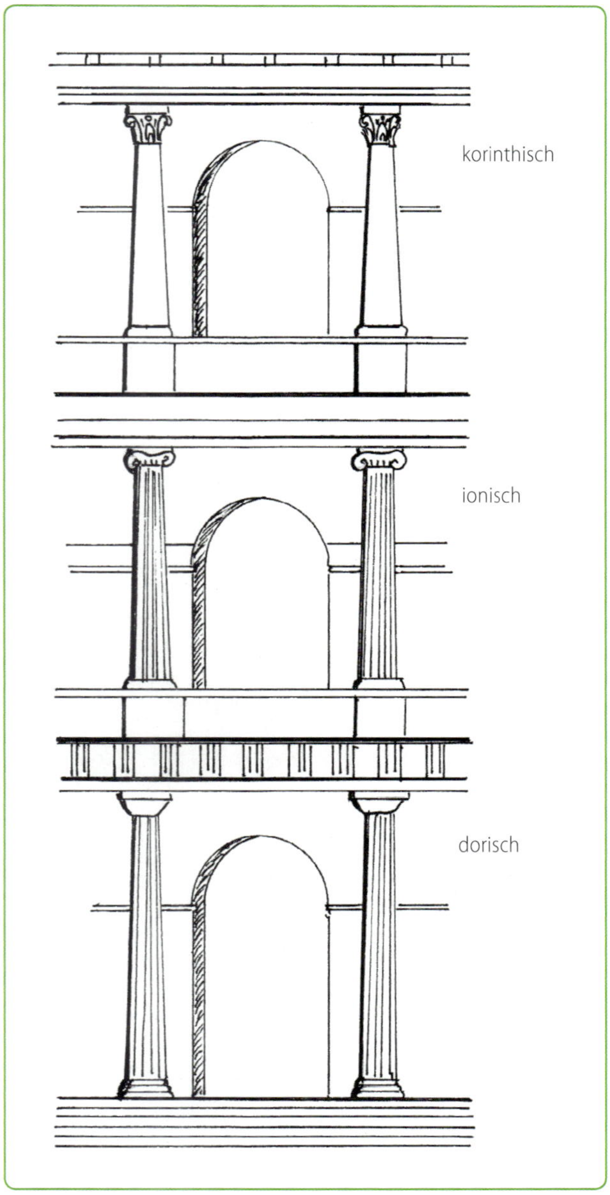

Bild 1 Römische Säulenordnung

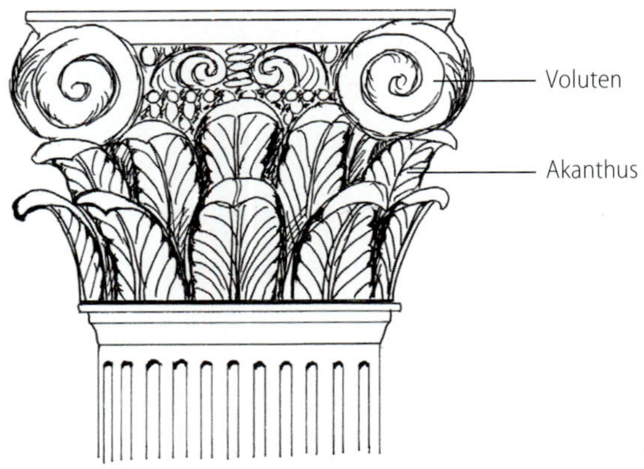

Bild 1 Römisches Kompositkapitell

Um die riesigen Gewölbe- und Kuppelbauten schaffen zu können, verwendeten die Römer Beton, den sie aus Kalk, Bruchsteinen, Wasser und vulkanischer Erde mischten, in Formen gossen, härteten und dann verbauten. Auch die Technik der **Füllmauer**, bei der die gemauerten Wandungen mit Bruchsteinmaterial und Mörtel ausgefüllt wurden, ermöglichte es den Römern, in diesen riesigen Dimensionen zu bauen. Diese Wände schmückten sie dann mit kostbaren Gesteinen wie z. B. Marmor, bemaltem Putz und vorgelagerten Säulen, Gesimsen und anderen Schmuckelementen und die günstige, schnelle Bauweise der Füllmauern war nicht mehr zu erkennen.

Die Römer übernahmen die griechischen Formen der **Kapitelle**, dorisch, ionisch und korinthisch, aber verwendeten die Säule nicht mehr als tragendes Element, sondern als Schmuck. In mehrstöckigen Gebäuden wurden sie jeweils in den verschiedenen Etagen verwendet. Um das Kapitell noch schmuckreicher zu gestalten, kombinierten die Römer das ionische mit dem korinthischen Kapitell zum sogenannten römischen **Kompositkapitell**. Hier befinden sich über den Akanthusblattmotiven zusätzlich die ionischen **Voluten** (Bild 1).

Rund um das Mittelmeer und in Mitteleuropa sind zahlreiche Bauwerke der Römer erhalten, so z. B. Rechtecktempel, **Thermen**, **Aquädukte**, Straßen, **Triumphbögen**, **Arenen** und Theater, **Basiliken** und vieles mehr. Auch die Art der Stadtanlagen kann rekonstruiert werden, wie z. B. anhand der durch Vulkanasche verschütteten Stadt Pompeji. Die Bauwerke, die nachfolgend beschrieben werden, stellen nur einen Teil der römischen Baukunst vor, machen aber die Kunstfertigkeit und die technischen Fähigkeiten dieser Zeit deutlich.

Wie in Bild 2 zu erkennen ist, bleibt die Grundform des griechischen Tempels erhalten, aber am römischen Tempel wurde die **Cella** vergrößert, die umlaufenden Säulen sind nur vorgelagerte Halbsäulen, die Stufen führen nur von vorn zum Tempel hinauf. Neu ist der Bau von **Rundtempeln** mit Kuppel, wobei das **Pantheon** (s. S. 331, Bild 1) in Rom das bedeutendste Beispiel für diese Bauart ist.

Bild 2 Römischer Rechtecktempel

Bild 1 Pantheon, Rom, 118–125 n. Chr. Der Durchmesser der Kuppel beträgt 43,30 m, die Wände sind teilweise 6,20 m dick.

Die römischen Theater werden nicht mehr, wie die griechischen, in natürlichen Mulden angelegt, sondern als freistehende, mehrstöckige Hochbauten errichtet, bleiben aber in ihrem Aufbau sonst ähnlich. Neu ist das Amphitheater, die geschlossene Arena für Gladiatoren- und Tierkämpfe.

Bild 2 Kolosseum, Rom, geweiht 80 n. Chr., elliptische Arena, 187 m · 155 m, 51 m hoch. Ein Treppensystem ermöglichte die schnelle Entleerung bei etwa 50 000 Sitzplätzen.

Die Römer errichteten seit dem 2. Jahrhundert v. Chr. monumentale Triumphbögen aus Stein, die reich mit propagandistischen Reliefs und Inschriften geschmückt wurden. Sie standen an den Hauptstraßen und hatten meist drei Durchgänge, wie z. B. der Konstantin-Bogen in Rom aus dem Jahr 315 in Bild 3.

Aquädukte brachten Wasser in die römischen Siedlungen und Städte. Allein für die Versorgung Roms wurden Wasserleitungen über eine Länge von 400 km gebaut. Um Täler überwinden zu können, verlief der Aquädukt über eine Brücke mit erhöhten Bogenreihen, den Arkaden (Bild 4).

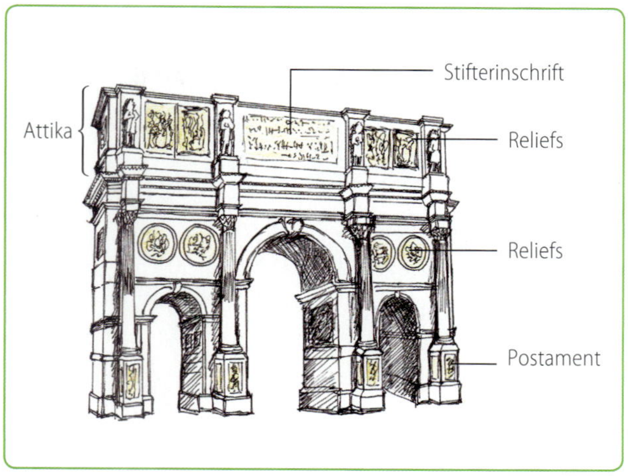

Bild 3 Konstantin-Bogen in Rom

Die römische Architektur in allen Teilen Europas bildete die Grundlage für die vielfältige Architekturentwicklung in den nachfolgenden Jahrhunderten, wie in den nachfolgenden Kapiteln deutlich werden wird.

Bild 4 Pont du Gard, in der Provence, 1. Jahrhundert v. Chr., hat eine Höhe von 50 m und eine obere Länge von 275 m.

10.2.2 Skulptur und Malerei

Als Rom im 2. Jahrhundert v. Chr. Griechenland eroberte, erkannte es sowohl die Überlegenheit der griechischen Bildhauerei als auch ihre Anwendbarkeit für eigene Zwecke. Eine dokumentarische Darstellung aktueller Ereignisse ist typisch für die von den Römern in Auftrag gegebenen Skulpturen.

Im Laufe von 500 Jahren entstanden hervorragende Büsten, darunter Beispiele einer fast griechischen Idealisierung, doch auch solche von krassem Realismus. Die römische Bildhauerei diente häufig der staatlichen Repräsentation und öffentlichen Propaganda. Auf Triumphbögen, Säulen, Grabmälern u. a. wurden Schlachten, Opferhandlungen, Triumphzüge und historische Persönlichkeiten dargestellt.

Bild 1 Marmorstatue des Augustus von Prima Porta um ca. 20 v. Chr.

Römische Malerei unterscheidet man in Ersten und Zweiten Stil. Der Erste Stil, der an die griechische Tradition anschließt, bevorzugt die Nachahmung architektonischer Elemente, während der Zweite Stil ein „Fenster“ in der Wand öffnet, in denen **mythologisch**e Szenen sowie Landschaften erscheinen, wie in Bild 2 zu sehen ist. Spätere Stile sind Mischungen aus beiden.

Seit dem 5. Jahrhundert v. Chr. lassen sich Beispiele für das **Mosaik** in Wohnhäusern und öffentlichen Gebäuden finden. Es diente zunächst als Bodenbelag, später auch zur Dekoration von Wänden.

Bild 2 Wandmalerei der Villa Livia

Die römische Kunst schätzte auf allen Gebieten die Interpretation berühmter Vorbilder zum eigenen Nutzen. Mit der Ausdehnung des römischen Weltreichs nahm auch der Austausch von Künstlern und Stilen zu und natürlich auch die Verbreitung römischer Kunst in ganz Europa.

10.2.3 Blumenschmuck und Gartenkunst

Blumen sind untrennbar mit der Prachtentfaltung im antiken Rom verbunden. Räume, Fassaden und Straßen wurden zu Festlichkeiten mit Blumen geschmückt. Dafür wurden Girlanden, Formgirlanden und Kränze gebunden. Bei Festumzügen führte man, wie bei den Griechen, **Stabsträuße** mit.

Als Zeichen des freien Bürgers wurde die Bürgerkrone, ein Kopfkranz aus Eichenlaub, getragen, Siegerkränze waren aus Lorbeerblättern mit Gold- oder Silberfäden gebunden. Lieblingsblume der Römer war die Rose, sie wurde für jeglichen Schmuck verwendet, bis dahin, Rosenblütenblätter zu Ehren des Kaisers zu streuen oder regnen zu lassen. Sie wurde eigens in Rosarien angebaut, um immer Rosen in Mengen vorrätig zu haben.

> Kaiser Heliogabalus ließ statt eines sanften Blütenblätterregens eine wahre Sintflut auf seine Gäste niedergehen. Die Türen waren verschlossen und die Gäste erstickten in den Rosenblättern.

Bild 3 Girlanden- und Kranzformen der Römer

Aber auch Mohn, Anemonen, Krokusse, Narzissen und Veilchen sowie Hyazinthen und Lilien waren beliebte Blumen. Die Versorgung der Städte mit Blumen war ein einträgliches Geschäft, es gab bereits Treibhäuser und im Winter wurden die Blumen z. B. aus Ägypten importiert. Die Römer brachten Veränderungen in der Gartenkultur hervor. Der wichtigste Grund dafür lag in den bäuerlichen Wurzeln der Bürgerschaft, so besaßen fast alle wohlhabenden Römer zusätzlich Landsitze vor der Stadt. Ein weiterer Punkt für die Entwicklung der Gartenkultur war das Wissen der Römer um die Pflanzen und Gärten fast ganz Europas und Vorderasiens durch ihre Eroberungen.

Der römische Garten war fest mit der Architektur der Villen verbunden und als Erweiterung des Hauses in dessen Innenhof gedacht. Nutz- und Lustgärten wurden voneinander getrennt. Letzterer war symmetrisch aufgebaut, gegliedert durch Wasserbecken, ornamentale Beete und kunstvoll beschnittene Hecken. Pflanzen aus allen Teilen des Reiches zierten diese Gärten. Dem griechischen Einfluss nach fanden sich überall Statuen und Kunstwerke. Terrakottakübel wurden bepflanzt, Sitzplätze in der Nähe der Bassins mit Wasserkünsten oder Volieren angelegt. Umgeben war der Garten mit Mauern, um auch Tiere frei laufen lassen zu können.

Die Art der Gartenanlagen im antiken Rom bildet die Grundlage für Gartenformen und Parks in den späteren Jahrhunderten.

Bild 1 Teilansicht des Gartens mit Fischbecken, Villa Hadriana

Bild 2 Kanopos, Villa Hadriana

Aufgaben

1. Beschreiben Sie die Merkmale der dorischen und der ionischen Ordnung. Wie werden diese Elemente in der römischen Antike verwendet?
2. Erläutern Sie die Fachbegriffe Kannelure, Abakus, Echinus und Volute und skizzieren Sie diese Schmuckelemente.
3. Skizzieren Sie die Vorderansicht eines griechischen und eines römischen Tempels auf A4 und beschriften Sie die wichtigsten Bauelemente.
4. Welche neuen Bautechniken verwenden die Römer, um ihre Bauwerke zu errichten?
5. Beschreiben Sie anhand einer griechischen Skulptur der Klassik die Kleidung dieser Zeit.
6. Entwerfen Sie ein Werkstück Ihrer Wahl, das der Aussage der römischen Kunst gerecht wird. Nennen Sie mindestens drei Pflanzenarten, die Sie verwenden würden.

10.3 Romanik (1000–1250)

Seit dem 17. Jahrhundert ist „Mittelalter" ein eingebürgerter Begriff für den Zeitraum zwischen **Altertum** und **Neuzeit**, der in Vorromanik, Romanik und Gotik unterteilt wird. Der Begriff „Romanik" wurde aber erst zu Beginn des 19. Jahrhunderts geprägt, um einen Zusammenhang zur römischen Baukunst mit ihren Rundbögen, Säulen und Pfeilern deutlich zu machen.

Otto der Große, 962 zum Kaiser gekrönt, trat das kulturelle Erbe Karls des Großen an, der die germanischen Stämme schon 200 Jahre zuvor vereint und Gerichtswesen und Verwaltung eingeführt hatte. Die Zeit der Romanik ist vom Aufblühen des Rittertums und des Lehnswesen geprägt. Das **feudale Lehnssystem** organisiert Europa sozial, militärisch und verwaltungstechnisch weitgehend einheitlich. Das Lehnssystem basierte auf der Grundlage einer überwiegend bäuerlichen Wirtschafts- und Lebensweise, in der Kaiser und Fürsten, Päpste, Bischöfe und Mönche sowie unfreie Bauern ihren jeweils festgelegten Rang hatten. Die Missionierung der „Heiden" und die Auseinandersetzung mit dem Islam führt zu Eroberungen im Norden und Osten Europas und zu den Kreuzzügen nach Israel.

Klöster waren nicht nur religiöse Mittelpunkte, sondern auch wirtschaftliche, kulturelle und künstlerische Bildungszentren, von denen vielfältige Anregungen ausgingen.

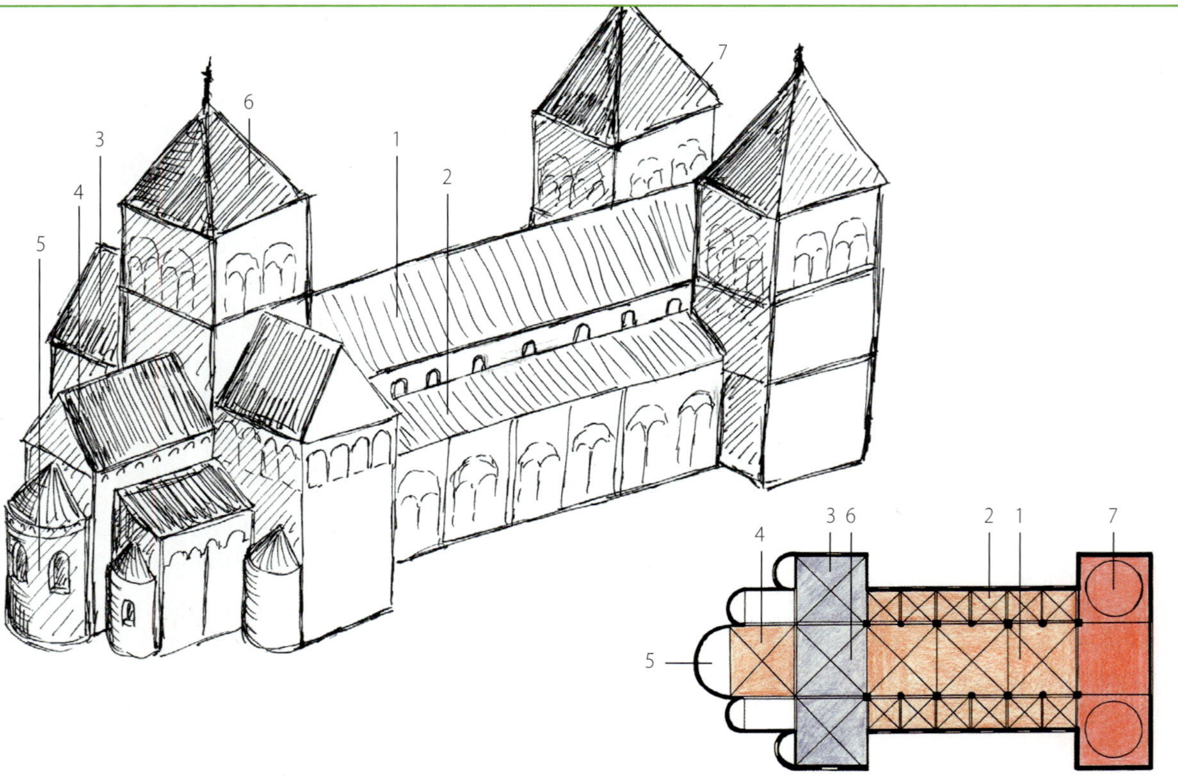

Bild 1 Gebundenes System

10.3.1 Architektur

Die Karolingische Architektur vom 8.–10. Jahrhundert gilt als der Beginn der eigentlichen abendländischen Architektur. Die darauf aufbauende romanische Baukunst war der erste monumentale Baustil seit der Antike. Sie war in ganz Europa verbreitet, allerdings mit erheblichen regionalen Unterschieden. Die Hauptaufgabe der romanischen Architektur war der Bau christlicher Kirchen in Form der romanischen **Basilika**. Deren Baumeister bedienten sich unter anderem der Formensprache der römischen Antike durch Elemente wie **Rundbogen** und Gewölbe, **Säule** und Pilaster.

Aber es gibt auch neue Möglichkeiten, den Raum zu gliedern. Das **gebundene System**, in Bild 1 dargestellt, ordnet alle Maße nach der **Vierung**. Dieses Quadrat bildet das Maß, aus dem der Grundriss aufgebaut ist. Der Grundriss der romanischen Kirche setzt sich zusammen aus einem Mittel- (1, orange) und zwei niedrigeren Seitenschiffen (2, orange) und einem **Querhaus** (3, blau). Die Schnittstelle dieser Teile bezeichnet man als das **Vierungsquadrat**, über dem sich auf dem Dach der **Vierungsturm** (6) befindet. Der **Chor** (4) und die halbrunde **Apsis** (5) schließen sich im Osten an. Unter dem **Chor** befindet sich die **Krypta**, ein unterirdischer Raum als Andachts- oder Grabstätte. In der Regel befinden sich zwei Türme oder ein Querschiff an der Westseite des Kirchenbaus, auch als **Westwerk** (7, rot) bezeichnet. Mittel- und Seitenschiffe waren durch Stützen getrennt. Die Romanik entwickelte den **Stützenwechsel** von **Säulen** und **Pfeilern** in sich wiederholender Gruppierung.

Bild 2 St. Michael, Hildesheim

Säulen wurden von **Würfelkapitellen** gekrönt. Die Kapitelle waren häufig durch kunstvolle Steinmetzarbeiten geschmückt, wie z. B. Schachbrettmuster, heidnische Fabelwesen oder Pflanzenmotive. Nur einige davon zeigen die Bilder 2 und 3. Diese Schmuckelemente wurden auch in verschiedenen **Fries**formen zur sparsamen Gliederung der Wände genutzt.

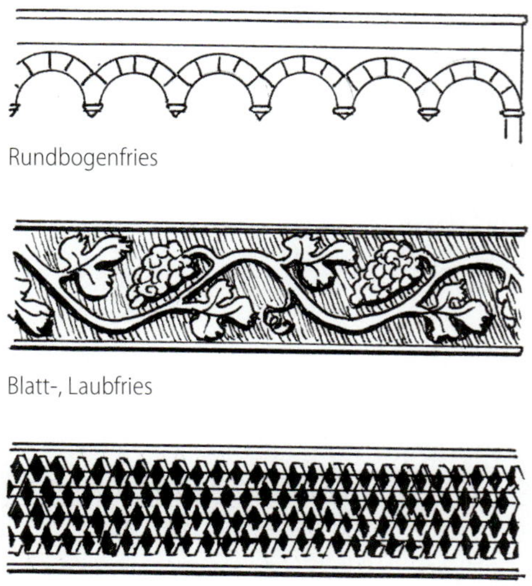

Bild 1 Friesformen der Romanik

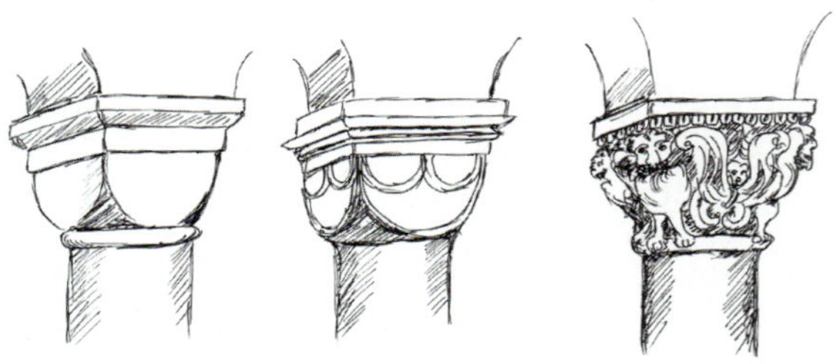

Bild 2 Kapitellformen der Romanik

Bild 3 Kunstvolle Steinmetzarbeit am Kapitell

Bild 4 Dom zu Limburg, Lahn

Besondere Schwierigkeiten bot die Überbrückung großer Spannweiten, denn die zunächst angewendeten hölzernen Flachdecken, wie in St. Michael, Hildesheim (Bild 2, vorige Seite), waren durch Brand gefährdet. Erst bei späteren Bauwerken verwendete man das **Tonnengewölbe**. Es war am einfachsten zu konstruieren und konnte durch **Gurtbögen** verstärkt werden.

Die Mauern und Wände der Romanik sind geschlossen, die Lichtöffnungen klein. Die Baukörper sind blockhaft, schwer und schlicht gegliedert. Sie wirken massiv und erscheinen wie Festungen. An den Fassaden findet man wenig Schmuck, die **Rundbogen**form kehrt aber in verschiedenen Elementen, wie Rundbogenfenstern, Rundbogenfriesen oder Rundbogengalerien, immer wieder, wie in Bild 4 zu erkennen ist.

10.3.2 Skulptur und Malerei

Die Bildhauerei kann nicht losgelöst von der Architektur gesehen werden, da im Mittelalter alle Kunstgattungen im Dienst des übergeordneten Bauwerks standen. Der Skulpturenschmuck beschränkte sich hauptsächlich auf Eingangsportale, Kapitelle und Umrahmungen in der romanischen Kirche.

Als dekorative Elemente wurden menschliche Figuren und Tiere, florale und geometrische Motive verwendet.
Für die Romanik ist eine Stilisierung der Figuren und eine rhythmische Wiederholung gleicher Grundformen typisch. Räumlichkeit und realistische, natürliche Darstellung sind nicht beabsichtigt.

Bild 1 Gernrode Stiftskirche, Relief am heiligen Grab

Zahlreiche romanische Bauwerke wurden durch Malerei geschmückt. Dazu dienten Wandmalerei, **Fresko** oder **Mosaik**. Man liebte kräftige Farben, wie Schwarz, Weiß, Rot oder Blau. Häufig wurden **Säulen**, **Pfeiler** und Bögen in geometrischen Motiven bemalt. Die monumentale Wandmalerei mit der Darstellung christlicher Themen in der **Apsis** der Kirche war prägend für den Gesamteindruck einer romanischen Kirche, wie die Abbildung 3 zeigt. Auch flache Holzdecken erhielten häufig eine kunstvolle und farbenfrohe Bemalung. (Bild 2)

Bild 3 St. Peter und Paul, Reichenau

Bild 2 Holzdecke, St. Michael, Hildesheim

Neben der Malerei am Bauwerk nimmt die Buchmalerei einen ebenso wichtigen Rang ein. Sie diente zur Ausmalung kirchlicher Handschriften. Die Maltechniken variieren regional, einige Grundlagen sind jedoch gemeinsam: Das Wesentliche einer Darstellung wird mit wenigen Zügen hervorgehoben, die Gesten sind sprechend, der Ausdruck ernst, Farbe und Linien dienen zur Betonung, die Darstellungen sind nach symmetrischem Grundschema angelegt (Bild 2).

Die Anfänge von Kapiteln und Textzeilen der liturgischen Bücher wurden mit Initialen geschmückt.

Bild 4 Buchmalerei aus dem Rupertsberger Codex, 12. Jahrhundert

10.4 Gotik (1250–1500)

Mit dem Tod Friedrichs II. 1250 beginnt in Deutschland die kaiserlose Zeit. Das Volk flieht vor Raubrittern und Fürstenfehden in die erstarkenden Städte. Während der Adel verarmt, gewinnen Bürger und Handwerker an Wohlstand und Bildung. Die Handwerker schließen sich in Zünften, Händler in Gilden zusammen und stärken so ihre Rechte. Gegen Ende des 13. Jahrhunderts entstand aus einem losen Zusammenschluss von Kaufleuten die **Hanse**, in der sich die Städte der Kaufleute vereinten und ein Handelsmonopol vor allem im Ostseeraum aufbauten. Um 1300 entstand der Apothekerberuf, der Trittwebstuhl kam auf, Seidenwebereien entstanden, Hammerwerke und Sägemühlen wurden errichtet. Man konnte Papier herstellen und es bedrucken (Gutenberg, 1445). Kaiser Karl IV. gründete die erste deutsche Universität in Prag, sodass das Monopol der Kirche in Kunst und Wissenschaft aufgeweicht wurde. Entdeckungsreisen wurden von Kaufleuten in Auftrag gegeben: So erreichte Marco Polo 1275 Peking, die Entdeckung Amerikas 1492 durch Christoph Columbus fällt in die Endphase des Mittel alters.

10.4.1 Architektur

Bereits Mitte des 12. Jahrhunderts begannen französische Baumeister, Kirchen im gotischen Stil zu errichten. In dieser Zeit entstanden Bauhütten, in denen die Baumeister, Bildhauer, Steinmetze, Kunsthandwerker und Maler organisiert waren und den Gedanken der Gotik weitergetragen haben.

Der Grundriss einer gotischen Kirche setzt sich zusammen aus einem **Mittelschiff** und zwei **Seitenschiffen** (1, 2, rot), die nun auch gleich hoch sein können. Das Grundmaß ist ein Rechteck, wie im Grundriss in Bild 1 zu erkennen ist. Der **Chor** (4) mit **Apsis** (5) befindet sich im Osten, das Querschiff (3, blau) ist häufig nur durch Kapellen angedeutet. Den **Vierungsturm** der Romanik gibt es nur noch in Form eines eleganten Dachreiters (6). Die Einführung von **Bündelpfeilern** (7) ermöglicht erstmals hoch aufstrebende, einheitliche Räume. So wird im Inneren die Wirkung des Leichten und Aufstrebenden hervorgerufen. Für diese neuen Höhen entwickelten die Baumeister das **Kreuzrippengewölbe**, dessen Druck durch die **Strebebögen** (8) und **Strebepfeiler** (9) am Außenbau des Gebäudes aufgefangen und abgeleitet wird. Durch das beschriebene **Strebewerk** außen am Gebäude ist es möglich, die Wände mit großen Glasfenstern zu durchbrechen.

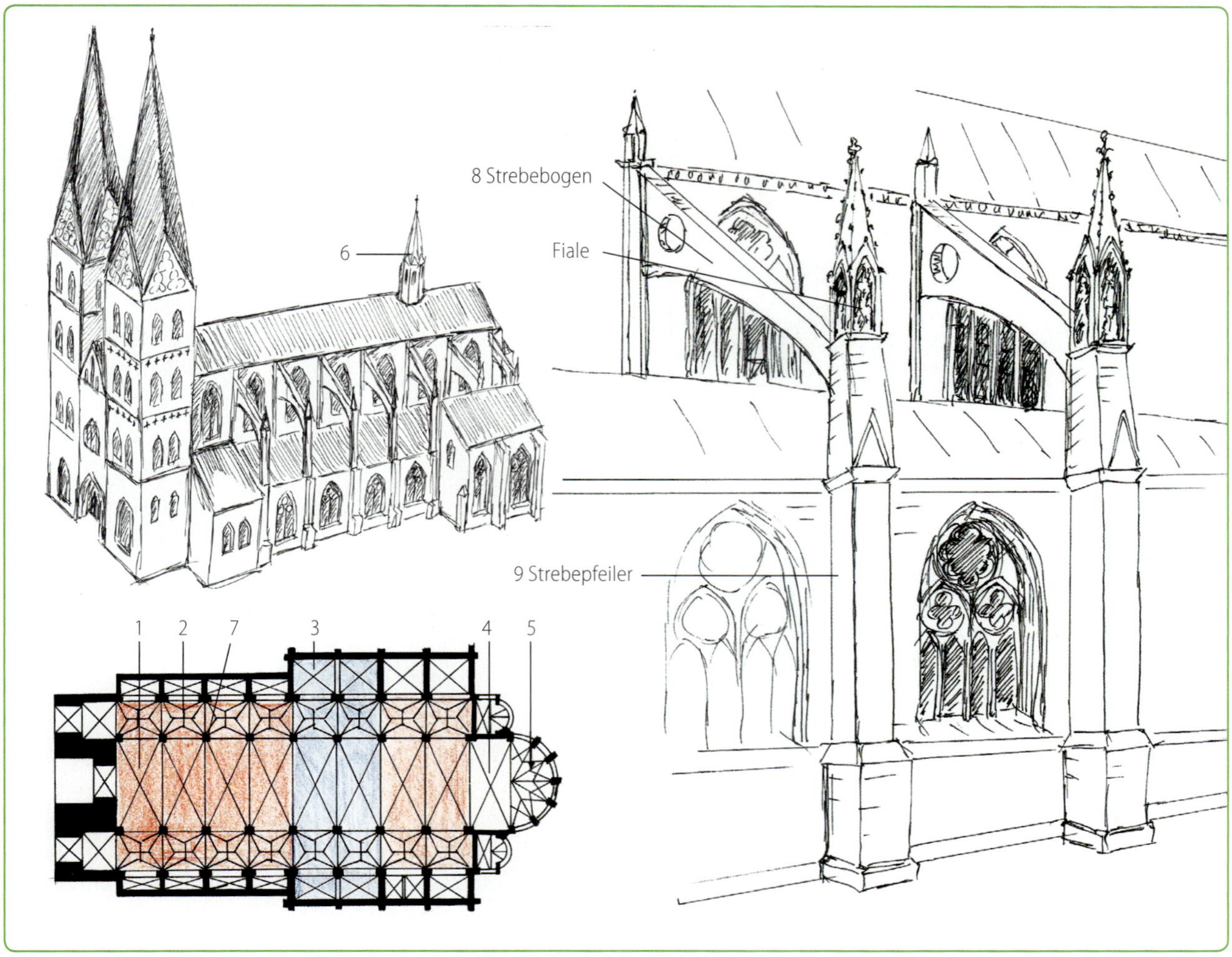

Bild 1 Merkmale der gotischen Baukunst

Da die gotische Bauweise relativ wenig Wandflächen für Wandmalereien bot, wurden die Glasfenster zu Bildflächen (Glasmalerei). Die großen farbigen Glasfenster brachten eine ungeahnte Lichtfülle in das Innere der Kirchen.

Bild 1 Kölner Dom, Südportal, Holzstich 1872

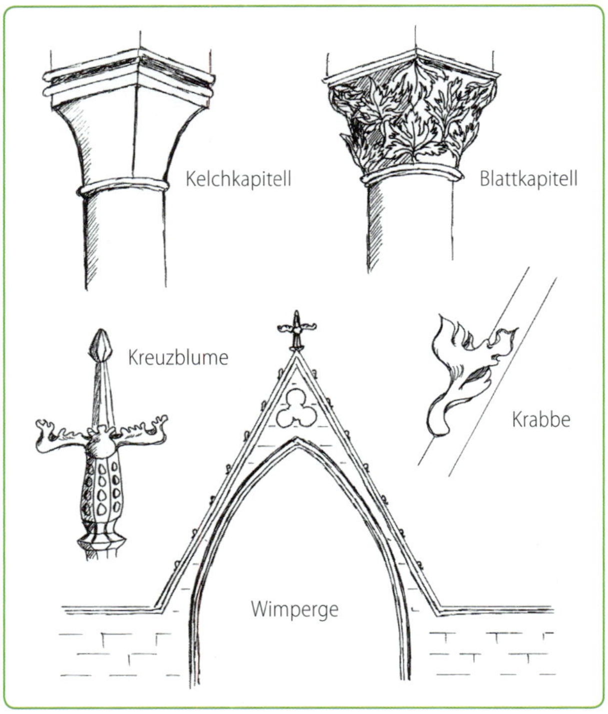

Bild 2 Schmuckformen der Gotik I

Der **Spitzbogen** mit **Maßwerk** ist ein durchgängiges Merkmal der Gotik. Man findet ihn in den Fenstern, an Portalen und in der Ornamentik. Neben dem Maßwerk gibt es noch zahlreiche weitere Schmuckformen der Bildhauerkunst, wie in den Bildern 2 und 3 dargestellt ist.

Bild 3 Schmuckformen der Gotik II

© Ullsteinbild – Promnitz

Bild 4 Rathaus (Münster 1335) mit prächtiger Schauwand, Maßwerkfenstern und Giebel mit Fialenbekrönung

Nach 1250 lösten Landesfürsten und Bürger die Kirche als Bauherren ab. So hält der gotische Baustil auch Einzug in den Privat- und Kommunalbau. Wohn- und Handelshäuser in den Städten sind gekennzeichnet durch **Treppengiebel** und **Schaufassaden**. Rat-, Kauf-, und Zunfthäuser von gewaltigen Ausmaßen zeigen die gleichen Bau- und Schmuckelemente wie die großen Kathedralen, sodass diese Bauwerke vom Bürgerstolz dieser Städte zeugen.

10.4.2 Skulptur und Malerei

Die gotische Bildhauerei kommt zunächst überwiegend am Außenbau der Kirchen zum Einsatz. Die menschlichen Darstellungen passen sich in die Architektur ein, das heißt, sie sind langgestreckt und ihre Gewänder stilisiert. In späterer Zeit erhalten die Skulpturen eine gewisse Bewegtheit, das Körpergewicht ruht auf einem Fuß, die Gewandfalten bekommen dadurch den für die Gotik typischen S-Schwung, wie in der Abbildung 1 erkennbar ist. Die gotischen Skulpturen waren kostbar bemalt. Hände und Gesichter hatten zarte Hautfarbe, das Haar war oft golden, die Gewänder wurden mit Ornamenten geschmückt und häufig mit echten Edelsteinen besetzt.

Bild 1 Marienskulptur in der Fassade vom Dom zu Naumburg

Die gotische Malerei brachte besonders in der Glasmalerei und der Buchmalerei einzigartige Meisterwerke hervor. Gotische Kathedralfenster (Bild 2) sind aus kleinen, bunten Glasscheiben zusammengesetzt, die durch Stege aus Blei zusammengehalten werden und gleichzeitig die Umrisse der Figuren festlegen. Die Details wurden feinlinig mit schwarzer Farbe eingezeichnet. Szenen aus dem Alten wie dem Neuen Testament wurden dargestellt, Architekturdetails wurden durch Spitzbogen auf dünnen Säulen, Landschaften durch stilisierte Felder und Bäume wiedergegeben, während Meer und Flüsse durch stilisierte Wellenbänder dargestellt werden.

Bild 2 Glasfenster, Kloster Arnstein an der Lahn

10.4.3 Blumen- und Gartenkunst im Mittelalter

Der Zerfall und Untergang des Römischen Reiches brachte unruhige Zeiten in Europa. Die Kirche versuchte, ihre Macht zu stärken, indem sie sich klar von Römischer Kultur abgrenzen wollte. Dazu gehörte auch der Umgang mit Blumen und Pflanzenschmuck. Christen sollten auf Blumen als Opfergabe, aber auch im täglichen Leben verzichten.

Erst mit der Gründung des Kaiserreiches unter Karl dem Großen wird das Interesse an antiken Schriften geweckt und damit auch an Werken über Botanik und dem Umgang mit Heilpflanzen. In Klosterbibliotheken waren die Schriften aufbewahrt und abgeschrieben worden, um sie zu erhalten. Nun sind es auch die Klöster, die sich mit der Pflanzenheilkunde und dem Anbau der Kräuter in Klostergärten intensiv befassen. Lange Zeit stand die Blume nur als Nutzpflanze im Vordergrund.

Hildegard von Bingen (1098–1179) stellte umfangreiche botanische Schriften zusammen, die gute Einblicke in den damaligen Pflanzenbestand und die Heilwirkungen der Pflanzen geben. Diese Schriften werden heute wieder verlegt und bilden einen wichtigen Baustein in der Naturheilkunde.

In den Klostergärten wurden die Heil- und Würzpflanzen angebaut, wie Ringelblumen, blau blühender Schwarzkümmel, Malven und Lilien. Daneben gab es aber im Volk noch immer die germanischen Bräuche, wie z. B. ein Kranz aus Kiefergrün, der ein Symbol der Trauer war; Stechpalmen und Mistelzweige waren zum Dezemberfest Schmuck und Fruchtbarkeitszauber. Am dritten Pfingsttag wurde ein **Questenbaum** aufgestellt (S. 340, Bild 1).

Bild 1 Blumenschmuck im Brauchtum

Die Kreuzfahrer lernten im Kontakt mit dem Islam einen ganz anderen Umgang mit Blumen kennen und brachten neue Sitten mit. Besonders die duftenden Nelken und Rosen bereicherten nun die Höfe des Adels. So gewann der Blumenschmuck auch außerhalb der Klostermauern an Bedeutung.

Neben der Lilie, einer der weit verbreitetsten Wappenblume des Mittelalters, entwickelte sich die Rose zur beliebtesten Blumenart, sie wurde in Stein und Glas stilisiert, als kunstvolle „Fensterrose" schmückt sie gotische Kathedralen.

Blumen wurden in der Zeit der Gotik nicht mehr nur in der Tradition der Kopfkränze verwendet, sondern es wurden auch die sogenannten „Blumenhüte" kunstvoll gefertigt (Bild 2).

Bild 2 Blumenhüte in einer Illustration zu Christine de Pizans Werken, franz., um 1411/12

Blüten von Veilchen oder Rosen wurden zwischen Kresse, Minze- oder Basilikumblättern auf einen Holzreifen oder eine Art Polster gebunden.

Das Tragen der Blumenhüte war sowohl auf dem Land als auch in den Städten sehr beliebt. Im 12. Jahrhundert führte diese Mode zur Gründung der Gilde der „Blumenhutmacher" in Paris. Nun wurden auch Blumen außerhalb der Stadtmauern speziell für die Herstellung des Blumenschmuckes angebaut.

In der gesamten Zeit des Mittelalters wurden Blüten, wie z. B. Ginster, Schwertlilien, Minze oder Lavendel, gestreut oder Girlanden aufgehängt, um Räume zu besonderen Anlässen zu schmücken oder im Alltag mit angenehmem Duft zu erfrischen. Da es in mittelalterlichen Wohnräumen kaum Mobiliar gab, das einen festen Platz im Raum hatte, gab es keine Möglichkeit, Blumen anders zu präsentieren.

Der mittelalterliche Tisch war schlicht gedeckt, die Tischdecke mit darauf gestreuten Blüten wurde zum Tischschmuck.

Bild 3 Klostergarten, Citeaux

Der Garten bietet im Mittelalter kein einheitliches Bild. Allen verbreiteten Gartentypen ist allerdings das Merkmal gemein, grundsätzlich eher Nutz- als Lustgarten zu sein. Weit verbreitet ist der „Hortus conculus" (lat.), wörtlich: geschlossener Garten; die Bezeichnung für den durch Mauern eingeschlossenen Nutzgarten.

In der Gartenkultur spielt der Klostergarten eine hervorragende Rolle. Durch den Kontakt zwischen den Klöstern, auch über die Alpen nach Italien hinweg, wurden Pflanzen, Samen und botanisches Wissen ausgetauscht. Fenchel, Liebstöckel oder Dill, ursprünglich am Mittelmeer beheimatet, wurden im 9. Jh. von Mönchen nach Mitteleuropa gebracht und in Klostergärten kultiviert, von wo aus sie auch an Bauerngärten abgegeben wurden. Eine wichtige Modellfunktion für die Anlage eines Klostergartens hatte der Klosterplan von St. Gallen (820 n. Chr.), unterteilt in Arzneigarten, den rechteckigen Gemüsegarten und den Baum- und Obstgarten, der gleichzeitig als Friedhof des Klosters diente (S. 341, Bild 1).

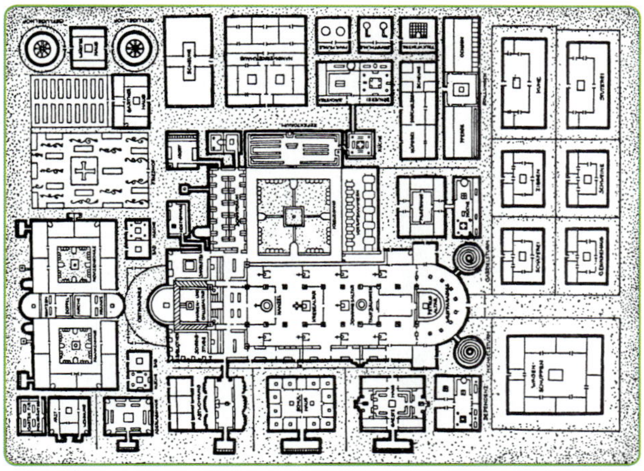

Bild 1 Klostergarten St. Gallen, Grundriss

Im Laufe des Mittelalters wurden aus allen Teilen Europas Pflanzen eingeführt, die dann hier kultiviert wurden, z. B. Goldlack, Rittersporn, Königskerze, Lavendel, Pfingstrose, Silberling oder das Pfaffenhütchen; aus höher gelegenen Regionen die Christrose, der Fingerhut und der Eisenhut. Aus Mittelasien stammen Gänseblümchen, Kamille, Stockrose, Zitronenmelisse und Majoran.

Aufgaben

1. Vergleichen Sie eine romanische mit einer gotischen Kirche anhand ihres Grundrisses und sieben weiterer Merkmale.
2. Erläutern Sie die Begriffe: romanischer Stützenwechsel, Vierungsturm sowie Strebewerk, Wimperge und Schaufassade.
3. Stellen Sie kurz dar, wie sich der Umgang mit Blumen im Laufe des Mittelalters verändert hat und welche Blumenschmuckformen gefertigt wurden.
4. Nennen Sie zehn Pflanzen, die im Mittelalter im Blumenschmuck oder der Heilkunde Verwendung fanden.
5. Vergleichen Sie die Darstellung menschlicher Figuren in der Bildhauerei der Romanik und der Gotik. Stellen Sie dazu jeweils konkrete Abbildungen gegenüber.
6. Entwerfen Sie einen Altarschmuck für eine romanische Kirche. Stellen Sie die Farbauswahl und deren Mengenverteilung in einer Farbskala dar. Nennen und begründen Sie drei Gestaltungselemente, die Sie gezielt für den romanischen Stil ausgewählt haben.

10.5 Renaissance (ca. 1500–1600)

Die Epoche der Renaissance gehört in den Zeitraum der **Neuzeit**. „Renaissance" bedeutet „Wiedergeburt", in diesem Fall die Wiedergeburt der Welt der Antike, die in Italien schon ab 1420 begonnen hatte und allmählich auch in Mitteleuropa Fuß fasste. Diese Entwicklung zog sich durch alle Bereiche, wie Baukunst, bildende Künste, Dichtung und Philosophie. Ein Prozess der Verweltlichung und Individualisierung wird eingeleitet. Menschliches Ideal war die Vollendung der in sich geschlossenen und vielseitigen Persönlichkeit. Der Mensch rückte in den Mittelpunkt der Aufmerksamkeit und so wurde wissenschaftliches Forschen, Abenteuergeist und Entdeckungsfieber gefördert. Der geographische und geistige Horizont der Menschen erweiterte sich immens. Es ist das Zeitalter der Entdeckungen und Erfindungen: 1445 erfindet J. Gutenberg den Buchdruck und Kopernikus begründet das heliozentrische Weltbild, 1492 entwirft M. Behaim den ersten Globus, es gelang die erste Weltumsegelung durch Magellan und mit der Entdeckung Amerikas 1492 durch Christoph Columbus wird das Weltbild von Kopernikus bestätigt und endgültig die **Neuzeit** eingeleitet.

Deutschland ist in dieser Zeit kein einheitlicher Staat. Es besteht aus einer Vielzahl von Kleinstaaten, die jedoch durch übergreifende Ereignisse, wie die Reformation durch Martin Luther zu Beginn des 16. Jh., den Niedergang der mächtigen **Hanse** oder den dreißigjährigen Krieg verbunden sind. Die Bedeutung der Geistlichkeit und des Rittertums ging zurück, das Bürgertum und kleinere Fürsten erlangten mehr Selbstbewusstsein und Macht, ein gesellschaftlicher Umbruch fand in Europa statt.

Bild 2 Setzkompass, 1561

10.5.1 Architektur

Die in Italien einsetzende Entwicklung greift hauptsächlich auf die römische Antike zurück und verwendet deren Bauelemente, wie Säulenordnung, **Pilaster**, **Giebelfelder**, Kuppelbauten und **Triumphbogen**. Grundformen sind einfache geometrische Figuren, die zu klaren Strukturen zusammengefügt werden. Die Anwendung des „Goldenen Schnitts" gewinnt wieder an Bedeutung, nachdem in der Gotik die Senkrechte überbetont war. Das Dekorative rückt in den Hintergrund.

1570 beschreibt Palladio die hohen Ziele der Renaissance-Baukunst treffend mit folgenden Worten: „Schönheit wird sich ergeben aus der Form und der Beziehung des Ganzen zu den verschiedenen Teilen, der Teile untereinander und diese wiederum zum Ganzen; die Gestalt möge als ein ganzer und vollkommener Körper erscheinen, an dem jedes Glied mit dem anderen übereinstimmt und alle notwendig sind, um das zu komponieren, was du zu formen beabsichtigst."

In der italienischen Renaissance wird der Baustil maßgeblich von **profanen** Bauten, wie Villen und Palästen, aber auch einigen Kirchenbauten, wie z. B. St. Peter in Rom, bestimmt. Im übrigen Europa findet dieser Baustil erst 100 Jahre später Anwendung und zeigt sich vor allem in Bürger- und Rathäusern der Städte und mit eigenen Sonderformen, wie z. B. der Weser-Renaissance.

Einer der bekanntesten Bauten der Renaissance stellt die St.-Peter-Kirche von Michelangelo in Rom dar (Bild 1).

Bild 1 St.-Peter-Kirche in Rom (Foto um 1890)

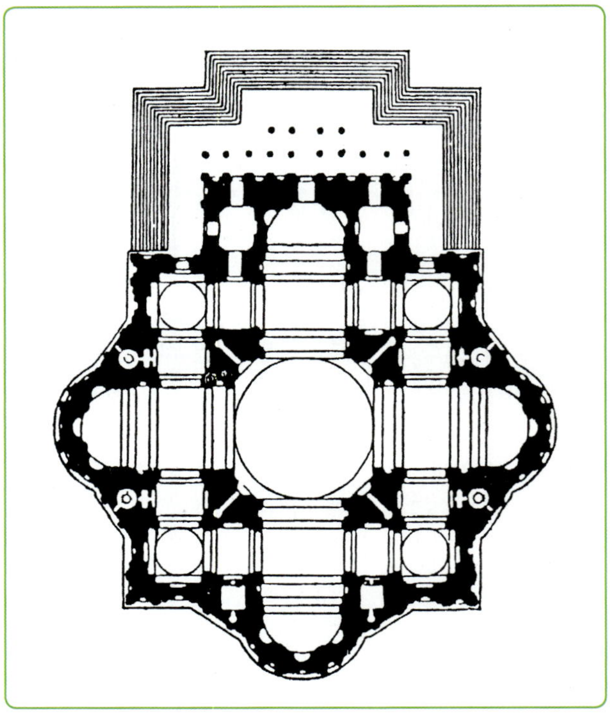

Bild 2 St.-Peter-Kirche in Rom (Grundriss)

Der **Zentralbau** ist ein Bauwerk, dessen Hauptachsen gleich lang sind. Der Grundriss kann ein Kreis, ein Quadrat oder ein regelmäßiges Vieleck sein. Wie in Bild 1 zu sehen, wird der Bau häufig von einer großen Kuppel überragt. Um die Kuppel noch zu erhöhen, sitzt sie auf einem zylindrischen **Tambour** (1) und wird gekrönt von der **Laterne** (2). Die Fassade wird durch **Gesimse** (3), **Halbsäulen** und **Pilaster** (4) gegliedert.

Bild 3 Fassade des Palazzo Rucelai in Florenz

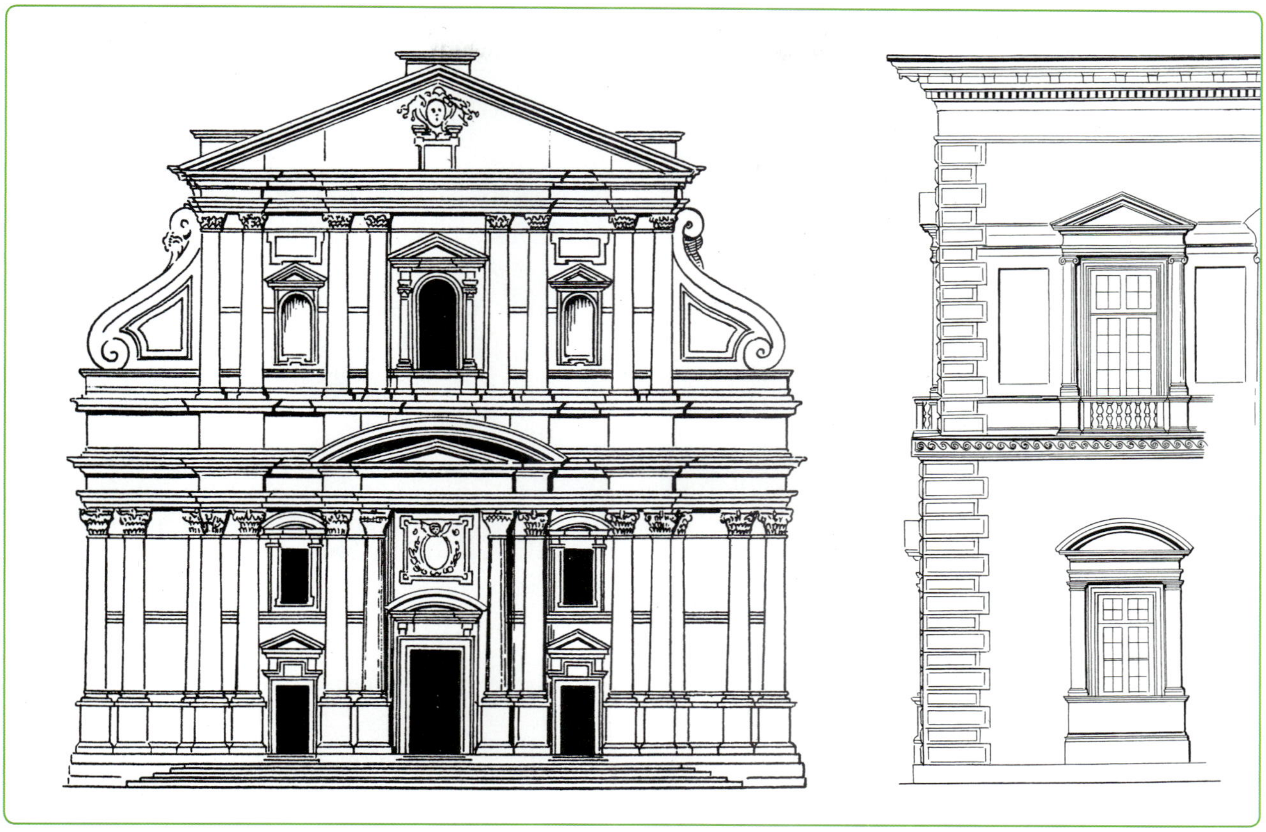

Bild 1 Fassadengliederung

Bild 2 Bremer Stadtwaage, 1587 erbaut

Im Bild 1 werden weitere Merkmale der Fassadengliederung eines Renaissance-Baus deutlich.

Ursprünglich bestand das Mauerwerk, wie in Bild 3 auf S. 342 zu erkennen ist, aus massiven, grob behauenen Steinblöcken, die die gesamte Fassade überzogen. Später und nördlich der Alpen bleibt nur noch die **Rustika**-Rahmung an Fenstern, Portalen und Gebäudekanten erhalten.

Deutlich sind auch die übereinandergefügten Ordnungen der Pilasterkapitelle: In jedem Geschoss kommt eine andere Ordnung zur Anwendung – dorisch das Erdgeschoss, ionisch das erste, korinthisch das zweite, wie das schon im alten Rom häufig vorkam.

Der Ausgleich zu den senkrechten **Pilastern** entsteht durch die schlicht durchlaufenden Gesimse und das aufwendig gestaltete **Kranzgesims**.

Die Fenster werden in der Hochrenaissance waagerecht abgeschlossen und mit **Dreiecks- oder Segmentgiebeln** verdacht. Zusätzlich gliedern Figurennischen die Fassade. Die Mitte des Gebäudes wird durch das überdachte Portal betont, die einzelnen Geschosse durch über mehrere Geschosse laufende Pilaster oder Säulen zusammengefasst **(Kolossalordnung)**. Die Pilaster sind häufig auf **Postamenten** angeordnet. **Voluten** verbinden die oberen Geschosse miteinander.

Bild 1 Tonnengewölbe, Stadtresidenz Landshut

Während in Frankreich und England König und Adel die Renaissance für ihre Paläste und Schlösser übernahmen, waren es in den Niederlanden und in Deutschland hauptsächlich die wohlhabenden Bürger. Typisch für die Renaissance nördlich der Alpen sind Schmuckelemente wie **Postamente** mit **Beschlagwerk**, Muschelformen, **Voluten** oder **Rollwerk**, Nischen, **Obelisken**.

Innenräume sind bestimmt von flachen Decken oder **Tonnengewölben** mit **Kassettenschmuck** (Bild 1). Wände sind häufig in geometrischen Formen vertäfelt, kräftige Braun- und Grüntöne mit verschiedenen Weißnuancen herrschen vor.

10.5.2 Skulptur und Malerei

In der Renaissance wird zum ersten Mal der Künstler als solcher wahrgenommen, er signiert seine Werke und erfährt eine ganz neue Popularität. Leonardo da Vinci ist der Inbegriff des Universalgenies und verkörpert die Ideale der Renaissance wie kein anderer: Er war Maler, Bildhauer, Architekt, Naturwissenschaftler und Techniker.

Die Vorstellung, dass die Skulptur ihren Platz nur in Verbindung mit der Architektur haben sollte, wurde jetzt aufgegeben, sodass sich die Bildhauerei als eigenständige Kunstgattung entwickelte.

Der neue Wirklichkeitssinn äußerte sich in der Bildhauerei in Form der Rundskulptur mit vollständig ausgearbeiteter Seiten- und Rückenansicht. Der vollkommene menschliche Körper wurde, wie in der Antike, zum Ideal. Er wurde sorgfältig studiert und in ausgewählten Haltungen dargestellt. Michelangelo, ein Zeitgenosse da Vincis, war ein Meister der anatomischen Kenntnis. In seinem Werk kommen die Bestrebungen der Renaissance deutlich zum Vorschein: Beherrschung der Körperlichkeit, kraftvolle Kontraste und die Einbettung der Skulptur in schlichte geometrische Grundformen, wie z. B. das Dreieck bzw. die Pyramide.

Bild 2 Pieta, Michelangelo, Rom, St. Peter.

Der Bewältigung technischer Probleme galt in der Kunst der Renaissance ein unermüdliches Interesse. So erprobten die Bildhauer ihr Können an vielen verschiedenen Materialien: Marmor, Stein, Bronze, Holz oder Terrakotta.

In keiner anderen Kunstepoche gibt es einen solchen Reichtum an Meisterwerken der Malerei. Berühmte Maler wie Botticelli, Raffael, Michelangelo, Lucas Cranach oder Albrecht Dürer gehören in diese Epoche.

Die neue Technik der Ölmalerei erlaubt es den Künstlern, detailverliebt zu arbeiten. Die überwältigende Neuerung in der Malerei aber ist die Neuentdeckung der Perspektive. Das Fresco von Masaccio in der S. Maria Novella, Florenz, markiert den Beginn der Zentralperspektive (Bild 3).

Bild 3 Masaccio, Fresco, S. Maria Novella, Florenz 1426

Bild 1 „Mona Lisa", Leonardo da Vinci (um 1500)

Leonardo da Vinci gelingt bei dem Portrait der Mona Lisa die perfekte Umsetzung des von ihm entwickelten „Verrauchen der Konturen" mittels Farbgebung sowie das Spiel von „Licht und Schatten".

10.5.3 Blumen- und Gartenkunst

Wie sich die Baukunst mit der historischen Entwicklung wandelt, ändert sich auch der Umgang mit Blumen und die Gestaltung der Gärten und Parks. Eine Vielzahl von neuen Pflanzen wird nach Europa gebracht und hier kultiviert. Die Blumen nehmen immer mehr einen festen Platz als Schmuck der Wohnräume ein, Gärten sind nicht nur einer Elite zugänglich.

Mit dem Import von neuen, fremdartigen Blumenarten rückten Blumen immer mehr in das Blickfeld des täglichen Lebens. 1561 stellte der Botaniker Conrad Gesner zum ersten Mal die Tulpe vor, die kurz zuvor aus Konstantinopel nach Deutschland gebracht worden war. Weitere Pflanzenarten, wie Flieder, Falscher Jasmin, Hyazinthen, Kaiserkronen oder Anemonen kamen aus Asien, Sonnenblumen, Dahlien und Tagetes aus Mittelamerika nach Europa. Die Sorten wurden beschrieben, gezeichnet und katalogisiert.

In dieser Zeit begann man, Blumen in dafür vorgesehenen Gefäßen kunstvoll zu arrangieren, wie auf vielen Gemälden zu sehen ist.

Bild 2 „Blumenstrauß", Jan Bruegel d. Ä. (1600)

Wahrscheinlich brachte der Botaniker Carolus Clusius seine Tulpensammlung aus Frankreich mit, als er nach Leiden (Holland) an die Universität kam. Er klassifizierte die Tulpe und sorgte auch so für die Popularität der Tulpe.

Seit dieser Zeit hegen und pflegen die Holländer ihre Tulpen. Seit 1929 führt die Königl. Vereinigung der Blumenzwiebelzüchter Buch über die Sortenvielfalt. Inzwischen sind dort mehr als 5 500 Tulpensorten registriert.

Durch die Staffelung der Blumen und deren fast symmetrische Verteilung kommt jede Blüte zur Geltung. Der Umriss dieses üppigen Arrangements ist relativ geschlossen und beschreibt eine Pyramiden- oder Ovalform. Auf einem Gemälde dieser Zeit ist ein Strauß zu sehen, der mit einem Faden fest umschlungen ist, was bedeutet, dass diese Technik zur gezielten Anordnung der Blumen schon verwendet wurde.

Nur sehr langsam fanden Blumen auch als Schmuck der Dame am Kleid oder als in der Hand getragener Schmuck Verwendung.

Nicht nur in der Architektur besann man sich auf die Antike zurück. Auch die Gartenkunst wurde an die Gartenkunst der römischen Antike angelehnt, was bedeutete, dass Haus und Garten zu einer Einheit verschmolzen, um ein Gleichgewicht zwischen Bau und Pflanzen herzustellen.

Die Gartenfläche wurde in rechteckige oder quadratische Abschnitte symmetrisch unterteilt. Diese wurden durch in Form geschnittene Hecken oder Mauern getrennt.

Jeder Abschnitt war dann für sich gestaltet. Es gab Wassergräben, Brunnen oder Wasserspiele, Grotten wurden mit farbigen Keramiken, die kleine Tiere, wie Frösche oder Reptilien darstellten, geschmückt.

Farbig bepflanzte Blumenbeete in Ornamentformen wie Knoten oder Rollwerk gliederten die einzelnen Bereiche.

Man legte großen Wert auf Plastiken, die denen der Antike nachempfunden waren, um den Einklang des Gartens mit dem Bilderschmuck im Inneren des Hauses zu erreichen.

Für die Ars topiaria (Beschneidungskunst von Gehölzen wie z. B. Buxbaum) begann eine Blütezeit. Die beschnittenen Hecken formten kunstvolle Ornamente oder Tierformen.

Bild 1 Villandry, Jardin d'Amour

Auch die Kaufleute in den Städten legten Gärten an und sammelten dort die Pflanzen, die sie von ihren Handelsreisen aus aller Welt mitbrachten. Ein bekanntes Beispiel ist der Garten der Kaufmannsfamilie der Fugger in Augsburg. Zum anderen entstanden die ersten botanischen Gärten in Italien. Der Garten von Eichstätt wurde berühmt für die Sammlung seiner Pflanzen, die aus Antwerpen, Brüssel oder Amsterdam bezogen wurden, aber auch direkt von den weitgereisten Kaufleuten aus aller Welt mitgebracht wurden.

10.6 Barock und Rokoko (1600–1780)

„Barock" beschreibt neben dem Baustil ein alles durchdringendes Lebensgefühl. Der Name stammt vom portugiesischen „barocco" ab, womit eine schiefe, gedrehte Perle bezeichnet wurde. Zunächst als herabwürdigende Bezeichnung für den Kunststil verwendet, bürgerte er sich Ende des 19. Jahrhunderts als allgemeiner Stilbegriff für die Zeit von etwa 1600–1780 ein.

Die zahlreichen Fürsten, die auf dem Gebiet des Deutschen Reiches nach dem 30-jährigen Krieg ihre Macht erhalten konnten, wollten sich nun mit prachtvollen Schlössern und Gartenanlagen profilieren. Dieser Adel war von einem starken Ich-Gefühl und einer leidenschaftlichen Hinwendung zum Jenseits geprägt. Das äußerte sich aber nicht in einem demütigen Lebensstil, sondern in dem Wunsch, dem vergänglichen Dasein eine besonders schöne Gestalt zu verleihen. Mit mehr Schein als Sein sich und dem Leben einen prächtigen, reichen Ausdruck zu schaffen war das wichtigste Ziel, das mit großem Aufwand verfolgt wurde: Die Adligen kleideten sich mit Perücken, breiten Reifröcken, hohen Absätzen, um sich deutlich vom Bürgertum abzugrenzen. Auch in der Leichtigkeit der Musik von J. S. Bach oder G. F. Händel oder in der ausschweifenden Art, wie Hof- und Kirchenfeste gefeiert wurden, bis hin zur gekünstelten Sprech- und Gehweise lässt sich diese Grundeinstellung zum Leben ablesen.

In Frankreich ist das die Zeit des Absolutismus, die Herrschaft Ludwig des XIV., der diesen Lebensstil perfekt zelebrierte: „Der Staat bin ich."

Erst mit dem Tod Ludwig des XIV. 1715 entwickelte sich in Paris ein neuer Stil: Rokoko. Die Bezeichnung leitet sich vom französischen „rocaille" für Muschel ab. Nach dem unbedingten Willen, Macht zu repräsentieren, erhielt nun das Intime, Persönliche eine größere Bedeutung, gewissermaßen begann ein Rückzug aus der Öffentlichkeit. Die Hinwendung zur Natur, zum Ausdruck tiefer, ehrlicher Gefühle, die Betonung von Zartheit und Zerbrechlichkeit bestimmen nun die Lebensart und die Kunst.

Es war aber auch eine Zeit von wissenschaftlichen und gewerblichen Neuerungen, die überwiegend vom Bürgertum getragen wurden, die dann auch die gesellschaftliche und politische Emanzipation des Bürgertums einleitete.

10.6.1 Architektur

Zunächst vollzog sich um 1600 in Italien der Wandel von der Renaissance zum Barock. So bezogen sich dann hauptsächlich **Sakralbau**ten im übrigen Europa auf den italienischen Barock, während Frankreich mit den Schlössern Ludwigs des XIV. zum Vorbild für die europäischen Paläste und Schlösser wurde.

Der Stil des Barock teilt alle Bauelemente mit der Renaissance, sie werden aber nun bewegter, plastischer und in größerer Zahl verwendet. Die Macht sollte mithilfe der Bauten inszeniert werden, Verwirrung und Überwältigung des Betrachters waren ausdrückliche Ziele der barocken Architektur. Zum Symbol des Barock wurde die gespannte, dynamische Form des Ovals, das auch in Grundrissen, der Fensterform oder Schmuckelementen immer wieder auftaucht. Dabei wurde Wert auf die unbedingte Symmetrie gelegt. Die Baukörper von Kirchen und Palästen wecken durch vielfältige Vor- und Rücksprünge, **konvex**e und **konkav**e Wandkrümmungen, den Eindruck von lebendigen Organismen.

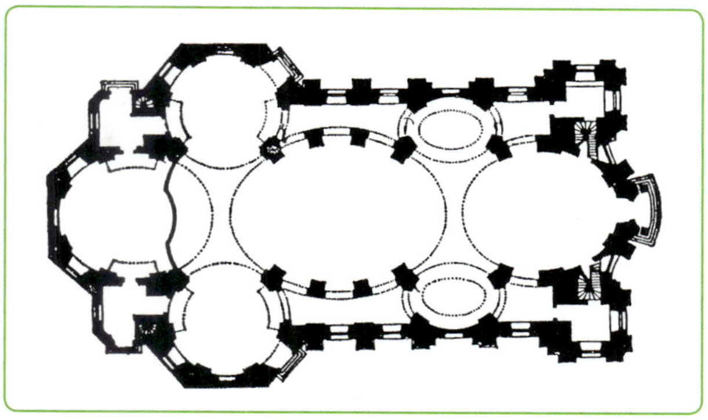

Bild 2 Grundriss Wallfahrtskirche Vierzehnheiligen

Bild 1 Dresdener Frauenkirche (Georg Bähr, 1726–1738)

Bild 3 Deckenmalerei Residenz Würzburg, von Tiepolo, 1753

Barocke Kirchen erhalten ihre Monumentalität häufig durch eine Kuppel, die den **Zentralbau** krönt, wie die Dresdener Frauenkirche eindrucksvoll belegt. Sie besitzt einen quadratischen Baukörper mit kreisrundem Mittelraum, mehrgeschossigen **Empore**n und dreischaliger Kuppel, die von kleinen Ecktürmchen begleitet wird.

Eine weitere häufig verwendete Grundrissform für Kirchen ist eine längliche Form, zu der Ovale und Kreisformen miteinander verschmelzen, wie am Grundriss der Wallfahrtskirche Vierzehnheiligen deutlich zu erkennen ist (Bild 2).

Im Inneren der barocken Kirchen bilden Architektur, Plastik und Malerei eine Einheit. Durch den bewusst eingesetzten Lichteinfall entsteht eine perfekte Täuschung: der für den Barock typische **Illusionismus**. Er entsteht durch die unmerkliche Weiterführung von Bauelementen oder Dekorationsteilen durch Malerei auf ebenen Flächen oder durch integrierte Plastiken in Wandbildern. Raffinierte Perspektiven lassen flache Decken gewölbt erscheinen oder Gewölbe und Kuppeln höher, als sie tatsächlich gebaut sind (Bild 3).

Für den barocken Palastbau ist die offene Drei-Flügel-Form im Grundriss typisch (s. S. 348, Bild 1). Es herrscht unbedingte **Symmetrie** und eine starke Betonung der Mittelachse unter anderem durch die Akzentuierung des dortigen Portals, z. B. durch Treppenaufgänge oder prächtige Ausschmückungen (s. S. 348, Bild 2).

Bild 1 Drei-Flügel-Bau Residenz Würzburg

Bild 2 Treppenaufgang, Residenz Würzburg

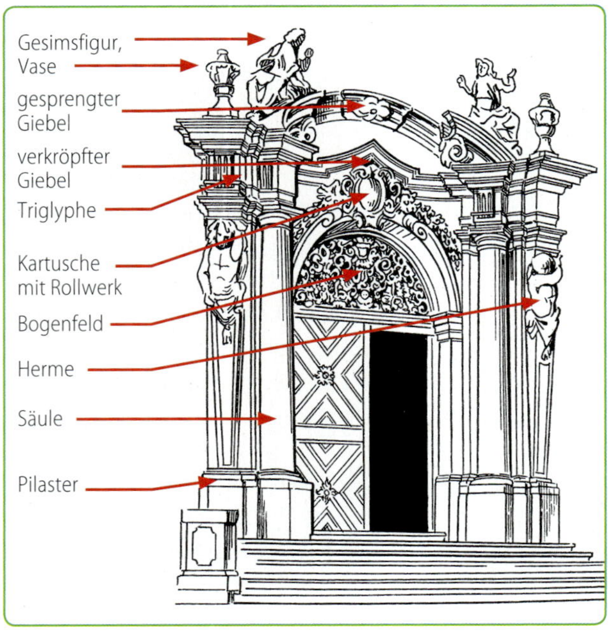

Bild 3 Schmuckelemente des Barocks

Im Rokoko werden alle Schmuckelemente verfeinert, kleiner, verspielter. Das Dekor wirkt zart und zerbrechlich. Muschel- und **Knorpelwerk**, Blumen und Ranken umschlängeln die Bauglieder in naturalistischer oder stilisierter Form locker und **asymmetrisch**. Die Ambitionen richten sich stärker auf die Gestaltung des Innenraumes als auf die Fassade, wie man deutlich am Beispiel der Wieskirche (1743) erkennen kann. Die schlichte Fassade lässt nichts von dem reich ausgeschmückten Innenraum erahnen.

Bild 4 Wallfahrtskirche Wies, Oberbayern

Bild 5 Detail der Innenansicht der Wieskirche

10.6.2 Skulptur und Malerei

Bild 1 Gartenfassade von Versailles

Mithilfe des Porzellans wurden nicht nur verschiedenste Formen von Gefäßen und Geschirr hergestellt, sondern auch die allseits beliebten kleinplastischen Figuren gestaltet (s. Bild 3).

Eine Neuerung der Barockmalerei war die illusionistische Ausmalung der Innenräume, die auf einer ausgeklügelten Perspektive und dem gekonnten Einsatz von Licht und Schatten beruht (S. 347, Bild 3). Die Gestalten sind von heftigen Gefühlen gekennzeichnet und in pathetischen Gesten dargestellt.

Auch die Bildhauerei erlebte im Barock eine Blütezeit, denn sie war die Verbindung von Körperhaftigkeit, Bewegung und Ausdruck. Man kann sie in zwei Bereiche unterteilen: die Dekoration zur Vervollkommnung der Architektur und die Skulptur als eigenständige Gattung. Für die Architektur wurde die Bildhauerei in drei verschiedenen Weisen genutzt:

- Statur-Folgen in Verbindung mit **Balustraden** als Bekrönung eines Bauwerks. Dabei schmückten die Figuren die damals schon übliche **Attika** und bereicherten den einheitlichen Horizontalabschluss der Bauwerke. Auch für Mauern, Balustraden oder Brücken verwendete man diesen Schmuck von Statuen (Bild 1).
- Figürliche Skulpturen wurden anstelle von Säulen als Gebälkträger verwendet, wie z. B. die **Hermenpilaster**.
- Reliefs, Stuck- und Schnitzarbeiten, Wappen und Ornamente dienten der Innenausschmückung von Palästen und Kirchen.

Bild 2 „Nymphe mit Muschel", Antoine Coysevox (1685)

Die Skulptur als eigenständige Gattung der Bildhauerei ist von hoher technischer Perfektion und wirklichkeitsgetreuer, bewegter Darstellung gekennzeichnet. Besondere Beachtung fand die Darstellung der verschiedenen Oberflächen, wie Haut (Bild 2), Haare oder Wolle und Seide.

Im Rokoko wird die **Rocaille** als zierliches, asymmetrisches Ornament zur Belebung von Rahmungen und Wänden eingesetzt. Naive, freundlich-heitere Themen und Wirkungen sind in der Bildhauerei nun beliebt. Vorrangiges Ziel der Rokoko-Plastik ist es, empfindsamen Gefühlsausdruck in ausgewogener Komposition darzustellen. Grazie und Natürlichkeit fanden Eingang in monumentale Bildnisse.

Eine hervorragende Bedeutung kommt dem **Porzellan** im Rahmen der Rokoko-Skulptur zu. 1710 wurde in Meißen Europas erste und berühmteste Porzellanmanufaktur gegründet.

Bild 3 Liebespaar, Meißen 1745

Diese Szenen waren nun nicht mehr einheitlich ausgeleuchtet, sondern wichtige Elemente der Komposition wurden durch helles Licht hervorgehoben.

Bedeutende Künstlerpersönlichkeiten dieser Zeit sind z. B. Rubens, Rembrandt und Velasquez, denen allen gemeinsam ist, dass sie mit starken Hell-Dunkel-Kontrasten arbeiten und Szenen detailgetreu und realistisch darstellten. Eine neue Bildgattung entstand: das Stillleben, eine Zusammenstellung von Blumen, Früchten, Büchern und anderen Gegenständen, häufig mit symbolischer Aussage ausgewählt.

Bild 1 „Stillleben mit Früchten", Abraham Mignon (um 1672)

Bild 2 „Der Seifenbläser", Jean-Baptiste Siméon Chardin (1734)

Mit dem Rokoko verlagerte sich die Aufmerksamkeit von der Linienführung auf die Farbgebung. Es wurden nun Pastellfarben bevorzugt. Man liebte reizvollere Gliederungen, zierlichere, stimmungsvollere Kompositionen. Mit der neuen Technik des Pastells konnte eine sanfte, zarte Wirkung erzielt werden. Die Malerei entwickelte sich in zwei Richtungen: 1. die höfische Kunst und 2. die Kunst als Wegbereiterin der Revolution, indem sie die Natur, das einfache Volk oder die unschuldige Jugend darstellte.

Skulptur und Malerei des Rokoko verzichteten auf große Bildthemen und majestätische Ausmaße.

10.6.3 Blumenschmuck und Gartenkunst

Der Strauß war ein fester Bestandteil des Alltagslebens geworden.

Um 1633 stellte Giovanni Batista Ferrari (ein Jesuitenpater in Rom) zu seinem Vergnügen wunderbare Sträuße zusammen. Diese schickte er in speziellen, fest verschlossenen Holzkisten, in denen Blätter von Zitrusbäumen sie vor dem Vertrocknen bewahrten, mit reitenden Boten zu anderen italienischen Adligen, die sein Hobby teilten. Die Sträuße erreichten ihre Ziele den Berichten zufolge in ausgezeichnetem Zustand.

Blumen eroberten weiter die Innenräume der Häuser, Schlaf- oder Arbeitszimmer, Speisesäle und Bäder wurden mit duftenden Blumen geschmückt. In Vasen aus verschiedenen Materialien **(Fayencen, Majolika)**, aber vor allem aus Porzellan eingestellt, dienten sie als Raumschmuck. Die üppigen Zusammenstellungen waren nun nicht mehr so kompakt angeordnet, sondern der Umriss wurde durch ausschwingende Formen aufgelockert. Viele verschiedene Blumenarten und Farben wurden miteinander kombiniert, einfachste Blumen in größerer Zahl angeordnet, darüber die wertvolleren, die die Spitze bildeten.

Bild 3 „Blumenstrauß", Jan van Haysum (1720)

Auf den festlich gedeckten Tafeln war nur für gestreute Blüten und Blätter Platz und auch auf Speiseplatten und Obstschalen wurden Blüten arrangiert.

Als Körperschmuck werden Blumensträußchen, Blüten oder ganze Ranken an das Kleid genäht oder in die hohe Lockenfrisur gesteckt. Üblich war es, dass der Kavalier seiner Dame ein Blumenbukett schenkte.

Bild 1 Blumenschmuck einer Dame

Die Blume als Modeartikel wurde nun so beliebt, dass man künstliche Blumen aus Seide und anderen Materialien fertigte, um den Bedarf decken zu können.

Mit dem Übergang zum Rokoko wendete man sich wieder der natürlichen Schönheit der Blumen zu, gemischt mit Gräsern und Zweigen stellten sie in einer Vase ein fröhliches Potpourri dar. Alle heimischen Arten wurden mit den exotischen Blumen gemischt, die von allen Kontinenten nach Europa gebracht wurden, z. B. chinesische Kamelien, peruanische Kapuzinerkresse, amerikanische Orchideen. Erstmals kamen auch Blumen aus Afrika hinzu, wie Hibiskus, oder aus Amerika Petunien und Zinnien. Topfpflanzen wurden als Raumschmuck in Übertöpfe aus Porzellan gestellt.

Barockpaläste lagen zwischen der Stadt und der Natur, wobei die Natur, der Garten, deutlich von Menschenhand geformt war. Schnurgerade Alleen durchzogen vom Schloss aus den Park, der symmetrisch angelegt war und alle Merkmale eines Renaissance-Gartens aufnahm, diesen in der Ausführung aber noch übertraf. Ornamente wurden aus beschnittenen Hecken, farbigen Blumenbeeten und bunten Kiesflächen geformt. Man findet im barocken Garten eine Vielzahl von Gestaltungselementen, die Liebe zu überraschenden Effekten wird deutlich. In allem findet man kraftvolle und üppige Ausdrucksformen. Ein Beispiel für einen Garten aus dieser Zeit ist der „Große Garten" (Beginn 1660) am Schloss Herrenhausen in Hannover.

Bild 2 Großer Garten, Hannover

Während man im Barockpark auf einen Höhepunkt – das herrschaftliche Schloss – zuschreitet, entstehen in der Zeit des Rokoko Parks, die der natürlichen Landschaft nachempfunden sind. Teiche und Kanäle wurden angelegt, das Gelände modelliert, wenige ausgewählte Baumgruppen und Solitärgehölze gepflanzt. Alle Gehölze wurden gezielt für eine bestimmte Pflanzung ausgewählt, nach unterschiedlichen Grüntönen sowie Einfluss von Licht und Schatten.

Weitläufige Rasenflächen wurden durch großzügige Wege unterteilt. Brücken, kleine Tempel, Grotten und Statuen fügten sich harmonisch und geheimnisvoll in die Landschaft ein.

„Hier ists jetzt unendlich schön. Mich hats gestern Abend, wie wir durch die Seen, Kanäle und Wäldchen schlichen, sehr gerührt, wie die Götter dem Fürsten erlaubt haben, einen Traum um sich zu schaffen. Es ist, wenn man so durchzieht, wie ein Märchen, das einem vorgetragen wird…", schreibt der 29-jährige Goethe 1778 in einem Brief über Wörlitz.

Bild 1 Wörlitzer Park, 1764–1800 angelegt

Der im Bild 1 gezeigte Wörlitzer Park ist einer der frühesten und bedeutendsten Landschaftsparks Kontinentaleuropas. Fürst Franz von Anhalt-Dessau fasste den Entschluss zur Gestaltung dieses Parks nach seiner ersten Reise nach England, wo er die Parks im „englischen Stil" kennengelernt hatte. So entstand ein englischer Park, der die im Rokoko auflebende Liebe zur Natur und Natürlichkeit im Gartenbau widerspiegelte. Diese Form der Parks kündigte schon früh einen Umschwung in der Kunst an, der in der Architektur dann zum Klassizismus führte.

Aufgaben

1. Stellen Sie in einer Tabelle Schmuck- und Bauelemente der Renaissance ihrer ursprünglichen Stilepoche gegenüber.
2. Ordnen Sie die Begriffe Postament, Beschlagwerk und Rustika-Rahmung dem Bild 2 auf S. 343 (Bremer Stadtwaage) zu.
3. Skizzieren Sie eine Vasenfüllung, die den Umgang mit Blumen in der Zeit der Renaissance interpretiert.
4. Beschreiben Sie die Veränderung der Schmuck- und Bauformen vom Barock zum Rokoko anhand von zwei Beispielen.
5. Erläutern Sie den Begriff „Stillleben" und entwerfen Sie ein Stillleben aus heutiger Sicht.
6. Finden Sie eine barocke Gartenanlage in Ihrer Nähe, sammeln Sie Fotos und Informationen zur Entstehungsgeschichte.

Bild 2 Ilmpark, Weimar

10.7 19. Jahrhundert

In der modernen Forschung entspricht die Epoche des 19. Jahrhunderts der Zeit von der Französischen Revolution 1789 bis zu Beginn des 1. Weltkrieges 1914. Es war die Zeit, in der sich die Industrialisierung und die kapitalistische Wirtschaftsweise in Europa durchsetzten. Innerhalb der sich industrialisierenden Gesellschaften veränderte sich die Lebensweise teilweise dramatisch. Die Erfindung der Dampfmaschine und der Aufbau eines Eisenbahnnetzes sowie die Ablösung der Manufakturen durch Fabrikproduktionen brachten einen Wandel in der Gesellschaft. Die Städte, in denen sich die neuen Produktionsstätten befanden, wuchsen explosionsartig, außerhalb der ursprünglichen Stadtmauern entstanden neue Wohnviertel und Industrieanlagen.

Das 19. Jahrhundert war in vielerlei Hinsicht das Jahrhundert des Bürgertums. Das Besitz- und Bildungsbürgertum prägte im Wesentlichen Kunst, Kultur, Geistesgeschichte und die politische Kultur. Mit der Zeit entwickelte sich auch die Arbeiterbevölkerung zu einer gesellschaftlich prägenden Schicht. Arbeiterbewegung und Sozialismus wurden zu zentralen Begriffen in der zweiten Hälfte des 19. Jahrhunderts. Dagegen verloren der Adel und die Landbevölkerung tendenziell an Bedeutung.

Der technische Fortschritt war so rasant, dass die Ästhetik der Produkte und Gebäude dahinter zurückblieb. Deshalb begann man ab Mitte des Jahrhunderts bei der Formgebung von Möbeln und Einrichtungsgegenständen, aber auch bei der Gestaltung technischer Geräte bis hin zur Architektur, Elemente unterschiedlicher Stilepochen zu verwenden. So verschwinden Maschinen hinter historischen Kulissen oder in scheinbar „alten" Gebäuden befinden sich Industrieanlagen.

Um 1900 manifestierte sich der Drang des nun wohlhabenden Bürgertums nach einer neuen Kunst und Architektur. Diese entstand durch eine Elite von verschiedenen Künstlern und wurde nicht, wie frühere Stile, von einer breiten Schicht getragen. In Deutschland wurde dieser erste neue Stil seit 100 Jahren als **Jugendstil**, nach dem Titel einer Zeitschrift benannt, in Frankreich als **Art nouvea**u bezeichnet.

10.7.1 Architektur des Klassizismus (1780–1840)

Parallel zur Aufklärung und zum Wandel in der Gesellschaft gab es einen Rückgriff auf die Baukunst des Altertums. Sie wurde als der Ursprung der Architektur angesehen, mit ewigen Gesetzen von Harmonie und Schönheit.

„Es gab und gibt nur eine Baukunst und wird nur eine Baukunst geben, nämlich diejenige, welche in der griechischen Geschichts- und Bildungsepoche ihre Vollendung erhielt", schrieb Leo von Klenze 1830 in seiner Sammlung architektonischer Entwürfe.

Durch die Ausgrabung von antiken Städten wie Heraculaneum oder Pompeji und Reisen nach Griechenland wurden detaillierte Erkenntnisse über die Baukunst der Antike zugänglich. So bestimmten nun Klarheit und Reduktion in äußerer Ansicht und im Grundriss die neuen Bauten. Rechte Winkel, gerade Linien, sparsames Dekor, wie **Risalite** und **Pilaster**, sind streng symmetrisch eingesetzt. Dorische und ionische Säulenordnungen werden bevorzugt und wieder tragend eingesetzt.

Bild 1 Walhalla 1842, Leo von Klenze

Die symbolische Bedeutung wird höher eingeschätzt als die bloße Nützlichkeit, was auch der Gründungsbau des deutschen Klassizismus, das Brandenburger Tor von Carl Gotthard Langhans in Berlin, deutlich macht. Es war mit seiner Orientierung an der griechischen Antike typisch für weitere klassizistische Bauten in Deutschland. So wurden auch einzelne Bauten der Antike nachgeahmt und Namen der Antike verwendet, z. B. bei der Walhalla in der Nähe von Regensburg, oberhalb der Donau. Die antiken Bauelemente sind dort klar zu erkennen (Bild 1).

Hinter der griechischen Tempelfront verbirgt sich der streng funktional entworfene, blockhafte Baukörper. Das Schauspielhaus in Berlin ist eingerahmt vom Deutschen und Französischen Dom am Gendarmenmarkt, sodass dieser Platz einige der wichtigsten Bauten Karl Friedrich Schinkels zeigt (Bild 2).

Bild 2 Schauspielhaus, Berlin (1818 – 1821 erbaut, K. F. Schinkel)

Bild 3 Altes Museum, Berlin

Auch Schmuckformen zum Gliedern von Fassaden und Wänden entstammen der Antike. Bekannte Friese, wie Mäander, Eier-Stab-Fries oder Zahnschnitt, oder Elemente wie Palmetten, Voluten, Pilaster, Gesimse und Girlandenschmuck wurden sparsam als Schmuck verwendet. Für Innenwände oder den Verputz der Fassaden wurden Olivgrün, Cremegelb, Türkis mit Weiß oder Gold bevorzugt.

Bild 4 Innenraum Deutsches Nationaltheater, Weimar

10.7.2 Architektur des Historismus (1849–1890)

Bild 1 Friedrichswerdersche Kirche, Berlin

Ab Mitte des 19. Jahrhunderts begann man, weitere Baustile nachzuahmen. Zunächst entstanden neue Bauten in einem vergangenen Stil, bei denen die Baumerkmale originalgetreu eingesetzt wurden, wie z. B. **neuromanisch**e, **neugotisch**e oder **neobarock**e Bauten.

Bauwerke, wie z. B. der gotische Kölner Dom, wurden gotisch vollendet.

Bild 2 Straßenzug aus der Gründerzeit, Bonn

Später wurden dann die stilbildenden Bauelemente nur als Schmuck an den Fassaden eingesetzt, der Baukörper wurde an der Funktion ausgerichtet.

Ganze Straßenzüge wurden in der **Gründerzeit** (Ende des 19. Jahrhunderts) in deutschen Städten errichtet, deren Fassaden Stilmerkmale vergangener Epochen zeigen.

Schließlich wurden sogar Elemente verschiedener Epochen an ein und demselben Gebäude kombiniert. Beeindruckendes Beispiel hierfür ist der Justizpalast in Brüssel (Bild 3).

Bild 3 Justizpalast Brüssel (1866–1883)

Produkt des industriellen und kommerziellen Aufschwungs zum Ende des 19. Jahrhunderts ist das Bauen mit Eisen und Glas, später Stahl und Beton. Zunächst als „nackt und hässlich" abgewertet, dauerte es noch bis zu Beginn des 20. Jahrhunderts, bis sich die neue **Ästhetik** des Metallbaus mit ihrer Leichtigkeit und Transparenz und dem Eindruck von Spannung und Zerbrechlichkeit durchsetzen konnte. Zu den berühmtesten Bauten gehört der Pariser Eiffelturm oder der durch einen Brand zerstörte Kristallpalast in London (S. 355, Bild 1).

Bild 4 Eiffelturm in Paris, 1889 (Alexandre Gustave Eiffel)

Der Kristallpalast entstand für die erste Weltausstellung 1851: eine fünfschiffige Halle, 600 m lang, 120 m breit und bis zu 34 m hoch. Es war ein Raum, der nur durch eine Haut aus Eisen und Glas von der Außenwelt getrennt war. Revolutionär war auch die Fertigung, denn der Palast war ausschließlich aus vorgefertigten, genormten Teilen zusammengesetzt worden. Baukonstruktionen aus metallenen Stützen und Trägern benötigten keine Wände mehr für ihre Statik: Der Massivbau konnte durch den Skelettbau ersetzt werden. Mit der Kombination von Metall mit Beton war die Revolution der Bautechnik vollendet.

Bild 1 Kristallpalast in London, 1851

Bild 3 Metrostation in Paris

10.7.3 Architektur des Jugendstils (1890–1910)

Im **Jugendstil** unterscheidet man eine florale und eine geometrische Ausprägung. Ihnen gemeinsam ist jedoch die konsequente Abwendung vom Historismus und die Verfolgung neuer Formen und Konstruktionen am Bau. Technische Konstruktionsmittel wie Eisen, Stahl, Glas und Beton werden in die gestalterische Wirkung integriert und nicht mehr durch überladene Schmuckformen verdeckt. Der Jugendstil war kein alles übergreifender Stil der Jahrhundertwende, sondern in nur wenigen Zentren in Europa, wie Paris, Wien oder Glasgow, gab es Architekten, die diese Linie ausschließlich verfolgten. Eine größere Verbreitung fand die **Ornamentik**: die pflanzlichen Formen und fließenden Linien, Motive wie Ranken, Wasserläufe oder langes wallendes Frauenhaar, findet man sehr häufig als Schmuck an Gebrauchsgegenständen, Möbeln oder im Kunstgewerbe.

Paris war um 1900 eine Hauptstadt der Kunst in Europa. Selbst alltägliche Formen und technisch notwendige Konstruktionen sollten durch kunstvolle Dekorationen oder Ausarbeitung geschmückt werden, wie der Eingang zu einer Metrostation in Bild 3 zeigt. Der organische Schwung der Linien, die Schrift, die Anklänge an pflanzliche Formen – Gräser, Zweige, Ranken – entsprechen dem Ideal des neuen Stils.

Charles Rennie Mackintosh schuf mit seiner Kunstschule in Glasgow ein Hauptwerk der geometrischen Richtung des Jugendstils, das anstelle der floralen Ornamente und Linienführung schwer lastende stereometrische Grundformen setzte, die von feinen fließenden Details überlagert werden. In der Harmonie dieser beiden Gestaltungsprinzipien liegt die Kraft von Mackintoshs Architektur und so prägte er unter anderem die Wiener **Sezession** und die **Moderne**.

Bild 2 Ungarn, Chifra-Palais um 1902, Fassadenschmuck

Bild 4 Kunstschule Glasgow, 1896–1909

10.7.4 Skulptur und Malerei

Zur Zeit des **Klassizismus** wurde in der Plastik die Neigung zum Grundsätzlichen, Monumentalen und Ewigen umgesetzt und so wurde meistens, wie in der Antike, der weiße oder graue Marmor verwendet und man widmete sich oft repräsentativen Grabmälern und Mausoleen. Da viele Bildhauer stark vom leichten, grazilen Rokoko geprägt waren, bildete die Anmut der Figuren einen reizvollen Kontrast zu den strengen geometrischen Formen und Kompositionsregeln des Klassizismus. Farbe wurde gemieden, sie hätte die ideale Reinheit der erhabenen Formen beeinträchtigen können.

Alle Merkmale der klassizistischen Bildhauerei sind in Bild 1 zu erkennen: Die junge Herzogin wurde, schmeichelhaft idealisiert, als vornehme Römerin dargestellt. Die deutliche Dreiecksform in der Komposition, der Faltenwurf, die Haltung und die Frisur entsprechen dem klassizistischen Ideal, während die Feinheit und der Charme der Ausführung an das Rokoko erinnert. Die klassischen Ornamente, wie **Rosetten**, **Palmetten**, **Voluten**, **Friese** und Girlanden findet man in der Bildhauerei ebenso wie beim Mobiliar.

Bild 1 „Ruhende Venus", Antonio Canova (1757–1822)

Typische Merkmale der klassizistischen Malerei sind, wie in der Bildhauerei, der übersichtliche Bildaufbau, die klare Zusammenfassung der Figuren, die bühnenhafte Anordnung und Beleuchtung. Präzise gezeichnet und plastisch ausgearbeitet, entsteht ein Bild, das durch Farben in größeren Flächen zusätzlich klar gegliedert wird. Der Klassizismus nahm die Tradition der Antike und der Renaissance, den Ruhm großer Persönlichkeiten zu feiern, wieder auf. So entstanden wirkungsvolle Portraits in dieser Zeit, bei denen man sich auch an die klassizistisch geforderte klare Bildkomposition hielt.

Das ist deutlich am Portrait von J. W. von Goethe in Bild 2 zu erkennen. J. H. W. Tischbein wendet hier eine klassische Komposition an: eine klare Dreiecks- und Diagonalbetonung, die souveräne Haltung, die Proportionen, dabei die Beschränkung auf wenige Grundformen. Die detaillierte Darstellung der natürlichen Umgebung zeigt die Naturverehrung, die dem Klassizismus eigen ist. Im Klassizismus geht es stets um das vorbildliche und bleibende, um Maß und Ideal.

Bild 2 „Goethe in der römischen Campagna", Johann Heinrich Wilhelm Tischbein (1751–1829), (1786)

Bild 3 „Eismeer", Caspar David Friedrich (1823/24)

Gleichzeitig mit dem Klassizismus entsteht die **Romantik** (ca. 1800–1830). In Reaktion auf die Aufklärung des späten 18. Jahrhunderts stellt diese Kunstrichtung das Gefühl und die Intuition gleichberechtigt neben die Vernunft. Nicht Ereignisse werden hier dargestellt, sondern der Inhalt des Kunstwerks offenbart die Gefühle, die seelische Verfassung des Menschen. Das geschieht häufig durch stimmungsvolle Naturdarstellungen. Maler der Romantik sind z. B. Caspar David Friedrich (1774–1840) oder Philipp Otto Runge (1777–1810).

Mit der Überwindung der konventionellen Atelierkunst in der zweiten Hälfte des 19. Jahrhunderts entsteht eine Freilichtmalerei, bei der die inhaltliche Bedeutung des Gegenstandes noch weiter in den Hintergrund tritt. Dieser Malstil setzt sich besonders mit Licht- und Farbwirkungen auseinander. Als 1874 in Paris in einer Ausstellung das Bild „Impression, solail levant" von Claude Monet zu sehen ist, erhält diese Stilrichtung den Namen **Impressionismus** (Bild 1).

Bild 1 „Impression, soleil levant", Claude Monet (1872)

Bild 2 „Abgeschnittene Sonnenblumen", Vincent van Gogh (1887)

Auch die Entwicklung der Fotografie beeinflusst die Malerei: Der Eindruck eines Augenblicks soll wiedergegeben werden, was unter anderem Vincent v. Gogh durch seine Technik des kurzen, heftigen Pinselstriches und das Spiel von Hell und Dunkel in hohem Maße gelingt (Bild 2).

In Analogie zum Impressionismus der Malerei versuchte Auguste Rodin (1840–1917) durch das wechselnde Spiel von Licht und Schatten eine verstärkte Ausdruckskraft und dramatische Bewegtheit in der Plastik zu erreichen. Charaktere und seelische Regungen des Menschen zum Ausdruck zu bringen war sein oberstes Anliegen (Bild 3).

Um die Jahrhundertwende entwickelte sich auch die Bildhauerei nicht einheitlich, sondern die Plastiken sind von der Individualität der Künstler, deren Beeinflussungen und Vorbildern geprägt. Gemeinsam ist ihnen jedoch die Vorliebe für organisch schwingende Linien und Umrisse, das Leise, Verhaltene, Stimmungsvolle, ähnlich wie in der Malerei des **Impressionismus**. Dementsprechend brachte der Jugendstil kaum großformatige Skulpturen hervor, sondern setzte sich vor allem im Kunsthandwerk, beispielsweise bei der Gestaltung von Bestecken, Lampen, Uhren, Keramik oder Rahmen, durch.

Bild 3 „Amor und Psyche", Auguste Rodin (1890)

Bild 4 „Ruferin", Othmar Schimkowitz (1898/1899)

1

2

3

Bild 1 „Der Kuss", Gustav Klimt, (1908)

Gustav Klimt (1862–1918) war der herausragende Maler des Jugendstils. Die Verschmelzung von Figürlich-Gegenständlichem mit geometrischen, symbolischen Ornamenten und Linien gelingt Klimt in seinen Werken auf außerordentliche Weise. Die Verwendung edler oder exotischer Materialien verleiht ihnen eine besondere Ausstrahlung. Auch die Werke Alfons Muchas (1860–1939) verkörpern eindrucksvoll das Wesen des Jugendstils.

Bild 2 Plakatausschnitt mit Sarah Bernhardt, Alfons Mucha (1896)

10.7.5 Blumenschmuck und Gartenkunst

Nach der Revolution in Frankreich distanzierte man sich Ende des 18. Jahrhunderts von der üppigen Fülle des Blumenschmucks. Das Bürgertum wollte sich von der Prunksucht des Adels abgrenzen und so wurden zunächst hauptsächlich Wiesenblumen und Gräser gepflückt und in Vasen eingestellt oder als schmückendes Beiwerk in der Hand der Damen gehalten.

Im Bürgertum, aber auch bei den sogenannten kleinen Leuten, setzte sich die Tendenz zum Kauf von Topfpflanzen, die auf Blumenmärkten angeboten wurden, immer mehr durch. Sie wurden verschenkt oder fanden meist paarweise ihren Platz auf Fensterbänken oder Balkonen, um die strenge Symmetrie des Klassizismus nicht zu verletzen. Als repräsentativen Raumschmuck setzte man gemäß der Antike schlichte Girlanden und Kränze aus Blattwerk ein.

Um 1830 herum entstand in Paris wohl das erste Geschäft einer Blumenhändlerin. Madame Prevost war keine gewöhnliche Blumenverkäuferin, sondern gab Ratschläge zur Zusammenstellung und Pflege der Blumen und sorgte für gleichbleibende Qualität ihrer Ware. Damit war sie bereits das, was wir heute als Floristin bezeichnen würden. Nach ihrem Vorbild entstanden weitere Blumenläden in Paris und anderen Großstädten.

Bild 3 Ausschnitt aus Bildnis „Mme Sériziat", Jaques Louis David (1748–1825)

Aus dem Frankreich der damaligen Zeit stammt auch die Tradition, **Bouquets** verschiedener Formen und Größen mit einer Manschette aus Papier, Stoff oder Spitze abzuschließen. Diese **Bouquets** (**Biedermeier**, **Tellerstrauß**, **Pompadourbouquet**), wie auch andere Sträuße (z. B. Pyramidenstrauß), wurden nicht mit natürlichem Blumenstiel, sondern auf Draht gefertigt oder an einen Stab gebunden.

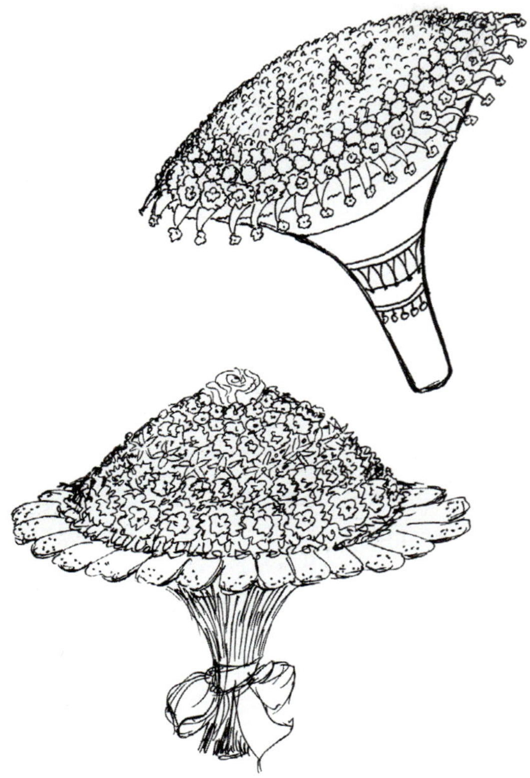

Bild 1 Tellerstrauß und Biedermeierstrauß

Bild 2 Pompadourbouquet und Pyramidenstrauß

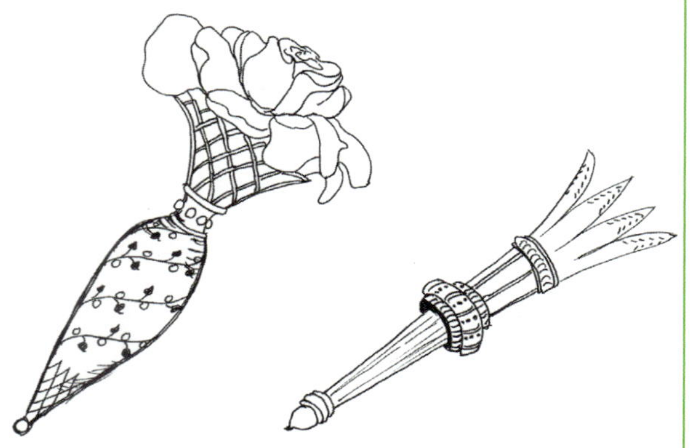

Bild 3 Blumenhalter

Bild 4 Makartbouquet

Blumenkränze im Haar junger Mädchen und kleine Sträußchen am Hut oder der Jacke von Burschen werden modern.

Bei Bällen und Abendgesellschaften zeigten sich die Damen immer mit einem kleinen Bouquet in der Hand. Da Pflanzen leicht die damals üblichen Handschuhe beschmutzten, erfand man für solche Anlässe den Blumenhalter (Bild 3).

In den **Gründerjahren** kamen Salondekorationen in Mode, wie sie der Maler Hans Makart schuf. Vor allem in großen Städten wie Wien oder Berlin liebte man das Monumentale, die opulenten Farben und die barocke Fülle und schmückte die Salons mit den Arrangements im Stil von Makart: Palmwedel, Pampasgras und andere Gräser und Laub, künstliche Blumen und modernes Zubehör in Form von Pfauenfedern, Steckern mit Schmetterlingen oder Vögeln, wurden in einem Gefäß in überschwellender Fülle zusammengestellt. Diese **Makartbouquets** wurden in allen Größen gefertigt und in kleinerer Form auch mit frischen Blumen.

Bild 1 Bürgerhaus der Gründerzeit mit Vorgarten, Berlin, Schlossstraße

In der Zeit des Jugendstils übte die japanische Blumensteckkunst einen großen Einfluss auf den Umgang mit Blumen aus. Fortschrittliche Floristen wendeten sich vom Stecken der Blüten auf Draht ab und kombinierten statt dessen Gebinde mit natürlichen Stielen, die locker fallend ohne viel Blattwerk oder Manschette in Glasvasen arrangiert wurden. Die einzelne Blume kam zum ersten Mal in der Geschichte mit ihrer natürlichen Schönheit und Bewegung zu Ehren und so wurden nun häufig einzelne Blüten in lange, schmale Glasvasen eingestellt. Calla, Lilien, Iris und Gräser mit ihren schlichten Bewegungsformen erfreuten sich großer Beliebtheit.

Im Allgemeinen spielten Schnittblumen und Topfpflanzen eine nicht mehr wegzudenkende Rolle im Leben der Menschen. Die Nachfrage nach ihnen war ungebrochen und die Anbaugebiete in der Nähe der Städte konnten sie bald nicht mehr befriedigen. So wurden Blumen bald über längere Strecken, auch innerhalb Europas, transportiert.

> Die niederländischen Tulpenzüchter schlossen sich zusammen und veranstalteten 1912 die erste Blumenauktion in Aalsmeer: der Beginn einer neuen Ära der Geschichte des Blumenhandels. Aalsmeer wurde bis heute zum bedeutendsten Zentrum des Blumenhandels der Welt.

Parallel zur Entwicklung der Architektur des 19. Jahrhunderts wurde auch in der Gartenkunst auf historische Stile zurückgegriffen. Verwilderte Schlossgärten und Parks wurden wieder gepflegt oder nach alten Plänen neu angelegt. Dabei konzentrierte man sich weniger auf die Entwicklung von neuen Gartenformen, als vielmehr auf die Auswahl und Qualität der Blumen, Bäume und Sträucher sowie die Neuzüchtung oder Kultivierung exotischer Pflanzen.

In den Städten wird zu dieser Zeit immer mehr Wert auf Repräsentation gelegt: In den Vorgärten der Stadthäuser blühen verschiedenste Blumen in Rabatten oder Rosen in Rondellen von Buchsbaumhecken und Kieswegen begrenzt. Der Wintergarten mit Pflanzensammlungen und Palmen wird zum Statussymbol des Bürgertums.

Aber auch die einfache Bevölkerung in den Städten sehnt sich nach Natur. Der Arzt Dr. Schreber beginnt damit, für sie kleine Gärten innerhalb einer Gartenkolonie am Rande der Städte anzulegen: die sogenannten „Schrebergärten".

Aufgaben

1. **Finden Sie in Ihrer Heimatstadt ein Gebäude des Klassizismus, skizzieren Sie die Ansicht und beschriften Sie Bauelemente des Klassizismus.**
2. **Stellen Sie anhand des Bildes 3 auf S. 354 „Justizpalast in Brüssel" eine Liste mit Schmuckelementen der vergangenen Epochen zusammen.**
3. **Finden Sie in der Literatur oder in Museen weitere kunstgewerbliche Gegenstände des Jugendstils und nennen Sie die typischen Merkmale.**
4. **Erläutern Sie die Begriffe Romantik und Impressionismus ausführlich und ordnen Sie weitere Künstler mit Bildbeispielen zu.**
5. **Wählen Sie eine typische Straußform des 19. Jahrhunderts aus und fertigen Sie diese nach.**
6. **Stellen Sie eine Liste mit beliebten Blumensorten um die Jahrhundertwende zusammen.**
7. **Informieren Sie sich über die weitere Geschichte der Blumenauktion in Aalsmeer und ihre heutige Bedeutung.**
8. **Fertigen Sie ein Gesteck zum Thema „Klassizismus" an. Interpretieren Sie dabei Stilelemente; kopieren Sie diese nicht.**

10.8 20. Jahrhundert

10.8.1 Die Zwanziger- und Dreißigerjahre

Von 1919 an hat die Republik mit den unmittelbaren Folgen des 1. Weltkrieges, wie Inflation und zahlreichen politischen Umsturzversuchen, zu kämpfen. Wirtschaftliche und soziale Not kennzeichnet die Jahre bis 1923. Etwa ab 1924 setzt eine Phase politischer Beruhigung, eine Blütezeit für Kunst, Kultur und Wissenschaft und wirtschaftlichen Aufschwung ein, sodass dafür der Begriff von den „Goldenen Zwanziger Jahren" geprägt wird.

In der Literatur sind das z. B. Autoren wie Bertold Brecht, Thomas Mann oder Hermann Hesse, Film und Theater erleben in den zwanziger Jahren eine Blütezeit, der Sport zieht viele Menschen in die Fußballstadien, zu Boxveranstaltungen mit Max Schmeling oder auch nur an die Radiogeräte. Die Weltwirtschaftskrise 1929 beendet auch diesen rasanten Aufschwung.

10.8.2 Bauhaus (1919–1933)

Das Bauhaus geht aus der Kunstgewerbeschule von 1906 hervor, die vom Großherzog von Weimar ins Leben gerufen wurde.

Der Architekt Walter Gropius gründet darauf aufbauend 1919 die Hochschule für Bau und Gestaltung in Weimar, kurz **Bauhaus**.

Die Idee des Bauhauses ist die Zusammenführung von gestaltendem Handwerk, von Architektur und der bildenden Künste. Deshalb entsteht ein Vorkurs für alle Studierenden, sodass Künstler und Handwerker die gleiche Grundausbildung erhalten über Form, Farbe und Material. Gropius verfolgt das Ziel, eine klare Formensprache und die Einheit von Kunst, Handwerk und Industrie zu vermitteln. Bekannt werden diese Inhalte als Bauhausstil, vertreten durch Handwerker, Weber, Architekten und Designer.

Die vermittelten Inhalte passen jedoch der neuen konservativen Regierung in Thüringen nicht. Ein großer Teil der zugestandenen Geldmittel wird gestrichen, sodass die Schule 1924 nach Dessau umzieht.

Das Bauhaus greift auch die Ideen der Gruppe De Stijl in den Niederlanden auf, die eine geometrisch klare und einfache Bau- und Gestaltungsweise anstrebt. Daraus entwickeln die Bauhaus-Architekten, aber auch einige Möbel-Entwerfer, ihre aus einfachen geometrischen Formen zusammengefügten Gebäude und Möbel: Form, Gestaltung und Material wirken nur aus deren Funktion heraus.

Die Philosophie des Bauhauses beschreibt hervorragend der Satz von Louis Henri Sullivan (Architekt, 1856–1924): „form follows funktion": Die Form, also die Gestaltung, ergibt sich aus der Funktion. Dazu kommt, dass eine rationelle Bauweise aus günstigen Materialien und vorgefertigten Bauteilen in Leichtbeton-, Trockenbau- und Skelettbauweise auch für „Normalbürger" preiswerten Wohnraum ermöglichen soll.

Die Gliederung der Fassaden erfolgt durch Fenster, Balkone oder auch Flächen unterschiedlicher Materialien. Funktionell wichtige Teile werden so gestaltet, dass sie Schmuckwert erreichen, insgesamt aber eine äußerst schmucklose Architektur.

Bild 1 Feininger-Meisterhaus, Südseite, Dessau

Die Schlichtheit, Helligkeit und Funktionalität der als beispielhaft geltenden Bauhausgebäude in Dessau mit ihren klaren, schmucklosen Formen setzt Maßstäbe für die Architektur des „Neuen Bauens". Bald ist dieser Stil allgemein, auch international, anerkannt als Bauhausstil oder **Neue Sachlichkeit**, vertreten durch Architekten (Beispiele) wie Mies van der Rohe, Walter Gropius, Max Bill, später auch Richard Neutra (1892–1970).

Das **Dritte Reich** verbietet den Fortbestand des Bauhauses und vertreibt seine Vertreter, Schüler wie Lehrer. Denn die NS-Propaganda bezeichnet die Form der Architektur als „undeutsch".

Die Architektur der **NS-Zeit** will durch ihre repräsentativen Gebäude und Bauten vor allem die Ablehnung der modernen Architektur darstellen, weil diese z. B. durch das Bauhaus stilmäßig geprägt wurde: klar, nüchtern, schlicht, auf die Funktion ausgerichtet. Das Bauen im Dritten Reich wird jedoch nicht grundsätzlich **gleichgeschaltet**: Anders bauende, von der nationalistischen Linie „abweichende" Architekten bekommen zwar keine staatlichen Großaufträge, errichten aber industrielle und private Bauten auch nach 1933 im Stil der **Internationalen Moderne:** eine geduldete Architektur.

Propaganda-, Staats- und Parteibauten sind Synonyme für den Größenwahn der nationalsozialistischen Politik, können jedoch im Sinne der **NS-Ideologie** nicht groß genug sein. Geradezu maßlos werden die Pläne: **Gigantomanische** Gebäude, wuchtige Pfeiler, breite Freitreppen, lange und schnurgerade Prachtstraßen, viele sinnlose Pläne ohne praktischen Zweck. Verbunden sind diese Pläne der „Neugestaltung", z. B. in Berlin, Nürnberg, München mit ungehemmt eingesetzten riesigen Geldmitteln, Unmengen an Baustahl (der dann in der Bewaffnung fehlen wird), riesigen Mengen an Natursteinen aus ganz Europa und unzähligen Arbeitskräften.

Die Gebäude sollen die Ideologie des Nationalsozialismus transportieren und propagandistisch wirken, sozusagen als steingewordene Zeugnisse des Machtwillens, als Ausdruck einer höheren Kultur und der Überlegenheit der **arischen** Rasse. Architektur soll einen Unterwerfungsanspruch in den Bauwerken deutlich machen durch Monumentalität und zurückhaltende Fassadengestaltung. So erhält dann der Nationalsozialismus eine eigene machtverherrlichende und nationalistische Ästhetik.

Die kulturelle Vielfalt endet 1933 mit dem Aufstieg der Nationalsozialisten und ihrer Machtergreifung. Kunstwerke und ganze Stilrichtungen werden als **entartet** bezeichnet. Um weiter arbeiten zu können, verlassen sehr viele Künstler verschiedener Bereiche der Kunst und der Kultur das Land.

10.8.3 Skulptur und Malerei

Das Bauhaus-Konzept will bewusst die Verbindung von Bildender Kunst, Angewandter Kunst (Design) und Darstellender Kunst.

Für die Bildende Kunst werden als Lehrer so bedeutende Künstler verpflichtet wie Lyonel Feininger (1871–1956, Mitbegründer), Johannes Itten (1888–1967), Paul Klee (1879–1940), Wassily Kandinsky (1866–1944) oder Gerhard Marcks (1888–1967). Diese unterrichten allesamt im Vorkurs, sodass viele Künstler eng mit dem Bauhaus und auch seiner Philosophie verbunden sind.

Kennzeichnend dafür ist, dass 1928 am Bauhaus die erste freie Malklasse eingeführt wird. Dabei wird den Schülern gelehrt, eigenständige Arbeiten zu schaffen. Sie werden zwar von ihren Lehrern kritisch begleitet, jedoch in keinerlei Kunst- oder Stilrichtung gedrängt. Vielleicht zeigt sich deshalb die Malerei am Bauhaus vor allem durch Abstraktion, als Abstrakte Malerei. Sicherlich ist auch das ein Ergebnis des Vorkurses, weil durch die unterrichtete Form- und Farbenlehre von Kandinsky, Klee oder Itten, und später auch Josef Albers (1888–1983), den Schülern vor allem ein umfassendes Grundwissen zu den Ausdrucksmitteln mitgegeben wird.

Ein Beispiel ist Lyonel Feininger. Er wird schon zur Gründung 1925 an das Bauhaus berufen. Hier leitet er zunächst die Druckwerkstätten, später dann die Glaswerkstätten. Neben den ersten Linolschnitten veröffentlicht er bald auch zahlreiche Gemälde. Angeregt durch den **Kubismus**, findet er schnell zu der für ihn typischen Bildsprache. Berühmt sind seine Bilder von Kirchen, z. B. in Soest, oder Dorfansichten in Thüringen, die er dann nach den jeweiligen Ortschaften benennt: Possendorf, Tiefurt, Halle, u.s.w. Heute zählt er zu den Malern der **Klassischen Moderne** (Bild 1).

Für die Angewandte Kunst gelten die gleichen Regeln wie für die Architektur: eine sich an ornamentlosen, schlichten und an geometrischen Grundformen orientierende Gestaltung. Idealerweise haben sie in hohem Maße eine Gebrauchstüchtigkeit und eine gestalterische Ordnung, sind der Materialgerechtigkeit und der Sichtbarkeit der Konstruktion verpflichtet.

Bild 1 „Teltow II", Lyonel Feininger (1918)

Entworfen, designt und hergestellt werden Prototypen, die sich dann für eine industrielle Fertigung eignen. Typische Beispiele für diesen Bauhaus-Stil sind Lampen (Bild 2) von Wilhelm Wagenfeld (1900–1990) und Christian Dell, Möbel von Marcel Breuer und Erich Dieckmann, Geschirr von Marianne Brandt (1893–1983) oder aus Stahlrohr gefertigte Freischwinger von Mies van der Rohe u. a.

Bild 2 Lampe, Wilhelm Wagenfeld (Briefmarke, 1998)

Der Entwerfer und Designer Marcel Breuer (1902–1981) hat für diese Zeit die Ideen eigentlich gut zusammengefasst: "Die Metallmöbel sind Teile eines modernen Raumes. Sie sind „stillos", denn sie sollen außer ihrem Zweck und der dazu nötigen Konstruktion keine beabsichtigte Formung ausdrücken."

Die Darstellende Kunst im Bauhaus vertritt seit 1920 Oskar Schlemmer (1888–1943). Als Maler, Bildhauer und Bühnenbildner ist sein Hauptthema die Stellung der menschlichen Figur im Raum. Für verschiedene Operneinakter von Paul Hindemith (1895–1963) entwirft er die Bühnenbilder und die Kostüme. In seinem „Triadisches Ballett" geht es um einen dreigliedrigen Tanz, aber vor allem um die Kostüme der „Figurinen", die als **raumplastische Kostüme** gestaltet sind. In späteren Jahren arbeitet er auch als Szenengestalter für Musik von Igor Strawinsky (1882–1971) und Arnold Schönberg (1874–1951). Sein bekanntester „Schüler" war für kurze Assistent am Bauhaus: Teo Otto (1904–1968), ein Bühnenbildner von internationaler Bedeutung, der vor allem viele Uraufführungen von Berthold Brecht ausgestattet hat.

Bild 1 Bauhaustreppe, Oskar Schlemmer (Briefmarke, 1975)

10.8.4 Blumenschmuck der Zwanziger- und Dreißigerjahre

Eine Wegbereiterin vom Image der einfachen Blumenhändlerin zur neuen Kunst mit Blumen war in diesen Jahren Constance Spry in England. Sie schmückte in zurückhaltender, natürlicher Art mit schlichten Blumen, wilden Kräutern und alten Rosensorten Wohnungen und Abendgesellschaften für Freunde. Dabei war sie so erfolgreich, dass sie 1928 ihr erstes Geschäft in London eröffnete und nun sowohl Dekorationen für Schaufenster berühmter Geschäfte in London in ihrem unverwechselbaren Stil gestaltete als auch Räume für Abendgesellschaften und Ähnliches für zahlreiche Londoner Persönlichkeiten.

Bei ihren Dekorationen achtete sie darauf, dass der Blumenschmuck den Charakter des Raumes unterstrich: Sie wählte Blumen, Farben und Gefäße zielgerichtet dafür aus. Das war damals ein völlig neuer Gedanke, der in der heutigen Floristik zu den Grundregeln gehört.

Constance Spry gründete eine Schule und publizierte verschiedene Werke, in denen sie ihre Auffassung zur Gestaltung mit Blumen weitergab.

Constance Spry steht stellvertretend für die Entwicklung in der Blumenbinderei, die Blumen entsprechend ihrem Charakter und ihrer Wuchsform zu erkennen und in einer Gestaltung einzusetzen. Die Blume ist erstmals nicht einfach „Material", sondern wird in ihrer ganzen Persönlichkeit wahrgenommen und verarbeitet. Der Umgang mit Blumen wird zum ersten Mal gelehrt, es entstehen Lehrpläne sowie Schulen, an denen man nach einer dreijährigen Ausbildung eine Abschlussprüfung zum Blumenbinder ablegen kann. 1926 startete der erste Lehrgang für höhere Blumenbindekunst in Weihenstephan, Bayern.

Bild 2 Schülerinnen von Constance Spry

10.9 Vom Neubeginn bis zur Gegenwart

Nach dem Zweiten Weltkrieg beginnt erst einmal der Wiederaufbau der zerstörten Städte und Dörfer. Dabei geht es in Deutschland zunächst vor allem um die Bereitstellung von Wohnraum, die Wiederherstellung von Fabriken und Betrieben und die Schaffung einer funktionierenden Infrastruktur.

Etwa ein Viertel aller Wohnungen sind zerstört, rund die Hälfte ist beschädigt. Bis zur Währungsreform im Juni 1948 behindert dazu Materialmangel den Fortschritt der Aufbauarbeiten. Mit der Ankunft von Flüchtlingen und Vertriebenen verschlimmert sich die Wohnungssituation nochmals.

An eine moderne oder gestalterisch anspruchsvolle Architektur wird vorläufig gar nicht gedacht; die traditionelle Architektur mit der Verwendung lokaler Materialien und der entsprechenden Bautradition steht zu dieser Zeit im Vordergrund.

Gleichzeitig entbrennt, z. T. regional heftig geführt, ein Streit unter Planern über die Neugestaltung von Städten und von Architektur: Entweder radikal moderne, funktional orientierte Siedlungen oder, wie früher, ein eher pragmatischer, der traditionellen Bauweise verpflichteter Weg des Wiederaufbaus.

10.9.1 Architektur

Eine klare Reihenfolge für die zeitgenössische Architektur, so wie in den Jahrtausenden vorher, gibt es nicht. Die Fachwelt verwendet den Begriff „Strömungen, Trends oder Tendenzen", was einen schnellen Wechsel nur deutlich macht. Leider sind diese „Strömungen" weder räumlich noch zeitlich immer klar abgrenzbar, natürlich überschneiden sie sich oftmals.

Die Moderne Architektur beginnt in Deutschland mit der Gründung des Bauhauses, einer Kunstschule, die gedanklich neu ausgerichtet ist: nicht kopieren, alle Handwerke einbeziehen und miteinander kombinieren.

Bemerkenswert ist dabei, dass Architekten diese neue Art der Schule begründen und als Direktoren führen: zunächst Walter Gropius (1919–1928), dann Hannes Meyer (1928–1930) und zuletzt Ludwig Mies van der Rohe (1930–1933). Alle drei spielen, neben vielen Studenten des Bauhauses, später in den USA, in Europa, letztendlich weltweit, eine bedeutende gestaltende Rolle in der modernen Architektur. Sie gelten als Vertreter der Klassischen Moderne, beispielsweise für die Trends Neue Sachlichkeit, Funktionalismus, Rationalismus, Bauhausstil, u. a.

Von Mitte 1950 an bis etwa 1970 heißt dieser Stil international **Brutalismus**, abgeleitet von *béton brut* (franz.) für unverputzten Sichtbeton. Die Gebäude werden sozusagen von innen nach außen entworfen. Vorherrschendes Baumaterial ist der rohe Beton, bei dem z. B. auch die Schalung noch zu erkennen ist, oder auch der Backstein, der selbst in Innenräumen unverputzt bleibt, sodass auch alle Leitungen auf die Wände montiert werden. Als bedeutende Vertreter dieser Art des Bauens gelten Le Corbusier (1887–1965) oder auch Kenzo Tange (1913–2005).

Merkmale dieses Baustils sind zum Beispiel eine klare Zurschaustellung der Konstruktion, die Verwendung der Materialien als so gegeben („as found") oder die schnell zu erfassende Form des Grundrisses („formale Lesbarkeit"), u. a.

Le Corbusier provozierte Mitte der 1950er Jahre geradezu mit dem Entwurf und dem Bau einer Kirche nur aus Beton (Bild 1).

Bild 1 Wallfahrtskirche Notre-Dame-du-Haut, Le Corbusier (1955), Ronchamp

Typische Gebäude in Deutschland (Beispiel, Bild 2) sind beispielsweise die Versöhnungskirche in Dachau, die Gebäude der Universität Bielefeld, die Hochschule für Musik und Theater in Hannover, das Ihme-Zentrum in Hannover-Linden oder das Badische Staatstheater Karlsruhe. Bauherr und Architekt verhalten sich hier kompromisslos und radikal.

Bild 2 Hochhaus Lister Tor, Dieter Bahlo (1975), Hannover

Modernes Bauen erforderte von Beginn an technische Perfektion und Einsatz neuer Technologien. Mit Beginn der 1970er Jahre, vorher auch z. T. im Brutalismus, setzen Architekten, außer dem Zeigen der Konstruktion, das Technische bewusst ein als ein ästhetisches Mittel. International findet sich dafür auch der Begriff **High-Tech-Architektur** (S. 365, Bild 1).

Einzelne Funktionen werden durch die Gliederung des Baukörpers unterstrichen, wie z. B. am Universitätsklinikum Aachen (Wolfgang Weber, Peter Brand), Ent- und Versorgungsleitungen werden gezeigt, wie z. B. am Centre George Pompidou in Paris. Das bevorzugte Material ist Stahl. Damit die Bauwerke nicht allzu technisch wirken, setzen Architekten bewusst Farbe ein, um so die dynamische Struktur zu erhalten. Ein Beispiel dafür ist das Kulturzentrum „Centre George Pompidou", bei dem z. B. Blau für die Entlüftung, Grün für das Wasser, Gelb für die Elektrik und Rot für Gänge, Rolltreppen, Lifte oder Fluchtwege steht. Alle diese Installationen liegen außen vor den eigentlichen Räumen. Typische Vertreter sind die Architekten Richard Rogers (1933) und Renzo Piano (1937). Norman Foster (1935) gehört auch in diese Architektengruppe, obwohl er sich nur aller neuen Techniken und Materialien wie Glas, Stein, Stahl oder Aluminium bedient, aber nicht konsequent für alle Bauwerke verwendet, weil er zuerst individuell die Ansprüche der Bauherren umsetzt. In Deutschland bekannt sind der Verwaltungsturm der Commerzbank in Frankfurt oder die begehbare Kuppel des Bundestages im Reichstaggebäude.

Bild 1 Klinikum Uni Aachen, Weber/Brand (1985)

Der Begriff **Postmoderne** bezeichnet eine Tendenz in der Architektur, die in den 1960er Jahren in den USA entstand und dann in den 1980er Jahren in den westlichen Ländern eine recht große Bedeutung erlangte. Die Postmoderne lehnt reinen Funktionalismus ab. Also werden z. B. an Fassaden wieder Schmuck und Ornamente, Symbole und Zeichen verwendet. Auch als Abgrenzung zum Brutalismus ist der verbaute Beton kaum sichtbar. Gerne verwendet werden Glas und bunte Farben, oftmals provozierend. Trotzdem: Das Bauwerk soll sich in Vorhandenes einordnen, im besten Fall dieses ergänzen. Ziel: Eine Architektur für den spezifischen Ort (Bild 2).

Bild 2 Autobahnkirche Siegerland, Schneider/Schumacher (2013), Wilnsdorf

Die Idee von Architektur ist eigentlich, dass geometrische Körper wie Würfel, Zylinder, Kugel, Pyramide, Kegel, u. a. grundlegend sind, um ein Gebäude zu konstruieren.

Dann kommt die dekonstruktive Architektur, ca. ab 1980, und legt diese Struktur offen, möchte sie aufbrechen und die Instabilität sichtbar werden lassen. Dabei geht es im **Dekonstruktivismus** nicht um eine De-Konstruktion von Architektur, sondern um ein Deutlichmachen, um eine Herausstellung von Architektur durch konstruktive Elemente und Strukturen; das Gebäude selbst wird nicht demontiert. Die gewohnte Sicht auf bauliche Geometrie fehlt. Historische Rückgriffe werden konsequent abgelehnt.

Einige Merkmale sollen hier genannt werden: Schiefe, schräg gestellte Wände, scharf geschnittene Formen, Durchdringungen und Spaltungen, schräg gesetzte Stützen, aufgesplitterte Flächen, Aufzeigen von Brüchen (keine gewohnte Gradlinigkeit, keine rechten Winkel, viel Dynamik), unruhige Konturen; viele Gebäude sehen aus wie in Montage befindlich, fast wie immerwährende Baustellen.

Bild 3 Design Museum Vitra, Frank O. Gehry (1989), Weil am Rhein

Bedeutende Architekten sind z. B. Frank O. Gehry (1929), Daniel Libeskind (1946), Peter Eisermann (1932), Zaha Hadid (1950–2016) oder Günter Behnisch (1922–2010). Bauwerke dieser Architekten sind in Deutschland z. B. das Design-Museum für Vitra in Weill am Rhein (Bild 3), das Feuerwehhaus für Vitra, die Nord-LB in Hannover (Bild 4), der UFA-Palast in Dresden, das Jüdische Museum in Berlin, das Felix-Nussbaum-Haus in Osnabrück, u. v. a. m.

Bild 4 Nord-LB, Hannover, Behnisch /Partner (2002)

Beim **Minimalismus**, Ende der 1980er Jahre bis in die 1990er Jahre, geht es immer um eine Reduktion der Form. Hier schließt sich der Kreis: Beginnend beim Bauhaus, ist der Minimalismus relevant bis heute. Vorbild ist deshalb auch einer der großen Architekten: Mies van der Rohe.

Wie sieht diese Architektur aus? Klare stereometrische Formen, glatte Flächen (Bild 1), gebaut vor allem aus Beton und Glas als vorherrschendes Material. Die Tragwerkskonstruktion ist nicht sichtbar, eine Dekoration verpönt, kein Bauteil drängt sich in den Vordergrund. Gute Proportionen, elegante Linienführung, die Farben Weiß, Grau, Silber oder auch Schwarz („white cubes, black boxes") stehen für die „Neue Einfachheit". Architekten sind z. B. Tadao Ando (1941), Peter Zumthor (1943), Herzog (1950) und de Meuron (1950), u. a.

Bild 1 Deloitte Bürogebäude, Jan Grabau (2015), Hannover

In den 2000er Jahren entwickelt sich fast unabhängig von den Merkmalen der Moderne eine Vielzahl architektonischer Richtungen, die man zusammengefasst als digitale Architektur bezeichnen kann, u. a. Blob, parametrische Architektur, kinetische Architektur, fluid architecture. Allen Stilen gemeinsam ist, dass für die Entwürfe nicht mehr der Computer nur Werkzeug ist, sondern selbst zur Entwurfsmaschine wird.

Ein erstes Beispiel dafür ist die **Blob**-Architektur. Die Gebäude zeigen freie, fließende Formen, nicht der Natur abgeschaut, sondern entwickelt nur mit Hilfe von Computerentwurfsprogrammen. Es entstehen so Bauwerke, die komplexe, oft gerundete und **biomorphe** Formen annehmen. Diese Freiformkurven (Splines) sind dem Architekten nur möglich durch moderne Entwurfssoftware (Bild 2).

Aufgrund ihrer spezifische Form sind Blob-Bauten jedoch schwer in eine städtische Umgebung einzubinden, sodass sie als Solitär vor allem für repräsentative Gebäude geeignet sind.

Diese Einmaligkeit ist tatsächlich ein Problem: Die komplexe Form erlaubt nicht den Einsatz von Fertigteilen; daher sind sie im Bau technisch sehr anspruchsvoll. Beispielhaft gehören dazu das Kunsthaus in Graz (Peter Cook/Colin Fourniers), der Red Bull Hangar-7 in Salzburg (Volkmar Burgstaller) oder auch die Allianz Arena in München (Herzog/de Meuron).

Bild 2 Kunsthaus Graz ,Cook/Fourniers (2012))

Die parametrische Architektur ist ein zweites Beispiel für eine Architektur, die sich an CAD-Programmen mit einzugebenden **Parametern** orientiert, sodass diese vom Architekten eingeplanten Parameter Elemente sind, die den Entwurf und damit das Aussehen eines Gebäudes beeinflussen. Solche Parameter können beispielweise sein: Lage des Gebäudes, Aussehen der Fassade, Beschaffenheit des Tragwerks und der Gebäudeform, Material, räumliche Aufteilung, Klimakonzept oder aber auch Zeitaufwand, Kosten, Vorfertigungsmöglichkeiten, Sicherheit, Belichtung, Akustik, u. v. a. m.

Das maßgebliche Vorbild für diese Architektur ist die Formgestaltung in der Natur. Deshalb leiten sich davon bestimmte Prinzipen des Bauens ab (Beispiele): alle Formen sind weich, alle Systeme sind aufeinander bezogen (korrelieren), es gibt keine strengen Formen (Zylinder, Würfel, Rechte Winkel, u. a.), alle Elemente sind miteinander verbunden, nicht isoliert, u. a. m.

Zu den führenden Architekten dieses Stils rechnet man Zaha Hadid (1950–2016) und Patrik Schumacher (1961). Das Mercedes-Benz Museum in Stuttgart und das Centre Pompidou in Metz gelten als repräsentative Bauten.

Kinetische Architektur meint, dass sich auch noch im gebauten Zustand Gebäude in Form und Funktion verändern lassen; zumindest jedoch ist die „Hülle" beweglich. Deshalb spricht man auch von elastischer Architektur. Möglich ist das durch die Anwendung von **Robotik**, Mechanik und Elektronik. Diese Bewegungen lässt man entstehen, um sich z. B. an Bedingungen der veränderten Jahreszeiten anzupassen. Möglich sind dann z. B. nach unten oder oben faltbare Wände, fahrbare und drehbare Wandelemente und Fenster, große bewegliche Tore zur besseren Zufuhr von Licht und Sonne, um 90° drehbare Räume, u. a. m. Wegen dem hohen technischen und elektronischen Aufwand ist diese kinetische Architektur noch sehr teuer.

Architekten sind u. a. Angelo Invernizzi (1884–1958), Henning Larsen (1925–2013) und Tom Kundig (1954).

10.9.2 Malerei

Die Kunst der Moderne beginnt bereits ca. 1870, etwa mit dem Beginn des Impressionismus, denn hier verändern eine neue Malweise und die neue Farbgestaltung alle vorherigen Stile; um 1900 folgt dann der Jugendstil mit seiner dekorativen Ornamentik. In Folge veränderte der Expressionismus die althergebrachte Sichtweise auf Malerei: Die richtige Perspektive und die realistische Wiedergabe eines Motivs haben keine Bedeutung mehr; das subjektive Erleben steht nun im Vordergrund.

Die **Neue Sachlichkeit** während der Zeit der Weimarer Republik (1918–1933) bildet vor allem durch George Grosz (1893–1959) und Otto Dix (1891–1969) in realistischer Darstellung kritisch die aktuellen Gesellschaftsverhältnisse ab.

Natürlich stößt Moderne Kunst immer wieder auf Widerspruch. Einen „Höhepunkt" bildet dann aber in der Zeit des Nationalsozialismus (1933–1945) eine Ausstellung, in der Kunst als **„entartet"** präsentiert wird. Alle Werke mit abstrakten und modernen Inhalten sowie alle Werke von Künstlern mit jüdischen Hintergrund werden aus Museen und Sammlungen entfernt, verkauft, irgendwo gelagert oder gar vernichtet.

Bereits in den 1940er Jahren entsteht der **Tachismus** (taché, frz.: Farbfleck), der bis ca. 1960 eine Form von abstrakter Malerei darstellt. Üblich ist dafür heute der Sammelbegriff **Informel** oder Informelle Kunst. Er beschreibt die Stilrichtungen der abstrakten, nicht-geometrischen, gegenstandslosen Kunst, wie z.B. Lyrische Abstraktion, Tachismus oder abstrakter Expressionismus in Amerika mit den Varianten des Action Painting, der Farbfeldmalerei („Color Field Painting") oder auch des Hard Edge („Harte Kante").

Bild 1 „Canyon", Helgund Hasse, (Privatbesitz, 2017)

Zu den Merkmalen dieser abstrakten Malerei (Bild1) gehört die Spontaneität in der künstlerischen Produktion. Der Arbeitsprozess folgt keinen starren Regeln. Gegenüber der gegenständlichen Malerei mit ihren Motiven, stellt die abstrakte Malerei Formen, Farben, Strukturen und Techniken in den Vordergrund und erzeugt so Stimmungen. Gerade hier zeigt sich, dass ein Künstler sich von Regeln frei macht oder sogar durch diesen kreativen Prozess neue Möglichkeiten erschafft. Beginnend ab 1910 sind dies bedeutende Künstler wie z.B. Wassily Kandinsky (1866–1944), Pablo Picasso (1881–1973), Piet Mondrian (1872–1944) oder auch Gerhard Richter (1932), Peter Brüning (1929–1970), Carl Buchheister (1890–1964), Bernhard Schultze (1915–2005) u. v. a. m.

Mitte der 1950er Jahre bis in die 1960er Jahre erfolgt als Gegenreaktion auf diese betont intellektuelle abstrakte Stilrichtung, die **Pop-Art**. Sie entsteht unabhängig voneinander in England, Nordamerika und dann in Europa. Die Themen und Motive sind dem Alltag der Menschen entnommen, wirken oft trivial, oder stammen aus der Werbung, den Massenmedien oder auch der Welt des Konsums, meistens als überdimensional große Abbildung.

Als unumstößlich festgelegt für einen Pop-Art-Künstler gilt, dass die absolute Realität abgebildet wird, sowohl in der Malerei als auch in der Skulptur. Die dargestellten Gegenstände sind plakativ, flächig, ohne Tiefe, ohne Schatten gestaltet, wobei die Farben meistens als unbunte Farben und Primärfarben angewendet werden.

Die Siebdrucke von Andy Warhol (1928–1987), die Comic-Bilder von Roy Lichtenstein (1923–1997) oder auch die Gegenstands-Nachbildungen (Bild 2) von Claes Oldenburg (1929) und Coosje van Bruggen (1942–2009) kennen viele Menschen.

Bild 2 „Balancing Tools", Claes Oldenburg/Coosje van Bruggen (1984), Weil am Rhein

Weitere bedeutende Vertreter dieses Stils sind James Gill (1934), Keith Haring (1958–1990); David Hochney (1937), Niki de Saint Phalle (1930–2002) (Bild 1) oder auch Sigmar Polke (1941–2010), weil er in seiner Malerei Zitate der Pop Art verwendet.

Bild 1 „Nana", Niki de Saint Phalle (1974), Hannover

Als **Op-Art**, eine Abkürzung von Optical Art = optische Kunst, werden Werke bezeichnet, die durch z. T. überraschende optische Darstellungen wie z. B. abstrakte Formmuster oder geometrische Farbfiguren wirken (Bild 2). Für die Maler dieser Op-Art-Bewegung der 1960er Jahre, wie z. B. Bridget Riley (1931) oder vor allem Viktor Vasarely (1906–1997), sind geometrisch abstrakte Bilder typisch, die ihre Wirkung einzig aus optischen Effekten beziehen.

Die Idee kann durchaus in der experimentellen Tradition des Bauhauses begründet sein, weil hier seinerzeit eine Reihe chromatischer Experimente entstanden. Darum ist es nicht verwunderlich, dass auch Josef Albers (1888–1983) oder Günther Uecker (1930) zu den bekannten Künstlern zählen.

Die Kunstkritiker taten kurze Zeit die Op-Art als reine Effekthascherei ab; beim Publikum sind diese Werke beliebt, weil sie stark die Wahrnehmung ansprechen und dem Betrachter suggerieren, dass alles nur eine Illusion ist.

Den Stilrichtungen der 1960er Jahre zuzurechnen sind auch der Minimalismus (Minimal-Art) sowie ab Ende der 1950er Jahre die Happenings, als sogenannte Aktionskunst, die dann in den 1960er Jahren in die internationale Performancekunst einmündet. Wichtige Künstler dieser Zeit sind z. B. John Cage (1912–1992), Wolf Vostell (1932–1998) oder später Maria Abramovic (1946), Vito Acconci (1940) und Ai Weiwei (1957)

Bild 2 „Quadrat", Hans-Wilhelm Acquistapace (Privatbesitz, 2016)

Land Art bezeichnet nicht Kunst in der Landschaft, sondern mit der Landschaft, sowohl im kleinsten wie auch im allergrößten Kunstwerk, bei dem dann bis zu 240 000 Tonnen Gestein bewegt werden. Die Künstler wollen in den 1960er Jahren Kunst nicht nur als Spekulationsobjekte und Konsumgut verstanden wissen. Also gehen sie in die Landschaft, weil diese Kunst nicht in eine Galerie oder ein Museum transportiert werden kann. Gleichzeitig dokumentieren sie durch Fotos ihre Kunstwerke, weil die ausschließlich aus Naturmaterialien geschaffene Kunst schnell vergeht, von Wind und Wasser verändert wird oder auch längeren Verwitterungsprozessen unterworfen sind. Bekannte Künstler sind z. B. Michael Heizer (1944), Robert Smithson (1938–1973) oder vor allem Andy Goldsworthy (1956).

Im 21. Jahrhundert hat sich die Idee dahingehend verändert, dass mit Aufkommen der Ökologiebewegung auch Industriematerialien und gesellschaftskritische Aspekte in die Kunstwerke einfließen, z. B. von Künstlern wie Christo (1935) und Jeanne-Claude (1935–2009) oder auch Richard Long (1945).

Fluxus (lat.: fließend, vergänglich) ist international und interdisziplinär Anfang der 1960er Jahre eine Strömung, mit dem Ziel, die Grenzen zwischen verschiedenen Künstlern, wie z. B. Maler, Bildhauer, Designer, Autoren, Musiker oder auch politische Aktivisten aufzuheben, um so Kunst und Leben als „lebende Kunst" miteinander zusammenzubringen. So gehören beispielsweise zu dieser „Gruppe" Yoko Ono (1933) als Performancekünstlerin, der Konzeptkünstler Joseph Beuys (1921–1986), der Videokünstler Nam June Paik (1932–2006), der Dichter, Publizist, Maler, Performance-Künstler Emmett Williams (1925–2007) oder auch ein Komponist der Avantgarde, George Brecht (1926–2008).

Nicht auf das Kunstwerk kommt es an, sondern auf die schöpferische Idee. Gerichtet sind die „Aktionen" auch gegen eine elitäre, nicht zu begreifende, Hochkunst. Oftmals ist Fluxus in seinen Veranstaltungen (Fluxfest) gekennzeichnet durch collageartig zusammengesetzte Abläufe, weshalb dafür der Begriff „Konzert" verwendet wird, denn es fließen akustische, choreographische und musikalische Ausdrucksformen zusammen. So sollen sie ein lebendiges Gesamtbild der Gesellschaft darstellen. Der Einfluss von Fluxus, vor allem in den 1970er Jahren, hält auch bis heute noch an.

Bild 1 „Hummer und Sorge", Emmett Williams (Privatbesitz, 1986)

Die Kunst-Welt des 20. und 21. Jahrhundert ist sehr viel bunter, vielfältiger und variantenreicher als viele Stile vorher. Sie ist aber auch schnelllebiger, mit z. T. nur kurzen Trends oder Strömungen, dazu oft noch parallel verlaufend. Deshalb sind sie nicht immer begreifbar oder verbal fassbar. Und deshalb sind hier auch nur Beispiele vorgestellt. Der bekannte englische Kunsthistoriker Ernst H. Gombrich stellte fest: „Wir sprechen dann von Kunst, wenn uns eine Leistung so beeindruckt, dass wir vor lauter Bewunderung für die meisterhafte Ausführung ganz zu fragen vergessen, wozu das Werk sonst dienen soll".

10.10 Geschichte der Floristik in Deutschland

Der Verkauf von Blumen und Pflanzen war im 19. Jahrhundert den Gärtnereien vorbehalten, die sie auch anbauten. Mit der Industrialisierung um die Jahrhundertwende wuchsen die Städte rasant und die Gärtnereien wurden an die Stadtränder verdrängt. In den Städten selbst wurden mehr und mehr Blumen auf Märkten verkauft und es entstanden erste Blumengeschäfte. Damit bildete sich auch der Beruf des Blumenbinders heraus, der sich nunmehr vom Gärtner emanzipierte und mit der Verarbeitung und Gestaltung befasste.

Der Bedarf wuchs rasch und in der kalten Jahreszeit wurden Blumen aus Italien importiert, wo 1870 die ersten Gärtnereien an der Riviera entstanden.

1914 gab es die erste geregelte Ausbildung mit ein- oder zweijähriger Lehrzeit, einem Abschluss mit Prüfung und der theoretischen Bildung an einer staatlichen Gewerbefortbildungsschule.

1925 beginnt der „Höhere Lehrgang für Blumenbindekunst in Weihenstephan" unter der Leitung von Franz Kolbrand, später Moritz Evers.

Lehrbücher für Blumenbinder beschreiben das „landschaftliche Gesetz", das bis heute in der vegetativen Gestaltung noch eine gewisse Bedeutung hat.
- Beachtung der Jahreszeit
- Geselligkeit der Natur (Soziologie)
- Keine Kombination von Gewächshausblumen mit Wildblumen.

Ein Standardwerk des Berufsstandes, die „Werkformen der Blumenbinderei" von Moritz Evers erscheint 1954; es folgen mehrere Ausgaben. In der Einleitung heißt es: „Immer mehr kristallisiert sich die Erkenntnis heraus, dass die Beachtung natürlicher Umstände und die wachstumsgerechte Darstellung der Blume und Pflanze diesen das Höchste an Wirkung abgewinnen kann. Das setzt voraus, dass der Gestaltende in seinem natürlichen Werkstoff kein verformbares Material sieht, sondern in ihrer Form und Farbe bereits harmonisch gestaltete Wesen, die zudem lebende Organismen sind." Das Wesen der Natürlichkeit in der Gestaltung hat der deutschen Floristik eine Bedeutung verliehen, die auch international Beachtung fand und auch heute noch Geltung hat.

1965 beginnt der Fachverband mit den Berufswettkämpfen „Bronzene, Silberne und Goldene Rose" auf Bezirks-, Landes und Bundesebene. 1967 wird die Bezeichnung „Blumenbinder" in „Florist" umbenannt und folglich der „Fachverband Deutscher Floristen (FDF)" neu betitelt.

In den 60er Jahren verlagert sich der Blumenabsatz mehr und mehr in die Supermärkte und auf die Straßenhändler. Gleichzeitig findet eine Überproduktion statt, und verschärfte Einfuhren durch die „fliegenden Holländer", dies macht den einheimischen Gärtnern und Floristen schwer zu schaffen.

In den 70 er Jahren zeigen die Gebrüder Neidiger auf einer Bundesgartenschau erstmals Parallelgestaltung. Später (1983) nimmt Peter Assmann, Leiter der Meisterschule in Grünberg, die Parallelgestaltung als vierte Gestaltungsart in sein Unterrichtssystem auf. Im Laufe der Anwendung und Hinzunahme bogiger, brüchiger und diagonaler Linienführung spricht man jedoch genauer von einer Anordnung mit mehreren Wachstumspunkten.

Der FDF gründet einen Trendausschuss in Zusammenarbeit mit dem Blumenbüro Holland. Bis heute werden jährlich neue Trendaussagen festgelegt und auf der IPM (Internationale Pflanzenmesse) in Essen mit floralen Werkstücken vorgestellt. Da auch andere Anbieter Trends formulieren, gestaltet sich die Anwendung in der Praxis kompliziert.

Die Überproduktion an Blumen und Pflanzen hält weiter an, da nun insbesondere große Blumenfarmen in Afrika und Südamerika entstehen und Massenware zu Niedrigpreisen in den europäischen Markt drücken. Vormals kostbare edle Floralien (wie z. B. Orchideen, Zantedescia, Amaryllis, Heleborus) werden nun zur Massenware. Mehr und mehr Gärtnereien in Deutschland geben auf oder versuchen durch eigene Floristik zu überleben.

In den 70er und 80 er Jahren erlebt die Umweltschutzbewegung einen Aufschwung, der auch die Floristik berührt. Verrottbare und wiederverwendbare Materialien werden bevorzugt verarbeitet, insbesondere auf den Friedhöfen werden die Satzungen bezüglich des Blumenschmucks in diesem Sinne verschärft. Alternative Steckhilfen wie Zweige, Stengelabschnitte von Bambus, Fallopia werden in Gefäßen anstelle von Steckschaum bevorzugt.

1989 wird Deutschland wiedervereinigt und in der ehemaligen DDR besteht ein riesiger Nachholbedarf an Blumen und Pflanzen. In Dresden Pillnitz gründet der FDF eine eigene Meisterschule. Im Westen gibt es Meisterschulen in Berlin, Hamburg, Hannover, Bremen, Nürnberg, Stuttgart, Köln-Auweiler, Grünberg, Straubing, Gelsenkirchen, Weihenstephan, die jedoch nicht alle bestehen bleiben.

In den 90er Jahren nehmen Blumenimporte aus Südamerika und Afrika stark zu. Aufgrund der dort miserablen Arbeits- und Umweltschutzbedingungen auf den Blumenfarmen entstehen Initiativen, die Betriebe zu menschenwürdiger und umweltverträglicher Produktion verpflichten. Gute Fachgeschäfte bieten Blumen aus dem „Fair-Trade"-Programm an. Parallel dazu soll der heimatliche Produzent wieder gestützt werden mit Produkten aus der Region („Wir von hier").

Die Massenproduktion geht einher mit immer mehr Blumenzüchtungen, die ganzjährig angeboten werden. Die Floristik unterscheidet sich immer weniger in den Jahreszeiten. Da fast alle im Handel erhältlichen Schnittblumen Züchtungen sind, ist auch deren ursprüngliche Herkunft meist unbekannt. In Zusammenspiel mit den niedrigen Preisen für ehemals wertvolle Floralien verliert auch die Pflanzensoziologie in der Gestaltung an Bedeutung. Dies ist eine Gefahr, denn solche Kombinationen und Gestaltungen werden gleichförmiger und langweiliger für den Konsumenten.

Die Ausdehnung großer Gartencenter mit eigenen Floristikabteilungen, Blumenverkauf in Supermärkten zu Dumpingpreisen führt in den 2000er Jahren zu einem Rückgang der Floristik-Fachgeschäfte und zu einem Fachkräftemangel. Diese Tendenz wird verstärkt durch eine zunehmende Ungleichheit der Einkommen. Im unteren Einkommensbereich geht der Blumenkonsum zurück oder wird befriedigt im Supermarkt, im oberen Einkommensbereich wird anspruchsvolle Floristik verlangt, aber auf einem eingeschränkten Marktsegment.

So ist auch die Trauerfloristik stark rückläufig, vor allem in den Städten, seitdem anonyme Bestattungen und Friedwälder zunehmen. Hochzeiten werden dagegen aufwändig gefeiert, aber die Kundenberatung ist schwieriger geworden, seitdem Kunden sich im Internet informieren, unpassende Wünsche vorbringen und sehr auf den Preis achten.

Insgesamt stehen die Floristen vor der Herausforderung, sich bei gestiegenen Ansprüchen und gleichzeitig verminderten Fachkräften am Markt zu behaupten.

Floristik im Wettkampf

Die digitale und die virtuelle Welt im Kontrast zum realen Erleben war auch Thema der Deutschen Meisterschaft der Floristen 2018 und beschäftigt vor allem die Jugend. Die Floristen sollten darstellen, wie die neuen Medien Einfluss auf unser Leben haben und welche Beziehung zum Wahrnehmen floraler Gestaltung geschaffen werden kann.

Bild 1 „Freie Kreativarbeit" von Carolin Fricke bei der Deutschen Meisterschaft der Floristen in Berlin 2018

1 Nonflorale Werkstoffe sowie deren Bestandteile und Herstellungsprozesse kennen, vermitteln und anwenden

Anna hat eine besondere Vorliebe für schöne Gefäße. Sie weiß nun, dass es kein Zufall ist, wenn Gefäß und Blumen miteinander harmonieren. Durch die Auseinandersetzung mit der Gestaltungslehre wurde ihr bewusst, dass durch gezielte Kombinationen, zum Beispiel von Texturen und Persönlichkeitscharakteren, ganz spezielle Gestaltungsaussagen erzielt werden können. Oliver hat ein Faible für derbe Keramik kombiniert mit Pflanzen für den Außenbereich. Anna liebt es eher zart und fein, sie kümmert sich um die neue Innenraumkeramik.

Allgemeine Anforderungen an Gefäße:

- Sie müssen **zweckgerecht** sein: Form, Größe und Eigengewicht müssen Standfestigkeit garantieren. Das Gefäß muss für den jeweiligen Zweck wasserdicht oder wasserdurchlässig sein. Das Innenvolumen muss eine ausreichende Menge Wasser oder Substrat aufnehmen können.
- Sie müssen **materialgerecht** sein: Die Verarbeitung muss den ursprünglichen Eigenschaften des Materials entsprechen. Z. B. Transparenz bei Glas, Dickwandigkeit bei Terrakotta oder Dünnwandigkeit bei Porzellan.
- Sie müssen **werkgerecht** sein: Der tatsächliche Herstellungsprozess muss sichtbar sein, z. B. die Schwingungsrillen durch das Drehen auf der Töpferscheibe, Pressnähte bei gegossenen Gefäßen, unikate Ergebnisse und Fingerspuren bei handgeformten Objekten.
- Sie müssen **stilgerecht** sein: Form, Struktur und Ausstrahlung der Gefäße müssen dem Werkstoff entsprechen. Die Charaktereigenschaften des Werkstoffes müssen sich im Stil des Gefäßes wiederfinden. Z. B. Transparenz bei Glas, elegante, feinwandige Gefäße aus Porzellan.
- Sie müssen **wahrhaftig** sein: Dem Werkstoff entsprechend, der „geflochtene Korb" aus Keramik ist ebenso unglaubwürdig, wie eine gehämmerte Metalloptik auf einem Plastikgefäß.

Bild 1 Nonflorale Werkstoffe und technische Hilfsmittel

1.1 Keramik

Erst durch das Brennen mit hohen Temperaturen erhält der Werkstoff Ton seine Festigkeit.
Die bekanntesten Techniken zur Formgebung sind:

- freies Drehen auf der Töpferscheibe,
- Gießen in Formen (Gips) zur Herstellung von Figuren und Hohlgefäßen,
- Strangpressen zu Ziegeln und Rohren,
- freies Formen, Legen und Bauen.

Bild 2 Töpferscheibe

Nach der Formgebung werden die Rohlinge getrocknet und anschließend bei hoher Temperatur gebrannt. Der **Scherben** ist dann **versintert**.

Bedingt durch verschiedene Tonsorten und Brenntemperaturen werden zwei Keramikgruppen unterschieden:

	Brenntemperaturen	Keramikarten
Weichkeramik	800 °C bis 1 250 °C	Terrakotta, Fayencen, Steingut, Majolika, Irdenware
Hartkeramik	1 300 °C bis 1 500 °C	Steinzeug, Porzellan, Schamotte

1.1.1 Weichkeramik

Keramikmasse: Tonerden ca. 46 %, Kaolin ca. 25 %, Quarz (nach Bedarf), Kreide ca. 25 %

Irdenware

Terrakotta
terra (ital.): Erde
cotta (ital.): gebrannt

Scherben:
Rot, Gelb, Braun
porös, daher wasser- und luftdurchlässig

Herstellung:
- Irdenware wird bei 800 °C bis 1 000 °C im offenen Feuer gebrannt
- Alle Formen und Größen, die vom Ofen aufgenommen werden, lassen sich herstellen.
- Glasur: meistens keine
- Die Gefäße werden für den Außenbereich hergestellt. Innenglasuren können für Wasserdichte sorgen, verändern die Optik nicht und ermöglichen den Einsatz im Haus.

Gefäßbeispiele:
Tontöpfe, Pflanzkästen, Schalen, Figuren, Putten, Ampeln, Weinkühler, Römertopf

Besonderheiten:
In die Oberfläche eindringendes Wasser dehnt sich bei Frost aus; der dabei entstehende Druck führt zum Abplatzen und Reißen des Materials. Weiße Ausblühungen entstehen durch lösliche Salze, die sich z. B. im Gießwasser befinden können. Reinigung mit Essig ist möglich; kein alkalisches oder saures Wasser verwenden.

Hafnerware

Scherben:
Braun; porös

Herstellung:
- Brenntemperatur ca. 800 °C
- Bleiglasur, transparent (Unterglasur oder **Engobenmalerei**)

Gefäßbeispiele:
Gebrauchsgeschirr: Milchsatten, Einlegetöpfe

Besonderheiten: Volkskunstkeramik

Fayencen und Majolika

Benannt nach der Töpferstadt Faenca in Italien; Majolika, die spanische Variante, Majoli abgeleitet von Mallorca

Scherben:
Weiß, Gelb, Braun, Rot; porös,
Wasserdichte entsteht durch die Glasur

Herstellung:
- Fayencen werden 2 mal bei ca. 1 000 °C gebrannt
- Glasuren: weiße Zinnglasur, Malerei direkt in die ungebrannte Glasur (Inglasurmalerei); Farben verschmelzen beim Brand
- Bekanntes Design: die blau-weißen Delfter Fayencen

Gefäßbeispiele:
Schalen, Vasen, Krüge, Teller, Übertöpfe, Essgeschirr

Besonderheiten:
Bis zur Renaissance um 1500 waren bunt bemalte Majolika mit maurischem Einschlag bekannt. Als „echte" Fayencen werden Keramiken bezeichnet, in deren weiße Glasur hineingemalt wurde. Auf-Glasur-Fayencen wurden Mitte des 18. Jh. durch den Maler Adam von Löwenfinck geprägt.

Steingut

Scherben:
Weiß, Creme; porös, Wasserdichte entsteht durch die Glasur

Herstellung:
- Brenntemperatur 1 000 °C bis 1 200 °C,
- Glasur: transparent, meistens werden die Gefäße unter der Glasur bemalt (Unterglasurmalerei)

Gefäßbeispiele:
Krüge, Vasen, Becher, Teller, Schalen, Figuren, Essgeschirr

Besonderheiten:
Steingut kommt ursprünglich aus der Türkei, wurde in Großbritannien weiterentwickelt und im Zuge der Industrialisierung in großen Mengen vermarktet.

1.1.2 Hartkeramik

Keramikmasse: Feine Tone, Kaolin, Feldspat, Quarz – Mengenverhältnisse sind abhängig von Rezepturen, Wertigkeiten und Gefäßarten

Porzellan

Der Name wurde abgeleitet von der weißen Meeresschnecke Porcellana; sie hat eine weiße Oberfläche

Hering Porzellan

Scherben:
Weiß und Creme, dünnwandig und wasserundurchlässig
Glasur: transparent, Unterglasurmalereien sind nur möglich, wenn sie durch die hohe Temperatur des Glattbrandes (1 500 °C) nicht zerstört werden.

Herstellung:
- Brenntemperatur: 1 200 °C bis 1 500 °C
- Gießen in Gipsformen,
- Farben, z. B. Rot, Gold und Blau werden auf die Glasur aufgetragen und bei einer niedrigen Brenntemperatur aufgeschmolzen (800 °C).

Gefäßbeispiele:
Vasen, Schalen, Skulpturen, Tafelgeschirr, Leuchter, Figuren

Besonderheiten:
Johannes Friedrich Böttger gelang 1707 die Herstellung des ersten europäischen Porzellans. Die erste Manufaktur entstand in 1710 in Meißen.
Gefäße mit Aufglasurmalerei müssen vorsichtig gereinigt bzw. behandelt werden.

Tipp

Zungenprobe: Wenn die Zungenspitze einen nicht glasierten Bereich des Gefäßes berührt, bleibt sie bei Weichkeramik kleben, bei Hartkeramik nicht.

Klopfprobe: Bei Hartkeramik klingt der Scherben hell, bei Weichkeramik klingt er dumpf.

Schamotte

Scherben:
Braun, Gelb, sehr körnig durch Sand oder gebranntem, schon gemahlenem Ton

Herstellung:
- Brenntemperatur: 1 000 °C bis 1 200 °C
- Industriekeramik, z. B. Schornsteine, können wesentlich höher gebrannt werden
- Glasur: meist keine

Gefäßbeispiele:
Schalen, gradwandige Gefäße

Besonderheiten:
Sehr rustikale Wirkung, bietet sich für schlichte runde oder eckige Gefäßformen an

Steinzeug

Scherben:
Grau, Braun, Gelb, Salzglasur – blaue oder braune Engobe oder Glasurmalerei direkt auf den getrockneten Ton

Bunzlauer Keramik

Herstellung:
- Brenntemperatur: 1 200 °C bis 1 400 °C,
- nur ein Brand

Gefäßbeispiele:
Einlegetöpfe, Krüge, Schüsseln

Besonderheiten:
Bekannte Steinzeughersteller gab es 1732 im fränkischen Creußen und ab dem 18. Jahrhundert in Bunzlau. Bunzlauer Keramik ist bis heute ein Begriff und gängige Handelsware.

1.2 Glasuren

Eine Glasur ist ein glasähnlicher Überzug auf Töpferware. Sie dient der Oberflächenveredlung und sorgt dafür, dass Niedrigbrand-Keramiken wasserdicht sind.

Durch das Hinzufügen von Eisen- und Kupferverbindungen können Glasuren eingefärbt werden.

Die folgenden Glasurarten werden oft als dekorative Schmuckelemente auf Gefäßen eingesetzt und sind somit im Handel präsent.

Einige Glasuren entstehen durch Fehler im Herstellungsprozess und fallen immer anders aus.

Beispiele

Blasenglasur:
Während des Brennvorgangs entstehen Blasen. Diese sind nach dem Abkühlen hart wie Glas, aber auch ebenso empfindlich.

Kraterglasur:
Wie bei der Blasenglasur bilden sich während des Brennvorgangs Blasen, die anschließend in sich zusammenfallen. Zurück bleibt ein kraterförmiger Rand.

Kristallglasur:
Die Glasur wird mit kristallinen Substanzen, z. B. Zinkoxid, übersättigt. Beim Abkühlen werden diese wieder ausgeschieden und es entsteht eine Kristallwirkung. (Eisblumeneffekt).

Reduktionsglasur:
Diese Glasur entsteht durch den Entzug von Sauerstoff während des Brennvorgangs.

Craqueléeglasur

Glasur und Scherben haben beim Brand eine unterschiedliche Ausdehnung. Beim Abkühlen zieht sich die Glasur stärker zusammen als der Scherben, das Ergebnis ist ein feines Netz aus Rissen.

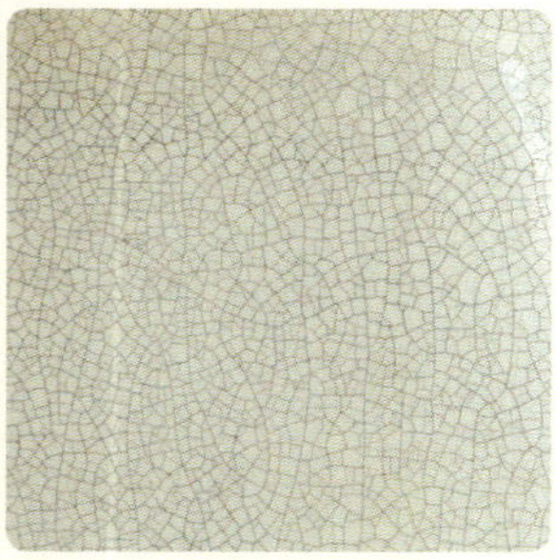

Laufglasur

Auf eine Grundglasur wird am oberen Rand des Gefäßes eine zweite Glasur aufgetragen. Diese läuft beim Brennvorgang unregelmäßig über die erste.

Salzglasur

Um diese Glasur herzustellen wird Salz in den Brennraum geworfen. Bei einer Temperatur von 1 200 °C bis 1 300 °C verdampft das Salz und schlägt sich als Kondensat auf den Scherben nieder. Es entsteht eine matt-glänzende, unebene, transparente Oberfläche.

Wischglasur

Zunächst wird eine Unterglasur aufgebracht, anschließend eine farblich abweichende Glasur mit der Spritzpistole aufgetragen.

Auf eine Unterglasur wird eine zweite Glasur aufgetragen, die anschließend mit einem Schwamm bearbeitet wird. Dreht sich das Gefäß bei diesem Vorgang durch die Bewegung einer Töpferscheibe, entstehen unregelmäßige Wischbewegungen.

Aufgaben

1. Erklären Sie den Begriff „Zweckgerechtigkeit".
2. Erklären Sie den Begriff „Wahrhaftigkeit".
3. Erklären Sie den Unterschied zwischen Hart- und Weichkeramik.
4. Ordnen Sie den beiden Keramikgruppen jeweils drei Keramik-Beispiele zu.
5. Nennen Sie drei Glasurarten und deren Herstellungsprozesse.
6. Nennen Sie drei Herstellungstechniken für Keramik.
7. Was bedeutet der Begriff Scherben?
8. Was bedeutet der Begriff sintern?
9. Aus welchen Rohmaterialien besteht Hartkeramik?
10. Aus welchen Rohmaterialien besteht Weichkeramik?
11. Aus welchen Rohstoffen wird Porzellan hergestellt?

1.3 Glas

Christine hat gemeinsam mit ihrer Berufsschulklasse eine Glasbläserei besucht. Ein interessantes Erlebnis. Neben geschichtlichen Informationen hat sie viel über die Materialien und die Herstellungstechniken gelernt. Da sie selbst versuchen durfte aus einem Tropfen ein Glas zu blasen, weiß sie jetzt, wie viel Geschick dazu notwendig ist. Ihre Wertschätzung für Glasgefäße ist enorm gestiegen. Begeistert erzählt Christine den anderen Auszubildenden von ihren Erfahrungen. Zukünftig fällt es ihr leicht, interessierten Kunden unterschiedliche Glasarten und deren Preisunterschiede zu erläutern.

Geschichte des Glases

Bereits 1450 v. Chr. wurden in Ägypten kleine Hohlgefäße aus Glas in **Sandkerntechnik** hergestellt. Doch erst mit der Erfindung der **Glasmacherpfeife** nahm die Glasherstellung ihren entscheidenden Verlauf.

Um Christi Geburt verbreitet sich die Glasmacherkunst über die Mittelmeerländer, vorrangig nach Italien. Venedig erlebte die Blütezeit der Glasherstellung im 12. Jahrhundert. **Muranoglas** ist das populärste farbige Glas venezianischer Herkunft bis heute. Schon im 13. Jahrhundert wurden Hohlgläser in privaten Haushalten geschätzt. Die ersten Glashütten in Deutschland entstanden in Böhmen und in Bayern.

Die Zeit des **Jugendstils** zeichnete sich in der Glasherstellung besonders aus. Typische Jugendstilelemente wie florale, zierlich fließende Linien wurden in Verbindung mit Edelmetallen zu Hohlgläsern geformt.

Die Glasrohmasse wird durch Schmelzen von Quarzsand, Kalk und Soda hergestellt. Quarzsand ist nach Feldspat das am häufigsten vorkommende Mineral. Es ist farblos, weiß, glas- oder fett-glänzend, durchsichtig oder trüb und besteht aus reiner Kieselsäure. Quarz kommt in Magmagestein wie Granit, in metamorphen Gesteinen wie Quarzit und Gneis, vor.

Kalk – eigentlich Kalkstein – wird gewonnen aus Ablagerungen kalkhaltiger Meerestiere. Bei Erhitzung spaltet sich Kohlendioxid ab.

Soda – Natriumcarbonat, weißes, in Wasser lösliches Salz, früher gewonnen aus Bodenausblühungen und Krusten, heute aus Kochsalz.

Glasherstellung

Eine weit verbreitete Technik zur Herstellung von Glasgefäßen und Glasformen ist das Glasblasen. Dafür entnimmt der Glasbläser dem Hafen mit der Glasbläserpfeife einen dicken Tropfen zähflüssige Schmelze. Durch Drehen und Blasen entwickelt sich ein Glastropfen oder ein Glasfaden. Durch ständiges Wiederholen entsteht die gewünschte Form.

Die Glasmacherpfeife ist ein ca. 1,50 Meter langes Eisenrohr mit einem Mundstück.

Um die Formgebung zu beschleunigen, kann eine Hohlform aus Holz, ähnlich einer Schablone, eingesetzt werden. Kanten, Stiele, Verzierungen oder Griffe werden meistens separat mit einem Glasfaden aus neuer weicher Masse angesetzt und geformt.

Die fertige Glasform muss langsam erkalten. Erfolgt der Abkühlungsprozess zu schnell, können Spannungsrisse entstehen.

Weitere Herstellungstechniken für Glas sind:

- Ziehen, z. B. Figuren und Objekte
- Walzen, z. B. Glasscheiben
- Pressen, in Formen
- Gießen, in Formen

Bild 1 Mundgeblasene Glaskugeln in einer Pressglasschale

Glasbeispiele:

Gefäße aus gefärbtem Glas

Farbiges Glas wird mit Metallen oder Metalloxiden eingefärbt.

- Rot – Kupfer- oder Goldzusätze
- Braun – Eisenoxid
- Grün – Eisenoxid, Cromoxid, Uranoxid
- Blau – Kupferoxid, Kobalt-Aluminium-Mischoxid
- Violett – Nickeloxid, Manganoxid

Kristallglas „Römer" und Vase

Wird bei der Mixtur der Rohstoffe Soda durch Pottasche eingesetzt, entsteht Kristallglas. Es hat einen effektvollen Glanz, in dem sich das Licht stimmungsvoll reflektieren kann. Diese sehr hochwertigen Gläser sind häufig an der Oberfläche geschliffen oder geätzt. Kristallglas wird besonders gern für edle Tafelgläser und Karaffen, aber auch für Schalen und Vasen im Hochpreissegment gewählt.

Aufgaben

1. Nennen Sie die Rohstoffe für die Glasherstellung.
2. Nennen Sie 4 Techniken zur Herstellung von Glasgefäßen.
3. Welcher Rohstoff wird für die Herstellung von Kristallglas benötigt?
4. Beschreiben Sie die Wirkung von Glasgefäßen.

Bild 1 Glasvasen mit einem Raumschmuck-Beispiel

1.4 Korbwaren

Sophia Schmidt erklärt Anna die Vielfalt der Materialien, aus denen Körbe hergestellt werden. Je nach Werkstoff ist die Wirkung völlig unterschiedlich. Anna erhält die Aufgabe, sich intensiv mit dem Thema Korbherstellung zu befassen. Anschließend möchte sie einen Bericht für ihren Ausbildungsnachweis darüber anfertigen.

Körbe werden überwiegend aus natürlichen Werkstoffen hergestellt. Sie gehören zu den ältesten Gefäßformen und waren früher ausschließlich Gebrauchsgegenstände. Sie dienten z. B. als Transportmittel, um die Ernte, wie z. B. Früchte, Getreide und Blumen, zu transportieren. Noch heute werden Körbe überwiegend in Handarbeit hergestellt. Abhängig vom Werkstoff kann die Wirkung rustikal oder fein sein.

Bild 1 Weide nach der Ernte

Bild 2 Gefäß aus Platanenrinde

Bild 3 Herstellung von Weidenkörben

Typische Werkstoffe zur Korbherstellung

Weide

Pflanzen:
- Hanf-Weide, Korbweide *(Salix viminalis)*
- Silber-Weide *(Salix alba)*

Verarbeitung:
Naturbelassen oder geschält, geflochten oder gewunden

Körbe aus geschälter Weide, handelsüblich mit eingenähter Folie

Produkte:
Körbe, Teller, Matten, Zäune, Gefäße, Kränze, Kugeln, Figuren

Span

Pflanzen:
Bäume, z. B. Kiefer oder Birke

Verarbeitung:
Gehobelte Späne, bekannt als Handelsverpackung für Obst. Das Material ist offenporig, deshalb wird es teilweise eingefärbt oder lackiert.

Produkte:
Obstkörbe, Schalen, Übertöpfe, Tischsets, Vasen mit Kunststoffeinsatz

Sisal

Pflanzen:
Sisal-Agave, Hanf *(Agave sisalana)*

Verarbeitung:
Blattfasern, gebleicht oder eingefärbt als Fasern, auf Grundform geklebt

Produkte:
Tüten, Gefäße, lose Fasern für Dekorationszwecke, Figuren

Wasserhyazinthe, Bananenblätter

Pflanzen:
- Wasserhyazinthe *(Eichhornia crassipes)*
- Bananen, z. B. (*Musa coccinea, Ensete ventricosum*)

Verarbeitung:
Gerollt und geflochten oder in Flechtoptik aufgeklebt

Produkte:
Gefäße mit Einsatz aus Metall oder Kunststoff, Kränze, Körbe, Teller, Sets, Kleinmöbel, Kugeln

Weitere Werkstoffe

- Moos, z. B. *(Ctenidium molluscum)*
- Bambus *(Gigantochloa apus, Bambusa multiplex)*
- Binsen *(Juncus effusus)*
- Peddigrohr, Rattanpalme *(Calamus rotang)*
- Besen-Ginster *(Cytisus scoparius)*
- Mühlenbeckie *(Muehlenbeckia complexa)*
- Birke, z. B. Papierbirke *(Betula papyrifera)*

Gefäß aus Birkenscheiben

Gefäß aus Lärchenzweigen

Aufgaben

1. Nennen Sie fünf typische Werkstoffe für die Korbherstellung mit der deutschen und der botanischen Bezeichnung.
2. Körbe bestehen aus Naturmaterialien. Welche Bedeutung hat das für die Verarbeitung und Lagerung im Floristik-Fachgeschäft?
3. Nennen Sie typische Produkte, die aus Naturmaterialien hergestellt werden.
4. Welche Voraussetzungen müssen Korb-Gefäße erfüllen, wenn sie bepflanzt oder mit Schnittblumen gefüllt werden sollen?
5. Beschreiben Sie die Wirkung von Körben aus drei verschieden Werkstoffen.
6. Nennen Sie typische Techniken zur Herstellung von Produkten aus Naturmaterialien mit je einem Beispiel.
7. Nennen Sie drei Werkstoffe aus der Korbherstellung und ordnen Sie ihnen einen Anlass bzw. eine Jahreszeit zu. Recherchieren Sie und begründen Sie Ihre Entscheidung.

Typische Metallarten

Material: Aluminium

Beschaffenheit:
leicht, silberweiß, dehnbar, als Legierung geeignet

Produkte:
z. B. Drähte, Gefäße, Schalen, Platten

Material: Eisen

Beschaffenheit:
Metall, meistens als Legierung im Handel, silberweiß, bildet Rost bei Feuchtigkeit

Produkte:
z. B. Gefäße, Figuren, Garten-Dekoration, Leuchter

Material: Kupfer

Beschaffenheit:
rot glänzendes, dehnbares Metall, durch Feuchtigkeit entsteht grünliche Patina

typische Oberflächengestaltung: gehämmert

Produkte:
z. B. Töpfe, Wasserkessel, Krüge, Schalen, Ampeln und Waagen zum Aufhängen für Pflanzen, stark verbreitet um 1970/1980.

1.5 Metallgefäße

Sophia Schmidt hat mit ihren Floristen, Dorothea und Maximilian, an einem Schweißkurs teilgenommen. Metall in den verschiedensten Variationen, ist im Floristik-Fachgeschäft weit verbreitet. Gefäße und Dekorationselemente für die Warenpräsentation und für den Verkauf sind als feste Größe im Sortiment.

Rankhilfen oder Raumobjekte einmal selbst herzustellen, war schon immer ein großer Wunsch des Teams, da kam das Seminarangebot vom Fachverband Deutscher Floristen gerade recht.

Neben der Technik des Schweißens stand das Thema Werkstoffkunde „Metall" auf der Tagesordnung.

Messing

Gefäß aus Messingplatten zusammengesetzt

Beschaffenheit:
rot-gelbe Farbe, Legierung aus Kupfer und Zink, gute Formbarkeit durch Ziehen, Treiben oder Gießen

Produkte:
z. B. Übertöpfe, Jardinieren, Kerzenleuchter und -halter, Teller

Bronze

Beschaffenheit:
Legierung aus Kupfer und Zinn oder Kupfer und Aluminium, Formgebung durch Gießen

Produkte:
z. B. Kirchenglocken, Leuchter, Gefäße, Skulpturen, Schalen

Zinn

Beschaffenheit:
blau-weißes Schwermetall, für Legierungen mit Bronze und Kupfer

Produkte:
z. B. Teller, Krüge, Kannen, früher Essgeschirr, heute Dekorationsgegenstände

Edelstahl

Edelstahlgefäße im Außenbereich

Beschaffenheit:
Durch Zugabe von Stahlveredlungsmetallen (Chrom und Mangan) entsteht ein legierter oder unlegierter Stahl mit geringem Phosphor- und Schwefelgehalt. Die Oberfläche ist glänzend oder gebürstet.

Produkte:
z. B. Gefäße, Platten, Küchengeräte, Gießkannen, Platzteller

Achtung: Metallgefäße sind oft nicht wasserdicht oder wasserfest. Eingestellte Gefäße, z. B. aus Kunststoff oder Folie, vermeiden Schäden.
Eisen rostet bei Feuchtigkeit und kann Rostflecken hinterlassen. Abstandhalter sorgen für eine Luftzirkulation unter den Gefäßen und schützen die Stellfläche.

Bild 1 Pflanzen in Zinkgefäßen, Innenbereich

Nickel

Gefäße aus Nickel, floral gestaltet

Beschaffenheit:
silber-weißes, gut formbares Schwermetall, wird auch Neusilber genannt, ist preiswerter, reagiert empfindlich auf Kratzer und Feuchtigkeit

Produkte:
z. B. Kerzenleuchter, Übertöpfe, Vasen, Etageren, Laternen

1.6 Gefäße aus synthetischen Materialien

Beispiele

Mosaikgefäß aus Fiberglas

Gefäße aus Polystone

Bild 1 Schale aus Kunststoff

Aufgaben

1. Nennen Sie fünf Metallarten und ihre besonderen Eigenschaften.
2. Nennen Sie Gefäße, die aus Legierungen bestehen.
3. Welche Nachteile können sich für manche Gefäßarten in Blumengeschäften ergeben?
4. Welche Metalle lassen sich besonders gut mit Pflanzen kombinieren? Begründen Sie Ihre Aussage.
5. Welche Metalle sind für die Floristik eher ungeeignet? Recherchieren Sie und begründen Sie Ihre Aussagen.
6. Nennen und beschreiben Sie Gefäß-Materialien, die synthetisch hergestellt werden. Besuchen Sie den Großhandel und sammeln Sie Informationen.

1.7 Kerzen

Anna und Christine befassen sich heute mit der eingetroffenen Kerzenlieferung. Sie sollen zum Verkauf in die vorbereiteten Eisenregale sortiert werden. Während Anna die Kerzen nach Farben und Größen in die Regale ordnet, bringt Christine Informationstafeln an. Die Schilder geben den Kunden wichtige Tipps für die Behandlung der Kerzen und vermitteln wichtige Kenntnisse über Materialien, Pflege und Lagerung.

Dienten Kerzen früher ausschließlich und funktionell als Lichtquelle, so sind sie heute als Stimmungsbringer nicht mehr wegzudenken. Nicht nur in der Advents- und Weihnachtszeit gehören sie in das Sortiment der Floristik-Fachgeschäfte.

Farblich und formal auf die Jahreszeiten und die Anlässe abgestimmt, finden sie Anwendung in floralen Werkstücken oder Inszenierungen. Kerzen wirken feierlich bei Anlässen, wie z.B. Hochzeiten, Taufen und Geburtstagen, können durch ihre Wärme und Licht bei Trauerfeiern Trost spenden.

Für viele Menschen gehört das Kerzenlicht in den Abendstunden, vor allem in den dunkleren Jahreszeiten, zum Wohlbefinden.

Mitte des 2. Jahrhunderts nach Christi überlieferten die Römer erstmals Nachrichten von der Existenz der Wachskerze. Im Mittelalter gab es zunächst ausschließlich Bienenwachskerzen. Die Gewinnung und Verarbeitung des Materials war sehr aufwendig, dadurch konnten sich nur sehr wohlhabende Menschen solche Lichtbringer leisten. Später wurden Rohstoffe aus tierischen Fetten und Talg zu Kerzen verarbeitet. Sie rochen sehr unangenehm, waren aber wesentlich preiswerter.

Rohstoffe

Bienenwachs
Das angenehm nach Honig duftende gelbliche Bienenwachs ist ein Stoffwechsel-Endprodukt der Honigbiene. Bienen benutzen es zum Bau ihrer Waben. Das Wachs wird aus den Waben gewonnen und häufig per Handarbeit in Form gebracht. Gezogen, gerollt oder geknetet.

Stearin
Stearin wird aus nachwachsenden Rohstoffen gewonnen, größtenteils aus pflanzlichen und tierischen Fetten. Es ist bei einigen Kerzentypen wenig tropfanfällig, wird deshalb oft bei der Herstellung von Spitzkerzen beigemischt. Ein sicheres Erkennungsmerkmal ist die weißliche, kristallene Struktur. Das Material ist sehr fest, dadurch bricht es leicht beim Andrahten.

Paraffin
Paraffin wird aus Erdöl gewonnen. Um 1830 wurden erstmals Kerzen daraus hergestellt. Der weiße Rohstoff ist ungiftig, geruchsfrei und eignet sich aufgrund seiner Eigenschaften für alle Verfahren der Kerzenherstellung.

Stearin und Paraffin werden oft gemischt, um optimale Festigkeit und Brenndauer zu erzielen.

Raps
Raps-Wachs ist ein alternativer, nachwachsender Rohstoff, der sich gut zur Kerzenherstellung eignet. Raps eignet sich besonders gut für die Herstellung von Rapsöl zu flüssigem Lampenöl, oder als teilgehärtetes Öl für Kerzen im Glas, z. B. Votivkerzen.

Ceresin
Ceresin ist ein wachsartiges Harzprodukt und wird aus einem Erdwachs aus dem Bergbau hergestellt. Aufgrund mangelnder Vorkommen wird Ceresin heute kaum noch verwendet.

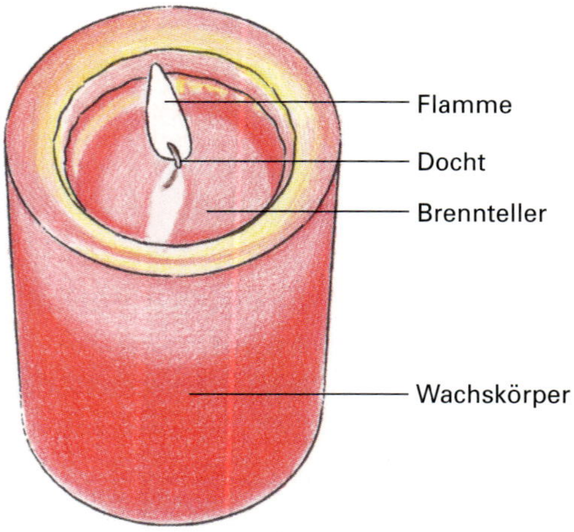

Bild 1 Bestandteile einer Kerze

1.7.1 Kerzenherstellung

Die Qualität einer Kerze hängt von vielen Faktoren ab. Die Rohstoffe, deren Mischungsverhältnis und die Art der Verarbeitung sind entscheidende Voraussetzungen.

Folgende Herstellungstechniken haben sich gut bewährt:
- Tauchen, Tunken: Spitzkerzen, Peitschenkerzen
- Gießen: Stumpenkerzen
- Pressen: Stumpenkerzen, Kugelkerzen, Eierkerzen, Schwimmkerzen, Pyramidenkerzen, Figurenkerzen, Spitzkerzen, Stabkerzen
- Ziehen: Stabkerzen
- handgeformt: Kugelkerzen, Bienenwachskerzen aus Waben gerollt

Tauchen

Spannrahmen für hochwertige Kerzen im Tauchverfahren

Beim Tauchen werden die Kerzen als Paar am Docht zusammenhängend in die Wachsmasse getaucht. Das erkaltende Wachs läuft nach unten hin ab, dadurch ergibt sich eine konische Form. Die Kerzen werden so oft getaucht, bis die gewünschte Stärke erreicht ist. Das Wachs läuft frei ab, dadurch entsteht eine leicht ungleichmäßige, handwerklich wirkende Oberfläche. Im Gegensatz dazu gibt es die „Automatenware", z. B. Spitzkerzen.

Gießen

Bei diesem Herstellungsvorgang wird die flüssige Wachsmasse in eine Form, die meistens aus Eisen oder Kautschuk besteht, gegossen. Die Form entspricht der gewünschten Kerzenform und Größe. Vor dem Gießprozess wird ein Docht eingespannt.

Pressen

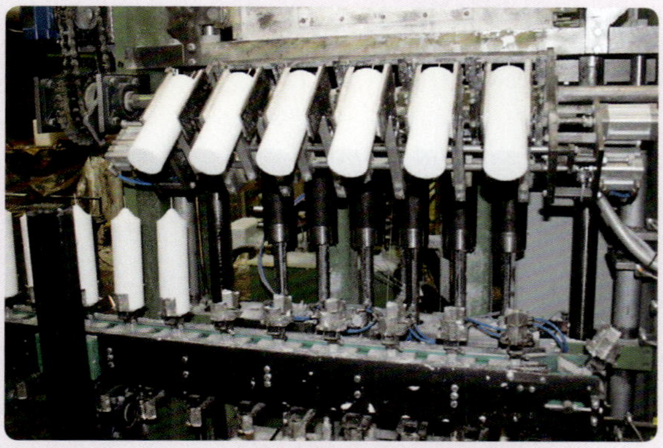

Formen für die Kerzenherstellung im Pressverfahren

Gepresste Kerzen machen ca. 70 % aller am Weltmarkt produzierten Kerzen aus. Ein aus Rohstoffen erzeugtes Granulat wird mithilfe einer Pressmaschine unter sehr hohem Druck (ca. 700 bar) verpresst. Die Oberfläche des so entstandenen „Kernlings" ist noch leicht porös. Durch das Tauchen in eine 90 °C heiße Masse wird er geglättet. Seine Farbe erhält er durch erneutes Tauchen in farbige Wachsmasse mit niedriger Temperatur.

Ziehen

Kerzenziehen ist die älteste Technik der Kerzenherstellung. War diese Fertigungsart früher ausschließlich in Handarbeit möglich, so ist das heute eher die Ausnahme.

Das Verfahren wurde automatisiert. Über 1,5 m große Zugmaschinen mit zwei Trommeln können Dochtstränge von mehreren hundert Metern abwickeln. Wie ein Flaschenzug durchläuft der Dochtstrang bis zu fünfzigmal ein Wachsbad und wird nach jedem Vorgang stärker.

Formen per Hand

Bienenwachs lässt sich gut per Hand formen. Die Wachsmasse hat eine weiche Konsistenz und lässt sich dann um den Docht herum in eine gewünschte Form kneten oder rollen.

Mit der Wickelmethode werden Bienenwaben um einen Docht gewickelt. Da die Waben weniger Wachs enthalten als andere Bienenwachskerzen, brennen sie schneller ab.

1.7.2 Pflege von Kerzen

Lagerung

Kerzenregal im Floristen-Bedarfshandel

Kerzen müssen dunkel, kühl und staubfrei gelagert werden. Stehend oder liegend, sodass sie ihre Form nicht verlieren.

Getauchte Kerzen, die durch den Docht verbunden sind, lassen sich idealerweise hängend lagern. Alternativ können sie auf einem geraden Untergrund, durch festes Papier oder Folie geschützt, liegend aufbewahrt werden. Unterschiedliche Farben dürfen sich nicht berühren, helle Farben nehmen die dunklen an. Originalverpackungen schützen die Kerzen am besten.

Tipp

Sollten Kerzen einmal staubig sein, lassen sie sich mit einem weichen Tuch und Spiritus oder durch Abreiben mit einem Perlonstrumpf reinigen.

© Sompex, Düsseldorf

Bild 1 LED Echtwachskerzen – Kerzenlicht ohne Feuer

1.7.3 Kerzen in der Verarbeitung

Eine Gebrauchsanweisung für den Endverbraucher ist vom Gesetzgeber vorgeschrieben

Im Umgang mit Kerzen gilt es Sicherheitsvorkehrungen zu treffen und Vorschriften zu beachten. Werkstoff und Kerzen dürfen nicht zu nah aneinander stehen, die Kerzen müssen fest und sicher im Werkstück befestigt sein. Kunden müssen unbedingt, am besten schriftlich, auf Risiken hingewiesen werden.

Sicherheitsinformation
für die Verwendung von Kerzen auf Adventskränzen und Gestecken

Zur Vermeidung von (Beinahe-) Zimmerbränden in der Advents- und Weihnachtszeit bitten wir um Beachtung folgender Sicherheitsmaßnahmen:

- Setzen Sie Ihren Adventskranz bzw. Ihr Gesteck auf eine feuerfeste Unterlage !
- Lassen Sie die Kerzen niemals unbeaufsichtigt brennen!
- Achten Sie darauf, dass die Kerzen senkrecht und sicher stehen!
- Halten Sie Kinder von den Kerzen fern!
- Naturmaterialien sind brennbar, daher steigt die Feuergefährlichkeit mit den Nutzungstagen. Bei trockenen Materialien besteht erhöhte Brandgefahr!
- Kerzen immer löschen, nicht ausblasen. Glühende Teilchen können auf das Zweigwerk und Dekorationsmaterialien fallen und es so selbst noch nach Stunden in Brand setzen.
- Niedergebrannte Kerzen rechtzeitig austauschen!
- Beim Verlassen des Zimmers immer die Kerzen löschen!
- Halten Sie stets geeignetes Löschmittel bereit! (Feuerlöscher oder Eimer mit Wasser)

Wir wünschen Ihnen viel Freude
mit Ihrem Adventskranz bzw. Gesteck.

Überreicht von Ihrem Floristik-Fachgeschäft

Stempel

Mitglied im
Fachverband
Deutscher Floristen
LV Niedersachsen e. V.

Informationsblatt für Kunden vom Fachverband Deutscher Floristen, LV Niedersachsen

Viele Kerzenhersteller bauen schon Sicherheitsvorrichtungen in ihre Kerzen ein, z. B. eine Metallfolie am Kerzenboden oder einen verkürzter Docht, der je nach Kerzengröße ca. 2 cm kürzer ist als die Kerze selbst, also nicht bis nach unten reicht. Dadurch erlischt die Kerze rechtzeitig. Durch Funkenflug können trotzdem Brände entstehen, gerade wenn die Werkstoffe, z. B. in der Vorweihnachtszeit, lange im warmen Raum stehen und ausgetrocknet sind.

Sicherheitsvorkehrungen:
Kerzen nicht zu dicht nebeneinander anordnen. Der Abstand sollte mindestens 1,5- bis 2-mal so breit wie die Kerzen sein.
Keine Fremdkörper im Brennteller lassen
Kerzen nicht auspusten, sondern den Flammenlöscher benutzen (zum Verkauf anbieten)
Kerzen im Leuchter mit Klebeplättchen befestigen
Kerzen nie unbeaufsichtigt lassen
Kerzen vor Luftzug schützen

Kerzenhalter

Handelsübliche Kerzenhalter geben ein gewisses Maß an Sicherheit und ermöglichen den Kunden ein leichtes Austauschen der Kerzen.

Andrahten von Kerzen

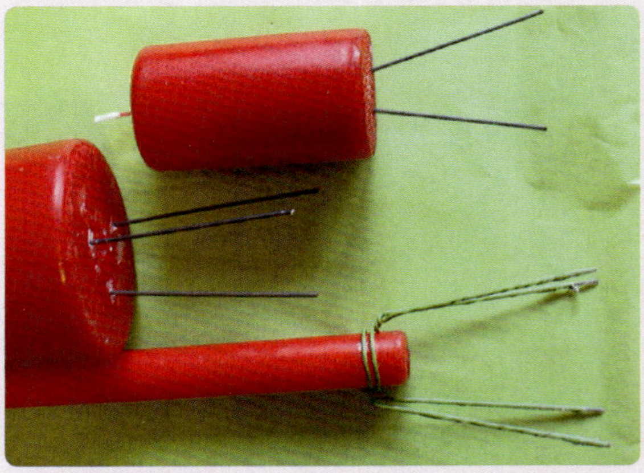

Mit der Methode des Andrahtens erzielt man eine besondere Festigkeit. Bei dieser Technik ist unbedingt auf den verkürzten Docht oder die Metallfolie unterhalb der Kerze zu achten.

Bild 1 Kerzenpräsentation im Floristik-Fachgeschäft

Aufgaben

1. Aus welchen Rohstoffen werden Kerzen hergestellt?
2. Nennen und beschreiben Sie drei Herstellungsverfahren.
3. Unterscheiden Sie hochwertige Produkte von Massenware anhand der Rohstoffe und der Herstellungsprozesse.
4. Nennen Sie fünf Punkte für den fachgerechten Umgang mit Kerzen.
5. Nennen Sie zwei Sicherheitsvorkehrungen, die vom Hersteller getroffen werden.
6. Beschreiben Sie drei wichtige Punkte, die Floristen beim Einsatz von Kerzen beachten müssen.
7. Wie werden Kerzen optimal gelagert? Beschreiben Sie drei Möglichkeiten mit Kerzenbeispielen.
8. Wie können Sie eingestaubte Kerzen problemlos reinigen?

1.8 Bänder und Stoffe

Anna arbeitet gern mit Schleifen; die Angebotsvielfalt war ihr vor Ausbildungsbeginn gar nicht bewusst. Die unterschiedlichen Textilien, Farben und Breiten faszinieren sie. Das Binden von Schleifen sieht immer so einfach aus. Schnell wird ihr klar, dass zum Umgang mit Bändern Fingerfertigkeiten und Fachwissen gehören. Christine hat Anna erklärt, dass Band immer einen Bezug zum Werkstück haben muss. „Band kommt von Binden", diesen Leitspruch wird sie sich einprägen.

Bild 2 Bandsortiment im Floristen-Bedarfshandel

Bild 3 Sortimentstiefe im „Grün-Gelb-Bereich"

Bänder binden und verbinden. In dieser Funktion werden sie in der Floristik eingesetzt. Wenigstens scheinbar müssen Verknüpfungen und Zusammenhalt nachempfunden sein. Eine Schleife, beziehungslos an einem Werkstück platziert, wird dem Zweck der Bandverarbeitung nicht gerecht.

Die Vielfalt an Bändern ist sehr umfangreich. Bänder sind Flachgewebe. Sie werden aus natürlichen oder synthetischen Materialien gefertigt. Teilweise werden die Materialien gemischt, dadurch wird eine höhere Stabilität erzielt.

Textilfäden werden kombiniert mit Perlen, Metallfäden, Pailletten, Sternen, Strass, Knöpfen und vielem mehr. Dadurch lassen sie sich stimmungsvoll in florale Werkstücke integrieren.

1.8.1 Rohstoffe

Beispiele:

Naturprodukte	Synthetische Chemiefasern
Seide	Polyester
Wolle	Polyacryl
Leinen	Acetat
Baumwolle	Kunstseide

Web-Arten

Leinenbindung

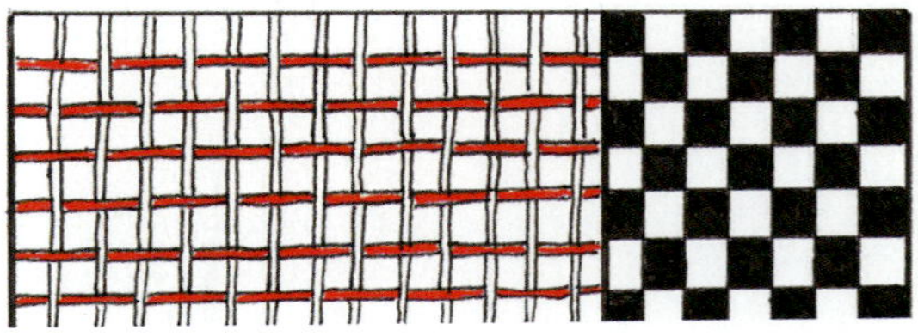

Köperbindung

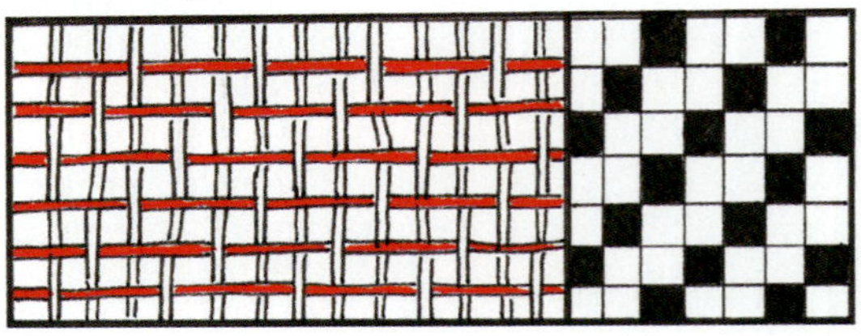

Atlasbindung

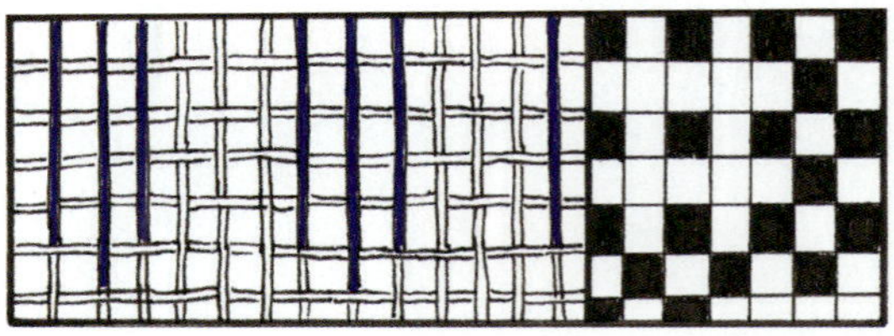

Bild 1 Band aus Naturprodukt

Bild 2 Schleife aus synthetischer Faser

1.8.2 Herstellungstechniken

5000 v. Chr. wurden in Ägypten die ersten Stoffe gewebt. Werner von Siemens stellte 1879 den ersten elektrischen Webstuhl vor.

Weben ist der Fachbegriff für die Herstellung textiler Flächen, durch die Verkreuzung zweier Fadensysteme. Die längs laufenden Fäden sind Kettfäden, die querlaufenden werden Schussfäden genannt.

1.8.3 Bandarten

Beispiele

Satinband
Satinband kann aus Grundstoffen wie Baumwolle, Kunstfasern oder Seide hergestellt werden. Durch die besondere Atlasbindung hat es eine glänzende Oberfläche und eine matte Unterseite.

Florband
Dieses Band ist in lockerer Leinenbindung gewebt. Es wird meistens aus Kunstseide oder Perlon hergestellt, die Kanten sind etwas fester gearbeitet.

Seidenband
Seidenband ist ein sehr hochwertiges Material, ein reines Naturprodukt. Es wird aus dem Kokon der Seidenraupe gewonnen. Das feine, fließende und glänzende Band wird in Atlasbindung gewebt.

Organzaband
Organza ist ein sehr feines und zartes Gewebe aus Seide. Aus Preisgründen wird es inzwischen auch aus Kunstseide hergestellt.

Kunstseide
Kunstseide wird sehr oft als Material für Schmuckbänder gewählt. Sie ist glänzend wie Seide, allerdings fester in der Struktur und wesentlich preiswerter.

Samtband
Samtband entsteht durch eine besondere Webart. Jeder 3. bis 6. Schussfaden wird schlaufig eingewebt. Anschließend werden die Schlaufen aufgeschnitten und auf eine einheitliche Länge gebracht, gekämmt und gedämpft. Der Flor hat einen sogenannten Strich. Verschiedene Materialien eignen sich für die Samtherstellung.

Kunstsamt
Auf ein Band, welches als Basis dient, werden Zellwollflusen aufgeklebt. Je nach Aufwand in der Bearbeitung kann auch Kunstsamt einen Strich erhalten.

Tüll
Besteht aus synthetischen Fäden, die miteinander umschlungen und nicht gewebt sind. Er ist wasserabweisend und in vielen Breiten und Farben erhältlich.

Rupfenband
Wird in Leinwandbindung aus fein oder grob gesponnener Jute in breiten Bahnen gewebt. Anschließend wird es in verschiedene Breiten geschnitten. Einige Bahnen bzw. Streifen werden an den Seiten verleimt, andere bleiben bewusst offen.

Für die Präsentation von Bändern gibt es interessante Möglichkeiten, abhängig vom Stil der jeweiligen Geschäfte.

Auf jeden Fall müssen sie gepflegt, staubfrei, trocken, geordnet und überschaubar gelagert werden.

Nach Farben sortiert, sind sie für den Kunden attraktiv und als Meterware zum Verkauf sichtbar präsentiert. Saisonware wird entsprechend hinzugefügt oder vorübergehend eingelagert.

Filz
Im Optimalfall werden Filzbänder aus Schafwolle hergestellt, die naturbelassen oder mit natürlichen Pflanzenfarben eingefärbt, Verwendung findet. Filz ist in verschiedenen Ausführungen erhältlich. Neben Naturfilz gibt es Imitationen, zum Beispiel aus Viskose.

Kordeln
Für die Kordel-Herstellung gibt es verschiedene Techniken: Lange Fäden oder Bänder werden mehrfach zusammen genommen und miteinander verdreht, oder feine Bänder werden fest um einen Kern gewickelt. In beiden Fällen werden Anfang und Ende verleimt oder mit einem Knoten verschlossen, sonst würde sich die Kordel wieder auflösen.

Moiré-Band
Das Band wird in Leinenbindung gewebt, heiße Walzen verschieben das Gewebe, dadurch entsteht ein „Holzmaserung". Moiré-Bänder werden überwiegend als Tischbänder für Trauerschleifen eingesetzt.

Brokatband
Brokatband ist mit aufwändigen Mustern verziert, die sich durch das Einweben von Messing- oder Aluminiumfäden ergeben. Ursprünglich wurde Gold und Silber verwendet.

Lahn-Band
Typisch für Lahnbänder ist die Kombination aus synthetischen Fäden, Kunstseide und Metallfäden beim Webvorgang.

Achtung: Bänder und Stoffe sind oft nicht wasserfest, sie können Farbe abgeben und dürfen deshalb nicht mit Wasser in Berührung kommen. Bei Tischdekorationen, beim Brautschmuck und bei anderen floralen Werkstücken, kann das zu Verfärbungen der Tischwäsche, des Brautkleides oder der Kleidung im Allgemeinen führen.

Bild 1 Band-Präsentation im Verkaufsraum

Bild 2 Gebundene Schleifen für Geschenkverpackungen

Aufgaben

1. Nennen Sie fünf Materialien, aus denen Bänder und Stoffe hergestellt werden, und ordnen Sie jeweils eine Band-Art zu.
2. Beschreiben Sie drei Web-Arten.
3. Sie möchten Band in einem floralen Werkstück einsetzen, was ist zu beachten?
4. Nennen Sie fünf Rohstoffe aus denen Dekorationsbänder und -Stoffe hergestellt werden.
5. Sammeln Sie Abschnitte von möglichst vielen verschiedenen Band- und Stoff-Arten. Fertigen Sie daraus eine Collage für Ihr Berichtsheft, bezeichnen und beschreiben Sie die einzelnen Bänder.
6. Beschreiben Sie zwei Möglichkeiten, wie Band im Floristik-Fachgeschäft präsentiert, bzw. gelagert werden kann.

1.9 Verpackungsmaterialien

Pflanzen und Sträuße, so beobachtet Anna, werden in den abgetrennten Papierbogen eingerollt. Beim ersten Versuch hat Anna etwas zu diagonal gerollt. Aber jetzt hat sie verstanden, wie sie vorgehen muss. Je paralleler sie das Papier rollt, also Kante auf Kante, desto einfacher ist es die Verpackung zu verschließen.

Bild 3 Verpacken einer Topfpflanze

Die Verpackung bei Blumen und Pflanzen dient dem Schutz des meist empfindlichen Transportgutes. Es soll geschützt werden vor Bruch und Beschädigung, Wettereinflüssen und der Handwärme im Bereich der Stiele, aber auch vor zu großer Verdunstung der Feuchtigkeit, die dann Blumen und Blätter erschlaffen lässt. Darüber hinaus ist eine zeitgemäße Verpackung mit Firmenaufdruck ein guter Werbeträger. Der Wiedererkennungswert durch Auffälligkeit von Farbe und Druck ist auch aus größerer Entfernung enorm hoch.

Die meisten Verpackungen sind heutzutage recyclebar. Altpapier ist Rohstoff und viele Kunden reagieren sehr positiv auf diese Tatsache.

Eine weitere Eigenschaft ist die Nass- und Reißfestigkeit des Papiers, da beim Einpacken eines Blumenstraußes das Papier meistens mit den nassen Stielen in Berührung kommt. Das Ausgangsmaterial aller Packpapiere ist Holz, das zu Sulfit-Zellstoff verarbeitet wird. Es ist chlorfrei und auf Sauerstoffbasis gebleicht.

Seidenpapier

Seidenpapier ist die am häufigsten verwendete Grundverpackung. Sie gibt es in leuchtenden Unifarben, aber auch bedruckt. Die Verpackung sollte aufgrund ihrer Werbeaussage zum Stil des Geschäftes passen. Seidenpapier gibt es in verschiedenen Stärken und auch mit einer leichten Beschichtung, die wasserabweisend ist und die Verdunstung herabsetzt. Es wird in den Breiten 50 cm, 75 cm, auf Rollen und in einzelnen Bögen bzw. als Manschettenpapier angeboten.

Klarsichtfolie

Klarsichtfolie ist aus Umweltsicht besser als ihr Ruf. Sie wird inzwischen aus biologisch abbaubarem Material wie Stärke und Zellulose hergestellt, die pflanzlichen Rohstoffen zugeordnet werden. Folie bietet guten Schutz bei jeder Witterung, da sie luftundurchlässig und ziemlich wasserfest ist. Darüber hinaus wertet sie besondere Werkstücke auf, die wie hinter Glas kostbarer erscheinen. Doch auch das Verpacken mit Folie will gelernt sein. Zu viel Materialeinsatz wirkt eher billig, besonders dann, wenn die Folie mit üppigen Ziehbändern verschlossen wird. Auch hier muss der Florist die Außenwirkung für die Firma im Auge behalten. Sauber verschlossen mit einem Firmenaufkleber versehen, hat diese Verpackungsart schon über Jahre ihre Berechtigung.

Klarsichtkartons

Diese Idee stammt bereits aus den Sechzigerjahren, als Blumen vom materiellen Wert her noch wesentlich kostbarer waren als heute. Es ist zu beobachten, dass sich diese Verpackungsart neu belebt, um florale Dinge kostbarer zu präsentieren, z. B. Blütenkränze.

Tragetüten

Tragetüten gibt es aus Papier und aus Kunststoff. Beide eignen sich ebenfalls zum Bedrucken. Es gibt sie in handelsüblichen Größen mit und ohne Bodenfalz und speziell für Floristen mit seitlichem Tragegriff. Das ist deshalb so praktisch, weil langstielige, schmale Waren transportiert werden können und bei Blühpflanzen nicht mit dem Griff zusammen in die Blüten gefasst wird.

Frostverpackung

Während der kalten Jahreszeit ist das Verpacken von frostempfindlichen Pflanzen und Blumen eine richtige Herausforderung für den Floristen. Obwohl Folien oder auch beschichtetes Seidenpapier einen gewissen Schutz vor Kälte bieten, ist es doch ratsam, einige Lagen Zeitungspapier zwischen Blume und Seidenpapier zu legen, um dem Wärmeverlust der Blumen entgegenzuwirken. Besonders bei weiten Transportwegen ist das eine besondere Dienstleistung des Unternehmens.

Reiseverpackung

Blumen und Pflanzen sind empfindlich gegen starke Temperaturschwankungen.

So ist auch der Wärme- und Sonneneinstrahlung bei längerem Transport eine besondere Verpackung entgegenzusetzen. Im Bedarfshandel gibt es Kunststoffbeutel, die innen mit Vlies beschichtet sind. Das Vlies wird angefeuchtet, der Strauß hineingestellt und an der Bindestelle mit einem Band verschlossen. So wird ein starkes Austrocknen der Schnittflächen verhindert und eine für die Fahrt ausreichende Wasserversorgung gewährleistet. Den gleichen Effekt kann man auch mit eingeweichtem Papier um die Schnittflächen und Plastikbeutel oder Alufolie zum Verschließen des Nässebereiches erreichen.

Verschließen der Verpackung

Wenn die Verpackung Transport- und Schutzfunktionen ausüben soll, muss sie verschlossen werden, um Stabilität zu bekommen und die Verdunstung zu verhindern. Das geschieht mit Klebefilm oder einer Heftzange, jedoch nicht mit Stecknadeln, wegen der Verletzungsgefahr.

Geschenkverpackung

Geschenkverpackungen müssen zum Stil und zum Thema des Geschenkes passen

Auch Verpackung kann die Kreativität beflügeln. Ob nun eine besonders gestaltete Verpackung extra berechnet wird, ist vom Warenwert oder der Kalkulation abhängig. Das ist von Unternehmen zu Unternehmen verschieden. Oftmals können preiswerte oder gesammelte Materialien einen großen Werbeeffekt erzielen, wenn sie mit der Verpackung zusammen wirken. Das können Zweige, Herbstblätter, Ranken, Borke, Muscheln, Kastanien, Eierschalen oder je nach Jahreszeit und Anlass Dinge sein, die keine zusätzlichen Kosten verursachen, aber von großer Wirkung beim Kunden sind. Ob man sich für einen solchen Service entscheidet, hängt von der Geschäfts- und Personalstruktur ab. Es kann aber auch eine Marktnische abdecken oder der Imagepflege dienen.

Ausschnitt Geschenkverpackung

Bild 1 Manschettenverpackung eines Straußes

Bild 2 Gepflegte und pflanzenschonende Transportverpackung

Aufgaben

1. Nennen Sie drei Verpackungsarten.
2. Welche Verpackungsmaterialien kennen Sie? Nennen Sie fünf.
3. Welche Anforderungen werden an Transportverpackungen gestellt?
4. Kalte und warme Temperaturen sind schädlich für Schnittblumen und Zimmerpflanzen. Welche Transportverpackung wählen Sie jeweils aus?
5. Welche Aufgaben erfüllt eine gepflegte Verpackung neben der Schutzfunktion?

1.10 Technische Hilfsmittel

Oliver ist begeistert von den vielen technischen Hilfsmitteln, mit denen Werkstücke handwerklich einwandfrei angefertigt werden können. Sie erleichtern die Arbeitsabläufe und sparen Zeit.

Besonders gern fertigt er Gefäßfüllungen mit alternativen Steckhilfen. Ihm gefallen die natürliche Ausstrahlung und die Transparenz, die die Werkstücke dadurch erhalten.

1.10.1 Natürliche Steckhilfen

- Zweige: z. B. Obstbaum, Weide
- Ranken: z. B. Clematis, Knöterich, Hopfen
- Stängel-Abschnitte: z. B. Bambus, *Fallopia*
- Reisigbündel oder -knäule
- Tone
- Moos: z. B. Sphagnummoos

Sphagnum-Moosarten auch Torfmoos genannt, stehen in Deutschland unter Naturschutz, sie dürfen nicht geerntet werden. Nur Ware mit Herkunfts-Zertifikat darf eingekauft und verarbeitet werden.

Bild 1 Natürliche Steckhilfe aus Obstbaumzweigen, sie wirkt gestalterisch mit und lässt eine sehr natürliche und filigrane Gestaltung der „Basis" zu.

1.10.2 Technische Steckhilfen

Steckmasse für Frischblumen

Bild 2 Korrekter Einweichvorgang der Steckmasse

Bild 3 Falscher Einweichvorgang der Steckmasse

Steckmasse für Frischblumen nimmt 95 % ihres Volumens an Wasser auf. Sie ist in verschiedenen Qualitäten erhältlich, enthält teilweise Frischhaltemittel und Bakterizide. Die Produkte sind umweltverträglich und kompostierbar.

Bild 4 Trockensteckmasse zur trockenen Verarbeitung; sie kann kein Wasser aufnehmen

Steckmasse

Trockensteckmasse nimmt kein Wasser auf, ist daher für getrocknete Pflanzenteile und Textilblumen geeignet.

Beide Steckmassearten sind in Blöcken und Tafeln verschiedener Größen lieferbar und in vielen vorgefertigten Formen.

Der Fachhandel bietet vorgefertigte Formen als Steckhilfen an.

Oasis Premium
Steckmasse-Ziegel mit Halter

Extra fester Blumensteckschaum für die Gestaltung mit schweren Blumen: Protea, Gladiolen

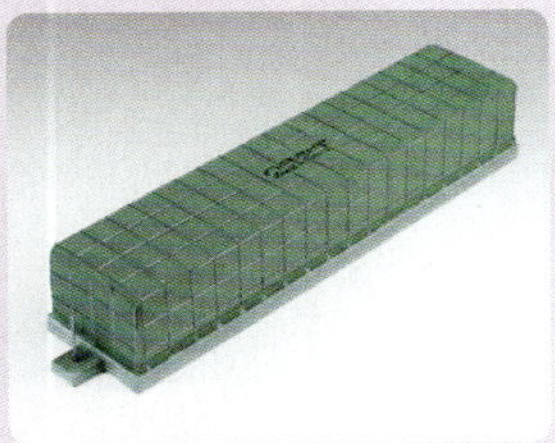

Kegel, vorgefertigte Sonderform
In den Größen 40 cm, 50 cm und 60 cm für Formbinderei und Bäumchen erhältlich.

Zylinder als Stange zum Selberportionieren für runde Gefäße.

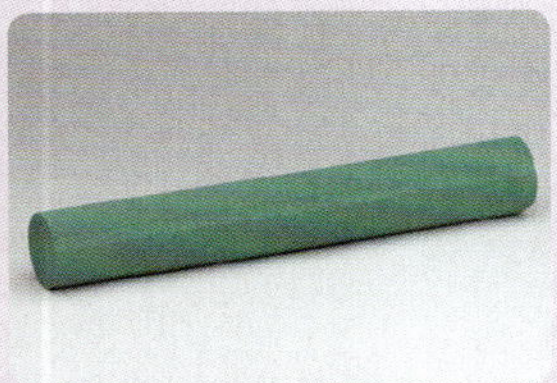

Kugeln für Formarbeiten.

Kränze als Unterlagen für Blütenkränze zur Trauergabe, Tischdekoration oder Taufe.

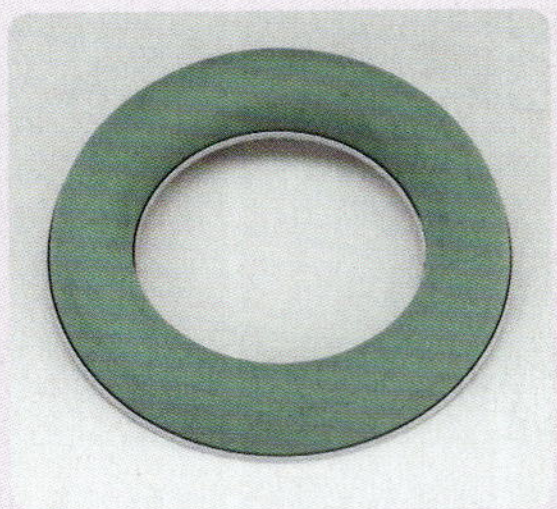

Oasis Steckschaum Mini Kuben
Kleine Steckschaumwürfel Größe ca. 2 mal 2 cm.

Herzformen für Hochzeit, Valentin oder Muttertag als geschlossene oder offene Form.

Kreuz für Trauer- oder Gedenkfloristik.

Sargschmuckunterlage oder als **Raumschmuck** Steckhilfe (Bühne).

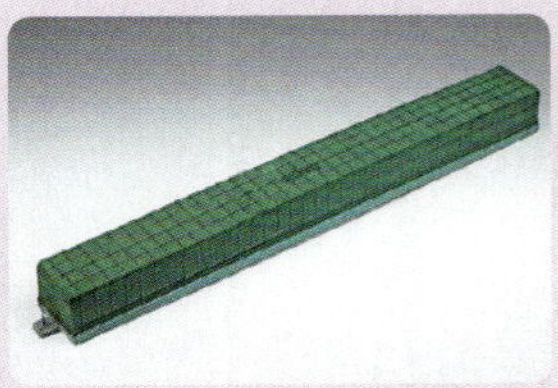

1.10.3 Weitere Steckhilfen

Bürsten

Spezielle Bürsten als Einstellhilfen eignen sich; um Boden- oder Verkaufsvasen zu gestalten.
Die Schnittblumen rutschen nicht zu tief in die Vase, sind schonend an einem Platz fixiert und lassen sich zum Verkauf leicht entnehmen.

Die Bürsten sind vielfach verwendbar, müssen unbedingt nach jedem Gebrauch gereinigt und in ein desinfizierendes Bad gelegt werden.

Draht

Grobmaschiger rostfreier, zum Knäuel geformter Draht, lässt sich ebenfalls als Einstellhilfe benutzen. Ähnlich wie bei den Bürsten fixiert er die Schnittblumen im Gefäß. Da er scharfkantig ist, müssen die Stiele sehr vorsichtig eingesteckt und herausgezogen werden.

Grundsätzlich gilt für den Umgang mit allen Gefäßen und Steckhilfsmitteln sorgfältige Pflege und Hygiene. Der Floristen-Bedarfshandel bietet sehr gute Produkte für die Reinigung an, sie sind leicht in der Anwendung und umweltverträglich. Die längere Haltbarkeit der Pflanzen und der Schnittware sowie die größere Kundenzufriedenheit, rechtfertigen den Zeitaufwand.

Aufgaben

1. Wodurch unterscheiden sich natürliche von technischen Steckhilfsmitteln?
2. Nennen und beschreiben Sie jeweils zwei Arten von natürlichen und technischen Steckhilfsmitteln.
3. Was ist beim Umgang mit Steckhilfsmitteln zu beachten? Erläutern Sie Ihre Aussagen anhand von vier Beispielen.
4. Beschreiben Sie das korrekte Einweichen von Frischblumensteckmasse.
5. Der Großhandel bietet vorgefertigte Steckmasseformen an. Nennen Sie fünf und ordnen Sie diesen jeweils einen Verwendungszweck zu.

1.10.4 Drähte

Bild 1 Auswahl an Binde- und Schmuckdrähten

Drahtarten und ihre Verwendung

Steckdraht

Er ist leicht federnd und biegsam; rostend, einseitig angespitzt.
Stärke 0,5–1,8 mm
Länge 18–50 cm
Handelsform in 2,5-kg-Bunden, zu 4 Bunden 10 kg im Karton

Verarbeitung
einfaches Andrahten
Gabelandrahten ergibt zwei gleiche Drahtenden zum Stecken
Verlängern von Blumen und Zweigen
Schienen, um Blumenstiele biegsam zu machen

Einsatz/Verwendung
Trauerfloristik, Trockenblumenverarbeitung, Erstellen großer Werkstücke
Gabeldrahten für gesteckte Grün- und Blumenbüschel in der Kranzbinderei
Schienen zum Biegen der Stiele für Sträuße, auch Hochzeitsfloristik

Stützdraht

Ist grün lackiert und rostfrei,
Stärke 0,7 bis 1 mm,
Länge bis 50 cm
Handelsform 2,5 kg,
4 Bunde im Karton entsprechen 10 kg.

Verarbeitung
Zum Stützen von Blumen zur besseren Haltgebung, zum Schienen dünnerer Stiele, zum Andrahten und Schienen von Blättern,
für alle Bereiche, wo Blumen mit Wasser in Berührung kommen.

Einsatz/Verwendung
Blumen zum Verkauf, z. B. Gerbera.
Brautstrauß, für die Biegsamkeit abfließender Formen, festere Verarbeitung, z. B. beim Stecken in Moos.

Bild 2 Stützdraht in handelsüblicher Einheit

Silberdraht

gehört auch zu der Gruppe der Stützdrähte, verzinkt oder lackiert
feiner dünner Draht, rostfrei
Stärke 0,37 mm, Länge 17 cm
Handelsform 1 kg

Verarbeitung
für ganz zarte Blüten und Blätter: Usambaraveilchen, *Bellis*, Vergissmeinnicht
Herstellung von Ranken und Rispen aus Einzelblüten

Einsatz/Verwendung
Hochzeitsfloristik, Biedermeiersträuße, feine Formbinderei, kleine Blütenkränze, Anstecker

Wickeldraht

ca. 0,60–0,70 mm starker, auf Holzstab aufgerollter Draht, geglüht oder grünlackiert als Hilfsmittel, farbig lackiert oder beschichtet als Schmuck- oder Zierdraht.

Verarbeitung
alles, was auf eine Unterlage gebunden wird, z. B. Tanne auf Strohrömer, Blatt- und Koniferengrün auf Schnur zur Girlande, als Schmuckdraht zum Fixieren floraler Teile oder als Wicklung

Einsatz/Verwendung
Trauerfloristik, Türkränze, Girlanden, Trauersträuße, Richte- und Erntekronen, Adventsschmuck

Myrtendraht

0,3 mm grüner Draht auf 100-g-Spulen, auch farbig als Schmuckdraht.

Verarbeitung
feine Blütenkränze, z. B. *Gypsophila* oder kleine Blattkränze: Myrten, Buchsbaum, Herzen, farbig als Schmuckdraht wird er zum Gestaltungselement

Einsatz/Verwendung
Hochzeit, Muttertag, Straußbinderei, Advent, Dekobereich zum Aufhängen leichter Elemente, z. B. Sisalsterne

Haften

Patenthaften haben einen gewellten Bügel und zwei gleich lange Schenkel.
Stärke: 17 mm, Länge: bis 70 mm
Stärke: 17 mm, Länge: 80 mm
Efeunadeln sind in den Schenkeln länger (80 mm) und im Bügel kleiner, ähnlich einer Haarnadel.

Verarbeitung
Zur Verarbeitung flächiger Werkstoffe, wie Efeu, Lorbeer, Moos, Tanne. Das Material wird mittels der Nadel, die an den Enden angespitzt ist, auf dem Untergrund (Römer) befestigt.
Efeunadeln werden auch zum Fixieren von Ranken genommen.

Einsatz/Verwendung
Trauerkränze, Collagen, Adventskränze, Kugelbäume, Pyramiden.

Lagerung und Vorratshaltung

Drahtköcher

Um Rostbildung zu vermeiden, müssen Drähte und Drahtprodukte an trockenen Orten aufbewahrt werden. Steck- und Stützdrähte werden liegend gelagert.

Zum Gebrauch werden sie mit der angespitzten Seite geordnet in einen Drahtköcher gesteckt.

Mit den entsprechenden Drähten werden Blüten, Blätter und andere Pflanzenteile

- gestützt,
- angedrahtet,
- geschient,
- gebunden,
- gewickelt,
- angegabelt,
- verlängert.

Für jede Technik, für jedes Pflanzenteil bedarf es einer exakten Drahtzuordnung. Drähte dürfen weder zu dick, zu lang noch zu dünn sein, damit sie ihrer Aufgabe gerecht werden.

Beispiele

Angabeln mit blaugeglühtem Steckdraht, stützen mit grün lackiertem Stützdraht

Wickeln mit blaugeglühtem Wickeldraht

1.10.5 Bindemittel und Abwickelband

Naturbast

Naturprodukt aus der Raffia-Palme, Einzelfäden zum Zopf zusammengefasst, in naturgebleicht oder eingefärbt im Handel

Kunstbast

synthetisches Produkt, in Grün oder Weiß auf Rollen im Handel, teilweise mit praktischer Aufbewahrung und Schneidevorrichtung.

Abwickelband

Dieses Band wird zum Abwickeln von Strohunterlagen (Römer) verwendet. Es ist wie die Kranzunterlagen verrotbar. Römer dienen als Unterlage für Trauerkränze, Advents-, Tür- oder Wandkränze.

Abwickeln eines Römers

Abwickeln mit „Flora-Tape", der Alternative zum Kautschukband, wenn nicht mit Wasser gearbeitet wird.

Kautschukband

Kautschukband wird zum Abwickeln von Drähten gebraucht, z. B. in der Brautbinderei. Es ist in den Farben Weiß, Hell- und Dunkelgrün und Braun im Handel, in den Breiten 2,5 cm und 1 cm. Es versäubert die Stiele und Drähte und schützt die Schnittstellen vor dem Austrocknen.

Kautschukband „Parafilm"

Anfertigen einer Blütenranke mit Kautschukband

Aufgaben

1. Welche Drahtarten kennen Sie? Nennen Sie fünf.
2. Beschreiben Sie die Besonderheit der von Ihnen ausgewählten fünf Drahtarten.
3. In welchen Verpackungseinheiten wird Draht gehandelt?
4. Was steckt hinter dieser Bezeichnung: Stützdraht: 0,9/40–2,5 kg?
5. Wie sieht die optimale Lagerung von Draht aus?
6. Welche Vorteile hat ein Drahtköcher?
7. Nennen Sie drei verschiedene Abwickelbänder und ihre Verwendungszwecke.
8. Nennen Sie zwei Bastarten mit Herkunft und Verpackungsform.

1.11 Farben

Bild 1 Farbenauswahl

Für Dekorationen, Verkaufsraumgestaltungen, Raumschmuck und bei vielen weiteren Gelegenheiten, arbeiten Floristen mit Farben. Da ist es wichtig, Grundkenntnisse über das Verhalten der einzelnen Farb-Sorten zu besitzen.

Acrylfarben

sind handelsübliche Farben, die auf chemischer Basis hergestellt werden. In den meisten Fällen sind sie mit Wasser verdünnbar und schnell trocknend

Acryllacke basieren auf organischen Lösungsmitteln, sie werden in der Malerei, aber auch im Handwerk- und Hobbybereich eingesetzt.

Abtönfarben

Gibt es in großer Farbtonauswahl, sie können zum Abtönen weißer Wandfarben oder als Vollton verwendet werden. Darüber hinaus lässt sie sich einfach mit Wasser vermischen und z. B. mit einem Schwamm auftragen. Ihre Trockenzeit ist recht kurz.

Latexfarben

Echte Latexfarben enthalten natürliches Latex, den Milchsaft des Kautschukbaumes, als Bindemittel. Der Grundstoff ist nicht reichhaltig vorhanden, deshalb ersetzten Kunstharzfarben, die im Prinzip normale Dispersionsfarben sind, das Produkt.

Echte Latexfarben gibt es praktisch nicht mehr, der Name steht lediglich noch für die Eigenschaften. Die Farbe ist mit Wasser verdünnbar, lässt sich mit Abtönfarbe einfärben und sehr gut verarbeiten.

Tipp

Für Dekorationszwecke können Latex- und Abtönfarben Sand und Tapetenkleister beigemischt werden.

Grober Quarz- oder Vogelsand eignet sich hervorragend und bildet beim Aufstreichen eine sehr interessante Struktur.

Sprühfarben und -lacke

Sprühdosen sind im Farbenhandel und im Floristen-Bedarf zu beziehen. Sie eignen sich besonders gut für das Färben von kleinen Flächen oder floralen Werkstoffen.

Bei allen Farben ist auf Umweltverträglichkeit zu achten. Über 500 000 Tonnen werden allein in deutschen Haushalten verbraucht.
Das Umweltzeichen der „Blaue Engel" kennzeichnet umweltfreundliche Produkte.

Aufgaben

1. Nennen Sie drei verschiedene Farbarten und ihre Besonderheiten.
2. Wofür steht das Umweltzeichen „Blauer Engel"?
3. Besuchen Sie einen Farbenhandel und lassen Sie sich über drei weitere interessante Farb-Sorten beraten: Glasfarbe, Künstlerfarbe, Ölfarbe.

1.12 Werkzeuge

Gepflegtes Werkzeug ist die Voraussetzung für handwerklich solides Arbeiten.

Nur mit fachgerecht geschärften Messern und Scheren, können florale und nonflorale Werkstoffe optimal verarbeitet werden.

Es wird an speziell dafür vorgesehenen Werkzeugtafeln, in praktischen Schränken oder mobilen Koffern aufbewahrt. Für die praktische Handhabung müssen Werkzeuge und Maschinen jederzeit griffbereit und funktionell einsatzbereit sein.

Der Aufbewahrungsort muss sauber und trocken sein, offene Messer und Scheren dürfen niemals transportiert werden oder auf dem Arbeitstisch liegen.

Beispiel Werkzeugkoffer

Bild 1 Höhenverstellbarer Werkzeugkoffer mit Rollen, alle Werkzeuge sind mit einem Griff zu entnehmen

Grundausstattung für Floristen

- Rosenschere
- Bandschere
- Papierschere
- Drahtschere
- Klappmesser
- Handsäge
- Handbohrer
- Kneifzange
- Kombizange
- Seitenschneider
- Hammer
- Spachtel
- Baumsäger
- Pinsel
- Schraubendreher-Set
- Schleifstein
- Schleifstahl
- Klebepistole
- Aku-Schrauber
- Bohrmaschine
- kleiner Tischbesen

Schleifen

Qualitätsmesser benötigen 4 bis 6 Schleifstriche täglich. Ein Schleifstein fest im Arbeitsbereich installiert, erinnert an den Vorgang und ist jederzeit eisatzbereit.

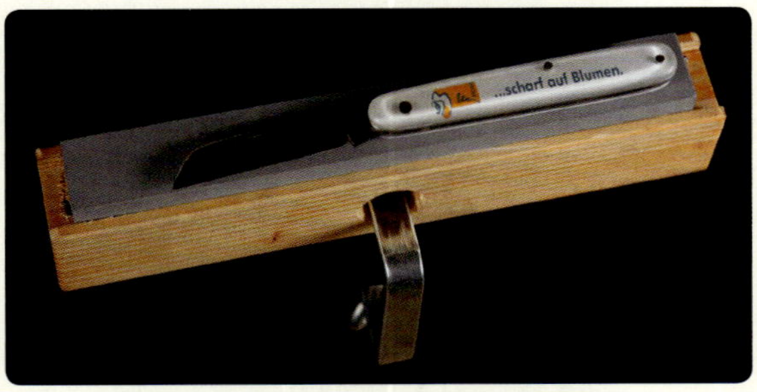

Schleifstein eingebettet in eine Holzvorrichtung und am Arbeitsplatz befestigt

Werkzeuge müssen regelmäßig von Staub und Pflanzenresten befreit und geölt werden. Das verhindert die Bakterienbildung und verlängert die Lebensdauer hochwertiger Markenprodukte.

Aufgaben

1. Worauf ist bei der Werkzeuglagerung zu achten?
2. Warum ist es ratsam, Messer und Scheren regelmäßig zu reinigen und zu ölen?
3. Nennen Sie sechs Werkzeuge, die zur Grundausstattung von Floristen gehören.
4. Stellen Sie sich selbst eine persönliche Werkzeug-Wunschliste zusammen.
5. Bilden Sie sich eine Meinung: Warum dürfen offene Messer und Scheren nicht offen herum liegen oder transportiert werden?
6. Werkzeug führt oft ein Schattendasein. Wie wünschen Sie sich die Aufbewahrung Ihrer Werkzeuge?
7. Ergänzen Sie die Liste der Floristen-Werkzeuge um Geräte und Maschinen, die in der Floristik Verwendung finden, z. B. Klebepistole, Stützmaschine, Entlaubungs- und „Abdornmaschine".

Maschinen für Floristik-Fachgeschäfte

Blumenstielputz- und Anschnittmaschine

Gerberastützgerät

Bild 1 Maschinen der Floristik

1 Gebundene Werkstücke nach technischen und gestalterischen Kriterien gestalten

Anna hat ihre Ausbildung gerade erst begonnen und hofft ungeduldig darauf, den ersten Strauß binden zu dürfen. Sträuße sind für sie der Inbegriff der Floristik, denn die meisten Kunden wünschen Sträuße zu den verschiedensten Anlässen. Daher sind ihr auch aus dem täglichen Ablauf im Geschäft verschiedene Straußformen und Bindetechniken bekannt. Das Binden sieht so leicht aus, aber von Christine und Oliver weiß Anna, dass viele Dinge zu beachten sind und es eine Menge Übung braucht, um einen technisch und gestalterisch guten Strauß binden zu können. Deshalb wird sie zunächst mit nur einer Blumenart und Beiwerk üben, um Sicherheit in der Technik zu bekommen, später mehrere Werkstoffe mischen und neue Straußformen ausprobieren.

Ein gebundenes Werkstück zeichnet sich dadurch aus, dass die zu einer gewissen Ordnung zusammengefügten Blumen und Pflanzenteile durch die Technik des Bindens in ihrer Anordnung fixiert werden. Das kann an einer oder mehreren Stellen geschehen, wobei es wichtig ist, dass das Werkstück dann ohne Gefäß in sich stabil transportabel ist. Beim Einstellen in ein Gefäß müssen alle Werkstoffe mit Wasser versorgt werden können. Weist ein gebundenes Werkstück nur eine Bindestelle auf, spricht man im allgemeinen von einem Strauß.

Bild 1 Gebundener Strauß (Ausschnitt)

Der Strauß ist das vom Kunden am häufigsten gewünschte Werkstück und bietet gerade durch seine Entwicklung der letzten Jahre eine Vielfalt an Gestaltungsmöglichkeiten und Raum für die Kreativität des Floristen. Er stellt aber auch gerade an das handwerkliche Können und die gestalterische Sicherheit und Spontaneität hohe Anforderungen, da der Strauß in den meisten Fällen direkt vor dem Kunden „entworfen" und gearbeitet werden muss. Deshalb werden in den folgenden Kapiteln die technischen und gestalterischen Minimalanforderungen beschrieben, die dann auf jede neue Form und Variante von gebundenen Werkstücken angewendet werden müssen, sollen sie in Prüfungen, Wettbewerben und im täglichen Geschäft überzeugen.

1.1 Technische Kriterien von gebundenen Werkstücken

1.1.1 Vorbereitende Arbeiten

An Blumen, Pflanzenteile und Werkstoffe, die in einem Strauß verarbeitet werden sollen, werden grundsätzlich folgende Anforderungen gestellt:

- Die Werkstoffe müssen einen entsprechenden **Reifegrad** aufweisen. Blumen sollen so weit erblüht sein, dass sie sich innerhalb des Werkstückes weiter öffnen werden und eine ähnliche Haltbarkeitsdauer haben, damit sie gleichmäßig erblühen und nicht die erste Blüte verwelkt ist, während sich die letzte gerade öffnet.
- Alle gewählten Blumen und Pflanzenteile müssen eine ähnliche Stiellänge besitzen, damit sie mit Wasser versorgt werden und die Position im Werkstück ausfüllen können.
- Pflanzenteile, die beschädigt oder welk sind, werden entfernt, schmutzige Blätter gereinigt.
- Der untere Teil der Stiele wird von Blättern, Verzweigungen und Stacheln/Dornen befreit, um ein sauberes Bild der Bindestelle und der Stielenden zu erreichen, um das Vasenwasser nicht zu verunreinigen und Fäulnis zu hemmen.
- Die Werkstoffe werden vor der Verarbeitung gut gewässert (Turgeszenz), damit die Blumen und Pflanzenteile fest im Stiel sind und ihre gewünschte Position im Werkstück beibehalten.

Ein zu verwendendes Gerüst kann vorgefertigt sein. Üblich dafür sind Gerüste, die aus dem Gewirr der *Mühlenbeckia*- oder anderen Ranken in verschiedenen Größen und Formen gefertigt wurden. Sie sind mit entsprechend starken Drähten fixiert. Diese Gerüstformen werden auch im Großhandel angeboten. Das Gerüst muss Stabilität in sich selbst aufweisen, da es durch das Einbringen der floralen Werkstoffe zusätzlich beansprucht wird. Drahtenden müssen gut gesichert und Schnittstellen an Zweigen müssen stumpf sein, um einer Verletzung beim Überreichen oder Einstellen vorzubeugen.

1.1.2 Zusammenfügen der Werkstoffe

Grundsätzlich unterscheidet man bei einem Strauß zwei Möglichkeiten des Zusammenfügens: das spiralige Anlegen und das parallele Anlegen der Stiele.

Beiden ist gemeinsam, dass die Werkstoffe so angeordnet werden, dass ein optisches und tatsächliches Gleichgewicht im

Strauß entsteht. Besonders bei Sträußen mit stark aufgelockertem Umriss und/oder asymmetrischer Gestaltung ist darauf zu achten, dass kein Übergewicht in eine Richtung oder eine sogenannte „Rückwand" entsteht.

Die haltende Hand beim Straußbinden ist die Linke, während mit der rechten Hand angelegt wird. Bei gemischten Werkstoffen bietet sich das Binden vom Mittelpunkt aus an, da so die Verteilung der verschiedenen Blumen übersichtlicher aufgebaut werden kann.

- Spiraliges Anlegen

Beim spiraligen Anlegen wird der Stiel der mittleren Blüte zunächst von Daumen, Zeigefinger und Mittelfinger der linken Hand über dem unteren Drittel gehalten. Daran werden die nächsten Stiele schräg, immer im gleichen Winkel und Richtung angelegt. Dabei muss der Strauß gedreht werden, um gleichmäßig um die Mitte die Werkstoffe anordnen zu können. Ab einer bestimmten Menge von Stielen werden sie von der ganzen Hand umfasst.

Bild 1 Spiraliges Anlegen

Das konsequent spiralige Anlegen weist folgende Vorteile auf:

Durch die entstehende Spreizung der Stiele können die Blüten in lockerem Abstand gehalten werden, und sie können sich gut entfalten, ohne eingeengt zu werden.

Mit einer begrenzten Menge an Werkstoffen kann so eine optimale Straußgröße erarbeitet werden.

Die Stiele fügen sich so aneinander, dass sie nicht gequetscht werden, was für eine gute Wasserversorgung Voraussetzung ist.

Stiele können während und nach dem Zusammenfügen leicht zwischengeschoben oder herausgezogen werden, um gestalterische Korrekturen vorzunehmen.

Liegen ein oder mehrere Stiele entgegen der Spiralrichtung, werden sie spätestens beim Zusammenbinden gequetscht, und das Wasser kann in den Leitungsbahnen nicht mehr ungehindert fließen. Es sollte also vor dem Binden noch einmal kontrolliert werden, ob alle Stiele in der richtigen Richtung angeordnet sind und eventuell eine Korrektur vorgenommen wird.

- Paralleles Anlegen

Für das parallele Anlegen ist es von Vorteil, möglichst Blumen und Pflanzenteile auszuwählen, die wenigstens im unteren Bereich gerade verlaufen, da schon wenige krumme Enden dazu führen können, dass andere Stiele gequetscht werden. Im oberen Bereich können sie verschiedenste **Bewegungsformen** aufweisen, um eine räumliche Ausdehnung des Straußes schaffen zu können. Auch unterschiedliche Längen können vorteilhaft sein, damit sich jede Blüte gut entfalten kann und zur Geltung kommt.

Der Strauß entsteht ebenfalls in der linken Hand. Dabei werden die Stiele von Anfang an mit der ganzen Hand umfasst. Oft verwendet man eine Bündelung aus Zweigen oder Stielabschnitten als Grundlage und fügt dann die Blumen und Pflanzenteile hinzu. Das gelingt besonders einfach, wenn das Bündel mit einem Gummiband fixiert wurde und die weiteren Werkstoffe dazwischen geschoben werden können.

Auch das parallele Anlegen verhindert Quetschungen durch das Binden und gewährleistet ein einfaches Zwischenfügen von Werkstoffen.

Es ist besonders für Sträuße geeignet, bei denen die Werkstoffauswahl deutlich reduziert ist, wie z. B. formal-lineare Straußformen oder bei Sträußen mit vielen weichen Stielen, wie z. B. Frühlingsblühern wie *Muscari armeniacum* oder *Bellis perennis*.

Bild 2 Paralleles Anlegen

- Zusammenfügen mit Gerüst

Ein Gerüst kann sowohl als rein technisches Hilfsmittel verwendet werden, als auch in der Gestaltung mitwirken. Als technisches Hilfsmittel darf es im fertigen Strauß nicht zu sehen sein. Auf der Hand aufliegend bildet das Gerüst so die Grundlage für den Strauß, in das die Werkstoffe gesteckt werden. Das Stecken verführt leicht dazu, das spiralige Anordnen außer Acht zu lassen, deshalb muss man umso mehr Augenmerk darauf legen.

Wird ein Gerüst nicht nur als technisches Hilfsmittel verwendet, sondern wirkt auch gestalterisch, dann verlaufen Gerüstteile auch über und durch den Strauß. Deshalb ist besonders darauf zu achten, dass keine Blüten, Blätter oder Ranken gedrückt oder gar beschädigt werden.

Vorteile dieser Technik sind:

Blumen und Pflanzenteile können in optimalem Abstand zueinander angeordnet werden, ohne den Verbrauch von zusätzlichem Beiwerk.

Der Strauß kann mit weniger Werkstoff wirkungsvoll ausgearbeitet werden, das spart Werkstoff, Zeit und Geld.

1.1.3 Binden

Wurde der Strauß in seiner gewünschten Form und Größe ausgearbeitet, müssen die Werkstoffe in dieser Ordnung fixiert werden. Gebunden wird oberhalb der haltenden Hand mit Natur- oder Kunstbast. Die Bindestelle muss folgende Anforderungen erfüllen:

- Der Bast muss mehrere Male parallel um die Stiele gebunden werden und fest verknotet werden.
- In der Bindestelle und unterhalb der Bindestelle dürfen keine Blätter oder Blattreste vorhanden sein.

Beim Fertigen von Werkstücken mit mehreren Bindestellen erfolgt das Binden auch in mehreren Schritten, denn die einzelnen Blumen und Pflanzenteile müssen nach und nach aneinander oder an einem Gestell befestigt werden. Sowohl für diese Bindestellen, als auch für eine Bindestelle im Strauß gelten noch folgende Anforderungen:

- Die Bindestelle muss so fest sein, dass die Werkstoffe in ihrer Ordnung gehalten werden, auch wenn der Strauß durch mehrere Hände gereicht wird (Florist – Kunde – Beschenkter).
- Die Stiele dürfen in keinem Fall gequetscht werden, um die Wasserversorgung nicht zu gefährden.
- Die Bindestelle soll so breit wie nötig, dabei so schmal wie möglich sein. Das heißt, die Zahl der Wicklungen des Bastes muss auf die Dicke des Straußstieles und auf die Art der Stiele (weich, verholzt) abgestimmt sein.

1.1.4 Anschneiden und Einstellen

Die Stiele werden nun auf eine Länge geschnitten. Das kann zunächst mit der Schere erfolgen. Anschließend werden die einzelnen Stiele mit dem Messer schräg angeschnitten. Es ist auch möglich, die Stiele vor dem Zusammenbinden anzuschneiden. Das hat den Vorteil, dass durch das Ziehen des Messers beim Anschnitt verrutschte Blumen einfacher wieder in die ursprüngliche Position gebracht werden können, als wenn der Strauß schon gebunden ist. Dabei kann jeder für sich herausfinden, was ihm am besten liegt. Wichtig ist nur, dass angeschnitten wird.

Bei Sträußen, die in flachen Gefäßen stehen sollen, werden die Stiele gerade mit dem Messer angeschnitten, um ein unschönes Umknicken der Stielenden zu vermeiden und eine bessere Standfestigkeit zu erreichen.

Spiralig gebundene Sträuße werden so in Gefäße eingestellt, dass der Strauß darin Halt findet, also nicht kippt und ausreichend mit Wasser versorgt ist. Grundvoraussetzung dafür ist zunächst die Ausgewogenheit in der Anordnung der Werkstoffe (siehe oben) beim Zusammenfügen und die Auswahl des Gefäßes. Die Stielenden sollen sich im Gefäß aufspreizen können, um die Blumen nicht aneinander zu drücken. Deshalb sind besonders bauchige oder breite Becherformen für die Präsentation solcher Sträuße geeignet. Der Fachhandel spricht von Vasen in X-Form.

Bild 1 Optimal eingestellter Strauß

Parallel gebundene Sträuße finden auch in schmalen zylindrischen oder quaderförmigen Gefäßen guten Halt, wenn sie ausgewogen gebunden wurden.

Stehsträuße, die eine Bündelung als Basis haben, können stehend in einer flachen Schale präsentiert werden. Als Hilfsmittel zum besseren Halt kann ein **Kenzan** verwendet werden.

1.2 Gestalterische Kriterien von gebundenen Werkstücken

1.2.1 Planung

Die Gesamtheit der **Gestaltungselemente** vereinigt sich in einem floristischen Werkstück. Jedes einzelne Gestaltungselement ermöglicht, dass das Arrangement harmonisch gestaltet ist und eine klare Aussage und Stimmung transportiert. Denn Blumen sind Stimmungsträger erster Klasse, ob als Strauß oder als Tisch- oder Raumdekoration. Da der Umgang mit ihnen und die Wirkungsweise der Elemente im Teil 3D, ab S. 273 ausführlich beschrieben ist, wird nachfolgend nur noch einmal mit kurzen Hinweisen darauf eingegangen.

Es ist notwendig, sich zunächst darüber klar zu werden, welches Thema oder welche Stimmung das Werkstück ausdrücken soll, um die Werkstoffe gezielt auswählen zu können. Dies kann durch den Kunden (Strauß zum Geburtstag, zur Geschäftseröffnung, zur Trauerfeier), durch die aktuelle Jahreszeit oder einem nahen Feiertag vorgegeben werden.

Auswahl der Gestaltungsart

Die entsprechende Stimmung wird durch die Wahl der **Gestaltungsart** schon weitgehend festgelegt und beeinflusst so alle nachfolgenden Entscheidungen. Die für ein Werkstück wohl am häufigsten gewählte Gestaltungsart ist die **dekorative**, wobei sie von reduzierter Blumenauswahl bis hin zu üppigen, repräsentativen Sträußen und Gestecken umsetzbar ist.

Bild 1 Dekorativer Strauß

Ziel bei der Werkstoffauswahl ist es, unterschiedliche, auf die gewählte Umrissform und -gestaltung abgestimmte Bewegungsformen, Geltungsformen und Strukturen zu verwenden, um die Blumen und Pflanzenteile entsprechend diesen dann im Strauß anordnen zu können.

Für den im Bild 1 gezeigten Strauß wurden also verschiedene Bewegungsformen, Geltungsformen und Texturen in großer Anzahl verwendet.

Für sogenannte **formal-lineare** Arbeiten ist es notwendig, bei der Werkstoffauswahl besonders auf Kontraste in Formen und Linien zu achten und nur wenige Blumen und Pflanzenteile miteinander zu kombinieren. Häufig wird im Geschäft eine einzeln aufgebundene Blüte, wie z. B. Amaryllis oder Strelitzie grafisch gestaltet, um diese besonders gut zur Geltung zu bringen.

Da im Strauß die einzelnen Blumen und Pflanzenteile nicht jeweils aus einem eigenen Wachstumspunkt entspringen, kann bei Sträußen, deren Werkstoffe wohl aus einem **soziologischen** Bereich kommen können, also nur von einer naturnahen Gestaltung gesprochen werden. In einem Gesteck jedoch nimmt die **vegetative** Gestaltungsart einen größeren Raum ein.

Auswahl der Umrissform und Umrissgestaltung

Die Werkstoffauswahl wird auch maßgeblich von der gewünschten **Umriss**gestaltung beeinflusst. Ein aufgelockerter Umriss verlangt nach feinen, aufstrebenden und ausschwingenden Formen, während für kompakte **Strukturarbeiten** oder **Biedermeiersträuße** runde, geschlossene Formen gewählt werden müssen.

Farbharmonie

Nicht zuletzt entscheidet die Farbauswahl über die Stimmung, die das fertige Arrangement ausstrahlt. Sie wird von der am meisten vertretenen Farbe oder Farbgruppe bestimmt und diese soll deshalb gut überlegt ausgewählt werden. Zur Entscheidungsfindung bei Farben ist neben dem Wissen über ihre Wirkung und Symbolik, das Wissen über die Harmonielehre eine Grundvoraussetzung. Besonderes Augenmerk sollte auf die Mengenverhältnisse zwischen den Farben gelegt werden, um die gewünschte Ausstrahlung am Ende auch erzielen zu können (ab S. 301).

Bild 2 Farbharmonie in einem Werkstück

1.2.2 Arbeitsablauf für ein gebundenes Werkstück

Zu den oben genannten gemeinsamen planerischen Entscheidungen kommen für ein gebundenes Werkstück nun noch folgende hinzu:

Umsetzung der gewählten Proportion

Die häufigste **Proportion** bei Sträußen ist ein Drittel unter, zwei Drittel über der Bindestelle. Das wirkt nicht nur harmonisch, sondern ist dann auch im Gefäß ausgewogen. Allerdings verändert sich die Proportion je nach Umrissgestaltung und Menge und Auswahl der Blumen und Pflanzenteile (s. S. 302 ff.).

Fertigung eines Gerüstes

Diese „Gestelle" können aus den unterschiedlichsten Materialien gefertigt werden, floral oder nonfloral, die auf die jeweilige Ausstrahlung des fertigen Werkstückes abgestimmt sein soll. Ranken von Knöterich wirken rustikal, ein Gestell aus glänzenden Metallstäben unterstreicht einen edlen Eindruck.

Die Größe des Gerüstes muss auf die Menge der Blumen und Pflanzenteile abgestimmt sein, es wirkt weder harmonisch, wenn sich in einem Gerüst ein paar Blüten verlieren, noch wenn es mit Blüten so gefüllt ist, dass das Gerüst kaum noch sichtbar bleibt.

Durch die Form des Gerüstes wird die Form des Straußes vorgegeben. Mit den floralen Werkstoffen muss die Form begleitet bzw. ausgearbeitet werden. Bei großen Bogengerüsten müssen also die Blumen und Pflanzenteile weich fließende Bewegungsformen aufweisen.

Die Farbigkeit und die Oberflächenstruktur des Gestells muss Teil der Farbkomposition sein. Es kann einen Akzent oder weiteren Teilbereich einer Farbgruppe darstellen.

Eventuelle Verbindungsstellen am Gerüst müssen sauber und gleichmäßig gearbeitet sein. Entweder wirken diese in der Gesamtgestaltung mit oder sie müssen sich optisch absolut unterordnen.

Bild 1 Gebundenes Werkstück

Zusammenfügen der Werkstoffe

Immer die geplante Straußform und Ausstrahlung vor Augen, müssen nun die einzelnen Blumen und Pflanzenteile entsprechend der Gestaltungsart, ihrer Bewegungsformen und ihren Geltungsansprüchen zum Strauß zusammengefügt werden. Im fertigen Strauß soll die gewählte Umrissform und -gestaltung und die geplante Farb- und Blütenverteilung umgesetzt sein. Blätter und Ranken dürfen nicht ohne Zusammenhang als Straußabschluss angesetzt werden, sondern sollen eine Einheit zwischen Blüten und Blattabschluss erzeugen. Das gelingt, indem Werkstoffe und Farben des Außenbereiches auch schon im Innenbereich des Straußes verwendet wurden, wie im Bild 1 S. 392 zu erkennen ist.

Ein Gerüst kann die Formgebung eines Straußes erleichtern und die Gestaltung bereichern, wenn es so verarbeitet wird, dass Gestell und Strauß eine Einheit bilden, das Gestell die Wirkung des Straußes unterstützt und nicht dominiert. Die Werkstoffe müssen so eingearbeitet werden, dass sie die Form des Gestelles begleiten und nicht beziehungslos darüber hinausreichen und es verdecken.

Binden

Die technische Bindestelle eines Straußes kann in besonderen Fällen auch einen Schmuckwert bekommen. Bleibt die Bindestelle z. B. nach dem Einstellen in ein Glasgefäß oder einer flachen Schale sichtbar, sollte der Bast mit Band, Kordel oder einer der Proportion entsprechenden breiteren Naturbastwicklung überarbeitet werden.

Bild 2 Strauß mit einer Grundform

1
2
3

2 Gesteckte Gefäßfüllungen nach technischen und gestalterischen Kriterien anfertigen

Oliver beschäftigt sich mit der Vorbereitung seiner praktischen Abschlussprüfung, wo er unter anderem ein Gesteck fertigen wird. Um sich für eine der vielen möglichen Varianten entscheiden zu können, probiert er immer wieder verschiedene Techniken aus: vom Gebrauch der üblichen Steckmasse über farbige Steckmasse bis zu alternativen Steckhilfen wie Zweigen oder Stielabschnitte. Dabei muss er auch immer großen Wert auf die Gefäßauswahl legen, denn es wirkt immer entscheidend an der Gesamtausstrahlung mit.

Die Anwendung aller **Gestaltungselemente** und ihre konsequente Umsetzung kann eine klare Aussage und Stimmung schaffen, die auf Anlass und Thema in der jeweiligen Jahreszeit abgestimmt ist. Solche Gestaltungen sprechen den Kunden an.

> Dafür ist eine gute handwerkliche Verarbeitung der Blumen und Pflanzenteile unabdingbar. Deshalb gilt es, zunächst die Technik des Bindens und Steckens zu schulen, bevor man zu außergewöhnlichen Gestaltungen greift.

Werden Blumen und Pflanzenteile durch Einfügen in eine Steckhilfe in einem Gefäß in ihrer gewünschten Ordnung fixiert, spricht man von einem Gesteck. Der florale Werkstoff, das Gefäß und die gewählte Steckhilfe bilden eine technische und gestalterische Einheit und die Grundspannung ergibt sich schon durch den Kontrast zwischen technisch hergestellten Gefäß und den gewachsenen Werkstoffen, die darin ihrem Wesen nach arrangiert werden.

Die technischen und gestalterischen Möglichkeiten für Gestecke sind vielfältig, deshalb wird nachfolgend nur auf allgemeine Anforderungen eingegangen, die das Bestehen eines gesteckten Werkstücks in der Praxis sichern.

2.1 Technische Kriterien für gesteckte Gefäßfüllungen

Ein Gesteck soll als Einheit von Gefäß und Blume transportabel sein, denn nur bei sehr großen Raumdekorationen ist es möglich an Ort und Stelle zu arbeiten. In den meisten Fällen werden Gestecke doch vom Arbeitsort zum Platz der Präsentation transportiert und sollen diesen auch unbeschadet überstehen. Zu den schon genannten vorbereitenden Planungen sind nun für ein Gesteck noch folgende spezielle Entscheidungen notwendig:

2.1.1 Vorbereitende Arbeiten

Die vorbereitenden Arbeiten beinhalten die Auswahl aller Gestaltungs- und Hilfsmittel aus technischer Sicht und die Fertigung der Steckhilfe bzw. deren Einbringen in das Gefäß.

Gefäßauswahl

Damit sich ein Gefäß für ein gestecktes Werkstück eignet, muss es folgende Anforderungen erfüllen:

- Es muss wasserdicht sein oder durch Auslegen mit Folie oder Einsetzen eines weiteren Gefäßes wasserundurchlässig gemacht werden.
- Es muss standfest sein.
- Es muss genügend Fassungsvermögen für Steckhilfsmittel und Wasservorrat bieten. Dieses ist von der Menge der zu verarbeitenden Blumen und Pflanzenteile abhängig.

Auswahl des Steckhilfsmittels

Es gibt verschiedene Steckhilfen, wie z. B. Steckmasse, Moos, Zweige u. a. (s. S. 391 ff.). Für die Auswahl der geeigneten Steckhilfe werden grundsätzlich bestimmte Kriterien berücksichtigt. Die gewählte Steckhilfe muss:

- die Wasserversorgung optimal gewährleisten, d. h. genügend Wasser speichern können.
- ausreichend Volumen haben, um alle benötigten Blumen und Pflanzenteile fest in sich aufzunehmen.
- stabil in sich selbst sein und fest im Gefäß verankert werden.
- sauber sein, d. h. sie darf das Wasser nicht durch ausbrechende Teile oder Krümel von Steckmasse verunreinigen. Das würde die Fäulnisbildung fördern, was gerade bei Glasgefäßen schnell unschön aussieht. In solchen Fällen sollte das Wasser im Gefäß gewechselt werden können, was besondere Anforderungen an die Stabilität des gesamten Arrangements stellt.

Auswahl der Blumen und Pflanzenteile

Bei Werkstoffen, die in einem Gesteck verarbeitet werden, spielt der Verwendungszweck des Gesteckes bezüglich des geforderten **Reifegrades** eine besondere Rolle. In vielen Fällen werden Gestecke zur Dekoration von Feierlichkeiten gefertigt

(Tischschmuck, Bühnenschmuck, Autoschmuck usw.). Dafür ist es wichtig, dass die Blumen gerade voll erblüht sind, wenn die Feier stattfindet, nicht knospig verarbeitet werden und das Gesteck erst drei Tage später in seiner ganzen Schönheit wirkt.

Da die Stiele aller Blumen und Pflanzenteile entweder in Steckmasse oder zwischen Geäst oder ähnliches geschoben werden müssen, brauchen sie eine gewisse Festigkeit. Ist diese nicht von Natur aus gegeben, empfiehlt es sich, die Stiele vorher zu stützen oder in der Steckmasse mit einem entsprechend dicken Stäbchen vorzubohren.

Werden alternative Steckhilfen verwendet, müssen auch die Länge (sie müssen den Boden des Gefäßes erreichen) und die Beschaffenheit der Stiele darauf abgestimmt sein. Zu weiche oder glatte Stiele machen es schwierig, sie so zu verankern, dass sie ihre Position im Gesteck halten können.

Positionieren der Steckhilfe

Die Steckhilfe muss in das Gefäß eingebracht und fixiert werden. Soll Steckmasse verwendet werden, wird in folgenden Schritten gearbeitet:

- Grob zuschneiden der Steckmasse, entsprechend der geplanten Werkstoffmenge und der Größe des Gefäßes. Auch die Form kann schon dem Gefäß angepasst werden (rund, eckig o. ä.). Die Steckmasse sollte so groß wie nötig und so klein wie möglich zugeschnitten werden. Zu große Steckmasseblöcke erschweren ihr Abdecken, zu kleine Flächen zum Stecken lässt sie eventuell auseinanderbrechen, und die Blumen und Pflanzenteile finden nicht genügend Halt.
- Wässern: Die zugeschnittene Masse wird auf das Wasser gelegt und saugt sich von selbst voll. Niemals darf die Steckmasse unter Wasser gedrückt werden, da sich so eine Luftblase im Inneren bildet und dort dann kein Wasser mehr aufgenommen werden kann. Stiele, die später beim Stecken dort enden, können kein Wasser aufnehmen.
- In flachen oder weiten Gefäßen ist es sinnvoll, mithilfe von Klebemasse und Pinholder (Bild 1) die Steckmasse an der entsprechenden Stelle zu fixieren. Dazu muss das Gefäß trocken und sauber sein, damit die Klebemasse haften kann. Bei becherförmigen und bauchigen Gefäßen reicht es in der Regel völlig aus, die Steckmasse zwischen den Gefäßwänden einzuklemmen. Dabei muss immer ein Gießrand erhalten bleiben, der verhindert, dass beim Nachfüllen Wasser über den Gefäßrand läuft.
- Je nachdem, welche **Anordnungsart** gewählt wurde und wie viele Werkstoffe gesteckt werden müssen, muss die Steckmasse entsprechend über den Rand des Gefäßes herausragen. Bei paralleler Anordnung kann sie unter dem Gefäßrand enden. Wird mit einem **Bewegungsmittelpunkt** gearbeitet, muss die Möglichkeit bestehen, auch waagerecht Stiele stecken zu können und so muss die Steckmasse über das Gefäß hinausragen (siehe Bild 2)
- Die Kanten der Steckmasse werden mit dem Messer abgerundet, um ein späteres Abbrechen beim Stecken zu verhindern.

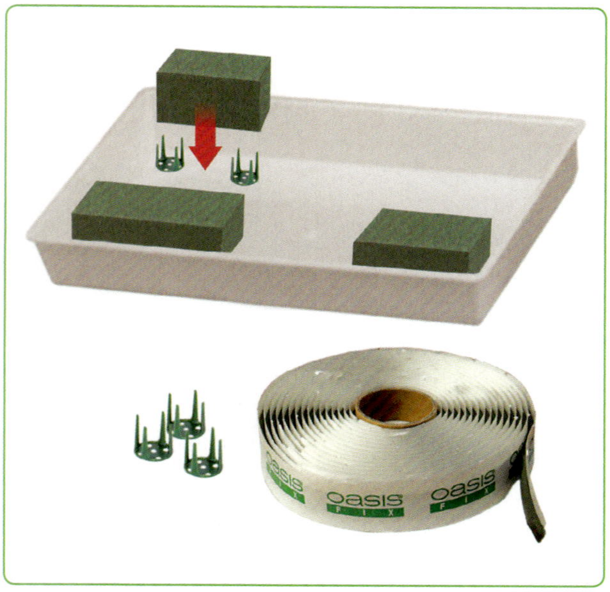

Bild 1 Einbringen der Steckmasse in flachen Gefäßen

Bild 2 Einbringen der Steckmasse

Werden alternative Steckhilfen verwendet, ist folgendes zu beachten:

- Einzelne Zweige, Stielabschnitte oder ein Gerüst aus anderen Materialien müssen so zusammengefügt werden, dass sie Platz für die zu steckenden Stiele bieten und sie zwar fixieren, aber nicht quetschen dürfen. Dabei muss die Steckhilfe auch in sich Stabilität aufweisen.

- Auch alternative Steckhilfen müssen im Gefäß festsitzen. Das kann durch Einklemmen zwischen geraden Gefäßwänden geschehen, durch Klemmen unter einen Gefäßrand oder das Befestigen am äußeren Gefäß. Fertige Gerüste lassen sich einfacher in ein Gefäß klemmen als einzelne Zweige. Bei paralleler Anordnung von Stielabschnitten muss auf ausreichend Platz für die Blumen und Pflanzenstiele geachtet werden, eventuell müssen einmal Stielabschnitte im Laufe des Steckens wieder entfernt werden.

Bild 1 Befestigen von alternativen Steckhilfen

2.1.2 Zusammenfügen der Werkstoffe

Stecken in Steckmasse

In das vorbereitete Gefäß können nun die Blumen und Pflanzenteile eingebracht werden. Bei Verwendung von herkömmlicher Steckmasse ist es wichtig, zwischen den längeren Stielen die Steckmasse mit kurzen Werkstoffen abzudecken, ohne Blumen und Pflanzenteile zu verletzen oder zu quetschen.

Vor dem Stecken wird der Stiel mit dem Messer schräg angeschnitten und so auf die benötigte Länge gekürzt. Das schräge Anschneiden erleichtert das Stecken und die Wasseraufnahme.

Die Stiele müssen so tief gesteckt werden, dass sie Halt finden. Leichtes Ziehen an der Blume darf ihre Position nicht verändern.

Stecken in alternative Steckhilfsmittel

Die alternativen Steckhilfen darf man im fertigen Werkstück sehen, sie wirken im Gesamteindruck mit. Vor dem Stecken werden auch hier die Stiele mit dem Messer schräg auf die Länge geschnitten, dass sie den Gefäßboden erreichen können. Das hilft, die Werkstoffe so zu verankern, dass sie ihre gewünschte Position behalten und sich nicht wegdrehen oder kippen.

Abschließende Arbeiten

Ist das Arrangement mit den geplanten Blumen und Pflanzen ausgearbeitet worden, wird das Gefäß noch einmal von Wasser oder Schmutzspuren gesäubert. Steht das Gesteck an Ort und Stelle, im Geschäft zur Präsentation, zur Abholung bereit im Lager oder beim Kunden am gewünschten Platz, wird Wasser aufgefüllt, um eventuell auf dem Transport verloren gegangenes Wasser wieder nachzufüllen.

2.2 Gestalterische Kriterien gesteckter Gefäßfüllungen

Ein Gesteck wirkt durch die Einheit von Gefäß und Blumen. Diese Einheit ist das Ziel bei der Auswahl von Gefäß und floralen Werkstoffen und Materialien, sie sollen in ihrer Gesamtheit die Aussage und Stimmung entsprechend dem Auftrag oder dem freien Entwurf transportieren können. Zur Umsetzung dieser Stimmung müssen alle Gestaltungselemente und -mittel miteinander in Einklang gebracht werden. Dazu ist es notwendig, Kenntnis vom Zweck bzw. dem geplanten Standort des Gesteckes zu bekommen und so die Gestaltungsart auswählen zu können. An diesen beiden Kriterien orientieren sich alle nachfolgenden planerischen Entscheidungen zur Gestaltung.

2.2.1 Planung

Auswahl des Gefäßes

Eine Vorauswahl für Gefäße erfolgt nach den Kriterien der Material-, Werk- und Stilgerechtigkeit, wie sie ab S. 361 ff. beschrieben sind. Mit der Auswahl von Material, Form, Farbe und Größe kann entweder durch Ähnlichkeit oder durch Kontraste die Einheit zwischen Blumen und Gefäß hergestellt werden. Je nachdem, für welchen Anlass, welches Thema umgesetzt werden soll, kann man so eine ruhige, zurückhaltende oder eine spannungsreiche, reizvolle Gesamtausstrahlung schaffen.

- Gefäßmaterial

Jedes Material weist eine typische Oberflächentextur auf und bestimmt so im großen Maße den Charakter des Gefäßes. Dieser Charakter kann die Ausstrahlung der floralen Gestaltung durch Ähnlichkeit oder einen deutlichen Kontrast zu ihr unterstützen: z. B. können Keramikgefäße massiv, derb und rustikal, und Glasgefäße leicht und elegant wirken.

- Gefäßform

Die Auswahl der Gefäßform ist stark beeinflusst von der Gestaltungsart. Natürlich gibt es unzählige Möglichkeiten für Gefäßformen; hier sollen nur einige Anhaltspunkte zur Orientierung gegeben werden: Für dekorative Gestaltungen werden im Allgemeinen bauchige oder breite zylindrische Formen bevorzugt, die auch optisch die Fülle der verarbeiteten Blumen und Pflanzenteile aufnehmen können und zudem auch Formen von ihnen wiederholen. Bei reduzierter Werkstoffmenge mit stark aufgelockertem Umriss und/oder asymmetrischer Gestaltung fügen sich schlanke Zylinder- oder Quaderformen gut ein. Soll sich das Gefäß für eine naturnahe bzw. vegetative Gestaltung stark unterordnen, empfiehlt es sich, flache runde oder rechteckige Gefäßformen zu wählen, die dann dem dienenden Erdcharakter entsprechen.

- Gefäßfarbe

Die Farbe des Gefäßes kann Bestandteil der Gesamtfarbkomposition sein oder sich stark unterordnen durch Erd- oder **Nichtfarben**. In jedem Fall muss die Farbigkeit in die Stimmung des Werkstückes gezielt integriert sein.

Auswahl der Steckhilfsmittel

Hier fällt die Entscheidung, ob die Steckhilfe rein technische Aufgaben oder auch gestalterische erfüllen soll. Bleibt es bei rein technischen Aufgaben, ist der Einsatz von Steckmasse sinnvoll und muss an dieser Stelle nicht weiter besprochen werden (s. S. 391 ff.).

Die Art der Steckhilfe und deren Farbigkeit ist auf den Charakter des Gefäßes und die Blumenauswahl abzustimmen.

In durchsichtigen Glasgefäßen ist es zweckmäßig, alternative Steckhilfen oder farbig abgestimmte Steckmasse zu nutzen, damit die Transparenz des Gefäßes Sinn macht. Aber auch in flachen oder weiten Gefäßen bietet sich eine Steckhilfe aus Zweigen o. ä. an, um die Leichtigkeit der Blumenbewegungen bis in das Gefäß hinein fortführen zu können.

2.2.2 Arbeitsablauf für gesteckte Werkstücke

Einfügen der Blumen und Pflanzenteile

- Anordnungsart

Das Einfügen der Werkstoffe muss konsequent nach der zuvor gewählten **Anordnungsart** (s. S. 295 ff.) erfolgen. Mit dem

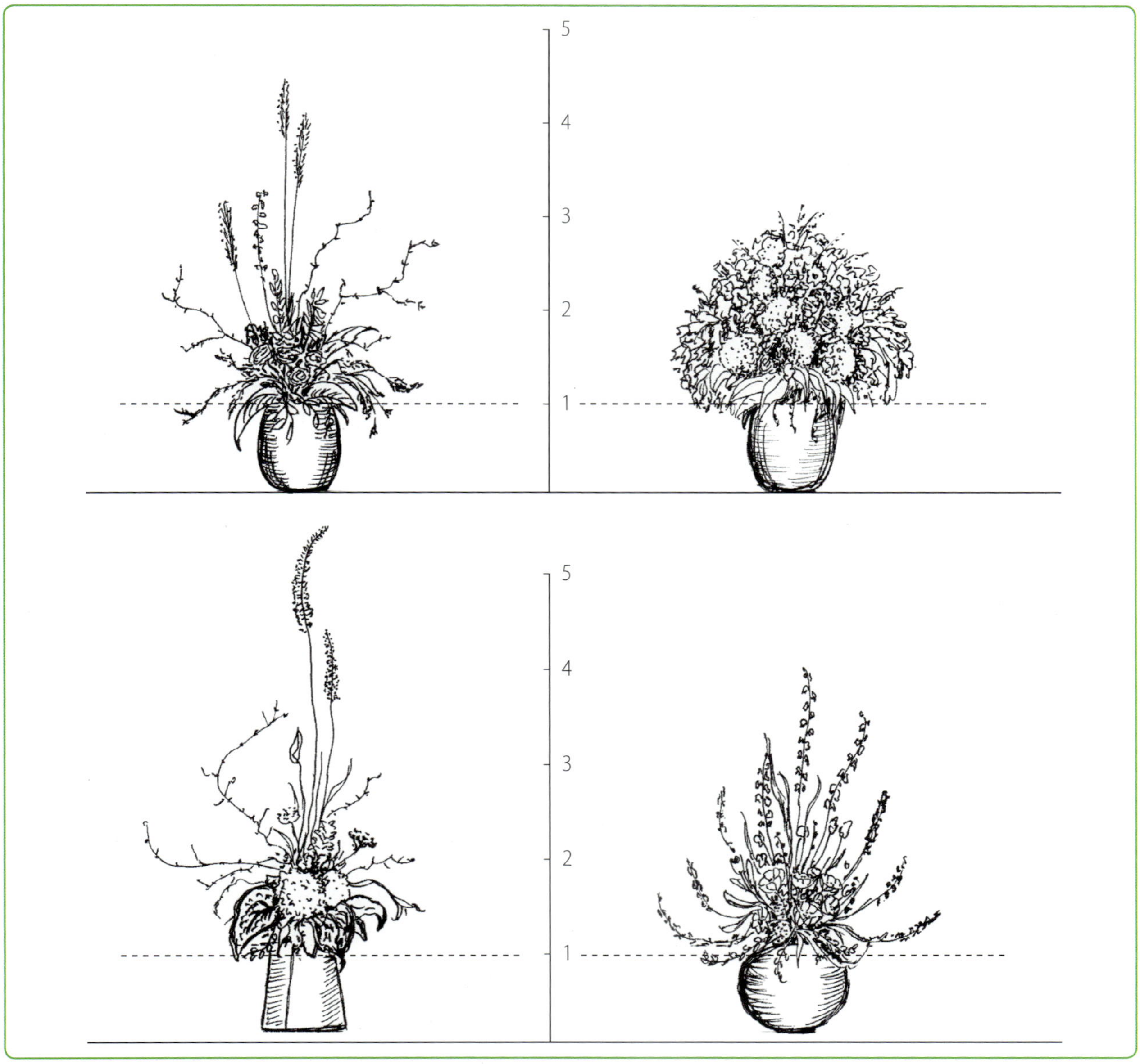

Bild 1 Beispiele für den Einfluss der Massenwirkungen auf die Proportion

Stecken der Werkstoffe wird nun die geplante Umrissform, Gestaltung und innere Gliederung umgesetzt. Die verwendete Anordnungsart muss in Einklang mit der Gefäßform stehen: Bauchige und konisch sich öffnende Gefäße eignen sich für die Anordnung mit einem **Bewegungsmittelpunkt**, während Gefäße mit geraden Gefäßwänden (Quader, Zylinder) auch mit einer parallelen Steckweise gefüllt werden können.

Beim Stecken mit einem Bewegungsmittelpunkt empfiehlt es sich, von der Mitte auszugehen und von dort bis zum Rand die Gestaltung nach den vorher festgelegten **Gestaltungselementen** auszuarbeiten.

Flache, breite Schalen eignen sich auch für eine Anordnung mit mehreren Wachstumspunkten. Dafür muss auch das Steckhilfsmittel entsprechend der Gruppen verteilt sein und nicht die gesamte Fläche ausfüllen. Hier wird jede Gruppe für sich ausgearbeitet.

Bild 1 Gestecktes Werkstück

Flache, breite Schalen eignen sich für eine Anordnung mit mehreren Wachstumspunkten (Bild 2).

- Umsetzung der Proportion

Die **Proportion** (s. S. 302 ff.) beschreibt bei einem gesteckten Werkstück das Größenverhältnis zwischen Gefäß und Blumenausdehnung. Dabei kann die Proportion des Goldenen Schnitts angewendet werden oder auch dessen Umkehrung. Besondere Spannung wird erzeugt, wenn diese Proportion noch gestaucht oder überstreckt wird. Zusätzlich wird die Proportion auch von der Form und dem Material des Gefäßes beeinflusst; dabei spielt die Massewirkung des Gefäßes im Verhältnis zur Massewirkung der floralen Gestaltung die entscheidende Rolle. So ergibt sich eine unendliche Vielfalt an harmonischen Proportionen, die immer wieder eine Herausforderung an die Kreativität des Floristen darstellen können.

Aufgaben

1. **Planen Sie einen dekorativen Strauß und beschreiben Sie alle Gestaltungselemente.**
2. **Binden Sie den in Frage 1 ausgearbeiteten Strauß einmal ohne und einmal mit technischem Gerüst. Diskutieren Sie in der Gruppe die unterschiedlichen Erfahrungen damit.**
3. **Planen und fertigen Sie ein grafisches Gesteck. Begründen Sie Ihre Gefäßauswahl.**
4. **Erarbeiten Sie drei verschiedene Proportionen für ein Gefäß und setzen Sie diese Entwürfe um.**
5. **Wählen Sie ein geeignetes Gefäß und fertigen Sie ein Gesteck mit alternativer Steckhilfe. Tauschen Sie Ihre Erfahrungen in der Gruppe aus.**

Bild 2 Gesteck mit mehreren Wachstumspunkten und Überschneidungen

3 Pflanzungen anfertigen

Christine und Oliver haben die Aufgabe, kleine und größere Pflanzungen zum Verkauf anzufertigen. Oliver, 3. Lehrjahr, hat schon häufiger unter Anleitung gepflanzte Werkstücke gestaltet.

Schritt für Schritt erklärt er Christine die Vorgehensweise. Sie planen Werkstücke für den Innen- und den Außenbereich. Zuerst gilt es, die Pflanzenauswahl zu treffen, dann alle technischen und gestalterischen Mittel zusammenzustellen und im Anschluss reizvolle Arrangements zu pflanzen. Pfiffige Ideen, die den Kunden überzeugen und zum Kauf anregen.

Im Floristik-Fachgeschäft Linnea GmbH sind große Pflanzaufträge keine Seltenheit. Innenraumbegrünungen oder attraktive Kübelpflanzungen gehören vor allem im Frühjahr und im Herbst zur Tagesordnung.

Die beiden Auszubildenden erhoffen sich von einer guten Ausführung ihrer Aufgabe die zukünftige Mitarbeit an den interessanten Großaufträgen.

Gerade in der heutigen Zeit, wo Technik, Rastlosigkeit und Zeitmangel den Alltag bestimmen, hat die Natur wieder an Bedeutung gewonnen. Pflanzen haben einen positiven Einfluss auf das menschliche Wohlbefinden. Neben dem angenehmen optischen Erscheinungsbild, verbessern sie obendrein das Raumklima. Untersuchungen haben mehrfach bestätigt, dass Pflanzungen in Großraumbüros das Arbeitsklima sowie die Arbeitsleistung steigern können.

In Großstädten, wo private Gärten eher eine Seltenheit sind, ermöglichen gepflanzte Arrangements den direkten Umgang mit der Natur. Durch sie lassen sich Pflanzen auf kleinstem Wohnraum erleben.

3.1 Technische Kriterien

Gefäßauswahl

Die Größe des Gefäßes richtet sich nach der Pflanzenauswahl. Die Pflanzen müssen genügend Raum zur Entfaltung haben. Um eine möglichst lange Lebensdauer der Pflanzung gewährleisten zu können, muss genügend Platz für die Wurzelballen und das Pflanzsubstrat vorhanden sein.

Die Beschaffenheit des Gefäßes hängt neben den gestalterischen Kriterien vom Standort ab. Bei Pflanzungen für den Innenbereich muss das Gefäß wasserundurchlässig sein. Das bedeutet, **Weichkeramikgefäße** müssen aufgrund der niedrigeren Brenntemperatur (800 °C bis 1 250 °C) mit Glasuren versehen sein, die wesentlich heißer gebrannten (1 300 °C bis 1 500 °C) **Hartkeramikgefäße** sind von vornherein wasserdicht.

Trotzdem können alle Keramikgefäße Schwitzwasser abgeben. Daraus können sich Wasserflecken oder nach längerer Zeit auch Schimmelflecken ergeben.

Ein besonderer Schutz für empfindliche Untergründe, wie Parkett-, Granit- oder Marmorfußböden oder Fensterbänke, ist deshalb empfehlenswert.

Hier bietet der Handel viele Möglichkeiten an: Abstandhalter aus Keramik oder Metall, um eine Luftzirkulation unterhalb des Gefäßes zu ermöglichen. Untersätze, die teilweise sogar mit Rollen ausgestattet sind; Metall-/Filzgleiter oder in Scheiben geschnittene Flaschenkorken, die zusätzlich ein Verkratzen der Stellflächen verhindern (siehe Bild 1).

Bild 1 Abstandhalter zum Schutz für Stellflächen: Filzgleiter, Pflanzenroller, Metallplättchen

Wasserabflusslöcher sind bei Gefäßen im Innenbereich kritisch. Sehr leicht können Wasserschäden entstehen.

Es werden allerdings auch Gefäße mit Loch angeboten, bei denen ein entsprechend tiefer und passender Untersatz gleich mitgeliefert wird. Der Einsatz solcher Gefäße ist durchaus denkbar, am besten allerdings, wo ein leicht zu pflegender und unempfindlicher Fußboden vorhanden ist, falls doch einmal Wasser auslaufen sollte. In Wintergärten oder auf überdachten Terrassen werden diese Gefäße meist eingesetzt.

Im Außenbereich, besonders in nicht überdachten Bereichen, sind Abflusslöcher überlebenswichtig für die Pflanzen. Bei Regen käme es sonst schon nach kurzer Zeit zu einer Überwässerung, die Wurzeln würden faulen und die Pflanzen absterben.

Die Gefäßform richtet sich neben der Funktionalität natürlich auch nach gestalterischen Kriterien. Die folgenden Gestaltungsbeschreibungen und -beispiele werden das verdeutlichen.

Dränage

Bei tiefen Gefäßen, bei denen eine Überwässerung nicht mehr mit dem Auge oder mit der Hand festgestellt werden kann, wird eine Dränage eingearbeitet. Sie kann z. B. aus einfachem Kies, aus Lavagranulat oder aus Blähton bestehen. Das Lavagranulat ist ein aus Lava gewonnenes Naturprodukt, es reguliert den Feuchtigkeitshaushalt im Gefäß. Blähton, auch Lecaton genannt, kommt aus der Hydrokultur und ist ein nach einem Spezialverfahren gebrannter und geblähter Ton. Er ist ebenfalls ein reines Naturprodukt und hat den Vorteil, dass er sehr leicht ist. Viele Gefäße müssen im gepflanzten Zustand transportiert werden, da ist das Gewicht wichtig.

Die Dränage (siehe Bild 1) verhindert weitgehend Faulnässe durch Übergießen. Sie macht je nach Gefäßhöhe ca. ein Viertel bis ein Drittel der gesamten Gefäßfüllung aus.

Wird zusätzlich ein Wasserstandsmesser eingearbeitet, ist die optimale Feuchtigkeitskontrolle möglich.

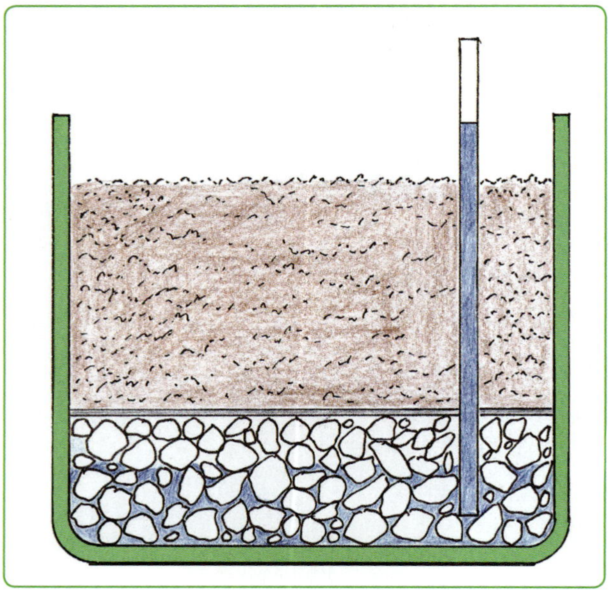

Bild 1 Gefäß mit einer Dränage und einem Wasserstandsmesser

Pflanzenauswahl

Pflanzen haben aufgrund ihrer Herkunft spezielle Ansprüche an ihren Standort. Werden dann mehrere Pflanzen zu einem Werkstück zusammengefügt, ist es wichtig, neben den gestalterischen Kriterien die gemeinsamen Pflegebedürfnisse zu berücksichtigen.

Die Pflanzenkombinationen, die nach gleichen Licht-, Wasser-, Temperatur- und Nährstoffansprüchen zusammengestellt werden, haben gute Chancen auf eine lange Lebensdauer.

Substratauswahl

Je nach soziologischer Zugehörigkeit und Herkunft der Pflanzen ist ein spezielles Pflanzsubstrat erforderlich.

Die Entscheidung für qualitativ hochwertige Erden macht sich schon nach kurzer Zeit bezahlt: Oft enthält das etwas teurere Substrat schon spezielle Nährstoffe, die in der Regel 16 bis 20 Wochen ausreichen; außerdem hat es eine besonders gute Wasser- und Nährstoffspeicherfähigkeit und lässt sich selbst nach starkem Austrocknen gut wieder bewässern.

Eine weitere wesentliche Eigenschaft ist die Struktur der Erde. Durch die Bestandteile bietet sie selbst Pflanzen mit wenig Wurzelwerk eine gute Standfestigkeit.

Im Handel werden unterschiedliche Erdsorten in verschiedenen Verpackungseinheiten angeboten:

Einheitserden (S. 203 ff.) mit unterschiedlichen Nährstoffgehalten – diese sind auf der Verpackung vermerkt – oder spezielle Erden wie z. B. Aussaat- und Anzuchterde, Orchideenerde, Kakteen- und Sukkulentenerde, Kübel- und Zitruserde. Die Erde wird in Tüten mit Literangaben gehandelt, das sind in der Regel Einheiten zu 80, 70, 50, 40 oder 10, 5 und 2,5 Liter (l). Der Endverbraucher benötigt die ganz speziellen Erden meistens in sehr kleinen Einheiten, deshalb hat der Handel sich darauf eingestellt.

Gießrand

Bei jeder Pflanzung muss ein Gießrand vorhanden sein. Er entsteht beim Pflanzvorgang und ist je nach Gefäßhöhe unterschiedlich hoch. Die Bodenmodellierung und das Pflanzsubstrat enden mindestens zwei bis drei Zentimeter unter dem Gefäßrand. Beim Bewässern der gepflanzten Werkstücke darf keine Erde auslaufen können. Dadurch könnte den Pflanzen Erde verloren gehen und es würde zu Verschmutzungen im Raum führen.

Festigkeit der Pflanzung

Alle Bestandteile müssen absolut fest eingesetzt sein, sonst fallen sie beim Transport oder schon beim Austrocknen des Substrats auseinander. Bei besonders schweren Pflanzen mit kleinem Wurzelballen kann dieser mit weichen Zweigen oder Moos umwickelt werden, dadurch wird die haltgebende Fläche vergrößert. Auch eng an den Wurzelballen gelegte Steine, Baumwurzeln oder andere zum Pflanzthema passende Gestaltungsmittel wirken sich positiv auf die Festigkeit aus.

Größere Holzknorren werden auf kleine Holzbretter genagelt und vor Pflanzbeginn in das Gefäß gelegt. Damit das Holzbrett bei tieferen Gefäßen den Pflanzvorgang nicht stört, wird zwischen Brett und Knorren ein Draht befestigt. Der Abstand ist dadurch variabel.

Werden Moos, Zweige oder Accessoires verarbeitet, müssen diese mit Draht oder Efeunadeln befestigt werden. Alles, was durch Verrutschen die Gestaltungsaussage verändern würde, muss befestigt sein. Dies gilt natürlich nicht für natürliche Streuungen aus Kies, Sand o. Ä., diese werden durch die größeren Teile und den Gießrand in ihrem Bereich gehalten. Leichte Veränderungen sind kein Problem, sie verändern das Gesamtbild nicht.

Sauberkeit der Pflanzung

Damit die Pflanzung ein sauberes Erscheinungsbild erhält, müssen die verwendeten Bestandteile vor Pflanzbeginn gereinigt werden: Das Gefäß ist aus optischen und hygienischen Gründen außen und innen frei von alten Erd- und Pflanzenresten. Die Pflanzen dürfen keine Kalkrückstände durch die Berieselung in den Gärtnereien auf den Blättern haben und sie müssen frei sein von Ungeziefer und Erdresten. Beschädigte Pflanzenteile müssen entfernt werden. Nach dem Pflanzvorgang wird die Sauberkeit ein weiteres Mal geprüft und vervollständigt. Mithilfe eines Pinsels können Steine, Äste, Pflanzen und Gefäß noch einmal gezielt und vorsichtig von Erde, Sand oder anderen Pflanzrückständen befreit werden. Dieser Vorgang gehört vor das Angießen, denn nasse Erde lässt sich schlecht entfernen.

Der Spritzball, ein unverzichtbares Werkzeug, ermöglicht ein besonders gezieltes und richtig dosiertes Angießen. Insbesondere bei sehr filigranen Bodenformationen. Außerdem werden durch seinen Strahl auch die letzten Erdreste an die richtigen Stellen gespült.

Bild 1 Spritzball

Angießen der Pflanzung

Die frisch gepflanzten Werkstücke werden leicht angegossen. Dadurch verbindet sich das Substrat mit den Wurzelballen der Pflanzen und kleine Freiräume werden verdichtet. Zudem ist die Wasserversorgung für die ersten Lebenstage in dieser neuen Formation gesichert.

3.2 Gestalterische Kriterien

Pflanzenauswahl

Bei Pflanzungen, die für ganz bestimmte Standorte gestaltet werden, hat der Florist zunächst die Aufgabe, sich genau über den Raum zu informieren. Dann wird entschieden, ob eine dauerhafte oder eine saisonale Bepflanzung angefertigt werden soll. Dauerbepflanzungen sind Pflanzenkombinationen, die durchaus einige Jahre zusammen verbringen können, bis das Gefäß die Pflanzen nicht mehr trägt, das Substrat verbraucht ist oder aus optischen Gründen etwas Neues gewünscht wird. Saisonale Pflanzungen sind dem jahreszeitlichen Angebot entnommene Kombinationen. Sie vermitteln Lebendigkeit und die direkte Verbindung zu den Jahreszeiten. Damit sind sie wichtige Stimmungstransporteure.

Ist diese grundsätzliche Entscheidung getroffen, stellen sich konkrete Fragen zum Standort:

- Welches sind die dominierenden Raumfarben und Materialien? Welcher Einrichtungsstil herrscht vor?
- Wo genau soll die Pflanzung stehen?
- Wie sind die Licht-, Temperatur-, Klima- und Platzverhältnisse?
- Welche Aufgabe soll die Pflanzung erfüllen (Raumteiler, Schmuck o. Ä.)?

Sind diese vorbereitenden Fragen geklärt, können entsprechende Gestaltungsvorschläge ausgearbeitet werden.

Da der Standort nicht immer bekannt ist – Pflanzungen werden auch gern vom Kunden verschenkt –, hat der Florist die Möglichkeit, nach Themen zu kombinieren.

Beispiele:
Hier bieten sich z. B. mediterrane Pflanzungen an, auch Farbthemen können sehr interessant sein, Kombinationen aus einer Pflanzenfamilie, zarte Frühlingskörbe, üppige Sommerbepflanzungen, prachtvolle Herbstkörbe, Pflanzungen aus einem Milieu oder Kombinationen bestehend aus panaschierten Pflanzen. Viele weitere interessante Beispiele lassen sich der Jahreszeit entsprechend umsetzen.

> Bei der Pflanzenauswahl müssen einheitliche Pflegeansprüche Berücksichtigung finden; nur unter dieser Voraussetzung hat der Kunde die Chance, einen geeigneten Standort auszuwählen und eine möglichst lange Lebensdauer zu erzielen.

Bodenmodellierung

Beim Gestalten des Bodens, also der Verbindung zwischen Gefäß, Pflanzsubstrat und Pflanzen, spricht man von der Bodenmodellierung.

Sie ergibt sich durch die Arbeitsschritte: In tieferen Gefäßen wird die Dränage mit etwas Erde eingebracht. Ungefähr die Höhe der Wurzelballen, lieber etwas mehr, darf jedoch noch nicht mit Erde gefüllt sein. Die Pflanzen werden eingesetzt, die Wurzelballen mit Erde bedeckt und angedrückt, jetzt können Steine oder Baumwurzeln (falls diese noch nicht im Gefäß verankert sind), ergänzt werden. So entsteht ein natürliches Miteinander, alle Gestaltungsmittel gewinnen an Festigkeit und die Bodengestaltung wirkt wie natürlich gewachsen. Nach dem Angießen der Pflanzung wird vorsichtig mit einer kleinen Schaufel oder einem Löffel noch ein wenig von dem feineren Bodengestaltungsmittel aufgestreut. Dadurch kommen die unterschiedlichen Strukturen stärker zur Geltung. Das ergibt ein vollständig und interessant wirkendes Erscheinungsbild. Die bei der Bodengestaltung zugeordneten Werkstoffe müssen soziologisch auf die Pflanzen abgestimmt sein.

Gestaltungsmöglichkeiten

Eine Pflanzung ist gelungen, wenn sie eine Stimmung transportiert. Ob eine Einzelpflanze in einem schlichten Gefäß oder die Kombination mehrerer Pflanzen in einer flächigen, großen Schale: das Werkstück muss etwas ausstrahlen, etwas Repräsentatives oder Verspieltes, Extravagantes, Natürliches oder auch kühle Eleganz, dem Anlass oder dem zukünftigen Standort angemessen.

Der gewünschte Effekt wird vor Arbeitsbeginn festgelegt und konsequent umgesetzt.

Die gestalterischen Möglichkeiten sind vielseitig. Bei allen Entscheidungen steht die Wahl der Gestaltungsabsicht und damit der Gestaltungsart am Anfang der Planung. Der klare Stil ist die Grundlage für jede Art von Pflanzung. Basis ist immer eine der drei Gestaltungsarten: bei klassischen, natürlichen sowie bei objekthaften Pflanzungen.

3.3 Dekorative Pflanzung

Bei der dekorativen Pflanzung geht es in erster Linie um die üppige Fülle. Eine repräsentative Wirkung soll erzielt werden. Die Pflanzensoziologie tritt zugunsten der Gesamtwirkung zurück. Dennoch müssen auch hier die Persönlichkeitscharaktere und Pflegeansprüche der Pflanzen harmonieren. Beide Ordnungsarten lassen sich anwenden, je nach gewünschter gestalterischer Absicht.

Grundsätzlich sind symmetrische Gefäße für dekorative Pflanzungen sehr gut geeignet. Bauchige Schalen, in der die üppige Pflanzenvielfalt Platz findet, Jardinieren, **Amphoren** und andere, gern auch verzierte Gefäße, unterstützen die dekorative Wirkung der gesamten Pflanzung (siehe Bild 1).

Aber auch andere Möglichkeiten sind denkbar. Bei dekorativ-asymmetrischen Werkstücken kann das Gefäß symmetrisch oder asymmetrisch sein.

Werkstücke wie auf Bild 1 können in sehr kühlem und geradlinigem Ambiente einen gestalterischen Kontrast schaffen, aber auch in rustikalem Umfeld sind sie richtig eingesetzt. Dort unterstützen sie die behagliche Atmosphäre und bringen Lebendigkeit und Frische: durch ihre zarten Bewegungen, pastellfarbenen Blüten und grünem Blattwerk.

Bild 1 Ein mit Rosen verziertes Gefäß, mit verspielt wirkenden Rosen gefüllt, ergibt eine dekorative Einheit

Je schlichter das Gefäß, desto mehr Augenmerk wird auf die Pflanzen gelegt. Das Gefäß wird zum Kontrast und zum haltgebenden Element, in technischer und optischer Hinsicht (siehe Bild 2).

Bild 2 Dekorative Pflanzung im Frühjahr

3.4 Vegetative Pflanzung

Bei der vegetativen Pflanzung steht die Pflanzensoziologie an erster Stelle. Alle Pflanzen müssen aus einem soziologischen Umfeld kommen, Milieu, Herkunft, Wachstumsbedingungen und Größenverhältnisse der Pflanzen müssen übereinstimmen.

Bild 1 Vegetative Pflanzung

Die vegetative Pflanzung ist das der Natur am nächsten kommende Werkstück. Ein Naturausschnitt wird interpretiert, keinesfalls aber imitiert.

Den Pflanzen wird ein natürlicher Entfaltungsfreiraum gegeben, alle Pflanzen werden asymmetrisch gruppiert, und es gibt eine natürlich wirkende Bodengestaltung, bestehend aus Zweigen, Sand, Steinen, Moos oder anderen Gestaltungsmitteln. Auch diese müssen zum soziologischen Umfeld der Pflanzenauswahl passen.

Am besten eignen sich flächige, schlichte Gefäße, sie sollen einen Naturausschnitt aufnehmen. In flachen, eckigen oder runden Schalen lässt sich dieser **wahrhaftig** darstellen. Die Gefäße dürfen nicht zu klein sein, damit sich die gestalterisch wichtigen Freiräume gut einarbeiten lassen.

3.5 Formal-lineare oder grafische Pflanzung

Bild 2 Grafische Pflanzung in einem schlichten, symmetrischen Gefäß

Hier wird diese Gestaltungsart als grafisch bezeichnet, beide Begriffe sind möglich und müssen geläufig sein.

Formen, Linien, Spannungen und Kontraste: Das sind die dominanten Gestaltungskriterien bei dieser Art von Pflanzung. Gefäß, Pflanzen und alle weiteren Accessoires werden bewusst nach Form, Farbe, Größe sowie deutlichen Struktur- und Bewegungskontrasten ausgewählt und kombiniert.

Bild 3 Naturstudien sind für Auszubildende sehr hilfreich für das Verständnis der Wuchsform und den Einsatz der floralen Werkstoffe in der floristischen Gestaltung. Dieses Foto zeigt Schülerinnen mit ihrer Ausbilderin beim Besuch des Rhododendronparks in Bremen.

Die Pflanzensoziologie tritt zurück, Kontraste, Farbakzente und Disharmonien sind gefragt. Alles, was Spannung bringt, überzeugt. Deshalb ist hier die Asymmetrie die geeignete Ordnungsart.

Das Gefäß wirkt entscheidend mit, alle oben genannten Eigenschaften treffen auch für die Auswahl des Gefäßes zu. Entweder hat es eine geradlinige und schlichte Form oder es gibt schon eigenwillige, vielleicht sogar raumgreifende Elemente vor. In beiden Fällen verschmelzen Florales und Nonflorales zu einer Einheit.

Bild 1 Pinsel und Besen

Bild 2 Beispiel für ein kleines Pflanzgefäß

Bild 3 Dekorative Pflanzung

Aufgaben

1. Was ist eine Pflanzung?
2. Nach welchen Kriterien werden Pflanzen kombiniert?
3. Die technischen Anforderungen für In- und Outdoorgefäße sind unterschiedlich. Nennen und begründen Sie sie.
4. Nennen Sie die technischen Kriterien beim Anfertigen einer Pflanzung.
5. a) Welche Pflanzsubstrate gibt es?
   b) Die Pflanzen haben unterschiedliche Ansprüche an das Substrat. Beschreiben und begründen Sie drei Beispiele.
6. Was ist eine Dränage und wo ist sie notwendig?
7. Erläutern Sie den Begriff „Pflanzensoziologie“.
8. Was ist ein Gießrand? Erklären Sie seine Notwendigkeit.
9. Unterscheiden Sie Dauerbepflanzungen von saisonalen Pflanzungen.
10. Charakterisieren und beschreiben Sie die drei vorgestellten Pflanzungsbeispiele.
11. Wie erzielen Sie eine gute Bodenmodellierung?
12. Welche Kriterien müssen bei der Auswahl der verwendeten Werkstoffe Berücksichtigung finden?
13. Wo bietet sich der Einsatz eines Pinsels an?
14. Welchen Vorteil hat es, vor allem bei kleineren Pflanzungen, mit einem Spritzball anzugießen?

Bild 4 Beispiele für ein Angebot von diversen Pflanzungen

4 Tischschmuck gestalten

Das Thema Tischschmuck bzw. Tischdekoration ist sehr umfangreich und vielseitig. Es ist einer von vier Bereichen, die zur Abschlussprüfung als Komplexe Prüfungsaufgabe gewählt werden können. Schon aus diesem Grund setzen sich Auszubildende spätestens zum Ende des zweiten oder zum Anfang des dritten Lehrjahres genauer mit diesem Thema auseinander.

Mit der Anmeldung zur Abschlussprüfung muss das Thema für die Komplexe Prüfungsaufgabe (KPA) gewählt und der zuständigen prüfenden Stelle, Industrie- und Handelskammer (IHK) oder der Handelskammer (HK), mitgeteilt werden. Da Oliver sich noch nicht entschieden hat, das Thema Tischschmuck ihn aber fasziniert, wird er sich im folgenden Kapitel intensiv damit beschäftigen.

Seine Mitauszubildenden Anna und Christine beobachten Olivers Aktivitäten mit Interesse, auch sie denken schon über ihre Abschlussprüfung nach. Gemeinsam besuchen sie Ausstellungen von Prüfungsarbeiten und die jährlich stattfindende Veranstaltung: „Der gedeckte Tisch", die in Kooperation mit dem Fachverband Deutscher Floristen (FDF) und dem Deutschen Hotel- und Gaststättenverband (DEHOGA) durchgeführt wird. Die Auslagen von hochwertigen Porzellan-, Glas-, und Tischwäschefachgeschäften begutachtet Oliver jetzt mit neuem Interesse.

Ein Tischschmuck kann zu den unterschiedlichsten Anlässen angefertigt werden:

Zum Beispiel:
- Geburtstag,
- Namenstag,
- Hochzeit,
- Hochzeitstag,
- Trauerfeier,
- Ostern,
- Weihnachten,
- Silvester,
- Valentinstag,
- Muttertag,
- Essen mit Freunden,
- Themenabend, z. B. land- oder saisonbezogen,
- Jubiläen,
- Geschäftsessen,
- Einfach mal Lust auf einen stilvollen Abend,
- Büffetschmuck.

Viele weitere spontane Anlässe lassen sich finden, zu denen ein passender Tischschmuck entwickelt werden kann. Abgestimmt auf den Anlass, den Raum, die Tischform, die Personen, die Gastgeber, das Essen oder das Thema der Veranstaltung, trägt eine passende Tischdekoration entscheidend zu der gewünschten Atmosphäre und dem Stil einer Veranstaltung bei.

Tischdekorationen benötigen allerdings nicht unbedingt einen speziellen Anlass, sie können einen wichtigen Part im Alltag einnehmen. Für viele Menschen gehören der Blumenstrauß oder andere florale Werkstücke zur ständigen Einrichtung im Wohnbereich.

Auch im Arbeitsalltag darf die florale Dekoration nicht fehlen: Blumenschmuck am Empfang, auf Schreib-, Besprechungs- und Konferenztischen, in Mitarbeiter- sowie in kundenorientierten Bereichen, sorgt für eine frische, freundliche und offene Gesprächsatmosphäre. Intuitiv wird eine positive Grundstimmung und das Gefühl für Vertrauen, Aktivität und Zeitgeist vermittelt.

Allgemeine Anforderungen:
Der Umfang des Tischschmucks hängt von der Tischform und Tischgröße ab. Dekorationen sollen die Veranstaltung stimmungsvoll, festlich und wirkungsvoll unterstützen und die Atmosphäre am Tisch positiv prägen. Das Einfühlungsvermögen des Gestalters spielt eine große Rolle. Der Schmuck darf auf keinen Fall behindern und stören.

Raum für Blumenschmuck und Kerzen

Der vom Service beanspruchte Platzbedarf muss im Vorfeld besprochen werden: Menüfolge? Darreichungsform?

Wird das Menü vorgelegt oder auf Tellern angerichtet und serviert, hat der Florist mehr Entfaltungsspielraum. Sollen Schalen, Platten und Sonstiges in der Tischmitte Platz finden, schränkt das die Stellfläche auf dem Tisch beträchtlich ein.

Die Gäste am Tisch sollen sich wohlfühlen, dazu gehört u. a., dass genügend Bewegungsfreiraum vorhanden ist.

Der optimale Platzbedarf pro Person ist gegeben, wenn in der Breite 70 bis 80 cm und in der Tiefe 35 bis 40 cm zur Verfügung stehen.

Ein Platzteller hat einen Durchmesser von ca. 32 cm, darüber werden das Dessertbesteck und die Gläser angeordnet. Das zum Hauptgericht gehörende Glas steht über dem Messer des Hauptgerichtes, die Gläser der Vorspeisen werden in einer Linie schräg nach unten aufgestellt. Das Wasserglas wird frei dazu geordnet. Das Besteck rechts und links vom Platzteller liegt in der Reihenfolge des Menüablaufs von außen nach innen.

Die Serviette wird zwischen den Bestecken, im Couvert oder auf dem Teller angeordnet, gefaltet, gerollt, gestellt oder gelegt, so wie es stilmäßig zum Gesamtbild passt. Häufig sind Servietten aus dem gleichen Stoff wie die Tischdecken, sie können aber auch farblich auf den Raum und die Tischdekoration abgestimmt werden. Aus hygienischen Gründen werden einfache Formen gewählt, die nur wenige Faltungen erfordern.

Diese geschehen am besten mit weißen Baumwollhandschuhen. Möchte der Florist einen individuellen Schmuck, z. B. einen Ring für die Servietten gestalten, müssen nonflorale Werkstoffe verwendet werden. Lebensmittel und Gedeck dürfen nicht mit Pflanzen in Berührung kommen.

Bild 1 Gedeck für ein Drei-Gänge-Menü

Sitzen sich also zwei Personen gegenüber, werden schon 70 bis 80 cm für das Eindecken benötigt. Lange Tafeln in der Gastronomie sind häufig nur 80 bis 90 cm breit. Das ergibt einen Freiraum von ca. 10 bis 20 cm in der Mitte, der bestenfalls für die Dekoration zur Verfügung steht.

Sehr oft, vor allem bei Bällen oder wenn die Größe der Gesellschaft es zulässt, auch bei feierlichen familiären oder geschäftlichen Anlässen, werden runde Tische eingesetzt: Diese haben einen Durchmesser von 160 cm oder 180 cm, acht bis zehn Personen können so problemlos Platz finden. Diese Tischform bietet einen angenehmen Unterhaltungswert. Alle Personen sind einander zugewandt, das führt schnell zu einer lockeren Gesprächsatmosphäre, auch wenn die Gäste sich untereinander fremd sind. Aber auch hier muss die Art der Essensdarreichung im Vorfeld geklärt werden.

Wird vom Optimalfall ausgegangen: 180 cm Tischdurchmesser minus 80 cm für Gedecke, bleibt eine runde Freifläche von 100 cm im Durchmesser. Hier müssen zusätzlich zum Blumenschmuck Wasser, Sekt- und Weinkühler, Salz- und Pfefferstreuer, Getränke- und Speisekarten oder Ähnliches Platz finden.

4.1 Technische Kriterien

Größe des Tischschmucks

Zur Ausdehnung des Schmucks: Der Blumenschmuck darf die Kommunikation der Gäste nicht stören. Das bedeutet, er muss sich entweder unter- oder oberhalb des Sichtfeldes befinden. Unterhalb des Sichtfeldes heißt, er darf maximal zwanzig bis fünfundzwanzig Zentimeter hoch sein. Bei einer geschlossenen Umrissform, z. B. einer Rosenkugel, sollte er aufgrund der massiven Wirkung etwas niedriger gefertigt sein. Oberhalb des Sichtfeldes kann in langstieligen Gläsern oder speziell angefertigten Gestellen gestaltet werden. Das bietet sich auch für Büffetdekorationen an und erzielt gleichzeitig einen Raumschmuck.

Der Blumenschmuck darf keine Barriere bilden. Niemand sitzt gern vor oder hinter einer Wand.

> Ein sich gegenübersitzendes Paar möchte sich bestimmt mal in die Augen schauen. Das will der Florist doch nicht verhindern, oder?

Bild 2 Ungeeignete Höhe eines Tischschmucks

Bild 3 Geeignete Schmuckhöhe ca. 20 bis 25 cm

Die Größe und die Menge des Schmucks ist an die Tischgröße, das Geschirr und die Platzverhältnisse anzupassen. Der Schmuck soll, wie der Name schon sagt, schmücken und nicht dominieren. Bei langen Tafeln, wo z. B. Tischgestecke im Wechsel mit Kerzenleuchtern, zu einer rhythmischen Reihe angeordnet werden, rechnet man mindestens ein Gesteck für 10 sich gegenüber sitzende Personen. Eine rein theoretische Angabe, die je nach Kundenwunsch oder Menüablauf verändert werden kann.

Ästhetik und Sauberkeit

Alle Werkstoffe und Accessoires wollen wohlüberlegt ausgewählt sein.

Weder Auge noch Nase möchten belästigt werden. Springende Blattläuse oder kriechende Würmer gehören nicht auf den Tisch. Stark duftende Blüten sind für Tischdekorationen in geschlossenen Räumen ungeeignet.

Viele Menschen fühlen sich durch starke Düfte von z. B. Hyazinthen oder Lilien belästigt. Wenn sich diese süßlichen Gerüche mit deftigen Essensdüften vermischen, kann das sogar für weniger empfindliche Menschen unangenehm sein.

Bei themenbezogenen Accessoires ist ebenfalls Vorsicht geboten: Nur absolut geruchsneutrale Werkstoffe und Dekorationsteile dürfen Verwendung finden. Das geht bis hin zur Kerzenauswahl; stark duftende Bienenwachskerzen passen nicht zu jedem Essen. Bei einer süßen Kaffeetafel können sie allerdings passend sein. Vorausgesetzt, die gestalterischen Kriterien stimmen überein.

Die Sauberkeit der Gefäße und aller verwendeten Werkstoffe und Details ist von größter Wichtigkeit. Blüten und Blätter müssen vor der Verarbeitung gereinigt werden. Kalk-, Erd-, und andere Rückstände müssen entfernt sein. Das Gefäß muss, bevor es auf den Tisch gestellt wird, noch einmal gereinigt und getrocknet werden. Beim Arbeiten bleiben Wassertropfen und Fingerabdrücke zurück, obendrein könnte die Tischdecke Schaden nehmen. Der Gast wird sich nur wohlfühlen, wenn alles sauber ist, er könnte sonst leicht negative Rückschlüsse auf die Art der Essenszubereitung ziehen.

Haltbarkeit der Tischdekoration

Die Werkstoffe für Tischdekorationen müssen so ausgewählt werden, dass sie zum Zeitpunkt der Veranstaltung den richtigen Reifezustand haben. Das heißt, sie müssen kurz vor der vollen Blüte stehen. Die Haltbarkeit muss für die Dauer der Feier gewährleistet sein. Bei einer Veranstaltung, die über mehrere Tage geht, kommen nur Werkstoffe mit entsprechender Haltbarkeit in Frage. Optimal ist, wenn über den Zeitraum ein Pflegeteam verantwortlich ist. Tägliches Wassernachfüllen ist bei den oft nur zweckmäßig groß gewählten Gefäßen sehr wichtig. Hohe Raumtemperaturen durch viele Menschen und Heizungsluft tragen zum hohen Wasserverbrauch und zum schnelleren Verblühvorgang bei.

4.2 Gestalterische Kriterien

Gefäßauswahl

Für die Auswahl der Gefäßform gibt es verschiedene Möglichkeiten:

Anpassung an die Tischform:
- runder Tisch – rundes Gefäß,
- rechteckiger Tisch oder lange Tafeln – rechteckige, längliche Gefäße,
- quadratischer Tisch – quadratisches Gefäß,
- ovaler Tisch – ovales Gefäß,
- dreieckiger Tisch – dreieckiges Gefäß.

Kontrast zur Tischform:
- runder Tisch – eine Gruppe bestehend aus quadratischen Gefäßen,
- eine lange Tafel – eine Streuung oder stetige Reihung, bestehend aus runden Gefäßen,
- quadratischer Tisch – dreieckige Gefäße,
- rechteckiger Tisch – quadratische oder dreieckige Gefäße.

Bild 1 zeigt unterschiedliche Tischformen. Weitere Möglichkeiten sind Aufstellungen als E- oder als T-Form. Die optimale Aufstellung richtet sich nach der unterzubringenden Personenzahl und nach den räumlichen Möglichkeiten.

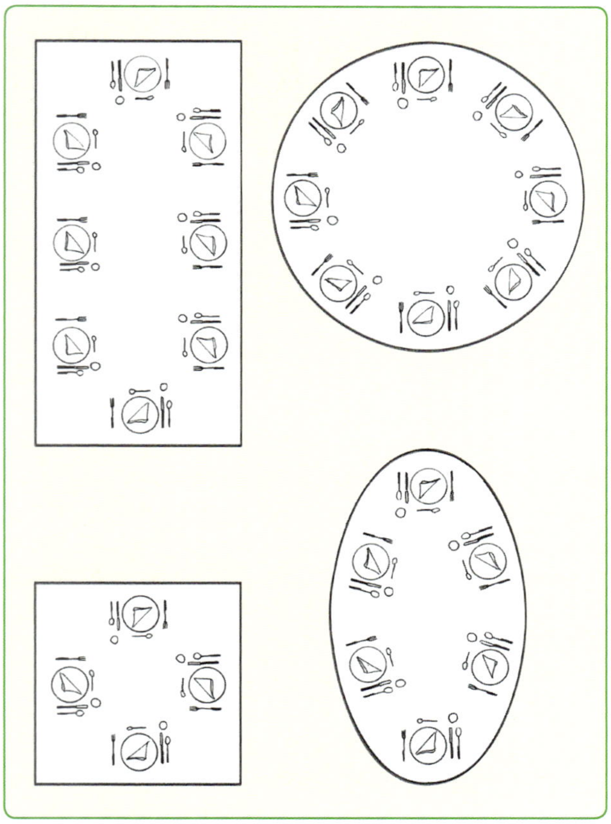

Bild 1 Beispiele für Tischformen und Aufstellungen

Lassen Tisch und das Menü genügend Raum für den Schmuck zu, können spannungsreiche Kombinationen entstehen. Werden mehrere Gefäße zu Gruppierungen zusammengefasst, entsteht ein interessantes Gesamtbild. Vor allem dreieckige Gefäße müssen als Gruppe eingesetzt werden. Durch die Pfeilwirkung, die optisch über die Tischkante hinaus schießt, entsteht eine Disharmonie. Wird ein zweites oder auch drittes Gefäß, mit der Spitze zu den anderen Gefäßen, im gegenüberliegenden Bereich angeordnet, wirkt das der Pfeilwirkung entgegen und die Ausgewogenheit ist hergestellt. Die Dekoration und der gedeckte Tisch verschmelzen zu einer Einheit und laden zum Verweilen ein. Je nach gewählter Gestaltungsart, Werkstoffauswahl und Farbkombination ist die Ausstrahlung elegant, dezent und feierlich oder spannungsreich und heiter inspirierend. Diese Entscheidungen sind vom Anlass abhängig.

Gestaltungsmöglichkeiten

Die Entscheidung für die passenden Gestaltungselemente, wie z. B. die Gestaltungsart, die Farbenkombinationen und die Anordnungsweise der Werkstoffe, ist von folgenden Faktoren abhängig:

- Art der Feier/Veranstaltung,
- Anlass,
- Ziel der Dekoration,
- Geschmack der Gastgeber,
- Art des Menüs,
- Stil des Raumes und der Einrichtung.

Eine kleine Gesellschaft, die sich im Schlosscafé trifft, um den 75. Geburtstag einer Dame zu feiern, fordert eine elegante und feierliche Dekoration. Stilelemente und Farben des Raumes müssen Berücksichtigung finden, wobei die Lieblingsfarben und -blumen der Jubilarin erfragt und wenn möglich integriert werden können.

Bei einer Gartenparty, ca. 50 Freunde möchten einen stimmungsvollen Abend miteinander verbringen, ist eine andere Art der Dekoration angesagt: dekorative, üppige Fülle und fröhliche Farben werden diesem Anlass gerecht.

Stilelemente des Gartens prägen die Gestaltungsidee, so können z. B. rustikale Zinkeimer üppig mit Sommerblumen gefüllt werden. Größere finden auf dem Büffet Platz, kleinere können auf der Tafel in unregelmäßiger Streuung angeordnet sein. Dazwischen gestreute farbige Windlichter sorgen für ein stimmungsvolles Ambiente.

Der Florist muss sich in die Auftraggeber hineinversetzen, Hintergrundwissen muss eingeholt werden, Fachkompetenz und Einfühlungsvermögen sind gefragt.

Ein Vororttermin ist immer hilfreich, um sich ein konkretes Bild von den räumlichen Gegebenheiten machen zu können. Dadurch werden böse Überraschungen ausgeschlossen.

Neben den grundsätzlichen Informationen zur Personenzahl, Tischanordnung, Tischbreite, Raumfarben (Tapeten, Polster, Gardinen, Lampen), Tischdecken und Servietten (Farben und Struktur) und zur Art des Geschirrs ist es wichtig, nach dem Menü zu fragen. Wird z. B. zu einem mediterranen Essen eingeladen, ist es sinnvoll, die Werkstoffauswahl darauf abzustimmen. Die Herkunft, und der dadurch geprägte Charakter der Pflanzen, tragen entscheidend zum gewünschten Ambiente bei.

Beispiele für weitere Tischdekorationen

Einladung zu einem Fischessen, der Tisch ist in Pastellfarben eingedeckt, zarte Blau- und Türkistöne dominieren. Der Tisch ist rund und für sechs Personen vorgesehen. Gestaltungsmöglichkeit: Flache, runde, transparente Glasgefäße, gestaltet mit Pflanzen aus dem wassernahen Bereich, z. B. die Japanische Sumpfschwertlilie *(Iris kaempferi)*, die Sumpf-Calla *(Calla palustris)*, das Sumpfvergissmeinnicht *(Myosotis palustris)* mit Binsen (*Juncus*-Arten), Seggen (*Carex*-Arten) oder anderen Werkstoffen in den Farben Blau, Grün und Weiß symbolisieren den natürlichen Lebensraum der Fische. Durch das sichtbare Wasser, kombiniert mit Accessoires aus dem Meeresbereich, zum Beispiel Sand, Kies oder Muscheln in den Gefäßen, unterstützt die Tischdekoration die Stimmung und das Wohlgefühl. Als Verbindung der Gefäße zum Tisch und untereinander können netzähnliche Bänder, Tücher und Muscheln zugeordnet werden.

Bild 1 Ausschnitt einer Büfett-Dekoration zu einem Fischessen

> Vorsicht: Die Dekorationsmittel müssen absolut geruchsneutral und sauber sein!

Die Steigerung bei der Werkstoffauswahl wäre die Abstimmung auf die Herkunft und die Art des Fisches. Der rustikale Aal wird anders serviert als der aus dem Pazifik stammende Papageifisch.

Die Möglichkeiten bei der Gestaltung von Tischdekorationen sind unwahrscheinlich vielseitig. Dem Ideenreichtum der Floristen sind, unter Beachtung der technischen und ästhetischen Anforderungen, kaum Grenzen gesetzt. Die Bilder 1 und 2 auf der folgenden Seite zeigen zwei interessante Beispiele.

Bild 1 Tischdekoration „Leichtes Sommer-Menü"

Bild 2 Tischdekoration anlässlich eines Pastaessens mit Freunden, fröhliche Farben, Kontraste in Form und Struktur, spielerische Bewegungen im Gegensatz zu statisch wirkenden Stäben bilden eine anspruchsvolle Einheit mit dem Raum.

Auf Bild 2 ist ein interessantes Gerüst aus *Craspedia globosa* zu sehen. Es trägt kleine Reagenzröhrchen, gefüllt mit *Gloriosa superba*, ergänzt durch ausschwingende Blätter von der *Aristea africana*. Alle Gestaltungsmittel sind durch gelbe Kabelbinder miteinander verbunden.

Bild 1 Gestaltung der Tischdekoration wiederholt sich im Raumschmuck

Es gibt viele Möglichkeiten stimmungsvolle Tischdekorationen zu gestalten. Aus technischer ebenso wie aus gestalterischer Sicht: Sie können aus gesteckten, gebundenen, gelegten oder gewundenen Werkstücken entstehen. Blüten oder Blütenblätter können in die Mitte des Tisches gestreut werden, um Kerzenleuchter, Windlichter oder Gestecke optisch miteinander zu verbinden.

Bei langen Tafeln werden Tischbänder längs über den Tisch gelegt, auch das verbindet die Einzelteile, aus denen sich die Tischdekoration zusammensetzt.

Für runde Tische sind Tischkränze eine gute Variante. Der Blütenkranz wird in eine spezielle Kranzunterlage gesteckt. Diese sind in verschiedenen Größen im Handel erhältlich. Die fertigen Ringe bestehen aus Feuchtsteckmasse, die sich in einem Kunststoffring mit Rand befindet. Dadurch ist die Wasserversorgung für einige Zeit gewährleistet. Voraussetzung dafür ist natürlich, dass die Kranzunterlage vor der Verarbeitung gut vollgesogen ist. Der Kranz wird in der Tischmitte platziert, von ihm auslaufend können ebenfalls Bänder über den Tisch gelegt werden. Die Anzahl der Bänder ist abhängig von der Personenzahl. Werden sie sternförmig angeordnet, ergeben sich sechs Plätze.

Vorsicht geboten ist bei gepflanzten Werkstücken, denn Erde und Lebensmittel auf einem Tisch erfordern äußerste Sorgfalt: Tiefe Gefäße und die entsprechende Pflanztechnik müssen dafür Sorge tragen, dass die Erde nicht mit dem Tisch in Berührung kommt. Es ist möglich, aber kritisch. Am besten vorstellbar sind gepflanzte Werkstücke in einem rustikalen Ambiente, z. B. auf einem breiten, massiven Holztisch auf einer Terrasse oder in einem natürlichen Gartenbereich.

Aufgaben

1. Wann und wo sind Tischdekorationen angebracht?
2. Welche Informationen benötigen Sie, um einen Tischschmuck entwickeln zu können?
3. Warum haben der Stil bzw. die Einrichtung des Raumes Einfluss auf die Dekoration?
4. Von welchen Faktoren hängt der Umfang einer Tischdekoration ab?
5. Welche technischen und ästhetischen Anforderungen werden an den Schmuck gestellt?
6. Wie groß ist der Platzbedarf im Optimalfall pro Person?
7. Entwickeln Sie eine Tischdekoration zu einem Thema Ihrer Wahl und stellen Sie Ihren Gestaltungsvorschlag im Klassenverband vor.
8. Fertigen Sie eine Werkstoffliste und eine Kalkulation zu Ihrem Entwurf an.
9. Setzen Sie einen Ausschnitt Ihrer Idee in die Praxis um.
10. Warum ist es kritisch, mit Pflanzungen auf dem Esstisch zu arbeiten?

5 Hochzeitsschmuck anfertigen

Ein Brautmodengeschäft veranstaltet eine Modenschau und arbeitet dabei mit dem Floristik-Fachgeschäft Linnea GmbH zusammen, um zu den gezeigten Kleidern die passenden Brautsträuße und Haarschmuckformen präsentieren zu können. Vor dem Geschäft sollen eine Limousine und eine Kutsche mit entsprechendem Blumenschmuck stehen.

In einer Mitarbeiterbesprechung werden nun Aufgaben verteilt: Jeder Mitarbeiter soll entsprechend seinen Fähigkeiten in die Vorbereitung mit einbezogen werden. So wird Anna Haarschmuck und Anstecker fertigen, Christine und Oliver dürfen in verschiedenen Techniken Brautsträuße entwerfen und arbeiten. Dazu werden die Auszubildenden das Brautmodengeschäft besuchen und sich die Kleider ansehen, die präsentiert werden sollen und Informationen über die jeweiligen Modelle bekommen.

Dorothea Pohl wird in Erfahrung bringen, welche Limousine da sein wird und den Schmuck dafür entwerfen, während Maximilian Petersen sich die Kutsche ansieht, um dafür den Blumenschmuck anfertigen zu können. Marc und Sophia Schmidt kümmern sich um die Dekoration auf der Bühne und auf den Stehtischen.

Jeder bekommt für diese vorbereitenden Arbeiten eine Liste, in der Ideen und benötigte Werkstoffe und Materialien festgehalten werden, um dann für die nächste Besprechung gut vorbereitet zu sein.

5.1 Brautsträuße

Blumenschmuck zur Hochzeit gibt es zu allen Zeiten. Bereits im Altertum gehörten Blumen zur Vermählung dazu: Blumen und Kräuter, wie z. B. Rosmarin und Myrte, wurden zu einem Strauß oder Kranz gebunden und sollten durch ihren Wohlgeruch böse Geister abwehren. Der Brautstrauß, wie er heute noch Verwendung findet, taucht das erste Mal in der Renaissance als reiner Duftstrauß auf, um einen angenehmen Geruch um die Braut zu verbreiten. Im Laufe der Jahrhunderte haben sich verschiedenste Formen von Brautschmuck entwickelt, und gerade in den letzten Jahren sind der Kreativität des Floristen keine Grenzen gesetzt. Er kann individuell auf Wünsche der Brautleute und Trends eingehen. Verschiedenste Techniken und Hilfsmittel, exotische Blumen und Pflanzen und immer wieder neue Accessoires stehen dem Floristen heute zur Verfügung.

Deshalb wird in den nachfolgenden Kapiteln auch nur von Grundformen und Grundtechniken für Brautsträuße gesprochen. Werden diese beherrscht, sind alle weiteren Abwandlungen gestalterisch und technisch machbar. Oberstes Gebot bei dem Entwurf eines Brautstraußes ist immer die Abstimmung des Straußes auf die Braut, die ihn trägt und deren Ausstrahlung durch ihn unterstützt wird. Vor diesem Hintergrund ist dann „alles" möglich. Gerade in einschlägigen Zeitschriften und Fachbüchern, zu Berufswettkämpfen oder Meisterprüfungen gibt es eine Vielzahl von Vorschlägen und Trends in Bezug auf die Brautfloristik, die immer wieder neue Impulse für eigene Entwürfe geben.

5.1.1 Brautschmuck und Brautstraußformen

Da der Brautstrauß gezielt und individuell für eine Person gefertigt wird, ist es notwendig, eine Reihe von Informationen über die Braut und das Umfeld der Hochzeit zu erhalten. Das kann am besten in einem vereinbarten Beratungsgespräch geschehen, in dem anhand einer Checkliste die wichtigsten Punkte geklärt werden. Folgende Kriterien beeinflussen die Entscheidung, welche Brautstraußform, welche Farben und Blumen und Pflanzenteile gewählt werden:

Typ der Braut: Dazu gehören u. A. das Wesen (z. B. streng, jugendlich, sportlich, unkonventionell, elegant, zurückhaltend, natürlich), die Größe, die Haarfarbe.

Brautkleid: z. B. romantisches, weit ausgestelltes Kleid, gerades, elegantes Kleid, Kostüm und die Farben des Kleides und des Anzuges des Bräutigams.

Umfeld der Hochzeit: Findet allein eine standesamtliche oder auch eine kirchliche Trauung statt, ist die anschließende Feier eher familiär oder in größerem Rahmen geplant?

Welche Vorstellungen und Wünsche hat die Braut, gibt es Lieblingsblumen oder Lieblingsfarben?

Mit diesen Antworten zeichnet sich schon ein Bild ab, wie der Brautstrauß gestaltet werden kann, und es können konkrete Vorschläge unterbreitet werden. Die verschiedenen Brautstraußformen strahlen unterschiedliche Wesensarten aus, von streng über modisch, festlich, elegant bis verspielt. Die Ausstrahlung kann dann mithilfe der Farben- und Blumenauswahl noch verstärkt oder abgeschwächt und dem Kleid angepasst werden. Daraus wird schon ersichtlich, wie vielfältig die gestalterischen Möglichkeiten für einen Brautstrauß sein können.

Auf der nachfolgenden Seite werden grundlegende Brautstraußformen dargestellt.

Brautstraußformen	**Wirkung**
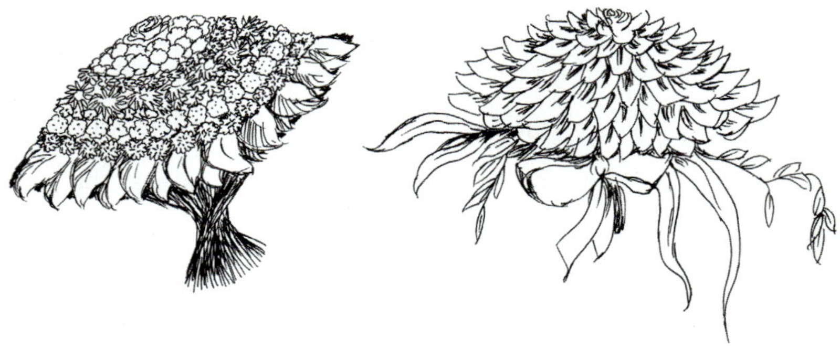 Runde Kuppelform, kompakte Umrissgestaltung	Je nach farblicher, struktureller Ausarbeitung und Werkstoffauswahl: klar, schlicht, zurückhaltend, elegant, streng, traditionell
 Aufgelockerte Tropfen- oder Bogenform	Je nach farblicher, struktureller Ausarbeitung und Werkstoffauswahl: nostalgisch, romantisch, festlich, lebendig, repräsentativ Bei asymmetrischer Gestaltung spannungsreicher
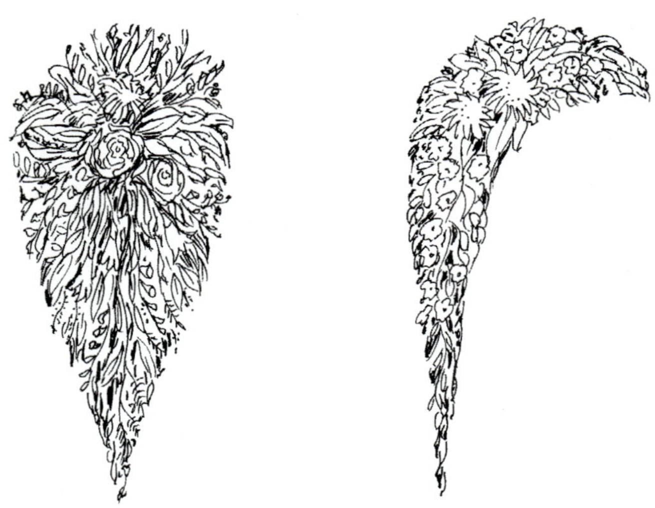 Kompakte Tropfen- oder Bogenform	Je nach farblicher, struktureller Ausarbeitung und Werkstoffauswahl: ruhig, würdevoll, unterordnend, elegant, klar Bei asymmetrischer Gestaltung und in Bogenform bewegter und spannungsreicher

5.1.2 Technische Kriterien für den Brautstrauß

Es gibt verschiedene Möglichkeiten, die genannten Straußformen zu arbeiten. Je nach gewählten Werkstoffen und möglichem Arbeitsaufwand kann für die gewählte Form eine Technik ausgewählt werden.

Straußform	Geeignete Technik
runde, kuppelförmige Sträuße	binden mit natürlichen Stielen, binden mit wattierten, gedrehten Stielen, stecken in Brautstraußhalter
Glamelie	binden mit einzeln mit Silberdraht gedrahteten Blütenblättern
aufgelockerte Tropfen- oder Bogenformen	binden mit natürlichen Stielen, binden mit wattierten Stielen, stecken in Brautstraußhalter
kompakte Tropfen- oder Bogenform	Englische Technik

Vorbereitende Arbeiten

Wurde entsprechend der Straußform die geeignete Technik ausgewählt, orientieren sich daran nun die nachfolgenden vorbereitenden Tätigkeiten. Die für die gewählte Technik benötigten Hilfsmittel werden bereitgelegt, wie z. B. Draht, Kautschuk- und Kreppband, Brautstraußhalter usw.

- Werkstoffauswahl
  Die Auswahl der Blumen und Pflanzenteile muss mit besonderer Sorgfalt erfolgen. Neben den allgemeinen Regeln für die Werkstoffauswahl (s. S. 399, Kap. 1.1.1) sind für Brautsträuße zusätzlich noch folgende Anforderungen zu erfüllen:

  Die Werkstoffe müssen in der gewählten Technik für die Dauer der Feier (24 Stunden) haltbar sein. Um das zu erreichen, verwendet man nur gut ausgereiften und ausreichend gewässerten Werkstoff. Während des Fertigens müssen die Blumen und Pflanzenteile mit Wasser versorgt sein, also sollten z. B. gedrahtete Stiele in eine flache Wasserschale gelegt werden.

  Die Werkstoffe und anderen Gestaltungsmittel dürfen nichts beschmutzen, verfärben und niemanden verletzen. Deshalb ist besonders bei der Verwendung von saftigen Früchten und Blüten mit ausgereiften Staubgefäßen Vorsicht geboten, alternativ können weniger reife Früchte verwendet und die Staubgefäße entfernt werden. Andere Fruchtstände oder der in der Brautstraußbinderei beliebte Asparagus können mit kleinen Widerhaken am Brautkleid Fäden ziehen. Stacheln und Dornen müssen also restlos entfernt werden.

Blumen und Pflanzenteile, die verarbeitet werden sollen, werden nun entsprechend der gewählten Technik vorbereitet:

- Für das Binden mit natürlichen Stielen
  Soll eine abfließende Form oder eine Bogenform mit natürlichen Stielen gebunden werden, müssen häufig, wenn die Werkstoffe nicht in ihrer natürlichen Bewegungsform abfließend sind, Werkstoffe für die abfließenden Partien geschient oder von innen gestützt werden. Zum Schienen werden zwei Stützdrähte an die zu stabilisierende oder zu biegende Stelle angelegt und mit Kautschukband (z. B. Guttacoll oder Parafilm, Bild 1) abgewickelt. Bei hohlen Stielen, wie z. B. *Ranunculus asiaticuss* bietet sich das inwendige Stützen an. Die Stellen und die Länge der Schiene müssen gezielt für die Biegung gewählt werden, damit die Schiene später im Strauß nicht sichtbar ist. Das heißt, beim Schienen und Stützen muss schon klar sein, wo jeder einzelne Werkstoff angeordnet werden soll.

Bild 1 Arbeitsweise beim Schienen und Abwickeln

Bild 2 Arbeitsweise des Wattierens

- Das Binden mit wattierten Stielen
  Für das Binden mit wattierten Stielen muss nun jede Blume und jedes Pflanzenteil so gekürzt werden, dass ihre Blüte in der gewünschten Position im Strauß endet und die Wattierungsstelle exakt über der späteren Bindestelle angeordnet werden kann. Die Längen kann man gut abmessen, indem

man die Werkstoffe auf dem Tisch so ausbreitet, wie sie ihre Position im Strauß zeigen und an der Bindestelle enden. Watte wird angelegt und mit dem Stützdraht, der auch den Stiel verlängern wird, festgehalten. Anschließend wird die wattierte Stelle gewässert und der Draht mit Guttacol abgewickelt. Wichtig ist, dass der Draht fest mit dem natürlichen Stiel verbunden ist, ohne ihn zu quetschen. Sind die Längen ungenau gekürzt, wird beim Zusammenfügen die wattierte Stelle entweder in den Bereich des Brautstraußstieles oder oberhalb der Wattierungsstellen rutschen. Beides hat zur Folge, dass Partien des Straußes nicht fest verankert sind und der Strauß instabil wird. Zusätzlich wird ein Stützdraht mit Kreppband abgewickelt, der später am zusammengefügten Strauß zum Zusammenbinden der Drähte dient.

- Das Stecken in Brautstraußhalter
  Hierfür wird zunächst der Brautstraußhalter gewässert und in einen Ständer in angenehmer Arbeitshöhe eingespannt. Soll ein Brautstrauß mit lang abfließenden Partien gesteckt werden, müssen die Werkstoffe dafür angedrahtet werden, um später im Straußhalter verankert werden zu können.

- Die Englische Technik
  Alle Blumen und Pflanzenteile werden unter der Blüte gekürzt und angedrahtet. Die Drahtstärke ist nur so stark wie nötig, um die Blüte in der vorgesehenen Lage zu halten, denn durch die Vielzahl an notwendigen Drähten im Strauß wird der fertige Strauß schwerer. Es kann Silberdraht bis zu stärkeren Stützdrähten verwendet werden, abhängig von der Größe und Schwere der Blüten und je nachdem, ob die Blüten im inneren Bereich oder weiter entfernt von der Bindeachse angeordnet werden. Für die Bindeachse nutzt man einen mit Tapeband abgewickelten dicken Steck- oder Schweißdraht. Um die Rückseite des Straußes sauber abdecken zu können, müssen feste Blätter, wie z. B. Efeu oder Salal, angedrahtet werden. Nach dem Andrahten werden alle Drähte vorzugsweise mit Kreppband abgewickelt. Da keine feuchte Watte eingesetzt wird, kann das Kreppband gut verkleben, verhindert ein Verrutschen und gibt dem Strauß eine gute Festigkeit. Für das Zusammenbinden des Straußes wird auch ein abgewickelter Stützdraht bereitgelegt.

- Die Glamelientechnik
  Für eine Glamelie werden einzelne Blütenblätter angedrahtet und zu einer neuen großen Blüte zusammengesetzt. Der Begriff Glamelie setzt sich aus den Worten Gladiole und Kamelie zusammen. Ursprünglich wurden also Gladiolenblütenblätter zu einer Blüte zusammengefügt, die der Kamelienblüte ähnelte. Heute werden Glamelien aus verschiedensten Blättern gearbeitet, wie z. B. auch von Rosen. Wichtig ist es, die Blütenblätter nach Größen zu sortieren und dann mit Silberdraht anzudrahten und mit Kreppband abzuwickeln. Dabei werden maximal zwei Blätter versetzt zusammen angedrahtet. Blätter, die in den äußeren Blütenbereich angeordnet werden, müssen durch Anlegen eines Stützdrahtes zusätzlich stabilisiert werden, damit sie nicht abkippen.

Zusammenfügen und Binden

Allen Techniken gemeinsam ist der Anspruch, dass die rückwärtige Partie des fertigen Straußes so ausgearbeitet sein muss, dass er gut in der Hand der Braut liegt und nicht nach vorn kippt. Dies wird auch als „gut über die Hand gearbeitet" bezeichnet.

- Mit natürlichen Stielen
  Die vorbereiteten Werkstoffe und gestalterischen Hilfsmittel werden bei einem runden, kuppelförmigen Strauß wie für einen einfachen Strauß spiralig oder parallel zusammengefügt. Sind die Blumen und Pflanzenteile für die äußere Partie geschient und so biegbar, ist es vorteilhaft, parallel anzulegen, da so der Stiel des Straußes, den die Braut ja später in der Hand hält, schmaler bleibt.
  Für eine abfließende Straußform (s. Bild 1) wird von unten nach oben angelegt, man beginnt mit dem langen Bereich und arbeitet bis zur Rückseite nach oben. Auch hier empfiehlt sich eine parallele Anordnung der Stiele. Die Unterseite wird bis zur Bindestelle mit festeren Blättern sauber abgedeckt.

  Die Bindestelle darf sich beim Anlegen nicht verschieben, d. h., die Biegestellen müssen auf einer Höhe angeordnet sein, da sonst der Strauß in sich keinen Halt bekommt.

  Sind alle Werkstoffe zur gewünschten Form zusammengefügt, wird der Strauß mit Bast gebunden. Auch hier gilt: so fest wie möglich, ohne die Stiele zu quetschen.

  Eine abfließende oder Bogenform lässt sich einfacher ausarbeiten, wenn man ein Gestell integriert.

Bild 1 Zusammenfügen bei abfließender Straußform

Bild 1 Dekorativer abfließender Brautstrauß, alle Pflanzenteile wurden gedrahtet, die natürlichen Stiele enden oberhalb der Bindestelle

- Mit wattierten Stielen
  Alle wattierten Blumen und Pflanzenteile werden parallel angelegt und zur geplanten Form zusammengefügt. Dabei ist darauf zu achten, dass sich alle Wattepolster an einer Stelle befinden. Verrutschen die Polster, ob nach oben oder unten, verliert der Strauß an Stabilität und sieht mit sichtbaren Wattestellen unsauber aus.

  Wattierte Brautsträuße werden mit dem abgewickelten Draht zusammengebunden, er wird mit einer Zange fest verdreht und dann die Enden parallel am Straußstiel entlanggelegt.

Bild 2 Verankern von langen Werkstoffen im Brautstraußhalter

- Stecken in Brautstraußhalter
  Die vorbereiteten Werkstoffe werden nun mit dem Messer schräg auf die Länge gekürzt, die für die Form an dieser Stelle benötigt wird. Begonnen wird mit der langen Partie, so lassen sich die Drähte zur Verankerung noch besser durch- und zurückstecken (s. Bild 2).

  Die weitere Reihenfolge bleibt jedem relativ frei überlassen, es ist möglich, den Ablauf einzuhalten, wie man auch binden würde, es ist aber auch denkbar, jeweils einzelne Gruppen nacheinander anzuordnen. Wichtig ist, dass die Stiele fest gesteckt werden, damit sie sich nicht lockern und herausfallen können und der Brautstraußhalter zwischen den Blüten nicht sichtbar bleibt.

- Mit Englischer Technik
  Hier beginnt man, die kleinsten Blüten an der Spitze eines abfließenden Straußes mithilfe von Kreppband auf den Draht zu binden. Stück für Stück wird die Form ausgearbeitet, wobei auf der Unterseite des Straußes immer die festeren Blätter angelegt werden müssen, die die Drahtachse und die Technik verdecken. Diese Blätter zeigen natürlicherweise ihre Unterseite.

Bild 3 Zusammenfügen in Englischer Technik für einen Anstecker

Für die symmetrische Tropfenform werden dann an der breitesten Stelle die gedrahteten Blumen und Pflanzenteile wie bei einem wattierten Strauß zur abschließenden Kuppelform angelegt, für eine Bogenform werden zwei einzelne Tropfenformen zusammengefügt und mit gedrahteten Werkstoffen optisch verbunden. Mit einem abgewickelten Draht wird zusammengebunden.

Abschließende Arbeiten

Bei einem Brautstrauß wird der Stiel zum Tragegriff. Deshalb muss er so gearbeitet sein, dass er gut in der Hand liegt. Das wird von der Länge und der Dicke des Stiels beeinflusst. Der Stiel muss also gekürzt werden, auf etwa Handbreite plus 1,5 cm. Bei gedrahteten Sträußen ist der Stiel meistens zu dünn, dann muss er mit Zellstoff oder Ähnlichem umwickelt werden, damit er gut zu umfassen ist. Anschließend wird der Stiel bei allen Techniken mit Kreppband abgewickelt. Bei natürlichen Stielen bleiben die unteren 1,5 cm frei.

5.1.3 Gestalterische Kriterien für den Brautstrauß

Vorbereitende Arbeiten

Die Informationen aus dem Beratungsgespräch finden hier ihre Anwendung. Der Brautstrauß soll so gestaltet sein, dass er die Ausstrahlung der Braut unterstützt und sich in den Rahmen der gesamten Hochzeit harmonisch einfügt. Das wird in erster Linie durch die Wahl der Straußform, daneben aber durch die entsprechende Wahl und Abstimmung aller Gestaltungselemente und Gestaltungsmittel erreicht. Die Auswahl der Blumen und Pflanzenteile erfolgt also nach folgenden Kriterien, wobei die Reihenfolge keine Hierarchie darstellt:

- Nach Bewegungsformen: Gerade bei Sträußen mit abfließenden und ausschwingenden Partien ist es wichtig, solche Werkstoffe einzusetzen, die von Natur aus diesen Verlauf zeigen, was eine natürliche und harmonische Wirkung unterstützt.

- Für kompakte Sträuße werden auch kompakte Formen in unterschiedlicher Größe ausgewählt, um die geschlossene Umrissform (z. B. in Englischer Technik) fertigen zu können. Anschließend kann diese Oberfläche mit zarten Ranken o. Ä. überspielt werden.

- Nach Strukturen: Die Strukturen der Blumen und Pflanzen müssen abgestimmt sein auf das Brautkleid. Der Zusammenhang zum Kleid kann durch Ähnlichkeit der Strukturen oder durch deutliche Kontraste hergestellt werden. So kann man bei einem samtigen Kleid porzellanartige Strukturen der Blüten verwenden, bei einem seidenen Kleid porzellanartige oder samtige Oberflächen.

  Aber auch innerhalb des Straußes wird sich für Ähnlichkeit der Strukturen oder deren Kontraste entschieden.

- Nach Farbigkeit: Die Wahl der Farbharmonie (s. S. 314 ff.) hat entscheidenden Einfluss auf die Gesamtausstrahlung des Straußes und muss zu Braut und Brautkleid passen. Bestimmte Wirkungen können betont oder abgeschwächt werden. Beispielsweise wirkt ein kompakter, rund gebundener Strauß in Pastelltönen von Rosa zart, romantisch, zurückhaltend, während er in Dunkelrot eine selbstbewusste und klare Wirkung hat.

- Nach Charakter: Jede Blume besitzt ihren eigenen Persönlichkeitscharakter (s. S. 280 ff.). Blumen und Pflanzen hoher Geltung eignen sich natürlich gut, um die Besonderheit dieses Tages hervorzuheben. Werden sie dann mit Werkstoffen mittlerer und geringer Geltung kombiniert, ergibt sich ein harmonisches Gesamtbild. Blumen, die Exotik und hohe Wertigkeit ausstrahlen, wie z. B. Orchideen oder Calla, unterstreichen eine exklusive Wirkung der Braut und der Feier.

In der Brautstraußbinderei werden neben den floralen Werkstoffen häufig weitere Gestaltungsmittel eingesetzt, um die Besonderheit und Eleganz des Straußes hervorzuheben. Perlen und Bänder (s. S. 385 ff.) können durch ihre **Textur** und Bewegungsform die Straußform und die Gesamtwirkung positiv unterstützen. Auch Schmuckdrähte mit ihren zarten Bewegungen und ihrem Glanz setzen Akzente, die die Gestaltung beleben können. Oft kann auch ein Gestell, das farblich und in der Textur auf die Blumen und Pflanzen abgestimmt ist, als Grundlage für die Straußform dienen, es kann das Binden erleichtern und gestalterisch die Wirkung mitbestimmen. Alle diese genannten gestalterischen Hilfsmittel müssen ausgewählt und entsprechend der jeweiligen Technik vorbereitet sein.

Zusammenfügen

Je nach gewählter Technik werden nun die Pflanzenteile und die gestalterischen Hilfsmittel zur gewünschten Straußform zusammengefügt. Gestalterisch ist nun besonders auf die Verteilung der Werkstoffe und Farben zu achten. Die zuvor geplante Anordnung im Strauß, Staffelungen, Streuungen, Gruppierungen, sind umzusetzen. Beim Zusammenfügen können dann noch Blätter, die in der Position im Strauß die Unterseite zeigen, oder Verzweigungen, die zu viel Fülle an unerwünschter Stelle bringen, entfernt werden. An der Unterseite des Brautstraußes wird die Technik mit festen Blättern abgedeckt, wobei die Blätter so verarbeitet werden, dass die Unterseite des Blattes nach unten zeigt.

Abschließende Arbeiten

Der mit Kautschukband abgewickelte Stiel des Straußes ist zwar sauber, aber unangenehm in der Hand zu halten. Deshalb wird der Stiel nun noch mit Band oder Stoff umwickelt und entsprechend dem Stil des Straußes auch verziert. Der Stiel kann bei einigen Straußformen auch zur Zepterform verlängert und gestaltet werden.

Abschließender Hinweis: Die dargestellten Brautstraußformen werden in der rechten Hand und vor der rechten Hüfte getragen. Dies sollte der Braut unbedingt mit auf den Weg gegeben werden, denn nur in dieser Position kann der Strauß seine ganze Wirkung entfalten. Zu schade, wenn auf den Fotos das Kleid verdeckt ist oder der Strauß in gekippter Stellung dargestellt ist.

5.2 Floraler Körperschmuck

5.2.1 Arten von floralem Körperschmuck

Abgestimmt auf den Brautstrauß wird noch weiterer Schmuck angefertigt, der die Braut und den Bräutigam schmückt. Dazu gehören:

- Kopfschmuck, z. B. der Schmuck im Haar, am Schleier oder am Hut,
- Corsage,
- Collier,
- Arm- und Schulterschmuck,
- Schmuck am Kleid.

Die Vielfalt der Möglichkeiten ist unbegrenzt. Die Auswahl der Schmuckart ist von den Wünschen der Brautleute abhängig. Haben diese sich für einen Schmuck entschieden, muss der Florist die Form und alle **Gestaltungselemente** auf den Brautstrauß, das Brautkleid und den Anzug des Bräutigams abstimmen.

Bild 1 Geschlossener Kopfkranz

Kopfschmuck kann in verschiedenen Formen gearbeitet werden:

- offener oder geschlossener Kopfkranz,
- Blütentuff, kompakt oder mit abfließenden Partien,
- Einzelblüten.

Die Form ist beeinflusst von der Frisur der Braut, dem eventuell vorhandenen Schleier oder der Hutform.

Eine Corsage kann vielfältig verwendet werden. Üblicherweise dient sie dem Bräutigam als Schmuck für das Revers, sie kann aber auch das Brautkleid schmücken.

Bild 2 Corsage

Ist die Entscheidung für einen floralen Körperschmuck gefallen, müssen für die Umsetzung nachfolgende Kriterien berücksichtigt werden. Werden diese eingehalten, sind der Gestaltung keine Grenzen gesetzt.

5.2.2 Technische Kriterien für Körperschmuck

Überlegungen in der Planung

Da dieser Schmuck für längere Zeit direkt an der Kleidung oder am Körper getragen wird, sind neben den üblichen Auswahlkriterien von Blumen und Pflanzenteilen noch weitere zu beachten:

- Die Werkstoffe dürfen nichts beschmutzen, verfärben oder beschädigen.
- Sie müssen ausreichend gewässert sein, damit sie die Feier über haltbar bleiben.
- Die Frage nach Allergien sollte im Beratungsgespräch angesprochen werden. Schmuckdrähte oder Blüten, die direkt auf der Haut liegen, oder starke Düfte von z. B. Hyazinthenblüten können allergische Reaktionen auslösen.

Fertigungstechniken

Traditionelle Techniken für das Fertigen von Körperschmuck sind das Binden von Kränzen oder zierlichen Girlandenformen auf einen Draht, die Englische Technik und die Technik des Wattierens. In den letzten Jahren haben sich aber auch Fädeln und Kleben in vielen Fällen als sicher anwendbar oder als die schnellere Technik erwiesen.

Bild 1 Aufbinden auf Draht

- Kranzformen binden
  Hierfür werden die kleinen Blüten und Pflanzenteile gekürzt, um sie auf einen mit Kreppband abgewickelten Draht mit Myrtendraht oder Kreppband aufwickeln zu können. Die Werkstoffe müssen gut gewässert und haltbar sein, da sie keinerlei Wasserversorgung erhalten. Die Unterseite des Kranzes wird mit kleinen Blättern versäubert, um ein angenehmes Tragegefühl zu erzielen. Eine Variante des Aufbindens stellt das Aufbinden der Werkstoffe auf ein Haarkämmchen dar. Dieses ist dann mit dem Schmuck einfach im Haar zu befestigen

- Englische Technik
  Hierfür werden die zu verwendenden Werkstoffe unter der Blüte gekürzt, mit Silberdraht gedrahtet und mit Kreppband abgewickelt. Die so vorbereiteten Blumen und Pflanzenteile können nun einzeln im Haar befestigt werden oder in beliebiger Form zusammengefügt werden, z. B. zum klassischen Anstecker, auf einem abgewickelten Draht zur Ranke für Haar oder Hut oder zu einem Collier.

- Wattieren
  Wenn für den Schmuck Werkstoffe verwendet werden sollen, die dringlich einer Versorgung mit Wasser bedürfen, werden sie wattiert und wie ein Miniaturstrauß zusammengefügt. Der Stiel wird mit Kautschukband oder Kreppband abgewickelt und flach unter die Blüten zurückgebogen.

- Kleben
  Hierbei werden die Blüten und Pflanzenteile ohne Stiele auf eine vorbereitete Unterlage, z. B. farbigen Karton oder ein stabiles Blatt, mit Floralkleber aufgeklebt. Das ist eine schnelle und saubere Arbeitsweise für Blüten, die ohne Wasserversorgung gut haltbar sind, geeignet für Hutschmuck und Corsagen aller Art.

- Fädeln
  Um Colliers (s. Bild 3) oder abfließende Partien an Haar-, Hut- oder Kleidschmuck zu fertigen, bietet sich das Fädeln an. Hierzu werden einzelne Blütenblätter, Perlen, kleine Früchte, Blätter u. v. m. auf Schmuckdraht gezogen oder mit Wickeln am Schmuckdraht befestigt. Die entstehenden Ketten können einzeln oder zu einem Gespinnst verwoben zum gewünschten Schmuck verarbeitet werden. Es entsteht eine leichte, elegante und transparente Wirkung, die den festlichen Charakter einer Hochzeit gut unterstreicht.

Befestigen des Schmucks

Der zusammengefügte Schmuck kann mithilfe von Galaclip, Broschennadel oder Magneten an der Kleidung oder am Hut befestigt werden, Haarschmuck wird mit Klemmen oder Haarnadeln meistens vom Friseur im Haar befestigt.

Bild 2 Schulterschmuck

Bild 3 Gefädeltes Collier

Die gewählte Form des Körperschmucks muss so zu befestigen sein, dass die Garderobe nicht beschädigt wird und er trotzdem fest verbunden ist.

Der Körperschmuck darf nicht schwer sein oder in der Bewegungsfreiheit einengen. Was für die Dauer eines Fototermins noch bequem erscheint, kann für die Dauer einer Feier doch beschwerlich werden. Der Schmuck muss so angebracht sein, dass er nicht durch bestimmte Bewegungen, z. B. beim Tanzen, gedrückt werden kann.

5.2.3 Gestalterische Kriterien

Obwohl dem Floristen beim Körperschmuck ein großer Freiraum bleibt, gibt es dennoch einige Anforderungen, die aus gestalterischer Sicht zu erfüllen sind:

- Körperschmuck muss auf den Brautstrauß und den Stil des Kleides abgestimmt sein. Das kann durch die Verwendung gleicher Werkstoffe, die Wiederholung von Farben oder der Umrissform erfüllt werden.

- Die Proportion des Schmuckes muss gut abgestimmt sein. Trägt die Braut z. B. keinen Brautstrauß, sondern dafür einen floralen Schmuck am Kleid, kann dieser natürlich wirkungsvoller gestaltet sein, als wenn der Brautstrauß den Blickpunkt des Brautschmucks darstellt. Ein Haarschmuck soll die Frisur begleiten, in ihrer Wirkung unterstützen und nicht dominieren.

5.3 Floraler Autoschmuck

5.3.1 Arten von floralem Autoschmuck

Für die Fahrt zum Standesamt und/oder zur Kirche wird meistens ein geschmücktes Auto gewünscht. Neben dem klassischen Girlandenschmuck oder dem dekorativen Gesteck auf der Motorhaube wurde in den letzten Jahren eine Vielzahl von neuen Anordnungen oder Schmuckarten entwickelt. Auch hier sind dem Floristen gestalterisch kaum Grenzen gesetzt, hält er sich an die Grundregeln.

Die verschiedenen Schmuckformen strahlen unterschiedliche Wirkungen aus und passen so zum einen Auto besser, zu dem anderen schlechter. Es sollten schon im Beratungsgespräch der Autotyp und die Farbe erfragt werden. Wichtig für die Auswahl des Schmuckes ist auch die Wegstrecke, die mit dem Schmuck zurückgelegt werden muss. Führt die Fahrt beispielsweise über ein Stück Autobahn, muss der Schmuck anders konzipiert sein, z. B. als Girlandenschmuck, als wenn es nur gilt, eine Strecke innerhalb der Stadt zurückzulegen.

Nachfolgend sind Anhaltspunkte für die Auswahl eines Autoschmucks dargestellt; die Ausarbeitung des jeweiligen Schmucks kann diese Eindrücke auch noch verändern:

- Girlandenschmuck und dekoratives Gesteck haben eine klassische, traditionelle, aber auch sehr repräsentative Wirkung, passend zu Limousinen aller Art oder zu Kutschen.
- Grafische Gestaltungen können Extravaganz und Modebewusstsein ausstrahlen, passend zu Sportwagen oder Cabriolets.
- Mehrteilige Schmuckformen wirken sehr repräsentativ und außergewöhnlich, passend zu Limousinen aller Art, Cabriolets, Sportwagen oder Kutschen.
- Einzelne Blüten an Türen oder Spiegeln zeugen von Zurückhaltung, können aber auch witzig und modern wirken, je nach Aufmachung, passend zu Sportwagen oder Kleinwagen.

Bild 1 Beispiel für floralen Autoschmuck

5.3.2 Technische Kriterien für Autoschmuck

Überlegungen in der Planung

Der Autoschmuck muss so geplant sein, dass folgende Anforderungen erfüllt werden:

- Eine Sichtbehinderung für den Fahrer darf nicht eintreten. Deshalb muss der Schmuck auf der Motorhaube auf der Seite des Beifahrers befestigt werden und angemessen flach gearbeitet sein.

- Die Verkehrssicherheit darf nicht durch Verdecken von Blinkern oder Scheinwerfern beeinträchtigt werden.

- Schmuck am Auto muss den Bedingungen der Fahrt angepasst sein und so befestigt und gesichert werden, dass er sich während der Fahrt nicht lösen kann. Einerseits ein unschönes Erlebnis am Hochzeitstag, andererseits würde es zu einer Gefährdung anderer Verkehrsteilnehmer führen.

- Der Schmuck muss so angebracht sein, dass alle Türen zu öffnen sind.

- Autoschmuck muss so konzipiert, gearbeitet und befestigt sein, dass er den Lack nicht beschmutzt oder zerkratzt.

- Es werden Blumen und Pflanzenteile ausgewählt, die den Fahrtwind unbeschadet überstehen und auch sonst für einen Tag oder länger haltbar sind. Im Zweifel müssen die Werkstoffe ausreichend mit Wasser versorgt werden.

Fertigungstechniken

Ein Autoschmuck kann mithilfe verschiedener Techniken gefertigt werden. Diese müssen vor dem Hintergrund der oben genannten Anforderungen ausgewählt werden. Die häufigsten Techniken, die schon bekannt sind, sollen hier noch einmal im Zusammenhang mit Autoschmuck angesprochen werden.

- Girlande binden
  Auf ein Seil werden die ausgewählten und gekürzten Werkstoffe mithilfe von Bindedraht aufgebunden. Besonders wichtig ist es dabei, die Unterseite der Girlande mit Bandschlaufen oder festeren Blättern so abzudecken, dass kein Draht die Karosserie berührt. Empfindliche Blüten, die eingebunden werden sollen, sind eventuell mit Wasser zu versorgen. Das kann z. B. durch Orchideenröhrchen geschehen. Die Girlande ist so zu befestigen, dass sie während der Fahrt nicht rutschen kann und so den Lack zerkratzen könnte.

- Stecken in Steckschaumvorrichtungen
  Im Floristenbedarf werden verschiedene Formen angeboten, bei denen Steckschaum in eine Befestigungsvorrichtung integriert ist. In diesen Steckschaum werden die ausgewählten Werkstoffe gesteckt (s. S. 391 ff.). Längere Pflanzenteile sollten durch Draht verankert werden, damit sie nicht durch den Fahrtwind herausgezogen werden können. Die Höhe des Gesteckes darf nicht die Sicht behindern.

- Einzelne Blüten
  Sollen einzelne Blüten am Wagen befestigt werden, werden sie in Orchideenröhrchen mit einem Saugnapf am Auto befestigt.

Bild 1 Autoschmuck mit Gestell

- Gestelle
  Eine Alternative zur traditionellen Stecktechnik für Autoschmuck ist, ein Gestell aus weichen Zweigen oder ein Netz vorzufertigen und darin die Blumen und Pflanzenteile, eventuell mit Orchideenröhrchen, zu befestigen. Eine sichere Methode zum Befestigen am Gestell ist das Anbinden mit Rebdraht, der mit Papier ummantelt ist und dadurch nicht kratzt.

- Befestigung am Auto
  Alle erwähnten Schmuckarten können mit Saugnäpfen in verschiedenen Größen auf der Karosserie befestigt werden. Bei Steckschaumvorrichtungen, speziell für Autoschmuck, gibt es auch noch die Möglichkeit der Befestigung durch Magnetplatten. Aber auch alle erwähnten Schmuckarten sollten zusätzlich mit Perlonschnur und/oder Schleifenband am Kühler oder Spiegel oder ähnlichen Stellen gesichert werden. Das ist natürlich von Automodell zu Automodell unterschiedlich. Deshalb muss genügend Zeit für das Befestigen eingeplant werden. Der Schmuck sollte nach der Feier leicht durch den Kunden zu entfernen sein.

5.3.3 Gestalterische Kriterien für Autoschmuck

Eine gut geplante Gestaltung bildet eine Einheit zwischen Auto und Schmuck und wirkt nicht aufgesetzt. Das setzt voraus, dass man das Auto kennt, für das man den Schmuck entwirft. Oft genügt ein Foto, um Eigenheiten in der Karosserieform zu erkennen und diese in die Gestaltung mit einzubeziehen. Auch die Farbe des Autos muss erfragt werden.

- Werkstoffauswahl
  Für einen Autoschmuck muss bei der Auswahl der Blumen und Pflanzenteile vor allem ihre Fernwirkung berücksichtigt werden. Es bieten sich also großblumige und großflächige Werkstoffe an. Viele kleine Formen gehen häufig im Schmuck unter und rechtfertigen so nicht den Arbeitsaufwand, der für eine solch kleinteilige Gestaltung nötig wäre.

  Durch die entsprechende Farbigkeit und Kontrastwahl (s. S. 310 ff.) kann die Fernwirkung noch erhöht werden. Es gibt die Möglichkeit, die Farbe der Karosserie im Schmuck aufzunehmen, was eine elegantere, zurückhaltendere Wirkung hat, oder einen starken Kontrast zur Autofarbe zu schaffen, was dann sehr spannungsreich und lebendig wirken kann.

- Wahl der Gestaltungsart
  Durch die Wahl der Gestaltungsart wird schon viel an Ausstrahlung festgelegt: Dekorativ wirkt immer repräsentativ und festlich, formal-linear eher elegant oder sportlich, modern. Eine vegetative Gestaltung wäre eher ungewöhnlich, da es doch auf die schmückende, dekorative Wirkung beim Autoschmuck ankommt.

- Wahl von Strukturen und Formen
  Spannungsreich wirkt ein Autoschmuck, wenn er durch Formen und Strukturkontraste belebt wird.

Bild 1 Dekorativer, klassischer Autoschmuck

Bild 2 „Girlande" auf der Motorhaube

- Wahl der Ordnungsart
  Asymmetrische Anordnung innerhalb des Schmucks oder asymmetrische Anordnung von mehreren Teilen am Auto wirken bewegt und erzielen mehr Aufmerksamkeit.

- Wahl der Proportionen
  Die Größe des Schmucks muss immer im ausgewogenen Verhältnis zum Auto stehen. Das Auto soll nicht „überladen" wirken, sondern es wird im besten Sinne des Wortes geschmückt. Eine wichtige Proportion ist z. B. Gesteck oder Girlandenbreite zur Motorhaubenfläche.

Bild 3 Girlande in Kranzform

Aufgaben

1. Fertigen Sie für zwei verschiedene Haarfrisuren und Brauttypen jeweils einen Haarschmuck. Wählen Sie auch unterschiedliche Techniken.
2. Suchen Sie aus Hochzeitsmagazinen eine „Braut" aus und entwerfen Sie für sie einen Brautstrauß für die kirchliche Trauung. Fertigen Sie eine Liste an, in der Sie alle Gestaltungselemente dazu beschreiben.
3. Fertigen Sie einen Anstecker in Englischer Technik für den Bräutigam der Braut, die Sie in Frage 2 gewählt haben.
4. Entwerfen Sie einen Brautstrauß für die standesamtliche Hochzeit im kleinen Kreis. Fertigen Sie dazu eine Werkstoffliste und eine Farbskala mit Mengenverteilung an. Begründen Sie Ihre Wahl der Technik.
5. Entwerfen und fertigen Sie einen Hutschmuck. Erläutern Sie die Wahl der Gestaltungselemente und der Technik in der Gruppe.
6. Skizzieren Sie einen Autoschmuck für ein schwarzes Cabriolet. Erstellen Sie dazu eine Werkstoffliste und erläutern Sie in der Gruppe die dafür vorgesehene Technik.

6 Trauerschmuck anfertigen

Das Floristik-Fachgeschäft Linnea GmbH möchte seinen Kunden das Thema Trauerfloristik näherbringen. In Kooperation mit einem innovativen Bestatter aus der Nachbarschaft, dieser stellt seine Särge und Urnen zur Verfügung, wird eine Ausstellung durchgeführt. Die Ausstellung findet an einem neutralen Ort statt, in der architektonisch sehr anspruchsvoll renovierten Veranstaltungshalle der Stadt, einem ehemaligen Fabrikgebäude.

Die Werkstücke für die Ausstellung mit dem Thema, „Die Vielfalt an Trauerschmuck zur Beerdigung geliebter Menschen, zur Ehrung von Persönlichkeiten des öffentlichen Lebens und Floristik zu den Gedenktagen", werden von den Auszubilden Anna, Christine und Oliver erarbeitet.

Die Floristen Dorothea und Maximilian stehen beratend zur Verfügung und bringen natürlich auch eigene Vorschläge ein.

Die Geschäftsinhaber, Marc und Sophia Schmidt, schauen und hören sich zu drei vereinbarten Terminen die Zwischenergebnisse an. Zu jedem Termin hat ein anderer Auszubildender die Aufgabe der Berichterstattung übernommen.

Ergänzend zu jedem Vorschlag werden eine Werkstoffliste mit Kalkulation sowie eine kolorierte Skizze angefertigt. Dieses ist eine optimale Übung für die Abschlussprüfung, denn auch das Thema Trauerfloristik ist eine der vier möglichen Komplexen Prüfungsaufgaben.

Als Orientierungshilfe bekommen Anna, Christine und Oliver eine Checkliste, damit sie auch alle relevanten Punkte bedenken.

Ein Thema mit geschichtsträchtigem Ursprung, vielseitig und von Symbolik getragen. Faszinierende Möglichkeiten, die der Ehrung verstorbener Personen in sehr persönlicher Weise gerecht werden, stehen den Angehörigen zur Verfügung. Nach einer kompetenten, individuellen sowie persönlichen Fachberatung durch den Floristen kann das entsprechende Werkstück ausgewählt und gestaltet werden.

Die Checkliste:

- Vorschriften der Friedhofsverordnungen und Umweltschutz,
- Gedanken zur Symbolik bei der Auswahl von Werkstoffen und Werkstücken,
- Mögliche Werkstücke:
  - Trauerkränze,
  - Trauergestecke,
  - Gedenkschmuck,
  - Winterschmuck,
  - Sargschmuckarten,
  - Urnenschmuck,
  - Handsträuße,
  - Schmuck zur Aufbahrung,
- Präsentation der Werkstücke.

6.1 Friedhofsverordnungen und Umweltschutz

Abfallvermeidung ist auf kirchlichen und kommunalen Friedhöfen ein wichtiges Thema. Jährlich werden allein auf kommunalen Friedhöfen etwa 900 000 neue Gräber angelegt und gepflegt. Aus gutem Grund gilt inzwischen fast durchgehend das absolute Verbot der Verwendung von nicht kompostierbaren Produkten der Trauerfloristik, wobei wiederverwendbare Vasen oder Schalen als Ausnahme anzusehen sind.

Die Grundlagen für eine einheitliche Gesetzgebung sind ungeklärt. Die Eigentümer der jeweiligen Friedhöfe sind für die auf ihrem Gelände anfallende Abfallentsorgung und Abfalltrennung verantwortlich. Entsprechende Friedhofsordnungen hängen gut sichtbar aus, zusätzlich stehen die Friedhofsverwaltungen gern für weitere Auskünfte zur Verfügung.

Im Interesse des Umweltschutzes und der Mitverantwortung an der allgemeinen Müllvermeidung greift der Florist, wo immer es möglich ist, auf umweltschonende Produkte zurück.

Der Bedarfshandel bietet eine große Auswahl an kompostierbaren Kranz- und Steckunterlagen an. Minimale Einschränkungen, z. B. in der Wasserfestigkeit, nimmt der Kunde mit der entsprechenden Aufklärung gern in Kauf.

6.2 Symbolik in der Trauerfloristik

Der deutlichste Symbolträger ist der Kranz. Durch seine geschlossene Ringform vermittelt er das Unendliche, den Kreislauf des Lebens. Durch die Verwendung nur eines Werkstoffs kommt die Kranzform am besten zur Geltung. Ergänzende Werkstoffe, z. B. Blütenranken oder Gruppierungen aus Blüten und Blättern, unterstützen die Drehbewegung und damit die Symbolik des Kranzes. Schon lange v. Chr. wurde der Kranz als Wertschätzung den Verstorbenen gegenüber und den Hinterbliebenen zum Trost gespendet.

Der Kreis, der der Kranzform zu Grunde liegt, sollte den Angehörigen die Hoffnung auf Wiederkehr und Unsterblichkeit vermitteln und so ist es noch heute.

Die Symbolik der Kranzform kann durch symbolträchtige Werkstoffe unterstützt werden. Typische Beispiele für die Botschaft des ewigen Lebens sind immergrüne Laub- und Nadelgehölze.

Die Zeiten haben sich geändert, die Floristik unterliegt einer permanenten Weiterentwicklung. Die Vielfalt der Werkstoffe, die technischen Möglichkeiten und der Ideenreichtum der Floristen spornen zu gestalterischen Höchstleistungen an. Das Thema Trauerfloristik hat einen ganz neuen Stellenwert bekommen und das ist aus folgendem Grund sehr wichtig:

Kein Instrument kann eine verstorbene Person gleichermaßen ehren und die Wertschätzung ihr gegenüber ausdrücken, wie es ein für sie persönlich kreierter, auf Lieblingsfarben und Lieblingsblumen, Beruf oder Hobby abgestimmter und angefertigter Blumenschmuck vermag. Die Blumenspenden helfen den Angehörigen bei der Verarbeitung ihrer Trauer. Sie sehen, dass sie mit ihrem Verlust nicht allein stehen. Eine Trauerfeier ohne Blumen ist kalt, das können die wärmsten Worte nicht auffangen.

In Beratungsgesprächen wird deshalb auf den hohen Stellenwert des Schmucks hingewiesen, um das positive Bewusstsein für einen passenden Trauerschmuck beim Kunden zu erhalten oder zu verstärken.

Bei allen gestalterischen Möglichkeiten und Freiheiten darf die Symbolik nicht außer Acht gelassen werden. Die Symbolträger haben einen erheblichen Anteil an der positiven Bewältigung der Trauerarbeit.

6.3 Trauerkranz

Um einen harmonisch wirkenden Kranz gestalten zu können, müssen erst einmal klare Entscheidungen getroffen werden. Die einzelnen Überlegungen werden im Folgenden beschrieben:

Der Kranz setzt sich aus Einzelteilen zusammen, hier sind zum besseren Verständnis einheitliche Bezeichnungen von Vorteil:

- Kranzkörper
- Kranzdurchmesser
- Kranzkörperbreite } Kranzproportionen
- Kranzkörperhöhe } Kranzproportionen
- Kranzöffnung } Kranzproportionen
- Kranzprofil
- Kranzwulst
- Kranzrömer

6.3.1 Kranzprofile

Es werden zwei grundsätzliche Formen unterschieden. Das Reifen- und das Deichprofil.

Der Reifen kann ganz rund oder unten flacher gearbeitet werden. Er kann z. B. dreiviertel- oder fünfachtelrund sein.

Das Deichprofil ist einem Deich nachempfunden, unten flach und nach außen schräg auslaufend. Der höchste Punkt liegt im ersten Drittel, nahe der Kranzöffnung.

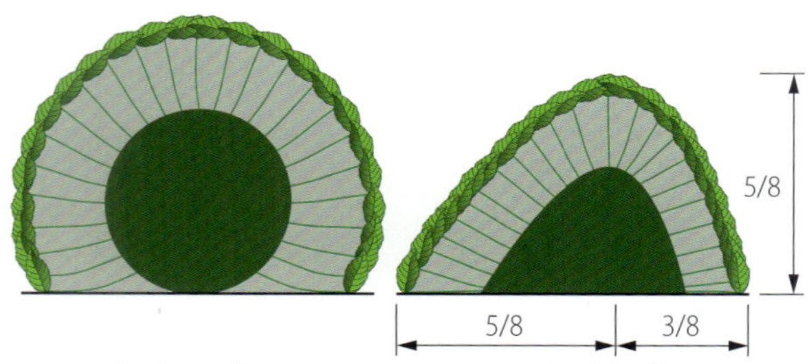

Bild 1 Kranzprofile

6.3.2 Kranzproportionen

Die gute Proportion eines Kranzkörpers hängt von mehreren Faktoren ab.

Von der Farbe des Werkstoffs: Helle Farben strahlen nach außen und vergrößern, dunkle Farben ziehen optisch nach innen, dadurch wirkt der Kranzkörper schmaler (siehe Bild 2).

Bei hellem Werkstoff muss die Kranzöffnung größer sein, als der Kranzkörper breit ist, bei dunklem wird sie kleiner gearbeitet. Bei Werkstoffen mittlerer Helligkeit orientiert sich der Durchmesser der Kranzöffnung am Goldenen Schnitt.

Bild 2 Verschiedene Helligkeiten beeinflussen die Proportion

Die Umrissgestaltung des Kranzkörpers nimmt Einfluss auf die Wirkung: Beim geschlossenen Umriss sind tatsächlicher und optischer äußerer Rand identisch. Beim aufgelockerten Umriss hingegen sucht sich das Auge den Außenrand irgendwo im Bereich zwischen den inneren Einbuchtungen und den äußeren Spitzen.

Die Strukturen wirken ebenfalls auf die Proportion ein. Je glatter desto strahlender, je stumpfer desto zurückhaltender.

6.3.3 Berechnung der Proportion eines Kranzkörpers

Als theoretische Grundlage für die richtige Proportion dient folgende Art der Berechnung:
Damit die Kranzöffnung und der Kranzkörper (KK) in einem ausgewogenen Verhältnis zueinander stehen, muss die entsprechende Verhältniszahl gefunden werden. Die sachlichen Faktoren, stark geprägt durch die Empfindung des Gestalters, führen häufig zu den Verhältniszahlen 1 : 1, 1 : 1,6 oder sogar zum Verhältnis 1 : 2.

Das folgende Beispiel für einen Kranzkörper mittlerer Helligkeit verdeutlicht die notwendigen Rechenschritte:

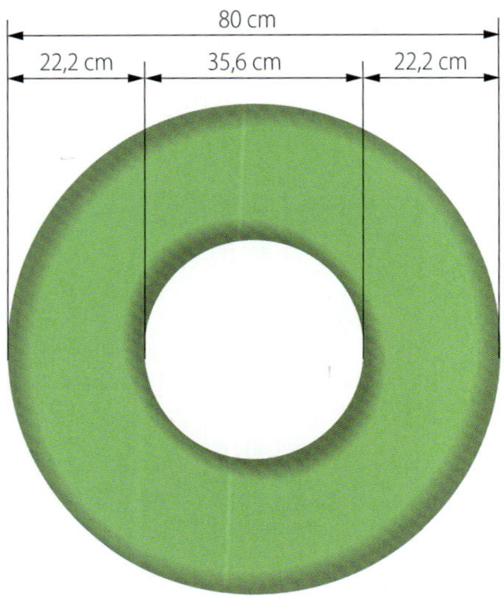

Bild 1 Kranzkörper im Verhältnis zur Kranzöffnung 1 : 1,6 : 1

Als Nächstes wird das Maß für die Kranzkörperhöhe benötigt. Auch hier ist die Entscheidung abhängig von der Werkstoffauswahl: filigrane Pflanzenteile wirken anders als kompakte. Als harmonisch werden erfahrungsgemäß die Höhenverhältnisse Dreiviertel oder Fünfachtel zur Kranzkörperbreite empfunden. Dreiviertel der KK-Breite ergibt eine KK-Höhe von 16,7 cm. Fünfachtel der KK-Breite ergibt eine KK-Höhe von 13,9 cm.

6.3.4 Technische Kriterien

Zu den traditionellen Fertigungstechniken für Kränze gehören das Binden, das Stecken und das Wickeln. Des Weiteren können Kranzkörper gewunden oder gepflanzt werden.

Auch Techniken wie das Fädeln, Kleben oder Legen von Werkstoffen können zu interessanten Ergebnissen führen.

In der experimentellen Floristik gibt es zusätzlich viele innovative Möglichkeiten: Zum Beispiel kann der Gestalter einzelne Pflanzenteile aufhängen und sie dadurch zu einem frei schwebenden Ring formieren.

Das ergibt dann einen sehr interessanten Kranz, der für einen speziellen Anlass und Ort entwickelt und gestaltet wird, z. B. zu einem Gedenkgottesdienst. Dieses Werkstück übernimmt dann gleichzeitig die Funktion eines Raumschmucks.

Der transparent schwebende Kranzkörper aus Bergkiefernzweigen und japanischen Lärchenzweigen mit Zapfenschmuck, im Altarraum einer Kirche, anlässlich der Gottesdienste zum Volkstrauertag und Totensonntag, vermittelt dem Betrachter Ruhe und Besinnung.

Alle Werkstoffe sind mit langen Nylonfäden an einem Holzring befestigt, der fast unsichtbar in großer Höhe aufgehängt wird. Die Technik tritt kaum in Erscheinung.

> Bevor der Florist sich in experimentelle Bereiche vorwagen kann, muss er die traditionellen Techniken beherrschen. Das ist wichtig für ein gutes Verständnis.

Der klassische Trauerkranz muss für den Transport geeignet sein. Das bedeutet, alle Werkstoffe und Accessoires werden so eingearbeitet, dass sich die Kranzform nicht verändern kann.

> Eine einwandfreie Technik ist die Voraussetzung für ein gutes Werkstück.

Hier gibt es, wie schon angekündigt, verschiedene Möglichkeiten:

Der Floristenbedarfshandel bietet vorgefertigte Kranzformen an: Strohunterlagen in verschiedenen Stärken und Durchmessern, auch Kranzrömer genannt. Sie sind mit dunkelgrünem Römerwickelband aus Vlies umwickelt. Die Oberfläche der „Römer" lässt sich bequem mit unterschiedlichsten Werkstoffen bebinden oder behaften. Alle technischen Hilfsmittel, wie z. B. Wickeldraht und Haften, werden ab S. 361 in der nonfloralen Werkstoffkunde behandelt. Die handelsüblichen Kranzunterlagen haben ein vorgegebenes Profil und eine fast fertige Form. Werkstoffe wie Nadelgehölze und immergrüne Laubgehölze, z. B. die Blätter vom Kirschlorbeer, tragen unterschiedlich dick auf. Das muss bei der Erstellung des Kranzkörpers beachtet werden. Viel Spielraum hat der Florist da nicht mehr.

Alternativ können die Kranzunterlagen, auch als Kranzwulst bezeichnet, selbst hergestellt werden. Dazu wird ein Weidenreifen benötigt; dieser ist im Bedarfshandel in unterschiedlichen Durchmessern erhältlich. Beim Bezug sind die Weidenreifen offen, sie sind also noch etwas flexibel in der Größe.

Die Wulstgröße ist abhängig vom gewünschten Kranzdurchmesser und wird vorher berechnet.

Beim Reifenprofil liegt der Weidenreifen genau in der Mitte des Kranzköpers, beim Deichprofil im inneren Drittel, unter dem höchsten Punkt. Die Dicke der Wulst richtet sich nach der Werkstoffauswahl und nach der Technik. Diese Kranztypen werden gesteckt oder gebunden. Die Wulst selbst wird gebunden, hierfür eignen sich z. B. einfache Fichtenzweige; optimal ist die Herstellung aus Heu oder Stroh (siehe Bild 1). Die Wulst muss genau die richtige Festigkeit haben, vor allem wenn sie anschließend gesteckt werden soll, müssen sich die Drähte noch gut einstecken lassen. Ein Test während der Wulstanfertigung ist sinnvoll.

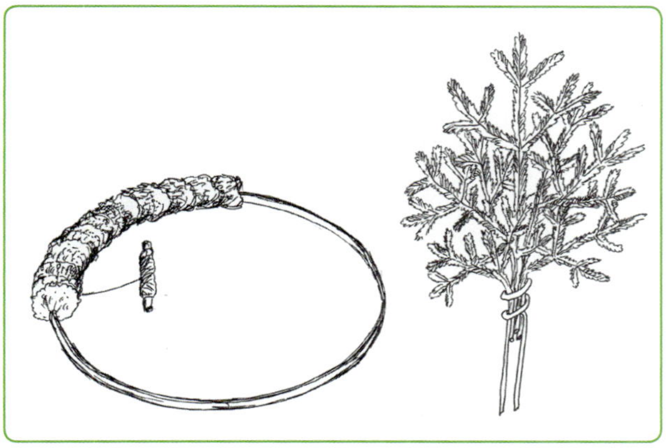

Bild 1 Kranzwulst aus Heu gebunden

6.3.5 Abdeckung der Kranzwulst

Der Kranz muss auch von unten gestaltet und sauber gearbeitet werden. Die Technik, also die Drähte vom Steck- oder Bindevorgang, darf nicht sichtbar bleiben. Deshalb wird eine Abdeckung z. B. aus einfachen Koniferen angefertigt. Sie wird flach und schmal unter die Wulst gebunden, gerade so breit, dass sie die Technik verdeckt und nicht unter dem Kranzkörper hervorschaut. Die untere Seite des gewählten Werkstoffes ist konsequenterweise auch die Unterseite des Werkstücks. Beim gesteckten Kranz wird die Abdeckung vorher angefertigt, beim gebundenen Kranz geschieht beides in einem Arbeitsgang.

6.3.6 Gesteckter Kranzkörper

Für einen gesteckten Kranz werden alle Werkstoffe angegabelt. Zusätzlich können die Schnittstellen bei zarten Stielen mit Moos oder Papier umwickelt und dadurch stabilisiert werden.

Die beiden Drahtenden verhindern das Verrutschen und fixieren jeden Tuff am richtigen Ort. Größe und Länge der Tuffs wird vor Beginn ausgemessen. Auf der linken Seite der Kranzwulst wird begonnen zu stecken, es wird gegen den Uhrzeigersinn gearbeitet.

Die Wirkung des fertigen Werkstücks kann bewegungsneutral oder mit der typischen Drehbewegung nach rechts sein. Soll der Kranz bewegungsneutral gesteckt werden, stehen alle Tuffs im rechten Winkel zur Wulst.

Soll eine Fließ- oder Drehbewegung geschaffen werden, müssen alle Werkstoffe in Richtung des Uhrzeigersinns geneigt werden. Fließende Werkstoffe wirken unterstützend. Zwischen Wulst und Werkstoff darf gern etwas Freiraum bleiben. Eine optimale Modellierung der Kranzform ist möglich.

Alternativ zu dieser Stecktechnik gibt es vorgefertigte Steckmasseringe. Diese sind wasserspeichernd und komplett kompostierbar. Der Anschaffungspreis dieser Unterlagen ist relativ hoch, allerdings wird einiges an Arbeitszeit eingespart. Nur besonders schwere Werkstoffe müssen angedrahtet und dadurch gesichert werden. Die meisten Pflanzenteile werden auf die entsprechende Länge geschnitten und dann direkt in die Steckmasse gesteckt. Ein sauberer und schräger, nicht zu langer Anschnitt, garantiert eine gute Festigkeit und zusätzliche Wasserversorgung für eine gewisse Zeit.

6.3.7 Gebundener Kranzkörper

Wird die Technik des Bindens gewählt, müssen vor Beginn alle Werkstoffe auf die richtige Länge geschnitten sein. Voraussetzung für eine gute Haltbarkeit der Kränze ist der richtige Reifezustand der Werkstoffe. Vor der Verarbeitung werden vor allem empfindliche Blüten und Blätter ausreichend gewässert.

Zum Bindevorgang: Der Draht wird auf der linken Seite an der Wulst befestigt, er wird von innen nach außen geführt. Die zurechtgeschnittenen und zu kleinen Tuffs zusammengelegten Werkstoffe werden von außen nach innen leicht schräg angelegt. Da am Außenrand eine längere Strecke zurückzulegen ist, wird dort häufiger angelegt. Das endgültige Profil und die entsprechende Proportion immer vor Augen, wird der Kranz gegen den Uhrzeigersinn gebunden. Die Spitzen der Werkstoffe laufen mit dem Uhrzeigersinn, der fertige Kranz lässt eine Drehbewegung nach rechts empfinden. Auch bei dieser Technik kann bewegungsneutral gearbeitet werden, dafür werden die Tuffs entsprechend rechtwinklig angelegt.

Diese beiden beschriebenen Techniken ermöglichen das Erstellen von hochwertigen und sehr anspruchsvollen Trauerkränzen. Sie sind relativ arbeitsaufwendig und somit für besondere Anlässe geeignet.

Damit Trauerkränze auch schneller und einfacher herzustellen sind, bietet der Bedarfshandel den Kranzrömer an, ein Kranzkörper, der in der Zwischenprüfung abgeprüft werden kann. Wie beim gebundenen Kranz wird der gewählte Werkstoff im Vorfeld auf die richtige Länge geschnitten und anschließend auf die Kranzunterlage gewickelt. Auch hier wird gegen den Uhrzeigersinn angelegt, die Spitzen laufen mit dem Uhrzeigersinn. Es wird von außen nach innen angelegt, das bedeutet, auch der Wickeldraht wird von außen nach innen geführt. Es empfiehlt sich, jede zweite Reihe nur bis zur Mitte des Kranzkörpers mit Werkstoff zu belegen, dadurch wird die äußere wesentlich längere Strecke gleichzeitig mit der inneren fertiggestellt. Der

Draht wird von Zeit zu Zeit doppelt um den Kranzrömer gezogen, damit eine gute Festigkeit erreicht wird. Unter dem Kranz dürfen die Drähte sich nicht überkreuzen, sie könnten sich sonst lockern. Außerdem würde ein unsauberes Bild entstehen, bei Römern wird in der Regel auf eine Abdeckung verzichtet.

6.3.8 Kranzschmuck

Kranzschmucktechniken

Auf dem fertigen Kranzkörper kann ein Kranzschmuck gestaltet werden. Der Schmuck wird so integriert, dass weder die Proportion noch das Profil Schaden nehmen. Je nach Gestaltungsabsicht wird der Schmuck direkt mit dem Kranzkörper gearbeitet oder in zuvor geplanten Freiräumen nachträglich eingearbeitet. Je nach Verwendungszweck und nach Werkstoffauswahl wird eine Steckbasis aus Moos oder aus Feuchtsteckmasse fest auf dem Kranzkörper angebracht. Moospolster bieten sich für den dauerhaften Grab- bzw. Winterschmuck an. Steckmasse, verrottbar und im Handel erhältlich, wird für Kränze mit frischem Blumenschmuck verwendet. Die Steckmasse ist wasserspeichernd und versorgt die frischen Pflanzenteile über einen gewissen Zeitraum mit Feuchtigkeit. Die Mooskugel oder der Steckmasseblock wird mit Wickeldraht auf dem Kranzkörper befestigt. Die Steckmasse würde durch den Wickeldraht zerschnitten, deshalb wird ein handelsübliches Drahtgitter oder ein Stück Maschendraht darübergelegt. Auch seitlich aufgelegte, dickere Zweige von ohnehin verwendeten Koniferen verhindern das Einscheiden des Drahtes. Je nach Schmuckform werden eine oder mehrere Steckbasen auf dem Kranzkörper befestigt. Blütenranken werden punktuell fixiert, dafür ist keine eigene Steckbasis notwendig.

Vorbereitung der Werkstoffe

Um eine gute Haltbarkeit der Trauerwerkstücke gewährleisten zu können, müssen die Pflanzenteile gut vorbereitet werden. Blüten dürfen sich schon voll entfaltet haben, Knospen zeigen zu wenig Wirkung. Das Werkstück ist zu wenig repräsentativ. Alle Werkstoffe müssen vor der Verarbeitung gut gewässert werden.

Bild 1 Stützproben zur Stabilisierung von Pflanzenteilen

Für längere Transporte oder bei schlechten Wetterverhältnissen ist es empfehlenswert, empfindliche Stiele und Blüten mit Stützdraht zu stabilisieren. Dazu sind einige Beispiele auf Bild 1 zu sehen.

Gestalterische Kriterien

Das Wesentliche an einem Trauerkranz ist die Kranzform. Blütenschmuck kann schmückend ergänzen. Die Praxis sieht anders aus: Trauerkränze, bei denen der Kranzkörper nur noch als Träger für ein überdimensionales dekoratives Gesteck aus Blumen und Blättern fungiert, sind oft die Realität. Der kleine Teil des Kranzkörpers, der noch nicht vom Schmuck bedeckt ist, wird von einer mit Text bedruckten Trauerschleife verdeckt. Floristen allerdings kennen den hohen gestalterischen Anspruch der symbolisch wirkenden Trauerkränze. Repräsentativität und Symbolgehalt mit gestalterischem Anspruch sind bei Trauerkränzen kein Widerspruch. Im Gegenteil, beides lässt sich wunderbar kombinieren. Die Besinnung auf die symbolische Bedeutung des Kranzes darf nicht verloren gehen.

Der üppige und dekorative Blumenschmuck darf sich nicht zu sehr über den Kranzkörper erheben, er sollte nicht höher sein, als der Kranzkörper breit ist. Etwa ein Drittel des Kranzkörpers kann von der Dekoration überspielt werden, die Pflanzenteile schmiegen sich dem Kranzkörper an.

Asymmetrisch in der Bewegungsrichtung gestaltet, nimmt der Blumenschmuck die Kranzbewegung auf. Werden bedruckte oder unbedruckte Kranzschleifen gewünscht, können diese ebenfalls in Richtung des Uhrzeigersinns in den Schmuck integriert werden.

Eine Einheit zwischen Schmuck und Körper entsteht, wenn die Pflanzenteile nicht aufgesetzt wirken. Zwischen den floralen Partien müssen Blicke auf den Kranzkörper möglich sein und der Werkstoff, aus dem der Kranzkörper gefertigt wurde, soll sich im Schmuck wiederholen. Ist das Profil des Schmucks identisch mit dem des Kranzkörpers, wirkt das zusätzlich verbindend.

Kranzschmuckarten

Es gibt viele Möglichkeiten, einen Kranzkörper mit Blumenschmuck zu versehen. Der gesamte Kranz kann aus unterschiedlichen Blatt-, Blüten- und Pflanzenformen bestehen. Der Kranzkörper kann aus ganz exakt gestecktem oder gebundenem Werkstoff gefertigt sein. Je ruhiger der Werkstoff, desto klarer die Kranzform. Es gibt viele Möglichkeiten, Kränze und Kranzschmuck zu gestalten. Einige wesentliche Schmuckarten und ihre Merkmale werden im Folgenden beschrieben. Sie bilden die Grundlage für die Ausbildung.

Auf einer klaren Kranzform wirken folgende Schmuckarten:

- dekorativ-symmetrischer Schmuck,
- dekorativ-asymmetrischer Schmuck,
- grafischer Schmuck,
- Akzentschmuck,
- Gruppenschmuck,
- Bandschmuck,
- gestreuter Schmuck,
- Straußschmuck.

Die klassische Form des Kranzschmucks ist der Straußschmuck. Als die technischen Möglichkeiten noch nicht so ausgereift waren, wurden Sträuße gebunden und diese wurden dann auf den Kranzkörper gelegt und befestigt. Angepasst an die heutige Technik ist diese Gestaltungsvariante heute wieder sehr beliebt.

Die Pflanzenteile werden zu einer Straußform, dekorativ oder grafisch, in Feuchtsteckmasse gesteckt, dadurch ist eine längere Haltbarkeit gegeben. Die Steckbasis befindet sich im oberen Drittel des Kranzkörpers, dort befindet sich auch der **Bewegungsmittelpunkt**. Die Stiele der verwendeten Pflanzenteile werden von unten in die Steckmasse gesteckt, sodass die Illusion eines natürlichen Straußes entsteht. Die imaginäre Bindestelle kann durch Band verziert und dadurch betont werden.

Der Akzentschmuck unterstreicht, wie der Name schon sagt, die Kranzform durch einen kleinen Blumenschmuck. Durch ihn wird der Kranzkörper betont und nicht verdeckt. Voraussetzung für diesen extravaganten Schmuck ist ein interessant gestalteter Kranzkörper. Werkstoff und Kranz haben eine starke Eigenwirkung. Für den Schmuck eignen sich sammelnde Pflanzenteile in Kombination mit bizarren Bewegungsformen, auch ein Bandschmuck kann einen interessanten Akzent bilden.

Eine ebenfalls interessante Variante ist der Gruppenschmuck. Nach der asymmetrischen Ordnung werden drei Gruppen gestaltet, die sich wie zufällig dem Kranzkörper anschmiegen. Die Mitte des Kranzkörpers ist zu meiden, die Kranzdynamik wäre gestört.

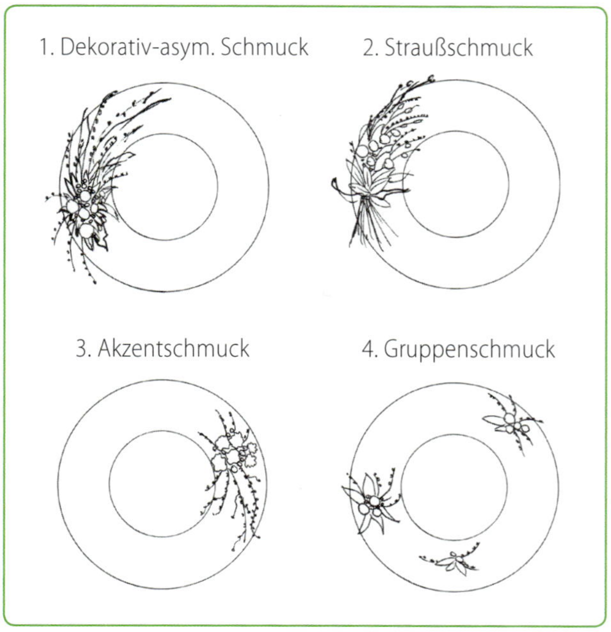

Bild 1 Vier interessante Kranzschmuckarten

Trauerkränze rund gesteckt, auch Blütenkränze genannt, aus verschiedensten Pflanzenteilen wie Blättern, Blüten, Fruchtständen, getrocknet oder frisch, sind sehr stimmungsvoll. Sie lassen sich der Jahreszeit entsprechend gestalten. Im Winter mit unterschiedlichen Nadelgehölzen und Koniferen, Zapfen, Zweigen, Moos und anderen dauerhaften Werkstoffen, im Frühjahr mit Zwiebelpflanzen, winterhartem Efeu und winterlichen Zweigen, im Sommer mit der üppigen Vielfalt der Sommerblumen und im Herbst z. B. mit Heide, Früchten und Laub in prachtvoller Herbstfärbung.

Bei rundgesteckten Kränzen handelt es sich um Flächengliederungen. Die Fläche des Kranzkörpers kann komplett aus einer Werkstoffsorte oder aus Kombinationen bestehen. Möglich sind Kränze z. B. komplett aus Rosen, Hortensien oder interessanten kräftigen Blättern gearbeitet. Dafür eignen sich insbesondere die Blätter vom Hedera helix-, Prunus laurocerasus- oder Viburnum rhytidophyllum.

Bild 2 Gesteckter Kranz aus herbstlichen Werkstoffen

Bild 3 Große Kontraste dominieren diesen Kranz. Temperatur, Struktur, Farbe, Qualität und Quantität stellen in dieser Kombination einen gestalterisch anspruchsvollen Reiz dar.

So können verschiedene Pflanzenteile in regelmäßiger oder unregelmäßiger Streuung mit Schwerpunkten angeordnet werden. Kontraste im farblichen oder strukturellen Bereich bringen den ganz besonderen Reiz. Bild 3, Seite 427 zeigt einen vergrößerten Ausschnitt, der dazugehörige Kranz ist auf folgendem Bild 1 zu sehen. Diese Art von Kränzen lässt sich in vielen Variationen anfertigen. Abgestimmt auf die verstorbene Person, auf deren Hobbys, Lieblingsfarben oder Lieblingsblumen, wird er zu einem ganz persönlichen Werkstück.

Bild 1 Herbstlich, natürlich wirkender Kranz, gesteckt in eine verrottbare Kranzunterlage aus Feuchtsteckschaum

Als letztes Beispiel sei hier der gepflanzte Kranz genannt.

Bild 2 Ein gepflanzter Kranz aus Frühjahrsblühern und immergrünen Blattpflanzen. Der Pflanzring ist kompostierbar und entsprechend der Friedhofsverordnung problemlos zu entsorgen.

Dieser Kranz hat eine sehr natürliche Wirkung. Er wirkt wie gewachsen, deshalb sind die Pflanzen vom Charakter her aufeinander abgestimmt. Die Pflanzensoziologie muss zwecks gemeinsamer glaubhafter Aussage und der einheitlichen Pflegeansprüche berücksichtigt werden. Sehr überzeugend und vegetativ wirken Kombinationen aus einem Milieu. Die Pflanzen können in wiederverwendbare oder kompostierbare Pflanzringe eingesetzt werden. Im Handel ist eine Vielzahl an interessanten Möglichkeiten erhältlich. Die technischen und gestalterischen Kriterien für dieses Werkstück sind identisch mit denen der Pflanzschalen. Mit dem Unterschied, dass die Pflanzen hier ringförmig angeordnet werden. Bild 2 zeigt eine von vielen Möglichkeiten.

6.4 Alternative Trauerspenden

Das Trauergesteck

Nicht jeder Kunde möchte einen anspruchsvollen Trauerkranz verschenken, um seine Anteilnahme auszudrücken. In manchen Fällen wäre das vom Aufwand her unangemessen. Eine gute Alternative ist das Trauergesteck.

Auch bei diesem Werkstück finden die persönlichen Neigungen der verstorbenen Person Beachtung. Lieblingsfarben und -blumen können in spannungsreichen Harmonien oder Kontrasten kombiniert werden. Für diesen Zweck werden im Handel spezielle Trauergesteckhalter in verschiedenen Größen angeboten. Die Halter haben einen Griff und lassen sich gut vom Floristen und vom Kunden transportieren. Alternativ können Steckunterlagen mit einem Holzbrett, einem Feuchtsteckmasseblock und einem darüber gezogenen Netz, ebenfalls im Handel erhältlich, selbst hergestellt werden. Das hat den Vorteil, dass jede Größe flexibel angefertigt werden kann, lohnt sich aber nur, wenn mehrere Teile gleichzeitig angefertigt werden. Sonst ist der Arbeitsaufwand zu groß. Wünscht der Kunde eine bedruckte Schleife, lässt diese sich problemlos einarbeiten. Je nach gewünschter Größe und Preisvorstellung können Trauergestecke in verschiedenen Ausführungen angefertigt werden. Gestalterische und technische Kriterien sind wie beim Gesteck zu beachten (s. S. 438 ff.). Ob dekorativ, vegetativ oder formal-linear gestaltet werden soll, hängt vom Kundenwunsch und von der Werkstoffauswahl ab. Das klassische Trauergesteck wird dekorativ und symmetrisch gearbeitet. Es hat eine üppige Wirkung und lässt sich schnell anfertigen. Bild 1 (s. S. 439) zeigt eine Möglichkeit.

Der Kondolenzstrauß

Eine sehr pietätvolle Möglichkeit der Trauerspende bietet der Kondolenzstrauß. Ein Strauß, der zu den Angehörigen ins Haus geschickt wird. Oftmals ist die Bindung zu einer hinterbliebenen Person enger als zu der verstorbenen. Aber auch andere Gründe können ausschlaggebend sein für diese Art der Anteilnahme.

Der Kondolenzstrauß verbleibt in der Regel im Trauerhaus, er soll Aufheiterung vermitteln. Deshalb darf er durchaus in fröhlichen Farben kombiniert sein.

Ist die Beziehung zum Trauerhaus eher geschäftlich und erfordert Zurückhaltung, ist ein Strauß in elegantem und feierlichem

Weiß-Grün evtl. die richtige Entscheidung. Mit Einfühlungsvermögen und geschickten Fragestellungen muss der Florist herausfinden, welches Präsent das angemessene ist.

Bild 1 Trauergesteck

Der Trauerstrauß oder Grabstrauß

Der Trauerstrauß unterscheidet sich vom Kondolenzstrauß nur insofern, als er zur Trauerfeier geschickt oder mitgenommen wird und nicht direkt ins Trauerhaus. Solche Sträuße werden in der Regel dekorativ, kuppel- oder tropfenförmig gestaltet und gebunden. Um ihnen eine recht lange Haltbarkeit zu ermöglichen, stellt man sie optimalerweise ins Wasser.

Lassen die Witterungsverhältnisse das nicht zu, z. B. im Winter bei Minusgraden, empfiehlt sich ein schräg gebundener Strauß, ein Grabstrauß. Er hat eine flache Rückseite, auf die man ihn legen kann. Die Umrissform ist ebenfalls tropfenförmig, die einzelnen Pflanzenteile werden zu Staffelungen zusammengefügt und nach unten hin, bis kurz über der Bindestelle, angeordnet.

Um einen interessanten Rhythmus zu erhalten, empfiehlt es sich, Grünformen unter und zwischen die Blumen- und Blattgruppierungen zu legen. Das hebt den Strauß ein wenig, und lässt ihn nicht passiv wirken. Die sichtbare Bindestelle – der Strauß wird nicht in einer Vase stehen – wird in die Gestaltung einbezogen. Das verwendete Bindemittel muss zum Gesamteindruck passen. Dies kann z. B. durch Naturbast, durch farblich passendes Band oder durch einen Trauerflor erreicht werden.

Grundsätzlich sind alle Straußtypen auch als Trauer- oder Grabstrauß denkbar; abgestimmt auf die Person und die Jahreszeit werden die gestalterischen Kriterien festgelegt und die entsprechenden Werkstoffe ausgewählt.

Trauer- bzw. Grabsträuße werden häufig zu Gedenktagen gewünscht. Zu Geburtstagen, Hochzeitstagen oder Todestagen legen Angehörige gern Blumen auf das Grab ihrer Verstorbenen. Eine Ehrung und Verbundenheit symbolisierende Handlung, die vom Floristen entsprechend gewürdigt werden muss.

Der Winterschmuck

Während der kalten Jahreszeit werden die Gräber mit winterharten Werkstücken geschmückt. Frost- und regenfeste Pflanzenteile werden zu Kränzen, Gestecken, Grabsträußen oder auch zu Werkstücken aus der Formbinderei gestaltet.

Die Werkstoffe dürfen nicht witterungsempfindlich sein, die schwankenden Temperaturen zwischen Minus- und Plusgraden dürfen den Pflanzenteilen keinen größeren Schaden zufügen. Gut geeignet sind exotische Trockenwerkstoffe wie z. B. *Leucadendron*, *Protea*-Arten, Lotosfrüchte oder verschiedene Zapfen.

Haltbare Nadelgehölze, Koniferen, Moose und Flechten eignen sich gut für den winterfesten Schmuck. Zu vermeiden ist die Verwendung von Fruchtschmuck; die Vögel würden sich sofort darauf stürzen, außerdem können die Früchte faulen und einen unästhetischen Eindruck vermitteln. Je nach Region werden Werkstücke dieser Art zu Allerheiligen, zum Volkstrauertag oder zum Totensonntag auf die Friedhöfe und an die Gedenkstätten gebracht.

Viele Kunden entscheiden sich im Winter auch anlässlich von Beerdigungen für diese dauerhaften Werkstücke. Die längere Haltbarkeit wirkt überzeugend. Werkstücke mit frischen Blumen sind schon nach einer Frostnacht kaputt.

6.5 Sargschmuck

Auf dem Sarg befindet sich der Blumenschmuck, der den Blick aller Trauergäste auf sich zieht.

Der Sargschmuck hat folgende Aufgaben zu erfüllen: Er soll etwas aussagen über die verstorbene Person, er soll den Angehörigen und Freunden Trost spenden. Das alles vermag er, wenn der Florist eine einfühlsame Arbeit angefertigt hat. Auch für das Anfertigen dieses wichtigen Werkstücks kommt es darauf an, persönliche Vorlieben der verstorbenen Person zu kennen.

Dann muss natürlich das Design des Sarges Berücksichtigung finden. Blumenschmuck und Sarg müssen eine Einheit ergeben, der Schmuck wird dem Sarg angepasst. Wichtige Accessoires wie Griffe, Zierschrauben und Ähnliches müssen sichtbar bleiben.

Ein leichter, transparenter Schmuck, der den Sarg spielerisch umschlingt, oder ein Gerüst aus natürlichen Zweigen mit vielen Blütenranken lässt ihm seine Eigenwirkung, unterstützt diese sogar noch, und schafft sich trotzdem den eigenen Entfaltungsraum.

Technische und gestalterische Möglichkeiten

Das klassische Sarggesteck wird auf dem Sarg angebracht. In einer Unterlage aus Feuchtsteckschaum, in verschiedenen Längen im Handel erhältlich, werden die Blüten, Blätter und Ranken zu einem länglichen, dekorativen Gesteck zusammengebracht. Klebestreifen oder -punkte fixieren die Sargunterlage an der richtigen Stelle. Der Schmuck soll mindestens über ein Drittel, kann aber auch über die gesamte Länge des Sarges gearbeitet werden. Transparenz und Leichtigkeit in der Anordnung aller Werkstoffe sind wichtig für das positive Erscheinungsbild. Seitlich abfließende Partien überspielen den Sarg und sorgen für die proportionale Ausgewogenheit.

Ein Herz oder ein Kreuz, über das Kopfende des Sarges gelegt, oder eine aus zarten Blüten gearbeitete transparente Decke, über die Sargmitte drapiert, sind wirkungsvolle Möglichkeiten, einen Sarg zu schmücken. Sehr stilvoll und klassisch wirkt ein Sarg mit Girlanden verziert. So kann z. B. eine Girlande gebunden aus verschieden Koniferen, Blatt und Blütenarten seitlich in leichten Bögen um den Sarg geschlungen oder zwei kürzere jeweils über das Kopf- und das Fußende gelegt werden.

Eine weitere sehr natürliche und interessante Schmuckvariation ist ein Gerüst aus Zweigen, das mit vielen Freiräumen, Höhen und Tiefen diagonal über den Sarg gelegt wird. Viele zarte violette Blütenranken, z. B. der Staudenwicken, werden spielerisch in dieses Gerüst eingearbeitet. Weitere kleinblütige Sommerblumen wie Verbenen, Leberbalsam und kleinblütige Rosen ergänzen diesen leichten Schmuck in Pastelltönen. Eine florale Inszenierung, die mit Sicherheit keinen Trauerschmerz verhindern kann, deren Anblick aber bestimmt für positive Gedanken sorgt. Die Möglichkeiten, einen Sargschmuck anzufertigen sind vielseitig. Die gestalterischen Möglichkeiten ebenfalls. Der Florist muss sich mit den Wünschen der Angehörigen auseinandersetzen, um ein gutes Beratungsgespräch zu führen.

Technische Tipps

Als Grundlage für eine Blütendecke kann ein rechteckiges Stück Stoff oder ein grobes Netz dienen. Blüten und Blätter werden mit Garn aufgenäht. Die Decke wird dann mit speziellen Haltern auf dem Sarg befestigt. Ein Gerüst aus Zweigen wird als Grundlage gearbeitet, das Geäst wird ineinander verschlungen und an einigen Punkten mit Band, z. B. Rebdraht, verbunden. Dadurch entsteht eine Grundfestigkeit. Das Gerüst hat schon die endgültige Form und Größe des gesamten Schmucks, alle weiteren floralen Werkstoffe werden dann ebenfalls mit Rebdraht befestigt. Der Schmuck kann auch mit Haltern befestigt werden oder durch den ohnehin schon eingesetzten Rebdraht, z. B. an den Griffen, fixiert werden. Die Technik ist bei diesem Schmuck ein wichtiges Gestaltungsmittel.

Aufbahrung des Sarges

Zum Abschiednehmen wird der Sarg meistens in einem schlichten Raum aufgestellt. Kerzenlicht und zu beiden Seiten des Sarges aufgestellte Vasenfüllungen sorgen für eine feierliche Stimmung. Hierfür eignen sich z. B. ca. 150 bis 160 cm hohe Ständer, die entweder im Bestattungsinstitut vorhanden sind, oder vom Floristik-Fachgeschäft ausgeliehen werden können. Der Florist arbeitet die Werkstücke am besten vor Ort.

Bild 1 Dekorativer Sargschmuck

Einfühlsam kombinierte Arrangements nehmen dem Raum etwas von der Leere. Blumen trösten im wahrsten Sinne des Wortes. Der Vorschlag für diese Zusatzdekoration gehört unbedingt in das Beratungsgespräch mit den Angehörigen. Ebenso wie das Angebot, alle organisatorischen Dinge mit dem Bestatter zu regeln.

Dieser Service gibt dem Angehörigen ein positives Gefühl und trägt konkret zur Kundenbindung bei.

6.6 Urnenschmuck

Feuerbestattungen sind immer mehr im Trend der Zeit. Urnenschmuck wird im Floristik-Fachgeschäft immer häufiger gewünscht.

Bild 2 Traditionelle Urne, geschmückt

Die unterschiedlichsten Urnenformen sind erhältlich. Von der klassischen Form bis hin zum Designerstück ist alles zu bekommen. Jede Urnenform verlangt nach einem individuellen Schmuck. Bei schlichten Urnen hat der Florist viele Möglichkeiten, angefangen bei der Girlande, über den Fries bis hin zum abfließenden Gesteck, das auf dem Urnendeckel befestigt wird. Die Urne bzw. das Gefäß muss gestalterisch und proportional zur Geltung kommen, die Eigenwirkung ist jedoch meistens gering.

Ganz anders bei Designer-Urnen. Diese werden am besten auf ein florales Podest gestellt. An der Urne selbst würde jedes Detail störend und überflüssig wirken.

Bild 1 Urnenschmuck, Kranz und Urne ergeben eine Einheit

Bild 2 Urnenschmuck

Sie ist einfach perfekt wie eine Skulptur. Der Florist kann in diesem Fall nur noch hervorheben, einen Rahmen schaffen. Eine Möglichkeit wäre: ein schwarzes Vierkantholz, senkrecht stehend, und durch schräg aufstrebende schwarze Weidenzweige unterstützt, auf denen die Urne in ca. 70 cm Höhe zu schweben scheint. *Kniphofia Cultivars* und der aufstrebende Schachtelhalm, *Equisetum giganteum*, begleiten die aufstrebende Bewegung der Weiden. Das Ganze scheint aus dem Nichts zu kommen, wird aber von einer quadratischen Holzplatte gehalten. Von unten eingeschlagene, in Ringform angeordnete Nägel bilden einen Kenzan. Die Holzplatte wird mit getrübt orangerotem Kies abgedeckt, das bildet einen ruhigen Untergrund für die gesamte Präsentation und nimmt eine Farbverbindung mit den *Kniphofia* auf.

6.7 Handsträuße

Nach den Abschiedsansprachen am Grab nimmt jeder Trauergast noch einmal persönlich Abschied. Der kleine Strauß, die einzelne Rose oder andere vielleicht aus persönlichen Erinnerungen verbindende Blumen, werden mit ins Grab gegeben.

Der Handstrauß wird über die Dauer der Trauerfeier in der Hand gehalten, etwas zum Festhalten. Intuitiv wird die Verbindung zur verstorbenen Person hergestellt. Ein Gefühl der Nähe entsteht. Aus diesem Grund darf auf die oft nebenbei laufende Bestellung: „… ach ja, und die Blumen zum „Nachwerfen" werden ja auch noch benötigt" gern mehr Wert gelegt werden. Die Verbindung zu nahen Angehörigen kann durch den individuellen Handstrauß verdeutlicht werden.

6.8 Zusammenfassung: Trauerschmuck

Für die Bestellung eines Trauerschmucks muss der Florist sich Zeit nehmen, wenn möglich einen besonderen Termin vereinbaren. Ein ruhiger Bereich im Geschäft mit einem Besprechungstisch und ausreichend Stühlen bildet den passenden Rahmen für ein gutes Beratungsgespräch. Abgeschirmt von anderen Kunden können die Angehörigen auch mal kurz die Fassung verlieren, ohne dass sie damit die Aufmerksamkeit anderer Kunden auf sich ziehen würden. Aktuelles, gepflegtes Fotomaterial mit Werkstückvorschlägen zu allen Themenbereichen helfen dem Kunden bei der Entscheidungsfindung. Der Kunde bekommt eine konkrete Vorstellung und der Florist kann zeitsparend beraten. Vorteilhaft sind Bestellformulare ähnlich einer Checkliste, dadurch wird kein wichtiger Gesprächspunkt vergessen.

Ein noch so perfektes Werkstück kommt nicht zur Geltung, wenn es nicht richtig präsentiert wird. Der Florist sollte sich vergewissern, dass genügend Raum für die gewünschten Werkstücke vorhanden ist. Eventuell können zusätzliche Lichtquellen oder Ständer für den Aufbau eingesetzt werden. Das richtige Werkstück am richtigen Platz.

Eine enge Zusammenarbeit mit den Bestattern wirkt sich für alle Beteiligten positiv aus.

Bild 1 Trauerkranz mit Schleife

Bild 2 Kreuz als Trauer- oder Grabschmuck

Aufgaben

1. Welche Konsequenzen ergeben sich durch die Friedhofsverordnung für die Trauerfloristik?
2. Welche Informationen benötigt der Florist, bevor er ein passendes Trauerwerkstück empfehlen kann?
3. Erläutern Sie die Symbolik des Kranzes.
4. Nennen Sie drei Werkstoffe mit symbolischer Bedeutung.
5. Nennen Sie drei klassische Herstellungstechniken für Trauerkränze.
6. Welche Maße müssen vor der Erstellung eines Kranzkörpers errechnet werden?
7. Worauf beziehen sich die Proportionen beim Kranzkörper?
8. Welche Kranzprofile gibt es?
9. Nennen Sie die gestalterischen Kriterien zur Anfertigung eines Trauerkranzes.
10. Welche Kriterien sind bei der Anfertigung eines Kranzschmucks zu beachten?
11. Nicht jeder Kunde möchte einen Trauerkranz bestellen. Welche Alternativen können Sie ihm unterbreiten?
12. Welche gestalterischen Anforderungen werden an einen Sargschmuck gestellt?
    a) Entwickeln Sie zwei Gestaltungsvorschläge.
    b) Beschreiben Sie die technische Umsetzung.
    c) Stellen Sie Ihre Ideen im Klassenverband vor, diskutieren Sie über die Ergebnisse.
13. Es werden unterschiedliche Urnen angeboten. Wie unterscheiden sie sich?
14. Beschreiben Sie die technischen und gestalterischen Kriterien für einen Urnenschmuck.
15. Mit welcher Begründung empfehlen Sie dem Kunden Handsträuße?
16. Beschreiben Sie den entsprechenden Rahmen für ein gut geführtes Beratungsgespräch.
17. Welchen Vorteil hat es, dem Kunden Fotos mit floralen Werkstücken zu zeigen?

7 Raumschmuck gestalten

Das Thema Raumschmuck ist die vierte Komplexe Prüfungsaufgabe. Oliver hat sich entschieden und möchte sich mit diesem Bereich zur Prüfung anmelden. Seine Ausbilderin Sophia Schmidt ist begeistert. Oliver bekommt die Aufgabe, sich intensiv mit dem Thema zu befassen. Die beiden vereinbaren einen Gesprächstermin, an dem sie alle wichtigen Punkte besprechen wollen. Da im Floristik-Fachgeschäft Linnea GmbH recht häufig Raumschmuck-Aufträge bearbeitet werden, hat Oliver schon einiges an Wissen mitbekommen. Die Firma Bad und Technik bekommt z. B. im Vier-Wochen-Turnus neue Raumschmuckobjekte, ebenso wie das Autohaus Meier-Riedel für die Auto-Ausstellungshallen. Weitere Firmen bekommen regelmäßig neuen Raumschmuck gestaltet. Die Linnea-Kunden sind sehr innovativ, daher hat Oliver schon an sehr ausgefallenen Projekten mitgearbeitet. Im folgenden Kapitel bekommt er nun das dazugehörige theoretische Wissen vermittelt. Hochmotiviert und sich der Unterstützung durch seinen Ausbildungsbetrieb sicher, geht er an die Recherchen.

Ein Raumschmuck ist ein für einen speziellen Raum angefertigter Schmuck. Es wird unterschieden zwischen dauerhaften und kurzlebigen Dekorationen. Die dauerhaften Gestaltungen stehen über längere Zeit an einem festen Platz. Sie werden häufig für Hallen mit Dauerausstellungen, z. B. Produktpräsentationen, Hotelfoyers, Restaurants oder Ähnliches angefertigt. Werkstücke für solche Zwecke können aus interessanten Pflanzungen bestehen oder aus getrockneten bzw. Kunstblumen kombiniert mit anspruchsvollen Gefäßen, technischem Aufbau und anderen passenden Accessoires. Dekorationen, die für einen kürzeren Zeitraum benötigt werden, werden aus frischen Pflanzenteilen angefertigt. Ein interessanter technischer Aufbau schafft den passenden Rahmen. Raumschmuck dieser Art wird für kurze Veranstaltungen angefertigt, z. B. Bälle, Tagungen, größere Familienfeiern, Partys und Gala-Abende.

7.1 Allgemeine Anforderungen an einen Raumschmuck

Ein Raumschmuck hat die Aufgabe, eine bestimmte Atmosphäre zu schaffen, er soll dem Raum zu einem neuen Ausdruck verhelfen, Schmuck und Raum müssen zu einer Einheit werden. Im Kundengespräch wird die gewünschte Aussage, die erzielt werden soll, herausgearbeitet. Je schlichter der Raum, desto mehr Möglichkeiten für den Floristen. Stilelemente müssen aufgenommen werden, Raum und Schmuck dürfen keinen Widerspruch ergeben. Die technischen Möglichkeiten müssen geprüft werden: Eignen sich die Decken oder Wände, um etwas daran aufzuhängen? Das geschieht natürlich nur nach Absprache mit dem Besitzer. In vielen Veranstaltungsräumen gibt es fest installierte technische Vorrichtungen. Durch den Schmuck darf nichts beschädigt oder beschmutzt werden.

Die floralen Objekte sollen ergänzen, vervollkommnen und bereichern, sie dürfen nicht behindern oder stören. Raumfunktionen müssen geklärt und Lichtverhältnisse geprüft werden. Licht kann Farben verändern, sogar komplett verschwinden lassen. Die Wirkung bei Tag ist völlig anders als in der Nacht bei Kunstlicht. Wie und wann soll der Raum genutzt werden?

Sind solche grundsätzlichen Fragen geklärt, kann der Raumschmuck geplant werden.

7.2 Technische Kriterien

Wichtige technische Ansprüche an einen Raumschmuck sind in erster Linie:

- Sauberkeit in der Verarbeitung
- Festigkeit in der Verarbeitung
- Der Schmuck darf den Raum nicht beschädigen (z. B. Kratz- oder Wasserschäden).
- Haltbarkeit für den gewünschten Zeitraum
- Er darf nicht stören.
- Geruchsneutralität
- Standfestigkeit
- Sichere Aufhängung an der Wand oder Raumdecke
- Keine Verletzungsgefahr

Technische Möglichkeiten, einen Raumschmuck zu fertigen

Als Grundgerüst können Gestelle aus verschiedenen Werkstoffen gebaut werden. Zum Beispiel:

Säulen aus Holz oder Metall mit integrierten Gefäßen.

Objekte aus Zweigen, z. B. Weißdorn oder Weide: Die Zweige werden mit Schmuckdraht, Rödeldraht oder Kabelbindern fest miteinander verbunden und so lange ergänzt, bis ein stabiles Gerüst entstanden ist. Das Bindemittel ist gleichzeitig Gestaltungsmittel, muss also bewusst ausgewählt werden. Die Wasserversorgung kann durch Reagenzröhrchen, Acrylschläuche oder andere gestalterisch einbezogene Gefäße gewährleistet werden.

In ähnlicher Technik lassen sich Holzleisten zu interessanten Objekten verarbeiten. Die Leisten werden miteinander verbunden oder verschraubt.

Holzrahmen werden zu floralen Bildern. Im Rahmen wird eine spezielle, für Wandschmuck geeignete Steckmasse eingearbeitet. In diese Steckbasis werden die Werkstoffe gesteckt. Eine Steckmasse in einer Kunststoffschale mit Auslaufschutz. Die normale Steckmasse würde Wasser abgeben und die Wand bzw. den Raum beschädigen.

Durch Naturholzplatten oder durch farbig gestrichene Platten, werden Farbakzente gesetzt, und der Schmuck erhält einen ruhigen Hintergrund. Die Holzplatten eignen sich gut für die Anbringung an Wänden oder Säulen. Sie bekommen hinten eine professionelle Aufhängung: Zwei Holzleisten werden mit jeweils 10 cm Abstand unten und oben von hinten auf das Brett geleimt und geschraubt. Die obere Leiste wird vorher durchbohrt, sodass ein stabiles Band oder ein Draht daran befestigt werden kann. Die sichere Aufhängung ist fertig; durch die beiden Leisten ist ein kleiner, interessant wirkender Abstand zur Wand entstanden.

Auf diese Unterlage kann ebenfalls Steckmasse aufgebracht werden, oder aber auch ein Gerüst aus verholzten Ranken oder Stielen befestigt werden.

Bild 1 Wandschmuck auf einer Acrylplatte mit verholztem Geäst für einen Wohnbereich. Die eingearbeiteten Glasröhrchen sind leicht zu reinigen und die Blüten schnell auszutauschen. Durch wechselnde Blumenauswahl kann immer wieder ein neues Bild entstehen.

Eine kostenintensive Alternative ist der florale Schmuck, fixiert auf Acrylplatten. Diese können transparente Raumteiler oder edlen Wandschmuck ergeben. Geäst und Reagenzröhrchen werden mit speziellen Saugern befestigt. Die Sauger sind stark belastbar, transparent und haben ein Loch, an dem die Werkstoffe befestigt werden können.

Auch Metallplatten können als Träger für Raumschmuck fungieren. Rustikal oder edel wirkend, je nach Raum oder Anlass, bietet Metall viele Möglichkeiten. Die Kanten müssen immer entgratet sein, damit keine Verletzungsgefahr besteht.

Viele weitere Möglichkeiten könnten hier genannt werden, dem Ideenreichtum sind kaum Grenzen gesetzt.

Eins haben alle Objekte gemeinsam: Die Anfertigung ist fast immer recht aufwendig. Deshalb werden alle Objekte so konstruiert, dass sie mehrfach verwendbar sind.

Vorteile

- Der hohe Arbeitsaufwand lohnt sich.
- Der Anschaffungspreis relativiert sich.
- Objekte können gegen eine Gebühr verliehen werden.
- Wirtschaftlich interessant für den Kunden und für den Floristen.
- Der Florist kann Raumschmuckaufträge ohne lange Vorlaufzeit ausführen.
- Durch den Einsatz immer wieder anderer Werkstoffe werden neue Ausstrahlungen geschaffen.
- In ruhigeren Geschäftsphasen können neue Grundgerüste entwickelt und angefertigt werden.
- Auszubildende können in die Umsetzung mit einbezogen werden.

Raumschmuck, Farben und Licht

Diese drei Einheiten, müssen unbedingt aufeinander abgestimmt werden. Tageslicht lässt Pflanzen und Farben völlig anders erscheinen als Kunstlicht. Soll z. B. ein Ball am Abend stattfinden, wird das Licht stimmungsvoll und gedämpft sein, ergänzt durch warmes Kerzenlicht.

In diesem Fall müssen dunkle Werkstoffe unbedingt vermieden werden. Die Farben Blau und Violett würden nur noch wie schwarze Löcher wirken.

Ballsäle haben oft verschiedene Beleuchtungsebenen. Die Grundbeleuchtung an der Decke wird für geschäftliche Anlässe wie Tagungen oder Konferenzen benötigt, dann gibt es eine zweite Ebene in Form von hängenden Leuchtern, die für festliche Anlässe geschaltet werden. Für die Anbringung des Raumschmucks ist immens wichtig, welches Licht zu der Veranstaltung brennen wird.

Die Auswahl der Farben richtet sich nach der Raumausstattung, den Farbvorstellungen des Kunden und dem Anlass. Auf jeden Fall müssen die gewählten Farben aus den genannten Gründen hell, strahlend und aussagekräftig sein. Ist die Grundausleuchtung des Raumes nicht ausreichend, können die vorhandenen Lichtquellen punktuell mit Strahlern ergänzt werden. Lichteffekte wirken sich positiv auf die Atmosphäre im Raum aus.

7.3 Raumschmuckanlässe und Raumerfassung

Wann ist Raumschmuck angebracht, wann wird ein Schmuck als Raumschmuck bezeichnet?

Im Grunde kann jeder Raum einen individuellen floralen Schmuck gebrauchen. Der private Wohnbereich, Geschäftsräume, Kirchen, Hotel-, und Firmen-Foyers, Restaurants, Ballsäle, Konferenz- und Besprechungsräume. Wie in der Einleitung schon beschrieben, können diese Dekorationen für einen lang- oder kurzfristigen Zeitraum entwickelt werden.

Für beide Variationen gilt, der Schmuck muss proportional auf die Raumgröße abgestimmt sein. Er muss sich im Blickfeld der Personen befinden, die den Raum betreten und ebenfalls der Personen, die am Tisch sitzen, an der Bar stehen usw. Das bedeutet für den Floristen, dass er sich den Raum von verschiedenen Positionen aus anschauen muss. Er muss sich in die Betrachter hineinversetzen. Dinge, die sich oberhalb oder unterhalb des Blickfeldes befinden, werden nicht wahrgenommen, sind also überflüssig! Der Raumschmuck besteht aus einzelnen Werkstücken, die gezielt platziert werden. Der Raum ist erfasst, wenn Raum und Schmuck zu einer Einheit werden. Genau das richtige Mengenverhältnis, die passende Gestaltungsart, die gezielte Farbentscheidung und die Auswahl der entsprechenden Strukturen müssen beachtet werden.

> Ein Raum darf weder floral überladen sein, noch darf an der falschen Stelle gespart werden. Reduzieren ist kein Problem, wie so oft im Leben ist weniger sogar mehr, aber das will gekonnt sein.

Bild 1 Ein Ausschnitt aus einer Kirchendekoration zum Erntedankfest

7.4 Gestalterische Kriterien

Der Florist unterscheidet zwei Bezeichnungen: Dekoration und Schmuck. Dekoriert wird da, wo der Raum nicht viel vorgibt, das kann ein Festzelt sein oder eine Sporthalle, in der eine Musikveranstaltung stattfinden wird. Durch die Dekoration soll eine bestimmte Stimmung und Atmosphäre geschaffen werden.

Geschmückt wird dort, wo Vorhandenes betont oder ergänzt werden kann, die Stilelemente des Raumes aber nicht überlagert werden dürfen.

Die eindrucksvollen Stilelemente eines barocken Saales oder eines Jugendstilgebäudes müssen mit Fachkompetenz und Einfühlungsvermögen geschmückt werden.

Anwendungsbeispiele

Auch beim Raumschmuck ist es ratsam, eine Checkliste anzufertigen, als hilfreiche Gedankenstütze bei der Auftragsannahme.

Checkliste

Allgemeine Informationen:

- Anlass und Dauer der Veranstaltung
- Personenzahl
- Tischaufstellung
- Foyer, Saal, Bühne/Bühnenschmuck
- Bar und Büffet
- Tanzfläche
- Toilettenräume

Informationen zum Raum:

- Stilrichtung
- Einrichtung/Werkstoffe
- Dominierende Farben
- Wände
- Gardinen
- Bestuhlung
- Tischwäsche
- Bilder
- Lichtquellen

Platz für Raumschmuck:

- Wand
- Raumdecke
- Freistehende Objekte
- Weitere Stellflächen
- Raummaße
- Spezielle Kundenwünsche: z. B. Lieblingsblumen und -farben oder Abneigungen, Gestaltungsart

Eine Checkliste in Form eines Bestellformulars, mit genügend Freiraum zum Eintragen der vielen Informationen, ist eine wichtige Gedankenstütze bei der Auftragsannahme. Ein Vororttermin ermöglicht es, alle offenen Fragen zu klären. Ein DIN-

A4-Block, ergänzt mit einem Adressfeld, wo alle Kundendaten, Liefertermin, Auf- und Abbauinformationen vermerkt werden, ist sehr hilfreich und professionell.

Sind all diese Fragen im Vorfeld geklärt, kann die Planung beginnen. Alle Gestaltungselemente müssen auf den Anlass abgestimmt werden. Florale und nonflorale Werkstoffe werden themenbezogen ausgewählt.

Bei einem Raumschmuck anlässlich der 50-Jahrfeier eines Blumengroßmarktes wird mit Sicherheit Wert auf üppige Blumenpracht gelegt. Die dekorative Gestaltungsart in symmetrischer Ordnung wird die richtige Entscheidung sein. Fröhliche, leuchtende Farben, die dem Raum und dem Anlass entsprechen, werden gewünscht sein. Das wird vorher im Beratungsgespräch geklärt. Stilrichtung und Farben des Raumschmucks wiederholen sich in der Tischdekoration.

Bei einer internationalen Tagung von Grafikern bieten sich spannungsreiche Kontraste an. Als Gestaltungsart wird die formal-lineare/grafische Gestaltungsart gewählt. Die entsprechende Ordnungsart ist die Asymmetrie. Die Wahl fällt auf extravagante Werkstoffe, z. B. Exoten mit einem hohen gestalterischen Anspruch.

Bei einem Raumschmuck zu einer großen Hochzeitsfeier, 200 Gäste werden erwartet, bieten sich repräsentative und festliche Werkstücke an. Leichte Pastelltöne, kombiniert mit Weiß, eine Blütenauswahl mit u. a. porzellanartigen und seidigen Strukturen, spiegeln die Lebensfreude und die Exklusivität dieser Feier wider. Accessoires, wie seidige in der Luft wehende Bänder, symbolisieren die Ausgelassenheit und die Lebensfreude des Hochzeitspaares. Farben und Accessoires können sich im gesamten Hochzeitsschmuck wiederholen. Alle gestalterischen Variationen sind möglich. Ganz nach Neigung des Brautpaares können die Gestaltungselemente individuell für die Feier kombiniert werden.

Bei themenbezogenen Veranstaltungen, wie z. B. dem „Schwedischen Abend" in der Handelskammer, der mediterranen Woche in einer Einkaufspassage oder einem Winzerfest an der Mosel, wird auf die jeweiligen Inhalte eingegangen. Landesfarben und typische Accessoires oder übliche Gebräuche der jeweiligen Gruppen gelten als Ausgangspunkt für die Planung der geeigneten Dekoration.

Der Florist hat durch eine gute und überzeugende Beratung die Fäden in der Hand. Kundenvorstellungen, die dem Anlass aus nachvollziehbaren Gründen nicht gerecht werden, können hinterfragt werden.
Der Florist darf die geschickte Auseinandersetzung mit dem Kunden nicht scheuen. Der Kunde geht in das Floristik-Fachgeschäft, weil er eine gute Beratung möchte. Floristen, die der Einfachheit halber ja sagen und den Auftrag mit Widerwillen ausführen, werden den Kunden nicht lange halten können. Der Kunde spürt disharmonische Gestaltungen und ist unzufrieden. Beim nächsten Mal wird er ein anderes Geschäft aufsuchen.

Bild 1 Dekoration anlässlich einer Hochzeit

Aufgaben

1. **Für welche Anlässe kann ein Raumschmuck angebracht sein?**
2. **Von welchen Faktoren hängt die Gestaltung eines Raumschmucks ab?**
3. **Nennen Sie die technischen Kriterien, die an einen Raumschmuck gestellt werden.**
4. **Welchen Einfluss hat die Beleuchtung auf florale Werkstücke?**
5. **Erarbeiten Sie einen dauerhaften Raumschmuck und beschreiben Sie die Räumlichkeiten.**
6. **Inszenieren Sie einen Anlass und einen Vorschlag für einen Raumschmuck. Die Veranstaltung dauert ca. 10 Stunden.**
7. **Fertigen Sie zu den Aufgaben 5 und 6 jeweils eine Skizze und eine Werkstoffliste mit der dazugehörigen Kalkulation an.**

8 Anlassbezogene Floristik kennen

In jedem Jahr wird die Adventsausstellung mit allen Mitarbeitern und Auszubildenden geplant und durchgeführt. In der ersten Mitarbeiterbesprechung werden Trends, Werkstoffe und Accessoires vorgestellt, die in diesem Jahr aktuell sind. Die Mitarbeiter bekommen den Auftrag, Werkstücke zu entwerfen, die als Blickfang für die Präsentation der einzelnen Themen dienen können. Frau Pohl erarbeitet mit Anna einen Adventskranz zum Hängen in ganz traditioneller Optik, Christine wird mit Sophia Schmidt ein Gesteck zum barocken Thema entwerfen und Oliver fertigt mit Herrn Petersen die Dekoration vor dem Geschäft in ganz moderner, extravaganter Farb- und Formgebung. Im Laufe der Vorbereitung der Ausstellung müssen dann verschiedenste Werkstücke zu diesen Themen gearbeitet werden, vom Geschenkaufleger bis zum Raumschmuck. Die Adventszeit bietet viel Raum für die Kreativität und die Fertigkeiten aller. Dabei legen die Schmidts großen Wert darauf, dass die Symbolik deutlich bleibt und die typischen Werkstoffe neben neuen Verwendung finden. Es gehört zur Firmenphilosophie der Schmidts, dass Tradition, Brauchtum und Symbolik mit modernen Trends und Werkstoffen gepaart werden. Das gilt auch für andere Anlässe, wie Ostern oder Erntedank.

Bild 1 Deutlich auf die Jahreszeit bezogene Arbeit

Grundsätzlich sind Schmuckformen für spezielle Anlässe immer in Bezug auf die gerade herrschende Jahreszeit zu sehen. Jede Jahreszeit hat für sie typische Blumen und Pflanzen, Farben und Materialien, ihre eigene Wesensart, die in ein Werkstück übernommen oder abgewandelt einfließen können. Die Verführung, solche Überlegungen außer Acht zu lassen, ist groß, da heute fast alle Blumen und Pflanzen das ganze Jahr über erhältlich sind. Die Vielfalt der angebotenen Accessoires sollte nicht dazu führen, dass ein Thema nur mithilfe dieses Beiwerks deutlich gemacht wird. Der Florist hat mit seinen natürlichen Werkstoffen eine unendliche Kombinationsvielfalt, um eine bestimmte Aussage schaffen zu können.

Der Begriff „saisonbezogene Floristik“ schließt alle Feierlichkeiten im Laufe eines Jahres ein. Neben den nachfolgend genannten gibt es noch viele weitere Anlässe, die dazugehören können. Wichtig für die Ausbildung zum Floristen ist es, die Hintergründe und ursprünglichen Bedeutungen zu kennen, um auf Grundlage dieses Wissens neue Schmuckformen entwerfen und umsetzen zu können. Tradition und Brauchtum kann so in immer neuem Gewand weitergegeben werden und muss nicht „verstaubt“ wirken.

Herkunft und Bedeutung der Feiertage

Valentinstag

Der Sage nach traute der Bischof Valentin von Terni im 3. Jahrhundert einige Verliebte, die nach Kaiserlichem Befehl hätten unverheiratet bleiben müssen, und schenkte ihnen zur Vermählung Blumen aus seinem Garten. Diese Ehen haben der Überlieferung nach unter einem guten Stern gestanden. An einem 14. Februar starb der Bischof als christlicher Märtyrer.

Seit dem 15. Jahrhundert werden in England Valentinspaare gebildet, die sich kleine Geschenke und Blumen schicken. Englische Auswanderer nahmen diesen Brauch mit in die „Neue Welt“ (USA) und nach dem 2. Weltkrieg brachten amerikanische Soldaten diese Tradition nach Deutschland. 1950 wurde in Nürnberg der erste Valentinsball veranstaltet und der Valentinstag offiziell eingeführt.

Ostern

Der österliche Festkreis beginnt mit Aschermittwoch, an dem eine 40-tägige Fastenzeit beginnt. Die Woche vor Ostersonntag heißt Karwoche, es beginnt der Leidensweg Christi, dessen Kreuzigung und Begräbnis am Karfreitag gedacht wird. Drei Tage später, am Sonntag, feiern die Christen seine Auferstehung vom Tod: Ostern.

Einige Osterbräuche gehen auf den germanischen und keltischen Sonnenkult zurück. Dazu gehören die Frühlings- und Osterfeuer. Die Sonne als Lichtspenderin und göttliche Fruchtbarkeitsquelle wird verehrt.

Muttertag

Im England des 13. Jahrhunderts wurde ein Sonntag als „mothering sunday“ begangen, an dem man der „Mutter Kirche“

dankte und auch der leiblichen Mutter einen Dank darbrachte. 1644 wurde dieser Tag das erste Mal urkundlich erwähnt.

Bild 1 Erntedank-Schmuck

Die Wiederbelebung dieser Tradition begann Anfang des 20. Jahrhunderts in den USA mit einer Initiative von Anna Jarvis für die offizielle Einführung eines Feiertages zu Ehren der Mütter. Am 8. Mai 1914 wurde dann vom Kongress der 2. Sonntag im Mai zum Muttertag erklärt. Nachdem in England der „mothering day" wiederbelebt wurde, verbreitete sich dieser Brauch auch im übrigen Europa. In Deutschland wurde der Muttertag 1922/23 durch den Verband Deutscher Blumengeschäftsinhaber etabliert.

Erntedankfest

Das Erntedankfest ist ein Fest, das traditionell gefeiert wird, um Gott für die Ernte zu danken.

Im Jahr 1972 wurde der erste Sonntag nach Michaelis (29. September) von der deutschen Bischofskonferenz als Termin für das Erntedankfest festgelegt.

In vorchristlicher Zeit wurde Erntedank zur Herbst-Tag-und-Nacht-Gleiche (23. September) mit einem Dankopfer gefeiert.

Allerheiligen

Allerheiligen ist ein Hochfest der römisch-katholischen Kirche und wird am 1. November begangen. An diesem Tag gedenken die Katholiken aller ihrer Heiligen, also nicht nur derer, die offiziell heilig gesprochen worden sind, sondern insbesondere der Heiligen, „um deren Heiligkeit niemand weiß, außer Gott". Das Fest wurde eingeführt, da es unmöglich war, jeden Heiligen an einem besonderen Tag zu feiern. Papst Gregor der IV. legte im 9. Jahrhundert Allerheiligen für die gesamte Westkirche auf den 1. November fest, da sein Vorgänger eine Kapelle in Roms Basilika St. Peter allen Heiligen an einem 1. November geweiht hatte.

Volkstrauertag

Der Volkstrauertag ist in Deutschland ein staatlicher Gedenktag. 1919 ursprünglich vom Volksbund Deutsche Kriegsgräberfürsorge als Gedenktag für die gefallenen deutschen Soldaten des 1. Weltkrieges vorgeschlagen, wird er seit 1952 zwei Sonntage vor dem 1. Advent begangen und erinnert an die Kriegstoten und Opfer von Gewaltherrschaften aller Nationen.

Ewigkeitssonntag

Der Ewigkeitssonntag ist der letzte Sonntag im evangelischen Kirchenjahr, also eine Woche vor dem 1. Advent. An diesem Sonntag stehen liturgische Lesungen mit der Thematik des „Ewigen Lebens" im Mittelpunkt. Am gleichen Tag wird auch der „Gedenktag der Entschlafenen", umgangssprachlich „Totensonntag", gefeiert. König Friedrich Wilhelm von Preußen bestimmte 1816 für die evangelische Kirche in den preußischen Gebieten den Sonntag vor dem 1. Advent zum „allgemeinen Kirchenfest zur Erinnerung an die Verstobenen". Die anderen evangelischen Landeskirchen übernahmen diese Bestimmung.

Advent

Die Adventszeit geht auf die christliche Religion zurück. Mit ihr beginnt das christliche Kirchenjahr, ursprünglich als Fastenzeit zur Vorbereitung auf Weihnachten. 1570 legte Papst Pius der V. rechtsverbindlich vier Adventssonntage fest. Die Adventszeit steht im Zeichen von Vorfreude auf Weihnachten.

Der Adventskranz weist mit seinen Kerzen auf das Licht hin, das Christus in die Welt gebracht hat. 1839 ließ der evangelische Theologe J. H. Wichern im Betsaal zum ersten Mal einen hölzernen Leuchter mit 23 Kerzen aufhängen. 19 kleine für die Werktage und 4 dicke weiße für die Sonntage bis Weihnachten. Daraus entwickelte sich der inzwischen traditionelle Kranz mit 4 Kerzen.

Weihnachten

Weihnachten ist das christliche Fest der Geburt Jesu Christi. Die Weihnachtszeit reicht von Heiligabend bis einschließlich zum Sonntag nach Epiphanias, dem Fest der Heiligen Drei Könige am 6. Januar.

Als kirchlicher Feiertag ist der 25. Dezember seit dem Jahr 336 in Rom belegt. Die Herkunft des Datums ist umstritten, denn in keinen der christlichen Überlieferungen wird die Geburt Christi mit einem Datum benannt. So wird oft das römische Fest des Sonnengottes (Wintersonnenwende) als Ursprung angenommen.

Silvester

Der Vorname Silvester in Zusammenhang mit dem letzten Tag des Jahres hängt mit der Einführung des gregorianischen Kalenders 1582 zusammen. Damals wurde der letzte Tag des Jahres vom 24. Dezember auf den 31. Dezember, den Todestag von Papst Silvester I., verlegt.

Symbolik

Feiertag	Symbole, Farben	Typische Werkstückformen
1. Valentinstag	Herz Rot Rosen	Sträuße Einzelne Rosen Formbinderei
2. Ostern	Licht, Ei, Hase Gelb, Hellgrün Zwiebelpflanzen	Türkränze Gestecke Sträuße
3. Muttertag	Herz Rot, bunt Maiglöckchen, Millefleurs	Sträuße Gestecke Formbinderei
4. Erntedank	Rot, Braun, Orange Früchte aller Art, Getreide	Türkränze Gefäßfüllungen, bevorzugt Körbe Erntekranz
5. Advent, Weihnachten	Kranz, Immergrün, Licht Grün, Rot, Gelb Mistel, Christrose, Tanne, Koniferen, Zapfen, Früchte	Sträuße Türkränze Adventskränze Gestecke Weihnachtsbaum
6. Silvester	Kleeblatt, Magie, Feuerwerk Bunt, metallisch glänzend, glitzernd	Einzelblüten Sträuße Gestecke Klee im Topf

Aufgaben

1. Tragen Sie Informationen zu traditionellen Schmuckformen im Advent zusammen und fertigen Sie ein Werkstück, indem Sie es neu interpretieren.
2. Entwerfen Sie einen Strauß zum Muttertag. Fertigen Sie eine Werkstoffliste an und begründen Sie die gewählten Gestaltungselemente.
3. Entwerfen Sie einen Raumschmuck für eine Silvesterparty in einem modernen Bistro. Fertigen Sie eine Skizze, eine Werkstoffliste und eine Farbskala an und begründen Sie die Auswahl der Gestaltungselemente und -mittel.
4. Binden Sie drei langstielige Rosen jeweils verschieden auf, zum Valentinstag, zum Muttertag, zu Silvester. Schaffen Sie den Bezug zum Anlass mit rein floralen Mitteln.
5. Binden Sie einen Türkranz aus gemischtem Grün auf eine Strohunterlage und winden Sie einen Türkranz aus Zweigen für unterschiedliche Jahreszeiten. Vergleichen Sie die Ausstrahlung.
6. Entwerfen und fertigen Sie einen Tischschmuck zu Ostern. Beschreiben und begründen Sie die Wahl der Gestaltungselemente und -mittel.

Bild 1 Vierblättriges Kleeblatt als Glückssymbol fürs neue Jahr

Anhang

1 Fachrechnen

Anna ist ganz erstaunt, was eine Floristin alles an rechnerischen Inhalten beherrschen muss. Nicht nur für die Preisermittlung, sondern auch für das Erstellen von Kränzen, Gestecken oder anderen Dekorationen sind Material- und Größenberechnungen nötig.

Sie kann zwar gut rechnen, aber vor dem Fach Geometrie hat sie Angst. Sie weiß, dass sie die Berechnung bestimmter geometrischer Körper beherrschen muss, um später in der Praxis Werkstoffbedarf und andere Größen ermitteln zu können. Sie bittet ihre Mitauszubildende, ihr einige Nachhilfestunden zu geben.

Der Florist muss nicht nur Preisberechnungen durchführen, sondern hat auch den Werkstoffbedarf und die Größe von einzelnen Werkstücken oder Sortimenten zu berechnen. Neben mathematischen Rechnungen wie Bruchrechnungen, Dreisatz, Prozent- und Zinsrechnungen müssen die unterschiedlichsten geometrischen Formen vermessen und berechnet werden.

1.1 Mathematik

1.1.1 Bruchrechnung

Ein Bruch ist ein Teil eines Ganzen, z. B. eine halbe Torte ist eins von zwei Teilen. Es gibt unterschiedliche Arten von Brüchen, wie echte Brüche, unechte Brüche, gemischte Zahlen, Scheinbrüche und Stammbrüche.

Um mit Brüchen rechnen zu können, ist es wichtig, die echten und unechten Brüche zu kennen. Nur gleichnamige Brüche, d.h. nur Brüche mit gleichem Nenner, können addiert oder subtrahiert werden. Echte Brüche: Der Zähler ist kleiner als der Nenner.

Beispiele: $\frac{2}{3}, \frac{5}{8}, \frac{9}{11}$

Unechte Brüche: Der Zähler ist größer als der Nenner.

Beispiele: $\frac{5}{3}, \frac{14}{6}, \frac{13}{12}$

Brüche können von ihrer Form her verändert werden. Sie können gekürzt, erweitert oder in eine Dezimalzahl umgewandelt werden. Der Wert des Bruches wird dabei nicht geändert.

Beispiele:

Gekürzte Brüche: Zähler und Nenner werden durch einen gemeinsamen Teiler dividiert.

$\frac{3}{6} = \frac{3:3}{6:3} = \frac{1}{2}$ ($\frac{3}{6}$ wird durch 3 gekürzt.)

Erweiterte Brüche: Zähler und Nenner werden mit der gleichen Zahl multipliziert.

$\frac{1}{4} = \frac{1 \cdot 3}{4 \cdot 3} = \frac{3}{12}$ ($\frac{1}{4}$ wird mit 3 erweitert.)

Umgewandelte Brüche: Brüche können in Dezimalzahlen umgewandelt werden (Zähler wird durch den Nenner dividiert).

$\frac{1}{4} = 1 : 4 = 0{,}25$

Brüche können addiert, subtrahiert, multipliziert und dividiert werden. Sollen Brüche subtrahiert oder addiert werden, müssen sie gleiche Nenner haben; die Zähler verändern sich entweder durch Plus oder Minus, der gemeinsame Nenner wird nicht verändert. Bei der Multiplikation werden Zähler und Nenner jeweils miteinander malgenommen. Bei der Division wird der erste Bruch mit dem Kehrwert des zweiten Bruches multipliziert..

Beispiele:

$$\frac{1}{2} + \frac{1}{4} + \frac{1}{6} = \frac{1 \cdot 6}{2 \cdot 6} + \frac{1 \cdot 3}{4 \cdot 3} + \frac{1 \cdot 2}{6 \cdot 2} = \frac{6+3+2}{12} = \frac{11}{12}$$

$$\frac{3}{4} - \frac{1}{3} - \frac{1}{6} = \frac{3 \cdot 3}{4 \cdot 3} - \frac{1 \cdot 4}{3 \cdot 4} - \frac{1 \cdot 2}{6 \cdot 2} = \frac{9-4-2}{12} = \frac{3}{12} = \frac{3:3}{12:3} = \frac{1}{4}$$

$$\frac{5}{6} - \frac{3}{4} + \frac{1}{3} = \frac{5 \cdot 2}{6 \cdot 2} - \frac{3 \cdot 3}{4 \cdot 3} + \frac{1 \cdot 4}{3 \cdot 4} = \frac{10-9+4}{12} = \frac{5}{12}$$

$$\frac{1}{3} \cdot \frac{5}{6} = \frac{1 \cdot 5}{3 \cdot 6} = \frac{5}{18}$$

$$\frac{3}{4} : \frac{1}{3} = \frac{3 \cdot 3}{4 \cdot 1} = \frac{9}{4} = 2\frac{1}{4}$$

1.1.2 Dreisatz

Mit dem Dreisatz kann der größte Teil der anfallenden Berechnungen gelöst werden. So können Rechenarten wie Prozent- oder Zinsrechnung mithilfe des Dreisatzes gelöst werden. Der Dreisatz findet seine Anwendung, wenn unterschiedliche Größen aufeinander bezogen werden sollen. Typische Beispiele für die Anwendung des Dreisatzes sind:

- Berechnung des Preises abhängig von der Warenmenge
- Ermittlung des Mengenverbrauchs für bestimmte Flächen oder Räume
- Berechnung des Arbeitseinsatzes unter Berücksichtigung unterschiedlicher Arbeitszeiten
- Umrechnung in unterschiedliche Währungen

Bei der Dreisatzrechnung wird eine unbekannte Größe in drei Schritten bzw. Sätzen ermittelt. Es wird von drei gegebenen Größen auf die 4., unbekannte Größe geschlossen. Das Besondere dieser Rechnung ist, dass der Rechenweg immer über drei

Sätze läuft. Es werden der einfache und der zusammengesetzte Dreisatz unterschieden.

Einfacher Dreisatz

Beim einfachen Dreisatz wird die Berechnung mit geraden und ungeraden Verhältnissen durchgeführt.

Einfacher Dreisatz mit geradem Verhältnis: Die gesuchte Größe verändert sich im gleichen Verhältnis wie die anderen gegebenen Größen, hier liegt ein gerades Verhältnis vor. Das bedeutet:

Je mehr – desto mehr
Je weniger – desto weniger

Beispiel:
Ein Ballen Dekostoff von 30 m kostet 275,00 €.

Wie viel Euro kosten 4,80 m?

Lösung:

30 m (a)	≙ 275,00 €	1. Satz ≙ Bedingungssatz
4,80 m (c) ≙	x €	2. Satz ≙ Fragesatz
$x = \frac{275\,€ \cdot 4{,}80\,m}{30\,m}$		3. Satz ≙ Schlusssatz

$\underline{\underline{x = 44\,€}}$

Bedingungssatz:
Es wird der Satz mit den gegebenen Größen aufgestellt. Die gesuchte Größe steht auf der rechten Seite.

Fragesatz:
Die gesuchte Einheit bzw. Größe steht ebenfalls auf der rechten Seite. Achtung: Gleiche Größen werden immer untereinander geschrieben!

Schlusssatz:
Die Größe, die über der Unbekannten (x) steht, kommt immer auf den Bruchstrich (a). Um die Formel aufzustellen, muss danach gefragt werden, ob die gesuchte Größe mehr oder weniger wird. Ist das Ergebnis kleiner als (a) kommt die größere der beiden bekannten Zahlen unter den Bruchstrich, soll das Ergebnis größer sein als (a), über den Bruchstrich.

Einfacher Dreisatz mit ungeradem Verhältnis: Die gesuchte Größe verändert sich in umgekehrter Weise zur Veränderung der bekannten Größen, d. h., hier liegt ein ungerades Verhältnis vor. Das bedeutet:

Je weniger – desto mehr
Je mehr – desto weniger

Beispiel:

Die im letzten Jahr durchgeführte Inventur der Linnea GmbH wurde von Sophia Schmidt, der Aushilfskraft und Anna in zwei Tagen durchgeführt. In diesem Jahr soll die Aushilfskraft allein die Inventur durchführen.

Wie lange benötigt eine Person für die Inventur?

Lösung:

3 Mitarbeiter (b)	≙ 2 Tage (a)	1. Satz ≙ Bedingungssatz
1 Mitarbeiterin (c)	≙ x Tage	2. Satz ≙ Fragesatz
$x = \frac{2\,\text{Tage} \cdot 3\,\text{Mitarbeiter}}{1\,\text{Mitarbeiter}}$		3. Satz ≙ Schlusssatz

$\underline{\underline{x = 6\,\text{Tage}}}$

Bedingungssatz:
Es wird der Satz mit den gegebenen Größen aufgestellt. Die gesuchte Größe steht auch hier auf der rechten Seite.

Fragesatz:
Die gesuchte Einheit bzw. Größe steht ebenfalls auf der rechten Seite. Auch hier gilt: Gleiche Größen werden immer untereinander geschrieben!

Schlusssatz:
Die Größe, die über der Unbekannten (x) steht, kommt immer auf den Bruchstrich (a). Um die Formel aufzustellen, muss danach gefragt werden, ob die gesuchte Größe mehr oder weniger wird. Ist das Ergebnis größer als (a), kommt die größere der beiden bekannten Zahlen auf den Bruchstrich.

Daher sollte immer die Frage gestellt werden:

Soll das Ergebnis größer oder kleiner als unter (a) angegeben sein?

Zusammengesetzter Dreisatz

Hier gibt es Bedingungen, die nur durch mehrere Dreisätze berechnet werden können, d. h., der zusammengesetzte Dreisatz besteht aus mehreren Dreisätzen und muss entsprechend aufgelöst werden. Es werden also die Dreisätze nacheinander aufgelöst bzw. berechnet. Es können z. B. bis zu fünf Auflösungen erfolgen. An einem Beispiel mit zwei Lösungssätzen soll der zusammengesetzte Dreisatz verdeutlicht werden.

Beispiel:
Im letzten Jahr wurde die Inventur allein von Sophia Schmidt durchgeführt. Sie benötigte 6 Tage, an denen sie jeweils 6 Stunden täglich arbeitete. Sie möchte die Inventur von mehreren Mitarbeitern mit weniger Stundeneinsatz durchführen lassen.

Soll der Einsatz der Mitarbeiter verändert werden und sollen drei Mitarbeiterinnen in 1,5 Tagen die Inventur durchführen, wie viele Stunden müssen die drei Mitarbeiterinnen täglich arbeiten?

Lösung:

1. Lösungssatz

2. Lösungssatz

1 Mitarbeiter – 6 Tage – 6 Stunden	1. Bedingungssatz
3 Mitarbeiter – 1,5 Tage – x Stunden	2. Fragesatz
$x = \frac{6 \text{ Stunden} \cdot 1 \text{ Mitarbeiter} \cdot 6 \text{ Tage}}{3 \text{ Mitarbeiter} \cdot 1{,}5 \text{ Tage}}$	3. Schlusssatz

$x = 8$ Stunden

Bedingungssatz:
Es wird der Satz mit den gegebenen Größen aufgestellt. Die gesuchte Größe steht auch wieder auf der rechten Seite.

Fragesatz:
Die gesuchte Einheit bzw. Größe steht ebenfalls auf der rechten Seite. Auch hier gilt: Gleiche Einheiten werden immer untereinander geschrieben!

Schlusssatz:
Die Größe, die über der Unbekannten (x) steht, kommt immer auf den Bruchstrich (a). Um die Formel aufzustellen, muss erst der 1. Dreisatz und dann der 2. Dreisatz aufgelöst werden. Soll das Ergebnis kleiner werden, muss die größere Zahl des 1. Dreisatzes unter den Bruchstrich. Aus dem 2. Dreisatz wird die größere Zahl auf dem Bruchstrich geschrieben.

1.1.3 Prozentrechnen

Die Prozentrechnung macht unterschiedliche Zahlenwerte miteinander vergleichbar, indem sich die Zahlengrößen auf die Zahl 100 % (= 1) beziehen, d. h., die Zahl „100" ist die Vergleichsgröße. Neben der Vergleichszahl „100" gibt es noch drei Größen:

- Prozentwert ist der Wert, der mithilfe des Prozentsatzes aus dem Grundwert berechnet wird.
  $\text{Prozentwert} = \frac{\text{Grundwert} \cdot \text{Prozentzahl}}{100}$
- Prozentsatz ist die Zahl in %, die anzeigt, wie viele Teile es von Hundert sind.
  $\text{Prozentzahl} = \frac{\text{Prozentwert} \cdot 100}{\text{Grundwert}}$
- Grundwert ist der Wert, der zur Zahl „100" in Beziehung gesetzt wird.
  $\text{Grundwert} = \frac{\text{Prozentwert} \cdot 100}{\text{Prozentzahl}}$

Wofür werden die drei Berechnungen benötigt? An der Gehaltserhöhung der Mitarbeiterin Frau Krause können wir die unterschiedlichen Fragestellungen mit ihren Berechnungen darstellen.

- **Beispiel 1:** Berechnung des Prozentwertes

Frau Krause erhält ein monatliches Gehalt von 750,00 €. Nach erfolgreichen Tarifverhandlungen wird das Gehalt um 2 % angehoben.

Wie viel Euro beträgt die Erhöhung?

$x = \frac{750\,€ \cdot 2}{100}$ (2 % ist der Prozentsatz; 2 ist die Prozentzahl)

Die Erhöhung des Gehaltes beträgt 15 €.

- **Beispiel 2:** Berechnung des Prozentsatzes

Frau Krause erhält ein Gehalt von 750,00 €. Aufgrund des neuen Tarifvertrages erhält sie 15 € mehr.

Wie viel % beträgt die Erhöhung?

$x = \frac{15\,€ \cdot 100}{750\,€}$ (2 % ist der Prozentsatz; 2 ist die Prozentzahl)

$x = 2$

Das Gehalt wurde um 2 % erhöht.

- **Beispiel 3:** Berechnung des Grundwertes

Die neu ausgehandelte Vergütung des Gehaltes von 2 % ergab für Frau Krause eine Gehaltserhöhung von 15 €.

Wie hoch war das Gehalt vor der Tariferhöhung?

$x = \frac{15\,€ \cdot 100}{2}$ (2 % ist der Prozentsatz; 2 ist die Prozentzahl)

$x = 750\,€$

Das Gehalt vor der Tariferhöhung betrug 750 €.

Ist der angegebene Wert größer oder kleiner als 100 %, spricht man vom vermehrten oder verminderten Grundwert.

Verminderter Grundwert = Grundwert – Prozentwert
Vermehrter Grundwert = Grundwert + Prozentwert

- **Beispiel 4:** Verminderter Grundwert

Eine Rechnung wird nach Abzug von 3 % Skonto über einen Betrag von 136,19 € bezahlt. Wie lautet der Rechnungsbetrag?

Der Prozentwert 136,19 € ist 97 % des Grundwertes x:

$$x = \frac{136{,}19\ € \cdot 100}{97}$$

x = 140,40 €

Der Rechnungsbetrag ist 140,40 €.

- **Beispiel 5:** Vermehrter Grundwert

Der Preis für Glasvasen wurde um 5 % erhöht und beträgt jetzt für eine Vase 13,85 €.

Wie teuer war die Vase vorher?

$$x = \frac{13{,}85\ € \cdot 100}{105}$$

x = 13,19 €

Die Vase kostete vorher 13,19 €.

1.1.4 Zinsrechnung

Zins kommt von dem lateinischen Wort census und bedeutet Abgabe. Der Zins ist die Vergütung, die für die Überlassung von Werten in Geld oder Gütern (Mietzins, Pachtzins) bezahlt werden muss. Die Höhe der Zinsen ist von dem Kreditbetrag, dem vereinbarten Zinssatz und von der Laufzeit abhängig.
Die Zinsrechnung ist eine angewandte Prozentrechnung, bei der zu den Rechnungsgrößen Grundwert, Prozentsatz und Prozentwert eine weitere Größe hinzukommt, nämlich die Zeit.

Bezeichnungen der Rechnungsgrößen bei der Zinsrechnung:

Prozentrechnung	Zinsrechnung
Grundwert *G*	Kapital *K*
Prozentsatz *p* %	Zinssatz *p* %
Prozentwert *W*	Zinsen *Z*

Die Berechnung des Zinses kann sich auf Jahre, Monate oder Tage beziehen. Dadurch ergeben sich folgende Formeln

$$\text{Jahreszinsen} = \frac{\text{Kapital} \cdot \text{Jahre} \cdot \text{Zinssatz}}{100 \cdot 1}$$

oder $z = \frac{K \cdot j \cdot p}{100}$

$$\text{Monatszinsen} = \frac{\text{Kapital} \cdot \text{Monate} \cdot \text{Zinssatz}}{100 \cdot 12}$$

oder $z = \frac{K \cdot m \cdot p}{100 \cdot 12}$

$$\text{Tageszinsen} = \frac{\text{Kapital} \cdot \text{Tage} \cdot \text{Zinssatz}}{100 \cdot 360}$$

oder $z = \frac{K \cdot t \cdot p}{100 \cdot 360}$

Für die Berechnung der Zinstage wird seit 1990 in den EU-Staaten ein einheitliches Verfahren genutzt. Das Jahr wird mit 360 Tagen angenommen, die Monate aber werden taggenau berechnet.

1.2 Geometrie

1.2.1 Messen und Wiegen

In der floristischen Werkstatt oder im Verkauf werden Materialien gemessen und gewogen. Dafür ist es notwendig, Maß und Gewicht für die Berechnung des Produktes zu ermitteln. Vor diesem Hintergrund ist es wichtig, die gesetzlichen Maß- und Gewichtseinheiten, ein metrisches System (das ist ein dezimales System, das auf den Meter bezogen ist) zu beherrschen.

Für die Maße ist die Basiseinheit Meter und für die Gewichte gibt es die Basiseinheit Kilogramm.

Mess- und Gewichtsgrößen:

Längenmaße
Einheit: Meter (m)

1 m	=	10 dm	Dezimeter
	=	100 cm	Zentimeter
	=	1 000 mm	Millimeter
1 000 m	=	1 km	Kilometer

Flächenmaße
Einheit: Quadratmeter (m^2)

1 m^2	=	100 dm^2	Quadratdezimeter
	=	10 000 cm^2	Quadratzentimeter
	=	1 000 000 mm^2	Quadratmillimeter
100 m^2	=	1 a	Ar
100 a	=	1 ha	Hektar
	=	10 000 m^2	

Volumen
Einheit: Kubikmeter (m^3)

1 m^3	=	1 000 dm^3	Kubikdezimeter
	=	1 000 000 cm^3	Kubikzentimeter
	=	1 000 000 000 mm^3	Kubikmillimeter
1 l	=	1 dm^3	Kubikdezimeter
	=	10 dl	Deziliter
	=	100 cl	Zentiliter
	=	1 000 ml	Milliliter
100 l	=	1 hl	Hektoliter

Masse
Einheit: Kilogramm (kg)

1 kg	=	1 000 g	Gramm
1 g	=	1 000 mg	Milligramm
100 kg	=	1 dt	Dezitonne
10 dt	=	1 t	Tonne

1.2.2 Flächenberechnung

Für die Flächenberechnung müssen bestimmte Bemaßungen eingehalten werden. Die wichtigsten Flächen sind:

- Quadrat
- Rechteck
- Parallelogramm
- Trapez
- Dreieck
- Kreis
- Kreisring
- Kreisausschnitt
- Ellipse
- Sechseck

Zeichen	Bedeutung
A	Fläche
U	Umfang
h	Höhe
L	Länge
m	Mittellinie
a, b, c, d	Seitenlänge (d bezeichnet auch den Kreisdurchmesser.)
r, r_1, r_2	Radius

Quadrat

Flächeninhalt: $A = a \cdot a = a^2$ (Länge · Breite)

Umfang: $U = a + a + a + a$ (Summe aller Seiten) $= 4a$

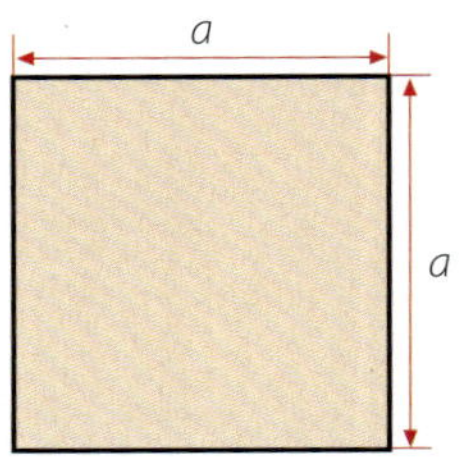

Beispiel:
quadratischer Raum 5,5 m · 5,5 m

Berechnung:
Fläche: 5,5 m · 5,5 m = 30,35 m²
Umfang: 4 · 5,5 m = 22 m

Rechteck

Flächeninhalt: $A = a \cdot b$ (Länge · Breite)

Umfang: $U = a + a + b + b$ (Summe aller Seiten) $= 2a + 2b = 2(a + b)$

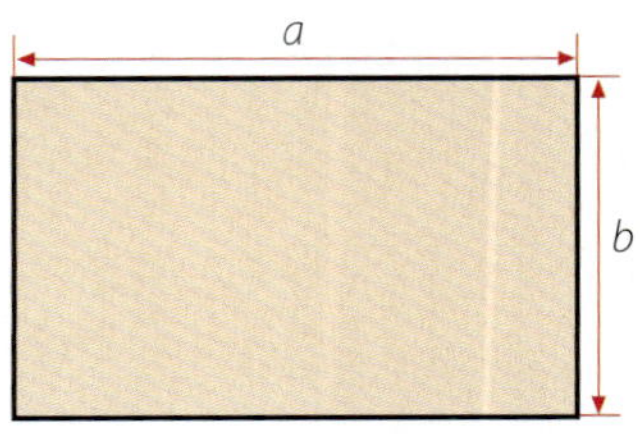

Beispiel:
rechteckiger Tisch 175 cm Länge und 65 cm Breite

Berechnung:
Fläche: 175 cm · 65 cm
= 11 375 cm²
= 1,14 m²
Umfang: 2 · 175 cm + 2 · 65 cm
= 480 cm
= 4,80 m

Parallelogramm (Rhomboid und Raute)

Flächeninhalt: $A = a \cdot h$ (Länge · Höhe)

Umfang: $U = a + a + b + b$ (Summe aller Seiten) $= 2a + 2b = 2(a + b)$

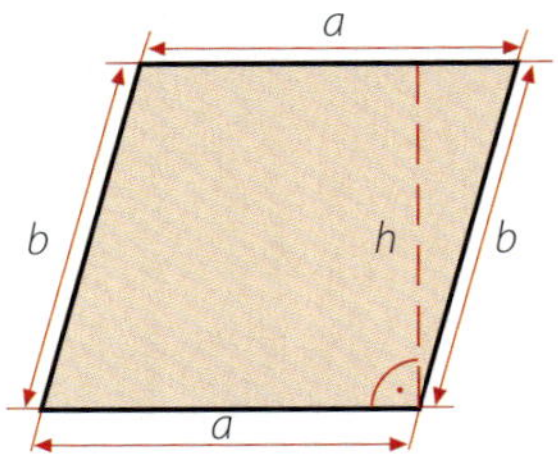

Beispiel:
Eine Holzplatte in Form eines Parallelogramms hat die Maße a = 2,10 m, h = 80 cm.

Berechnung:
Fläche: 210 cm · 80 cm
= 16 800 cm²
= 1,68 m²
Umfang: 2 (210 cm + 80 cm)
= 580 cm

Trapez

Flächeninhalt: $A = \frac{a + c}{2} \cdot h$ (Grund- plus Decklinie) geteilt durch 2 mal Höhe)

Umfang: $U = a + b + c + d$ (Summe aller Seiten)

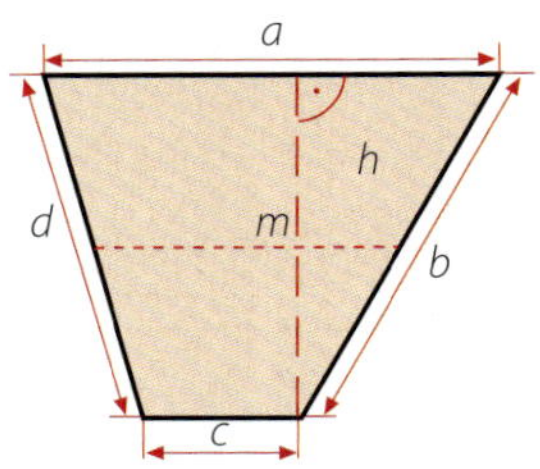

Beispiel:
Ein trapezförmiges Beet hat die Maße a = 4,10m, b = 2,70 m, c = 1,50 m, d = 2,80 m, h = 2,20 m.

Berechnung:
Fläche: $\frac{4{,}10\,\text{m} + 2{,}70\,\text{m}}{2} \cdot 2{,}20$
= 7,48 m²

Umfang: 4,10 m + 2,70 m + 1,50 m + 2,80 m = 11,10 m

Dreieck

Flächeninhalt: $A = \frac{1}{2} \cdot g \cdot h$ (Grundseite mal Höhe geteilt durch 2)

Umfang: $U = a + b + c$ (Summe aller Seiten)

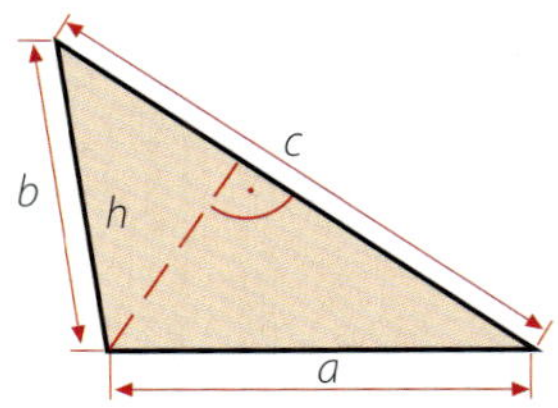

Beispiel:
Eine Metallplatte hat die Maße c = 2,60 m, h = 90 cm, a = 2,20 m, b = 170 m.

Berechnung:
Fläche: $\frac{2{,}60\,\text{m} \cdot 0{,}90\,\text{m}}{2}$
= 1,17 m²

Umfang: 2,20 m + 1,70 m + 2,60 m
= 6,50 m

Kreis

Flächeninhalt: $A = \frac{1}{4} \cdot \pi \cdot d^2$ (π mal Durchmesser zum Quadrat geteilt durch 4)

$= \pi \cdot r^2$ (π mal Radius zum Quadrat)

Umfang: $U = \pi \cdot d$ (π mal Durchmesser)

$= 2\pi \cdot r$ (2π mal Radius)

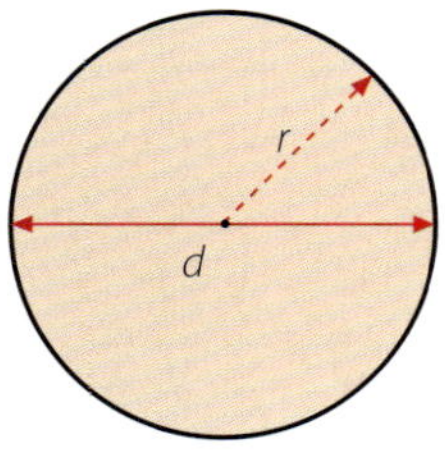

Beispiel:
Eine runde Spanplatte hat den Durchmesser von 1,70 m.

Berechnung:
Fläche: $\frac{1{,}70\,\text{m} \cdot 1{,}70\,\text{m} \cdot \pi}{4}$
$= 2{,}27\,\text{m}^2$

Umfang: $1{,}70\,\text{m} \cdot \pi = 5{,}34\,\text{m}^2$

Kreisring

Flächeninhalt:

$A = A_1 - A_2$ (große Fläche minus kleine Fläche)

$A = \frac{1}{4} \cdot \pi \cdot (d_1^2 - d_2^2)$ (π geteilt durch 4 mal (großer Durchmesser zum Quadrat minus kleiner Durchmesser zum Quadrat))

$= \pi \cdot (r_1^2 - r_2^2)$ (π mal (großer Radius zum Quadrat minus kleiner Radius zum Quadrat))

Umfang = siehe Umfang Kreis

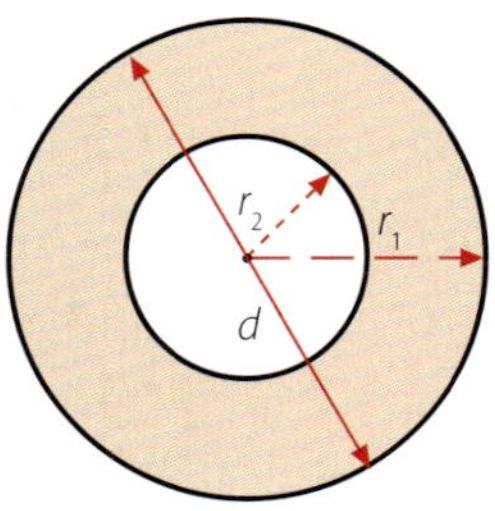

Beispiel:
Ein Kranz hat einen äußeren Radius (r_1) von 70 cm und einen inneren Radius (r_2) von 25 cm.

Berechnung:
Fläche: $(70^2 - 25^2) \cdot \pi$
$= 13\,430{,}3\,\text{cm}^2$

Ellipse

Zeichen	Bedeutung
d_1	große Achse
d_2	kleine Achse

Flächeninhalt:

$A = \frac{1}{4} \pi \cdot d_1 \cdot d_2$ (π mal große Achse mal kleine Achse geteilt durch 4)

Umfang:

$U \approx \frac{1}{2} \pi \cdot (d_1 + d_2)$ ((π geteilt durch 2 mal (große Achse plus kleine Achse))

Anmerkung:

Die Umfangsformel ist eine Näherungsformel. Sie liefert zu kleine Werte. Für die Praxis ist es günstiger, den Umfang des umfassenden Rechtecks $U = 2(d_1 + d_2)$ zu berechnen.

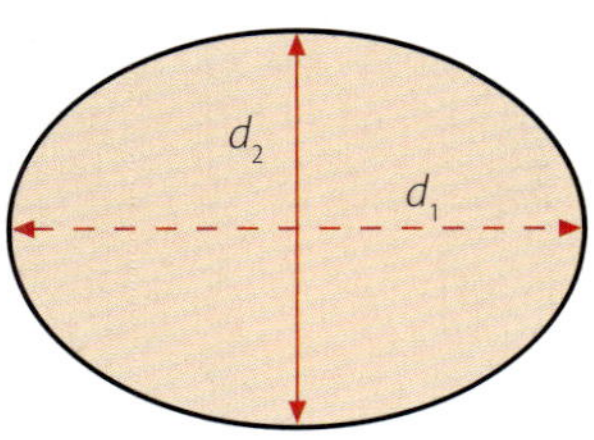

Beispiel:
Ein Teich hat die Maße $d_1 = 0{,}9$ m und $d_2 = 2{,}25$ m.

Berechnung:
Fläche: $\frac{2{,}25\,\text{m} \cdot 0{,}9\,\text{m} \cdot \pi}{4}$
$= 1{,}59\,\text{m}^2$

Umfang: $\frac{\pi\,(2{,}25\,\text{m} + 0{,}9\,\text{m})}{2}$
$= 4{,}95\,\text{m}$

Sechseck

Flächeninhalt: $A = \frac{6}{2} \cdot g \cdot h$

$= 3 \cdot g \cdot h$ (3 mal Grundlinie mal Höhe)

Umfang: $U = 6g$ (Summe aller Grundlinien)

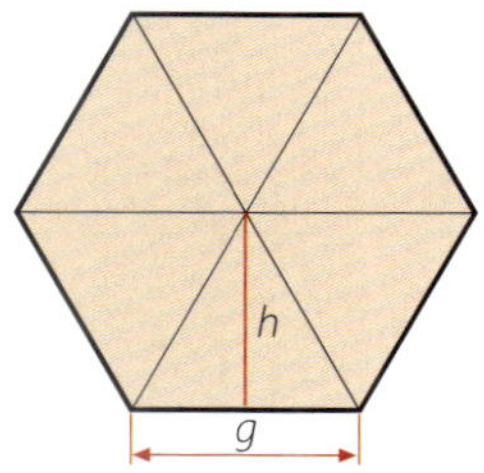

Beispiel:
Ein großer Dekospiegel hat die Maße $g = 32$ cm, $h = 28$ cm.

Berechnung:
Fläche: $3 \cdot 32\,\text{cm} \cdot 28\,\text{cm}$
$= 2\,688\,\text{cm}^2 = 0{,}27\,\text{m}^2$

Umfang: $6 \cdot 32\,\text{cm} = 192\,\text{cm}$

1.2.3 Körperberechnung

- Säulen
- Spitze Körper
- Stumpfe Körper
- Kugel

Bei der Körperberechnung geht es um die Feststellung des Volumens eines Körpers.

Säulen

Es gibt unterschiedliche Säulenarten, die sich nach den unterschiedlichen Körpern richten. Danach gibt es Rechteck- und Dreiecksäulen, quadratische Säulen, Würfel und Zylinder.

Das Volumen aller Säulen wird gleichermaßen berechnet.

$V = h_K \cdot A$ (Körperhöhe mal Grundfläche)

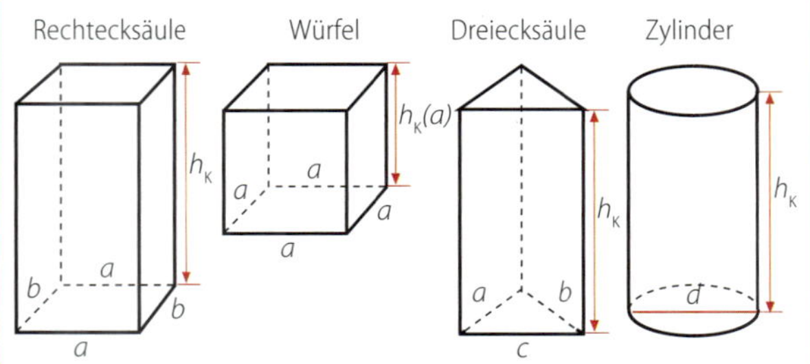

Bild 1 Säulen

Spitze Körper

Spitze Körper haben keine Deckfläche. Es gibt die Pyramide mit einer eckigen Grundfläche und den Kegel mit einer runden Grundfläche.

Das Volumen aller spitzen Körper wird auf die gleiche Weise berechnet.

$V = \frac{1}{3} h_K \cdot A$ (Körperhöhe mal Grundfläche geteilt durch 3)

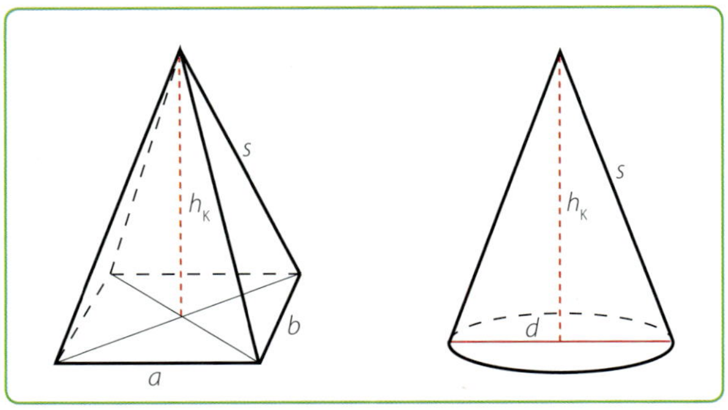

Bild 1 Spitze Körper

Stumpfe Körper

Trennt man von der Pyramide und dem Kegel die Spitze ab, dann bekommen diese anstelle der Spitze eine Deckfläche. Die Deckfläche ist kleiner als die Grundfläche.

Das Volumen aller stumpfen Körper wird auf die gleiche Weise berechnet.

$V = \frac{1}{2} h_K \cdot (A_1 + A_2)$ (Körperhöhe geteilt durch 2 mal (Grundfläche plus Deckfläche))

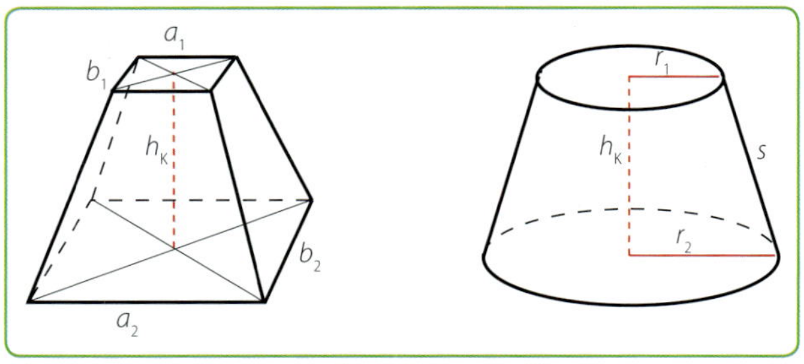

Bild 2 Stumpfe Körper

Kugel

Volumen der Kugel

$V = \frac{4}{3} \cdot \pi \cdot r^3$ ($\frac{4}{3}$ mal π mal Radius hoch 3)

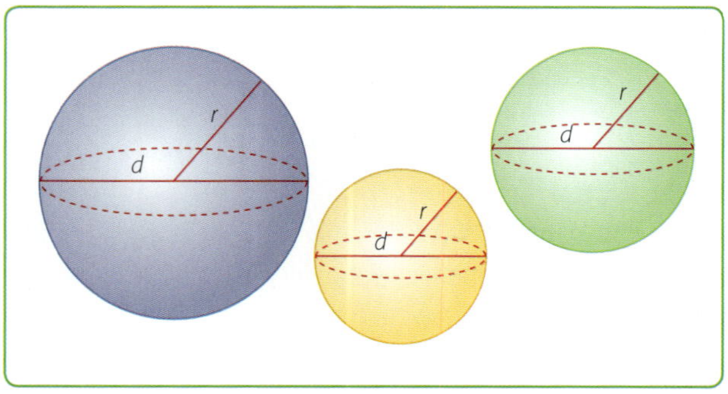

Bild 3 Kugeln

1.2.4 Mantel- und Oberflächenberechnung

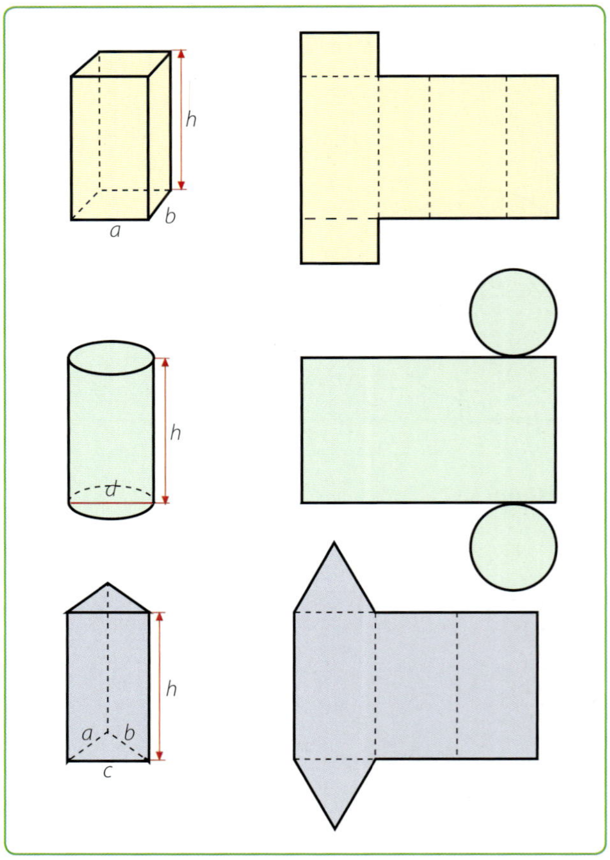

Bild 4 Mantel- und Oberflächen bei Säulen

Die Oberfläche eines geometrischen Körpers besteht aus der Mantel-, der Grund- und der Deckfläche. Beispielsweise hat ein Zylinder einen rechteckigen Mantel und je einen Kreis als Grund- und Deckfläche. Die Oberfläche eines geometrischen Körpers berechnet sich aus dem Flächeninhalt der Mantel- und den Flächeninhalten der Grund- und Deckfläche.

Säulen

Die Mantelfläche einer Säule wird immer von einem Rechteck abgeleitet, weil aus der abgewickelten Säule immer ein Rechteck entsteht. Somit ist die Flächenformel des Rechtecks Grundlage der Mantelberechnung.

Formeln:

Mantel:	$M = h_k \cdot U$	(Körperhöhe mal Umfang der Grundfläche)
Oberfläche:	$O = M + 2A$	(Mantel plus Grund- plus Deckfläche)

Pyramide (spitzer Körper)

Grundlage für die Mantelberechnung ist die Dreiecksfläche.

Formeln:
Mantel: Summe aller Dreiecksflächen
Beispielsweise gilt für nebenstehende Pyramide:

$$M = 4 \cdot \frac{1}{2} \cdot g \cdot h$$
$$= 2 \cdot g \cdot h$$

(2 mal Dreiecksgrundseite mal Dreieckshöhe)

Oberfläche: $O = M + A$ (Mantel plus Grundfläche)

Kugel

Für die Kugel kann die Oberfläche berechnet werden, indem ihr größter Querschnittskreis mal vier genommen wird.

Formel:
$O = 4 \cdot \pi \cdot r^2$ (4 mal π mal Kugelradius zum Quadrat)

1.3 Besonderheiten für den Floristik-Fachbetrieb

1.3.1 Pflanzenverbände

Zum Alltag des Floristen gehört die Dekoration von Topfpflanzen im Verkaufsraum, im Schaufenster oder in Beeten. Hierfür werden Blumentöpfe oder Pflanzen dekorativ in Längs- oder Querreihen aufgestellt. Wie viele Pflanzen oder Töpfe benötigt werden, kann die Quadrats- und Dreiecksverbandsberechnung ermitteln.

Am folgenden Beispiel sollen beide Berechnungsarten dargestellt werden.

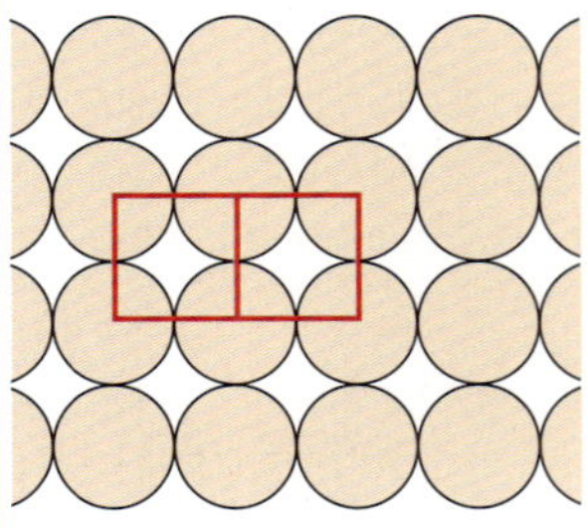

Bild 1 Quadratverband

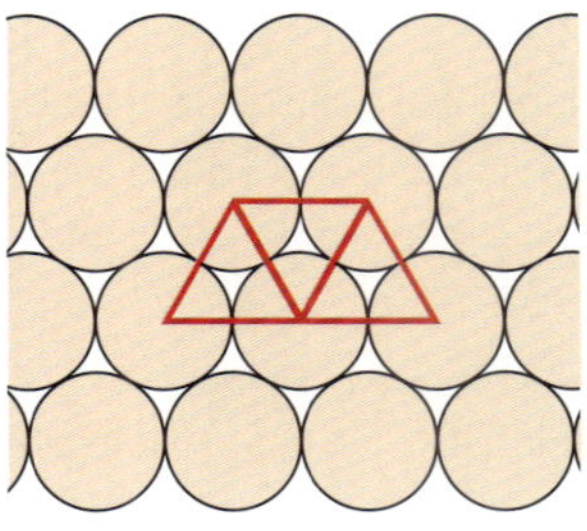

Bild 2 Dreiecksverband

Im Verkaufsraum der Linnea GmbH sollen auf einem Tisch von 2,40 m mal 0,80 m Blumentöpfe mit einem Durchmesser von 12 cm dekoriert werden.

Quadratverband

Bild 3 Beispiel

Für die Berechnung wird der Abstand von Reihe zu Reihe genommen (Topfabstand bzw. -durchmesser). Die Verbindung der Topfmittelpunkte von vier Töpfen ergibt ein Quadrat.

Berechnung:
Topfanzahl für Tischlänge: 240 : 12 = 20 Töpfe
Topfanzahl für Tischbreite: 80 : 12 = 6, 6 Töpfe
Der 7. Topf passt nicht mehr auf den Tisch.
Gesamte Anzahl der Töpfe: 20 Töpfe · 6 Töpfe
= 120 Töpfe

Dreiecksverband

Bild 4 Beispiel

Hier werden die Blumentöpfe um einen halben Topf versetzt aufgestellt. Mit dieser Anordnung haben wesentlich mehr Töpfe auf der Fläche Platz. Die Verbindung der Topfmittelpunkte ergibt gleichseitige Dreiecke. Der Abstand von Reihe zu Reihe ist die Dreieckshöhe, der Topfabstand entspricht der Dreieckslänge.

Berechnung:
Der Reihenabstand wird mithilfe des „Satzes des Pythagoras" berechnet.

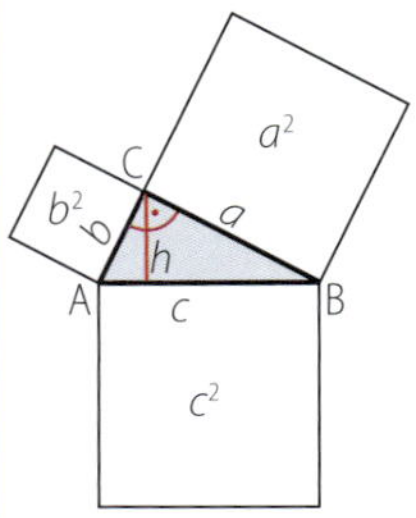

Der Satz des Pythagoras

Im rechtwinkligen Dreieck ist das Quadrat über der Hypothenuse c gleich der Summe der Quadrate über den beiden Katheten a und b.

$$c^2 = a^2 + b^2$$

Bild 5 Satz des Pythagoras

Für das vorhergehende Beispiel ergibt sich:

Reihenabstand $d = \sqrt{12^2 - 6^2} = \sqrt{108} \approx 10{,}4$
$80 : 10{,}4 \approx 7{,}7$
also 7 Reihen

4 Reihen mit je 20 Töpfen und 3 Reihen mit je 19 Töpfen; insgesamt 137 Töpfe.

1.3.2 Durchschnittsrechnung

Mithilfe der Durchschnittsrechnung können Mittelwerte aufgrund von vergleichbaren Zahlenwerten ermittelt werden. Für die betriebliche Übersicht oder Statistik können somit z. B. Durchschnittspreise von Schnittblumen oder Durchschnittsmengen von verkauften Waren im halben Jahr ermittelt werden.

Bei der Durchschnittsrechnung können gleiche oder ungleiche Einzelmengen zur Berechnung vorliegen. Daher gibt es die Unterscheidung in

- Einfache Durchschnittsrechnung (gleiche Einzelwerte) und
- gewogene Durchschnittsberechnung (ungleiche Einzelwerte).

$$\text{Einfacher Durchschnitt} = \frac{\text{Summe der Zahlenwerte}}{\text{Anzahl der Einzelmengen}}$$

Beispiel:
Wie hoch ist der durchschnittliche Tagesumsatz?
Die Tageseinnahmen der Linnea GmbH betragen am

Montag	780,60 €
Dienstag	902,20 €
Mittwoch	403,50 €
Donnerstag	520,00 €
Freitag	1 023,70 €
Sonnabend	870,00 €
Sonntag	234,10 €
Gesamt:	4 734,10 € : 7 = 676,30 €

Der durchschnittliche Tagesumsatz beträgt 676,30 €.

$$\text{Gewogener Durchschnitt} = \frac{\text{Summe der Zahlenwerte}}{\text{Summe der Einzelmengen}}$$

Beispiel:

Die Linnea GmbH kauft auf dem Großmarkt unterschiedliche Bunde Schnittblumen ein.

2 Bunde Teerosen je 28,00 €
4 Bunde Tulpen je 11,20 €
1 Bund Iris je 12,00 €

Wie viel kostet im Durchschnitt ein Bund?

Einzelmenge	Preis je Einzelmenge	Zahlenwert
2	28,00 €	56,00 €
4	11,20 €	44,80 €
1	12,00 €	12,00 €
7		112,80 €
Gesamtergebnis: $x = \frac{112{,}80\ €}{7} = \underline{\underline{16{,}11\ €}}$		

Ein Bund Schnittblumen kostet im Durchschnitt 16,11 €.

1.3.3 Verteilungsrechnen

Beim Verteilungsrechnen wird eine Gesamtgröße oder ein Ganzes in unterschiedliche Teilmengen zerlegt. Dabei stellt sich die Frage: Wie ist das Ganze zu zerlegen und wie groß sind die einzelnen Teilmengen?

Die Grundlage für die Verteilung des Ganzen ist der Verteilungsschlüssel. Er soll möglichst in kleinen ganzzahligen Teilen ausgedrückt werden. Brüche müssen gleichnamig gemacht werden; die Zähler geben dann die Teile an. Dezimalzahlen müssen in ganze Zahlen umgewandelt werden, dazu werden sie mit der gleichen kleinstmöglichen Zahl multipliziert.

Beispiele:

Brüche	$\frac{2}{3}$	$\frac{4}{12}$	4 Teile
	$\frac{1}{2}$	$\frac{6}{12}$	6 Teile
	$\frac{1}{4}$	$\frac{3}{12}$	3 Teile = $\underline{\underline{13\ \text{Teile}}}$
Dezimal	6	(· 2)	12 Teile
	0,5	(· 2)	1 Teil
	1,5	(· 2)	3 Teile = $\underline{\underline{16\ \text{Teile}}}$

Sophia Schmidt betreut mit drei anderen Floristmeistern eine Blumenausstellung während der Bundesgartenschau. Die Abrechnung der Honorare erfolgt anteilsmäßig nach der geleisteten Arbeit pro Stunden. Der zu verteilende Betrag ist 25 000,00 €.

Florist	Geleistete Stunden	Verteilungsschlüssel
Florist Schmidt	300	3
Florist Meier	200	2
Florist Kaiser	400	4
Florist Herzog	100	1
		$\underline{\underline{10}}$

Die 25 000,00 € müssen in 10 Teile aufgeteilt werden, um den Betrag für Sophia Schmidt zu ermitteln.
Sophia Schmidt erhält 7 500,00 €.

$$x = \frac{25\,000 \cdot 3}{10} = 7\,500\ €$$

1.3.4 Mischungsrechnen

Im floristischen Werkstück sind die unterschiedlichsten Werkstoffe miteinander kombiniert. Oder anders gesagt, für ein Blumgebinde oder Gesteck werden Blumen, Pflanzen und Materialien in verschiedenen Mengen und zu unterschiedlichen Preisen benötigt.

> Mischen ist das Zusammenfügen ungleicher Teile zu einem neuen Ganzen. Es können Mischverhältnisse für Flüssigkeiten und Mengen ermittelt werden.

Beispiel:

Aus dem Vorjahr sind Windlichter gleicher Sorte, aber unterschiedlicher Größe übrig geblieben. Sie sollen zu Paketen zusammengestellt (gemischt) und verkauft werden. Es sind drei unterschiedliche Größen zum Stückpreis von 4,20 €, 2,80 € und 1,60 € zu Paketen zu mischen. Sophia Schmidt möchte einen Stückpreis von 3,00 € erzielen.

Lösung:

Aufstellung nach Preisen und Ermittlung der Abweichung vom gewünschten Stückpreis (in Cent):

Sorte 1:	4,20	– 120
Mischpreis:	3,00	
Sorte 2:	2,80	+ 20
Sorte 3:	1,60	+140

Kürzung der Abweichung zum Mischpreis:

Sorte 1:	120 : 20 = 6
Sorte 2:	20 : 20 = 1
Sorte 3:	140 : 20 = 7

Mischung der höherwertigen Sorte mit den beiden geringerwertigen Sorten:

Sorte 1:	1 + 7 = 8
Sorte 2:	= 6 (Übernahme des Ergebnisses aus der Kürzung von Sorte 1)
Sorte 3:	= 6 (Übernahme des Ergebnisses aus der Kürzung von Sorte 1)

Probe:

Sorte 1:	8 Teile · 4,20 €	= 33,60 €
Sorte 2:	6 Teile · 2,80 €	= 16,80 €
Sorte 3:	6 Teile · 1,60 €	= 9,60 €

Ein Paket enthält also 20 Teile (8 + 6 + 6) und kostet 60,00 €.

Der Stückreis beträgt demnach 3,00 € (60 : 20).

(Lösung: Florist A erhält 1 064,78 €, B 851,58 €, C 798,36 €, D 958,03 € und E 1 197,54 €.)

1.4 Aufgaben

Vorbemerkungen

1. Zur Bearbeitung der Aufgaben benötigen Sie einen einfachen Taschenrechner, der neben den Tasten für die Grundrechenarten, **+ – × ÷**, auch die Prozenttaste **%** und die Klammertasten, **( )**, zur Verfügung stellt.
2. Versuchen Sie möglichst erst am Ende ihrer Rechnung zu runden. Eurobeträge runden Sie bitte kaufmännisch. Sonst wird die Stellenzahl angegeben.
3. Rechnen Sie mit $\pi = 3{,}14$.

1.4.1 Brüche

Nutzen Sie nach Möglichkeit auch die Tasten ihres Taschenrechners zur Bruchrechnung.

1. a) $1 - \frac{1}{3} + \frac{2}{7} - \frac{5}{6} =$

b) $\frac{3}{5} + \frac{1}{4} + \frac{3}{20} =$

c) $\frac{3}{4} \cdot \frac{2}{9} : \frac{2}{3} =$

d) $3 \cdot \left\{-\frac{3}{10}\right\} \cdot \frac{2}{3} =$

e) $\frac{8}{7} : \frac{2}{21} \cdot \frac{1}{4} =$

(Lösungen: a) $\frac{5}{42}$ b) 1 c) $\frac{1}{4}$ d) $-\frac{3}{5}$ e) –1)

2. Drei Freunde A, B, C spielen gemeinsam Lotto.
A zahlt $\frac{9}{20}$, B $\frac{7}{40}$ und C den Rest des Einsatzes.
Der gemeinsame Einsatz betragt 210 €.

a) Welchen Anteil zahlt C?
b) Wie hoch ist der Einsatz von jedem der drei Freunde?

(Lösungen: a) $\frac{3}{8}$ b) A : 94,50 €, B: 36,75 €, C: 78,75 €)

3. Der Gewinn der Linnea GmbH in Höhe von 235 000 € soll aufgeteilt werden. $\frac{1}{4}$ soll als Rücklage in der Firma bleiben; der Rest wird gemäß des eingesetzten Kapitals auf Frau und Herrn Schmidt aufgeteilt. Frau Schmidt erhält $\frac{14}{24}$, Herr Schmidt den Rest.

a) Wie hoch ist die Rücklage?
b) Wie viel Euro erhält Herr Schmidt?

(Lösungen: a) 58 750 € b) 84 861,11 €)

4. Der Umsatz der Linnea GmbH betrug im ersten Quartal 134 750 €. $\frac{2}{5}$ des Umsatzes wurden im Januar, $\frac{1}{3}$ im März und der Rest im Februar erzielt. Wie hoch war der Umsatz im Februar?

(Lösung: 35 933,33 €)

1.4.2 Prozente und Zinsen

Nutzen Sie nach Möglichkeit auch die **%**-Taste Ihres Taschenrechners.

1. Ergänzen Sie die fehlenden Werte!

Prozentsatz	Prozentsatz	Grundwert
19 %		198 € (netto)
19 %		198 € (brutto)
	157 m	196,25 m
5 %	125 g	

(Lösungen: 37,62 €, 31,61 €, 80 %, 2 500 g)

2. Ergänzen Sie die fehlenden Werte!

Zinssatz	Zinsen	Kapital	Zeit
2,45 %		5 000,00 €	1 Jahr
2,45 %		5 000,00 €	7 Monate
2,45 %		5 000,00 €	45 Tage
	170,50 %	5 000,00 €	1 Jahr
	131,25 %	5 000,00 €	7 Monate
	43,69 %	5 000,00 €	45 Tage
0,45 %	166,50 €		1 Jahr
0,75 %	131,25 €		7 Monate
7,50 %	43,69 %		45 Tage
0,75 %	25,00 %	5 000,00 €	??? Monate
8,90 %	133,50 %	5 000,00 €	??? Tage

(Lösungen: 122,50 €, 71,46 €, 15,31 €; 3,41 %, 4,5 %, 6,99 %; 37 000 €, 30 000 €, 4660,27 €; 8 Monate, 108 Tage)

3. Die Linnea GmbH kauft bei einen Posten Keramikwaren. Der Listenpreis beträgt 2.255 €. Der Lieferant gewährt 12 % Rabatt und 2 % Skonto. Wie hoch ist der Bareinkaufspreis?

(Lösung: 1 944,71 €)

4. Wegen kurzfristiger Verbindlichkeiten muss die Linnea GmbH das Geschäftskonto um 5 237,50 € für 37 Tage überziehen. Die Bank rechnet mit einem Zinssatz von 10,31 %. Mit wie viel Euro Zinsen muss die Linnea GmbH rechnen?

(Lösung 55,50 €)

5. Im Zuge einer Werbeaktion gewährt die Linnea GmbH ihren Kunden einen Rabatt von 17 %. Eine Vase wird nun mit 69,99 € angeboten.
Mit wie viel Euro wurde sie vor der Aktion angeboten?

(Lösung: 84,33 €)

6. Die Linnea GmbH kauft bei ihrem Lieferanten 1.000 Rosenprimeln „Belarina" zum Bezugspreis von 1 050 €. Sie rechnet mit 120 % Handlungskosten und 75 % Gewinn.

a) Berechnen Sie den Selbstkosten- und den netto Verkaufspreis pro Rosenprimel!
b) Mit welchem Kalkulationsfaktor könnte die GmbH rechnen? (Rundung: 2 Stellen)

(Lösungen: a) 2,31 €, 4,04 € b) 3,85)

1.4.3 Flächen und Körper

1. Eine rechteckige Holzplatte 1,30 m lang, 80 cm breit und 2 cm dick soll mit einer Folie beklebt werden. Wieviel Quadratmeter Folie werden benötigt, wenn beide Seiten und der Rand beklebt werden sollen und mit einem Verschnitt von 10 % gerechnet wird? (Rundung: 1 Stelle)

(Lösung: 2,40 m²)

2. In einem Kleingarten befindet sich das nebenstehende Blumenbeet:

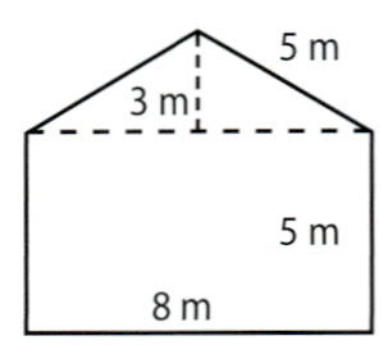

a) Berechnen Sie den Flächeninhalt des Beetes.
b) Das Blumenbeet soll umzäunt werden. Welche Länge hat der Zaun?

(Lösungen: a) 52 m² b) 28 m)

3. Ein Pflanzgefäß hat die Form einer quadratischen Säule und ist 70 cm hoch, 30 cm ist eine Seite des Quadrates und das Material ist 2 cm dick. Die Säule soll von außen einschließlich des Bodens mit einer farbigen Folie beklebt werden. Wie viel Quadratdezimeter Folie werden benötigt?

(Lösung: 93 dm²)

4. Eine zylindrische Pflanzsäule ist 60 cm hoch und hat einen Durchmesser von 26 cm. Das Material ist 2 cm dick. Das Gefäß soll bis 10 cm unter dem Rand mit Blumenerde gefüllt werden. Wie viel Liter Blumenerde werden benötigt? (Rundung: ganze Liter)

(Lösung: 25 l)

5. Eine Wandvase hat die Form einer dreiseitigen Pyramide und wird mit der Spitze nach unten an die Wand gehängt. Die Grundfläche ist ein rechtwinkliges gleichschenkliges Dreieck; eine Kathete ist 8 cm lang. Die Vase hat eine Länge von 21 cm. Berechnen Sie das Volumen der Vase.

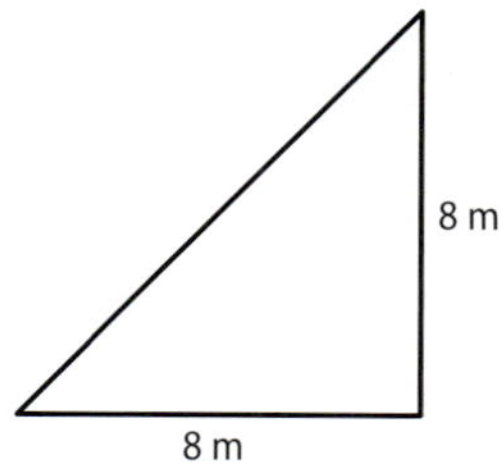

(Lösung: 224 cm^3)

6. Ein rundes Beet hat einen Durchmesser von 3 m. Am Rand soll ein 20 cm breiter Streifen mit „Sommerknotenblumen" bepflanzt werden. Jede Pflanze benötigt 20 cm im Quadrat.

a) Berechnen Sie die Flächeninhalte des Beetes und des Streifens! (Rundung: 1 Stelle)
b) Wie viele Planzen werden zur Bepflanzung des Streifens benötigt?

(Lösungen: a) 7,1 m^2, 1,8 m^2 b) 45 Pflanzen bzw. 44 Pflanzen, wenn Sie mit dem mittleren Durchmesser des Streifens rechnen.)

1.4.4 Durchschnitte

1. Ein Blumenfachgeschäft hat im Dezember einen Stromverbrauch von 3 550 kWh, im Januar von 3 350 kWh und im Februar von 3 150 kWh. Der Verbrauchspreis beträgt 24,6 Cent pro kWh und der Grundpreis 12,86 € pro Monat.

a) Berechnen Sie den durchschnittlichen Stromverbrauch pro Monat.
b) Wie hoch sind die durchschnittlich Stromkosten pro Monat?

(Lösung: a) 3 350 kWh b) 836,96 €)

2. Sie mischen 9 Kilogramm Stickstoff mit 6 Kilogramm Phosphat und 10 Kilogramm Kalium zu einem Dünger. Stickstoff kostet , Phosphat und Kalium . Berechnen Sie den Preis für 1 Kilogramms des Düngers!

(Lösung: 0,32 €)

3. Aus der Buchhaltung eines Blumenfachgeschäftes: Floristin Merle bekommt einen Stundenlohn von 9,35 € und hat 155 Stunden gearbeitet,Floristin Carla bekommt einen Stundenlohn von 9,05 € und hat 178 Stunden gearbeitet, Hilfskraft Karl bekommt einen Stundenlohn von 5,77 € und hat 105 Stunden gearbeitet.Berechnen Sie die geleisteten durchschnittlichen Arbeitsstunden, und den durchschnittlichen Stundenlohn.

(Lösung: durchschnittliche Arbeitsstunden: 146; durchschnittlicher Stundenlohn: 8,37 €)

1.4.5 Verteilungen

1. Die Linnea GmbH macht einen Reingewinn von 275 000 €. Die fünf Angestellten erhalten gemeinsam eine Prämie 8 500 €, 60 000 € werden nicht verteilt, sondern verbleiben in der Firma. Der Rest wird nach dem eingebrachten Kapital verteilt: Frau Schmidt hat 85 000 € und Herr Schmidt 80 000 € eingebracht. Wie viel Euro erhält Frau Schmidt?

(Lösung: 106.378,79 €)

2. Drei befreundete Floristen, Merle, Carla und Karl, mieten gemeinsam eine Wohnung. Die Kaltmiete liegt bei 625 €. Die Wohnung hat 3 Zimmer, Küche und Bad. Auf Küche und Bad entfallen 18 m^2, Merles Zimmer hat 17 m^2, Carlas Zimmer 19 m^2 und Karls 14 m^2. Die Mietkosten sollen anteilmäßig verteilt werden. Welchen Mietanteil muß Carla zahlen und wie hoch ist dieser?

(Lösung: 25/68, 229,78 €)

3. Floristin Merle mischt die Blumenerde „Florist spezial" aus 60 kg Blumenerde zu je 0,30 € je kg, aus 80 kg Blumenerde zu je 0,22 € je kgund aus 40 kg Mineraldünger zu je 3,56 € je kg.

a) Berechnen Sie den Gewichtsanteil des Mineraldüngers an der Mischung?
b) Welchen Anteil hat der Mineraldünger am Preis der Blumenerde?

(Lösung: a) 2/9; b) 4/5)

4. Beim Renovieren einer Filiale eines Blumenfachgeschäftes investiert Teilhaber A , Teilhaber B und Teilhaber C den Rest in Höhe von 7 235,20 €. Wie viel Euro kostete die Renovierung?

(Lösung: 46 512 €; Teilhaber C investiert $\frac{7}{45}$ der Kosten; das sind 7 235,20 €; dann Dreisatz)

1.4.6 Mischungen

1. Sie haben aus 1 Kilogramm Brennnesseln und 10 Liter Wasser einen Brennnesselsud hergestellt. Dieser Sud ist als Dünger oder gegen Blattläuse sowohl für Zimmerpflanzen als auch für Beete geeignet. Der Sud muss im Verhältnis 1 : 20 verdünnt werden.
Wie viel Milliliter Sud müssen Sie in 3 Liter Wasser mischen?

(Lösung: 150 ml)

2. Sie kaufen 800 Milliliter „Florist bester Pflanzendünger". Gemäß Anleitung sollen zum Gießen 5 ml Dünger in 1 L Wasser gemischt werden. Wie viel Liter Gießwasser können Sie mit dem Pflanzendüger herstellen?

(Lösung: 160 L)

3. Das Pflanzenschutzmittel „Blattlausfrei Konzentrat" muss verdünnt werden. Als Dosierungshinweis finden Sie auf der Packung 100 ml auf 5 L Wasser. Mit wie viel Liter Wasser müssen Sie 150 ml Konzentrat verdünnen?

(Lösung: 7,5 L)

4. Eine Mischung Einheitserde bester Qualität soll für 105 € je m^3 verkauft werden. Herr Schmidt von der Linnea GmbH bezahlt für Torf 63 €/m^3 und für Humus 123 €/m^3. In welchem Verhältnis müssen Torf und Humus gemischt werden? (Eine Probe ist sinnvoll.)

(Lösung: 3 : 7 , 3 Teile Torf, 7 Teile Humus)

2 Komplexe Prüfungsaufgaben

Thema: Trauerschmuck

1. Aufgabe

Ein Vorstandsmitglied des Kleingärtnervereins ist gestorben. Es wird eine Urnenbestattung durchgeführt. Sie werden gebeten, einen Urnenschmuck zu fertigen, der die Liebe des Verstorbenen zu Blumen zum Ausdruck bringt.

Zum Urnenschmuck soll ein Gesteck mit einer Kerze gefertigt werden, das bei der Trauerfeier mit aufgestellt wird.

a) Entwickeln Sie einen Gestaltungsvorschlag.
b) Fertigen Sie zu Ihrem Entwurf eine kolorierte Skizze an.
c) Erstellen Sie eine Werkstoffliste und eine Kalkulation.
d) Präsentieren Sie Ihren Gestaltungsvorschlag in einem kundenorientierten Fachgespräch.
e) Fertigen Sie Ihren Gestaltungsvorschlag für den Urnenschmuck und das Gesteck im Rahmen der Fertigkeitsprüfung an.
   Die Zeitvorgabe für die praktische Umsetzung beträgt 100 Minuten.

2. Aufgabe

Ein Geschäftsmann aus der Computerbranche ist tödlich verunglückt. Die Firma möchte zur Beerdigung ihres Mitarbeiters bei Ihnen einen Trauerkranz bestellen, der die Firmenfarben Weiß und Blau enthält.

a) Entwickeln Sie einen Gestaltungsvorschlag.
b) Fertigen Sie zu Ihrem Entwurf eine kolorierte Skizze an.
c) Erstellen Sie eine Werkstoffliste und eine Kalkulation.
d) Präsentieren Sie Ihren Gestaltungsvorschlag in einem kundenorientierten Fachgespräch.
e) Fertigen Sie Ihren Gestaltungsvorschlag für den Trauerkranz im Rahmen der Fertigkeitsprüfung an.
   Die Zeitvorgabe für die praktische Umsetzung beträgt 100 Minuten.

Thema: Tischschmuck

1. Aufgabe

Der Chef des ansässigen Bekleidungshauses wird fünfzig. Gefeiert werden soll mit Familie, Freunden, Geschäftspartnern und Mitarbeitern. Insgesamt sind 120 Gäste geladen, die an runden 12er-Tischen platziert werden. Sie werden gebeten, den Tischschmuck zu fertigen.

Die Tische sind dunkelgrün eingedeckt. Der Saal, in dem gefeiert wird, ist im Renaissance-Stil erbaut. Der Jubilar liebt die Natürlichkeit der Blumen.

a) Entwickeln Sie einen Gestaltungsvorschlag.
b) Fertigen Sie zu Ihrem Entwurf eine kolorierte Skizze an.
c) Erstellen Sie eine Werkstoffliste und eine Kalkulation.
d) Präsentieren Sie Ihren Gestaltungsvorschlag in einem kundenorientierten Fachgespräch.
e) Fertigen Sie Ihren Gestaltungsvorschlag für den Tischschmuck im Rahmen der Fertigkeitsprüfung an.
   Die Zeitvorgabe für die praktische Umsetzung beträgt 100 Minuten.

2. Aufgabe

Die Klasse 13c ist beauftragt, für den bevorstehenden Abi-Ball die Dekoration zu organisieren. Die Aufmerksamkeit soll auf dem Büfettschmuck liegen. Gewünscht ist eine Dekoration mit flippiger und junger Aussage, die dem Anlass gerecht wird. Das Büfett ist so aufgebaut, dass es von allen Seiten erreichbar ist.

a) Entwickeln Sie einen Gestaltungsvorschlag.
b) Fertigen Sie zu Ihrem Entwurf eine kolorierte Skizze an.
c) Erstellen Sie eine Werkstoffliste und eine Kalkulation.
d) Präsentieren Sie Ihren Gestaltungsvorschlag in einem kundenorientierten Fachgespräch.
e) Fertigen Sie Ihren Gestaltungsvorschlag für den Büfettschmuck im Rahmen der Fertigkeitsprüfung an.
   Die Zeitvorgabe für die praktische Umsetzung beträgt 100 Minuten.

Thema: Hochzeitsschmuck

1. Aufgabe

Ein junges Paar möchte bei Ihnen einen Brautstrauß und einen Anstecker für den Bräutigam bestellen. Die Braut hat lange blonde Haare und wird ein besticktes Korsagenkleid mit weit ausgestelltem Rock und einer Schleppe tragen. Der Bräutigam wird einen dunkelbraunen Anzug tragen.

Die Trauung findet in der Kirche statt. Die anschließende Feier mit Freunden und Verwandten wird in einem Gutshaushotel stattfinden.

a) Entwickeln Sie einen Gestaltungsvorschlag.
b) Fertigen Sie zu Ihrem Entwurf eine kolorierte Skizze an.
c) Erstellen Sie eine Werkstoffliste und eine Kalkulation.
d) Präsentieren Sie Ihren Gestaltungsvorschlag in einem kundenorientierten Fachgespräch.
e) Fertigen Sie Ihren Gestaltungsvorschlag für den Brautschmuck sowie den Anstecker im Rahmen der Fertigkeitsprüfung an.
   Die Zeitvorgabe für die praktische Umsetzung beträgt 100 Minuten.

2. Aufgabe

Freunde eines Brautpaares wollen den Brautautoschmuck (schwarzer Sportwagen) schenken. Die standesamtliche Hochzeit wird im kleinen Freundeskreis stattfinden.

a) Entwickeln Sie einen Gestaltungsvorschlag.
b) Fertigen Sie zu Ihrem Entwurf eine kolorierte Skizze an.
c) Erstellen Sie eine Werkstoffliste und eine Kalkulation.
d) Präsentieren Sie Ihren Gestaltungsvorschlag in einem kundenorientierten Fachgespräch.
e) Fertigen Sie Ihren Gestaltungsvorschlag für den Brautautoschmuck im Rahmen der Fertigkeitsprüfung an.
   Die Zeitvorgabe für die praktische Umsetzung beträgt 100 Minuten.

Thema: Raumschmuck

1. Aufgabe

Ein Fliesen- und Sanitärfachhändler möchte seine neue Kollektion präsentieren. Aus diesem Anlass lädt er seine Geschäftspartner und Kunden zu einem Vormittagsempfang ein.

Die dominierenden Trendfarben der Produktpalette sind sehr naturnah – überwiegend Champagner- und Erdtöne. Die Ausstellungsräume sind geradlinig eingerichtet. Glas, Holz und Edelstahl sind in ein spannungsvolles Verhältnis gesetzt. Viele Lichtquellen, Tageslicht und warme Strahler sorgen für ein stimmungsvolles Ambiente.

a) Entwickeln Sie einen Raumschmuck, der als Blickfang im Foyer der Ausstellung stehen wird.
b) Fertigen Sie zu Ihrem Entwurf eine kolorierte Skizze an.
c) Erstellen Sie eine Werkstoffliste und eine Kalkulation.
d) Präsentieren Sie Ihren Gestaltungsvorschlag in einem kundenorientierten Fachgespräch.
e) Fertigen Sie Ihren Gestaltungsvorschlag für den Raumschmuck im Rahmen der Fertigkeitsprüfung an.
   Die Zeitvorgabe für die praktische Umsetzung beträgt 100 Minuten.

2. Aufgabe

In Ihrer Stadt eröffnet ein exklusives asiatisches Restaurant. In einer Ausschreibung werden mehrere Blumenfachgeschäfte um ein Angebot für einen Raumschmuck gebeten – unter anderem wurden auch Sie angesprochen. Die Einrichtung des Restaurants besteht aus langen Holztischen, edlen Paravents in den Farben Maigrün, Grau und Rot und cremefarbenen Wänden. Die Farben wiederholen sich in schmuckvollen Lampen. Große Fenster sorgen für angenehmes Licht. Am Abend verbreiten die Lampen eine gemütliche Atmosphäre.

a) Entwickeln Sie ein Muster für einen passenden Raumschmuck. Falls Ihr Vorschlag Interesse findet, soll der Schmuck in zehnfacher Ausführung angefertigt werden.
b) Fertigen Sie zu Ihrem Entwurf eine kolorierte Skizze an.
c) Erstellen Sie eine Werkstoffliste und eine Kalkulation für ein Raumschmuck-Objekt.
d) Präsentieren Sie Ihren Gestaltungsvorschlag in einem kundenorientierten Fachgespräch. Der Termin ist Ihnen mit der Prüfungseinladung bekannt gegeben worden.
e) Fertigen Sie Ihren Gestaltungsvorschlag im Rahmen der Fertigkeitsprüfung an.
   Die Zeitvorgabe für die praktische Umsetzung beträgt 100 Minuten.

3 Glossar/Fachwortverzeichnis

Fachwort	Erklärung
Abdunklung	Farben, die durch Mischen einer Farbe mit Schwarz entstehen
Abendland	Länder Europas
absorbieren	aufnehmen
Abstraktion	1. Verallgemeinerung 2. Kunstrichtung, die eine gegenständliche Darstellungsweise ablehnt
Accessoires	Zubehör, begleitendes passendes Zubehör
achromatisch	siehe: unbunte Farben
additive Farbmischung	Mischung von Lichtfarben
Adventivknospen	neu hinzugekommene Knospen
Akroterien	Bekrönung von Giebelfirst antiker Tempel, häufig pflanzliche Motive oder Fabeltiere
Akzent	1. Heraushebung durch einen kleinen Zusatz 2. Betonung im Sprechen 3. Betonung, Hervorhebung
Altertum	historischer Zeitraum vor dem Mittelalter
Amphitheater	griech. Amphi: um, herum, Bauwerk für öffentliche Veranstaltungen mit elliptischer Arena
Amphore	Gefäß mit zwei Henkeln aus der Antike
Angiospermae	Bedecktsamer
Annuelle	einjährige Pflanzen
Antike	klassisches Altertum in Griechenland und Rom
Apsis	griech. Wölbung, halbrunder Raum hinter dem Altar, östl. Abschluss des Kirchenraumes
Appretur	Textilausrüstung von Fasern für Aussehen und Stabilität
Aquädukt	lat. aquae ductus: Wasserleitung, römische Erfindung für die Zuführung von Wasser in die antiken Städte
Arena	Kampfplatz im antiken Amphitheater
Arenaeffekt	Anordnungsweise oben schmal, unten breit
arisch	eigentlich: Begriff aus der Sprachwissenschaft: bezeichnet Menschen aus dem Iran, dem indo-iranischen Sprachgebiet; in der zweiten Hälfte des 19. Jhd. verfremdet: nur auf die weiße/nordische Rasse übertragen (Rassenlehre); im Nationalsozialismus: diente der Ausgrenzung von Juden/Zigeunern, Arier waren demnach keine Juden
Art nouveau	französische Richtung des Jugendstils
Assimilate	Baustoffe, z. B. Zucker, die bei der Assimilation hergestellt werden.
Assimilation	Angleichung, Umwandlung anorganischer Stoffe in organische Stoffe

Fachwort	Erklärung
Ästhetik	Lehre vom Schönen, das stil- und geschmackvolle Schöne, Wissenschaft von den Gesetzen der Kunst und des Vollkommenen
Asymmetrie	Ordnungsart, nicht symmetrisch, Seiten sind nicht spiegelgleich
Atmung	Umwandlung organischer Stoffe in anorganische Stoffe zur Energiegewinnung
Attika	niedrige Mauer über dem Kranzgesims, um das Dach zu verdecken
Aufhellung	Farben, die durch Mischen einer Farbe mit Weiß entstehen
Ausblühungen	weiße, kleine Kristalle an der Oberfläche der Keramik
autotroph	selbsternährend
Balustrade	ein aus kleinen bauchigen Stützgliedern (Baluster) gebildetes Geländer an Treppen, Balkonen und Dächern
Basilika	griech. Königshalle; in der röm. Antike dreischiffige Halle für Audienz-, Gerichts- und Marktzwecke; im Christentum dreischiffiger Kirchenbau
Bast	natürliches oder künstliches Fasermaterial zum Binden von Sträußen
Bauhaus	Schule, 1919–1933, die versuchte, die bildende Kunst der aktuellen Moderne mit Design und Architektur zu verbinden; das Ziel war, ein Gesamtkunstwerk zu schaffen, z. B. in der Architektur
Baustoffe	in der Botanik: organische Stoffe, Stoffe der belebten Natur
Beschlagwerk	symmetrisches, bandartiges Ornament der Renaissance, ähnelt genieteten Metallformen
Bewegungsmittelpunkt (BMP)	imaginärer Treffpunkt aller Linien innerhalb/außerhalb einer Gestaltung
Biedermeier Biedermeierstrauß	Kunststil in der Zeit um 1815 – 1848; kleiner Strauß mit geschlossenem Umriss, Blüten in Ringen angeordnet, Abschluss wird von einer Spitzenmanschette gebildet
Bienenwachs	Ausscheidungen der Honigbiene, die zur Kerzenherstellung verwendet werden
Bienne	zweijährige Pflanzen
Bilanz	Eine Kurzfassung des Inventars in Kontoform; wird am Ende des Geschäftsjahres aufgestellt. Durch die Inventur kann das Inventar erstellt werden. Das Inventar ist die Grundlage der Bilanz.
biomorph	übliche Bezeichnung für Formen in der Architektur, bildenden Kunst, Design oder Wissenschaft, die lebenden Wesen (Tiere, Pflanzen) oder Teile von ihnen ähnlich sind; früherer Begriff: organisch
Biotop	abgegrenzter Lebensraum mit einheitlichen Lebensbedingungen und charakteristischen Pflanzen und Tieren
Biozönose	Lebensgemeinschaft von Pflanzen und Tieren, die sich in einem einheitlichen Lebensraum entwickelt
Blattspreite	Blattfläche
Blickpunkt	Dekorationen, die das Auge auf sich ziehen
Blob	Binory Large Object (engl.): bedeutet, dass eine große Menge von binären Zeichen verwendet wird, nur auf Daten beruhend mit den Zeichen 0 und 1; ein Begriff aus der elektronischen Datenübertragung; bezeichnet Architektur mit oft gerundeten oder naturhaften Formen; auch Nicht-Standard-Architektur oder Freiform-Architektur genannt

Fachwort	Erklärung
Bodenmodellierung	Gestaltung einer Fläche, die im Verhältnis zu anderen Gestaltungsmitteln steht, z. B. innerhalb einer Pflanzung, sie wirkt verbindend
Bouquet	franz.: Blumenstrauß
Brakteen	gefärbte Hochblätter
Brutalismus	Architekturstil der 1960er und 1980er Jahre; zeigt die Materialsichtigkeit eines Bauwerkes wie z. B. Beton, Metall, Ziegel, Stein; Ziel: die Wertschätzung der Materialien darstellen
Bündelpfeiler	dünne Dreiviertelsäulen (Dienste), verdecken den Kern des ursprünglichen Pfeilers, gebräuchlich in Romanik und Gotik
Cella	fensterloser Hauptraum des antiken Tempels mit Götterbild
Chloroplasten	Blattgrünkörner
Chor	Teil des Mittelschiffes im kreuzförmigen Grundriss eines Kirchenbaus, Raum zwischen Apsis und Querschiff
Chromoplasten	rote und gelbe Farbstoffträger
Chromosomen	Kernschleifen, sie enthalten die Erbinformation
Corperate Behaviour	einheitliche Sprache des Unternehmens
Corperate Communication	Werbeaussage eines Unternehmens
Corperate Design	Einheitlichkeit im äußeren Erscheinungsbild
Corperate Identity	Wiedererkennungswert eines Unternehmens
De Stijl	Kunstrichtung, vor allem in der Baukunst, in den Niederlanden der Zwanzigerjahre des 20. Jh.
Dekonstruktivismus	typisch klassische Grundformen eines Gebäudes (Würfel, Zylinder, u.a.) folgen nicht allein dem Prinzip von Stütze und Last, sondern werden quasi „instabil" verwendet
Dekoration	Blumenschmuck mit verschönernder Wirkung auf das Umfeld
dekorativ	Gestaltungsart, üppiger Umgang mit Farben, Formen und Bewegungen
diagonal	schräg verlaufend
Dichte	physikalisch: Verhältnis der Masse zur Raumeinheit
Dikotyledoneae	zweikeimblättrige Pflanzen
Dimension	Raumausdehnung, -richtung
Disharmonie	Missklang, auffallend anders
Docht	Baumwollfaden für den Transport von flüssigem Wachsbrennstoff
Draht	technisches Hilfsmittel aus Eisen
Dränage	Vorrichtung für eine gute Entwässerung
drei Dimensionen der Farbe	Beinhaltet die Farbeigenschaften: Farbton, Reinheit und Helligkeit – mit diesen Eigenschaften lassen sich die Farben definieren
Dreiecks- oder Segmentgiebel	Giebelformen zur Verdachung von Fenstern und Portalen in Dreiecks- oder aufgebrochener Halbrundform

Fachwort	Erklärung
Drittes Reich	Zeit des Nationalsozialismus, eigentlich: Christen bezeichnen so das Reich des Heiligen Geistes, Nazis haben diesen Begriff aber umgedeutet und für Propagandazwecke genutzt, wurde später nicht mehr verwendet
Empore	tribünenartiger Aufbau, sich in einen Hauptraum öffnend
entartete Kunst	während der nationalsozialistischen Diktatur verwendeter Begriff für alle Kunstwerke und kulturellen Strömungen, die mit der Kunstauffassung und dem Schönheitsideal der Nationalsozialisten nicht übereinstimmten
Entfaltungsfreiraum	Raum zur Entwicklung, Raum zum Wachsen
Epiphyten	Aufsitzer, Baumaufsitzer
Etrusker	Einwohner Etruriens (Italien), Hochkultur ca. 4.–1. Jh. v. Chr.
Exosmose	umgekehrte Osmose
Expressionismus	Kunstrichtung im frühen 20. Jh., Gefühle, Stimmungen und Aussagen werden durch Abstraktion der dargestellten Gegenstände und Personen ausgedrückt
Farbaktivität	Reizwirkung einer Farbe
Farbe-Nichtfarbe-Kontrast	Farbzusammenstellungen, bei denen bunte und unbunte Farben miteinander kombiniert werden
Farbfamilie	Farbzusammenstellungen aus Farben, die eine deutlich erkennbare gemeinsame Ursprungsfarbe besitzen
Farbgewicht	Beimessung eines Gewichtes beim Betrachten einer Farbe, steht im Zusammenhang mit der Zuordnung einer Dichte dieses Farbtons
Farbhelligkeit	Reflexionsvermögen einer Farbe, messbar mithilfe der Grauleiter (Helligkeitswerte)
Farbmenge	Quantität, Flecken- oder Flächengröße einer Farbe
Farbpigmente	Farbpulver, das den Farbton einer Farbsubstanz bestimmt
Farbreinheit	Qualität, Leuchtkraft, Intensität einer Farbe
Farbsubstanzen	auch: Farbstoffe; Substanzen, die sich in Flüssigkeiten völlig auflösen und den Farbton bestimmen
Farbtemperatur	Wärme- oder Kälteeindruck beim Betrachten einer Farbe
Farbton	jene Eigenschaft, nach der man Farbempfindungen unterscheidet, z. B. in Rot, Gelb oder Grün
Farbtonkontrast	Kombinierte Farben, die Unterschiede im Farbton aufweisen
Faszinationspunkte	Blickpunkte mit sehnsuchtserweckenden Themen
Fayencen	von Mallorca kommend / auch Majolika genannt; feine Irdenwaren
feudales Lehnssystem	Herrschaftsform im europäischen Mittelalter, in der eine Oberschicht (Adel) über eine Unterschicht (leibeigene Bauern) herrschte
Fluxus	*flux/fluere* (lat.): fließen, fließend, vergänglich; das Kunstgeschehen , also eine Art Aktionskunst, integriert Video, Musik, Licht, Geräusche, Bewegung, Tanz, Handlungen, Texte u. a.
Floralcollage	Zusammengefügtes, meistens geklebtes Bild aus floralen Werkstoffen
Florales	Pflanzen, pflanzliche Werkstoffe

Fachwort	Erklärung
formal-linear	Gestaltungsart, Formen und Linien dominieren, reduzierte Werkstoffauswahl
Formbinderei	florale Werkstücke, die im Umriss einer geometrischen Form nachempfunden sind, z. B. Pyramide, Kugel oder Halbkugel
Fotosynthese	Umwandlung anorganischer Stoffe in organische Stoffe mithilfe der Sonnenenergie
Frequenz	Schwingungsanzahl der Wellen pro Sekunde
Fresko	Wandmalerei auf feuchtem Kalkputz
Fries	schmaler Streifen zur Gliederung und Dekorierung von Bauten
Frostverpackung	wärmende Verpackung zum Schutz vor Erfrierungen von Pflanzenteilen
Füllmauer	Parallelmauer; mit Steinen und Mörtel gefüllter Zwischenraum
Funktionalismus	Stilrichtung der Architektur, die den Zweck des Gebäudes in den Vordergrund stellt und daran die Gestaltung ausrichtet
Gebälk	Balken, die zu einer Säulenordnung und Dachkonstruktion gehören (Architrav, Fries und Gesims)
gebundenes System	in der Romanik entwickelte Form der Basilika mit quadratischem Schema
Gegenfarbe	siehe: Komplementärfarben
Geltungsanspruch	bestimmt den Einsatzbereich einer Pflanze, den Geltungsbereichen entsprechend
generativ	geschlechtlich, Vermehrung durch Samen
Gesetz der Beschränkung	Begrenzung in der Vielfalt, Überschaubarkeit gewährleisten
Gesetz der Rangordnung	Beachtung der Geltungsbereiche, klare Zuordnung dem Geltungsanspruch entsprechend
Gesims	waagerechter, oft profilierter Streifen zur Gliederung von Wänden und Fassaden
Gestalter	ein Schaffender, jemand, der aus Einzelteilen etwas Neues zusammenfügt, eine Person, die die Gestaltungsrichtlinien verinnerlicht hat
Gestaltungselement	Ausdruck der Werkstoffe, Farbe, Form, Struktur usw.
Gestaltungslehre	beinhaltet alle gestalterischen Grundlagen, Richtlinien, Regeln, Gesetze, Informationen
Gestaltungsmittel	florale und nonflorale Werkstoffe, alle materiellen Dinge, die sich zum Gestalten eignen
Gewichtskontrast	kombinierte Farben, die einen Unterschied in ihrer Gewichtswirkung aufweisen
Gewölbe	gekrümmte Überdeckung von Räumen
Giebelfeld	(Tympanon) dreieckiges Feld an der Stirnseite eines Gebäudes, ursprünglich an griechischen Tempeln, häufig mit Reliefs verziert
Glasblasen	Glasherstellung mittels einer Glasmacherpfeife
Glasuren	glasähnlicher, durchsichtiger Überzug auf dem Ton
Gleichklang	Farbzusammenstellungen, in denen Aufhellungen und Abdunklungen von einer Ursprungsfarbe miteinander kombiniert werden

Fachwort	Erklärung
gleichschalten	in Diktaturen: dafür sorgen, dass alle politischen, wirtschaftlichen und kulturellen Einrichtungen und Institutionen auf die einheitliche Linie der Herrschenden/der herrschenden Denkweise gebracht werden
gigantomanisch	Gigantomanie: *gigas* = groß, *mania* = Wahnsinn (grch.), Machtdemonstration der Herrschenden durch eine ins Maßlose und Riesige übersteigerte Leistung, hier: Bauten in der Architektur
Goldener Schnitt	Proportionsgesetz
Gradation	Abstufung, Steigerung
grafisch	reduzierte Darstellung des Wesentlichen
Grauleiter	stufenweiser Übergang von Schwarz nach Weiß
Gründerzeit	durch Aufblühen der Wirtschaft entstand rege Bautätigkeit, in England und Frankreich in der Mitte des 19. Jhs., in Deutschland nach 1870
Grundfarben	Farben, die als Grundlagen für ein Farbmodell dienen, z. B. bei J. Itten: Gelb, Rot, Blau
Gurtbögen	unter einem Gewölbe angebrachter Querbogen, der der Verstärkung und Gliederung dient
Guttacoll (s. auch Parafilm)	Kautschukband zum Abwickeln von Pflanzenteilen zur Verhinderung der Wasserverdunstung
Guttation	aktive Wasserabgabe der Pflanzen durch Tröpfchen
Gymnospermae	Nacktsamer
Habitus	Erscheinungsbild
Halbsäule	einer Wand oder einem Pfeiler vorgesetzte Säule mit halbrundem Querschnitt
Halbschmarotzer	Pflanzen, die der Wirtspflanze nur Wasser und Nährstoffe entziehen. Sie besitzen grüne Blätter und können selbst assimilieren.
Hanse	norddeutscher Städte- und Kaufmannsbund zwischen 12. und 17. Jhd.
Hartkeramik	bei hoher Brenntemperatur hergestellte Keramikart, auch ohne Glasur wasserdicht
Hauptmotiv	das Motiv mit der dominantesten Ausstrahlung innerhalb einer Gruppierung
Haustorien	Saugfortsätze bei Vollschmarotzern
Helligkeitskontrast	kombinierte Farben, die Unterschiede in ihrer Helligkeit aufweisen
Hermenpilaster	männlicher Oberkörper auf einer nach unten spitz zulaufenden Pilasterform, als stützendes oder schmückendes Motiv in der Fassadengliederung
heterotroph	verschieden ernährend
High-Tech-Architektur	technisch bestimmte Architekturströmung, ab den 1970er Jahren, mit neuen Technologien entwickeln sich neue Formen und Gestaltungsmöglichkeiten, viel Glas und Stahl
Historismus	Stilbegriff für die Baukunst des 19. Jhs., die durch die Nachahmung historischer Stile gekennzeichnet ist

Fachwort	Erklärung
homogen	gleichartig, gleichstoffig
horizontal	waagerecht
Hybride	Kreuzung
Hydrokultur	Pflanzenzucht in Nährlösungen, Wasserkultur
Hypokotyl	Stängelglied unter den Keimblättern
Illusionismus	täuschende Realitätstreue einer künstlerischen Darstellung
imaginär	in der Vorstellung bestehend, bildhaft erscheinend
Informel	auch informelle Kunst; Sammelbegriff für die Stilrichtungen der abstrakten, gegenstandlosen Kunst
Impressionismus	im 19. Jh. entstandene Stilrichtung der Malerei, die den Augenblick festhalten will, aber auch die Wiedergabe von subjektiven Stimmungen in Musik und Literatur
Insektivoren	Insekten fressende Pflanzen
Intensität	Stärke, Kraft; in der Farbenlehre Reinheit einer Farbe
Internationale Moderne	ab 1922, auch Internationaler Stil, Strömung der klassischen modernen Architektur, Gegenströmung: kritischer Regionalismus, der regionale Besonderheiten berücksichtigt, Architekten z. B. Alvar Aalto, Tadao Ando, Peter Zumthor
Internationaler Stil	Bezeichnung der funktionsgerechten Architektur des 20. Jhs., die auf Ornamentik verzichtet und klare kubische Formen und asymmetrische Anordnungen bevorzugt
Internodium	Abschnitt zwischen den Knoten, Stängelglied
Intervall	Zeitspanne, Zeitabstand, Zwischenraum
Jugendstil	Kunstrichtung um 1900, vor allem im Kunsthandwerk, aber auch in Malerei, Skulptur und Architektur, so benannt nach der 1896 gegründeten Münchner illustrierten Kulturzeitschrift „Die Jugend“
Kambium	Bildungsgewebe, das für das Dickenwachstum der Pflanzen sorgt; das Kambium bildet die Jahresringe bei zweikeimblättrigen Pflanzen
Kapillarität	Haarröhrchenkraft, transportiert Wasser in der Pflanze
Kapitell	oberer Abschluss von Säulen und Pfeilern in verschiedenen Ausführungen
Kassettenschmuck	durch Überkreuzen von Balken entstehende Vertiefung an Wänden oder Decken, meist mit Ornamenten verziert
Keramik	Oberbegriff für geformten und gebrannten Ton
Kernnährstoffe	Hauptnährelemente, die regelmäßig gedüngt werden: Stickstoff (N), Phosphor (P), Kalium (K)
kinetisch	Kinetik (grch.): Teilgebiet der Physik (Mechanik) als Lehre vom Zusammenhang zwischen inneren und äußeren Kräften und den dann daraus folgenden Bewegungen eines Körpers

Fachwort	Erklärung
klassische Moderne	Architektur: verschiedene Stile der modernen Architektur der 20er bis 60er Jahre des 20. Jhd., wie z. B. Bauhaus, De Stijl, Neue Sachlichkeit, Brutalismus, Internationaler Stil, u. a.; Architekten: Le Corbusier, Ludwig Mies van der Rohe, Oscar Niemeyer, u. a. Kunst: Beginn etwa mittleres 19. Jhd. bis Mitte 20. Jhd.; Maler: Henri Matisse, Pablo Picasso, Georges Braque, Max Beckmann, Franz Marc, Paul Klee u. a.
Klarsichtfolie	aus Stärke und Zellulose hergestellte durchsichtige Folie zur Schmuckverpackung von Blumen
Klarsichtkarton	durchsichtiges, aber festes Verpackungsmaterial mit rechtwinkligen Kanten
Klassizismus	Baukunst in der 2. Hälfte des 18. Jhs., die auf die klassische griechische Kunst zurückgreift
Knorpelwerk	symmetrisches plastisches Ornament aus knorpeligen Formen, 17. Jh.
Kolossalordnung	Zusammenfassung mehrerer Stockwerke durch durchlaufende Halbsäulen und Pilaster an der Fassade
Komplementärfarben	Farben, die sich bei Körperfarben zu Schwarz und bei Lichtfarben zu Weiß ergänzen, auch Gegenfarben oder Ergänzungsfarben genannt
Kompositkapitell	Kapitellform, die ionische und korinthische Schmuckformen vereinigt
konkav	nach innen gewölbt
konvex	nach außen gewölbt
Körperfarben	feste bis flüssige Farbsubstanzen, deren Farbe durch Pigmente bestimmt wird
Körperschmuck	für den Körper angefertigter Schmuck, tragbar, ohne zu stören, z. B. Anstecker, Armschmuck, Haarschmuck, Hutschmuck
Körpersprache	nonverbale Ausdrucksform des Körpers durch Gestik, Mimik, Bewegung, Haltung
Kotyledon	Keimblatt
Kranzgesims	profilierter Streifen (Gesims) unterhalb des Daches
Kreuzrippengewölbe	Verstärkung des Gewölbes durch aufgesetzte Rippen, die die Lasten aufnehmen und das Gewölbe gliedern
Kristallglas	Soda wird bei der Glasherstellung durch Pottasche ersetzt
Krypta	griech. kryptein: verbergen, unterirdischer Raum, meistens unter dem Chorbereich einer Kirche
Kubismus	Richtung der modernen Malerei und Plastik, von 1907- ca.1914; natürliche Dinge werden z.T. mehr oder weniger gesehen als geo-metrische Körper; maßgebliche Begründer: Pablo Picasso und Georges Braque
Kundenbindung	Aufbau von Kundentreue, z. B. durch Treue-/Bonusprogramme
Kundenorientierung	Umsetzen der Kundenerwartung in unternehmerische Leistung
Land Art	der geografische Raum wird Kunstwerk, die Größenordnung ist nicht entscheidend; alle natürlichen Materialien werden verwendet, deshalb zerfallen diese Kunstwerke nach einiger Zeit und sind nur noch durch Fotografien dokumentiert
Laterne	zylindrischer Aufbau zur Bekrönung über der Scheitelöffnung einer Kuppel
Leukoplasten	farblose Plastiden

Fachwort	Erklärung
Lichtfarben	elektromagnetische Wellen, die je nach Frequenz als unterschiedliche Farben wahrgenommen werden können
Lichtintensität	Stärke der Lichtstrahlung
Lichtmenge	Menge der Lichtstrahlen, die auf den Gegenstand oder in das menschliche Auge treffen
Lichtquelle	Ausgangspunkt der Lichtstrahlen, z. B. Sonne, Kerze, Glühlampe u. a.
Lichtspektrum	Farben, die sich im Licht einer bestimmten Lichtquelle zeigen
Makartbouquet	mit Palmwedel, Pampasgräsern und Laub sowie Straußenfedern zusammengestelltes Arrangement der Gründerzeit, nach dem Vorbild der Gemälde von Hans Makart
Maßwerk	mit Zirkel ausgemessenes geometrisches Bauornament der Gotik, ursprünglich für die Gliederung der Spitzbögen der Fenster, später auch zur Gliederung von Wänden und Giebeln verwendet
Mastaba	Grabform des alten ägyptischen Reiches mit rechteckigem Grundriss, ein massiver Steinhügel mit geböschten Wänden
materialgerecht	den ursprünglichen Eigenschaften des Materials entsprechende Verarbeitung
Megaron	vorgriechisches rechteckiges Haus mit säulengestütztem, offenem Eingangsraum an einer Schmalseite
Mengenkontrast	kombinierte Farben, deren Wirkungsmengen unterschiedlich sind
Mengenverhältnis	Mengen in bewusster Dosierung zusammengefügt
Meristem	Bildungsgewebe, im Vegetationspunkt, z. B. Terminale
Milieu	Milieuforschung, aus einem Lebensbereich, aus einer Gesellschaftsschicht
Minimalismus	Architekturstil, beginnend in den 1920er Jahren, aktuell noch heute für zeitgenössische Architekten; einfache Formensprache (z. B. Kubus, Quader), Verzicht auf Dekorationselemente
Missionierung	Bekanntmachen eines religiösen Glaubens in Gebieten mit anderem Glauben
Mitose	Zellteilung; das Ergebnis sind zwei Tochterzellen mit gleicher Chromosomenzahl und gleicher genetischer Information; der typische Ablauf geschieht in Phasen: Pro-, Meta-, Ana-, und Telophase
Mittelschiff	der mittlere Raum eines mehrschiffigen Kirchenbaus
Moderne	neuzeitliche historische Epoche, bezieht sich hauptsächlich auf das 20./21. Jh.
Monokotyledoneae	einkeimblättrige Pflanzen
Mosaik	Dekoration von Wänden, Gewölben oder Fußböden aus verschiedenfarbigen kleinen Glas-, Stein- oder Marmorstücken zusammengesetzt
Motivation	Antrieb für bestimmte Vorgänge im Denken und Handeln
Muranoglas	aus Brandschutzgründen wurden 1295 alle Glasöfen der venezianischen Glasherstellung auf die Inselgruppe Murano vor der Stadt Venedig ausgelagert; hergestellt werden u. a. Spiegel, Schmuck und Vasen.
Mythologie	Wissenschaft von den Götter- und Heldensagen eines Volkes

Fachwort	Erklärung
Nährstoffe	anorganische Stoffe, Stoffe der unbelebten Natur
Neobarock	Architektur des 19. Jh. durch Nachahmung des Barock (siehe auch: Historismus)
Neue Sachlichkeit	Architektur: zweckbetonte Bauten; späterer Name: Bauhausstil Malerei: Darstellung der gesellschaftlichen Gegebenheiten, vor allem zu sozialen und politischen Fragen, unterschiedliche Malstile
neugotisch	Architektur des 19. Jh. durch Nachahmung der Gotik (siehe auch: Historismus)
neuromanisch	Architektur des 19. Jahrhunderts durch Nachahmung der Romanik (siehe auch: Historismus)
Neuzeit	historische Großepoche, beginnt ca. mit dem Ende des 15. Jahrhunderts
Nodium	lat. nodus: Knoten, z. B. Ansatzstelle für Blätter
nonfloral	nichtpflanzlich
NS-Ideologie	bedeutet, dass sie antisemitisch, rassistisch, antikommunistisch und antidemokratisch ist; bezeichnet so die Ideen Adolf Hitlers und seiner Anhänger
NS-Zeit	Deutsches Reich, 1933–1945, Zeit des Nationalsozialismus, Diktatur nach dem Führerprinzip (Adolf Hitler)
Obelisk	aus einem einzigen Stein hergestelltes Bauglied (Monolith) auf quadratischer Grundfläche, dessen Kanten zur pyramidenförmigen Spitze hin zusammenlaufen, ägyptisches Zeichen für den Sonnengott
Objekt	Gegenstand
objektiv	sachlich, unvoreingenommen, unabhängig vom Betrachter
Orchestra	kreisrunder Platz in der Mitte des griechischen Theaters
Op-Art	optische Kunst, die überraschende optische Wirkungen hervorruft; z. B. geometrische Arbeiten, Nachbilder, Illusionen
Ordnungsgefüge	Art und Weise der Ordnung je nach gewähltem Bindungsprinzip
Ordnungsprinzip	konsequentes Ordnen nach grundsätzlichen Regeln
Ornament	Verzierung
Osmose	Konzentrationsausgleich durch eine halbdurchlässige Wand
Palmette	Ornament, das den Blättern der Fächerpalme nachempfunden wurde, seit der Antike üblich
Pantheon	Ehrentempel in der Antike
Paraffin	Erdölprodukt zur Herstellung von Kerzen
Parafilm	Kautschukband zum Abwickeln von Pflanzenteilen zur Verhinderung der Wasserverdunstung
Parameter	kennzeichnende Größe; hilft Aussagen zu treffen, z. B. über die Leistungsfähigkeit einer Maschine (PS) oder eines Gerätes (Stromverbrauch) oder zum Konstruieren von Gebäuden im Computer (Aussehen/Material der Fassade) u. a.
Parasit	Lebewesen, das sich auf Kosten anderer Lebewesen ernährt (Schmarotzer)

Fachwort	Erklärung
Pastellfarbe	siehe: Aufhellung
Perenne	mehrjährige Pflanzen; für den Kunden: Stauden
Perianth	Blüte mit doppelter Blütenhülle, Kelchblätter bleiben grün
Perigonblüte	Blüte mit einfacher Blütenhülle, Kelchblätter wandeln sich in Kronblätter
Persönlichkeitscharakter	durch das Erscheinungsbild geprägter Auftritt von Pflanzen
Pfeiler	vierkantige senkrechte Stütze, meistens mit eckigem Querschnitt (Gegensatz: runde Säule)
Phloem	Baustoffleitung im Gefäßbündel, transportiert Assimilate nach unten zur Wurzel
Phyllokladien	Blattsprosse
Phytohormone	Hormone, die in Pflanzen Wachstums- und Entwicklungsschritte steuern
Pilaster	der Wand vorgelagerter flacher Pfeiler
Plasmolyse	Lösung des Zellplasmas von der Zellwand
Plastiden	Farbstoffträger
Pollensterilität	auf der eigenen Blüte ist der Pollen unfruchtbar
Pompadourbouquet	Straußform des 19. Jhs., Blumen länglich gebunden, wurden nach Madame Pompadour benannt
Pop-Art	verwendet werden Motive aus den Massenmedien, aus der Werbung, aus Comics, von Fotos in Zeitschriften oder in Filmen; Inspiration kommt aus der Populär- und Alltagskultur; die Darstellung selbst ist oftmals überdimensioniert
Porzellan	das härteste Material aller Keramikarten
porzellanartig	edel und durchscheinend, wie Porzellan
Postament	Unterbau von Säulen und Pfeilern, Sockel
Postmoderne	Architekturstil der 1970er und 1980er Jahre; verwendet („zitiert") Stilelemente der Vergangenheit, ohne dass diese einen funktionellen Zweck erfüllen müssen
Pressglas	Glasherstellung durch Schablonen
Primärfarben	Farben, die sich nicht aus anderen Farben ermischen lassen, aus denen aber alle anderen Farben ermischt werden können
Primärkontrast	Farbkontraste, die durch Unterschiede in den objektiven Farbeigenschaften entstehen
Prisma	lichtbrechender Glaskörper
profan	lat.: unheilig, alltäglich; in der Architektur wird dieser Begriff für weltliche Bauten verwendet wie Rathäuser, Theater, Bürgerhäuser u. a. (Gegensatz: kirchliche Bauten)
Provinzen	größere Verwaltungseinheit, zu römischer Zeit wurden die eroberten Gebiete so benannt
Pylonen	trapezförmige, geböschte Eingangswände von ägyptischen Tempeln
Pythagoräer	Anhänger der Lehre des Pythagoras
Pythagoras	altgriechischer Philosoph

Fachwort	Erklärung
Qualität	Beschaffenheit, in der Farbenlehre auch Reinheit einer Farbe
Quantität	‚Menge, Farbmenge
Querhaus	Querbau zwischen Langhaus und Chor einer Kirche, so dass der Grundriss eine Kreuzform erhält
Questenbaum	im Mittelalter übliches Brauchtumsgebinde aus Stäben mit Zweigbündeln (Quasten)
radiär	Bezeichnung für Blüten mit mehreren Symmetrieachsen
raumplastische Kostüme	Idee von Oskar Schlemmer (1888–1943): aus geometrischen Formen wie Quader, Kreis/ Scheibe, Zylinder, Dreieck, Kugel, u. a. eine Kunstfigur zu schaffen; die so gekleideten Tänzer konnten sich – gewollt – nur wenig zur modernen Musik bewegen
reflektieren	zurückwerfen
Reinheitskontrast	kombinierte Farben, die einen Unterschied in ihrer Reinheit aufweisen
Reiseverpackung	spezielle Verpackung, die vor Verdunstung schützt und die Schnittflächen der Stiele mit Feuchtigkeit versorgt
relativ	bedingt, bezüglich, verhältnismäßig: abhängig von anderen Faktoren
Relief	auf einer Fläche ausgearbeitete plastische Objekte, besonders in der Baukunst verwendet
Rhizom	unterirdischer Ausläufer
Risalit	leicht vorspringendes Fassadenteil, Mittel- oder Eckrisalite, häufig im Barock verwendet
Robotik	auch: Robotertechnik; befasst sich mit der Entwicklung und Steuerung von Robotern; umfasst Teilgebiete der Informatik, der Elektronik und des Masch inenbaus; Ziel: Zusammenarbeit von Elektronik und Mechanik bei Robotern durch Programmierung
Rocaille	franz.: Muschelwerk, asymmetrisches muschel- und wellenförmiges Ornament, wurde namensgebend für das Rokoko
Rollwerk	Ornament mit Bändern, deren Enden sich plastisch aufrollen (Renaissance)
Romanik	frühmittelalterliche Baukunst bis zur Mitte des 13. Jh.
Romantik	Epoche Ende 18. Jhd. bis ins späte 19. Jhd.; Grundthemen sind Gefühl, Seele, Sehnsucht, Fernweh, Natur, Landschaften u. a.; sie finden sich in der Literatur (z. B. Ludwig Tieck, Novalis), in der Musik (z. B. Franz Schubert, Johannes Brahms) oder in der Malerei (z. B. Caspar David Friedrich, Ludwig Richter)
Rosette	kleine, runde Dekorationsform, häufig in Gestalt von Blüten und Blättern, seit der Antike üblich
Rundbogen	Halbbogenkreis
Rundtempel	die Cella wird von einem Säulenkranz umgeben; Fachbegriff: Peripteros
Rustika	Mauerwerk aus relativ großen Quadern, deren Stirnseiten grob behauen sind
saisonal	für einen begrenzten Zeitraum geltend
Sakralbau	Bauwerk für religiöse Zwecke
Sandkerntechnik	um 1500 v. Chr. in Ägypten und Mesopotamien; ein an Stangen befestigter Kern (Form) aus Sand oder auch Keramik wird in eine Glasschmelze getaucht; nach dem Erkalten wird dieser Kern vorsichtig zerstört; so war es nun möglich, Hohlkörper (Behälter) aus Glas herzustellen

Fachwort	Erklärung
Saprophyt	Fäulnisbewohner
Säule	senkrechtes Stützglied mit kreisrundem Querschnitt
Schattierung	siehe: Abdunklung
Schaufassade	Fassadenteil nur als Schmuckelement, Dachräume dahinter, üblich in der gotischen Bauweise
Scherben, der	gebrannter, noch nicht glasierter Ton
Schmuck	dezenter, auf seine Umgebung abgestimmter Blumenschmuck, wirkt verzierend, nicht übertönend
Schwellenangst	unwohler Zustand bei Betreten z. B. eines Geschäftes
Sezession	Bezeichnung für den Jugendstil in Österreich
Seitenschiff	zum Mittelschiff parallel verlaufender Raum eines mehrschiffigen Kirchenbaus, meist durch Säulen oder Pfeiler abgetrennt
Sekundärfarben	Farben, die aus Anteilen von zwei Primärfarben gemischt wurden
Sekundärkontrast	Farbkontraste, die durch Unterschiede in den subjektiven Farbeigenschaften entstehen
Simultankontrast	wechselseitige Beeinflussung zwischen benachbarten Farben, verändert die Farbwahrnehmung
sintern	Schmelzvorgang durch Einwirkung von Hitze, z. B. beim Brennvorgang bei Keramik, Verfestigung, Verdichtung der Rohmasse
Skene	Bezeichnet im griechischen Theater eine am Rand der Orchestra errichtetes Gebäude
Soziologie	Wissenschaft, die sich mit Ursprung und Struktur der menschlichen Gesellschaft befasst
Spatha	gefärbtes Hochblatt bei Araceen
Spektralfarben	Farben, die im weißen Sonnenlicht enthalten sind: Rot, Orange, Gelb, Grün, Blau, Violett mit jeweils anderen Wellenlängen
Sphinx	ägyptisches Steinbild in Löwengestalt mit Männerkopf, Symbol des Sonnengottes
Spitzbogen	aus zwei Kreisen konstruierter Bogen mit Spitze, typisch für die gotische Bauweise
Stabsträuße	Stab mit Blumen, Früchten und Blättern bebunden
Stearin	Naturprodukt aus pflanzlichen oder tierischen Ölen und Fetten zur Herstellung von Kerzen
Steingut	Weichkeramik aus hellem, fast weißem Ton
Steinzeug	Hartkeramik mit braunen oder grauen Scherben
Stilelemente	prägende Merkmale einer Stilrichtung, Entwicklungen
stilgerecht	Gefäßformen und Gestaltungen, die den Stil einer bestimmten Epoche widerspiegeln
Stilgerechtigkeit	Stilsicherheit, dem Stil a gemessen
Stilrichtung	Verfolgen eines bestimmtes Stils
Stolonen	oberirdische Ausläufer, dienen der Vermehrung
Strebebögen	siehe: Strebewerk
Strebepfeiler	siehe: Strebewerk

Fachwort	Erklärung
Strebewerk	System von Strebepfeilern und Strebebögen in der Gotik zum Stützen der Mauern und der Gewölbe- und Dachlast, meist nach außen
Struktur	Gefüge, innerer Aufbau und die sich daraus ergebene Oberflächenbeschaffenheit
Stützenwechsel	regelmäßiger Wechsel von Säulen und Pfeilern, besonders in der Romanik üblich
subjektiv	von persönlichen Gefühlen oder Interessen geleitet, abhängig vom Betrachter
subtraktive Farbmischung	Mischung von Körperfarben/Farbsubstanzen
Sukkulente	fleischig verdickte Pflanzen, wasserspeichernd
Symmetrie	Ordnungsart, Gruppenachse befindet sich in der Mitte, beide Seiten sind spiegelgleich
Tambour	zylindrisches Gebäudestück zwischen Hauptraum und Kuppel, meist mit Fenstern
Tachismus	der Auftrag von Farbflecken auf eine Leinwand erfolgt ohne spontane Empfindungen und irgendeine rationale Kontrolle; Richtung in der abstrakten Malerei
Tellerstrauß	Straußform des 19. Jahrhunderts, bei der die Blüten gedrahtet und flach in ein Drahtgeflecht gearbeitet wurden
Terminalknospen	Triebendknospe
Terrakotta	ital.: gebrannte Erde, gebrannter Ton
Terrakottapatina	weiße Ausblühungen auf Terrakotta durch lösliche Salze
Tertiärfarben	Farben, die aus Anteilen von allen drei Primärfarben gemischt werden
Textur	Gewebe, Faserung, texturieren, ein Höchstmaß an textilen Eigenschaften verleihen
Thermen	griech. thermos: warm, große römische Badeanlagen
Thyrsos-Stab	Stab mit Pinienzapfen bekrönt und Efeu- oder Weinranken umwunden, zu Ehren des griechischen Gottes Dionysos
Tonnengewölbe	Gewölbe von halbkreisförmigem Querschnitt
Transpiration	Verdunstung
Treppengiebel	stufenförmige, dreieckige Stirnseite eines Gebäudes, üblich in der Spätgotik
Triumphbogen	freistehender Torbau mit einem oder drei Durchgängen
trübe Mischfarben	siehe: Tertiärfarben
Turgor	Zellinnendruck
unbunte Farben	Farben ohne Buntanteile, also Schwarz, Weiß und Grautöne, auch achromatische oder Nichtfarben genannt
Unikat	Einzelstück, einmalige Ausführung, einzigartig
Vakuole	Zellsaftraum
Vegetationspunkt	Wachstumspunkt
vegetativ (Biologie)	wachsend, durch Wachstum; Vermehrung durch Pflanzenteile
vegetativ (in der floralen Gestaltung)	wuchshaft, pflanzlich, der Natur nachempfunden
Vektoren (Biologie)	Überträger von Pflanzenkrankheiten
vertikal	senkrecht, lotrecht

Fachwort	Erklärung
Vierung	Durchdringungsraum von Lang- und Querhaus einer Kirche
Vierungsturm	oftmals Turm über der Vierung/dem Vierungsquadrat; kann offen sein oder geschlossen, wie z. B. beim Mainzer Dom, Speyerer Dom, Dom in Passau
Vierungsquadrat	anderer Begriff für Vierung: in kreuzförmigen Kirchengenbäuden ein gemeinsamer Raumteil aus der Kreuzung von Langhaus und Querhaus
Visual Merchandising	Sichtbarmachen von Verkaufsabsichten
Vollschmarotzer	Pflanzen, die sich auf Kosten der Wirtspflanze ernähren
Voluten	schnecken- oder spiralförmig eingerollte Form am ionischen Kapitell, später auch an Konsolen und Giebeln
Waagepunkt	Trägt die Gruppenachse in der asymmetrischen und in der symmetrischen Ordnungsart, bezeichnet den Punkt, bei dem sich eine asymmetrische oder symmetrische Gruppe im Gleichgewicht befindet
wachstumsgerecht	der Wuchsform nachempfunden, dem Wachstumsansprüchen gerecht werdend
wahrhaftig	aus echtem Material; Grundmaterial entspricht der optischen Aussage
Wahrhaftigkeit	glaubhaft, nachvollziehbar, der Wirklichkeit entsprechend
Weichkeramik	eine bei niedrigerer Brenntemperatur hergestellte Keramikart, nur mit Glasur wasserdicht, z. B. Majolika
Wellenlänge	physikalisch: der kleinste Abstand zwischen zwei Punkten in gleicher Phase einer Welle
Werkgerechtigkeit	dem Herstellungsprozess entsprechend, sichtbare Spuren der Formgebung
Werkstoffgerechtigkeit	dem Werkstoff durch die Verarbeitung gerecht werden, Achtung und Berücksichtigung der Werkstoffeigenschaften
wertgerecht	die Wertigkeit des Materials aufgrund bestimmter Herstellungsprozesse
Wertigkeit	Wertlehre, Zuordnung eines Stellenwertes entsprechend den Geltungsbereichen
Westwerk	turmartiger Querbau im Westen, dem Langhaus einer Kirche vorgelagert
Wirkungsmenge	empfundene Menge einer Farbe, abhängig von deren Farbton, Reinheit und Helligkeit
Würfelkapitell	romanische Kapitellform von der Würfelform hergeleitet, schlicht bis reich mit Ornamenten verziert
Wurzelhals	Übergang von der Wurzel zum Spross
Wurzelmetamorphose	Wurzelumwandlung
Xylem	Holzteil, Wasserleitung im Gefäßbündel von unten nach oben
Zentralbau	Bauwerk, dessen Hauptachsen gleich lang sind, Grundriss kann quadratisch oder rund sein
Zentripetalkraft	zum Mittelpunkt strebende Drehbewegung, sammelnde und Halt gebende Kraft
zygomorph	Bezeichnung für Blüten mit nur einer Symmetrieachse

Sachwortverzeichnis

C

D

G

H

L

T

U

V

Bildquellenverzeichnis

Adobe Stock.com, Dublin, Irland: 24/2 © stockpics, 33/1 © Coloures-Pic, 79/1 © baltskars
Adolphs, Guido, Wuppertal: 118/3
Akg Images GmbH, Berlin: 326/1, 328/1+2,331/1+2+4, 332/1–2, 333/1–2,334/2,335/3, 336/1+4,338/1+4,339/1+2, 340/2+3, 341/2, 342/1+3, 343/2, 344/1–3, 345/1–2, 346/1, 347/1+3, 348/1+2+5, 349/1–3, 350/1–3, 351/2, 352/1+2, 353/1+3, 360/1, 361/1
Aparello Shop, Fürth: 372/2
Archiv VEL: 47/3, 234/1
Bergmoser + Holler Verlag AG, Aachen: 11/1, 24/1, 29/1, 34/1, 35/1, 41/1, 47/1, 139, 140/1, 142/1, 143/1, 152, 155/1
Berufsgenossenschaft Handel und Warendistribution (BGHW): 15/1
Brandenburg, Arnd, Fischerhude: 194/1–2, 199/1–2, 207/1, 209/2, 247/1–2, 262/2, 413/3
Brandenburg, Christa, Fischerhude: 163/1–2, 165/1+4, 166/1, 169/1–5, 170/1, 171/1, 172/2–5, 173/3–4, 174/1, 175/1–2, 176/1, 177/1, 178/1–2, 179/1–2, 180/1–2, 186/2, 186/1, 187/1, 189, 190/1, 191, 192/1, 193/1, 195/1, 201/1–2, 204/1–2, 206/1, 208/1–2, 213, 215/2, 226/1+3, 228/1, 230/2–3, 232, 236, 238/2–3, 241/1–3, 246/1–3, 285/1–2, 286/1–4, 287/1–4, 288/1–4, 293/1–2, 295/2–4, 296/1–4, 297/1–3, 298/1–2, 299/1–3, 300/1–4, 302/2, 304/3, 327/1, 328/3, 329/1, 330/1–2, 331/3, 332/3, 334/1, 335/1–2, 337/1, 338/2+3, 340/1, 359/1–4, 386/2, 103/2, 407/1, 410/1, 422, 425/1–2, 436/1, 437/1
Buir, Benno, Opladen: 200/2–5
Bundesamt für Justiz, Bonn: 10/1
Bundesamt für Verbraucherschutz und Lebensmittelsicherheit: 233/1
Bundesanstalt für Landwirtschaft und Ernahrung, Bonn: 49/2
Bundesministerium für Bildung und Forschung, Bonn: 12/1
Bundesministerium für Wirtschaft, Broschure „Starthilfe – der erfolgreiche Weg in die Selbststandigkeit“: 32/1
Constance Spry Ltd., England: 363/2
Damke-Holtz, Heike, Bremen: 77/1,90/1, 200/1, 202/1, 203/1, 280/1, 295/1, 304/1, 371/1, 373, 381/3, 388/3, 390/1–2+4, 391/4, 393/2, 400/1–2, 413/2, 414/1, 419/2, 420/1, 437/2, 445/1
Digital Grafik, Wolfgang Muller, Bad Homburg: 85/2, 86/3, 87/2, 118/1, 131/1, 192/2, 217/1–3, 218/1–2, 309/1, 310/1–3, 312/1–4, 316/1
DLG e. V., Frankfurt/M.: 49/2
Dpa Picture Alliance GmbH, Frankfurt: 69, 185/1, 245/1+3, 251/2–5, 353/1
Dean, Henry, Antwerpen, Belgien: 376/2
Dresler, Monika, Schwedt/Oder, www.bohemiashop.de: 373/3
DuMont Buchverlag GmbH & Co. KG, Koln: 337/1, 342/2, 347/2
EUFISERV Payments s.c.r.l., Brussel, Belgien: 63/1
EURO Kartensysteme GmbH, Frankfurt a. M.: 63/1–2
Faber, Andreas, Bremen: Coverbild, 196/1, 281/1, 294/3–4, 303, 305, 306, 307, 309/2, 311, 312, 313, 314, 315, 316, 317, 318, 319, 321, 322, 323, 324, 325, 369/1, 372/4, 373/4,374/1–4, 376/3, 377, 378/1+5–6, 380/1+3,396/3, 397/1,398/1, 401/1, 402/2, 403/1, 408/1–2, 413/1, 414/3, 419/1, 439, 440, 441, 442/2, 446/1
Fachbuchverlag Pfanneberg, Haan: 416/1 Das Couvert
Fachverband Deutscher Floristen e.V., Gelsenkirchen: 16/1,384/1
Faco Fahrenkamper GmbH & Co. KG, Lohne: 398/2–5
Faust, Steffen, Berlin: 107/2, 126/1
Fischer-Ludolph, Karin, Hannover: 59/1–2, 73/1, 82/1–2, 83/1, 84/1, 85/1, 86/1, 87/1, 88/2–4, 89/2–3, 90/1–2, 91/1–2, 92/1+4, 93/2, 94/1, 96/1, 91/1, 110, 111, 112/1, 114/1, 119/1, 121, 124/1, 126/2, 375/1, 376/1, 378/2, 370/4+5, 373/2, 384/2+3, 385/1–3, 388/1–2, 391, 393, 394/1, 395/1–4, 396/2, 442/1
Floral Design, Bremen: 380/2
Fleurop AG, Berlin: 16/3, 49/1, 89/4, 103/1, 104/1
FLP e. V., Koln: 71/1
Fotolia.com, Berlin: 21/2 © Nik, 25/1 © Fineas – Fotolia.com, 42/1, 55/1 © Daniel Ernst,106/1 © jogyx – Fotolia.com, 115/1 © eyetronic, 127/1+2 © CandyBox Images, 136/1, 129/1 © iconshow – Fotolia.com, 153/1 © THesIMPLIFY, 159/1, 162/1, 162/2 © Brian Jackson – Fotolia.com, 172/3 © Liane M; © hlbaurer; © M. Schuppich; © rparys, 220/1 © Lux Meter, 221/1 © XJ6652, 248/1 © Dominic Ziegler, 252/1, 260/1, 260/2 © Rico, 262/1, 265/2 © Sonne Fleckl, 267/1–2 © Otmer Smit, 272/1, 276/2 © j.Ki, 279/4 © suerob, 282/1, 302/1, 308/2 © hfng, 348/4, 371/2 © neondream – Fotolia.com, 372/1, 386/1+3 © Martin_P, 389/1 © Marina Lohrabach, 414/4 © starryvoyage, 429/1 © Patrick Poendl, 449/1 © Yanterric, 451/1 © Africa Studio
Gebr. Muller Kerzenfabrik AG, Straelen: 382
Hecht-Sprung, Dortmund: 114/1, 118/4, 416/2–3
Heidemann, Johannes, Meppen: 164/1, 165/2–3, 166/2–3, 167, 168/2, 173/1–2, 177/2, 182, 183/1, 212, 214, 223, 225, 227/1, 229/1–2, 231, 235/1,236/2, 237/1–2, 238/1+4, 279/1
Heidemann, Matthias, Alsdorf: 164/1a + 164/1b, 365/1
Heidemann, Petra, Meppen: 367/1, 369/1
Heinrich Freese GmbH, Bad Malente: 377/1+3–4, 378/3+4
Hering-Berlin GmbH, Berlin: 373/1–2
Herzig, Wolfgang, Essen: 83/2, 95, 88/2, 235, 242, 382/1, 424/1, 433/1+2, 434/1
Industriegewerkschaft Bauen-Agrar-Umwelt (IG BAU): 15/2
Industrie- und Handelskammer (IHK): 15/3
Kubo, Gabriele „Systematisch gestalten mit Blütenfarben“, FloralDesign, Munster, www.floraldesign-edition.de
MasterCard Europe: 63/1–2
MEV Verlag, Augsburg: 197, 198/2–3, 222/2, 265/1, 279/2–3
Mosaikvase Nic Duysens e. K., Wiehl: 381/1
Neudorff, Emmerthal: 49/1, 216/1
Nieuwkoop Europe B. V., de Kwakel, NL:381/2

OKAPIA KG Michael Grzimek & Co., Frankfurt:183/2, 196/1, 198/1–3, 205/1+2, 210/1–2, 211/1, 214/1, 219/1, 221/2, 222/1, 226/2, 227/2, 228/2, 230/1+4, 243/1+2, 244/1, 245/1, 249/1, 250/1–3, 251/1
O Living GmbH, Gelsenkirchen: 379/1
Pauly, Georges, Hamburg: 88/1, 89/1
RAL gGmbH, Sankt Augustin: 49/2
Reinhardt, Christine, Tarmstedt: 310/1+3, 402/1, 425/3, 427/1, 428/1–3, 430/1, 431/1–2, 437/1
Rinar Menardi, Gruaro, Italien: 414/2
Sauthoff-Botter, Stefan, Aurich: 18/1,58/1
Scheurich GmbH, Kleinheubach: 372/3
Schmidt, Axel, Flintbek: 9/1, 78/2,93/1, 108/2, 109/1–2, 118/2, 161/1–2, 172/1, 215/1, 282/2–4, 283/1–4, 284/1–4, 289/1–2, 290/1–5, 291/1–5, 292/1–4, 297, 303/2, 304/2, 376/4, 396/1, 406/1, 409/1, 411/1, 412/1–2, 418/1, 423/1–2, 431/3, 437/3, 438/1–2, 444,
Schmidt, Eugenie, Norrenebel, Danemark: 448/1
Smithers-Oasis Germany GmbH, Grunstadt: 391/2–3, 392, 405/1–2
Sompex, Dusseldorf: 383/3
Sparkassenverlag, Stuttgart: 62/1
tiff.any GmbH, Berlin: 20/1, 23/1, 24/1,3 6, 45, 46, 51, 55/2, 57/2, 62, 71, 74, 92/2–3, 101/1, 140/2, 193/2, 417/1
TransFair – Verein zur Forderung des Fairen Handels mit der „Dritten Welt" e. V., Koln: 71/1
Ullsteinbild: 224/1 © Ullsteinbild – Imagebroker.net, 335/4, 347/1, 353/3, 354/2,
Verwertungsgesellschaft BILD-KUNST, Bonn: 310 Johannes Itten, 358/2 Alphonse Much, 362/1 Lyonel Feininger
Visa Europe, Frankfurt am Main: 63/1, 343/1, 348/1
Zentralverband Gartenbau (ZVG), Bonn: 16/2